한국의 장기통계 I

김낙년 · 박기주 · 박이택 · 차명수 편

Historical Statistics of Korea

도서출판 해남

한국의 장기통계 I

초판1쇄 인쇄 2018년 1월 11일
초판1쇄 발행 2018년 1월 18일

편저자 김낙년 · 박기주 · 박이택 · 차명수
발행인 노현철
발행처 도서출판 해남

출판등록 1995. 5. 10 제 1-1885호
주 소 서울특별시 서대문구 충정로 38-12(충정로 3가) 우리타워 6F
전 화 739-4822 팩스 720-4823
이 메 일 haenamin30@naver.com
홈페이지 www.hpub.co.kr

ISBN 978-89-6238-114-6 93320
978-89-6238-113-9(세트)

머리말

본서는 20세기 초부터 현재에 이르는 우리나라의 장기 통계를 제시하고 해설한 것이다. 자료가 정비된 경우에는 개항기나 조선후기의 통계까지 포함하고 있다. 다루고 있는 주제가 자연환경과 인구에서부터 노동력과 임금, 각종 산업과 무역, 재정과 금융, 국민소득과 물가는 물론 교육, 건강, 기업조직, 과학기술, 사법에 이르는 22개 분야에 걸쳐 있어 근대 이후 경제 사회의 변화를 두루 살펴볼 수 있도록 구성되어 있다. 이를 통해 우리나라 역사의 수량적 지표를 제공할 것을 지향하고 있다.

장기통계를 정비하려는 노력은 주요 선진국을 중심으로 이루어져 왔다. 예컨대 영국의 경우, Mitchell B. R., *British Historical Statistics* (Cambridge University Press, 1988), 일본은 大川一司・篠原三代平・梅村又次編, 『長期經濟統計』(전 14권, 東洋經濟新報社, 1965-88), 미국은 Susan Carter, et al. eds., *Historical Statistics of the United States, Earliest Time to the Present: Millennial Editions* (5 Vols., Cambridge University Press, 2006)을 대표적인 성과로 들 수 있다. 특히 미국의 성과는 식민기지로부터 현재에 걸쳐 39개의 광범한 주제에 대해서 37,000개가 넘는 통계 계열을 제시하고 있으며, 역사 통계 정비의 한 본보기라 할 수 있다. 본서를 편집하는 과정에서 이들 선행 연구로부터 많은 시사를 받았다.

본서는 낙성대경제연구소가 추진해 온 우리나라 장기 통계를 정비하려는 노력의 일환으로 발간된 것이다. 먼저 근대적 통계조사가 이루어지지 않은 조선후기에 대해서는 산재되어 있는 미시 자료를 수집・정리하는 작업이 이루어졌으며, 그로부터 인구, 농업 생산이나 지대량, 임금이나 물가 등의 장기 추이를 추계한 성과가 『맛질의 농민들』(일조각, 2001)과 『수량경제사로 다시 본 조선후기』(서울대출판부, 2004)로 발간되었다. 식민지기에 들어와 근대적 통계조사가 시작되고 통계 정보가 비약적으로 늘어났다. 이를 이용하여 국민계정 통계를 추계한 성과는 『한국의 경제성장 1910-1945』(서울대출판부, 2006)로 발행되었고, 일본어로도 번역 출판되었다(『植民地期朝鮮の國民經濟計算 1910-1945』, 東京大學出版會, 2008). 이것과 해방 후를 연결하여 지난 100년간의 국민계정 통계를 정비한 성과는 『한국의 장기통계: 국민계정 1911-2010』(서울대출판문화원, 2012)으로 출간되었다. 그 후에도 해방 전과 후의 통계를 가능한 한 일관되게 연결하려는 노력이 국민계정 이외의 다른 경제 및 사회의 각 분야로 확장되어 왔는데, 본서는 그 성과를 통계집으로 묶어 해설한 것이라고 할 수 있다.

본서가 나오기까지 나름의 연구 축적이 이루어졌지만 난관이 많았다. 한국은 근대 이후 수차례 체제 전환을 경험했는데, 시기별로 자료 상황이나 통계 작성의 기준이 달라진 경우가 많았기 때문이다. 본서에서는 이를 가능하면 일관된 계열로 만들어 제시하고자 하였지만, 단절이 남아 있는 경우 각주나 해설에서 이를 언급하였다. 조선후기로 가면 자료상의 제약이 더욱 커져 미시 자료의 발굴과 정비가 이루어진 일부 분야의 통계를 제시하는 데 그치지 않을 수 없었다. 남북 분단으로 인해 해방 전과 후의 통계 커버리지의 차이(남북한과 남한)가 생긴 것도 어려움을 가중시켰다. GDP와 인구와 같이 해방 전 통계를 남북으로 분할하여 이러한 차이를 조정한 경우도 있지만, 그렇지 못한 대부분의 경우 통계의 커버리지가 다르다는 점을 밝히는 데 그쳤다.

본서는 22개 장으로 나누어져 있으며, 제I권(A~K장)과 제II권(L~V장)으로 발간되었다. 장별로 통계표를 제시하고, 그에 대한 해설을 실었다. 해설에서는 해당 분야의 통계 자료의 상황을 개관하고 이 분야의 역사 통계를 이용하려는 연구자들에게 가이드 역할을 하도록 하였다. 나아가 중요하다고 생각되는 장기 추이 그래프를 예시하여 해당 분야에서 어떤 변화가 일어났는지를 보이고자 하였다. 통계표에는 범례에서 언급했듯이 각 항목의 시계열 통계를 직접 인용할 수 있도록 고유번호가 부여되어 있는데, 각 장별로 205~952개, 도합 약 1만 개의 시계열 통계가 제공되고 있다.

마지막으로 본서가 시도한 장기통계의 정비가 어떤 의의를 갖는지 간단히 부연해 두기로 한다. 일반인은 물론이지만, 연구자들도 자신의 전공을 넘어 익숙하지 않은 분야에서 원하는 통계를 찾아 적절히 이용하기는 쉽지 않다. 과거로 거슬러 올라가 통계를 이용하고자 할 때에도 유사한 문제에 부딪친다. 예컨대 경제학자들이 현대 경제를 연구할 때 고도성장기나 해방 전까지 포함한 장기적 시각에서 접근하는 경우는 드물다. 경제사 연구자들도 자신이 전공한 시기를 좀처럼 벗어나려 하지 않는다. 우리나라는 특히 시기별로 자료 상황의 차이가 큰데, 그것이 진입장벽으로 작용하기 때문이다. 그러다 보니 경제학과 경제사 연구가 거의 교류 없이 따로따로 이루어지고 있는 실정이다. 다른 학문 분야의 사정도 크게 다르지 않다.

본서가 지향하고자 하는 것은 이러한 장벽을 낮추어 누구나 손쉽게 이용할 수 있는 장기통계 인프라를 제공하는 것이다. 본서의 이용자들은 경제 사회의 각 분야에서 자신이 관심을 갖는 지표들이 해방 전과 후에 걸쳐 어떠한 추이를 밟아 왔는지를 찾을 수 있을 것이다. 그리고 한 분야에서 나타난 변화가 다른 분야의 변화에도 영향을 주거나 받았을 터인데, 본서가 제공하는 수량 정보는 그들 간에 어떤 관련이 있는지를 구명하는 연구를 촉발할 수 있다. 나아가 장기통계의 정비는 각국의 발전 경로 전체를 비교할 수 있게 함으로써 국제비교의 지평이 그만큼 넓어진다. 이를 통해 한국사나 사회과학의 각 분야에서 한국 사회가 지난 1세기에 걸쳐 어떻게 변해 왔고, 외국과는 어떻게 다르며, 그러한 요인이 무엇인지에 관한 수량적 연구가 촉진될 것으로 기대하고 있다. 이러한 연구가 축적되고 분야 간 교류가 확대되는 데 본서가 다소라도 기여할 수 있다면 저자들에게는 더할 나위 없는 큰 기쁨이라고 생각한다.

본서로 결실을 맺은 공동 연구는 2014년 대한민국 교육부와 한국학중앙연구원(한국학진흥사업단)의 한국학 분야 토대연구지원사업(연구과제명: '한국의 장기 역사통계: 데이터베이스의 구축과 통계서 발간', 과제번호: AKS-2014-KFR-123001, 연구책임자: 김낙년 동국대 교수)의 지원을 받아 수행되었다. 본서가 해외의 한국학 연구에도 널리 이용될 수 있도록 영문판(*Historical Statistics of Korea*)도 곧이어 발간할 계획으로 있다. 이 연구과제를 수행하는 데에는 각 장의 저자로 참가한 공동연구원 이외에도 김양태 전임연구원, 당시 대학원생으로서 공동연구에 참여한 김성남, 황준석 군의 도움을 받았다. 그리고 본서의 출판에는 노현철 사장님을 비롯하여 도서출판 해남의 김태임 실장, 권필주 팀장께 많은 도움을 받았다. 여느 책과는 달리 본서는 특히 크고 복잡한 통계표들이 많아 조판이 쉽지 않았을 터인데, 이를 깔끔하게 정리해 주었다. 이 자리를 빌어 모두에게 감사의 말씀을 드린다.

김낙년
박기주
박이택
차명수

범례

1. 조선왕조와, 일본 제국주의의 지배를 받던 시기의 한반도를 본서에서는 모두 '조선'으로 표기한다. 해방 후 대한민국은 물론이고, 해방 전과 해방 후를 묶어 통칭할 때에는 '한국'으로 표기하기로 한다. 다만 해방 전 통계의 커버리지를 나타낼 때에는 해방 후의 '남한'과 대비하여 '남북한'으로 표기한다.
2. 해방 전 금액의 단위는 '圓', 해방 후는 '원'으로 각각 표기한다. 1953년과 1962년에 두 차례 리디노미네이션(redenomination)이 시행되어 화폐 호칭이 圓→환, 환→원으로 바뀌고, 화폐단위도 각각 1/100과 1/10로 줄었다. 여기서는 해방 후 1953년까지의 圓과 1953-1962년까지의 환으로 표시된 금액은 각각 1/100과 1/10을 곱해 현재의 '원'으로 환산하여 제시한다. 해방 전의 '圓'으로 표시된 금액을 해방 후의 '원'으로 환산할 때에는 1/1000을 곱해 주면 된다.
3. 통계표의 각 시계열에는 해당 장의 알파벳(A~V)과 시계열의 순번으로 이루어진 고유번호를 부여한다. 예컨대 A378은 A장의 378번째 시계열을 가리킨다. 그리고 A378에서 A391까지로 이루어진 통계표는 '표 A378-391'로 표기한다. 또는 여러 개의 시계열이나 표를 묶어서 예컨대 'N169-210'과 같이 표기할 수 있다. 본서에서 통계표를 인용할 때에는 이 고유번호를 이용한다.
4. 통계표에서 '-'은 해당하는 통계 수치가 0임을 나타낸다. '0'은 그 수치가 표시된 단위의 1/2에 미치지 못해 반올림한 결과 0이 되었음을 의미한다. 그 외에 해당 사항이 없거나 자료가 없어 수치를 제공하지 못한 경우에는 공란으로 비워 두었다.
5. 통계표에 실린 수치는 지면의 제약을 고려하여 표시 단위를 높여 자릿수를 제한하였다. 보다 엄밀한 통계표의 수치와 지면의 제약으로 본서에 싣지 못한 부표는 낙성대경제연구소의 홈페이지(http://www.naksung.re.kr)에서 엑셀 파일로 열람하거나 다운로드 받을 수 있다.
6. 통계 작성 기관에서 다운로드 받아 본서에 수록한 통계의 경우에는 이후 업데이트가 이루어지면 수치가 변경될 수 있다. 그리고 본서와 같은 방대한 작업에는 착오로 인한 오류가 포함될 가능성을 배제하기 어렵다. 오류가 발견된 경우 편집자에게 연락을 주기 바란다.

차례

[제 I 권]

[제Ⅱ권]

A. 자연과 지리

박희진 · 차명수 · 황준석

모든 것이 자연 환경에 달려 있다는 지리 결정론(geographical determinism)을 믿는 사람은 많지 않을 것이다. 그러나 자연 환경이 사회발전에 중요한 영향을 미친다는 것을 의심하는 사람은 별로 없으며 경제학자들은 지리를 제도와 함께 경제성장 속도를 좌우하는 근본 원인으로 본다.[1] 몽테스키외(Charles-Louis de Secondat, Baron de La Bréde et de Montesquieu, 1689-1755)는 1748년 출간된 『법의 정신』(*De l'esprit des lois*)에서 유럽이 아시아보다 전제 군주제가 덜 발전한 이유가 보다 온화한 기후와 덜 평탄한 지형에 있다고 주장했다. Diamond(1997)는 유라시아 대륙에서 문명이 발전한 이유를 대륙의 모양이 아메리카 대륙처럼 세로가 아니라 가로로 길다는 사실에서 찾았다. Nunn and Puga(2012)에 따르면 아프리카 대륙에서 지형 요철도(terrain ruggedness)가 높은 지역일수록 오늘날 높은 생활수준을 누리고 있는데, 그 이유는 요철도가 높은 지역에서는 노예 사냥꾼들이 숨어 있는 원주민들을 찾아내기 어려웠고 그래서 노예 무역이 발전하지 않았기 때문이었다.

한반도는 위도 33°-43° N 경도 124°-132° 에 위치하며, 사계절이 뚜렷한 온대성 기후가 지배한다. 반도이므로 바다로의 접근성이 좋아서 군청 소재지 또는 군 중심점 부근으로부터 해안선까지 평균 거리는 37킬로미터에 불과하며 194킬로미터 이상 떨어져 있는 군이 없다. 평균 고도는 272미터이며 고도 최댓값은 1,418미터, 최솟값은 12인데 전체 토지 중에서 임야가 2/3 정도를 차지한다.[2] 이 장은 이 같은 한반도의 자연과 지리에 관한 통계 정보를 제시한다. 자연지리에는 질병과 사망에 영향을 미치는 요인들도 포함되지만 이는 인구와 건강에 관한 장에서 다루어지며 이 장에서는 1) 기후 및 2) 면적 통계, 그리고 3) 군별 지리 통계 만을 다룬다. 이 글은 이 장에서 제시하는 통계 정보를 개관하고 그 출처를 설명하며 자연 및 지리 관련 정보에서 발견되는 흥미로운 시계열 추세와 횡단면 패턴 몇 가지를 소개한다.

1 제도와 자연 환경 중 어느 쪽이 경제 성장에 더 근본적인 영향을 미치는지에 대한 흥미로운 논쟁은 http://www.nybooks.com/articles/2012/06/07/what-makes-countries-rich-or-poor/와 http://www.nybooks.com/ articles/2012/08/16/why-nations-fail/를 보라.

2 해안선으로부터의 거리 및 고도는 식민기기의 군 경계를 이용해서 계산된 것이다.

1. 통계 자료

기후 통계는 5대 도시 및 전국 통계를 년 · 월별로 제시하며, 면적 통계는 전국 및 도별 통계를 연별로 제시한다. 군별 지형 통계는 식민지기 행정 체계를 기준으로 작성된 것을 제공한다.

1) 기후 통계

이 통계서에서 제공하는 기후 데이터는 기온, 강수량, 습도 및 풍속에 관한 것이다.

우리나라에서는 세종이 장영실에게 측우기를 이용해서 강우량을 측정하도록 지시한 것을 계기로 강우 기록이 시작되었다고 알려지고 있지만, 서울의 경회루에 있는 측우기에서 측정한 1777년 이후 1907년까지의 강수 기록만이 『승정원일기』에 기재되어 있다. 정현숙 · 임규호(1994)는 이를 바탕으로 서울의 월 강수량을 추계했는데 우리는 이를 옮겨 A1-13으로 수록했다.

근대적 방식을 이용한 강수량 측정은 1904년 4월 8일 목포에서 시작되었고 뒤를 이어 부산과 서울에서 강수량 측정이 이루어졌다. 1904년부터 기온, 습도, 풍속, 풍향, 기압도 측정되기 시작했다. 이를 바탕으로 『제1차 통감부통계연보』에 1905년부터 부산, 목포, 인천, 용암포, 원산, 성진 6곳의 기온 · 강설량 · 풍향이 월별로 수록되기 시작했으며, 1909년 말 성진, 용암포, 원산, 평양, 경성, 인천, 대구, 부산, 목포 9곳의 기록이 추가되었다. 해방 후 한국의 기상 측정은 강릉, 울릉도, 전주, 광주, 여수, 제주가 추가된 15개소의 관측소로 시작했는데 현재 95개소의 기상관측소와 무인 자동 관측장비 477개소를 포함한 532개의 지상관측소가 있다. 이렇게 수집된 해방 후의 기후 정보는 『기상연월보』를 통해 제공되고 있다.

이 통계서에서 제공하는 기상 정보는 기상청 웹사이트(http://data.kma.go.kr)에서 구할 수 있는 일별 자료를 바탕으로 산출한 서울, 대구, 부산, 목포의 4개 주요 지점에 관한 것인데 한국전쟁 기간(1950-1953)에는 서울 관측치의 누락이 있다. A14-65로 제시된 1904년 이후의 강수량은 월 및 연중 합계이다. 4개 지점에서의 기온은 년 · 월별 최고(A79-143), 최저(A118-169), 평균(A170-221)치를 통계표에 포함시켰다. 이 외에 상대 습도(A222-273), 평균 풍속(A274-325), 그리고 최대 풍속(A336-377)을 수록했다.

2) 면적 통계

농업 장에서 소개하고 있듯이 조선시대에 이미 과세 목적으로 경작지 면적을 조사한 기록이 남아 있지만 이는 절대면적이 아니라 토지 생산성을 기준으로 측정한 것이며 경작지 이외의 토지면적은 포함하고 있지 않다. 전국 및 행정 단위별 면적을 근대적 측량기술을 사용해 측정한 수치는 식민지기에 들어와서야 등장한다. 1910년 시작되어 1918년에 종료된 「조선토지조사사업」에 의해서 한반도 전체에 걸쳐 근대적인 측량이 이루어졌으며, 지형도가 제작되었다. 또한 「조선임야조사사업」의 핵심 사업 중 하나인 측량 작업(1916-1924)을 통해서 비로소 삼림의 면적이 파악되게 되었다.[3] 이렇게 얻어진 면적 통계는 대부분 『조선총독부 통계연보』에 나와 있으며 해방 이후 대한민국의 면적 통계는 『한국통계연감』에서 구할 수 있다.

이 장은 남북한 면적과 아울러 도별 면적과, 소유 주체별 면적 시계열을 제공한다. A378-391은 식민지기의 도별 면적이며, A392-409는 1917-2015년간 남한의 행정구역을 기준으로 한 면적 시계열이다. 식민지 시기 남한의 면적은 경상도, 전라도, 충청도의 면적과 식민지기 경기도와 강원도 중 남한에 귀속된 면적을 합산해서 추계했다. 이를 위해서는 남북 분단으로 도가 분할된 경기도와 강원도 면적의 남북 분할 비율이 필요한데, 이는 한국전쟁 직후인 1958년의 상황을 보여 주는 1959년판 『대한민국통계연감』에 제시된 경기도 및 강원도의 면적을 1943년 경기도와 강원도의 면적으로 나눈 비율(89.4%와 67.5%)과 같다고 놓았다.

여기에 나타난 행정구역별 면적 변화는 행정구역 경계선 변경을 반영한다. 대표적인 예를 들면 1946년과 1949년 제주도와 서울시가 전라남도와 경기도로부터 분리된 이후, 부산직할시(광역시) 등 6개의 광역시와 세종특별자치시가 각 도로부터 분리되었다. 이 외의 가장 큰 도계(道界) 조정은 1962년에 이루어졌는데, 이때에 강원도 울진군이 경상북도로, 전라북도 금산군이 충청남도로, 강원도 철원군 신서면이 경기도 연천군으로, 전라북도 익산군 황화면이 충청남도 논산군으로, 전라남도 영광군 위도면이 전라북도 부안군으로 각각 편입되었다.

토지는 국가 소유인 국유지와 개인 · 공공단체 · 지방정부의 소유인 민유지로 나뉘어진다. 『조선총독부통계연보』에는 1917년 이후부터 통계가 기록되어 있다. 1917년은 토지조사사업이 끝나갈 무렵이므로 민유 및 국유 전답면적 통계는 현실에 근접한 것이지만 민유 및 국유 임야면적 통계는 임야조사사업의 측량 작업이 완료된 1925년 이후부터 현실을 제대로 반영한 것이라고 할 수 있다.[4] 따라서 이 장의 통계표에서는 『조선총독부통계연보』에 나와 있는 국유지, 민유지 및 임야 면적 통계 중 1924년까지의 숫자를 제외했다. 여기서 제공하는 것은 1925-1943년간 남북한의 국유지 · 민유지 · 임야 면적, 1925년 이후 현재까지 식민지기의 남한 지역과 해방 후 한국의 국유지 · 민유지 · 임야 면적

3 「조선임야조사사업」은 "1916년 시험적 준비조사를 거쳐 1917년부터 1924년까지 9년간 1차 사정사무(査定事務: 조사와 측량 포함)가 완료되었고, 이에 부수하는 2차 재결사무(裁決事務)는 조선총독부임야조사위원회의 주관으로 1919년 개시되어 1935년 비로소 완결되었다." 한국학중앙연구원 민족문화백과대사전, http://encykorea.aks.ac.kr/Contents/Index?contents_id=E0047541.

4 1924년까지 신고된 국유지 임야는 1,176km^2, 민유지 임야는 1,777km^{2}로 1926년에 파악된 면적의 약 2-3%에 불과했다.

시계열이다(A410-415).

3) 군별 지리 통계

이 장에서 제공하는 군별 지형 통계는 식민지기의 행정 체계를 기준으로 작성된 것이다. 조선총독부는 조선시대에 설치되었던 331개의 군을 통폐합해서 239개의 부 · 군으로 정리했는데 각 부 · 군의 소속 도, 군청 소재지의 좌표(A416-419), 면적(A418), 삼림면적(A419), 토양 산성도(A641), 군청 소재지로부터 해안선까지의 거리(A421), 주요 강까지의 거리(A422), 서울까지의 거리(A423)를 제시했다.

군별 면적의 출처는 1935년 조선국세조사보고서, 군별 삼림면적의 출처는 『조선임야조사사업보고』, 토양 산성도의 출처는 1919년에 발간된 『酸性土壤に關する硏究』이다. 당시에는 현재 산성도의 표시단위로 널리 사용되는 pH값이 도입된 1920년대 이전이라 산성-약산성-중성-약염기성-염기성 다섯 단계로 기록되어 있다. 우리는 이를 산성 1, 약산성 2, 중성 3, 약염기성 4, 염기성 5의 수치로 변환하였고 이를 군별로 평균하였다. 따라서 토양 산성도는 1에서 5 사이의 값을 가진다.

군청 소재지 좌표는 Google Earth를 이용해서 파악했는데 식민지기의 군청 소재지가 Google Earth에서 찾아지지 않는 경우, 군의 중심부에 위치한 학교, 철도역 등 공공시설의 위치로 대체했다. 군청 소재지로부터 해안선, 주요 강 및 서울까지의 거리는 ArcGIS 소프트웨어를 이용해서 황준석이 계산했다.

2. 시계열 추세

자연과 지리는 사람들의 활동을 제약하는 외생 변수이지만 사람들의 활동 또한 자연과 지리를 변화시킨다. 무엇보다 인구 증가는 경작지 수요를 증가시키고 토지 수익률을 높여 개간이나 간척 활동을 유발한다. 경제성장은 화석연료 사용의 증가를 바탕으로 하는데 이는 온난화를 초래한다.

조선시대 서울의 1-3월, 11-12월 등 겨울과 이른 봄의 측우 기록은 부실한 경향이 있으므로 이를 제외한 4-10월 동안

그림 A-a 서울의 4-10월 평균 강수량(밀리미터)

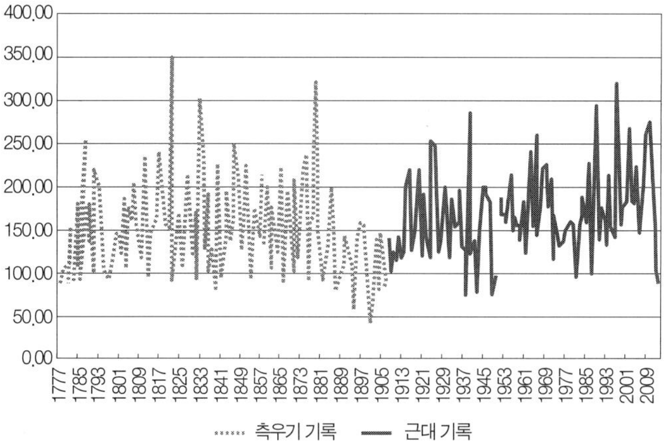

자료: A5-11, A18-24.

의 평균 강우량을 보이는 것이 그림 A-a의 점선이다. 1908년 이후의 실선은 근대적 방법을 적용해 측정된 4-10월 동안 서울의 평균 강우량이다. 지난 2세기 반 동안 강우량 변화에는 장기 파동이 발견된다. 즉, 19세기 초까지의 증가, 19세기 중엽의 정체, 19세기 말의 감소, 이후 20세기 동안의 증가 추세다. 그런데 19세기의 강우량 감소는 토지 생산성과 실질 임금 감소가 급격하게 진행되던 19세기 말에 일어났으며 19세기 초중반에는 강우량이 비교적 많았다.[5] 20세기의 강우량 증가는 여름 강우량 증가 때문에 발생한 것이며, 겨울철 강우량은 오히려 감소하는 추세를 보이고 있다.

그림 A-b는 서울, 대구, 목포의 연평균 기온이 1908년 이래 한 세기 동안 꾸준히 상승해 온 것을 보여 준다. 이 세 도시의 평균 기온은 1919/1921년에서 2013/2015년 사이에 1.9도 상승했다. 한국전쟁 기간 동안의 온도 기록 누락이 없는 대구와 목포의 평균 기온의 선형 시간 추세를 추정해 보면 평균 온도가 매년 0.017도씩 상승했음을 알 수 있다. 그림 A-b를 보면 세 도시 사이의 온도 격차가 점점 좁혀지고 있는 인상을 받는데, 특히 1960년 이전에는 대구가 목포보다 시원한 지역이었으나 고도 성장기를 거치면서 더 더운 지역으로 변한 점이 주목된다. 세 도시 평균 기온의 변이 계수(coefficient of variation)를 계산해 보면 1909-2015년간 0.11에서 0.06으로 거의 반감했는데, 이 같은 도시 간 온도 격차의 수

5 19세기 후반의 급속한 지대 및 실질 임금 하락에 관해서는 각각 농업 및 임금에 관한 장을 참조하라.

그림 A-b 3대 도시 연평균 기온(섭씨 도)

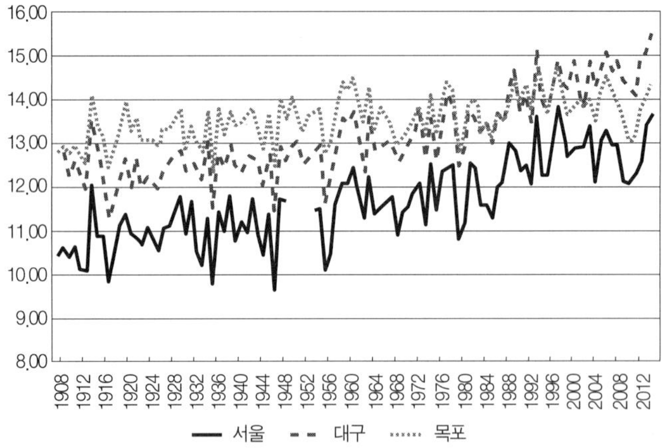

자료: A170, A183, A209.

그림 A-c 남한과 세계 전체의 온난화 비교(섭씨 도), 1950-1980년의 평균 기온으로부터의 편차

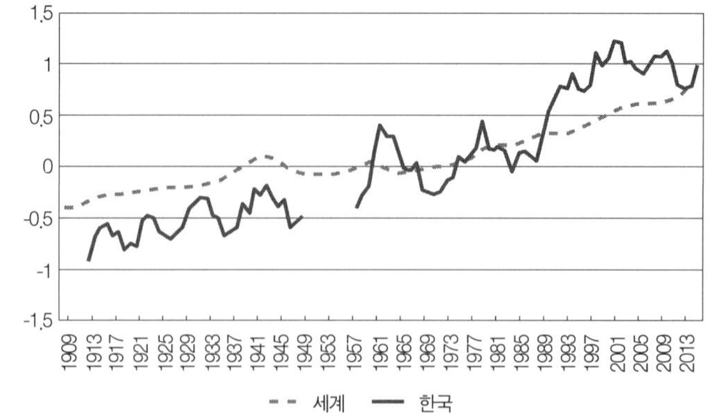

자료: A170-221; GISTEMP Team(2017).

축은 대부분 고도 성장기(1960-1990)에 발생했다.

1908년 이전의 기온에 관해서는 나이테를 이용한 추정 결과가 있다. 최종남 · 유근배 · 박원규(1992)는 중부 산간 지역 침엽수의 나이테를 분석하고 1635-1911년간의 기온이 1912-1989년간의 기온에 비해 약간 낮았다는 결론을 도출했다. 이 연구에 따르면 4-5월 평균 기온이 두 시기 각각 13.52도, 13.69도 7-8월 평균 기온이 두 시기 각각 24.50도, 24.62도였다. Global Temperature Record(http://temperaturerecord.org)에 따르면 지구의 평균 표면 온도는 1000년 이후 약 6세기 동안 정체한 뒤 소빙기(little ice age)로 알려진 17세기에 낮은 수준에서 머물다가 1700년 이후 서서히 증가하기 시작해서 20세기 들어 증가 속도가 빨라졌다.

20세기에 전 세계적으로 온난화가 진행되는 추세 속에서 한국의 기온 증가는 다른 지역에 비해 더 빠르게 일어났다. 그림 A-c는 NASA의 고다드 우주연구소(Goddard Institute for Space Studies: GISTEMP)가 측정한 1910년 이후 세계 평균 기온과 한국의 서울, 인천, 부산, 대구, 목포 5개 도시의 평균 기온을 비교한 것이다. 이를 보면 세계 다른 지역에 비해 우리나라에서 지난 한 세기 동안 기온이 더 빠르게 상승했음을 알 수 있다.

1916년까지 『조선총독부통계연보』에 217,819km^{2}로 기재되었던 식민지 조선의 면적은 1917년 토지조사사업으로 정확한 토지 측량 결과가 나옴에 따라 220,742km^{2}로 정정되었다. 이후 전체 면적은 간척 활동을 통해 증가해 갔다. 간척은 주로 1930년대부터 서해를 접하는 평안, 경기, 충청, 전라도 지역에서 이루어졌는데 1943년 말 전체 면적은 220,951km^{2}로 0.1% 증가했다(A378). 앞에서 설명한 경기도 및 강원도 남북 분할 비율을 적용해서 계산한 남한의 면적은 1917년 98,407km^{2}였다. 식민지기에 남한 지역의 면적은 0.2% 증가했다. 1960년대 이후 국토면적은 이전에 비해 빠른 증가 추세를 보이고 있다. 대규모 간척사업이 본격화되면서 2015년에는 100,295km^{2}로 1958년의 98,500km^{2}에 비해 1.8% 증가했다(A392).

그림 A-d 남한에서의 국유지 및 임야 비율(%)

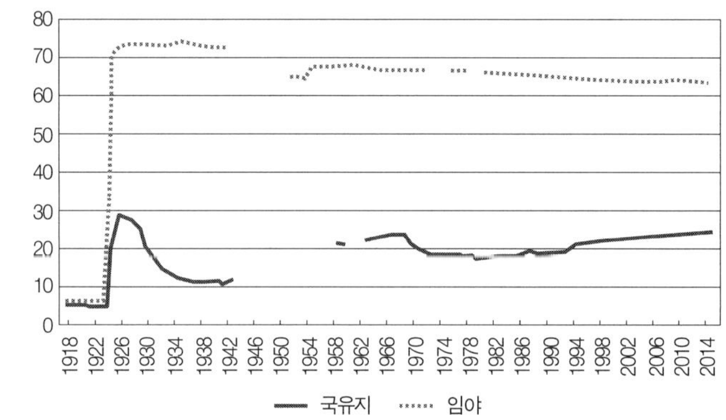

자료: 『조선총독부통계연보』. 임야조사사업의 측량 작업이 완료된 1925년 이후의 국유지 임야면적 시계열은 통계표 A413, A415로 제시되어 있음.

그림 A-d는 『조선총독부통계연보』에 제시된 통계를 이용해서 계산한 남한 지역에서의 국유지 및 임야 비율의 추세를 보여 준다. 1924/1925년을 경계로 해서 임야 비율이 급격히 상승하는데 이는 1924년에 임야조사사업의 조사 측량

작업이 일단락되면서 비로소 전체 토지에서 차지하는 임야의 비율이 $\frac{3}{4}$에 달한다는 사실을 알게 되었음을 보여 준다. 임야 비율은 1925년 이후 식민지기에 크게 달라지지 않았지만 해방 이후 도시화의 진전으로 임야 비율이 꾸준히 하락해 갔다. 임야의 상당 부분이 국유지였으므로 임야면적이 제대로 파악되면서 전체 토지에서 차지하는 국유지의 비율도 1924/1925년을 경계로 크게 증가했다. 1925년 이후 식민지기에는 국유지 비중이 빠르게 하락했지만 해방 후에는 증가 추세를 보였는데, 이는 도로 및 댐 등 사회간접자본 건설을 위한 국가의 민간 토지 수용의 결과이다.

3. 횡단면상의 패턴

그림 A-e 군별 과거 급제자 인구 비율과 주요 강까지의 거리

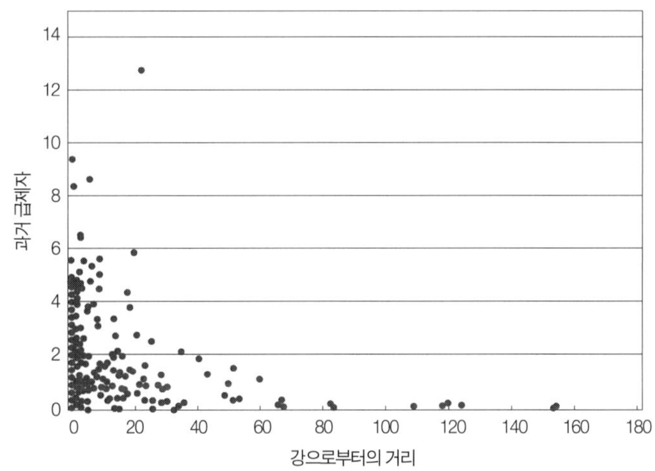

자료: A643; 한국학중앙연구원, 『民籍統計表』.
주: 가로축-주요 하천으로부터의 거리(킬로미터); 세로축-1909년 인구 천 명당 조선시대 생원 진사시 합격자(명).

자연 및 지리는 경제학과 같은 사회과학에서 좀처럼 구하기 힘든 외생 변수를 제공해 준다. 그림 A-e는 조선시대 각 군과 주요 강 사이의 거리와 사마시 합격자 인구 비율 사이에 음의 상관관계가 있었음을 보여 준다. 즉, 강에 인접한 군일수록 인구 대비 더 많은 사마시 합격자를 배출했음을 보여 주는데, 이 같은 상관관계는 강로부터의 거리가 외생 변수이기에 강으로의 거리 ⇒ 과거 급제라는 인과관계를 나타내는 것으로 해석할 수 있다. 강에서 먼 지역일수록 과거 실시에 관한 정보에 쉽게 접하기 어려웠거나 과거를 보러 서울에 가기가 어려웠기 때문에 이런 지역에서는 과거 급제자가 많이 나오지 않았을 것이다.

거의 모든 사회 경제 변수는 내생적으로 결정되므로 이들 사이의 상관관계를 보아서는 무엇이 무엇을 결정하며, 무엇이 무엇에 의해 결정되는지를 알기 어렵다. 그래서 인과관계를 검증하기 위해서 경제학자를 포함한 사회과학자들은 외생적으로 주어진 것으로 보아도 무방한 지리 및 자연 환경 변수를 도구 변수(instrumental variable)로 활용한다. 제도가 경제성장에 미치는 영향을 분석한 Acemoglu, Johnson, and Robinson(2000)은 그 중 가장 잘 알려진 예 중의 하나다. 또 회귀분석을 통해 검출된 두 변수 사이의 상관관계가 혼재 변수(confounding variables)의 영향을 반영하는 것이 아니라 인과관계를 나타내는 것임을 보이기 위해서 지리 및 환경 변수의 영향을 통제하더라도 이 상관관계가 크게 달라지지 않음을 보이는 강건성 검정(robustness check)은 널리 활용되고 있다.

1910년대는 조선총독부의 행정 및 통치 기구가 정착되어 가던 시기로 이 시기의 집계 통계에 나타난 추세는 부분적으로는 현실의 변화를 반영하지만 또 다른 부분적으로는 식민지 정부의 정보수집 능력의 성장을 반영하는 것이라는 점에 대해서 이견이 없다. 그러나 그 중 어느 만큼이 실제로 일어난 변화를 나타내고 어느 만큼이 통계 커버리지의 확대에 기인한 것인지에 대해서는 서로 다른 견해가 대립하고 있다.

그 중 가장 중요하게 문제시되었던 것은 토지조사사업이 아직 진행되고 있던, 그래서 전체 경작지 면적조차 아직 제대로 파악되지 못했던 1910년대 쌀 생산 통계이다. 왜냐하면 쌀 생산은 식민지기 조선의 총생산에서 매우 큰 비중을 차지하고 있었고 1910년대에 쌀 생산이 증가했는지 여부에 따라 식민지기에 경제성장이 일어났는지 여부가 크게 좌우되기 때문이다. 조선총독부가 발표한 쌀 생산 통계는 이 시기에 빠른 속도로 증가했지만, 허수열(2000)은 이 시기에 실제로는 쌀 생산이 전혀 증가하지 않았다고 본 반면, 박섭(2012)은 이 시기에 일본에서 건너온 고수확 품종이 보급되면서 논의 토지 생산성이 증가했으므로 실제로 쌀 생산이 증가했다고 보았다. 1910년대에 일본 볍씨가 보급된 것

은 사실이지만 허수열(2011)은 일본 볍씨가 고수확 품종이라는 사실을 의문시하고 따라서 일본 볍씨가 보급된 사실을 근거로 쌀 생산이 증가했다고 주장할 수 없다고 보았다. 일본 볍씨가 많이 보급된 논의 토지 생산성이 높은 것은 사실이지만, 이는 일본 볍씨가 비옥한 논을 중심으로 보급되어 갔기 때문이라는 것이다. 즉, 일본 볍씨 보급과 논 생산성 사이에 상관관계는 논 생산성 ⇒ 일본 볍씨 보급률이라는 인과관계를 나타내는 것으로, 박섭(2012)이 생각하는 것처럼 반대 방향의 인과관계를 나타내는 것은 아니라는 주장이다.

토지 비옥도는 산성도에 의해 크게 좌우되는데 논 농사의 경우 비옥한 토지는 약산성을 가지는 것으로 알려져 있다(정원교 2006). 그러므로 허수열과 박섭의 주장 중 어느 쪽이 합당한지는 일본 볍씨 보급률과 토지 산성도 사이의 상관관계를 살펴봄으로써 알 수 있다. 차명수 · 황준석(2015)은 군별 데이터의 회귀분석을 통해 1923년의 일본 볍씨 보급률과 토양 산성도 사이에는 유의미한 상관관계가 없으며 1923-1938년 사이의 일본 볍씨 재배면적 증가율은 약산성 토지, 즉 비옥한 토지에서 가장 느렸음을 발견했다. 이에 대해 허수열(2016)은 반론을 제시했지만 비옥한 토지를 중심으로 일본 볍씨가 보급되어 갔다는 자신의 주장을 입증하지는 못했다(차명수 2017).

참고문헌

박 섭(2012), 「농업」, 김낙년 편, 『한국의 장기 통계: 국민계정 1911-2010』, 서울대학교 출판문화원, 27-50.

정원교(2006), 「토양 산성도의 이해와 산성토양의 관리」, 『토양과 비료』 25, 29-35.

정현숙 · 임규호(1994), 「서울지역 월 강수량과 강수일수, 1770-1907」, *Asia-Pacific Journal of Atmospheric Sciences*, 30(4), 487-505.

차명수(2017), 「재반론: 1910년대에 쌀생산은 정체했나?」, 『경제사학』 41(2), 189-202.

차명수 · 황준석(2015), 「1910년대에 쌀생산은 정체했나?」 『경제사학』 39(1), 77-104.

최종남 · 유근배 · 박원규(1992), 「아한대 침엽수류 연륜 연대기를 이용한 중부 산간 지역의 고기후 복원」, *Korea Journal of Quaternary Research* 6(1), 21-32.

허수열(2016), 「반론: 1910년대에 쌀생산은 정체했나?」 『경제사학』 40(3), 431-456.

_____(2011), 『일제초기 조선의 농업』, 한길사.

和田雄治(1917), 『朝鮮古代觀測成績調査報』, 朝鮮總督府觀測所.

Acemoglu, Daron, Simon Johnson, and James A. Robinson(2001), "The Colonial Origins of Comparative Development: An Empirical Investigation," *American Economic Review* 91(5), 1369-1401.

Diamond, J.(1999), *Guns, germs, and steel*, W.W. Norton & Company.

GISTEMP Team(2017), "GISS Surface Temperature Analysis (GISTEMP)," NASA Goddard Institute for Space Studies. https://data.giss.nasa.gov/gistemp/48,RG4004,doi:10.1029/2010RG000345.

Nunn, Nathan and Diego Puga(2012), "Ruggedness: The blessing of bad geography in Africa," *Review of Economics and Statistics* 94(1), 20-36.

A. 자연과 지리

박희진 · 차명수 · 황준석

1. 자연환경

표 A1-13 측우기 기록을 바탕으로 추정한 서울의 연월별 강수량, 1777-1907

	연중	1월	2월	3월	4월	5월	6월	7월	8월	9월	10월	11월	12월
	A1	A2	A3	A4	A5	A6	A7	A8	A9	A10	A11	A12	A13
							mm						
1777	735.0	0.0	0.0	0.0	6.0	47.0	28.0	300.0	150.0	78.0	4.0	122.0	0.0
1778	760.1	0.0	32.0	0.0	16.0	60.0	120.1	256.0	184.0	64.0	24.0	4.0	0.0
1779	924.1	0.0	0.0	96.0	62.0	30.0	310.1	104.0	154.0	40.0	68.0	50.0	10.0
1780	656.1	2.0	4.0	0.0	66.0	36.0	74.0	180.0	118.1	126.0	12.0	38.0	0.0
1781	1,179.9	6.0	14.0	44.0	36.0	52.0	260.0	372.0	205.9	150.0	4.0	14.0	22.0
1782	692.0	0.0	4.0	8.0	4.0	24.0	38.0	318.0	130.0	94.0	10.0	16.0	46.0
1783	770.1	0.0	0.0	2.0	52.0	40.0	122.1	82.0	322.0	58.0	86.0	6.0	0.0
1784	1,444.1	0.0	60.0	40.0	66.0	70.0	142.1	358.0	108.0	420.0	92.0	80.0	8.0
1785	682.1	0.0	0.0	16.0	34.0	66.0	79.8	248.3	40.0	78.0	94.0	18.0	8.0
1786	818.1	0.0	0.0	8.8	31.2	90.0	74.0	366.0	185.1	35.0	8.0	2.0	18.0
1787	1,882.9	0.0	0.0	46.0	52.0	16.0	395.0	698.4	341.5	284.0	14.0	36.0	0.0
1788	1,076.2	40.0	18.0	48.0	26.0	88.0	86.0	354.1	124.0	228.0	50.1	14.0	0.0
1789	1,336.0	0.0	0.0	28.0	206.0	64.0	202.0	402.0	296.0	50.0	54.0	20.0	14.0
1790	742.0	8.0	0.0	14.0	52.0	96.0	104.0	342.7	93.3	18.0	0.0	14.0	0.0
1791	1,717.8	30.0	0.0	16.0	16.0	138.0	182.0	342.8	629.0	120.0	114.0	50.0	80.0
1792	1,426.8	0.0	0.0	26.0	42.0	95.0	119.1	680.7	238.0	187.5	24.5	14.0	0.0
1793	914.1	0.0	0.0	8.0	92.0	89.0	197.0	244.0	38.0	152.1	48.0	30.0	16.0
1794	895.9	26.0	6.0	16.0	38.0	112.0	128.5	137.4	163.9	112.0	74.0	64.1	18.0
1795	713.9	2.0	6.0	26.0	10.0	66.1	89.9	295.7	146.2	22.0	10.0	40.0	0.0
1796	1,290.5	0.0	4.0	130.0	72.0	38.3	303.5	270.7	236.0	60.0	86.0	90.0	0.0
1797	902.0	6.0	0.0	62.1	76.0	0.0	144.0	262.1	198.0	121.8	6.0	26.0	0.0
1798	1,143.1	0.0	22.0	16.0	79.1	92.0	24.4	447.6	126.0	164.0	12.0	62.0	98.0
1799	1,111.9	16.0	2.0	10.0	62.1	42.0	253.0	322.1	280.8	16.0	49.9	44.0	14.0
1800	1,288.1	8.0	0.0	18.0	157.8	66.0	49.9	516.1	238.1	128.4	46.2	39.8	19.8
1801	927.0	0.0	38.0	4.0	42.0	74.0	78.0	240.0	267.9	91.1	60.0	26.0	6.0
1802	1,438.1	12.0	0.0	55.9	94.0	104.0	176.0	538.1	284.0	66.1	32.0	76.0	0.0
1803	886.2	12.0	0.0	56.1	62.0	36.0	64.0	276.0	104.0	98.0	100.1	72.0	6.0
1804	1,302.2	0.0	0.0	8.0	86.1	55.1	47.0	583.2	364.8	56.0	36.0	12.0	54.0
1805	1,423.7	0.0	12.0	145.7	86.0	102.0	164.0	251.9	283.9	176.0	71.0	111.2	20.0
1806	1,648.2	6.0	20.0	88.0	223.3	248.8	340.0	62.0	284.0	210.1	74.0	82.0	10.0
1807	1,062.0	0.0	0.0	14.0	38.0	95.0	132.5	210.4	446.0	34.0	50.0	34.1	8.0
1808	1,020.4	0.0	0.0	28.0	86.0	44.0	110.0	426.4	162.0	40.0	54.0	64.0	6.0
1809	951.7	10.0	0.0	78.6	51.4	84.0	50.0	272.0	203.9	155.8	12.0	34.0	0.0
1810	1,687.1	0.0	6.0	0.0	12.0	172.1	26.0	586.0	518.0	249.1	87.9	30.0	0.0
1811	1,332.0	0.0	0.0	96.0	30.0	8.0	28.0	642.0	340.0	78.0	42.6	55.4	12.0
1812	872.1	0.0	76.0	96.0	96.0	70.0	76.0	230.1	56.0	30.0	84.3	53.7	4.0
1813	1,172.2	0.0	0.0	118.1	6.0	36.0	113.9	401.1	363.1	48.0	46.0	22.0	18.0
1814	1,151.9	4.0	4.0	48.0	4.0	34.0	55.9	204.0	598.0	94.0	62.0	34.0	10.0
1815	1,191.8	0.0	0.0	35.0	47.0	24.0	151.9	352.1	292.4	229.5	49.9	10.0	0.0
1816	1,804.1	0.0	46.0	14.0	88.1	101.9	66.0	793.9	526.2	74.0	34.0	60.0	0.0
1817	1,569.8	0.0	0.0	50.0	50.3	58.0	86.0	569.9	580.9	79.2	25.6	45.9	24.0
1818	1,366.0	0.0	8.0	6.0	46.0	151.9	38.1	428.1	352.0	153.9	100.7	69.3	12.0
1819	1,222.2	0.0	0.0	58.1	4.0	30.0	113.9	354.0	198.0	384.2	12.0	44.0	24.0
1820	1,198.8	2.0	114.3	0.9	79.0	94.0	172.0	486.0	56.0	144.6	24.0	26.0	0.0
1821	2,566.0	0.0	40.0	10.0	108.0	78.0	218.1	1,130.8	669.2	172.0	105.9	28.0	6.0
1822	782.0	0.0	0.0	92.0	46.0	84.0	150.0	96.0	144.0	90.0	26.0	42.0	12.0
1823	1,023.8	4.0	29.9	76.0	16.0	88.0	145.9	320.0	116.5	131.5	32.0	52.0	12.0
1824	1,324.2	0.0	20.0	37.9	44.0	107.8	142.0	455.0	275.4	24.1	122.0	80.0	16.0
1825	856.2	0.0	0.0	24.0	40.0	84.1	22.0	280.1	242.0	40.0	59.9	52.1	12.0
1826	1,113.8	0.0	17.9	6.0	38.0	124.1	255.9	343.9	268.0	46.0	6.0	0.0	8.0
1827	1,602.0	0.0	0.0	30.0	116.0	244.0	237.9	229.9	296.0	332.0	44.1	42.1	30.0
1828	1,611.7	76.0	0.0	36.0	30.0	39.9	106.0	420.2	567.9	254.2	10.0	37.5	34.0
1829	938.1	0.0	0.0	58.0	70.0	110.0	76.0	218.0	72.0	202.0	116.1	8.0	8.0
1830	1,232.9	0.0	0.0	12.0	104.6	20.0	56.0	412.4	407.7	58.3	143.9	10.0	8.0
1831	730.3	0.0	22.0	50.0	56.0	132.1	0.0	88.1	180.0	116.0	56.1	30.0	0.0
1832	2,243.3	14.0	10.0	0.0	106.0	16.0	30.0	1,397.3	326.5	229.9	3.5	76.1	34.0
1833	1,814.1	0.0	0.0	12.0	30.3	84.0	81.9	464.0	981.9	52.0	18.0	48.0	42.0

표 A1-13 계속

	연중	1월	2월	3월	4월	5월	6월	7월	8월	9월	10월	11월	12월
	A1	A2	A3	A4	A5	A6	A7	A8	A9	A10	A11	A12	A13
							mm						
1834	894.1	0.0	0.0	6.0	12.1	100.2	102.1	195.7	121.1	244.9	94.0	8.0	10.0
1835	1,376.0	0.0	0.0	6.0	60.0	48.1	145.1	426.8	592.0	48.0	18.0	22.0	10.0
1836	771.9	0.0	0.0	35.9	131.9	28.0	178.1	306.0	62.0	6.0	6.0	18.0	0.0
1837	960.1	0.0	0.0	12.0	54.1	28.0	55.9	352.0	350.1	24.0	18.0	16.0	50.0
1838	754.2	15.9	0.0	76.0	20.0	55.9	32.0	193.4	179.9	56.0	38.0	42.1	45.0
1839	1,936.7	9.0	8.0	251.9	62.0	310.0	257.9	457.8	462.1	28.0	10.0	68.0	12.0
1840	975.9	0.0	0.0	26.0	51.9	71.9	217.6	238.4	76.0	81.9	60.0	130.1	22.1
1841	699.7	0.0	0.0	27.9	48.0	82.0	129.9	89.9	112.0	58.0	142.0	10.0	0.0
1842	1,100.3	2.0	20.0	28.0	84.1	20.1	51.9	354.2	324.1	83.9	18.0	58.0	56.0
1843	1,454.2	0.0	0.0	22.0	28.0	128.0	136.0	350.2	408.0	148.0	182.0	50.0	2.0
1844	1,081.1	10.0	0.0	28.0	86.0	157.7	195.2	260.2	182.0	24.0	50.0	76.0	12.0
1845	1,191.8	6.0	0.0	118.1	74.0	75.9	138.0	401.8	310.0	20.0	30.0	18.0	0.0
1846	1,762.0	0.0	6.0	6.0	64.0	169.9	252.0	678.9	363.2	200.0	2.0	20.0	0.0
1847	1,499.1	1.9	6.0	6.0	92.1	62.0	82.0	350.0	65.0	822.1	0.0	4.0	8.0
1848	1,175.9	0.0	68.0	6.6	65.4	40.0	91.9	462.0	318.1	50.0	39.8	32.0	2.1
1849	1,034.2	30.0	34.0	20.1	192.1	92.0	154.0	68.0	250.0	87.9	26.0	8.0	72.1
1850	1,184.5	2.0	0.0	4.0	38.0	100.0	196.1	408.6	263.6	62.1	32.0	58.1	20.0
1851	1,639.6	0.0	0.0	42.0	51.9	56.0	100.0	150.1	551.7	494.0	179.9	14.0	0.0
1852	968.7	18.0	0.0	0.0	16.9	131.9	148.0	385.9	89.9	106.0	6.0	64.1	2.0
1853	751.8	0.0	0.0	39.9	128.0	84.1	22.0	268.0	89.9	35.5	32.5	51.9	0.0
1854	1,275.5	28.0	0.0	6.0	10.0	70.0	142.0	403.1	430.1	98.2	56.0	8.0	24.1
1855	1,144.3	0.0	8.0	34.0	182.0	200.0	338.1	66.0	158.0	119.7	8.0	28.5	2.0
1856	1,136.3	2.0	8.0	86.0	48.0	80.0	72.0	218.2	218.0	334.1	32.0	30.8	7.2
1857	1,636.2	0.0	44.0	44.0	118.1	149.6	256.2	302.1	237.9	300.2	154.1	0.0	30.0
1858	1,003.8	14.0	0.0	6.0	60.1	57.9	144.1	315.8	173.9	140.0	28.0	52.0	12.0
1859	1,235.6	0.0	0.0	6.0	162.0	67.8	187.9	412.0	258.0	74.0	12.0	49.9	6.0
1860	1,506.2	0.0	0.0	12.0	78.0	88.4	68.0	675.9	448.0	30.0	48.0	43.9	14.0
1861	853.9	0.0	26.0	0.0	72.1	67.9	290.0	107.9	95.9	84.0	24.0	56.0	30.1
1862	1,279.9	0.0	1.0	5.0	86.0	79.9	20.0	716.0	168.0	167.9	14.0	2.0	20.1
1863	1,270.4	0.0	2.0	46.0	8.0	30.0	181.9	472.1	436.3	34.0	18.0	10.1	32.0
1864	1,031.4	0.0	10.0	36.4	115.7	67.0	63.0	204.0	242.2	94.0	69.0	56.0	74.1
1865	1,703.4	36.0	16.0	26.0	129.1	78.0	52.0	177.9	780.3	308.0	30.0	48.0	22.1
1866	761.9	26.0	16.0	68.0	47.9	78.0	28.0	254.0	186.0	24.0	16.0	18.0	0.0
1867	1,246.5	0.0	30.0	4.0	73.9	78.0	172.1	393.5	297.2	80.6	64.0	45.2	8.0
1868	1,514.7	21.8	29.0	29.9	32.0	94.0	245.8	514.0	382.2	50.0	51.7	40.3	24.0
1869	891.9	0.0	6.0	4.0	56.6	67.4	144.0	273.9	166.1	141.9	22.0	6.0	4.0
1870	788.8	18.0	8.0	0.0	58.0	42.0	149.4	38.7	200.7	202.0	8.0	20.0	44.0
1871	1,530.7	0.0	0.0	10.0	46.0	85.9	112.1	446.1	552.6	188.0	38.0	40.0	12.0
1872	986.0	16.0	0.0	48.0	148.0	72.1	44.0	198.0	151.9	34.0	184.0	39.5	50.5
1873	1,176.8	0.0	0.0	30.0	82.0	86.3	131.2	220.0	263.9	163.3	98.1	64.0	38.0
1874	1,676.5	0.0	0.0	6.0	22.0	149.2	358.1	451.4	516.1	78.1	30.0	58.0	7.6
1875	1,750.1	0.0	0.0	70.0	90.0	172.1	195.9	504.0	656.2	8.0	22.0	10.0	21.9
1876	675.1	0.0	0.0	32.0	22.0	30.0	109.1	82.0	298.0	80.0	0.0	12.0	10.0
1877	1,547.3	14.0	26.0	29.3	142.0	134.0	146.0	544.0	271.9	108.1	44.0	88.0	0.0
1878	1,168.0	0.0	0.0	28.0	139.9	124.1	88.0	440.1	28.0	156.0	149.9	6.8	7.2
1879	2,462.2	14.0	14.1	74.0	86.1	166.0	180.1	1,199.8	532.1	62.0	24.0	16.0	94.0
1880	1,112.2	0.0	0.0	28.0	152.0	114.1	256.0	86.1	144.0	236.0	50.0	46.0	0.0
1881	1,000.4	0.0	20.0	0.0	98.3	65.5	94.0	246.0	156.1	208.3	56.1	52.1	4.0
1882	711.5	34.0	0.0	11.9	86.0	20.1	38.1	167.9	188.0	74.0	56.1	25.4	10.0
1883	866.3	0.0	24.0	24.1	54.0	34.0	26.1	362.1	148.0	98.0	75.0	21.0	0.0
1884	1,209.2	24.0	0.0	8.0	71.0	166.0	138.5	344.4	252.3	159.0	36.0	10.0	0.0
1885	1,436.6	0.0	0.0	0.0	44.1	48.0	4.0	746.4	366.2	183.9	12.0	14.0	18.0
1886	1,093.8	0.0	0.0	0.0	119.8	54.0	342.2	141.4	240.4	138.0	21.5	32.5	4.0
1887	586.5	0.0	0.0	6.0	44.1	18.0	42.0	118.4	278.0	16.0	30.0	26.0	8.0
1888	748.0	0.0	0.0	8.0	64.1	14.0	28.0	327.9	62.0	190.0	20.0	18.0	16.0
1889	803.0	4.0	0.0	0.0	12.0	54.0	136.0	421.0	26.0	62.0	44.0	44.0	0.0
1890	848.2	0.0	22.0	22.0	74.0	41.9	282.2	192.0	114.0	30.0	32.1	22.0	16.0
1891	1,151.9	0.0	0.0	22.0	36.0	110.0	112.0	308.0	215.9	206.0	26.0	28.0	88.0
1892	927.2	0.0	0.0	4.0	32.0	11.0	63.0	314.4	396.8	56.0	24.0	26.0	0.0

표 A1-13 계속

	연중	1월	2월	3월	4월	5월	6월	7월	8월	9월	10월	11월	12월
	A1	A2	A3	A4	A5	A6	A7	A8	A9	A10	A11	A12	A13
							mm						
1893	858.1	14.1	0.0	0.0	22.0	138.1	116.0	136.5	204.4	131.1	58.0	31.9	6.0
1894		0.0	0.0	34.0	18.0	6.0	359.9	24.0					
1895	939.9	0.0	0.0	38.0	64.0	91.9	42.1	219.9	346.0	120.7	11.3	6.0	0.0
1896	1,074.1	2.0	4.0	2.0	122.1	32.0	400.1	199.9	212.0	34.0	42.0	20.0	4.0
1897	1,230.0	20.0	4.0	38.0	40.0	40.0	50.0	678.0	268.0	32.0	10.0	50.0	0.0
1898	1,008.0	0.0	10.0	0.0	74.0	22.0	148.0	370.0	256.0	128.0	0.0	0.0	0.0
1899	698.9	0.0	36.0	0.0	6.0	33.0	227.0	135.9	231.0	6.0	4.0	0.0	20.0
1900	446.1	0.0	0.0	38.0	24.0	86.0	10.0	140.0	58.0	88.1	2.0	0.0	0.0
1901	368.3	30.0	0.0	20.0	40.1	52.0	14.0	68.9	67.3	8.0	40.0	28.0	0.0
1902	707.0	0.0	0.0	32.0	27.9	80.1	69.0	252.0	114.0	68.0	24.0	31.0	9.0
1903	1,038.5	16.0	20.0	0.0	66.0	337.8	0.0	290.7	198.0	82.0	2.0	0.0	26.0
1904	595.1	0.0	10.0	12.0	88.0	50.0	26.0	245.1	132.0	4.0	20.0	0.0	8.0
1905	1,107.9	0.0	0.0	18.0	37.6	166.4	56.0	298.0	215.9	224.0	24.0	34.0	34.0
1906	639.9	24.0	6.0	10.0	22.0	120.1	13.0	40.9	195.9	180.0	10.0	0.0	18.0
1907	720.0	0.0	0.0	12.0	128.0	97.9	34.0	158.1	194.0	0.0	56.0	40.0	0.0

자료: 정현숙 · 임규호, 「서울지역 월 강수량과 강수일수, 1770-1907」, *Asia-Pacific Journal of Atmospheric Sciences*, 30(4), 1994, pp. 487-505.

표 A14-65 주요 지점 연월별 강수량, 1904-2015

	서울												
	연중	1월	2월	3월	4월	5월	6월	7월	8월	9월	10월	11월	12월
	A14	A15	A16	A17	A18	A19	A20	A21	A22	A23	A24	A25	A26
	mm												
1907											47.0	54.4	25.2
1908	1,066.3	18.2	29.1	12.4	17.0	71.3	107.1	530.3	160.5	65.3	35.3	14.4	5.4
1909	827.0	7.4	7.9	26.7	106.8	46.2	90.9	160.0	216.1	78.2	28.1	23.7	35.0
1910	1,020.9	21.8	1.2	32.9	36.8	1.7	183.3	377.8	184.3	79.6	14.1	78.3	9.1
1911	1,067.0	37.6	11.7	88.7	92.0	59.5	86.7	275.8	72.3	194.0	33.5	97.4	17.8
1912	1,129.3	2.7	65.3	20.1	80.9	88.8	100.1	391.5	234.0	27.5	68.9	32.5	17.0
1913	917.5	26.4	7.3	9.8	125.4	58.6	138.8	326.1	131.9	19.5	25.4	33.8	14.5
1914	1,262.6	93.6	9.5	226.9	76.8	54.5	137.3	289.1	145.3	77.9	78.4	56.0	17.3
1915	1,578.3	45.3	37.6	22.2	63.0	159.4	136.4	464.3	423.6	128.9	40.9	47.3	9.4
1916	1,710.3	53.2	19.2	5.1	218.1	127.0	334.7	303.8	133.3	397.1	20.0	83.5	15.3
1917	981.7	14.0	4.7	8.1	31.1	52.0	72.0	223.9	299.7	195.4	25.8	22.6	32.4
1918	1,132.3	5.7	30.0	30.4	52.8	100.9	157.3	237.2	375.9	52.6	15.8	64.3	9.4
1919	1,176.3	19.2	7.7	10.6	58.3	125.5	203.2	266.2	248.8	113.5	64.6	30.7	28.0
1920	1,674.4	37.0	10.4	20.1	47.4	93.8	160.7	484.0	680.5	49.6	12.4	48.7	29.8
1921	971.9	14.5	19.3	36.3	72.5	75.7	143.3	325.6	109.1	93.0	27.9	17.9	36.8
1922	1,552.8	20.3	80.5	57.1	28.0	59.6	93.3	417.6	580.4	125.0	42.3	32.1	16.6
1923	1,194.7	32.0	14.0	64.1	113.8	44.3	114.0	215.6	289.6	158.2	55.5	66.3	27.3
1924	1,001.0	13.6	76.8	18.1	94.5	60.7	124.9	423.2	13.4	81.5	33.2	46.1	15.0
1925	1,934.1	5.8	16.4	40.9	28.0	187.5	102.8	841.1	418.0	157.9	29.9	57.6	48.2
1926	1,822.5	28.8	9.4	11.8	82.4	101.0	34.1	847.6	372.1	174.7	109.3	29.3	22.0
1927	1,269.7	71.3	1.7	58.2	109.9	125.5	43.7	369.2	306.0	40.8	77.1	22.7	43.6
1928	1,054.3	62.6	8.2	25.6	25.1	56.0	117.2	193.2	228.2	230.7	26.3	65.6	15.6
1929	1,130.2	28.1	4.8	12.8	95.2	44.6	152.4	315.1	267.1	73.6	13.4	18.7	104.4
1930	1,626.6	2.5	49.1	92.7	100.0	113.1	56.8	821.3	174.2	45.2	88.5	75.7	7.5
1931	1,388.3	34.5	37.5	34.9	104.3	175.9	115.5	245.1	445.4	53.2	13.8	49.7	78.5
1932	941.2	4.4	22.6	28.2	28.9	97.6	80.6	213.5	274.6	64.2	68.9	24.5	33.2
1933	1,400.8	6.1	18.2	17.1	55.4	170.8	201.3	395.3	225.0	205.8	40.7	33.1	32.0
1934	1,244.6	5.3	19.6	50.5	87.4	82.7	149.3	356.9	184.1	202.7	14.6	57.3	34.2
1935	1,202.3	12.1	4.2	12.2	66.9	90.9	169.3	530.3	117.2	85.2	44.1	53.2	16.7
1936	1,531.6	4.5	19.0	27.0	141.2	27.4	65.1	210.2	668.8	252.4	3.7	44.5	67.8
1937	1,062.7	15.7	36.3	36.6	150.8	70.2	74.4	248.8	158.9	183.0	45.9	20.2	21.9
1938	1,058.8	14.2	22.7	95.8	6.1	131.7	111.6	198.4	202.8	129.0	98.7	22.5	25.3
1939	638.7	12.3	7.4	20.5	59.0	105.5	109.1	87.6	49.0	45.3	69.3	61.1	12.6
1940	2,145.1	7.9	45.5	16.8	60.9	80.3	84.2	1,364.2	69.5	311.7	20.4	36.3	47.4
1941	1,063.7	24.1	8.7	82.9	49.5	180.7	139.7	144.3	255.7	30.1	67.3	67.5	13.2
1942	1,131.0	10.4	9.5	112.4	64.3	27.2	61.3	154.5	338.4	277.0	35.8	32.3	7.9
1943	642.9	2.4	10.9	41.2	29.9	46.3	107.9	125.0	36.8	113.6	85.1	30.8	13.0
1944	1,089.1	4.0	12.4	28.4	93.6	73.2	125.3	273.2	214.2	163.0	19.9	64.8	17.1
1945	1,561.7	2.2	3.2	121.9	39.4	109.4	317.7	479.6	208.8	183.1	63.3	3.5	29.6
1946	1,519.4	25.9	12.6	60.9	36.3	67.2	638.9	177.9	260.4	128.6	92.2	1.5	17.0
1947	1,496.4	25.2	4.4	56.5	80.2	44.0	118.6	610.1	320.5	121.9	10.6	30.3	74.1
1948	1,473.3	82.9	12.3	51.7	36.2	42.9	353.7	323.1	309.2	141.7	54.4	15.6	49.6
1949	623.5	25.6	20.8	15.6	37.9	87.6	29.3	141.6	96.0	102.7	41.7	14.3	10.4
1950		96.9	11.4	9.0	41.5	37.4	110.1	223.3	85.6	117.4	65.6		
1951													48.3
1952	1,073.9	6.4	25.9	47.1	123.0		177.8	316.0		223.7	101.1	34.8	18.1
1953	1,372.2	2.6	4.1	112.1	37.4	86.4	198.6	360.9	403.3	8.7	84.0	43.8	30.3
1954	1,385.8	14.0	111.3	4.9	59.4	61.5	229.9	537.5	209.0	53.2	45.1	19.6	40.4
1955	1,230.7	12.3	9.6	15.7	55.0	80.7	316.5	397.5	60.0	187.9	26.7	56.2	12.6
1956	1,701.1	6.3	26.6	139.3	65.9	72.4	417.5	523.8	47.2	346.0	29.7	16.1	10.3
1957	1,220.3	43.1	14.7	16.7	105.9	60.5	32.7	474.8	286.5	4.5	83.6	20.5	76.8
1958	1,325.4	55.0	7.7	25.6	142.3	23.8	39.3	383.8	193.9	243.1	120.1	49.6	41.2
1959	1,370.8	3.9	58.0	163.6	114.7	91.2	70.8	323.1	283.0	142.9	57.6	27.9	34.1
1960	1,188.4	4.6	4.0	113.6	19.0	135.4	296.9	313.2	138.1	63.5	7.9	76.5	15.7
1961	1,436.6	18.0	8.8	40.8	102.2	123.6	77.7	267.8	360.6	295.1	48.6	57.8	35.6
1962	986.2	1.2	25.7	18.5	91.6	12.5	110.3	180.0	193.2	236.4	36.8	52.2	27.8
1963	1,626.6	13.3	2.6	57.3	221.1	186.7	383.7	513.6	126.5	50.1	32.1	26.8	12.8
1964	1,794.0	20.3	27.1	37.3	338.8	83.3	112.5	504.5	220.3	378.9	40.6	25.2	5.2

표 A14-65 계속

	서울												
	연중	1월	2월	3월	4월	5월	6월	7월	8월	9월	10월	11월	12월
	A14	A15	A16	A17	A18	A19	A20	A21	A22	A23	A24	A25	A26
	mm												
1965	1,216.3	19.1	2.4	16.8	10.4	11.6	23.8	631.6	319.4	27.0	63.7	85.0	5.5
1966	2,018.9	9.7	29.4	90.5	35.7	37.1	179.8	897.7	272.8	302.8	74.9	81.6	6.9
1967	1,248.8	24.7	54.6	88.2	93.3	59.6	135.3	283.8	261.8	158.1	26.5	53.3	9.6
1968	1,288.2	11.3	12.5	56.1	45.2	53.4	41.1	412.4	362.8	126.3	101.8	54.2	11.1
1969	1,736.8	62.2	59.2	13.7	219.3	255.2	31.8	345.9	455.1	230.0	18.4	28.4	17.6
1970	1,708.2	5.9	49.2	12.7	7.5	84.0	249.8	425.6	195.9	461.2	153.1	42.8	20.5
1971	1,359.7	19.3	26.0	42.2	52.7	121.6	135.8	530.3	223.2	159.8	12.8	19.5	16.5
1972	1,769.6	62.6	32.6	76.8	23.4	85.3	28.0	230.8	881.8	133.6	82.6	125.4	6.7
1973	928.1	56.9	3.7	13.7	133.0	82.5	107.9	191.3	188.4	88.1	26.5	24.7	11.4
1974	1,250.7	15.1	23.8	27.7	144.8	239.8	64.3	256.9	319.0	96.3	36.2	10.6	16.2
1975	1,067.4	17.4	6.4	64.2	103.0	83.7	50.5	384.5	96.2	181.3	21.0	36.3	22.9
1976	1,109.5	4.0	108.3	6.8	58.4	41.5	49.2	176.7	462.3	78.7	60.7	30.7	32.2
1977	1,147.5	2.2	0.2	36.5	228.8	63.7	46.4	405.4	101.0	96.2	15.7	96.0	55.4
1978	1,160.9	11.6	13.6	52.2	13.0	25.4	374.7	242.2	270.7	80.9	40.0	7.5	29.1
1979	1,279.4	19.6	32.6	60.3	138.6	116.0	354.4	204.3	237.8	46.8	3.5	30.0	35.5
1980	1,242.4	28.0	5.0	32.8	216.7	90.3	118.8	259.2	331.5	58.3	44.9	10.6	46.3
1981	1,216.2	21.0	12.0	55.4	55.4	80.8	109.1	463.8	192.9	129.0	34.1	46.7	16.0
1982	949.3	26.0	2.9	46.0	8.1	134.6	15.7	195.5	255.8	4.8	46.5	164.8	48.6
1983	1,205.1	11.1	11.7	67.5	113.4	69.0	27.4	398.6	132.2	253.4	82.2	28.7	9.9
1984	1,249.5	10.7	14.9	11.4	41.8	35.2	105.5	269.9	330.9	348.1	21.4	35.5	24.2
1985	1,544.6	31.2	25.9	57.8	69.0	177.4	85.4	185.2	438.9	171.7	177.8	82.4	41.9
1986	1,247.4	11.7	8.3	44.3	20.6	71.5	117.1	351.8	370.3	101.0	79.6	39.3	31.9
1987	1,751.4	43.4	36.2	34.2	55.3	126.6	130.3	651.2	521.8	61.1	21.9	66.8	2.6
1988	760.8	3.3	4.5	31.3	60.5	42.8	73.7	382.3	81.3	39.7	8.4	21.1	11.9
1989	1,437.1	44.6	32.7	116.7	14.0	41.1	177.1	343.5	329.4	101.2	69.9	154.5	12.4
1990	2,355.5	62.2	64.8	92.3	94.2	122.8	497.2	486.5	283.5	570.1	0.0	56.0	25.9
1991	1,158.2	14.4	28.4	65.5	48.5	83.2	81.8	487.8	68.2	175.2	27.3	35.0	42.9
1992	1,454.9	13.6	46.6	11.2	76.5	155.5	99.6	270.1	418.8	168.5	33.6	89.5	71.4
1993	1,292.7	2.2	69.5	29.2	85.5	135.7	198.2	424.4	197.8	56.1	15.4	66.6	12.1
1994	1,055.8	6.5	14.8	31.7	44.9	152.4	85.0	139.5	232.7	60.7	214.5	49.6	23.5
1995	1,598.6	11.6	5.2	60.6	44.4	60.6	70.7	436.1	786.6	47.2	39.3	32.9	3.4
1996	1,256.6	16.3	1.0	77.9	62.0	29.3	249.7	512.8	132.4	11.0	90.3	62.9	11.0
1997	1,210.2	16.8	39.6	25.3	56.1	291.3	110.0	299.6	117.2	76.9	45.5	93.8	38.1
1998	2,349.1	10.4	32.3	45.1	120.2	121.5	234.1	311.8	1,237.8	177.9	27.4	26.9	3.7
1999	1,733.1	10.2	2.9	55.0	97.2	109.7	131.8	230.4	600.5	377.3	81.6	19.5	17.0
2000	1,186.8	42.8	2.1	3.1	30.7	75.2	68.1	114.7	599.4	178.5	18.1	27.1	27.0
2001	1,386.0	39.4	45.7	18.1	12.3	16.5	157.4	698.4	252.0	49.3	68.2	13.0	15.7
2002	1,388.0	37.4	2.4	31.5	155.1	58.0	61.4	220.6	688.0	61.1	45.0	12.5	15.0
2003	2,012.0	14.1	39.6	26.8	139.6	106.0	156.0	469.8	684.2	258.2	41.5	69.3	6.9
2004	1,499.1	19.8	54.6	27.6	74.1	168.5	138.1	510.7	193.3	198.7	6.5	80.0	27.2
2005	1,358.4	4.5	17.2	12.5	94.7	85.8	168.5	269.4	285.0	313.3	52.6	44.6	10.3
2006	1,681.9	34.3	15.7	14.0	51.8	156.2	168.5	1,014.0	121.2	11.1	30.2	47.6	17.3
2007	1,212.3	10.8	12.6	123.5	41.1	137.6	54.5	274.1	237.6	241.9	39.5	26.4	12.7
2008	1,356.3	17.7	15.0	53.9	38.5	97.7	165.0	530.8	251.2	99.2	41.8	19.6	25.9
2009	1,564.0	5.7	36.9	63.9	66.5	109.0	132.0	659.4	285.3	64.5	66.9	52.4	21.5
2010	2,043.5	29.3	55.3	82.5	62.8	124.0	127.6	239.2	598.7	671.5	25.6	10.9	16.1
2011	2,039.3	8.9	29.1	14.6	110.1	53.4	404.5	1,131.0	166.8	25.6	32.0	56.2	7.1
2012	1,646.3	6.7	0.8	47.4	157.0	8.2	91.9	448.9	464.9	212.0	99.3	67.8	41.4
2013	1,403.8	22.1	74.1	27.3	71.7	132.0	28.3	676.2	148.6	138.5	13.5	46.8	24.7
2014	808.9	13.0	16.2	7.2	31.0	63.0	98.1	207.9	172.8	88.1	52.2	41.5	17.9
2015	792.1	11.3	22.7	9.6	80.5	28.9	99.0	226.0	72.9	26.0	81.5	104.6	29.1

자료: 기상청, 「기상관측-지상-종관(북한)기상관측-자료조회」, 기상자료개방포털(data.kma.go.kr).
주: 일별 기상자료를 이용하여 월, 연도별 합계값을 산출하였다.

표 A14-65 계속

	대구												
	연중	1월	2월	3월	4월	5월	6월	7월	8월	9월	10월	11월	12월
	A27	A28	A29	A30	A31	A32	A33	A34	A35	A36	A37	A38	A39
	mm												
1907	511.6	11.3	0.6	20.5	74.6	41.7	64.9	101.2	58.6	65.0	24.7	47.2	1.3
1908	854.1	49.5	28.9	27.3	136.7	71.5	121.0	150.0	203.8	8.7	39.3	0.3	17.1
1909	880.3	31.6	5.9	27.8	122.9	19.6	88.4	216.5	213.4	57.7	48.8	40.5	7.2
1910	1,301.7	34.1	2.9	35.2	89.1	29.1	155.1	500.7	145.7	238.9	1.1	66.6	3.2
1911	1,455.4	24.5	14.6	81.2	84.6	39.0	190.0	424.0	184.3	277.6	39.5	79.8	16.3
1912	625.8	2.2	41.3	20.5	77.4	60.3	54.4	195.4	61.1	27.5	16.9	14.7	54.1
1913	675.2	42.8	0.8	0.0	80.3	193.2	98.2	73.8	62.8	56.2	20.0	18.6	28.5
1914	984.9	25.4	15.9	56.9	100.0	138.1	96.7	142.2	236.1	80.7	24.1	67.7	1.1
1915	995.6	37.4	40.7	12.5	63.6	107.5	100.9	41.8	208.6	275.1	50.6	56.2	0.7
1916	1,500.9	32.3	48.1	4.7	168.5	55.1	431.5	273.9	123.3	280.0	49.5	26.1	7.9
1917	637.4	6.2	0.2	59.2	36.8	31.0	161.5	91.6	116.4	98.7	23.1	10.8	1.9
1918	983.4	0.1	6.2	38.0	91.7	120.9	79.8	253.3	170.6	85.6	62.7	67.2	7.3
1919	895.7	41.8	2.2	29.9	43.4	35.8	130.8	125.6	232.1	208.6	23.8	7.3	14.4
1920	877.9	30.1	41.2	36.6	39.5	67.5	47.4	275.5	137.5	83.1	22.3	21.1	76.1
1921	864.1	15.5	16.9	37.0	71.1	51.2	185.3	207.4	192.3	17.6	53.9	5.3	10.6
1922	982.6	13.9	71.3	16.3	53.1	45.5	64.6	296.9	167.7	104.0	114.9	29.1	5.3
1923	949.5	67.7	34.1	42.0	111.6	115.0	111.0	212.3	58.6	101.9	22.8	68.1	4.4
1924	825.5	1.8	33.2	14.8	59.5	56.1	71.1	320.0	91.6	91.7	42.8	32.4	10.5
1925	1,179.3	0.9	15.4	20.3	30.7	92.5	114.4	322.4	304.5	183.3	33.8	24.8	36.3
1926	1,159.0	20.3	30.8	16.2	52.6	158.6	39.9	356.5	69.0	343.2	34.9	16.6	20.4
1927	742.5	52.0	6.9	38.1	61.8	41.3	55.7	97.9	224.3	73.5	68.8	7.2	15.0
1928	687.1	26.0	30.9	31.1	52.8	42.8	101.0	70.1	37.1	229.8	6.3	34.1	25.1
1929	918.0	6.0	22.8	32.1	49.0	48.3	310.6	64.8	161.1	68.3	33.0	24.4	97.6
1930	1,241.4	4.5	51.2	103.5	133.5	105.7	243.5	324.3	159.1	64.4	31.5	19.0	1.2
1931	1,094.5	27.2	43.3	44.2	104.8	56.6	34.4	196.8	313.2	168.0	0.8	38.6	66.6
1932	612.3	19.6	20.2	8.8	68.4	58.9	98.2	50.5	188.6	63.1	4.1	6.3	25.6
1933	1,564.6	35.9	19.4	47.7	62.2	84.4	302.4	339.8	349.1	198.4	98.2	20.5	6.6
1934	1,384.5	0.3	19.0	34.6	39.6	85.4	81.6	601.0	206.2	192.6	31.9	34.6	57.7
1935	788.1	6.0	15.9	22.3	106.5	85.8	125.7	111.0	53.7	155.2	33.1	38.8	34.1
1936	1,440.6	8.5	26.2	16.8	104.6	47.4	153.9	173.0	587.4	244.1	13.5	15.0	50.2
1937	805.5	14.8	57.6	67.5	104.4	92.7	76.6	107.7	75.0	107.5	53.3	29.5	18.9
1938	744.7	17.9	25.9	89.5	10.5	175.6	84.7	44.7	71.4	45.9	165.7	0.4	12.5
1939	581.0	3.2	14.2	54.1	18.5	31.7	38.3	38.6	140.1	156.3	9.6	76.2	0.2
1940	916.8	8.1	30.3	8.3	83.6	18.5	176.2	234.8	105.9	151.3	72.9	14.7	12.2
1941	1,085.7	8.8	16.8	27.8	43.3	101.6	190.0	232.0	229.7	133.1	41.5	44.6	16.5
1942	917.8	6.0	35.6	89.3	58.7	60.7	89.9	61.9	176.1	332.8	3.8	1.8	1.2
1943	735.8	0.2	8.0	34.6	20.9	53.3	99.3	250.1	103.0	109.8	26.5	27.3	2.8
1944	623.3	1.1	8.4	16.4	81.2	52.0	51.8	82.4	71.8	174.5	20.2	55.5	8.0
1945	1,250.7	3.1	4.3	94.0	50.0	46.6	201.5	307.4	69.7	245.7	209.6	2.4	16.4
1946	990.5	2.2	4.0	76.3	50.3	56.9	416.4	32.1	81.6	212.8	31.4	14.3	12.2
1947	857.4	56.6	0.4	27.6	27.3	59.5	97.8	247.3	62.8	210.3	29.8	15.3	22.7
1948	1,458.2	28.7	10.3	67.4	52.2	93.4	127.9	583.7	160.2	260.3	13.9	7.6	52.6
1949	806.1	8.4	39.7	38.1	52.7	41.1	180.4	135.6	107.7	144.0	6.3	31.6	20.5
1950	878.1	49.8	52.5	60.6	53.4	53.2	249.7	133.4	34.1	111.2	33.9	37.0	9.3
1951	782.0	11.3	43.5	61.8	57.6	91.7	43.6	84.5	148.4	59.2	73.3	57.7	49.4
1952	848.6	1.2	27.3	61.8	66.4	33.9	27.7	104.4	188.1	198.3	35.5	86.2	17.8
1953	922.6	35.8	43.8	23.5	19.6	73.3	168.8	244.7	108.4	59.3	56.9	39.5	49.0
1954	956.9	18.6	71.8	21.7	68.7	69.2	137.8	251.9	78.8	144.4	65.0	8.0	21.0
1955	795.1	6.8	42.7	19.6	40.4	16.2	108.7	233.4	224.5	48.9	8.0	35.7	10.2
1956	1,211.4	4.8	3.8	111.4	134.9	126.6	223.0	208.7	193.0	179.3	10.8	14.4	0.7
1957	973.7	34.9	15.1	19.6	89.2	55.8	99.0	277.6	242.8	5.0	24.4	47.0	63.3
1958	1,275.2	30.9	23.6	18.0	126.5	15.0	104.1	328.2	247.3	209.4	96.8	40.2	35.2
1959	1,192.3	17.6	81.2	54.1	99.4	54.9	100.9	163.2	317.1	215.1	12.7	33.7	42.4
1960	886.0	9.3	6.0	48.4	34.9	130.8	89.9	144.3	32.2	318.1	35.3	29.4	7.4
1961	1,457.9	9.5	17.7	99.4	50.6	97.9	87.6	417.5	302.1	125.8	136.1	70.6	43.1
1962	874.1	7.9	6.8	16.4	50.8	22.5	83.7	154.3	253.9	205.9	28.8	37.3	5.8
1963	1,031.8	2.9	1.3	21.3	85.1	110.4	373.1	248.9	135.3	6.9	23.9	4.0	18.7
1964	904.1	28.6	51.5	62.9	170.1	65.5	50.3	257.1	11.8	174.1	18.4	13.6	0.2

표 A14-65 계속

	대구												
	연중	1월	2월	3월	4월	5월	6월	7월	8월	9월	10월	11월	12월
	A27	A28	A29	A30	A31	A32	A33	A34	A35	A36	A37	A38	A39
	mm												
1965	1,014.4	27.0	14.1	28.9	43.2	64.5	27.0	532.9	145.0	3.1	18.6	95.8	14.3
1966	933.8	2.4	56.1	152.2	39.0	119.0	75.5	165.8	140.6	63.2	84.4	28.4	7.2
1967	911.3	27.0	22.6	57.7	99.3	33.9	186.8	105.8	119.7	146.8	41.4	68.0	2.3
1968	802.5	2.9	6.0	51.2	36.7	32.1	42.2	191.2	288.2	50.3	74.4	21.7	5.6
1969	1,231.2	49.2	34.1	8.2	109.4	105.5	56.2	238.1	286.9	306.5		18.0	19.1
1970	1,319.4	1.2	47.0	14.8	58.2	135.8	128.0	488.9	192.9	168.4	58.4	17.1	8.7
1971	722.5	23.4	24.9	36.9	44.0	50.6	154.9	189.3	117.7	66.6	5.1	7.3	1.8
1972	1,206.6	47.4	19.7	135.8	57.1	138.2	74.7	265.6	251.8	88.3	24.3	81.1	22.6
1973	864.4	65.8	16.7	6.6	135.1	98.2	51.5	119.5	120.6	135.3	99.3	13.3	2.5
1974	1,214.6	11.1	17.2	29.6	130.7	137.1	123.0	390.3	218.9	15.0	92.5	9.6	39.6
1975	1,043.6	17.1	13.7	49.4	99.2	75.8	117.6	303.8	74.0	119.2	62.9	81.4	29.5
1976	733.5	0.7	79.1	56.3	97.6	35.2	93.4	44.4	217.0	24.8	43.0	21.3	20.7
1977	769.7	2.3	0.0	51.4	159.4	48.2	78.1	73.7	95.7	123.0	20.2	97.5	20.2
1978	1,012.7	9.5	27.6	27.6	37.2	14.6	419.4	164.5	131.0	56.6	79.5	31.3	13.9
1979	1,017.6	17.5	60.4	50.9	68.0	127.1	132.6	132.5	218.2	174.9	3.6	7.4	24.5
1980	1,196.1	26.3	4.7	44.4	131.4	87.2	90.0	294.1	258.2	119.5	82.9	44.3	13.1
1981	995.0	18.9	29.9	13.5	38.5	36.0	148.1	102.8	314.7	230.9	29.2	23.7	8.8
1982	834.7	9.6	17.6	50.4	52.8	28.7	28.5	143.0	394.6	15.4	19.3	63.5	11.3
1983	1,003.1	15.3	22.3	76.6	88.6	32.2	140.6	267.5	88.8	214.0	52.3	3.4	1.5
1984	1,188.5	0.0	8.0	12.2	136.5	41.3	165.9	341.8	206.0	205.8	14.9	52.6	3.5
1985	1,396.6	0.0	21.3	72.1	70.2	105.7	167.3	186.8	338.4	262.0	124.0	37.0	11.8
1986	993.8	0.9	20.4	51.6	34.8	97.4	226.9	136.0	178.4	123.4	78.6	10.6	34.8
1987	1,094.1	44.4	43.9	51.4	42.7	62.3	138.7	275.7	327.2	11.0	44.6	51.8	0.4
1988	617.0	12.6	2.9	45.2	49.6	64.1	85.9	215.1	74.5	52.7	3.9	3.4	7.1
1989	1,247.4	110.7	90.5	100.4	34.1	46.3	103.3	306.6	149.8	196.4	18.8	61.9	28.6
1990	1,239.7	22.3	85.5	45.3	90.5	143.1	208.5	251.3	136.7	197.0	13.9	43.5	2.1
1991	1,296.2	20.6	44.4	79.3	93.2	21.9	104.7	425.3	282.5	154.1	1.3	13.4	55.5
1992	811.7	11.1	13.3	57.1	124.3	55.4	11.7	186.1	169.5	131.5	18.8	13.4	19.5
1993	1,181.7	34.8	43.7	53.4	19.1	127.6	208.4	208.5	309.1	77.1	37.7	48.8	13.5
1994	567.5	25.9	24.5	26.5	29.5	87.8	83.5	67.4	72.3	38.2	84.4	22.0	5.5
1995	728.8	24.1	15.5	42.4	70.6	60.7	68.7	123.7	261.0	22.3	34.6	4.5	0.7
1996	888.5	18.7	1.3	110.9	58.3	49.2	313.2	120.1	82.5	37.6	30.2	48.4	18.1
1997	1,122.2	5.3	12.3	25.0	50.1	97.2	195.4	317.9	222.9	17.0	2.4	136.3	40.4
1998	1,381.8	35.9	26.2	29.1	121.3	94.6	199.0	160.9	347.9	297.5	53.6	15.8	0.0
1999	1,377.4	7.5	25.5	88.0	63.5	142.2	152.6	127.5	294.5	398.3	60.2	17.6	0.0
2000	1,087.3	9.2	0.0	27.4	27.2	53.2	133.4	259.8	219.8	281.3	25.3	47.5	3.2
2001	878.3	31.1	61.9	5.6	19.5	61.1	282.9	120.9	73.6	126.2	64.9	8.0	22.6
2002	1,291.3	51.8	1.5	50.5	72.5	94.2	23.3	169.4	680.3	68.4	48.0	2.8	28.6
2003	1,749.9	24.9	41.0	41.1	150.0	233.7	168.5	535.6	195.4	292.2	15.0	41.5	11.0
2004	1,222.4	1.2	32.9	12.5	75.6	82.8	296.0	137.5	370.3	141.1	5.8	47.3	19.4
2005	834.3	6.5	16.6	67.1	44.8	32.6	119.0	193.6	280.2	49.9	6.7	14.5	2.8
2006	1,131.5	14.8	25.2	11.5	64.9	120.3	64.0	568.1	127.6	75.7	16.7	35.2	7.5
2007	973.9	0.0	30.0	64.7	24.7	44.5	81.1	107.6	198.0	364.7	29.7	0.0	28.9
2008	761.4	38.2	5.0	23.8	54.5	82.5	187.3	77.7	235.3	21.9	12.0	11.7	11.5
2009	832.5	7.1	23.5	19.2	21.3	104.4	136.3	338.0	49.5	41.5	25.8	32.4	33.5
2010	1,204.5	15.2	58.1	59.1	63.5	97.5	35.9	247.8	396.0	160.5	41.8	1.7	27.4
2011	1,430.4	1.0	64.4	16.5	104.5	156.8	173.0	427.7	253.6	38.5	115.0	69.8	9.6
2012	1,189.9	8.1	7.1	82.1	74.4	50.6	85.1	202.5	327.1	241.5	28.1	32.5	50.8
2013	996.4	17.7	27.3	55.1	60.5	70.5	63.1	249.3	203.0	96.7	107.5	39.8	5.9
2014	1,072.1	1.7	7.0	110.5	105.0	24.4	28.2	142.6	402.8	110.5	88.6	45.3	5.5
2015	1,697.0	48.2	29.2	101.0	165.4	69.4	124.2	315.0	539.0	140.6	60.6	70.9	33.5

표 A14-65 계속

	부산												
	연중	1월	2월	3월	4월	5월	6월	7월	8월	9월	10월	11월	12월
	A40	A41	A42	A43	A44	A45	A46	A47	A48	A49	A50	A51	A52
	mm												
1904					172.9	231.8	120.0	490.8	48.7	73.9	36.2	2.8	12.2
1905	2,047.1	85.7	8.1	63.1	161.4	112.0	193.0	645.3	565.6	114.1	46.1	8.8	43.9
1906	1,361.5	229.6	42.7	42.6	79.1	239.0	120.3	116.9	176.9	119.2	142.1	2.1	51.0
1907	1,021.2	24.4	3.8	48.3	164.0	93.4	309.0	135.4	53.5	94.1	49.0	44.2	2.1
1908	1,416.0	35.7	26.9	46.7	233.5	81.6	294.1	281.4	285.3	50.0	48.8	2.6	29.4
1909	1,210.9	40.9	27.8	72.1	153.0	55.5	229.0	177.6	210.9	78.4	79.1	69.9	16.7
1910	1,542.8	57.3	5.0	92.3	104.9	75.8	199.2	431.9	113.6	342.8	20.7	96.4	2.9
1911	1,919.5	110.5	25.3	155.0	112.5	50.7	108.5	623.3	106.7	406.7	66.6	126.8	26.9
1912	1,323.7	5.6	110.7	57.5	271.7	99.7	86.3	490.2	32.8	27.4	49.3	39.5	53.0
1913	954.5	69.2	0.2	0.0	207.5	105.7	123.5	126.5	91.1	89.3	68.4	52.1	21.0
1914	1,635.2	37.3	27.6	120.5	240.1	249.9	204.2	333.7	162.6	36.2	115.8	99.3	8.0
1915	1,647.4	38.2	59.7	25.0	119.4	176.3	301.6	53.9	329.4	359.6	105.3	77.5	1.5
1916	1,910.9	34.1	75.2	11.8	281.7	107.8	545.2	251.0	96.0	415.0	47.1	38.0	8.0
1917	906.0	9.9	5.6	85.4	51.1	42.8	171.0	141.0	178.8	128.3	85.2	5.2	1.7
1918	1,694.4	0.0	12.7	72.5	168.5	268.6	86.7	450.3	272.6	171.6	116.4	55.8	18.7
1919	1,357.7	67.3	18.3	32.3	165.4	77.6	197.9	175.7	474.6	63.4	55.5	14.7	15.0
1920	1,357.2	26.6	69.0	56.0	76.8	107.7	200.4	338.8	139.5	182.3	27.0	19.8	113.3
1921	1,309.4	25.8	14.7	40.6	157.7	51.1	307.1	301.5	305.5	48.6	34.1	0.8	21.9
1922	1,122.7	28.0	205.1	50.6	59.5	48.1	50.7	309.1	49.0	111.3	164.9	43.7	2.7
1923	1,599.5	156.5	30.1	97.2	170.1	233.6	340.1	249.2	137.5	29.0	51.4	93.2	11.6
1924	1,182.1	2.8	41.8	19.6	152.8	124.0	100.6	199.0	242.0	177.7	75.5	41.5	4.8
1925	1,478.0	0.6	19.5	73.5	65.3	125.9	118.0	692.3	54.5	174.9	31.5	50.0	72.0
1926	1,744.2	21.9	46.1	41.4	64.5	386.9	158.4	291.8	71.2	515.1	65.5	46.3	35.1
1927	1,670.8	59.1	17.7	118.0	138.7	37.1	125.5	551.6	241.7	171.1	142.4	26.5	41.4
1928	1,208.3	118.8	41.9	72.1	157.4	50.0	213.0	139.1	75.5	267.8	3.3	50.5	18.9
1929	772.7	12.0	32.5	43.8	99.5	53.1	140.3	82.7	88.2	84.7	6.2	24.6	105.1
1930	1,691.4	9.2	53.0	191.8	175.6	175.2	385.5	169.8	365.5	77.4	47.9	31.2	9.3
1931	1,378.0	42.9	31.5	56.1	129.5	91.1	72.2	460.9	145.0	233.4	12.1	20.5	82.8
1932	857.7	21.4	25.8	5.1	128.3	149.6	160.6	27.5	114.1	117.7	10.5	43.6	53.5
1933	1,891.6	49.1	19.8	53.9	148.0	145.3	359.4	313.4	171.4	358.2	253.1	15.1	4.9
1934	1,772.5	4.2	11.0	54.0	82.2	201.5	102.5	607.4	84.4	448.3	57.8	42.9	76.3
1935	1,473.9	8.9	42.2	72.0	159.8	132.8	362.1	95.2	280.3	102.6	110.1	69.5	38.4
1936	1,672.3	17.4	26.9	71.8	153.4	124.5	159.6	479.6	396.8	161.9	9.4	14.1	56.9
1937	1,157.7	40.0	27.3	133.8	115.1	109.0	172.4	141.0	49.2	149.7	151.7	49.6	18.9
1938	1,391.1	26.6	45.1	165.9	44.8	473.5	172.7	120.7	181.6	26.3	123.4	2.3	8.2
1939	807.6	17.1	20.7	87.9	115.8	63.8	55.5	111.5	23.7	209.9	47.5	54.2	0.0
1940	1,469.2	6.8	37.5	19.8	87.2	21.7	254.7	501.9	157.8	155.7	161.8	30.6	33.7
1941	1,391.5	9.6	23.0	70.2	61.3	156.3	307.7	280.1	169.0	188.4	40.9	68.3	16.7
1942	1,126.6	15.0	37.0	232.3	116.3	88.8	61.3	3.7	291.5	251.2	18.8	5.1	5.6
1943	999.7	0.0	40.3	63.8	53.1	94.4	222.7	198.9	106.6	138.1	36.8	38.3	6.7
1944	949.6	5.6	45.1	21.2	152.3	105.8	26.4	128.1	15.6	237.0	76.6	132.2	3.7
1945	1,279.2	3.1	15.7	197.7	62.2	59.3	197.4	96.5	110.6	296.5	195.8	20.0	24.4
1946	1,920.6	18.6	8.4	155.4	141.3	128.3	595.4	117.6	249.7	400.3	29.4	31.6	44.6
1947	1,283.1	106.3	1.7	71.2	50.6	99.7	229.4	316.1	142.8	96.4	76.7	33.0	59.2
1948	1,958.8	16.2	14.2	62.6	100.3	250.3	147.5	658.4	252.6	335.8	2.3	23.4	95.2
1949	1,236.5	18.7	72.1	62.6	78.2	128.4	123.3	198.5	324.8	99.1	21.3	56.0	53.5
1950	1,292.2	134.7	80.3	123.0	74.3	97.9	228.8	266.2	29.4	77.7	85.9	87.5	6.5
1951	1,062.0	15.4	40.8	74.3	104.0	167.0	35.6	204.5	134.2	43.4	148.1	53.3	41.4
1952	1,284.2	16.0	32.8	102.5	108.7	105.3	152.4	79.3	98.9	301.6	111.9	62.7	112.1
1953	1,440.7	18.1	71.9	87.2	44.3	201.6	421.4	192.8	116.9	125.2	85.8	36.5	39.0
1954	1,755.5	21.8	159.0	24.1	162.8	209.6	352.8	378.3	108.9	219.8	44.0	22.1	52.3
1955	1,130.3	4.7	124.8	67.6	55.9	76.2	80.7	185.5	285.7	179.8	9.7	53.3	6.4
1956	2,024.5	9.8	28.9	210.5	165.8	191.8	333.3	264.9	345.3	404.6	38.5	29.5	1.6
1957	1,521.9	68.8	46.5	22.4	189.8	77.4	285.8	463.9	178.6	4.1	39.3	44.5	100.8
1958	1,414.1	18.0	27.3	83.5	237.4	48.4	103.1	240.3	252.9	165.1	148.8	50.9	38.4
1959	1,306.3	21.4	130.0	87.2	179.5	166.1	86.1	170.5	86.9	242.4	0.1	71.0	65.1
1960	1,198.6	3.5	34.6	115.9	103.7	213.0	61.5	124.8	45.6	383.9	46.5	56.9	8.7
1961	1,821.8	22.7	21.0	153.8	134.1	179.9	132.8	338.4	320.7	159.2	145.6	186.1	27.5

표 A14-65 계속

	부산												
	연중	1월	2월	3월	4월	5월	6월	7월	8월	9월	10월	11월	12월
	A40	A41	A42	A43	A44	A45	A46	A47	A48	A49	A50	A51	A52
	mm												
1962	1,235.4	2.8	16.3	23.3	150.3	45.2	137.4	271.1	292.5	176.7	54.1	48.2	17.5
1963	2,143.0	3.4	3.7	39.4	199.1	242.1	937.5	363.0	172.0	78.2	65.2	20.1	19.3
1964	1,130.6	33.3	49.0	54.2	312.2	148.5	174.6	67.1	28.3	236.6	14.3	12.4	0.1
1965	1,498.4	24.4	25.8	40.2	113.5	99.9	50.2	472.6	359.4	61.9	43.1	168.4	39.0
1966	1,062.0	18.1	65.2	172.4	105.2	125.0	122.5	129.9	108.0	69.0	42.4	93.0	11.3
1967	1,036.9	28.7	40.5	92.2	143.8	58.0	185.5	210.0	52.4	110.5	28.4	80.9	6.0
1968	1,161.7	7.7	14.4	79.0	51.3	135.3	18.3	221.1	347.6	94.7	104.5	47.2	40.6
1969	1,800.4	46.8	60.7	28.0	204.6	112.5	132.3	247.2	437.1	416.8	11.2	54.9	48.3
1970	2,138.1	7.6	47.4	21.2	136.1	230.5	327.1	572.2	300.9	387.7	58.2	22.1	27.1
1971	1,087.3	31.8	48.2	75.0	59.9	100.9	297.1	148.6	238.5	58.5	17.0	3.3	8.5
1972	2,195.5	91.6	44.4	219.5	155.1	182.6	158.7	361.2	388.0	354.3	47.2	156.2	36.7
1973	1,143.1	84.7	43.7	13.1	126.9	329.3	72.2	53.3	17.2	239.2	119.5	41.1	2.9
1974	1,698.0	43.0	41.8	90.9	234.5	371.3	231.5	442.4	75.4	16.6	108.2	14.3	28.1
1975	1,536.1	31.1	17.9	93.3	243.9	180.5	135.4	253.8	79.1	270.8	57.2	130.2	42.9
1976	1,051.9	0.7	103.1	68.5	220.5	93.6	100.8	95.0	175.0	58.7	68.8	31.9	35.3
1977	1,142.2	3.9	0.0	106.9	275.2	124.1	169.1	112.4	66.0	97.6	23.5	129.4	34.1
1978	1,241.9	25.5	33.6	85.2	34.7	13.9	604.9	66.3	77.1	90.7	68.3	114.3	27.4
1979	1,708.3	75.4	65.2	48.1	142.0	166.8	336.3	225.2	317.1	213.2	19.0	27.1	72.9
1980	1,913.3	18.4	15.1	121.0	160.5	241.0	146.5	319.0	449.4	180.2	191.5	49.9	20.8
1981	1,289.9	35.4	49.4	28.2	106.8	24.5	252.9	191.9	183.6	320.3	54.6	37.5	4.8
1982	1,168.1	33.3	34.1	83.9	142.2	105.2	29.4	306.1	192.7	113.1	15.8	95.8	16.5
1983	1,770.2	28.7	40.7	118.8	261.3	87.1	125.1	281.3	330.6	398.5	91.9	0.9	5.3
1984	1,492.6	0.0	11.3	16.5	121.1	127.5	264.5	296.1	174.7	375.6	20.6	57.1	27.6
1985	2,200.5	2.9	70.1	117.4	118.0	353.2	419.1	274.2	227.3	274.8	248.2	76.7	18.6
1986	1,143.4	3.9	33.3	45.1	95.4	193.4	334.7	183.0	41.9	127.6	30.3	12.2	42.6
1987	1,422.9	52.7	34.6	76.4	87.5	99.3	189.2	374.3	349.6	39.6	67.0	52.7	
1988	901.5	20.1	8.0	81.3	114.9	103.0	180.4	218.5	64.1	92.7	5.4	3.2	9.9
1989	1,750.1	123.8	126.0	106.5	43.1	33.1	233.7	456.9	192.9	274.1	3.1	124.9	32.0
1990	1,270.9	50.4	122.3	75.4	159.7	131.1	219.9	155.0	48.3	211.9	40.9	54.5	1.5
1991	2,167.1	37.9	47.2	97.6	65.8	110.3	307.2	590.3	699.8	124.3	2.7	16.7	67.3
1992	1,308.9	26.0	58.9	89.4	217.4	139.9	50.0	99.2	361.3	174.3	27.6	21.8	43.1
1993	1,615.3	43.1	84.9	73.9	39.3	161.2	160.6	252.4	630.3	44.8	48.6	57.3	18.9
1994	959.9	42.0	44.4	31.5	123.5	258.9	86.4	134.9	34.5	60.4	90.7	46.3	6.4
1995	1,005.7	35.8	17.1	88.0	124.0	141.6	137.4	254.5	107.9	53.1	41.3	5.0	0.0
1996	1,289.6	33.8	6.9	171.1	115.9	46.8	327.1	284.8	140.4	26.7	42.3	65.4	28.4
1997	1,598.1	9.3	18.1	57.8	93.8	289.4	286.1	216.3	235.1	35.4	0.4	266.4	90.0
1998	2,028.8	79.7	91.9	82.7	259.7	152.8	447.0	223.6	335.8	200.3	136.3	16.5	2.5
1999	2,396.7	42.9	35.6	159.7	80.2	187.6	278.2	556.7	582.9	320.2	130.5	22.2	0.0
2000	1,248.5	25.9	0.0	48.1	65.4	72.0	93.7	337.4	325.2	163.5	42.4	72.2	2.7
2001	1,171.3	60.4	53.3	6.1	42.4	57.8	274.9	271.5	144.7	74.4	144.2	12.9	28.7
2002	2,085.2	84.8	12.3	117.1	384.8	122.6	76.0	304.6	696.3	98.9	96.8	11.2	79.8
2003	2,328.3	23.3	51.6	77.5	232.0	418.5	355.0	657.7	278.0	160.3	2.5	57.5	14.4
2004	1,386.5	1.4	77.5	48.1	215.0	210.6	189.1	91.7	249.0	231.2	14.8	32.0	26.1
2005	1,383.9	15.7	36.8	142.4	118.9	168.0	145.0	314.4	210.8	176.5	21.5	30.9	3.0
2006	1,528.3	24.4	36.3	24.7	166.3	257.6	175.4	591.7	68.0	132.8	13.1	30.5	7.5
2007	1,276.5	4.6	115.0	75.5	65.5	116.6	94.5	301.5	128.1	210.2	119.0	0.0	46.0
2008	1,168.3	35.7	19.1	73.7	80.5	191.3	186.5	107.1	368.5	22.2	52.2	22.0	9.5
2009	1,772.9	17.0	79.0	72.7	95.5	173.4	187.9	886.1	84.8	20.0	74.4	69.0	13.1
2010	1,441.9	37.6	91.1	132.9	146.3	186.8	94.4	291.9	165.3	182.5	72.6	2.0	38.5
2011	1,478.6	0.0	70.9	31.2	100.0	170.0	243.2	418.1	110.0	56.8	142.5	128.7	7.2
2012	1,983.3	19.5	22.1	173.9	213.8	36.1	97.8	502.0	169.4	356.0	146.5	83.5	162.7
2013	1,130.1	22.5	46.6	93.7	136.2	201.0	159.0	131.0	144.5	30.2	91.2	61.6	12.6
2014	1,693.1	9.6	44.1	136.7	147.8	145.9	44.5	169.3	642.2	128.7	162.5	40.5	21.3
2015	1,396.7	50.7	30.5	76.5	268.0	183.0	69.2	176.7	132.5	172.0	62.0	124.1	51.5

표 A14-65 계속

	목포												
	연중	1월	2월	3월	4월	5월	6월	7월	8월	9월	10월	11월	12월
	A53	A54	A55	A56	A57	A58	A59	A60	A61	A62	A63	A64	A65
	mm												
1904					34.7		89.2	24.8	67.5	55.3	23.0	14.1	
1905		30.2		21.2	12.4	67.6	58.9	22.8	114.9	122.1		13.4	22.6
1906	865.3	80.4	39.7	56.1	100.3	67.9	147.1	79.1	101.2	83.5	51.8	13.8	44.4
1907	811.6	29.1	6.5	16.0	74.9	113.7	110.4	295.3	51.1	26.6	50.8	26.7	10.5
1908	1,038.6	36.0	34.2	43.2	115.9	117.9	218.9	145.0	160.7	35.3	77.3	26.5	27.7
1909	887.1	17.6	16.8	49.0	117.9	37.3	88.6	113.9	213.9	103.3	51.0	44.6	33.2
1910	1,265.3	64.8	11.2	72.0	93.7	33.1	157.1	460.1	43.0	231.3	1.9	75.4	21.7
1911	1,276.5	53.4	24.4	91.9	65.3	72.0	111.4	408.7	99.0	224.6	27.9	85.5	12.4
1912	761.5	13.5	70.4	32.3	87.6	46.0	42.8	110.3	227.8	11.5	38.9	35.1	45.3
1913	681.6	69.3	5.0	1.3	77.1	92.9	118.7	81.8	76.1	40.8	56.1	21.4	41.1
1914	1,016.3	19.0	56.9	42.5	150.0	178.4	121.0	215.6	43.1	42.6	71.3	57.7	18.2
1915	947.9	59.1	55.9	24.8	59.7	136.0	147.1	43.8	200.7	58.0	87.2	64.4	11.2
1916	1,743.8	35.0	77.2	6.5	183.2	95.4	449.4	316.8	243.2	218.7	65.6	29.3	23.5
1917	887.7	28.6	18.6	42.3	51.1	32.6	185.6	32.4	237.4	154.8	28.7	33.9	41.7
1918	1,165.0	8.4	10.6	36.8	99.9	97.8	84.7	356.6	170.7	111.7	94.5	63.1	30.2
1919	851.7	59.4	15.5	13.4	56.8	31.1	243.8	105.2	109.0	152.9	24.2	13.9	26.5
1920	1,113.2	40.4	62.1	70.0	96.2	92.8	66.9	377.2	64.5	104.2	15.0	29.9	94.0
1921	1,138.3	35.8	14.4	24.0	132.8	70.0	184.0	262.8	262.8	28.1	55.9	42.6	25.1
1922	923.7	28.0	115.3	30.6	77.3	56.4	16.5	259.2	49.8	58.3	141.4	74.7	16.2
1923	1,318.7	57.8	62.2	73.0	130.5	107.6	275.5	220.8	67.0	181.9	51.5	72.4	18.5
1924	867.6	9.4	42.7	14.3	105.4	64.9	69.0	225.8	93.6	105.1	45.3	72.5	19.6
1925	1,203.4	5.3	16.9	37.6	57.6	86.1	142.3	290.3	215.6	145.6	70.2	31.5	104.4
1926	1,348.0	22.4	31.1	35.2	47.8	282.5	70.3	377.6	72.3	266.5	59.7	41.5	41.1
1927	931.3	66.4	21.4	57.6	161.2	30.0	62.6	122.6	174.8	107.7	84.0	5.5	37.5
1928	1,170.3	51.3	11.0	78.7	116.0	43.1	122.6	117.2	296.9	186.6	26.3	61.9	58.7
1929	677.1	19.4	24.7	15.7	51.5	30.1	148.4	51.0	96.7	95.1	13.5	34.8	96.2
1930	1,362.5	5.8	65.8	83.9	138.1	130.9	339.9	141.0	274.9	57.6	54.0	55.4	15.2
1931	1,357.4	73.5	52.3	42.3	80.9	110.0	42.9	266.1	321.9	246.0	11.7	23.1	86.7
1932	821.9	26.0	43.7	18.2	81.4	105.8	122.7	28.7	267.6	12.9	14.4	25.7	74.8
1933	1,232.2	46.2	49.3	43.0	92.6	130.4	140.6	194.1	281.5	143.6	70.2	17.6	23.1
1934	1,412.9	24.0	15.8	34.2	56.2	148.2	82.6	533.6	215.3	138.5	43.1	72.7	48.7
1935	766.5	26.7	37.6	27.5	82.1	89.9	64.0	38.9	172.7	95.8	62.1	50.1	19.1
1936	1,610.6	33.4	33.3	16.7	92.8	59.4	166.4	374.1	443.9	299.9	3.7	23.0	64.0
1937	966.1	33.4	93.7	57.3	155.4	50.7	98.4	40.8	105.1	118.9	110.9	60.4	41.1
1938	960.0	50.4	28.0	88.1	11.4	212.5	151.1	60.8	132.9	6.5	176.0	17.8	24.5
1939	802.2	37.8	31.7	58.6	58.5	44.5	88.0	52.9	207.9	96.0	59.0	65.1	2.2
1940	1,182.5	38.4	20.9	26.7	38.7	15.7	271.0	265.3	132.6	164.7	114.4	68.4	25.7
1941	1,159.2	18.1	18.1	62.2	48.6	109.9	155.1	291.7	239.1	115.3	23.0	47.3	30.8
1942	688.0	48.9	36.6	125.5	62.7	80.2	36.7	42.0	39.7	163.2	17.9	18.2	16.4
1943	816.1	20.4	14.0	70.8	68.2	85.1	72.6	120.4	56.8	180.7	73.4	41.6	12.1
1944	938.1	9.7	24.4	8.7	81.8	51.6	105.3	154.4	203.4	186.0	25.4	74.6	12.8
1945	1,210.1	12.5	13.9	143.3	47.2	44.3	186.7	60.9	214.4	261.7	144.1	32.2	48.9
1946	1,328.0	26.4	12.6	92.4	63.7	133.7	264.9	38.4	354.9	173.9	49.8	41.3	76.0
1947	1,016.3	52.2	12.5	30.6	70.2	55.1	159.5	334.6	67.4	100.6	42.5	52.3	38.8
1948	1,318.7	54.3	14.0	60.5	84.1	165.3	52.4	281.6	163.5	338.1	34.1	6.0	64.8
1949	1,024.4	55.3	75.8	53.6	93.8	80.2	70.9	270.6	68.2	97.5	38.6	22.9	97.0
1950	937.3	52.5	91.1	83.7	60.1	45.1	205.8	81.0	76.3	92.8	46.3	55.8	46.8
1951	1,040.9	51.3	39.5	79.0	63.9	177.5	88.2	143.2	137.3	100.5	45.1	61.2	54.2
1952	1,313.9	14.3	58.5	50.7	139.4	79.6	35.8	108.6	392.6	293.4	63.3	63.9	13.8
1953	1,079.3	18.1	43.8	56.0	35.2	162.0	384.9	142.2	39.8	35.1	56.5	35.5	70.2
1954	1,392.9	32.1	144.1	28.0	82.9	175.3	208.2	288.3	173.2	169.1	34.6	11.9	45.2
1955	834.7	17.6	52.8	24.6	33.9	30.9	56.3	345.4	139.5	58.4	11.2	49.6	14.5
1956	1,561.1	42.8	10.9	198.7	170.2	205.6	289.3	89.4	138.3	356.6	23.4	29.3	6.6
1957	1,339.5	51.3	22.8	8.1	129.8	106.3	194.3	416.2	244.8	0.0	52.5	61.8	51.6
1958	1,373.7	60.9	13.8	38.6	206.6	51.1	98.4	81.7	361.7	212.8	175.2	36.2	36.7
1959	1,117.6	63.3	88.0	60.0	117.3	93.9	79.3	137.7	109.6	185.8	6.1	94.1	82.5
1960	1,190.0	28.8	11.5	65.3	76.7	147.2	105.8	201.2	147.4	235.6	32.3	66.9	71.3
1961	1,273.5	46.7	27.9	149.5	87.1	142.5	72.3	218.8	135.9	140.3	134.8	89.8	27.9

표 A14-65 계속

	목포												
	연중	1월	2월	3월	4월	5월	6월	7월	8월	9월	10월	11월	12월
	A53	A54	A55	A56	A57	A58	A59	A60	A61	A62	A63	A64	A65
	mm												
1962	1,173.4	45.9	34.4	15.4	128.1	21.9	111.5	164.6	294.4	209.6	61.9	66.9	18.8
1963	1,477.4	48.9	11.7	41.4	114.7	167.7	528.7	346.2	51.2	48.7	67.9	20.3	30.0
1964	895.1	17.8	100.4	54.7	188.9	47.3	135.9	95.7	51.1	164.8	11.3	24.1	3.1
1965	840.9	47.0	37.2	20.0	81.6	42.8	28.2	187.8	218.2	3.3	37.3	73.0	64.5
1966	870.6	15.4	38.7	132.6	95.3	117.9	120.2	62.3	138.9	45.5	27.9	55.3	20.6
1967	700.6	25.4	13.7	51.6	80.6	22.7	160.3	159.3	24.7	19.0	5.6	122.5	15.2
1968	732.3	6.0	5.1	69.4	67.2	28.9	35.7	49.7	175.6	86.9	112.4	66.7	28.7
1969	1,384.7	85.6	60.9	21.0	117.5	103.9	92.5	205.7	239.0	364.3	5.1	22.3	66.9
1970	1,031.4	10.0	44.1	13.5	98.5	72.9	93.0	232.9	164.5	215.3	52.2	21.1	13.4
1971	1,007.0	45.2	47.1	26.3	55.9	80.7	308.3	238.0	90.9	32.0	16.3	31.6	34.7
1972	1,751.1	89.9	55.9	143.4	88.8	179.7	83.5	483.1	283.5	103.2	14.2	171.5	54.4
1973	789.8	56.7	38.7	5.5	104.8	89.7	55.1	109.9	51.5	150.5	89.8	11.4	26.2
1974	1,388.3	22.4	40.7	45.4	131.3	136.5	138.0	470.9	217.3	64.3	73.2	15.8	32.5
1975	1,041.7	17.0	22.5	51.0	141.0	109.3	100.5	156.5	113.6	127.4	116.2	42.9	43.8
1976	852.2	9.7	102.0	54.5	137.0	84.6	132.3	70.5	109.3	43.1	52.7	23.0	33.5
1977	786.9	11.0	7.5	92.9	235.9	130.4	96.3	68.9	39.0	23.5	5.9	54.5	21.1
1978	1,023.9	6.8	57.4	36.9	31.9	5.9	407.3	123.8	179.4	48.2	77.4	30.6	18.3
1979	1,067.6	21.4	127.1	37.1	68.9	117.7	155.0	71.3	162.1	214.8	0.3	66.3	25.6
1980	1,441.8	52.0	35.0	61.8	124.5	136.1	129.2	243.9	469.9	9.5	100.7	44.7	34.5
1981	1,408.6	22.3	46.9	11.2	49.1	20.4	238.3	252.3	105.0	584.2	59.4	12.5	7.0
1982	843.5	25.9	23.4	41.6	74.1	59.1	20.3	293.5	85.7	44.8	53.6	99.6	21.9
1983	927.5	31.3	37.7	59.4	71.8	90.1	31.3	213.1	93.7	208.6	38.9	28.8	22.8
1984	1,098.9	12.7	31.3	7.5	152.4	37.9	184.7	210.1	139.4	204.2	44.3	46.4	28.0
1985	1,736.8	19.6	71.1	91.9	99.9	143.5	529.4	140.8	143.2	243.1	144.9	77.9	31.5
1986	1,271.1	26.2	46.9	70.7	39.0	107.9	298.8	145.1	166.7	210.3	78.8	14.3	66.4
1987	1,350.1	55.3	39.1	79.0	60.3	82.3	102.3	439.0	327.5	37.4	47.6	74.1	6.2
1988	665.3	20.9	17.7	53.1	45.2	124.9	141.9	146.7	60.8	19.4	1.9	18.6	14.2
1989	1,381.3	119.2	97.9	54.0	24.9	63.5	178.5	418.3	190.0	162.3	12.2	54.3	6.2
1990	1,134.7	37.8	91.2	46.2	74.5	109.6	178.1	278.9	137.6	81.1	32.0	52.8	14.9
1991	1,194.1	32.9	40.7	109.8	114.8	23.9	169.8	352.0	176.4	109.5	5.9	23.1	35.3
1992	743.6	19.6	28.4	92.6	57.9	71.1	16.4	103.8	141.4	135.5	5.4	27.7	43.8
1993	1,130.9	23.0	61.0	56.3	16.5	94.7	99.2	171.3	399.1	29.7	58.9	102.6	18.6
1994	717.0	27.9	20.9	15.6	29.3	73.9	80.3	14.9	193.8	27.3	145.8	48.3	39.0
1995	613.2	37.8	30.8	30.0	72.3	53.5	140.6	107.9	65.1	32.7	10.4	19.0	13.1
1996	1,040.9	35.2	19.4	130.1	27.8	27.3	286.8	190.4	77.0	94.1	52.0	66.5	34.3
1997	1,126.4	6.5	12.0	70.3	63.5	78.0	145.7	253.2	255.0	22.8	7.0	135.4	77.0
1998	1,507.7	51.8	46.4	79.8	116.8	110.9	383.2	175.2	153.8	304.1	50.1	30.3	5.3
1999	1,535.0	41.7	31.9	148.5	56.7	116.0	121.7	276.5	279.6	323.8	103.4	14.7	20.5
2000	1,176.7	31.0	7.8	21.2	6.4	40.2	222.4	204.0	322.2	235.2	29.8	50.1	6.4
2001	945.9	47.5	79.8	18.7	32.0	28.5	270.3	171.5	102.8	55.2	79.0	15.8	44.8
2002	1,162.2	36.5	14.5	31.5	105.7	79.2	97.0	201.2	384.6	108.8	53.0	27.5	22.7
2003	1,686.0	41.5	41.7	75.3	195.2	147.9	135.7	402.4	368.7	170.0	36.4	49.6	21.6
2004	1,483.3	30.4	35.8	28.4	52.4	85.8	217.2	375.4	351.4	226.2	4.8	38.8	36.7
2005	1,002.7	18.4	39.1	64.0	55.9	81.6	209.7	197.1	143.1	68.9	18.8	51.0	55.1
2006	1,288.3	15.8	34.0	27.9	109.2	247.3	191.9	333.3	177.7	54.9	20.5	33.8	42.0
2007	1,350.6	8.3	67.9	88.8	26.5	128.5	30.6	191.9	222.6	426.5	101.0	6.8	51.2
2008	960.5	62.6	16.6	64.1	62.0	150.5	294.8	112.2	95.6	30.4	19.1	38.6	14.0
2009	1,088.4	29.0	41.6	43.1	47.5	97.2	122.8	465.8	74.0	46.1	54.0	32.1	35.2
2010	1,335.7	27.6	98.2	88.7	140.5	99.5	52.9	264.4	344.2	126.7	39.2	10.0	43.8
2011	982.1	12.2	43.9	25.6	85.3	96.9	134.6	227.6	160.0	10.1	22.0	149.9	14.0
2012	1,577.5	14.1	28.9	136.6	107.2	26.9	51.7	319.4	443.4	259.3	65.9	49.5	74.6
2013	1,089.7	14.2	51.0	68.9	41.6	140.7	84.4	224.9	176.8	153.6	17.4	99.7	16.5
2014	1,087.7	12.4	15.8	92.3	71.4	72.8	69.9	136.8	255.0	74.7	98.6	95.7	92.3
2015	1,041.6	41.1	25.7	34.4	159.6	77.8	117.8	159.6	86.5	79.5	84.2	106.8	68.6

표 A66-117 주요 지점 연월별 최고기온, 1904-2015

	서울												
	연중	1월	2월	3월	4월	5월	6월	7월	8월	9월	10월	11월	12월
	A66	A67	A68	A69	A70	A71	A72	A73	A74	A75	A76	A77	A78
	℃												
1908	33.6	6.2	8.4	18.2	22.9	25.2	32.4	32.9	33.6	28.7	25.3	18.9	11.7
1909	35.6	7.6	8.8	15.2	23.3	29.8	31.7	31.8	35.6	29.5	26.5	20.3	11.0
1910	33.3	8.0	8.3	15.0	23.0	31.0	31.5	33.3	32.0	27.0	24.1	20.2	5.8
1911	34.5	8.8	12.5	19.1	24.1	30.0	30.6	31.0	34.5	32.8	22.9	15.7	9.5
1912	34.0	5.4	14.7	16.3	23.1	29.7	30.0	32.2	34.0	32.2	25.7	16.5	8.8
1913	31.7	6.3	11.5	18.4	25.6	30.0	30.8	30.7	31.7	30.0	30.1	17.6	10.9
1914	35.6	9.2	12.3	17.1	24.8	29.1	35.0	35.6	34.4	32.4	24.1	21.1	14.1
1915	34.8	12.0	11.0	16.7	22.3	28.3	30.5	33.9	34.8	27.9	26.8	17.8	13.5
1916	33.2	12.2	12.0	14.2	24.2	29.7	32.2	33.2	33.0	28.2	22.9	23.3	11.6
1917	36.7	2.9	10.8	18.9	22.2	26.5	36.7	36.6	36.6	29.6	24.5	18.1	10.9
1918	36.1	5.6	14.4	18.9	26.3	26.8	31.5	36.1	35.2	29.9	25.0	20.4	9.7
1919	37.5	7.2	13.3	21.0	22.9	28.3	30.0	35.9	37.5	28.8	26.3	19.9	8.5
1920	35.6	7.5	8.5	22.2	22.3	29.3	35.6	34.3	33.6	33.0	25.9	21.9	12.9
1921	36.0	8.5	9.5	17.0	28.3	26.7	32.7	32.3	36.0	30.8	24.0	17.2	11.7
1922	36.3	4.0	12.4	14.5	28.4	32.0	34.5	34.5	36.3	32.5	25.2	19.1	8.5
1923	35.9	4.3	9.5	19.5	23.0	27.7	33.0	32.3	35.9	30.4	22.1	16.7	8.9
1924	37.4	9.2	12.1	20.2	24.5	26.5	33.4	35.4	37.4	32.4	26.2	16.5	10.7
1925	33.7	6.0	7.7	12.1	23.0	29.6	30.3	33.7	33.6	30.0	23.8	18.6	14.1
1926	33.0	6.2	7.7	19.4	20.3	25.8	31.6	33.0	33.0	30.0	23.6	17.5	12.5
1927	35.0	11.7	9.7	19.3	24.8	26.9	33.5	35.0	33.3	29.5	26.6	19.9	10.2
1928	35.2	7.9	9.3	17.9	24.3	29.0	32.2	33.7	35.2	31.7	25.7	18.0	13.3
1929	36.7	7.4	16.0	20.6	22.5	29.9	35.5	34.2	36.7	28.5	28.4	17.5	14.4
1930	37.4	8.6	15.8	21.1	24.3	29.5	34.2	35.2	37.4	29.1	25.5	16.8	11.0
1931	36.0	7.4	10.7	19.4	21.2	28.6	32.3	31.0	36.0	31.4	27.7	20.2	12.7
1932	37.2	14.4	9.3	16.5	22.2	33.5	32.1	36.3	37.2	29.5	26.5	22.5	12.5
1933	35.9	6.1	6.6	12.5	25.5	29.0	31.3	35.9	32.5	30.2	25.8	16.3	12.7
1934	33.4	2.8	5.7	16.3	24.8	28.6	31.9	31.7	33.4	29.0	23.3	14.5	9.5
1935	33.5	9.0	16.0	19.1	24.7	30.1	29.8	32.6	33.5	33.0	25.4	20.2	12.5
1936	34.3	3.1	9.2	12.0	22.5	27.4	32.1	34.3	30.7	29.7	24.7	17.4	14.6
1937	35.1	9.8	11.0	18.8	26.4	26.2	32.5	34.4	35.1	29.8	26.9	22.1	11.1
1938	35.6	6.3	14.7	19.0	27.3	30.4	32.2	34.7	35.6	32.1	27.8	19.5	11.8
1939	38.2	5.4	10.1	17.9	25.7	29.6	33.3	37.7	38.2	35.1	29.3	20.2	8.6
1940	34.3	7.0	9.2	18.2	24.1	30.0	32.5	33.9	34.3	30.2	28.5	25.2	11.8
1941	34.3	12.3	10.9	19.3	23.2	29.2	32.7	34.3	33.6	31.1	26.9	19.6	11.4
1942	36.0	4.5	11.3	18.7	26.2	30.5	34.7	36.0	34.5	32.7	27.5	21.3	11.0
1943	38.2	11.5	10.8	17.5	28.0	27.3	34.2	35.8	38.2	33.4	25.3	22.7	14.2
1944	36.0	8.0	9.7	18.2	23.4	29.3	34.3	36.0	35.8	30.5	25.8	23.4	7.2
1945	37.0	6.2	11.2	14.7	28.9	29.2	31.5	32.3	37.0	30.0	25.3	21.8	12.7
1946	36.7	10.5	10.5	18.6	27.3	29.8	32.4	36.7	35.5	30.7	29.9	22.1	8.7
1947	33.5	7.1	8.4	16.0	24.2	28.2	27.5	33.1	33.5	29.9	24.7	17.9	7.1
1948	34.4	10.5	13.7	16.8	25.0	28.9	31.1	32.9	34.4	33.6	26.5	18.2	12.9
1949	37.7	9.4	15.5	14.4	23.8	30.6	36.0	34.1	37.7	31.3	25.1	18.9	16.4
1950		10.1	9.3	21.9	27.8	34.4	32.5	36.1	36.9				
1953													16.2
1954	34.3	10.7	12.2	18.2	26.8	28.6	30.4	31.9	34.3	30.0	25.0	19.1	10.9
1955	35.0	5.4	15.1	16.2	25.0	29.0	33.8	32.8	35.0	32.3	27.3	18.3	12.9
1956	35.0	8.7	7.2	15.8	21.4	26.7	31.3	34.7	35.0	30.3	24.9	20.6	8.9
1957	33.5	6.6	6.2	13.8	26.3	29.8	32.5	31.0	33.5	29.0	27.2	17.5	9.6
1958	37.2	8.6	14.1	21.5	27.3	29.9	37.2	34.4	33.2	28.8	25.0	18.9	12.1
1959	36.2	9.8	13.7	18.2	24.2	27.6	31.8	33.6	36.2	30.2	27.3	19.5	14.3
1960	34.4	10.8	13.7	18.1	25.3	30.2	31.7	32.4	34.4	31.3	25.7	18.0	11.6
1961	35.3	5.2	12.7	17.0	25.0	30.1	31.2	34.4	35.3	31.7	25.8	20.4	13.0
1962	35.0	7.9	12.5	18.2	23.8	30.7	32.4	35.0	33.1	29.8	25.6	20.8	12.5
1963	33.7	1.6	8.2	19.2	22.8	29.4	30.1	33.1	33.7	30.2	24.4	20.5	12.2
1964	34.5	10.0	6.5	17.7	25.4	29.2	33.4	33.6	34.5	30.0	25.9	15.6	12.2
1965	35.2	7.4	10.4	15.3	27.0	31.0	34.6	35.2	31.0	31.0	29.2	20.8	12.6
1966	34.7	8.8	11.8	14.0	26.4	31.6	29.8	31.4	34.7	28.4	26.0	20.6	10.6
1967	35.0	10.1	13.3	15.9	25.2	29.1	29.7	35.0	33.6	31.4	23.7	19.2	6.4

표 A66-117 계속

	서울												
	연중	1월	2월	3월	4월	5월	6월	7월	8월	9월	10월	11월	12월
	A66	A67	A68	A69	A70	A71	A72	A73	A74	A75	A76	A77	A78
	℃												
1968	34.2	8.2	12.0	16.8	23.9	28.2	31.9	34.2	34.0	31.4	27.4	20.6	17.7
1969	32.9	10.7	10.7	20.4	23.3	26.4	32.3	32.3	32.9	30.0	24.4	17.8	13.6
1970	35.0	8.9	12.0	16.0	26.0	29.8	30.0	32.2	35.0	31.2	25.6	18.2	11.6
1971	33.2	9.2	13.2	20.2	24.1	31.2	30.4	32.0	33.2	29.6	24.1	21.3	11.5
1972	35.6	13.0	8.4	18.0	23.5	26.2	30.7	35.6	32.1	27.2	26.0	18.7	12.0
1973	35.2	11.3	14.4	20.8	27.7	27.8	30.8	34.5	35.2	28.6	24.9	16.9	10.8
1974	33.9	9.3	9.9	19.5	23.1	29.3	31.1	30.7	33.9	29.9	23.2	20.3	10.3
1975	35.3	7.0	10.6	15.8	29.0	27.7	32.4	33.4	35.3	31.5	25.6	20.7	14.8
1976	34.8	8.5	14.5	15.2	25.0	32.2	34.8	33.5	32.0	30.2	25.1	19.4	12.2
1977	35.0	4.2	15.0	22.0	26.7	29.3	34.6	35.0	33.3	31.1	28.8	20.2	13.7
1978	36.1	7.4	11.0	17.4	25.0	29.8	30.7	36.1	34.4	30.6	29.2	18.2	14.6
1979	32.6	13.4	17.4	18.4	23.8	29.1	28.9	32.2	32.6	29.7	26.3	23.5	11.7
1980	31.7	8.9	12.0	18.1	21.0	31.7	31.6	30.3	30.6	29.0	25.6	19.8	12.0
1981	35.2	1.3	11.7	21.7	25.3	28.5	30.7	35.2	33.0	29.0	23.3	13.6	10.2
1982	35.5	6.8	12.3	17.0	27.5	28.9	30.6	33.7	35.5	30.9	28.2	21.4	10.6
1983	34.3	9.2	10.3	18.9	26.7	29.9	32.6	30.9	34.3	31.5	23.7	18.5	11.7
1984	35.2	4.1	8.0	14.2	23.0	28.1	34.2	34.7	35.2	28.7	25.7	21.2	14.5
1985	35.4	3.5	10.8	19.0	24.8	29.6	31.9	35.4	34.3	30.1	25.7	18.8	8.2
1986	32.8	7.1	5.2	18.6	24.3	27.5	32.4	31.7	32.8	31.0	23.9	16.2	13.2
1987	31.6	8.9	12.8	17.5	24.7	29.0	31.6	31.2	31.6	28.6	27.3	19.0	11.8
1988	36.6	10.1	12.2	16.1	23.8	31.7	32.8	31.6	36.6	30.8	25.6	17.9	13.9
1989	35.3	11.2	15.4	16.1	29.4	29.6	31.9	33.3	35.3	29.5	23.7	17.4	14.7
1990	35.5	7.8	12.9	18.8	26.3	27.1	29.4	34.2	35.5	31.1	27.1	21.9	13.8
1991	34.7	9.7	12.0	18.9	25.6	31.1	31.8	32.0	34.7	31.0	25.8	17.6	12.9
1992	32.8	7.6	15.9	20.2	24.3	29.9	29.8	32.4	32.8	30.9	25.1	17.2	13.3
1993	31.9	8.4	14.2	16.6	23.5	31.9	29.2	31.1	30.6	30.5	25.0	20.9	10.0
1994	38.4	10.0	11.4	18.6	28.9	28.0	34.7	38.4	37.0	32.0	25.9	19.8	12.4
1995	33.7	10.3	9.9	17.1	25.2	29.0	29.6	33.6	33.7	28.4	25.6	18.6	6.9
1996	35.4	9.8	14.0	17.5	23.3	31.4	32.7	34.6	35.4	30.9	23.8	18.8	12.7
1997	36.1	8.0	15.1	20.2	22.3	27.9	35.0	36.1	34.1	31.9	26.3	20.2	12.8
1998	32.8	8.2	15.0	19.1	26.3	31.4	31.8	32.2	32.0	32.8	26.5	20.5	12.9
1999	35.4	12.4	10.2	18.8	28.2	28.1	33.6	34.9	35.4	32.0	24.0	18.6	12.0
2000	35.1	9.9	7.5	18.9	23.5	30.5	33.9	34.2	35.1	31.0	26.5	20.3	11.9
2001	35.3	6.8	12.2	21.0	28.2	31.5	32.7	32.8	35.3	31.7	25.3	16.0	10.9
2002	34.8	13.5	12.6	19.4	27.7	27.7	32.0	34.8	32.2	30.6	24.9	16.7	15.9
2003	32.2	8.7	11.9	20.9	24.6	30.4	31.1	31.4	32.2	28.7	26.0	21.3	12.0
2004	36.2	8.1	18.7	18.7	27.3	27.6	32.5	34.5	36.2	31.3	25.6	21.5	16.2
2005	35.0	7.3	10.5	17.6	29.8	30.2	32.0	34.2	35.0	30.8	24.9	21.8	11.1
2006	34.7	9.3	11.5	17.2	22.2	28.3	32.4	30.1	34.7	30.3	27.5	20.2	12.6
2007	33.2	11.8	14.8	16.2	22.5	30.1	33.2	31.2	33.2	31.1	26.2	19.3	13.8
2008	35.4	7.3	10.5	19.8	28.0	28.5	29.6	32.9	35.4	32.0	28.3	18.4	13.3
2009	34.4	12.2	16.1	22.2	25.8	31.0	32.4	32.4	34.4	29.9	26.4	21.8	10.1
2010	33.8	8.4	17.9	14.2	20.7	28.6	32.7	32.3	33.8	31.4	24.2	17.4	13.5
2011	34.1	0.3	13.2	16.8	19.0	31.2	32.9	34.1	34.1	32.4	23.4	25.9	9.1
2012	36.7	8.4	12.1	16.2	29.4	29.3	33.5	33.2	36.7	29.5	26.0	15.7	8.3
2013	33.9	11.5	13.9	23.8	21.6	31.8	32.6	31.3	33.9	31.1	28.1	20.7	11.0
2014	35.8	8.2	16.4	23.8	26.2	33.3	31.1	34.4	35.8	31.3	29.0	22.9	7.9
2015	36.0	9.0	13.0	21.9	28.3	32.2	34.9	36.0	34.4	31.0	26.6	21.0	12.2

자료: 기상청, 「기상관측-지상-종관(북한)기상관측-자료조회」, 기상자료개방포털(data.kma.go.kr).

주: 일별 기상자료를 이용하여 월, 연도별 최고값을 산출하였다.

표 A66-117 계속

	대구												
	연중	1월	2월	3월	4월	5월	6월	7월	8월	9월	10월	11월	12월
	A79	A80	A81	A82	A83	A84	A85	A86	A87	A88	A89	A90	A91
	℃												
1907	35.6	0.8	15.5	22.5	23.5	33.4	35.5	35.5	35.6	31.0	27.0	23.6	14.0
1908	37.8	16.3	8.0	21.3	27.4	29.5	33.7	35.0	37.8	30.3	26.4	21.6	16.6
1909	36.7	9.8	11.9	18.0	26.9	34.9	33.9	36.7	35.1	32.4	27.9	22.0	11.5
1910	36.6	13.0	11.3	22.1	26.9	32.0	34.1	35.7	36.6	29.1	25.0	19.3	12.1
1911	35.0	9.8	14.8	20.3	27.1	30.8	32.9	33.9	35.0	34.4	25.2	18.2	13.5
1912	37.1	8.3	15.6	18.1	27.8	31.6	33.9	37.1	37.1	33.4	28.8	19.9	11.6
1913	38.9	8.9	13.1	21.5	26.0	29.4	33.0	38.9	38.6	32.4	28.4	21.1	14.6
1914	38.6	16.0	16.4	21.7	27.3	31.6	33.5	38.6	36.8	34.8	26.9	24.6	16.8
1915	39.0	15.1	13.9	19.9	26.5	31.5	34.5	38.3	39.0	30.1	29.9	21.6	15.6
1916	34.9	13.6	13.6	19.1	23.9	30.4	34.9	30.6	33.2	30.6	24.8	21.6	15.9
1917	37.7	6.9	15.1	15.2	25.1	30.1	33.8	37.7	37.3	31.1	25.0	16.5	13.4
1918	34.9	8.4	17.6	20.4	25.9	27.4	32.3	33.2	34.9	30.9	24.9	20.9	12.4
1919	35.9	8.7	14.4	22.5	25.1	31.1	33.1	35.9	34.3	29.9	25.4	21.3	11.5
1920	36.0	9.0	8.5	19.8	26.0	31.6	34.6	36.0	34.2	32.6	27.4	25.4	15.1
1921	35.5	11.1	17.9	18.9	25.4	29.4	31.9	32.9	35.5	29.7	24.9	19.6	16.1
1922	36.6	8.4	13.9	18.9	29.0	31.9	36.1	35.7	36.6	32.6	25.9	20.7	9.1
1923	36.9	8.2	10.0	22.6	26.6	27.3	32.1	34.4	36.9	32.7	24.5	17.9	12.9
1924	38.3	12.4	19.2	20.4	26.3	29.9	32.4	38.3	36.0	31.5	27.5	20.9	13.0
1925	34.3	8.2	10.6	16.1	25.0	29.2	32.4	34.3	34.0	30.4	26.4	20.0	14.4
1926	36.8	9.4	10.8	23.2	23.3	28.1	32.8	33.5	36.8	30.8	23.2	20.5	14.9
1927	39.2	12.3	10.1	22.5	25.8	30.0	36.4	39.2	33.0	28.7	28.6	21.9	12.3
1928	36.3	10.9	15.9	22.1	26.5	33.9	34.1	34.7	36.3	31.7	27.3	18.9	12.3
1929	38.4	12.5	17.7	21.3	28.0	30.4	35.4	37.8	38.4	28.4	27.1	17.6	15.5
1930	36.7	8.3	15.5	24.0	27.6	31.6	34.9	34.6	36.7	30.4	25.6	17.1	13.8
1931	34.8	10.8	13.0	23.6	23.1	29.4	34.5	32.0	34.8	30.9	27.0	21.2	16.3
1932	39.3	16.2	10.6	17.8	23.5	31.2	33.8	39.3	39.3	28.2	27.5	23.4	14.7
1933	36.6	8.4	11.4	17.4	26.5	31.7	32.3	36.6	33.5	34.0	27.0	17.8	14.3
1934	38.9	8.7	12.5	20.4	25.4	30.4	35.1	38.9	35.4	30.6	25.4	16.4	13.9
1935	37.2	12.1	16.3	21.9	27.0	33.8	33.2	36.7	37.2	31.0	26.0	22.0	15.7
1936	35.0	6.0	14.7	16.0	24.2	30.2	35.0	34.5	32.5	32.5	25.4	18.8	19.9
1937	36.7	14.6	16.3	19.0	24.8	29.2	31.3	35.9	36.7	32.0	25.3	20.6	13.4
1938	38.4	10.0	16.5	20.2	29.6	30.5	30.0	38.4	37.4	32.2	28.4	20.7	12.4
1939	39.6	11.2	13.0	21.9	26.5	30.9	36.7	39.6	38.3	35.1	29.8	20.8	13.0
1940	36.2	14.6	13.8	19.9	25.8	32.9	36.2	34.3	35.5	29.3	26.5	23.9	13.8
1941	35.2	12.6	13.2	26.1	28.2	30.3	33.3	32.2	35.2	28.3	27.6	20.0	14.4
1942	40.0	13.2	12.0	21.2	26.1	31.0	33.8	39.7	40.0	32.3	27.7	21.3	12.6
1943	35.7	11.4	15.0	18.4	29.0	32.7	34.1	35.7	35.7	30.7	24.5	24.3	15.2
1944	38.6	12.1	14.4	20.0	26.8	30.8	37.1	38.2	38.6	37.2	25.0	21.0	11.2
1945	37.4	9.4	14.2	22.3	27.4	30.6	33.1	33.6	37.4	33.4	24.9	22.2	15.8
1946	37.5	14.9	14.1	18.5	26.2	28.7	35.1	37.5	34.8	32.4	27.7	23.1	11.8
1947	35.3	9.3	15.3	16.9	27.6	30.0	31.9	35.3	34.5	32.0	23.2	22.3	13.7
1948	34.1	14.8	16.9	21.5	26.0	29.4	33.8	32.9	34.1	31.6	26.1	19.5	17.4
1949	37.8	11.7	15.9	18.6	26.5	30.6	32.4	36.5	37.8	33.5	25.2	20.7	15.7
1950	37.1	11.0	12.7	18.2	27.4	32.8	32.5	35.0	37.1	33.9	26.2	22.2	13.5
1951	38.2	12.5	16.4	19.5	22.0	32.6	36.9	36.0	38.2	30.4	29.3	20.2	14.0
1952	38.2	12.5	12.2	18.2	26.7	31.0	33.7	36.4	38.2	29.4	26.4	22.8	11.4
1953	36.9	15.5	15.2	20.1	28.7	30.4	32.6	36.1	36.9	31.4	28.8	19.3	20.8
1954	36.8	9.8	17.9	22.6	25.4	29.6	30.2	32.4	36.8	32.1	23.1	22.1	13.9
1955	35.7	9.1	16.1	24.5	29.3	30.4	35.5	35.7	35.7	30.6	26.6	20.3	14.4
1956	38.3	11.8	12.8	18.9	28.4	30.5	32.4	35.5	38.3	33.5	25.7	21.1	12.3
1957	34.6	12.9	9.3	20.2	27.6	30.8	31.7	34.6	32.8	29.2	27.2	19.6	12.6
1958	38.0	13.6	17.3	24.8	23.2	34.0	38.0	36.5	35.8	30.7	25.3	20.4	13.7
1959	37.5	12.4	14.5	22.7	26.5	31.7	35.0	37.5	36.7	30.2	28.2	21.8	15.6
1960	36.5	16.3	18.8	20.5	27.9	28.5	34.2	36.3	36.5	34.4	25.2	22.2	13.7
1961	35.9	9.3	15.4	21.0	27.2	31.3	34.4	35.9	35.4	33.3	27.1	20.6	14.4
1962	36.7	8.4	16.0	20.2	26.4	36.6	35.4	36.7	35.8	30.8	29.2	21.1	14.9
1963	34.4	6.4	13.2	22.1	26.0	29.1	32.2	34.4	34.2	30.8	26.0	20.7	15.1
1964	38.6	11.4	10.5	22.5	27.6	31.3	34.2	37.7	38.6	33.2	25.2	17.9	14.7

표 A66-117 계속

	대구												
	연중	1월	2월	3월	4월	5월	6월	7월	8월	9월	10월	11월	12월
	A79	A80	A81	A82	A83	A84	A85	A86	A87	A88	A89	A90	A91
	℃												
1965	36.0	7.8	12.1	19.0	26.1	31.2	35.2	36.0	34.2	32.3	27.7	20.6	15.2
1966	38.7	11.3	18.2	19.6	24.9	30.9	33.0	35.5	38.7	31.3	25.6	21.1	12.7
1967	38.2	11.7	18.4	19.4	26.2	32.1	34.7	37.9	38.2	33.4	24.4	18.7	10.9
1968	37.2	13.1	15.8	19.7	26.5	31.3	34.2	37.2	33.5	30.6	26.2	19.8	18.9
1969	34.8	12.8	12.8	24.0	28.7	30.8	33.5	34.8	34.6	32.7	25.8	21.0	14.4
1970	34.9	11.4	16.9	21.2	27.0	31.2	33.3	34.9	34.8	32.3	28.3	19.4	17.5
1971	36.3	12.0	13.6	20.3	26.6	32.5	34.7	35.6	36.3	28.9	24.8	23.3	15.2
1972	36.1	12.9	13.2	20.5	28.2	29.1	36.1	35.8	35.1	32.8	26.1	21.5	15.7
1973	37.5	10.0	16.5	26.8	29.9	29.0	33.2	37.5	37.0	32.2	27.2	21.4	13.2
1974	37.0	11.2	16.8	23.2	25.0	30.4	35.0	32.4	37.0	30.9	25.5	22.5	11.4
1975	36.5	9.4	12.8	18.0	26.7	30.4	33.2	36.5	35.7	34.8	26.4	19.5	17.5
1976	36.5	12.9	13.9	20.0	25.3	30.9	33.7	34.9	36.5	31.9	27.5	21.0	14.4
1977	39.5	6.3	20.0	20.5	27.9	31.8	32.5	39.5	38.8	33.5	29.5	22.3	16.1
1978	37.7	11.3	15.3	19.9	28.3	34.4	34.6	37.7	36.4	33.5	30.2	19.7	18.4
1979	35.6	15.6	21.1	22.2	25.5	33.2	32.0	35.6	35.3	29.2	28.2	26.6	13.9
1980	33.9	13.9	14.8	21.6	24.1	31.7	33.9	33.7	30.5	30.0	26.2	21.6	14.2
1981	36.5	7.5	15.0	23.8	28.8	33.7	34.4	36.5	35.5	31.0	25.6	16.8	14.7
1982	35.7	15.5	13.0	22.2	29.2	32.3	33.1	35.7	35.6	29.8	29.0	21.5	13.4
1983	37.6	12.4	15.8	21.3	29.8	35.1	35.3	35.8	37.6	33.5	27.9	20.7	14.9
1984	38.1	11.3	13.3	23.0	27.0	31.2	32.7	34.9	38.1	31.4	25.7	23.8	15.4
1985	37.7	9.5	13.4	17.6	28.6	30.0	32.0	36.8	37.7	33.8	26.5	19.9	16.0
1986	36.6	11.4	15.0	20.4	28.1	31.0	32.5	35.3	36.6	31.4	24.5	19.9	16.0
1987	36.3	11.7	19.6	20.3	27.9	30.8	36.3	34.8	32.5	31.5	29.9	22.2	20.1
1988	38.0	11.6	14.1	19.5	30.4	32.0	35.1	38.0	36.5	32.3	28.0	21.7	17.4
1989	35.5	12.5	17.1	22.1	28.2	32.7	32.9	35.5	35.4	30.1	25.9	21.3	19.3
1990	38.5	10.8	14.7	22.1	27.3	30.8	33.9	36.4	38.5	33.2	26.6	23.7	19.0
1991	35.0	12.0	11.0	24.7	27.3	34.1	33.8	35.0	33.0	32.0	28.0	20.7	17.0
1992	37.8	11.7	20.1	20.9	28.9	31.0	35.0	37.8	34.1	33.1	26.3	20.5	15.9
1993	34.3	12.4	22.2	20.5	30.0	32.2	34.3	32.3	33.0	30.6	27.1	23.6	13.7
1994	39.4	12.4	15.4	21.6	28.7	31.3	34.8	39.4	37.8	37.5	29.3	24.0	18.6
1995	39.2	13.4	14.4	22.0	28.0	30.7	33.1	36.6	39.2	31.6	29.2	21.7	12.0
1996	38.3	10.7	22.0	18.6	30.6	32.0	34.3	37.3	38.3	31.7	27.8	19.6	15.2
1997	36.6	12.8	20.3	23.2	29.8	33.1	36.4	36.6	36.1	36.5	30.7	23.0	16.5
1998	35.3	11.3	20.1	25.7	29.7	31.7	32.9	35.2	35.3	33.6	28.1	24.4	16.0
1999	35.5	12.9	15.9	19.7	29.0	30.0	35.5	34.3	34.2	32.3	25.8	20.0	13.4
2000	35.0	11.5	10.6	19.4	25.3	33.6	35.0	34.8	33.3	32.3	26.6	21.2	15.3
2001	35.8	11.0	17.7	24.6	27.3	31.6	33.0	35.8	35.5	31.3	25.5	19.2	13.1
2002	35.4	16.5	15.9	24.5	29.3	30.3	35.4	35.4	35.1	33.4	26.4	21.6	15.8
2003	34.7	11.6	13.6	20.9	27.6	29.1	30.9	32.0	34.7	32.7	26.1	24.0	15.0
2004	36.9	12.2	19.9	23.7	30.4	32.0	34.1	36.9	35.5	31.2	26.6	24.2	17.6
2005	36.2	11.6	10.2	21.6	31.5	30.8	36.2	36.1	35.6	34.3	29.0	24.1	14.2
2006	37.2	13.2	17.5	20.2	30.1	30.9	33.5	35.4	37.2	30.7	27.8	23.5	15.1
2007	36.4	13.0	18.1	22.7	27.6	32.7	33.0	35.5	36.4	33.0	26.1	20.2	14.8
2008	36.2	11.2	14.6	19.5	28.9	33.6	33.4	36.2	35.2	33.1	28.8	22.9	15.9
2009	35.3	11.0	20.1	26.6	29.7	34.4	35.3	33.0	34.0	33.3	27.9	24.7	15.3
2010	36.5	13.0	20.4	24.5	26.5	32.9	34.7	35.6	36.5	34.7	27.0	19.5	16.9
2011	35.5	6.4	19.4	22.5	28.6	29.1	34.5	35.0	35.1	35.5	27.2	25.4	12.4
2012	37.2	10.4	13.5	20.8	30.2	31.8	31.9	37.2	36.3	31.0	26.1	18.4	12.1
2013	37.9	13.4	19.4	26.9	28.4	34.4	34.4	35.9	37.9	33.0	28.2	22.8	13.3
2014	37.5	15.3	20.4	26.4	27.9	37.4	33.4	37.5	33.9	32.3	26.0	20.5	11.8
2015	38.3	11.8	14.7	24.1	30.0	34.5	35.0	37.0	38.3	30.0	26.9	21.8	13.5

표 A66-117 계속

	부산												
	연중	1월	2월	3월	4월	5월	6월	7월	8월	9월	10월	11월	12월
	A92	A93	A94	A95	A96	A97	A98	A99	A100	A101	A102	A103	A104
	℃												
1904	32.0				21.4	23.6	29.8	31.9	32.0	30.4	25.7	21.3	19.6
1905	32.0	14.6	11.6	17.0	20.6	25.4	29.0	30.4	29.4	32.0	25.4	22.3	18.1
1906	33.6	18.4	10.6	16.4	20.8	26.2	26.5	33.6	30.7	29.2	24.2	19.9	14.3
1907	32.5	13.3	12.2	16.7	20.3	26.7	28.4	30.0	32.5	27.4	25.1	21.3	14.0
1908	32.1	15.7	12.5	19.3	21.6	23.6	28.4	29.1	32.1	27.9	23.1	20.1	16.3
1909	32.5	11.7	14.1	14.1	21.6	26.9	25.4	32.4	32.5	30.0	25.6	22.1	16.0
1910	32.2	13.2	11.8	17.2	20.4	26.7	26.8	31.2	32.2	29.1	23.1	20.2	13.0
1911	31.3	13.6	12.4	16.3	20.1	24.6	25.7	29.9	31.3	31.1	25.1	18.9	14.6
1912	32.6	10.0	15.6	18.6	20.6	24.3	29.0	30.8	32.6	29.6	25.7	19.6	12.5
1913	31.9	10.8	14.0	16.7	19.5	24.1	26.5	30.9	31.9	28.4	25.0	19.4	14.8
1914	32.6	15.8	15.6	17.2	22.0	27.0	26.8	32.6	32.5	30.6	24.8	22.9	17.2
1915	31.6	14.4	13.0	16.9	19.6	25.8	27.7	31.6	31.3	27.0	26.1	20.7	16.4
1916	31.9	17.3	13.8	16.6	19.3	28.1	28.2	27.8	31.9	29.0	23.7	22.6	16.7
1917	33.6	9.4	13.8	14.5	19.7	24.0	28.3	32.6	33.6	29.9	24.4	18.4	14.3
1918	32.0	9.8	15.6	18.8	22.0	24.1	27.2	30.8	32.0	30.3	25.1	21.5	18.0
1919	33.3	15.8	15.7	20.3	23.1	25.8	29.8	33.3	32.6	30.1	24.8	21.2	14.3
1920	35.0	12.0	10.9	17.0	25.6	27.1	27.1	32.8	35.0	30.8	25.0	24.0	17.2
1921	32.0	11.1	17.0	16.7	21.3	25.4	27.4	29.4	32.0	28.5	26.4	20.2	18.7
1922	33.4	9.5	15.8	17.6	23.3	26.1	29.2	32.2	33.4	31.0	24.8	20.6	11.7
1923	33.6	16.4	12.1	20.2	22.4	24.1	25.8	30.8	33.6	30.1	25.4	19.9	16.4
1924	34.5	14.4	16.6	15.4	22.0	24.6	27.3	34.3	34.5	28.6	25.7	21.9	15.8
1925	32.6	10.9	11.8	19.7	24.3	25.8	27.8	32.2	32.6	29.6	24.5	21.4	16.8
1926	32.1	13.6	13.4	17.2	21.5	27.0	30.9	31.6	32.1	29.5	24.8	21.0	15.7
1927	32.9	16.9	12.0	17.5	25.5	25.8	30.9	32.9	32.5	29.7	26.3	21.8	17.1
1928	34.0	15.9	15.9	19.2	23.5	28.4	29.2	31.1	34.0	31.4	26.3	21.3	16.8
1929	35.3	16.7	16.3	17.8	21.6	27.7	33.4	34.7	35.3	28.9	24.5	18.3	17.4
1930	33.3	9.8	17.6	20.3	22.9	28.7	29.3	32.4	33.3	29.9	25.4	19.6	16.6
1931	33.3	14.9	15.2	20.1	19.6	26.9	28.1	29.3	33.3	27.8	26.3	21.6	19.4
1932	34.7	17.4	13.5	18.6	20.5	24.9	27.7	34.7	33.8	26.3	25.7	21.5	15.7
1933	33.2	12.2	13.3	16.3	21.4	26.7	29.2	33.2	32.9	30.8	26.0	19.2	15.3
1934	31.6	10.9	12.3	19.1	21.7	26.1	27.6	30.0	31.6	27.6	24.0	17.9	15.8
1935	34.0	13.9	15.5	18.7	21.9	25.4	27.3	33.5	34.0	28.6	24.8	23.4	18.5
1936	30.5	7.8	13.8	16.3	20.0	23.0	28.4	30.5	29.7	29.9	26.5	20.8	19.1
1937	34.1	17.4	17.8	16.7	23.2	25.2	28.1	31.7	34.1	32.1	26.0	21.7	15.8
1938	33.3	12.3	16.0	18.4	23.4	26.7	28.2	32.1	33.3	30.6	27.4	22.6	18.0
1939	33.8	12.6	14.4	17.7	23.8	24.4	30.5	32.8	33.6	33.8	28.6	25.6	15.4
1940	32.0	16.1	13.8	18.9	22.3	28.3	28.1	32.0	31.6	29.5	26.1	25.2	17.6
1941	32.2	15.6	14.7	22.7	22.7	25.6	27.8	29.8	32.2	29.0	26.9	21.9	17.3
1942	34.2	15.4	12.4	18.8	24.5	25.2	27.7	34.2	33.7	30.8	27.7	22.1	16.0
1943	33.4	13.3	15.2	18.8	25.5	28.3	27.8	32.2	33.4	29.4	26.0	25.5	18.6
1944	36.0	14.6	13.6	18.6	24.8	27.1	33.1	33.1	36.0	34.3	26.2	25.3	12.7
1945	34.0	11.3	15.4	21.3	26.7	25.5	28.9	30.9	34.0	31.8	26.7	23.0	19.7
1946	32.8	18.3	15.8	18.8	21.9	24.9	30.5	32.8	31.7	31.4	28.9	23.4	14.9
1947	32.5	13.9	15.1	18.4	24.1	26.2	25.8	31.0	32.5	32.1	24.3	24.3	18.3
1948	32.6	16.8	17.6	19.2	22.9	27.0	28.2	30.3	32.6	30.9	28.2	21.4	20.8
1949	33.5	16.0	16.5	17.9	23.8	26.3	27.6	31.6	33.5	31.3	25.6	21.0	18.0
1950	35.7	17.4	15.7	18.2	23.9	27.3	27.7	31.4	35.7	31.4	26.4	22.0	16.6
1951	34.6	15.2	15.2	19.4	20.4	26.9	27.7	30.6	34.6	29.8	28.7	22.1	17.3
1952	32.1	14.8	11.6	16.9	23.4	27.2	28.2	32.1	32.1	28.4	25.3	23.9	14.4
1953	33.5	17.2	15.2	19.2	22.9	24.2	26.9	31.0	33.5	29.2	26.8	22.0	20.9
1954	32.9	14.3	16.8	20.4	22.0	23.6	25.4	28.5	32.9	30.7	25.8	23.7	18.7
1955	31.6	10.9	17.2	19.2	23.1	24.4	31.2	31.0	31.6	30.1	25.4	19.4	17.4
1956	33.1	14.0	13.6	15.5	20.9	27.2	26.7	32.1	33.1	30.2	25.1	23.3	14.4
1957	30.5	16.2	11.5	17.8	23.8	25.4	27.7	29.2	30.5	28.0	26.3	20.5	17.1
1958	33.0	15.0	17.6	20.6	21.9	29.6	31.3	33.0	30.9	28.7	25.1	22.2	17.0
1959	32.0	14.5	16.8	18.2	21.6	26.7	27.9	30.8	32.0	29.8	27.7	24.1	18.2
1960	33.6	17.0	17.6	18.9	22.0	25.6	27.4	32.8	33.6	32.2	26.0	22.0	17.1
1961	32.3	12.1	15.5	19.6	23.6	27.0	28.6	32.3	32.1	30.8	27.4	21.0	18.3

표 A66-117 계속

	부산												
	연중	1월	2월	3월	4월	5월	6월	7월	8월	9월	10월	11월	12월
	A92	A93	A94	A95	A96	A97	A98	A99	A100	A101	A102	A103	A104
	℃												
1962	30.9	11.0	16.4	17.4	23.8	28.8	29.8	30.9	30.9	29.8	26.2	24.1	16.7
1963	31.1	9.0	12.7	19.2	21.0	22.6	26.0	30.3	31.1	29.0	24.4	21.6	17.6
1964	34.6	15.0	12.0	17.4	21.3	26.9	28.9	31.3	34.6	30.5	27.3	21.5	16.2
1965	31.3	12.3	14.3	17.5	22.9	26.6	27.7	30.2	31.3	30.4	26.3	22.0	17.0
1966	34.9	12.6	17.4	21.2	21.5	25.9	27.1	30.6	34.9	30.2	26.7	21.1	14.0
1967	34.2	14.0	14.7	16.7	22.6	27.0	28.9	32.1	34.2	31.2	25.5	22.2	12.2
1968	32.5	15.3	13.6	18.1	21.7	25.4	28.4	32.5	30.3	27.8	24.2	21.1	19.1
1969	31.8	14.9	17.2	21.8	22.4	26.0	26.8	30.4	31.8	29.7	26.1	23.8	20.1
1970	31.4	12.4	17.1	18.2	20.6	28.7	25.1	30.3	31.4	29.8	26.7	21.2	16.7
1971	32.8	16.6	14.7	19.1	23.2	27.9	27.2	31.2	32.8	27.8	23.8	22.2	17.5
1972	32.5	14.3	13.2	17.9	24.4	24.4	28.2	32.5	31.4	28.0	25.2	21.2	18.9
1973	32.8	13.4	15.0	20.6	24.7	24.2	29.4	32.0	32.8	28.0	26.8	20.6	13.6
1974	30.8	13.9	15.7	17.8	20.6	27.7	27.4	28.3	30.8	30.4	26.1	22.3	16.2
1975	33.6	12.6	16.6	18.1	21.4	24.6	27.0	30.5	33.6	30.0	26.8	19.4	19.0
1976	31.8	13.5	16.0	18.9	21.2	25.1	28.8	30.2	31.8	28.7	26.0	22.8	16.8
1977	33.9	9.9	17.8	16.5	22.7	27.0	26.9	33.9	32.4	30.4	27.1	22.7	19.3
1978	33.4	15.7	15.0	19.9	22.5	30.1	27.3	33.4	32.5	31.4	27.8	23.0	18.9
1979	34.0	17.6	20.3	17.9	21.2	34.0	26.7	31.2	32.9	28.9	27.2	25.5	17.2
1980	31.3	13.8	15.0	20.2	21.3	26.3	29.1	31.3	27.9	28.6	25.8	22.3	16.9
1981	32.6	9.5	15.9	19.7	24.0	26.5	29.3	32.6	31.9	28.3	25.4	19.0	16.2
1982	31.8	16.4	14.9	19.0	23.8	25.8	30.1	29.3	31.8	28.8	28.2	21.7	15.4
1983	36.7	17.2	16.4	18.0	22.8	27.5	28.1	30.9	36.7	31.0	27.6	21.4	15.4
1984	34.7	12.2	13.6	18.2	22.0	25.6	28.0	33.1	34.7	28.6	25.5	25.1	18.0
1985	33.9	13.5	15.5	18.2	22.7	25.2	27.2	33.7	33.9	32.0	27.1	21.2	15.8
1986	32.9	13.3	13.7	18.3	21.6	25.9	28.1	31.6	32.9	29.9	25.0	21.7	19.4
1987	31.1	13.3	19.0	18.5	23.4	26.3	28.4	29.7	31.1	29.3	28.2	23.5	20.2
1988	33.1	14.2	17.5	17.3	23.6	27.8	28.7	31.3	33.1	28.8	26.7	22.9	19.2
1989	33.0	14.8	18.4	20.8	25.0	27.6	28.6	32.2	33.0	28.5	26.1	21.0	20.4
1990	34.3	15.8	14.8	20.3	21.4	25.2	28.6	33.6	34.3	31.5	27.3	24.2	19.8
1991	33.3	14.2	13.2	20.2	22.4	25.0	28.1	30.9	33.3	30.3	28.0	20.3	19.6
1992	32.6	13.8	18.8	19.0	23.4	27.1	26.9	31.6	30.8	32.6	25.8	22.7	17.1
1993	30.7	14.1	19.2	17.7	25.8	26.7	26.7	28.2	30.7	29.0	25.9	23.2	16.6
1994	35.8	14.6	15.8	19.1	24.3	27.3	28.0	35.8	34.0	35.2	27.2	23.9	19.0
1995	32.8	14.1	15.0	19.9	23.7	27.3	28.6	32.7	32.8	29.2	27.3	22.8	15.1
1996	34.9	14.5	19.5	15.8	26.6	29.9	27.9	33.9	34.9	29.8	26.1	21.7	18.7
1997	34.1	17.5	17.9	20.8	23.4	26.6	29.9	32.7	33.7	34.1	27.5	22.6	18.9
1998	32.3	13.1	20.3	22.9	27.5	28.1	27.5	30.8	32.3	32.0	27.0	23.4	18.1
1999	32.2	15.3	17.6	18.7	28.1	26.1	28.6	30.9	32.2	31.8	29.1	22.7	16.6
2000	33.1	15.9	13.3	18.3	21.4	29.1	28.6	31.7	33.1	31.3	27.2	23.0	18.0
2001	34.5	12.0	17.1	22.7	25.3	29.6	29.5	33.3	34.5	30.4	26.8	23.0	17.5
2002	33.4	16.8	16.5	21.1	23.6	27.7	29.2	32.1	33.4	29.9	26.5	21.0	16.9
2003	31.0	13.0	15.2	18.3	24.1	24.7	27.2	28.7	30.7	31.0	26.7	25.6	16.5
2004	34.1	13.1	20.0	20.9	24.7	25.3	28.6	33.2	34.1	30.1	25.1	22.2	19.4
2005	32.8	12.9	13.0	20.0	23.7	25.5	29.4	31.2	32.8	31.4	27.7	24.5	15.4
2006	34.5	14.2	16.3	18.7	21.2	25.3	28.6	32.2	34.5	30.3	27.8	24.2	17.1
2007	32.6	14.9	17.2	20.0	23.5	28.0	26.8	31.5	32.6	30.1	26.6	22.1	17.0
2008	31.4	14.0	13.6	18.2	21.3	27.3	26.5	31.4	31.0	29.8	26.4	21.3	18.8
2009	32.5	12.7	17.4	20.0	23.3	26.9	29.8	29.0	32.5	29.1	26.8	24.1	17.2
2010	34.1	15.6	18.4	18.5	21.0	27.8	29.0	32.4	34.1	32.3	26.9	21.0	19.3
2011	33.0	9.5	17.6	20.1	21.4	24.2	27.8	33.0	32.3	31.6	27.4	24.6	15.3
2012	34.5	13.7	16.4	19.7	23.3	28.2	27.8	33.1	34.5	29.2	25.6	19.6	14.7
2013	35.0	13.3	17.2	19.3	23.4	28.1	27.8	31.9	35.0	31.4	29.8	23.8	14.5
2014	32.9	15.5	17.5	21.6	23.9	27.7	29.9	32.9	32.2	30.6	25.7	21.6	15.2
2015	33.5	13.9	15.4	20.9	23.9	30.2	28.1	31.9	33.5	28.8	26.5	23.6	17.3

표 A66-117 계속

	목포												
	연중	1월	2월	3월	4월	5월	6월	7월	8월	9월	10월	11월	12월
	A105	A106	A107	A108	A109	A110	A111	A112	A113	A114	A115	A116	A117
	℃												
1904	30.3				20.2	21.3	28.0	29.5	30.3		25.1	20.3	17.1
1905	30.7	13.7	8.0			25.8	27.4	30.7	28.9		23.8		16.3
1906	33.0	14.1	9.6	14.6	19.9	24.9	27.3	33.0	32.6	29.6	27.1	19.5	13.3
1907	32.7	14.1	9.6	15.5	22.1	26.7	28.6	31.7	32.7	30.6	26.2	23.5	17.1
1908	33.6	16.0	12.5	19.1	23.3	25.3	27.5	31.6	33.6	29.7	24.8	20.1	14.8
1909	33.6	10.1	11.8	15.0	22.9	26.1	27.3	32.7	33.6	31.6	26.1	23.7	15.1
1910	33.2	12.9	9.7	16.5	22.8	27.0	28.7	32.7	33.2	31.4	24.8	20.6	11.0
1911	32.2	13.1	12.6	17.0	22.4	27.1	27.6	30.4	32.2	32.2	24.7	17.9	13.5
1912	32.9	11.0	17.1	17.6	22.5	26.0	30.1	32.9	32.4	31.4	27.5	20.8	12.8
1913	33.2	11.6	14.6	18.2	22.5	25.3	27.0	31.9	33.2	31.0	27.2	24.3	16.5
1914	34.7	14.9	16.7	19.5	23.4	26.3	30.0	34.5	34.7	32.6	26.4	24.3	18.8
1915	33.4	14.3	14.6	16.9	19.6	26.6	29.2	33.4	33.2	28.3	28.1	21.6	18.5
1916	32.1	17.5	13.0	17.0	21.7	27.1	29.0	30.3	32.1	30.9	25.1	23.9	16.6
1917	35.1	8.7	13.3	17.0	21.4	25.9	30.4	34.5	35.1	31.7	27.6	18.5	15.0
1918	35.0	9.6	14.9	18.6	23.3	26.5	27.4	35.0	32.4	31.5	25.5	19.4	14.0
1919	36.1	14.4	15.1	19.5	24.0	27.5	29.7	34.0	36.1	30.7	26.4	22.7	13.1
1920	33.7	13.6	11.1	17.4	22.8	26.3	31.2	33.7	33.5	32.8	27.5	25.5	18.9
1921	35.5	11.5	16.8	19.2	24.2	27.8	30.2	31.4	35.5	30.5	25.7	20.4	19.0
1922	34.5	10.3	14.8	16.7	25.5	27.5	32.4	33.0	34.5	33.0	25.7	22.4	12.7
1923	36.3	16.0	12.1	22.1	22.7	26.3	30.0	30.8	36.3	32.3	26.7	19.7	14.5
1924	37.0	13.1	16.0	20.0	25.0	26.3	31.0	33.4	37.0	30.1	27.9	21.4	15.3
1925	33.4	12.7	11.5	16.6	22.7	27.4	28.1	33.4	33.0	31.6	25.0	20.5	18.0
1926	33.2	11.7	11.8	19.6	21.6	24.5	30.0	31.3	33.2	31.1	24.3	21.2	17.1
1927	33.6	16.1	13.8	19.1	24.3	27.4	31.8	33.6	32.6	31.1	28.5	22.2	16.6
1928	32.5	14.9	19.0	19.1	24.2	27.9	30.2	31.6	32.0	32.5	26.5	18.2	17.2
1929	35.0	12.2	14.6	18.0	22.3	27.6	30.7	33.5	35.0	30.1	27.5	18.4	18.4
1930	34.0	9.0	15.6	20.7	23.0	27.2	29.2	32.9	34.0	29.4	24.8	19.4	14.8
1931	32.4	13.5	11.8	19.8	20.2	27.4	30.2	27.9	32.4	28.8	26.1	21.2	15.2
1932	35.6	16.8	11.7	16.5	18.9	27.0	29.2	34.9	35.6	28.1	27.0	22.7	16.5
1933	34.0	9.0	12.0	16.0	21.1	25.2	30.0	34.0	31.3	32.1	26.1	20.5	16.5
1934	34.5	6.8	12.0	19.3	21.7	26.5	29.0	31.7	34.5	29.6	24.3	17.9	15.3
1935	35.2	11.9	13.0	17.8	23.8	27.5	28.5	33.5	35.2	31.5	25.0	22.0	14.2
1936	31.0	7.4	13.3	15.9	21.5	25.7	28.4	31.0	30.2	30.5	26.1	20.0	17.5
1937	34.0	15.8	16.0	16.7	23.9	25.9	28.7	34.0	33.8	30.9	25.7	21.5	16.3
1938	34.7	10.9	14.4	17.4	25.3	28.4	28.0	31.9	34.7	29.9	29.1	22.2	14.7
1939	34.8	11.0	13.2	16.4	22.7	26.1	31.1	34.7	34.8	32.0	27.9	22.3	14.3
1940	33.7	15.2	12.7	19.0	22.8	29.0	30.5	33.7	32.9	31.6	26.3	25.3	15.3
1941	34.6	12.7	14.2	21.2	22.5	27.2	27.8	30.9	34.6	28.7	27.1	21.6	17.4
1942	36.7	15.0	12.7	19.9	24.5	25.7	31.1	36.4	36.7	34.1	28.9	22.2	15.6
1943	36.1	12.8	15.4	19.4	25.0	26.9	31.4	33.9	36.1	30.3	25.6	25.5	17.5
1944	36.7	10.3	11.2	18.0	23.3	27.6	32.2	36.7	34.4	32.1	28.1	22.5	11.3
1945	33.6	9.2	11.9	18.9	25.4	27.7	29.7	31.1	33.6	32.6	25.3	21.5	16.3
1946	34.5	14.2	14.1	15.6	24.0	26.4	30.9	33.5	34.5	30.7	29.2	24.5	14.9
1947	33.3	10.8	13.2	18.2	23.7	27.2	27.6	32.1	33.3	33.1	25.0	23.5	14.5
1948	33.2	15.5	14.7	18.5	24.9	26.4	29.8	30.4	33.2	30.6	26.8	21.2	19.2
1949	34.5	12.1	13.9	15.9	20.8	28.0	31.2	33.3	34.5	31.6	25.7	22.0	17.1
1950	35.6	18.0	15.9	18.8	26.0	29.2	30.8	34.6	35.6	32.0	25.3	22.6	13.5
1951	36.7	13.3	14.9	16.4	19.8	25.9	32.1	33.2	36.7	30.2	29.4	21.5	16.7
1952	35.2	11.3	11.0	17.1	23.5	27.9	31.0	33.7	35.2	29.6	25.9	23.4	12.7
1953	34.0	14.1	15.2	18.3	22.5	27.6	29.5	33.1	34.0	32.2	29.1	20.2	20.8
1954	34.3	11.0	17.0	21.1	23.4	27.0	28.8	29.2	34.3	32.3	24.8	22.7	15.3
1955	33.1	11.2	16.2	19.0	24.1	26.8	31.3	32.3	33.1	31.1	28.7	20.0	17.9
1956	36.3	13.2	13.8	16.3	23.1	27.4	30.3	36.3	35.1	31.6	26.6	23.0	14.5
1957	33.2	13.4	11.0	17.8	23.7	28.2	27.8	30.5	33.2	30.3	27.8	20.5	16.9
1958	35.3	15.7	18.1	21.6	20.9	29.5	34.4	33.1	35.3	31.5	26.4	20.3	15.2
1959	36.0	13.2	16.8	20.3	23.2	28.0	31.1	32.1	36.0	31.0	27.8	23.0	18.3
1960	34.4	16.0	16.7	20.1	22.3	25.8	29.2	33.4	34.4	31.1	25.7	21.6	16.3
1961	34.1	10.6	13.9	18.8	22.9	27.9	28.4	34.1	34.0	32.4	27.4	21.6	15.6

표 A66-117 계속

	목포												
	연중	1월	2월	3월	4월	5월	6월	7월	8월	9월	10월	11월	12월
	A105	A106	A107	A108	A109	A110	A111	A112	A113	A114	A115	A116	A117
	℃												
1962	35.0	10.1	16.7	19.0	22.9	30.0	30.9	35.0	32.8	30.5	28.6	23.9	16.4
1963	34.1	10.2	12.4	19.0	21.3	24.8	28.0	31.9	34.1	30.7	26.2	22.3	15.4
1964	34.6	16.2	12.6	20.2	24.2	27.6	28.4	33.8	34.6	30.6	26.8	22.8	15.4
1965	32.4	11.0	13.3	17.3	22.5	26.9	30.1	31.3	32.4	30.8	29.5	20.8	16.0
1966	35.7	13.6	17.7	17.2	23.0	26.9	29.2	32.4	35.7	31.3	26.0	22.3	15.1
1967	34.0	12.6	15.5	17.7	23.1	27.4	29.8	33.4	34.0	32.6	25.7	20.2	10.4
1968	33.4	13.5	12.5	17.8	21.9	24.8	29.6	32.5	33.4	29.4	25.8	21.0	19.6
1969	33.0	12.1	17.0	17.7	21.8	25.9	28.2	31.4	33.0	30.4	26.0	21.2	15.8
1970	34.2	12.7	16.8	19.2	23.6	25.9	28.1	30.5	34.2	31.8	27.7	19.1	18.4
1971	34.0	13.4	14.0	18.2	23.5	27.5	28.9	32.2	34.0	29.4	25.3	22.7	15.9
1972	34.0	16.1	10.6	19.2	23.4	25.4	29.3	34.0	31.2	29.1	26.0	21.7	17.6
1973	35.3	15.2	15.0	22.0	24.9	26.1	28.8	32.9	35.3	28.6	27.2	19.1	15.8
1974	33.6	13.0	15.2	20.8	21.8	27.0	29.6	29.0	33.6	29.8	25.7	24.1	13.5
1975	34.5	12.1	11.5	14.8	24.4	25.8	30.3	33.0	34.5	33.2	27.2	21.6	19.5
1976	33.2	12.9	14.9	16.7	21.2	27.8	28.7	31.2	33.2	29.7	26.4	22.6	15.6
1977	35.2	8.6	19.5	17.9	22.7	28.0	27.6	35.2	33.6	33.2	32.1	25.7	19.9
1978	34.3	15.2	14.6	20.0	24.5	30.4	30.5	34.3	33.9	31.9	30.0	20.6	19.2
1979	34.4	17.3	18.6	19.5	23.8	29.8	29.1	33.0	34.4	28.5	27.5	26.5	16.7
1980	29.5	16.7	14.7	17.6	21.6	28.3	29.1	29.4	28.9	29.5	26.9	22.5	14.5
1981	35.4	7.8	13.5	21.1	23.3	30.4	32.1	35.4	32.2	29.8	24.8	17.9	15.8
1982	34.2	14.2	14.4	19.1	25.1	30.2	30.6	33.2	34.2	31.1	27.5	23.5	15.3
1983	34.4	13.8	14.1	20.5	25.0	28.6	28.7	31.7	34.4	31.7	28.0	21.9	16.2
1984	35.3	11.9	10.4	21.0	23.4	27.1	31.1	33.2	35.3	29.3	26.1	25.2	16.8
1985	34.7	9.8	12.3	18.0	25.0	28.0	29.7	34.3	34.7	33.2	26.3	20.6	15.6
1986	33.9	11.9	11.8	19.0	23.4	25.7	30.6	32.2	33.9	30.0	25.7	19.8	16.2
1987	30.6	12.4	17.9	17.6	23.6	27.3	30.6	30.1	30.6	29.0	28.8	24.1	18.4
1988	34.5	12.8	14.1	16.8	24.7	27.9	28.5	32.7	34.5	31.4	29.0	22.4	19.0
1989	33.1	11.5	14.2	20.1	27.2	26.7	29.3	32.9	33.1	29.6	27.2	22.0	17.7
1990	35.7	14.6	14.7	19.4	26.3	27.0	30.3	33.7	35.7	32.1	28.0	25.0	20.7
1991	34.7	12.1	12.8	18.4	25.9	27.8	29.4	33.3	34.7	31.7	26.3	21.8	19.7
1992	33.7	13.9	19.3	21.0	23.5	26.9	31.1	33.3	33.7	32.6	26.6	21.5	18.0
1993	30.6	12.9	19.5	18.4	25.3	28.4	29.0	28.9	30.6	29.2	26.3	22.9	13.8
1994	37.0	13.6	16.4	19.1	24.6	28.0	30.0	37.0	36.3	34.2	28.6	23.6	18.3
1995	34.0	14.7	14.2	19.9	25.0	27.0	30.6	32.0	34.0	30.8	28.9	22.8	12.4
1996	36.1	13.6	19.7	18.3	23.9	28.3	28.6	34.3	36.1	30.5	27.9	22.3	17.8
1997	33.4	14.7	18.3	19.0	23.3	27.3	30.4	33.4	33.1	32.0	28.2	22.7	14.1
1998	32.2	10.5	16.5	17.9	28.4	29.6	27.7	30.4	32.2	31.8	26.6	21.9	16.4
1999	32.9	13.6	13.6	18.3	23.6	26.1	29.8	32.1	32.9	30.7	27.5	20.3	13.8
2000	34.1	13.8	11.5	18.8	22.9	30.6	30.5	32.9	34.1	28.9	26.5	22.0	16.3
2001	33.8	9.5	15.2	21.7	26.0	28.0	28.9	32.8	33.8	31.2	26.3	19.3	12.9
2002	32.7	16.8	12.8	19.3	24.0	26.6	30.6	32.2	32.7	31.2	27.9	19.6	14.0
2003	32.0	13.0	12.3	18.8	23.9	26.8	28.9	32.0	31.8	31.0	26.0	22.9	15.7
2004	34.6	10.7	19.3	22.0	25.9	26.7	29.8	32.6	34.6	30.5	24.5	23.0	18.3
2005	33.3	9.6	10.9	17.3	24.0	31.0	29.5	32.2	33.3	32.0	27.3	24.5	15.9
2006	34.8	13.5	12.6	18.0	23.7	27.3	30.6	32.0	34.8	30.4	26.7	21.9	16.2
2007	33.0	10.4	15.8	19.2	22.2	26.3	30.6	31.3	33.0	30.7	27.0	19.6	16.5
2008	33.2	11.3	12.8	18.9	24.5	26.4	26.8	33.2	32.2	31.0	27.6	19.9	17.4
2009	31.9	11.1	18.3	21.3	24.2	26.9	29.4	28.8	31.9	29.6	25.4	23.9	12.5
2010	32.6	14.3	17.5	18.3	21.2	27.5	29.0	31.2	32.6	31.2	25.3	18.6	18.7
2011	33.3	4.7	15.7	16.2	24.1	26.3	28.2	33.3	33.2	31.9	23.7	25.3	11.0
2012	35.7	8.9	12.0	18.2	23.3	27.6	29.4	33.1	35.7	29.3	24.4	17.3	12.8
2013	36.9	13.7	17.9	22.3	22.3	28.0	30.2	33.0	36.9	31.6	28.0	22.6	14.5
2014	34.3	13.6	19.1	22.1	24.9	30.5	28.8	34.3	30.7	28.7	27.7	18.8	11.2
2015	35.5	12.8	11.9	20.5	24.0	28.1	29.6	32.6	35.5	29.7	25.8	21.9	17.3

표 A118-169 주요 지점 연월별 최저기온, 1904-2015

	서울												
	연중	1월	2월	3월	4월	5월	6월	7월	8월	9월	10월	11월	12월
	A118	A119	A120	A121	A122	A123	A124	A125	A126	A127	A128	A129	A130
	℃												
1907	-20.1										3.3	-8.9	-20.1
1908	-15.8	-14.3	-15.8	-7.4	-0.7	5.2	11.6	14.7	14.8	9.0	-0.3	-8.6	-12.7
1909	-14.6	-13.6	-13.2	-8.7	-1.6	5.7	11.2	15.4	19.8	10.1	-0.8	-7.0	-14.6
1910	-19.9	-19.9	-19.6	-8.6	-1.8	5.9	12.4	15.9	16.7	10.2	1.3	-8.4	-16.8
1911	-21.5	-21.5	-11.2	-5.3	0.3	3.7	10.7	16.9	18.0	11.0	0.1	-4.9	-14.9
1912	-18.6	-15.2	-9.9	-6.8	-2.5	4.7	12.3	16.0	17.7	7.3	-1.2	-9.9	-18.6
1913	-19.6	-18.9	-19.6	-12.0	0.7	5.0	13.3	13.0	14.4	8.0	-1.0	-8.9	-16.9
1914	-14.0	-14.0	-10.7	-4.3	0.1	6.3	13.0	19.4	19.2	9.7	1.9	-7.0	-10.2
1915	-21.3	-21.3	-16.3	-14.1	-2.0	4.1	14.1	15.6	16.3	9.3	-1.7	-6.4	-12.8
1916	-19.0	-12.5	-9.5	-10.1	-3.9	3.3	9.6	16.3	16.9	6.8	0.2	-9.7	-19.0
1917	-21.1	-21.1	-17.6	-9.5	-0.3	2.4	9.7	17.7	16.4	11.1	-0.4	-7.6	-20.4
1918	-21.8	-21.8	-11.4	-6.1	-0.1	4.3	11.1	16.1	17.3	8.7	-2.6	-6.2	-13.0
1919	-19.3	-17.5	-18.3	-5.9	-3.9	3.1	11.8	16.3	17.0	8.6	-2.2	-9.3	-19.3
1920	-22.3	-22.3	-18.5	-7.8	-0.2	7.7	12.5	19.5	18.0	10.6	2.7	-4.6	-18.9
1921	-15.3	-15.3	-11.6	-6.6	-0.7	5.9	9.3	17.4	17.3	9.8	-0.5	-9.4	-13.6
1922	-21.0	-21.0	-17.6	-10.2	-0.8	6.0	11.0	16.2	19.0	6.2	1.3	-11.6	-15.7
1923	-20.4	-20.4	-14.1	-8.2	-1.3	7.7	10.1	16.5	19.1	5.6	0.4	-10.9	-16.8
1924	-18.7	-18.7	-13.2	-9.6	-2.8	7.6	12.0	19.3	16.7	8.6	-4.0	-9.0	-14.0
1925	-17.4	-15.4	-15.2	-10.3	-3.3	7.2	10.6	14.5	17.4	8.1	-1.3	-6.2	-17.4
1926	-18.6	-18.6	-15.1	-6.5	-1.2	5.1	10.3	15.6	18.2	9.0	-1.1	-4.5	-16.9
1927	-23.1	-17.7	-14.8	-7.1	-1.2	4.9	11.1	18.5	16.8	8.2	0.8	-4.5	-23.1
1928	-22.2	-22.2	-15.1	-4.9	0.6	5.7	12.1	18.0	17.5	3.2	-1.5	-7.7	-16.3
1929	-17.5	-17.5	-17.1	-8.8	-0.3	5.9	13.0	18.4	16.2	8.6	-1.0	-8.7	-16.8
1930	-17.4	-17.4	-11.3	-3.5	0.1	6.0	11.0	19.2	16.4	7.6	3.8	-8.5	-12.5
1931	-22.5	-22.5	-17.8	-10.7	-1.0	5.8	12.5	15.2	15.2	7.7	-3.0	-7.1	-14.7
1932	-14.1	-12.9	-14.1	-7.8	-0.4	7.0	12.4	18.8	17.8	12.6	0.3	-6.5	-11.4
1933	-18.4	-18.4	-14.2	-12.8	-0.5	4.0	10.6	19.1	18.0	6.5	1.4	-5.0	-10.5
1934	-18.7	-18.7	-12.2	-9.1	-1.5	4.2	11.5	18.0	16.0	9.5	-0.8	-9.2	-8.7
1935	-16.9	-13.1	-14.9	-4.0	-0.9	4.1	12.4	17.3	16.1	6.1	3.3	-6.0	-16.9
1936	-20.1	-20.1	-17.5	-13.7	-2.0	6.4	9.9	15.6	16.8	10.0	0.8	-7.7	-9.3
1937	-16.0	-13.2	-11.7	-5.3	-0.7	6.8	11.4	16.6	18.5	7.3	-0.5	-6.0	-16.0
1938	-19.0	-19.0	-14.3	-6.0	0.2	6.8	13.2	18.2	19.5	9.5	3.7	-6.5	-15.7
1939	-19.6	-19.6	-16.0	-5.2	-2.7	5.1	12.0	17.6	19.4	5.7	-1.6	-10.2	-13.6
1940	-17.7	-17.7	-13.9	-7.7	-0.7	3.3	10.2	17.6	13.5	9.3	0.2	-5.5	-10.6
1941	-20.4	-20.4	-18.2	-13.0	-0.9	6.2	13.5	14.6	16.1	10.7	-1.6	-8.8	-13.6
1942	-17.9	-17.9	-16.7	-4.7	-1.4	4.1	11.3	18.2	17.6	8.1	-5.1	-11.1	-15.4
1943	-18.6	-18.6	-15.5	-4.9	-1.9	8.9	11.2	17.0	15.4	8.5	1.8	-9.2	-11.6
1944	-16.2	-16.2	-13.4	-6.6	-0.9	4.6	12.3	15.2	15.0	10.1	1.8	-4.1	-15.5
1945	-19.1	-19.1	-15.6	-8.9	-1.2	2.7	10.7	16.0	16.5	12.6	0.0	-4.2	-14.0
1946	-17.0	-15.6	-12.2	-10.7	0.2	6.8	13.4	18.4	18.9	9.2	0.4	-7.3	-17.0
1947	-17.3	-15.1	-17.2	-10.6	-1.0	7.2	10.3	17.0	17.0	10.1	-1.6	-11.8	-17.3
1948	-18.0	-18.0	-15.8	-6.8	3.9	6.4	9.7	16.7	19.0	10.2	-0.8	-8.7	-7.7
1949	-14.9	-14.0	-10.1	-5.4	0.8	6.8	10.9	17.0	16.9	12.0	-1.7	-7.6	-14.9
1950	-18.0	-18.0	-10.5	-9.3	1.1	7.4	11.7	16.5	15.2				
1953	-9.2												-9.2
1954	-13.9	-11.9	-13.9	-7.8	3.0	7.8	12.6	13.6	16.9	10.2	0.8	-2.4	-12.5
1955	-17.2	-17.2	-14.3	-4.8	-2.5	8.2	11.2	17.9	18.6	11.0	1.3	-4.1	-9.7
1956	-15.7	-15.7	-13.1	-8.5	1.4	6.3	12.4	17.5	15.5	7.5	-1.1	-8.8	-15.1
1957	-17.3	-14.5	-17.3	-9.5	-2.7	8.0	11.8	17.8	16.0	6.6	-0.4	-5.8	-10.6
1958	-18.2	-18.2	-12.4	-11.2	1.3	7.3	13.2	19.4	16.2	6.6	-1.8	-3.3	-3.2
1959	-19.8	-19.8	-8.0	-5.0	2.0	9.6	11.8	18.7	18.8	12.4	1.9	-5.5	-12.9
1960	-17.0	-17.0	-8.6	-5.8	-0.9	6.4	12.7	18.6	17.7	12.3	5.4	-11.2	-16.0
1961	-16.5	-16.5	-14.2	-4.9	0.7	4.2	13.5	21.4	20.8	10.4	3.3	-3.5	-12.5
1962	-11.5	-11.3	-10.9	-6.0	-3.8	7.3	11.2	17.2	19.7	8.5	1.5	-7.7	-11.5
1963	-18.4	-18.4	-12.6	-3.2	0.6	7.8	11.9	18.8	19.2	10.4	2.0	-7.2	-13.2
1964	-16.2	-8.2	-16.2	-3.4	0.7	8.7	13.8	19.0	19.2	11.0	1.1	-6.0	-10.6
1965	-18.2	-18.1	-13.6	-7.4	-1.3	7.5	13.8	18.4	19.0	10.0	4.2	-5.8	-18.2
1966	-18.0	-18.0	-13.6	-3.4	0.2	6.6	9.7	15.2	18.0	10.4	0.4	-10.7	-15.2

표 A118-169 계속

	서울												
	연중	1월	2월	3월	4월	5월	6월	7월	8월	9월	10월	11월	12월
	A118	A119	A120	A121	A122	A123	A124	A125	A126	A127	A128	A129	A130
	℃												
1967	-18.4	-18.4	-12.0	-6.1	1.1	9.4	13.6	17.6	21.5	11.4	4.8	-5.2	-17.4
1968	-15.1	-15.1	-13.8	-6.0	3.1	9.6	10.6	18.3	15.5	8.7	3.3	-6.7	-11.0
1969	-15.9	-15.2	-15.9	-8.1	-0.2	6.2	11.9	16.0	18.5	12.9	3.2	-5.6	-14.9
1970	-20.2	-20.2	-10.8	-7.3	0.8	10.0	13.4	15.2	20.1	7.9	0.5	-11.9	-11.2
1971	-16.1	-16.1	-12.4	-11.6	0.6	7.0	13.0	18.6	15.9	9.7	2.5	-8.8	-10.0
1972	-12.0	-9.1	-9.6	-7.7	-4.3	6.4	13.7	17.5	15.8	9.5	0.5	-8.1	-12.0
1973	-17.4	-11.3	-9.4	-5.3	0.9	9.5	12.9	19.7	21.2	8.3	2.2	-7.1	-17.4
1974	-15.5	-15.5	-14.0	-8.0	0.8	7.0	9.7	18.2	15.7	11.2	0.0	-4.8	-10.2
1975	-11.8	-11.8	-9.7	-5.0	1.2	7.8	13.2	18.4	20.4	13.6	5.4	-6.4	-10.8
1976	-18.5	-16.3	-6.4	-6.6	0.1	5.5	13.7	12.9	16.4	11.0	-1.5	-6.3	-18.5
1977	-16.8	-15.8	-16.8	-11.5	2.4	6.8	13.7	18.3	17.1	8.8	5.6	-4.3	-9.4
1978	-16.0	-13.3	-16.0	-8.2	0.4	7.2	12.5	18.2	19.2	13.4	4.2	-5.0	-10.7
1979	-13.0	-10.9	-13.0	-4.1	0.4	8.0	14.4	17.5	16.2	8.9	2.9	-11.1	-10.7
1980	-16.2	-15.9	-14.5	-2.6	1.4	7.5	12.1	16.9	17.2	8.1	0.0	-1.7	-16.2
1981	-16.5	-16.5	-15.6	-5.1	1.7	5.4	8.8	19.2	17.2	11.6	0.6	-7.0	-11.0
1982	-14.1	-14.1	-11.8	-5.3	3.1	8.0	11.7	18.3	18.3	9.9	-1.1	-7.1	-9.8
1983	-13.9	-13.9	-13.3	-3.6	0.8	7.3	13.4	18.4	17.8	11.9	2.0	-6.0	-13.5
1984	-15.1	-13.6	-15.1	-6.5	0.1	7.7	14.7	19.2	18.9	10.1	1.2	-5.7	-12.8
1985	-16.7	-16.7	-11.0	-8.2	0.0	9.0	14.2	18.7	18.5	10.1	4.4	-4.6	-13.6
1986	-19.2	-19.2	-12.7	-5.4	1.6	8.5	13.8	15.4	18.2	10.2	-0.5	-5.7	-9.7
1987	-15.1	-15.1	-10.6	-7.6	0.4	5.8	12.0	18.3	18.4	6.3	2.6	-9.2	-10.6
1988	-12.9	-12.1	-12.9	-6.8	3.2	9.1	13.9	19.0	18.4	11.0	2.2	-5.6	-12.2
1989	-11.2	-11.2	-8.2	-5.0	3.7	8.4	12.8	17.3	17.4	10.3	1.9	-6.3	-8.7
1990	-17.1	-17.1	-5.2	-1.3	1.6	7.2	13.4	16.7	18.5	10.2	6.1	-4.9	-12.9
1991	-15.0	-12.9	-15.0	-6.0	-3.4	7.4	15.2	18.0	15.7	10.1	4.1	-4.0	-11.1
1992	-9.7	-9.1	-7.8	-1.5	1.5	7.1	10.8	19.1	10.4	9.3	4.0	9.0	-9.7
1993	-11.2	-11.1	-8.6	-6.2	-0.3	9.4	13.4	16.2	16.3	10.8	0.6	-9.0	-11.2
1994	-12.6	-12.3	-10.8	-5.5	5.7	8.3	13.4	21.3	19.0	12.1	3.2	-2.2	-12.6
1995	-11.1	-11.1	-7.9	-3.6	-0.4	6.3	12.1	17.7	18.8	10.7	4.2	-4.3	-10.3
1996	-13.8	-10.7	-13.8	-3.8	-0.9	9.8	15.1	16.6	17.6	11.6	-0.4	-8.0	-10.5
1997	-13.7	-13.7	-8.1	-4.3	2.7	8.8	12.4	18.1	19.6	10.3	-2.0	-3.2	-11.3
1998	-15.4	-15.4	-7.7	-3.2	1.9	10.4	13.2	19.5	17.4	15.4	4.9	-6.8	-8.1
1999	-12.3	-12.2	-12.3	-6.2	1.6	10.2	15.8	18.2	19.5	12.8	1.5	-6.1	-11.5
2000	-12.1	-12.1	-11.6	-4.8	1.8	7.9	14.6	19.9	19.0	11.9	3.5	-3.8	-11.4
2001	-18.6	-18.6	-10.4	-6.1	2.1	10.4	15.6	20.3	19.4	11.0	8.8	-3.1	-8.8
2002	-12.0	-12.0	-5.1	-2.9	4.3	10.0	14.5	18.9	17.9	13.5	-0.3	-4.8	-9.1
2003	-15.5	-15.5	-8.3	-5.0	4.8	8.5	14.4	18.3	16.6	13.8	2.7	-3.2	-8.1
2004	-16.7	-16.7	-7.8	-5.6	2.7	8.8	14.6	19.5	18.7	12.8	5.3	0.2	-8.3
2005	-14.0	-11.0	-13.1	-6.5	4.1	6.3	15.5	18.3	16.5	13.8	3.0	-1.1	-14.0
2006	-14.1	-10.1	-14.1	-6.9	2.9	10.8	14.1	17.5	20.8	11.3	7.9	-1.3	-12.3
2007	-8.6	-7.6	-8.6	-7.6	1.6	9.0	14.1	17.7	19.8	14.1	3.2	-5.5	-7.4
2008	-13.1	-11.1	-10.1	-1.7	3.8	8.1	13.7	20.2	16.3	10.3	5.6	-7.2	-13.1
2009	-12.9	-11.4	-8.6	-3.3	2.2	9.8	14.3	18.7	16.4	14.4	6.2	-4.3	-12.9
2010	-15.3	-15.3	-10.8	-4.0	1.1	5.8	12.1	21.0	19.9	8.4	0.7	-5.2	-15.1
2011	-17.8	-17.8	-9.2	-5.5	4.3	8.5	14.4	18.9	18.1	10.3	3.1	-5.5	-10.6
2012	-17.1	-12.2	-17.1	-5.7	0.6	12.0	16.3	18.5	18.7	12.0	2.8	-3.0	-14.5
2013	-16.4	-16.4	-15.8	-4.4	1.3	7.9	16.3	20.5	21.1	10.9	4.3	-6.4	-9.8
2014	-13.2	-10.5	-10.5	-4.6	2.3	6.8	17.3	19.1	18.3	14.9	2.7	-3.1	-13.2
2015	-13.0	-9.8	-13.0	-6.9	3.5	8.3	15.6	18.2	18.9	14.2	1.1	-7.3	-9.5

자료: 기상청, 「기상관측-지상-종관(북한)기상관측-자료조회」, 기상자료개방포털(data.kma.go.kr).

주: 일별 기상자료를 이용하여 월, 연도별 최저값을 산출하였다.

표 A118-169 계속

	대구												
	연중	1월	2월	3월	4월	5월	6월	7월	8월	9월	10월	11월	12월
	A131	A132	A133	A134	A135	A136	A137	A138	A139	A140	A141	A142	A143
	℃												
1907	-8.7	-7.0	-3.4	-2.4	8.6	12.0	14.6	18.1	21.7	15.6	9.8	3.9	-8.7
1908	-9.5	-5.6	-9.5	-2.0	3.8	8.1	15.1	14.5	20.8	9.4	8.5	-1.0	-5.4
1909	-10.9	-8.0	-10.9	-7.0	0.2	5.4	12.0	14.7	19.9	13.6	0.8	-3.7	-10.5
1910	-14.5	-14.5	-14.5	-5.2	0.2	6.0	13.3	14.3	16.7	11.8	5.2	-3.0	-11.8
1911	-14.4	-14.4	-8.1	-3.7	0.4	4.9	11.2	15.2	18.1	13.3	2.8	-4.0	-9.2
1912	-10.2	-9.1	-8.0	-3.8	-0.2	5.3	10.2	17.4	18.2	8.6	0.9	-7.3	-10.2
1913	-14.8	-12.3	-14.8	-9.1	-0.2	7.3	12.1	11.3	15.1	8.8	0.5	-3.6	-10.1
1914	-10.2	-10.2	-8.7	-4.6	-0.7	6.6	12.3	19.2	15.4	12.6	1.6	-6.1	-7.5
1915	-18.6	-18.6	-10.4	-10.9	-2.1	5.8	12.5	13.3	18.0	12.1	0.8	-3.4	-11.1
1916	-13.7	-8.7	-7.6	-6.9	-6.0	6.3	8.5	17.1	15.5	9.9	3.5	-4.0	-13.7
1917	-16.3	-16.3	-11.8	-8.6	-0.1	2.8	9.3	17.2	15.8	8.9	0.6	-7.4	-15.2
1918	-15.1	-15.1	-11.2	-5.5	0.0	5.0	10.5	16.2	17.0	7.3	-2.0	-3.4	-9.6
1919	-14.0	-13.5	-14.0	-3.7	0.0	2.6	12.6	15.7	15.9	9.2	-0.2	-6.7	-12.3
1920	-16.4	-16.4	-13.3	-5.3	1.6	7.0	10.8	20.5	17.7	11.5	4.5	-2.6	-7.7
1921	-11.5	-9.7	-11.5	-5.7	-0.5	7.6	7.8	17.3	19.6	8.1	1.6	-8.6	-8.8
1922	-13.0	-12.1	-13.0	-5.7	1.3	6.5	9.6	16.9	18.4	11.4	3.3	-5.6	-7.6
1923	-20.2	-20.2	-10.6	-6.5	1.2	6.9	11.6	15.8	21.1	7.6	3.2	-5.0	-10.7
1924	-12.4	-12.4	-9.7	-6.8	-2.7	6.1	11.4	21.6	18.3	10.0	-1.0	-6.2	-8.6
1925	-12.2	-10.3	-12.2	-7.8	-1.0	4.4	12.9	13.1	20.5	10.8	0.3	-3.5	-11.7
1926	-14.9	-11.3	-14.9	-5.4	-2.1	6.2	9.1	14.8	18.6	11.5	1.8	-3.2	-11.2
1927	-12.7	-12.7	-11.9	-6.8	-3.0	4.0	12.1	19.2	18.4	10.2	2.1	-2.0	-11.0
1928	-12.8	-12.8	-10.0	-3.1	1.1	5.9	11.8	16.2	19.3	7.0	0.7	-3.9	-10.6
1929	-12.7	-11.9	-12.7	-6.0	-1.4	4.7	11.1	18.8	17.3	9.0	0.8	-4.9	-8.0
1930	-11.5	-11.5	-8.2	-1.5	-0.5	5.9	11.5	20.2	18.5	7.7	6.6	-4.4	-10.7
1931	-15.7	-15.7	-11.2	-8.0	-1.8	5.7	12.3	15.4	14.1	9.6	-0.5	-3.9	-10.3
1932	-10.0	-7.5	-10.0	-5.3	-3.2	4.8	9.3	15.8	18.3	10.9	-0.1	-4.5	-9.0
1933	-15.2	-15.2	-11.1	-8.7	0.3	3.4	13.1	19.0	19.6	6.2	1.5	-3.4	-6.1
1934	-14.6	-14.6	-7.3	-7.5	-3.1	1.8	13.2	17.7	17.5	9.0	0.6	-4.9	-6.2
1935	-10.7	-9.4	-10.7	-4.4	0.5	4.0	12.9	17.4	19.1	9.2	3.6	-2.8	-10.4
1936	-16.4	-14.6	-16.4	-9.6	0.0	5.6	11.5	16.4	16.6	10.4	1.3	-3.6	-6.1
1937	-11.3	-10.4	-11.3	-3.1	-0.6	6.3	11.2	15.7	20.9	9.7	-0.4	-4.1	-10.9
1938	-13.7	-13.7	-11.5	-3.8	0.8	6.2	13.0	15.4	20.0	8.3	3.8	-4.4	-10.9
1939	-14.2	-14.2	-12.1	-4.7	-3.2	5.4	8.7	14.6	17.4	9.5	-0.1	-5.2	-10.0
1940	-13.2	-13.2	-10.9	-7.0	-0.9	4.3	10.9	19.6	15.4	9.5	2.5	-5.6	-9.1
1941	-13.2	-12.6	-13.2	-9.7	-1.7	6.8	11.8	14.2	16.7	10.9	0.1	-5.4	-8.6
1942	-13.5	-13.5	-12.8	-3.6	-0.4	5.7	10.3	17.4	19.3	11.0	-1.1	-6.7	-9.8
1943	-14.9	-14.9	-14.7	-4.4	-0.8	7.8	11.6	18.4	17.4	11.1	2.6	-6.2	-9.4
1944	-10.4	-10.4	-10.1	-4.7	-1.1	4.3	12.2	14.9	14.0	13.6	2.2	-3.2	-10.4
1945	-14.4	-14.4	-12.7	-5.6	-0.1	4.6	11.5	14.4	20.0	14.4	2.8	-1.9	-9.0
1946	-11.5	-11.5	-9.2	-8.7	0.5	6.7	12.0	17.6	17.3	10.9	0.3	-3.9	-11.3
1947	-13.1	-9.7	-13.1	-7.2	-0.6	5.3	10.6	14.5	18.6	10.9	-0.2	-6.7	-12.2
1948	-11.7	-11.7	-9.4	-5.2	2.4	7.9	10.6	18.3	17.4	10.7	1.4	-5.7	-5.9
1949	-10.0	-9.5	-7.1	-4.0	-1.3	6.6	12.3	15.0	17.7	10.5	0.9	-4.8	-10.0
1950	-14.0	-14.0	-7.9	-8.4	0.7	8.2	11.5	14.8	15.7	8.4	-0.7	-7.7	-9.1
1951	-12.7	-12.7	-8.9	-10.1	1.7	7.4	12.6	15.1	18.0	9.3	2.7	-5.4	-6.4
1952	-12.1	-9.5	-12.1	-6.8	1.4	5.0	12.0	17.7	16.9	8.5	2.4	-1.2	-11.7
1953	-17.6	-17.6	-13.0	-2.9	-0.4	4.4	14.3	17.0	17.3	12.2	3.5	-4.4	-5.7
1954	-8.6	-8.0	-8.0	-6.1	2.4	6.3	11.9	15.7	17.1	11.0	2.3	0.5	-8.6
1955	-12.6	-12.6	-10.9	-4.4	0.0	8.9	11.8	18.6	17.6	10.6	2.6	-1.8	-7.5
1956	-11.0	-11.0	-9.7	-5.7	0.3	7.3	11.4	15.4	15.1	7.2	0.7	-7.4	-10.9
1957	-13.1	-8.8	-13.1	-7.8	-2.2	4.8	9.6	17.5	16.3	7.4	0.0	-4.3	-6.7
1958	-13.4	-13.4	-9.6	-8.9	0.2	5.9	13.2	18.1	16.2	8.5	0.0	-1.1	-3.5
1959	-13.5	-13.5	-5.9	-3.5	1.5	7.7	12.0	17.4	18.6	11.6	1.5	-3.7	-11.1
1960	-13.4	-13.4	-6.9	-4.4	-0.6	7.9	12.6	16.9	18.7	13.2	3.8	-7.6	-10.9
1961	-13.3	13.3	-11.1	-3.3	0.0	7.4	12.3	20.6	19.2	10.4	7.3	-1.1	-7.8
1962	-10.2	-7.7	-10.2	-5.4	-2.0	8.0	12.0	18.0	18.2	10.1	1.9	-3.7	-6.7
1963	-13.7	-13.7	-11.7	-4.8	-0.6	5.4	9.1	17.7	18.9	10.0	2.2	-3.7	-8.4
1964	-10.6	-9.1	-10.6	-3.5	2.0	7.9	13.2	16.0	20.2	9.7	1.7	-2.8	-8.3

표 A118-169 계속

	대구												
	연중	1월	2월	3월	4월	5월	6월	7월	8월	9월	10월	11월	12월
	A131	A132	A133	A134	A135	A136	A137	A138	A139	A140	A141	A142	A143
	℃												
1965	-12.8	-11.8	-12.4	-5.0	-0.9	6.7	11.4	17.4	19.9	10.5	4.2	-3.1	-12.8
1966	-13.8	-13.8	-9.9	-2.0	1.4	5.0	10.1	13.0	18.2	9.6	3.6	-7.2	-11.6
1967	-15.4	-15.4	-8.5	-4.3	0.3	7.4	13.6	16.4	20.7	11.0	4.6	-4.1	-12.4
1968	-11.4	-10.6	-11.4	-4.7	2.1	7.4	13.6	18.0	16.6	10.6	2.0	-2.6	-8.3
1969	-12.8	-10.9	-12.8	-5.9	-1.2	8.2	10.0	15.6	18.0	11.8	2.1	-3.7	-10.4
1970	-15.1	-15.1	-11.2	-6.3	0.8	9.3	9.0	16.2	20.6	10.6	2.2	-8.2	-10.6
1971	-11.6	-11.6	-9.3	-6.9	0.7	7.0	12.5	19.2	17.4	11.3	1.3	-5.5	-9.6
1972	-9.2	-9.2	-6.9	-6.9	-3.4	5.9	13.7	17.3	12.3	9.8	2.1	-4.0	-7.3
1973	-14.0	-7.8	-8.6	-4.6	0.0	8.1	12.8	20.2	20.0	7.8	1.7	-6.4	-14.0
1974	-14.1	-14.1	-12.0	-7.0	1.7	5.9	11.1	15.7	15.1	9.5	2.8	-6.0	-7.5
1975	-9.9	-9.2	-7.4	-3.4	0.7	6.3	11.4	18.3	17.4	14.0	7.0	-4.9	-9.9
1976	-13.3	-12.2	-7.4	-4.1	1.2	4.9	11.3	13.4	18.7	10.3	-0.6	-4.5	-13.3
1977	-13.8	-12.3	-13.8	-10.2	2.6	5.8	12.5	20.7	16.9	8.7	5.2	-4.3	-6.3
1978	-11.3	-10.0	-11.3	-5.1	-0.4	6.4	11.9	20.0	19.4	10.3	1.3	-2.0	-7.9
1979	-9.8	-7.8	-9.8	-4.7	0.6	6.5	15.2	16.9	16.0	10.5	5.1	-7.0	-8.9
1980	-12.6	-12.6	-10.8	-1.8	1.6	7.4	14.2	16.8	16.1	9.0	1.7	-2.3	-9.4
1981	-13.2	-12.2	-13.2	-4.4	3.7	7.7	9.3	18.8	16.6	10.5	1.8	-5.6	-9.0
1982	-12.6	-12.6	-9.2	-3.5	0.7	7.8	13.0	17.9	18.3	11.8	0.2	-3.8	-7.0
1983	-12.0	-9.6	-10.8	-4.8	-0.3	6.9	11.8	16.3	17.4	12.0	0.0	-5.5	-12.0
1984	-12.4	-11.1	-12.4	-7.3	-1.2	7.4	14.4	19.2	21.0	12.6	1.9	-4.6	-9.3
1985	-12.8	-12.8	-7.9	-4.0	0.6	7.7	12.5	18.7	22.0	9.4	5.7	-1.9	-10.2
1986	-12.0	-12.0	-8.5	-4.5	2.4	8.7	11.5	15.7	18.2	8.4	-0.7	-4.9	-7.1
1987	-10.7	-10.7	-9.9	-4.3	0.9	7.2	10.6	18.0	18.7	8.9	2.5	-5.0	-8.8
1988	-9.9	-9.2	-9.9	-5.0	3.7	7.7	14.4	15.4	16.1	11.7	2.1	-1.7	-8.0
1989	-9.4	-9.4	-5.9	-3.9	3.5	9.5	12.6	15.2	18.5	11.8	1.6	-2.1	-5.1
1990	-11.8	-11.8	-3.8	-2.3	2.7	8.9	13.9	17.4	19.1	11.5	4.2	-1.3	-9.6
1991	-12.4	-8.6	-12.4	-2.6	-2.7	6.7	14.6	19.0	16.9	11.1	2.9	-3.1	-6.8
1992	-8.2	-8.2	-6.3	-1.8	3.2	6.2	11.1	18.2	18.4	9.8	3.3	-7.0	-8.2
1993	-9.6	-9.6	-5.6	-5.4	0.2	8.9	13.5	14.9	14.7	12.5	3.0	-4.7	-8.4
1994	-9.8	-9.8	-7.5	-3.6	2.7	7.0	13.2	23.5	17.6	10.5	4.9	0.0	-8.2
1995	-8.9	-8.9	-7.1	-1.4	0.9	6.0	13.2	19.4	21.4	9.2	7.5	-3.5	-8.2
1996	-11.0	-7.6	-11.0	-3.3	0.2	8.3	14.1	15.9	18.8	11.2	2.4	-4.4	-7.1
1997	-10.0	-10.0	-6.8	-2.5	2.7	8.8	13.0	17.4	20.1	10.7	0.0	-2.4	-7.7
1998	-10.1	-10.1	-4.9	-0.6	2.4	8.7	9.8	19.8	19.0	13.6	6.5	-1.6	-5.8
1999	-9.3	-8.9	-9.3	-3.6	3.8	10.4	16.2	18.8	18.4	14.4	3.7	-2.2	-7.0
2000	-7.9	-7.9	-7.3	-3.7	2.5	9.3	13.1	19.2	21.2	12.8	6.5	-1.5	-6.8
2001	-11.7	-11.7	-6.1	-3.2	3.2	8.7	15.5	19.5	16.8	10.5	7.6	-1.1	-5.4
2002	-8.5	-8.5	-5.1	-1.2	3.4	8.1	11.2	19.0	17.0	11.4	0.8	-3.6	-6.2
2003	-10.9	-10.9	-5.0	-3.1	2.3	4.6	12.5	17.2	18.4	11.7	3.6	-2.3	-5.6
2004	-11.8	-11.8	-6.3	-5.2	3.6	9.3	12.8	20.8	17.3	13.0	6.0	1.4	-4.3
2005	-11.1	-7.5	-9.4	-4.1	1.6	9.7	14.1	18.6	18.8	14.2	3.7	-2.2	-11.1
2006	-10.1	-7.3	-10.1	-5.9	3.6	8.8	14.9	18.6	19.6	12.8	8.4	0.1	-9.4
2007	-5.1	-4.6	-5.1	-4.4	2.2	11.3	14.5	18.6	18.7	17.1	6.6	-4.1	-4.0
2008	-8.5	-8.2	-8.5	-2.0	3.4	8.0	13.2	19.8	17.5	9.6	7.3	-3.8	-8.2
2009	-10.5	-10.5	-5.3	-2.0	3.2	11.6	15.1	17.0	19.0	15.4	7.0	-2.8	-8.6
2010	-10.0	-8.9	-6.8	-2.7	1.5	7.6	10.1	20.6	22.9	10.8	2.2	-2.0	-10.0
2011	-13.1	-13.1	-6.0	-3.4	1.8	9.3	15.3	20.1	18.7	11.6	2.5	-0.5	-6.8
2012	-12.4	-9.2	-12.4	-3.4	2.4	11.0	15.6	20.1	20.1	11.9	6.4	-1.9	-9.9
2013	-12.5	-11.6	-12.5	-2.3	1.0	8.7	15.0	22.3	21.7	13.6	6.0	-2.4	-4.7
2014	-7.4	-6.2	-7.0	-1.1	4.6	8.5	15.4	20.1	17.3	13.7	6.7	0.0	-7.4
2015	-8.9	-6.1	-8.9	-4.8	3.9	9.6	12.9	16.8	18.3	12.8	2.8	-0.3	-5.6

표 A118-169 계속

	부산												
	연중	1월	2월	3월	4월	5월	6월	7월	8월	9월	10월	11월	12월
	A144	A145	A146	A147	A148	A149	A150	A151	A152	A153	A154	A155	A156
	℃												
1904	-5.1				4.7	8.7	13.8	16.8	17.1	12.9	4.2	-0.4	-5.1
1905	-8.4	-4.9	-8.4	-3.7	2.4	9.4	13.6	18.6	18.9	11.7	5.8	0.1	-5.0
1906	-10.3	-10.3	-8.2	-4.1	2.1	9.5	10.8	17.6	18.6	13.5	6.3	-2.9	-5.7
1907	-8.4	-7.9	-8.4	-7.0	2.5	7.9	11.0	17.1	17.6	14.7	9.2	-3.4	-7.8
1908	-8.2	-6.0	-8.2	-3.6	4.7	8.0	11.9	15.3	19.3	12.7	6.9	-2.1	-4.8
1909	-9.5	-5.6	-9.5	-4.1	0.6	7.4	12.4	16.1	20.8	15.9	2.4	-1.1	-6.9
1910	-11.9	-11.9	-10.6	-3.1	1.9	9.5	13.6	14.9	19.5	14.0	7.0	-1.5	-8.2
1911	-10.0	-10.0	-4.6	-0.3	2.8	5.4	13.4	16.6	19.8	13.9	6.3	-0.1	-5.6
1912	-8.3	-5.6	-3.2	-2.3	2.6	8.5	12.0	16.4	20.7	11.7	5.6	-3.5	-8.3
1913	-11.5	-7.6	-11.5	-5.7	2.4	8.0	12.0	14.2	15.4	12.0	5.4	-1.3	-7.0
1914	-7.4	-7.4	-3.6	-0.4	2.4	8.1	14.0	19.9	15.5	14.1	6.3	-1.3	-4.7
1915	-14.0	-14.0	-7.6	-6.5	0.6	8.8	9.9	16.1	19.3	15.3	5.1	0.6	-6.1
1916	-10.5	-6.2	-4.5	-5.1	0.0	7.8	11.6	16.0	21.3	15.1	7.7	-1.7	-10.5
1917	-12.7	-12.7	-8.7	-5.5	2.9	5.8	10.5	17.0	17.5	15.4	4.6	-1.2	-12.0
1918	-10.0	-10.0	-6.1	-0.8	1.8	7.7	11.5	15.9	17.8	10.5	2.4	-1.6	-7.1
1919	-11.6	-10.1	-11.6	-1.1	5.7	6.6	12.3	16.0	16.8	12.9	4.5	-3.0	-5.2
1920	-10.3	-7.8	-10.3	-3.8	3.8	7.0	9.3	17.2	18.9	16.7	8.8	1.8	-4.2
1921	-5.3	-4.7	-5.2	-4.2	1.4	8.0	10.4	16.9	19.3	11.8	6.2	-2.0	-5.3
1922	-9.2	-9.2	-4.6	-3.0	4.3	6.4	13.3	16.5	21.5	13.2	4.6	-1.4	-4.9
1923	-12.5	-12.5	-8.7	-3.1	2.6	7.1	10.3	15.0	21.4	10.0	5.9	-2.5	-8.5
1924	-9.5	-9.5	-7.5	-4.0	-1.5	9.5	11.6	19.5	18.7	12.6	2.0	-2.8	-5.6
1925	-9.5	-6.6	-6.8	-4.5	1.3	8.2	13.8	15.4	21.6	12.6	3.6	0.3	-9.5
1926	-8.7	-8.0	-7.4	-4.1	1.3	7.5	10.6	13.8	19.7	13.2	3.0	0.0	-8.7
1927	-9.7	-9.7	-8.2	-4.2	1.8	6.2	12.5	18.9	19.7	12.8	2.3	1.0	-6.2
1928	-9.3	-9.3	-7.4	-0.8	3.1	7.9	12.2	15.0	17.6	9.6	5.6	-1.8	-6.4
1929	-10.2	-9.3	-10.2	-4.3	1.6	6.8	12.3	19.3	17.1	13.0	5.9	-1.8	-5.7
1930	-8.4	-8.4	-6.3	0.7	4.8	8.1	13.1	20.3	19.5	10.0	10.4	-1.1	-4.7
1931	-12.4	-12.4	-7.8	-5.8	1.2	6.0	12.4	15.9	19.3	11.7	3.5	-0.1	-7.5
1932	-7.5	-6.5	-7.5	-3.3	4.0	8.3	12.2	16.8	18.0	15.2	4.3	-1.2	-6.9
1933	-12.0	-12.0	-6.3	-6.1	3.5	7.8	12.2	19.5	19.8	11.6	5.3	1.0	-3.4
1934	-9.9	-9.9	-5.6	-5.6	2.7	7.8	13.8	17.5	18.6	13.2	3.4	-3.1	-2.2
1935	-7.9	-7.5	-7.0	-1.3	5.9	6.6	14.1	17.5	21.1	11.9	11.6	2.1	-7.9
1936	-12.4	-12.4	-8.9	-8.4	2.2	9.6	13.0	16.5	17.5	15.7	7.5	0.4	-2.4
1937	-8.7	-7.3	-5.1	-0.9	3.8	10.4	13.9	18.1	22.1	16.0	4.1	0.0	-8.7
1938	-10.4	-10.4	-7.7	-0.5	5.7	10.4	15.0	16.3	21.5	14.5	10.3	-2.1	-8.1
1939	-11.0	-11.0	-10.0	-2.3	1.9	10.3	11.6	15.7	20.7	13.0	5.4	-2.8	-5.1
1940	-9.2	-9.2	-8.5	-4.5	2.8	8.4	14.3	19.5	16.9	13.5	6.2	1.7	-4.4
1941	-10.4	-9.7	-10.4	-6.2	2.0	11.4	13.4	15.7	17.2	14.5	3.4	-2.2	-3.5
1942	-10.4	-10.4	-10.3	0.5	1.5	8.6	13.0	18.7	19.4	13.8	2.6	-1.0	-7.3
1943	-12.4	-12.4	-6.2	-0.8	1.8	9.7	13.8	18.2	20.9	13.2	8.8	-3.4	-3.7
1944	-7.7	-7.7	-6.9	-1.5	2.3	11.0	14.8	15.3	17.1	15.8	9.0	2.6	-7.0
1945	-10.3	-10.1	-10.3	-4.5	4.1	6.9	12.5	15.0	20.0	15.2	10.6	0.7	-6.4
1946	-7.8	-7.8	-7.2	-6.5	3.1	8.7	13.6	17.4	19.2	14.8	7.3	-0.4	-7.2
1947	-10.8	-9.0	-10.8	-4.8	2.3	6.7	11.8	15.0	18.2	15.1	6.3	-4.4	-9.0
1948	-9.3	-9.3	-5.4	-1.1	4.2	11.2	12.3	17.8	19.2	14.5	8.0	-2.8	-1.8
1949	-9.2	-7.6	-6.5	-2.0	3.1	9.0	13.5	15.2	20.0	15.4	3.5	-2.8	-9.2
1950	-8.5	-8.5	-5.4	-7.3	3.3	11.1	12.3	16.8	19.7	13.0	5.8	-6.5	-5.7
1951	-10.6	-10.6	-4.6	-7.9	3.4	11.4	12.9	17.1	21.5	14.7	8.0	-2.7	-4.1
1952	-9.5	-6.5	-9.5	-4.7	5.0	9.5	14.5	18.0	18.8	13.2	8.6	3.3	-6.0
1953	-9.3	-9.3	-7.9	-0.7	5.2	9.0	15.1	16.8	18.0	16.0	11.2	-1.7	-3.2
1954	-5.8	-5.8	-5.5	-4.5	6.3	10.9	13.2	16.1	17.4	14.9	6.5	5.2	-5.8
1955	-10.5	-10.5	-7.4	-2.2	2.2	11.7	14.5	18.4	19.0	16.7	5.5	0.9	-3.6
1956	-8.7	-8.7	-7.0	-5.0	3.8	10.1	13.4	16.0	16.9	12.4	7.3	-3.8	-8.1
1957	-10.8	-6.0	-10.8	-4.5	0.8	9.4	12.0	18.2	18.8	14.2	5.4	1.5	-4.2
1958	-9.6	-9.6	-4.1	-7.3	5.5	9.5	14.3	18.7	18.0	13.0	2.2	1.5	0.5
1959	-10.8	-10.8	-3.4	-1.8	4.4	11.3	14.1	18.4	19.7	15.3	7.3	0.8	-7.1
1960	-11.8	-11.8	-2.6	-3.2	2.9	10.5	13.4	17.1	21.2	16.6	8.2	-5.6	-9.4
1961	-9.4	-9.4	-9.2	-1.1	3.9	9.0	13.4	19.6	21.4	15.6	12.0	0.7	-6.2

표 A118-169 계속

	부산												
	연중	1월	2월	3월	4월	5월	6월	7월	8월	9월	10월	11월	12월
	A144	A145	A146	A147	A148	A149	A150	A151	A152	A153	A154	A155	A156
	℃												
1962	-6.1	-6.1	-4.4	-4.5	-0.5	11.6	14.2	18.5	19.1	13.8	4.6	-2.1	-4.4
1963	-12.4	-12.4	-7.1	-0.3	2.7	8.3	10.1	18.0	21.1	15.2	6.5	-1.0	-6.3
1964	-8.5	-3.8	-8.5	0.9	3.5	10.1	14.8	17.5	21.3	13.6	8.8	1.7	-4.7
1965	-9.7	-8.2	-9.7	-3.6	1.5	9.2	13.5	17.9	20.8	13.6	8.9	-1.0	-9.5
1966	-10.9	-10.9	-8.0	-0.6	4.7	8.8	13.4	15.2	19.6	13.8	5.6	-5.4	-9.9
1967	-12.2	-12.2	-6.8	-2.8	3.4	10.7	14.9	17.0	21.5	15.5	10.3	-0.1	-10.0
1968	-8.4	-7.8	-8.4	-2.6	6.6	10.6	13.9	17.6	18.3	14.9	7.4	1.2	-4.0
1969	-9.8	-8.6	-9.8	-4.1	0.5	11.0	12.0	15.8	20.2	15.2	7.4	-0.8	-7.3
1970	-12.1	-12.1	-6.5	-3.9	5.4	11.2	13.3	16.5	21.0	12.8	4.5	-5.8	-6.4
1971	-9.5	-9.5	-6.0	-3.2	3.4	9.0	15.4	19.3	18.4	14.2	6.8	-2.6	-4.2
1972	-6.2	-3.2	-3.7	-4.1	-1.4	9.0	15.4	17.6	16.2	14.2	7.4	-2.3	-6.2
1973	-10.3	-5.5	-6.2	-2.4	3.8	10.7	14.2	19.8	21.4	11.6	7.6	-1.2	-10.3
1974	-10.5	-9.0	-10.5	-6.2	2.0	8.6	11.2	16.5	18.6	14.6	4.5	0.0	-4.5
1975	-6.8	-6.8	-5.6	0.3	2.5	9.8	14.4	18.1	21.2	18.4	10.0	-1.5	-5.3
1976	-11.5	-8.9	-1.0	-3.6	4.8	7.3	15.1	16.1	19.3	14.4	4.9	-2.0	-11.5
1977	-12.6	-10.3	-12.6	-9.7	5.7	8.4	14.1	19.2	17.3	15.0	12.5	-0.7	-5.0
1978	-8.5	-8.0	-8.5	-4.4	4.3	10.5	15.3	19.9	20.6	15.1	6.6	-1.0	-5.6
1979	-8.6	-6.0	-8.6	-2.6	2.4	9.6	15.8	19.0	18.6	13.4	6.2	-4.6	-4.2
1980	-10.2	-10.2	-9.0	-1.2	4.3	9.8	14.1	16.7	17.5	14.0	3.8	1.0	-8.3
1981	-10.7	-8.8	-10.7	-1.8	5.5	8.6	10.8	16.5	18.4	13.1	4.6	-2.2	-7.5
1982	-10.4	-10.4	-7.0	-1.5	3.2	10.9	14.3	16.9	20.5	14.2	2.0	-2.0	-5.5
1983	-7.8	-7.6	-7.8	-1.1	1.9	9.4	14.1	16.7	19.9	14.7	6.3	-1.0	-7.2
1984	-11.8	-8.5	-11.8	-4.4	3.7	9.2	15.2	19.5	22.2	16.7	4.7	2.7	-8.0
1985	-11.5	-11.5	-6.6	-0.3	4.6	10.9	13.2	18.5	23.4	14.9	9.6	-0.2	-7.9
1986	-9.7	-9.7	-7.1	-3.8	3.7	9.3	12.5	14.5	19.7	13.8	5.0	-1.9	-3.7
1987	-9.5	-9.5	-6.6	-4.0	2.7	9.0	11.9	19.5	19.4	10.6	7.9	-3.2	-5.6
1988	-9.0	-6.9	-9.0	-3.5	5.9	9.6	15.3	17.8	18.8	13.8	5.6	0.0	-6.4
1989	-7.4	-7.4	-4.9	-2.8	4.5	9.8	12.7	15.8	21.3	15.2	5.8	-1.1	-3.2
1990	-10.4	-10.4	-0.1	1.6	3.3	10.1	16.1	18.0	22.6	14.5	9.5	1.0	-6.4
1991	-10.8	-5.3	-10.8	0.9	-0.1	8.4	16.1	19.0	19.4	15.9	8.0	2.8	-5.1
1992	-4.5	-4.5	-3.3	0.0	4.8	8.9	12.8	19.6	20.3	15.0	7.9	-3.6	-3.2
1993	-6.3	-6.3	-5.4	-5.0	0.9	9.2	14.6	16.5	18.4	15.4	6.4	-3.4	-5.2
1994	-6.9	-6.9	-5.4	-1.9	5.7	10.0	14.1	22.7	21.2	15.0	7.3	2.8	-5.1
1995	-6.7	-6.0	-4.4	-1.3	2.6	8.0	14.1	18.9	22.2	13.7	9.6	0.6	-6.7
1996	-9.5	-6.9	-9.5	-1.2	-0.1	10.0	16.2	15.8	18.8	16.1	8.6	-1.7	-5.7
1997	-8.9	-8.9	-3.8	0.0	5.8	9.5	15.0	18.7	21.0	15.0	1.8	2.6	-5.4
1998	-8.1	-8.1	-4.3	0.0	5.0	11.6	13.0	20.2	21.6	17.6	12.1	-0.1	-2.2
1999	-7.3	-6.6	-7.3	-2.4	4.9	13.1	15.6	18.8	19.7	17.9	4.5	-0.8	-6.0
2000	-7.1	-7.1	-6.5	-2.5	2.8	10.7	14.8	18.4	21.2	16.3	10.3	2.0	-5.2
2001	-10.3	-10.3	-4.4	-3.3	3.8	11.1	15.5	19.2	18.9	14.6	11.8	-0.3	-2.3
2002	-6.2	-6.2	-3.3	0.1	6.6	10.3	13.7	19.4	18.1	15.5	3.7	0.8	-4.1
2003	-8.7	-8.7	-3.0	-1.5	5.6	7.8	14.3	17.1	19.1	14.6	7.0	0.4	-4.6
2004	-10.5	-10.5	-4.9	-5.0	4.7	11.4	13.5	18.3	16.8	16.1	9.6	2.8	-3.2
2005	-10.6	-7.6	-7.9	-4.9	4.3	9.1	13.5	17.4	20.2	17.1	7.4	2.8	-10.6
2006	-9.6	-6.3	-9.6	-6.5	4.5	8.2	13.4	16.8	21.2	16.6	13.5	3.8	-7.4
2007	-3.6	-2.6	-3.5	-3.6	4.0	10.9	14.9	18.1	20.0	18.6	8.0	-0.1	-1.6
2008	-6.1	-5.2	-5.8	1.0	6.9	9.6	14.1	18.6	19.9	13.1	9.9	-0.9	-6.1
2009	-7.6	-7.6	-3.1	-0.6	3.3	12.5	15.8	18.4	19.8	17.6	12.4	-0.1	-6.0
2010	-8.1	-7.2	-5.0	-2.5	1.9	8.5	12.4	20.2	24.0	16.8	5.5	1.8	-8.1
2011	-12.8	-12.8	-3.4	-2.5	5.3	11.7	15.2	19.4	19.5	14.8	6.4	0.9	-5.6
2012	-9.9	-6.5	-9.9	-3.6	2.1	11.4	15.9	20.2	20.6	14.1	8.5	0.6	-7.7
2013	-10.7	-8.1	-10.7	-2.0	3.5	10.0	15.5	21.8	21.3	17.3	9.1	-0.8	-4.0
2014	-6.0	-5.4	-5.6	-0.6	4.1	10.4	16.5	19.3	19.4	17.2	10.9	1.8	-6.0
2015	-7.8	-4.9	-7.8	-4.1	5.9	12.3	13.7	18.4	20.5	17.0	5.8	1.1	-2.5

표 A118-169 계속

	목포												
	연중	1월	2월	3월	4월	5월	6월	7월	8월	9월	10월	11월	12월
	A157	A158	A159	A160	A161	A162	A163	A164	A165	A166	A167	A168	A169
	℃												
1906	-8.4	-8.4	-6.0	-2.9	1.2	8.9	14.4	19.3	21.3	12.4	8.7	-2.7	-4.6
1907	-8.2	-6.7	-8.2	-3.8	0.9	8.9	14.3	18.6	19.3	14.5	11.1	-1.7	-6.9
1908	-5.7	-5.7	-5.6	-2.9	3.1	8.0	13.6	15.0	19.2	11.5	7.0	-0.6	-4.4
1909	-8.5	-5.2	-8.5	-4.9	0.4	7.9	12.6	17.4	21.5	15.3	6.6	0.1	-6.8
1910	-12.4	-12.4	-12.0	-3.0	1.7	9.8	14.4	16.7	20.9	14.9	7.6	0.4	-8.2
1911	-9.3	-9.3	-5.0	-2.4	3.4	6.8	14.6	18.1	21.4	16.7	7.1	-0.8	-5.2
1912	-8.0	-5.1	-3.2	-0.5	1.1	8.7	14.1	18.5	20.6	12.0	5.2	-1.9	-8.0
1913	-10.7	-8.1	-10.7	-6.2	3.4	7.3	14.9	16.0	17.3	13.7	4.4	-1.2	-4.9
1914	-6.2	-6.2	-5.3	-0.8	1.5	7.9	14.6	20.7	20.6	13.6	7.8	-1.4	-3.3
1915	-14.2	-14.2	-7.3	-4.3	1.3	7.0	15.0	16.1	18.9	14.4	3.6	1.2	-8.0
1916	-11.0	-5.1	-4.3	-3.6	-0.2	7.9	13.0	17.0	18.5	10.7	7.3	-1.1	-11.0
1917	-12.6	-12.6	-8.1	-4.9	2.7	5.5	13.1	19.2	20.1	14.6	6.7	-0.9	-10.6
1918	-8.6	-8.6	-3.6	-2.9	4.6	8.2	13.7	18.3	20.4	14.3	5.3	0.0	-5.1
1919	-11.2	-11.2	-8.6	-2.9	4.1	6.2	16.0	18.1	17.3	13.5	5.9	-3.3	-5.3
1920	-11.6	-7.6	-11.6	-3.2	2.1	10.7	13.7	20.7	20.6	13.3	9.9	0.6	-2.8
1921	-5.5	-4.6	-4.2	-4.1	2.0	9.0	12.6	17.0	20.4	14.3	7.6	-4.9	-5.5
1922	-10.1	-10.1	-6.3	-3.8	2.7	3.2	13.8	18.5	21.6	11.5	8.0	-2.5	-3.3
1923	-12.0	-12.0	-8.5	-4.2	1.2	7.7	12.1	16.8	22.2	11.3	4.7	-3.3	-8.5
1924	-8.1	-8.1	-7.1	-4.7	0.1	9.7	14.3	20.7	18.7	14.6	3.3	-0.6	-3.5
1925	-10.7	-4.8	-6.3	-4.2	-0.9	9.8	14.0	17.3	20.6	13.3	6.3	1.6	-10.7
1926	-7.8	-7.3	-7.8	-1.6	1.6	8.4	13.0	17.3	21.2	14.5	5.3	0.4	-7.4
1927	-9.1	-9.1	-7.9	-2.4	3.9	6.3	14.4	20.0	18.8	13.6	5.6	3.6	-6.7
1928	-9.2	-9.2	-6.4	-2.6	4.2	7.0	14.2	18.3	20.4	8.4	5.9	-1.3	-6.7
1929	-8.1	-7.8	-8.1	-5.1	2.8	6.7	15.0	20.0	19.7	15.0	5.9	-1.3	-4.6
1930	-8.8	-8.8	-8.0	0.4	2.7	8.4	13.3	22.2	21.7	14.3	10.5	-0.4	-5.4
1931	-14.0	-14.0	-8.2	-4.8	2.0	7.0	13.4	17.6	19.2	13.5	3.8	-3.8	-7.7
1932	-6.3	-3.5	-6.3	-3.0	1.9	8.7	14.1	19.3	18.7	15.7	6.8	2.6	-4.1
1933	-10.1	-10.1	-6.3	-6.4	0.8	7.4	14.6	18.9	20.8	10.0	6.6	0.2	-2.1
1934	-8.8	-8.8	-4.5	-4.4	1.6	6.3	12.5	20.5	20.0	14.6	5.8	-1.7	-2.5
1935	-7.5	-6.2	-7.5	-0.5	1.7	7.5	14.0	18.0	19.8	11.7	8.8	0.5	-7.4
1936	-11.7	-11.7	-7.9	-6.5	1.1	7.6	13.8	17.5	18.0	13.6	6.6	0.0	-2.2
1937	-9.0	-6.9	-4.1	-2.2	3.1	8.4	14.2	17.9	22.5	11.9	5.2	1.5	-9.0
1938	-8.8	-8.8	-6.5	-2.1	4.1	9.5	14.3	18.6	20.2	14.1	8.1	0.5	-6.9
1939	-10.6	-10.6	-6.2	-1.0	0.2	7.0	13.8	17.4	20.4	13.8	3.9	-2.7	-4.3
1940	-9.0	-8.2	-9.0	-2.5	1.9	8.3	13.9	20.7	16.8	14.1	6.5	-1.4	-2.2
1941	-9.2	-9.2	-6.1	-4.6	1.4	9.0	15.3	15.1	17.7	14.4	5.5	-2.5	-4.5
1942	-10.0	-9.8	-10.0	-2.3	2.3	4.6	13.5	19.5	19.7	12.8	2.3	-1.4	-6.2
1943	-11.8	-11.8	-8.5	-1.7	3.3	11.4	13.8	19.4	19.5	13.7	7.9	-0.5	-4.4
1944	-7.5	-6.3	-5.7	-2.0	2.6	8.7	15.5	16.5	18.6	15.8	6.4	0.8	-7.5
1945	-9.3	-9.3	-8.1	-4.0	2.2	6.1	12.5	15.9	20.3	15.0	6.1	2.0	-4.8
1946	-7.8	-7.8	-6.0	-4.2	3.8	9.5	13.8	18.4	19.3	13.5	4.4	-1.1	-6.9
1947	-8.9	-6.2	-8.9	-3.9	2.1	7.6	13.2	17.4	22.1	14.7	5.5	-2.7	-7.7
1948	-7.8	-7.8	-6.0	-3.0	5.2	9.4	14.3	19.2	21.2	15.0	5.3	-1.1	-2.7
1949	-7.2	-7.2	-5.3	-2.1	3.3	7.9	13.5	18.0	19.5	14.2	5.8	-0.3	-5.8
1950	-8.9	-8.9	-4.1	-4.8	3.3	9.2	14.8	16.7	18.4	13.8	7.1	-3.6	-4.5
1951	-9.6	-9.6	-4.3	-7.5	3.7	9.2	12.8	18.6	20.8	13.0	7.5	-1.4	-2.3
1952	-9.0	-6.4	-9.0	-4.1	3.2	11.0	13.1	18.5	17.8	11.9	5.2	2.1	-6.1
1953	-9.9	-9.9	-7.1	-2.4	2.9	8.1	14.1	18.3	18.2	14.6	10.2	-2.3	-3.2
1954	-6.4	-6.4	-5.6	-3.3	5.5	7.7	13.0	17.0	20.3	13.0	7.4	4.0	-4.3
1955	-10.0	-10.0	-6.7	-2.1	2.0	9.5	14.0	18.2	22.2	15.3	5.2	0.5	-3.6
1956	-8.9	-8.9	-6.4	-4.7	3.0	8.0	14.2	18.6	17.7	11.5	3.9	-3.0	-6.7
1957	-8.2	-6.0	-8.2	-5.1	1.5	8.9	12.2	17.8	18.2	10.5	5.3	-0.4	-2.1
1958	-10.0	-10.0	-6.0	-5.6	4.0	9.0	15.3	20.4	17.4	11.4	5.2	2.4	0.3
1959	-11.6	-11.6	-2.7	-2.2	3.2	10.2	13.0	20.3	20.9	15.0	7.3	0.2	-6.2
1960	-9.9	-9.9	-3.2	-0.9	0.5	9.0	14.5	21.5	20.5	14.5	8.4	-4.2	-9.1
1961	-8.8	-8.8	-7.5	-1.1	2.9	9.3	14.7	22.4	21.9	14.3	8.5	1.3	-6.6
1962	-5.8	-4.9	-5.8	-2.0	-0.2	9.6	14.6	19.3	19.3	12.2	4.5	-0.2	-3.5
1963	-11.0	-11.0	-8.4	-0.1	2.7	9.6	14.6	18.6	21.6	13.9	6.4	-1.6	-5.6

표 A118-169 계속

	목포												
	연중	1월	2월	3월	4월	5월	6월	7월	8월	9월	10월	11월	12월
	A157	A158	A159	A160	A161	A162	A163	A164	A165	A166	A167	A168	A169
	℃												
1964	-5.5	-3.3	-5.5	-0.2	5.2	10.3	13.6	20.1	21.9	14.4	6.8	1.9	-4.1
1965	-10.0	-7.0	-10.0	-3.5	2.2	7.2	14.5	19.1	21.4	15.3	9.2	-0.7	-9.2
1966	-8.7	-7.6	-7.5	-0.1	2.4	8.8	14.5	17.4	18.9	13.0	7.6	-3.6	-8.7
1967	-12.8	-12.8	-6.7	-3.9	3.3	10.8	16.8	17.6	23.8	15.3	9.3	-0.6	-10.8
1968	-8.1	-6.0	-8.1	-2.5	5.1	10.5	14.3	19.3	19.8	11.8	6.7	0.4	-4.4
1969	-8.5	-8.5	-6.4	-4.6	1.2	9.2	9.8	14.8	19.9	15.8	7.5	-0.2	-7.4
1970	-9.0	-9.0	-5.4	-3.6	3.2	11.0	14.5	18.0	22.2	14.3	5.2	-5.5	-5.1
1971	-9.9	-9.9	-4.8	-4.8	3.2	8.4	14.8	20.2	19.6	14.8	6.2	-2.2	-4.2
1972	-4.7	-3.4	-4.7	-4.1	-1.4	7.2	15.3	16.4	13.7	14.6	6.2	0.0	-4.1
1973	-7.4	-4.3	-6.0	-3.0	3.4	9.6	13.2	19.8	22.4	12.6	6.4	-1.4	-7.4
1974	-10.2	-9.4	-10.2	-4.2	2.6	7.3	12.3	18.9	19.0	14.2	5.7	0.3	-3.3
1975	-6.3	-5.1	-5.3	-1.1	2.9	8.9	14.2	19.2	22.2	17.6	7.4	-0.9	-6.3
1976	-11.6	-9.1	-2.7	-2.1	1.7	7.5	13.0	15.8	20.5	14.0	5.0	0.3	-11.6
1977	-10.9	-9.7	-10.9	-6.9	3.9	9.5	15.2	19.8	18.3	11.5	8.7	1.1	-4.2
1978	-8.5	-8.5	-8.1	-2.1	2.1	9.2	13.4	20.9	18.9	14.2	6.5	0.2	-4.7
1979	-5.8	-4.8	-5.8	-2.2	2.1	8.7	15.4	20.0	18.1	12.9	8.0	-3.0	-3.9
1980	-9.5	-9.5	-8.5	-0.8	3.7	8.4	13.9	18.8	18.9	12.2	4.3	1.2	-5.3
1981	-9.8	-6.8	-9.8	-1.9	1.7	8.7	12.6	20.1	19.3	13.8	5.2	-2.2	-5.6
1982	-7.0	-7.0	-5.5	-1.2	3.4	9.3	13.0	19.2	19.9	13.4	3.5	0.5	-3.6
1983	-7.1	-6.9	-7.1	-1.7	3.1	7.8	14.3	18.1	20.6	17.2	5.6	-1.2	-6.3
1984	-10.6	-7.0	-10.6	-3.3	0.5	7.0	14.0	19.9	22.0	12.3	5.1	-0.8	-8.1
1985	-8.5	-8.5	-4.3	-3.5	0.0	10.2	15.0	18.8	22.7	11.6	7.4	0.4	-8.5
1986	-8.9	-8.9	-6.0	-2.1	2.7	8.0	15.0	16.8	19.8	12.8	1.8	-1.4	-3.2
1987	-6.4	-6.4	-6.3	-2.6	1.7	8.0	14.3	19.8	18.9	11.6	6.1	-2.1	-5.0
1988	-5.8	-4.9	-5.8	-3.6	3.0	10.0	14.9	18.5	19.7	11.5	5.5	-1.3	-3.8
1989	-6.5	-6.5	-2.7	-3.5	4.9	9.0	14.7	18.2	20.5	12.5	6.0	1.1	-2.3
1990	-11.1	-11.1	-3.9	0.0	3.9	7.5	13.7	18.2	21.7	13.5	8.0	2.9	-3.5
1991	-11.0	-4.2	-11.0	-2.5	-0.5	7.2	15.1	19.5	17.9	12.4	6.3	-1.5	-3.3
1992	-4.5	-3.9	-4.5	-0.2	4.3	8.1	12.2	19.5	20.3	12.6	7.0	-4.4	-4.3
1993	-6.1	-6.1	-3.7	-2.8	0.7	8.8	13.7	17.7	17.8	13.9	5.1	-3.1	-5.7
1994	-7.1	-7.1	-3.1	-2.7	4.4	9.0	14.2	22.2	21.3	14.2	7.0	2.6	-5.2
1995	-5.4	-5.1	-3.9	-1.6	0.9	7.5	14.8	18.7	21.2	13.0	8.3	0.4	-5.4
1996	-6.6	-4.9	-6.6	-1.8	1.7	8.8	15.8	17.6	19.2	14.3	2.5	-2.4	-3.0
1997	-10.0	-10.0	-4.8	-1.8	2.4	7.4	13.5	18.6	21.0	12.7	3.2	1.8	-5.0
1998	-7.8	-7.8	-2.6	1.2	4.0	11.1	12.6	19.9	20.6	16.3	8.6	0.5	-3.1
1999	-7.0	-7.0	-5.9	-1.2	2.5	9.8	15.6	18.0	16.7	15.3	5.6	0.5	-5.6
2000	-7.9	-7.9	-5.9	-3.6	2.6	8.0	13.9	20.8	20.2	14.1	7.6	-3.0	-5.2
2001	-10.2	-10.2	-6.6	-3.3	2.4	10.0	14.7	20.0	18.4	13.3	9.4	0.4	-3.2
2002	-3.5	-3.5	-3.0	-0.9	5.7	10.8	15.1	20.0	19.3	15.3	4.4	-1.6	-3.0
2003	-9.3	-9.3	-4.7	-2.5	5.0	10.0	14.5	18.7	19.4	14.5	7.6	-0.3	-3.0
2004	-7.8	-7.8	-4.5	-3.3	2.3	8.8	13.5	19.1	19.4	13.6	4.9	1.1	-4.3
2005	-9.9	-6.8	-7.0	-5.4	2.3	8.9	16.6	20.1	19.8	16.5	7.3	1.6	-9.9
2006	-10.1	-6.3	-10.1	-4.1	3.7	10.3	15.1	20.5	21.5	13.8	8.4	0.3	-5.6
2007	-4.9	-4.9	-3.2	-1.6	2.0	10.6	15.8	19.7	21.2	15.6	6.9	-1.0	-1.1
2008	-7.9	-7.6	-6.6	-1.0	4.1	9.3	14.3	18.9	19.9	10.9	10.5	-0.7	-7.9
2009	-8.4	-8.4	-3.2	-1.6	2.3	9.9	14.4	17.9	18.1	16.8	10.3	-0.4	-6.4
2010	-8.4	-7.1	-5.2	-4.0	0.6	6.9	13.7	20.3	22.9	11.5	1.0	0.8	-8.4
2011	-8.3	-8.3	-6.9	-2.4	2.9	7.8	14.3	18.4	17.8	13.2	5.2	0.5	-4.9
2012	-8.8	-7.3	-8.8	-2.7	1.6	10.0	16.0	19.5	19.4	15.2	7.4	0.8	-8.2
2013	-8.8	-8.8	-7.4	-2.8	2.3	7.4	13.9	21.7	21.5	13.3	7.4	-0.9	-2.7
2014	-6.6	-6.6	-5.0	-2.3	5.2	8.7	16.5	19.0	18.9	16.0	6.8	2.6	-5.7
2015	-6.1	-4.5	-6.1	-3.2	3.6	6.7	14.4	17.9	19.5	16.2	7.4	0.5	-1.4

표 A170-221 주요 지점 연월별 평균기온, 1904-2015

	서울												
	연중	1월	2월	3월	4월	5월	6월	7월	8월	9월	10월	11월	12월
	A170	A171	A172	A173	A174	A175	A176	A177	A178	A179	A180	A181	A182
	℃												
1907											13.9	5.3	-3.9
1908	10.4	-3.5	-4.1	2.9	10.1	14.9	20.7	23.5	24.3	19.3	13.6	3.6	-0.8
1909	10.6	-2.5	-3.3	1.8	10.4	15.4	20.6	24.6	25.3	20.2	12.2	5.2	-3.4
1910	10.4	-2.3	-3.4	2.5	9.9	16.3	19.8	23.3	24.2	19.1	13.7	5.5	-4.6
1911	10.7	-5.0	-1.1	4.0	9.4	15.6	20.3	23.5	25.0	20.8	11.6	6.0	-3.0
1912	10.1	-4.7	1.0	4.1	9.8	14.8	20.7	23.8	24.6	17.7	11.1	1.4	-3.1
1913	10.1	-5.1	-3.7	1.9	10.9	14.4	20.2	22.3	23.8	19.3	13.0	4.9	-1.9
1914	12.0	-2.2	0.5	5.2	10.5	17.3	21.4	26.1	25.5	20.6	13.7	6.1	-1.1
1915	10.9	-3.9	-2.7	0.6	9.4	15.3	20.7	25.1	24.4	19.3	14.7	6.2	0.8
1916	10.9	0.0	-0.8	0.4	10.5	14.5	20.1	23.6	25.5	19.2	12.7	6.5	-1.4
1917	9.9	-9.0	-3.4	2.8	10.2	14.1	21.5	25.7	24.8	20.0	13.2	3.3	-5.7
1918	10.5	-7.5	0.1	4.3	10.9	14.8	20.1	23.3	24.7	19.2	12.9	4.6	-1.5
1919	11.2	-4.7	-1.7	4.9	10.2	16.1	21.0	25.6	26.3	19.5	12.8	5.8	-2.7
1920	11.4	-6.8	-3.3	5.1	10.4	17.3	21.6	25.2	25.0	21.1	14.7	7.3	-1.2
1921	11.0	-2.8	-1.3	3.3	10.9	16.2	20.1	24.0	25.6	19.8	12.3	3.4	-0.7
1922	10.9	-7.8	0.7	2.7	12.3	16.0	21.7	24.1	25.8	20.7	14.1	3.5	-3.9
1923	10.7	-5.9	-3.0	4.8	9.3	16.6	20.9	24.2	26.1	19.4	12.5	4.7	-2.1
1924	11.1	-2.5	-1.8	1.1	11.1	16.0	21.2	25.6	27.0	20.3	12.6	3.3	-1.6
1925	10.8	-4.1	-2.9	1.5	9.8	16.1	20.6	23.3	25.2	19.8	13.3	7.4	-1.4
1926	10.6	-4.8	-2.5	3.1	9.1	16.7	20.7	24.1	25.4	20.3	11.5	6.3	-4.0
1927	11.1	-4.1	-2.9	3.4	11.7	13.8	21.2	25.7	25.0	19.6	12.8	7.7	-2.0
1928	11.1	-5.2	-2.4	4.1	12.1	16.5	21.5	25.0	25.7	20.3	12.3	5.2	-1.9
1929	11.5	-4.8	-2.8	4.4	10.4	16.7	22.9	25.9	26.2	18.8	12.8	4.9	1.5
1930	11.8	-4.5	0.9	6.3	12.5	16.7	21.4	25.5	26.4	19.5	14.0	3.1	-0.9
1931	11.0	-3.9	-2.7	4.7	8.8	16.3	21.4	22.4	25.0	20.0	11.9	7.7	-1.0
1932	11.7	-0.6	-1.5	2.8	9.9	17.0	21.7	25.9	25.6	20.2	12.2	5.8	0.6
1933	10.6	-6.5	-3.7	0.6	10.2	16.3	20.7	25.5	24.1	20.1	13.0	5.5	0.4
1934	10.2	-8.3	-2.3	2.0	9.1	16.9	20.2	23.8	24.1	19.3	11.7	4.3	0.8
1935	11.3	-3.2	-0.3	5.1	10.3	16.0	20.1	23.8	25.0	20.3	14.6	6.6	-3.9
1936	9.8	-8.8	-4.4	-0.3	9.1	15.8	20.7	23.6	22.7	20.1	13.2	5.7	-0.5
1937	11.5	-3.6	0.1	3.6	10.6	15.8	21.6	24.6	26.7	20.3	13.8	7.2	-3.9
1938	11.0	-6.4	-3.3	4.7	11.4	16.5	20.0	25.2	26.3	19.3	15.0	4.8	-2.4
1939	11.8	-5.2	-2.0	4.1	11.6	15.7	20.8	27.6	27.5	21.0	14.3	5.9	-0.9
1940	10.8	-7.4	-2.3	3.7	9.7	16.3	20.1	23.4	24.3	19.9	14.7	6.8	-0.2
1941	11.2	-3.8	-2.4	3.8	10.0	16.7	21.2	23.7	23.8	19.7	12.9	7.7	0.4
1942	11.0	-6.4	-3.5	5.9	9.9	15.3	22.0	26.0	25.4	20.0	12.5	4.7	-1.2
1943	11.7	-6.6	-2.4	5.4	10.6	16.7	21.5	26.0	27.8	20.9	13.8	6.1	0.0
1944	10.9	-4.3	-2.5	3.2	9.6	15.9	21.4	25.3	25.5	20.7	13.5	7.8	-5.8
1945	10.4	-7.8	-4.9	2.3	11.0	13.6	20.1	23.2	25.5	21.3	13.5	8.4	-1.7
1946	11.4	-3.2	-0.7	2.5	10.9	16.0	20.9	25.6	25.7	19.9	13.8	8.8	-4.3
1947	9.7	-3.9	-5.3	1.5	10.5	15.9	18.7	22.9	25.1	19.6	11.8	3.5	-5.4
1948	11.8	-4.5	-1.4	4.7	12.5	16.0	20.9	24.3	25.8	20.2	13.3	5.1	3.8
1949	11.7	-3.0	1.3	3.4	9.9	16.4	20.5	24.8	26.1	20.8	13.9	7.0	-1.3
1950		-1.3	-0.4	4.6	13.1	17.5	20.8	26.0	26.5				
1953													0.6
1954	11.5	-1.5	0.4	3.1	11.8	16.6	19.6	21.9	25.7	20.3	12.5	9.5	-2.7
1955	11.5	-5.6	-0.1	4.4	11.1	15.9	21.4	24.5	26.2	20.7	12.6	5.9	0.6
1956	10.1	-4.0	-3.4	3.7	9.5	15.1	19.7	24.3	24.8	20.4	12.8	3.2	-5.3
1957	10.5	-3.5	-4.3	0.0	10.4	16.9	20.1	22.4	24.1	18.9	12.5	8.3	-0.5
1958	11.6	-6.0	-0.8	3.7	10.8	16.3	22.2	25.6	23.8	19.8	12.7	6.7	4.0
1959	12.1	-5.1	2.4	6.0	10.2	17.9	20.4	24.4	25.8	20.8	14.8	5.8	1.1
1960	12.1	-3.3	1.7	6.7	10.6	16.5	20.6	24.8	26.2	20.8	15.1	7.1	-1.9
1961	12.5	-5.2	-0.9	5.4	11.7	17.3	21.9	26.2	26.8	21.5	15.6	8.9	-0.7
1962	11.8	-3.4	-0.7	3.2	10.0	17.6	21.1	26.1	25.1	20.3	13.6	6.4	1.1
1963	11.3	-9.2	-2.5	5.5	11.4	16.9	21.2	24.5	25.7	20.5	13.5	6.5	0.8
1964	12.2	-0.1	-3.5	3.8	14.1	18.6	21.6	24.7	26.3	20.3	13.8	6.3	0.2
1965	11.4	-4.2	-1.2	2.7	10.3	17.3	22.1	24.1	24.4	20.9	14.8	7.0	-2.0
1966	11.6	-4.7	0.1	4.8	11.8	18.3	20.5	23.6	26.7	19.7	14.4	5.9	-3.0

표 A170-221 계속

	서울												
	연중	1월	2월	3월	4월	5월	6월	7월	8월	9월	10월	11월	12월
	A170	A171	A172	A173	A174	A175	A176	A177	A178	A179	A180	A181	A182
	℃												
1967	11.7	-4.5	-2.5	4.8	11.8	19.3	21.3	25.5	26.7	20.7	14.5	6.5	-4.9
1968	11.8	-4.0	-4.4	4.4	12.6	17.2	21.0	24.7	24.9	20.9	13.0	7.6	3.1
1969	10.9	-3.5	-2.7	2.9	10.6	16.4	20.0	24.0	24.8	20.8	13.9	5.0	-2.0
1970	11.4	-4.8	-0.2	0.4	12.2	18.7	20.5	23.0	25.9	21.2	14.9	5.7	-1.1
1971	11.6	-2.4	-0.7	2.0	11.2	16.6	21.6	23.9	24.6	20.6	13.0	8.7	-1.2
1972	11.9	0.8	-0.6	5.3	11.5	16.4	21.7	25.7	23.1	19.0	13.8	5.2	0.6
1973	12.1	0.4	0.6	4.5	12.4	17.4	21.4	26.8	25.9	20.3	13.0	4.7	-3.0
1974	11.2	-2.5	-2.1	3.7	10.7	16.7	19.7	23.5	25.1	20.6	12.6	5.4	-0.5
1975	12.5	-2.7	-0.8	4.4	13.3	16.7	21.4	24.9	27.0	22.6	15.4	9.0	-1.6
1976	11.5	-3.8	2.8	4.8	11.3	16.7	21.3	23.1	23.7	19.9	13.7	3.5	0.4
1977	12.4	-6.7	-2.4	5.4	12.5	17.4	22.5	26.0	24.6	21.5	16.7	7.6	2.4
1978	12.4	-2.4	-2.5	4.2	11.5	18.5	21.9	26.4	25.8	20.9	14.5	7.9	1.6
1979	12.5	0.9	0.6	6.0	11.2	16.5	21.4	24.3	25.4	20.1	15.9	5.7	1.4
1980	10.8	-3.7	-3.1	5.2	10.1	16.5	21.6	22.7	22.8	19.6	13.0	8.6	-3.8
1981	11.2	-7.0	-1.4	5.7	11.9	15.9	21.8	25.4	24.5	20.0	13.4	3.6	0.1
1982	12.6	-3.6	0.6	5.9	12.3	17.9	21.9	25.1	25.4	20.8	15.8	7.9	-0.1
1983	12.5	-1.7	-1.7	6.4	13.6	18.5	22.2	23.6	26.0	22.0	14.2	6.7	-1.1
1984	11.6	-5.9	-3.5	2.5	12.1	18.2	22.6	25.2	26.3	20.1	13.8	8.1	-0.9
1985	11.6	-5.9	-0.3	4.3	11.6	18.1	22.1	25.3	26.3	20.2	14.7	5.6	-3.4
1986	11.3	-5.4	-3.4	4.9	11.9	17.1	21.9	23.5	24.5	19.9	12.7	5.2	1.9
1987	12.0	-3.0	-0.1	4.0	10.8	17.0	22.4	23.7	24.4	20.1	15.5	7.5	0.9
1988	12.1	-2.1	-1.5	4.3	11.3	17.9	22.3	24.4	26.4	21.4	15.0	5.5	0.1
1989	13.0	0.8	2.4	6.1	14.3	17.9	21.2	24.5	25.5	20.7	13.6	7.1	1.4
1990	12.8	-3.2	2.7	7.2	11.3	16.2	20.7	24.9	26.4	21.1	15.4	10.0	0.8
1991	12.4	-2.6	-0.9	4.9	13.0	17.5	22.6	24.3	25.5	21.1	13.8	6.5	2.2
1992	12.5	-0.2	0.7	7.6	12.0	16.4	20.9	24.8	24.8	20.9	14.0	6.2	1.5
1993	12.1	-1.9	1.0	5.8	10.6	18.2	21.3	23.3	23.2	21.2	13.4	8.5	-0.2
1994	13.6	-0.9	0.8	4.0	15.2	17.9	22.8	28.5	27.6	21.0	15.2	9.3	1.1
1995	12.3	-2.1	1.2	6.0	11.3	17.1	21.6	24.5	26.0	20.0	15.5	6.2	-1.0
1996	12.3	-2.2	-1.6	4.9	10.2	18.4	22.3	24.4	26.0	22.0	14.5	6.1	1.6
1997	13.0	-3.3	0.7	6.8	13.0	17.0	23.4	26.1	26.8	20.2	13.4	8.8	1.8
1998	13.8	-1.4	3.4	7.3	15.6	19.0	21.9	24.9	25.0	23.0	17.0	7.3	2.3
1999	13.3	-0.8	0.7	6.7	13.9	17.5	23.1	25.9	26.0	22.9	14.3	7.9	0.4
2000	12.7	-2.1	-1.7	6.3	11.9	17.5	23.7	26.8	26.2	20.7	14.9	7.0	0.9
2001	12.9	-4.2	-0.3	5.0	13.6	19.1	22.5	25.9	26.5	22.5	16.5	7.0	-0.6
2002	12.9	0.3	2.9	7.6	13.6	18.2	22.2	25.2	24.2	21.6	12.8	4.0	1.7
2003	12.9	-2.6	2.7	6.5	13.2	19.6	21.5	23.8	24.1	20.9	13.9	9.5	0.7
2004	13.4	-1.6	2.3	6.3	13.1	17.6	23.2	24.8	26.1	21.7	15.2	9.1	1.9
2005	12.1	-2.5	-1.9	4.1	13.2	17.7	22.7	25.3	25.1	21.8	14.7	8.6	-3.9
2006	13.1	-0.2	0.1	5.2	11.6	18.4	21.8	23.1	27.0	21.1	17.9	8.4	1.4
2007	13.3	0.4	4.0	6.1	11.4	18.1	23.2	24.2	26.5	21.5	15.1	6.7	1.8
2008	13.0	-1.7	-1.2	7.3	14.1	17.7	21.5	25.1	25.3	22.0	16.1	7.6	1.1
2009	13.0	-2.0	2.9	6.0	12.7	19.1	22.4	24.3	25.7	21.8	16.0	6.9	-1.0
2010	12.1	-4.5	1.4	4.3	9.5	17.2	23.4	25.8	26.5	21.8	14.5	6.5	-1.3
2011	12.1	-7.2	1.2	3.6	10.7	17.9	22.0	24.6	25.8	21.8	14.2	10.7	-0.9
2012	12.3	-2.8	-2.0	5.1	12.3	19.7	24.1	25.4	27.1	21.0	15.3	5.5	-4.1
2013	12.6	-3.4	-1.2	5.1	10.0	18.2	24.4	25.5	27.7	21.8	15.8	6.2	-0.2
2014	13.4	-0.7	1.9	7.9	14.0	18.9	23.1	26.1	25.2	22.1	15.6	9.0	-2.9
2015	13.7	-0.9	1.4	6.3	13.3	18.9	23.6	25.8	26.3	22.4	15.4	8.9	1.6

자료: 기상청, 「기상관측-지상-종관(북한)기상관측-자료조회」, 기상자료개방포털(data.kma.go.kr).

주: 일별 기상자료를 이용하여 월, 연도별 평균값을 산출하였다.

표 A170-221 계속

	대구												
	연중	1월	2월	3월	4월	5월	6월	7월	8월	9월	10월	11월	12월
	A183	A184	A185	A186	A187	A188	A189	A190	A191	A192	A193	A194	A195
	℃												
1909	12.8	0.5	0.1	4.4	12.6	17.8	22.5	25.9	25.6	21.7	14.2	7.5	0.2
1910	12.2	0.7	-0.9	4.9	11.5	18.2	21.9	23.6	25.1	19.7	14.7	7.6	-1.1
1911	12.6	-1.1	1.8	6.0	11.4	17.3	21.5	24.0	25.5	22.3	13.6	8.7	-0.3
1912	12.4	-1.4	3.2	6.4	12.5	16.7	21.8	25.1	26.3	19.9	13.5	4.1	0.3
1913	12.0	-2.1	-0.8	4.2	12.4	16.2	21.4	24.1	24.7	20.0	14.3	7.5	0.9
1914	13.6	0.3	1.7	7.5	11.2	18.3	21.9	28.1	26.3	21.7	15.3	8.1	1.7
1915	13.0	-1.6	0.8	3.7	11.3	16.9	22.9	26.7	26.1	20.4	16.3	8.7	2.7
1916	12.3	1.4	0.9	2.4	11.3	16.6	21.2	23.6	24.9	21.4	13.5	8.7	1.2
1917	11.2	-5.1	-1.1	3.5	11.4	15.5	20.6	26.2	24.9	20.8	14.3	4.8	-2.2
1918	11.8	-4.3	1.4	6.1	11.1	15.6	21.7	23.7	24.6	19.2	13.6	6.8	1.5
1919	12.2	-1.9	0.8	6.7	12.3	16.4	21.6	24.8	25.0	20.0	13.5	7.3	-0.2
1920	12.7	-2.7	-0.3	5.7	12.3	16.7	22.1	26.3	25.2	21.6	15.0	8.9	1.2
1921	12.0	0.2	0.6	4.1	11.9	16.4	19.1	24.4	25.9	20.1	13.4	5.5	1.4
1922	12.7	-3.4	2.5	5.3	13.7	16.6	22.6	26.1	27.1	21.8	14.1	6.3	-0.4
1923	12.0	-3.9	-1.3	6.6	11.2	17.2	21.0	24.0	27.5	20.5	13.8	6.6	0.4
1924	12.3	-0.5	0.5	2.8	12.4	16.3	20.9	27.7	26.2	20.3	14.1	5.2	0.8
1925	12.1	-1.5	-0.9	4.5	11.2	16.7	21.1	23.8	25.8	20.3	13.8	8.5	0.5
1926	12.0	-1.4	-0.8	5.4	10.5	16.3	21.0	25.0	26.9	20.8	12.4	8.0	-1.2
1927	12.4	-1.3	-0.8	5.0	11.9	15.4	22.1	27.2	25.3	19.6	14.0	9.0	0.9
1928	12.5	-1.8	-0.4	5.6	12.5	19.0	21.7	25.3	25.6	21.0	13.5	6.6	0.9
1929	12.7	-1.9	-1.1	5.3	11.3	17.2	23.2	27.6	27.1	19.2	14.1	6.7	3.3
1930	12.9	-1.9	3.1	7.5	12.2	17.8	21.5	26.6	26.2	19.4	14.9	5.4	1.0
1931	12.4	-0.6	0.2	6.5	10.5	16.9	22.2	22.2	25.8	19.8	13.1	9.4	2.0
1932	12.6	1.6	0.6	4.2	11.2	17.7	21.2	27.7	25.3	18.8	12.9	7.0	2.2
1933	12.5	-3.5	-0.6	3.6	12.0	18.2	22.2	26.6	25.4	20.5	14.2	7.5	3.5
1934	12.2	-3.9	0.4	4.4	11.2	18.4	22.7	25.1	25.8	19.9	12.2	6.2	3.1
1935	13.1	-0.1	1.8	7.5	12.6	17.9	21.9	25.0	26.2	20.2	15.3	8.2	-0.4
1936	11.5	-4.9	-1.2	2.3	10.5	17.3	21.8	24.6	23.5	20.8	14.2	7.1	2.2
1937	12.7	-0.8	1.9	5.5	11.3	17.6	20.6	25.3	27.1	21.3	14.3	8.4	-0.4
1938	12.4	-3.4	-1.1	6.7	12.9	18.0	20.3	25.6	27.0	20.0	15.3	6.1	0.9
1939	13.0	-2.2	0.5	5.6	12.2	16.9	22.6	28.0	26.3	21.1	15.3	7.2	1.3
1940	12.4	-3.2	0.2	5.8	11.5	18.1	21.8	26.0	24.6	19.3	14.7	7.9	2.2
1941	12.3	-0.8	0.3	6.4	11.8	18.1	20.7	22.2	24.8	19.0	13.3	8.7	2.5
1942	12.6	-2.5	-1.2	7.4	12.0	15.8	22.7	29.3	25.7	20.7	13.5	6.6	0.9
1943	12.7	-3.4	0.4	6.4	11.6	18.2	22.1	24.8	26.8	21.3	14.6	7.1	1.9
1944	12.6	-0.8	-0.1	5.4	11.0	17.5	22.9	26.4	26.5	21.3	13.8	9.0	-1.9
1945	12.0	-4.2	-2.2	4.7	13.1	15.7	21.7	23.3	26.7	21.1	13.8	9.0	0.6
1946	12.8	0.0	1.4	4.6	12.3	16.6	21.9	26.4	25.9	20.4	14.2	9.8	-1.1
1947	11.5	-0.7	-2.4	4.0	12.5	16.4	19.4	24.3	26.5	19.9	12.4	5.7	-1.5
1948	12.9	-1.6	1.0	5.0	13.4	17.8	21.7	24.3	25.2	20.3	14.8	7.5	5.4
1949	12.6	-0.2	3.0	5.2	10.8	17.8	19.1	23.4	26.3	21.1	14.6	7.8	1.5
1950	12.9	1.2	1.2	5.4	12.7	17.9	21.1	25.8	25.9	20.2	14.9	7.4	0.5
1951	13.0	-1.0	1.8	4.9	11.3	18.3	21.8	24.7	27.7	20.1	15.2	8.1	2.9
1952	12.5	-0.7	-0.8	5.0	12.7	17.6	22.3	25.1	25.7	20.2	13.6	9.0	-0.3
1953	12.7	-3.1	-0.1	6.7	11.5	17.3	20.8	25.7	26.2	20.9	15.7	6.7	3.1
1954	12.8	0.9	2.4	6.0	12.7	17.0	19.0	22.6	26.6	21.4	12.9	10.4	1.5
1955	13.0	-2.6	2.3	7.0	12.6	18.0	22.7	26.3	25.4	20.7	13.3	7.0	2.8
1956	11.7	-0.9	-0.4	5.8	11.5	16.6	20.5	24.8	24.4	20.2	13.8	4.9	-1.7
1957	12.2	0.4	-1.0	3.2	12.4	17.9	20.6	23.7	24.3	18.6	14.2	9.2	2.1
1958	13.0	-2.5	1.8	6.4	12.5	17.5	22.9	25.6	23.7	20.3	13.3	8.8	5.2
1959	13.6	-1.7	4.1	8.1	12.3	18.5	21.7	26.1	25.9	21.4	15.4	8.2	2.7
1960	13.4	-1.1	3.3	8.2	11.9	17.3	22.4	26.5	27.0	20.8	14.9	8.4	0.8
1961	13.8	-2.6	1.0	7.4	13.6	18.5	22.1	27.2	27.0	22.1	16.7	9.4	1.7
1962	13.2	-1.2	1.6	5.8	12.2	19.4	21.9	26.0	26.4	20.6	14.4	7.4	3.1
1963	12.4	-4.9	-0.4	6.9	12.0	17.1	19.9	25.9	25.7	20.6	14.0	8.2	2.6
1964	13.7	1.4	-0.6	6.1	13.0	19.3	22.2	27.6	28.3	21.5	14.6	7.9	2.0
1965	12.8	-1.9	0.7	5.2	11.4	18.6	22.6	24.7	26.4	20.7	15.4	8.9	0.4
1966	12.9	-1.3	2.6	6.6	12.3	18.0	21.3	25.3	27.9	19.7	14.9	7.3	-0.2

표 A170-221 계속

	대구												
	연중	1월	2월	3월	4월	5월	6월	7월	8월	9월	10월	1월	12월
	A183	A184	A185	A186	A187	A188	A189	A190	A191	A192	A193	A194	A195
	℃												
1967	13.1	-2.3	0.3	6.9	12.6	20.0	22.4	26.1	28.6	20.7	14.8	7.6	-1.9
1968	13.0	-1.0	-1.9	6.6	13.3	17.6	22.7	25.8	25.1	20.8	13.5	8.4	5.1
1969	12.6	-0.7	-0.3	4.8	12.3	18.3	22.3	25.0	26.2	21.0	13.9	6.7	0.3
1970	12.8	-2.2	2.5	3.3	12.4	18.4	21.0	24.7	26.5	22.2	15.6	6.9	1.3
1971	13.0	-0.4	0.9	4.9	12.8	18.7	22.1	26.5	25.1	20.9	13.9	9.0	1.3
1972	13.2	2.7	2.4	6.8	12.5	16.7	22.6	25.6	24.8	19.8	14.7	7.2	1.6
1973	13.8	2.1	3.0	6.7	14.4	18.4	22.1	28.5	28.2	21.1	14.0	6.8	-0.4
1974	12.7	-1.0	0.3	5.7	13.2	18.5	21.9	22.6	26.5	20.9	14.5	6.6	1.6
1975	13.6	-0.3	1.2	6.5	13.3	17.4	21.8	26.0	26.6	23.1	15.6	9.6	1.4
1976	12.6	-1.4	3.9	6.5	12.2	17.5	21.7	23.9	25.7	19.8	14.8	5.4	1.4
1977	13.6	-3.8	0.1	7.2	14.0	18.8	21.6	27.4	24.7	22.0	17.2	8.8	4.1
1978	14.3	0.8	0.9	6.6	14.0	19.7	23.0	28.0	27.5	21.3	15.2	9.5	3.6
1979	13.8	2.3	3.5	7.5	12.3	17.8	23.1	25.0	25.9	20.3	16.4	7.5	3.2
1980	12.5	-0.4	0.1	7.2	12.2	18.6	23.8	23.4	22.0	20.0	13.9	9.3	-0.3
1981	13.0	-2.6	0.6	7.6	14.2	18.6	22.6	27.0	25.2	19.9	13.9	6.0	1.7
1982	13.8	-0.7	2.2	8.0	13.5	19.8	22.6	25.0	26.1	20.5	15.8	9.8	1.9
1983	13.5	0.5	0.5	7.2	14.4	18.7	22.1	24.6	27.0	22.2	15.6	7.7	1.1
1984	13.2	-2.2	-0.5	5.2	12.7	18.9	23.0	25.7	27.9	21.1	14.7	9.5	2.2
1985	13.5	-2.1	2.5	6.8	13.8	18.8	21.4	26.8	27.6	22.0	16.2	8.0	-0.1
1986	13.0	-1.4	-0.1	6.9	14.2	18.7	22.0	23.6	25.8	20.2	13.3	7.5	4.0
1987	13.7	0.0	3.0	6.7	13.7	18.8	22.4	25.5	25.4	20.1	16.7	8.8	2.9
1988	13.5	1.0	0.9	5.9	13.8	18.5	22.8	24.6	26.1	21.3	16.3	7.8	2.3
1989	14.3	2.8	4.2	7.6	15.5	19.6	21.7	24.9	25.7	21.5	15.0	8.8	4.1
1990	14.7	-0.4	5.2	9.0	13.1	18.3	23.1	27.0	28.1	22.0	15.8	11.4	3.0
1991	13.7	0.6	1.2	7.0	13.8	18.3	24.2	25.3	24.2	21.5	15.4	8.1	4.6
1992	14.1	2.3	2.9	8.3	14.2	17.6	22.3	27.5	25.1	21.7	14.9	8.2	3.9
1993	13.4	0.6	3.8	7.3	13.8	18.4	22.9	22.9	22.9	21.1	14.7	9.7	2.3
1994	15.2	0.9	3.2	6.2	15.7	19.3	23.1	30.2	29.1	22.8	16.4	11.1	3.9
1995	14.0	0.4	3.5	8.0	13.9	18.2	21.2	26.7	28.6	20.4	16.3	8.0	1.7
1996	13.8	0.8	1.5	6.4	12.9	19.3	22.4	25.3	26.9	21.8	16.0	8.6	2.8
1997	14.6	0.3	3.4	8.8	14.4	19.6	24.0	26.1	26.3	21.4	15.9	10.5	3.6
1998	15.0	1.1	5.4	9.4	16.2	19.9	21.0	25.2	26.1	23.1	18.0	9.1	4.6
1999	14.3	1.6	3.4	8.2	14.9	19.5	23.5	24.6	25.5	23.3	15.2	9.2	2.8
2000	14.3	1.1	1.3	7.9	13.0	19.5	23.3	26.9	26.5	21.2	16.7	9.4	3.9
2001	14.9	0.7	4.2	9.1	15.8	20.5	23.9	27.7	27.2	22.0	16.6	8.3	1.9
2002	14.2	2.3	4.0	10.1	15.6	18.5	23.3	26.1	24.9	21.0	14.3	6.2	3.4
2003	13.8	-0.4	4.0	7.8	14.1	18.5	22.2	22.5	25.0	22.1	15.0	10.9	3.3
2004	14.9	0.8	4.8	8.4	15.4	19.4	23.1	27.3	25.8	21.6	15.7	11.0	4.8
2005	14.3	0.7	1.4	7.2	16.0	19.5	24.9	26.4	26.3	22.6	15.8	10.0	-0.3
2006	14.7	2.6	3.1	8.2	13.4	18.9	23.4	24.2	28.2	20.6	18.6	10.2	3.6
2007	15.1	3.3	6.2	8.8	14.2	19.9	23.0	24.8	27.6	22.4	16.7	9.0	4.3
2008	14.7	1.5	1.5	9.1	14.8	19.7	21.1	28.4	25.8	23.0	17.8	9.5	3.3
2009	14.9	0.7	6.4	9.0	15.4	20.9	24.0	24.8	25.5	22.6	17.2	9.1	2.5
2010	14.4	0.0	3.9	6.9	11.5	19.4	24.8	26.7	28.7	23.3	16.4	8.6	2.0
2011	14.3	-2.5	4.2	7.0	13.7	18.8	24.3	26.8	26.2	23.0	15.7	11.9	2.3
2012	14.1	0.8	1.1	7.7	15.1	20.1	23.2	27.5	27.9	21.7	15.8	8.2	-0.3
2013	15.0	-0.1	2.6	9.8	12.3	20.3	24.3	28.7	29.0	23.0	17.2	8.9	3.5
2014	15.0	2.8	4.5	9.7	15.5	21.2	23.4	27.0	24.7	22.5	16.4	10.3	1.2
2015	15.5	2.3	3.8	9.2	14.6	21.7	22.9	25.0	26.0	20.6	16.1	11.0	4.5

표 A170-221 계속

	부산												
	연중	1월	2월	3월	4월	5월	6월	7월	8월	9월	10월	11월	12월
	A196	A197	A198	A199	A200	A201	A202	A203	A204	A205	A206	A207	A208
	℃												
1904					12.5	15.7	20.7	23.7	25.5	21.6	16.2	9.5	5.4
1905	14.0	6.0	2.7	7.2	11.0	16.7	19.5	24.0	22.7	21.8	16.6	10.8	7.7
1906	13.1	2.1	1.9	6.8	12.3	16.3	19.3	23.0	24.8	21.0	15.7	9.1	3.8
1907	13.6	4.7	1.6	6.9	11.9	16.3	19.0	22.8	26.1	21.5	17.3	10.5	3.4
1908	13.3	3.5	1.9	6.9	11.8	16.3	19.9	22.1	25.2	21.5	16.6	8.9	5.3
1909	13.5	3.1	2.2	5.9	12.0	15.9	19.5	24.2	25.8	22.7	15.8	10.5	3.6
1910	13.0	3.7	1.5	6.2	11.7	16.4	19.5	22.5	24.8	20.5	16.9	10.2	1.6
1911	13.5	2.1	4.0	7.6	11.7	15.9	19.7	23.0	25.1	22.6	15.5	11.2	2.9
1912	13.3	1.2	5.6	7.9	12.7	15.3	19.5	23.2	25.5	21.2	15.7	7.4	4.0
1913	12.9	1.4	2.4	6.2	12.5	15.5	19.5	22.1	23.7	20.9	16.0	10.1	3.6
1914	14.3	3.5	4.2	8.6	11.5	16.8	20.1	25.9	25.1	22.2	16.6	11.1	4.9
1915	13.8	2.2	3.6	5.6	11.8	15.6	20.0	23.8	25.5	21.1	17.5	11.9	6.3
1916	13.9	4.6	3.7	4.8	12.0	16.1	20.4	22.9	25.8	22.4	16.4	11.6	5.6
1917	12.5	-1.5	2.0	5.6	11.9	15.0	18.8	24.2	25.2	22.2	16.8	7.8	1.0
1918	12.8	-0.7	3.9	7.5	11.4	15.3	19.4	22.3	23.8	20.3	15.8	9.3	4.7
1919	13.6	1.2	3.8	8.4	13.0	15.9	20.1	23.6	24.9	21.2	15.7	10.7	3.3
1920	13.9	1.5	2.5	7.3	12.9	15.0	19.6	24.9	25.1	22.7	17.4	12.5	5.0
1921	13.3	2.9	3.9	6.3	12.5	15.9	18.4	23.4	25.7	21.4	15.7	8.9	4.4
1922	14.0	-0.1	5.6	7.1	13.3	16.5	21.2	24.3	27.0	22.9	16.4	9.8	2.9
1923	13.4	0.5	1.7	8.4	11.9	16.7	19.4	23.0	26.8	21.9	16.0	9.8	4.3
1924	13.4	3.4	3.3	5.1	12.5	16.0	19.1	25.1	25.8	21.0	16.4	8.0	4.1
1925	13.5	2.1	2.2	7.0	11.8	15.9	19.8	23.0	26.1	21.7	15.9	11.7	4.1
1926	13.0	1.6	2.7	6.8	11.3	15.7	19.3	23.5	25.7	21.7	14.6	10.6	2.2
1927	13.5	1.9	1.8	7.0	12.0	15.2	20.3	25.0	25.0	20.5	15.4	11.8	5.0
1928	13.6	1.9	2.4	7.2	12.4	17.5	19.6	23.7	25.0	22.3	15.9	10.3	4.2
1929	13.9	1.2	2.0	7.0	11.7	16.0	21.1	25.3	26.6	21.0	16.6	9.7	7.3
1930	14.2	1.3	5.9	8.8	12.9	17.3	20.4	26.1	26.0	21.0	16.6	8.2	5.4
1931	13.6	2.7	2.8	8.6	11.2	16.1	19.9	21.5	25.9	20.7	15.2	12.4	5.7
1932	13.7	4.9	3.3	6.6	12.2	16.3	19.2	25.0	25.1	20.2	15.3	10.3	5.8
1933	13.8	-0.5	2.5	5.6	12.5	17.5	20.8	25.4	25.5	21.7	16.3	10.6	6.6
1934	13.0	-0.9	2.8	5.7	11.3	17.1	19.6	22.8	24.9	20.3	14.8	9.3	7.6
1935	13.8	2.5	4.5	8.8	12.5	16.4	19.7	23.2	25.2	20.8	17.3	11.4	2.5
1936	12.5	-1.8	1.6	4.0	10.5	15.8	19.6	22.8	23.0	21.6	16.8	11.0	5.5
1937	14.1	3.1	4.8	7.4	12.3	16.7	19.9	24.3	27.0	22.4	16.6	11.0	3.3
1938	13.7	0.2	1.9	8.2	13.4	17.0	19.3	23.8	26.2	21.5	17.3	9.9	4.7
1939	14.2	1.7	3.8	7.2	12.7	16.3	20.0	25.4	26.0	22.6	17.3	11.2	5.0
1940	13.8	0.2	3.2	7.6	12.1	17.5	20.0	24.4	24.1	20.7	17.2	11.6	6.4
1941	13.8	3.3	3.5	8.3	12.8	17.1	19.5	21.5	24.2	20.1	15.9	12.3	6.6
1942	13.8	0.8	1.9	9.0	12.9	15.9	20.4	26.2	25.3	22.0	16.1	10.1	4.6
1943	13.9	0.0	3.4	8.0	11.7	16.9	19.7	23.6	26.3	22.0	17.3	10.6	6.2
1944	13.8	2.7	2.4	7.3	11.7	16.5	20.8	24.5	26.5	22.6	17.0	12.0	0.8
1945	13.3	-0.8	1.5	6.7	13.5	15.0	19.6	22.0	26.0	22.2	16.4	12.4	4.4
1946	14.0	4.0	4.5	6.4	12.6	16.3	20.3	24.7	25.6	21.9	16.6	12.8	2.3
1947	12.6	3.1	0.1	6.1	12.5	15.5	18.0	22.4	25.1	21.3	14.7	9.8	2.1
1948	14.3	2.1	4.4	6.7	13.4	17.1	20.1	23.2	25.0	21.5	17.4	11.1	9.2
1949	13.7	3.1	5.2	7.0	11.7	16.8	18.1	22.0	25.5	22.1	16.7	10.9	5.0
1950	14.1	4.5	3.9	7.1	12.9	17.4	19.2	24.3	26.2	21.2	17.0	10.6	3.8
1951	14.1	2.6	4.8	6.5	12.1	16.8	19.7	22.9	26.8	21.3	17.7	10.8	6.8
1952	13.7	2.2	1.9	6.8	13.0	17.2	20.1	23.8	25.3	21.1	16.2	12.7	3.4
1953	13.9	0.8	3.2	8.2	12.5	16.3	19.0	23.8	25.6	21.8	18.4	10.1	6.8
1954	14.1	4.4	5.2	7.8	12.9	16.6	18.1	21.4	25.7	22.4	15.6	13.7	4.8
1955	14.1	0.6	5.8	8.5	13.0	16.9	20.8	24.4	24.6	21.9	16.0	10.1	6.6
1956	12.8	2.6	2.1	6.7	11.8	16.3	18.7	23.5	23.8	21.1	16.6	8.5	1.6
1957	13.5	3.7	1.6	5.5	12.6	17.2	19.0	22.4	23.8	20.6	16.4	12.5	5.8
1958	14.3	1.2	5.2	7.9	13.0	16.9	20.8	24.2	23.9	21.8	15.9	11.4	8.7
1959	14.6	1.0	6.8	9.3	12.8	17.2	20.1	24.3	25.7	22.4	18.1	11.8	5.7
1960	14.6	2.2	6.1	9.6	12.6	17.1	20.4	24.7	26.9	22.1	17.2	12.1	3.7
1961	14.8	1.1	3.6	8.9	13.4	17.7	20.4	25.8	26.6	23.5	18.6	12.6	5.1

표 A170-221 계속

	부산												
	연중	1월	2월	3월	4월	5월	6월	7월	8월	9월	10월	11월	12월
	A196	A197	A198	A199	A200	A201	A202	A203	A204	A205	A206	A207	A208
	℃												
1962	14.1	1.3	4.7	7.7	12.5	18.3	19.7	23.7	25.0	21.6	16.6	10.2	6.6
1963	13.2	-2.2	1.9	7.5	11.5	15.6	18.4	24.0	25.7	21.4	16.1	11.6	6.2
1964	14.6	5.0	1.7	7.9	12.6	18.5	20.5	24.8	27.4	22.2	17.3	11.3	5.7
1965	13.7	1.9	3.4	6.7	11.3	17.2	20.2	22.8	25.4	21.3	17.1	12.1	3.9
1966	14.1	1.8	5.4	8.3	12.5	17.4	19.8	23.7	27.3	21.3	17.2	10.4	3.1
1967	14.0	1.3	2.5	8.4	12.7	18.4	21.3	24.5	27.4	21.9	17.2	10.9	1.1
1968	13.7	1.6	0.2	7.8	13.3	16.1	19.9	23.7	24.5	21.5	15.7	11.8	8.0
1969	13.4	2.3	2.7	6.2	12.1	17.2	19.9	23.3	25.7	21.9	16.2	9.6	3.5
1970	13.6	1.0	5.0	4.7	11.9	17.3	19.1	23.0	26.1	22.6	17.3	9.9	4.3
1971	14.0	2.1	3.2	6.3	12.8	17.4	20.3	24.8	24.8	21.7	16.2	12.2	5.2
1972	14.1	6.0	4.4	8.2	12.6	16.2	20.4	24.0	24.5	20.7	16.8	10.1	5.5
1973	14.5	4.9	5.2	8.0	14.1	17.4	20.4	26.2	27.1	21.7	16.4	9.7	2.4
1974	13.7	2.8	3.0	7.0	13.1	17.3	19.8	21.4	25.2	22.0	16.9	10.4	4.8
1975	14.5	2.4	3.3	8.2	13.0	16.7	20.3	24.7	26.7	24.0	17.8	12.3	4.6
1976	13.7	1.5	6.5	8.0	12.8	16.6	19.7	22.5	25.2	20.6	16.9	8.6	5.2
1977	14.3	-1.0	2.3	8.2	13.3	17.4	19.6	25.2	24.3	22.8	19.3	11.4	7.9
1978	15.0	3.4	2.9	8.0	13.8	18.3	20.8	26.3	27.0	22.5	17.1	12.1	6.7
1979	14.8	4.9	5.8	8.8	12.4	17.5	21.0	23.7	25.9	21.7	18.6	10.4	6.5
1980	13.3	2.4	2.1	8.2	12.1	17.4	21.3	22.6	22.0	20.8	16.0	12.1	2.2
1981	13.7	-0.1	3.0	8.6	13.6	16.7	20.1	25.3	25.3	21.1	15.9	8.7	5.1
1982	14.5	2.0	4.4	9.6	13.1	18.1	20.9	23.3	25.6	21.3	17.6	12.2	4.9
1983	14.3	3.3	3.0	8.2	14.1	17.5	20.6	23.5	26.3	22.8	17.5	10.6	3.7
1984	13.9	0.3	1.8	6.0	12.3	17.1	21.2	24.7	27.4	21.9	16.4	12.3	4.8
1985	14.3	0.9	4.4	7.9	13.0	17.6	20.0	25.3	27.3	23.4	17.7	10.4	3.0
1986	13.8	1.1	1.8	7.9	13.6	17.4	20.4	22.4	26.3	21.0	15.2	10.4	7.2
1987	14.4	3.0	5.2	7.8	13.4	17.5	20.5	23.7	24.5	20.6	18.2	11.7	5.8
1988	14.2	3.8	3.1	7.1	13.2	17.2	20.6	23.6	26.0	21.9	17.6	10.1	5.6
1989	14.9	5.7	6.0	8.6	14.8	17.7	20.0	23.8	25.5	21.8	17.0	11.1	6.6
1990	15.5	2.4	7.4	10.0	13.1	17.2	21.2	25.4	28.3	22.7	18.0	13.9	5.9
1991	14.4	3.2	3.4	8.3	13.3	16.8	21.3	23.9	23.7	22.6	17.1	11.2	7.6
1992	14.8	5.0	5.0	9.3	14.0	16.9	19.9	24.4	24.8	22.7	16.9	11.2	7.0
1993	14.1	3.4	5.9	8.2	13.4	17.2	20.2	21.8	22.8	21.7	16.5	12.2	5.1
1994	15.7	3.9	5.2	7.4	15.0	18.0	20.5	27.9	28.1	23.1	17.9	13.8	6.9
1995	14.5	2.9	5.6	9.0	13.3	17.0	20.0	24.1	27.3	21.4	18.0	10.7	4.6
1996	14.5	3.8	3.4	7.9	12.2	18.0	20.5	23.8	26.2	22.6	17.8	11.4	6.4
1997	15.2	3.0	5.8	9.8	14.0	17.9	22.2	24.5	25.9	21.9	17.3	13.2	6.7
1998	15.9	3.6	7.3	10.2	15.5	19.0	20.3	24.5	26.2	24.1	19.4	12.0	7.8
1999	15.1	4.3	5.3	9.5	14.4	18.2	21.2	23.5	25.2	23.8	17.7	11.7	5.7
2000	15.0	4.2	3.2	9.1	13.2	17.3	20.4	25.3	26.7	21.9	18.2	12.1	7.3
2001	15.4	2.7	5.7	9.6	15.0	19.0	21.6	26.0	26.9	22.7	18.5	11.4	4.8
2002	14.7	4.8	6.6	10.7	14.4	17.0	20.9	24.0	24.2	21.7	16.4	8.8	6.5
2003	14.3	2.5	6.3	8.6	13.8	16.9	20.8	21.3	24.1	22.5	16.6	13.1	5.2
2004	14.9	2.8	6.6	8.8	14.0	17.3	21.0	24.2	25.2	22.0	16.8	12.5	7.4
2005	13.9	2.0	2.5	7.1	14.0	17.1	21.0	23.8	25.8	22.8	17.1	11.6	1.2
2006	14.7	3.9	4.0	8.0	12.2	16.3	20.3	22.6	27.5	21.3	20.0	13.1	6.6
2007	15.3	5.2	7.9	9.1	13.2	17.8	20.5	22.8	26.7	22.9	18.3	11.9	7.3
2008	15.0	4.7	3.8	9.5	13.9	17.4	19.7	25.6	25.0	22.9	19.1	11.6	6.6
2009	15.2	3.5	8.3	9.8	14.3	18.6	21.4	23.3	25.0	22.7	18.8	11.1	5.4
2010	15.0	3.0	5.8	7.8	11.5	17.2	22.0	25.2	27.9	24.1	18.2	11.3	5.2
2011	14.6	-0.7	6.1	7.4	13.1	17.3	21.3	25.1	25.8	23.3	17.6	14.1	4.4
2012	14.6	2.8	2.8	8.3	14.0	18.9	21.6	25.5	27.5	22.2	17.8	10.1	2.9
2013	15.3	2.5	4.7	10.2	12.6	18.2	21.9	26.1	28.0	23.7	18.9	10.9	5.4
2014	15.1	5.0	5.8	9.8	14.6	18.7	21.4	24.8	24.2	22.7	17.9	12.7	3.5
2015	15.5	4.7	5.4	9.5	13.9	18.8	21.0	23.9	26.1	22.1	18.1	13.6	7.9

표 A170-221 계속

	목포												
	연중	1월	2월	3월	4월	5월	6월	7월	8월	9월	10월	11월	12월
	A209	A210	A211	A212	A213	A214	A215	A216	A217	A218	A219	A220	A221
	℃												
1906	12.9	2.0	1.5	4.8	10.4	16.0	20.4	24.5	25.3	21.2	15.8	7.6	3.6
1907	13.1	3.2	-0.1	5.1	11.2	16.1	19.9	23.8	26.0	22.0	17.2	9.9	2.5
1908	12.8	2.0	0.4	4.6	10.2	15.8	20.1	23.2	25.7	21.5	16.5	8.6	4.5
1909	13.0	1.5	1.0	4.1	11.3	15.5	19.7	24.6	26.2	22.3	16.0	10.0	2.9
1910	12.7	2.2	0.5	4.5	10.6	16.0	19.8	23.6	25.7	20.8	16.3	10.0	1.7
1911	13.0	0.5	2.4	5.5	10.4	16.6	20.1	23.6	25.8	23.0	15.2	10.1	2.5
1912	12.8	0.9	4.5	6.0	11.3	15.4	20.9	24.0	25.6	20.8	14.5	6.2	2.6
1913	12.5	0.6	0.7	4.1	11.6	15.2	19.8	22.8	24.5	21.1	15.8	9.3	3.5
1914	14.2	2.5	3.3	7.6	11.1	16.7	20.8	26.4	26.5	22.4	16.8	10.6	4.5
1915	13.4	1.0	1.8	3.7	10.6	15.8	20.7	25.2	25.4	21.3	17.8	10.7	5.7
1916	13.2	3.9	2.4	3.2	11.2	15.7	20.2	23.0	25.6	21.7	15.6	10.8	4.1
1917	12.5	-1.8	0.5	4.5	11.1	15.0	20.3	25.6	25.5	22.3	16.5	8.2	1.2
1918	12.9	-1.0	3.4	6.0	11.9	15.5	19.9	23.4	25.2	21.0	15.6	9.3	3.8
1919	13.5	0.8	1.8	7.0	11.9	16.9	20.8	24.7	26.2	21.0	16.2	10.3	3.0
1920	14.0	1.7	0.6	6.5	11.7	16.8	21.2	25.6	26.0	23.2	17.5	11.4	4.7
1921	13.3	2.6	3.0	5.1	11.3	16.4	19.5	24.2	26.4	21.3	15.6	8.6	4.5
1922	13.6	-0.8	3.7	5.8	12.7	16.4	21.9	24.5	27.2	22.8	16.6	8.8	3.2
1923	13.1	0.3	0.9	6.5	10.6	16.4	20.3	23.7	27.1	21.7	15.7	9.0	3.6
1924	13.1	2.1	2.0	3.3	12.3	15.9	20.5	25.3	26.2	21.5	15.9	8.2	3.3
1925	13.1	1.4	1.2	5.0	10.2	16.6	20.1	23.7	26.0	21.4	15.7	11.0	4.0
1926	12.9	1.2	1.3	5.6	10.7	16.4	20.1	24.0	26.2	21.9	14.6	10.5	2.0
1927	13.4	0.8	1.0	5.2	12.2	15.0	20.7	25.8	25.7	21.3	15.7	12.0	4.5
1928	13.2	1.1	1.7	5.5	12.3	16.9	20.6	24.6	25.5	22.2	15.3	9.2	3.7
1929	13.5	0.5	1.1	5.8	11.1	16.6	21.9	25.6	26.7	21.3	15.8	8.7	6.3
1930	13.8	0.2	4.0	8.2	12.6	16.9	20.1	26.6	26.3	21.2	16.5	8.4	4.2
1931	12.8	1.9	0.8	6.0	9.4	15.5	20.2	22.0	25.7	21.0	15.0	11.3	4.4
1932	13.4	3.1	1.6	4.9	10.2	16.4	20.2	25.8	25.6	21.0	15.6	10.2	5.2
1933	13.0	-1.2	0.9	3.4	10.7	16.4	21.1	25.8	25.3	21.5	15.8	10.0	5.7
1934	12.8	-1.4	1.7	5.1	10.2	17.1	20.7	24.7	25.4	21.0	14.6	9.0	5.2
1935	13.7	1.9	3.2	7.4	12.2	16.2	20.5	25.2	26.3	21.5	17.1	10.6	2.1
1936	12.4	-2.0	0.2	2.3	10.7	16.1	20.9	23.5	23.9	22.0	16.1	10.2	4.7
1937	13.8	1.5	3.6	6.4	12.2	16.3	20.7	25.1	27.1	22.0	16.1	11.0	3.0
1938	13.2	-0.9	0.9	5.9	12.4	17.2	19.4	25.0	26.1	21.2	17.3	9.3	3.3
1939	13.8	0.6	1.9	6.2	11.8	16.6	21.0	26.2	26.3	22.1	17.2	10.3	4.6
1940	13.4	-0.1	1.5	5.9	10.8	17.0	20.9	25.4	25.0	21.1	16.7	10.7	5.8
1941	13.5	2.5	2.0	6.8	11.5	17.2	21.0	23.0	24.4	20.2	15.7	11.1	5.5
1942	13.7	0.3	0.7	7.8	11.8	15.4	20.9	27.1	27.5	22.8	15.7	9.6	4.0
1943	13.8	-0.7	2.0	6.8	11.3	17.2	20.9	25.2	27.2	22.2	17.0	10.3	5.3
1944	13.4	1.3	1.5	5.8	10.9	16.5	21.8	26.0	26.1	22.6	15.9	11.6	1.1
1945	12.9	-1.8	-0.7	5.0	11.8	14.7	20.9	23.9	26.1	22.5	15.8	11.4	4.0
1946	13.7	2.7	2.7	5.2	12.2	16.1	21.4	25.6	26.0	22.2	16.0	12.1	1.8
1947	12.4	1.2	-0.6	4.8	11.3	15.6	18.8	24.2	26.6	22.1	14.4	8.3	1.4
1948	14.0	1.8	3.1	6.7	12.8	16.5	21.4	24.1	26.6	21.9	16.2	9.4	7.6
1949	13.5	2.2	4.1	5.6	10.7	16.6	19.9	23.8	26.0	22.3	16.5	10.3	3.9
1950	14.0	3.4	3.5	6.7	13.0	17.2	20.3	25.4	26.5	22.0	16.5	9.6	3.4
1951	13.6	1.6	3.0	4.9	10.6	16.3	20.2	23.6	27.1	20.9	17.5	10.5	6.3
1952	13.2	1.5	0.1	4.9	11.8	17.5	21.1	25.1	25.6	21.0	15.5	11.2	3.0
1953	13.6	0.1	1.3	6.4	10.9	16.9	19.8	25.2	27.2	22.3	18.0	9.1	5.1
1954	13.7	2.6	3.7	5.5	12.7	16.8	19.2	23.0	26.8	21.8	15.6	12.8	3.2
1955	13.8	0.1	3.8	6.2	12.4	16.5	21.2	25.0	26.3	22.8	15.7	9.4	5.6
1956	12.8	1.6	1.2	5.8	11.2	15.7	20.3	25.5	24.9	21.4	15.5	7.9	1.9
1957	13.0	2.2	0.8	3.5	11.5	17.0	19.7	23.5	24.4	20.1	15.3	11.5	5.2
1958	13.8	0.5	3.0	6.3	11.9	16.6	21.7	25.7	24.8	21.8	15.3	10.1	7.4
1959	14.4	0.1	5.8	8.7	11.7	17.3	20.8	25.1	27.3	22.5	17.7	10.0	5.3
1960	14.2	1.9	4.4	8.7	11.1	16.2	21.2	26.2	27.1	22.1	17.0	11.0	3.7
1961	14.5	0.2	2.7	7.3	12.4	17.4	21.4	26.7	27.5	23.2	18.1	11.8	4.6
1962	13.8	1.3	3.2	6.1	10.8	17.4	21.1	25.2	25.8	22.1	16.0	9.9	5.7
1963	13.4	-1.5	0.5	6.7	12.3	16.5	20.3	24.8	26.5	21.9	16.0	10.9	5.6

표 A170-221 계속

	목포												
	연중	1월	2월	3월	4월	5월	6월	7월	8월	9월	10월	11월	12월
	A209	A210	A211	A212	A213	A214	A215	A216	A217	A218	A219	A220	A221
	℃												
1964	14.3	3.1	0.5	6.0	14.6	18.0	20.9	25.9	27.5	23.3	16.7	10.3	4.8
1965	13.3	1.2	2.1	4.7	10.6	16.9	20.9	23.9	25.8	21.7	16.8	11.3	3.4
1966	13.9	1.1	3.2	7.1	11.7	17.6	20.6	24.7	27.8	22.0	17.6	10.0	2.3
1967	13.6	0.2	1.2	6.0	11.9	18.2	21.8	25.1	27.8	23.0	17.0	9.5	0.8
1968	13.4	1.1	-0.8	5.4	12.2	16.2	20.8	24.3	25.5	21.9	15.4	10.9	7.2
1969	13.0	1.0	1.8	4.6	11.6	16.7	19.7	23.7	26.1	22.1	15.6	8.7	3.0
1970	13.1	0.0	3.1	3.0	11.0	17.0	19.5	23.4	26.9	22.7	17.3	8.8	3.7
1971	13.3	1.2	1.9	4.3	11.5	16.8	20.6	25.3	25.7	22.0	15.1	11.2	3.7
1972	13.5	4.5	1.8	6.4	11.6	16.0	20.7	24.4	24.8	21.1	16.4	9.6	4.0
1973	13.9	3.6	3.4	6.2	13.1	16.7	21.2	26.5	26.9	21.5	15.5	8.9	2.6
1974	13.0	1.3	1.6	5.2	11.8	16.9	19.7	22.7	26.0	21.8	15.7	9.3	3.8
1975	14.1	1.8	2.1	5.8	12.5	16.2	20.5	25.3	27.7	24.5	17.4	11.9	3.3
1976	13.1	0.8	5.0	6.1	11.4	16.4	20.1	23.0	25.8	21.1	16.2	7.7	3.9
1977	13.8	-2.0	0.8	6.5	12.7	16.8	20.7	25.9	25.0	23.1	18.7	10.7	6.1
1978	14.4	2.4	1.5	5.8	12.5	18.4	21.5	27.2	27.0	22.4	17.0	10.8	5.6
1979	14.2	4.3	4.2	7.4	11.6	16.7	21.5	24.4	26.3	20.9	17.3	9.3	5.3
1980	12.8	1.8	0.7	5.9	11.5	16.6	20.8	22.9	23.0	20.7	15.4	11.1	2.6
1981	13.1	-0.6	1.9	7.1	11.4	16.6	21.4	26.1	25.4	21.1	15.3	6.9	3.5
1982	13.9	0.8	2.4	7.0	11.8	18.4	21.4	24.1	26.0	21.5	17.5	11.3	4.2
1983	14.0	2.0	1.7	7.5	13.3	17.9	21.3	23.8	26.2	23.1	16.7	10.1	3.5
1984	13.3	-0.5	-0.2	4.8	12.3	17.3	21.7	24.9	27.2	21.7	16.1	10.8	3.6
1985	13.5	-0.2	2.6	5.3	12.1	17.9	20.9	25.2	27.0	22.7	16.6	9.7	1.7
1986	13.1	0.1	0.5	6.3	12.4	16.5	21.1	23.2	25.8	20.5	15.0	8.9	5.7
1987	13.6	1.9	3.3	5.4	11.3	16.9	21.5	23.5	24.8	20.8	17.6	11.0	4.9
1988	13.7	2.5	1.6	5.3	11.7	17.3	21.0	25.1	25.9	22.4	17.4	9.6	4.5
1989	14.2	3.4	4.4	7.3	14.0	17.3	20.0	24.3	25.6	21.7	16.1	10.2	5.5
1990	14.7	1.5	5.0	8.4	12.1	16.7	21.4	25.5	27.5	22.8	17.1	12.9	5.4
1991	14.0	2.7	2.6	6.4	13.1	17.2	21.6	24.4	24.7	22.4	16.1	10.0	5.8
1992	14.3	3.7	3.7	8.2	12.9	16.8	20.8	25.2	26.4	22.1	16.3	9.7	5.9
1993	13.6	1.8	3.9	7.0	11.7	17.2	21.1	23.1	23.3	21.9	15.9	11.4	4.5
1994	15.0	2.5	3.2	5.4	14.4	17.7	21.1	28.5	27.8	22.9	17.3	12.5	5.6
1995	13.9	2.1	3.5	7.7	11.4	16.4	21.1	24.7	27.2	21.6	17.5	9.8	3.4
1996	13.6	2.4	1.6	5.8	10.3	16.9	21.1	24.7	26.7	22.3	16.8	10.1	4.8
1997	14.3	1.6	3.4	7.8	12.4	17.4	22.2	25.0	26.3	21.8	16.3	11.3	4.8
1998	14.8	2.3	5.2	7.5	14.6	17.7	20.8	25.4	26.5	23.2	17.8	10.6	5.3
1999	14.1	2.9	3.6	7.3	12.5	17.0	21.8	24.0	25.3	23.5	16.0	10.7	4.4
2000	13.6	1.9	1.1	6.7	11.9	16.8	21.7	25.8	26.6	20.7	16.4	9.0	4.3
2001	13.9	1.0	2.4	6.1	12.6	18.0	21.2	25.7	26.0	22.6	17.5	9.5	3.6
2002	13.9	3.8	3.3	8.3	13.6	16.9	21.8	24.7	24.8	21.7	15.7	7.6	4.4
2003	13.9	0.7	3.7	6.6	12.9	18.3	21.3	23.1	25.0	22.7	15.7	11.6	4.4
2004	14.0	1.0	4.3	6.8	12.5	17.0	21.6	25.5	26.1	21.9	15.6	10.5	4.8
2005	13.5	0.0	-0.1	4.3	12.4	18.1	22.9	25.0	26.1	23.9	16.8	11.5	0.7
2006	14.1	2.4	2.2	6.5	11.4	17.3	21.9	25.0	28.0	20.7	18.2	10.9	4.1
2007	14.5	2.6	5.7	8.2	12.2	17.9	21.6	24.2	27.2	22.4	16.8	9.6	5.5
2008	14.2	2.0	1.5	7.6	13.2	17.2	20.7	25.9	25.5	23.1	17.9	10.5	4.9
2009	13.8	1.6	4.9	7.0	12.0	17.6	21.4	23.6	24.9	21.9	17.2	9.9	3.5
2010	13.6	1.1	3.7	6.4	10.0	16.5	21.4	24.8	27.1	23.0	15.6	9.0	3.5
2011	13.0	-2.3	2.4	4.8	10.6	17.0	21.0	25.3	24.6	21.7	15.2	12.5	2.8
2012	13.1	0.5	0.2	5.3	12.0	17.6	21.9	25.1	27.0	20.9	16.0	8.8	1.3
2013	13.8	0.6	1.8	6.1	10.4	17.2	22.0	26.4	27.8	22.4	16.9	9.6	3.9
2014	14.0	2.3	3.6	7.7	13.2	17.8	21.7	24.5	24.1	22.2	16.9	10.9	2.3
2015	14.5	2.5	3.2	6.9	12.7	17.7	21.5	24.8	25.9	22.0	17.3	12.2	6.3

표 A222-273 주요 지점 연월별 상대습도, 1904-2015

	서울												
	연평균	1월	2월	3월	4월	5월	6월	7월	8월	9월	10월	11월	12월
	A222	A223	A224	A225	A226	A227	A228	A229	A230	A231	A232	A233	A234
	%												
1907											75.7	76.5	68.3
1908	70.8	70.7	63.3	61.9	63.8	75.0	75.9	82.3	80.5	70.8	74.7	67.7	62.9
1909	69.4	65.5	60.2	59.4	65.5	69.3	70.8	79.5	77.1	74.9	71.3	67.3	70.6
1910	70.0	74.8	66.8	60.3	66.4	62.4	76.3	83.1	74.9	72.7	68.1	71.3	62.8
1911	72.0	66.9	66.4	67.9	71.7	69.2	75.6	81.7	76.0	78.8	72.7	74.3	62.1
1912	69.4	66.1	69.8	64.9	63.9	70.1	71.3	79.2	79.7	69.8	67.5	62.7	67.0
1913	71.3	72.8	65.7	57.8	66.5	69.5	76.5	81.4	76.5	74.6	74.7	70.6	67.8
1914	71.7	68.1	65.2	67.0	69.4	69.1	77.1	83.9	76.6	73.0	72.0	71.7	66.7
1915	72.0	62.0	59.7	62.1	69.0	74.4	77.9	78.6	80.6	80.2	78.0	72.1	68.1
1916	73.0	68.4	65.3	56.3	73.3	74.3	80.6	84.2	76.3	82.6	74.4	72.0	68.4
1917	70.8	66.4	65.7	62.5	62.3	74.6	67.7	81.2	77.9	79.9	73.2	70.7	66.9
1918	72.2	65.5	66.4	67.2	68.6	76.0	79.0	83.3	81.7	73.5	73.1	68.8	62.5
1919	72.1	64.1	66.5	66.1	66.9	71.8	82.1	78.0	72.5	77.8	79.9	74.6	64.5
1920	72.2	72.6	66.9	63.0	69.4	70.8	74.1	82.1	76.8	76.0	70.9	76.0	67.6
1921	69.8	71.5	60.2	57.4	64.8	68.0	69.4	81.1	76.6	74.5	74.9	67.3	70.8
1922	71.0	63.3	68.5	65.2	62.0	70.1	69.0	84.6	82.8	76.8	73.7	68.3	67.2
1923	70.3	65.6	62.5	67.6	69.2	67.9	67.7	78.0	81.0	73.5	73.2	72.3	64.7
1924	67.4	67.0	61.7	62.0	68.4	66.4	68.5	81.1	66.3	67.8	64.8	65.5	68.7
1925	70.4	65.9	61.7	64.7	63.7	72.5	73.6	78.1	80.3	73.4	69.5	71.4	69.4
1926	70.3	68.1	64.5	64.3	65.1	70.9	64.8	81.4	81.8	77.6	69.8	71.0	64.3
1927	70.3	64.2	57.9	67.4	65.7	73.2	66.9	83.5	82.2	69.2	73.4	70.8	67.7
1928	68.5	67.7	61.6	65.7	63.7	67.4	67.6	77.5	69.2	74.8	70.5	71.1	64.3
1929	68.6	59.0	59.7	60.2	66.2	71.4	66.5	80.0	75.8	70.7	67.9	70.5	75.1
1930	70.5	63.1	65.8	69.1	68.9	70.3	67.0	84.8	75.3	70.2	73.4	68.8	69.0
1931	71.7	71.7	63.3	64.4	65.8	68.2	74.1	78.3	82.6	73.9	69.6	73.6	74.8
1932	70.7	70.7	67.9	64.1	66.9	68.3	73.3	79.8	77.5	70.0	73.3	71.2	65.3
1933	68.0	54.4	59.0	62.1	60.7	69.7	72.6	79.8	81.8	71.7	67.1	68.0	68.2
1934	68.5	57.4	62.2	57.8	60.3	70.3	76.4	84.6	84.2	74.3	63.8	61.1	68.4
1935	66.2	63.5	58.1	56.2	60.4	64.3	72.5	80.9	77.7	67.5	68.2	67.5	57.1
1936	68.3	52.4	62.2	59.2	66.2	66.5	73.2	79.8	85.1	80.8	64.8	65.0	64.5
1937	67.9	58.6	66.1	58.4	62.2	66.7	66.1	81.0	80.2	73.8	70.4	69.0	62.5
1938	69.1	59.5	56.3	72.8	59.4	73.6	76.2	83.9	76.6	70.1	72.1	65.6	61.2
1939	66.7	63.8	62.2	65.0	61.6	68.4	70.8	73.6	62.8	70.6	67.6	68.7	64.3
1940	68.3	53.2	61.3	63.2	63.6	63.5	73.4	89.5	77.9	70.5	67.7	67.0	67.8
1941	70.1	68.8	65.8	64.6	62.9	66.2	76.4	75.7	86.0	70.8	65.9	69.9	68.0
1942	67.4	62.7	56.2	69.3	61.2	63.4	65.2	80.5	78.5	74.3	69.2	62.7	63.8
1943	66.6	56.1	63.3	63.0	63.7	72.4	73.8	70.6	68.6	69.7	69.5	66.0	62.2
1944	68.8	58.8	60.1	66.7	66.0	71.4	73.1	82.8	76.7	79.4	62.6	68.3	60.0
1945	71.4	52.4	51.8	68.9	60.5	73.0	78.2	81.0	81.7	80.7	79.2	80.7	67.6
1946	72.5	72.7	64.2	61.0	64.3	65.5	81.5	83.6	82.3	75.6	75.9	73.8	69.0
1947	69.9	68.5	66.8	66.4	62.1	65.1	76.6	87.3	85.1	75.6	63.9	61.7	59.3
1948	71.4	68.3	72.2	62.9	62.6	62.8	75.4	84.7	80.5	77.0	63.8	66.8	79.3
1949	69.2	75.1	70.8	70.0	69.8	70.6	64.2	73.3	74.4	72.1	63.3	64.2	62.1
1950	67.6	71.4	64.2	56.5	63.0	66.3	71.7	76.4	70.9				
1953													71.1
1954	72.3	71.7	74.1	64.5	60.3	67.3	75.2	85.5	83.2	78.7	69.7	73.6	63.4
1955	70.1	66.4	63.1	64.1	66.9	68.9	74.2	86.5	71.3	70.8	70.0	71.1	66.9
1956	69.2	63.9	60.5	73.6	67.7	69.3	80.1	86.3	73.0	74.9	66.3	57.4	57.5
1957	70.9	70.9	66.6	65.4	68.4	65.6	71.7	87.1	81.9	65.0	70.0	68.2	69.7
1958	69.6	69.7	70.8	62.0	63.6	60.1	63.2	80.8	77.9	75.9	68.6	70.8	72.1
1959	69.9	62.0	69.5	68.3	67.2	62.5	73.8	82.9	74.5	75.3	67.0	68.9	67.1
1960	67.8	63.2	64.4	65.0	59.1	63.8	73.8	83.2	73.3	73.5	66.2	65.3	62.1
1961	69.9	65.0	62.3	63.6	60.7	66.6	76.9	85.9	81.4	75.3	66.1	66.6	68.0
1962	68.5	60.0	66.4	62.8	65.6	55.0	69.1	73.1	82.9	77.7	67.5	68.5	72.9
1963	70.5	67.3	72.3	63.9	70.7	71.7	75.4	84.3	77.0	65.0	64.9	64.1	69.2
1964	70.0	68.6	66.8	65.4	73.0	63.7	70.5	83.5	77.1	77.4	64.6	64.9	64.7
1965	67.8	66.3	59.2	59.4	57.0	65.1	66.9	82.1	84.2	69.4	69.5	68.7	64.2
1966	68.5	56.6	67.2	69.2	61.5	58.2	76.6	85.7	79.6	72.7	71.3	62.9	60.9

표 A222-273 계속

	서울												
	연평균	1월	2월	3월	4월	5월	6월	7월	8월	9월	10월	11월	12월
	A222	A223	A224	A225	A226	A227	A228	A229	A230	A231	A232	A233	A234
	%												
1967	68.9	62.1	65.0	66.9	67.5	64.0	74.1	79.8	83.5	68.8	64.5	65.0	65.4
1968	69.1	64.7	63.2	64.6	53.5	66.7	71.1	81.3	75.0	70.8	70.8	75.6	71.6
1969	70.5	68.5	68.8	62.0	69.0	67.4	70.8	78.9	82.8	77.9	65.1	67.7	66.5
1970	69.7	65.3	63.6	59.1	52.0	62.6	73.7	85.9	80.7	80.0	73.8	71.7	67.4
1971	71.3	71.9	64.5	65.3	57.0	70.0	82.1	87.9	79.7	72.9	66.3	71.8	64.9
1972	73.5	74.8	69.0	73.6	65.6	66.2	71.9	77.6	83.0	77.7	77.1	76.3	68.4
1973	71.6	73.7	64.2	60.5	71.3	64.4	75.7	85.1	89.1	76.2	66.5	66.6	65.3
1974	70.2	64.0	65.3	68.5	66.1	68.2	73.2	82.3	80.3	74.0	72.2	63.8	64.0
1975	67.3	61.9	56.3	69.6	62.5	66.0	74.9	82.6	72.8	74.0	66.6	61.9	58.0
1976	65.8	57.1	65.3	59.5	55.7	56.5	66.7	73.8	81.6	70.0	68.2	66.7	68.4
1977	67.9	59.4	61.4	61.8	67.2	66.9	67.5	80.6	65.9	70.2	70.7	68.7	74.0
1978	66.8	66.9	64.9	64.0	54.4	52.9	71.6	80.7	80.5	71.6	64.9	63.7	65.5
1979	69.3	65.5	63.8	61.1	59.2	66.5	82.6	81.3	78.0	72.7	67.4	62.3	70.3
1980	67.5	64.4	64.0	63.2	64.7	64.9	76.3	80.3	75.6	66.3	61.9	64.7	63.6
1981	67.9	65.4	64.9	61.3	66.3	69.1	67.2	82.0	75.7	71.5	66.6	58.8	65.0
1982	65.3	63.3	61.8	61.0	52.7	68.3	66.6	72.7	80.3	60.5	64.7	66.0	64.5
1983	65.5	63.8	58.3	59.6	57.0	61.6	64.5	83.1	75.2	73.5	69.3	62.6	56.1
1984	65.9	52.9	50.0	55.0	60.5	64.2	70.6	80.5	79.3	74.8	66.5	68.9	67.1
1985	70.2	62.5	68.9	59.5	61.4	66.4	70.5	81.1	80.2	78.4	73.2	72.6	67.3
1986	69.5	68.2	65.2	68.4	56.0	65.7	74.3	80.1	78.3	73.8	69.6	63.5	69.7
1987	67.3	62.4	64.5	65.5	61.5	64.3	66.2	82.4	84.8	69.3	65.2	61.9	59.3
1988	61.2	60.0	54.9	51.7	55.8	54.3	69.4	77.6	71.8	66.0	58.2	55.0	59.2
1989	66.1	69.3	57.2	61.6	48.2	64.3	66.8	79.3	71.7	73.5	65.5	66.8	67.7
1990	71.1	60.9	71.9	65.1	63.7	73.6	80.9	85.0	77.3	73.6	62.9	71.2	67.7
1991	65.6	62.6	60.8	63.5	56.2	59.4	69.9	83.6	70.7	70.2	61.1	59.0	69.0
1992	67.2	68.1	61.7	57.7	58.5	64.5	65.9	80.5	76.4	71.2	69.8	66.9	64.8
1993	67.4	61.6	62.7	63.2	63.1	63.9	77.4	77.1	80.3	67.3	60.7	69.7	61.7
1994	64.9	57.7	55.3	59.5	53.2	67.1	67.7	78.9	75.6	68.6	70.8	63.4	59.7
1995	63.4	52.2	56.0	64.1	53.4	57.9	70.5	81.4	84.6	67.5	60.8	56.7	55.1
1996	61.5	50.5	47.2	53.8	52.3	57.8	74.9	75.7	73.2	65.9	63.2	63.5	58.9
1997	62.0	57.4	54.0	56.3	54.9	66.2	65.3	80.1	70.5	63.2	54.9	60.9	59.3
1998	64.7	59.0	58.8	57.6	64.6	59.3	66.5	74.5	78.4	70.2	66.8	61.3	59.4
1999	65.2	58.3	60.1	49.8	59.0	65.4	67.4	73.2	74.1	75.7	70.5	65.2	63.5
2000	63.7	63.7	55.7	55.2	55.8	66.4	65.0	73.5	79.0	70.9	64.1	56.9	57.6
2001	60.9	62.1	60.0	51.4	50.0	60.9	70.7	75.7	68.9	58.1	65.3	58.3	49.3
2002	62.1	63.3	54.7	54.5	53.1	62.0	61.5	74.3	78.8	66.7	60.4	55.5	59.5
2003	64.6	60.3	61.8	58.0	59.6	56.7	68.7	74.9	76.9	72.4	61.0	66.1	58.7
2004	62.0	59.3	55.8	49.0	50.8	67.6	64.1	81.7	70.4	68.7	54.3	65.7	56.3
2005	60.6	52.2	49.4	54.3	53.0	55.1	68.9	76.3	75.4	70.6	64.6	55.1	51.4
2006	60.6	56.4	52.7	50.4	54.9	57.3	67.8	81.7	69.1	58.1	62.1	57.5	58.5
2007	62.2	56.2	52.8	59.7	52.9	62.1	60.9	74.8	74.8	73.7	62.6	54.7	60.1
2008	59.5	49.8	45.6	56.2	50.3	58.1	65.3	78.3	69.4	64.1	61.6	57.9	56.0
2009	61.1	50.0	56.8	51.9	54.4	58.7	66.0	75.8	69.1	64.4	62.0	63.9	60.3
2010	63.0	64.7	58.5	58.7	54.1	62.2	61.7	73.5	77.7	72.3	60.9	55.0	55.9
2011	59.5	53.8	55.2	51.1	54.2	56.4	66.6	78.8	74.3	58.2	54.5	60.4	50.4
2012	56.7	48.9	43.2	51.8	54.1	48.2	54.1	73.8	68.0	65.2	58.2	57.2	57.0
2013	60.1	57.1	53.6	49.2	54.0	57.8	60.1	79.3	69.3	62.9	58.4	58.2	60.2
2014	62.9	50.1	52.0	59.8	59.9	59.1	72.8	74.2	77.2	68.5	63.2	60.9	56.3
2015	59.8	56.4	58.9	45.2	54.4	52.8	59.8	71.2	69.8	56.2	60.4	73.3	59.9

자료: 기상청, 「기상관측-지상-종관(북한)기상관측-자료조회」, 기상자료개방포털(data.kma.go.kr).

주: 일별 기상자료를 이용하여 월, 연도별 평균값을 산출하였다.

표 A222-273 계속

	대구												
	연평균	1월	2월	3월	4월	5월	6월	7월	8월	9월	10월	11월	12월
	A235	A236	A237	A238	A239	A240	A241	A242	A243	A244	A245	A246	A247
	%												
1909	65.8	68.0	56.7	58.0	61.3	59.8	66.2	71.6	78.5	74.1	66.8	66.0	62.2
1910	70.7	72.2	60.7	59.3	65.9	65.8	68.7	82.6	77.2	80.7	71.8	78.4	64.9
1911	71.6	67.6	65.9	72.1	67.8	65.5	72.0	80.0	78.3	79.4	72.4	73.4	64.7
1912	67.0	64.2	67.8	64.9	60.5	66.9	70.7	74.8	72.6	70.2	63.9	59.5	68.3
1913	67.8	68.2	60.0	51.7	70.7	74.9	78.3	72.5	68.4	66.9	69.2	66.7	65.8
1914	69.6	62.7	65.2	64.8	74.3	69.9	75.7	72.5	75.1	73.2	70.8	70.9	59.9
1915	68.3	64.8	59.9	59.6	65.8	67.6	69.6	68.7	73.2	79.0	75.3	71.1	64.8
1916	69.2	65.1	63.5	51.0	64.9	62.1	75.3	82.7	79.2	82.7	73.7	68.6	61.4
1917	64.6	57.0	53.9	63.0	56.6	60.1	68.3	73.8	75.4	77.9	67.4	62.7	58.7
1918	68.9	52.4	54.5	60.0	69.7	72.8	69.6	83.9	82.6	77.2	73.0	68.9	60.9
1919	67.6	63.0	63.3	59.0	60.7	67.0	76.3	75.2	77.3	74.0	69.1	67.4	58.3
1920	68.5	64.3	61.2	65.6	59.2	66.1	67.8	75.1	77.0	75.7	70.2	69.2	70.0
1921	67.1	61.2	61.5	59.7	66.3	68.0	71.6	76.7	77.0	74.7	68.8	57.3	62.1
1922	63.9	49.9	65.5	57.9	58.4	63.2	63.5	71.1	75.1	74.7	68.6	62.6	56.4
1923	67.6	61.7	61.3	63.2	65.4	69.6	75.5	79.5	73.3	72.6	64.2	68.5	55.7
1924	62.7	57.6	55.0	50.3	62.4	63.3	63.4	69.1	72.0	74.7	64.1	60.7	60.3
1925	65.8	55.1	55.3	49.3	58.1	68.8	70.9	76.3	77.2	76.5	66.9	70.2	64.3
1926	64.6	56.4	58.5	53.6	55.5	71.3	59.0	73.7	73.2	78.6	68.9	64.8	60.5
1927	65.4	60.2	55.6	63.8	64.9	61.9	59.2	72.5	77.7	73.2	67.5	64.8	62.6
1928	64.7	59.9	58.2	60.8	65.8	56.2	65.2	72.6	69.7	77.8	62.5	67.3	60.7
1929	65.0	49.9	54.4	62.2	63.7	66.3	64.2	67.3	69.0	69.5	69.4	66.1	77.5
1930	68.3	54.5	64.2	67.7	71.9	66.3	70.4	80.0	77.5	73.5	71.1	64.8	57.9
1931	67.0	61.8	61.4	57.4	60.3	60.6	65.1	78.1	78.8	76.4	66.6	69.5	67.3
1932	64.6	62.2	60.7	51.1	57.2	60.7	69.6	70.2	74.4	77.5	62.7	63.5	65.5
1933	66.3	57.7	52.7	55.7	62.9	63.3	67.2	75.8	79.5	73.7	72.5	68.7	64.4
1934	64.9	47.8	52.4	52.2	59.8	65.7	64.9	77.0	79.3	76.1	69.5	64.0	68.7
1935	64.5	58.2	58.0	53.6	62.5	57.5	65.0	75.9	72.5	73.4	66.7	69.5	60.3
1936	65.8	50.3	57.3	52.3	63.4	63.5	68.7	76.2	84.5	80.0	65.6	63.4	64.6
1937	67.1	59.1	69.5	62.0	64.8	59.7	69.2	75.6	74.6	72.3	71.2	71.2	56.7
1938	65.5	59.0	53.0	69.8	51.9	69.1	73.3	72.5	70.4	66.0	76.1	64.8	59.0
1939	63.5	54.6	57.0	58.4	57.6	60.1	57.0	69.2	70.4	73.9	67.6	74.5	61.0
1940	66.1	51.1	54.0	54.8	59.3	64.3	67.4	79.2	79.1	78.5	77.5	67.2	60.7
1941	68.2	63.4	62.3	54.2	57.0	66.4	75.2	77.8	78.1	77.5	67.0	73.1	65.9
1942	64.8	51.0	56.7	68.5	58.0	68.6	64.1	64.3	80.9	80.9	71.0	56.6	56.6
1943	63.7	46.7	49.1	57.0	55.9	62.5	68.7	74.6	74.2	78.3	70.5	65.6	60.1
1944	63.4	45.5	49.0	54.3	62.2	69.3	66.2	72.0	70.7	79.4	65.4	71.2	55.4
1945	67.4	47.3	47.7	63.4	59.0	68.7	76.2	81.0	77.2	82.7	77.1	68.3	58.6
1946	66.6	59.0	51.8	59.3	67.5	65.2	75.9	73.3	76.2	75.1	72.3	65.3	57.6
1947	66.6	66.0	51.6	55.2	59.2	68.6	72.6	81.7	79.7	76.5	67.6	61.7	57.4
1948	69.1	63.0	62.6	64.5	69.7	60.7	74.0	82.8	79.2	79.6	66.0	58.2	69.1
1949	67.5	60.8	65.9	55.3	60.9	62.9	74.9	78.5	75.2	77.4	65.7	69.4	63.9
1950	67.7	68.8	63.5	58.0	66.1	62.5	72.8	76.4	73.0	74.7	70.5	66.3	60.2
1951	65.8	58.9	62.6	58.0	60.1	65.4	60.1	75.1	72.0	66.9	72.0	72.0	65.9
1952	66.3	55.5	57.6	62.5	62.2	67.5	61.4	72.4	71.5	79.2	68.5	74.0	62.9
1953	66.8	56.7	61.2	61.4	52.0	65.2	78.9	80.3	72.9	73.0	69.2	64.0	66.6
1954	69.7	68.5	65.0	54.4	66.5	71.7	76.7	81.3	75.2	77.3	74.9	71.5	53.8
1955	68.0	51.2	61.5	68.5	71.9	67.4	74.2	77.7	73.0	75.3	68.5	65.9	60.5
1956	66.8	55.7	50.1	67.3	64.2	64.9	76.8	81.2	75.2	81.2	68.8	59.0	56.0
1957	65.6	62.2	58.3	56.0	59.1	59.2	69.3	82.7	79.1	68.3	60.8	66.1	64.8
1958	66.5	58.0	62.9	53.2	61.3	58.1	61.1	75.9	79.4	76.6	71.2	68.8	71.0
1959	65.9	54.5	69.4	61.9	63.1	58.8	65.7	72.9	74.6	77.8	64.9	64.0	63.7
1960	65.5	60.7	56.8	62.5	57.6	67.1	63.4	75.5	68.4	77.7	71.3	66.3	58.7
1961	67.8	56.9	56.5	62.0	57.3	64.7	72.3	78.9	81.3	76.3	71.4	69.7	65.2
1962	64.6	59.3	58.9	52.3	58.5	49.7	66.2	76.1	73.8	78.2	69.4	67.6	64.5
1963	67.3	53.3	53.3	55.1	72.3	70.4	78.9	78.5	78.8	68.6	68.4	63.9	65.5
1964	68.5	69.7	65.3	62.5	78.7	65.4	66.9	71.0	67.0	77.9	70.7	65.3	61.5
1965	64.5	59.1	61.0	52.9	52.8	61.2	62.8	82.9	76.4	67.5	66.3	69.3	60.7
1966	69.0	52.4	62.1	69.2	69.2	64.5	75.5	80.7	79.7	77.9	74.6	63.5	59.0

표 A222-273 계속

	대구												
	연평균	1월	2월	3월	4월	5월	6월	7월	8월	9월	10월	11월	12월
	A235	A236	A237	A238	A239	A240	A241	A242	A243	A244	A245	A246	A247
	%												
1967	69.1	57.3	58.4	62.6	68.3	63.9	72.6	75.5	74.1	78.4	71.4	77.7	68.4
1968	70.6	65.4	63.9	62.6	59.4	67.6	66.0	76.9	80.7	78.3	78.5	76.7	71.3
1969	69.6	71.3	70.3	62.2	66.6	64.8	65.0	77.4	78.1	81.5	69.1	63.0	66.1
1970	67.6	57.4	56.9	50.1	62.1	67.0	76.3	81.2	80.7	81.3	72.2	63.3	61.9
1971	67.8	69.5	72.5	63.7	57.9	62.3	73.3	78.6	78.8	73.1	63.1	65.2	56.4
1972	69.1	69.2	63.4	66.2	65.3	64.4	63.3	76.7	78.3	75.3	69.9	71.6	65.3
1973	62.6	70.4	56.2	50.3	58.4	57.5	65.1	64.2	65.1	67.7	71.5	62.1	62.0
1974	65.0	63.4	62.3	60.9	57.4	60.5	62.4	79.9	69.9	67.2	66.5	64.1	64.8
1975	66.3	59.4	56.4	60.3	61.3	67.3	73.2	74.8	72.4	73.7	71.0	68.1	56.7
1976	63.3	53.5	67.2	58.0	60.6	58.0	66.3	67.3	70.9	69.4	64.3	59.9	64.6
1977	59.6	51.1	44.9	56.6	58.0	56.9	64.8	66.4	63.5	65.7	62.6	63.5	60.6
1978	62.7	54.6	50.4	50.6	49.2	47.3	63.3	78.3	77.0	76.3	68.7	70.9	64.8
1979	67.0	67.1	63.7	59.4	60.5	59.6	75.5	75.5	75.3	76.6	66.7	59.6	64.5
1980	66.1	57.8	52.6	60.0	59.5	58.7	68.8	83.3	85.6	72.7	70.0	65.9	57.8
1981	61.6	52.4	57.2	54.1	53.2	53.6	65.9	75.0	73.3	69.5	66.8	57.3	60.9
1982	61.8	57.7	57.0	57.2	55.7	61.6	60.0	69.8	73.4	64.6	64.8	62.8	56.9
1983	65.9	55.8	55.5	59.6	57.6	61.1	65.5	78.3	74.4	80.6	69.7	68.5	63.1
1984	67.9	58.0	57.0	58.9	68.5	63.9	72.4	76.5	74.6	76.6	68.2	71.5	68.0
1985	71.1	59.5	67.5	67.0	63.6	69.3	75.9	79.9	78.6	79.1	74.2	71.0	67.0
1986	67.3	61.9	61.9	67.8	56.2	61.0	74.1	79.2	76.3	73.7	70.5	58.8	65.1
1987	64.6	57.7	58.3	58.9	56.2	63.2	66.0	77.2	81.9	71.2	64.4	63.1	56.3
1988	62.9	54.4	55.7	58.1	52.9	60.3	70.7	78.6	76.0	74.1	60.7	53.0	59.3
1989	66.9	66.4	64.0	60.4	56.3	63.9	70.0	78.6	72.1	77.1	65.9	64.4	63.7
1990	66.0	56.0	70.0	58.4	58.2	64.7	69.6	74.6	69.4	74.4	68.3	68.8	60.7
1991	63.4	58.3	59.0	62.0	56.0	54.5	64.7	75.3	73.6	73.2	61.2	58.6	63.6
1992	66.0	60.0	55.0	64.6	58.3	62.2	62.6	70.5	76.5	75.9	72.6	68.1	65.5
1993	67.2	62.1	55.9	62.9	57.4	69.3	76.1	78.0	79.6	72.3	64.3	69.2	58.9
1994	58.6	58.4	55.2	51.9	54.0	57.7	62.8	65.1	64.6	57.8	62.2	58.3	54.4
1995	61.0	48.6	52.6	56.2	46.2	53.5	61.1	70.5	74.8	74.8	71.1	62.1	59.5
1996	59.6	51.8	47.6	53.0	43.6	56.6	71.2	69.8	67.3	67.6	63.0	63.8	59.6
1997	60.0	53.2	53.3	53.9	54.4	60.9	62.2	70.7	70.0	62.2	54.0	64.8	60.5
1998	62.3	57.6	57.9	49.3	65.1	58.7	71.2	72.0	73.6	68.0	65.1	57.2	51.9
1999	62.2	52.7	49.2	54.4	57.7	56.3	66.2	74.1	76.1	76.1	68.6	60.4	53.6
2000	58.5	56.5	38.4	42.2	45.7	55.4	64.6	71.3	75.7	73.7	65.9	62.4	48.9
2001	57.6	55.0	51.1	39.9	43.6	56.3	66.3	70.9	67.8	66.9	71.3	53.0	48.8
2002	58.7	55.0	43.5	46.4	50.0	60.7	56.5	72.5	77.0	70.2	63.4	48.9	58.5
2003	62.9	50.7	56.9	56.1	58.4	63.9	67.1	80.0	75.1	74.2	56.2	67.0	48.5
2004	56.2	46.8	42.6	41.6	42.0	59.0	59.8	69.3	69.8	73.3	59.1	60.4	50.2
2005	54.9	44.2	45.1	45.1	43.3	49.8	60.2	72.1	71.7	72.3	62.3	48.8	43.1
2006	58.1	49.2	47.7	41.4	51.6	58.7	61.0	79.7	67.9	67.1	61.5	57.0	54.1
2007	58.5	45.8	51.0	51.6	44.3	51.2	62.6	73.0	72.3	76.1	65.6	51.2	56.6
2008	57.3	55.2	37.6	51.3	53.1	53.1	68.9	68.7	68.9	66.0	58.0	55.9	49.6
2009	53.7	44.1	50.3	44.0	42.5	47.7	56.5	71.9	66.2	63.7	53.9	55.8	47.8
2010	56.2	47.5	53.4	55.4	49.0	52.3	53.6	69.5	69.4	66.6	61.0	46.4	49.9
2011	55.4	39.6	52.3	34.9	45.7	56.4	60.4	71.2	74.7	62.4	58.3	63.3	46.1
2012	56.4	46.5	43.8	50.3	46.9	53.4	63.8	69.5	70.7	68.5	57.2	50.4	54.5
2013	56.1	51.5	43.2	40.8	47.3	52.8	66.0	66.7	68.6	67.1	64.1	54.6	50.5
2014	57.3	40.0	53.8	51.3	48.3	43.6	62.9	68.3	79.1	68.2	64.4	60.0	47.3
2015	63.3	56.5	52.6	45.5	62.7	49.3	66.2	71.6	74.7	77.0	67.5	79.5	69.1

표 A222-273 계속

	부산												
	연평균	1월	2월	3월	4월	5월	6월	7월	8월	9월	10월	11월	12월
	A248	A249	A250	A251	A252	A253	A254	A255	A256	A257	A258	A259	A260
	%												
1904					76.9	70.5	79.1	84.7	75.6	73.6	63.9	53.1	51.6
1905	69.9	65.8	52.2	62.7	71.3	76.5	81.6	89.3	85.5	72.3	67.0	55.2	58.2
1906	64.7	50.7	54.8	56.1	60.7	73.9	81.6	80.2	78.5	74.5	65.8	48.0	50.3
1907	65.9	56.4	46.9	57.6	78.6	72.8	76.2	78.4	77.7	74.4	62.6	63.5	45.0
1908	63.5	53.0	40.1	62.2	67.7	69.7	77.3	83.3	81.9	66.3	64.2	47.3	47.9
1909	63.8	53.8	43.3	54.9	66.2	70.9	80.9	79.6	76.6	71.7	61.1	56.4	48.8
1910	67.1	61.2	48.5	56.8	66.8	74.3	81.3	86.1	78.1	76.3	63.8	63.0	47.7
1911	68.5	53.7	55.8	70.3	65.6	71.6	81.5	87.0	79.7	80.1	63.7	63.8	48.0
1912	65.0	53.3	62.6	58.6	64.4	71.8	76.4	84.6	77.6	65.3	60.0	49.4	55.2
1913	60.8	46.4	43.3	42.5	68.5	68.1	77.7	80.2	73.2	62.6	60.4	55.7	49.7
1914	65.8	49.2	55.1	62.0	69.0	72.3	81.4	82.0	79.9	70.5	65.1	56.9	46.0
1915	64.2	46.8	46.4	50.0	62.4	71.3	82.6	80.1	76.3	76.4	69.5	58.2	49.4
1916	65.9	53.0	52.0	44.7	66.9	69.7	83.1	85.5	76.6	77.5	64.0	63.6	53.9
1917	61.5	36.0	40.4	57.3	59.1	68.7	76.2	83.0	75.7	75.8	63.1	54.7	46.7
1918	67.8	41.4	52.1	61.2	70.5	73.6	83.3	89.0	85.2	73.2	68.4	63.0	52.0
1919	66.4	47.6	56.1	58.3	65.3	74.2	84.7	80.0	81.0	73.3	68.0	60.8	47.5
1920	69.5	52.1	54.1	67.3	64.5	79.8	83.9	84.5	81.3	74.8	65.4	66.2	59.9
1921	68.3	54.6	55.3	58.0	73.1	78.2	81.8	85.9	83.3	75.6	66.4	51.1	55.2
1922	67.1	47.2	67.2	59.5	66.4	70.8	75.9	86.1	79.8	77.3	69.3	58.9	47.5
1923	68.2	55.3	52.1	66.1	69.8	74.3	82.0	86.3	80.2	70.5	64.4	66.2	49.6
1924	68.0	53.0	52.7	51.3	74.2	77.2	82.4	91.5	77.9	78.5	65.9	57.5	53.2
1925	66.4	46.8	47.0	50.6	67.2	76.4	81.3	83.1	80.2	77.3	66.0	62.1	57.6
1926	65.2	52.4	39.8	57.1	61.8	76.9	70.6	83.5	79.7	78.0	63.7	63.4	53.1
1927	67.2	50.6	54.1	62.1	69.0	66.7	71.3	86.0	82.5	73.7	69.6	62.8	56.9
1928	67.8	54.5	54.5	61.9	72.2	69.7	79.1	87.2	78.9	79.4	63.3	60.9	51.9
1929	65.1	43.4	49.0	59.2	66.5	74.5	75.2	80.0	76.9	65.3	64.3	58.9	66.6
1930	66.9	44.9	61.1	65.1	72.5	70.4	78.1	84.3	81.8	68.9	67.2	58.8	49.9
1931	67.8	59.7	56.3	58.5	66.2	69.9	79.1	83.8	78.9	74.0	63.5	61.7	60.7
1932	65.2	52.8	54.2	49.9	62.7	72.0	81.0	81.7	77.6	72.9	59.0	60.8	57.1
1933	65.1	46.6	46.1	54.8	68.1	69.4	76.9	82.9	81.4	71.8	64.3	59.8	58.3
1934	64.3	38.1	43.3	55.0	66.0	72.3	78.7	86.0	80.9	75.4	61.0	56.2	57.6
1935	65.3	50.2	51.3	56.4	68.0	66.7	75.4	83.4	79.5	73.3	62.7	62.6	53.6
1936	66.4	42.3	49.1	51.9	71.2	71.6	80.1	87.5	89.4	79.9	63.0	54.8	55.2
1937	66.7	50.1	62.5	62.1	67.8	69.0	74.8	83.5	79.1	73.0	69.1	62.2	46.6
1938	65.2	45.9	43.9	71.1	59.3	77.4	81.3	84.2	79.1	64.8	72.8	51.7	49.2
1939	63.9	44.5	51.0	59.3	66.6	68.3	76.3	80.4	75.7	68.3	65.7	61.0	48.6
1940	63.8	41.8	49.4	52.4	62.1	61.2	77.3	88.4	82.1	74.5	68.6	58.8	48.9
1941	67.0	50.1	54.9	57.9	60.1	76.3	84.0	82.7	82.9	73.5	62.0	63.9	54.6
1942	64.4	45.1	47.8	70.6	63.5	71.0	77.7	79.1	82.3	75.2	64.9	47.0	47.7
1943	64.6	37.1	47.8	60.2	63.2	71.1	82.1	83.5	79.5	77.1	62.1	57.5	52.7
1944	63.2	43.8	49.6	54.3	65.8	75.0	78.0	81.0	71.5	74.9	57.3	64.2	43.0
1945	65.3	37.6	41.5	60.3	58.8	72.3	84.5	85.8	82.4	82.2	69.0	59.3	48.2
1946	67.2	50.7	49.3	60.4	70.7	75.7	90.1	86.3	82.1	69.1	62.2	57.4	51.6
1947	65.0	58.2	44.4	54.4	61.4	70.7	78.6	91.8	85.8	73.8	58.8	53.2	47.8
1948	68.7	53.6	52.5	62.8	74.3	64.8	83.9	90.0	82.4	79.6	61.5	53.5	64.8
1949	67.4	48.1	62.2	56.6	65.0	71.8	80.2	86.7	81.2	76.6	61.5	61.5	57.0
1950	66.0	59.3	54.8	56.2	66.3	66.1	83.7	85.0	74.7	71.7	63.9	60.8	48.7
1951	64.6	48.6	56.4	57.2	63.6	72.9	69.7	85.0	78.8	64.5	65.8	60.5	51.9
1952	65.9	47.9	49.9	57.8	67.4	69.3	76.7	81.9	79.5	78.3	64.3	65.5	51.8
1953	65.1	44.5	51.5	57.2	54.5	73.6	87.6	89.0	80.0	72.6	62.0	53.5	54.5
1954	69.1	60.7	58.8	56.5	75.3	78.0	85.6	88.6	81.4	73.9	64.1	59.8	46.4
1955	67.5	44.4	53.9	66.8	72.4	75.9	80.4	87.9	78.0	74.9	61.0	61.5	52.0
1956	68.4	52.6	48.4	73.6	72.7	72.8	88.1	89.2	82.1	78.4	61.7	51.1	48.9
1957	69.5	58.0	52.5	54.2	65.9	73.2	85.7	92.1	84.6	72.9	65.9	65.0	63.0
1958	67.0	52.0	59.3	58.6	68.8	67.2	73.6	86.6	80.0	74.1	63.5	60.5	59.7
1959	67.2	48.9	66.2	62.4	66.3	69.9	76.7	85.6	81.1	77.4	60.6	58.7	53.4
1960	65.8	49.1	51.5	63.0	62.8	72.3	78.2	84.8	73.5	76.6	64.9	60.5	52.2
1961	67.1	47.5	50.1	63.2	65.5	71.8	76.1	84.8	84.5	74.7	68.7	63.0	54.1

표 A222-273 계속

	부산												
	연평균	1월	2월	3월	4월	5월	6월	7월	8월	9월	10월	11월	12월
	A248	A249	A250	A251	A252	A253	A254	A255	A256	A257	A258	A259	A260
	%												
1962	64.3	46.3	51.7	51.9	64.1	60.3	76.3	86.2	80.5	76.2	63.5	58.5	55.3
1963	67.6	45.4	47.2	63.5	77.0	82.4	85.5	87.0	80.8	68.9	63.4	55.5	53.7
1964	67.8	58.0	57.3	59.2	85.2	71.8	78.9	84.2	74.8	77.9	63.9	54.0	49.0
1965	65.1	46.6	51.1	46.4	59.5	71.4	76.9	91.5	83.0	67.3	65.8	66.2	54.1
1966	66.5	50.4	61.1	67.9	70.0	66.6	78.3	82.9	77.8	69.3	67.1	56.8	50.0
1967	65.9	47.9	53.5	63.1	70.6	70.7	76.8	83.3	78.9	71.9	59.4	63.4	51.1
1968	64.5	47.0	46.3	55.7	57.3	74.4	76.4	81.8	80.9	74.0	63.6	61.0	54.7
1969	65.3	57.5	57.6	53.2	66.7	64.1	74.2	85.8	82.8	79.0	60.2	52.3	49.7
1970	65.9	50.6	45.5	38.3	66.8	70.5	85.2	89.6	84.9	82.5	68.5	55.3	51.6
1971	65.8	54.1	60.2	55.2	61.5	68.7	80.1	85.4	80.9	72.7	60.5	58.6	51.1
1972	71.4	65.8	64.7	69.1	74.4	71.0	79.8	84.4	82.9	73.4	66.0	67.1	57.7
1973	67.2	62.9	56.3	56.0	67.2	72.2	79.7	82.4	80.4	76.3	68.8	54.9	48.9
1974	66.3	50.5	54.0	58.7	68.5	70.7	77.3	93.1	80.9	67.6	62.4	55.1	55.6
1975	68.1	53.7	53.5	59.6	69.2	74.6	81.5	85.4	76.7	79.4	67.4	62.5	52.9
1976	66.8	48.6	65.2	59.7	66.2	69.9	79.3	82.8	82.4	72.7	61.9	56.7	56.9
1977	66.6	45.3	44.2	63.3	68.8	68.8	81.9	83.5	75.2	75.4	67.9	64.2	59.7
1978	64.7	54.5	52.7	55.4	61.6	62.3	81.0	82.1	78.7	71.0	63.5	60.2	52.2
1979	65.0	57.1	55.5	56.5	60.6	62.5	84.1	81.7	77.2	73.5	62.6	54.7	53.6
1980	67.3	51.2	47.6	61.2	64.2	66.4	77.1	86.6	86.5	73.2	70.7	65.9	56.4
1981	67.2	49.3	58.5	62.5	67.0	69.4	82.3	87.3	81.4	74.3	65.1	54.9	54.5
1982	67.2	51.8	57.1	63.1	64.7	75.6	72.2	83.5	83.0	70.2	70.3	62.7	51.8
1983	65.5	51.5	53.0	61.4	65.6	67.8	72.5	83.4	78.1	80.5	68.1	57.6	45.6
1984	62.3	37.4	40.8	46.6	63.5	66.0	77.1	82.8	79.9	76.6	59.6	60.4	56.5
1985	67.8	43.4	56.9	60.4	65.8	70.4	78.0	85.1	82.8	79.7	70.8	63.2	56.0
1986	65.2	49.9	54.2	62.4	61.3	68.9	79.7	85.3	77.3	75.0	65.1	48.1	54.1
1987	66.0	49.9	51.3	59.2	62.2	64.5	73.5	86.8	87.8	73.1	68.6	61.7	51.6
1988	65.9	47.8	52.3	62.3	65.4	71.2	81.2	82.3	77.3	75.6	63.2	55.5	56.3
1989	69.5	63.4	64.2	63.1	67.7	71.7	75.6	82.9	77.2	80.5	66.0	62.3	58.7
1990	70.0	52.7	70.4	60.3	65.4	75.6	83.1	85.4	77.6	79.4	68.7	67.0	55.3
1991	67.1	53.6	51.7	63.9	65.6	67.6	83.5	87.7	82.0	75.6	59.4	53.5	59.6
1992	65.7	52.3	51.4	65.3	62.4	68.0	74.5	84.2	83.0	74.1	63.7	57.9	51.1
1993	67.5	51.5	48.9	59.5	56.9	74.4	85.5	87.5	88.2	73.2	62.7	67.5	53.1
1994	63.6	50.2	49.4	52.4	64.4	69.7	76.3	79.1	77.2	65.1	66.9	61.6	50.2
1995	64.6	46.7	56.0	63.0	60.7	68.2	80.1	88.5	81.8	68.3	63.8	50.4	47.0
1996	62.9	43.6	46.5	55.4	51.8	65.8	85.7	85.2	78.8	73.4	63.8	57.7	47.1
1997	64.2	40.7	50.0	54.8	65.0	75.5	75.7	84.9	79.7	68.8	55.9	64.5	53.8
1998	66.9	50.4	57.3	51.6	75.3	70.3	83.4	85.4	82.1	71.7	69.5	59.1	46.5
1999	64.3	46.5	44.6	59.5	63.9	65.6	75.8	81.4	83.1	80.8	65.2	57.4	47.2
2000	65.9	53.2	38.3	52.2	62.4	75.9	81.9	86.9	85.1	78.9	68.6	60.7	46.0
2001	64.6	53.5	48.8	51.8	59.3	72.7	82.5	86.9	77.9	73.3	71.4	51.6	44.5
2002	64.0	55.0	44.0	56.1	64.6	73.7	72.1	84.8	84.3	71.2	62.3	45.9	52.6
2003	65.3	44.1	53.0	60.3	68.8	72.1	77.8	86.5	81.4	74.0	55.1	67.0	43.2
2004	60.0	41.7	43.6	50.6	57.4	71.9	67.0	79.4	72.5	73.3	58.5	56.4	46.8
2005	59.6	42.3	45.8	51.2	58.1	63.6	76.3	82.0	75.5	75.6	60.6	46.9	37.0
2006	62.4	45.9	48.5	50.4	63.1	72.0	75.1	85.0	73.6	69.0	65.0	53.0	46.6
2007	61.5	43.3	53.0	55.0	52.8	64.7	74.2	79.9	77.6	75.9	63.7	47.0	50.7
2008	63.0	53.5	37.6	60.0	62.6	68.6	76.0	82.5	75.4	71.9	61.9	56.3	48.1
2009	61.4	44.4	58.8	55.1	57.8	65.3	74.3	83.6	73.6	67.9	54.8	57.4	44.3
2010	62.1	40.5	56.4	61.6	60.2	66.9	67.8	83.1	80.5	71.4	62.9	46.2	47.4
2011	60.2	34.8	56.2	42.5	58.4	70.0	78.4	79.1	78.0	65.5	57.7	60.3	41.1
2012	58.3	41.8	44.6	55.2	57.7	59.3	71.2	78.3	72.3	69.6	53.6	47.9	47.4
2013	56.8	41.6	43.2	52.5	50.3	61.1	73.8	75.5	66.5	60.9	55.5	51.5	48.1
2014	66.4	41.4	61.6	59.7	59.4	68.4	80.2	85.2	85.9	75.2	68.2	61.0	50.0
2015	67.2	53.4	54.2	53.8	69.2	67.1	80.2	82.7	79.0	74.1	61.4	72.6	58.4

표 A222-273 계속

	목포												
	연평균	1월	2월	3월	4월	5월	6월	7월	8월	9월	10월	11월	12월
	A261	A262	A263	A264	A265	A266	A267	A268	A269	A270	A271	A272	A273
	%												
1906	76.6	70.5	76.3	76.6	77.6	79.5	83.5	83.6	84.8	79.0	74.9	61.5	70.8
1907	75.3	73.7	68.4	70.4	78.3	78.7	81.0	86.3	88.3	73.5	68.0	69.1	67.1
1908	72.3	68.5	66.1	66.9	69.9	75.4	82.7	87.2	80.6	69.7	68.6	65.8	65.5
1909	74.9	66.4	64.2	64.2	69.3	75.2	85.2	89.4	84.7	80.1	70.9	75.6	72.9
1910	77.2	77.2											
1911	79.1			79.8	77.6	80.6	85.4	86.1	85.0	81.4	73.0	74.7	67.4
1912	75.7	69.2	73.6	67.9	72.4	77.5	83.1	86.2	83.5	76.3	73.9	71.4	73.5
1913	76.7	73.1	69.6	62.6	78.9	80.2	91.4	89.1	81.7	74.9	74.0	70.5	74.2
1914	78.0	70.8	72.4	76.2	82.7	79.4	85.9	85.5	85.0	77.9	77.5	71.9	70.5
1915	77.6	70.4	70.5	69.4	76.5	80.0	85.6	84.2	84.8	81.7	79.2	76.1	72.1
1916	78.2	73.1	71.0	67.3	82.1	81.1	89.5	92.1	82.6	86.6	75.9	69.5	67.4
1917	73.6	67.8	67.9	69.4	71.1	76.5	81.0	82.8	79.3	79.5	68.5	68.4	70.1
1918	74.9	69.2	67.4	69.3	75.8	74.0	84.2	87.3	84.4	75.1	71.8	70.6	68.8
1919	74.4	70.0	72.7	69.3	71.8	77.2	85.8	82.2	77.3	77.8	72.1	67.0	69.5
1920	74.5	73.4	70.7	72.8	69.8	77.2	78.3	84.0	79.0	75.2	71.4	70.1	71.3
1921	74.9	68.6	68.0	69.6	75.2	77.7	81.5	88.2	82.0	77.8	72.5	67.3	70.0
1922	75.0	66.4	75.2	70.2	70.4	76.0	73.6	85.5	81.9	77.7	75.5	74.3	72.9
1923	77.7	73.2	70.0	75.9	78.9	80.2	82.3	88.3	83.1	78.8	74.3	76.5	70.1
1924	74.9	70.0	70.4	67.7	73.0	76.2	80.7	87.5	81.8	79.3	70.0	70.9	70.7
1925	75.7	67.0	66.4	65.7	76.4	80.7	85.3	85.5	83.3	79.3	72.8	72.0	73.6
1926	76.6	70.7	68.0	70.4	71.9	80.7	74.7	88.6	84.6	84.6	75.6	74.7	73.5
1927	77.1	75.4	69.1	73.8	77.7	77.2	75.2	88.6	87.2	77.7	76.4	73.6	72.1
1928	76.1	73.1	70.0	72.6	76.6	75.2	81.3	86.0	82.0	81.8	70.0	72.6	71.6
1929	73.6	64.1	71.3	71.0	74.3	77.4	77.6	83.0	78.7	70.2	68.4	70.8	76.2
1930	74.8	64.0	71.7	76.3	78.8	72.7	83.4	84.4	83.7	73.2	74.3	70.1	65.3
1931	76.2	74.3	71.2	70.5	72.6	75.3	81.2	88.8	84.5	80.0	70.9	71.4	72.8
1932	74.8	72.8	74.2	65.4	76.4	74.6	81.6	84.7	84.1	76.2	67.6	69.3	70.3
1933	74.5	68.2	65.6	70.8	75.1	77.6	79.7	84.5	84.0	74.7	71.9	71.2	69.3
1934	73.8	67.9	62.9	66.3	71.6	75.4	82.3	86.1	83.0	77.2	70.9	69.8	71.5
1935	72.8	68.2	69.1	67.3	72.9	74.2	78.3	81.0	80.7	72.7	70.7	69.1	69.4
1936	74.7	69.1	69.5	67.5	78.5	75.3	81.7	86.1	87.8	80.9	69.6	64.1	65.8
1937	73.6	67.6	73.3	69.5	73.9	74.7	75.5	83.0	78.9	74.7	72.3	72.2	67.7
1938	74.8	71.6	62.5	76.1	67.0	80.5	86.9	85.9	82.1	69.1	75.9	72.1	66.7
1939	73.3	69.3	71.6	71.1	68.9	74.2	78.4	79.3	79.0	74.6	72.7	72.2	67.7
1940	76.4	72.7	69.9	69.1	75.3	70.4	80.0	88.3	85.8	82.4	79.7	72.3	70.7
1941	74.9	73.9	68.7	70.6	66.3	76.8	85.7	85.1	85.2	77.3	68.4	72.9	67.9
1942	73.3	73.4	69.1	77.5	66.4	75.6	78.6	79.7	76.7	75.2	71.3	66.3	69.0
1943	73.7	66.9	64.8	73.2	71.6	77.4	82.8	82.4	74.8	77.2	70.1	72.1	70.8
1944	73.7	65.5	68.4	69.3	74.1	77.9	77.9	81.8	81.4	80.0	67.3	75.1	65.7
1945	75.5	66.3	65.1	74.2	71.0	80.4	83.4	83.4	83.4	82.4	74.0	71.2	70.4
1946	74.4	74.8	65.4	66.3	72.9	75.4	85.5	82.5	83.6	75.1	72.0	67.5	70.8
1947	73.9	69.8	69.2	68.2	70.1	74.6	81.6	88.4	83.1	75.3	68.0	67.3	70.7
1948	74.7	71.6	71.4	72.0	76.3	71.8	80.0	87.9	78.8	77.7	66.9	66.7	75.1
1949	76.6	73.9	74.5	67.7	72.6	81.0	78.9	85.4	83.2	83.4	72.3	73.8	72.0
1950	74.3	76.4	83.5	70.0	69.8	72.8	82.7	80.9	73.2	73.4	69.3	69.6	70.6
1951	74.0	71.1	69.5	70.4	67.6	78.9	76.9	86.3	79.0	71.4	71.5	72.6	72.6
1952	74.1	66.5	72.4	72.4	74.4	75.9	75.8	80.5	80.1	80.7	68.6	72.0	69.9
1953	73.1	66.3	70.6	69.7	67.9	74.6	87.1	86.6	76.3	74.2	67.8	67.7	68.2
1954	72.8	72.5	75.6	64.6	70.2	76.7	83.6	87.1	82.5	80.1	63.6	59.9	57.9
1955	67.1	60.9	60.8	64.3	66.7	71.2	77.0	83.0	76.2	68.6	61.2	59.9	55.2
1956	68.2	58.1	57.7	69.8	64.2	70.2	80.4	81.3	76.6	76.2	65.3	58.9	58.8
1957	67.1	61.4	59.7	57.5	64.7	67.2	76.5	86.7	81.2	62.6	64.1	63.3	60.0
1958	67.6	65.6	60.7	61.8	66.9	66.1	69.7	78.3	75.4	72.9	66.9	62.9	63.1
1959	72.7	66.4	70.4	64.3	65.6	73.3	78.2	84.8	77.4	79.9	69.9	70.4	72.1
1960	74.9	72.5	69.1	72.5	74.0	76.5	78.4	84.3	76.6	81.4	69.1	70.4	74.2
1961	78.3	75.5	71.8	75.7	77.5	77.3	85.6	88.5	86.5	79.7	73.9	72.7	74.6
1962	74.0	72.7	73.4	66.7	72.0	66.5	79.8	84.7	83.5	80.3	68.0	72.1	69.0
1963	76.2	75.8	69.6	72.7	82.0	83.6	87.3	86.6	80.2	71.7	67.5	68.0	69.5

표 A222-273 계속

	목포												
	연평균	1월	2월	3월	4월	5월	6월	7월	8월	9월	10월	11월	12월
	A261	A262	A263	A264	A265	A266	A267	A268	A269	A270	A271	A272	A273
	%												
1964	72.7	69.3	73.2	70.3	85.1	72.2	77.1	82.5	75.6	73.6	63.6	66.0	63.8
1965	76.1	70.0	71.8	73.2	72.2	81.0	79.5	94.0	84.2	73.1	69.3	73.5	70.6
1966	75.9	69.5	73.2	77.7	76.0	72.9	82.7	86.6	80.8	77.4	72.3	70.1	71.0
1967	74.9	72.2	68.4	71.7	80.7	72.2	76.5	85.0	83.8	72.6	68.5	71.3	75.6
1968	72.2	73.6	73.1	74.3	63.0	73.4	72.9	78.2	76.9	70.9	67.6	71.6	70.5
1969	76.4	73.4	66.8	68.2	80.7	77.2	80.4	88.1	84.2	84.2	70.2	69.5	73.8
1970	77.9	72.1	76.0	64.6	74.4	78.0	88.1	88.5	82.4	84.6	77.3	74.5	74.3
1971	77.6	76.3	76.2	70.7	73.5	78.3	87.0	88.7	83.7	77.8	72.2	75.2	72.0
1972	81.6	82.9	80.0	80.6	81.0	80.7	80.6	85.7	86.1	81.7	76.4	83.7	80.2
1973	76.9	74.5	76.8	71.1	76.4	80.3	79.7	82.5	82.8	80.6	74.2	69.3	74.9
1974	78.7	70.8	74.4	78.0	81.0	79.1	85.1	92.5	84.6	77.6	75.8	71.6	74.0
1975	77.9	75.9	75.1	75.3	77.6	80.4	84.0	86.6	78.8	79.5	74.3	73.6	73.9
1976	78.4	73.3	79.0	72.4	76.8	79.1	84.0	85.4	86.8	78.0	74.7	71.6	78.9
1977	77.4	75.2	72.6	77.6	81.0	81.9	84.6	85.1	78.1	77.0	72.8	70.1	72.2
1978	72.1	67.7	71.5	67.6	69.3	66.9	78.8	80.4	80.1	75.0	67.9	71.7	68.0
1979	76.7	72.7	73.3	70.2	69.2	70.0	87.4	86.9	82.3	81.7	77.0	73.6	75.5
1980	77.6	75.2	74.9	73.2	73.3	74.6	84.3	89.6	86.8	75.0	75.3	75.3	73.3
1981	73.3	71.3	73.1	66.6	74.8	70.9	76.9	83.5	80.5	76.4	70.1	66.0	70.0
1982	72.2	73.2	70.1	69.1	71.4	75.9	72.8	79.4	80.0	69.6	72.9	65.8	66.4
1983	73.4	72.7	67.0	70.5	70.8	71.8	74.6	84.2	81.4	79.9	71.0	65.9	70.1
1984	73.9	61.8	68.7	62.0	73.8	74.6	81.8	87.8	82.2	77.8	69.8	72.4	74.1
1985	76.6	67.7	74.0	70.8	71.2	78.9	81.7	86.8	82.1	80.5	77.5	73.4	73.9
1986	74.5	72.4	70.2	73.7	65.9	72.9	80.9	86.8	80.2	80.6	73.9	65.7	70.7
1987	77.6	68.0	75.7	77.4	73.3	77.0	79.3	90.6	91.0	80.5	75.0	71.4	72.1
1988	71.1	69.3	71.0	67.5	68.0	70.1	79.5	80.2	76.3	73.0	64.3	66.4	68.0
1989	72.4	72.9	71.3	67.8	65.7	72.5	76.4	81.3	75.8	76.5	68.5	70.0	69.6
1990	72.7	65.2	71.0	69.9	65.4	74.1	78.5	81.1	76.5	78.9	70.7	73.2	67.9
1991	71.2	66.6	71.1	72.9	65.6	69.7	77.5	84.5	79.5	74.4	63.5	61.6	67.6
1992	70.3	67.9	67.1	71.7	67.2	70.3	71.9	83.0	77.0	73.3	65.0	63.3	65.6
1993	71.1	64.6	64.8	65.6	63.1	72.3	80.1	82.4	83.2	74.0	65.6	71.2	65.8
1994	66.6	65.7	66.5	60.8	62.3	69.0	74.0	74.4	73.7	62.6	63.0	64.4	63.2
1995	65.9	65.9	63.0	63.9	62.9	68.9	78.0	82.3	77.7	65.0	58.4	51.8	53.1
1996	65.3	54.3	58.8	54.9	54.5	55.1	76.6	80.8	74.2	71.6	67.8	65.0	70.4
1997	65.9	61.7	60.6	61.2	62.5	68.0	70.2	80.0	74.8	63.1	58.6	65.7	63.2
1998	67.8	64.3	63.5	61.6	74.2	66.9	69.2	67.6	78.6	74.5	69.1	63.7	60.3
1999	70.8	64.1	65.0	63.4	66.3	68.4	74.2	79.8	79.3	81.1	71.5	68.5	67.8
2000	70.8	70.1	65.5	65.5	61.3	71.2	78.4	82.2	78.5	80.1	68.6	65.2	62.5
2001	72.0	68.1	66.2	63.7	65.2	75.1	84.2	86.2	79.9	70.8	73.4	65.8	64.3
2002	74.4	72.0	67.4	67.3	70.2	81.3	76.9	91.9	86.4	74.7	66.0	64.7	72.7
2003	74.1	71.7	74.1	70.7	72.4	74.0	75.4	84.4	80.0	76.6	67.4	73.4	69.1
2004	71.1	71.7	65.2	62.5	63.7	76.1	75.1	82.2	76.7	76.9	66.3	70.1	66.1
2005	72.1	70.0	71.3	68.7	66.3	67.2	78.4	83.8	79.9	76.6	67.4	63.0	72.9
2006	73.1	71.0	68.5	64.6	70.9	76.9	78.6	85.6	78.6	74.7	73.3	65.0	69.2
2007	77.3	66.8	75.7	74.4	70.1	74.9	82.9	87.6	85.7	86.9	74.9	70.1	78.1
2008	76.8	74.2	66.9	74.0	73.4	76.5	85.2	88.1	83.1	78.9	73.2	74.0	73.8
2009	78.5	77.0	79.0	72.9	73.3	75.7	81.5	90.1	84.8	80.3	72.6	77.1	77.6
2010	80.7	80.1	77.7	78.3	73.7	79.9	83.6	91.7	90.5	84.0	78.1	74.0	76.2
2011	77.6	78.1	80.3	69.8	77.3	81.3	87.6	87.4	89.6	75.0	66.5	72.6	65.9
2012	76.2	67.9	68.9	68.0	65.6	68.7	82.8	92.1	85.5	86.3	74.9	72.1	80.9
2013	81.4	79.3	76.2	77.4	74.5	82.4	86.4	92.4	86.9	82.2	79.5	80.3	79.0
2014	84.5	75.8	78.0	80.2	77.3	80.1	91.1	95.0	96.2	87.5	83.3	84.1	84.4
2015	79.6	83.5	81.3	75.2	83.3	81.4	81.0	84.5	82.7	76.8	72.6	79.9	73.5

표 A274-325 주요 지점 연월별 평균풍속, 1904-2015

	서울												
	연중	1월	2월	3월	4월	5월	6월	7월	8월	9월	10월	11월	12월
	A274	A275	A276	A277	A278	A279	A280	A281	A282	A283	A284	A285	A286
	m/초												
1907											2.2	2.7	3.0
1908	3.2	2.3	2.9	3.7	3.6	3.9	3.4	3.7	3.1	3.6	2.3	3.2	2.6
1909	3.3	2.3	3.9	3.8	4.1	3.7	2.8	4.0	3.7	2.9	2.4	3.1	2.5
1910	3.0	3.0	3.0	3.9	3.2	3.3	3.7	3.0	3.3	2.4	1.8	3.0	2.6
1911	3.1	2.6	3.1	3.9	4.1	2.9	3.2	3.5	2.7	2.8	2.2	3.4	2.6
1912	2.8	2.5	3.5	3.5	4.0	3.1	2.9	2.8	2.7	2.1	2.1	2.5	2.1
1913	2.5	2.5	3.1	3.0	2.5	2.7	2.8	2.9	2.6	1.8	1.7	1.8	2.2
1914	2.5	2.7	2.3	3.2	3.0	2.5	2.4	2.7	2.5	2.3	1.9	2.0	2.0
1915	2.4	2.6	3.0	3.3	3.3	2.4	2.4	2.9	2.2	1.7	1.4	1.8	2.0
1916	2.5	2.4	2.9	3.8	3.1	3.1	2.3	2.0	2.3	2.1	1.8	2.0	2.0
1917	2.5	2.5	2.5	2.8	3.0	3.0	2.5	2.2	2.5	2.2	1.7	1.6	2.9
1918	2.4	2.3	2.6	2.8	2.9	3.0	3.0	2.4	2.5	2.2	1.5	2.0	1.7
1919	2.3	2.6	1.8	2.8	3.0	2.8	2.3	2.3	2.5	2.0	1.8	1.7	1.9
1920	2.4	2.4	2.8	2.9	3.1	2.7	2.6	2.2	2.6	2.2	1.7	1.6	1.9
1921	2.4	1.9	2.4	3.2	3.0	2.9	2.8	2.4	2.4	2.1	1.9	2.1	1.5
1922	2.3	1.7	2.4	3.0	3.0	2.8	2.4	2.7	2.2	1.9	1.9	1.9	1.9
1923	2.4	2.1	2.6	2.7	2.9	2.8	2.4	2.8	2.2	1.9	1.7	2.0	2.4
1924	2.7	2.0	3.3	2.9	2.9	3.2	2.6	3.1	3.2	2.1	1.9	3.1	2.0
1925	2.0	1.4	1.9	2.4	2.3	2.1	2.1	2.5	1.8	1.8	1.4	1.6	2.1
1926	1.9	1.6	1.8	2.5	2.7	2.3	2.4	2.0	1.8	1.1	1.6	1.0	1.9
1927	1.9	1.9	2.3	2.2	2.1	2.5	2.1	2.2	1.5	1.5	1.6	1.6	1.9
1928	1.9	2.1	2.1	1.9	1.7	2.3	1.9	2.1	2.1	1.9	1.4	1.7	1.6
1929	1.9	1.9	2.0	2.6	2.4	2.0	2.1	2.0	1.8	1.5	1.3	1.3	2.1
1930	1.8	1.6	2.0	2.4	2.1	2.3	2.1	1.9	1.5	1.7	1.4	2.0	1.3
1931	1.8	1.8	2.0	1.9	2.4	2.1	1.9	2.1	1.9	1.8	1.4	1.3	1.5
1932	1.9	1.6	2.3	2.5	2.3	2.4	1.8	1.8	1.8	1.5	1.6	1.5	1.8
1933	2.8	2.6	2.8	3.0	3.3	3.3	2.9	3.0	3.0	2.9	2.4	2.5	2.4
1934	2.9	2.1	2.8	4.3	3.5	2.8	3.2	3.3	3.0	2.6	2.3	2.8	2.0
1935	2.9	2.6	2.5	3.5	3.3	3.4	3.3	2.9	2.4	2.4	2.6	2.5	2.8
1936	2.9	2.9	2.8	3.5	3.9	3.2	2.6	3.0	3.0	2.4	2.5	2.8	2.4
1937	2.6	2.3	2.7	3.4	3.5	3.3	2.6	2.3	2.3	2.2	2.0	2.2	2.4
1938	2.7	2.7	3.2	2.8	3.6	3.1	2.7	2.5	2.4	2.3	2.1	2.1	2.3
1939	2.7	2.6	2.5	3.3	3.1	2.9	3.1	2.4	2.8	2.2	2.3	2.4	2.3
1940	2.8	2.9	2.8	3.1	3.5	3.3	2.5	2.5	2.5	2.8	2.0	2.7	2.7
1941	2.6	2.4	2.1	3.5	3.7	2.9	2.3	2.4	2.8	2.0	2.7	2.2	2.2
1942	2.6	2.8	3.0	3.1	3.8	2.8	2.4	2.4	2.4	2.0	2.0	2.6	2.2
1943	2.5	2.6	2.6	3.0	3.6	2.7	2.2	2.4	2.3	1.8	1.6	2.4	2.6
1944	2.4	2.1	2.9	2.7	3.2	2.5	2.6	2.5	2.2	2.0	1.8	2.7	2.1
1945	2.4	2.1	2.4	3.1	2.9	3.0	2.5	2.2	2.1	1.9	2.0	2.1	2.3
1946	2.3	1.8	2.6	2.9	3.0	2.6	2.4	2.4	2.1	1.9	1.7	2.3	2.1
1947	2.5	2.1	2.4	3.2	3.1	2.6	2.4	2.7	2.2	2.0	2.2	2.3	2.7
1948	2.2	2.1	1.7	2.8	2.6	2.6	2.4	2.4	1.5	1.8	1.9	1.8	2.3
1949	2.3	2.4	2.4	3.2	2.7	2.7	2.7	2.2	2.2	1.9	1.9	2.0	1.9
1950	2.4	2.5	2.3	3.1	2.3	2.2	2.0	2.6	2.1				
1953													1.8
1954	2.5	2.1	2.6	3.0	3.0	2.6	2.8	2.9	2.3	2.3	2.0	2.0	2.4
1955	2.5	2.5	2.7	2.8	3.4	2.6	2.4	2.6	2.1	2.0	2.2	2.4	2.2
1956	2.4	2.5	2.9	3.0	2.9	2.9	2.5	1.8	2.1	1.8	1.8	2.3	2.3
1957	2.4	2.0	3.2	2.9	3.1	2.6	2.4	2.5	2.1	1.8	2.0	2.1	2.4
1958	2.2	2.8	2.2	2.8	2.9	2.5	2.1	2.2	1.9	1.6	2.1	1.7	2.0
1959	2.3	2.6	3.1	2.9	3.1	2.3	2.4	2.2	2.3	1.6	1.7	1.9	1.9
1960	2.2	2.3	2.5	2.4	2.8	2.7	2.2	2.1	2.0	1.8	1.3	2.2	2.6
1961	2.2	2.3	2.7	2.8	3.2	2.5	1.6	1.9	1.9	1.6	1.6	2.5	1.7
1962	2.2	1.9	1.9	3.0	3.1	2.5	2.1	2.2	2.1	2.1	1.4	2.1	1.9
1963	2.4	2.9	2.7	3.0	3.0	2.3	2.3	2.4	1.9	2.2	1.9	2.4	2.4
1964	2.3	2.3	2.6	2.8	2.8	2.2	2.1	2.2	2.6	2.0	1.3	1.9	2.2
1965	2.6	2.7	2.9	3.2	3.0	2.8	2.1	2.3	2.2	2.2	2.1	2.6	2.9
1966	2.5	2.7	2.8	3.3	2.8	2.5	2.1	2.3	1.9	1.9	2.3	2.6	2.3

표 A274-325 계속

	서울												
	연중	1월	2월	3월	4월	5월	6월	7월	8월	9월	10월	11월	12월
	A274	A275	A276	A277	A278	A279	A280	A281	A282	A283	A284	A285	A286
	m/초												
1967	2.5	2.8	2.8	2.9	3.0	2.3	2.2	2.3	2.4	2.0	2.2	2.6	2.6
1968	2.6	3.0	2.9	3.2	2.9	2.7	2.5	2.4	2.4	2.3	2.2	2.4	2.6
1969	2.6	2.7	2.8	2.9	3.1	2.5	2.3	2.7	2.5	1.9	2.1	2.5	2.7
1970	2.5	2.5	2.9	3.2	2.9	2.7	2.3	2.3	2.6	2.0	1.9	2.5	2.6
1971	2.5	2.4	2.7	3.4	2.7	2.6	2.2	2.5	2.2	2.2	1.9	2.2	2.8
1972	2.6	2.7	2.8	2.8	2.8	3.0	2.5	2.4	2.6	2.3	2.4	2.6	2.4
1973	2.6	2.2	2.8	3.2	3.3	3.1	2.3	2.3	2.4	2.0	2.2	2.9	2.8
1974	2.5	2.1	2.7	3.0	3.5	2.7	2.6	2.1	2.4	2.1	2.2	2.2	2.3
1975	2.3	2.7	3.0	2.8	2.9	2.3	1.9	2.1	1.7	1.9	1.7	2.4	2.3
1976	2.4	3.0	2.6	2.7	2.5	2.5	2.1	2.3	2.0	1.8	1.8	2.4	2.6
1977	2.3	2.6	3.1	2.9	2.9	2.1	2.1	1.9	2.3	2.0	1.7	2.3	2.1
1978	2.3	2.4	2.8	2.9	3.2	2.5	2.1	1.6	2.1	2.0	1.8	2.0	2.2
1979	2.5	2.6	2.9	2.9	3.2	2.5	2.2	2.4	2.1	1.7	2.2	2.7	2.2
1980	2.6	3.0	2.8	2.9	3.2	3.1	2.7	2.2	2.2	2.1	2.4	2.2	2.8
1981	2.6	2.4	2.6	2.9	2.8	3.4	2.5	2.6	2.2	2.3	2.7	2.4	2.3
1982	2.5	2.7	2.5	2.9	2.9	2.9	2.4	2.4	2.4	2.0	2.1	2.3	2.5
1983	2.5	2.4	3.1	2.5	3.4	2.5	2.5	2.6	2.4	1.8	2.0	2.5	2.4
1984	2.5	2.1	2.9	3.3	2.8	2.7	2.5	2.4	2.3	2.1	2.4	2.2	2.5
1985	2.5	2.5	2.8	2.9	2.9	2.4	2.2	2.4	2.2	2.1	2.1	2.5	2.6
1986	2.4	2.5	2.8	2.6	3.1	2.8	2.2	2.2	2.3	2.1	2.0	2.2	2.3
1987	2.5	2.6	2.9	3.1	2.7	2.5	2.2	2.5	2.1	2.2	2.1	2.4	2.3
1988	2.5	2.7	2.9	2.8	3.1	2.4	2.5	2.5	2.2	1.8	2.0	2.5	2.5
1989	2.4	2.3	2.4	2.9	2.5	2.8	2.4	2.1	2.3	2.1	2.1	2.5	2.1
1990	2.4	2.4	2.2	2.7	3.0	2.7	2.4	2.3	2.0	1.9	1.8	2.1	2.7
1991	2.3	2.2	2.7	2.7	2.6	2.9	2.4	2.3	2.0	1.7	2.0	2.1	2.2
1992	2.2	2.1	2.5	2.3	2.7	2.6	2.5	2.6	1.5	1.8	1.5	1.9	2.0
1993	2.4	2.2	3.1	2.6	3.1	2.4	2.2	2.1	2.0	2.0	2.2	2.4	2.5
1994	2.3	2.3	2.5	3.2	2.4	2.8	2.2	2.1	2.2	1.9	2.0	2.0	2.3
1995	2.3	2.6	2.2	2.8	3.1	2.7	2.0	2.5	2.4	1.6	1.7	2.3	2.2
1996	2.2	2.4	2.7	2.7	3.0	2.2	1.9	1.9	1.7	1.8	2.0	2.2	2.2
1997	2.3	2.6	2.6	2.8	2.7	2.5	2.1	1.9	2.2	2.0	2.4	2.0	2.1
1998	2.2	2.4	2.4	2.8	2.2	2.2	2.1	2.5	2.0	1.8	1.9	2.2	2.2
1999	1.9	2.6	2.8	2.5	2.6	2.2	1.8	2.1	1.2	1.3	1.1	1.3	1.2
2000	2.2	2.6	2.7	3.0	2.9	2.3	1.9	2.1	1.7	1.7	1.5	1.8	2.2
2001	1.8	2.2	2.1	2.8	2.5	2.1	1.6	1.4	1.0	1.1	1.3	1.7	2.1
2002	2.1	2.3	2.0	2.1	2.3	2.3	2.0	2.1	2.0	1.6	2.0	2.4	2.2
2003	2.0	2.5	2.2	2.3	2.5	1.8	2.0	1.8	1.4	1.1	2.0	2.0	2.4
2004	2.3	2.1	2.9	2.7	2.7	2.6	2.1	2.3	2.4	2.2	2.0	2.0	2.2
2005	2.4	2.4	2.8	2.9	3.0	2.4	2.4	2.2	2.6	2.3	1.7	2.2	2.5
2006	2.4	2.1	2.6	2.9	3.0	2.5	2.2	2.3	2.1	2.1	2.0	2.4	2.1
2007	2.4	2.0	2.3	2.7	2.8	2.6	2.3	2.4	2.6	2.5	2.1	2.2	2.4
2008	2.4	2.3	2.7	2.6	2.7	2.7	2.7	2.4	2.5	1.9	2.0	2.2	2.5
2009	2.4	2.5	2.5	3.1	2.6	2.5	2.5	2.3	2.2	1.8	2.1	2.5	2.5
2010	2.5	2.3	2.4	2.9	2.9	2.6	2.1	2.5	2.4	2.3	2.2	2.8	3.0
2011	2.7	2.8	2.6	3.4	3.2	2.8	2.9	2.4	2.5	2.4	2.1	2.7	2.6
2012	2.8	2.5	2.9	3.5	3.4	2.7	2.8	2.7	3.0	2.3	2.3	2.7	2.7
2013	2.8	2.7	2.9	3.0	3.4	2.9	2.2	3.4	2.8	2.2	2.5	2.7	2.4
2014	2.7	2.4	2.7	3.0	2.8	3.2	2.6	2.8	2.4	2.1	2.4	2.5	2.8
2015	2.7	2.6	2.9	3.1	3.1	3.0	2.5	2.8	2.4	2.3	2.3	2.7	2.3

자료: 기상청, 「기상관측-지상-종관(북한)기상관측-자료조회」, 기상자료개방포털(data.kma.go.kr).

주: 일별 기상자료를 이용하여 월, 연도별 평균값을 산출하였다.

표 A274-325 계속

	대구												
	연중	1월	2월	3월	4월	5월	6월	7월	8월	9월	10월	11월	12월
	A287	A288	A289	A290	A291	A292	A293	A294	A295	A296	A297	A298	A299
	m/초												
1909	2.3	2.0	3.0	2.7	2.7	2.7	2.1	2.5	2.6	1.9	1.6	2.1	1.9
1910	2.5	2.6	2.7	3.2	2.5	2.5	2.6	2.9	2.5	1.9	1.8	2.3	2.6
1911	2.4	2.5	2.5	3.0	3.1	2.4	2.2	2.6	2.6	1.8	1.9	2.3	2.3
1912	2.5	2.5	2.7	2.6	3.2	2.6	2.7	2.5	2.5	2.2	1.9	2.3	2.2
1913	2.4	2.2	2.5	2.8	2.7	2.4	2.4	2.9	2.4	2.0	2.1	2.1	2.8
1914	2.5	2.8	2.2	2.9	3.1	2.1	2.3	3.0	2.5	2.2	1.9	2.2	2.4
1915	2.5	2.4	2.7	3.1	3.3	2.6	2.2	2.5	2.6	2.1	1.7	2.0	2.4
1916	4.1	4.0	4.8	5.4	5.6	4.6	3.4	3.2	3.9	3.6	2.9	3.8	3.7
1917	4.4	5.7	5.5	4.6	5.0	4.7	4.4	3.7	4.3	3.5	3.5	3.1	5.1
1918	3.9	4.8	4.8	4.6	4.4	4.1	3.7	4.3	3.4	3.1	2.8	3.3	3.4
1919	3.8	4.2	3.3	4.4	4.3	4.5	4.1	4.8	4.1	3.4	2.9	2.6	3.5
1920	3.5	4.1	4.2	4.1	3.9	4.3	3.3	3.7	3.3	3.3	2.2	2.4	3.0
1921	3.3	3.5	3.3	3.8	3.4	4.0	4.2	2.9	2.9	2.5	2.7	3.4	3.2
1922	3.2	3.7	2.9	4.1	4.1	3.9	3.1	3.0	1.9	2.3	2.3	3.4	4.1
1923	3.1	3.3	4.0	3.8	3.7	2.9	2.1	3.0	3.2	3.2	2.5	2.8	3.2
1924	3.3	2.9	3.8	3.4	3.1	3.6	3.6	3.7	3.5	2.6	2.6	3.8	3.3
1925	2.5	2.2	2.5	3.0	2.5	2.4	2.6	2.9	2.1	2.1	1.9	2.2	2.8
1926	2.4	2.9	2.7	3.3	3.1	2.6	2.3	2.2	2.2	1.5	2.1	1.7	2.7
1927	2.1	2.7	2.7	2.3	2.6	2.4	2.4	1.7	2.0	1.4	1.4	1.7	2.4
1928	2.1	2.5	2.6	2.5	1.9	2.2	2.1	2.1	2.0	1.7	1.5	1.6	2.1
1929	1.9	2.4	2.3	2.7	2.4	1.9	2.0	1.7	1.7	1.5	1.4	1.6	1.8
1930	1.7	2.2	1.9	2.3	1.9	1.6	1.5	1.4	1.3	1.1	1.2	1.9	1.7
1931	1.8	2.2	2.2	1.9	2.2	2.0	1.9	1.6	1.4	1.4	1.5	1.4	1.8
1932	1.8	1.8	2.4	2.6	2.3	2.0	1.6	1.3	1.8	1.0	1.3	1.3	1.7
1933	1.9	2.3	2.2	2.3	2.0	2.0	2.1	1.7	1.7	1.6	1.3	1.4	1.9
1934	1.9	2.6	2.4	3.0	2.0	1.5	1.8	1.9	1.3	1.4	1.4	2.0	1.2
1935	2.0	2.4	1.5	2.3	2.0	2.2	2.1	2.0	1.8	1.8	1.7	1.6	2.3
1936	2.0	2.7	1.9	2.5	2.3	1.8	1.9	1.7	1.9	1.5	1.6	1.7	1.9
1937	3.0	3.1	3.1	3.5	3.9	3.5	3.4	2.6	2.7	2.4	2.2	2.3	3.7
1938	3.1	3.7	4.3	3.3	4.0	3.0	3.3	3.5	2.8	2.6	2.2	2.2	3.0
1939	3.2	3.1	3.5	3.5	3.9	3.9	3.2	3.1	3.5	2.7	2.2	2.6	3.1
1940	3.1	4.2	3.6	3.8	3.3	3.0	2.3	2.6	2.6	3.0	2.3	2.8	3.3
1941	3.2	3.6	3.2	4.0	4.1	3.1	3.2	4.2	3.1	2.4	2.7	2.4	2.6
1942	3.0	4.1	3.5	3.0	3.4	3.1	3.1	2.6	2.8	2.3	2.3	3.1	3.0
1943	3.2	4.0	3.5	3.4	4.2	3.5	3.0	3.3	2.9	2.4	2.3	2.7	3.3
1944	3.3	3.5	4.2	3.7	3.7	3.2	3.3	3.3	2.9	2.3	2.3	2.7	4.2
1945	3.2	4.0	3.6	3.6	3.6	4.0	3.1	3.5	2.6	2.1	2.0	2.3	3.7
1946	3.3	3.3	3.6	4.0	3.3	3.7	3.2	2.8	3.4	2.6	2.5	2.8	3.9
1947	3.4	2.8	4.6	4.4	3.9	3.1	3.9	3.2	2.4	2.7	2.9	2.7	4.1
1948	3.2	3.9	3.6	4.2	3.3	2.8	3.2	3.7	3.0	2.3	2.6	3.1	2.9
1949	3.4	3.9	3.9	3.6	4.0	3.6	4.1	4.2	2.5	2.5	2.8	2.7	3.1
1950	3.3	3.5	3.9	4.4	3.4	3.2	3.0	3.6	2.8	2.5	2.4	3.0	3.4
1951	3.2	3.3	3.4	3.9	3.6	3.1	3.3	3.5	3.3	2.8	2.6	3.0	3.0
1952	3.2	3.6	3.4	3.7	3.8	3.2	3.6	3.8	3.4	2.3	2.4	1.9	3.1
1953	3.3	4.2	3.5	3.9	3.5	3.5	3.5	2.9	3.5	2.3	2.5	3.1	3.2
1954	3.4	3.2	3.6	3.8	3.8	3.2	4.3	4.0	2.9	2.8	2.7	2.6	3.7
1955	3.2	4.1	3.1	3.4	3.7	2.7	2.9	2.4	3.0	2.9	3.3	3.3	3.3
1956	3.2	3.7	4.4	4.0	3.2	3.0	3.3	2.8	2.8	2.4	2.5	2.9	3.9
1957	3.1	3.1	3.8	3.8	3.8	2.9	2.7	2.8	3.2	2.7	2.6	2.5	3.2
1958	3.0	4.2	2.8	3.7	3.4	3.2	3.0	3.5	2.5	2.4	2.4	2.3	2.4
1959	3.0	4.1	3.0	3.3	3.2	2.9	2.8	2.9	2.6	2.6	2.3	2.8	3.1
1960	3.0	3.5	3.4	3.8	3.4	2.8	3.5	2.8	3.3	2.1	2.0	2.3	3.5
1961	2.8	3.1	3.2	2.6	3.4	2.4	2.8	2.2	2.7	2.6	2.4	2.5	3.2
1962	3.3	4.1	3.6	4.3	3.7	3.0	3.2	3.3	3.1	3.0	2.2	2.7	3.0
1963	3.7	5.5	3.8	4.1	4.2	4.0	3.9	3.2	2.9	3.5	2.8	3.1	3.6
1964	3.4	3.0	4.0	3.7	5.2	3.2	3.5	3.0	3.5	3.1	2.4	3.0	2.8
1965	3.5	3.8	4.0	4.4	4.2	3.5	3.5	3.4	2.6	2.9	2.8	2.8	4.0
1966	3.4	4.2	3.7	4.2	4.0	3.3	3.6	3.3	3.1	3.5	2.7	2.8	2.9

표 A274-325 계속

	대구												
	연중	1월	2월	3월	4월	5월	6월	7월	8월	9월	10월	11월	12월
	A287	A288	A289	A290	A291	A292	A293	A294	A295	A296	A297	A298	A299
	m/초												
1967	3.0	3.5	3.6	2.8	3.5	3.1	3.0	3.3	2.5	2.3	2.4	2.0	3.3
1968	2.9	3.9	4.0	3.5	2.6	3.4	3.2	2.8	2.4	2.4	2.3	2.2	2.7
1969	3.0	3.3	3.3	3.7	4.0	3.4	2.4	2.9	2.4	2.6	2.3	2.9	3.2
1970	3.2	3.5	3.8	4.2	4.1	3.6	3.2	2.3	3.1	2.5	2.1	2.7	3.3
1971	3.1	2.9	3.5	3.3	3.3	3.2	3.4	3.0	3.5	3.0	2.6	2.6	3.3
1972	3.1	2.7	3.6	3.2	3.4	4.0	3.0	3.6	2.7	3.0	2.7	3.1	2.6
1973	3.0	2.2	2.8	3.3	3.2	3.5	3.4	3.3	3.3	2.6	2.4	3.3	3.3
1974	3.1	2.2	3.1	3.6	4.3	3.4	3.1	3.7	3.6	2.6	2.6	2.7	2.6
1975	3.1	3.7	3.3	3.7	3.8	3.3	2.7	2.8	2.7	2.8	2.3	2.4	3.5
1976	2.8	4.0	2.5	3.2	2.7	2.9	3.1	2.9	2.8	2.2	2.3	2.7	2.5
1977	2.7	3.1	2.3	3.3	3.3	2.9	3.4	2.4	3.1	2.4	1.5	2.3	2.2
1978	2.7	3.2	3.4	3.4	3.2	3.1	2.6	2.7	2.6	2.2	2.0	2.2	2.3
1979	2.8	2.7	3.2	2.5	3.4	2.6	2.4	3.1	3.3	2.3	2.2	2.7	2.9
1980	3.2	3.8	3.9	3.4	3.7	3.3	3.3	2.9	3.0	2.5	2.6	2.3	4.0
1981	3.3	4.1	3.5	4.1	3.3	3.8	2.9	3.0	3.0	2.9	2.9	3.0	3.0
1982	3.1	3.3	3.0	3.2	3.3	3.5	3.5	2.9	3.1	2.9	2.3	2.9	3.1
1983	3.2	3.3	3.3	3.5	3.5	3.2	3.5	3.2	3.3	2.6	2.6	3.0	3.5
1984	3.1	3.5	3.9	3.6	3.4	3.1	3.4	3.3	2.9	2.6	3.0	2.2	3.1
1985	3.0	3.3	3.6	3.3	3.3	3.3	3.1	2.3	3.0	2.6	2.5	3.0	3.2
1986	3.0	3.4	3.6	3.1	3.3	2.9	3.3	3.0	3.1	2.5	2.5	2.7	2.7
1987	2.9	3.3	3.4	3.4	3.0	2.8	3.0	2.8	2.7	2.9	2.7	2.6	2.7
1988	3.1	3.3	3.5	3.4	3.5	3.1	3.0	3.5	2.4	2.4	2.6	3.3	3.0
1989	2.9	2.6	2.6	3.4	3.1	3.5	3.0	2.8	3.2	2.6	2.3	3.0	2.9
1990	3.0	3.2	2.9	3.3	3.5	3.3	3.2	2.9	2.7	2.7	2.1	2.5	3.3
1991	3.0	3.2	3.3	3.4	3.1	3.7	3.1	2.8	3.3	2.3	2.5	2.3	2.5
1992	2.9	2.9	3.1	2.8	3.3	3.4	2.9	3.0	2.9	2.5	2.3	2.5	2.8
1993	2.9	2.9	3.7	2.8	3.7	2.8	2.8	3.2	2.5	2.3	2.6	2.5	3.1
1994	3.0	2.8	3.2	3.5	3.3	3.2	3.0	3.0	3.1	2.6	2.7	2.4	3.0
1995	2.6	3.2	2.2	2.8	2.2	2.1	3.2	2.8	2.7	2.4	2.1	2.8	3.0
1996	2.8	3.2	3.1	3.2	3.2	2.8	2.8	3.0	3.0	2.2	2.2	2.5	2.3
1997	2.2	3.3	2.9	2.7	2.1	2.1	1.5	1.9	2.0	1.9	2.0	1.9	2.4
1998	2.6	2.7	2.7	3.1	2.8	2.6	2.9	3.1	2.2	2.1	2.2	2.3	2.4
1999	2.6	3.0	3.2	2.5	3.1	2.9	2.6	3.0	2.7	2.3	1.9	2.1	2.6
2000	2.2	2.3	3.1	2.9	2.8	2.3	2.3	2.2	1.8	1.5	1.5	1.9	2.1
2001	1.9	2.5	2.2	2.2	2.0	1.9	1.9	1.8	1.8	1.7	1.4	1.5	1.3
2002	2.5	2.4	2.4	2.8	2.9	2.7	2.7	2.7	2.6	2.3	2.1	2.7	2.4
2003	2.4	2.8	2.2	2.4	2.7	2.5	2.3	2.4	2.1	2.2	2.2	1.9	2.8
2004	2.3	2.7	2.8	2.7	2.6	2.2	2.3	2.2	2.3	2.3	2.0	2.0	2.1
2005	2.5	3.0	3.1	2.9	2.6	2.7	2.3	2.2	2.2	2.4	1.9	1.9	3.1
2006	2.4	2.3	2.7	2.9	2.9	2.6	2.5	2.1	2.3	2.2	1.7	2.0	2.1
2007	2.3	2.3	2.4	2.9	2.6	2.5	2.3	2.2	1.9	2.0	1.8	1.9	2.3
2008	2.2	2.0	2.6	2.3	2.3	2.3	2.6	1.9	2.5	2.0	1.7	1.8	1.9
2009	2.2	2.1	2.0	2.6	2.5	2.2	2.2	2.0	2.5	2.1	1.8	2.1	2.4
2010	2.1	2.3	2.1	2.5	2.5	2.3	2.1	2.0	1.9	1.8	1.7	1.8	2.2
2011	2.2	2.8	1.9	2.6	2.5	2.4	2.2	2.0	2.1	2.0	1.6	1.9	2.2
2012	2.2	2.1	2.3	2.5	2.5	2.1	2.5	2.1	2.5	1.8	1.6	2.2	2.1
2013	2.0	2.0	2.2	2.0	2.5	2.2	2.3	1.9	1.7	1.6	1.6	2.1	2.0
2014	1.9	1.9	2.0	2.0	2.0	2.1	2.2	1.9	1.9	1.8	1.5	1.5	2.4
2015	2.1	2.0	2.3	2.2	2.3	2.0	2.3	2.4	1.7	1.8	2.0	1.9	1.9

표 A274-325 계속

	부산												
	연중	1월	2월	3월	4월	5월	6월	7월	8월	9월	10월	11월	12월
	A300	A301	A302	A303	A304	A305	A306	A307	A308	A309	A310	A311	A312
	m/초												
1904					4.7	4.2	3.7	5.5	6.2	4.5	4.8	6.9	8.5
1905	6.0	6.4	7.6	7.4	5.6	5.6	4.8	5.4	5.3	6.2	4.8	6.3	6.5
1906	5.6	6.2	7.5	6.0	5.2	4.5	4.9	4.5	4.3	4.5	5.7	8.0	6.7
1907	5.7	6.4	8.0	6.1	4.9	5.4	4.4	4.9	4.0	6.1	5.1	5.7	7.7
1908	5.5	6.4	7.0	6.2	6.1	5.3	4.2	5.4	3.5	5.6	4.8	5.4	6.4
1909	5.6	6.8	6.6	6.3	5.4	4.7	3.6	5.4	5.7	5.3	4.7	6.2	6.6
1910	5.4	7.9	6.7	6.4	4.9	4.2	4.2	4.2	5.0	5.0	5.1	5.1	6.6
1911	5.1	7.0	6.0	6.2	5.3	3.9	3.4	4.5	4.4	3.5	4.6	5.0	6.7
1912	5.2	7.3	6.1	5.7	5.7	4.4	3.8	4.5	4.1	4.3	4.3	6.0	6.4
1913	5.0	6.5	6.7	6.0	4.5	4.1	3.8	4.4	4.6	4.1	5.1	4.6	6.1
1914	4.8	6.1	5.7	5.6	5.5	3.6	3.6	4.3	4.3	4.1	3.7	4.9	6.4
1915	5.0	6.8	5.9	6.0	5.5	4.1	3.6	4.5	3.9	4.4	4.1	5.2	5.8
1916	5.1	5.7	7.3	6.2	5.8	4.3	3.9	3.5	4.3	4.6	4.6	5.5	5.8
1917	5.3	7.9	7.2	5.7	5.4	4.4	4.1	3.8	4.3	4.6	4.7	4.8	6.5
1918	4.5	6.2	5.5	4.9	4.3	4.1	3.6	4.1	4.0	4.1	4.1	4.2	5.0
1919	4.5	6.0	4.9	5.0	4.1	4.3	3.4	3.9	4.7	4.3	3.3	4.2	5.8
1920	4.7	6.3	6.4	5.6	4.9	3.7	2.6	4.1	3.7	4.7	3.7	4.1	6.0
1921	4.8	6.1	5.8	5.0	4.2	4.1	4.5	3.7	4.2	4.2	5.1	5.5	5.6
1922	4.8	6.6	5.4	5.3	4.7	4.4	3.5	4.9	3.7	3.9	4.0	5.1	6.2
1923	4.7	6.6	6.5	5.0	4.5	3.7	3.4	4.0	4.0	4.9	4.2	4.2	5.7
1924	4.5	5.4	5.8	4.8	3.7	3.9	3.7	4.2	4.1	3.0	4.0	5.3	5.6
1925	3.2	4.3	3.8	3.6	2.6	2.3	2.8	3.2	2.3	3.4	2.6	3.2	4.0
1926	3.0	3.6	3.6	3.3	3.2	2.7	2.5	2.5	2.6	2.0	3.1	2.5	4.3
1927	3.0	3.7	3.6	3.2	3.3	3.0	2.7	2.4	2.3	2.8	2.4	3.0	3.8
1928	3.0	3.9	3.6	3.5	2.5	2.6	2.1	2.4	3.0	3.0	2.9	3.0	4.0
1929	3.1	4.1	3.7	3.8	3.4	2.2	2.3	2.6	2.4	3.0	2.9	3.1	3.6
1930	3.0	4.0	3.2	3.7	3.1	2.2	2.4	2.5	2.5	3.1	2.7	2.8	3.4
1931	3.0	3.4	4.1	3.1	3.1	2.7	2.3	2.6	2.6	2.7	2.8	2.8	3.3
1932	2.8	3.5	3.9	3.5	2.8	2.3	1.9	2.4	2.8	2.6	2.2	2.5	3.6
1933	3.0	4.6	3.4	3.4	2.7	2.6	2.6	2.6	2.5	2.7	2.7	2.8	3.4
1934	4.4	4.5	4.4	5.8	4.5	3.7	4.5	4.9	4.1	4.1	4.5	4.1	4.3
1935	4.5	4.8	4.0	5.2	4.3	4.4	4.6	4.3	4.5	5.7	3.8	4.2	4.4
1936	4.3	4.4	4.0	4.8	5.4	3.5	3.5	4.8	4.8	3.6	4.0	3.9	5.2
1937	4.2	4.3	5.4	4.1	5.2	4.2	3.7	4.2	3.5	4.4	3.5	3.7	4.4
1938	4.2	4.9	4.3	4.0	5.2	3.8	4.6	4.5	3.8	3.8	4.5	3.6	4.0
1939	4.2	4.2	4.3	4.7	5.0	4.9	4.3	4.2	4.9	3.6	3.7	3.2	3.6
1940	4.5	4.7	4.2	4.6	4.9	4.5	3.6	5.5	3.9	5.5	3.3	4.2	4.6
1941	4.4	4.0	3.8	4.6	5.3	4.4	4.1	5.4	4.7	4.5	3.6	4.3	4.5
1942	4.2	4.6	4.1	4.3	4.8	4.3	3.6	4.7	4.0	4.4	3.2	3.8	4.2
1943	4.1	4.3	4.5	4.6	4.7	4.2	3.4	4.6	4.1	3.5	3.5	3.6	4.2
1944	4.3	4.2	4.9	4.7	4.3	3.7	4.7	4.6	4.4	3.7	4.0	4.3	4.6
1945	4.0	4.3	4.3	4.2	4.4	4.7	3.4	3.5	3.7	3.7	4.4	3.2	4.0
1946	4.4	4.4	4.1	4.8	5.0	4.2	4.0	4.2	4.5	3.8	3.9	4.9	4.5
1947	4.3	4.9	4.5	4.6	4.5	3.4	4.1	4.7	3.8	4.1	4.9	3.5	4.2
1948	4.4	4.5	4.5	5.6	4.3	3.6	4.1	4.9	4.0	3.7	4.1	4.4	4.7
1949	4.2	4.5	5.5	3.8	4.3	4.0	4.6	3.9	3.9	3.9	4.1	4.0	4.2
1950	4.5	4.8	5.2	4.6	4.0	3.7	3.5	5.4	3.9	4.5	3.9	5.5	4.5
1951	4.5	4.9	6.2	4.6	4.2	3.7	3.9	5.5	5.5	3.5	4.5	3.7	4.6
1952	4.4	4.6	4.4	4.8	4.9	3.6	4.9	4.6	4.4	3.6	3.6	4.5	4.8
1953	4.7	5.5	4.9	4.9	4.5	4.8	4.0	4.6	5.3	3.8	4.0	4.9	4.5
1954	4.6	4.9	5.9	5.0	4.5	3.9	5.5	4.7	4.0	4.6	4.0	3.8	4.5
1955	3.8	3.5	3.5	4.0	4.2	2.9	3.7	3.8	3.6	4.2	4.5	3.4	3.9
1956	4.2	4.4	4.4	5.0	4.5	3.5	4.3	3.8	3.9	3.9	3.7	4.2	4.5
1957	4.1	4.3	4.9	4.5	3.9	3.6	3.8	4.3	4.0	3.9	3.5	3.6	4.5
1958	4.2	5.5	4.5	4.2	4.2	4.0	3.3	4.5	3.9	4.6	4.1	4.2	3.8
1959	4.4	4.4	5.0	4.9	4.2	4.4	3.9	4.8	4.9	4.6	3.2	3.7	4.7
1960	4.2	4.3	4.6	4.9	4.1	3.9	4.8	3.8	4.7	3.5	4.4	3.0	4.3
1961	4.4	4.5	3.9	4.6	5.1	3.8	3.4	4.5	4.2	4.6	5.3	4.3	5.1

표 A274-325 계속

	부산												
	연중	1월	2월	3월	4월	5월	6월	7월	8월	9월	10월	11월	12월
	A300	A301	A302	A303	A304	A305	A306	A307	A308	A309	A310	A311	A312
	m/초												
1962	4.1	5.4	4.7	5.3	3.9	3.1	3.6	3.8	4.3	3.6	2.7	4.6	4.5
1963	5.0	6.0	5.3	5.5	6.1	4.7	4.9	5.4	3.8	4.6	4.0	4.2	4.9
1964	4.9	5.3	5.9	4.8	6.0	3.9	4.7	5.5	5.6	4.9	4.1	4.6	3.8
1965	4.4	4.3	4.1	5.1	4.8	4.6	4.1	6.0	3.9	3.9	3.7	3.4	4.7
1966	4.7	4.2	5.3	5.4	4.3	4.7	4.6	5.3	4.1	4.7	4.4	4.1	4.9
1967	4.5	4.8	5.3	4.5	5.2	3.9	3.9	4.2	3.9	4.5	4.3	4.7	4.5
1968	4.5	5.3	5.2	4.9	3.5	4.0	3.9	4.3	4.7	4.6	4.6	3.8	4.5
1969	4.8	4.6	5.4	4.8	5.7	4.7	4.1	5.3	4.8	4.9	4.6	4.7	4.6
1970	4.5	5.1	4.8	4.7	5.2	4.4	4.0	4.6	4.5	4.6	3.5	4.5	4.7
1971	4.5	5.0	5.1	4.9	4.5	4.4	3.3	5.0	4.5	4.5	4.1	4.1	4.7
1972	4.6	5.5	5.7	4.4	4.8	4.5	3.5	5.4	4.6	4.4	4.0	4.2	4.6
1973	4.4	4.7	4.1	4.6	4.7	3.9	3.4	3.9	5.3	3.7	4.0	5.0	4.9
1974	4.5	4.2	4.7	4.7	6.4	4.5	3.9	4.5	4.8	3.8	3.7	4.0	4.5
1975	4.4	4.6	4.8	4.7	4.8	4.1	3.0	5.0	4.0	4.2	4.4	4.5	4.6
1976	4.3	4.6	4.3	4.4	4.3	4.3	4.6	4.3	4.5	3.9	3.6	4.2	4.3
1977	4.1	4.2	4.9	5.1	4.5	3.6	4.0	3.4	4.4	3.8	3.3	4.5	3.8
1978	4.2	4.6	4.8	4.8	5.1	3.4	4.2	4.0	4.0	3.8	3.6	3.7	4.4
1979	4.2	4.8	4.7	4.3	5.2	4.1	4.5	4.0	4.4	3.6	3.7	3.7	3.7
1980	4.0	4.7	3.8	3.8	4.7	4.1	4.1	3.5	3.5	3.7	3.9	3.5	4.6
1981	3.9	4.3	4.2	4.5	4.0	4.1	3.1	4.3	4.0	3.5	3.4	3.9	3.9
1982	3.8	3.7	3.8	4.3	4.1	4.5	3.3	3.1	4.6	3.5	2.7	3.8	4.0
1983	3.9	3.6	4.4	4.4	4.5	3.8	3.2	4.3	4.0	3.7	3.4	3.8	4.2
1984	3.6	3.7	3.6	4.3	3.9	2.9	3.3	3.6	3.9	3.2	3.5	3.4	3.4
1985	3.6	3.8	4.3	3.7	4.1	3.5	2.7	3.8	3.4	3.7	3.4	3.8	3.5
1986	3.4	3.5	3.7	3.9	3.5	3.6	3.0	3.3	3.7	2.8	3.2	3.3	3.6
1987	4.0	3.6	4.6	4.2	4.1	3.3	3.3	4.4	3.7	4.0	4.0	3.9	4.4
1988	3.8	3.8	4.0	4.4	4.8	3.7	3.4	4.1	3.3	3.3	3.0	4.3	3.9
1989	4.0	4.2	4.2	4.7	4.1	4.2	3.5	3.8	4.6	3.7	3.6	3.6	3.8
1990	4.1	4.0	4.5	4.5	4.7	4.4	4.2	4.2	3.6	4.5	3.3	3.6	4.2
1991	4.0	3.9	3.9	4.6	3.9	4.1	3.6	4.8	4.7	3.9	3.6	3.3	3.6
1992	4.0	3.8	3.8	4.2	4.7	4.2	3.6	4.8	4.1	4.1	3.5	3.6	3.4
1993	3.8	4.2	4.4	3.8	4.7	3.5	3.4	3.9	3.3	3.3	3.8	3.9	3.6
1994	3.9	3.2	3.8	4.0	4.1	4.1	3.9	4.1	4.5	3.7	4.1	3.5	3.8
1995	4.0	3.7	3.6	4.5	4.3	4.0	3.7	4.7	4.5	3.7	3.4	3.6	3.9
1996	3.8	3.9	4.3	4.3	4.1	3.4	3.7	4.4	3.7	3.2	3.3	3.5	3.2
1997	3.9	4.0	3.7	4.4	4.0	4.5	3.5	4.2	4.1	3.9	3.6	3.2	3.5
1998	3.8	4.0	4.4	4.1	4.0	3.4	4.2	4.6	3.9	3.6	3.4	3.3	3.2
1999	3.6	3.3	3.4	3.7	3.9	3.8	3.3	4.5	3.5	3.9	3.3	2.8	3.6
2000	3.6	3.7	3.6	3.9	4.2	3.5	3.0	3.4	3.6	4.5	3.1	3.1	3.1
2001	3.6	3.9	3.5	4.2	4.0	3.6	3.7	3.3	3.6	4.1	3.3	2.7	3.4
2002	3.9	4.3	3.3	3.9	4.3	3.7	3.6	3.9	4.2	4.0	3.4	3.7	4.2
2003	3.2	4.3	3.7	3.6	3.3	2.7	2.7	2.7	3.0	3.2	2.8	2.8	3.2
2004	3.1	2.9	3.7	3.4	3.2	3.2	2.5	3.5	2.9	3.4	3.2	2.5	2.8
2005	3.0	3.3	3.5	3.4	3.9	2.7	3.0	2.5	2.9	3.3	2.6	2.5	3.0
2006	3.1	2.9	3.4	3.5	3.8	3.2	2.3	2.9	2.9	3.6	2.5	3.6	2.7
2007	3.3	3.2	3.1	3.6	3.8	3.6	3.1	2.8	3.4	3.6	2.7	3.0	3.3
2008	3.2	3.4	3.3	3.5	3.4	3.3	3.2	3.4	3.4	2.7	2.5	3.1	3.4
2009	3.4	3.4	3.2	3.7	3.3	3.3	3.3	3.8	3.6	2.8	3.0	3.6	3.3
2010	3.3	3.3	3.2	4.1	3.4	3.2	2.5	3.3	3.5	3.1	3.1	3.1	3.5
2011	3.3	3.6	3.1	3.6	4.3	3.5	3.3	3.4	3.4	3.1	2.7	2.7	3.2
2012	3.2	3.4	3.0	3.8	4.0	2.7	2.8	3.3	3.7	3.1	2.7	3.3	3.2
2013	3.4	3.1	2.8	3.8	4.1	3.2	2.6	4.9	3.3	2.7	3.0	3.5	3.6
2014	3.2	3.5	3.4	3.5	2.8	3.6	2.8	3.2	3.5	2.8	2.9	2.5	3.3
2015	3.1	3.1	3.3	3.5	3.5	3.0	2.6	3.7	3.0	2.9	2.9	2.7	3.0

표 A274-325 계속

	목포												
	연중	1월	2월	3월	4월	5월	6월	7월	8월	9월	10월	11월	12월
	A313	A314	A315	A316	A317	A318	A319	A320	A321	A322	A323	A324	A325
	m/초												
1906	7.2	7.1	6.8	14.2	5.6	8.3	4.9	5.8	5.1	6.4	5.7	8.1	8.3
1907	8.2	10.1	16.5	8.7	6.9	9.1	5.3	5.1	5.1	5.0	5.3	7.8	14.6
1908	9.8	8.0	9.3	9.9	10.3	12.0	10.1	6.4	11.9	14.1	8.3	8.9	8.1
1909	12.2	17.8	12.2	12.6	12.5	10.0	8.9	6.3	8.8	8.4	17.9	22.7	8.3
1910	6.5	8.5	8.2	9.0	6.6	5.6	5.5	7.1	4.7	4.8	4.7	6.7	6.9
1911	12.2	71.0	7.5	9.2	7.9	4.8	4.9	7.3	5.3	6.5	6.2	7.5	6.9
1912	7.1	8.3	7.1	8.6	8.1	7.2	5.1	6.3	5.1	6.5	6.3	8.9	7.2
1913	6.7	8.2	7.3	8.8	7.0	6.2	5.8	5.7	5.1	4.9	6.4	6.9	7.7
1914	6.7	8.0	6.5	7.8	6.3	5.4	6.0	6.7	6.4	6.6	5.4	7.3	8.1
1915	6.8	7.5	8.5	9.1	6.7	6.7	5.3	6.8	6.2	5.0	5.9	6.9	7.0
1916	7.0	7.1	9.0	9.2	8.0	6.2	5.8	5.0	5.2	8.4	5.6	7.4	7.3
1917	6.4	8.8	8.5	7.3	6.2	5.9	4.5	5.9	5.9	5.8	5.1	5.7	7.5
1918	6.4	7.8	6.8	7.9	5.8	6.5	5.2	6.4	5.0	5.8	5.4	6.7	7.6
1919	7.0	9.1	7.3	7.6	6.7	6.7	5.0	4.6	5.7	13.3	5.2	5.6	7.0
1920	6.6	13.2	9.4	6.4	5.3	6.2	4.3	5.9	5.7	5.1	4.6	6.1	6.8
1921	6.0	7.4	7.4	8.0	6.6	4.8	4.3	4.9	5.9	5.4	5.0	6.9	6.1
1922	6.2	8.5	6.7	7.0	6.1	5.6	4.5	5.8	4.5	6.1	4.8	7.2	7.4
1923	6.3	7.7	7.7	8.2	6.4	4.7	5.7	5.2	5.4	5.7	5.8	6.1	6.9
1924	5.9	6.4	7.8	7.5	5.8	4.5	3.9	7.2	4.6	4.3	5.4	7.5	6.2
1925	4.1	4.7	5.0	5.5	4.3	3.6	2.6	4.0	3.0	3.7	3.5	3.9	5.2
1926	4.1	5.2	5.5	4.7	4.3	3.2	2.6	3.9	3.4	3.0	4.4	3.7	5.2
1927	3.9	5.0	5.2	4.7	3.7	3.3	2.5	3.4	2.7	2.9	3.3	3.7	6.4
1928	3.9	5.3	5.6	5.1	3.2	3.4	2.5	2.7	2.3	3.6	3.5	4.1	5.2
1929	3.9	6.0	5.0	5.1	3.6	2.8	2.6	2.9	2.8	3.2	3.9	4.0	4.5
1930	4.0	4.9	5.0	4.0	4.6	3.2	3.9	3.8	2.6	3.0	3.2	4.8	4.8
1931	4.1	4.8	6.7	4.9	4.9	3.7	2.6	2.7	3.2	3.1	3.8	3.4	5.7
1932	3.8	4.2	5.3	4.8	3.8	3.9	3.0	2.8	3.4	2.0	3.4	4.3	4.5
1933	4.0	5.1	4.9	5.5	4.1	3.3	2.8	2.8	2.9	3.8	3.7	4.0	4.7
1934	4.0	5.1	5.3	5.7	4.2	2.9	3.6	3.3	3.7	3.2	3.4	4.1	3.6
1935	3.9	4.8	3.9	5.0	3.6	3.6	3.3	3.0	2.8	3.4	3.4	4.3	4.9
1936	4.0	4.5	5.0	5.3	4.0	3.1	3.8	3.3	3.2	3.2	3.7	3.9	5.0
1937	3.8	4.8	4.9	4.8	4.5	3.6	2.4	2.9	3.2	3.1	3.4	3.1	4.4
1938	4.0	4.3	5.8	4.9	4.3	4.0	2.8	3.3	3.2	3.5	3.6	3.9	4.3
1939	4.3	4.5	8.3	7.2	4.0	3.7	3.4	3.7	2.8	3.6	3.2	3.9	3.8
1940	4.1	5.2	4.5	4.9	4.5	3.8	3.1	4.6	3.4	2.8	3.0	4.0	4.9
1941	4.1	4.9	4.7	4.8	5.3	3.6	2.7	2.6	6.4	3.1	3.7	3.2	3.9
1942	3.7	4.5	4.5	4.0	5.1	3.5	2.5	2.9	2.8	3.3	3.4	4.2	4.2
1943	3.6	4.8	4.7	4.1	3.9	3.2	2.7	2.9	3.5	3.1	2.9	3.4	4.3
1944	3.9	5.3	4.9	4.6	3.7	3.1	3.2	3.3	3.5	3.2	3.6	3.6	5.1
1945	4.0	4.5	5.2	4.9	4.1	3.9	3.5	3.5	2.6	3.1	4.0	3.4	5.0
1946	4.0	4.0	5.8	6.3	4.0	2.9	3.5	3.2	3.5	3.3	3.3	3.7	4.4
1947	4.2	5.2	5.8	5.2	4.5	3.0	3.2	4.1	2.9	3.1	3.9	4.1	5.6
1948	4.2	4.5	4.5	6.9	3.6	3.7	3.9	4.5	2.7	3.5	4.2	4.7	4.0
1949	3.9	4.5	5.3	5.1	4.5	3.4	3.2	3.7	3.1	2.7	3.6	3.9	4.2
1950	5.0	5.0	5.2	4.1	3.5	3.2	2.7	5.9	8.6	5.1	8.3	4.9	4.0
1951	4.0	4.4	5.7	5.1	4.2	3.7	3.0	3.5	3.9	3.2	3.1	4.1	4.2
1952	4.0	4.8	5.3	5.1	4.6	3.4	3.3	2.7	3.5	3.3	3.9	4.0	4.1
1953	4.1	6.0	5.0	4.8	4.0	4.2	3.1	3.3	3.1	3.0	2.9	4.9	5.1
1954	4.1	4.9	5.2	5.8	3.5	3.0	3.7	3.5	3.3	3.6	3.8	3.3	6.0
1955	4.1	4.7	5.1	5.3	4.5	3.4	2.8	3.8	2.7	3.8	4.5	4.2	4.1
1956	4.2	5.2	5.6	5.1	4.2	3.6	3.8	3.6	2.9	4.3	3.8	4.6	3.9
1957	4.2	5.4	5.3	5.7	4.1	3.6	2.8	4.0	3.2	4.0	3.7	3.4	5.1
1958	4.0	5.1	4.7	4.7	4.7	3.4	3.1	3.8	3.2	3.7	3.8	4.2	3.9
1959	4.0	4.8	4.6	5.0	5.0	3.7	3.8	4.0	3.3	3.2	2.9	4.7	3.7
1960	4.0	4.9	5.0	5.2	4.0	4.0	3.8	3.5	3.5	3.4	3.1	3.9	4.0
1961	3.9	4.6	4.7	4.7	4.3	3.6	2.8	3.4	3.1	3.6	4.5	3.8	3.6
1962	4.3	6.2	5.2	5.5	4.8	2.7	3.3	3.9	4.0	3.8	3.9	4.2	3.9
1963	4.5	6.1	4.9	5.1	4.6	4.3	3.9	5.6	3.9	3.3	3.9	3.6	4.5

표 A274-325 계속

	목포												
	연중	1월	2월	3월	4월	5월	6월	7월	8월	9월	10월	11월	12월
	A313	A314	A315	A316	A317	A318	A319	A320	A321	A322	A323	A324	A325
	m/초												
1964	4.6	5.2	5.3	5.6	5.1	4.1	4.3	5.6	4.8	3.7	3.5	4.3	3.8
1965	4.3	5.0	5.2	5.4	4.3	2.8	3.3	4.8	4.1	3.4	3.5	4.8	5.0
1966	4.4	4.2	4.7	5.2	4.6	4.4	4.3	5.3	3.7	3.8	3.8	4.4	4.0
1967	4.3	4.7	5.5	5.3	3.8	3.7	3.6	4.4	3.3	3.5	4.6	5.1	4.5
1968	4.5	6.5	6.3	5.7	3.9	3.7	3.3	4.1	3.8	3.5	4.2	4.0	4.8
1969	4.7	4.9	6.3	4.9	5.3	4.5	4.1	5.0	3.8	3.4	3.9	5.2	5.1
1970	4.5	5.6	5.5	5.9	3.8	3.8	3.5	4.7	3.9	4.1	3.8	5.0	4.9
1971	4.9	4.9	7.2	6.5	4.2	4.0	3.8	4.8	6.6	4.0	4.4	3.5	5.5
1972	4.4	4.5	6.7	5.2	4.3	4.2	3.7	4.1	4.2	4.3	3.9	4.8	3.5
1973	4.3	4.3	4.7	5.3	4.6	4.4	3.1	4.2	3.8	3.2	4.1	5.2	4.8
1974	4.4	4.6	5.7	4.5	5.4	4.4	3.5	4.0	3.8	3.3	4.6	4.6	4.6
1975	4.2	5.2	5.5	5.2	4.2	3.7	3.1	4.3	3.5	3.1	3.9	4.0	4.9
1976	4.3	5.2	4.5	5.2	4.2	3.3	3.7	3.9	3.9	3.5	4.3	5.1	4.5
1977	4.0	5.0	4.6	5.3	4.2	3.5	3.1	3.2	3.3	3.8	3.4	4.8	3.8
1978	4.3	5.9	5.7	5.6	4.7	3.0	4.0	4.1	3.4	3.3	3.8	4.1	4.2
1979	4.2	4.0	5.0	4.4	4.7	3.9	4.4	3.4	4.0	4.2	3.8	4.2	4.0
1980	4.5	5.6	5.0	5.3	5.9	4.5	3.8	3.4	2.6	4.0	4.4	3.5	5.7
1981	4.4	5.7	5.2	4.6	3.9	4.0	3.3	4.3	4.1	3.9	4.4	4.9	4.7
1982	4.0	5.2	5.2	5.0	3.7	4.2	3.0	3.2	4.2	3.1	3.2	4.2	4.1
1983	3.8	4.0	5.2	4.1	4.7	3.5	3.5	3.8	3.1	2.9	3.3	3.7	3.8
1984	4.0	3.8	4.8	4.2	3.8	3.3	3.8	4.1	3.9	3.8	4.0	4.0	4.5
1985	4.4	5.1	5.3	5.7	4.0	3.8	3.1	3.5	4.2	4.1	4.2	4.7	4.6
1986	4.1	5.0	5.3	4.4	4.3	4.3	3.5	3.8	3.5	3.1	3.3	4.3	4.7
1987	4.3	5.3	5.8	5.0	4.4	3.9	3.4	4.1	4.0	3.6	3.7	4.1	3.9
1988	4.1	4.7	5.3	4.8	4.1	3.7	3.1	4.1	3.1	3.3	4.1	4.7	4.6
1989	4.0	4.5	4.8	5.0	3.9	3.4	3.5	3.7	3.2	3.7	3.7	4.6	4.0
1990	4.1	4.7	5.1	4.2	4.5	4.2	4.1	4.1	3.0	3.8	4.1	3.8	4.3
1991	3.9	4.6	5.0	4.7	3.7	4.2	3.3	3.8	3.2	3.4	3.9	3.5	3.9
1992	3.8	4.2	4.1	3.5	4.1	3.5	3.6	3.6	3.0	4.3	3.6	3.8	4.2
1993	4.2	5.1	5.2	4.0	4.4	4.3	3.7	3.5	3.7	3.0	4.4	3.7	4.9
1994	4.2	4.2	5.0	5.1	3.5	4.8	3.3	3.6	4.5	4.3	4.0	3.5	4.4
1995	4.4	5.0	4.6	5.1	4.5	4.1	3.2	4.3	4.4	3.7	3.9	5.0	4.8
1996	4.2	4.9	5.9	5.3	4.6	3.5	3.8	3.7	3.1	3.5	3.9	5.0	3.4
1997	4.3	5.1	5.5	4.2	3.6	4.2	3.5	3.8	3.7	4.2	4.6	4.7	4.5
1998	4.0	5.1	4.9	4.6	3.5	3.5	3.5	4.4	3.7	3.3	3.6	4.3	4.0
1999	3.7	4.3	4.8	4.3	4.5	3.7	3.1	3.4	2.7	2.9	3.4	3.9	3.9
2000	4.0	5.5	5.1	4.5	4.5	3.8	3.3	3.6	3.4	3.1	3.4	3.9	4.4
2001	3.7	4.0	4.6	5.2	3.8	3.2	3.0	3.6	2.9	2.7	3.4	3.7	4.3
2002	3.8	5.3	4.1	4.1	4.4	3.1	3.1	3.4	3.3	3.0	3.7	4.8	3.9
2003	3.0	4.3	3.4	3.4	2.5	1.9	1.8	2.1	1.6	1.7	4.3	4.3	5.3
2004	4.1	4.2	5.3	5.2	4.5	4.3	3.1	4.1	3.0	3.4	4.0	4.1	4.5
2005	3.7	4.8	5.0	5.2	4.3	3.4	2.7	2.1	2.2	3.2	3.5	3.8	4.5
2006	3.7	3.8	5.1	4.7	4.7	3.4	3.3	3.8	2.7	2.7	2.9	3.9	3.6
2007	3.2	3.9	3.4	4.0	3.5	3.4	2.3	2.6	3.1	2.6	2.9	3.5	3.3
2008	3.0	4.1	4.1	3.2	3.0	2.8	2.4	2.8	2.6	2.2	2.6	2.7	3.9
2009	3.1	3.5	3.6	4.3	3.3	3.3	2.8	3.0	2.3	2.1	2.6	3.2	3.5
2010	3.2	3.7	3.4	4.0	3.6	2.9	2.1	2.8	2.9	2.7	3.0	3.3	4.4
2011	3.1	3.7	3.0	4.2	3.5	3.0	2.9	3.1	2.6	2.8	2.8	2.9	3.0
2012	3.2	3.3	3.5	4.0	3.7	2.1	2.4	2.6	3.2	2.7	3.1	3.9	3.9
2013	3.3	3.3	4.0	4.2	4.1	2.8	1.8	3.7	2.6	2.5	2.9	3.9	3.7
2014	2.9	3.4	3.2	3.8	2.7	3.2	2.4	2.4	2.3	2.1	2.5	3.0	4.1
2015	3.0	4.3	4.2	3.5	3.0	2.9	2.6	2.6	2.2	2.1	2.9	2.8	3.4

표 A326-377 주요 지점 연월별 최대풍속, 1904-2015

	서울												
	연중	1월	2월	3월	4월	5월	6월	7월	8월	9월	10월	11월	12월
	A326	A327	A328	A329	A330	A331	A332	A333	A334	A335	A336	A337	A338
	m/초												
1907											8.5	14.7	16.0
1908	16.1	9.6	11.0	15.2	10.7	13.7	11.6	10.2	10.4	10.5	10.8	16.1	11.7
1909	17.2	7.2	11.1	14.0	14.6	17.2	9.0	14.1	14.4	11.2	12.0	13.0	11.7
1910	16.0	12.2	9.2	16.0	9.1	13.0	9.7	10.4	12.6	6.4	7.4	11.9	10.7
1911	17.8	8.3	15.9	12.3	17.8	7.5	9.1	11.7	7.7	11.7	7.9	12.5	8.8
1912	15.2	8.8	15.2	11.0	14.0	10.9	8.9	9.7	9.5	10.7	9.3	10.0	10.2
1913	13.3	13.3	9.3	9.5	8.9	8.3	9.0	8.5	8.6	8.9	6.0	8.1	7.9
1914	11.8	11.8	10.4	10.7	8.7	7.8	8.2	9.4	9.7	9.5	9.4	8.2	8.3
1915	22.9	9.2	11.3	10.6	9.8	9.9	7.7	9.3	9.2	8.7	22.9	8.3	10.2
1916	14.9	11.1	9.3	11.5	14.9	12.4	10.3	7.8	6.4	6.4	9.6	7.3	9.1
1917	12.3	11.1	11.1	10.8	12.3	10.8	7.2	6.9	11.7	9.2	7.3	7.8	11.4
1918	16.0	9.9	13.7	8.9	12.5	10.5	9.4	12.0	9.7	16.0	7.1	7.8	7.5
1919	18.7	10.7	7.8	10.9	11.0	8.8	9.0	7.2	11.5	18.7	9.2	8.5	7.6
1920	12.2	12.2	10.3	8.3	9.4	7.5	8.1	5.8	8.5	8.1	7.7	8.1	11.0
1921	10.9	8.6	10.3	10.9	9.7	8.3	9.5	7.5	7.5	8.5	9.0	9.8	10.5
1922	12.9	8.8	10.0	12.9	9.3	7.8	8.3	11.3	7.5	10.7	9.8	7.3	9.7
1923	12.5	9.3	9.3	8.4	10.3	9.2	8.4	9.9	11.4	6.9	11.5	10.5	12.5
1924	13.8	9.3	11.9	8.8	11.5	10.0	9.3	10.0	10.2	9.8	10.4	13.8	9.8
1925	13.2	7.1	13.2	7.6	6.5	7.1	6.0	8.1	5.9	7.3	7.7	10.8	7.8
1926	11.2	8.0	11.2	9.7	9.4	8.0	6.7	8.6	8.3	5.8	7.6	9.9	8.2
1927	9.4	7.1	7.5	7.3	7.2	9.4	6.5	9.3	8.1	6.1	8.6	9.3	6.4
1928	9.3	9.3	7.5	7.0	5.9	7.9	5.8	6.7	6.2	6.1	5.8	9.3	6.4
1929	9.2	7.6	7.5	9.2	8.6	7.6	5.9	5.8	6.7	6.2	5.7	6.5	8.1
1930	9.9	6.0	8.3	9.9	6.9	7.2	6.8	7.6	5.9	5.5	5.5	6.5	4.7
1931	9.5	6.7	7.4	7.8	7.9	7.8	5.1	6.1	9.5	6.4	5.6	8.6	7.8
1932	9.2	9.0	8.5	8.7	7.8	8.2	5.7	6.4	5.5	4.0	9.2	6.9	
1933	16.7	7.5	9.2	8.8	10.8	16.7	12.0	15.2	13.3	10.3	8.8	10.3	9.0
1934	14.0	8.0	10.5	14.0	13.3	11.5	13.2	11.4	10.5	10.2	8.5	10.4	10.6
1935	15.6	9.8	9.2	15.6	13.3	14.0	11.5	12.6	9.2	8.6	10.9	8.3	9.8
1936	14.7	10.3	8.8	11.3	12.9	9.8	7.1	10.2	12.4	10.9	13.4	14.7	12.0
1937	13.0	9.3	8.0	13.0	11.7	11.7	8.6	10.8	8.5	7.4	7.5	8.4	9.6
1938	16.2	11.1	11.5	11.2	16.2	12.9	10.9	11.6	13.8	11.6	7.7	10.0	10.7
1939	11.8	9.5	7.9	10.7	11.4	10.2	11.8	9.1	7.5	7.5	8.7	9.2	9.7
1940	16.3	10.5	16.3	12.8	15.3	14.2	11.7	14.5	8.3	10.5	9.3	13.2	9.8
1941	16.0	10.2	12.3	14.7	16.0	11.7	9.7	8.3	14.3	8.7	12.3	8.3	8.3
1942	16.8	10.8	11.7	12.0	16.8	10.3	7.8	13.7	11.7	10.2	9.3	11.3	10.0
1943	14.0	10.0	10.8	9.2	14.0	10.5	13.3	10.0	13.0	9.2	8.0	10.7	12.0
1944	15.0	7.0	10.7	15.0	12.5	9.5	11.7	10.0	12.7	8.8	8.7	10.0	10.7
1945	17.5	10.0	10.8	12.0	11.0	17.5	12.3	8.5	15.8	9.0	9.7	11.8	10.8
1946	15.3	10.8	11.7	10.7	15.3	11.3	10.7	11.8	11.3	10.8	12.0	10.8	12.5
1947	14.2	9.2	8.7	14.2	13.3	9.8	12.8	12.2	13.3	8.3	9.3	10.2	8.5
1948	20.0	9.7	9.2	11.3	20.0	11.5	10.0	11.2	9.0	9.3	7.0	9.5	10.2
1949	14.8	12.7	10.2	11.3	11.2	8.2	14.8	7.3	10.2	8.0	8.3	11.7	11.3
1950		8.3	10.0	10.8	8.3	8.5	9.2	10.0	9.2				
1954	25.0	9.0	11.8	15.0	25.0	13.4	9.7	10.5	11.0	16.7	11.3	10.5	10.2
1955	16.0	15.0	16.0	12.8	14.0	9.0	10.7	14.7	12.3	8.3	9.7	11.7	9.0
1956	14.0	12.8	9.5	13.7	12.8	12.0	11.5	7.0	11.7	13.3	10.5	10.0	14.0
1957	14.7	9.0	12.3	11.3	14.7	14.7	9.3	12.0	12.0	8.7	11.7	10.0	12.3
1958	15.7	15.7	12.7	15.0	11.3	9.7	8.0	12.3	8.0	9.8	9.0	6.3	9.0
1959	17.3	9.3	10.7	10.0	17.3	9.7	7.3	9.0	8.7	10.2	9.8	8.0	9.8
1960	14.3	9.8	11.3	14.3	11.3	11.3	12.5	7.0	13.0	12.7	8.3	11.0	11.5
1961	13.7	11.3	13.3	12.7	13.7	9.0	8.7	10.3	9.7	10.6	9.0	8.2	8.3
1962	14.0	9.0	8.7	8.8	8.0	7.0	7.0	8.0	14.0	8.3	6.0	7.7	10.7
1963	17.7	10.2	10.0	10.7	11.0	9.0	9.0	10.3	8.0	10.3	9.3	15.3	17.7
1964	18.7	14.3	11.7	18.7	17.0	9.0	8.3	11.0	13.3	16.7	6.0	8.3	9.7
1965	13.3	10.7	9.0	13.3	10.0	13.0	8.5	10.0	10.0	8.0	9.3	12.7	8.3
1966	12.3	10.2	8.3	8.3	11.7	9.0	7.3	10.7	7.7	7.7	12.3	10.3	7.7
1967	13.0	13.0	8.7	9.7	9.7	8.3	8.7	8.3	8.2	5.8	9.0	10.3	10.

표 A326-377 계속

	서울												
	연중	1월	2월	3월	4월	5월	6월	7월	8월	9월	10월	11월	12월
	A326	A327	A328	A329	A330	A331	A332	A333	A334	A335	A336	A337	A338
	m/초												
1968	12.0	12.0	10.0	9.2	8.5	11.5	8.3	7.7	11.5	7.3	8.0	10.7	8.0
1969	15.3	8.3	9.7	11.8	14.0	9.7	9.0	12.0	12.0	8.2	10.2	13.3	15.3
1970	13.3	10.0	10.2	12.3	11.3	9.8	11.3	12.7	10.3	9.3	8.0	13.3	13.3
1971	12.0	9.5	11.0	12.0	10.7	11.0	7.3	9.3	7.0	10.3	11.7	9.7	11.3
1972	16.7	12.3	16.7	16.7	9.3	12.7	9.7	11.5	10.7	10.7	11.3	10.7	12.0
1973	17.0	9.3	10.0	10.3	11.0	12.0	7.3	11.2	17.0	11.0	10.7	13.0	11.3
1974	13.7	9.0	10.7	10.2	12.7	11.0	13.7	8.3	8.5	10.0	9.0	11.0	8.7
1975	11.7	9.3	9.3	9.3	9.7	10.1	8.7	9.3	7.7	11.7	7.0	11.0	10.0
1976	15.3	11.0	9.7	11.7	13.3	10.7	8.7	7.7	9.0	7.7	9.0	8.3	15.3
1977	14.7	8.0	11.8	14.7	11.0	9.7	7.3	6.7	9.3	6.7	11.2	9.0	7.5
1978	15.2	10.3	10.7	13.0	15.0	9.0	11.7	9.7	10.0	9.0	11.0	8.3	15.2
1979	17.3	10.0	10.3	11.7	17.3	10.5	7.8	10.2	11.0	7.5	14.7	12.3	12.7
1980	17.7	15.7	11.5	11.0	17.7	13.7	11.7	12.0	8.3	8.2	14.0	13.3	13.3
1981	15.0	10.3	15.0	12.5	10.5	14.0	12.5	12.8	8.3	7.7	12.0	10.0	9.0
1982	13.0	9.2	8.3	9.7	10.3	11.7	8.0	8.3	12.0	11.0	11.0	13.0	10.3
1983	16.8	10.7	10.0	10.3	16.8	11.3	9.3	8.7	8.0	10.0	8.3	12.3	12.0
1984	13.7	8.3	10.7	10.3	10.5	9.0	11.5	13.7	7.3	11.8	10.3	10.0	9.0
1985	12.3	9.2	9.2	9.2	11.0	7.7	7.5	11.7	12.3	9.0	7.7	9.0	9.2
1986	11.7	11.7	8.8	8.2	10.7	11.0	6.7	9.3	9.7	9.0	7.7	8.0	10.0
1987	13.3	8.3	9.3	11.8	13.3	8.7	9.7	12.3	9.3	8.7	9.0	10.3	10.0
1988	14.0	13.0	10.3	10.3	12.2	11.0	8.7	9.2	9.8	7.7	14.0	12.0	11.3
1989	13.3	9.3	10.7	13.3	10.7	9.0	9.2	10.7	10.0	9.7	11.0	12.3	8.2
1990	13.3	7.3	8.0	8.7	10.2	10.7	11.3	9.8	10.5	7.3	8.7	10.0	13.3
1991	13.3	10.3	10.2	9.3	13.3	10.2	10.7	11.7	7.3	7.7	9.7	8.7	10.7
1992	12.0	9.0	10.7	8.0	11.0	8.0	8.7	11.7	10.0	9.5	8.0	12.0	10.7
1993	15.2	10.2	12.0	10.0	15.2	10.7	9.7	7.7	7.5	9.7	9.3	9.7	11.2
1994	10.3	9.3	9.7	9.7	10.3	10.3	8.3	8.2	8.3	7.0	10.3	8.2	7.0
1995	10.3	8.7	6.5	10.3	8.7	9.7	5.7	7.7	8.0	9.3	8.0	8.3	7.7
1996	11.7	8.2	7.8	8.0	7.3	7.0	11.7	7.3	6.0	6.0	8.0	9.7	10.0
1997	12.7	12.3	11.2	12.7	11.0	9.3	8.8	7.3	12.3	9.0	10.0	9.0	7.7
1998	16.0	9.7	9.0	9.7	16.0	9.0	8.0	9.0	10.0	8.0	9.7	10.0	10.7
1999	11.3	10.0	10.0	8.3	9.7	8.7	8.3	9.7	11.3	6.0	8.0	8.7	9.7
2000	12.5	7.6	10.6	12.2	9.5	8.3	6.6	9.5	9.2	12.5	6.6	6.3	8.1
2001	8.9	6.6	6.3	8.9	8.0	7.2	5.9	6.0	4.6	5.3	5.7	6.2	7.6
2002	11.7	7.9	7.4	6.3	11.7	7.5	8.6	7.0	10.4	8.9	10.0	9.8	7.1
2003	9.0	9.0	7.6	7.5	9.0	7.8	6.9	7.0	6.4	6.2	8.6	8.0	7.6
2004	11.1	7.8	11.1	9.2	7.8	9.1	6.8	7.9	7.1	8.0	6.4	9.7	6.6
2005	11.0	7.5	11.0	9.5	10.4	9.3	8.8	8.0	8.2	8.4	5.4	8.4	7.6
2006	10.9	6.1	8.1	10.9	9.1	8.6	8.0	9.2	7.6	7.1	8.5	8.1	7.2
2007	10.0	8.0	8.6	10.0	9.4	8.7	6.9	7.3	9.9	8.0	8.0	7.7	8.5
2008	10.9	6.9	8.4	8.3	10.9	8.7	7.5	7.9	8.6	6.6	7.2	8.4	8.2
2009	11.9	8.1	11.9	8.8	8.6	8.2	8.8	10.4	7.1	6.5	9.7	6.8	8.3
2010	14.0	6.9	6.6	10.2	10.9	9.9	6.0	7.9	10.7	14.0	8.1	10.5	9.1
2011	10.9	8.0	10.6	9.9	9.5	9.7	10.9	9.3	9.4	7.6	7.1	9.7	7.7
2012	13.7	7.5	8.1	10.2	12.0	8.6	9.1	7.7	13.7	11.5	7.2	9.3	8.8
2013	12.6	8.2	8.4	8.8	9.9	8.5	6.2	10.9	9.9	6.2	8.5	12.6	8.3
2014	11.1	7.8	7.4	9.1	9.3	11.1	8.3	10.8	9.3	7.1	9.0	8.7	11.1
2015	11.1	7.7	8.5	9.1	10.4	11.1	7.8	8.0	8.1	6.7	8.6	7.7	8.0

자료: 기상청, 「기상관측-지상-종관(북한)기상관측-자료조회」, 기상자료개방포털(data.kma.go.kr).

주: 일별 기상자료를 이용하여 월, 연도별 최대값을 산출하였다.

표 A326-377 계속

	대구												
	연중	1월	2월	3월	4월	5월	6월	7월	8월	9월	10월	11월	12월
	A339	A340	A341	A342	A343	A344	A345	A346	A347	A348	A349	A350	A351
	m/초												
1907			9.2	10.9	8.7		6.0	1.8	6.4	7.7	7.5	11.2	10.8
1908	15.2	7.3	8.4	8.8	8.0	10.3	6.9	7.0	15.2	8.6	7.9	11.2	10.7
1909	15.2	7.0	12.2	11.6	15.2	9.0	6.2	8.3	6.5	7.2	7.3	13.1	8.9
1910	15.9	11.7	9.8	15.9	10.7	10.1	11.2	13.5	7.6	8.1	9.1	13.9	10.2
1911	11.6	11.2	10.7	9.6	11.1	10.4	8.2	9.5	9.0	6.1	8.3	11.6	7.7
1912	13.2	10.2	11.5	8.4	13.2	9.2	10.2	10.1	7.2	7.6	10.3	10.7	8.2
1913	15.4	10.7	11.1	10.7	11.2	9.2	15.3	10.2	8.7	9.3	7.7	15.4	11.7
1914	13.3	11.5	7.6	12.2	10.2	6.9	7.2	13.3	7.2	12.6	8.3	8.1	9.8
1915	13.8	10.1	10.5	9.9	9.4	8.8	7.7	6.7	13.8	12.1	6.0	6.5	12.2
1916	24.3	18.0	13.1	16.7	16.3	24.3	10.8	12.2	11.1	11.9	11.5	12.4	20.4
1917	17.1	15.5	15.3	11.8	17.1	17.0	14.3	14.0	16.4	12.8	13.6	14.4	14.3
1918	17.9	14.0	16.7	17.9	16.7	12.5	14.8	16.9	11.1	11.3	13.6	12.3	11.5
1919	18.6	14.7	15.9	15.4	12.9	13.1	11.5	12.3	14.2	18.6	16.3	13.3	16.7
1920	19.3	17.3	19.3	13.5	13.9	13.1	9.8	13.8	12.4	11.3	10.3	11.4	14.2
1921	16.7	12.4	12.9	16.7	13.3	12.3	12.5	9.7	10.8	10.2	11.8	12.3	13.9
1922	24.8	13.8	14.7	24.8	14.1	14.4	13.6	15.7	13.2	13.6	10.8	15.6	14.8
1923	16.9	14.1	13.2	14.6	16.9	10.7	8.3	10.8	12.8	12.8	11.4	15.8	16.7
1924	20.8	16.7	13.4	16.0	15.8	13.6	12.1	13.9	12.9	12.3	12.4	20.8	13.5
1925	20.0	7.2	10.0	20.0	8.9	8.5	11.0	8.2	13.5	11.7	13.4	11.7	11.7
1926	14.6	12.3	14.6	12.0	13.4	12.3	9.5	12.0	11.7	6.2	11.7	11.7	11.7
1927	12.5	11.7	12.3	12.5	12.0	12.0	9.9	10.6	10.2	8.9	10.5	11.4	11.8
1928	13.2	11.7	13.2	11.1	7.2	8.5	7.9	7.0	7.0	8.8	5.5	10.9	9.6
1929	12.0	10.3	10.5	11.7	11.7	9.8	9.7	6.3	10.0	12.0	10.2	7.7	9.7
1930	11.9	9.5	8.8	8.9	7.4	7.9	8.8	11.9	5.8	7.0	6.9	9.5	9.3
1931	12.0	11.3	10.0	8.2	11.5	10.9	7.4	7.1	11.1	6.7	7.5	6.8	12.0
1932	13.2	8.3	11.7	12.0	12.5	13.2	5.6	6.4	10.5	5.5	7.3	8.8	11.1
1933	14.1	10.4	11.7	7.3	7.9	10.9	9.7	6.7	14.1	8.6	7.7	8.8	8.8
1934	13.1	11.7	11.8	13.1	7.9	10.5	9.6	6.6	11.3	5.3	8.3	11.5	6.2
1935	11.7	9.2	8.3	9.9	11.7	8.8	8.6	7.2	7.3	7.5	9.2	8.1	8.7
1936	17.2	12.9	9.2	9.2	9.2	9.0	7.7	7.7	17.2	5.8	9.3	11.7	7.9
1937	18.1	14.3	10.3	16.7	18.1	13.3	10.8	10.0	9.4	8.0	11.2	10.0	11.8
1938	16.2	13.2	16.2	13.5	15.1	10.0	9.8	9.5	10.0	9.0	9.0	12.0	9.5
1939	14.0	10.7	11.3	13.8	14.0	13.2	11.7	11.2	13.2	11.8	11.0	12.3	12.4
1940	18.7	14.5	15.0	14.2	15.0	15.0	12.0	18.7	12.7	11.3	11.0	12.0	12.7
1941	19.3	13.8	11.7	16.7	19.3	12.0	11.3	13.0	15.7	13.0	13.0	10.5	12.3
1942	19.0	16.0	13.3	13.8	19.0	12.3	12.7	13.3	13.3	10.3	14.3	14.7	12.3
1943	17.8	17.8	13.0	13.5	17.3	12.8	13.0	11.2	11.7	10.0	11.3	14.8	14.0
1944	18.3	13.2	15.3	13.7	16.7	15.7	13.7	11.5	18.3	10.7	11.7	13.3	16.7
1945	18.3	14.7	13.3	16.3	14.4	14.7	15.3	13.0	18.3	10.7	11.0	11.3	15.0
1946	20.0	18.5	14.5	15.0	18.3	20.0	17.7	10.0	19.0	12.3	11.8	11.2	18.3
1947	20.8	11.7	16.3	20.7	20.8	15.0	13.3	13.5	15.0	11.7	13.8	15.3	13.3
1948	16.3	16.3	14.8	14.5	15.0	11.7	13.5	15.3	13.3	12.0	10.2	12.5	11.7
1949	19.3	18.7	17.3	18.0	19.3	15.8	13.2	11.3	16.0	11.3	17.3	15.2	15.2
1950	17.0	16.2	13.8	16.5	13.3	12.3	11.7	15.5	13.7	10.7	11.8	17.0	14.7
1951	17.2	13.3	15.0	13.0	13.0	11.2	11.7	14.0	13.8	15.0	15.0	14.0	17.2
1952	21.8	16.7	14.3	21.7	18.3	16.7	15.0	13.8	16.7	13.3	14.2	11.7	21.8
1953	19.8	18.3	13.3	19.8	15.0	14.8	15.0	13.7	12.5	12.5	13.0	15.5	12.7
1954	16.5	15.5	14.7	16.3	15.0	15.0	13.3	12.0	13.0	16.0	16.5	12.3	13.3
1955	17.7	16.7	16.7	15.0	15.0	12.0	16.8	13.0	12.0	11.3	13.3	17.7	12.2
1956	18.0	14.7	15.7	14.0	14.5	16.7	13.7	12.7	17.2	17.7	11.7	17.0	18.0
1957	19.0	12.7	16.0	13.0	17.3	11.8	13.7	10.3	19.0	11.7	13.3	12.3	13.7
1958	14.3	13.3	12.0	14.0	14.3	11.7	12.7	12.5	9.8	12.0	12.2	9.7	14.2
1959	25.3	16.7	10.8	13.7	16.7	10.0	14.2	11.7	12.0	25.3	14.2	10.7	13.7
1960	18.7	15.0	14.3	14.7	18.7	12.3	13.0	11.0	17.5	10.7	12.8	12.3	13.3
1961	16.0	15.0	16.0	14.0	15.0	11.7	12.7	10.0	12.3	12.5	11.3	13.7	15.0
1962	18.0	12.8	14.3	14.7	18.0	15.0	15.0	12.0	14.5	11.8	10.7	13.0	10.3
1963	15.8	15.0	13.3	15.8	13.8	13.3	13.3	10.0	10.3	13.3	14.3	15.0	14.3
1964	20.0	13.3	15.0	20.0	17.7	13.3	12.3	15.0	16.7	13.3	13.3	15.0	13.3

표 A326-377 계속

	대구												
	연중	1월	2월	3월	4월	5월	6월	7월	8월	9월	10월	11월	12월
	A339	A340	A341	A342	A343	A344	A345	A346	A347	A348	A349	A350	A351
	m/초												
1965	18.3	17.3	15.7	15.0	15.0	18.3	14.7	12.7	14.2	12.5	13.0	13.0	15.7
1966	16.0	13.7	13.3	15.3	13.3	13.7	12.7	10.3	12.5	13.3	15.0	14.5	16.0
1967	17.7	14.7	15.0	14.3	17.7	13.3	13.3	11.3	16.3	11.0	12.5	17.3	12.7
1968	15.0	14.8	11.7	13.3	10.8	14.0	15.0	10.0	10.0	9.7	11.0	13.3	12.7
1969	17.7	14.3	13.0	17.7	15.0	13.7	10.7	11.3	14.0	12.7	13.0	14.0	16.0
1970	16.7	16.0	14.7	16.7	16.0	14.3	15.3	11.3	13.3	15.0	11.7	13.3	14.3
1971	16.0	16.0	12.5	15.5	14.7	12.0	11.0	11.0	11.7	11.8	14.7	11.7	14.0
1972	15.0	15.0	11.7	13.3	10.7	14.7	10.0	14.3	12.3	10.0	12.3	12.3	11.3
1973	14.7	10.0	13.3	11.7	13.3	11.7	10.0	10.3	10.5	13.0	11.3	14.7	13.0
1974	17.3	9.7	12.3	17.3	14.7	13.7	13.7	11.3	12.7	11.0	12.7	13.0	10.7
1975	13.7	13.7	13.0	12.3	11.3	13.3	11.3	10.0	11.0	10.7	9.3	12.3	12.0
1976	15.7	12.7	11.0	11.0	13.0	13.0	13.5	11.0	9.0	10.3	15.7	11.7	13.3
1977	15.0	10.3	12.5	13.7	15.0	10.8	11.0	12.7	10.3	11.0	9.7	11.0	12.0
1978	15.0	12.7	13.3	13.8	15.0	11.3	12.3	14.3	13.3	10.0	9.7	11.3	14.0
1979	16.0	14.0	12.8	16.0	12.3	13.0	10.7	12.0	13.7	10.7	11.3	12.2	10.3
1980	16.7	15.3	13.7	11.8	16.7	15.0	12.3	11.7	10.0	11.7	16.7	13.3	16.7
1981	18.0	15.0	15.0	15.7	12.0	12.7	10.7	11.2	12.7	14.0	16.7	13.3	18.0
1982	16.7	16.7	14.3	13.0	12.3	15.0	11.7	10.5	10.7	10.2	14.3	11.3	12.5
1983	16.0	12.0	14.5	13.0	16.0	12.7	10.0	11.0	10.3	11.3	9.7	14.3	12.5
1984	14.3	13.2	14.3	13.3	9.0	8.3	8.0	8.2	9.0	8.7	10.0	7.5	9.8
1985	14.7	8.0	14.0	8.7	12.7	11.8	9.7	14.3	11.0	10.0	14.7	11.7	12.7
1986	20.3	11.7	15.3	11.3	15.5	12.0	8.7	8.0	20.3	9.3	9.0	12.0	10.7
1987	19.7	11.7	11.3	11.7	19.7	12.0	11.3	15.0	16.7	11.7	11.3	10.3	11.2
1988	16.0	13.3	15.0	12.2	16.0	13.0	10.0	11.0	9.3	9.2	14.3	12.0	12.5
1989	13.3	10.5	10.7	13.3	12.5	9.3	9.8	11.3	11.3	8.8	11.3	10.8	10.3
1990	13.5	13.5	9.5	11.0	12.7	13.3	10.0	8.3	10.0	13.3	9.2	11.0	13.0
1991	15.7	13.3	13.8	13.3	11.3	15.0	12.0	10.3	9.7	8.8	13.2	11.3	15.7
1992	16.2	16.2	12.7	12.7	11.7	11.0	10.7	10.0	9.3	8.5	11.7	11.7	14.0
1993	14.0	12.0	13.7	10.3	14.0	11.3	12.7	10.3	8.7	10.0	11.2	12.3	12.0
1994	13.0	9.7	13.0	11.0	11.8	11.3	9.2	13.0	9.7	8.8	10.5	8.7	10.5
1995	13.7	12.3	9.5	12.0	12.0	10.8	10.5	11.5	11.7	10.0	9.0	13.7	13.3
1996	13.7	12.3	11.7	11.0	11.0	13.3	9.0	10.0	10.0	8.7	9.7	10.7	13.7
1997	14.3	14.3	13.7	10.2	9.0	7.7	8.7	8.0	7.7	9.3	8.3	10.0	10.0
1998	13.7	12.0	13.7	13.7	11.0	10.0	10.5	9.0	9.0	9.7	9.0	13.7	9.3
1999	16.7	10.5	12.3	11.0	11.7	10.0	10.0	11.3	16.7	9.0	9.0	10.0	12.0
2000	9.9	8.5	9.2	8.9	9.9	7.7	7.3	8.1	7.4	8.1	6.2	6.1	8.2
2001	8.6	6.8	7.4	8.6	7.4	6.4	7.4	6.2	6.3	6.9	6.7	5.8	7.1
2002	15.3	8.1	9.2	10.1	10.2	7.7	8.2	8.0	15.3	6.8	10.6	7.8	7.7
2003	17.1	9.8	7.4	8.3	8.4	8.6	7.0	6.2	7.0	17.1	9.4	8.4	8.7
2004	10.5	8.9	10.5	8.4	8.8	7.4	8.3	7.9	6.8	6.8	7.2	9.9	8.9
2005	10.0	8.4	10.0	9.0	9.0	8.3	6.6	5.8	7.5	7.6	6.5	8.8	9.5
2006	13.3	8.5	8.5	11.4	13.3	8.8	7.1	12.2	6.9	7.3	7.4	8.5	9.2
2007	10.4	10.4	9.1	9.6	8.1	8.2	6.9	8.0	7.7	7.1	7.4	7.8	8.8
2008	8.7	7.0	7.2	6.7	7.0	8.7	8.1	5.8	6.3	5.7	7.0	8.3	7.5
2009	9.0	7.7	8.3	7.6	9.0	7.7	6.5	7.3	6.3	6.0	8.2	6.8	8.1
2010	8.6	7.1	6.7	8.0	8.6	7.0	6.2	7.5	7.1	6.4	5.8	7.7	8.5
2011	8.5	8.5	6.1	7.2	6.7	8.0	7.0	6.7	7.0	6.2	5.8	7.5	6.7
2012	10.0	6.8	7.1	8.7	10.0	7.4	6.5	6.3	8.7	9.1	5.8	7.3	8.1
2013	8.6	7.0	7.3	7.4	8.6	7.4	6.7	6.6	6.0	5.8	5.8	7.9	6.8
2014	9.2	6.9	6.5	7.6	7.2	6.9	6.1	8.7	6.8	5.3	6.8	7.5	9.2
2015	8.9	7.3	7.5	8.0	7.4	7.3	6.7	7.7	8.5	6.6	8.9	7.6	8.0

표 A326-377 계속

	부산												
	연중	1월	2월	3월	4월	5월	6월	7월	8월	9월	10월	11월	12월
	A352	A353	A354	A355	A356	A357	A358	A359	A360	A361	A362	A363	A364
	m/초												
1904					14.9	13.7	13.4	15.0	35.0	14.2	16.5	19.0	20.8
1905	27.8	24.3	19.8	27.8	18.0	21.5	15.9	21.6	21.1	19.7	22.6	24.0	23.9
1906	23.1	21.4	20.5	18.7	13.8	14.9	15.0	18.5	12.2	14.8	17.9	21.3	23.1
1907	24.2	23.6	22.9	24.2	17.2	21.3	12.2	14.6	11.7	22.6	18.3	20.1	23.5
1908	23.5	22.0	19.3	20.9	23.5	15.7	14.6	12.7	15.9	12.8	11.7	20.1	18.1
1909	24.5	22.9	19.9	20.9	23.4	12.4	10.2	14.2	13.3	15.9	15.0	24.5	20.1
1910	23.6	23.6	17.4	22.6	14.5	14.5	16.2	19.1	15.8	14.4	13.8	15.0	23.6
1911	22.2	22.2	17.3	18.3	13.6	16.2	13.3	15.0	12.6	13.8	14.2	12.6	17.2
1912	26.1	26.1	18.6	18.2	16.2	11.7	9.2	15.7	10.8	13.7	17.0	18.6	19.8
1913	25.9	22.3	25.9	21.3	16.2	14.7	18.3	12.9	13.1	12.0	21.4	21.4	24.0
1914	24.7	24.7	20.5	19.1	17.2	15.0	13.2	22.6	23.0	18.1	16.0	23.7	23.2
1915	26.2	24.0	21.5	23.3	23.9	12.4	13.1	14.0	13.6	26.2	16.8	21.7	22.9
1916	24.8	18.8	21.8	18.9	19.6	15.0	13.3	12.3	10.5	15.2	12.4	16.5	24.8
1917	22.7	20.0	22.7	16.6	15.7	12.0	12.3	12.8	11.1	10.8	13.8	22.1	19.0
1918	24.0	17.3	17.3	14.2	20.7	24.0	13.9	23.0	14.6	13.1	15.6	11.4	11.5
1919	21.5	16.4	16.9	14.2	13.4	12.6	15.0	10.4	21.5	16.6	10.3	15.8	16.7
1920	22.9	18.4	22.9	18.7	15.8	11.2	11.8	15.4	13.6	13.4	8.9	14.3	15.9
1921	21.7	21.6	21.7	16.8	14.3	11.9	13.9	10.8	14.6	12.6	16.2	18.6	20.0
1922	28.0	17.5	14.4	19.2	16.4	14.9	9.6	28.0	10.7	12.6	12.3	15.2	23.3
1923	25.0	25.0	17.3	14.5	15.6	16.7	18.1	17.4	16.6	12.0	15.3	23.5	22.7
1924	30.2	26.1	21.7	14.6	30.2	16.5	12.3	14.9	16.8	16.3	14.5	23.6	20.9
1925	15.1	11.7	11.3	12.1	7.9	7.5	9.5	8.5	6.5	15.1	10.8	11.3	11.7
1926	15.6	10.4	11.1	12.4	8.9	11.4	10.7	7.2	8.3	10.2	9.6	7.4	15.6
1927	12.7	12.1	7.5	12.3	10.7	9.0	10.2	8.5	9.8	8.1	10.6	11.7	12.7
1928	13.5	11.4	13.5	10.1	7.5	6.7	6.1	6.8	6.7	12.0	9.9	9.1	11.7
1929	15.1	15.1	10.6	14.7	10.8	8.3	10.4	8.4	9.8	9.9	10.7	12.9	10.6
1930	12.7	12.7	11.1	9.3	10.4	8.4	10.6	11.7	12.5	10.5	8.8	9.3	11.7
1931		13.1	12.7	11.0	11.3	9.1	6.0	9.7	10.5	10.4	13.4		
1932	16.1	13.7	15.4	13.0	13.0	11.7	7.5	6.5	16.1	7.2	11.3	12.5	11.4
1933	15.3	12.3	10.0	11.8	8.9	11.5	8.3	11.3	15.3	11.2	15.0	14.8	14.8
1934	21.9	21.8	14.1	14.5	19.8	13.7	13.6	19.2	21.9	12.7	18.5	15.3	18.2
1935	20.5	13.6	12.0	16.9	10.7	11.8	18.8	14.8	13.6	16.9	15.2	20.5	15.0
1936	28.4	11.7	11.3	13.8	15.0	15.0	10.3	13.6	28.4	12.3	11.1	14.6	18.7
1937	23.3	13.8	16.3	12.8	22.9	20.4	10.3	17.1	13.2	23.3	13.8	14.7	14.8
1938	24.6	17.1	13.8	11.1	24.6	12.5	22.9	12.8	11.0	10.8	15.8	14.2	12.9
1939	19.2	19.2	13.2	12.8	15.0	14.3	15.1	11.7	11.3	11.0	14.4	13.7	12.6
1940	26.0	20.8	20.0	15.0	19.5	16.5	18.8	26.0	10.8	17.2	18.3	22.5	25.5
1941	26.3	16.3	18.5	20.0	20.3	18.3	17.0	26.3	18.7	15.7	19.2	22.2	21.0
1942	22.5	22.5	19.2	19.3	21.5	16.7	13.2	13.3	20.0	21.5	17.8	20.0	18.3
1943	25.1	16.3	22.7	15.3	18.8	18.3	25.1	18.0	17.2	16.7	14.8	21.7	24.7
1944	22.8	19.2	15.7	17.5	13.3	15.5	22.8	14.0	15.8	12.8	15.3	22.2	21.5
1945	27.8	18.5	16.5	27.8	21.7	25.3	17.3	19.8	13.7	24.5	19.8	19.2	20.5
1946	24.7	19.2	19.7	18.5	19.8	19.7	21.8	14.8	19.0	17.2	16.2	15.7	24.7
1947	24.2	24.2	24.2	17.3	21.0	18.2	19.8	18.7	15.7	14.0	17.0	19.5	20.0
1948	22.8	22.5	15.4	17.2	17.7	18.3	17.0	21.5	13.4	22.8	16.3	18.3	16.2
1949	18.8	16.0	18.3	14.7	18.0	16.5	18.8	17.2	18.8	12.5	14.8	15.3	18.8
1950	23.7	17.2	21.3	15.0	11.7	13.0	16.2	22.3	20.3	16.0	17.3	23.3	23.7
1951	22.0	22.0	22.0	18.7	16.0	15.5	16.7	18.0	21.7	21.0	18.3	19.0	20.0
1952	23.7	20.3	18.7	14.8	20.0	15.2	18.3	14.3	23.7	23.3	23.3	18.3	18.8
1953	26.5	24.5	23.8	19.2	16.7	19.7	23.3	26.5	15.8	15.2	15.6	22.1	21.0
1954	27.0	22.3	22.8	21.9	15.9	20.0	15.5	23.3	15.7	18.2	16.3	19.0	27.0
1955	24.4	20.1	17.0	24.4	20.8	19.5	18.0	20.8	21.7	21.0	16.7	20.6	20.0
1956	30.2	22.0	20.0	22.0	25.0	26.7	24.8	20.0	22.7	30.2	21.7	23.3	22.4
1957	31.1	25.0	26.0	23.3	23.3	19.2	24.0	24.1	31.1	19.2	16.7	16.7	25.3
1958	29.7	20.5	19.0	17.0	23.3	16.7	18.0	19.7	19.0	29.7	20.0	14.7	16.2
1959	34.7	18.3	20.0	21.7	20.0	23.3	16.2	21.7	15.8	34.7	12.5	18.7	29.0
1960	26.7	19.0	19.0	15.5	15.0	16.7	24.2	18.0	26.7	13.7	15.0	17.0	17.0
1961	30.0	23.3	19.7	16.7	30.0	22.0	13.0	17.5	17.2	18.3	16.3	15.5	22.7

표 A326-377 계속

	부산												
	연중	1월	2월	3월	4월	5월	6월	7월	8월	9월	10월	11월	12월
	A352	A353	A354	A355	A356	A357	A358	A359	A360	A361	A362	A363	A364
	m/초												
1962	30.0	19.7	20.0	20.3	19.2	14.2	21.7	20.3	30.0	18.3	13.2	23.3	15.8
1963	29.0	26.7	15.8	20.3	21.7	24.0	29.0	17.7	15.0	13.0	16.3	17.0	17.0
1964	21.0	19.0	14.8	21.0	18.3	12.5	14.3	18.7	17.7	16.7	13.3	17.3	17.0
1965	22.0	19.0	19.7	18.7	14.0	15.3	13.6	22.0	16.3	11.7	17.2	14.5	20.0
1966	26.0	17.3	26.0	17.7	16.8	18.0	15.3	16.0	19.0	17.7	16.7	17.7	17.7
1967	20.7	16.7	17.7	17.0	17.0	12.5	13.0	20.7	11.0	11.3	12.7	17.3	15.3
1968	21.7	15.7	16.0	19.0	13.3	12.0	17.3	14.7	21.7	16.7	17.7	16.7	19.3
1969	21.7	19.0	21.7	16.3	17.7	18.7	18.7	18.3	16.7	21.7	16.7	19.3	20.7
1970	22.7	22.0	18.3	16.7	16.7	16.7	16.0	22.7	15.7	20.3	18.0	17.7	16.7
1971	20.7	19.7	16.3	16.0	13.3	17.7	16.0	20.7	15.3	17.3	20.0	13.7	18.0
1972	22.7	18.0	22.0	20.0	18.5	15.7	14.7	19.3	20.0	17.5	16.7	17.7	22.7
1973	21.7	15.0	16.0	21.7	17.3	13.8	12.0	13.6	15.8	14.3	18.3	18.7	20.3
1974	25.0	17.0	17.5	16.3	21.8	18.3	11.7	18.3	15.0	18.3	25.0	16.7	19.0
1975	20.8	16.7	20.8	13.7	17.0	13.7	9.7	15.7	10.7	17.3	14.3	15.0	19.3
1976	22.7	17.2	16.7	18.3	19.0	13.7	22.7	15.5	16.7	13.7	12.7	11.0	13.3
1977	19.0	18.3	15.7	18.0	19.0	18.3	17.7	14.7	15.3	12.3	15.0	15.8	13.3
1978	18.3	15.7	16.7	13.3	16.7	11.3	17.3	12.7	18.3	13.7	12.0	17.3	15.7
1979	23.3	15.0	14.7	19.0	16.7	12.3	21.7	15.7	23.3	17.0	11.0	17.7	14.3
1980	24.5	16.3	13.7	13.0	24.5	14.3	16.3	18.3	16.7	18.7	16.0	13.3	16.7
1981	23.0	16.7	15.0	17.7	16.0	14.3	23.0	19.0	16.7	15.7	16.7	16.7	19.0
1982	23.3	14.3	15.3	16.7	14.7	23.3	8.0	9.3	16.7	10.3	10.0	15.0	14.7
1983	25.0	13.0	17.3	16.3	25.0	12.7	12.0	17.3	10.7	12.3	13.3	16.7	14.0
1984	16.3	13.7	13.3	12.7	12.3	12.3	16.3	15.0	12.7	14.3	12.0	9.0	12.0
1985	19.0	14.5	13.3	17.0	13.3	15.0	11.7	13.3	13.8	13.3	19.0	12.7	18.7
1986	21.7	12.7	16.7	15.3	13.0	13.3	16.7	14.3	21.7	10.5	12.0	12.2	10.0
1987	25.7	13.0	19.0	12.8	21.7	11.7	12.3	25.7	18.0	12.8	13.8	13.0	15.3
1988	16.0	12.7	12.5	12.3	16.0	12.0	10.3	11.0	10.5	7.5	11.0	11.7	11.7
1989	15.5	11.0	11.0	15.5	10.7	12.0	11.3	12.5	11.7	12.0	12.3	10.0	11.3
1990	15.7	13.3	10.0	12.3	12.2	13.5	15.7	13.0	12.0	13.7	11.2	13.0	15.0
1991	18.3	11.5	11.7	11.7	16.7	10.0	14.0	18.0	15.0	18.3	12.0	12.3	13.0
1992	20.0	13.3	15.7	11.0	16.7	18.0	14.8	14.7	13.7	20.0	12.3	14.2	13.7
1993	17.7	17.0	16.7	14.3	17.5	12.3	17.7	12.0	16.0	16.0	12.3	13.7	15.3
1994	21.7	13.3	16.7	15.7	14.3	15.0	15.0	13.3	14.7	12.0	21.7	14.3	12.7
1995	22.5	13.2	15.0	14.0	17.7	13.5	10.3	22.5	12.3	10.5	11.3	15.3	14.2
1996	21.7	14.0	14.3	14.3	21.7	13.5	17.8	16.7	9.5	10.7	16.7	13.0	15.7
1997	20.8	15.0	15.2	17.3	14.3	20.8	14.8	17.7	16.8	12.8	12.0	14.7	12.0
1998	20.0	13.7	13.3	16.7	17.0	20.0	16.7	16.7	14.7	10.7	10.0	11.0	11.7
1999	18.3	13.0	13.0	13.0	15.3	12.8	17.0	16.0	18.3	14.0	14.2	11.5	13.5
2000	18.7	11.9	12.2	13.8	12.9	12.1	15.0	15.9	15.6	18.7	8.0	14.3	12.3
2001	18.9	11.9	15.8	13.8	12.7	12.6	18.9	9.9	11.5	9.8	9.5	8.2	11.7
2002	17.5	12.6	11.0	13.0	17.5	11.8	12.9	15.1	17.5	17.1	12.1	10.9	13.2
2003	26.1	13.7	9.5	11.0	12.6	13.2	13.0	12.5	11.7	26.1	11.3	8.4	9.6
2004	15.7	11.4	11.9	15.3	10.9	14.5	9.2	12.2	14.5	15.7	11.3	12.4	9.6
2005	14.5	11.2	11.4	9.7	13.0	10.0	14.5	10.7	10.7	14.3	9.6	8.9	10.6
2006	16.7	9.0	12.5	9.4	13.2	13.2	11.7	16.0	12.8	16.7	11.0	11.8	9.1
2007	15.6	11.8	10.5	15.6	15.1	10.3	12.0	11.8	11.1	12.4	9.6	11.5	11.8
2008	12.7	10.1	11.0	9.3	12.0	12.7	12.0	9.9	12.5	7.6	9.4	12.2	11.0
2009	18.3	11.0	18.3	12.9	10.8	12.0	11.5	17.3	13.6	6.9	10.3	10.1	11.7
2010	15.6	13.6	10.8	14.7	12.6	13.7	9.5	10.2	15.6	13.9	11.4	15.6	14.1
2011	14.5	9.3	10.0	11.0	14.5	12.0	12.1	13.6	11.1	9.8	10.0	9.8	9.6
2012	17.8	10.4	10.6	13.0	15.4	8.7	10.3	12.6	14.9	17.8	13.4	10.0	13.4
2013	15.8	9.2	12.5	15.8	12.6	9.3	8.9	14.0	11.2	8.0	12.6	14.9	10.2
2014	14.6	9.5	10.3	14.6	8.8	11.6	7.2	14.0	12.1	11.2	8.8	9.9	11.0
2015	15.1	10.3	9.9	10.3	14.8	13.3	10.8	13.4	10.2	7.0	15.1	10.7	11.1

표 A326-377 계속

	목포												
	연중	1월	2월	3월	4월	5월	6월	7월	8월	9월	10월	11월	12월
	A365	A366	A367	A368	A369	A370	A371	A372	A373	A374	A375	A376	A377
	m/초												
1904					28.5		19.8	17.8	42.4	12.1	14.0	21.0	19.9
1905	42.3	20.0	18.8	15.0		34.4	20.9	15.8	17.8	42.3	15.5	18.2	22.2
1906	30.3	19.1	19.7	27.3	16.2	21.7	20.2	19.4	16.9	15.3	23.6	30.3	29.2
1907	27.8	26.7	26.7	26.0	23.7	23.3	19.6	16.1	18.7	18.0	19.2	22.4	27.8
1908	27.5	23.4	20.5	27.5	20.9	22.4	23.7	17.4	22.6	18.7	19.5	25.8	24.5
1909	34.2	20.2	23.5	26.2	25.7	15.3	20.4	22.7	13.3	18.8	15.7	34.2	27.7
1910	33.5	29.7	23.1	24.9	22.4	16.6	26.0	33.5	22.4	20.2	17.3	24.2	24.2
1911	32.9	23.2	20.6	24.3	32.2	14.7	17.2	29.4	17.2	32.7	20.3	32.9	24.3
1912	31.8	23.3	19.7	27.9	27.0	23.9	13.7	20.2	16.2	17.2	20.4	31.8	21.0
1913							28.5	23.2	13.9	16.0	17.3	28.1	27.2
1914	37.9	29.2	18.5	34.3	18.8	19.1	23.4	32.4	18.4	37.9	19.6	27.1	21.0
1915	32.9	23.4	26.6	23.0	19.5	18.8	19.7	23.2	32.9	21.1	25.3	23.2	24.4
1916	30.1	23.4	26.3	23.0	23.9	30.1	25.5	16.1	21.0	21.3	17.9	21.8	27.3
1917	25.7	25.7	21.6	19.8	23.8	20.2	15.6	24.5	16.7	21.5	20.2	22.6	22.3
1918	27.5	22.8	22.7	27.5	16.8	24.9	17.6	26.8	18.4	19.3	23.3	18.6	23.4
1919	34.2	27.3	25.7	32.3	23.8	20.4	17.5	16.6	17.4	34.2	16.7	23.3	26.7
1920	25.3	25.3	23.0	18.7	20.0	18.7	16.8	20.1	14.8	15.6	14.6	19.2	21.8
1921	24.2	21.8	24.2	21.9	23.7	22.1	11.7	15.0	15.7	15.9	17.4	19.5	19.0
1922	32.3	21.5	24.3	28.8	22.7	17.2	14.6	29.3	14.9	32.3	17.8	24.4	22.8
1923	26.7	24.6	18.8	24.9	26.7	13.4	16.0	13.8	26.5	16.1	19.7	25.4	22.4
1924	26.8	25.9	24.2	26.8	23.2	17.1	18.0	25.8	18.3	15.9	22.0	26.1	21.5
1925	25.3	14.4	14.9	14.1	14.9	15.3	7.8	15.9	10.5	25.3	12.5	12.4	16.3
1926	20.4	15.3	17.8	14.9	14.6	12.8	8.8	12.4	11.7	12.8	14.9	14.9	20.4
1927	18.6	16.9	18.4	14.6	14.6	11.2	14.6	15.5	14.0	10.7	15.3	15.0	18.6
1928	19.0	15.2	19.0	16.0	12.4	13.2	9.4	7.3	6.9	15.2	15.1	12.4	15.0
1929	16.5	16.5	14.9	16.1	13.4	13.3	12.5	9.2	12.0	11.3	11.8	11.5	14.4
1930	16.9	14.9	15.5	11.7	10.8	9.2	7.2	12.8	11.7	13.7	11.7	16.9	14.3
1931	21.3	18.0	17.1	16.5	18.0	13.5	8.8	8.2	21.3	11.4	11.9	14.7	18.5
1932	21.8	13.7	18.0	14.0	11.5	13.1	21.8	7.9	20.3	5.5	11.5	14.3	17.5
1933	23.8	19.0	16.5	15.4	10.0	12.8	13.6	11.3	23.8	19.8	12.7	19.3	12.3
1934	28.8	14.1	13.7	15.4	12.9	16.0	12.1	12.3	28.8	12.8	15.4	15.7	10.7
1935	19.6	16.8	14.8	13.8	14.9	12.0	19.6	9.2	8.3	12.8	9.7	15.5	17.3
1936	21.4	12.8	15.3	14.0	13.8	10.4	11.2	9.8	21.4	12.3	15.8	14.3	13.4
1937	26.9	14.2	14.5	16.8	26.9	11.0	11.5	8.5	12.0	11.9	15.2	14.4	15.9
1938	19.2	16.8	18.0	16.7	16.3	18.3	10.0	10.8	19.2	12.3	14.9	15.7	15.0
1939	16.7	16.7	16.3	16.3	15.2	12.9	11.1	15.1	13.0	14.0	13.7	15.8	15.0
1940	39.5	16.3	15.3	21.7	16.7	13.0	14.8	39.5	14.5	14.3	16.5	17.2	17.0
1941	21.3	21.0	18.0	21.3	19.0	17.5	11.7	18.2	21.0	14.0	16.8	17.3	16.5
1942	22.5	18.3	20.0	19.7	22.5	14.2	12.0	17.2	12.8	13.0	15.3	20.5	16.7
1943	21.5	16.7	18.0	17.5	15.8	17.3	12.5	15.7	11.5	14.5	13.3	21.5	20.0
1944	24.7	16.7	21.7	14.0	15.7	11.3	16.7	14.5	24.7	13.7	13.8	14.5	19.8
1945	24.3	16.5	15.5	18.3	19.8	14.7	15.5	19.2	24.3	16.7	15.0	13.3	21.3
1946	27.8	15.7	20.0	27.8	18.0	19.8	20.0	11.5	22.5	15.3	12.8	15.0	18.8
1947	20.0	16.5	16.7	16.7	16.7	13.0	10.7	18.3	15.5	12.2	15.2	14.7	20.0
1948	25.7	17.0	14.5	11.5	18.7	17.0	13.8	25.7	15.8	15.3	12.3	14.7	17.5
1949	21.7	16.7	17.5	15.3	21.7	13.3	11.8	21.7	11.0	9.7	14.5	21.0	14.2
1950	19.7	18.3	19.7	17.7	17.2	12.5	13.3	15.0	9.7	14.8	14.2	17.2	17.3
1951	28.7	20.7	21.3	28.7	13.3	17.5	14.3	11.2	14.3	18.5	12.7	21.0	18.3
1952	37.5	19.3	21.0	18.3	15.8	14.3	17.8	12.7	37.5	36.2	15.8	15.8	20.5
1953	23.0	19.8	16.7	21.0	23.0	18.3	15.7	21.3	13.3	13.7	15.0	20.2	16.0
1954	28.3	23.5	20.0	28.3	18.3	14.8	21.7	14.5	15.0	15.0	20.5	15.7	25.8
1955	35.0	33.3	35.0	34.2	20.0	16.7	15.3	16.7	18.3	15.7	19.3	17.3	23.3
1956	31.7	25.8	25.3	31.7	20.0	17.7	25.3	14.3	21.7	27.0	18.3	21.0	24.0
1957	26.3	24.2	25.5	20.0	20.7	21.7	16.7	17.7	18.8	18.8	26.3	20.7	24.7
1958	33.3	29.7	20.0	33.3	26.0	15.0	11.7	15.0	16.3	17.5	26.7	30.0	15.7
1959	31.7	19.2	15.7	16.7	21.7	23.3	21.7	24.3	16.5	31.7	16.2	20.0	20.0
1960	26.7	21.2	15.0	19.2	18.3	16.7	20.0	16.7	26.7	14.2	15.0	18.3	17.5
1961	21.7	21.0	15.8	18.3	21.7	20.0	10.5	13.3	21.7	14.3	15.0	18.3	20.0

표 A326-377 계속

	목포												
	연중	1월	2월	3월	4월	5월	6월	7월	8월	9월	10월	11월	12월
	A365	A366	A367	A368	A369	A370	A371	A372	A373	A374	A375	A376	A377
	m/초												
1962	29.3	18.3	19.0	21.7	21.7	11.5	21.0	13.3	29.3	21.7	17.2	17.3	21.7
1963	21.3	21.0	18.3	16.0	14.3	14.3	20.0	15.3	13.5	12.0	21.3	16.7	19.2
1964	25.0	16.7	18.0	17.7	13.7	15.7	18.7	20.0	25.0	11.0	16.7	16.0	16.7
1965	22.5	17.0	20.0	16.8	22.5	13.4	12.7	15.8	14.2	12.7	13.7	16.0	16.3
1966	23.3	15.7	18.2	14.7	17.0	15.0	13.0	17.7	21.0	12.3	17.7	23.3	16.3
1967	21.0	21.0	18.3	18.3	16.0	16.0	14.0	15.0	11.7	11.0	13.8	16.7	18.3
1968	22.3	22.3	15.0	15.0	11.7	19.0	11.3	11.7	15.7	14.0	15.0	18.3	18.7
1969	20.0	20.0	18.7	16.7	19.7	19.2	15.0	19.0	15.0	12.7	16.3	13.8	18.0
1970	26.5	17.0	18.3	16.7	17.7	17.3	15.3	17.2	26.5	16.3	17.3	18.7	21.7
1971	30.0	19.2	17.8	16.7	15.5	14.3	17.2	16.7	30.0	16.7	20.0	16.7	17.5
1972	26.0	16.3	17.8	21.2	17.7	16.5	13.5	26.0	19.0	18.3	17.3	18.7	18.9
1973	25.0	16.7	16.7	20.0	20.5	22.7	13.3	19.3	25.0	15.0	13.3	18.7	16.7
1974	18.2	15.0	18.0	16.0	16.7	17.3	11.7	14.3	18.2	13.7	17.3	17.3	16.7
1975	19.2	15.8	19.2	18.7	17.8	17.0	18.0	16.7	13.8	16.2	16.0	16.5	17.0
1976	19.7	19.0	15.7	18.8	15.0	15.0	18.5	13.7	12.0	14.8	16.7	17.8	19.7
1977	18.3	17.3	18.3	17.8	15.5	13.3	11.7	12.7	10.7	11.0	13.3	16.3	16.0
1978	19.7	17.0	17.0	15.7	15.0	9.3	17.3	12.0	19.5	15.7	13.7	16.7	19.7
1979	21.0	14.3	16.7	18.0	17.0	15.0	17.7	14.3	21.0	14.3	14.7	16.7	15.7
1980	23.7	21.3	16.3	17.5	20.3	17.7	15.0	14.7	12.0	19.5	23.7	16.7	20.0
1981	18.3	16.7	16.7	16.8	13.7	14.5	11.7	15.5	17.0	14.5	18.3	15.7	17.2
1982	18.3	17.3	15.3	16.7	18.3	13.0	12.3	13.0	15.3	11.7	16.7	11.7	15.7
1983	19.3	13.0	16.0	14.5	19.3	12.5	12.7	14.3	12.7	9.7	9.3	13.5	12.5
1984	15.2	11.3	15.0	12.7	11.3	10.3	12.7	10.3	12.7	14.5	13.3	14.7	15.2
1985	22.7	18.7	19.7	19.0	14.3	15.3	11.7	13.7	22.7	13.0	16.7	17.5	20.0
1986	25.7	16.7	16.5	14.0	17.3	13.7	13.3	17.0	25.7	16.7	13.8	16.3	17.0
1987	24.8	18.0	16.7	20.7	23.3	13.8	15.0	24.8	16.7	16.0	16.0	18.2	19.7
1988	20.0	16.7	16.2	15.3	20.0	12.3	13.8	11.3	12.7	12.0	15.3	17.5	17.0
1989	18.8	17.0	13.7	16.7	13.3	16.7	18.8	13.5	15.0	16.7	17.5	18.3	15.0
1990	21.3	15.3	14.0	15.0	16.0	17.2	18.0	14.3	12.7	17.2	16.0	19.8	21.3
1991	19.3	13.7	19.3	13.0	16.0	18.3	16.7	16.7	17.0	17.5	13.8	15.3	18.3
1992	17.3	12.7	12.7	13.0	16.7	14.3	13.5	12.3	12.7	15.7	13.3	15.3	17.3
1993	18.7	15.8	17.8	14.5	18.7	12.5	18.3	10.0	16.7	14.3	16.7	17.0	17.0
1994	20.0	14.3	17.7	15.3	15.7	16.7	17.7	11.3	20.0	13.3	20.0	13.8	16.0
1995	20.3	16.7	17.0	20.3	16.8	14.0	12.3	17.7	14.3	11.0	18.0	16.7	14.7
1996	18.5	16.0	14.0	16.0	14.7	13.0	18.0	15.0	11.0	12.5	14.0	18.0	18.5
1997	19.0	19.0	16.3	15.3	14.8	16.7	14.3	14.5	15.0	15.0	16.2	17.7	17.6
1998	18.7	17.3	18.0	17.0	12.5	12.7	14.2	12.7	13.3	18.7	13.7	17.7	15.0
1999	20.5	16.7	18.7	16.5	15.2	10.7	9.8	10.7	20.5	10.8	12.0	15.8	13.3
2000	21.4	17.7	17.6	17.0	18.0	15.3	11.8	11.3	21.4	19.0	15.7	14.5	16.2
2001	17.2	17.2	15.9	17.2	12.3	10.0	12.3	11.0	9.4	9.7	13.4	15.3	16.4
2002	29.1	15.1	15.3	14.1	17.0	10.9	8.7	15.3	29.1	15.7	14.0	15.3	15.6
2003	20.8	14.7	13.0	12.3	9.7	8.7	7.3	7.1	5.1	20.8	17.2	16.1	16.2
2004	17.2	15.7	16.7	16.0	17.1	14.0	10.7	12.1	13.2	14.9	15.8	17.2	15.7
2005	19.3	15.7	15.0	16.0	11.6	11.0	8.2	7.7	6.4	12.0	11.7	13.1	19.3
2006	17.0	13.1	17.0	16.5	15.0	11.1	12.0	10.4	8.7	11.9	12.0	14.5	14.8
2007	16.6	16.5	14.2	16.6	11.7	9.4	9.2	11.8	10.8	13.4	11.1	14.5	14.7
2008	15.0	13.4	15.0	11.0	11.4	12.7	10.6	9.9	10.0	13.4	10.0	12.4	14.9
2009	15.0	13.4	13.4	13.6	13.1	10.9	8.8	13.7	8.7	9.5	11.2	15.0	12.6
2010	16.7	13.3	12.1	13.3	13.6	9.5	8.6	11.0	11.7	16.1	16.7	13.4	14.6
2011	16.6	13.7	12.3	13.6	13.7	11.5	14.0	7.9	16.6	12.7	12.1	12.7	15.6
2012	24.2	13.8	13.2	13.3	17.1	9.8	9.1	15.5	24.2	19.2	12.0	12.2	13.9
2013	14.8	11.4	13.7	14.8	13.6	9.1	8.0	10.2	8.8	10.7	12.5	13.4	13.4
2014	14.8	12.3	14.8	14.2	11.7	10.9	11.9	10.2	8.6	12.8	11.3	12.5	14.2
2015	14.2	13.5	14.1	14.0	12.1	10.6	10.9	12.0	9.2	7.5	12.6	12.4	14.2

2. 지리

표 A378-391 식민지기 행정구역(도)별 면적, 1917-1943

	합계	경기	충북	충남	전북	전남	경북
	A378	A379	A380	A381	A382	A383	A384
				남북한, km^2			
1917-1932	220,742	12,817	7,419	8,113	8,529	13,881	18,986
1933	220,776	12,812	7,434	8,099	8,561	13,891	18,987
1934-1935	220,769	12,814	7,418	8,106	8,553	13,887	18,989
1936	220,794	12,821	7,418	8,106	8,554	13,887	18,989
1937	220,788	12,821	7,418	8,106	8,552	13,887	18,989
1938-1939	220,792	12,821	7,418	8,106	8,552	13,887	18,989
1940-1941	220,840	12,821	7,418	8,106	8,574	13,887	18,989
1942	220,814	12,821	7,418	8,106	8,574	13,887	18,989
1943	220,951	12,821	7,418	8,106	8,574	14,025	18,989

	경남	황해	평남	평북	강원	함남	함북
	A385	A386	A387	A388	A389	A390	A391
				남북한, km^2			
1917-1932	12,308	16,735	14,930	28,441	26,266	31,973	20,344
1933	12,305	16,730	14,928	28,443	26,262	31,978	20,346
1934-1935	12,305	16,738	14,925	28,445	26,263	31,978	20,347
1936	12,305	16,738	14,944	28,445	26,263	31,978	20,347
1937	12,305	16,738	14,939	28,445	26,263	31,978	20,347
1938-1939	12,305	16,744	14,939	28,441	26,263	31,978	20,347
1940-1941	12,305	16,744	14,939	28,468	26,263	31,978	20,347
1942	12,305	16,744	14,939	28,441	26,263	31,978	20,347
1943	12,305	16,744	14,939	28,441	26,263	31,978	20,347

자료: 조선총독부, 『조선총독부통계연보』, 각년도.

주: 1917-1932년 면적의 단위는 방리(方里)로 수록되어 있으며, 통계연보의 부록 도량형환산표의 $1km^2$=0.064836方里를 이용하여 환산하였다.

표 A392-409 남한의 행정구역(광역시도)별 면적, 1917-2015

	합계	서울	부산	대구	인천	광주	대전	울산	세종	경기	강원	충북	충남	전북	전남	경북	경남	제주
	A392	A393	A394	A395	A396	A397	A398	A399	A400	A401	A402	A403	A404	A405	A406	A407	A408	A409
	식민지기 남한지역, km^2																	
1917-1932	98,407									11,453	17,718	7,419	8,113	8,529	13,881	18,986	12,308	
1933	98,441									11,449	17,715	7,434	8,099	8,561	13,891	18,987	12,305	
1934-1935	98,424									11,450	17,716	7,418	8,106	8,553	13,887	18,989	12,305	
1936	98,432									11,457	17,716	7,418	8,106	8,554	13,887	18,989	12,305	
1937-1939	98,430									11,457	17,716	7,418	8,106	8,552	13,887	18,989	12,305	
1940-1942	98,452									11,457	17,716	7,418	8,106	8,574	13,887	18,989	12,305	
1943	98,590									11,457	17,716	7,418	8,106	8,574	14,025	18,989	12,305	
	남한, km^2																	
1952-1953	94,229	267								12,672	12,010	7,418	8,106	8,574	12,026	18,989	12,305	1,862
1954	96,929	268								10,495	16,809	7,418	8,099	8,590	12,134	18,991	12,348	1,777
1958-1959	98,500	268								11,189	17,716	7,418	8,099	8,629	12,095	18,989	12,305	1,792
1960-1961	98,431	268								11,189	17,716	7,418	8,099	8,629	12,026	18,989	12,305	1,792
1962-1964	98,431	613	360							10,958	16,618	7,433	8,710	8,035	12,008	19,959	11,944	1,792
1965-1971	98,477	613	373							10,958	16,712	7,437	8,699	8,051	12,060	19,798	11,948	1,830
1972	98,484	613	373							10,957	16,712	7,437	8,707	8,050	12,061	19,798	11,948	1,830
1973-1974	98,758	628	375							11,069	16,785	7,437	8,752	8,058	12,075	19,802	11,958	1,820
1975	98,807	600	376							11,071	16,827	7,436	8,764	8,058	12,084	19,805	11,966	1,820
1976	98,799	608	376							11,055	16,800	7,435	8,777	8,059	12,093	19,808	11,968	1,820
1977	98,859	611	347							11,038	16,892	7,435	8,751	8,058	12,117	19,867	11,922	1,820
1978	98,963	627	430							11,059	16,893	7,435	8,789	8,076	12,117	19,876	11,839	1,822
1979	98,966	607	432							11,030	16,892	7,433	8,784	8,075	12,164	19,876	11,847	1,825
1980	98,992	607	433							11,069	16,853	7,433	8,791	8,045	12,168	19,881	11,848	1,825
1981	99,015	605	433	455	201					10,875	16,893	7,430	8,799	8,045	12,180	19,424	11,850	1,825
1982	99,022	605	433	455	202					10,855	16,894	7,429	8,807	8,052	12,189	19,427	11,850	1,825
1983	99,087	605	434	455	202					10,857	16,894	7,431	8,833	8,050	12,225	19,426	11,851	1,825
1984	99,117	605	434	455	202					10,856	16,894	7,433	8,835	8,050	12,239	19,436	11,852	1,825
1985	99,143	605	435	455	207					10,859	16,894	7,433	8,835	8,050	12,034	19,441	11,855	1,825
1986	99,173	605	435	455	207	215				10,863	16,897	7,436	8,848	8,051	12,040	19,442	11,856	1,825
1987	99,222	605	435	455	208	215				10,864	16,898	7,436	8,850	8,052	12,078	19,442	11,857	1,824
1988	99,237	605	436	456	208	501				10,867	16,898	7,437	8,851	8,052	11,799	19,442	11,859	1,825
1989	99,263	605	526	456	313	501	537			10,769	16,898	7,437	8,317	8,052	11,812	19,443	11,771	1,825
1990	99,274	605	529	456	317	501	537			10,773	16,898	7,436	8,318	8,043	11,814	19,447	11,774	1,826
1991	99,300	605	529	456	335	501	537			10,773	16,898	7,436	8,319	8,043	11,818	19,447	11,776	1,826
1992	99,314	605	529	456	339	501	537			10,774	16,897	7,436	8,323	8,041	11,824	19,448	11,777	1,826
1993	99,392	605	531	456	339	501	537			10,780	16,897	7,436	8,352	8,042	11,858	19,451	11,779	1,827
1994	99,394	606	749	886	954	501	540			10,161	16,784	7,438	8,368	8,042	11,858	19,021	11,559	1,827
1995	99,268	606	749	886	955	501	540			10,115	16,534	7,433	8,547	8,058	11,911	19,022	11,566	1,845
1996	99,313	606	749	886	956	501	540			10,130	16,536	7,433	8,584	8,047	11,913	19,021	11,566	1,846
1997	99,373	606	751	886	958	501	540	1,056		10,136	16,536	7,433	8,590	8,047	11,956	19,021	10,512	1,846
1998	99,408	606	753	886	958	501	540	1,056		10,136	16,562	7,433	8,585	8,048	11,964	19,023	10,513	1,846
1999	99,434	606	758	886	959	501	540	1,056		10,135	16,562	7,433	8,586	8,049	11,982	19,023	10,513	1,846
2000	99,461	606	760	886	965	501	540	1,056		10,135	16,572	7,432	8,586	8,050	11,987	19,024	10,515	1,846
2001	99,538	606	762	886	980	501	540	1,056		10,137	16,613	7,432	8,597	8,051	11,990	19,024	10,517	1,847
2002	99,585	606	763	886	986	501	540	1,056		10,127	16,613	7,432	8,598	8,051	12,037	19,025	10,518	1,847
2003	99,601	605	763	886	987	501	540	1,057		10,131	16,613	7,432	8,598	8,051	12,046	19,025	10,518	1,848
2004	99,617	605	763	886	993	501	540	1,057		10,132	16,612	7,432	8,598	8,053	12,052	19,026	10,519	1,848
2005	99,646	605	764	884	994	501	540	1,057		10,131	16,613	7,431	8,601	8,055	12,073	19,026	10,521	1,848
2006	99,678	605	765	884	1,002	501	540	1,057		10,132	16,613	7,432	8,600	8,055	12,095	19,026	10,522	1,848
2007	99,720	605	766	884	1,008	501	540	1,057		10,132	16,613	7,432	8,600	8,063	12,121	19,026	10,524	1,848
2008	99,828	605	766	884	1,010	501	540	1,058		10,134	16,614	7,433	8,601	8,061	12,213	19,028	10,531	1,849
2009	99,897	605	766	884	1,027	501	540	1,058		10,136	16,613	7,433	8,629	8,061	12,233	19,029	10,532	1,849
2010	100,033	605	767	884	1,029	501	540	1,059		10,167	16,693	7,433	8,630	8,067	12,247	19,028	10,533	1,849
2011	100,148	605	768	884	1,032	501	540	1,060		10,171	16,787	7,433	8,630	8,067	12,257	19,030	10,534	1,849
2012	100,188	605	770	884	1,041	501	540	1,060	465	10,172	16,790	7,406	8,204	8,067	12,270	19,029	10,535	1,849
2013	100,266	605	770	884	1,041	501	540	1,061	465	10,173	16,830	7,407	8,205	8,066	12,304	19,029	10,537	1,849
2014	100,284	605	770	884	1,048	501	539	1,061	465	10,173	16,826	7,407	8,214	8,067	12,309	19,029	10,538	1,849
2015	100,295	605	770	884	1,049	501	539	1,061	465	10,175	16,826	7,407	8,214	8,067	12,313	19,031	10,539	1,849

자료: 1917-1943년은 조선총독부, 『조선총독부통계연보』, 각년도; 1952-1959년은 내무부통계국, 『대한민국통계연감』, 각년도; 1960년 이후는 경제기획원조사통계국, 『한국통계연감』, 각년도; 1990년부터는 통계청, 『한국통계연감』, 각년도.

주: 1) 지적공부에 등록된 국토면적은 매년 12월 말 기준으로 작성되었으며, 미등록된 접경지역의 미복구 면적 43.73km^2는 제외한 것이다.

2) 식민지기 남한의 면적은 경상도, 전라도, 충청도의 면적과 식민지기 경기도 및 강원도 면적을 한국전쟁 이후 최초로 작성된 1958년을 기준으로 분할한 면적을 합산한 것이다. 식민지기 경기도와 강원도의 남한에 귀속된 면적은 89.4%와 67.5%로 나누어 계산하였다.

3) 1998년 『한국통계연감』에 부산시의 경우 733.19로 되어 있으나 합계와 전후연도의 면적으로 보아 753.19가 타당하다.

4) 1953년 『대한민국통계연감』에 서울의 면적 167은 오타로 267로 수정하였다.

표 A410-412 식민지기 토지의 소유주체별 면적과 임야 면적, 1925-1943

	국유지	민유지	임야
	A410	A411	A412
		남북한, km^2	
1925	64,107	99,355	118,157
1926	94,547	112,219	161,286
1927	94,106	113,934	162,293
1928	92,489	115,965	162,798
1929	85,872	122,211	162,319
1930	79,282	128,764	162,294
1931	72,685	137,845	164,663
1932	68,889	140,981	163,906
1933	62,983	146,077	162,190
1934	59,932	148,701	161,548
1935	58,625	154,598	166,122
1936	56,803	154,418	164,003
1937	56,364	152,473	162,447
1938	56,020	152,798	162,305
1939	55,625	153,122	162,036
1940	56,515	140,920	149,581
1941	54,800	150,521	158,378
1942	53,544	150,221	156,730
1943	53,985	150,292	157,055

자료: 조선총독부, 『조선총독부통계연보』, 각년도.

표 A413-415 남한 토지의 소유주체별 면적과 임야 면적, 1918-2015

	국유지	민유지	임야
	A413	A414	A415
		km^2	
1925	17,529	62,350	55,724
1926	26,167	64,498	66,575
1927	25,753	66,246	67,748
1928	25,446	67,543	68,680
1929	23,432	70,179	69,254
1930	19,099	73,514	68,298
1931	17,051	75,525	68,209
1932	15,267	78,129	68,955
1933	13,248	79,314	68,105
1934	12,325	79,435	67,617
1935	11,903	84,393	71,809
1936	11,465	83,440	70,581
1937	10,800	81,843	68,257
1938	10,593	82,017	68,034
1939	10,339	82,228	67,850
1940	10,979	83,265	68,454
1941	10,698	81,956	67,873
1942	10,007	81,071	66,257
1943	10,640	81,032	66,732
1952			64,154
1953			64,154
1954			63,437
1955			66,708
1956			66,918
1957			66,532
1958			66,655
1959	21,081	77,418	67,053
1960	20,744	77,687	67,009
1961			67,529
1962			66,946
1963	21,885	76,546	66,946
1964	22,155	76,276	66,872
1965	22,646	75,831	66,136
1966	22,857	75,620	66,125
1967	23,202	75,275	66,402
1968	23,350	75,127	66,309
1969	23,461	75,017	66,274
1970	20,960	77,517	66,115
1971	20,273	78,204	66,115
1972	19,071	79,413	65,967
1973	18,047	80,711	65,862
1974	18,217	80,541	
1975	18,387	80,420	
1976	18,272	80,527	66,135
1977	18,288	80,571	65,931
1978	18,096	80,867	65,783
1979	18,128	80,838	65,707
1980	17,257	80,755	
1981	17,421	80,659	65,629
1982	17,582	80,575	65,537
1983	17,728	80,512	65,468
1984	17,874	80,404	65,396
1985	18,002	80,347	65,311
1986	18,177	80,212	65,240
1987	18,843	79,656	64,991
1988	18,950	79,729	64,915
1989	18,765	79,942	64,847
1990	18,793	79,937	64,760
1991	19,063	79,912	64,677
1992	19,195	79,815	64,638
1993	19,343	79,841	64,598
1994	20,223	78,980	64,556
1995	21,016	78,270	64,519
1996	21,314	78,000	64,479
1997	21,571	77,802	64,413
1998	21,811	77,597	64,363
1999	21,984	77,451	64,300
2000	22,170	77,290	64,221
2001	22,347	77,190	64,159
2002	22,526	77,059	64,119
2003	22,668	76,932	64,063
2004	22,833	76,784	64,003
2005	23,033	76,613	63,939
2006	23,275	76,404	63,894
2007	23,460	76,260	63,824
2008	23,705	76,123	63,749
2009	23,891	76,006	64,472
2010	24,087	75,946	64,504
2011	24,305	75,844	64,337
2012	24,519	75,671	64,216
2013	24,690	75,577	64,176
2014	24,807	75,478	64,081
2015	24,936	75,359	64,003

자료: 1917-1943년은 조선총독부, 『조선총독부통계연보』, 각년도; 1952-1959년은 내무부통계국, 『대한민국통계연감』, 각년도; 1960년 이후는 경제기획원조사통계국, 『한국통계연감』, 각년도; 1990년부터는 통계청, 『한국통계연감』, 각년도.

注: 1) 식민지기 남한의 면적 계산방법은 본장의 에세이를 참조.

2) 『조선총독부통계연보』에 제시된 1924년 이전의 면적 통계는 임야측정이 완료되기 이전의 수치로 현실과는 큰 차이가 있으므로 제외하였다.

3) 민유지는 개인, 법인, 비법인(종중, 종교단체 등), 외국인, 외국공공기관 등, 그리고 지자체 명의의 도유지와 군유지의 합이다.

4) 1959-1979년은 민유지 전체가 아닌 과세민유지만을 기준으로 하며, 단위는 1평=3.3m^2으로 환산하여 산출하였다.

표 A416-423 식민지기 행정구역(부 · 군)별 지리 통계

		위도	경도	면적	삼림면적	토양 산성도	해안선과의 거리	주요 강과의 거리	서울과의 거리
		A416	A417	A418	A419	A420	A421	A422	A423
		북위(°)	동경(°)	km²		주석 참조	km		
경기	경성부	37.58	126.98	36.18	8.18		18.75	5.86	0.00
	인천부	37.45	126.45	6.35	0.65		1.73	12.37	48.55
	개성부	37.99	126.57	13.88		1.22	16.40	6.38	58.23
	고양군	37.57	127.01	473.89	209.32	1.50	21.54	3.28	2.80
	광주군	37.43	127.26	768.64	484.70	1.63	39.60	9.17	30.36
	양주군	37.74	127.05	972.27	647.77	1.60	26.99	6.59	18.88
	연천군	38.10	127.07	813.47	482.00	1.64	46.60	4.48	58.83
	포천군	37.89	127.16	820.14	579.31	1.50	43.29	18.18	38.80
	가평군	37.82	127.51	712.09	606.79	1.67	68.34	1.38	54.19
	양평군	37.49	127.50	1,012.15	778.92	1.80	60.78	0.42	46.92
	여주군	37.30	127.64	642.97	382.43	1.00	61.53	0.44	66.45
	이천군	37.28	127.44	461.22	242.80	1.64	46.39	13.94	52.83
	용인군	37.29	127.12	633.50	399.73	1.75	22.25	2.10	33.84
	안성군	37.01	127.27	542.07	309.45	1.45	19.20	0.36	68.87
	평택군	36.99	127.08	406.69	136.51	1.72	2.28	0.91	65.98
	수원군	37.28	127.01	875.59	420.87	1.79	12.99	3.58	33.10
	시흥군	37.53	126.90	378.12	195.54	1.50	15.34	1.52	9.29
	부천군	37.47	126.63	530.64	267.34	2.67	1.70	2.71	32.49
	김포군	37.62	126.71	387.76	127.00	2.14	1.85	0.47	24.09
	강화군	37.75	126.49	421.40	296.94	1.83	2.63	2.15	46.96
	파주군	37.93	126.74	438.00	222.90	1.22	12.19	2.42	43.99
	장단군	37.89	126.71	722.36	456.17	1.38	7.34	0.50	42.13
	개풍군	37.95	126.46	744.96	406.09		6.24	0.81	61.77
충북	청주군	36.61	127.51	973.82	560.36	2.14	57.63	9.50	117.75
	보은군	36.48	127.72	599.14	435.89	3.00	80.30	0.47	138.20
	옥천군	36.30	127.57	541.18	358.12	2.50	73.88	1.32	151.60
	영동군	36.17	127.79	851.90	671.05	1.00	85.06	1.01	172.07
	진천군	36.85	127.45	394.42	263.22	2.50	38.08	20.25	90.74
	괴산군	36.82	127.79	973.84	734.22	2.00	67.88	21.47	111.19
	음성군	36.94	127.69	513.71	317.54	1.83	56.50	17.91	94.97
	충주군	36.97	127.93	898.93	608.08		77.23	3.32	107.87
	제천군	37.14	128.21	879.91	687.06	2.71	90.67	14.16	119.43
	단양군	36.98	128.37	791.53	665.04	2.86	87.45	0.61	139.45
충남	대전부	36.33	127.43	16.30	341.62		67.15	5.52	144.41
	대덕군	36.38	127.42	530.00			65.76	0.92	138.54
	연기군	36.60	127.30	342.26	200.55	2.25	41.28	2.18	112.25
	공주군	36.45	127.12	954.73	682.02	1.57	44.75	0.15	126.45
	논산군	36.20	127.09	572.97	306.30	2.33	36.11	1.31	153.78
	부여군	36.27	126.91	625.67	338.37	2.13	31.20	1.88	145.58
	서천군	36.08	126.70	359.01	149.84	2.25	5.00	1.29	168.46
	보령군	36.41	126.60	537.39	366.27		5.19	1.63	134.07
	청양군	36.45	126.81	480.86	320.41		17.29	0.18	125.82
	홍성군	36.60	126.66	414.61	226.70		12.39	1.86	112.17
	예산군	36.68	126.85	541.69	283.47	2.43	15.36	0.74	100.20
	서산군	36.79	126.45	1,076.03	704.37	1.67	5.03	2.21	99.63
	당진군	36.89	126.65	468.84	226.01	1.67	3.21	14.68	81.93
	아산군	36.79	127.00	551.20	273.32	2.00	8.01	0.78	87.65
	천안군	36.81	127.15	634.92	394.96		19.16	0.66	87.10
전북	군산부	35.97	126.59	7.70	0.27		1.38	3.58	182.17
	전주부	35.82	127.15	11.27	720.73	2.11	24.28	4.40	195.60
	완주군	35.82	127.15	1,010.07			24.53	4.80	196.42
	진안군	35.79	127.42	788.93	640.45	1.86	49.15	23.22	202.59
	금산군	36.11	127.49	576.47	420.75		57.49	0.74	169.58
	무주군	36.01	127.66	629.15	534.51	2.00	69.49	1.30	185.01
	장수군	35.65	127.52	531.97	41.88	2.00	63.21	13.44	220.12
	임실군	35.60	127.24	592.69	406.81		45.32	4.98	221.21
	남원군	35.41	127.36	751.69	522.88		55.65	9.47	243.37
	순창군	35.37	127.14	497.76	322.23	1.80	45.51	0.11	245.44
	정읍군	35.56	126.88	695.01	354.05	1.50	18.52	13.67	225.05

표 A416-423 계속

		위도	경도	면적	삼림면적	토양 산성도	해안선과의 거리	주요 강과의 거리	서울과의 거리
		A416	A417	A418	A419	A420	A421	A422	A423
		북위(°)	동경(°)	km²		주석 참조	km		
전북	고창군	35.43	126.70	591.60	328.32	1.96	11.58	0.34	240.00
	부안군	35.73	126.73	414.14	229.71	2.40	3.48	3.00	206.42
	김제군	35.80	126.88	538.62	140.42		8.78	0.52	197.84
	옥구군	35.92	126.64	380.82	123.40	1.79	3.40	6.98	186.23
	익산군	35.94	126.95	535.38	189.19		5.45	2.61	182.14
전남	목포부	34.79	126.38	8.44	0.14		0.76	1.25	314.84
	광주부	35.15	126.92	19.00	188.22	1.63	41.18	7.46	270.47
	광산군	35.14	126.79	378.76			30.79	0.83	271.63
	담양군	35.32	126.99	452.09		2.00	36.84	0.30	250.93
	곡성군	35.28	127.29	560.87	413.70	2.00	46.06	2.85	256.85
	구례군	35.20	127.46	439.97	349.53		30.71	1.09	267.70
	광양군	34.98	127.58	422.48	311.45	2.00	3.96	0.56	293.83
	여수군	34.75	127.71	483.03	340.36	2.67	3.55	0.44	320.72
	순천군	34.91	127.34	874.26	645.32	2.00	7.80	0.63	298.74
	고흥군	34.61	127.28	713.54	486.80	2.00	3.19	5.74	331.56
	보성군	34.77	127.08	663.55	441.13	1.20	9.16	2.18	312.21
	화순군	35.06	126.99	788.34	591.83	2.30	39.72	7.40	279.49
	장흥군	34.68	126.91	577.05	424.48	2.00	8.17	0.35	322.12
	강진군	34.64	126.77	468.78	298.79	1.67	3.28	1.73	327.00
	해남군	34.57	126.60	828.49	497.61	2.25	5.44	16.16	335.82
	영암군	34.80	126.70	480.97	272.24	2.00	5.00	8.95	309.90
	무안군	34.79	126.39	1,009.47	560.70	2.57	1.15	1.10	314.38
	나주군	35.02	126.71	700.87	338.84	2.17	17.14	1.07	285.88
	함평군	35.07	126.52	381.07	202.15	1.60	5.07	0.36	282.35
	영광군	35.28	126.51	431.44	250.86	2.00	12.02	1.13	259.20
	장성군	35.30	126.78	523.87	342.60		27.44	0.81	253.68
	완도군	34.31	126.76	401.67	275.86	2.50	0.43	15.76	363.82
	진도군	34.49	126.26	417.50	268.35		1.93	14.43	349.65
	제주도	33.50	126.53	1,861.86	714.82	2.00	1.90	0.48	455.28
경북	대구부	35.87	128.59	9.25	0.11		72.83	3.60	238.11
	달성군	35.87	128.60	744.86	446.56	1.77	72.60	3.94	238.57
	군위군	36.24	128.57	591.86	442.15	1.60	72.39	0.68	205.42
	의성군	36.35	128.69	1,165.67	839.99	2.00	61.89	15.32	204.39
	안동군	36.57	128.73	1,532.01	1,093.70	2.25	60.85	0.86	192.19
	청송군	36.44	129.06	844.71	698.15	1.33	31.28	0.55	224.12
	영양군	36.67	129.11	797.98	680.42	2.00	27.53	12.46	214.74
	영덕군	36.42	129.37	742.72	599.21	2.00	5.00	0.21	248.47
	영일군	36.04	129.37	1,132.50	821.45	1.91	1.21	2.20	272.75
	경주군	35.86	129.22	1,323.90	930.55	1.82	22.88	0.76	277.12
	영천군	35.96	128.94	914.55	639.16	2.33	40.20	17.41	250.86
	경산군	35.83	128.74	492.01	290.27	1.88	61.46	3.48	250.48
	청도군	35.64	128.75	690.88	513.67	1.28	49.73	23.93	267.15
	고령군	35.73	128.26	383.98	245.64	1.50	64.60	8.41	235.70
	성주군	35.92	128.28	621.12	418.48	2.25	83.56	3.20	218.09
	칠곡군	36.00	128.40	549.37	361.28	1.88	88.11	0.76	216.93
	김천군	36.14	128.11	1,011.04	700.26	1.67	111.92	13.64	189.21
	선산군	36.24	128.30	572.36	338.87	1.61	96.54	3.22	189.33
	상주군	36.42	128.16	1,261.01	847.53	1.59	110.23	6.67	166.04
	문경군	36.74	128.11	933.49	732.16	1.80	97.59	8.32	137.01
	예천군	36.66	128.45	665.21	357.43	2.67	86.00	3.95	166.13
	영주군	36.83	128.63	661.67	442.77	1.75	70.78	1.06	168.12
	봉화군	36.89	128.73	1,273.76	1,061.24	1.88	60.68	11.21	173.11
	울릉도	37.48	130.91	72.91	48.52		0.82	151.68	346.59
경남	부산부	35.10	129.03	33.56	18.72		2.72	3.40	331.46
	마산부	35.20	128.57	9.78	5.01		0.59	2.31	300.62
	진주군	35.18	128.11	706.29	436.57	2.67	11.96	0.75	285.19
	의령군	35.32	128.26	469.18	321.74	1.64	30.52	3.07	275.91
	함안군	35.24	128.42	448.64	244.04	1.75	14.82	11.06	290.55
	창녕군	35.54	128.49	530.16	281.77	1.80	38.24	8.40	263.51

표 A416-423 계속

		위도	경도	면적	삼림면적	토양 산성도	해안선과의 거리	주요 강과의 거리	서울과의 거리
		A416	A417	A418	A419	A420	A421	A422	A423
		북위(°)	동경(°)	km^2		주석 참조	km		
경남	밀양군	35.49	128.76	799.26	518.94	2.00	34.33	13.07	281.47
	양산군	35.35	129.04	485.87	379.51	1.71	18.72	6.46	309.00
	울산군	35.56	129.32	1,042.58	742.97	1.64	3.33	0.71	307.25
	동래군	35.10	129.03	536.03	352.54	1.17	0.96	5.03	331.46
	김해군	35.23	128.89	624.90	283.45	2.00	8.17	7.13	312.30
	창원군	35.25	128.64	705.18	434.39	1.17	6.37	5.95	298.23
	통영군	34.84	128.42	654.28	468.13	2.00	0.77	5.71	330.62
	고성군	34.97	128.32	515.11	349.06	1.38	2.08	15.43	313.76
	사천군	35.08	128.10	407.27	241.81	1.44	3.42	5.49	294.83
	남해군	34.84	127.89	359.67	250.99		1.52	1.45	315.59
	하동군	35.07	127.75	673.85	500.09	1.38	11.53	0.24	287.68
	산청군	35.42	127.87	785.81	623.08	1.89	40.69	8.52	253.46
	함양군	35.52	127.73	728.08	572.24	1.64	57.14	16.50	238.34
	거창군	35.69	127.91	795.25	613.12	1.55	68.54	19.97	226.17
	합천군	35.57	128.17	993.83	730.31	1.69	54.86	0.58	247.57
황해	해주부	38.03	125.73	1,564.22	779.52	1.64	2.24	0.45	120.90
	벽성군	38.05	125.55				2.59	0.15	136.16
	연백군	37.90	126.17	936.9	275.83	2.50	4.67	0.04	79.78
	금천군	38.16	126.47	959.5	608.46	2.00	28.56	0.34	78.70
	평산군	38.33	126.40	1,335.2	830.31	1.80	46.83	5.74	98.13
	신계군	38.51	126.53	819.9	468.66	2.20	66.92	21.55	110.33
	옹진군	37.94	125.37	969.8	538.73		3.79	0.77	146.97
	장연군	38.25	125.09	1,072.9	656.98	2.00	9.13	0.49	181.13
	송화군	38.32	125.17	723.5	451.50	1.85	18.52	5.89	178.80
	은률군	38.52	125.19	467.2	256.99	1.67	7.02	0.22	188.12
	안악군	38.51	125.49	668.0	205.16	2.00	17.98	10.27	166.20
	신천군	38.35	125.49	791.8	339.95	2.17	34.17	18.71	155.87
	재령군	38.40	125.61	746.5	334.04	1.60	30.55	7.04	150.82
	황주군	38.66	125.76	873.8	391.62	2.50	17.31	8.53	160.95
	봉산군	38.48	125.83	824.4	398.17	3.10	33.18	6.32	141.94
	서흥군	38.42	126.17	914.6	607.23	1.50	58.02	27.65	117.63
	수안군	38.77	126.35	1,215.1	906.22	2.83	69.30	49.99	143.81
	곡산군	38.78	126.67	1,854.7	1,567.84	2.33	77.15	26.04	136.86
평남	평양부	39.02	125.75	23.1			37.50	18.74	192.62
	진남포부	38.73	125.41				1.06	0.51	187.62
	대동군	39.08	125.54	1,068.1	355.99	2.29	19.35	11.40	208.89
	순천군	39.42	125.94	1,046.2	655.44	2.00	42.73	16.86	224.14
	맹산군	39.66	126.51	1,101.0	898.01	3.50	76.47	29.05	234.96
	양덕군	39.22	126.63	1,346.0	1,181.67	2.00	63.10	35.78	184.56
	성천군	39.24	126.19	1,553.3	1,206.90	4.00	63.66	43.25	197.16
	강동군	39.14	126.05	668.4	397.42	4.00	54.94	40.46	191.81
	중화군	38.86	125.78	905.4	489.86	3.50	26.21	14.54	176.91
	용강군	38.86	125.41	744.8	208.60	2.33	11.68	0.29	197.22
	강서군	38.91	125.48	735.8	273.30	2.80	17.76	6.13	197.22
	평원군	39.31	125.60	984.7	347.98	1.93	12.10	3.64	226.66
	안주군	39.62	125.65	692.0	278.49	2.00	18.56	0.33	254.79
	개천군	39.71	125.87	715.2	457.94	2.00	40.08	2.60	255.40
	덕천군	39.75	126.26	903.2	835.67		73.62	29.98	249.74
	영원군	42.86	130.19	2,427.3	2,136.98		61.01	51.65	647.37
평북	신의주부	40.07	124.40				9.50	0.05	355.73
	의주부	40.20	124.53	9.6	1,103.92	1.72	27.64	2.80	359.90
	구성군	39.94	125.20	1,241.6	904.71		34.62	16.08	304.79
	태천군	39.92	125.47	620.1	244.51	1.72	35.78	21.73	290.98
	운산군	40.11	125.90	819.7	617.26	1.00	71.37	29.94	296.97
	희천군	40.17	126.27	2,365.9	2,098.74		97.13	53.34	294.64
	영변군	39.80	125.73	1,709.7	1,204.66	2.00	35.67	1.21	269.28
	박천군	39.72	125.58	529.1	223.07		20.39	10.90	267.42
	정주군	39.69	125.21	880.0	375.19	2.42	6.80	0.20	280.61
	선천군	39.80	124.90	673.0	379.17	1.25	9.96	0.68	305.79

표 A416-423 계속

		위도	경도	면적	삼림면적	토양 산성도	해안선과의 거리	주요 강과의 거리	서울과의 거리
		A416	A417	A418	A419	A420	A421	A422	A423
		북위(°)	동경(°)	km²		주석 참조	km		
평남	철산군	39.78	124.66	455.5	213.40	1.00	6.40	0.69	316.64
	용천군	39.99	124.46	570.2	128.19	1.38	5.76	1.13	345.58
	삭주군	40.39	125.02	1,152.8	978.26	1.75	71.52	49.07	354.95
	창성군	40.45	125.22	1,322.6	1,136.20	1.00	84.71	66.72	353.78
	벽동군	40.59	125.33	1,217.1	1,062.37		102.30	82.16	363.64
	초산군	40.83	125.80	2,327.6	2,092.89	1.50	140.38	108.10	375.35
	위원군	40.90	125.97	1,234.1	1,117.66	3.00	152.66	116.87	379.37
	강계군	40.97	126.56	5,403.6	4,942.90	2.00	151.54	119.00	378.57
	자성군	41.45	126.64	1,806.0	1,649.75		193.29	152.53	431.66
	후창군	41.51	127.27	2,428.7	2,307.82	2.00	172.83	123.00	437.67
강원	춘천군	37.88	127.73	1,351.1	1,088.37	3.00	81.58	2.03	74.68
	인제군	38.07	128.17	2,151.3	1,948.41		38.16	26.05	118.22
	양구군	38.11	127.99	1,027.1	852.43		52.28	9.81	106.83
	회양군	38.71	127.60	1,900.3	1,546.67		36.28	24.22	137.20
	통천군	38.95	127.89	823.4	598.90		0.46	0.74	172.08
	고성군	34.97	128.32	1,132.9	1,013.36	2.00	2.09	15.43	313.75
	양양군	38.08	128.62	979.5	818.27	1.83	3.82	0.42	154.47
	강릉군	37.76	128.90	1,135.1	944.70	2.20	3.18	3.34	170.42
	삼척군	37.45	129.17	1,687.8	1,508.39	3.00	0.91	2.85	193.52
	울진군	36.99	129.40	1,017.1	847.20	2.20	1.50	10.07	224.07
	정선군	37.38	128.66	1,114.8	1,227.99	5.00	43.39	28.48	150.21
	평창군	37.37	128.39	1,464.7	998.66		63.80	23.22	126.85
	영월군	37.18	128.46	1,160.3	982.15	5.00	68.69	1.53	138.33
	원주군	37.36	127.94	840.3	624.63	2.00	88.43	22.55	88.88
	횡성군	37.49	127.99	914.2	715.46		82.10	34.96	89.42
	홍천군	37.70	127.89	1,324.2	1,096.16	2.50	80.24	23.84	81.38
	화천군	38.11	127.71	754.5	656.94	2.50	74.10	0.59	87.02
	김화군	38.29	127.45	1,559.1	1,221.37		78.83	30.29	89.54
	철원군	38.26	127.20	843.5	464.99		66.43	15.19	77.86
	평강군	38.42	127.28	1,373.8	1,097.17	2.00	79.16	16.35	97.09
	이천군	38.49	126.89	1,708.3	1,439.93	1.64	75.54	0.35	101.85
함남	함흥부	39.86	127.63	9.4	1,002.99	2.00	3.67	0.80	259.49
	원산부	39.17	127.40	15.5	1.92		1.54	0.28	180.50
	함주군	39.85	127.43	1,509.4			11.76	0.14	256.01
	정평군	39.79	127.37	1,225.6	831.07		13.20	0.30	248.24
	영흥군	39.54	127.23	2,192.7	1,743.98		17.69	1.28	219.41
	고원군	39.44	127.23	961.4	805.93	5.00	9.59	0.88	207.97
	문천군	39.25	127.31	615.4	477.57		5.04	0.38	188.14
	덕원군	39.16	127.39	875.7	720.70	2.50	3.03	0.30	179.11
	안변군	39.04	127.53	1,052.3	724.75		8.22	0.26	169.74
	홍원군	40.02	127.94	995.6	639.09	2.67	2.78	0.88	284.65
	북청군	40.24	128.31	2,384.6	1,907.92	2.50	17.28	2.12	317.85
	이원군	40.32	128.63	450.5	325.49		1.26	1.53	337.12
	단천군	40.46	128.88	2,815.7	2,332.43		5.56	0.93	360.40
	신흥군	40.20	127.55	2,175.1	2,007.63	2.00	38.76	0.72	295.56
	장진군	40.38	127.23	5,113.8	4,994.60		66.48	33.89	312.43
	풍산군	40.82	128.16	3,925.9	3,528.92		69.39	32.74	374.23
	삼수군	41.29	128.02	1,912.1	1,694.66		120.53	82.80	422.68
	갑산군	41.09	128.29	3,747.7	3,257.03		89.46	65.24	406.70
함북	청진부	41.77	129.77	22.5	8.48		0.83	0.08	523.75
	나진부	42.24	130.30				0.35	0.33	590.42
	경성군	41.59	129.58	3,059.3	2,480.39		7.19	0.02	498.95
	명천군	41.09	129.39	2,079.6	1,548.06		27.73	11.88	441.96
	길주군	40.96	129.31	1,375.6	917.23		22.74	0.61	426.63
	성진군	40.67	129.14	940.7	694.27		5.27	0.12	391.13
	부령군	42.06	129.68	1,893.2	1,694.92		25.03	0.15	549.57
	무산군	42.23	129.20	6,165.3	5,476.53		67.81	28.49	550.69
	회령군	42.44	129.73	1,255.4	1,074.76		49.12	26.09	588.71
	종성군	42.76	129.79	1,122.3	919.72		68.59	59.72	623.64

표 A416-423 계속

		위도	경도	면적	삼림면적	토양 산성도	해안선과의 거리	주요 강과의 거리	서울과의 거리
		A416	A417	A418	A419	A420	A421	A422	A423
		북위(°)	동경(°)	km^2		주석 참조	km		
함북	온성군	42.96	129.98	429.7	302.99		77.08	67.54	649.95
	경원군	42.86	130.19	856.7	649.88		60.79	51.43	647.24
	경흥군	42.51	130.34	1,146.6	933.66		21.09	12.08	618.79

자료: 1) 위도, 경도-Google Earth(https://www.google.co.kr/intl/ko/earth/).
2) 면적: 朝鮮總督府, 『朝鮮国勢調査報告全鮮編 1935』, 1939, pp. 4-15.
3) 삼림면적: 朝鮮總督府農林局[編], 『朝鮮林野調査事業報告』, 1938.
4) 산성도: 朝鮮總督府勸業模範場[編], 『勸業模範場研究報告: 酸性土壤に關する研究』, 1919.
5) 해안선, 하천, 서울과의 거리: ArcGIS를 이용한 황준석의 계산.

주: 1) 행정구역은 1938년도를 기준하였으며, 각 자료 조사 시점에서 분리되지 않았거나 조사되지 않은 행정구역은 공백으로 한다.
2) 토양 산성도는 밭(田)만의 평균값이며 산성도의 단위는 1=산성, 2=약산성, 3=중성, 4=약염기성, 5=염기성으로 변환하여 산출하였다.
3) 거리는 직선거리이며, 강은 해안선과 접한 강의 2단계 지류까지로 한정하였다.

B. 인구

박희진 · 차명수

"인구는 운명이다"라고 프랑스 사회학자 꽁뜨(Auguste Comte, 1798-1857)가 말했다고 한다. 이 말은 인구 분포와 추세의 변화가 커다란 사회 경제적 영향을 미침을 나타낸다. 우리 주변에서는 결혼과 출산이 점점 드물게 일어나고 그래서 전체 인구에서 차지하는 고령자의 비중이 증가하고 있는데 이는 노동 공급과 저축을 감소시키고, 사회 보장 체제의 안정성을 위협할 것으로 예상된다.

이 장은 우리나라 인구 통계 정보의 주요 출처를 소개하고, 이 자료들에 나타난 사망력, 출산력, 인구 증가율의 장기 추세를 인구 변천(demographic transition)과 연관지어 소개한다. 인구 변천이란 다산 다사의 단계에서 다산 소사를 거쳐 소산 소사의 단계로 이행해 가는 변화를 말하는데 인구 변천은 대부분의 나라에서 일어났다.

1. 인구 통계 자료

우리나라에서 신뢰할만한 인구 통계가 생산되기 시작한 것은 1925년 조선총독부가 실시한 조선국세조사를 계기로 해서다. 이후 1930, 1935, 1940, 1944년에 국세조사가 거의 5년 간격으로 실시되었고 그 결과는 『조선국세조사보고서』로 간행되었다. 해방 후 한국 정부는 1949년 인구 센서스를 시작한 뒤 1955년부터 다시 5년 간격으로 실시하기 시작했는데, 통계청은 그 결과를 『인구주택총조사보고서』로 발표하고 있다.[1] Kwon(1977)은 식민지기와 1949-1966년간의 센서스 결과를 근거로 인구학적 지표들을 추계하였으며, Kim and Kim(2004)은 최근까지의 센서스 결과 및 기타 인구 통계를 정리하고 설명하고 있다. 권태환 · 김두섭(2002)은 우리나라 인구 변동의 장기 추세를 알 수 있는 수치를 요약해서 보여 준다. 2001년 통계청은 1925년 이후 센서스 결과를 종합해서 『인구주택총조사자료집』을 발간했다. 마지막으로 통계청의 국가통계포털(http://kosis.kr)도 인구 통계를 제공하고 있다. 1925년 이전 시기의 인구 정보를 알려주는 주요 자료로는 식민지기 초기 경찰 당국의 현주 인구 조사 및 조선왕조의 호구 총수 조사 결과 외에도 호적 및 족보가 있다.

이 장은 지난 3세기 간의 인구 통계를 1) 인구 총수 및 연령별 · 성별 인구, 2) 호수, 3) 사망력, 4) 출산력, 5) 혼인력, 6) 인구 이동으로 나누어 제공한다. 특별히 표시하지 않은 경우 통계의 커버리지는 1945년까지는 남북한 전체, 1946년 이후는 한국(남한)이다.

표 B1-221은 조선후기부터 현재까지 총인구 및 연령별 인구 규모 통계인데 여기에는 센서스 집계 결과 뿐 아니라 현주 인구 또는 연말 상주 인구 같이 다양한 행정 목적을 위해 집계된 인구 총수도 포함되어 있다. 표 B1에 제시된 조선시대의 인구 통계는 『조선왕조실록』 등에 기록된 인구 총수인데 이 숫자는 실제 인구의 잘해야 절반 정보밖에는 되지 않을 것으로 역사학자와 인구학자들은 보고 있다.[2] 그래서 권태환 · 신용하(1977)는 조선왕조 집계 인구수에 2.5 전후의 숫자를 곱해 총인구를 도출했다. 조선왕조의 조선왕조는 戶總도 집계했는데(B2) Michell(1979/1980)은 여기에 7.95를 곱해 총인구를 계산했다. 이들 추계는 18세기에는 인구가 증가했지만 19세기에는 인구가 정체했음을 말해 준다.

1 1965년 실시될 예정이었던 센서스는 다음 해로 연기되어 1966년도에 조사되었다.

2 그렇게 보는 중요한 근거 중 하나는 1906년에 파악한 인구가 1904년에 비해 60% 이상 급증했다는 사실이다.

조선왕조의 호구 총수는 조세 징수를 위해 집계된 것으로, 왕권의 강도나 정책에 따라 조사의 완전성이 달랐다. 이는 조선왕조가 파악한 호구 총수에 고정된, 혹은 사실상 고정된 乘數를 적용해 도출된 인구 추계는 실제의 인구 변동을 제대로 반영하고 있지 않을 가능성이 높음을 의미한다. McEvedy and Jones(1978)는 18세기의 공식 통계는 그런대로 쓸만하지만 19세기에 정체하는 공식 인구 집계는 인구 증가를 제대로 반영하지 못한 것으로 보았다. 차명수(2009)는 족보에 수록된 생몰 기록을 근거로 출산력과 사망력 지표를 추정하고, 이를 바탕으로 18세기와 19세기에 줄곧 인구가 증가했다고 주장했다. 마지막으로 노동과 토지가 주요 생산요소인 농업 사회에서 인구가 증가하면 임금 증가율은 늦어지고 지대 증가율은 빨라질 것이라는 점에 착안해서, 차명수(2014)는 생산요소 가격을 이용해서 18, 19세기에 인구가 지속적으로 증가했을 것임을 보였다. 19세기에는 삼림면적이 감소하고 일인당 경작지 면적이 감소했는데 이는 이 역시 19세기가 인구 정체가 아니라 증가의 시기였음을 말해 준다.

1925년 최초의 센서스가 실시되기 전 식민지 초기(1910-1924)에는 조선총독부 경찰 당국이 조사해서 통계연보에 발표한 현주 인구 통계가 있는데 인구학자들은 이 숫자도 과소 평가되어 있으며, 과소 평가의 정도는 과거로 갈수록 더 큰 것으로 보고 있다(B7-8) (Kwon 1977). 1924년 이전의 식민지 초기 인구를 추계한 몇 가지 결과가 나와 있는데 이 통계서에는 차명수(2006)가 족보의 생몰 기록을 근거로 추계한 사망력 하락 추이를 적용해서 도출한 1910, 1915, 1920년의 인구를 수록했다(B193-236). 다른 식민지 초기 인구 추계들은 1925년 이후의 변화 추세를 1924년 이전에 적용해서 도출한 것인데, 식민지기 전기와 후기의 인구학적 추세가 같았음을 보이는 근거가 없다.[3] B3-4는 차명수(2006)의 5년 간격 추정치 및 센서스 인구 추계치 사이를 선형 보간으로 이은 식민지기의 연도별 남녀 인구이다. B5-6으로 제시된 비조선인 인구 중 1924년 이전의 값은 연말 상주 외국인 인구에 1.06을 곱해서 얻은 것인데 이 승수는 1925년 국세조사 집계 외국인수와 같은 해 연말 상주 외국인수 사이의 비율이다.

1925년 이후 5년마다 실시된 센서스를 통해 파악된 인구 추계는 신뢰도가 높다. 그러나 시기별로 그 차이가 있다. 1944-1966년간의 센서스 결과는 1940년 이전과 1970년 이후의 센서스 결과에 비해 신뢰도가 떨어진다는 평가를 받는데 그나마 1944, 1949년의 센서스 결과는 대부분 소실되었다(United Nations 1967: 11; 권태환 · 김두섭 2002: 243-5). 통계청은 2015년 센서스 결과를 토대로 1960년 이후 연앙 인구를 연도별로 추계해서 발표했다(B9-11).

표 B9-11은 1910년 이후 오늘날까지 남한 지역에서 일어난 인구 증가를 살펴볼 수 있도록 식민지기 인구수를 현재의 남북한 지역으로 분리해서 추계한 인구수를 제시하고 있다. 표 B12-17은 1925-2015년간 실시된 5년 간격 센서스 집계 인구 추계를 정리해서 보여 준다. B19-192는 1925-2015년간 시도별 내외국인 인구, 인구의 연령 분포를, B193-236은 1910-2015년간 성별 · 연령구간별 인구를, B237-267은 1925-2015년간 시도별 호수를 제시하고 있다.

근대적 센서스가 시작된 1925년 이후에는 주요 인구학적 지표들이 모두 추정되어 있다. 표 B268-338, 표 B339-415, 표 B416-435는 각각 이용 가능한 사망력, 출산력 및 혼인력 통계를 제시하고 있다.

사망력 통계로서는 1918-2015년간 연도별 사망자수(B268), 1925-2015년간 조사망률(B269), 1925-2015년간 출생시 기대여명(B270-272)과 연령별 사망률(B273-338)이 수록되었다. 출산력 통계로 제시된 것은 1) 1918-2015년간 출생자수(B339), 2) 1925-2015년간의 조출산율, 합계출산율, 일반 출산율, 순재생산율, 모아비 같은 표준적인 출산력 지표들(B340-344), 3) 1925-2015년간의 연령별 출산율(B345-351), 4) 1964-2002년간 실시된 산아제한 정책 관련 통계(B352-415)이다. 결혼력 지표로 제시된 것은 초혼 연령(B416-419)과 15-49세 여성 인구의 혼인 상태별 분포(B420-451) 두 가지이다. 초혼 연령은 1500-1919년간 양반들의 초혼 연령(B416-417)과 1925-2015년간 전체 인구의 초혼 연령을 남녀별로 제시했다(B418-419).

마지막으로 인구 이동 통계로는 세 가지 항목을 수록했다. 그것은 첫째, 1925-2015년간 도시 · 농촌 인구 및 주요 도시 인구(B452-499), 둘째 1925-2015년간 도시 및 도별 인구 순유입(B500-526), 마지막으로 1910-2015년간 이민자수와 해외에 체재하는 한국인수(B527-552)이다.

---

3 박이택(2008)은 동태 인구 통계를 이용해서 서로 다른 식민지 초기 인구 추계의 타당성을 검토했다.

2. 한국의 인구 변천

그림 B-a 조사망률

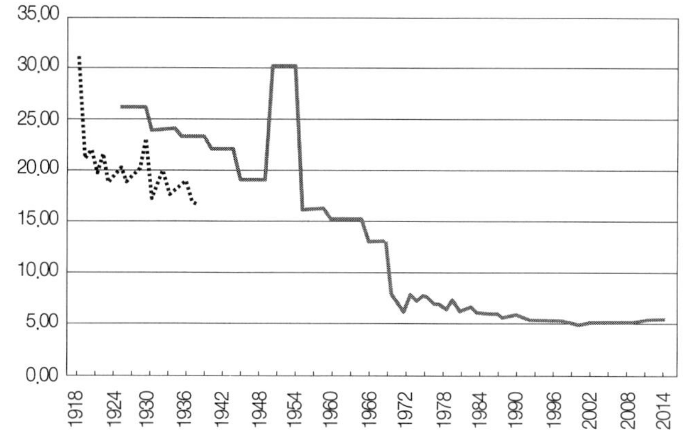

자료: B7, B270-271.

주: 실선은 센서스 결과를 근거로 계산한 남한 지역의 조사망률, 점선은 경찰의 사망자 및 현주 인구 조사 집계를 근거로 계산한 남북한 전체의 조사망률.

그림 B-b 우리나라의 연령별 생존율

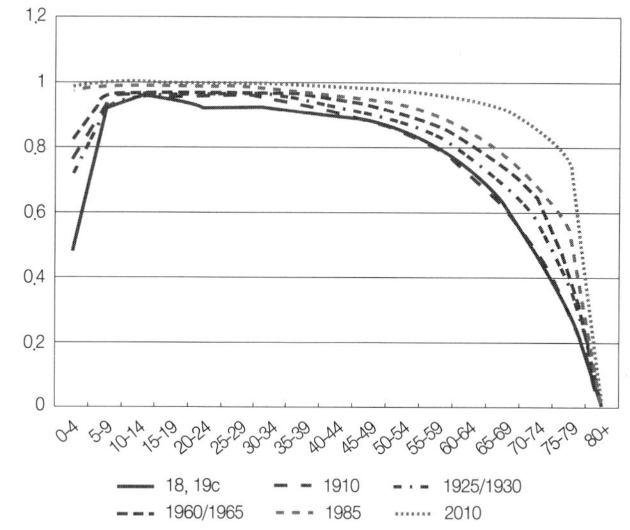

자료: B319-340; 차명수(2009).

그림 B-a는 1925년 이후 우리나라의 조사망률 추세를 보여 준다. 우선 센서스 결과를 근거로 계산한 조사망률(실선 표시)을 보자. 조사망률은 1925년 천 명당 26명을 넘었지만 2010년 현재 5명으로 떨어졌다. 점선은 『조선총독부통계연보』에 실린 사망자수를 현주 인구로 나눈 조사망률이다.[4] 점선과 실선이 겹치는 기간(1925-1939) 동안 점선은 실선, 즉 센서스 보고서를 바탕으로 한 조사망률보다 낮은 수준에 위치한다. 『조선총독부통계연보』의 인구 통계는 모두 불완전한 것이지만 (분모인) 현주 인구보다 (분자인) 사망자수 쪽이 누락 정도가 커서 점선은 실제의 조사망률을 과소 평가하고 있음을 말해 준다. 그러나 현주 인구가 실제의 사망력을 과소 평가하고 있기는 하지만 센서스 자료와 같이 지속적인 하락 추세를 보이고 있다.

우리나라에서 사망력 변천이 시작된 것은 언제일까? 함양 박씨 족보에 기록된 사망 기록을 분석한 박희진 · 차명수(2003)는 1890년경부터 사망 확률이 서서히 떨어지기 시작했을 뿐 아니라 사망 확률의 변동성(volatility)도 크게 완화되었음을 보였다.

4 1917년 이전에도 조사망률을 계산할 수 있지만 이를 제외시키고 1918년부터 제시했는데, 그 이유는 『조선총독부통계연보』에 나온 수치를 가지고 계산한 조사망률이 1917년까지 비현실적으로 빠르게 상승하기 때문이다. 이 상승은 조선총독부의 사망자 파악 능력이 개선되어 갔던 것을 나타내는 것으로 보인다.

조사망률은 사망력뿐 아니라 인구의 연령별 분포의 영향도 받기 때문에 정확한 사망력 지표가 아니다. 사망 확률은 연령대마다 다른데 연령별 사망률이 같더라도 노령 인구 비중이 증가하면 조사망률은 증가할 것인데 이를 보고 전체 인구의 사망 확률, 즉 사망력이 높아졌다고 말할 수는 없다. 사망력 하락 과정을 제대로 파악하려면 각 연령대 사람들의 사망 확률이 어떻게 바뀌는지를 보아야 한다.

생명표(life table)에는 0세에서 4세 사이에 죽을 확률, 5세에서 9세 사이에 죽을 확률, …, 70세에서 74세 사이에 죽을 확률, 75세 이후 죽을 확률(=1)이 수록되어 있다. 이런 5세 간격 연령별 사망력률을 1에서 빼면 5세 간격 연령별 생존율이 나오는데 그림 B-b는 1700년 이후 우리나라의 연령별 생존율 변화 과정을 보여 준다. 이 그림에 따르면 모든 연령 구간에서 사망 확률이 떨어지면서 생존율 곡선은 위 쪽으로 이동했다. 사망력 변천 초입 단계에서 생존율이 특히 빠르게 상승한 것은 미성년 연령 구간이었다. 사망력 변천이 마무리된 단계인 1985-2010년 생존율이 보다 큰 폭으로 상승한 것은 노년 연령 구간이다.[5] 이 시기 출산율은 하락하고 있으므로 인구 노령화가 진행되고 있었음을 보여 준다.

사망력 지표로서 자주 사용되는 숫자 중 하나가 출생시

5 건강을 다루는 F장은 그 원인에 관해서 설명하고 있다.

그림 B-c 조출산율

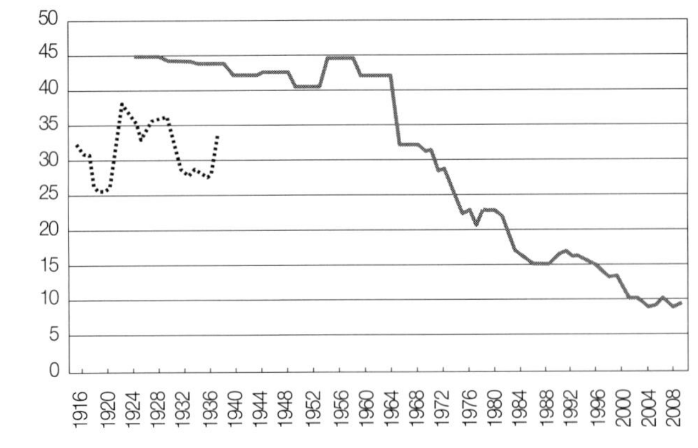

자료: B-7, B341-342.
주: 실선은 센서스 결과를 근거로 계산한 남한 지역의 조출산율, 점선은 현주 인구 조사 결과를 근거로 계산한 남북한 전체의 조출산율.

그림 B-d 초혼 연령

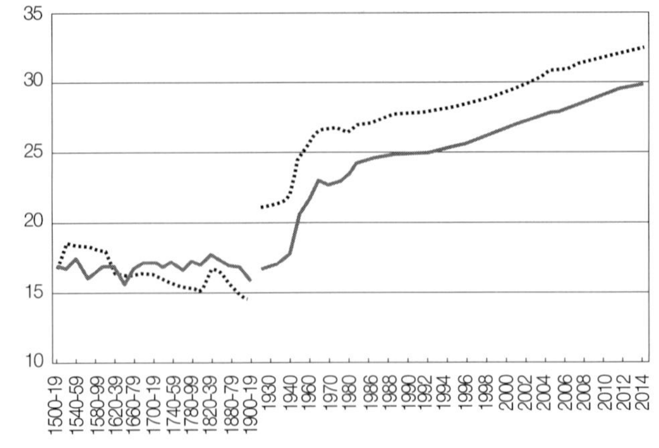

자료: B419-422.
주: 점선은 남자, 실선은 여자, 1919년까지는 양반, 1925년 이후는 전체 인구.

기대 여명(life expectancy at birth)이다. 이는 막 태어난 아이에게 기대할 수 있는 생존 기간으로 평균 수명이라고도 한다. 차명수(2009)가 족보 기록을 근거로 추정한 조선후기의 기대 여명은 23세였는데 1925/1930년에는 37세로 증가했다. 이후 사망력 하락이 계속되는 가운데 기대 여명은 1970년 62세, 2010년 81세로 꾸준히 증가해 갔다.

그림 B-c는 조출산율의 추세를 보여 준다. 앞의 그림 B-b에서와 마찬가지로 실선은 센서스 보고서, 점선은 『조선총독부통계연보』를 근거로 계산한 비율이다. 점선을 보면 실선과 겹치는 시기(1925-1939) 실선 아래 쪽에 머무르고 있어서 『조선총독부통계연보』의 인구 통계를 이용한 조출산율도 조사망률과 마찬가지로 과소 평가치임을 알 수 있다. 유아 사망률이 높았던 식민지 시대에 많은 부모들이 출생 후 1년이 지난 후에야 출생신고를 했기 때문에 조선총독부 현주 인구 조사에서는 태어나서 한 살 되기 전에 죽은 아이들이 사망자뿐 아니라 출생자에서도 누락되었다. 과소 평가된 조출산율을 나타내는 점선은 식민지기 전반기에 출산율은 높은 수준에서 정체하고 있었음을 시사한다. 1925년 이후 실선을 보면 이미 식민지기 후반기에 조출산율이 서서히 떨어지고 있었지만, 한국전쟁 이후 베이비 붐으로 인한 출산력의 상승이 있었으므로, 출산력 변천이 본격적으로 진행된 것은 1960-1990년간이었음을 알 수 있다.

조사망률이 부정확한 사망력 지표이듯이 조출산율 또한 부정확한 출산력 지표이다. 먼저 조출산율은 분모가 전체 인구인데 반하여 출산 당사자는 여성이므로 가임기 여성의 인구 비중이 출산율에 영향을 미친다. 또한 가임 여성이라도 연령별로 출산력은 다른데, 이를 나타내는 것이 연령별 출산율(age-specific fertility rate)이다. 출산력이 높은 20-34세의 인구 비중이 높으면 조출산율은 상승하며, 40대 이상의 인구 비중이 높으면 조출산율은 하락한다. 따라서 보다 정확한 출산력 지표는 연령별 출산율을 바탕으로 계산된 합계출산율(total fertility rate)인데 이는 한 여성이 평균적으로 평생 낳는 아이의 숫자, 보다 엄밀히 말하면 한 여성이 가임 기간 동안 낳을 것으로 기대되는 평균 아이의 숫자를 나타낸다.

우리나라 합계출산율은 1925/1930년 6명을 좀 넘는 수준이었다. 1960년경 6명 조금 아래로 떨어진 뒤 빠르게 감소해서 1990년 1.6명에 도달했다. 그런 다음 2010년 1.2명까지 떨어졌다(B319). 족보 기록을 근거로 차명수(2009)가 계산한 조선후기의 합계출산율은 식민지기보다 높은 6.8명이다.

대부분의 출산은 결혼을 통해 이루어지므로 출산력은 사람들이 결혼할 확률 – 혼인력 혹은 혼인율(nuptionality) – 에 의해 좌우된다. 혼인력은 천 명당 결혼한 사람의 숫자로 측정하며 초혼 연령과 밀접한 음의 상관관계를 보인다. 그림 B-d는 1500년 이후의 초혼 연령 추세를 보여 준다. 점선은 남자, 실선은 여자의 초혼 연령인데 1925년 이후는 전체 인구에 관한 것이지만 1919년까지는 양반들에 관한 것이다. 우선 1925년 이후를 보면 초혼 연령이 남자의 경우 열 살, 여

그림 B-e 우리나라 인구 증가율(%)

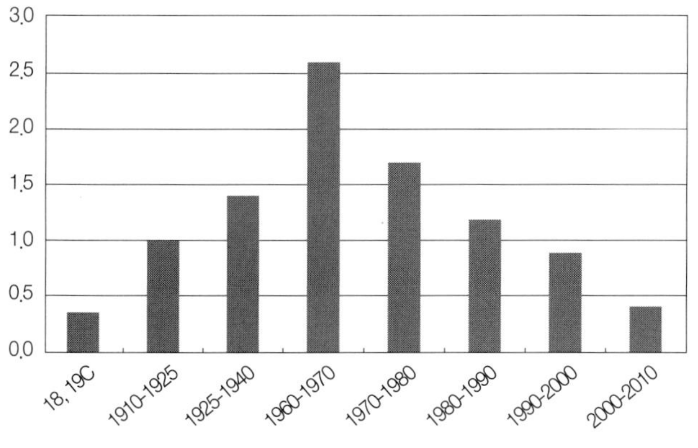

자료: B9-12, B193; 차명수(2014).
주: 18, 19세기의 인구 증가율은 지대와 임금 증가율을 바탕으로 추정한 수치이며, 식민지 시대는 외국인을 포함하지 않은 인구 증가율이고 해방 후는 외국인을 포함한 인구 증가율임.

자의 경우 열 두 살 정도 늦어졌음을 알 수 있다. 조선 중후기와 식민지기 초기에는 양반 여성의 초혼 연령은 정체, 남성의 초혼 연령은 상승했던 것으로 보인다. 1910-1919년간의 양반들의 초혼 연령과 1925년의 인구 전체의 초혼 연령을 비교해 보면 여성 초혼 연령은 양반과 평민 사이에 큰 차이가 없었지만 남성 초혼 연령은 양반 쪽이 현저히 낮았음을 알 수 있다.

McEvedy and Jones(1978: 178)에 따르면 18, 19세기에 인구는 매년 0.32%씩 증가했는데 이는 차명수(2014)가 요소 가격 변화로부터 추계한 인구 증가율 0.36%와 크게 다르지 않다. 차명수(2009)가 족보 기록을 근거로 추정한 18, 19세기 인구 증가율은 0.62%였다. 그림 B-e에서 제시된 18, 19세기 인구 증가율은 0.36%인데 사망력 변천과 출산력 변천이 순차적으로 일어나면서 식민지기와 1960년대에는 인구 증가 속도가 점점 빨라졌지만 1960년대 후반부터 출산력 변천이 일어나면서 1960년대를 정점으로 인구 증가 속도가 지속적으로 떨어졌음을 보여 준다. 이는 우리나라가 1900년경까지 인구 변천의 첫 번째 단계(다산 다사의 단계)에 머물렀으며 이후 1900년 전후 두 번째 단계(다산 소사의 단계)에 접어 들었고 1960년대에 세 번째 단계(소산 소사의 단계)에 진입했음을 말해 준다.

참고문헌

권태환 · 김두섭(2002), 『인구의 이해』, 서울대학교출판부.

권태환 · 신용하(1977), 「조선왕조시대 인구 추정에 관한 일 시론」, 『동아문화』 14, 289-330.

박이택(2008), 「식민지기 조선인 인구 추계의 재검토-1910~1940」, 『대동문화연구』 63, 331-373.

박희진 · 차명수(2003), 「조선후기와 일제 시대의 인구 변동」, 『경제사학』 35, 3-27.

차명수(2006), 「경제성장, 구조변화, 소득분배」, 김낙년 편, 『한국의 경제성장, 1910-1945』, 서울대학교출판부.

_____(2009), 「조선후기의 출산력, 사망력 및 인구증가: 네 족보에 나타난 1700-1899년간 생몰 기록을 이용한 연구」, 『한국인구학』 32(1), 113-137.

_____(2014), 『기아와 기적의 기원』, 도서출판 해남.

Jun, Kwang-Hee(2004), "Mortality," in Doo-Sub Kim and Cheong-Seok Kim, eds., *The Population of Korea*, Daejeon: Korean National Statistical Office.

Kim, Doo-Sub and Cheong-Seok Kim(2004), *The Population of Korea*, Daejeon: Korean National Statistical Office.

Kwon, Tai-Hwan(1977), *Demography of Korea*, Seoul: Seoul National University Press.

McEvedy, Colin and Richard Jones(1978), *Atlas of World Population History*, Harmondsworth: Penguin.

Michell, Tony(1979/1980), "Facts and Hypothesis in Yi Dynasty Economic History: the Demographic Dimension," *Korea Studies Forum* 6, 65-93.

United Nations(1967), *Method of Estimating Basic Demographic Measures from Incomplete Data*, New York: United Nations.

B. 인구

박희진 · 차명수

1. 인구 및 호수

표 B1-2 조선왕조실록 집계 인구 및 호수, 1702-1892

	인구	호수
	B1	B2
	남북한, 명	남북한, 호
1702	5,922,510	1,342,468
1705	6,062,953	1,370,313
1708	6,206,554	1,406,610
1711	6,394,028	1,466,245
1714	6,662,175	1,504,483
1717	6,839,771	1,557,709
1720	6,799,097	1,559,488
1723	6,865,404	1,575,966
1726	6,955,400	1,614,598
1729	7,131,553	1,663,245
1732	7,273,446	1,713,849
1735	6,979,798	1,618,172
1738	7,096,565	1,672,184
1741	7,192,848	1,685,884
1744	7,209,213	1,749,612
1747	7,340,318	1,759,692
1750	7,328,867	1,783,044
1753	7,288,627	1,772,749
1756	7,318,359	1,771,350
1759	6,968,856	1,690,715
1762	6,981,598	1,691,040
1765	6,974,642	1,675,267
1768	7,006,248	1,679,865
1771	7,016,370	1,689,046
1774	7,098,441	1,703,030
1777	7,238,523	1,715,371
1780	7,228,076	1,714,550
1783	7,316,924	1,733,757
1786	7,330,965	1,740,592
1789	7,403,606	1,752,837
1792	7,438,185	1,689,596
1799	7,412,686	1,741,184
1801	7,513,792	1,757,973
1807	7,561,403	1,764,801
1811	7,583,046	1,761,887
1814	7,903,167	1,637,108
1817	6,595,368	1,555,998
1820	6,512,349	1,533,515
1823	6,470,570	1,534,238
1826	6,558,784	1,549,653
1829	6,644,482	1,563,216
1832	6,610,878	1,565,060
1834	6,755,280	1,578,823
1837	6,708,572	1,591,951
1840	6,617,997	1,560,774
1843	6,703,684	1,582,313
1846	6,743,862	1,581,594
1849	6,614,754	1,118,911
1852	6,810,206	1,588,875
1855	6,828,907	1,597,343
1858	6,869,102	1,588,684
1861	6,748,138	1,589,038
1864	6,828,552	1,605,448
1866	6,870,975	1,604,062
1869	6,765,319	1,614,016
1872	6,753,385	1,608,205
1875	6,786,619	1,647,037
1878	6,721,414	1,592,571
1881	6,594,909	1,572,716
1884	6,715,543	1,583,922
1887	6,522,687	1,575,530
1890	6,607,604	1,575,611
1892	6,634,291	1,575,828

자료: 『조선왕조실록』(1702-1861); 『일성록』(1864-1892).

표 B3-8 추계 및 센서스 집계 인구와 연말 상주 인구, 1910-1944

	인구				연말 상주 인구	
	조선인		비조선인		조선인	비조선인
	남	여	남	여		
	B3	B4	B5	B6	B7	B8
	남북한, 명					
1910	**8,286,087**	**7,986,116**	115,933	79,474	13,128,780	184,237
1911	8,411,516	8,111,629	140,632	96,023	13,832,376	223,493
1912	8,538,843	8,239,115	163,462	112,425	14,566,783	260,318
1913	8,668,098	8,368,604	180,424	125,527	15,169,923	288,940
1914	8,799,309	8,500,128	191,900	135,334	15,620,720	309,242
1915	**8,932,506**	**8,633,720**	198,076	140,981	15,957,630	320,759
1916	9,013,124	8,696,744	208,620	149,588	16,309,179	338,950
1917	9,094,469	8,760,228	216,099	155,469	16,617,431	351,566
1918	9,176,548	8,824,176	223,527	157,787	16,697,017	360,015
1919	9,259,368	8,888,590	225,682	161,591	16,783,510	366,399
1920	**9,342,935**	**8,953,475**	230,841	164,191	16,916,078	372,911
1921	9,418,351	9,020,544	243,646	173,174	17,059,358	393,560
1922	9,494,375	9,088,115	260,504	183,725	17,208,139	418,622
1923	9,571,013	9,156,192	272,269	192,758	17,446,913	438,050
1924	9,648,270	9,224,779	277,719	198,517	17,619,540	448,576
1925	**9,726,150**	**9,293,880**	**294,793**	**208,122**	18,543,326	472,200
1926	9,857,123	9,438,384	307,409	216,610	18,615,033	488,867
1927	9,989,859	9,585,134	320,675	225,542	18,631,494	506,204
1928	10,124,383	9,734,167	334,631	234,957	18,667,334	522,365
1929	10,260,718	9,885,516	349,320	244,896	18,784,437	546,624
1930	**10,398,889**	**10,039,219**	**364,790**	**255,407**	19,685,587	570,976
1931	10,567,739	10,212,695	369,076	263,586	19,710,168	552,790
1932	10,739,331	10,389,168	373,912	272,053	20,037,273	562,603
1933	10,913,709	10,568,691	379,291	280,818	20,205,591	585,730
1934	11,090,918	10,751,316	385,206	289,892	20,513,804	612,023
1935	**11,271,005**	**10,937,097**	**391,652**	**299,284**	21,248,864	642,316
1936	11,382,438	11,087,138	398,299	309,115	21,373,572	674,264
1937	11,494,972	11,239,237	405,146	319,282	21,682,855	672,630
1938	11,608,619	11,393,423	412,199	329,798	21,950,616	683,135
1939	11,723,390	11,549,725	419,461	340,675	22,098,310	702,337
1940	**11,839,295**	**11,708,170**	**426,935**	**351,927**	22,954,563	754,494
1941	12,006,202	11,924,791	417,692	360,771	23,913,063	790,834
1942	12,175,461	12,145,421	408,649	369,862	25,525,409	835,992
1943	12,347,107	12,370,132	399,803	379,209	25,827,308	834,842
1944	**12,521,173**	**12,599,001**	**391,148**	**388,820**		

자료: 인구는 김낙년 편, 『한국의 장기통계: 국민계정』(서울대출판문화원, 2012), p. 636; 연말 상주 인구는 『조선총독부통계연보』, 각년도.
注: 볼드체 인구는 추계 또는 센서스 집계 인구, 나머지 인구수치는 볼드체 수치 사이의 선형 내삽으로 도출한 것이다.

표 B9-11 남한 인구, 1911-2015

	합계	남	여
	B9	B10	B11
		남한, 명	
1911	11,109,355	5,668,854	5,440,502
1912	11,241,877	5,736,550	5,505,326
1913	11,374,595	5,803,515	5,571,079
1914	11,522,629	5,877,591	5,645,038
1915	11,713,233	5,973,021	5,740,211
1916	11,838,841	6,042,412	5,796,429
1917	11,916,646	6,087,409	5,829,236
1918	11,985,395	6,129,005	5,856,389
1919	12,122,828	6,203,625	5,919,203
1920	12,439,569	6,371,560	6,068,009
1921	12,470,582	6,390,144	6,080,438
1922	12,506,858	6,412,188	6,094,671
1923	12,616,702	6,470,835	6,145,867
1924	12,732,340	6,531,563	6,200,778
1925	12,831,402	6,586,237	6,245,165
1926	13,008,750	6,671,595	6,337,155
1927	13,179,424	6,753,416	6,426,008
1928	13,365,488	6,843,004	6,522,484
1929	13,534,556	6,923,772	6,610,784
1930	13,724,203	7,014,948	6,709,255
1931	13,950,358	7,125,195	6,825,163
1932	14,157,287	7,225,591	6,931,696
1933	14,375,721	7,331,826	7,043,896
1934	14,603,589	7,442,826	7,160,762
1935	14,835,769	7,555,972	7,279,797
1936	15,065,028	7,657,471	7,407,557
1937	15,189,104	7,705,142	7,483,962
1938	15,352,364	7,772,392	7,579,972
1939	15,449,712	7,806,000	7,643,713
1940	15,438,681	7,784,752	7,653,929
1941	15,618,515	7,852,976	7,765,539
1942	15,884,344	7,963,951	7,920,393
1943	16,092,456	8,045,461	8,046,995
1944	16,345,702	8,149,027	8,196,675
1945	16,577,302		
1946	18,353,719		
1947	19,210,745		
1948	19,836,551		
1949	20,188,641		
1950	20,426,603		
1951	19,843,425		
1952	20,165,028		
1953	20,239,000		
1954	20,823,000		
1955	21,424,000		
1956	22,042,000		
1957	22,677,000		
1958	23,331,000		
1959	24,003,000		
1960	25,012,374	12,550,691	12,461,683
1961	25,765,673	12,936,583	12,829,090
1962	26,513,030	13,320,983	13,192,047
1963	27,261,747	13,708,120	13,553,627

	합계	남	여
	B9	B10	B11
		남한, 명	
1964	27,984,155	14,081,950	13,902,205
1965	28,704,674	14,452,831	14,251,843
1966	29,435,571	14,829,861	14,605,710
1967	30,130,983	15,205,393	14,925,590
1968	30,838,302	15,576,098	15,262,204
1969	31,544,266	15,940,965	15,603,301
1970	32,240,827	16,308,607	15,932,220
1971	32,882,704	16,648,884	16,233,820
1972	33,505,406	16,955,438	16,549,968
1973	34,103,149	17,234,877	16,868,272
1974	34,692,266	17,514,223	17,178,043
1975	35,280,725	17,765,828	17,514,897
1976	35,848,523	18,058,503	17,790,020
1977	36,411,795	18,349,416	18,062,379
1978	36,969,185	18,637,254	18,331,931
1979	37,534,236	18,929,361	18,604,875
1980	38,123,775	19,235,736	18,888,039
1981	38,723,248	19,535,680	19,187,568
1982	39,326,352	19,837,392	19,488,960
1983	39,910,403	20,129,120	19,781,283
1984	40,405,956	20,375,175	20,030,781
1985	40,805,744	20,575,600	20,230,144
1986	41,213,674	20,771,997	20,441,677
1987	41,621,690	20,959,980	20,661,710
1988	42,031,247	21,155,226	20,876,021
1989	42,449,038	21,357,389	21,091,649
1990	42,869,283	21,568,181	21,301,102
1991	43,295,704	21,783,914	21,511,790
1992	43,747,962	22,013,655	21,734,307
1993	44,194,628	22,242,554	21,952,074
1994	44,641,540	22,472,496	22,169,044
1995	45,092,991	22,705,329	22,387,662
1996	45,524,681	22,924,512	22,600,169
1997	45,953,580	23,148,092	22,805,488
1998	46,286,503	23,295,727	22,990,776
1999	46,616,677	23,457,837	23,158,840
2000	47,008,111	23,666,769	23,341,342
2001	47,370,164	23,854,971	23,515,193
2002	47,644,736	23,991,377	23,653,359
2003	47,892,330	24,120,872	23,771,458
2004	48,082,519	24,210,740	23,871,779
2005	48,184,561	24,243,234	23,941,327
2006	48,438,292	24,369,561	24,068,731
2007	48,683,638	24,491,190	24,192,448
2008	49,054,708	24,671,648	24,383,060
2009	49,307,835	24,774,341	24,533,494
2010	49,554,112	24,881,114	24,672,998
2011	49,936,638	25,069,867	24,866,771
2012	50,199,853	25,187,380	25,012,473
2013	50,428,893	25,285,319	25,143,574
2014	50,746,659	25,445,077	25,301,582
2015	51,014,947	25,585,894	25,429,053

자료: 1959년까지는 김낙년 편, 『한국의 장기통계: 국민계정』(서울대출판문화원, 2012), pp. 518-519; 1960년부터는 통계청, 「총조사가구」(http://kosis.kr).

표 B12-18 센서스 인구 및 가구수, 1925-2015

	인구						가구
	한국인			외국인			
	합계	남	여	합계	남	여	
	B12	B13	B14	B15	B16	B17	B18
	남북한, 명						남북한, 가구
1925	19,020,030	9,726,150	9,293,880	502,915	294,793	208,122	3,720,773
1930	20,438,108	10,398,889	10,039,219	620,197	364,790	255,407	3,985,953
1935	22,208,102	11,271,005	10,937,097	690,936	391,652	299,284	4,298,353
1940	23,547,465	11,839,295	11,708,170	778,862	426,935	351,927	4,586,456
1944	25,120,174	12,521,173	12,599,001	779,968	391,148	388,820	4,920,203
	남한, 명						남한, 가구
1949	20,166,756	10,188,238	9,978,518	21,885	12,639	9,246	
1955	21,502,386	10,752,973	10,749,413	23,988	13,804	10,184	3,801,947
1960	24,989,241	12,543,968	12,445,273	34,951	18,511	16,440	4,377,973
1966	29,159,640	14,684,147	14,475,493	33,122	17,956	15,166	5,191,507
1970	31,435,252	15,779,615	15,655,637	30,402	16,062	14,340	5,576,277
1975	34,678,972	17,445,246	17,233,726	27,648	15,998	11,650	6,754,257
1980	37,406,815	18,749,306	18,657,509	29,500	17,895	11,605	7,992,968
1985	40,419,652	20,227,564	20,192,088	28,834	16,201	12,633	9,571,361
1990	43,390,374	21,770,919	21,619,455	20,525	11,235	9,290	11,354,540
1995	44,553,710	22,357,352	22,196,358	55,016	31,972	23,044	12,958,181
2000	45,985,289	23,068,181	22,917,108	150,812	90,401	60,411	14,326,224
2005	47,041,434	23,465,650	23,575,784	237,517	158,304	79,213	15,988,274
2010	47,990,761	23,840,896	24,149,865	589,532	326,202	263,330	17,574,067
2015	49,705,663	24,819,839	24,885,824	1,363,712	788,663	575,049	19,560,603

자료: 통계청, 「총조사인구총괄」(http://kosis.kr).

표 B19-57 도별 한국인 인구, 1925-1944

	경기			강원			충북			충남			전북			전남			경북		
	남	여	소계	남	여	소계	남	여	소계	남	여	소계	남	여	소계	남	여	소계	남	여	소계
	B19	B20	B21	B22	B23	B24	B25	B26	B27	B28	B29	B30	B31	B32	B33	B34	B35	B36	B37	B38	B39
	천 명																				
1925	970	920	1,890	692	630	1,322	433	406	839	650	609	1,259	694	647	1,340	1,071	1,053	2,124	1,170	1,123	2,293
1930	1,026	978	2,004	770	704	1,474	458	433	891	696	661	1,357	757	710	1,468	1,148	1,141	2,288	1,198	1,176	2,374
1935	1,264	1,188	2,452	832	773	1,605	491	468	959	783	744	1,527	824	783	1,607	1,256	1,252	2,508	1,297	1,266	2,563
1940	1,353	1,315	2,668	901	842	1,743	473	462	935	777	771	1,548	780	784	1,564	1,282	1,311	2,593	1,198	1,230	2,428
1944	1,442	1,445	2,887	936	900	1,837	483	488	971	814	833	1,647	804	835	1,639	1,318	1,388	2,706	1,260	1,302	2,561

	경남			황해			평북			평남			함북			함남		
	남	여	소계	남	여	소계	남	여	소계	남	여	소계	남	여	소계	남	여	소계
	B40	B41	B42	B43	B44	B45	B46	B47	B48	B49	B50	B51	B52	B53	B54	B55	B56	B57
	천 명																	
1925	986	952	1,938	730	713	1,443	707	679	1,386	609	598	1,207	303	290	593	712	674	1,386
1930	1,028	1,017	2,045	755	744	1,500	770	749	1,519	647	642	1,289	361	341	702	785	743	1,528
1935	1,129	1,119	2,248	846	829	1,674	871	839	1,710	739	730	1,470	445	408	853	885	836	1,722
1940	1,052	1,095	2,148	895	891	1,786	855	854	1,708	808	799	1,607	540	477	1,017	925	877	1,803
1944	1,143	1,175	2,318	990	995	1,985	915	911	1,826	889	877	1,767	540	499	1,039	987	951	1,939

자료: 통계청, 「총조사인구총괄」(http://kosis.kr).

표 B58-105 시도별 한국인 인구, 1949-2015

	서울			부산			대구			인천			광주			대전		
	남	여	소계	남	여	소계	남	여	소계	남	여	소계	남	여	소계	남	여	소계
	B58	B59	B60	B61	B62	B63	B64	B65	B66	B67	B68	B69	B70	B71	B72	B73	B74	B75
	천 명																	
1949	737	700	1,438															
1955	779	784	1,563															
1960	1,218	1,219	2,437															
1966	1,889	1,894	3,783	711	711	1,422												
1970	2,661	2,762	5,423	904	935	1,839												
1975	3,426	3,453	6,879	1,220	1,230	2,450												
1980	4,160	4,191	8,351	1,569	1,588	3,157												
1985	4,788	4,838	9,626	1,735	1,777	3,512	1,005	1,024	2,028	691	693	1,385						
1990	5,321	5,282	10,603	1,881	1,915	3,796	1,113	1,115	2,228	914	902	1,816	571	568	1,139	530	519	1,049
1995	5,131	5,086	10,217	1,898	1,912	3,810	1,232	1,214	2,445	1,163	1,141	2,304	627	630	1,257	642	629	1,271
2000	4,944	4,910	9,854	1,823	1,833	3,655	1,244	1,230	2,474	1,244	1,222	2,466	673	678	1,351	689	677	1,366
2005	4,837	4,925	9,763	1,736	1,777	3,513	1,227	1,229	2,456	1,263	1,255	2,518	701	712	1,414	721	718	1,439
2010	4,726	4,905	9,631	1,665	1,729	3,393	1,204	1,227	2,432	1,316	1,316	2,632	724	742	1,466	745	745	1,490
2015	4,694	4,873	9,567	1,675	1,729	3,405	1,211	1,226	2,437	1,415	1,408	2,823	737	745	1,481	763	756	1,519

	울산			경기			강원			충북			충남			전북		
	남	여	소계	남	여	소계	남	여	소계	남	여	소계	남	여	소계	남	여	소계
	B76	B77	B78	B79	B80	B81	B82	B83	B84	B85	B86	B87	B88	B89	B90	B91	B92	B93
	천 명																	
1949																		
1955				1,221	1,135	2,355	857	638	1,495	583	607	1,190	1,104	1,115	2,219	1,034	1,089	2,123
1960				1,379	1,364	2,743	836	800	1,636	694	673	1,367	1,276	1,249	2,525	1,199	1,194	2,393
1966				1,556	1,540	3,097	936	894	1,830	789	758	1,548	1,472	1,428	2,901	1,264	1,256	2,519
1970				1,622	1,670	3,292	924	912	1,836	726	727	1,453	1,393	1,413	2,806	1,168	1,216	2,385
1975				2,024	2,011	4,035	955	906	1,861	778	744	1,521	1,499	1,448	2,947	1,236	1,219	2,455
1980				2,472	2,458	4,930	915	875	1,790	724	699	1,423	1,492	1,463	2,955	1,145	1,141	2,287
1985				2,409	2,384	4,793	880	844	1,724	706	684	1,390	1,511	1,489	3,000	1,101	1,101	2,201
1990				3,099	3,055	6,154	802	778	1,580	697	692	1,389	1,021	992	2,013	1,030	1,039	2,069
1995				3,857	3,781	7,638	740	725	1,465	699	696	1,395	887	878	1,765	942	959	1,901
2000	521	491	1,012	4,507	4,430	8,938	746	738	1,485	734	728	1,463	925	915	1,840	935	952	1,887
2005	538	507	1,045	5,192	5,149	10,341	733	728	1,461	730	724	1,454	946	934	1,879	875	904	1,779
2010	551	521	1,072	5,600	5,596	11,196	735	729	1,464	749	747	1,496	1,007	993	2,000	868	898	1,766
2015	588	549	1,137	6,040	5,987	12,026	759	741	1,500	780	769	1,549	1,135	1,102	2,236	899	905	1,804

	전남			경북			경남			제주		
	남	여	소계	남	여	소계	남	여	소계	남	여	소계
	B94	B95	B96	B97	B98	B99	B100	B101	B102	B103	B104	B105
	천 명											
1949	1,529	1,512	3,041	1,619	1,586	3,205	1,572	1,561	3,134	115	140	255
1955	1,513	1,613	3,125	1,646	1,713	3,359	1,853	1,907	3,760	150	139	289
1960	1,775	1,775	3,550	1,932	1,913	3,845	2,086	2,091	4,177	131	150	281
1966	2,045	2,002	4,047	2,250	2,219	4,469	1,593	1,580	3,174	160	176	337
1970	1,939	1,992	3,931	2,200	2,272	4,473	1,495	1,562	3,057	168	190	358
1975	2,018	1,964	3,983	2,446	2,409	4,856	1,642	1,637	3,279	199	212	411
1980	1,902	1,877	3,779	2,482	2,470	4,952	1,662	1,659	3,321	226	236	463
1985	1,887	1,861	3,748	1,512	1,498	3,010	1,764	1,751	3,515	239	249	488
1990	1,266	1,241	2,507	1,430	1,430	2,860	1,842	1,830	3,672	254	260	514
1995	1,023	1,043	2,066	1,334	1,339	2,672	1,932	1,909	3,842	249	256	505
2000	987	1,007	1,994	1,357	1,359	2,716	1,484	1,487	2,971	254	258	513
2005	890	925	1,815	1,293	1,302	2,595	1,521	1,520	3,041	264	267	531
2010	846	883	1,729	1,282	1,294	2,575	1,563	1,557	3,120	262	267	528
2015	880	885	1,764	1,314	1,309	2,623	1,634	1,610	3,244	296	295	590

자료: 통계청, 「총조사인구총괄」(http://kosis.kr).

주: 1) 1949년과 1985년 이후 경기도는 서울과 인천 인구를 제외한 인구수, 1966년과 2000년 이후 경상남도는 각각 부산 및 울산 인구를 제외한 인구수이다.

2) 1985년 이후 경상북도는 대구를 제외한 인구수, 1990년 이후 전라남도는 광주를 제외한 인구수, 1990년 이후 충청남도는 대전을 제외한 인구수이다.

3) 2015년의 충청남도는 세종특별시 인구를 합한 인구수이다.

표 B106-144 도별 외국인 인구, 1925-1944

	경기			강원			충북			충남			전북			전남			경북		
	남	여	소계	남	여	소계	남	여	소계	남	여	소계	남	여	소계	남	여	소계	남	여	소계
	B106	B107	B108	B109	B110	B111	B112	B113	B114	B115	B116	B117	B118	B119	B120	B121	B122	B123	B124	B125	B126
	남북한, 천 명																				
1925	73.5	55.7	129.2	6.0	4.1	10.0	4.6	3.5	8.1	13.4	9.6	23.0	15.7	12.9	28.6	19.5	15.4	35.0	22.0	17.3	39.3
1930	87.4	66.0	153.4	8.6	5.2	13.7	5.3	4.1	9.3	14.6	11.4	25.9	19.8	16.3	36.1	24.2	19.6	43.8	23.6	19.3	42.9
1935	96.0	77.7	173.7	8.4	6.4	14.8	5.1	4.2	9.3	15.4	13.0	28.4	19.5	17.5	37.1	24.2	21.7	45.9	24.8	21.3	46.0
1940	103.2	93.1	196.3	12.2	9.5	21.7	19.0	17.9	36.8	0.6	0.2	0.9	17.7	16.8	34.6	46.7	42.7	89.4	0.3	0.1	0.5
1944	105.7	203.2	97.5	9.7	20.0	10.3	4.7	9.0	4.4	14.0	26.4	12.5	17.8	33.8	16.1	44.6	84.1	39.5	0.2	0.5	0.3

	경남			황해			평북			평남			함북			함남		
	남	여	소계	남	여	소계	남	여	소계	남	여	소계	남	여	소계	남	여	소계
	B127	B128	B129	B130	B131	B132	B133	B134	B135	B136	B137	B138	B139	B140	B141	B142	B143	B144
	천 명																	
1925	45.3	38.6	83.9	11.2	7.7	18.9	21.7	9.3	31.1	22.0	13.2	35.2	23.0	10.5	33.5	16.9	10.4	27.2
1930	48.3	42.3	90.6	14.5	9.4	23.9	30.3	13.5	43.8	26.3	16.7	42.9	29.2	14.1	43.3	32.9	17.6	50.5
1935	49.1	45.5	94.6	13.4	10.3	23.7	34.0	16.9	50.9	28.0	19.8	47.7	38.7	21.9	60.6	35.3	23.0	58.3
1940	47.4	46.9	94.3	15.1	12.3	27.4	38.2	21.8	60.0	30.8	24.3	55.1	50.9	34.7	85.6	44.8	31.7	76.4
1944	51.9	97.9	46.1	14.0	28.6	14.6	23.6	55.7	32.1	28.5	60.1	31.7	38.5	84.7	46.2	35.8	75.7	39.9

자료: 통계청, 「총조사인구총괄」(http://kosis.kr).

표 B145-192 시도별 외국인 인구, 1949-2015

	서울			부산			대구			인천			광주			대전		
	남	여	소계	남	여	소계	남	여	소계	남	여	소계	남	여	소계	남	여	소계
	B145	B146	B147	B148	B149	B150	B151	B152	B153	B154	B155	B156	B157	B158	B159	B160	B161	B162
	천 명																	
1949	5.1	3.2	8.3															
1955	3.7	2.4	6.1															
1960	4.7	4.1	8.8															
1966	5.5	4.6	10.1	2.1	1.9	4.0												
1970	5.6	4.9	10.5	1.8	1.7	3.5												
1975	6.2	3.8	10.0	1.7	1.4	3.0												
1980	8.8	4.9	13.8	1.7	1.1	2.8												
1985	7.4	6.0	13.4	1.5	1.2	2.7	0.8	0.7	1.5	1.1	0.9	2.0						
1990	5.0	4.3	9.3	1.2	1.0	2.2	0.6	0.5	1.1	0.8	0.8	1.6	0.2	0.1	0.3	0.2	0.2	0.5
1995	7.7	6.4	14.0	2.5	2.2	4.7	2.1	2.0	4.1	2.7	1.3	4.0	0.4	0.2	0.6	0.7	0.5	1.2
2000	23.4	17.8	41.2	4.5	2.9	7.4	3.9	2.7	6.6	6.1	2.7	8.8	1.1	0.8	1.8	1.3	1.0	2.2
2005	32.6	25.0	57.6	7.4	3.6	11.0	6.1	2.4	8.5	10.4	3.2	13.6	2.8	1.3	4.1	2.7	1.6	4.3
2010	77.3	85.5	162.8	12.0	9.7	21.8	8.2	6.5	14.6	19.0	11.5	30.5	5.2	4.4	9.6	5.6	6.1	11.7
2015	165.2	171.9	337.1	26.0	18.1	44.1	17.3	12.0	29.3	40.2	27.6	67.9	12.2	9.4	21.6	8.9	10.1	19.1

	울산			경기			강원			충북			충남			전북		
	남	여	소계	남	여	소계	남	여	소계	남	여	소계	남	여	소계	남	여	소계
	B163	B164	B165	B166	B167	B168	B169	B170	B171	B172	B173	B174	B175	B176	B177	B178	B179	B180
	천 명																	
1949				4.0	2.7	6.7	0.2	0.1	0.4	0.3	0.2	0.5	0.7	0.7	1.4	0.8	0.7	1.5
1955				2.3	1.8	4.1	0.3	0.2	0.5	0.5	0.4	0.8	1.0	0.9	1.8	1.0	0.7	1.7
1960				3.1	2.7	5.8	0.6	0.4	1.0	1.3	1.2	2.4	1.4	1.3	2.7	1.1	1.0	2.1
1966				3.0	2.5	5.5	0.8	0.6	1.3	0.7	0.5	1.2	1.2	1.1	2.3	0.9	0.8	1.8
1970				2.5	2.2	4.8	0.6	0.5	1.1	0.5	0.4	0.9	1.0	1.0	2.0	0.9	0.8	1.7
1975				2.4	2.0	4.4	0.5	0.3	0.8	0.4	0.4	0.9	0.8	0.7	1.5	0.7	0.6	1.3
1980				1.9	1.6	3.5	0.4	0.3	0.7	0.4	0.3	0.7	0.8	0.7	1.6	0.5	0.4	1.0
1985				0.9	0.7	1.5	0.4	0.3	0.7	0.4	0.3	0.7	0.7	0.6	1.3	0.4	0.4	0.8
1990				0.8	0.5	1.3	0.3	0.2	0.6	0.3	0.2	0.5	0.4	0.3	0.7	0.3	0.3	0.6
1995				7.9	3.9	11.8	0.5	0.5	1.0	0.7	0.6	1.3	1.0	0.8	1.8	0.6	0.9	1.5
2000	1.4	0.9	2.3	30.9	15.5	46.4	1.2	1.3	2.5	2.1	1.9	3.9	2.8	2.1	4.9	1.4	2.1	3.4
2005	3.4	0.9	4.2	51.8	22.6	74.4	2.2	1.6	3.8	4.6	2.0	6.6	7.1	2.9	10.1	2.9	2.2	5.1
2010	6.8	4.1	10.9	106.0	77.4	183.4	3.3	4.5	7.9	9.6	6.6	16.2	16.4	11.1	27.5	5.1	6.1	11.2
2015	19.3	10.5	29.9	269.9	182.8	452.6	9.6	8.7	18.3	25.4	15.3	40.8	46.9	28.6	75.6	16.4	13.5	29.9

	전남			경북			경남			제주		
	남	여	소계	남	여	소계	남	여	소계	남	여	소계
	B181	B182	B183	B184	B185	B186	B187	B188	B189	B190	B191	B192
	천 명											
1949	0.4	0.6	1.0	0.5	0.5	1.0	0.6	0.5	1.1	0.0	0.0	0.1
1955	0.6	0.6	1.2	1.4	1.1	2.5	3.0	2.1	5.1	0.1	0.1	0.1
1960	1.5	1.4	3.0	1.7	1.6	3.3	2.9	2.6	5.5	0.2	0.2	0.4
1966	0.9	0.8	1.7	2.0	1.7	3.7	0.8	0.5	1.3	0.2	0.1	0.3
1970	0.7	0.7	1.4	1.7	1.5	3.2	0.6	0.5	1.0	0.2	0.1	0.3
1975	0.8	0.6	1.4	1.5	1.2	2.7	0.9	0.5	1.3	0.1	0.1	0.2
1980	0.5	0.4	1.0	1.5	1.0	2.5	1.0	0.6	1.6	0.2	0.1	0.3
1985	0.5	0.4	0.9	0.6	0.4	0.9	1.5	0.6	2.2	0.1	0.1	0.3
1990	0.3	0.2	0.5	0.3	0.2	0.5	0.6	0.3	0.9	0.1	0.1	0.2
1995	0.4	0.3	0.7	1.9	1.9	3.8	2.7	1.4	4.1	0.2	0.2	0.3
2000	0.8	1.4	2.2	4.4	4.3	8.7	4.8	2.7	7.6	0.4	0.3	0.7
2005	2.7	1.9	4.6	8.9	4.0	12.9	11.9	3.4	15.4	0.8	0.4	1.2
2010	6.6	6.2	12.8	14.6	10.1	24.7	28.7	11.8	40.6	1.7	1.8	3.5
2015	21.1	13.5	34.6	36.8	20.7	57.6	64.3	26.0	90.4	8.9	6.2	15.1

자료: 통계청, 「총조사인구총괄」(http://kosis.kr).

주: 1) 1949년과 1955년 이후의 경기도와 강원도의 외국인수는 분단과 전쟁으로 인한 변경된 행정구역의 외국인수이다.

2) 1949년과 1985년 이후 경기도는 서울과 인천 인구를 제외한 인구수, 1966년과 2000년 이후 경상남도는 각각 부산 및 울산 인구를 제외한 인구수이다.

3) 1985년 이후 경상북도는 대구를 제외한 인구수, 1990년 이후 전라남도는 광주를 제외한 인구수, 1990년 이후 충청남도는 대전을 제외한 인구수이다.

4) 2015년 충청남도는 세종특별시 인구를 합한 인구수이다.

표 B193-236 성별 연령별 인구, 1910-2015

	남																					
	소계	0-4세	5-9세	10-14세	15-19세	20-24세	25-29세	30-34세	35-39세	40-44세	45-49세	50-54세	55-59세	60-64세	65-69세	70-74세	75-79세	80-84세	85-89세	90-94세	95-99세	100세 이상
	B193	B194	B195	B196	B197	B198	B199	B200	B201	B202	B203	B204	B205	B206	B207	B208	B209	B210	B211	B212	B213	B214
	남북한, 천 명																					
1910	8,286	1,454	924	922	772	700	598	535	473	430	390	379	267	207	143	65	22	4	1			
1915	8,933	1,604	1,097	888	878	728	664	572	508	439	390	345	323	214	150	90	33	7	1	0		
1920	9,343	1,624	1,160	1,048	822	803	674	630	536	467	395	341	291	254	151	92	43	9	2	0		
1925	9,726	1,560	1,201	1,117	964	749	754	654	594	498	425	347	292	231	182	95	45	13	2	1	0	0
1930	10,399	1,661	1,362	1,154	1,058	861	692	707	619	548	461	380	306	235	172	115	50	20				
1935	11,271	1,864	1,478	1,302	1,080	960	812	653	669	573	509	409	334	248	179	113	63	25				
1940	11,839	1,974	1,655	1,398	1,142	908	845	725	606	609	515	446	356	271	186	116	57	29				
1944	12,521	2,159	1,815	1,546	1,175	889	813	768	675	575	554	452	367	293	201	137	66	24	7	2	1	1
	남한, 천 명																					
1949	10,188		2,992	1,282	1,030	864	760	652	590	488	394	341	294	486								
1955	10,753	1,743	1,496	1,372	1,257	808	635	679	586	530	496	337	296	217	156	81	43	15	4	1	0	0
1960	12,544	1,820	1,958	1,480	1,249	1,176	917	727	688	599	518	444	319	257	174	121	56	26	7	1	0	0
1966	14,684	2,319	2,391	1,857	1,399	1,203	1,116	976	734	659	560	466	376	248	183	105	62	20	7	1	0	0
1970	15,780	2,229	2,349	2,274	1,573	1,299	1,097	1,109	915	691	629	507	408	302	181	121	61	26	9			
1975	17,445	2,189	2,303	2,349	2,124	1,612	1,272	1,131	1,111	885	650	577	449	334	230	123	68	26	11			
1980	18,749	1,964	2,283	2,293	2,187	2,068	1,541	1,294	1,127	1,080	869	609	522	373	261	162	74	32	11			
1985	20,228	1,923	2,025	2,311	2,227	2,186	2,027	1,590	1,324	1,109	1,043	810	561	440	307	191	104	36	15			
1990	21,771	1,727	1,999	2,054	2,267	2,294	2,161	2,143	1,648	1,315	1,101	995	761	495	376	233	128	55	15	3	0	0
1995	22,357	1,821	1,627	1,914	1,987	2,238	2,078	2,146	2,103	1,580	1,262	1,029	924	674	421	294	160	71	23	4	1	0
2000	23,068	1,641	1,831	1,615	1,914	2,028	2,057	2,068	2,117	2,029	1,496	1,185	960	836	594	348	211	94	32	7	1	0
2005	23,466	1,237	1,654	1,816	1,626	1,916	1,858	2,060	2,066	2,082	1,962	1,427	1,127	897	756	514	271	137	46	11	2	0
2010	23,841	1,142	1,243	1,655	1,826	1,625	1,803	1,866	2,060	2,071	2,045	1,888	1,361	1,057	833	673	411	186	74	18	3	0
2015	24,820	1,147	1,162	1,258	1,658	1,809	1,582	1,855	1,927	2,142	2,151	2,094	1,923	1,348	1,015	790	551	275	98	29	5	0

	여																					
	소계	0-4세	5-9세	10-14세	15-19세	20-24세	25-29세	30-34세	35-39세	40-44세	45-49세	50-54세	55-59세	60-64세	65-69세	70-74세	75-79세	80-84세	85-89세	90-94세	95-99세	100세 이상
	B215	B216	B217	B218	B219	B220	B221	B222	B223	B224	B225	B226	B227	B228	B229	B230	B231	B232	B233	B234	B235	B236
	남북한, 천 명																					
1910	7,986	1,428	871	863	738	658	555	487	417	397	368	379	280	241	177	86	31	7	2			
1915	8,634	1,613	1,045	823	823	698	621	524	459	390	368	338	339	235	184	117	45	10	2	1		
1920	8,953	1,580	1,106	973	769	765	648	576	488	422	368	333	297	279	172	116	56	14	3	1		
1925	9,294	1,510	1,124	1,040	913	721	718	605	545	452	392	326	296	249	208	113	59	18	4	1	0	0
1930	10,039	1,620	1,296	1,067	994	851	680	677	579	507	428	358	302	249	196	138	66	31				
1935	10,937	1,807	1,408	1,230	1,022	937	802	633	639	540	483	388	332	255	202	135	83	39				
1940	11,708	1,924	1,582	1,323	1,121	927	859	732	599	592	502	439	357	282	205	141	76	46				
1944	12,599	2,119	1,747	1,463	1,176	980	859	799	682	563	532	451	377	314	225	165	88	37	14	4	2	2
	남한, 천 명																					
1949	9,979	2,886	0	1,233	993	854	736	614	552	459	380	341	322	590								
1955	10,749	1,63	1,372	1,249	1,138	946	804	710	583	524	451	342	319	263	203	111	64	25	9	1	0	0
1960	12,445	1,729	1,823	1,342	1,134	1,104	996	829	729	589	516	440	346	309	231	176	85	43	13	3	0	0
1966	14,475	2,162	2,222	1,733	1,309	1,095	1,128	984	818	687	557	482	412	303	255	162	109	39	15	2	0	0
1970	15,656	2,087	2,183	2,119	1,515	1,224	1,107	1,084	939	771	656	518	447	363	253	195	11	57	21			
1975	17,234	2,038	2,151	2,179	2,023	1,511	1,236	1,093	1,078	915	749	621	490	403	313	202	136	65	33			
1980	18,658	1,831	2,138	2,147	2,053	1,986	1,541	1,226	1,096	1,051	913	717	604	449	360	263	155	87	42			
1985	20,192	1,780	1,891	2,165	2,089	2,059	2,043	1,526	1,257	1,079	1,046	886	707	566	416	311	209	101	61			
1990	21,619	1,553	1,864	1,937	2,182	2,102	2,173	2,065	1,553	1,224	1,076	1,016	862	662	525	362	249	14	56	16	3	0
1995	22,196	1,606	1,469	1,798	1,876	2,066	2,059	2,084	2,031	1,491	1,203	1,035	990	821	623	469	295	175	77	21	4	0
2000	22,917	1,489	1,613	1,449	1,778	1,820	2,040	2,025	2,069	1,967	1,456	1,165	1,009	952	782	570	389	210	97	30	6	1
2005	23,576	1,145	1,515	1,619	1,474	1,746	1,814	2,036	2,047	2,041	1,939	1,429	1,151	991	924	738	496	296	125	40	8	1
2010	24,150	1,077	1,151	1,518	1,612	1,430	1,736	1,829	2,039	2,060	2,029	1,910	1,406	1,125	979	893	674	410	197	61	13	2
2015	24,886	1,088	1,091	1,160	1,513	1,577	1,446	1,756	1,856	2,074	2,116	2,052	1,940	1,411	1,102	971	805	535	273	96	20	3

자료: 김낙년 편, 『한국의 장기통계: 국민계정』(서울대출판문화원, 2012), p. 635; 통계청, 「총조사인구총괄」(http://kosis.kr).

표 B237-250 센서스 집계 도별 가구수, 1925-1944

	합계	경기	강원	충북	충남	전북	전남	경북	경남	황해	평북	평남	함북	함남
	B237	B238	B239	B240	B241	B242	B243	B244	B245	B246	B247	B248	B249	B250
	천 가구													
1925	3,721	391	248	160	240	271	444	440	399	288	259	234	107	241
1930	3,986	412	274	167	258	293	471	457	424	299	279	250	129	273
1935	4,298	460	297	175	280	308	499	478	442	322	305	277	156	299
1940	4,587	532	328	174	288	308	516	472	447	349	321	314	204	335
1944	4,920	593	349	181	307	322	535	495	476	384	340	343	227	366

자료: 통계청, 「세대구성별 가구 및 가구원-시군구」(http://kosis.kr).

표 B251-267 센서스 집계 시도별 가구수, 1955-2015

	합계	서울	부산	대구	인천	광주	대전	울산	경기	강원	충북	충남	전북	전남	경북	경남	제주
	B251	B252	B253	B254	B255	B256	B257	B258	B259	B260	B261	B262	B263	B264	B265	B266	B267
	천 가구																
1955	3,802	282							416	249		377	376	551	601	683	56
1960	4,371	445							492	307	231	415	409	605	667	734	64
1966	5,133	725	273						554	318	263	485	422	672	784	564	74
1970	5,576	1,029	352						609	339	254	485	411	676	805	546	71
1975	6,648	1,376	493						802	359	278	529	440	724	937	619	91
1980	7,969	1,837	688						1,083	375	291	582	452	765	1,080	711	105
1985	9,571	2,324	839	500	339				1,165	403	321	654	490	834	733	851	118
1990	11,355	2,815	993	597	485	288	262		1,619	413	354	479	517	620	789	992	131
1995	12,958	2,966	1,079	703	659	355	358		2,168	441	408	514	557	637	825	1,142	146
2000	14,312	3,086	1,120	759	747	409	414	307	2,669	487	461	589	602	664	888	951	158
2005	15,887	3,310	1,186	815	823	460	479	339	3,329	521	505	660	620	666	939	1,056	179
2010	17,339	3,504	1,244	868	919	516	533	374	3,831	558	559	749	660	681	1,005	1,151	187
2015	19,111	3,784	1,336	929	1,045	567	583	423	4,385	606	602	871	717	721	1,063	1,258	220

자료: 통계청, 「세대구성별 가구 및 가구원-시군구」(http://kosis.kr).

주: 1) 1966년은 10% 표본조사에 의한 결과이다.

2) 2015년 충청남도는 세종특별자치시 75,219가구를 합한 가구수이다.

2. 사망력

표 B268 연도별 사망자수, 1918-2015

	사망자		사망자		사망자
	B268		B268		B268
	남북한, 명		남한, 명		남한, 명
1918	515,243	1946	73,453	1989	236,818
1919	384,505	1947	178,506	1990	241,616
1920	394,986	1948	186,794	1991	242,270
1921	337,934	1950	545,643	1992	236,162
1922	368,988	1951	541,576	1993	234,257
1923	359,358	1952	456,715	1994	242,439
1924	378,779	1953	409,508	1995	242,838
1925	384,673	1954	456,825	1996	241,149
1926	380,361	1956	455,735	1997	241,943
1927	402,840	1970	258,589	1998	243,193
1928	424,642	1971	237,528	1999	245,364
1929	452,853	1972	210,071	2000	246,163
1930	373,722	1973	267,460	2001	241,521
1931	401,548	1974	248,807	2002	245,317
1932	448,523	1975	270,657	2003	244,506
1933	392,668	1976	266,857	2004	244,217
1934	393,482	1977	249,254	2005	243,883
1935	421,444	1978	252,298	2006	242,266
1936	424,063	1979	239,986	2007	244,874
1937	386,733	1980	277,284	2008	246,113
1938	384,179	1981	237,481	2009	246,942
1939	414,199	1982	245,767	2010	255,405
1940	412,048	1983	254,563	2011	257,396
1941	400,953	1984	236,445	2012	267,221
1942	452,670	1985	240,418	2013	266,257
1943	492,031	1986	239,256	2014	267,692
1944	523,641	1987	243,504	2015	275,895
		1988	235,779		

자료: 조선총독부, 『조선총독부통계연보』, 각년도; 보건사회부, 『보건사회통계연보』, 각년도; 한국은행조사부, 『한국통계연감』, 각년도.
주: 1950-1956년은 보건국의 샘플 자료의 통계추정치이다.

표 B269 조사망률, 1925-2015

	조사망률		조사망률		조사망률
	B269		B269		B269
	남북한, ‰		남북한, ‰		남북한, ‰
1925-1930	26.2	1980	7.3	1998	5.2
1930-1935	23.9	1981	6.1	1999	5.2
1935-1940	23.2	1982	6.2	2000	5.2
1940-1945	21.9	1983	6.4	2001	5.0
	남한, ‰	1984	5.9	2002	5.1
1945-1950	19.0	1985	5.9	2003	5.1
1950-1955	30.0	1986	5.8	2004	5.0
1955-1960	16.0	1987	5.9	2005	5.0
1960-1965	15.2	1988	5.6	2006	5.0
1970	8.0	1989	5.6	2007	5.0
1971	7.2	1990	5.6	2008	5.0
1972	6.3	1991	5.6	2009	5.0
1973	7.8	1992	5.4	2010	5.1
1974	7.2	1993	5.2	2011	5.1
1975	7.7	1994	5.4	2012	5.3
1976	7.4	1995	5.3	2013	5.3
1977	6.8	1996	5.2	2014	5.3
1978	6.8	1997	5.2	2015	5.4
1979	6.4				

자료: Kwon, Tai Hwan, *Demography of Korea: Population Change and its Components, 1925-1966* (Seoul National University Press: Seoul, 1977), pp. 303-310; 통계청, 「인구동태건수 및 동태율 추이」(http://kosis.kr).

표 B270-272 출생시 기대여명, 1925-2015

	합계	남	여
	B270	B271	B272
		남북한, 세	
1925-1930	37.4	36.0	38.8
1930-1935	39.9	38.5	41.4
1935-1940	40.9	38.6	43.3
1940-1945	40.9	38.6	43.3
		남한, 세	
1945-1950	43.3	40.9	45.9
1950-1955	48.1	45.3	51.0
1955-1960	50.3	47.3	53.6
1960-1965	52.1	48.5	55.9
1970	62.3	58.7	65.8
1971	62.7	59.1	66.3
1972	63.1	59.4	66.8
1973	63.5	59.7	67.3
1974	63.9	60.0	67.8
1975	64.2	60.3	68.2
1976	64.6	60.6	68.6
1977	65.0	60.9	69.1
1978	65.3	61.1	69.5
1979	65.6	61.4	69.9
1980	66.1	61.9	70.4
1981	66.7	62.4	70.9
1982	67.2	62.9	71.5
1983	67.7	63.4	71.9
1984	68.3	64.0	72.6
1985	68.9	64.6	73.2
1986	69.5	65.3	73.8
1987	70.1	65.9	74.3
1988	70.7	66.5	74.8
1989	71.2	67.0	75.3
1990	71.7	67.5	75.9
1991	72.2	67.9	76.4
1992	72.6	68.4	76.8
1993	73.1	68.9	77.3
1994	73.5	69.3	77.7
1995	73.8	69.7	77.9
1996	74.2	70.2	78.3
1997	74.7	70.7	78.7
1998	75.1	71.2	79.0
1999	75.5	71.8	79.2
2000	76.0	72.3	79.7.
2001	76.5	72.9	80.1
2002	76.8	73.4	80.3
2003	77.3	73.8	80.8
2004	77.8	74.3	81.2
2005	78.2	74.9	81.6
2006	78.8	75.4	82.1
2007	79.2	75.9	82.5
2008	79.6	76.2	83.0
2009	80.0	76.7	83.4
2010	80.2	76.8	83.6
2011	80.6	77.3	84.0
2012	80.9	77.6	84.2
2013	81.4	78.1	84.6
2014	81.8	78.6	85.0
2015	82.1	79.0	85.2

자료: Kwon, Tai Hwan, *Demography of Korea: Population Change and its Components, 1925-66* (Seoul National University Press: Seoul, 1977), pp. 303-310; 통계청, 「인구동태건수 및 동태율 추이」(http://kosis.kr).

주: 1925-1965년은 5년 평균값이다.

표 B273-294 연령별 사망확률, 남성, 1925-2015

	0-1세	1-4세	5-9세	10-14세	15-19세	20-24세	25-29세	30-34세	35-39세	40-44세	45-49세
	B273	B274	B275	B276	B277	B278	B279	B280	B281	B282	B283
	남한, 확률										
1925-1930	0.1842	0.1208	0.0583	0.0286	0.0417	0.0427	0.0378	0.0387	0.0524	0.0739	0.0960
1930-1935	0.1668	0.1071	0.0513	0.0260	0.0379	0.0389	0.0343	0.0351	0.0476	0.0674	0.0884
1935-1940	0.1665	0.1068	0.0512	0.0260	0.0378	0.0388	0.0343	0.0351	0.0476	0.0673	0.0883
1940-1945	0.1557	0.0986	0.0471	0.0244	0.0356	0.0364	0.3219	0.0329	0.0447	0.0635	0.0837
1945-1950	0.1452	0.0908	0.0433	0.0229	0.0334	0.0342	0.0302	0.0308	0.0419	0.0597	0.0794
1950-1955	0.1350	0.0835	0.0397	0.0214	0.0313	0.0321	0.0283	0.0283	0.0392	0.0562	0.0752
1955-1960	0.1249	0.0763	0.0362	0.0200	0.0292	0.0300	0.0264	0.0270	0.0367	0.0527	0.0711
1960-1965	0.1172	0.0710	0.0336	0.0189	0.0277	0.0285	0.0250	0.0255	0.0348	0.0501	0.0681
1970	0.0419	0.0138	0.0126	0.0090	0.0143	0.0196	0.0167	0.0194	0.0216	0.0393	0.0607
1975	0.0365	0.0120	0.0094	0.0069	0.0118	0.0153	0.0149	0.0174	0.0233	0.0374	0.0577
1980	0.0305	0.0100	0.0070	0.0052	0.0097	0.0120	0.0131	0.0156	0.0238	0.0360	0.0544
1985	0.0201	0.0066	0.0051	0.0035	0.0076	0.0094	0.0112	0.0138	0.0202	0.0344	0.0499
1990	0.0133	0.0044	0.0035	0.0027	0.0061	0.0074	0.0094	0.0122	0.0183	0.0265	0.0427
1995	0.0088	0.0029	0.0024	0.0020	0.0054	0.0063	0.0077	0.0098	0.0146	0.0228	0.0328
2000	0.0058	0.0019	0.0014	0.0012	0.0030	0.0042	0.0050	0.0067	0.0107	0.0175	0.0276
2005	0.0043	0.0013	0.0010	0.0008	0.0020	0.0029	0.0037	0.0049	0.0077	0.0132	0.0215
2010	0.0037	0.0009	0.0007	0.0007	0.0019	0.0029	0.0038	0.0046	0.0064	0.0110	0.0176
2015	0.0029	0.0007	0.0005	0.0005	0.0013	0.0021	0.0030	0.0037	0.0050	0.0083	0.0138

	50-54세	55-59세	60-64세	65-69세	70-74세	75-79세	80-84세	85-89세	90-94세	95-99세	100세 이상
	B284	B285	B286	B287	B288	B289	B290	B291	B292	B293	B294
	남한, 확률										
1925-1930	0.1224	0.1634	0.2243	0.3094	0.4163	0.6206	1.0000				
1930-1935	0.1141	0.1538	0.2126	0.2951	0.3989	0.6073	1.0000				
1935-1940	0.1140	0.1537	0.2124	0.2949	0.3986	0.6071	1.0000				
1940-1945	0.1089	0.1479	0.2053	0.2862	0.3881	0.5990	1.0000				
1945-1950	0.1041	0.1423	0.1986	0.2779	0.3779	0.5913	1.0000				
1950-1955	0.0995	0.1371	0.1921	0.2700	0.3684	0.5839	1.0000				
1955-1960	0.0951	0.1320	0.1859	0.2624	0.3590	0.5767	1.0000				
1960-1965	0.0918	0.1281	0.1812	0.2566	0.3520	0.5712	1.0000				
1970	0.0918	0.1414	0.1958	0.2760	0.3436	0.4867	0.6215	0.7334	0.8330	0.9115	1.0000
1975	0.0869	0.1278	0.1838	0.2625	0.3431	0.4832	0.6156	0.7277	0.8284	0.9086	1.0000
1980	0.0805	0.1153	0.1708	0.2471	0.3426	0.4798	0.6097	0.7219	0.8237	0.9056	1.0000
1985	0.0676	0.0991	0.1490	0.2213	0.3137	0.4369	0.5602	0.6760	0.7874	0.8829	1.0000
1990	0.0589	0.0805	0.1221	0.1807	0.2728	0.3856	0.5242	0.6584	0.7849	0.8878	1.0000
1995	0.0497	0.0737	0.1079	0.1617	0.2432	0.3510	0.4861	0.6286	0.7653	0.8778	1.0000
2000	0.0395	0.0591	0.0905	0.1370	0.2135	0.3227	0.4575	0.6084	0.7509	0.8670	1.0000
2005	0.0320	0.0449	0.0704	0.1132	0.1786	0.2814	0.4168	0.5775	0.7354	0.8592	1.0000
2010	0.0265	0.0386	0.0551	0.0870	0.1482	0.2430	0.3784	0.5422	0.7054	0.8401	1.0000
2015	0.0216	0.0310	0.0458	0.0685	0.1172	0.2076	0.3366	0.5026	0.6781	0.8259	1.0000

자료: Kwon, Tai Hwan, *Demography of Korea: Population Change and its Components, 1925-66* (Seoul National University Press: Seoul, 1977), pp. 303-310; 통계청, 「간이생명표」(http://kosis.kr).

주: 1) 1925-1965년은 5년 평균값이다.
2) 1925-1965년의 80-84세 구간은 '80세 이상' 사망확률이다.

표 B295-316 연령별 사망확률, 여성, 1925-2015

	0-1세	1-4세	5-9세	10-14세	15-19세	20-24세	25-29세	30-34세	35-39세	40-44세	45-49세
	B295	B296	B297	B298	B299	B300	B301	B302	B303	B304	B305
	남한, 확률										
1925-1930	0.1884	0.1391	0.0753	0.0331	0.0398	0.0459	0.0467	0.0481	0.0535	0.0604	0.0685
1930-1935	0.1710	0.1237	0.0663	0.0297	0.0355	0.0410	0.0417	0.0431	0.0481	0.0547	0.0624
1935-1940	0.1608	0.1149	0.0612	0.0277	0.0334	0.0388	0.0395	0.0408	0.0457	0.0521	0.0597
1940-1945	0.1421	0.0993	0.0524	0.0241	0.0295	0.0346	0.0353	0.0365	0.0411	0.0473	0.0547
1945-1950	0.1295	0.0892	0.0468	0.0218	0.0264	0.0307	0.0314	0.0325	0.0368	0.0428	0.0499
1950-1955	0.1169	0.0794	0.0414	0.0196	0.0235	0.0270	0.0278	0.0288	0.0328	0.0385	0.0455
1955-1960	0.1028	0.0687	0.0356	0.0172	0.0205	0.0235	0.0243	0.0253	0.0290	0.0345	0.0413
1960-1965	0.0978	0.0650	0.0336	0.0164	0.0195	0.0222	0.0231	0.0241	0.0277	0.0331	0.0398
1970	0.0411	0.0134	0.0113	0.0079	0.0112	0.0181	0.0176	0.0170	0.0177	0.0245	0.0319
1975	0.0357	0.0116	0.0083	0.0061	0.0085	0.0116	0.0126	0.0132	0.0152	0.0202	0.0280
1980	0.0299	0.0098	0.0062	0.0044	0.0064	0.0076	0.0087	0.0100	0.0126	0.0168	0.0242
1985	0.0189	0.0062	0.0044	0.0026	0.0043	0.0051	0.0055	0.0069	0.0089	0.0143	0.0197
1990	0.0118	0.0038	0.0025	0.0019	0.0027	0.0036	0.0041	0.0049	0.0069	0.0099	0.0162
1995	0.0079	0.0026	0.0017	0.0013	0.0024	0.0028	0.0032	0.0038	0.0053	0.0078	0.0115
2000	0.0055	0.0016	0.0010	0.0009	0.0016	0.0020	0.0023	0.0030	0.0043	0.0062	0.0090
2005	0.0040	0.0010	0.0007	0.0006	0.0011	0.0019	0.0022	0.0027	0.0037	0.0052	0.0079
2010	0.0028	0.0008	0.0004	0.0005	0.0010	0.0017	0.0024	0.0027	0.0036	0.0047	0.0068
2015	0.0025	0.0006	0.0004	0.0003	0.0008	0.0011	0.0017	0.0024	0.0030	0.0041	0.0058

	50-54세	55-59세	60-64세	65-69세	70-74세	75-79세	80-84세	85-89세	90-94세	95-99세	100세 이상
	B306	B307	B308	B309	B310	B311	B312	B313	B314	B315	B316
	남한, 확률										
1925-1930	0.0825	0.1163	0.1786	0.2641	0.3764	0.5943	1.0000				
1930-1935	0.0758	0.1061	0.1638	0.2458	0.3528	0.5754	1.0000				
1935-1940	0.0728	0.1011	0.1568	0.2376	0.3421	0.5669	1.0000				
1940-1945	0.0668	0.0948	0.1468	0.2215	0.3220	0.5508	1.0000				
1945-1950	0.0614	0.0874	0.1358	0.2067	0.3031	0.5355	1.0000				
1950-1955	0.0563	0.0805	0.1256	0.1929	0.2855	0.5211	1.0000				
1955-1960	0.0515	0.0740	0.1159	0.1798	0.2687	0.5071	1.0000				
1960-1965	0.0498	0.0716	0.1123	0.1751	0.2626	0.5020	1.0000				
1970	0.0439	0.0618	0.0879	0.1238	0.1841	0.3025	0.4564	0.6164	0.7629	0.8742	1.0000
1975	0.0393	0.0545	0.0804	0.1193	0.1807	0.2917	0.4371	0.5927	0.7404	0.8582	1.0000
1980	0.0349	0.0481	0.0733	0.1146	0.1787	0.2814	0.4159	0.5643	0.7116	0.8365	1.0000
1985	0.0287	0.0419	0.0636	0.1067	0.1740	0.2716	0.4000	0.5449	0.6926	0.8224	1.0000
1990	0.0230	0.0334	0.0528	0.0880	0.1528	0.2503	0.3841	0.5391	0.6961	0.8299	1.0000
1995	0.0177	0.0270	0.0443	0.0758	0.1347	0.2303	0.3567	0.5055	0.6633	0.8055	1.0000
2000	0.0138	0.0210	0.0344	0.0618	0.1148	0.2066	0.3451	0.5172	0.6914	0.8340	1.0000
2005	0.0111	0.0163	0.0267	0.0466	0.0893	0.1721	0.3030	0.4732	0.6558	0.8096	1.0000
2010	0.0094	0.0129	0.0204	0.0357	0.0670	0.1327	0.2488	0.4139	0.6040	0.7755	1.0000
2015	0.0077	0.0108	0.0163	0.0268	0.0529	0.1075	0.2134	0.3819	0.5860	0.7728	1.0000

자료: Kwon, Tai Hwan, *Demography of Korea: Population Change and its Components, 1925-66* (Seoul National University Press: Seoul, 1977), pp. 303-310; 통계청, 「간이생명표」(http://kosis.kr).

주: 1) 1925-1965년은 5년 평균값이다.
2) 1925-1965년의 80-84세 구간은 '80세 이상' 사망확률이다.

표 B317-338 연령별 사망확률, 전체, 1925-2015

	0-1세	1-4세	5-9세	10-14세	15-19세	20-24세	25-29세	30-34세	35-39세	40-44세	45-49세
	B317	B318	B319	B320	B321	B322	B323	B324	B325	B326	B327
	남한, 확률										
1925-1930	0.1862	0.1297	0.0664	0.0308	0.0408	0.0443	0.0420	0.0431	0.5295	0.6755	0.0829
1930-1935	0.1689	0.1151	0.0585	0.0278	0.0368	0.0399	0.0379	0.0389	0.0479	0.0614	0.0760
1935-1940	0.1637	0.1108	0.0561	0.0268	0.0357	0.0388	0.0368	0.0378	0.0467	0.0600	0.0744
1940-1945	0.1491	0.0990	0.0497	0.0242	0.0326	0.0356	0.0337	0.0347	0.0429	0.0555	0.0693
1945-1950	0.1375	0.0900	0.0450	0.0224	0.0299	0.0325	0.0308	0.0317	0.0394	0.0513	0.0646
1950-1955	0.1262	0.0814	0.0405	0.0205	0.0274	0.0295	0.0280	0.0289	0.0360	0.0474	0.0602
1955-1960	0.1141	0.0725	0.0359	0.0166	0.0249	0.0268	0.0254	0.0262	0.0328	0.0436	0.0560
1960-1965	0.1078	0.0680	0.0336	0.0177	0.0236	0.0254	0.0241	0.0248	0.0312	0.0416	0.0538
1970	0.0415	0.0136	0.0120	0.0084	0.0127	0.0189	0.0172	0.0182	0.0197	0.0318	0.0461
1975	0.0361	0.0118	0.0088	0.0065	0.0102	0.0134	0.0137	0.0153	0.0192	0.0287	0.0425
1980	0.0302	0.0099	0.0066	0.0048	0.0080	0.0098	0.0109	0.0128	0.0181	0.0262	0.0389
1985	0.0195	0.0064	0.0047	0.0031	0.0060	0.0073	0.0083	0.0103	0.0145	0.0241	0.0343
1990	0.0126	0.0041	0.0030	0.0023	0.0044	0.0055	0.0067	0.0085	0.0125	0.0181	0.0291
1995	0.0084	0.0027	0.0020	0.0017	0.0039	0.0045	0.0054	0.0068	0.0099	0.0152	0.0219
2000	0.0057	0.0017	0.0012	0.0010	0.0023	0.0031	0.0036	0.0049	0.0075	0.0118	0.0182
2005	0.0041	0.0012	0.0009	0.0007	0.0016	0.0024	0.0030	0.0038	0.0057	0.0092	0.0146
2010	0.0032	0.0008	0.0005	0.0006	0.0014	0.0023	0.0031	0.0036	0.0050	0.0078	0.0122
2015	0.0027	0.0006	0.0004	0.0004	0.0010	0.0016	0.0023	0.0030	0.0040	0.0062	0.0098

	50-54세	55-59세	60-64세	65-69세	70-74세	75-79세	80-84세	85-89세	90-94세	95-99세	100세 이상
	B328	B329	B330	B331	B332	B333	B334	B335	B336	B337	B338
	남한, 확률										
1925-1930	0.1032	0.1402	0.2012	0.2859	0.3949	0.6061	1.0000				
1930-1935	0.0956	0.1302	0.1878	0.2693	0.3740	0.5895	1.0000				
1935-1940	0.0936	0.1271	0.1834	0.2640	0.3671	0.5838	1.0000				
1940-1945	0.0877	0.1206	0.1743	0.2507	0.3505	0.5704	1.0000				
1945-1950	0.0824	0.1138	0.1650	0.2385	0.3348	0.5576	1.0000				
1950-1955	0.0774	0.1075	0.1562	0.2269	0.3200	0.5354	1.0000				
1955-1960	0.0726	0.1013	0.1478	0.2157	0.3057	0.5334	1.0000				
1960-1965	0.0702	0.0984	0.1439	0.2109	0.2996	0.5285	1.0000				
1970	0.0671	0.0994	0.1365	0.1877	0.2437	0.3622	0.4995	0.6395	0.7732	0.8783	1.0000
1975	0.0622	0.0889	0.1268	0.1794	0.2419	0.3543	0.4838	0.6190	0.7526	0.8631	1.0000
1980	0.0568	0.0795	0.1171	0.1705	0.2414	0.3472	0.4671	0.5948	0.7265	0.8424	1.0000
1985	0.0473	0.0686	0.1022	0.1559	0.2293	0.3299	0.4475	0.5758	0.7097	0.8304	1.0000
1990	0.0402	0.0556	0.0846	0.1288	0.2024	0.3013	0.4306	0.5722	0.7158	0.8396	1.0000
1995	0.0332	0.0492	0.0738	0.1141	0.1805	0.2773	0.4019	0.5425	0.6882	0.8188	1.0000
2000	0.0263	0.0393	0.0609	0.0961	0.1578	0.2539	0.3866	0.5470	0.7082	0.8419	1.0000
2005	0.0214	0.0302	0.0476	0.0777	0.1294	0.2185	0.3474	0.5096	0.6797	0.8219	1.0000
2010	0.0178	0.0255	0.0371	0.0600	0.1043	0.1809	0.3011	0.4600	0.6349	0.7914	1.0000
2015	0.0145	0.0207	0.0306	0.0468	0.0830	0.1526	0.2653	0.4278	0.6165	0.7875	1.0000

자료: Kwon, Tai Hwan, *Demography of Korea: Population Change and its Components, 1925-66* (Seoul National University Press: Seoul, 1977), pp. 303-310; 통계청, 「간이생명표」(http://kosis.kr).

주: 1) 1925-1965년은 5년 평균값이다.

2) 1925-1965년의 80-84세 구간은 '80세 이상' 사망확률이다.

3. 출생력

표 B339 출생아수, 1918-2015

	출생아 B339 남북한, 명		출생아 B339 남한, 명		출생아 B339 남한, 명
1918	570,195	1946	234,570	1989	639,431
1919	466,275	1947	438,032	1990	649,738
1920	468,721	1948	373,226	1991	709,275
1921	509,122	1950	742,567	1992	730,678
1922	585,419	1951	700,742	1993	715,826
1923	709,908	1952	940,917	1994	721,185
1924	680,828	1953	709,671	1995	715,020
1925	712,278	1954	817,965	1996	691,226
1926	665,604	1955	787,581	1997	668,344
1927	687,142	1970	1,006,645	1998	634,790
1928	710,558	1971	1,024,773	1999	614,233
1929	719,135	1972	952,780	2000	634,501
1930	760,602	1973	965,521	2001	554,895
1931	705,906	1974	922,823	2002	492,111
1932	604,275	1975	874,030	2003	490,543
1933	590,035	1976	796,331	2004	472,761
1934	615,579	1977	825,339	2005	435,031
1935	625,979	1978	750,728	2006	448,153
1936	615,381	1979	862,669	2007	493,189
1937	628,205	1980	862,835	2008	465,892
1938	792,975	1981	867,409	2009	444,849
1939	815,516	1982	848,312	2010	470,171
1940	735,400	1983	769,155	2011	471,265
1941	796,010	1984	674,793	2012	484,550
1942	1,012,380	1985	655,489	2013	436,455
1943	850,757	1986	636,019	2014	435,435
1944	787,373	1987	623,831	2015	438,420
		1988	633,092		

자료: 조선총독부, 『조선총독부통계연보』, 각년도; 보건사회부, 『보건사회통계연보』, 각년도; 통계청, 「인구동태건수 및 동태율 추이」(http://kosis.kr).
주: 1950-1956년은 보건사회부의 샘플자료를 이용하여 추출한 통계추정치이다.

표 B340-344 주요 출산력 지표, 1925-2015

	조출산율	합계출산율	일반출산율	순재생산율	모아비
	B340	B341	B342	B343	B344
			남북한, ‰		
1925-1930	44.9	6.2	196.0	1.68	697
1930-1935	44.1	6.1	192.0	1.77	693
1935-1940	43.8	6.2	193.0	1.86	720
1940-1945	42.1	6.1	187.0	1.93	728
1944					772
			남한, ‰		
1945-1950	42.2	6.0	185.0	1.97	690
1950-1955	40.4	5.6	168.0	1.93	
1955-1960	44.7	6.3	191.0	2.27	655
1960-1965	41.7	6.0	182.0	2.19	759
1970	31.2	4.53	135.3	1.81	591
1971	31.2	4.54	134.0		
1972	28.4	4.12	120.7		
1973	28.3	4.07	118.4		
1974	26.6	3.77	109.6		
1975	24.8	3.43	100.2	1.37	491
1976	22.2	3.00	88.5		
1977	22.7	2.99	89.2		
1978	20.3	2.64	78.9		
1979	23.0	2.90	88.5		
1980	22.6	2.82	86.6	1.21	385
1981	22.4	2.57	85.2		
1982	21.6	2.39	81.6		
1983	19.3	2.06	72.4		
1984	16.7	1.74	62.1		
1985	16.1	1.66	59.2	0.74	334
1986	15.4	1.58	56.2		
1987	15.0	1.53	54.1		
1988	15.1	1.55	53.9		
1989	15.1	1.56	53.5		
1990	15.2	1.57	53.6	0.64	265
1991	16.4	1.71	57.8		
1992	16.7	1.76	58.9		
1993	16.0	1.65	57.1		
1994	16.0	1.66	56.8		
1995	15.7	1.63	55.6	0.70	268
1996	15.0	1.57	53.1		
1997	14.4	1.52	50.8		
1998	13.6	1.45	47.8		
1999	13.0	1.41	46.0		
2000	13.3	1.47	47.3	0.65	238
2001	11.6	1.30	41.2		
2002	10.2	1.17	36.5		
2003	10.2	1.18	36.3		
2004	9.8	1.15	35.1		
2005	8.9	1.08	32.5	0.49	182
2006	9.2	1.12	33.6		
2007	10.0	1.25	37.0		
2008	9.4	1.19	35.0		
2009	9.0	1.15	33.5		
2010	9.4	1.23	35.7	0.59	174
2011	9.4	1.24	36.0		
2012	9.6	1.30	37.2		
2013	8.6	1.19	33.8		
2014	8.6	1.21	33.9		
2015	8.6	1.24	34.4	0.60	181

자료: Kwon, Tai Hwan, *Demography of Korea: Population Change and its Components, 1925-66* (Seoul National University Press: Seoul, 1977), pp. 346-348; 통계청, 「인구동태건수 및 동태율 추이」(http://kosis.kr).

주: 1) 1945-1950년, 1955-1960년, 1960-1965년의 모아비는 각각 1949, 1955, 1960년의 값이다.
2) 1970년 이후 자료는 0-4세의 유아수를 15-49세의 가임여성수로 나눈 값이다.

표 B345-351 연령별 출산율, 1925-2015

	15-19세	20-24세	25-29세	30-34세	35-39세	40-44세	45-49세
	B345	B346	B347	B348	B349	B350	B351
	남북한, ‰						
1925-1930	189.0	324.0	269.0	214.0	153.0	75.0	14.0
1930-1935	173.0	321.0	270.0	216.0	155.0	77.0	14.0
1935-1940	158.0	323.0	281.0	225.0	161.0	80.0	15.0
1940-1945	128.0	313.0	286.0	228.0	164.0	81.0	15.0
	남한, ‰						
1945-1950	96.0	305.0	292.0	234.0	167.0	83.0	15.0
1950-1955	45.0	289.0	287.0	233.0	168.0	83.0	15.0
1955-1960	38.0	308.0	335.0	270.0	194.0	96.0	18.0
1960-1966	20.0	255.0	351.0	274.0	189.0	92.0	17.0
1970	19.3	192.8	320.1	205.4	105.8	46.0	13.1
1975	14.2	177.6	262.8	145.6	57.9	20.7	5.0
1980	12.9	141.4	244.1	106.6	30.8	8.5	2.0
1985	10.1	118.5	158.9	41.0	8.8	2.2	0.5
1990	4.1	83.6	167.8	50.3	9.5	1.5	0.2
1995	3.5	62.9	175.9	69.5	14.9	2.2	0.2
2000	2.5	38.0	150.6	84.2	17.4	2.6	0.2
2005	2.1	17.9	92.3	82.4	19.0	2.5	0.2
2010	1.8	16.5	79.7	112.4	32.6	4.1	0.2
2015	1.4	12.5	63.1	116.7	48.3	5.6	0.2

자료: Kwon, Tai Hwan, *Demography of Korea: Population Change and its Components, 1925-66* (Seoul National University Press: Seoul, 1977), p. 346; 통계청, 「총조사인구 총괄」(http://kosis.kr).

주: 1970년 이후는 통계청, 「총조사인구 총괄(시도/성/연령별)」(http://kosis.kr)에 나타난 0-4세의 유아수를 15-49세의 가임여성수로 나눈 값이다.

표 B352-367 시도별 정관수술 시술자, 1964-2002

	서울	부산	대구	인천	광주	대전	울산	경기	강원	충북	충남	전북	전남	경북	경남	제주
	B352	B353	B354	B355	B356	B357	B358	B359	B360	B361	B362	B363	B364	B365	B366	B367
								남한, 건								
1964	1,002	1,814						974	715	294	1,031	849	2,296	3,752	2,954	51
1965	1,438	902						1,123	696	244	898	1,273	1,328	3,405	1,756	33
1966	2,333	1,140						2,103	1,308	1,008	1,288	1,675	2,030	4,105	2,873	73
1967	3,100	1,200						2,377	1,200	900	1,478	1,506	2,100	3,441	2,254	40
1968	1,735	896						1,840	880	524	1,533	1,250	2,200	6,280	1,923	34
1969	1,605	849						1,915	910	697	1,399	1,504	2,557	2,821	1,544	12
1970	1,830	893						2,619	1,935	1,032	1,980	1,857	2,900	3,259	2,536	37
1971	2,240	870						2,140	1,405	1,071	1,518	1,688	2,830	2,862	1,892	65
1972	4,016	1,600						2,100	1,318	850	1,534	1,628	2,401	2,200	1,952	80
1973	5,199	1,929						2,586	1,419	1,027	2,123	1,950	2,600	3,194	2,288	175
1974	8,658	2,326						3,079	1,327	1,668	2,000	1,846	2,527	3,483	2,825	174
1975	20,581	3,423						3,694	1,294	1,500	1,667	1,585	2,730	3,094	3,400	183
1976	21,010	2,099						3,709	1,175	967	1,528	1,730	2,390	3,168	2,792	140
1977	20,925	4,000						6,436	1,260	2,068	2,908	3,070	3,955	4,940	3,811	372
1978	11,650	2,768						6,758	999	1,421	1,778	2,003	2,678	3,772	2,695	400
1979	8,622	1,271						4,888	695	1,141	1,270	1,164	2,174	2,588	1,812	238
1980	7,830	1,650						5,168	960	1,648	1,295	1,382	2,556	3,493	1,891	163
1981	7,308	2,409	1,555	1,148				3,603	1,393	1,692	1,954	1,964	2,915	2,432	2,784	163
1982	14,446	4,455	2,782	2,064				6,039	2,157	2,589	3,533	2,590	3,738	3,589	4,544	217
1983	19,604	9,992	4,649	2,773				14,362	4,728	3,049	7,870	6,598	8,083	6,334	8,555	553
1984	32,776	13,302	5,706	6,980				24,129	3,861	2,750	5,748	3,637	6,040	7,881	10,991	421
1985	26,944	11,465	4,769	5,493				21,292	4,339	2,939	6,033	4,201	4,834	7,186	9,522	1,088
1986	24,799	8,457	4,279	5,255	1,106			16,877	3,504	2,994	5,135	3,206	2,983	5,305	7,526	818
1987	23,441	7,544	3,667	3,881	1,073			16,036	3,104	2,545	4,209	3,034	2,450	4,630	6,828	542
1988	20,037	7,475	2,806	3,594	1,051			12,615	2,504	2,084	3,485	2,525	1,967	3,866	6,363	477
1989	20,833	5,794	2,805	3,593	1,048	1,457		12,467	1,875	1,567	1,438	1,931	1,458	3,071	5,529	351
1990	13,253	4,168	1,936	2,386	871	859		10,091	1,116	963	792	1,345	1,018	2,357	4,030	213
1991	9,343	3,541	1,571	2,108	823	847		5,229	874	883	663	1,068	832	1,387	2,480	189
1992	10,661	3,077	1,609	2,047	694	906		5,636	801	745	688	874	762	1,455	22,998	158
1993	7,631	2,410	1,415	1,443	620	757		4,825	649	658	647	767	836	1,246	2,123	181
1994	5,304	1,703	1,163	1,201	488	598		3,666	445	406	538	506	583	945	1,800	140
1995	3,500	1,155	757	904	356	465		3,214	397	316	360	371	437	754	1,335	155
1996	3,003	932	624	744	241	377		2,723	325	333	355	316	392	635	1,163	156
1997	1,693	489	335	360	158	210	199	1,293	256	182	208	196	208	267	484	78
1998	1,150	387	256	276	171	173	143	1,139	143	142	154	150	194	261	312	62
1999	1,248	323	241	338	133	138	159	1,125	129	140	139	224	159	208	312	65
2000	1,273	366	303	297	137	140	140	1,230	129	180	144	142	165	169	706	53
2001	1,434	361	310	403	133	123	160	1,808	166	124	133	104	127	174	368	43
2002	292	698	51	369	52	26	64	1,591	111	58	26	43	12	31	142	35

자료: 보건사회부, 『보건사회통계연보』, 각년도; 보건복지부, 『보건복지통계연보』, 각년도.

표 B368-383 시도별 자궁내장치 삽입자, 1974-2002

	서울	부산	대구	인천	광주	대전	울산	경기	강원	충북	충남	전북	전남	경북	경남	제주
	B368	B369	B370	B371	B372	B373	B374	B375	B376	B377	B378	B379	B380	B381	B382	B383
	남한, 건															
1974		536						451	592	133	313	848	917	1,120	332	106
1975	6,568	912						804	820	126	810	1,155	1,200	1,505	533	102
1976	11,750	1,600						4,105	1,151	444	2,162	1,152	1,482	2,208	1,402	765
1977	73,002	24,600						27,677	6,317	2,900	8,933	4,800	9,468	9,483	12,000	2,267
1978	61,065	21,342						28,432	8,487	4,469	10,526	7,224	13,664	16,767	19,599	1,843
1979	48,496	19,034						31,787	9,510	5,798	12,494	10,928	13,865	22,829	18,813	1,716
1980	40,243	14,804						28,967	8,527	7,067	11,781	11,000	16,360	23,405	15,422	1,517
1981	35,273	12,375	7,589	5,420				19,743	8,066	6,750	11,720	11,023	16,626	14,098	14,689	1,419
1982	51,194	18,261	11,534	8,628				25,384	11,658	9,077	21,015	14,364	23,127	18,085	19,610	1,581
1983	75,889	31,129	14,790	10,075				44,845	14,128	10,547	27,234	18,918	30,050	21,424	28,647	2,189
1984	61,090	27,236	12,108	9,528				34,977	10,278	6,807	16,898	9,429	20,731	17,396	27,838	1,231
1985	48,460	23,087	11,831	8,050				29,669	10,423	6,434	13,526	9,534	17,772	13,460	22,972	2,426
1986	46,056	22,120	11,212	8,120	3,784			30,148	10,076	7,131	15,616	10,355	16,767	14,473	21,716	2,700
1987	40,481	20,102	10,438	8,358	3,979			34,008	9,753	7,200	15,960	11,797	14,662	13,158	19,914	2,124
1988	30,863	16,682	7,991	6,561	4,002			26,661	8,131	5,809	12,592	9,088	9,678	11,011	15,231	1,551
1989	25,625	13,007	5,950	4,538	2,799	2,845		19,042	4,891	3,904	5,186	5,652	5,597	6,382	9,391	813
1990	15,475	6,578	3,121	2,403	1,824	1,507		12,691	2,820	2,178	2,851	3,384	3,058	3,789	6,006	402
1991	8,802	3,658	1,925	1,821	1,347	716		6,536	1,576	994	1,797	1,482	1,772	1,401	2,490	292
1992	6,409	2,606	1,338	1,398	765	554		4,817	1,171	738	1,387	1,135	1,539	1,363	1,714	282
1993	4,129	1,699	868	853	463	301		2,227	550	446	823	563	823	861	918	174
1994	2,414	933	427	629	233	114		1,355	318	283	336	392	399	393	491	96
1995	1,512	535	285	380	173	68		689	165	241	243	253	276	228	326	26
1996	853	458	214	133	190	63		478	122	106	150	193	188	182	237	8
1997	506	265	106	118	76	33	15	254	65	54	85	78	98	157	123	4
1998	404	176	84	75	16	30	26	207	57	42	72	59	45	65	69	-
1999	240	167	70	69	7	23	18	113	36	36	51	84	49	96	59	-
2000	204	140	34	24	5	18	15	89	10	34	39	46	43	69	111	-
2001	154	93	43	14	7	17	5	85	17	19	38	35	25	54	34	-
2002	26	541	6	4	2	4	-	183	23	4	5	15	-	17	18	-

자료: 보건사회부, 『보건사회통계연보』, 각년도; 보건복지부, 『보건복지통계연보』, 각년도.

표 B384-399 시도별 콘돔 배포수, 1964-2002

	서울	부산	대구	인천	광주	대전	울산	경기	강원	충북	충남	전북	전남	경북	경남	제주
	B384	B385	B386	B387	B388	B389	B390	B391	B392	B393	B394	B395	B396	B397	B398	B399
	남한, 건															
1964	82,896	47,292						160,500	96,020	81,760	142,740	131,520	191,400	215,500	185,700	14,400
1965	12,900	90,100						162,500	107,800	98,300	146,200	134,400	184,400	207,800	175,600	48,900
1966	64,878	69,776						186,838	68,813	52,769	157,632	125,725	207,601	257,531	245,574	
1967	222,216	57,589						258,849	72,356	79,324	124,521	118,740	225,220	220,626	199,933	
1968	137,400	61,000						92,100	86,000	62,500	128,100	95,300	152,500	212,900	179,200	
1969	206,494	94,489						210,665	114,395	100,961	165,791	152,643	223,148	268,713	232,905	13,905
1970	202,275	102,098						225,511	138,708	119,339	191,032	157,543	291,360	271,700	289,493	16,781
1971	203,201	92,590						199,069	161,101	112,895	191,003	180,170	294,793	271,228	210,272	18,976
1972	226,213	95,368						199,957	135,934	100,560	193,189	158,232	267,554	273,734	194,169	21,829
1973	106,097	84,216						131,688	67,892	86,506	96,602	122,137	100,217	198,024	135,045	26,158
1974	293,682	113,203						202,512	161,817	106,363	209,001	164,675	315,445	277,147	204,885	23,497
1975	326,648	116,898						236,901	211,124	119,974	235,194	192,737	367,963	306,488	211,577	21,394
1976	23,903	7,724						18,377	16,756	7,583	16,798	12,728	17,674	19,929	15,042	1,556
1977	12,214	5,229						11,194	11,931	4,783	12,669	6,506	12,574	13,222	1,432	1,412
1978	19,256	4,798						12,293	8,526	5,258	10,238	7,902	13,362	15,235	12,200	1,833
1979	10,708	4,501						9,668	5,044	4,480	7,753	7,250	9,797	11,865	8,334	1,357
1980	10,612	4,341						8,548	5,641	4,017	6,963	5,017	8,990	10,599	8,141	877
1981	9,117	5,360	3,601	2,023				7,650	5,847	4,276	7,377	5,307	9,564	8,208	9,026	1,656
1982	9,988	5,799	5,559	2,908				11,948	7,203	5,770	9,319	7,499	11,773	10,626	9,902	2,478
1983	21,296	14,766	6,488	3,819				14,632	6,721	4,649	9,408	7,029	11,299	10,333	14,932	1,853
1984	30,976	13,114	6,277	5,672				16,537	5,760	3,850	8,248	5,946	9,672	9,894	12,016	1,710
1985	32,037	14,131	6,722	5,523				13,967	5,758	3,814	7,439	5,374	9,224	8,644	10,566	1,688
1986	30,010	10,143	5,701	4,878	2,136			12,385	4,560	3,143	6,721	4,486	6,242	7,516	9,016	1,402
1987	36,418	13,349	6,979	5,413	3,014			19,496	5,880	4,823	9,561	6,752	9,054	9,882	12,288	1,464
1988	36,948	12,763	6,924	6,139	3,161			18,120	5,629	4,101	8,366	5,901	7,222	8,944	12,149	1,458
1989	46,073	14,607	8,465	7,016	3,642	3,227		17,742	4,783	3,700	4,268	4,595	5,459	7,507	11,459	1,439
1990	35,106	9,494	6,524	4,616	2,710	2,161		10,175	3,726	2,884	2,403	3,251	3,529	5,028	9,811	1,147
1991	25,451	5,997	6,106	4,638	2,846	2,338		13,713	3,351	2,380	3,123	3,302	4,054	3,317	8,454	1,139
1992	29,476	6,123	5,544	5,575	2,582	2,558		16,595	3,444	2,717	3,521	3,411	4,205	3,983	9,156	1,349
1993	20,115	5,241	3,468	3,335	1,952	1,531		11,635	2,342	1,959	2,207	2,030	2,600	2,498	6,469	675
1994	6,303	2,604	1,834	678	858	728		3,172	483	373	502	1,216	1,170	1,135	2,410	213
1995	3,837	571	792	702	574	513		1,661	685	418	800	1,360	556	482	897	59
1996	5,549	1,577	979	1,816	473	623		5,686	1,539	680	800	1,033	856	1,143	2,065	354
1997	3,533	1,371	631	1,342	215	209	330	3,063	463	241	431	410	509	746	1,212	336
1998	36,947	8,720	5,104	10,361	3,715	9,338	2,425	29,838	4,151	4,727	2,941	2,917	3,266	5,414	6,609	1,826
1999	2,424	666	317	617	184	304	237	1,854	279	515	259	219	189	94	568	101
2000	3,073	389	302	519	56	115	333	2,008	298	474	650	218	286	307	313	94
2001	34,568	4,937	2,915	5,704	420	895	2,506	25,168	3,266	6,156	10,491	2,035	-	3,782	3,262	1,857
2002	27,302	3,425	2,119	4,127	270	-	2,280	30,066	2,709	4,509	9,073	1,976	2,122	3,381	3,398	787

자료: 보건사회부, 『보건사회통계연보』, 각년도; 보건복지부, 『보건복지통계연보』, 각년도.

표 B400-415 경구피임약 배포수, 1964-2002

	서울	부산	대구	인천	광주	대전	울산	경기	강원	충북	충남	전북	전남	경북	경남	제주
	B400	B401	B402	B403	B404	B405	B406	B407	B408	B409	B410	B411	B412	B413	B414	B415
								남한, 건								
1964	1,000	7,030						20,070	16,210	15,950	17,550	22,050	27,030	27,480	25,830	1,800
1965	9,400	11,340						16,200	11,900	10,500	14,600	13,900	18,600	20,200	21,400	1,200
1966	10,500	2,600						17,000	11,000	10,900	9,600	12,000	17,700	13,500	28,500	1,700
1967																
1968	156,600	73,350						151,500	82,300	73,750	134,650	115,350	171,350	213,650	163,200	15,250
1969	70,569	25,535						121,109	68,089	88,709	120,026	62,808	138,209	288,435	103,446	7,178
1970	110,115	94,393						285,678	146,308	142,935	143,460	119,587	274,088	531,416	177,359	20,810
1971	129,838	131,838						347,713	187,868	151,879	180,719	156,449	349,657	506,611	227,568	26,187
1972	223,835	91,771						333,021	189,504	150,033	265,018	169,926	361,015	482,591	272,102	28,781
1973	344,123	103,026						325,988	212,252	165,485	244,869	191,566	373,593	482,495	295,355	28,719
1974	271,256	96,033						325,202	210,779	169,120	306,542	175,783	389,326	521,042	300,464	26,754
1975	273,792	98,834						347,359	207,727	170,691	288,490	178,308	385,493	509,777	299,100	25,160
1976	19,657	6,914						28,895	14,822	11,620	19,557	11,681	14,150	36,304	19,587	3,087
1977	14,166	6,320						28,133	14,126	11,695	18,212	12,059	15,702	37,072	18,855	2,550
1978	14,353	5,260						17,502	10,289	7,470	12,861	8,741	14,779	21,877	15,239	2,135
1979	12,469	6,054						15,046	6,883	6,619	9,888	8,158	12,154	18,310	11,436	1,684
1980	13,678	6,546						13,475	7,044	5,458	9,265	7,061	11,473	16,640	10,749	1,438
1981	11,366	5,612	4,730	2,599				9,717	5,904	4,895	8,163	6,627	10,694	9,876	9,456	1,712
1982	11,953	5,961	7,081	3,986				13,295	6,964	6,325	11,023	8,425	13,525	12,176	9,337	2,462
1983	12,368	10,975	3,571	2,204				9,552	4,402	3,147	5,632	4,032	7,141	6,155	11,309	1,926
1984	12,258	5,712	2,736	2,249				6,293	2,639	1,857	3,430	2,381	4,192	4,367	5,563	997
1985	10,833	4,931	2,312	1,713				5,035	2,341	1,374	2,386	1,668	3,279	3,312	4,137	645
1986	11,790	4,498	2,153	1,623	899			5,482	2,063	1,497	2,657	1,824	3,138	3,244	4,136	836
1987	9,606	3,457	1,986	1,454	875			4,914	1,706	1,377	2,562	1,943	2,665	2,806	3,408	572
1988	7,465	2,377	1,543	1,251	754			3,799	1,298	991	1,910	1,413	1,887	2,162	2,393	384
1989	9,036	2,228	1,918	1,235	946	726		3,535	1,084	955	1,019	1,117	1,584	1,879	1,777	389
1990	35,106	1,655	1,348	972	560	467		2,490	705	722	633	830	994	1,152	1,218	186
1991	1,564	629	318	276	195	130		1,096	342	187	187	189	292	366	657	89
1992	1,436	469	288	284	201	134		858	351	204	190	168	235	316	432	119
1993	1,394	411	304	276	160	138		1,065	214	204	173	169	216	236	389	80
1994	1,336	436	296	290	149	130		766	150	139	161	195	259	207	330	42
1995	1,190	337	254	141	151	118		705	145	124	164	166	135	143	353	27
1996	679	251	56	236	109	127		627	85	134	135	98	157	137	186	18
1997	432	297	48	203	73	87	25	395	70	72	74	60	72	112	93	48
1998	3,629	3,976	415	1,490	1,026	591	197	2,415	653	492	417	608	446	968	585	17
1999	121	91	16	49	16	8	4	84	23	55	43	30	9	5	22	3
2000	124	32	22	25	1	8	1	115	14	52	44	26	1	-	44	
2001	1,113	431	121	595		150	94	1,245	101	738	831	332		14	506	
2002	742	258	65	375				1,083	247	473	704	128	400	444	299	

자료: 보건사회부, 『보건사회통계연보』, 각년도; 보건복지부, 『보건복지통계연보』, 각년도.

4. 혼인력

표 B416-417 조선시대 양반의 초혼연령, 1500-1919

	남	여
	B416	B417
	남북한, 세	
1500-1519	16.8	16.9
1520-1539	18.6	16.7
1540-1559	18.3	17.5
1560-1579	18.3	16.0
1580-1599	18.1	16.4
1600-1619	17.9	16.8
1620-1639	16.3	16.8
1640-1659	16.2	15.6
1660-1679	16.4	16.7
1680-1699	16.4	17.1
1700-1719	16.3	17.1
1720-1739	15.9	16.7
1740-1759	15.6	17.1
1770-1779	15.4	16.6
1780-1799	15.3	17.3
1800-1819	15.0	16.8
1820-1839	16.6	17.7
1840-1859	16.4	17.3
1880-1879	15.5	17.0
1880-1899	14.7	16.8
1900-1919	14.4	15.8

자료: Go, Sun and Park, Heejin, "Identifying Historical Shocks to the Marriage Decisions: The age at marriage of the Koreans from the late 11th to early 20th century," paper presented at the 8th World Congress of Cliometrics(2017).

표 B418-419 초혼연령, 1925-2015

	남	여
	B418	B419
	남북한, 세	
1925	21.1	16.6
1930	21.2	16.8
1935	21.4	17.1
1940	21.8	17.8
	남한, 세	
1955	24.7	20.5
1960	25.4	21.5
1966	26.7	22.9
1970	26.7	22.6
1975	26.8	22.8
1980	26.4	23.2
1985	27.0	24.1
1986	27.1	24.3
1987	27.3	24.5
1988	27.5	24.6
1989	27.8	24.8
1990	27.8	24.8
1991	27.9	24.8
1992	28.0	24.9
1993	28.1	25.0
1994	28.2	25.1
1995	28.4	25.3
1996	28.4	25.5
1997	28.6	25.7
1998	28.8	26.0
1999	29.1	26.3
2000	29.3	26.5
2001	29.6	26.8
2002	29.8	27.0
2003	30.1	27.3
2004	30.5	27.5
2005	30.9	27.7
2006	31.0	27.8
2007	31.1	28.1
2008	31.4	28.3
2009	31.6	28.7
2010	31.8	28.9
2011	31.9	29.1
2012	32.1	29.4
2013	32.2	29.6
2014	32.4	29.8
2015	32.6	30.0

자료: 조선총독부, 『간이국세조사결과표』(1925); 조선총독부, 『조선국세조사보고』(1930, 1935); 조선총독부, 『조선국세조사결과요약』(1940); 조선총독부, 『인구조사결과보고』(1944); 경제기획원, 『총인구주택국세조사보고』(1963); 경제기획원, 『총인구주택센서스보고』(1970); 경제기획원 조사통계국, 『인구동태통계연보』, 각년도; 통계청, 「시도별 평균초혼연령인구동향조사」(http://kosis.kr).

표 B420-451 15-49세 여성의 혼인상태별 인구비율, 1925-2015

	15-49세				15-19세				20-24세				25-29세			
	미혼	유배우	사별	이혼	미혼	유배우	사별	이혼	미혼	유배우	사별	이혼	미혼	유배우	사별	이혼
	B420	B421	B422	B423	B424	B425	B426	B427	B428	B429	B430	B431	B432	B433	B434	B435
	남북한, %															
1925	6.4	85.0	7.3	1.3	27.0	71.5	0.7	0.8	2.0	94.4	2.0	1.6	1.0	93.6	3.8	1.6
1930	7.3	86.2	5.8	0.7	33.4	65.6	0.3	0.6	1.5	96.4	1.2	0.9	0.4	96.6	2.4	0.7
1935	8.1	85.6	5.5	0.7	37.4	61.6	0.3	0.7	3.2	94.7	1.0	1.0	0.4	96.6	2.2	0.8
	남한, %															
1955	23.2	67.8	7.3	1.6	85.2	14.3	0.2	0.3	20.8	75.1	2.1	2.1	3.0	89.7	4.8	2.5
1960	25.7	67.4	5.8	1.0	92.8	7.0	0.1	0.1	33.6	65.0	0.5	0.8	2.9	93.3	2.1	1.6
1966	29.3	64.2	5.6	0.9	96.1	3.8	0.0	0.0	51.6	47.7	0.3	0.4	7.7	89.8	1.2	1.3
1970	31.5	62.9	4.6	1.0	97.1	2.8	0.0	0.0	57.2	42.3	0.2	0.3	9.7	88.4	0.9	1.1
1975	36.0	59.5	3.8	0.7	97.4	2.6	0.0	0.0	62.5	37.2	0.1	0.1	11.8	86.8	0.7	0.7
1980	36.5	59.8	3.1	0.7	98.2	1.7	0.0	0.0	66.1	33.7	0.1	0.1	14.1	84.9	0.5	0.5
1985	36.3	60.5	2.5	0.7	99.1	0.8	0.0	0.0	72.1	27.8	0.0	0.1	18.4	80.9	0.3	0.4
1990	36.4	60.4	2.2	0.9	99.5	0.5	0.0	0.0	80.5	19.5	0.0	0.0	22.1	77.3	0.3	0.4
1995	34.6	62.1	2.0	1.2	99.2	0.8	0.0	0.0	83.3	16.7	0.0	0.0	29.6	69.9	0.2	0.3
2000	34.9	61.2	1.7	2.2	99.3	0.7	0.0	0.0	89.1	10.7	0.0	0.1	40.1	59.1	0.1	0.6
2005	25.8	56.9	12.9	4.4	99.6	0.3	0.0	0.0	96.0	3.9	0.0	0.1	69.3	30.0	0.1	0.6
2010	26.7	54.5	13.1	5.7	99.8	0.2	0.1	0.0	96.8	2.9	0.2	0.1	77.3	22.0	0.1	0.6
2015	44.9	50.0	0.8	4.3	99.8	0.2	0.1	0.0	96.8	2.9	0.2	0.1	77.3	22.0	0.1	0.6

	30-34세				35-39세				40-44세				45-49세			
	미혼	유배우	사별	이혼	미혼	유배우	사별	이혼	미혼	유배우	사별	이혼	미혼	유배우	사별	이혼
	B436	B437	B438	B439	B440	B441	B442	B443	B444	B445	B446	B447	B448	B449	B450	B451
	남북한, %															
1925	0.6	91.6	6.3	1.5	0.5	88.1	10.2	1.3	0.7	81.5	16.7	1.1	1.0	73.6	24.4	1.0
1930	0.1	94.9	4.3	0.6	0.0	91.5	7.9	0.6	0.0	85.7	13.7	0.6	0.0	76.7	22.7	0.5
1935	0.2	95.1	4.1	0.7	0.1	91.9	7.3	0.6	0.1	86.3	13.0	0.6	0.1	78.6	20.7	0.6
	남한, %															
1955	0.7	89.8	7.4	2.2	0.3	87.0	10.9	1.8	0.3	81.4	16.8	1.6	0.2	73.6	24.8	1.4
1960	0.4	91.9	6.0	1.7	0.2	88.4	10.1	1.4	0.1	82.4	16.5	1.1	0.1	76.3	22.8	0.8
1966	1.0	93.9	3.5	1.6	0.3	89.2	8.9	1.6	0.1	82.7	16.0	1.2	0.1	75.2	23.9	0.8
1970	1.4	94.6	2.4	1.6	0.4	92.0	5.9	1.8	0.2	84.8	13.4	1.7	0.1	76.8	21.8	1.2
1975	2.1	94.4	2.1	1.4	0.7	93.2	4.6	1.5	0.3	88.2	10.1	1.4	0.2	79.1	19.6	1.1
1980	2.7	94.3	1.8	1.2	1.0	93.4	4.1	1.5	0.5	90.1	8.1	1.4	0.3	83.1	15.4	1.2
1985	4.2	93.3	1.3	1.1	1.6	93.3	3.4	1.7	0.7	90.4	7.2	1.7	0.4	85.9	12.3	1.4
1990	5.3	92.4	1.1	1.2	2.4	92.8	2.9	1.9	1.1	90.3	6.4	2.2	0.6	86.1	11.4	1.9
1995	6.7	91.4	0.8	1.1	3.3	92.2	2.2	2.2	1.9	90.1	5.2	2.8	1.0	86.4	9.9	2.7
2000	10.7	86.9	0.5	1.8	4.3	90.7	1.6	3.4	2.6	88.9	3.8	4.8	1.7	86.1	7.5	4.6
2005	29.1	68.5	0.2	2.2	12.6	81.6	0.7	5.1	6.2	84.0	1.8	8.0	3.3	83.3	4.0	9.4
2010	37.5	60.5	0.2	1.9	19.2	76.1	0.4	4.3	11.3	79.2	1.2	8.2	6.4	79.4	2.8	11.4
2015	37.5	60.5	0.2	1.9	19.2	76.1	0.4	4.3	11.3	79.2	1.2	8.2	6.4	79.4	2.8	11.4

자료: Kwon, Tai Hwan, *Demography of Korea: Population Change and its Components, 1925-66* (Seoul National University Press: Seoul, 1977), pp. 320-343; 통계청, 「인구총조사」(http://kosis.kr).

주: 1925-1965년은 5년 평균값이다.

5. 국내외 인구이동

표 B452-453 도시 및 농촌인구, 1925-2015

	도시	농촌		도시	농촌
	B452	B453		B452	B453
	남북한, 천 명			남한, 천 명	
1925	850	18,673	1970	12,929	18,506
1930	1,190	19,869	1975	16,793	17,914
1935	1,606	21,293	1980	21,434	16,002
1940	2,818	21,508	1985	26,443	14,006
1944	3,412	22,489	1990	32,309	11,102
	남한, 천 명		1995	35,036	9,572
1949	3,474	16,714	2000	36,755	9,381
1955	5,281	16,221	2005	38,515	8,764
1960	6,997	17,992	2010	39,823	8,758
1966	9,780	19,379	2015	41,678	9,392

자료: 통계청, 「총조사인구총괄」(http://kosis.kr).
주: 도시는 시 또는 부의 인구이며, 농촌은 군지역 인구이다.

표 B454-485 주요 도시 인구, 1925-1944

	한국인+외국인															
	서울	부산	대구	인천	광주	대전	군산	목포	마산	평양	신의주	진남포	청진	원산	함흥	개성
	B454	B455	B456	B457	B458	B459	B460	B461	B462	B463	B464	B465	B466	B467	B468	B469
	천 명															
1925	343	107	77	56	24	9	22	27	23	89	23	27	21	36	32	46
1930	394	146	93	68	33	22	26	35	28	141	48	38	36	43	44	50
1935	444	183	107	83	55	39	42	61	32	182	58	51	56	57	60	56
1940	935	250	179	171	65	46	41	64	36	286	61	69	198	75	79	72
1944	989	474	314	266	139	127	58	69	54	342	118	82	184	113	112	76

	한국인															
	서울	부산	대구	인천	광주	대전	군산	목포	마산	평양	신의주	진남포	청진	원산	함흥	개성
	B470	B471	B472	B473	B474	B475	B476	B477	B478	B479	B480	B481	B482	B483	B484	B485
	천 명															
1925	247	65	58	42			14	20	18	70	13	22	13	27		
1930	280	98	73	53			17	26	22	117	31	32	26	32	34	48
1935	313	130	85	67	46	29	32	51	26	155	41	44	42	45	48	54
1940	775	192	158	151	56	36	32	56	31	255	44	60	166	64	65	70
1944	825	267	186	190	73	66	49	61	48	307	97	73	152	97	99	74

자료: 통계청, 「총조사인구총괄」(http://kosis.kr).

표 B486-499 주요 도시 인구, 1949-2015

	한국인+외국인							한국인						
	서울	부산	대구	인천	광주	대전	울산	서울	부산	대구	인천	광주	대전	울산
	천 명													
	B486	B487	B488	B489	B490	B491	B492	B493	B494	B495	B496	B497	B498	B499
1949	1,446	474	314	266	139	127	24	1,438	474	313	261	139	127	
1955	1,575	1,049	489	321	233	173	26	1,569	1,045	487	318	233	173	26
1960	2,445	1,164	677	401	314	229	30	2,445	1,164	677	401	314	229	30
1966	3,803	1,430	847	530	404	316	121	3,793	1,426	845	526	403	315	113
1970	5,433	1,842	1,092	648	503	415	159	5,525	1,876	1,081	643	502	414	159
1975	6,890	2,453	1,311	800	607	507	253	6,879	2,450	1,309	797	606	506	252
1980	8,364	3,160	1,605	1,084	728	652	418	8,351	3,157	1,604	1,082	727	651	418
1985	9,639	3,515	2,030	1,387	906	866	551	9,626	3,512	2,028	1,385	906	866	550
1990	10,613	3,798	2,229	1,818	1,139	1,050	682	10,603	3,796	2,228	1,816	1,139	1,049	682
1995	10,231	3,814	2,449	2,308	1,258	1,272	967	10,217	3,810	2,445	2,304	1,257	1,271	967
2000	9,895	3,663	2,481	2,475	1,353	1,368	1,014	9,854	3,655	2,474	2,466	1,351	1,366	1,012
2005	9,820	3,524	2,465	2,531	1,418	1,443	1,049	9,763	3,513	2,456	2,518	1,414	1,439	1,045
2010	9,794	3,415	2,446	2,663	1,476	1,502	1,083	9,631	3,393	2,432	2,632	1,466	1,490	1,072
2015	9,904	3,449	2,466	2,890	1,503	1,538	1,167	9,567	3,405	2,437	2,823	1,481	1,519	1,137

자료: 통계청, 「총조사인구총괄」(http://kosis.kr); 대구시, 『대구통계연보』, 각년도; 인천시, 『인천시 통계연보』, 각년도; 대전시, 『대전통계연보』, 각년도; 광주시, 『광주통계연보』, 각년도; 울산시, 『울산통계연보』, 각년도.

주: 1) 울산은 1960년과 1966년 사이에 읍에서 시로 승격되었다.

2) 1966년과 1970년은 『인천시 통계연보』(1967, 1972); 『대전통계연보』(1967, 1973); 『광주통계연보』(1971); 『대구통계연보』(1973); 『울산통계연보』(1973) 외국인 인구수에 센서스의 한국인 인구수를 더한 수치이다.

표 B500-509 시도별 순인구유입, 1925-1949

	서울	경기	강원	충북	충남	전북	전남	경북	경남	제주
	B500	B501	B502	B503	B504	B505	B506	B507	B508	B509
	천 명									
1925-1930	20.2	-50.6	19.1	-21.7	-19.1	1.8	-18.9	-115.3	-63.3	12.6
1930-1935	12.9	52.8	-19.5	-32.8	-17.3	-48.1	-39.1	-104.6	-95.0	-18.5
1935-1940	194.9	-48.2	-8.9	-108.7	-114.6	-157.1	-97.7	-331.4	-197.1	-8.8
1940-1945	4.6	3.8	-37.2	-65.0	-67.5	-93.5	-149.1	-122.7	-4.4	-12.6
1945-1949	492.3	187.1	64.4	89.9	205.7	248.7	317.8	370.8	536.8	21.5

자료: Kwon, Tai Hwan, *Demography of Korea: Population Change and its Components, 1925-66* (Seoul National University Press: Seoul, 1977), pp. 356-389.

표 B510-526 시도별 순인구유입, 1955-2015

	서울	부산	대구	인천	광주	대전	울산	세종	경기	강원	충북	충남	전북	전남	경북	경남	제주
	B510	B511	B512	B513	B514	B515	B516	B517	B518	B519	B520	B521	B522	B523	B524	B525	B526
	남한, 천 명																
1955-1960	114.0								14.4	16.5	-12.7	-16.0	-25.6	-27.3	-21.9	-39.2	-2.1
1960-1965	108.4								37.9	-0.6	-11.3	-33.0	-26.8	-21.7	-18.5	-35.6	1.3
1970	293.8	72.5							98.5	-36.2	-47.9	-47.3	-91.3	-86.4	-62.5	-87.3	-3.2
1971	252.7	61.4							121.3	-35.0	-44.7	-50.3	-74.5	-85.6	-57.4	-83.9	-3.9
1972	138.8	42.8							35.1	-30.7	-25.0	-22.4	-37.0	-41.0	-13.6	-47.7	0.7
1973	184.6	67.4							87.8	-35.8	-33.9	-38.2	-53.1	-59.5	-25.2	-59.3	-2.9
1974	230.7	127.0							94.6	-49.3	-40.8	-51.3	-71.6	-84.0	-27.2	-55.3	-5.6
1975	459.6	111.5							181.6	-60.2	-78.2	-80.5	-137.3	-133.3	-83.3	-116.4	-9.9
1976	260.9	95.5							124.1	-41.9	-49.0	-52.0	-86.8	-71.1	-58.5	-95.1	-7.0
1977	215.4	89.0							126.5	-45.7	-56.4	-43.4	-81.5	-76.8	-61.3	-52.2	-8.4
1978	278.5	112.4							168.3	-50.8	-84.6	-37.5	-94.8	-90.4	-62.4	-45.1	-9.6
1979	148.4	75.4							197.9	-50.3	-56.2	-45.2	-83.6	-86.3	-49.4	-31.5	-4.9
1980	164.9	51.1							137.4	-24.5	-38.6	-38.7	-71.2	-82.8	-42.5	-39.7	-1.3
1981	148.4	25.8	32.5	36.1					102.9	-22.4	-37.7	-51.1	-47.9	-64.5	-77.8	-25.8	-1.4
1982	131.9	13.6	32.0	10.0					177.8	-29.8	-40.3	-49.2	-59.4	-67.0	-94.1	-14.3	-3.1
1983	141.8	6.2	25.4	28.0					257.3	-44.7	-45.0	-57.7	-73.3	-85.9	-101.4	-19.8	-1.9
1984	132.7	22.5	27.8	45.6					205.2	-42.2	-45.7	-54.9	-74.7	-79.8	-103.1	-17.5	-4.2
1985	30.4	13.5	20.8	42.1					234.2	-28.5	-33.5	-36.0	-60.1	-61.4	-78.7	-30.2	-3.4
1986	-5.8	32.0	20.3	31.0	15.8				256.3	-33.5	-28.6	-33.2	-59.3	-76.9	-65.5	-40.1	-3.6
1987	84.4	31.1	20.7	45.2	7.4				191.5	-45.1	-34.7	-42.6	-65.9	-104.0	-64.6	-20.4	-2.9
1988	188.6	23.2	21.1	47.0	22.9				78.8	-52.5	-33.9	-41.2	-59.6	-108.8	-72.2	-11.6	-1.7
1989	109.6	-6.7	22.6	66.4	29.2	26.2			151.2	-57.9	-29.0	-60.6	-63.3	-104.2	-72.8	-10.5	-0.2
1990	-91.0	-35.9	-1.5	116.7	28.5	33.5			250.5	-47.6	-17.6	-53.7	-53.3	-100.1	-50.0	18.4	3.1
1991	-36.9	-35.5	2.5	80.4	36.0	36.6			177.1	-38.0	-11.1	-45.4	-42.3	-100.6	-47.3	21.9	2.8
1992	-104.9	-52.0	0.7	59.4	21.5	24.1			214.9	-24.8	0.0	-28.3	-30.8	-76.5	-29.8	24.8	1.7
1993	-182.6	-58.9	-0.2	39.7	8.4	38.0			294.5	-24.6	1.7	-24.3	-26.0	-59.3	-15.5	10.8	-1.7
1994	-236.5	-57.5	6.9	36.9	10.2	30.5			322.1	-18.5	-3.6	-20.6	-22.9	-46.4	-18.4	20.0	-2.1
1995	-321.9	-54.9	-3.3	18.6	-4.0	17.8			372.5	-9.4	3.8	1.9	-10.1	-19.2	-4.6	13.7	-0.8
1996	-211.2	-47.2	-21.7	12.3	0.1	14.9			252.7	-7.9	5.6	12.2	-14.4	-19.5	5.5	19.7	-1.1
1997	-178.3	-44.4	-14.5	27.0	7.4	9.6	3.8		213.7	-0.9	4.9	14.1	-14.6	-21.6	-6.2	0.5	-0.6
1998	-134.0	-40.9	-11.8	20.8	2.5	12.1	-5.6		122.5	8.9	5.5	9.4	-2.3	1.2	0.6	8.6	2.5
1999	-81.1	-33.4	-6.9	1.8	2.9	9.6	-1.9		174.1	-3.8	-1.4	-2.9	-10.4	-24.2	-13.2	-9.4	0.2
2000	-46.9	-43.7	-3.4	13.2	0.0	8.6	3.2		184.0	-11.1	-4.4	-7.7	-21.6	-33.5	-25.7	-8.5	-2.4
2001	-113.9	-41.2	-14.2	1.1	-0.1	6.8	6.0		248.9	-8.1	-8.5	-11.6	-1.9	-36.4	-21.3	-5.2	-0.3
2002	-106.4	-49.4	-9.6	0.2	4.4	8.6	2.6		315.8	-17.2	-8.2	-13.6	-56.7	-46.2	-31.3	6.9	0.2
2003	-69.0	-42.3	-3.1	-16.2	-9.7	5.8	1.9		222.0	-13.1	-6.1	2.7	-3.0	-36.1	-36.8	4.3	-1.4
2004	-47.2	-33.2	-13.3	-1.3	-3.1	2.6	1.8		188.9	-8.3	-5.8	35.0	-51.0	-32.3	-26.9	-5.6	-0.1
2005	-51.0	-37.0	-25.0	11.0	-7.3	3.2	-0.4		168.9	-11.5	-4.7	5.0	-24.5	-20.0	-11.5	5.6	-0.8
2006	-36.6	-34.7	-25.7	9.6	-2.7	2.3	-2.4		138.6	-9.6	1.8	7.1	-19.2	-24.7	-3.3	1.3	-1.9
2007	-52.9	-36.1	-16.5	22.7	-4.1	-1.0	-1.0		113.1	-6.1	5.7	13.4	-10.9	-16.6	-14.6	7.9	-2.9
2008	-58.0	-34.6	-12.7	9.4	0.4	-5.6	3.9		100.6	1.3	6.9	15.5	-10.6	-13.3	-14.1	13.0	-2.2
2009	-52.3	-29.8	-12.7	2.1	3.1	-5.8	-5.0		94.2	1.8	2.5	12.1	-4.8	-7.4	-8.3	11.2	-1.0
2010	-115.0	-28.5	-11.8	3.6	3.5	-1.0	-3.5		142.4	0.6	6.0	16.2	-2.4	-10.1	-3.6	3.2	0.4
2011	-113.1	-24.9	-12.7	28.8	1.3	3.3	1.9		75.8	4.7	8.1	18.6	1.7	-5.2	4.8	4.5	2.3
2012	-103.6	-20.6	-10.6	27.8	-1.8	0.5	4.0	17.5	82.8	0.7	4.6	9.8	-3.3	-5.1	-4.9	-2.8	4.9
2013	-100.6	-17.7	-11.4	22.0	-2.6	0.3	2.3	8.7	74.1	3.0	3.1	13.4	-2.2	-2.3	-1.9	3.8	7.8
2014	-87.8	-15.1	-15.5	9.3	-3.0	-8.8	2.8	33.5	57.4	2.1	2.4	9.8	-2.6	-0.6	-1.0	6.1	11.1
2015	-137.3	-13.6	-12.9	9.5	-9.3	-20.6	-0.1	53.0	94.8	4.8	1.4	10.3	-2.8	3.9	-0.6	5.1	14.3

자료: Kwon, Tai Hwan, *Demography of Korea: Population Change and its Components, 1925-66* (Seoul National University Press: Seoul, 1977), pp. 390-401; 통계청, 「국내인구이동통계」(http://kosis.kr).

표 B527-528 재중 재일 조선인 수, 1910-1944

	중국	일본
	B527	B528
	남북한, 천 명	
1910	220	1
1915	282	4
1920	459	30
1925	532	133
1930	607	298
1935	827	629
1940	1,450	1,190
1944	1,659	1,937

자료: Kwon, Tai Hwan, *Demography of Korea: Population Change and its Components, 1925-66* (Seoul National University Press: Seoul, 1977), pp. 362-383.

표 B529-530 만주 및 일본으로의 이민자수, 1911-1940

	만주	일본
	B529	B530
	남북한, 명	
1911-1915	57,074	970
1916-1920	164,637	33,976
1921-1925	42,834	138,290
1926-1930	21,918	200,330
1931-1935	147,605	262,424
1936-1940	509,587	456,483

자료: 권태환 · 김두섭, 『인구의 이해』(서울대학교 출판부, 2002), p. 251.

표 B531-542 재외 한국인 수, 1971-2015

	합계	동북아시아	일본	중국	남아시아 및 태평양	북미	미국	캐나다	중남미	유럽	중동	아프리카
	B531	B532	B533	B534	B535	B536	B537	B538	B539	B540	B541	B542
	남한, 천 명											
1971	703	617	609	1	-	75	63	5	-	-	0	0
1972	728	612	605	1	-	103	86	7	-	-	0	0
1973	801	-	-	-	-	-	-	-	-	-	-	-
1974	871	660	654	1	-	193	172	10	-	-	1	0
1975	920	654	648	1	-	241	215	13	-	-	3	2
1976	1059	661	653	1	-	318	281	21	-	-	16	1
1977	1171	665	657	1	-	400	354	25	-	-	38	2
1978	1253	679	668	1	-	472	419	30	-	-	76	1
1979	1342	-	-	-	-	-	-	-	-	-	-	-
1980	1471	680	665	1	-	631	569	41	-	-	125	1
1981	1591	691	671	1	-	709	639	47	-	-	161	1
1982	1670	704	677	2	-	765	687	49	-	-	164	1
1983	1734	712	680	2	-	826	743	52	-	-	162	2
1984	1779	-	-	-	-	-	-	-	-	-	-	-
1985	1905	-	-	-	-	-	-	-	-	-	-	-
1986	2006	720	693	2	-	1157	1026	57	-	-	90	3
1987	2045	709	681	2	-	1232	1089	58	-	-	62	2
1988	2124	669	638	2	-	1317	1162	59	-	-	48	3
1989	2273	732	688	3	-	1456	1299	61	-	-	34	3
1990	2320	748	694	3	-	1496	1347	61	-	-	20	3
1991	4832	2717	731	1922	-	1607	1452	65	-	-	15	3
1992	4944	2714	713	1927	-	1697	1534	70	-	-	12	3
1995	5229	2724	697	1940	-	1965	1802	73	-	-	9	3
1997	5541	2798	700	1986	-	2209	2000	110	-	-	7	3
1999	5645	2811	660	2044	-	2271	2058	111	-	-	6	4
2001	5654	2671	640	1888	-	2376	2123	141	-	-	7	5
2003	6337	3044	899	2145	196	2327	2157	170	106	652	7	5
2005	6638	3340	901	2439	249	2285	2087	198	107	640	7	8
2007	7044	3655	893	2762	384	2233	2017	216	108	645	9	8
2009	6823	3249	913	2337	461	2326	2102	223	107	656	14	9
2011	7176	3618	913	2705	453	2307	2076	231	113	657	16	11
2013	7012	3467	893	2574	486	2297	2091	206	111	616	25	11
2015	7185	3442	856	2586	511	2463	2239	224	105	627	26	12

자료: 통계청, 「재외동포현황」(www.index.go.kr).

표 B543-546 이민자수, 2000-2015

	입국		출국	
	한국인	외국인	한국인	외국인
	B543	B544	B545	B546
	남한, 천 명			
2000	89	137	133	67
2001	89	131	138	80
2002	98	122	121	90
2003	90	127	115	123
2004	90	131	114	118
2005	95	182	118	196
2006	106	208	125	121
2007	111	199	126	87
2008	149	189	121	112
2009	138	119	99	128
2010	130	101	97	140
2011	138	69	100	177
2012	132	163	95	141
2013	129	186	89	124
2014	123	217	87	110
2015	117	179	83	125

자료: 통계청, 「국제인구이동통계」(http://kosis.kr).

표 B547-552 국내 외국인의 출입국자수, 1958-2015

	입국			입국		
	합계	한국인	외국인	합계	한국인	외국인
	B547	B548	B549	B550	B551	B552
	남한, 천 명					
1958	13	0	0	13	0	0
1959	12	4	8	16	9	7
1960	18	10	9	16	8	8
1961	18	9	9	21	11	10
1962	23	10	13	26	13	13
1963	29	13	17	35	16	19
1964	37	21	15	45	27	18
1965	45	20	25	51	28	22
1966	86	30	56	96	48	49
1967	113	43	71	116	54	63
1968	135	56	78	140	67	73
1969	157	63	93	160	72	88
1970	208	92	116	221	107	114
1971	264	99	165	291	122	169
1972	396	107	289	427	137	290
1973	688	134	554	732	172	560
1974	597	156	442	645	200	446
1975	631	166	465	680	212	467
1976	856	198	658	925	260	665
1977	1,002	241	760	1,075	315	760
1978	1,269	319	950	1,256	388	868
1979	1,372	386	986	1,425	438	987
1980	1,248	421	827	1,324	496	827
1981	1,447	507	940	1,537	596	941
1982	1,586	605	980	1,644	666	978
1983	1,657	626	1,031	1,694	657	1,037
1984	1,780	647	1,133	1,798	663	1,135
1985	1,910	642	1,268	1,924	661	1,263
1986	2,111	638	1,473	2,124	654	1,470
1987	2,355	707	1,649	2,399	750	1,649
1988	2,868	957	1,911	2,913	1,005	1,908
1989	3,660	1,473	2,187	3,713	1,529	2,184
1990	4,179	1,829	2,350	4,234	1,882	2,352
1991	4,615	2,122	2,493	4,617	2,166	2,451
1992	4,817	2,319	2,499	4,853	2,354	2,499
1993	5,265	2,697	2,568	5,324	2,742	2,583
1994	6,197	3,422	2,775	6,117	3,374	2,743
1995	7,008	4,084	2,924	7,036	4,156	2,880
1996	7,782	4,902	2,880	7,769	4,961	2,809
1997	7,955	4,866	3,089	7,904	4,858	3,045
1998	6,469	2,963	3,506	6,577	3,027	3,550
1999	8,112	4,191	3,921	8,122	4,268	3,854
2000	9,382	5,011	4,371	9,369	5,115	4,254
2001	9,868	5,593	4,276	9,902	5,696	4,205
2002	11,014	6,621	4,393	11,019	6,693	4,326
2003	10,416	6,566	3,850	10,470	6,643	3,826
2004	13,144	8,215	4,930	13,200	8,323	4,877
2005	14,576	9,396	5,180	14,681	9,501	5,180
2006	16,075	10,753	5,322	16,081	10,895	5,186
2007	17,985	12,494	5,491	17,933	12,591	5,343
2008	17,214	11,316	5,898	17,113	11,292	5,820
2009	15,712	8,769	6,942	15,720	8,807	6,913
2010	19,457	11,682	7,775	19,407	11,737	7,669
2011	20,541	11,874	8,667	20,435	11,885	8,550
2012	22,877	12,755	10,122	22,867	12,802	10,065
2013	24,490	13,812	10,678	24,398	13,834	10,564
2014	30,614	16,350	14,265	31,038	16,373	14,665
2015	32,891	19,531	13,360	33,482	19,580	13,901

자료: 경제기획원, 『한국통계연감』, 각년도; 법무부, 『출입국관리통계연보』, 각년도.
주: 1962-1984년 수치는 재외한국인을 포함한다.

C. 노동력

박이택

20세기 후반에 경제사와 경제학에서는 분업이 경제발전의 엔진이라는 애덤 스미스의 명제가 화려하게 부활하여, 스미스적 성장이라는 용어가 풍미하고 있는데, 스미스적 성장의 양상을 가장 잘 보여 주는 것이 노동력의 산업별 · 직업별 구성 통계이다.

스미스적 성장이 본격적으로 전개되기 위해서는 노동력의 산업별 · 직업별 분배가 노동시장에 의해 이루어져야 하는데, 전근대시대에는 노동력의 산업별 · 직업별 분배에 신분제적 질서가 강한 영향력을 발휘하고 있어서, 노동시장이 온전히 작동하지는 못하였으며, 직업조사도 제대로 이루어지지 못하였다.

한국의 인구조사는 이를 잘 보여 준다. 19세기 한국은 직업보다는 신분을 중시하는 신분사회였기 때문에, 잘 조직된 노동시장도 발전하지 못하였으며, 직업조사도 제대로 이루어지지 못하였다. 그렇지만 20세기에 들어 신분보다 직업을 중시하는 직업사회로 전환되어, 인구조사에서도 신분보다 직업이 주요 조사 대상이 되었다. 이와 같은 변화를 보여 주는 최초의 조사는 1909년에 실시된 민적조사라 할 수 있다. 민적조사에는 신분과 직업이 혼용된 분류 체계를 사용하였지만, 이후 인구조사에서는 신분조사가 사라지고 직업조사만 남게 되었다.

시장경제에 기반한 분업의 진전은 경제성장의 원천이기는 하지만, 실업이나 미스 매치의 문제를 야기하기 때문에, 노동시장에 대한 정부의 개입이 진전되었고, 이것은 노동력 통계를 발전시키는 동력이 되었다. 그런데 각 시대마다 노동시장과 관련된 현안이 달랐기 때문에, 노동력 통계의 조사 중점도 시기별로 상당한 차이가 있었다.

노동력 통계는 경제의 발전 과정과 노동시장의 다양한 문제를 보여 주지만, 아쉽게도 19세기 이전의 노동력 실태를 보여 주는 통계는 거의 없기 때문에, 본 장에서는 20세기 이후의 노동력 통계밖에 제시하지 못했다. 에세이의 구성을 간략히 설명하면, 20세기 노동력 통계를 구축할 때 사용한 자료와 구축된 데이터베이스를 간략히 소개하고, 20세기 한국의 노동력 편성의 구조적 변화를 보여 주는 다양한 지표들을 검토한다.

1. 자료

1) 식민지기

식민지기 인구의 직업 구성을 조사한 것으로는 1912-1943년 동안 매년 실시된 직업별 호구조사와 1930년, 1940년, 1944년에 실시된 국세조사 및 인구조사가 있다. 직업이 있는 사람과 직업이 없는 사람을 어떻게 구분할 것인가는 직업 및 노동력 조사의 특성을 규정하는 요인 중의 하나이다. 이 구분법에는 크게 유업자 접근법과 노동력 접근법이 있는데 평상적인 상태로 보아 직업의 유무를 판정하는 것이 유업자 접근법이라면, 특정한 조사 기간 중 취업과 실업의 기준에 따라 노동력의 상태를 파악하는 것이 노동력 접근법인데, 노동력 접근법은 유업자 접근법과는 달리 실업의 추이를 파악할 수 있다. 식민지 시기의 직업조사들은 모두 유업자 접근법에 의한 것이었다.

직업별 호구조사는 생계의 단위로서 가족을 전제하고, 가족의 주된 직업을 직업 대분류 수준에서 파악하는 방식을 취하고 있었다. 이 시기 한국은 농업사회를 크게 벗어나지 않았으며, 한국의 전통적인 농민들은 겸업농적 소농이어서, 농업만이 아니라 때로는 공업이나 상업, 일용업 등을 겸업하고 있었고, 가족은 재생산의 단위일 뿐만 아니라 생산의 단위이기도 했다. 그러나 산업화가 진전되고 임노동 경제가 발전하게 되면, 가족 단위의 직업조사는 분업의 양상을 제대로 포착하기 어렵게 된다. 그러나 식민지 시대에도 개인별 직업을 조사한 국세조사와 인구조사가 있어서, 이 자료들을 이용하면 직업 구조의 세부 구성을 파악할 수 있다.

직업별 호구조사의 결과는 세대주의 직업에 따라 세대의 직업을 분류하고, 각 세대 내에 세대주와 동일한 직업을 가진 사람과 그렇지 않은 사람으로 구분하여 제표되었다. 따라서 직업별 호구조사로부터는 유업인구(C1-14), 산업대분류별 유업세대(C356-386), 산업대분류별 세대 내 주업종류별 유업자(C453-484)의 추이를 알 수 있다. 그러나 세대주와 다른 직업을 가진 사람들은 어느 직업에 종사하는지를 알 수 없기 때문에, 개인별 직업 구성을 제대로 파악할 수 없다. 뿐만 아니라 1910년대 전반의 경우 인구 파악이 잘 되지 않았을 뿐만 아니라 인구 대비 유업자의 수도 매우 적기 때문에, 자료 독해에 신중을 기할 필요가 있다.

반면, 국세조사와 인구조사는 개인별 직업을 조사하였기 때문에, 개인별 직업 구성을 온전히 보여 주기는 하지만, 1940년 국세조사의 경우 실태를 제대로 반영하고 있는지에 대해 의문이 제기되고 있다. 한편, 이 시기에는 농업을 주업으로 하면서 공업이나 상업, 일용노동 등을 부업하고 있는 자의 비중은 무시할 수 없는데, 1930년 국세조사를 제외하고는 부업조사를 하지 않았다. 자료의 실태가 이러하기 때문에 비록 포괄적인 직업조사는 아니지만, 각 산업별로 종사자수를 조사한 통계도 직업 구성의 추이를 파악하는 데 유용하다. 다만, 본 통계서에서는 지면의 관계상 직업별 호구조사의 시계열 자료만을 제시했다.

2) 해방 후

해방 후에도 식민지기 직업별 호구조사와 동일한 방식으로 호구조사나 상주인구조사들이 실시되었다. 이 조사들에는 유업자 접근법에 의거한 직업조사 결과가 포함되어 있지만, 그 정확성에 의심이 있기 때문에, 여기에서는 제시하지 않았다.

해방 이후 한국에서는 분단, 귀환, 월남, 전쟁 등 대혼란 속에서 빈곤이 만연하였으며, 이 문제를 해결하기 위해 노동력 실태에 대한 정확한 정보가 필요하여, 1950년대 후반부터는 체계적인 노동력 통계를 갖추려고 노력하였는데, 1950년대 후반의 노동력조사와 1962년부터 현재까지 이어지는 경제활동인구조사가 그 산물이다.

경제활동인구조사도 각 시대의 정보적 필요에 따라 조사 체계가 변화되었다. 1960년대 경제활동인구조사는 위장실업이나 잠재적 실업을 포함한 다양한 실업의 상태에 있는 사람들을 어떻게 개발의 자원으로 활용할 수 있을 것인가라는 1950년대 후반과 1960년대 초에 시행된 노동력조사가 갖고 있는 문제의식의 연장 속에서 실시되었는데, 경제발전이 진전됨에 따라 이 문제의식은 점차 희석되었다. 대신에 1960년대와 1970년대 압축적 산업화와 도시화가 진행됨에 따라, 고용구조의 지역별 차이에 대한 정보가 보다 필요해지게 되었으며, 2000년대 들어 비정규 노동의 문제가 점차 심각해짐에 따라 이 실태를 파악하기 위한 부가조사가 실시되게 되었다.

1950년대 후반 내무부통계국이 조사한 노동력조사의 결과는 간략하게 제표되어 있어, 노동력 구성의 다양한 측면을 파악할 수는 없다. 이 통계서에서는 노동력조사의 결과 중에서 1957-1960년 동안의 노동력인구(C15-24)와 산업대분류별 취업자(C387-406)를 제시했다.

1962년부터 실시된 경제활동인구조사는 노동력조사와 마찬가지로 노동력 접근법에 의한 직업조사인데, 식민지기 직업별 호구조사나 1950년대 노동력조사와는 달리 경제활동인구를 다각도로 분석할 수 있는 정보를 제공해 준다. 경제활동인구(C25-44), 연령계급별 경제활동인구 및 경제활동참가율(C45-70, C71-96, C97-126, C127-186), 교육수준별 경제활동인구(C187-214), 상태별 비경제활동인구(C215-242), 연령계급별 취업자 및 실업자(C243-290, C291-329, C604-627), 교육수준별 취업자 및 실업자(C330-345, C346-355, C628-647), 산업별 및 직종별 취업자(C407-434, C435-452), 종사자 지위별 취업자(C485-504, C505-516, C517-558), 취업시간별 취업자(C559-576, C577-603) 등은 경제활동인구조사의 결과를 제시한 것이다. 경제활동은 성별, 연령별, 교육수준별로 다를 뿐만 아니라, 농가 · 비농가별, 산업별로도 상당한 차이를 보이는데, 이것들은 한국의 경제발전 과정을 이해하는데 유용하기 때문에 상세하게 분류된 통계를 제시하였다.

해방 이후에는 노동 주무관서나 노동조합 등이 많은 행정 통계를 작성했는데, 여기에서는 노사관계(C648-660, C661-665)와 산업안전(C666-677, C678-687, C688-691)에 대한 통계만을 제공하였다.

2. 장기 추세

1) 유업자와 경제활동인구

노동력 접근법에 기초하여 경제활동인구를 조사한 것은 1957년 노동력조사부터였다. 식민지 시대에도 직업조사가 있었지만, 그것은 앞서 언급한 바와 같이 유업자 접근법에 의한 것이다. 해방 이전 유업자 접근법에 의한 유업자와 1957년 이래 노동력 접근법에 의한 경제활동인구는 여러 면에서 상당한 차이를 가지는데, 이것을 연접하여 고찰할 때 특히 문제가 되는 두 가지 점을 지적하여 둔다.

첫째, 해방 후에는 14세 혹은 15세 이상으로 직업조사의 대상을 한정하였지만, 해방 이전에는 13세 이하라도 직업이 있는 경우 유업자로 파악하였다. 둘째, 노동력 접근법에서는 조사주간 동안 1시간 이상 일을 했으면 취업자로 보지만, 해방 이전 유업자 조사에서는 노동시간이 적은 파트타임 노동자의 경우 주업은 무업이고, 파트타임 노동을 부업으로 보았는데, 이와 같이 소득이 있는 부업을 가진 무업자를 내직이라 하였다.

첫 번째 문제를 해결하는 방법은, 해방 이전에 유업자의 연령별 구성을 알 수 있는 1930년과 1940년 국세조사와 1944년 인구조사 자료를 이용하여 15세 이상 인구 중 15세 이상 유업자의 비율을 해방 이후 15세 이상 인구 중 15세 이상 경제활동인구의 비율과 비교하는 것이다. 이것을 제시한 것이 그림 C-a이다. 그러나 이와 같은 접근법은 시기별로 아동 노동의 비중이 달랐다는 점을 간과하게 만든다. 20세기 전반에는 20세기 후반보다 아동 노동이 보다 광범하게 존재했기 때문에, 15세 이상으로 대상을 한정하여 비교하는 것은 해방 전 경제활동참가율을 과소 평가하게 하는 측면이 있다.

두 번째 문제도 위에서 제시한 방법대로 계산하면, 해방 전 경제활동참가율을 과소 평가하게 하는데, 취업시간

그림 C-a 15세 이상 인구 중 유업자 또는 경제활동인구의 비율

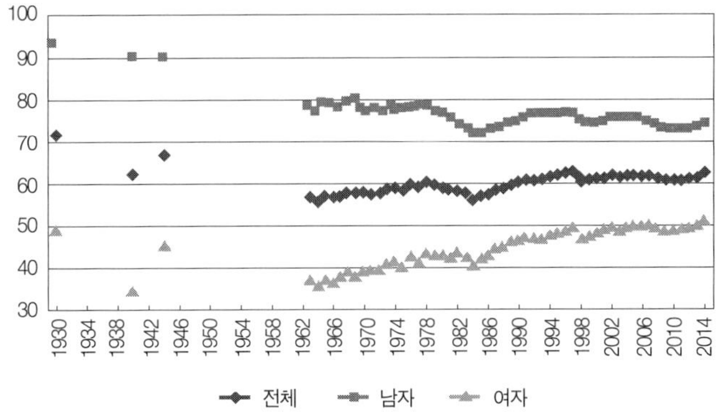

자료: C25, C26, C30, C31; 朝鮮總督府(1930, 1940, 1944).
주: 해방 이전은 유업자, 해방 이후는 경제활동인구를 이용하여 계산한 값이다.

별 취업자 비율에서 살펴보겠지만, 해방 후 파트타임 노동자의 비중이 적지 않았다는 점을 감안할 때, 이것이 야기하는 과소 평가도 무시할 수 없는 정도라 할 수 있다.

그림 C-a를 보면, 식민지기 유업률은 1940년 여성을 제외하고는 1960년대 초의 경제활동참가율을 상회하고 있다. 앞서 언급하였듯이 해방 이전에는 파트타임 노동자들이 내직이라는 형태로 무업자로 파악되어, 경제활동참가율이 과소 평가되었다는 점을 감안하면, 해방 이전과 1960년대 전반의 경제활동참가율의 격차는 그래프에 제시한 것보다 더 컸을 것이다. 한편, 식민지기와 해방 이후로 나누어 각각을 고찰하면 해방 이전에는 유업률이 감소하는 추세를 보여 주고 있으며, 1962년 이후 경제활동참가율은 남자의 경우 추세적으로 감소하였고, 여성의 경우 추세적으로 증가하였으며, 전체적으로 보면 경제활동참가율은 증가 추세였다고 할 수 있다. 식민지기 유업률의 하락이 통계조사상의 문제인지 노동수급 구조의 변화를 반영하는 것인지 아직 명확하지는 않지만, 식민지 직업별 호구조사도 동일하게 유업률의 감소를 보여 주고 있기 때문에, 이에 대한 세심한 분석이 요구된다.

전반적인 경제활동참가율의 변화보다 더 뚜렷하게 보이는 것은 남녀간 경제활동참가율 격차의 뚜렷한 축소이다.

2) 농가와 비농가

20세기 한국의 산업화는 급속한 도시화와 병행하여 진행되었다. 이것은 농가와 비농가의 구성 변화를 통해서도

그림 C-b 비농가의 비율

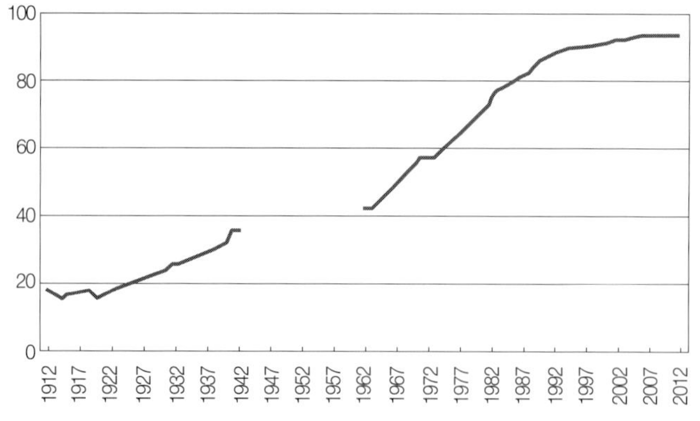

자료: C25, C35, C356-386.

그림 C-c 산업별 취업자의 구성

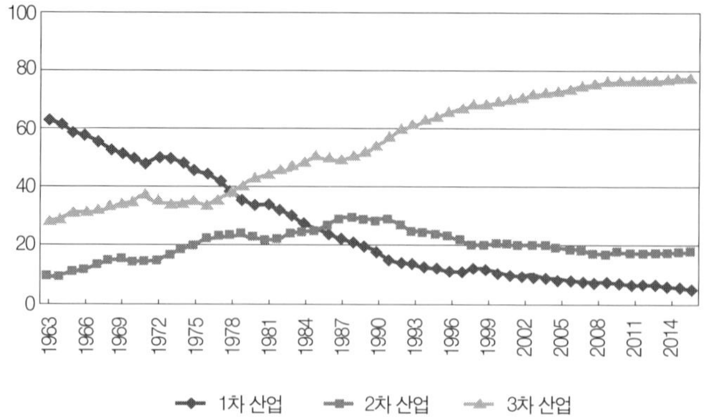

자료: C408, C411, C414.

확인할 수 있다.

식민지기 직업별 호구조사는 호주의 직업에 따라 세대를 구분하였기 때문에, 농가와 비농가의 구성비 추이를 쉽게 파악할 수 있다. 그리고 해방 후 경제활동인구조사도 농가와 비농가를 구분하여 표본조사를 설계하여 조사하였기 때문에, 이로부터 농가와 비농가의 구성비 추이를 파악할 수 있다.

식민지기 농림어업 종사세대의 구성비는 1912년 82.13%에서 추세적으로 감소하여 1943년에는 64.64%로 감소하였다. 즉, 비농가세대가 추세적으로 증가하고 있었던 셈이다. 이와 같은 비농가세대의 성장은 해방 이후에도 이어져서, 1999년에는 비농가의 비중이 90%를 넘었으며, 2014년에는 93.76%에 이르고 있다.

3) 산업별 취업자

비농가세대의 증가는 산업화 및 서비스화와 궤를 같이 하였다. 식민지기에도 1차 산업 종사자의 비중이 줄어드는 산업별 인구 구성의 변화가 진전되었음을 보여 주는 다양한 자료가 있지만, 그 시대에는 반농반공, 반농반상, 반농반노 등 다양한 산업을 넘나들면서, 돈벌이가 되는 일이라면 닥치는 대로 하는 많은 사람들이 있었기 때문에, 직업 분화가 심화된 20세기 후반과 비교할 때 상당한 주의를 요한다. 1963년 이후의 산업별 취업자 구성만을 보면, 1963년에는 1차 산업 종사자가 60%를 넘었지만, 1960년대부터 1990년대에 걸쳐 빠르게 감소하였다. 대신 2차 산업과 3차 산업 취업자의 구성비가 증가하였는데, 2차 산업의 경우 1990년까지는 증가하였지만, 이후에는 약간 감소하고 있어, 1990년 이후에는 서비스 경제화가 심화되었음을 보여 준다.

사람들은 젊은 시절에 자신이 평생을 살아갈 직업적 기초를 확립하는 경향이 있기 때문에, 각 개인이 직업 생활을 시작할 때의 산업 구조가 한 사람의 평생의 직업 선택에 영향을 미친다. 코호트별로 산업 구조의 변화는 다르게 경험될 수밖에 없는데, 이점은 연령계급별 취업자의 산업별 구성비를 통해 어느 정도 파악할 수 있다.

취업자 중 1차 산업 종사자의 비율을 연령대별로 보면, 1960년대 초에는 15-29세가 30-59세보다 더 큰데, 이것은 농가의 경우 10대 후반에도 농업노동에 많이 종사하였기 때문이다. 그러나 산업화가 진행되면서, 15-29세 연령층에서 농업 종사자의 비율이 가장 빠르게 하락하고 있다. 60세 이상의 경우 취업자 중 1차 산업 종사자의 비율은 1970년대 들어 감소하고는 있지만, 현재에도 20%를 상회하고 있다. 한편, 15-29세의 경우 1960년대에서 1980년대까지 산업화가 급속하게 진행되는 동안 빠르게 2차 산업 종사자의 비율이 올라갔지만, 1990년대 들어 제조업이 약간 퇴조하고 서비스경제화가 진전되면서 비율이 감소하여, 2000년대 들어서는 30-59세와 비슷한 비율을 보이고 있다. 모든 연령계층에서 3차 산업 종사자의 비율은 추세적으로 증가하고 있지만, 60세 이상의 경우 1차 산업 종사자의 비율이 높기 때문에 상대적으로 낮은 수준에 머무르고 있다(C291-329).

4) 종사자 지위별 취업자

20세기 초 공공 서비스의 영역을 제외하고는 임금노동은 거의 발전하지 않아, 자영업이 중심을 차지하고 있었다. 그러나 20세기 전반에는 공장, 금융기관 등 다양한 기업조직이 성장함에 따라 임금노동자의 비중이 증대하게 되지만, 1960년대 초에도 임금노동자는 전체 노동자의 절반에 미치지 못하였다. 1960년대 이래 산업화가 진전되면서, 임금노동자가 취업자의 지배적인 범주가 되었다. 경제활동인구조사를 통해 그 추이를 살펴보면, 1963년 임금노동자는 자영업자나 무급가족종사자보다 더 적었지만, 빠르게 증가하여 2010년대에는 70%를 넘게 되었다.

제2차 산업과 제3차 산업 중심으로 경제 구조가 변화한 것이 임금노동자의 증대에 중요한 역할을 하였지만, 2차 산업과 3차 산업에서 자영업의 비중이 줄고 임금노동의 비중이 늘어났던 점도 작용하고 있었다. 1차 산업의 경우 자영업자와 가족종사자의 비중이 높고 임금노동자의 비중은 낮았는데 그 특성은 지속되고 있으며, 1980년대와 1990년대는 그 경향이 강화되는 모습도 보여 준다. 반면, 2차 산업과 3차 산업은 임금노동자의 비중이 높으며, 그 비중도 증가하였다. 2차 산업에서 임금노동자의 비중은 1960년대에서 1980년대에 걸쳐 증가하였으며, 3차 산업에서의 임금노동자의 비중은 1980년대 중반 이후 증가하고 있다. 임금노동자 비중의 증가는 1차 산업 구성비의 감소와 2차 산업과 3차 산업에서의 자영업의 감소를 반영한 현상이라 할 수 있다.

1990년대 이후 기업 부문에서 진행된 구조조정으로 실직한 사람들이 자영업을 영위하는 경향도 출현하였지만, 이것은 임금노동자 비중 증가 추세를 거스를 정도의 것은 아니었다.

그림 C-d 종사자 지위별 취업자의 구성

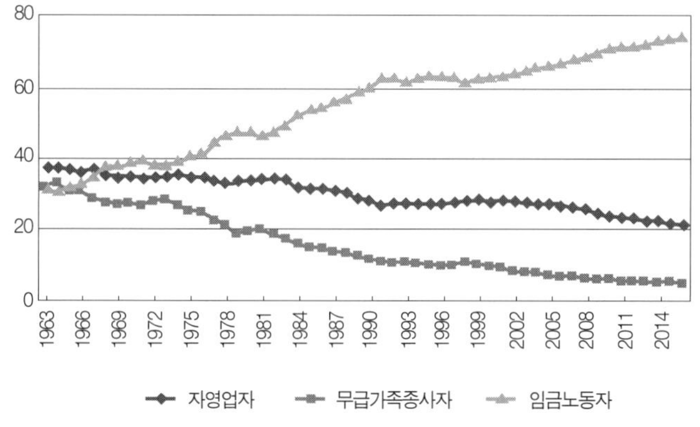

자료: C487, C490, C491.

그림 C-e 산업별 취업자 중 임금근로자의 비중

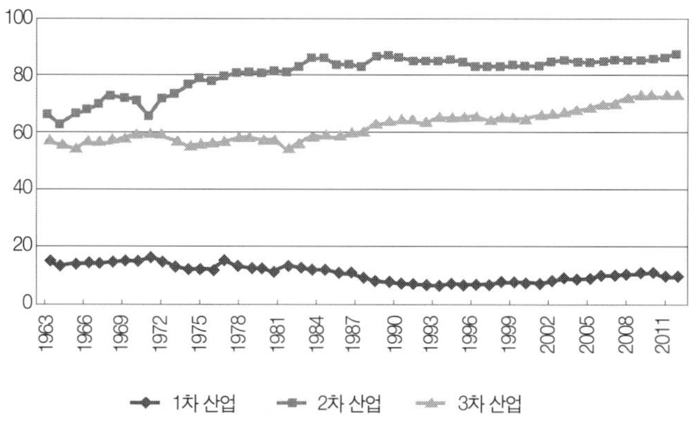

자료: C517, C520, C531, C534, C545, C548.

5) 취업시간별 취업자

한국은 장시간 노동의 나라로 알려져 있는데, 그와 같은 추이는 평균 취업시간의 추이를 통하여 파악할 수 있다. 1960년대와 1970년대에는 평균 취업시간이 증가하여, 1980년대 중반에는 평균 취업시간이 주 55시간을 상회하고 있다. 그렇지만 1990년대에 들어와서 취업시간이 빠르게 감소하여, 2010년대에 들어서는 주 45시간을 밑돌고 있다. 물론 평균값이기 때문에 불완전 취업과 장기간 노동의 추이에 대한 정보를 보여 주지는 않는다. 불완전 취업과 장기간 노동의 규모를 파악하기 위해서는 취업시간별 취업자수를 고

그림 C-f 평균 취업시간의 추이

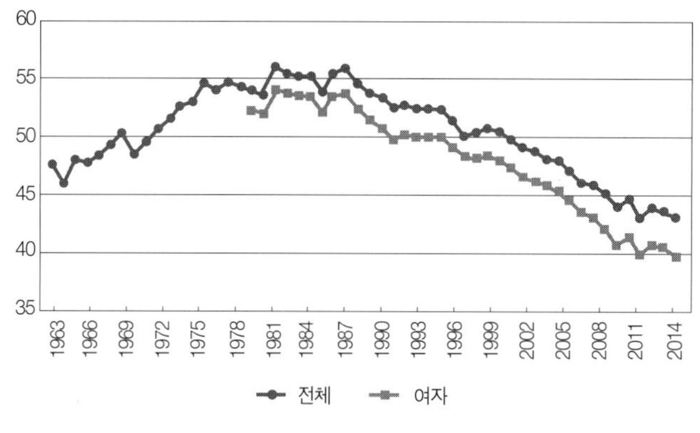

자료: C567, C576.

그림 C-g 불완전 취업과 장시간 노동의 비중

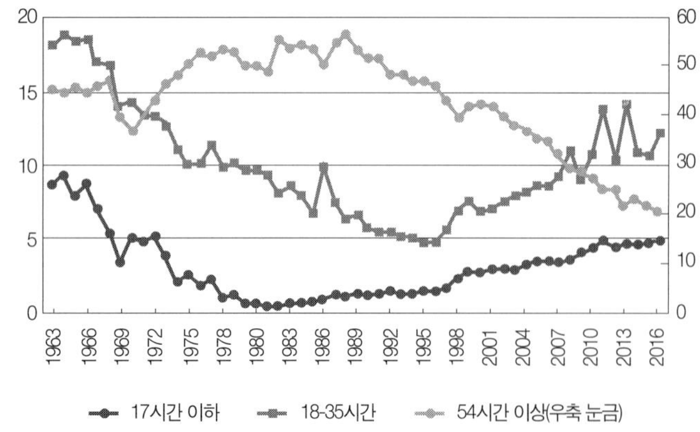

자료: C560-565.
주: 1963-1968년의 경우, 17시간 이하는 18시간 이하, 18-35시간은 19-34시간, 54시간 이상은 50시간 이상이다.

그림 C-h 노동조합 조합원수와 조직률(천 명, %)

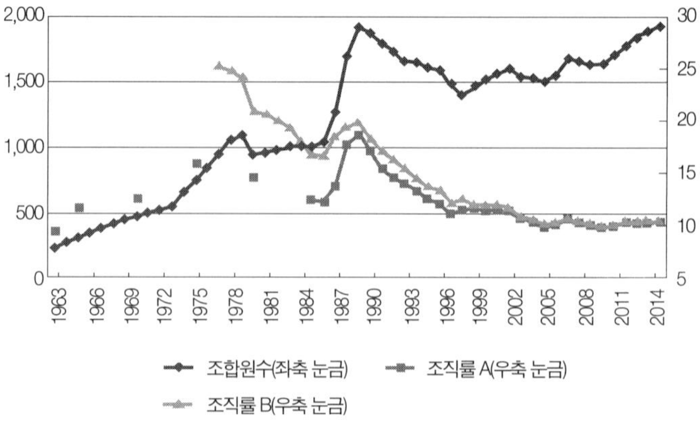

자료: C653, C657, C660.

찰할 필요가 있다.

1960년대 초에는 불완전 취업이 큰 비중을 차지하는 시기였는데, 그 실태를 1964년에 한정해서 보면 취업시간이 18시간 이하인 취업자가 9%였으며, 취업시간이 19-34시간인 취업자가 19%였다. 반면 취업시간이 50시간을 넘는 장시간 노동의 비중은 그 이후 시기보다 더 낮은 45%였다. 그러나 1960년대와 1970년대 산업화가 진행되면서, 불완전 취업은 현격하게 줄어들고, 장기간 노동도 늘어나면서 평균 취업시간은 증가하였다. 경제성장이 상당히 진전되고 노동의 권익이 증진되는 1980년대 후반부터는 장시간 노동이 감소하면서 평균 취업시간이 지속적으로 줄어들었는데, 취업시간이 54시간을 넘는 취업자의 비중을 보면, 1988년 57%에서 2016년에는 20%로 감소하였다. 물론 평균 취업시간의 감소에는 장기간 노동하는 취업자의 감소뿐만 아니라 취업시간이 적은 불완전 취업자 혹은 파트타임 노동자의 증가도 일조하고 있다. 취업시간이 17시간 이하인 취업자를 보면, 1982년에 0.4% 이하로 떨어졌는데, 이후 증가하여 2016년에는 4.9%가 되었다.

6) 노동조합 조합원과 조직률

임금노동의 발전에 따라 노동조합의 결성 및 노동조건에 관한 노사분쟁이 새로운 역사적 이정표에 올랐다. 노동조합원수는 1963년 22만 1,000명에서 1989년 193만 2,000명으로 급격하게 증가하였으며, 이후 약간 감소하다 회복하여 2015년에는 193만 9,000명이 되었다. 노동조합 조직률은 분모를 전체 임금노동자수로 하는 조직률 A와 임금노동자에서 노조가입이 금지된 공무원을 뺀 조직 대상 노동자수를 분모로 하는 조직률 B가 쓰이는데, 두 지표는 노조가입이 금지된 공무원이 차지하는 비중이 컸던 1980년대까지는 크게 괴리되었지만, 1990년대 이후에는 큰 차이를 보이지 않는다. 노동조합 조합원수는 1960년대부터 현재까지 장기적으로 보면 증가하는 추세를 보여 주지만, 노동조합 조직률 B는 1970년대 이래 감소하는 추세를 보여 주고 있어서, 노동조합에 의해 보호받지 못하는 노동자들이 노동조합에 의해 보호받는 노동자보다 더 빠르게 성장하였음을 보여 준다.

참고문헌

경제기획원 조사통계국, 『한국통계연보』, 각월판.
______, 『경제활동인구조사연보』, 각년판.
내무부통계국(1961), 『노동력조사』.
朝鮮總督府(1930), 『昭和五年朝鮮國勢調査報告』.
______(1940), 『朝鮮昭和十五年國勢調査結果要約』.
______(1944), 『人口調査結果速報』.
통계청(1992), 『한국통계발전사(1) – 시대별 발전사』, 통계청.
______(1994), 『1963-1993 지난 30년간 고용사업의 변화』, 통계청.

C. 노동력

박이택

1. 경제활동인구

표 C1-14 직업별 호구조사의 유무업 인구, 1912-1943

	남녀							여자						
	합계	한국인		일본인		외국인		합계	한국인		일본인		외국인	
		유업자	무업자	유업자	무업자	유업자	무업자		유업자	무업자	유업자	무업자	유업자	무업자
	C1	C2	C3	C4	C5	C6	C7	C8	C9	C10	C11	C12	C13	C14
	남북한, 천 명													
1912	14,811	4,414	10,153	87	156			7,093	857	6,124	12	100		
1913	15,442	6,333	8,837	109	163			7,424	2,030	5,269	22	103		
1914	15,930	7,358	8,263	131	161	14.7	3.3	7,671	2,644	4,890	32	103	0.2	1.4
1915	16,278	10,881	5,077	159	145	14.5	2.6	7,907	4,872	2,893	51	89	0.6	1.2
1916	16,648	9,964	6,346	144	177	13.9	4.1	8,073	4,397	3,525	40	109	0.3	1.6
1917	16,969	10,464	6,153	157	175	14.8	4.3	8,222	4,647	3,418	46	109	0.4	1.8
1918	17,057	10,727	5,970	162	174	18.5	4.7	8,267	4,803	3,304	47	110	0.4	1.8
1919	17,150	11,007	5,777	178	168	15.9	3.9	8,314	4,928	3,223	56	105	0.6	1.6
1920	17,289	9,806	7,110	162	186	21.0	4.1	8,380	4,112	4,102	41	122	0.7	2.4
1921	17,453	9,999	7,060	173	194	21.2	4.7	8,455	4,238	4,042	45	126	0.7	2.7
1922	17,627	10,239	6,969	187	199	25.7	6.4	8,538	4,403	3,949	53	129	1.0	2.9
1923	17,885	10,340	7,107	189	214	28.7	6.3	8,671	4,470	4,006	54	136	1.1	3.3
1924	18,068	10,415	7,204	191	221	30.2	6.7	8,774	4,539	4,035	53	143	1.6	3.6
1925	19,016	11,011	7,532	201	224	38.5	8.9	9,286	4,862	4,215	58	146	1.9	4.4
1926	19,104	11,067	7,548	206	236	36.9	9.6	9,324	4,911	4,194	59	153	1.4	4.6
1927	19,138	10,957	7,675	210	245	40.9	10.4	9,345	4,858	4,261	59	160	2.4	5.1
1928	19,190	10,714	7,954	212	257	41.7	11.6	9,381	4,711	4,435	58	168	2.7	6.1
1929	19,331	10,714	8,071	219	269	44.4	13.7	9,460	4,727	4,488	59	175	2.7	7.5
1930	20,257	11,016	8,670	225	277	51.2	18.0	9,936	4,799	4,883	62	179	3.1	9.3
1931	20,263	10,681	9,030	223	291	28.8	9.3	9,942	4,586	5,100	60	189	2.3	4.6
1932	20,600	9,575	10,462	203	320	28.9	10.2	10,117	3,832	6,021	53	203	1.6	6.4
1933	20,791	9,157	11,048	193	350	30.7	11.9	10,210	3,500	6,436	39	226	1.1	7.8
1934	21,126	9,350	11,164	200	361	36.7	14.0	10,381	3,670	6,428	40	233	1.3	8.9
1935	21,891	9,803	11,446	208	376	41.3	17.6	10,775	3,965	6,514	41	243	1.7	10.7
1936	22,048	9,695	11,678	219	390	45.0	20.2	10,842	3,894	6,637	44	252	1.8	12.9
1937	22,355	9,740	11,943	221	408	28.1	15.0	11,003	3,928	6,757	41	266	1.2	9.7
1938	22,634	9,825	12,125	226	407	33.7	16.1	11,145	4,013	6,809	45	265	1.6	10.4
1939	22,801	9,723	12,375	236	414	32.8	19.4	11,260	3,982	6,945	50	268	2.2	12.1
1940	23,709	9,773	13,182	247	442	40.9	23.8	11,733	3,899	7,483	45	288	2.0	15.1
1941	24,704	10,210	13,703	261	456	42.7	31.1	12,250	4,096	7,783	50	299	2.2	19.2
1942	26,361	10,685	14,840	281	472	46.4	36.7	13,113	4,278	8,441	55	312	2.4	23.1
1943	26,662	10,918	14,909	281	478	41.7	34.6	13,338	4,477	8,460	60	316	3.0	22.1

자료: 조선총독부, 『조선총독부통계연보』, 각년도.

표 C15-24 노동력인구, 1957-1960

	남녀					여자				
	14세 이상 인구	노동력 인구			비노동력인구	14세 이상 인구	노동력 인구			비노동력인구
		소계	취업자	완전실업자			소계	취업자	완전실업자	
	C15	C16	C17	C18	C19	C20	C21	C22	C23	C24
	남한, 천 명									
1957	13,919	8,352	8,076	277	5,567	7,308	3,072	3,015	57	4,236
1958	14,230	9,082	8,748	334	5,148	7,384	3,621	3,547	74	3,762
1959	14,658	9,115	8,768	347	5,542	7,528	3,390	3,349	41	4,138
1960	15,049	8,956	8,521	434	6,094	7,686	3,310	3,250	60	4,377

자료: 내무부 통계국, 『노동력조사』(1961), pp. 40-41.

표 C25-44 경제활동인구, 1963-2016

	전 가구										농가									
	남녀					여자					남녀					여자				
	15세 이상 인구	경제활동인구			비경제 활동 인구	15세 이상 인구	경제활동인구			비경제 활동 인구	15세 이상 인구	경제활동인구			비경제 활동 인구	15세 이상 인구	경제활동인구			비경제 활동 인구
		소계	취업자	실업자			소계	취업자	실업자			소계	취업자	실업자			소계	취업자	실업자	
	C25	C26	C27	C28	C29	C30	C31	C32	C33	C34	C35	C36	C37	C38	C39	C40	C41	C42	C43	C44
	남한, 천 명																			
1963	14,551	8,230	7,563	667	6,321	7,670	2,835	2,633	202	4,835	8,390	5,016	4,872	143	3,374	4,366	1,816	1,779	37	2,550
1964	14,967	8,341	7,698	643	6,627	7,875	2,834	2,674	160	5,041	8,583	5,088	4,911	177	3,495	4,450	1,833	1,792	41	2,617
1965	15,367	8,754	8,112	642	6,613	8,075	3,002	2,839	163	5,073	8,663	5,160	5,003	157	3,504	4,501	1,874	1,840	33	2,628
1966	15,753	8,957	8,325	632	6,796	8,273	3,059	2,901	158	5,215	8,674	5,206	5,049	157	3,468	4,512	1,934	1,904	31	2,578
1967	16,121	9,180	8,624	556	6,941	8,485	3,183	3,015	168	5,302	8,513	5,128	5,016	113	3,385	4,451	1,954	1,922	32	2,498
1968	16,456	9,541	9,061	480	6,915	8,674	3,392	3,253	139	5,283	8,389	5,195	5,099	96	3,194	4,393	2,063	2,030	33	2,329
1969	16,852	9,747	9,285	462	7,105	8,887	3,404	3,261	143	5,483	8,224	5,170	5,059	111	3,054	4,277	2,024	1,994	30	2,253
1970	17,468	10,062	9,617	445	7,407	9,194	3,615	3,513	102	5,579	8,163	5,116	5,037	79	3,047	4,339	2,141	2,114	27	2,198
1971	18,118	10,407	9,946	461	7,711	9,514	3,761	3,641	120	5,753	7,893	5,009	4,938	71	2,884	4,107	2,062	2,039	23	2,045
1972	18,819	10,865	10,379	486	7,954	9,828	3,896	3,801	95	5,931	8,065	5,293	5,225	68	2,772	4,124	2,250	2,231	19	1,874
1973	19,490	11,389	10,942	447	8,101	10,125	4,200	4,110	90	5,925	8,339	5,546	5,497	49	2,793	4,222	2,354	2,335	19	1,869
1974	20,187	11,900	11,421	479	8,287	10,451	4,336	4,223	113	6,115	8,580	5,660	5,599	61	2,920	4,372	2,377	2,352	25	1,996
1975	20,918	12,193	11,691	501	8,726	10,811	4,371	4,261	110	6,440	8,583	5,578	5,511	67	3,006	4,355	2,327	2,310	17	2,028
1976	21,630	12,911	12,412	499	8,718	11,205	4,839	4,744	95	6,365	8,659	5,822	5,766	56	2,837	4,384	2,500	2,485	15	1,884
1977	22,407	13,316	12,812	504	9,090	11,662	4,860	4,744	116	6,802	8,664	5,641	5,581	60	3,002	4,419	2,367	2,350	17	2,052
1978	23,130	13,849	13,412	437	9,281	12,039	5,213	5,097	116	6,826	8,437	5,554	5,508	46	2,882	4,375	2,412	2,397	15	1,962
1979	23,787	14,142	13,602	540	9,646	12,352	5,349	5,219	130	7,003	8,088	5,377	5,331	46	2,712	4,163	2,346	2,336	10	1,818
1980	24,463	14,431	13,683	748	10,032	12,659	5,412	5,222	190	7,247	7,891	5,163	5,108	55	2,728	4,034	2,230	2,215	15	1,804
1981	25,100	14,683	14,023	660	10,417	12,958	5,479	5,345	134	7,480	7,946	5,197	5,153	44	2,748	4,038	2,249	2,237	12	1,789
1982	25,638	15,032	14,379	654	10,605	13,285	5,767	5,622	145	7,519	7,516	4,842	4,801	42	2,674	3,820	2,131	2,120	11	1,689
1983	26,212	15,118	14,505	613	11,094	13,579	5,814	5,686	128	7,766	7,230	4,531	4,494	37	2,699	3,687	1,973	1,963	10	1,714
1984	26,861	14,997	14,429	568	11,865	13,916	5,658	5,535	124	8,258	6,462	4,007	3,975	32	2,455	3,280	1,715	1,705	10	1,565
1985	27,553	15,592	14,970	622	11,961	14,258	5,975	5,833	141	8,283	6,155	3,847	3,806	42	2,308	3,136	1,659	1,646	13	1,476
1986	28,225	16,116	15,505	611	12,109	14,610	6,296	6,165	131	8,314	5,910	3,771	3,738	33	2,139	3,024	1,664	1,655	9	1,360
1987	28,955	16,873	16,354	519	12,082	14,979	6,735	6,613	122	8,244	5,743	3,749	3,724	25	1,994	2,944	1,692	1,683	9	1,252
1988	29,602	17,305	16,869	435	12,298	15,308	6,891	6,771	120	8,418	5,571	3,673	3,653	20	1,898	2,829	1,649	1,643	7	1,180
1989	30,265	18,023	17,560	463	12,242	15,644	7,286	7,152	134	8,358	5,418	3,664	3,641	23	1,754	2,738	1,672	1,665	7	1,066
1990	30,887	18,539	18,085	454	12,348	15,980	7,509	7,376	133	8,471	5,109	3,476	3,456	21	1,632	2,587	1,598	1,592	6	989
1991	31,535	19,109	18,649	461	12,426	16,304	7,681	7,529	152	8,623	4,516	3,046	3,015	31	1,469	2,328	1,436	1,429	8	892
1992	32,020	19,499	19,009	490	12,521	16,570	7,805	7,640	166	8,764	4,288	2,993	2,964	29	1,294	2,221	1,421	1,412	10	800
1993	32,526	19,806	19,234	571	12,720	16,829	7,924	7,745	180	8,904	3,994	2,834	2,806	28	1,160	2,073	1,356	1,349	6	718
1994	33,046	20,353	19,848	504	12,693	17,098	8,179	8,020	160	8,919	3,823	2,749	2,726	22	1,074	1,995	1,319	1,312	7	676
1995	33,659	20,845	20,414	430	12,814	17,382	8,410	8,267	143	8,972	3,758	2,702	2,685	17	1,056	1,949	1,290	1,284	6	659
1996	34,274	21,288	20,853	435	12,986	17,675	8,638	8,502	136	9,037	3,645	2,629	2,616	13	1,016	1,886	1,251	1,246	5	635
1997	34,851	21,782	21,214	568	13,070	17,965	8,938	8,731	207	9,027	3,568	2,589	2,570	19	979	1,848	1,235	1,229	6	612
1998	35,347	21,428	19,938	1,490	13,919	18,223	8,576	8,090	486	9,647	3,645	2,656	2,607	49	989	1,875	1,262	1,249	13	613
1999	35,757	21,666	20,291	1,374	14,092	18,451	8,785	8,337	448	9,665	3,548	2,569	2,526	43	979	1,817	1,199	1,185	14	619
2000	36,186	22,069	21,156	913	14,118	18,664	9,069	8,769	300	9,596	3,453	2,535	2,505	30	917	1,773	1,205	1,195	10	569
2001	36,579	22,417	21,572	845	14,162	18,859	9,275	8,991	284	9,584	3,375	2,477	2,448	29	898	1,732	1,171	1,162	9	561
2002	36,963	22,877	22,169	708	14,086	19,042	9,466	9,225	241	9,576	3,256	2,420	2,398	23	836	1,679	1,153	1,146	7	527
2003	37,340	22,916	22,139	777	14,424	19,220	9,397	9,108	289	9,823	3,066	2,292	2,272	20	773	1,577	1,078	1,072	7	499
2004	37,717	23,370	22,557	813	14,347	19,405	9,668	9,364	304	9,737	2,872	2,150	2,130	21	722	1,489	1,018	1,010	8	471
2005	38,300	23,689	22,856	833	14,610	19,683	9,835	9,526	309	9,848	2,842	2,125	2,105	20	718	1,467	995	988	7	472
2006	38,762	23,934	23,151	783	14,828	19,899	9,981	9,706	275	9,918	2,810	2,095	2,073	23	715	1,441	974	966	8	467
2007	39,170	24,166	23,433	733	15,004	20,086	10,070	9,826	244	10,016	2,690	2,012	1,997	14	679	1,379	933	929	4	446
2008	39,598	24,303	23,577	725	15,295	20,273	10,121	9,874	246	10,153	2,641	1,961	1,949	12	680	1,345	903	898	5	442
2009	40,092	24,334	23,506	829	15,758	20,496	10,047	9,772	276	10,449	2,701	1,980	1,965	15	721	1,355	892	888	4	464
2010	40,590	24,661	23,829	832	15,929	20,741	10,211	9,914	297	10,531	2,706	1,946	1,925	21	760	1,362	861	854	7	500
2011	41,052	25,004	24,244	759	16,048	20,976	10,371	10,091	280	10,606	2,696	1,950	1,931	19	746	1,352	869	863	6	483
2012	41,582	25,403	24,681	723	16,179	21,254	10,568	10,294	274	10,686	2,730	2,003	1,984	19	727	1,359	885	878	7	474
2013	42,096	25,786	25,066	720	16,310	21,513	10,764	10,494	270	10,749	2,728	1,996	1,979	18	731	1,362	879	872	8	482
2014	42,513	26,433	25,599	834	16,080	21,718	11,099	10,761	338	10,619	2,654	1,958	1,940	19	696	1,317	857	850	7	460
2000	36,186	22,134	21,156	979	14,052	18,664	9,101	8,769	332	9,564	3,453	2,537	2,505	32	916	1,773	1,205	1,195	11	568
2001	36,579	22,471	21,572	899	14,108	18,859	9,299	8,991	308	9,560	3,375	2,478	2,448	30	897	1,732	1,171	1,162	9	561
2002	36,963	22,921	22,169	752	14,042	19,042	9,486	9,225	261	9,556	3,256	2,422	2,398	24	834	1,679	1,153	1,146	8	526

표 C25-44 계속

	전 가구										농가									
	남녀					여자					남녀					여자				
	15세 이상 인구	경제활동인구			비경제 활동 인구	15세 이상 인구	경제활동인구			비경제 활동 인구	15세 이상 인구	경제활동인구			비경제 활동 인구	15세 이상 인구	경제활동인구			비경제 활동 인구
		소계	취업자	실업자			소계	취업자	실업자			소계	취업자	실업자			소계	취업자	실업자	
	C25	C26	C27	C28	C29	C30	C31	C32	C33	C34	C35	C36	C37	C38	C39	C40	C41	C42	C43	C44
	남한, 천 명																			
2003	37,340	22,957	22,139	818	14,383	19,220	9,418	9,108	310	9,803	3,066	2,293	2,272	21	772	1,577	1,079	1,072	7	498
2004	37,717	23,417	22,557	860	14,300	19,405	9,690	9,364	326	9,716	2,872	2,152	2,130	23	720	1,489	1,019	1,010	9	470
2005	38,300	23,743	22,856	887	14,557	19,683	9,860	9,526	334	9,823	2,842	2,126	2,105	21	716	1,467	995	988	7	472
2006	38,762	23,978	23,151	827	14,784	19,899	10,001	9,706	294	9,898	2,810	2,097	2,073	24	713	1,441	975	966	8	466
2007	39,170	24,216	23,433	783	14,954	20,086	10,092	9,826	266	9,994	2,690	2,012	1,997	15	678	1,379	934	929	4	445
2008	39,598	24,347	23,577	769	15,251	20,273	10,139	9,874	265	10,134	2,641	1,962	1,949	13	679	1,345	903	898	5	442
2009	40,092	24,394	23,506	889	15,698	20,496	10,076	9,772	304	10,420	2,701	1,981	1,965	16	720	1,355	892	888	4	463
2010	40,590	24,748	23,829	920	15,841	20,741	10,256	9,914	342	10,485	2,706	1,948	1,925	24	758	1,362	863	854	9	499
2011	41,052	25,099	24,244	855	15,953	20,976	10,416	10,091	325	10,561	2,696	1,954	1,931	23	743	1,352	870	863	7	481
2012	41,582	25,501	24,681	820	16,081	21,254	10,609	10,294	316	10,645	2,730	2,006	1,984	22	724	1,359	887	878	9	472
2013	42,096	25,873	25,066	807	16,223	21,513	10,802	10,494	309	10,710	2,728	2,000	1,979	22	727	1,362	881	872	9	481
2014	42,513	26,536	25,599	937	15,977	21,718	11,149	10,761	389	10,568	2,654	1,963	1,940	24	691	1,317	858	850	8	459
2015	43,017	26,913	25,936	976	16,105	21,956	11,370	10,965	405	10,586	2,414	1,792	1,764	28	623	1,179	774	764	10	405
2016	43,416	27,247	26,235	1,012	16,169	22,134	11,529	11,114	416	10,604	2,128	1,603	1,585	18	525	1,034	693	687	6	342

자료: 통계청, 『1963-1993 지난 30년간 고용사정의 변화』(1994), pp. 70, 88, 97, 107; 통계청, 『경제활동인구연보』, 각년도; 통계청, 「경제활동인구조사」(http://kosis.kr/).
주: 1963-2014년은 구직기간 1주 기준, 2000-2016년은 구직기간 4주 기준이다.

표 C45-70 연령계급별 경제활동인구, 전 가구, 1963-2014

	남녀												
	14	15-19	20-24	25-29	30-34	35-39	40-44	45-49	50-54	55-59	60 이상	60-64	65 이상
	C45	C46	C47	C48	C49	C50	C51	C52	C53	C54	C55	C56	C57
	남한, 천 명												
1963	113	1,060	1,082	1,168	1,056	938	903	723	595	365	340		
1964	108	1,115	1,059	1,187	1,054	964	917	720	586	410	329		
1965	105	1,225	1,064	1,228	1,151	981	960	782	599	434	330		
1966	115	1,198	1,036	1,230	1,247	1,074	967	795	637	429	343		
1967	115	1,155	1,034	1,278	1,339	1,146	959	802	621	463	383		
1968	107	1,127	1,063	1,195	1,395	1,221	1,020	906	673	508	432		
1969	141	1,191	1,129	1,176	1,458	1,249	999	900	662	495	488		
1970	137	1,412	1,071	1,149	1,411	1,300	1,121	992	668	497	441		
1971	135	1,333	1,122	1,143	1,456	1,412	1,140	996	719	556	530		
1972	193	1,510	1,157	1,224	1,504	1,447	1,181	1,000	786	545	511		
1973	211	1,603	1,198	1,297	1,519	1,531	1,227	1,023	844	573	574		
1974	180	1,590	1,304	1,366	1,510	1,600	1,315	1,069	894	635	617		
1975	147	1,528	1,425	1,499	1,510	1,623	1,386	1,057	899	663	603		
1976	150	1,556	1,611	1,580	1,555	1,676	1,478	1,142	918	685	710		
1977	124	1,602	1,693	1,579	1,612	1,830	1,572	1,261	910	660	597		
1978	83	1,466	1,814	1,600	1,665	1,862	1,702	1,375	957	737	671		
1979	64	1,301	1,919	1,654	1,753	1,829	1,754	1,437	992	775	728		
1980	43	1,194	1,974	1,849	1,813	1,789	1,757	1,526	1,033	777	720		
1981	31	1,035	1,997	1,956	1,842	1,743	1,819	1,609	1,102	798	783		
1982	20	940	2,076	2,171	1,913	1,770	1,852	1,529	1,126	847	810		
1983	25	813	2,001	2,274	2,024	1,787	1,817	1,606	1,164	806	826		
1984	16	729	1,901	2,365	1,943	1,876	1,760	1,662	1,148	786	825		
1985	14	713	1,868	2,510	2,129	1,977	1,759	1,687	1,248	820	882		
1986		698	1,927	2,586	2,317	2,015	1,743	1,713	1,338	830	949		
1987		744	1,876	2,681	2,516	2,119	1,807	1,790	1,402	885	1,054		
1988		652	1,848	2,693	2,685	2,124	1,909	1,815	1,520	966	1,093		
1989		665	1,900	2,727	2,802	2,135	2,043	1,827	1,639	1,083	1,203	620	583
1990		639	2,010	2,663	2,854	2,288	2,117	1,842	1,657	1,189	1,282	665	617
1991		626	2,317	2,867	3,130	2,560	1,997	1,691	1,551	1,140	1,230	634	596
1992		587	2,320	2,846	3,154	2,710	2,051	1,707	1,595	1,189	1,339	700	639
1993		537	2,292	2,834	3,176	2,905	2,133	1,751	1,579	1,235	1,363	718	646
1994		504	2,299	2,870	3,185	3,065	2,252	1,820	1,583	1,282	1,492	797	695
1995		457	2,301	2,947	3,125	3,199	2,436	1,884	1,565	1,319	1,611	870	741
1996		431	2,239	3,014	3,130	3,304	2,611	1,951	1,553	1,336	1,718	922	796
1997		427	2,133	3,111	3,127	3,392	2,784	2,001	1,576	1,385	1,846	978	869
1998		418	1,922	3,047	3,016	3,365	2,881	2,036	1,604	1,337	1,801	956	845
1999		436	1,847	2,981	3,016	3,338	3,031	2,125	1,652	1,330	1,909	982	927
2000		450	1,830	3,000	3,055	3,300	3,165	2,293	1,701	1,286	1,989	983	1,005
2001		412	1,853	2,937	3,093	3,267	3,257	2,466	1,752	1,286	2,094	1,019	1,075
2002		352	1,929	2,860	3,159	3,231	3,344	2,624	1,830	1,324	2,226	1,065	1,161
2003		309	1,911	2,769	3,185	3,182	3,405	2,754	1,870	1,370	2,161	1,016	1,146
2004		298	1,902	2,769	3,157	3,210	3,413	2,932	1,967	1,441	2,282	1,031	1,251
2005		275	1,746	2,794	3,061	3,261	3,361	3,097	2,177	1,509	2,410	1,050	1,360
2006		232	1,564	2,818	3,004	3,315	3,323	3,229	2,359	1,557	2,535	1,090	1,444
2007		229	1,431	2,847	2,880	3,343	3,309	3,302	2,532	1,643	2,651	1,128	1,522
2008		210	1,337	2,834	2,837	3,357	3,311	3,370	2,678	1,703	2,665	1,125	1,539
2009		200	1,296	2,785	2,778	3,266	3,316	3,361	2,822	1,783	2,728	1,167	1,561
2010		228	1,282	2,712	2,824	3,207	3,358	3,346	2,968	1,933	2,803	1,222	1,581
2011		251	1,268	2,646	2,862	3,108	3,409	3,332	3,086	2,095	2,948	1,297	1,652
2012		249	1,358	2,512	2,919	2,994	3,421	3,325	3,187	2,268	3,170	1,357	1,812
2013		246	1,393	2,449	2,993	2,899	3,430	3,337	3,270	2,432	3,339	1,419	1,919
2014		264	1,496	2,448	3,003	2,878	3,420	3,403	3,332	2,635	3,554	1,519	2,035

자료: 통계청, 『1963-1993 지난 30년간 고용사정의 변화』(1994), pp. 119, 137; 통계청, 『경제활동인구연보』, 각년도; 통계청, 「경제활동인구조사」(http://kosis.kr/).

표 C45-70 계속

	여자												
	14	15-19	20-24	25-29	30-34	35-39	40-44	45-49	50-54	55-59	60 이상	60-64	65 이상
	C58	C59	C60	C61	C62	C63	C64	C65	C66	C67	C68	C69	C70
	남한, 천 명												
1963	47	446	450	350	344	297	311	241	187	111	97		
1964	45	451	428	340	315	325	308	244	197	125	100		
1965	49	520	453	336	325	357	328	264	188	134	97		
1966	47	508	452	359	347	357	337	261	203	131	104		
1967	55	532	456	380	393	377	335	249	200	142	118		
1968	53	546	495	361	420	396	363	288	228	162	132		
1969	70	537	536	407	408	387	334	283	210	155	148		
1970	68	662	514	342	418	421	384	329	229	167	149		
1971	58	630	544	312	438	470	398	343	255	183	188		
1972	98	700	507	330	446	477	424	368	281	184	179		
1973	114	766	550	344	455	516	449	397	305	199	219		
1974	92	779	618	342	417	538	465	419	324	212	222		
1975	85	747	665	361	398	527	490	401	338	231	213		
1976	78	770	769	413	441	571	541	452	366	256	260		
1977	62	757	803	418	441	606	563	493	338	231	210		
1978	48	732	904	431	455	633	609	557	377	274	241		
1979	37	688	954	439	488	633	624	565	395	294	269		
1980	24	635	977	471	512	615	639	590	416	301	257		
1981	18	538	983	493	531	576	684	628	444	323	281		
1982	12	481	1,049	579	584	607	691	629	491	357	300		
1983	16	443	1,072	605	611	612	682	636	496	346	311		
1984	10	400	1,010	650	590	634	639	632	457	327	321		
1985	8	399	1,029	721	646	685	659	648	489	353	347		
1986		395	1,100	757	724	709	650	675	517	369	401		
1987		428	1,112	831	802	771	678	700	559	394	460		
1988		395	1,123	847	851	774	699	724	596	417	466		
1989		394	1,172	873	911	792	762	739	654	441	546	285	261
1990		392	1,255	836	933	841	808	729	656	481	578	305	273
1991		388	1,406	889	1,018	933	749	655	616	474	554	292	262
1992		346	1,422	906	1,003	981	767	656	638	485	602	319	284
1993		326	1,414	911	1,006	1,069	816	671	614	498	598	319	279
1994		298	1,405	940	1,028	1,136	876	698	623	519	657	350	307
1995		275	1,407	1,001	996	1,180	965	721	614	538	714	377	337
1996		260	1,353	1,080	1,022	1,235	1,032	749	600	545	763	393	370
1997		254	1,306	1,163	1,043	1,278	1,118	775	612	564	825	417	408
1998		234	1,164	1,121	959	1,255	1,128	790	595	538	792	413	380
1999		226	1,135	1,126	984	1,247	1,195	842	625	537	869	439	429
2000		230	1,137	1,179	1,007	1,238	1,256	932	645	524	921	443	478
2001		219	1,174	1,173	1,033	1,231	1,294	1,002	680	516	953	449	504
2002		191	1,209	1,163	1,072	1,205	1,337	1,058	721	511	998	469	530
2003		174	1,197	1,146	1,080	1,170	1,361	1,084	711	521	955	436	519
2004		164	1,190	1,189	1,081	1,193	1,378	1,172	755	548	999	438	561
2005		150	1,114	1,239	1,043	1,221	1,354	1,247	858	572	1,039	433	606
2006		132	985	1,283	1,062	1,258	1,337	1,315	929	601	1,080	442	638
2007		122	892	1,313	1,034	1,254	1,345	1,352	1,006	628	1,126	452	674
2008		116	843	1,324	1,007	1,254	1,331	1,383	1,066	668	1,128	444	684
2009		117	805	1,296	969	1,194	1,333	1,373	1,129	693	1,141	455	685
2010		134	802	1,266	1,019	1,159	1,360	1,363	1,193	758	1,157	467	689
2011		142	788	1,241	1,044	1,118	1,379	1,371	1,255	826	1,208	491	717
2012		144	818	1,186	1,083	1,083	1,367	1,377	1,292	896	1,323	529	795
2013		137	827	1,148	1,135	1,056	1,368	1,382	1,345	968	1,398	562	836
2014		144	879	1,147	1,147	1,062	1,351	1,431	1,391	1,051	1,495	607	888

표 C71-96 연령계급별 경제활동인구, 농가, 1963-2013

	남녀												
	14	15-19	20-24	25-29	30-34	35-39	40-44	45-49	50-54	55-59	60 이상	60-64	65 이상
	C71	C72	C73	C74	C75	C76	C77	C78	C79	C80	C81	C82	C83
	남한, 천 명												
1963	73	662	689	733	565	501	508	439	397	257	265		
1964	80	708	657	748	585	496	526	439	375	296	258		
1965	74	742	624	751	646	504	530	448	373	294	247		
1966	73	728	585	732	680	546	536	447	399	291	262		
1967	67	650	557	703	687	586	529	428	386	312	290		
1968	62	610	542	657	707	597	539	492	399	329	322		
1969	89	687	567	556	702	585	494	485	393	322	379		
1970	82	739	505	498	651	662	555	516	388	292	310		
1971	85	672	505	445	627	626	553	501	398	321	361		
1972	115	758	505	478	598	657	583	510	473	358	373		
1973	136	800	535	492	581	695	605	529	502	383	424		
1974	113	760	553	495	521	707	638	569	531	429	457		
1975	95	721	575	494	498	678	648	567	515	444	438		
1976	92	688	626	519	488	673	706	615	527	459	521		
1977	68	649	619	506	480	700	705	622	497	419	444		
1978	31	516	580	456	470	672	739	664	511	454	492		
1979	25	392	542	410	445	621	736	685	526	477	543		
1980	13	349	535	416	415	545	695	694	529	468	520		
1981	7	294	538	429	398	506	699	729	558	477	569		
1982	3	237	491	438	398	455	635	630	551	465	542		
1983	4	172	404	428	376	431	583	620	556	436	525		
1984	2	132	331	368	317	362	470	601	495	399	534		
1985	2	120	300	346	317	359	433	548	500	393	532		
1986		101	272	328	325	347	395	524	513	394	573		
1987		101	228	303	310	332	382	514	523	410	645		
1988		74	206	274	298	308	349	500	564	444	656		
1989		72	196	240	277	284	343	451	602	481	719		
1990		60	171	208	242	268	319	405	564	507	732		
1991		57	176	191	218	243	292	356	549	524	752		
1992		52	177	168	201	229	276	309	529	526	828		
1993		45	158	175	198	246	256	291	393	467	814		
1994		36	156	158	172	241	234	279	356	443	857		
1995		28	172	170	169	216	225	242	297	388	796	367	429
1996		26	157	165	159	209	218	229	270	366	831	374	457
1997		29	147	170	149	201	209	221	255	349	859	374	485
1998		28	155	176	140	183	217	220	266	372	900	411	489
1999		23	143	179	137	164	210	212	240	343	918	398	520
2000		22	131	178	137	155	193	224	234	318	946	386	560
2001		20	131	158	140	149	179	220	234	289	957	369	588
2002		16	125	147	133	121	181	209	227	280	981	365	616
2003		14	100	140	96	114	164	208	238	256	961	346	615
2004		13	82	125	97	108	149	185	213	241	937	299	638

	15-19	20-29	30-39	40-49	50-59	60 이상
2002	16	272	255	391	507	981
2003	14	241	211	372	494	961
2004	13	208	205	335	454	937
2005	11	182	189	322	452	970
2006	11	169	178	319	443	977
2007	8	153	167	303	436	946
2008	4	144	173	278	441	922
2009	7	150	184	286	454	899
2010	8	158	184	286	441	872
2011	8	153	196	269	434	893
2012	9	171	196	254	453	924
2013	10	167	198	229	464	933

자료: 통계청, 『1963-1993 지난 30년간 고용사정의 변화』(1994), pp. 146, 156; 통계청, 『경제활동인구연보』, 각년도; 통계청, 「경제활동인구조사」(http://kosis.kr/).

표 C71-96 계속

	여자												
	14	15-19	20-24	25-29	30-34	35-39	40-44	45-49	50-54	55-59	60 이상	60-64	65 이상
	C84	C85	C86	C87	C88	C89	C90	C91	C92	C93	C94	C95	C96
	남한, 천 명												
1963	30	247	271	231	223	189	192	164	136	90	73		
1964	32	261	242	227	215	208	195	172	134	97	81		
1965	32	278	245	225	217	218	210	179	130	100	72		
1966	28	276	234	240	235	227	221	179	143	96	83		
1967	27	268	211	237	261	248	223	165	142	106	93		
1968	28	271	230	236	275	245	232	194	162	118	99		
1969	43	281	256	230	258	228	197	185	149	118	122		
1970	37	334	227	199	268	274	245	205	160	115	114		
1971	32	289	213	151	268	262	244	207	163	124	141		
1972	54	314	205	177	271	301	270	241	199	132	140		
1973	63	343	222	172	258	316	268	249	210	143	173		
1974	49	334	241	166	224	317	279	264	226	156	170		
1975	50	305	242	153	215	305	285	254	235	172	161		
1976	43	284	265	172	221	311	322	288	245	191	201		
1977	31	254	254	173	196	324	323	297	217	168	161		
1978	14	206	248	161	198	315	345	328	237	192	182		
1979	12	168	225	146	185	303	339	328	245	204	203		
1980	7	147	206	141	175	263	328	330	250	202	189		
1981	4	117	208	138	174	235	342	347	263	216	211		
1982	2	84	192	146	175	222	301	323	276	209	204		
1983	3	67	161	139	164	200	274	303	273	201	192		
1984	1	46	116	111	139	163	223	283	240	186	208		
1985	1	45	109	105	140	163	207	258	240	190	202		
1986		40	106	97	144	165	184	255	237	200	235		
1987		42	102	94	134	160	182	257	242	209	271		
1988		35	96	90	123	151	158	256	252	215	273		
1989		39	87	79	119	134	156	242	282	222	312		
1990		32	81	63	107	123	151	219	267	232	322		
1991		32	90	57	89	113	141	181	271	236	331		
1992		27	91	49	81	104	139	156	267	248	364		
1993		25	83	48	84	118	122	142	203	228	373		
1994		18	87	41	71	116	113	136	181	221	394		
1995		13	90	47	67	104	114	119	155	204	378	188	190
1996		12	79	49	61	99	110	112	138	197	394	190	204
1997		18	77	50	54	93	102	107	132	190	414	191	223
1998		16	77	54	45	85	108	117	136	196	429	212	217
1999		12	70	51	40	75	105	107	121	176	441	207	234
2000		10	69	57	44	71	94	111	120	167	461	201	260
2001		7	74	47	45	64	88	114	118	147	467	192	275
2002		6	72	44	44	50	90	109	120	135	481	190	291
2003		7	52	49	31	49	77	107	119	125	463	176	287
2004		7	50	46	32	48	66	93	111	113	453	153	300

	15-19	20-29	30-39	40-49	50-59	60 이상
2002	6	116	94	199	255	482
2003	7	101	80	184	244	463
2004	7	97	80	159	223	453
2005	5	83	70	150	224	463
2006	6	73	61	149	226	460
2007	5	64	57	144	221	444
2008	2	65	57	128	216	434
2009	4	70	61	127	217	414
2010	4	73	57	126	205	397
2011	3	71	64	112	202	417
2012	4	76	68	103	210	426
2013	6	74	72	95	218	416

표 C97-126 연령계급별 경제활동참가율, 전 가구, 1963-2014

	남														
	전체(14세 이상)	전체(15세 이상)	14-19	15-19	20-24	25-29	30-34	35-39	40-44	45-49	50-54	55-59	60 이상	60-64	65 이상
	C97	C98	C99	C100	C101	C102	C103	C104	C105	C106	C107	C108	C109	C110	C111
	남한, %														
1963	76.4	78.4	46.1		78.8	91.9	94.6	94.2	93.4	92.2	86.4	78.4		61.2	26.4
1964	75.7	77.6	46.0		79.4	91.2	94.5	94.8	93.5	90.9	85.9	76.7		55.1	25.2
1965	76.6	78.9	47.5		81.0	91.0	94.2	94.9	94.4	92.7	86.7	87.8		64.9	30.6
1966	76.5	78.9	45.1		81.0	92.1	95.1	95.7	94.5	93.5	88.3	77.6		55.9	23.6
1967	76.1	78.5	42.8		78.5	93.6	95.1	96.1	93.5	93.2	86.1	77.7		55.2	24.9
1968	76.1	79.0	39.1		77.4	94.4	96.3	96.6	95.9	94.7	88.7	79.5		59.5	25.3
1969	76.6	79.6	42.1		78.1	90.0	95.7	95.8	95.5	93.1	88.0	79.2		63.9	33.4
1970	75.1	77.9	41.2		77.3	92.2	95.6	95.9	95.3	93.1	87.8	77.1		58.8	27.3
1971	74.2	77.2	35.6		79.2	94.9	96.6	96.9	95.2	94.1	90.4	82.4		61.6	28.7
1972	74.7	77.5	40.3		78.7	92.6	96.1	95.5	94.7	92.5	87.4	77.6		60.0	28.8
1973	73.9	76.8	38.9		77.7	92.3	95.9	95.2	94.0	91.2	87.6	78.2		60.7	31.2
1974	74.9	77.7	36.3		79.5	96.0	96.0	97.3	92.7	92.7	92.2	81.5		65.9	32.6
1975	74.6	77.4	33.7		78.5	95.1	97.3	96.7	95.6	92.9	90.5	83.4		63.4	32.6
1976	74.6	77.4	33.5		78.4	94.7	97.1	97.0	95.6	93.5	90.5	82.5		66.6	36.7
1977	75.9	78.7	35.6		81.6	95.5	98.1	97.5	96.5	95.2	89.2	81.7		62.1	29.1
1978	75.0	77.9	30.0		80.7	95.4	98.1	97.9	96.8	95.8	89.9	82.2		64.0	31.7
1979	74.1	76.9	24.9		79.4	95.3	97.9	98.0	96.7	95.7	90.5	81.7		62.6	34.4
1980	73.6	76.4	22.9	27.3	76.5	95.0	97.6	97.3	96.1	94.4	90.5	80.0	45.2	63.7	31.7
1981		75.8		23.9	74.6	94.3	97.8	97.3	96.4	94.8	89.8	80.5	46.8		
1982		75.0		22.4	73.2	93.8	97.5	96.9	95.6	94.4	89.8	81.0	44.0		
1983		73.7		18.2	68.2	92.2	96.9	96.6	95.1	93.7	89.8	78.4	43.0		
1984		72.1		15.5	64.7	90.9	96.4	96.3	95.0	93.0	87.8	77.3	42.5		
1985		72.3		14.5	63.3	90.8	96.4	96.5	94.9	93.3	88.1	77.3	44.2		
1986		72.1		13.6	62.1	90.2	96.7	96.5	95.5	92.7	88.7	75.9	44.7		
1987		72.5		14.0	60.6	89.8	96.0	96.1	95.3	92.7	88.2	77.6	47.0		
1988		72.9		11.4	59.6	89.8	96.6	96.6	95.7	93.2	89.2	79.6	48.0		
1989		73.4		11.7	60.2	90.8	97.1	97.0	95.2	93.6	89.6	82.4	49.1	65.7	38.9
1990		74.0		10.8	60.2	91.9	97.2	97.0	95.7	94.2	90.6	83.6	49.9	67.2	39.3
1991		75.0		11.0	60.3	92.0	97.1	97.4	96.2	94.7	91.4	84.8	49.6	66.3	39.4
1992		75.7		11.6	59.0	91.2	97.0	97.1	96.7	94.9	91.5	84.7	51.9	69.8	40.6
1993		75.7		10.6	57.0	90.6	97.2	97.1	96.6	94.9	91.5	84.5	51.5	68.7	40.6
1994		76.3		10.6	58.9	90.2	97.2	96.6	96.6	95.1	91.4	84.3	53.3	71.7	41.1
1995		76.4		9.5	58.8	89.6	97.0	97.0	96.6	95.2	91.3	83.9	54.1	73.7	40.8
1996		76.2		8.8	59.1	88.4	96.9	96.8	96.8	95.3	91.5	83.5	54.3	73.6	41.0
1997		76.1		8.7	57.9	88.0	96.7	96.9	96.1	94.7	91.0	84.9	55.0	73.6	42.0
1998		75.1		9.1	55.1	87.0	96.4	96.2	95.3	94.0	92.0	81.7	51.6	68.0	40.3
1999		74.4		10.6	54.1	84.4	95.4	96.0	94.4	93.2	89.9	81.0	50.7	65.5	40.6
2000		74.2		11.5	52.4	84.0	95.3	95.6	94.4	92.6	89.1	77.7	49.6	63.4	40.6
2001		74.2		10.7	50.4	83.6	94.6	95.2	94.1	92.6	88.0	77.8	50.5	65.0	41.2
2002		74.8		9.4	51.8	83.5	94.6	95.4	94.0	92.9	88.3	80.1	51.7	66.5	42.7
2003		74.6		8.3	50.8	82.7	94.7	95.2	94.8	92.8	89.7	80.3	48.6	63.7	39.8
2004		74.8		8.5	51.8	82.0	93.8	95.1	94.8	92.5	89.4	80.7	49.6	64.8	41.3
2005		74.4		7.9	49.5	80.7	93.3	95.2	94.5	92.3	89.1	80.6	49.7	66.5	41.2
2006		74.0		6.2	48.1	78.6	92.8	94.7	94.4	93.0	89.6	79.8	50.6	68.4	41.9
2007		73.9		6.4	47.0	77.2	92.1	94.7	94.5	92.9	89.5	82.5	51.6	69.4	42.8
2008		73.4		5.5	43.7	76.0	92.4	94.4	94.7	93.1	90.2	82.2	50.5	68.5	41.8
2009		72.9		4.8	43.8	75.9	91.9	93.3	94.0	92.7	90.0	82.6	50.3	68.7	41.4
2010		72.8		5.4	42.4	76.1	91.6	94.0	93.9	93.0	90.3	83.2	50.1	69.8	40.4
2011		72.9		6.2	41.8	77.0	91.3	94.2	94.1	92.8	90.2	83.6	50.7	71.9	40.4
2012		73.0		6.2	42.8	75.9	91.7	94.2	94.1	92.9	91.2	84.5	51.2	72.0	41.4
2013		73.0		6.5	41.7	75.6	91.8	94.1	94.0	93.4	91.1	85.2	52.0	72.8	42.4
2014		73.7		7.4	43.9	76.3	92.7	94.2	95.2	94.0	91.3	87.3	52.6	73.8	42.9

자료: 통계청, 『1963-1993 지난 30년간 고용사정의 변화』(1994); 통계청, 『경제활동인구연보』, 각년도; 통계청, 「경제활동인구조사」(http://kosis.kr/).

표 C97-126 계속

	여														
	전체(14세 이상)	전체(15세 이상)	14-19	15-19	20-24	25-29	30-34	35-39	40-44	45-49	50-54	55-59	60 이상	60-64	65 이상
	C112	C113	C114	C115	C116	C117	C118	C119	C120	C121	C122	C123	C124	C125	C126
	남한, %														
1963	36.3	37.0	34.5		43.5	36.3	39.3	41.6	48.5	44.8	38.6	32.4		18.9	6.5
1964	35.4	36.0	32.9		41.7	34.4	36.7	41.5	47.1	45.1	40.4	33.7		19.6	6.2
1965	36.5	37.2	36.0		45.1	33.6	36.4	44.2	46.5	48.2	37.7	34.7		18.7	5.4
1966	36.2	37.0	34.6		45.5	33.8	35.3	42.8	46.6	45.3	39.5	34.0		17.6	7.8
1967	36.8	37.5	36.2		46.0	36.5	38.0	44.0	46.2	42.2	38.1	32.7		20.8	7.6
1968	38.2	39.1	36.7		50.0	36.5	38.1	45.0	48.1	45.3	41.9	36.5		22.0	7.7
1969	37.5	38.3	35.2		50.1	38.4	37.0	40.9	44.0	44.1	38.5	35.3		24.4	10.3
1970	38.5	39.3	38.7		47.3	34.7	38.4	42.7	46.9	46.6	41.1	37.1		22.8	11.8
1971	38.5	39.5	34.3		47.8	33.2	39.2	45.6	50.5	47.7	45.7	37.1		29.2	11.3
1972	38.9	39.6	37.8		44.6	31.0	39.1	45.6	48.3	53.9	48.4	40.4		27.1	9.6
1973	40.8	41.5	40.7		46.1	31.0	40.5	47.6	49.8	52.5	50.9	41.4		30.4	12.4
1974	40.7	41.5	38.9		49.3	30.5	38.1	49.3	49.7	52.8	52.3	41.5		29.7	12.1
1975	39.6	40.4	36.4		47.3	29.5	37.0	48.0	51.6	50.9	50.8	44.8		28.1	11.5
1976	42.3	43.2	36.9		50.7	32.6	40.9	51.6	55.2	54.9	52.3	47.3		31.4	13.9
1977	40.7	41.7	34.4		51.9	32.6	38.8	50.6	52.7	55.1	48.6	42.5		26.5	10.2
1978	42.2	43.3	33.4		54.3	33.0	39.2	52.0	55.4	58.3	52.6	47.6		30.0	10.5
1979	42.2	43.3	31.0		53.4	33.1	40.1	52.8	56.2	57.7	53.2	47.5		33.1	11.8
1980	41.6	42.8	29.0	34.4	53.5	32.0	40.8	53.1	56.7	57.3	53.9	46.2	16.9	32.2	9.8
1981		42.3		29.4	53.0	31.7	41.0	51.7	58.4	58.4	55.1	47.2	17.9		
1982		43.4		28.0	54.3	33.6	42.7	53.8	61.3	60.8	55.2	49.5	18.3		
1983		42.8		26.2	54.1	32.5	44.4	52.8	60.8	60.3	55.5	48.1	18.1		
1984		40.7		22.2	52.6	33.4	42.2	51.3	56.4	57.1	51.9	45.2	18.1		
1985		41.9		21.1	55.1	35.9	43.6	52.9	58.2	59.2	52.4	47.2	19.2		
1986		43.1		20.2	58.2	37.0	45.9	54.2	59.3	60.2	54.2	46.9	21.4		
1987		45.0		21.1	60.1	40.0	47.1	58.0	60.3	62.1	56.8	49.1	23.5		
1988		45.0		19.2	61.4	40.5	47.9	57.0	60.2	62.7	58.0	49.6	23.2		
1989		46.6		18.7	63.6	42.9	49.6	57.4	61.1	63.6	60.6	52.8	25.8	41.7	18.2
1990		47.0		18.7	64.6	42.6	49.5	57.9	60.7	63.9	60.0	54.4	26.4	43.6	18.4
1991		47.1		18.7	65.5	42.8	49.2	58.6	60.3	61.7	59.2	53.6	26.2	42.3	18.5
1992		47.1		17.3	65.2	44.1	47.6	57.7	60.1	61.0	60.2	52.9	27.4	44.1	19.3
1993		47.1		16.8	64.4	44.5	47.3	59.1	62.1	60.6	57.7	52.6	26.2	42.4	18.2
1994		47.8		15.7	64.6	45.6	48.6	59.4	63.8	60.7	58.9	53.3	27.6	44.8	19.2
1995		48.4		14.5	66.1	47.9	47.6	59.2	65.7	60.6	58.8	54.1	28.7	46.0	20.2
1996		48.9		13.5	66.0	50.9	49.4	60.1	65.6	61.7	57.9	53.7	29.2	45.4	21.1
1997		49.8		13.0	66.4	53.8	51.1	60.5	67.2	62.0	58.6	54.3	30.2	46.6	22.2
1998		47.1		11.9	61.1	51.5	47.5	58.6	63.6	61.5	55.3	51.4	27.9	44.7	19.8
1999		47.6		11.7	60.8	52.1	48.4	58.7	63.3	62.9	55.8	51.8	29.5	46.3	21.4
2000		48.6		12.4	60.9	55.7	48.6	59.1	63.7	64.7	55.2	51.1	30.1	45.9	22.8
2001		49.2		12.6	61.7	57.5	48.9	59.7	63.5	64.3	56.5	50.6	29.9	45.6	22.9
2002		49.7		11.7	62.4	59.4	49.8	59.3	63.8	64.0	58.0	49.6	30.1	46.4	23.0
2003		48.9		11.3	61.5	60.5	49.8	58.1	64.0	61.5	55.5	49.0	27.8	42.7	21.5
2004		49.8		11.0	62.5	63.7	50.3	58.8	65.4	62.6	56.1	49.4	28.3	43.4	22.2
2005		50.0		10.2	62.2	65.9	50.1	58.8	65.4	63.0	58.3	49.0	28.1	43.3	22.4
2006		50.2		8.8	58.8	67.3	53.0	59.5	65.5	64.4	58.4	49.7	28.2	43.7	22.7
2007		50.1		8.0	56.2	68.0	53.6	58.5	66.5	64.9	59.3	50.6	28.7	43.8	23.3
2008		49.9		7.5	54.3	69.1	53.2	58.4	65.8	65.7	60.3	52.5	27.9	42.2	22.9
2009		49.0		7.4	52.7	68.8	51.8	56.2	65.3	65.2	60.7	51.9	27.3	41.8	22.2
2010		49.2		8.4	53.0	69.4	54.4	55.7	65.6	65.4	61.2	53.2	26.8	41.4	21.6
2011		49.4		8.9	51.9	71.0	55.1	55.3	65.5	66.6	62.1	53.9	27.0	42.0	21.7
2012		49.7		9.0	52.9	71.2	56.2	55.4	64.1	67.5	62.4	54.7	28.3	43.7	22.9
2013		50.0		8.6	51.7	71.4	58.2	55.4	63.8	67.8	63.9	55.9	28.9	44.9	23.3
2014		51.1		9.2	53.9	72.8	59.7	56.5	63.6	69.5	66.0	57.6	29.6	46.2	23.8

표 C127-186 연령계급별 경제활동참가율, 농가와 비농가, 1963-2013

	농가														
	남														
	전체(14세 이상)	전체(15세 이상)	14-19	15-19	20-24	25-29	30-34	35-39	40-44	45-49	50-54	55-59	60 이상	60-64	65 이상
	C127	C128	C129	C130	C131	C132	C133	C134	C135	C136	C137	C138	C139	C140	C141
	남한, %														
1963	77.7		54.7		85.7	91.4	91.4	91.2	91.6	91.0	87.6	82.0		67.0	28.3
1964	77.0		54.6		86.3	90.4	92.6	93.2	92.3	89.2	86.3	81.0		60.6	27.6
1965	76.8		54.9		86.7	91.4	92.5	93.1	92.2	89.4	84.5	80.6		60.6	25.9
1966	76.4		52.4		86.4	92.0	92.5	92.4	91.8	90.5	87.7	81.7		59.0	26.1
1967	75.7		49.9		87.1	92.8	92.1	92.9	91.5	89.9	85.6	80.5		60.5	26.1
1968	75.5		45.6		84.1	94.4	93.5	93.6	93.9	91.7	87.8	83.1		65.7	28.5
1969	76.8		51.6		87.2	84.9	92.4	92.6	93.6	90.2	87.0	82.4		71.4	39.8
1970	75.2		48.8		86.1	90.5	92.6	93.6	93.6	91.3	84.8	77.8		62.0	31.7
1971	75.1		46.5		88.0	94.3	93.7	94.3	94.9	92.2	87.8	84.8		62.8	31.5
1980		76.0		30.7	88.2	93.9	93.4	94.6	93.6	93.6	90.9	88.1	55.9		
1981		75.5		26.1	86.4	93.3	94.5	95.1	94.7	94.3	92.2	89.1	58.2		
1982		73.4		24.1	80.6	91.6	96.1	92.9	93.3	93.1	92.6	89.5	54.8		
1983		72.2		18.5	77.0	89.5	93.4	93.9	92.8	92.7	91.6	87.4	54.5		
1984		72.0		15.9	78.8	91.5	93.2	93.8	93.9	93.3	91.4	88.0	57.5		
1985		72.5		15.2	78.0	90.3	93.7	94.2	93.8	93.2	91.9	88.6	59.6		
1986		73.0		13.3	75.1	90.2	94.3	94.3	95.5	93.7	92.6	88.2	62.3		
1987		73.5		13.6	69.2	89.0	92.1	95.6	95.7	94.1	92.2	89.3	67.3		
1988		73.8		9.5	69.0	88.9	93.6	95.2	94.6	94.6	92.3	91.2	67.9		
1989		74.3		8.8	70.3	88.0	93.5	95.5	93.5	94.6	92.5	90.6	69.0		
1990		74.5		8.5	65.2	88.4	93.1	94.1	93.3	94.4	92.5	90.8	69.7		
1991		75.5		8.4	66.9	87.6	92.8	93.5	94.9	94.6	93.9	90.6	71.2		
1992		77.4		9.9	68.3	86.8	93.8	94.7	95.8	94.4	94.2	90.8	75.1		
1993		77.8		8.4	64.9	88.8	92.7	94.8	96.4	94.9	94.6	92.2	75.9		
1994		78.7		8.8	65.1	88.0	93.5	94.0	96.0	96.6	95.6	93.7	77.8		
1995		78.1		8.2	66.4	84.4	91.9	94.9	95.7	95.3	95.3	92.5	78.1	90.9	70.7
1996		78.4		8.0	67.8	82.9	91.6	94.8	95.6	95.9	95.0	92.8	79.3	90.2	72.8
1997		78.7		6.5	70.7	86.3	90.5	94.7	94.7	95.8	93.9	93.5	79.5	90.1	73.4
1998		78.8		7.0	65.8	86.5	94.1	92.5	94.8	95.4	93.5	92.6	81.0	91.2	74.9
1999		79.2		7.1	65.8	85.9	92.4	92.7	94.6	96.3	94.4	94.4	80.5	90.5	75.0
2000		79.2		8.9	57.9	85.2	90.3	92.2	93.4	95.0	93.4	94.4	81.2	90.6	76.3
2001		79.5		11.2	53.8	83.5	89.6	93.4	91.9	93.8	95.1	93.4	81.1	90.3	76.7
2002		80.4		9.0	57.0	83.1	89.1	92.2	91.9	94.3	93.9	93.5	82.1	91.6	77.8
2003		81.5		8.4	54.5	82.7	89.0	91.7	92.6	94.4	96.0	94.2	83.0	90.0	79.8
2004		81.9		8.5	53.2	80.6	86.7	90.9	92.2	93.0	95.3	94.2	83.6	91.3	80.7

	전체(15세 이상)	15-19	20-29	30-39	40-49	50-59	60 이상
2002	80.4	9.1	72.2	90.4	93.2	93.7	81.9
2003	81.6	8.4	70.6	90.3	93.6	95.4	83.0
2004	81.9	8.5	70.0	88.7	92.6	94.7	83.7
2005	82.2	9.5	67.8	88.8	93.5	94.2	83.5
2006	82.0	7.5	67.6	88.6	91.9	94.7	84.3
2007	82.2	6.3	69.0	88.0	92.4	94.3	84.4
2008	81.7	3.1	64.8	89.9	92.0	94.1	84.1
2009	80.9	4.7	64.8	87.2	90.9	93.7	82.7
2010	80.7	6.7	67.5	87.0	90.9	92.9	81.3
2011	80.6	8.8	62.3	87.5	90.2	92.8	81.8
2012	81.6	8.5	66.4	85.9	91.0	93.5	83.6
2013	82.0	7.1	67.4	88.7	90.5	92.8	83.8

자료: 통계청, 『1963-1993 지난 30년간 고용사정의 변화』(1994); 통계청, 『경제활동인구연보』, 각년도; 통계청, 「경제활동인구조사」(http://kosis.kr/).

표 C127-186 계속

	농가														
	여														
	전체(14세 이상)	전체(15세 이상)	14-19	15-19	20-24	25-29	30-34	35-39	40-44	45-49	50-54	55-59	60 이상	60-64	65 이상
	C142	C143	C144	C145	C146	C147	C148	C149	C150	C151	C152	C153	C154	C155	C156
	남한, %														
1963	40.9		35.0		45.7	46.2	50.5	50.6	54.3	51.2	45.5	39.2		21.6	7.5
1964	40.6		34.8		43.6	45.0	48.7	53.5	54.2	51.6	45.1	38.9		23.8	7.6
1965	40.9		35.9		44.8	43.8	48.6	55.2	54.1	53.9	43.6	39.8		21.4	5.6
1966	42.0		34.8		45.1	46.3	49.9	55.2	54.3	53.8	46.7	38.7		21.6	9.6
1967	43.1		35.3		44.7	48.2	57.1	58.8	56.8	52.8	46.9	38.5		25.7	9.3
1968	46.0		33.5		49.8	51.4	57.2	60.2	59.9	56.4	54.1	44.6		28.1	9.0
1969	46.5		39.9		54.9	53.8	54.9	56.6	55.3	54.7	48.5	44.3		35.0	13.2
1970	48.2		44.2		49.9	51.3	53.4	59.3	62.0	57.1	51.5	48.1		30.5	13.4
1971	48.8		38.3		55.6	51.8	61.0	62.3	67.1	58.0	54.8	49.6		38.3	12.8
1980		55.3		28.4	56.6	56.2	68.6	75.1	75.6	74.3	70.6	63.9	25.2		
1981		55.7		22.5	55.8	55.6	69.0	76.3	77.7	76.3	71.7	67.7	27.8		
1982		55.8		17.1	55.2	54.7	72.6	78.7	80.5	79.8	72.8	68.8	27.9		
1983		53.5		14.9	50.9	50.4	70.4	76.0	78.3	77.7	72.0	66.1	26.4		
1984		52.3		11.6	48.7	48.1	66.8	73.4	75.3	75.5	70.6	66.2	30.0		
1985		52.9		11.5	48.7	47.9	68.6	75.5	77.8	75.7	72.1	68.6	30.4		
1986		55.0		10.8	53.0	47.8	70.9	78.9	79.0	77.5	73.8	69.7	35.1		
1987		57.5		11.9	55.7	51.1	72.0	81.2	80.5	80.3	76.1	71.6	39.4		
1988		58.3		10.1	62.7	54.5	71.1	82.5	81.0	80.8	77.3	72.4	40.6		
1989		61.1		11.8	64.4	54.5	73.0	81.7	84.8	83.4	80.6	76.3	45.5		
1990		61.8		10.6	65.3	52.1	71.8	82.6	84.8	85.5	80.2	77.9	47.6		
1991		62.2		11.8	68.7	52.3	69.5	82.5	83.9	83.4	81.4	77.6	48.9		
1992		64.5		11.5	68.4	53.3	69.8	81.3	86.9	85.7	83.7	79.7	52.5		
1993		65.5		11.4	65.9	59.3	73.7	86.1	87.1	87.7	83.5	80.6	55.6		
1994		66.2		8.7	69.0	53.9	72.4	86.6	89.0	87.7	87.0	81.3	57.9		
1995		66.2		6.7	69.2	55.3	71.3	86.7	89.1	88.8	84.7	82.6	59.7	77.7	48.6
1996		66.3		6.8	65.8	55.1	70.1	86.1	90.2	88.9	85.2	83.1	60.3	77.9	49.9
1997		66.9		10.4	69.4	58.1	67.5	80.9	88.7	88.4	88.0	83.0	62.0	80.3	51.9
1998		67.3		9.7	68.1	58.7	68.2	82.5	88.5	86.0	83.4	84.1	63.0	80.6	51.9
1999		66.0		8.5	65.4	52.6	60.6	78.9	86.8	84.9	80.7	81.9	63.2	79.6	53.4
2000		67.9		8.0	65.1	67.1	59.5	79.8	86.2	86.7	82.8	82.7	65.0	81.0	56.4
2001		67.6		6.5	69.8	62.7	60.8	78.0	83.8	87.0	81.4	80.8	64.5	79.7	56.9
2002		68.6		6.8	69.2	64.7	62.0	74.6	86.5	87.2	81.6	79.4	65.5	80.2	58.6
2003		68.4		8.0	61.9	76.6	59.6	80.3	86.5	85.6	83.8	81.2	64.5	79.6	57.7
2004		68.4		8.9	64.9	75.4	61.5	80.0	85.7	86.1	82.2	80.7	64.5	79.3	58.9

	전체(15세 이상)	15-19	20-29	30-39	40-49	50-59	60 이상
2002	68.7	6.8	67.4	68.6	86.9	80.7	65.6
2003	68.4	8.0	68.7	71.4	86.0	82.2	64.5
2004	68.4	8.9	69.8	72.1	85.9	81.4	64.5
2005	67.8	6.9	66.9	68.0	84.3	80.3	65.1
2006	67.7	8.2	67.0	65.6	84.2	80.4	65.0
2007	67.7	8.5	62.7	66.3	83.2	79.8	65.0
2008	67.1	3.9	56.0	71.3	81.0	78.3	65.5
2009	65.8	7.5	63.1	67.0	80.9	77.8	62.2
2010	63.4	6.8	65.2	64.0	80.8	75.6	58.8
2011	64.4	5.6	61.7	69.6	80.0	76.2	60.9
2012	65.3	7.8	62.8	70.1	76.9	76.9	62.4
2013	64.7	10.0	64.3	69.9	76.0	79.0	60.8

표 C127-186 계속

	비농가														
	남														
	전체(14세 이상)	전체(15세 이상)	14-19	15-19	20-24	25-29	30-34	35-39	40-44	45-49	50-54	55-59	60 이상	60-64	65 이상
	C157	C158	C159	C160	C161	C162	C163	C164	C165	C166	C167	C168	C169	C170	C171
	남한, %														
1963	74.5		34.7		68.2	92.9	97.7	97.1	95.6	93.9	84.4	72.4		45.6	21.4
1964	73.8		34.7		68.9	92.2	96.8	96.1	95.1	93.2	85.2	68.2		45.0	18.6
1965	76.3		37.5		73.2	92.6	96.0	96.4	96.7	96.6	90.2	74.8		47.1	19.8
1966	76.7		35.6		74.1	93.3	97.7	98.6	97.3	97.2	89.3	70.7		49.5	16.7
1967	76.4		34.8		68.7	94.6	97.6	98.4	95.6	96.4	86.9	73.1		45.3	21.5
1968	76.8		33.5		70.6	94.3	98.6	99.0	97.8	97.6	89.7	74.6		48.1	18.0
1969	76.4		32.1		70.1	94.2	98.1	98.2	97.0	96.0	89.1	74.9		51.7	18.4
1970	75.1		34.6		70.3	93.2	97.6	97.8	96.5	94.8	91.2	76.4		53.8	19.7
1971	73.5		27.4		71.9	95.2	98.3	98.6	97.2	95.8	93.2	80.0		59.8	23.6
1980		76.6		25.6	71.7	95.3	98.5	98.1	97.3	94.9	89.9	71.9	30.6		
1981		76.0		22.9	70.0	94.4	98.4	97.9	97.3	95.1	87.9	72.1	31.3		
1982		75.7		21.6	70.5	94.3	97.8	98.0	96.5	95.2	87.8	73.3	31.8		
1983		74.2		18.1	65.6	92.7	97.6	97.3	95.9	94.1	88.5	70.9	31.1		
1984		72.2		15.3	61.3	90.8	96.9	96.7	95.4	93.1	85.8	69.9	28.8		
1985		72.3		14.2	60.0	90.8	96.7	96.8	95.2	93.2	86.2	70.7	31.3		
1986		71.9		13.6	59.5	90.2	96.9	96.8	95.7	92.3	86.9	69.0	30.8		
1987		72.3		14.1	59.2	89.9	96.4	96.2	95.2	92.1	86.3	70.8	31.1		
1988		72.6		11.9	58.1	89.9	96.9	96.8	95.9	92.8	87.7	73.1	32.9		
1989		73.2		12.2	58.7	91.1	97.4	97.2	95.5	93.5	88.3	77.7	33.3		
1990		73.9		11.2	59.5	92.2	97.5	97.3	96.0	94.1	89.8	79.6	35.7		
1991		74.7		11.6	59.1	92.5	97.4	97.7	96.5	94.6	90.5	81.6	37.2		
1992		75.2		11.9	57.2	91.7	97.2	97.3	96.9	95.1	90.8	82.0	39.0		
1993		75.7		10.7	55.7	90.9	97.4	97.3	96.5	94.8	90.7	82.0	38.7		
1994		76.1		10.6	57.7	90.4	97.4	96.7	96.5	94.8	90.6	81.5	40.7		
1995		76.2		9.6	58.2	89.9	97.3	97.1	96.7	95.2	90.6	81.5	42.7	66.6	25.3
1996		76.0		8.9	58.4	88.8	97.2	96.9	96.8	95.3	91.0	81.3	43.0	67.1	25.1
1997		75.8		8.9	57.0	88.1	97.0	97.0	96.2	94.6	90.6	82.9	44.4	67.4	26.9
1998		74.6		9.3	54.1	87.0	96.6	96.4	95.3	93.9	91.8	79.2	39.2	59.3	24.5
1999		73.9		10.9	53.0	84.3	95.6	96.2	94.4	92.9	89.3	78.1	38.6	57.0	25.1
2000		73.7		11.7	51.9	84.0	95.6	95.8	94.5	92.4	88.6	74.5	37.6	54.9	25.2
2001		73.6		10.7	50.2	83.6	94.9	95.3	94.3	92.5	87.2	74.9	39.3	57.8	26.4
2002		74.3		9.4	51.4	83.5	94.8	95.6	94.2	92.8	87.7	77.8	41.3	59.7	28.9
2003		74.0		8.3	50.6	82.7	94.8	95.3	94.9	92.7	89.0	78.1	37.6	56.8	25.7
2004		74.3		8.5	51.8	82.1	94.1	95.3	94.9	92.5	89.0	78.8	39.8	59.2	28.1

	전체(15세 이상)	15-19	20-29	30-39	40-49	50-59	60 이상
2002	74.4	9.6	70.8	95.3	93.7	83.6	41.3
2003	74.1	8.4	69.6	95.2	94.0	84.3	37.7
2004	74.4	8.6	69.8	94.8	93.9	84.6	39.9
2005	74.0	8.0	68.6	94.5	93.6	84.6	40.2
2006	73.5	6.2	67.2	94.0	93.9	84.7	41.6
2007	73.4	6.5	66.4	93.7	93.9	86.1	43.4
2008	72.9	5.7	64.6	93.7	94.1	86.4	42.7
2009	72.5	5.0	64.6	93.0	93.6	86.5	43.1
2010	72.5	5.5	63.8	93.3	93.7	87.0	43.6
2011	72.6	6.2	64.0	93.2	93.8	87.2	44.6
2012	72.7	6.3	62.4	93.6	93.8	88.1	45.1
2013	72.6	6.6	60.9	93.4	93.9	88.4	45.9

표 C127-186 계속

	비농가														
	여														
	전체(14세 이상)	전체(15세 이상)	14-19	15-19	20-24	25-29	30-34	35-39	40-44	45-49	50-54	55-59	60 이상	60-64	65 이상
	C172	C173	C174	C175	C176	C177	C178	C179	C180	C181	C182	C183	C184	C185	C186
	남한, %														
1963	30.2		33.9		40.5	25.6	27.9	31.7	41.4	35.2	27.6	18.6		14.0	4.5
1964	28.6		30.6		39.4	23.4	24.0	29.7	38.5	34.2	32.2	23.1		12.7	3.6
1965	30.9		36.2		45.4	22.8	24.2	33.6	37.3	39.4	28.8	25.0		13.2	3.4
1966	29.3		34.3		46.0	21.9	21.8	30.8	35.9	33.5	29.1	25.7		10.2	4.4
1967	29.9		37.1		47.3	25.9	22.8	29.8	33.6	30.1	26.1	22.7		12.2	4.8
1968	30.3		36.0		50.1	23.5	23.2	32.0	35.6	32.2	27.1	24.5		12.8	5.6
1969	29.2		31.1		46.4	27.9	23.6	29.1	34.0	32.5	25.5	21.4		10.0	5.4
1970	29.8		34.2		45.4	23.9	25.3	27.8	32.9	35.8	28.1	24.9		13.0	5.2
1971	30.6		31.4		43.8	24.9	25.0	34.2	35.5	37.6	35.2	24.4		17.4	5.2
1980		36.9		36.7	52.8	27.0	33.6	43.4	44.8	44.4	40.0	29.6	8.8		
1981		36.2		32.2	52.3	27.2	34.3	42.2	46.7	45.2	41.0	29.2	8.7		
1982		38.4		32.3	54.1	29.8	36.3	45.4	51.5	48.6	42.1	35.6	10.5		
1983		38.8		30.2	54.7	29.4	39.2	46.0	52.8	50.2	43.3	34.9	12.0		
1984		37.1		25.2	53.1	31.4	37.9	46.4	49.6	47.6	40.1	32.1	10.5		
1985		38.8		23.6	55.9	34.4	39.6	48.3	52.2	51.8	41.5	34.5	12.8		
1986		40.0		22.4	58.8	35.8	42.2	49.5	53.9	53.0	44.3	33.8	13.8		
1987		41.9		23.1	60.5	38.9	44.0	54.0	55.2	55.0	47.5	36.4	14.9		
1988		42.0		21.0	61.4	39.4	45.3	53.0	55.9	55.8	49.0	37.1	14.4		
1989		43.5		20.0	63.5	42.0	47.3	54.1	57.0	57.1	51.0	40.3	16.3		
1990		44.1		20.1	64.5	41.9	47.6	55.1	56.9	57.6	51.1	42.5	16.9		
1991		44.6		20.0	65.7	42.1	48.0	56.6	57.2	56.9	51.1	43.1	17.0		
1992		44.4		18.2	65.2	43.6	46.3	55.8	56.9	56.3	52.2	42.1	17.5		
1993		44.5		17.4	64.5	43.9	45.9	57.0	59.9	56.4	50.4	42.2	15.8		
1994		45.4		16.4	64.4	45.3	47.4	57.5	61.6	57.1	52.1	43.9	17.1		
1995		46.1		15.4	65.9	47.6	46.5	57.5	63.5	57.0	53.2	44.7	18.1	32.8	11.5
1996		46.8		14.1	66.0	50.7	48.5	58.6	63.6	58.5	52.8	44.7	18.7	32.7	12.3
1997		47.8		13.3	66.2	53.6	50.5	59.4	65.6	59.2	53.6	46.2	20.0	34.4	13.2
1998		44.7		12.2	60.7	51.2	46.8	57.5	61.8	58.6	50.3	42.1	16.8	30.3	10.8
1999		45.6		11.9	60.5	52.1	48.0	57.7	61.7	60.5	51.9	44.0	19.0	33.8	12.5
2000		46.6		12.8	60.6	55.3	48.2	58.2	62.3	62.6	51.3	43.3	19.5	33.8	13.3
2001		47.3		13.0	61.2	57.3	48.5	58.9	62.4	62.3	53.1	44.2	19.8	34.5	13.3
2002		47.9		12.0	62.0	59.2	49.4	58.8	62.7	62.1	54.8	43.6	20.0	36.0	13.2
2003		47.2		11.5	61.5	60.0	49.6	57.5	63.0	59.6	52.0	43.6	18.1	32.5	12.1
2004		48.3		11.1	62.4	63.3	50.0	58.1	64.6	61.2	53.2	44.9	19.3	34.9	13.0
		전체(15세 이상)		15-19	20-29		30-39		40-49		50-59		60 이상		
2002		48.0		12.1	60.8		54.1		62.5		50.0		20.0		
2003		47.3		11.6	61.0		53.5		61.6		48.3		18.1		
2004		48.4		11.2	63.1		54.0		63.1		49.6		19.3		
2005		48.7		10.4	64.3		54.3		63.4		51.2		19.3		
2006		48.9		9.0	63.4		56.2		64.1		51.8		19.9		
2007		49.0		8.1	62.9		56.1		65.0		53.2		21.1		
2008		48.8		7.7	62.9		55.8		65.2		54.9		20.6		
2009		48.0		7.5	61.8		54.0		64.8		55.2		20.8		
2010		48.5		8.6	62.3		55.1		65.2		56.4		20.9		
2011		48.6		9.1	62.5		55.1		65.8		57.3		21.0		
2012		48.9		9.2	62.9		55.6		65.6		57.7		22.6		
2013		49.2		8.7	62.0		56.6		65.6		58.9		23.7		

표 C187-214 교육수준별 경제활동인구, 1980-2014

	남													
	경제활동인구							경제활동참가율						
	합계	초졸 이하	중졸	고졸	대졸 이상			합계	초졸 이하	중졸	고졸	대졸 이상		
					소계	전문대졸	대학교졸 이상					소계	전문대졸	대학교졸 이상
	C187	C188	C189	C190	C191	C192	C193	C194	C195	C196	C197	C198	C199	C200
	남한, 천 명							남한, %						
1980	9,019	3,728	2,015	2,445	832			76.4	78.0	64.3	81.1	95.1		
1981	9,204	3,663	2,070	2,596	876			75.8	77.4	63.8	80.2	94.3		
1982	9,266	3,269	2,170	2,826	1,001			75.0	76.0	63.3	79.5	93.6		
1983	9,305	3,104	2,127	3,010	1,063			73.7	73.6	62.3	77.8	93.9		
1984	9,338	2,818	2,091	3,238	1,192			72.1	71.6	59.8	76.5	93.3		
1985	9,617	2,709	2,121	3,461	1,326			72.3	71.5	59.1	77.1	92.8		
1986	9,819	2,596	2,103	3,699	1,422			72.1	70.8	58.2	77.1	92.4		
1987	10,138	2,509	2,156	3,944	1,529			72.5	70.6	58.4	77.7	92.1		
1988	10,414	2,403	2,148	4,174	1,689			72.9	70.4	57.4	78.6	92.5		
1989	10,737	2,325	2,126	4,443	1,844	333	1,511	73.4	70.1	56.8	79.7	92.8	92.2	92.9
1990	11,030	2,299	2,099	4,682	1,949	420	1,530	74.0	70.6	56.6	80.0	93.2	93.5	93.2
1991	11,428	2,042	2,104	5,119	2,163	502	1,661	75.0	69.5	58.2	80.4	93.8	94.2	93.6
1992	11,694	1,936	2,026	5,301	2,431	541	1,890	75.7	69.8	58.5	79.9	94.4	94.6	94.3
1993	11,881	1,843	1,907	5,473	2,658	573	2,085	75.7	68.6	57.8	79.8	93.3	94.1	93.1
1994	12,174	1,832	1,920	5,668	2,753	632	2,121	76.3	68.2	58.3	80.8	93.1	94.2	92.7
1995	12,435	1,757	1,903	5,879	2,896	678	2,218	76.4	66.1	58.1	81.1	93.4	94.2	93.1
1996	12,650	1,711	1,915	5,982	3,042	743	2,299	76.2	65.6	57.4	81.1	92.7	93.3	92.6
1997	12,843	1,693	2,011	6,025	3,114	864	2,251	76.1	65.4	57.0	81.3	92.7	94.7	92.0
1998	12,852	1,541	1,707	6,065	3,539	774	2,765	75.1	63.9	53.0	79.7	91.2	93.1	90.7
1999	12,880	1,516	1,704	6,097	3,564	875	2,688	74.4	63.3	52.9	79.0	89.5	93.0	88.5
2000	13,000	1,467	1,698	6,161	3,674	946	2,728	74.2	62.2	53.7	78.4	88.6	91.1	87.8
2001	13,142	1,438	1,631	6,224	3,850	1,010	2,840	74.2	61.5	53.5	77.7	89.0	91.4	88.2
2002	13,411	1,416	1,631	6,317	4,048	1,108	2,940	74.8	61.2	54.3	78.2	89.5	92.6	88.4
2003	13,518	1,341	1,486	6,104	4,587	1,131	3,457	74.6	58.9	52.4	77.3	89.7	92.1	89.0
2004	13,703	1,292	1,490	6,176	4,745	1,219	3,526	74.8	58.5	52.4	77.7	89.3	91.1	88.7
2005	13,854	1,258	1,460	6,207	4,929	1,267	3,663	74.4	57.0	51.3	77.2	89.3	90.5	88.9
2006	13,953	1,224	1,459	6,170	5,099	1,331	3,769	74.0	55.3	50.7	76.8	88.9	91.3	88.1
2007	14,096	1,216	1,413	6,100	5,367	1,477	3,891	73.9	55.7	49.1	76.4	88.9	92.3	87.7
2008	14,182	1,191	1,324	6,019	5,648	1,539	4,109	73.4	55.4	46.5	75.8	88.4	91.1	87.4
2009	14,287	1,147	1,286	5,964	5,891	1,624	4,267	72.9	54.0	45.0	75.0	88.4	91.3	87.4
2010	14,450	1,095	1,295	6,019	6,041	1,696	4,345	72.8	52.6	44.8	74.6	88.7	91.7	87.7
2011	14,633	1,039	1,316	5,964	6,314	1,784	4,530	72.9	50.6	45.7	74.0	89.1	91.7	88.1
2012	14,835	1,021	1,266	6,038	6,510	1,869	4,641	73.0	51.0	45.1	73.4	89.2	91.7	88.3
2013	15,022	993	1,206	6,087	6,736	1,945	4,792	73.0	50.3	44.7	72.8	89.2	91.9	88.1
2014	15,334	955	1,166	6,239	6,975	1,941	5,034	73.7	50.7	44.1	74.1	88.8	91.7	87.8

자료: 통계청, 『1963-1993 지난 30년간 고용사정의 변화』(1994), pp. 241, 248, 540, 547; 통계청, 『경제활동인구연보』, 각년도; 통계청, 「경제활동인구조사」(http://kosis.kr/).

표 C187-214 계속

	여													
	경제활동인구							경제활동참가율						
	합계	초졸 이하	중졸	고졸	대졸 이상			합계	초졸 이하	중졸	고졸	대졸 이상		
					소계	전문대졸	대학교졸 이상					소계	전문대졸	대학교졸 이상
	C201	C202	C203	C204	C205	C206	C207	C208	C209	C210	C211	C212	C213	C214
	남한, 천 명							남한, %						
1980	5,412	3,492	932	847	142			42.8	46.2	33.0	43.1	46.6		
1981	5,479	3,475	954	904	146			42.3	46.5	31.8	42.0	44.2		
1982	5,767	3,411	1,099	1,077	180			43.4	47.8	34.3	42.1	46.9		
1983	5,814	3,273	1,166	1,175	199			42.8	46.6	35.3	41.6	46.3		
1984	5,658	2,988	1,125	1,298	247			40.7	44.2	32.8	40.4	47.2		
1985	5,975	3,028	1,178	1,451	318			41.9	45.9	32.8	42.1	50.6		
1986	6,296	3,014	1,275	1,644	363			43.1	46.7	34.3	43.8	52.8		
1987	6,735	3,064	1,402	1,853	416			45.0	48.4	36.5	46.1	52.7		
1988	6,891	2,979	1,428	2,008	476			45.0	48.4	36.9	45.9	51.8		
1989	7,286	3,043	1,482	2,195	565	184	382	46.6	50.3	38.1	46.8	55.2	64.8	51.6
1990	7,509	3,000	1,497	2,372	640	231	409	47.0	50.4	38.2	47.5	57.2	66.2	53.1
1991	7,681	2,730	1,525	2,672	754	281	473	47.1	49.1	38.4	48.6	59.0	66.0	55.6
1992	7,805	2,647	1,470	2,827	861	327	534	47.1	48.9	38.4	48.4	57.7	64.9	54.0
1993	7,924	2,504	1,435	3,039	947	333	614	47.1	47.6	39.3	48.5	57.8	63.5	55.1
1994	8,179	2,484	1,476	3,190	1,029	382	647	47.8	47.4	40.5	49.3	58.9	62.8	56.9
1995	8,410	2,457	1,479	3,321	1,153	439	714	48.4	47.1	40.7	50.2	60.0	63.6	57.9
1996	8,638	2,404	1,501	3,452	1,280	499	781	48.9	46.6	41.0	50.9	61.8	65.6	59.6
1997	8,938	2,431	1,588	3,539	1,380	605	775	49.8	47.1	41.5	52.0	63.9	67.9	61.0
1998	8,576	2,191	1,412	3,466	1,507	582	925	47.1	43.9	39.5	48.5	59.8	65.3	56.8
1999	8,785	2,199	1,449	3,529	1,608	648	959	47.6	44.4	40.8	48.7	59.6	64.0	56.8
2000	9,069	2,211	1,471	3,635	1,751	733	1,018	48.6	44.6	42.2	49.5	60.7	64.6	58.1
2001	9,275	2,154	1,433	3,782	1,906	822	1,084	49.2	43.7	42.9	50.6	61.4	65.9	58.4
2002	9,466	2,089	1,418	3,887	2,071	884	1,187	49.7	42.9	43.3	51.4	62.0	66.4	59.1
2003	9,397	1,894	1,271	3,882	2,351	950	1,401	48.9	40.0	40.8	51.4	61.6	67.5	58.2
2004	9,668	1,850	1,271	4,008	2,540	1,029	1,511	49.8	39.4	41.0	53.0	62.6	66.8	60.0
2005	9,835	1,833	1,250	4,029	2,724	1,123	1,601	50.0	38.8	40.8	53.2	62.9	67.3	60.2
2006	9,981	1,799	1,222	4,002	2,958	1,170	1,788	50.2	38.5	39.7	53.0	64.3	67.8	62.2
2007	10,070	1,759	1,164	4,042	3,105	1,223	1,882	50.1	38.4	37.9	53.1	64.3	67.8	62.2
2008	10,121	1,687	1,154	3,997	3,283	1,285	1,998	49.9	37.5	37.6	52.9	63.9	67.0	62.0
2009	10,047	1,618	1,114	3,931	3,385	1,305	2,081	49.0	36.2	36.8	51.6	62.8	65.5	61.3
2010	10,211	1,557	1,125	3,979	3,549	1,345	2,204	49.2	35.0	36.9	52.4	62.9	64.5	61.9
2011	10,371	1,518	1,134	4,039	3,679	1,410	2,269	49.4	34.3	37.1	52.8	63.0	63.7	62.6
2012	10,568	1,503	1,149	4,009	3,907	1,551	2,356	49.7	34.3	37.0	52.6	63.6	64.9	62.8
2013	10,764	1,441	1,120	4,061	4,141	1,594	2,547	50.0	33.9	36.2	52.6	64.3	65.3	63.7
2014	11,099	1,372	1,096	4,239	4,391	1,588	2,803	51.1	33.4	36.5	54.0	65.1	66.3	64.4

표 C215-242 상태별 비경제활동인구, 1963-2016

	전 가구													
	남							여						
	합계	가사		통학	연소 연로	심신장애	기타	합계	가사		통학	연소 연로	심신장애	기타
		소계	육아						소계	육아				
	C215	C216	C217	C218	C219	C220	C221	C222	C223	C224	C225	C226	C227	C228
	남한, 천 명													
1963	1,486	149		539	323	91	383	4,835	3,789		207	626	44	169
1964	1,586	147		498	354	83	503	5,041	3,965		203	639	31	202
1965	1,541	224		528	367	79	343	5,073	4,060		236	630	32	113
1966	1,581	259		592	359	73	298	5,215	4,234		291	574	31	85
1967	1,640	293		618	396	86	248	5,302	4,211		359	640	30	63
1968	1,633	288		671	405	92	178	5,283	4,160		393	658	37	34
1969	1,623	298		687	359	75	204	5,483	4,232		482	674	28	66
1970	1,828	373		835	396	67	158	5,579	4,233		545	705	22	74
1971	1,958	302		1,054	415	66	123	5,753	4,271		669	730	17	68
1972	2,023	438		937	431	81	136	5,931	4,440		569	807	29	87
1973	2,176	448		1,014	405	91	219	5,925	4,468		585	744	28	101
1974	2,173	345		1,200	396	86	146	6,115	4,537		704	764	22	88
1975	2,286	329		1,328	424	84	121	6,440	4,698		841	788	29	83
1976	2,354	296		1,419	420	92	127	6,365	4,612		879	762	34	78
1977	2,288	259		1,307	487	100	137	6,802	4,921		925	852	27	74
1978	2,455	237		1,515	475	105	125	6,826	4,892		999	832	32	74
1979	2,643	210		1,694	485	117	138	7,003	4,954		1,125	814	34	76
1980	2,785	276		1,725	521	143	120	7,247	5,134		1,148	877	42	47
1981	2,938	285		1,848	523	146	136	7,480	5,280		1,257	857	46	40
1982	3,087	292		1,895	602	166	133	7,519	5,312		1,251	869	45	42
1983	3,328	377		1,979	605	152	216	7,766	5,549		1,288	826	38	65
1984	3,607	411		2,214	597	145	240	8,258	5,805		1,524	822	42	65
1985	3,678	393		2,280	563	142	299	8,283	5,715		1,645	783	42	98
1986	3,795	411		2,358	543	129	355	8,314	5,658		1,716	749	47	145
1987	3,838	465		2,349	496	121	406	8,244	5,557		1,752	721	46	169
1988	3,880	462		2,439	497	103	379	8,418	5,647		1,842	730	45	154
1989	3,883	448		2,446	479	101	410	8,358	5,528		1,906	700	52	173
1990	3,877	483		2,433	490	112	358	8,471	5,676		1,919	691	55	130
1991	3,814	474		2,389	485	104	362	8,560	5,777		1,940	666	49	128
1992	3,770	457		2,331	481	105	397	8,702	5,918		1,911	663	55	154
1993	3,757	444		2,254	507	133	419	8,840	6,069		1,828	747	61	136
1994	3,750	451		2,208	496	152	443	8,864	6,114		1,836	700	62	152
1995	3,842	467		2,322	469	152	431	8,972	6,180		1,928	657	62	145
1996	3,948	500		2,375	482	155	436	9,037	6,168		2,000	645	74	150
1997	4,043	451	4	2,405	507	188	492	9,027	6,035	1,472	2,043	663	88	197
1998	4,272	427	3	2,405	604	171	665	9,647	6,419	1,782	2,135	748	92	254
1999	4,427	394	4	2,354	638	191	849	9,665	6,385	1,850	2,120	742	101	318
2000	4,522	383	5	2,285	635	215	1,004	9,596	6,404	1,769	2,067	693	114	318
2001	4,578	402	6	2,203	608	240	1,125	9,584	6,420	1,673	1,993	683	135	353
2002	4,510	352	6	2,164	608	257	1,129	9,576	6,463	1,556	1,943	680	152	339
2003	4,601	107	3	2,089	868	293	1,244	9,823	6,563	1,500	1,907	799	157	396
2004	4,609	137	3	2,026	827	299	1,321	9,737	6,600	1,509	1,810	717	168	442
2002	4,486	350	6	2,162	608	257	1,110	9,556	6,452	1,555	1,940	680	152	333
2003	4,580	106	3	2,087	868	293	1,227	9,803	6,552	1,499	1,904	799	157	390
2004	4,584	135	3	2,023	827	299	1,301	9,716	6,587	1,507	1,807	717	168	436
2005	4,734	121	5	2,033	800	302	1,478	9,823	6,605	1,497	1,802	725	174	518
2006	4,885	151	5	2,122	801	295	1,517	9,898	6,622	1,504	1,882	700	176	518
2007	4,960	143	5	2,194	785	285	1,553	9,994	6,696	1,491	1,955	657	163	525
2008	5,117	151	9	2,259	860	292	1,555	10,134	6,812	1,550	2,003	658	145	517
2009	5,278	152	7	2,255	912	293	1,666	10,420	6,998	1,592	2,038	694	155	535
2010	5,356	161	5	2,278	972	285	1,660	10,485	7,065	1,469	2,027	714	156	524
2011	5,393	147	4	2,245	978	272	1,751	10,561	7,176	1,465	2,009	663	143	570
2012	5,437	147	5	2,239	1,122	249	1,680	10,645	7,298	1,462	2,003	666	144	534
2013	5,512	144	6	2,270	1,175	253	1,670	10,710	7,298	1,463	2,049	667	150	546
2014	5,409	130	6	2,220	1,201	258	1,600	10,568	7,142	1,424	2,019	734	166	508
2015	5,519	149	8	2,142	1,233	266	1,730	10,586	7,085	1,429	1,951	812	171	567
2016	5,564	161	7	2,090	1,273	276	1,764	10,604	7,043	1,350	1,906	888	172	595

자료: 통계청, 『1963-1993 지난 30년간 고용사정의 변화』(1994), pp. 207, 216; 통계청, 『경제활동인구연보』, 각년도; 통계청, 「경제활동인구조사」(http://kosis.kr/).

주: 1980-2004년은 구직 기간 1주 기준, 2002-2016년은 구직 기간 4주 기준이다.

표 C215-242 계속

	농가													
	남							여						
	합계	가사		통학	연소 연로	심신장애	기타	합계	가사		통학	연소 연로	심신장애	기타
		소계	육아						소계	육아				
	C229	C230	C231	C232	C233	C234	C235	C236	C237	C238	C239	C240	C241	C242
	남한, 천 명													
1963	824	123		192	199	43	268	2,550	1,981		59	398	23	89
1964	878	123		207	218	37	293	2,617	2,048		58	403	17	90
1965	876	194		186	228	29	239	2,628	2,106		56	394	14	57
1966	891	219		216	219	33	204	2,578	2,106		82	331	16	42
1967	888	241		208	241	36	161	2,498	1,952		123	377	14	32
1968	865	240		248	223	41	113	2,329	1,811		127	352	19	19
1969	801	232		216	197	35	121	2,253	1,713		127	366	16	30
1970	850	298		248	210	29	66	2,198	1,693		120	351	12	22
1971	839	237		292	227	26	58	2,045	1,473		152	380	8	32
1972	898	337		251	218	38	55	1,874	1,296		138	409	17	15
1973	924	320		270	208	41	86	1,869	1,293		159	380	15	23
1974	925	265		375	204	35	46	1,996	1,351		216	401	12	16
1975	978	267		417	223	33	39	2,028	1,362		225	415	13	12
1976	952	226		444	203	31	48	1,884	1,222		246	387	13	16
1977	971	191		457	242	33	50	2,052	1,255		322	436	12	27
1978	920	166		461	219	35	40	1,962	1,148		361	420	12	23
1979	894	146		466	203	36	44	1,818	1,067		324	388	12	28
1980	924	193		450	207	39	36	1,804	1,058		315	397	15	20
1981	959	184		503	204	38	30	1,789	1,036		356	369	15	15
1982	985	186		509	217	45	29	1,689	917		364	377	16	15
1983	985	220		465	211	47	42	1,714	979		341	356	15	22
1984	890	192		457	178	27	36	1,565	900		327	307	14	17
1985	832	177		427	156	28	44	1,476	836		335	270	14	22
1986	779	162		410	134	24	50	1,360	753		320	249	11	28
1987	742	161		395	104	25	56	1,252	684		306	220	13	30
1988	718	158		389	100	25	46	1,180	623		310	207	13	28
1989	688	150		349	102	28	60	1,066	546		288	184	13	34
1990	643	151		309	94	36	53	989	500		267	181	13	28
1991	588	142		281	85	35	45	936	483		244	170	12	27
1992	516	118		242	78	30	48	842	430		211	162	12	27
1993	462	100		217	69	29	49	750	364		197	153	14	22
1994	419	80		200	62	31	46	705	335		194	139	14	24
1995	397	84		191	48	29	44	659	324		189	112	12	21
1996	380	82		186	46	28	38	635	317		174	111	13	20
1997	367	68	-	181	48	29	41	612	299	43	163	112	13	25
1998	375	71	-	181	49	27	47	613	284	34	164	117	19	30
1999	360	61	-	163	51	28	58	619	299	45	144	111	21	43
2000	349	53	-	153	46	29	66	569	279	44	132	103	20	35
2001	337	49	-	140	46	32	70	561	288	43	116	95	19	43
2002	309	37	-	122	44	34	72	527	273	36	97	94	20	43
2003	275	11	-	104	43	33	84	499	242	27	96	100	20	40
2004	251	8	-	89	39	32	83	471	235	27	84	88	22	43
2002	309	37	-	122	44	34	71	526	273	36	97	94	20	42
2003	274	11	-	104	43	33	84	498	241	27	96	100	20	40
2004	250	8	-	89	39	32	83	470	234	27	84	88	22	42
2005	245	4	-	77	39	34	91	472	237	27	84	82	22	47
2006	247	6	-	78	37	30	96	466	248	31	80	71	24	44
2007	233	6	-	79	30	28	89	445	251	32	66	66	22	41
2008	237	6	-	83	30	26	92	442	258	36	63	63	17	42
2009	257	6	-	81	40	34	96	463	279	41	62	66	19	38
2010	259	7	-	74	50	33	95	499	311	34	69	69	18	33
2011	261	7	-	70	43	31	111	481	317	39	60	57	13	33
2012	252	5	-	77	44	25	100	472	303	32	63	61	14	31
2013	246	4	-	77	53	19	93	481	304	34	66	65	14	32

2. 취업자

표 C243-290 연령계급별 취업자, 1963-2014

	전 가구												
	남녀												
	14	15-19	20-24	25-29	30-34	35-39	40-44	45-49	50-54	55-59	60 이상	60-64	65 이상
	C243	C244	C245	C246	C247	C248	C249	C250	C251	C252	C253	C254	C255
	남한, 천 명												
1963	98	916	947	1,063	998	880	845	683	562	344	326		
1964	101	980	927	1,083	992	910	869	675	553	388	321		
1965	94	1,075	920	1,131	1,100	932	925	739	562	407	321		
1966	98	1,046	904	1,143	1,192	1,027	922	757	599	404	331		
1967	93	1,002	909	1,183	1,297	1,117	927	766	596	449	378		
1968	94	1,015	964	1,128	1,349	1,185	986	874	647	488	425		
1969	130	1,089	1,015	1,088	1,407	1,214	980	883	641	483	484		
1970	128	1,287	977	1,074	1,372	1,273	1,096	967	651	482	438		
1971	120	1,181	1,034	1,076	1,427	1,383	1,109	977	699	540	520		
1972	180	1,376	1,058	1,157	1,456	1,409	1,145	972	760	538	508		
1973	197	1,482	1,118	1,226	1,480	1,493	1,193	999	817	563	571		
1974	165	1,452	1,204	1,293	1,470	1,564	1,284	1,047	875	620	612		
1975	138	1,388	1,309	1,407	1,471	1,590	1,357	1,039	880	653	598		
1976	144	1,436	1,496	1,506	1,510	1,630	1,446	1,111	897	677	703		
1977	117	1,457	1,554	1,516	1,576	1,797	1,546	1,235	891	647	593		
1978	78	1,346	1,695	1,547	1,630	1,833	1,677	1,353	942	726	663		
1979	62	1,178	1,767	1,593	1,707	1,787	1,713	1,404	971	760	722		
1980	41	1,035	1,770	1,742	1,743	1,725	1,708	1,480	1,005	761	716		
1981	29	908	1,817	1,848	1,780	1,693	1,776	1,562	1,079	783	779		
1982	19	821	1,891	2,059	1,857	1,709	1,803	1,492	1,104	836	809		
1983	24	723	1,832	2,155	1,961	1,736	1,772	1,566	1,142	795	822		
1984	15	654	1,745	2,257	1,886	1,828	1,716	1,621	1,126	776	822		
1985	14	634	1,688	2,380	2,061	1,929	1,718	1,648	1,225	809	879		
1986		631	1,758	2,443	2,248	1,964	1,702	1,678	1,312	821	946		
1987		679	1,741	2,570	2,452	2,077	1,770	1,757	1,382	875	1,051		
1988		598	1,724	2,589	2,636	2,095	1,882	1,795	1,503	958	1,091		
1989		612	1,778	2,620	2,745	2,103	2,010	1,803	1,619	1,071	1,200	618	582
1990		580	1,884	2,558	2,803	2,257	2,088	1,822	1,638	1,178	1,277	661	616
1991		568	2,160	2,768	3,086	2,529	1,974	1,670	1,535	1,132	1,226	630	596
1992		527	2,159	2,734	3,105	2,674	2,027	1,688	1,580	1,181	1,334	695	639
1993		477	2,097	2,705	3,114	2,859	2,105	1,732	1,561	1,226	1,358	713	645
1994		456	2,143	2,750	3,132	3,020	2,221	1,799	1,569	1,273	1,486	793	694
1995		421	2,164	2,858	3,081	3,157	2,408	1,864	1,552	1,306	1,604	864	739
1996		400	2,109	2,912	3,081	3,265	2,581	1,932	1,537	1,326	1,712	917	794
1997		385	1,981	2,983	3,063	3,333	2,737	1,976	1,555	1,368	1,832	968	864
1998		331	1,638	2,763	2,839	3,179	2,721	1,923	1,510	1,276	1,757	925	832
1999		351	1,612	2,728	2,844	3,175	2,872	2,016	1,567	1,262	1,865	947	919
2000		389	1,660	2,830	2,939	3,199	3,064	2,213	1,652	1,247	1,963	963	1,000
2001		358	1,689	2,768	2,994	3,173	3,161	2,400	1,703	1,256	2,071	1,000	1,070
2002		313	1,784	2,702	3,058	3,154	3,274	2,582	1,795	1,303	2,204	1,049	1,155
2003		272	1,735	2,600	3,082	3,104	3,334	2,697	1,834	1,339	2,142	1,001	1,141
2004		258	1,722	2,598	3,055	3,126	3,340	2,866	1,929	1,405	2,257	1,014	1,243
2005		243	1,583	2,624	2,954	3,168	3,281	3,024	2,130	1,469	2,381	1,030	1,351
2006		209	1,418	2,643	2,897	3,239	3,250	3,157	2,313	1,522	2,503	1,068	1,435
2007		211	1,313	2,679	2,778	3,257	3,238	3,246	2,482	1,611	2,618	1,104	1,514
2008		190	1,220	2,674	2,739	3,271	3,240	3,307	2,630	1,670	2,636	1,107	1,529
2009		178	1,181	2,598	2,669	3,168	3,238	3,286	2,756	1,742	2,690	1,144	1,546
2010		204	1,171	2,539	2,715	3,119	3,278	3,276	2,905	1,887	2,737	1,187	1,550
2011		227	1,160	2,492	2,759	3,028	3,339	3,271	3,027	2,056	2,886	1,262	1,624
2012		231	1,249	2,363	2,838	2,918	3,352	3,269	3,130	2,223	3,108	1,324	1,784
2013		224	1,278	2,291	2,896	2,840	3,362	3,281	3,218	2,388	3,289	1,390	1,898
2014		244	1,359	2,266	2,908	2,806	3,351	3,331	3,268	2,576	3,489	1,486	2,003

자료: 통계청, 『1963-1993 지난 30년간 고용사정의 변화』(1994), pp. 327, 345; 통계청, 『경제활동인구연보』, 각년도; 통계청, 「경제활동인구조사」(http://kosis.kr/).

표 C243-290 계속

	전 가구												
	여자												
	14	15-19	20-24	25-29	30-34	35-39	40-44	45-49	50-54	55-59	60 이상	60-64	65 이상
	C256	C257	C258	C259	C260	C261	C262	C263	C264	C265	C266	C267	C268
	남한, 천 명												
1963	40	378	397	332	330	279	298	235	183	108	94		
1964	43	390	380	330	307	317	299	237	193	123	98		
1965	45	453	393	330	318	349	325	259	183	133	96		
1966	41	439	403	350	339	353	329	256	199	130	102		
1967	48	455	400	365	388	374	332	244	198	142	116		
1968	47	489	451	352	413	392	358	285	223	160	130		
1969	65	495	489	382	399	377	331	281	206	154	147		
1970	65	619	485	332	415	417	383	326	224	164	148		
1971	54	578	511	305	435	466	393	339	252	181	181		
1972	93	653	474	326	443	474	421	366	281	184	179		
1973	106	720	522	341	451	514	448	394	302	199	219		
1974	88	724	585	337	412	535	462	415	323	210	220		
1975	80	695	628	356	396	524	486	399	337	229	211		
1976	76	730	738	408	437	567	536	450	364	255	259		
1977	59	703	762	412	437	603	561	490	337	230	209		
1978	46	680	862	426	452	629	607	555	376	273	237		
1979	36	639	899	432	485	629	619	562	393	293	268		
1980	23	559	906	461	503	606	632	584	413	300	257		
1981	17	483	929	486	526	571	681	624	442	322	281		
1982	11	430	986	572	579	601	684	626	489	357	300		
1983	15	401	1,015	598	607	606	678	632	494	345	311		
1984	10	363	954	642	586	628	633	627	454	327	321		
1985	8	359	963	710	639	677	653	645	488	352	347		
1986		363	1,035	746	717	704	645	672	515	368	401		
1987		393	1,054	821	797	767	674	697	559	393	459		
1988		367	1,068	833	843	769	694	721	594	415	466		
1989		363	1,119	859	899	784	756	735	652	440	545	285	260
1990		358	1,199	820	924	835	803	726	654	480	577	304	273
1991		357	1,333	872	1,008	926	743	650	615	473	553	291	262
1992		315	1,338	887	993	973	761	652	636	483	602	318	284
1993		294	1,323	890	996	1,060	811	666	611	496	597	318	279
1994		271	1,329	921	1,018	1,127	867	694	619	517	656	350	306
1995		254	1,338	982	988	1,171	958	716	612	536	712	375	337
1996		242	1,293	1,059	1,012	1,225	1,025	745	597	542	761	392	369
1997		233	1,226	1,131	1,026	1,258	1,100	768	606	561	822	414	407
1998		194	1,027	1,047	912	1,197	1,074	760	571	526	782	406	376
1999		188	1,014	1,066	939	1,192	1,141	811	605	522	860	434	426
2000		200	1,051	1,135	979	1,208	1,221	911	633	516	915	439	476
2001		192	1,088	1,127	1,009	1,204	1,263	984	666	511	949	446	503
2002		172	1,131	1,126	1,045	1,182	1,315	1,045	711	507	992	464	528
2003		155	1,099	1,100	1,048	1,142	1,335	1,064	701	514	950	432	518
2004		143	1,090	1,143	1,051	1,164	1,352	1,146	743	539	993	434	559
2005		133	1,023	1,185	1,012	1,189	1,325	1,220	846	561	1,034	429	604
2006		119	903	1,225	1,034	1,235	1,313	1,294	916	594	1,073	437	637
2007		113	835	1,262	1,004	1,229	1,319	1,336	991	621	1,118	446	672
2008		107	780	1,271	980	1,231	1,308	1,361	1,053	661	1,123	441	682
2009		106	743	1,235	938	1,166	1,307	1,351	1,112	682	1,132	450	682
2010		123	738	1,208	990	1,131	1,330	1,339	1,175	746	1,135	457	678
2011		130	733	1,185	1,007	1,092	1,351	1,351	1,236	815	1,191	483	708
2012		133	757	1,133	1,055	1,059	1,341	1,355	1,273	883	1,306	522	784
2013		125	761	1,094	1,106	1,036	1,343	1,359	1,327	957	1,387	558	829
2014		134	807	1,083	1,109	1,032	1,324	1,399	1,364	1,032	1,478	600	877

표 C243-290 계속

	농가										
	남녀										
	14	15-19	20-24	25-29	30-34	35-39	40-44	45-49	50-54	55-59	60 이상
	C269	C270	C271	C272	C273	C274	C275	C276	C277	C278	C279
	남한, 천 명										
1963	70	625	657	704	555	494	501	434	392	252	259
1964	78	672	622	715	569	482	514	428	366	290	253
1965	69	705	590	726	636	492	519	440	364	287	243
1966	67	690	557	711	668	534	524	437	389	284	255
1967	58	612	532	680	680	581	524	424	384	313	285
1968	59	584	527	646	700	588	532	485	394	325	317
1969	86	657	537	535	690	581	490	481	391	320	377
1970	79	712	485	483	643	659	555	513	386	292	309
1971	81	633	493	436	623	626	552	501	397	321	356
1972	110	730	481	473	595	655	581	508	472	358	372
1973	128	772	524	486	580	693	605	529	501	383	424
1974	106	726	539	490	519	707	636	568	530	428	456
1975	91	687	558	482	497	678	648	566	515	443	437
1976	90	660	609	512	487	672	706	614	527	458	521
1977	67	622	600	499	478	699	704	621	497	418	443
1978	29	493	568	452	469	672	739	664	510	453	488
1979	25	372	528	405	444	620	734	684	525	477	542
1980	12	325	512	410	413	543	693	692	528	467	519
1981	7	274	518	425	397	505	698	729	558	477	569
1982	3	221	475	433	397	456	635	631	552	466	543
1983	4	160	388	421	375	430	582	620	556	436	524
1984	2	123	314	361	316	360	469	600	494	398	533
1985	2	107	279	338	315	357	432	546	498	391	531

	농가										
	여자										
	14	15-19	20-24	25-29	30-34	35-39	40-44	45-49	50-54	55-59	60 이상
	C280	C281	C282	C283	C284	C285	C286	C287	C288	C289	C290
	남한, 천 명										
1963	28	234	264	227	222	188	190	162	134	88	71
1964	31	246	236	224	212	206	192	168	132	96	80
1965	32	266	233	223	216	216	209	177	128	100	71
1966	26	262	227	239	234	226	219	178	142	95	81
1967	24	250	204	235	259	248	221	163	142	109	90
1968	27	258	225	236	273	242	229	192	160	118	97
1969	42	272	245	227	255	228	196	184	148	117	122
1970	36	323	221	193	268	273	245	202	160	115	114
1971	30	278	211	149	266	262	244	206	163	124	136
1972	51	306	196	177	270	301	270	240	199	132	140
1973	58	329	219	170	258	316	268	249	210	143	173
1974	46	320	236	165	222	317	278	264	225	156	169
1975	47	293	240	153	215	305	285	253	235	171	160
1976	42	275	261	171	221	311	322	287	245	191	201
1977	30	245	249	172	195	324	322	297	217	168	161
1978	13	198	244	161	198	315	345	328	237	192	179
1979	12	162	222	146	185	303	338	328	245	204	203
1980	6	137	201	141	175	263	328	330	249	202	189

표 C291-329 산업별 연령계급별 취업자, 전 가구, 1963-2013

	농림어업												
	14	15-19	20-24	25-29	30-34	35-39	40-44	45-49	50-54	55-59	60 이상	60-64	65 이상
	C291	C292	C293	C294	C295	C296	C297	C298	C299	C300	C301	C302	C303
	남한, 천 명												
1963	74	618	628	658	546	479	490	436	391	254	263		
1964	78	656	596	683	543	455	494	422	371	287	240		
1965	68	673	549	677	599	449	479	436	359	284	237		
1966	66	653	532	697	628	507	458	423	380	282	250		
1967	55	562	488	655	646	557	488	402	372	305	281		
1968	53	518	471	604	649	555	500	443	387	313	308		
1969	81	569	458	469	666	573	505	459	381	289	375		
1970	70	639	440	454	617	643	539	519	385	301	309		
1971	78	577	438	409	618	620	530	500	399	331	376		
1972	109	688	453	469	612	652	587	525	480	377	394		
1973	124	710	483	475	599	700	593	535	501	401	448		
1974	104	657	472	471	531	713	622	560	530	444	480		
1975	86	616	483	460	499	678	631	549	508	454	461		
1976	87	574	520	478	496	660	671	595	523	458	539		
1977	63	532	503	463	472	687	691	619	500	427	448		
1978	28	395	441	399	458	652	709	643	506	455	495		
1979	21	264	390	341	420	583	693	640	511	474	550		
1980	10	229	377	343	387	511	652	657	513	466	520		
1981		196	396	365	388	483	663	701	554	480	575		
1982		174	358	393	404	463	607	623	544	477	570		
1983		114	291	391	388	428	559	607	540	445	551		
1984		86	231	334	329	378	481	604	502	410	558		
1985		69	194	305	312	369	438	559	515	409	564		
1986		60	171	279	332	353	399	532	524	410	603		
1987		56	121	241	315	331	375	513	531	414	683		
1988		32	103	219	293	312	341	404	558	450	691		
1989		27	86	177	270	284	329	438	590	481	756		
1990		20	62	139	227	267	309	391	553	503	766		
1991		13	50	109	205	235	289	338	533	512	779		
1992		11	43	93	180	224	275	299	509	510	847		
1993		11	45	79	174	241	257	294	393	471	863		
1994		9	34	65	141	237	232	283	353	445	900		
1995		5	35	63	131	207	224	242	289	383	823	368	455
1996		5	29	50	115	192	220	228	262	357	864	377	487
1997		5	26	44	100	182	216	219	253	344	896	378	518
1998		8	38	59	101	182	219	226	263	377	924	412	512
1999		7	39	57	90	159	205	212	238	343	952	403	549
2000		5	28	47	79	140	191	213	238	315	988	395	593
2001		6	20	41	63	121	177	205	229	288	998	380	618
2002		4	17	29	52	93	170	202	218	271	1,013	367	646
2003		4	20	24	42	85	147	194	214	235	985	339	646
2004		3	15	18	36	70	133	173	195	222	960	290	670
		15-19	20-29		30-39		40-49		50-59		60 이상		
2004		3	33		105		305		417		961		
2005		3	26		83		286		420		994		
2006		2	26		80		270		411		992		
2007		2	24		79		258		403		957		
2008		1	22		74		239		404		947		
2009		2	23		75		227		404		918		
2010		1	30		70		200		390		875		
2011		1	23		73		182		379		883		
2012		3	32		65		157		365		908		
2013		2	35		64		134		360		926		

자료: 통계청, 『1963-1993 지난 30년간 고용사정의 변화』(1994), pp. 354, 363, 379; 통계청, 『경제활동인구연보』, 각년도; 통계청, 「경제활동인구조사」(http://kosis.kr/).
주: 2004-2013년은 한국표준산업분류 9차 개정(2007년) 기준이다.

표 C291-329 계속

	광공업												
	14	15-19	20-24	25-29	30-34	35-39	40-44	45-49	50-54	55-59	60이상	60-64	65 이상
	C304	C305	C306	C307	C308	C309	C310	C311	C312	C313	C314	C315	C316
	남한, 천 명												
1963	10	109	98	101	98	67	70	52	34	17	11		
1964	9	128	107	92	93	78	70	49	30	15	20		
1965	9	161	137	119	113	100	93	57	32	15	13		
1966	15	166	142	134	131	103	87	63	40	22	12		
1967	22	205	173	147	166	142	103	73	43	19	22		
1968	19	254	203	143	191	158	117	90	51	32	24		
1969	14	231	238	215	188	155	76	86	65	60	18		
1970	19	301	216	193	181	131	118	108	62	43	23		
1971	15	260	220	199	209	191	114	91	71	40	18		
1972	29	353	233	203	221	167	105	84	54	34	16		
1973	43	445	276	250	270	199	131	92	58	34	23		
1974	35	468	332	319	306	219	163	106	55	36	23		
1975	30	452	388	395	334	253	179	108	63	40	23		
1976	35	566	507	458	379	303	211	123	81	46	34		
1977	35	640	570	438	375	329	209	147	84	44	30		
1978	31	647	663	470	387	343	244	173	85	51	29		
1979	28	616	701	481	416	351	272	188	94	55	35		
1980	21	512	655	516	412	329	258	196	102	58	41		
1981		451	646	518	407	326	256	186	105	55	34		
1982		397	696	553	447	338	313	190	107	63	40		
1983		387	685	634	513	362	314	236	120	75	48		
1984		361	691	722	509	415	324	231	121	71	46		
1985		349	660	783	554	458	327	256	141	74	56		
1986		351	730	856	645	486	344	279	173	82	66		
1987		382	769	968	799	570	408	322	214	96	76		
1988		343	777	1,015	865	582	456	340	233	113	83		
1989		320	772	1,042	893	588	495	365	265	127	105		
1990		252	763	986	917	618	532	376	280	147	119		
1991		249	723	949	936	678	544	376	301	174	131		
1992		201	643	858	938	708	522	369	324	189	140		
1993		156	603	825	943	754	503	353	287	159	120		
1994		134	601	812	917	791	504	378	278	181	140		
1995		137	583	810	916	843	566	386	254	194	156	96	60
1996		114	552	777	845	853	604	385	255	195	167	101	66
1997		91	475	732	786	848	618	395	259	188	173	107	66
1998		67	337	617	704	796	549	353	247	146	121	69	52
1999		72	317	583	720	802	610	387	265	157	135	76	59
2000		81	313	627	738	830	693	432	288	160	148	84	64
2001		64	313	593	698	808	732	463	289	158	168	101	67
2002		50	328	563	674	749	746	500	306	162	180	109	71
2003		37	332	553	657	700	747	540	302	185	170	102	68
2004		35	365	561	635	708	748	574	314	189	178	106	72

	15-19	20-29	30-39	40-49	50-59	60 이상
2004	35	889	1,303	1,302	492	172
2005	25	870	1,251	1,288	544	168
2006	20	786	1,237	1,297	559	174
2007	17	743	1,205	1,303	582	181
2008	14	672	1,180	1,283	643	194
2009	11	625	1,137	1,243	671	173
2010	18	648	1,151	1,281	761	190
2011	19	629	1,150	1,300	805	206
2012	19	602	1,125	1,298	854	221
2013	22	576	1,201	1,253	915	233

표 C291-329 계속

	사회간접자본 및 기타서비스업												
	14	15-19	20-24	25-29	30-34	35-39	40-44	45-49	50-54	55-59	60이상	60-64	65 이상
	C317	C318	C319	C320	C321	C322	C323	C324	C325	C326	C327	C328	C329
	남한, 천 명												
1963	14	189	221	304	354	334	285	195	137	73	52		
1964	15	196	224	308	356	377	305	204	152	86	61		
1965	17	241	234	335	388	383	353	246	171	108	71		
1966	17	227	230	323	450	417	347	277	179	100	67		
1967	16	235	248	381	485	418	336	291	181	125	75		
1968	22	243	290	381	509	472	369	341	209	143	93		
1969	35	289	319	404	553	486	399	338	195	134	91		
1970	39	347	321	427	574	499	439	340	204	138	106		
1971	27	344	376	468	600	572	465	386	229	169	126		
1972	42	335	372	485	623	590	453	363	226	127	98		
1973	30	327	359	501	611	594	469	372	258	128	100		
1974	26	327	400	503	633	632	499	381	290	140	109		
1975	22	320	438	552	638	659	547	382	309	159	114		
1976	22	296	469	570	635	667	564	393	293	173	130		
1977	19	285	481	615	729	781	646	469	307	176	115		
1978	19	304	591	678	785	838	724	537	351	220	139		
1979	13	298	676	771	871	853	748	576	366	231	137		
1980	10	296	738	883	944	884	799	627	390	237	154		
1981		262	775	964	986	884	856	675	420	247	171		
1982		251	837	1,113	1,005	908	883	679	453	296	199		
1983		222	856	1,130	1,061	946	899	722	482	275	223		
1984		207	823	1,201	1,048	1,034	911	786	503	295	217		
1985		216	834	1,291	1,194	1,102	953	833	569	326	259		
1986		220	857	1,307	1,272	1,125	959	867	616	329	276		
1987		242	850	1,362	1,338	1,175	987	923	638	365	293		
1988		223	843	1,355	1,478	1,200	1,085	970	713	395	317		
1989		266	920	1,400	1,582	1,231	1,185	1,000	763	463	339		
1990		308	1,059	1,433	1,659	1,372	1,247	1,055	804	529	392		
1991		317	1,189	1,510	1,723	1,518	1,291	1,084	839	578	438		
1992		318	1,298	1,551	1,794	1,662	1,312	1,140	889	619	496		
1993		287	1,347	1,674	1,951	1,852	1,357	1,160	935	662	496		
1994		291	1,440	1,778	1,989	1,975	1,421	1,238	979	717	575		
1995		279	1,547	1,985	2,034	2,106	1,618	1,237	1,009	728	624	400	224
1996		281	1,527	2,085	2,120	2,219	1,756	1,319	1,020	773	681	439	242
1997		289	1,480	2,207	2,177	2,303	1,904	1,362	1,043	836	764	483	281
1998		256	1,263	2,087	2,034	2,202	1,953	1,345	1,000	753	712	444	268
1999		272	1,256	2,088	2,033	2,214	2,058	1,417	1,065	762	779	468	311
2000		303	1,319	2,156	2,122	2,229	2,180	1,569	1,126	772	827	484	343
2001		287	1,356	2,134	2,233	2,244	2,253	1,732	1,185	810	905	520	385
2002		258	1,438	2,110	2,333	2,312	2,358	1,880	1,271	869	1,011	573	438
2003		231	1,383	2,023	2,383	2,319	2,440	1,964	1,318	919	987	560	427
2004		220	1,343	2,018	2,385	2,348	2,459	2,120	1,419	995	1,119	618	501

	15-19	20-29	30-39	40-49	50-59	60 이상
2004	221	3,398	4,773	4,599	2,426	1,125
2005	214	3,311	4,787	4,731	2,635	1,219
2006	187	3,249	4,818	4,840	2,866	1,337
2007	192	3,225	4,752	4,923	3,108	1,480
2008	175	3,200	4,756	5,026	3,254	1,495
2009	165	3,131	4,625	5,054	3,424	1,599
2010	185	3,032	4,612	5,072	3,641	1,671
2011	207	3,000	4,564	5,128	3,898	1,797
2012	209	2,979	4,567	5,167	4,134	1,979
2013	200	2,958	4,471	5,257	4,331	2,129

표 C330-345 교육수준별 취업자, 전 가구, 1980-2016

	남녀								여자							
	합계	중졸 이하			고졸	대졸 이상			합계	중졸 이하			고졸	대졸 이상		
		소계	초졸 이하	중졸		소계	전문대졸	대졸 이상		소계	초졸 이하	중졸		소계	전문대졸	대졸 이상
	C330	C331	C332	C333	C334	C335	C336	C337	C338	C339	C340	C341	C342	C343	C344	C345
	남한, 천 명															
1980	13,683	9,784	7,025	2,759	2,986	914			5,222	4,337	3,444	893	756	129		
1981	14,023	9,866	6,997	2,869	3,199	959			5,345	4,384	3,454	930	825	136		
1982	14,379	9,680	6,567	3,113	3,590	1,110			5,622	4,465	3,386	1,079	991	167		
1983	14,505	9,415	6,267	3,148	3,904	1,185			5,686	4,397	3,252	1,145	1,103	185		
1984	14,429	8,798	5,712	3,086	4,274	1,357			5,535	4,076	2,971	1,105	1,231	228		
1985	14,970	8,815	5,650	3,165	4,620	1,535			5,833	4,169	3,012	1,157	1,379	287		
1986	15,505	8,787	5,525	3,262	5,056	1,662			6,165	4,259	3,000	1,259	1,574	332		
1987	16,354	8,974	5,516	3,458	5,546	1,834			6,613	4,438	3,053	1,385	1,791	384		
1988	16,869	8,843	5,345	3,498	5,963	2,063			6,771	4,381	2,971	1,410	1,948	442		
1989	17,560	8,860	5,327	3,533	6,407	2,293	487	1,807	7,152	4,491	3,030	1,461	2,125	535	173	362
1990	18,085	8,796	5,264	3,532	6,814	2,475	621	1,854	7,376	4,472	2,991	1,481	2,297	606	221	385
1991	18,649	8,304	4,738	3,566	7,537	2,808	749	2,059	7,529	4,228	2,722	1,506	2,581	720	270	450
1992	19,009	7,980	4,553	3,427	7,853	3,176	831	2,346	7,640	4,089	2,640	1,449	2,730	821	310	511
1993	19,234	7,577	4,311	3,266	8,200	3,458	861	2,597	7,745	3,905	2,493	1,413	2,937	902	316	587
1994	19,848	7,609	4,280	3,329	8,592	3,647	969	2,678	8,020	3,929	2,472	1,457	3,105	986	362	624
1995	20,414	7,509	4,182	3,328	8,969	3,936	1,071	2,866	8,267	3,910	2,447	1,463	3,243	1,114	418	696
1996	20,853	7,448	4,087	3,361	9,197	4,208	1,198	3,010	8,502	3,878	2,394	1,484	3,380	1,244	481	763
1997	21,214	7,605	4,084	3,521	9,248	4,361	1,418	2,943	8,731	3,977	2,416	1,561	3,424	1,330	581	750
1998	19,938	6,448	3,574	2,874	8,741	4,749	1,241	3,508	8,090	3,462	2,127	1,334	3,214	1,415	534	880
1999	20,291	6,509	3,574	2,934	8,892	4,891	1,408	3,483	8,337	3,523	2,144	1,379	3,290	1,524	603	920
2000	21,156	6,622	3,590	3,031	9,325	5,209	1,579	3,630	8,769	3,604	2,175	1,428	3,481	1,684	695	989
2001	21,572	6,464	3,517	2,947	9,573	5,535	1,733	3,802	8,991	3,523	2,127	1,396	3,632	1,836	782	1,054
2002	22,169	6,416	3,454	2,963	9,846	5,907	1,899	4,008	9,225	3,458	2,068	1,390	3,767	2,000	845	1,155
2003	22,139	5,870	3,190	2,680	9,574	6,695	1,979	4,716	9,108	3,117	1,875	1,242	3,733	2,258	904	1,353
2004	22,557	5,764	3,088	2,676	9,749	7,044	2,147	4,897	9,364	3,070	1,829	1,241	3,853	2,441	980	1,461
2005	22,856	5,660	3,033	2,627	9,791	7,406	2,279	5,127	9,526	3,034	1,809	1,225	3,865	2,627	1,073	1,555
2006	23,151	5,578	2,973	2,605	9,774	7,799	2,398	5,400	9,706	2,979	1,781	1,198	3,874	2,854	1,124	1,730
2007	23,433	5,442	2,932	2,511	9,778	8,212	2,583	5,630	9,826	2,885	1,743	1,142	3,928	3,013	1,178	1,835
2008	23,577	5,247	2,833	2,413	9,654	8,676	2,724	5,952	9,874	2,807	1,671	1,135	3,883	3,185	1,242	1,943
2009	23,506	5,046	2,717	2,329	9,486	8,975	2,810	6,165	9,772	2,694	1,600	1,094	3,803	3,275	1,253	2,022
2010	23,829	4,936	2,594	2,342	9,618	9,275	2,913	6,362	9,914	2,630	1,530	1,100	3,859	3,425	1,290	2,135
2011	24,244	4,896	2,516	2,380	9,645	9,704	3,072	6,632	10,091	2,611	1,501	1,111	3,916	3,564	1,355	2,210
2012	24,681	4,834	2,478	2,355	9,727	10,120	3,303	6,817	10,294	2,614	1,485	1,129	3,896	3,784	1,496	2,288
2013	25,066	4,672	2,395	2,276	9,836	10,559	3,419	7,140	10,494	2,532	1,427	1,105	3,947	4,014	1,543	2,471
2014	25,599	4,490	2,281	2,209	10,105	11,004	3,399	7,605	10,761	2,430	1,354	1,076	4,097	4,234	1,529	2,705
2015	25,936	4,333	2,153	2,180	10,253	11,351	3,375	7,976	10,965	2,342	1,290	1,051	4,224	4,399	1,509	2,890
2016	26,235	4,189	2,042	2,146	10,308	11,739	3,430	8,310	11,114	2,242	1,222	1,020	4,281	4,591	1,540	3,051

자료: 통계청, 『1963-1993 지난 30년간 고용사정의 변화』(1994), pp. 234, 248; 통계청, 『경제활동인구연보』, 각년도; 통계청, 「경제활동인구조사」(http://kosis.kr/).

표 C346-355 교육수준별 취업자, 농가, 1980-2013

	남녀					여자				
	합계	초졸 이하	중졸	고졸	대졸 이상	합계	초졸 이하	중졸	고졸	대졸 이상
	C346	C347	C348	C349	C350	C351	C352	C353	C354	C355
	남한, 천 명									
1980	5,108	3,901	701	458	48	2,215	1,919	196	98	3
1981	5,153	3,912	697	497	47	2,237	1,938	188	108	2
1982	4,801	3,447	739	552	63	2,120	1,761	230	124	6
1983	4,494	3,230	672	539	53	1,963	1,629	207	123	5
1984	3,975	2,867	562	498	49	1,705	1,437	158	104	6
1985	3,806	2,707	548	493	58	1,646	1,367	161	110	8
1986	3,738	2,618	550	508	63	1,655	1,358	169	117	11
1987	3,724	2,601	544	512	67	1,683	1,368	168	133	15
1988	3,653	2,523	542	518	71	1,643	1,321	172	133	16
1989	3,641	2,508	528	529	76	1,665	1,339	168	139	19
1990	3,456	2,386	491	502	77	1,592	1,283	155	133	20
1991	3,331	2,265	469	517	81	1,535	1,218	147	147	23
1992	3,269	2,227	447	515	80	1,519	1,208	145	144	22
1993	3,017	1,964	437	523	94	1,420	1,087	153	156	25
1994	2,911	1,871	426	516	97	1,373	1,044	150	152	26
1995	2,685	1,641	401	529	113	1,284	944	146	160	35
1996	2,616	1,572	390	537	117	1,246	908	141	159	38
1997	2,570	1,522	394	523	130	1,229	885	142	157	44
1998	2,607	1,557	380	538	133	1,249	895	148	165	41
1999	2,526	1,466	365	546	149	1,185	841	141	153	49
2000	2,505	1,422	363	559	161	1,195	830	140	162	62
2001	2,448	1,367	353	558	170	1,162	797	139	159	67
2002	2,398	1,332	353	535	177	1,146	783	140	152	71
2003	2,272	1,265	341	493	173	1,072	734	130	143	66
2004	2,130	1,158	319	476	177	1,010	677	119	149	66
2005	2,105	1,137	317	464	187	988	663	119	135	70
2006	2,073	1,100	315	461	197	966	640	119	138	70
2007	1,997	1,051	305	433	209	929	606	121	131	71
2008	1,949	995	304	440	211	898	572	120	134	71
2009	1,965	951	308	473	233	888	542	121	143	82
2010	1,925	868	312	487	258	854	496	121	147	90
2011	1,931	851	312	490	278	863	501	115	150	97
2012	1,984	843	315	514	312	878	493	118	158	110
2013	1,979	811	320	517	331	872	468	125	162	117

자료: 통계청, 『1963-1993 지난 30년간 고용사정의 변화』(1994), pp. 255, 263; 통계청, 『경제활동인구연보』, 각년도; 통계청, 「경제활동인구조사」(http://kosis.kr/).

표 C356-386 산업대분류별 유업세대, 1912-1943

	합계	조선인									
		소계	농업임업목축업	어업 및 제염업 (1938년 이후 수산업)	(광업)	공업 (1937년 이전 광업 포함)	상업 및 교통업 (1938년 이후 상업)	교통업 (1938년 이후)	공무 및 자유업	기타 유업자	무직 및 직업을 신고하지 않은 자
	C356	C357	C358	C359	C360	C361	C362	C363	C364	C365	C366
	남북한, 천 호										
1912	2,956	2,885	2,420	-	-	40	195	-	32	128	70
1913	3,041	2,964	2,512	-	-	44	198	-	39	140	31
1914	3,122	3,034	2,612	-	-	43	188	-	37	131	22
1915	3,118	3,027	2,632	-	-	40	168	-	37	104	45
1916	3,167	3,072	2,645	-	-	65	184	-	45	83	51
1917	3,206	3,107	2,624	42	-	66	191	-	49	90	45
1918	3,238	3,139	2,635	41	-	64	200	-	52	102	44
1919	3,256	3,152	2,635	42	-	68	204	-	57	103	43
1920	3,293	3,191	2,720	37	-	67	208	-	63	63	34
1921	3,309	3,201	2,712	39	-	68	209	-	67	71	35
1922	3,360	3,242	2,711	41	-	77	215	-	72	87	40
1923	3,404	3,283	2,728	41	-	73	215	-	77	105	44
1924	3,433	3,309	2,718	43	-	80	224	-	82	112	49
1925	3,610	3,483	2,833	49	-	85	243	-	88	133	52
1926	3,615	3,484	2,823	49	-	83	241	-	89	143	56
1927	3,618	3,484	2,800	51	-	84	244	-	90	157	59
1928	3,627	3,489	2,781	54	-	80	247	-	93	173	62
1929	3,661	3,518	2,788	56	-	82	247	-	100	184	62
1930	3,822	3,679	2,879	60	-	90	256	-	108	213	74
1931	3,831	3,691	2,847	59	-	88	260	-	115	241	81
1932	3,912	3,772	2,864	50	-	80	229	-	127	341	81
1933	3,952	3,806	2,894	51	-	89	258	-	126	292	95
1934	4,011	3,857	2,895	55	-	101	281	-	132	299	93
1935	4,143	3,985	2,972	58	-	110	290	-	132	328	95
1936	4,179	4,012	2,953	62	-	122	299	-	133	344	100
1937	4,227	4,059	2,958	61	-	136	313	-	144	348	99
1938	4,271	4,102	2,951	63	55	118	292	41	135	348	99
1939	4,297	4,124	2,926	64	72	122	303	47	142	346	102
1940	4,410	4,232	2,963	68	81	132	302	48	142	393	103
1941	4,559	4,372	3,000	75	97	173	305	58	165	398	102
1942	4,783	4,587	2,976	93	111	218	314	68	193	477	136
1943	4,879	4,680	3,051	90	101	253	266	81	207	490	142

	일본인									
	소계	농업임업목축업	어업 및 제염업 (1938년 이후 수산업)	(광업)	공업 (1937년 이전 광업 포함)	상업 및 교통업 (1938년 이후 상업)	교통업 (1938년 이후)	공무 및 자유업	기타 유업자	무직 및 직업을 신고하지 않은 자
	C367	C368	C369	C370	C371	C372	C373	C374	C375	C376
	남북한, 천 호									
1912	71	7.4	-	-	11	22	-	16	11.2	2.6
1913	77	9.5	-	-	10	24	-	18	12.5	2.9
1914	83	11.5	-	-	10	24	-	22	15.0	1.4
1915	86	11.5	-	-	9	24	-	25	11.9	4.3
1916	90	12.2	-	-	10	25	-	30	9.3	3.5
1917	93	9.4	2.7	-	12	26	-	28	11.7	3.8
1918	94	9.8	3.2	-	12	25	-	28	12.8	3.1
1919	98	10.4	3.3	-	11	28	-	30	13.5	2.9
1920	95	9.8	2.7	-	16	29	-	32	3.4	1.4
1921	100	10.1	2.7	-	16	30	-	35	4.3	1.6
1922	107	9.5	2.8	-	18	33	-	37	5.2	1.9
1923	110	9.4	2.8	-	16	33	-	40	6.3	3.2
1924	112	9.1	3.0	-	17	34	-	40	5.7	2.7
1925	113	9.2	3.1	-	17	34	-	42	5.4	2.8
1926	117	9.4	3.1	-	17	35	-	43	7.3	3.0
1927	119	9.4	2.8	-	16	34	-	44	8.6	3.3
1928	123	9.3	3.0	-	17	36	-	47	8.3	3.5
1929	127	9.3	2.9	-	17	36	-	49	9.0	3.8

표 C356-386 계속

	일본인									
	소계	농업임업목축업	어업 및 제염업 (1938년 이후 수산업)	(광업)	공업 (1937년 이전 광업 포함)	상업 및 교통업 (1938년 이후 상업)	교통업 (1938년 이후)	공무 및 자유업	기타 유업자	무직 및 직업을 신고하지 않은 자
	C367	C368	C369	C370	C371	C372	C373	C374	C375	C376
	남북한, 천 호									
1930	126	9.3	3.1	-	18	35	-	50	7.8	4.2
1931	130	9.1	3.0	-	19	35	-	50	8.3	5.5
1932	130	9.1	2.5	-	15	30	-	59	9.2	5.3
1933	136	8.5	2.4	-	18	34	-	60	5.9	6.3
1934	141	8.2	2.5	-	20	38	-	60	6.0	6.6
1935	145	8.0	2.5	-	21	39	-	62	6.1	6.2
1936	153	7.7	2.2	-	24	39	-	65	7.7	6.9
1937	158	7.6	2.2	-	25	39	-	69	7.5	7.1
1938	159	7.2	2.3	4.7	26	32	9	64	5.2	7.7
1939	161	7.0	2.2	6.0	26	31	9	66	6.7	7.1
1940	166	7.0	2.3	6.6	28	30	11	67	7.4	7.0
1941	172	6.8	2.3	7.1	30	30	11	70	7.4	7.1
1942	179	6.1	2.0	6.9	33	28	12	75	8.2	8.2
1943	183	6.1	2.0	7.0	36	27	13	73	9.8	9.5

	외국인									
	소계	농업임업목축업	어업 및 제염업 (1938년 이후 수산업)	(광업)	공업 (1937년 이전 광업 포함)	상업 및 교통업 (1938년 이후 상업)	교통업 (1938년 이후)	공무 및 자유업	기타 유업자	무직 및 직업을 신고하지 않은 자
	C377	C378	C379	C380	C381	C382	C383	C384	C385	C386
	남북한, 천 호									
1912										
1913										
1914	4.5	0.8	-	-	0.3	2.4	-	0.3	0.7	0.1
1915	4.3	0.8	-	-	0.3	2.0	-	0.4	0.8	0.1
1916	4.9	0.8	-	-	0.5	2.6	-	0.5	0.5	0.1
1917	5.2	0.8	0.0	-	0.7	2.8	-	0.5	0.3	0.1
1918	5.2	0.8	0.0	-	0.6	2.9	-	0.5	0.4	0.1
1919	5.7	0.8	0.0	-	0.4	3.4	-	0.5	0.5	0.1
1920	7.3	0.9	0.0	-	0.8	4.1	-	0.4	1.2	0.0
1921	7.5	1.2	0.0	-	0.7	4.1	-	0.4	1.1	0.0
1922	10.1	1.7	0.0	-	1.1	4.6	-	0.7	1.9	0.1
1923	11.0	2.0	0.0	-	1.0	5.3	-	0.5	1.9	0.1
1924	11.7	2.1	0.0	-	1.1	6.1	-	0.5	1.8	0.1
1925	12.9	2.5	0.0	-	1.3	6.9	-	0.6	1.6	0.1
1926	13.7	2.5	0.0	-	1.3	7.3	-	0.5	1.9	0.2
1927	14.4	3.3	0.0	-	1.3	7.0	-	0.9	1.8	0.2
1928	14.8	3.5	0.0	-	1.4	7.2	-	0.6	1.9	0.2
1929	15.7	3.4	0.0	-	1.8	7.7	-	0.7	1.9	0.2
1930	15.8	3.7	0.0	-	1.7	7.8	-	0.6	1.6	0.2
1931	10.2	2.5	0.0	-	1.1	4.4	-	0.6	1.4	0.2
1932	9.9	2.2	0.0	-	1.1	4.1	-	0.8	1.6	0.1
1933	10.7	2.4	0.0	-	1.6	4.8	-	0.7	1.1	0.1
1934	12.0	2.6	0.0	-	1.7	5.5	-	0.8	1.2	0.1
1935	13.4	2.8	0.0	-	2.0	6.3	-	0.5	1.7	0.1
1936	14.1	3.0	0.0	-	2.1	6.6	-	0.6	1.8	0.1
1937	9.9	2.3	0.0	-	1.7	3.7	-	0.6	1.5	0.1
1938	10.4	2.4	0.0	0.7	1.3	3.6	0.2	0.5	1.6	0.1
1939	11.5	2.5	0.0	0.5	1.7	4.3	0.4	0.5	1.5	0.1
1940	12.4	3.0	0.0	1.0	1.5	4.6	0.4	0.4	1.5	0.1
1941	14.8	3.6	0.0	1.5	2.0	5.0	0.2	0.3	2.2	0.1
1942	16.4	4.3	0.0	1.1	2.5	5.0	0.3	0.4	2.6	0.1
1943	16.0	4.8	0.0	0.9	2.1	4.3	0.2	0.3	3.0	0.2

자료: 조선총독부, 『조선총독부통계연보』, 각년도.

표 C387-406 산업대분류별 취업자, 1957-1960

	남녀									
	합계	농림업	비농림업	광업	제조업	건설업	전기가스수도 위생업	도소매 금융업	운수, 통신	서비스
	C387	C388	C389	C390	C391	C392	C393	C394	C395	C396
	남한, 천 명									
1957	8,076	6,376	1,700	33	377	48	26	506	122	589
1958	8,748	7,140	1,608	33	374	31	26	496	98	550
1959	8,768	7,174	1,595	37	391	28	27	547	128	436
1960	8,521	6,775	1,746	36	427	34	19	534	111	586

	여자									
	합계	농림업	비농림업	광업	제조업	건설업	전기가스수도 위생업	도소매 금융업	운수, 통신	서비스
	C397	C398	C399	C400	C401	C402	C403	C404	C405	C406
	남한, 천 명									
1957	3,015	2,590	425	4	133	3	3	157	6	121
1958	3,547	3,142	406	5	85	3	2	209	3	99
1959	3,349	2,915	435	2	82	3	3	228	4	112
1960	3,250	2,781	469	3	157	2	2	194	4	109

자료: 내무부통계국, 『노동력조사』(1961), pp. 46-51.

표 C407-434 산업대분류별 취업자, 1963-2016

남녀 · 남한, 천 명

	합계	농림어업 소계	농림어업 농림업	농림어업 어업	광공업 소계	광공업 광업	광공업 제조업	사회간접자본 및 기타 서비스업 소계	건설업	도소매·음식·숙박업	운수·창고 및 통신업	전기·가스업	금융·보험·부동산 및 사업서비스업	기타
	C407	C408	C409	C410	C411	C412	C413	C414	C415	C416	C417	C418	C419	C420
1963	7,563	4,763	4,573	190	657	56	601	2,144	192					
1964	7,698	4,747	4,580	167	682	52	630	2,269	182					
1965	8,112	4,742	4,538	204	840	76	764	2,530	236					
1966	8,325	4,811	4,631	180	899	80	819	2,616	208					
1967	8,624	4,756	4,545	211	1,094	93	1,001	2,775	258					
1968	9,061	4,748	4,531	217	1,263	110	1,153	3,050	315					
1969	9,285	4,744	4,608	136	1,333	114	1,219	3,208	334					
1970	9,617	4,846	4,756	90	1,377	109	1,268	3,395	281					
1971	9,946	4,797	4,682	115	1,413	81	1,332	3,737	346					
1972	10,379	5,238	5,006	232	1,468	53	1,415	3,674	388					
1973	10,942	5,445	5,143	302	1,779	47	1,732	3,719	369					
1974	11,421	5,481	5,205	276	2,027	50	1,977	3,914	447					
1975	11,691	5,339	5,041	298	2,235	60	2,175	4,118	509					
1976	12,412	5,514	5,240	274	2,708	64	2,644	4,191	526					
1977	12,812	5,342	5,101	241	2,866	102	2,764	4,604	622					
1978	13,412	5,154	4,894	260	3,092	106	2,986	5,167	818					
1979	13,602	4,866	4,622	244	3,209	110	3,099	5,527	835					
1980	13,683	4,654	4,429	225	3,079	124	2,955	5,951	843	2,625	619	44	332	1,489
1981	14,023	4,801	4,556	245	2,983	124	2,859	6,239	876	2,773	615	32	380	1,564
1982	14,379	4,612	4,314	299	3,143	110	3,033	6,624	829	3,172	607	32	382	1,603
1983	14,505	4,315	4,044	270	3,375	108	3,266	6,816	817	3,235	626	31	446	1,660
1984	14,429	3,914	3,731	183	3,491	143	3,348	7,024	905	3,151	665	37	501	1,766
1985	14,970	3,733	3,554	179	3,659	155	3,504	7,578	911	3,377	701	41	563	1,984
1986	15,505	3,662	3,477	185	4,013	187	3,826	7,830	889	3,480	733	40	613	2,074
1987	16,354	3,580	3,400	180	4,602	186	4,416	8,172	920	3,611	763	44	680	2,153
1988	16,869	3,483	3,319	165	4,807	140	4,667	8,579	1,024	3,646	823	52	749	2,285
1989	17,560	3,438	3,291	146	4,972	90	4,882	9,150	1,143	3,743	866	59	865	2,475
1990	18,085	3,237	3,100	137	4,990	79	4,911	9,858	1,346	3,935	923	70	945	2,638
1991	18,649	2,725	2,602	123	5,220	63	5,156	10,704	1,580	4,142	1,010	67	1,055	2,850
1992	19,009	2,667	2,549	117	5,042	56	4,986	11,301	1,688	4,302	1,033	67	1,161	3,050

	합계	소계	농림, 수렵업 및 임업	일반어업, 양식업 및 관련 서비스업	소계	광업	제조업	소계	건설업	도소매·음식숙박업	전기·운수·창고·금융	사업·개인·공공서비스 및 기타
1992	19,009	2,667	2,550	117	5,041	62	4,980	11,301	1,688	4,483	1,683	3,447
1993	19,234	2,592	2,481	112	4,772	51	4,720	11,871	1,706	4,884	1,736	3,545
1994	19,848	2,491	2,382	110	4,797	39	4,758	12,560	1,805	5,257	1,784	3,714
1995	20,414	2,403	2,289	114	4,844	26	4,818	13,168	1,913	5,415	1,875	3,965
1996	20,853	2,323	2,218	105	4,748	23	4,725	13,782	1,983	5,690	1,952	4,157
1997	21,214	2,285	2,177	108	4,564	26	4,537	14,365	2,027	5,871	2,034	4,433
1998	19,938	2,397	2,318	79	3,937	20	3,917	13,603	1,580	5,570	1,998	4,455
1999	20,291	2,302	2,219	83	4,046	19	4,027	13,943	1,475	5,739	1,999	4,731
2000	21,156	2,243	2,162	81	4,311	17	4,294	14,602	1,582	5,966	2,074	4,979

	합계	소계	농업 및 임업	어업	소계	광업	제조업	소계	건설업	도소매·음식숙박업	전기·운수·통신·금융	사업·개인·공공서비스 및 기타
2000	21,156	2,243	2,162	81	4,310	17	4,293	14,603	1,580	5,752	2,076	5,195
2001	21,572	2,148	2,065	83	4,285	18	4,267	15,139	1,585	5,874	2,141	5,540
2002	22,169	2,069	1,999	70	4,259	18	4,241	15,841	1,746	5,998	2,157	5,940
2003	22,139	1,950	1,877	73	4,222	17	4,205	15,967	1,816	5,852	2,160	6,139
2004	22,557	1,825	1,749	76	4,306	16	4,290	16,427	1,820	5,862	2,187	6,558
2005	22,856	1,815	1,747	68	4,251	17	4,234	16,789	1,814	5,806	2,246	6,923
2006	23,151	1,785	1,721	64	4,185	18	4,167	17,181	1,835	5,762	2,333	7,251
2007	23,433	1,726	1,670	56	4,137	18	4,119	17,569	1,850	5,726	2,393	7,600
2008	23,577	1,693	1,633	60	4,101	21	4,079	17,784	1,819	5,677	2,389	7,900

표 C407-434 계속

	합계	농림·어업	광공업			사회간접자본 및 기타 서비스업				
		소계	소계	광업	제조업	소계	건설업	도소매·숙박음식점업	전기·운수·통신·금융	사업·개인·공공서비스 및 기타
2004	22,557	1,824	4,192	15	4,177	16,542	1,818	5,859	2,551	6,314
2005	22,856	1,813	4,146	17	4,130	16,897	1,813	5,804	2,619	6,661
2006	23,151	1,781	4,073	16	4,057	17,298	1,833	5,760	2,705	7,000
2007	23,433	1,723	4,031	17	4,014	17,679	1,849	5,722	2,773	7,336
2008	23,577	1,686	3,985	23	3,963	17,906	1,812	5,675	2,786	7,633
2009	23,506	1,648	3,859	23	3,836	17,998	1,720	5,536	2,761	7,981
2010	23,829	1,566	4,049	21	4,028	18,214	1,753	5,469	2,834	8,158
2011	24,244	1,542	4,108	17	4,091	18,595	1,751	5,492	2,956	8,396
2012	24,681	1,528	4,120	15	4,105	19,033	1,773	5,595	2,997	8,668
2013	25,066	1,520	4,200	16	4,184	19,347	1,754	5,630	3,059	8,903
2014	25,599	1,452	4,343	13	4,330	19,805	1,796	5,889	3,041	9,079
2015	25,936	1,345	4,500	14	4,486	20,092	1,823	5,962	3,063	9,244
2016	26,235	1,286	4,500	19	4,481	20,449	1,845	6,006	3,084	9,514

여자

	합계	농림어업			광공업			사회간접자본 및 기타 서비스업						
		소계	농림업	어업	소계	광업	제조업	소계	건설업	도소매·음식·숙박업	운수·창고 및 통신업	전기·가스업	금융·보험·부동산 및 사업서비스업	기타
	C421	C422	C423	C424	C425	C426	C427	C428	C429	C430	C431	C432	C433	C434
	남한, 천 명													
1963	2,633	1,808	1,747		182		179	643	17					
1964	2,674	1,799	1,759		201		200	674	7					
1965	2,839	1,811	1,757		235		233	796	11					
1966	2,901	1,868	1,831		261		260	772	7					
1967	3,015	1,861	1,816		330		327	824	10					
1968	3,253	1,906	1,859		399		391	949	19					
1969	3,261	1,849	1,830		436		426	978	27					
1970	3,513	2,012	2,001		428		416	1,074	6					
1971	3,641	2,011	2,000		468		457	1,164	9					
1972	3,801	2,240	2,176		480		615	1,081	7					
1973	4,110	2,280	2,194		665		661	1,166	10					
1974	4,223	2,265	2,213		709		705	1,251	21					
1975	4,261	2,210	2,152		740		735	1,311	25					
1976	4,744	2,350	2,295		1,008		999	1,386	26					
1977	4,744	2,217	2,154		1,084		1,078	1,443	47					
1978	5,097	2,270	2,197		1,180		1,173	1,648	61					
1979	5,219	2,170	2,096		1,228		1,219	1,822	64					
1980	5,222	2,034	1,971	63	1,166	11	1,155	2,022	72	1,275	56	5	103	511
1981	5,345	2,096	2,020	76	1,121	9	1,112	2,129	69	1,354	55	4	127	519
1982	5,622	2,018	1,937	82	1,169	3	1,167	2,435	58	1,604	59	5	132	579
1983	5,686	1,859	1,787	73	1,247	5	1,242	2,580	57	1,682	66	3	162	610
1984	5,535	1,669	1,633	37	1,269	4	1,265	2,597	67	1,639	61	2	170	658
1985	5,833	1,619	1,585	34	1,356	5	1,351	2,858	65	1,750	62	3	194	785
1986	6,165	1,621	1,578	43	1,547	9	1,538	2,998	67	1,826	63	4	208	831
1987	6,613	1,607	1,569	38	1,862	9	1,853	3,144	77	1,883	60	3	232	889
1988	6,771	1,552	1,518	34	1,976	10	1,966	3,243	94	1,881	63	5	271	928
1989	7,152	1,568	1,538	31	2,084	9	2,075	3,499	111	1,965	73	8	320	1,024
1990	7,376	1,495	1,463	31	2,081	8	2,073	3,800	136	2,084	80	9	358	1,135
1991	7,529	1,280	1,251	29	2,115	6	2,108	4,134	157	2,174	97	9	414	1,284
1992	7,640	1,277	1,249	28	1,966	4	1,961	4,397	167	2,254	95	9	460	1,412
		소계	농림, 수렵업 및 임업	일반어업, 양식업 및 관련 서비스업	소계	광업	제조업	소계	건설업	도소매·음식숙박업		전기·운수·창고·금융		사업·개인·공공서비스 및 기타
1992	7,640	1,277	1,249	28	1,966	4	1,961	4,397	167	2,278		418		1,534
1993	7,745	1,250	1,224	26	1,800	3	1,797	4,695	166	2,470		467		1,591
1994	8,020	1,202	1,180	22	1,778	3	1,775	5,040	164	2,671		513		1,691
1995	8,267	1,160	1,134	26	1,764	2	1,762	5,344	184	2,759		551		1,850

표 C407-434 계속

	합계	농림어업			광공업			사회간접자본 및 기타 서비스업				
		소계	농림, 수렵업 및 임업	일반어업, 양식업 및 관련 서비스업	소계	광업	제조업	소계	건설업	도소매·음식숙박업	전기·운수·창고·금융	사업·개인·공공서비스 및 기타
1996	8,502	1,118	1,094	25	1,726	2	1,724	5,657	201	2,929	569	1,959
1997	8,731	1,113	1,088	25	1,609	2	1,607	6,009	218	3,080	595	2,117
1998	8,090	1,154	1,132	23	1,345	-	1,344	5,591	145	2,850	549	2,047
1999	8,337	1,081	1,056	25	1,444	1	1,443	5,812	124	2,968	516	2,204
2000	8,769	1,073	1,048	25	1,532	-	1,532	6,165	134	3,118	565	2,347
		소계	농업 및 임업	어업	소계	광업	제조업	소계	건설업	도소매·음식숙박업	전기·운수·통신 ·금융	사업·개인·공공서비스 및 기타
2000	8,769	1,072	1,048	25	1,535	-	1,535	6,161	134	3,078	566	2,383
2001	8,991	1,016	994	22	1,520	1	1,519	6,455	136	3,168	587	2,565
2002	9,225	984	966	17	1,519	1	1,518	6,722	150	3,229	564	2,778
2003	9,108	923	901	23	1,476	1	1,475	6,709	148	3,181	563	2,817
2004	9,364	866	838	28	1,494	1	1,493	7,004	162	3,217	570	3,055
2005	9,526	850	827	23	1,415	1	1,413	7,261	158	3,174	590	3,340
2006	9,706	838	816	22	1,374	2	1,372	7,495	167	3,136	618	3,574
2007	9,826	812	791	21	1,345	1	1,344	7,668	172	3,093	620	3,782
2008	9,874	783	763	20	1,313	2	1,311	7,779	175	3,063	601	3,941
		소계			소계	광업	제조업	소계	건설업	도소매·숙박음식점업	전기·운수·통신 ·금융	사업·개인·공공서비스 및 기타
2004	9,364	866			1,450	1	1,449	7,048	161	3,216	663	3,008
2005	9,526	850			1,372	1	1,371	7,304	158	3,173	697	3,277
2006	9,706	838			1,326	2	1,324	7,543	166	3,135	720	3,522
2007	9,826	812			1,308	1	1,307	7,706	172	3,093	711	3,730
2008	9,874	783			1,272	2	1,270	7,820	175	3,063	694	3,888
2009	9,772	738			1,162	2	1,160	7,872	163	2,926	669	4,114
2010	9,914	683			1,238	1	1,237	7,994	166	2,882	691	4,255
2011	10,091	683			1,274	1	1,273	8,134	156	2,832	740	4,407
2012	10,294	659			1,270	2	1,268	8,365	147	2,889	759	4,570
2013	10,494	650			1,258	2	1,256	8,586	139	2,935	774	4,738
2014	10,761	615			1,294	2	1,293	8,851	151	3,032	773	4,896
2015	10,965	569			1,321	2	1,319	9,075	154	3,143	759	5,019
2016	11,114	537			1,303	2	1,300	9,274	150	3,123	816	5,185

자료: 통계청, 『1963-1993 지난 30년간 고용사정의 변화』(1994), pp. 273, 291; 통계청, 『경제활동인구연보』, 각년도; 통계청, 「경제활동인구조사」(http://kosis.kr/).

주: 1963-2016년은 모두 15세 이상이다.

표 C435-452 직종대분류별 취업자, 1963-2014

	남녀								
	고위임직원 및 관리자	전문가기술공 및 준전문가	사무 종사자	서비스 종사자	판매 종사자	농업임업 및 어업숙련근로자	기능원 및 관련 기능근로자	장치기계조작원 및 조립원	단순노무직근로자
	C435	C436	C437	C438	C439	C440	C441	C442	C443
	남한, 천 명								
1963	247		266	393	765	4,760	1,131		
1964	219		294	454	845	4,741	1,145		
1965	233		329	519	972	4,739	1,319		
1966	257		396	465	982	4,833	1,391		
1967	316		404	464	1,095	4,739	1,606		
1968	357		406	539	1,223	4,732	1,804		
1969	424		485	512	1,228	4,708	1,929		
1970	462		575	615	1,194	4,827	1,944		
1971	494		689	762	1,280	4,778	1,945		
1972	389		679	691	1,221	5,257	2,145		
1973	337		673	733	1,336	5,463	2,401		
1974	381		748	758	1,454	5,498	2,582		
1975	416		747	830	1,522	5,360	2,815		
1976	428		858	878	1,475	5,539	3,235		
1977	537		989	854	1,581	5,329	3,524		
1978	626		1,106	927	1,698	5,148	3,910		
1979	691		1,196	973	1,803	4,862	4,078		
1980	732		1,268	1,078	1,984	4,648	3,974		
1981	791		1,259	1,198	2,045	4,774	3,957		
1982	163	626	1,398	1,429	2,210	4,573	1,380	907	1,692
1983	186	696	1,525	1,459	2,243	4,273	1,378	1,014	1,731
1984	210	764	1,642	1,491	2,126	3,873	1,361	1,102	1,860
1985	218	872	1,729	1,622	2,313	3,686	1,404	1,194	1,931
1986	223	939	1,802	1,670	2,355	3,621	1,524	1,304	2,066
1987	214	1,019	1,886	1,781	2,452	3,543	1,667	1,544	2,248
1988	231	1,085	2,032	1,815	2,485	3,455	1,688	1,681	2,400
1989	248	1,202	2,183	1,876	2,568	3,406	1,719	1,819	2,540
1990	268	1,307	2,352	2,018	2,627	3,216	1,707	1,861	2,730
1991	298	1,470	2,577	2,135	2,757	2,703	1,686	2,070	2,951
1992	326	1,634	2,844	2,186	2,849	2,642	1,554	2,035	2,938
1993	523	2,417	2,474	4,053		2,322	2,845	2,497	2,105
1994	530	2,572	2,477	4,327		2,348	2,767	2,595	2,232
1995	515	2,829	2,566	4,504		2,256	3,252	2,210	2,281
1996	535	3,009	2,630	4,713		2,218	3,259	2,210	2,279
1997	514	3,208	2,643	4,904		2,177	3,206	2,229	2,334
1998	494	3,254	2,481	4,712		2,284	2,539	2,104	2,069
1999	462	3,423	2,296	4,811		2,174	2,605	2,117	2,403
2000	470	3,520	2,461	5,035		2,113	2,732	2,248	2,577
2001	524	3,577	2,671	2,723	2,933	2,035	2,638	2,332	2,138
2002	570	3,692	2,822	2,843	2,952	1,964	2,697	2,373	2,255
2003	598	3,843	3,172	2,735	2,835	1,834	2,407	2,387	2,329
2004	599	3,464	3,297	2,597	3,205	1,697	2,356	2,589	2,752
2005	602	3,597	3,376	2,625	3,127	1,706	2,353	2,644	2,827
2006	602	3,840	3,372	2,609	3,116	1,673	2,382	2,649	2,907
2007	601	4,050	3,388	2,586	3,111	1,620	2,355	2,653	3,068
2008	549	4,382	3,486	2,655	3,008	1,569	2,332	2,592	3,005
2009	546	4,426	3,590	2,519	2,989	1,524	2,184	2,575	3,153
2010	562	4,571	3,739	2,434	2,934	1,441	2,238	2,695	3,215
2011	515	4,686	3,992	2,468	2,895	1,419	2,250	2,764	3,257
2012	464	4,791	4,100	2,546	3,009	1,425	2,279	2,863	3,204
2013	403	4,966	4,218	2,575	3,032	1,426	2,221	2,998	3,227
2014	397	5,123	4,311	2,697	3,107	1,363	2,247	3,061	3,295

자료: 통계청, 『1963-1993 지난 30년간 고용사정의 변화』(1994), pp. 300, 318; 통계청, 『경제활동인구연보』, 각년도; 통계청, 「경제활동인구조사」(http://kosis.kr/).

주: 1) 한국표준직업분류의 변경에 따라 1992년 이전은 제3차, 1993-2000년은 제4차, 2001-2003년은 제5차, 2004년 이후는 제6차 분류기준에 따랐다.

2) 분류기준이 변경되는 전후 해는 범위가 완전히 일치하지 않기 때문에, 시계열적으로 연결되지 않는다.

3) 1963-2014년은 모두 15세 이상이다.

표 C435-452 계속

	여자								
	고위임직원 및 관리자	전문가기술공 및 준전문가	사무 종사자	서비스 종사자	판매 종사자	농업임업 및 어업숙련근로자	기능원 및 관련 기능근로자	장치기계조작원 및 조립원	단순노무직근로자
	C444	C445	C446	C447	C448	C449	C450	C451	C452
	남한, 천 명								
1963	53		30	169	343	1,814	222		
1964	42		30	181	384	1,803	234		
1965	42		33	237	449	1,818	261		
1966	43		39	209	433	1,871	307		
1967	51		47	210	468	1,864	376		
1968	58		60	250	541	1,908	437		
1969	66		67	275	527	1,847	480		
1970	85		77	349	509	2,042	453		
1971	96		114	462	528	2,010	433		
1972	64		114	373	512	2,253	486		
1973	73		120	412	561	2,292	653		
1974	76		144	442	605	2,274	683		
1975	87		156	472	620	2,212	713		
1976	88		198	509	634	2,357	958		
1977	121		242	460	657	2,219	1,045		
1978	157		306	517	718	2,274	1,127		
1979	183		367	546	783	2,170	1,172		
1980	186		415	626	867	2,035	1,095		
1981	186		423	691	904	2,091	1,049		
1982	5	206	477	831	1,017	2,012	749	123	202
1983	4	231	521	875	1,061	1,851	748	152	243
1984	6	259	551	905	995	1,664	719	192	252
1985	8	310	598	993	1,071	1,612	750	204	293
1986	8	345	659	1,021	1,117	1,612	816	257	328
1987	7	380	696	1,082	1,157	1,603	925	346	417
1988	8	415	763	1,101	1,143	1,548	964	391	438
1989	11	486	847	1,149	1,208	1,560	1,005	429	457
1990	11	555	939	1,230	1,247	1,490	986	438	480
1991	12	654	1,082	1,303	1,296	1,277	960	451	493
1992	12	752	1,153	1,353	1,340	1,273	866	430	460
1993	32	847	1,163	2,294		1,058	713	568	1,070
1994	26	832	1,241	2,508		1,112	579	586	1,137
1995	23	916	1,314	2,659		1,067	788	313	1,187
1996	25	992	1,363	2,817		1,054	774	298	1,177
1997	25	1,039	1,413	2,988		1,044	721	299	1,202
1998	26	1,053	1,183	2,806		1,083	594	277	1,068
1999	22	1,091	1,169	2,906		1,000	640	280	1,231
2000	23	1,161	1,275	3,060		985	631	298	1,337
2001	31	1,290	1,382	1,873	1,618	935	590	308	994
2002	32	1,371	1,476	1,965	1,613	907	540	302	1,051
2003	35	1,541	1,496	1,852	1,535	829	436	305	1,116
2004	42	1,495	1,508	1,745	1,625	764	403	366	1,415
2005	47	1,575	1,576	1,766	1,586	765	370	368	1,474
2006	52	1,717	1,608	1,766	1,578	753	355	355	1,522
2007	53	1,788	1,639	1,762	1,582	735	350	339	1,578
2008	52	1,901	1,684	1,792	1,533	691	357	329	1,535
2009	47	1,969	1,679	1,670	1,519	639	319	301	1,628
2010	53	2,030	1,768	1,614	1,540	588	325	329	1,667
2011	52	2,104	1,873	1,635	1,479	589	336	327	1,696
2012	51	2,172	1,939	1,678	1,505	579	324	363	1,683
2013	46	2,302	1,969	1,684	1,514	578	308	388	1,705
2014	44	2,409	2,047	1,734	1,577	546	288	407	1,708

표 C453-484 산업대분류별 세대내 주업종류별 유업자, 1917-1943

	남녀															
	농업임업목축업		어업 및 제염업 (1938년 이후 수산업)		(광업)		공업(1937년 이전 광업 포함)		상업 및 교통업 (1938년 이후 상업)		교통업 (1938년 이후)		공무 및 자유업		기타 유업자	
	주업자	기타 업무를 갖는 것	주업자	기타 업무를 갖는 것	주업자	기타 업무를 갖는 것	주업자	기타 업무를 갖는 것	주업자	기타 업무를 갖는 것	주업자	기타 업무를 갖는 것	주업자	기타 업무를 갖는 것	주업자	기타 업무를 갖는 것
	C453	C454	C455	C456	C457	C458	C459	C460	C461	C462	C463	C464	C465	C466	C467	C468
	남북한, 천 명															
1917	6,970	2,318	82	64			135	85	387	201			103	45	182	63
1918	7,151	2,341	91	51			130	81	413	201			109	55	204	81
1919	7,313	2,416	94	56			135	90	423	207			116	63	204	83
1920	7,215	1,589	80	37			141	55	405	130			134	45	121	38
1921	7,220	1,687	90	40			139	62	411	143			143	55	148	56
1922	7,317	1,740	89	46			152	68	423	151			152	63	185	66
1923	7,347	1,752	90	50			148	71	429	170			159	69	202	70
1924	7,401	1,721	94	49			157	71	457	167			161	65	219	76
1925	7,763	1,790	103	59			172	79	500	185			183	75	251	89
1926	7,833	1,766	111	60			168	82	493	182			182	74	266	92
1927	7,811	1,659	108	63			166	77	502	179			188	73	289	93
1928	7,709	1,530	109	64			163	71	504	171			189	72	297	90
1929	7,714	1,485	118	58			166	70	507	173			202	75	317	91
1930	7,801	1,572	119	67			175	76	519	191			212	83	364	112
1931	7,578	1,432	118	62			167	67	504	176			223	79	408	118
1932	7,301	775	97	31			144	40	413	110			228	59	525	84
1933	7,069	665	92	28			157	41	451	114			219	52	432	63
1934	7,175	649	104	34			175	41	497	112			230	49	450	70
1935	7,540	655	107	32			201	44	521	113			235	46	491	68
1936	7,388	641	113	32			219	44	539	112			241	44	515	72
1937	7,431	592	114	29			237	50	541	110			258	47	516	66
1938	7,416	566	121	28	111	12	208	48	517	101	61	12	251	42	516	74
1939	7,292	517	123	28	138	15	214	58	531	110	71	14	254	41	511	75
1940	7,154	555	123	33	154	20	231	73	516	130	72	19	254	51	571	106
1941	7,313	595	135	40	184	24	294	98	520	144	84	24	290	67	571	130
1942	7,397	569	172	42	208	28	363	104	539	162	102	30	340	92	723	144
1943	7,594	579	165	44	186	30	432	133	420	148	115	35	346	95	744	173

자료: 조선총독부, 『조선총독부통계연보』, 각년도.

표 C453-484 계속

	여자															
	농업임업목축업		어업 및 제염업 (1938년 이후 수산업)		(광업)		공업(1937년 이전 광업 포함)		상업 및 교통업 (1938년 이후 상업)		교통업 (1938년 이후)		공무 및 자유업		기타 유업자	
	주업자	기타 업무를 갖는 것	주업자	기타 업무를 갖는 것	주업자	기타 업무를 갖는 것	주업자	기타 업무를 갖는 것	주업자	기타 업무를 갖는 것	주업자	기타 업무를 갖는 것	주업자	기타 업무를 갖는 것	주업자	기타 업무를 갖는 것
	C469	C470	C471	C472	C473	C474	C475	C476	C477	C478	C479	C480	C481	C482	C483	C484
	남북한, 천 명															
1917	3,053	1,131	31	24			45	41	149	86			21	20	64	28
1918	3,158	1,149	34	23			45	43	157	90			22	26	71	35
1919	3,179	1,237	34	26			48	48	156	95			25	29	68	39
1920	2,964	794	24	17			39	26	131	56			22	20	43	17
1921	2,997	846	28	19			37	30	129	62			26	26	56	27
1922	3,100	868	31	22			40	33	133	69			29	32	68	32
1923	3,128	889	29	25			40	35	137	78			29	35	67	33
1924	3,193	879	31	24			39	34	144	77			28	32	76	35
1925	3,393	926	35	30			45	39	165	85			37	37	88	42
1926	3,459	907	39	31			44	40	163	84			36	37	88	44
1927	3,464	844	37	34			41	38	163	83			39	37	94	45
1928	3,402	776	36	34			39	35	161	78			36	36	95	44
1929	3,422	752	42	31			38	35	164	79			41	37	103	45
1930	3,406	798	40	37			40	35	165	87			42	40	118	54
1931	3,268	727	40	33			35	33	160	82			43	40	130	58
1932	2,982	385	28	18			26	20	128	46			34	32	148	39
1933	2,782	312	24	16			24	17	131	44			26	26	112	27
1934	2,930	305	27	20			25	18	143	42			31	23	118	29
1935	3,194	308	29	19			32	20	151	42			32	22	129	29
1936	3,130	295	32	19			35	18	155	40			35	21	133	28
1937	3,186	263	32	17			40	22	157	39			36	22	132	25
1938	3,246	248	37	17	24	5	36	19	160	35	7	5	41	21	129	31
1939	3,227	223	38	16	31	6	35	25	166	37	10	5	41	20	126	29
1940	3,145	235	33	17	31	7	35	22	148	41	7	5	36	21	130	33
1941	3,273	258	39	21	34	9	41	32	147	44	8	7	42	27	130	37
1942	3,350	245	51	21	39	12	58	31	149	50	10	8	52	38	176	45
1943	3,532	250	50	23	29	13	57	45	119	48	11	11	53	42	196	62

표 C485-504 종사상 지위별 취업자, 전 가구, 1963-2016

	남녀									
	합계	비임금근로자					임금근로자			
		소계	자영업자			무급가족종사자	소계	상용근로자	임시근로자	일용근로자
			소계	고용원이 있는 자영업자	고용원이 없는 자영업자					
	C485	C486	C487	C488	C489	C490	C491	C492	C493	C494
	남한, 천 명									
1963	7,563	5,178	2,817			2,361	2,383			963
1964	7,698	5,334	2,848			2,486	2,363			861
1965	8,112	5,500	2,984			2,516	2,609			844
1966	8,325	5,543	3,009			2,534	2,780			908
1967	8,624	5,582	3,124			2,458	3,040			943
1968	9,061	5,659	3,184			2,475	3,400			1,037
1969	9,285	5,736	3,238			2,498	3,547			1,015
1970	9,617	5,872	3,286			2,586	3,746			1,018
1971	9,946	6,024	3,396			2,628	3,923			1,046
1972	10,379	6,377	3,554			2,823	4,005			1,153
1973	10,942	6,789	3,780			3,009	4,153			1,160
1974	11,421	6,979	4,007			2,972	4,444			1,101
1975	11,691	6,940	4,008			2,932	4,751			1,123
1976	12,412	7,273	4,258			3,015	5,140			1,139
1977	12,812	7,099	4,287			2,812	5,714			1,426
1978	13,412	7,171	4,445			2,726	6,242			1,454
1979	13,602	7,124	4,571			2,553	6,479			1,421
1980	13,683	7,220	4,651	643	4,008	2,569	6,464			1,300
1981	14,023	7,420	4,735	649	4,086	2,685	6,605			1,231
1982	14,379	7,541	4,910	689	4,221	2,631	6,839			1,256
1983	14,505	7,335	4,897	776	4,121	2,438	7,170			1,162
1984	14,429	6,798	4,578	800	3,778	2,220	7,631			1,295
1985	14,970	6,866	4,679	845	3,834	2,187	8,104			1,390
1986	15,505	7,072	4,868	890	3,978	2,204	8,433			1,454
1987	16,354	7,163	4,994	973	4,021	2,169	9,191			1,529
1988	16,869	7,260	5,093	1,023	4,070	2,167	9,610			1,496
1989	17,560	7,171	5,051	1,084	3,967	2,119	10,390	5,690	2,973	1,727
1990	18,085	7,135	5,068	1,168	3,900	2,067	10,950	5,938	3,171	1,840
1991	18,649	6,950	4,977	1,291	3,686	1,974	11,699	6,497	3,362	1,840
1992	19,009	7,099	5,171	1,370	3,801	1,928	11,910	6,838	3,300	1,772
1993	19,234	7,291	5,258	1,364	3,895	2,032	11,944	7,033	3,193	1,718
1994	19,848	7,370	5,376	1,463	3,913	1,994	12,479	7,225	3,475	1,779
1995	20,414	7,515	5,569	1,520	4,049	1,946	12,899	7,499	3,598	1,802
1996	20,853	7,653	5,710	1,605	4,105	1,943	13,200	7,499	3,907	1,794
1997	21,214	7,810	5,901	1,639	4,262	1,908	13,404	7,282	4,236	1,886
1998	19,938	7,641	5,616	1,392	4,225	2,025	12,296	6,534	4,042	1,720
1999	20,291	7,628	5,703	1,351	4,351	1,925	12,663	6,135	4,255	2,274
2000	21,156	7,795	5,864	1,458	4,407	1,931	13,360	6,395	4,608	2,357
2001	21,572	7,913	6,051	1,554	4,497	1,863	13,659	6,714	4,726	2,218
2002	22,169	7,988	6,190	1,617	4,574	1,797	14,181	6,862	4,886	2,433
2003	22,139	7,736	6,043	1,629	4,413	1,694	14,402	7,269	5,004	2,130
2004	22,557	7,663	6,110	1,679	4,431	1,553	14,894	7,625	5,082	2,188
2005	22,856	7,671	6,172	1,664	4,508	1,499	15,185	7,917	5,056	2,212
2006	23,151	7,600	6,135	1,632	4,503	1,466	15,551	8,204	5,143	2,204
2007	23,433	7,463	6,049	1,562	4,487	1,413	15,970	8,620	5,172	2,178
2008	23,577	7,371	5,970	1,527	4,443	1,401	16,206	9,007	5,079	2,121
2009	23,506	7,052	5,711	1,517	4,194	1,341	16,454	9,390	5,101	1,963
2010	23,829	6,858	5,592	1,499	4,093	1,266	16,971	10,086	5,068	1,817
2011	24,244	6,847	5,594	1,505	4,088	1,254	17,397	10,661	4,990	1,746
2012	24,681	6,969	5,718	1,549	4,169	1,251	17,712	11,097	4,988	1,627
2013	25,066	6,872	5,651	1,510	4,141	1,221	18,195	11,713	4,892	1,590
2014	25,599	6,857	5,652	1,550	4,102	1,205	18,743	12,156	5,032	1,555
2015	25,936	6,706	5,563	1,581	3,982	1,144	19,230	12,588	5,086	1,556
2016	26,235	6,689	5,570	1,561	4,009	1,119	19,546	12,974	5,104	1,469

자료: 통계청, 『1963-1993 지난 30년간 고용사정의 변화』(1994), pp. 388-389, 318; 통계청, 『경제활동인구연보』, 각년도; 통계청, 「경제활동인구조사」(http://kosis.kr/).
주: 1963-2016년은 모두 15세 이상이다.

표 C485-504 계속

	여자									
	합계	비임금근로자					임금근로자			
		소계	자영업자			무급가족종사자	소계	상용근로자	임시근로자	일용근로자
			소계	고용원이 있는 자영업자	고용원이 없는 자영업자					
	C495	C496	C497	C498	C499	C500	C501	C502	C503	C504
	남한, 천 명									
1963	2,633	2,059	584			1,475	574			274
1964	2,674	2,123	563			1,560	550			235
1965	2,839	2,244	600			1,644	594			207
1966	2,901	2,249	570			1,679	652			243
1967	3,015	2,285	607			1,678	729			273
1968	3,253	2,372	622			1,750	880			317
1969	3,261	2,297	583			1,714	965			302
1970	3,513	2,508	739			1,769	1,006			317
1971	3,641	2,597	757			1,840	1,045			342
1972	3,801	2,755	791			1,964	1,047			304
1973	4,110	2,966	928			2,038	1,145			311
1974	4,223	3,033	961			2,072	1,192			293
1975	4,261	3,009	967			2,042	1,252			288
1976	4,744	3,274	1,161			2,113	1,470			321
1977	4,744	3,103	1,115			1,988	1,640			425
1978	5,097	3,230	1,227			2,003	1,869			418
1979	5,219	3,206	1,275			1,931	2,012			436
1980	5,222	3,173	1,218	93	1,125	1,955	2,049			434
1981	5,345	3,263	1,222	89	1,133	2,041	2,082			392
1982	5,622	3,381	1,334	102	1,232	2,047	2,241			451
1983	5,686	3,265	1,339	122	1,217	1,926	2,421			455
1984	5,535	2,985	1,185	133	1,052	1,800	2,551			543
1985	5,833	3,024	1,240	132	1,108	1,784	2,809			638
1986	6,165	3,203	1,403	138	1,265	1,800	2,962			648
1987	6,613	3,295	1,485	167	1,318	1,810	3,318			726
1988	6,771	3,304	1,455	171	1,284	1,849	3,467			700
1989	7,152	3,202	1,373	184	1,189	1,828	3,950	1,516	1,519	914
1990	7,376	3,185	1,382	199	1,183	1,804	4,190	1,577	1,659	954
1991	7,529	3,090	1,379	209	1,170	1,712	4,438	1,764	1,773	901
1992	7,640	3,133	1,456	221	1,235	1,677	4,507	1,884	1,784	840
1993	7,745	3,228	1,435	228	1,207	1,793	4,516	1,968	1,756	792
1994	8,020	3,265	1,487	253	1,234	1,777	4,755	2,010	1,939	806
1995	8,267	3,343	1,600	276	1,324	1,743	4,924	2,107	2,003	814
1996	8,502	3,406	1,669	300	1,369	1,737	5,096	2,095	2,190	811
1997	8,731	3,472	1,759	320	1,440	1,713	5,259	2,020	2,370	869
1998	8,090	3,345	1,548	243	1,304	1,798	4,745	1,650	2,257	839
1999	8,337	3,313	1,636	248	1,388	1,677	5,025	1,562	2,289	1,174
2000	8,769	3,372	1,683	263	1,421	1,688	5,397	1,679	2,496	1,222
2001	8,991	3,382	1,753	296	1,457	1,629	5,609	1,861	2,589	1,159
2002	9,225	3,368	1,786	304	1,482	1,582	5,857	1,968	2,682	1,207
2003	9,108	3,138	1,618	290	1,328	1,519	5,970	2,109	2,826	1,036
2004	9,364	3,127	1,740	321	1,420	1,387	6,237	2,289	2,869	1,079
2005	9,526	3,135	1,807	336	1,470	1,329	6,391	2,439	2,874	1,079
2006	9,706	3,134	1,828	335	1,494	1,306	6,573	2,616	2,909	1,048
2007	9,826	3,070	1,821	348	1,473	1,249	6,756	2,816	2,940	1,000
2008	9,874	3,006	1,776	347	1,428	1,230	6,868	2,954	2,935	979
2009	9,772	2,816	1,652	342	1,310	1,164	6,955	3,051	2,991	913
2010	9,914	2,683	1,601	325	1,276	1,083	7,230	3,421	2,973	837
2011	10,091	2,664	1,580	326	1,254	1,084	7,428	3,739	2,895	793
2012	10,294	2,675	1,593	341	1,252	1,082	7,619	3,985	2,911	723
2013	10,494	2,653	1,594	354	1,240	1,058	7,841	4,264	2,891	686
2014	10,761	2,642	1,591	359	1,232	1,051	8,118	4,525	2,946	647
2015	10,965	2,584	1,589	378	1,211	995	8,382	4,731	3,019	632
2016	11,114	2,531	1,564	380	1,184	968	8,582	4,965	3,052	565

표 C505-516 종사상 지위별 취업자, 비농가, 1963-1998

	남녀						여자					
	합계	자영업주	가족종사자	상용고	임시고	일고	합계	자영업주	가족종사자	상용고	임시고	일고
	C505	C506	C507	C508	C509	C510	C511	C512	C513	C514	C515	C516
	남한, 천 명											
1963	2,719	803	212	779	341	584	866	278	138	156	120	174
1964	2,810	854	229	767	414	546	894	299	152	142	151	150
1965	3,135	981	267	891	469	527	1,013	335	187	173	179	139
1966	3,307	954	264	1,072	430	587	1,012	296	190	207	158	161
1967	3,644	1,021	283	1,275	443	622	1,117	306	210	275	140	186
1968	3,998	1,067	329	1,539	436	627	1,243	304	229	348	160	202
1969	4,269	1,127	389	1,735	376	642	1,290	291	283	396	144	176
1970	4,629	1,250	417	1,959	427	576	1,428	395	289	431	165	148
1971	5,047	1,408	476	2,071	466	626	1,626	425	352	469	203	177
1972	5,224	1,414	444	2,013	549	804	1,612	426	318	452	232	184
1973	5,514	1,523	472	1,873	841	805	1,823	495	344	440	340	204
1974	5,881	1,584	502	2,201	820	774	1,913	497	365	491	351	209
1975	6,228	1,652	508	2,340	955	773	1,984	502	379	533	375	195
1976	6,700	1,756	473	2,691	983	797	2,293	617	366	659	425	226
1977	7,281	1,851	524	3,046	916	944	2,423	603	406	777	370	267
1978	7,953	2,022	525	3,514	917	975	2,733	683	411	976	388	275
1979	8,308	2,124	548	3,665	977	994	2,907	704	442	1,017	440	304
1980	8,592	2,270	642	3,833	914	933	3,023	703	529	1,049	442	300
1980	8,575	2,273	642	4,728		932	3,007	703	529	1,476		299
1981	8,871	2,330	658	4,946		937	3,108	711	554	1,553		290
1982	9,579	2,640	826	5,160		953	3,503	821	710	1,655		317
1983	10,010	2,676	806	5,594		934	3,722	853	695	1,821		353
1984	10,453	2,606	744	6,031		1,072	3,830	836	656	1,899		439
1985	11,165	2,799	789	6,397		1,180	4,188	896	698	2,053		541
1986	11,766	2,996	836	6,665		1,269	4,511	1,024	729	2,194		564
1987	12,632	3,135	868	7,316		1,313	4,930	1,094	765	2,449		622
1988	13,216	3,238	891	7,771		1,316	5,129	1,109	795	2,619		606
1989	13,920	3,188	881	8,301		1,550	5,488	1,017	777	2,874		820
1990	14,629	3,273	938	8,763		1,655	5,783	1,014	828	3,083		858
1991	15,281	3,490	982	9,148		1,661	6,001	1,066	868	3,258		809
1992	15,693	3,705	974	9,413		1,601	6,121	1,137	858	3,379		747
1993	16,237	3,862	1,086	9,688		1,601	6,318	1,142	970	3,478		728
1994	16,926	4,008	1,085	10,178		1,655	6,632	1,196	978	3,720		738
1995	17,586	4,253	1,088	10,573		1,672	6,909	1,309	988	3,871		741
1996	18,103	4,421	1,117	10,886		1,679	7,182	1,376	1,012	4,048		746
1997	18,484	4,617	1,109	10,982		1,776	7,423	1,460	1,006	4,153		804
1998	17,343	4,420	1,131	10,170		1,622	6,804	1,313	1,027	3,687		777

자료: 통계청, 『경제활동인구연보』, 각년도; 한국노동연구원, 『KLI 노동통계』(1999), pp. 21-22.

주: 1963-1980년은 14세 이상 취업자, 1980-1998년은 15세 이상 취업자이다.

표 C517-558 산업별 종사상 지위별 취업자, 전 가구, 1963-2015

	농림어업													
	남녀							여자						
	합계	자영업주	가족종사자	피고용자				합계	자영업주	가족종사자	피고용자			
				소계	상용 및 임시	(임시)	일용				소계	상용 및 임시	(임시)	일용
	C517	C518	C519	C520	C521	C522	C523	C524	C525	C526	C527	C528	C529	C530
	남한, 천 명													
1963	4,837	1,955	2,157	725				1,837	296	1,344	197			
1964	4,825	1,916	2,243	666				1,832	246	1,400	186			
1965	4,810	1,909	2,224	677				1,843	242	1,445	156			
1966	4,876	1,946	2,236	694				1,894	247	1,466	181			
1967	4,811	1,964	2,145	702				1,890	255	1,451	184			
1968	4,801	1,974	2,115	712				1,931	263	1,496	172			
1969	4,825	1,994	2,106	725				1,882	230	1,435	217			
1970	4,916	1,948	2,225	743				2,046	298	1,519	229			
1971	4,876	1,905	2,190	781				2,039	267	1,509	263			
1972	5,346	2,139	2,434	773				2,296	331	1,685	280			
1973	5,569	2,224	2,617	728				2,346	341	1,744	261			
1974	5,584	2,312	2,570	702				2,318	353	1,738	227			
1975	5,425	2,246	2,502	677				2,253	354	1,689	210			
1976	5,601	2,350	2,587	664				2,388	416	1,753	219			
1977	5,405	2,259	2,334	812				2,248	364	1,594	290			
1978	5,181	2,266	2,207	708				2,285	419	1,591	275			
1979	4,887	2,267	2,005	615				2,178	437	1,484	257			
1980	4,658	2,196	1,911	551				2,039	387	1,413	240			
1980	4,654	2,201	1,904	551	128		423	2,034	387	1,409	239	9		230
1981	4,801	2,271	2,011	520	142		378	2,096	413	1,474	210	8		202
1982	4,612	2,171	1,808	636	164		472	2,018	415	1,338	266	8		258
1983	4,315	2,132	1,636	546	170		376	1,859	407	1,232	222	13		209
1984	3,914	1,955	1,489	471	135		336	1,669	323	1,152	195	10		185
1985	3,733	1,886	1,408	438	132		306	1,619	339	1,092	188	9		179
1986	3,662	1,881	1,379	403	133		270	1,621	376	1,077	168	9		159
1987	3,580	1,868	1,315	397	142		255	1,607	384	1,053	171	9		162
1988	3,483	1,867	1,288	329	120		209	1,552	347	1,062	142	7		135
1989	3,438	1,899	1,256	283	98		185	1,568	371	1,065	133	8		125
1990	3,237	1,835	1,150	252	88		164	1,495	387	989	119	7		112
1991	3,064	1,768	1,071	224	87		137	1,402	366	933	103	8		95
1992	2,991	1,745	1,032	216	84		132	1,396	385	905	106	11		95
1993	2,828	1,633	1,000	195	72		123	1,333	353	880	100	8		92
1994	2,699	1,571	948	181	75		106	1,272	344	838	90	9		81
1995	2,403	1,378	849	176	33	43	101	1,160	326	745	89	3	6	80
1996	2,323	1,350	817	155	25	43	87	1,118	327	717	75	1	4	70
1997	2,285	1,340	789	156	24	44	88	1,113	340	695	78	1	5	72
1998	2,397	1,338	902	158	15	30	112	1,154	287	780	88	2	7	79
1999	2,302	1,310	807	185	19	33	133	1,081	295	683	103	2	8	93
2000	2,243	1,291	774	179	17	32	130	1,072	303	662	108	3	10	95
2001	2,148	1,279	706	163	15	33	115	1,016	304	616	96	3	7	86
2002	2,069	1,253	664	152	12	27	113	984	304	588	91	2	7	83
2003	1,950	1,183	605	162	14	26	121	923	271	547	105	3	5	97
2004	1,824	1,116	537	170	15	27	128	866	266	488	112	4	7	101
2005	1,813	1,134	519	160	14	24	122	850	276	468	105	4	5	96
2006	1,781	1,106	514	161	15	25	121	838	268	462	107	4	6	97
2007	1,723	1,063	490	170	16	36	118	812	263	440	108	3	12	93
2008	1,686	1,048	475	164	20	30	113	783	252	429	102	5	11	86
2009	1,648	1,018	458	173	17	40	116	738	226	408	104	4	13	88
2010	1,566	974	418	175	22	43	109	683	215	370	98	5	12	81
2011	1,542	958	410	173	27	36	111	683	215	369	99	5	11	83
2012	1,528	952	422	153	24	35	95	659	205	371	83	3	10	70
2013	1,520	953	420	147	28	33	86	650	199	371	80	4	9	67
2014	1,452	919	392	140	32	26	83	615	192	347	76	5	10	62
2015	1,345	854	356	135	23	29	84	569	178	314	77	3	11	63

자료: 통계청,『1963-1993 지난 30년간 고용사정의 변화』(1994), pp. 406-407, 420-421, 442-443; 통계청,『경제활동인구연보』, 각년도; 고용노동부,『고용노동통계연감』, 각년도.

주: 1) 1963-1980년은 14세 이상 취업자, 1980-2013년은 15세 이상 취업자이다.

2) 2004년 이후는 한국표준산업분류 9차 개정(2007년) 기준이다.

표 C517-558 계속

	광공업													
	남녀							여자						
	합계	자영업주	가족종사자	피고용자				합계	자영업주	가족종사자	피고용자			
				소계	상용 및 임시	(임시)	일용				소계	상용 및 임시	(임시)	일용
	C531	C532	C533	C534	C535	C536	C537	C538	C539	C540	C541	C542	C543	C544
	남한, 천 명													
1963	667	165	63	439				186	32	31	123			
1964	690	182	74	434				204	40	40	124			
1965	849	207	79	563				238	46	40	152			
1966	913	208	87	618				269	44	49	176			
1967	1,115	232	104	779				343	60	67	216			
1968	1,282	254	100	928				407	63	56	288			
1969	1,346	271	107	968				441	70	69	302			
1970	1,395	302	99	994				435	99	56	280			
1971	1,428	363	128	937				477	140	89	248			
1972	1,499	313	108	1,078				496	129	66	301			
1973	1,821	380	107	1,334				688	190	70	428			
1974	2,062	380	101	1,581				728	184	63	481			
1975	2,265	389	94	1,782				760	188	61	511			
1976	2,743	495	115	2,133				1,031	264	76	691			
1977	2,901	489	116	2,296				1,102	245	75	782			
1978	3,123	498	113	2,512				1,199	228	74	897			
1979	3,237	498	109	2,630				1,247	196	73	978			
1980	3,095	500	120	2,475				1,178	185	83	910			
1980	3,079	501	120	2,460	2,316		144	1,166	184	83	899	809		90
1981	2,983	454	94	2,434	2,315		119	1,121	161	66	894	819		75
1982	3,143	480	110	2,554	2,457		97	1,169	176	83	912	844		68
1983	3,375	465	101	2,808	2,677		131	1,247	150	80	1,017	911		106
1984	3,491	399	99	2,994	2,768		226	1,269	103	78	1,087	903		184
1985	3,659	404	106	3,150	2,853		297	1,356	86	85	1,186	947		239
1986	4,013	543	124	3,347	2,974		373	1,547	200	104	1,242	995		247
1987	4,602	610	136	3,856	3,462		394	1,862	249	118	1,495	1,211		284
1988	4,807	651	143	4,013	3,651		362	1,976	276	127	1,573	1,294		279
1989	4,972	507	162	4,304	3,758		546	2,084	122	139	1,822	1,346		476
1990	4,990	487	170	4,334	3,781		553	2,081	88	149	1,843	1,349		494
1991	5,061	541	187	4,333	3,833		500	2,079	99	167	1,813	1,376		437
1992	4,891	574	178	4,140	3,713		427	1,936	103	159	1,674	1,291		383
1993	4,704	543	169	3,992	3,617		375	1,788	93	146	1,549	1,219		330
1994	4,735	548	160	4,026	3,645		381	1,767	86	141	1,539	1,210		329
1995	4,844	559	170	4,115	2,766	967	381	1,764	94	153	1,518	688	501	329
1996	4,748	569	169	4,011	2,672	985	354	1,726	103	152	1,470	663	495	312
1997	4,564	582	176	3,806	2,484	999	323	1,609	94	161	1,354	596	480	278
1998	3,937	503	153	3,281	2,136	856	290	1,345	80	140	1,125	450	434	241
1999	4,046	533	158	3,354	1,947	950	457	1,444	91	144	1,209	409	453	347
2000	4,310	559	172	3,579	2,073	1,054	451	1,535	90	161	1,284	446	496	342
2001	4,285	554	180	3,551	2,149	1,010	392	1,520	98	164	1,258	495	471	292
2002	4,259	549	174	3,536	2,152	986	398	1,519	87	157	1,275	526	461	288
2003	4,222	507	148	3,566	2,280	983	303	1,476	68	135	1,273	529	511	233
2004	4,192	488	137	3,567	2,335	909	323	1,450	66	123	1,261	567	451	243
2005	4,146	489	131	3,526	2,376	862	288	1,372	67	119	1,187	578	404	205
2006	4,073	481	131	3,460	2,327	856	277	1,326	62	119	1,145	553	404	188
2007	4,031	471	121	3,438	2,388	785	266	1,308	65	110	1,133	567	378	188
2008	3,985	471	119	3,395	2,403	736	256	1,272	81	108	1,083	561	348	174
2009	3,859	445	116	3,298	2,411	664	222	1,162	69	105	988	541	294	152
2010	4,049	452	139	3,459	2,596	666	196	1,238	65	123	1,050	603	310	137
2011	4,108	450	134	3,524	2,703	629	192	1,274	68	120	1,086	662	297	127
2012	4,120	436	122	3,562	2,785	611	166	1,270	59	111	1,100	694	293	113
2013	4,200	408	110	3,683	2,940	596	147	1,258	59	100	1,099	710	292	97
2014	4,343	404	100	3,839	3,148	561	131	1,294	56	93	1,146	777	283	86
2015	4,500	395	95	4,009	3,324	553	132	1,321	55	88	1,179	809	282	88

표 C517-558 계속

	사회간접자본 및 기타서비스업														
	남녀							여자						
	합계	자영업주	가족종사자	피고용자				합계	자영업주	가족종사자	피고용자			
				소계	상용 및 임시	(임시)	일용				소계	상용 및 임시	(임시)	일용
	C545	C546	C547	C548	C549	C550	C551	C552	C553	C554	C555	C556	C557	C558
	남한, 천 명													
1963	2,158	734	175	1,249				651	265	122	264			
1964	2,284	789	206	1,289				681	286	146	249			
1965	2,547	903	249	1,395				803	321	184	298			
1966	2,634	893	244	1,497				778	287	186	305			
1967	2,791	962	241	1,588				829	302	182	345			
1968	3,072	988	293	1,791				962	305	222	435			
1969	3,243	1,019	331	1,893				1,003	297	244	462			
1970	3,434	1,081	304	2,049				1,097	356	225	516			
1971	3,762	1,172	351	2,239				1,179	361	269	549			
1972	3,714	1,165	341	2,208				1,102	351	258	493			
1973	3,749	1,244	356	2,146				1,182	420	276	486			
1974	3,940	1,318	398	2,224				1,265	427	312	526			
1975	4,140	1,377	419	2,344				1,328	428	334	566			
1976	4,212	1,418	394	2,400				1,401	484	321	596			
1977	4,623	1,543	424	2,656				1,453	507	346	600			
1978	5,186	1,684	429	3,073				1,659	582	349	728			
1979	5,540	1,808	458	3,274				1,830	643	383	804			
1980	5,952	1,948	546	3,459				2,026	647	463	916			
1980	5,951	1,950	546	3,455	2,721		734	2,022	648	463	911	797		114
1981	6,239	2,010	580	3,648	2,915		733	2,129	649	501	979	863		116
1982	6,624	2,260	714	3,650	2,962		688	2,435	745	626	1,066	941		125
1983	6,816	2,300	701	3,814	3,160		654	2,580	782	614	1,183	1,043		140
1984	7,024	2,225	632	4,167	3,433		734	2,597	758	570	1,269	1,095		174
1985	7,578	2,390	672	4,516	3,729		787	2,858	815	608	1,436	1,215		221
1986	7,830	2,445	702	4,684	3,873		811	2,998	827	620	1,553	1,310		243
1987	8,172	2,515	719	4,937	4,058		879	3,144	852	640	1,652	1,371		281
1988	8,579	2,575	736	5,268	4,343		925	3,243	833	659	1,752	1,466		286
1989	9,150	2,646	702	5,803	4,807		996	3,499	881	624	1,995	1,681		314
1990	9,858	2,746	748	6,365	5,241		1,124	3,800	906	666	2,229	1,881		348
1991	10,487	2,921	775	6,792	5,599		1,193	4,054	960	686	2,408	2,051		357
1992	11,079	3,092	774	7,213	6,000		1,213	4,308	1,011	680	2,617	2,259		358
1993	11,721	3,255	901	7,565	6,345		1,220	4,617	1,013	811	2,794	2,422		372
1994	12,403	3,401	911	8,090	6,810		1,280	4,965	1,073	827	3,065	2,672		393
1995	13,168	3,632	927	8,608	4,701	2,589	1,319	5,344	1,181	845	3,318	1,416	1,497	405
1996	13,782	3,791	957	9,034	4,802	2,878	1,354	5,657	1,240	868	3,550	1,430	1,691	429
1997	14,365	3,980	943	9,443	4,774	3,193	1,475	6,009	1,325	857	3,827	1,423	1,884	519
1998	13,603	3,776	970	8,857	4,383	3,157	1,318	5,591	1,181	878	3,533	1,198	1,816	519
1999	13,943	3,859	960	9,124	4,169	3,271	1,683	5,812	1,250	850	3,713	1,150	1,829	734
2000	14,603	4,015	985	9,603	4,305	3,521	1,776	6,161	1,290	865	4,006	1,231	1,990	786
2001	15,139	4,217	977	9,945	4,551	3,683	1,711	6,455	1,351	850	4,255	1,363	2,111	781
2002	15,841	4,388	959	10,494	4,698	3,874	1,921	6,722	1,395	837	4,490	1,441	2,214	836
2003	15,967	4,353	940	10,675	4,975	3,995	1,705	6,709	1,279	837	4,593	1,577	2,309	706
2004	16,542	4,506	879	11,157	5,275	4,145	1,737	7,048	1,408	776	4,864	1,717	2,412	735
2005	16,897	4,549	848	11,500	5,527	4,171	1,802	7,304	1,463	742	5,099	1,857	2,465	777
2006	17,298	4,547	821	11,930	5,862	4,262	1,805	7,543	1,498	725	5,320	2,059	2,499	763
2007	17,679	4,515	803	12,362	6,216	4,352	1,794	7,706	1,493	699	5,514	2,246	2,550	718
2008	17,906	4,452	807	12,648	6,584	4,313	1,752	7,820	1,443	693	5,683	2,389	2,576	719
2009	17,998	4,247	768	12,984	6,962	4,398	1,624	7,872	1,358	651	5,863	2,506	2,684	673
2010	18,214	4,167	710	13,338	7,468	4,359	1,511	7,994	1,321	590	6,083	2,812	2,651	620
2011	18,595	4,186	710	13,699	7,932	4,324	1,443	8,134	1,298	594	6,242	3,072	2,587	583
2012	19,033	4,330	706	13,997	8,288	4,343	1,366	8,365	1,329	600	6,436	3,289	2,608	540
2013	19,347	4,291	691	14,365	8,745	4,263	1,357	8,586	1,337	587	6,663	3,550	2,590	523
2014	19,805	4,329	713	14,763	8,976	4,445	1,342	8,851	1,343	611	6,897	3,744	2,653	500
2015	20,092	4,314	693	15,086	9,241	4,504	1,341	9,075	1,356	594	7,126	3,919	2,726	481

표 C559-576 취업시간별 취업자, 전 가구, 1963-2016

	남녀									여자								
	합계	1-18	19-29	30-34	35-39	40-49	50 이상	미상	주당평균 취업시간	합계	1-18	19-29	30-34	35-39	40-49	50 이상	미상	주당평균 취업시간
	C559	C560	C561	C562	C563	C564	C565	C566	C567	C568	C569	C570	C571	C572	C573	C574	C575	C576
	남한																	
	천 명								시간	천 명								시간
1963	7,662	667	872	522	558	1,550	3,489	4	47.5									
1964	7,799	725	926	552	583	1,538	3,475		46.0									
1965	8,206	645	1,000	520	586	1,664	3,791		48.0									
1966	8,423	740	1,005	566	595	1,759	3,758		47.7									
1967	8,717	617	931	559	699	1,889	4,022		48.3									
1968	9,155	497	928	611	661	2,115	4,343		49.2									
	합계	1-17	18-26	27-35	36-44	45-53	54 이상	임시 휴직자	주당평균 취업시간	합계	1-17	18-26	27-35	36-44	45-53	54 이상	임시 휴직자	주당평균 취업시간
1969	9,414	321	643	677	1,931	2,077	3,728	37	50.3									
1970	9,745	483	696	698	2,238	1,982	3,608	40	48.3									
1971	10,066	490	647	715	2,111	2,044	4,032	27	49.5									
1972	10,559	555	617	791	1,970	2,004	4,584	38	50.7									
1973	11,139	425	615	791	2,021	2,038	5,217	32	51.6									
1974	11,586	235	509	769	2,061	2,383	5,622	7	52.6									
1975	11,830	299	489	708	2,034	2,315	5,984	1	53.0									
1976	12,556	223	507	760	2,003	2,389	6,669	5	54.6									
1977	12,929	281	676	786	1,933	2,431	6,799	23	54.0									
1978	13,490	140	577	764	2,208	2,522	7,257	22	54.6									
1979	13,664	163	591	794	2,120	2,688	7,269	39	54.3									
1980	13,706	81	538	787	2,440	2,909	6,909	42	54.0									
1980	13,683	81	535	786	2,439	2,908	6,893	42	53.9	5,222	33	293	407	1,081	1,044	2,355	10	52.2
1981	14,023	62	555	750	2,522	3,231	6,872	31	53.6	5,345	22	295	380	1,119	1,163	2,359	6	51.9
1982	14,379	51	448	710	2,282	2,864	8,007	18	55.9	5,622	16	238	381	1,087	1,090	2,807	3	54.1
1983	14,505	80	445	786	2,468	2,843	7,843	39	55.4	5,686	31	232	417	1,139	1,082	2,773	9	53.8
1984	14,429	91	434	719	2,301	2,938	7,883	64	55.1	5,535	37	230	373	1,041	1,106	2,728	20	53.6
1985	14,970	112	416	579	2,623	3,124	8,056	61	55.1	5,833	46	222	316	1,213	1,213	2,805	17	53.5
1986	15,505	145	603	927	2,915	2,966	7,874	75	53.9	6,165	71	327	452	1,317	1,176	2,799	24	52.1
1987	16,354	197	547	677	2,607	3,175	9,042	108	55.4	6,613	98	310	377	1,207	1,276	3,312	32	53.5
1988	16,869	169	461	612	2,599	3,354	9,573	101	55.8	6,771	86	268	348	1,222	1,383	3,433	31	53.6
1989	17,560	214	496	658	2,878	3,762	9,431	122	54.5	7,152	115	290	387	1,373	1,580	3,365	41	52.3
1990	18,085	197	445	588	3,052	4,306	9,392	105	53.8	7,376	109	271	347	1,527	1,825	3,257	40	51.4
1991	18,649	227	447	570	3,081	4,606	9,596	121	53.4	7,529	135	271	354	1,596	1,954	3,171	48	50.7
1992	19,009	262	478	559	3,168	5,154	9,232	156	52.5	7,640	164	297	340	1,649	2,104	3,022	64	49.8
1993	19,234	240	468	530	3,232	5,327	9,302	135	52.7	7,745	146	291	324	1,671	2,196	3,060	56	50.1
1994	19,848	268	469	534	3,479	5,613	9,348	139	52.4	8,020	158	296	323	1,775	2,311	3,093	64	49.9
1995	20,414	289	458	515	3,388	5,993	9,631	140	52.5	8,267	171	292	306	1,756	2,471	3,204	67	50.0
1996	20,853	290	479	512	3,589	6,212	9,621	149	52.3	8,502	183	311	318	1,855	2,514	3,252	69	49.9
1997	21,214	339	558	624	4,105	6,222	9,186	178	51.4	8,731	213	356	372	2,053	2,473	3,183	81	49.1
1998	19,938	470	682	683	3,985	5,968	7,910	239	50.1	8,090	262	380	362	1,878	2,295	2,821	93	48.3
1999	20,291	572	790	746	3,815	5,583	8,560	225	50.4	8,337	319	441	411	1,833	2,187	3,047	99	48.2
2000	21,156	582	726	736	3,975	5,933	8,995	208	50.6	8,769	333	427	425	1,952	2,360	3,179	94	48.3
2001	21,572	626	772	752	4,106	6,000	9,090	226	50.4	8,991	365	461	439	2,020	2,405	3,201	101	47.9
2002	22,169	647	836	847	4,769	5,946	8,882	242	49.8	9,225	372	497	478	2,280	2,353	3,129	115	47.3
2003	22,139	648	855	913	4,945	6,050	8,442	284	49.1	9,108	385	513	519	2,315	2,294	2,945	137	46.5
2004	22,557	733	932	907	5,361	5,994	8,318	313	48.7	9,364	431	556	520	2,486	2,289	2,930	152	46.1
2005	22,856	804	1,004	986	5,699	5,947	8,083	332	48.1	9,526	470	586	540	2,616	2,249	2,908	157	45.7
2006	23,151	821	989	1,001	5,970	6,007	8,043	320	47.9	9,706	484	584	558	2,776	2,262	2,888	155	45.4
2007	23,433	835	1,011	1,176	6,508	5,985	7,589	330	47.1	9,826	499	600	636	2,983	2,226	2,709	174	44.6
2008	23,577	850	1,084	1,514	6,884	5,965	6,932	349	46.0	9,874	525	627	765	3,091	2,231	2,446	189	43.4
2009	23,506	963	1,131	1,017	7,156	6,135	6,741	364	45.9	9,772	571	678	584	3,230	2,208	2,312	189	43.1
2010	23,829	1,056	1,217	1,344	7,220	6,115	6,504	373	45.1	9,914	651	729	736	3,253	2,196	2,142	207	42.0
2011	24,244	1,168	1,687	1,679	7,238	5,972	6,081	420	43.9	10,091	700	939	862	3,277	2,127	1,947	241	40.7
2012	24,681	1,101	1,171	1,363	8,078	6,368	6,190	410	44.6	10,294	681	716	766	3,672	2,222	1,994	243	41.4
2013	25,066	1,172	1,318	2,226	8,647	5,901	5,392	411	43.1	10,494	734	785	1,133	3,804	2,046	1,743	250	40.0
2014	25,599	1,177	1,256	1,537	8,935	6,463	5,823	410	43.8	10,761	742	781	876	4,051	2,209	1,857	244	40.6
2015	25,936	1,222	1,300	1,476	9,128	6,736	5,671	403	43.6	10,965	771	816	849	4,144	2,309	1,830	247	40.4
2016	26,235	1,273	1,321	1,885	9,405	6,634	5,307	411	43.0	11,114	806	854	1,059	4,189	2,268	1,680	258	39.7

자료: 통계청, 『1963-1993 지난 30년간 고용사정의 변화』(1994), pp. 456, 470; 통계청, 경제활동인구연보』, 각년도; 통계청, 「경제활동인구조사」(http://kosis.kr/).

주: 1963-1980년은 14세 이상 취업자, 1980-2016년은 15세 이상 취업자이다.

표 C577-603 산업별 취업시간별 취업자, 전 가구, 1963-2013

	농림어업									광공업								
	합계	1-18	19-29	30-34	35-39	40-49	50 이상	미상	주당평균 취업시간	합계	1-18	19-29	30-34	35-39	40-49	50 이상	미상	주당평균 취업시간
	C577	C578	C579	C580	C581	C582	C583	C584	C585	C586	C587	C588	C589	C590	C591	C592	C593	C594
	남한																	
	천 명								시간	천 명								시간
1963	4,837	535	703	409	435	930	1,823	2	42.9	667	34	40	28	31	121	412	1	54.3
1964	4,825	609	747	452	429	882	1,706		40.0	690	28	44	29	30	117	442		54.9
1965	4,810	537	834	417	417	922	1,683		41.0	849	27	35	26	39	156	566		56.9
1966	4,876	649	834	453	409	957	1,574		40.8	913	25	42	25	36	170	615		57.2
1967	4,811	526	730	440	512	1,007	1,596		41.4	1,115	22	53	31	43	236	730	-	56.1
1968	4,801	428	778	489	493	1,043	1,570		40.9	1,282	16	33	33	46	296	858	-	55.8
	합계	1-17	18-26	27-35	36-44	45-53	54 이상	임시 휴직자	주당평균 취업시간	합계	1-17	18-26	27-35	36-44	45-53	54 이상	임시 휴직자	주당평균 취업시간
1969	4,825	270	530	522	1,239	969	1,281	14	43.7	1,346	12	29	37	154	359	743	12	55.0
1970	4,916	423	581	538	1,314	895	1,150	15	40.7	1,395	10	34	46	229	382	685	9	53.6
1971	4,876	433	528	563	1,304	925	1,119	4	41.3	1,428	18	45	55	197	328	776	9	54.1
1972	5,346	472	493	601	1,215	995	1,564	6	43.7	1,499	13	29	40	182	302	910	23	56.0
1973	5,569	360	489	589	1,291	1,049	1,785	6	43.3	1,821	25	48	74	179	294	1,190	11	57.9
1974	5,584	207	436	600	1,360	1,156	1,825		45.9	2,062	10	27	57	170	411	1,384	3	58.4
1975	5,425	282	435	564	1,283	1,027	1,834		45.7	2,265	6	19	44	177	434	1,585	-	58.9
1976	5,601	187	405	560	1,244	1,058	2,146	1	48.5	2,743	14	44	76	211	500	1,896	2	59.0
1977	5,405	236	554	582	1,143	924	1,960	6	46.5	2,901	13	42	74	215	635	1,917	5	58.0
1978	5,181	107	468	544	1,271	922	1,863	6	47.0	3,123	11	34	69	233	645	2,126	5	58.4
1979	4,887	118	463	573	1,193	942	1,590	8	45.6	3,237	12	37	68	216	669	2,223	12	58.3
1980	4,658	34	406	548	1,377	942	1,348	3	45.4	3,095	11	37	65	258	766	1,944	13	56.8
1980	4,654	34	404	548	1,376	942	1,348	3	45.3	3,079	11	37	66	258	764	1,931	13	56.7
1981	4,801	25	415	503	1,366	1,058	1,434	2	46.0	2,983	10	43	75	295	774	1,776	11	55.6
1982	4,612	25	355	530	1,293	988	1,419	1	46.6	3,143	7	28	57	188	639	2,217	7	58.6
1983	4,315	41	319	529	1,344	923	1,156	2	44.2	3,375	11	35	77	230	679	2,332	11	58.1
1984	3,914	40	299	471	1,164	874	1,065	1	44.1	3,491	14	41	74	223	723	2,400	17	57.4
1985	3,733	52	275	373	1,280	807	946	1	43.9	3,659	14	36	64	262	815	2,452	17	57.2
1986	3,662	50	337	422	1,272	742	835	4	42.8	4,013	31	103	191	402	785	2,483	19	55.4
1987	3,580	67	314	368	1,075	729	1,023	4	44.4	4,602	47	79	107	340	919	3,072	38	56.8
1988	3,483	58	259	334	1,002	713	1,115	3	45.4	4,807	38	67	100	342	995	3,235	30	56.8
1989	3,438	63	254	329	1,031	719	1,037	3	46.1	4,972	46	84	120	392	1,210	3,078	43	55.0
1990	3,237	52	220	284	1,050	782	846	2	45.3	4,990	32	73	103	427	1,344	2,988	24	54.4
1991	3,064	45	224	293	1,010	694	796	2	45.1	5,061	34	69	100	471	1,477	2,882	28	53.5
1992	2,991	40	216	250	1,006	741	735	2	44.9	4,891	39	70	94	515	1,582	2,555	37	52.4
1993	2,828	32	190	237	989	662	715	3	45.2	4,704	34	71	86	458	1,637	2,392	27	52.5
1994	2,699	39	190	226	961	657	624	2	44.6	4,735	34	68	80	523	1,685	2,318	27	52.3
1995	2,403	33	145	177	744	654	647	2	45.9	4,844	42	69	84	559	1,775	2,285	30	51.9
1996	2,323	28	144	145	741	620	643	2	46.2	4,748	33	63	77	592	1,812	2,144	27	51.7
1997	2,285	32	176	159	750	594	572	3	45.1	4,564	35	69	99	720	1,744	1,857	40	50.6
1998	2,397	57	191	161	820	597	566	5	44.3	3,937	50	82	100	686	1,571	1,384	65	49.2
1999	2,302	111	256	188	685	484	568	11	42.7	4,046	65	91	94	622	1,432	1,693	48	50.6
2000	2,243	129	221	165	645	514	560	10	43.0	4,310	59	79	91	642	1,508	1,887	44	51.0
2001	2,148	136	216	159	603	441	586	9	43.2	4,285	57	87	99	709	1,505	1,781	46	50.6
2002	2,069	145	239	163	652	403	459	8	41.4	4,259	54	93	112	822	1,465	1,668	44	50.0
2003	1,950	127	252	172	581	344	460	13	41.3	4,222	55	79	112	814	1,554	1,556	51	49.6
2004	1,825	127	230	154	563	325	414	13	40.9	4,306	56	85	97	902	1,531	1,580	55	49.6
	합계	1-17	18-35		36-44	45-53	54 이상	임시 휴직자	주당평균 취업시간	합계	1-17	18-35		36-44	45-53	54 이상	임시 휴직자	주당평균 취업시간
2004	1,824	127	383		562	325	413	13	40.9	4,192	55	178		867	1,488	1,550	54	49.6
2005	1,813	159	400		513	291	436	14	40.5	4,146	53	181		947	1,447	1,461	57	49.2
2006	1,781	140	375		514	296	443	13	41.0	4,073	53	180		922	1,470	1,398	49	49.2
2007	1,723	126	332		524	308	418	15	41.5	4,031	51	203		1,071	1,396	1,263	47	48.2
2008	1,686	130	372		520	302	349	14	39.8	3,985	57	306		1,140	1,301	1,125	56	46.9
2009	1,648	155	408		474	262	331	18	38.8	3,859	50	178		1,181	1,325	1,069	57	47.4
2010	1,566	164	369		434	251	328	21	38.8	4,049	49	256		1,167	1,364	1,166	47	47.5
2011	1,542	179	412		427	228	274	21	37.0	4,108	69	391		1,175	1,310	1,108	55	46.2
2012	1,528	162	373		444	247	279	23	37.8	4,120	41	207		1,335	1,392	1,092	52	47.1
2013	1,520	160	368		467	238	270	18	37.7	4,200	45	421		1,521	1,277	881	55	45.0

자료: 통계청, 『1963-1993 지난 30년간 고용사정의 변화』(1994), pp. 477, 491, 505; 통계청, 『경제활동인구연보』, 각년도; 통계청, 「경제활동인구조사」(http://kosis.kr/).

주: 1) 1963-1980년은 14세 이상 취업자, 1980-2016년은 15세 이상 취업자이다.

2) 2004-2013년은 한국표준산업분류 9차 개정(2007년) 기준이다.

표 C577-603 계속

	사회간접자본 및 기타 서비스업								
	합계	1-18	19-29	30-34	35-39	40-49	50 이상	미상	주당평균취업시간
	C595	C596	C597	C598	C599	C600	C601	C602	C603
	남한								
	천 명								시간
1963	2,158	98	129	85	92	499	1,254	1	57.3
1964	2,284	88	135	71	124	539	1,327		56.0
1965	2,547	81	131	77	130	586	1,542		57.6
1966	2,634	66	129	88	150	632	1,569		57.2
1967	2,791	69	148	88	144	646	1,696		57.9
1968	3,072	53	117	89	122	776	1,915		58.3
	합계	1-17	18-26	27-35	36-44	45-53	54 이상	임시휴직자	주당평균취업시간
1969	3,243	39	84	118	538	749	1,704	11	55.6
1970	3,434	50	81	114	695	705	1,773	16	57.1
1971	3,762	39	74	97	610	791	2,137	14	58.2
1972	3,714	70	95	150	573	707	2,110	9	58.5
1973	3,749	40	78	128	551	695	2,242	15	59.4
1974	3,940	18	46	112	531	816	2,413	4	59.0
1975	4,140	11	35	100	574	854	2,565	1	59.3
1976	4,212	22	58	124	548	831	2,627	2	59.9
1977	4,623	32	80	130	575	872	2,922	12	60.3
1978	5,186	22	75	151	704	955	3,268	11	59.9
1979	5,540	33	91	153	711	1,077	3,456	19	59.7
1980	5,952	36	94	173	804	1,201	3,617	26	59.4
1980	5,951	36	94	173	806	1,202	3,614	26	59.3
1981	6,239	27	98	174	861	1,400	3,662	18	58.6
1982	6,624	19	64	123	800	1,237	4,371	10	61.2
1983	6,816	27	91	181	895	1,241	4,355	27	60.6
1984	7,024	37	94	174	914	1,342	4,418	46	59.7
1985	7,578	46	105	142	1,081	1,502	4,659	43	59.2
1986	7,830	63	164	313	1,242	1,440	4,556	53	57.8
1987	8,172	84	155	202	1,192	1,527	4,947	66	59.2
1988	8,579	73	135	179	1,255	1,646	5,223	68	59.1
1989	9,150	106	158	209	1,454	1,832	5,315	76	57.5
1990	9,858	112	152	201	1,575	2,181	5,557	78	56.2
1991	10,487	146	175	207	1,668	2,407	5,796	88	55.5
1992	11,079	179	212	239	1,713	2,791	5,831	114	54.3
1993	11,721	174	224	228	1,847	3,002	6,142	104	54.4
1994	12,403	196	225	244	2,058	3,241	6,331	109	54.0
1995	13,168	213	243	254	2,085	3,564	6,699	108	53.9
1996	13,782	229	273	291	2,256	3,780	6,835	119	53.5
1997	14,365	272	314	367	2,635	3,884	6,758	135	52.7
1998	13,603	363	409	423	2,479	3,800	5,960	169	51.4
1999	13,943	397	443	463	2,509	3,667	6,299	166	51.7
2000	14,603	394	426	481	2,687	3,911	6,549	155	51.6
2001	15,139	433	469	494	2,794	4,054	6,723	171	51.4
2002	15,841	448	504	572	3,295	4,077	6,755	189	50.8
2003	15,967	466	524	630	3,549	4,153	6,426	220	50.0
2004	16,427	550	617	656	3,896	4,138	6,325	245	49.3
	합계	1-17	18-35		36-44	45-53	54 이상	임시휴직자	주당평균취업시간
2004	16,542	551	1,278		3,932	4,180	6,355	246	49.3
2005	16,897	592	1,409		4,239	4,209	6,187	261	48.6
2006	17,298	628	1,434		4,534	4,241	6,202	258	48.3
2007	17,679	657	1,652		4,913	4,282	5,908	268	47.4
2008	17,906	663	1,919		5,224	4,362	5,458	279	46.4
2009	17,998	757	1,562		5,501	4,548	5,342	288	46.2
2010	18,214	844	1,936		5,619	4,500	5,011	305	45.2
2011	18,595	920	2,563		5,635	4,434	4,699	343	43.9
2012	19,033	898	1,954		6,300	4,729	4,819	335	44.6
2013	19,347	967	2,755		6,659	4,386	4,242	338	43.1

3. 실업자

표 C604-627 연령계급별 실업자, 전 가구, 1963-2016

	남녀											
	15-19	20-24	25-29	30-34	35-39	40-44	45-49	50-54	55-59	60 이상	60-64	65 이상
	C604	C605	C606	C607	C608	C609	C610	C611	C612	C613	C614	C615
	남한, 천 명											
1963	144	135	105	58	58	58	40	33	21	14		
1964	135	132	104	62	54	48	45	33	22	8		
1965	150	144	97	51	49	35	43	37	27	9		
1966	152	132	87	55	47	45	38	38	25	12		
1967	153	125	95	42	29	32	36	25	14	5		
1968	112	99	67	46	36	34	32	26	20	7		
1969	102	114	88	51	35	19	17	21	12	4		
1970	125	94	75	39	27	25	25	17	15	3		
1971	152	88	67	29	29	31	19	20	16	10		
1972	134	99	67	48	38	36	28	26	7	3		
1973	121	80	71	39	38	34	24	27	10	3		
1974	138	100	73	40	36	31	22	19	15	5		
1975	140	116	92	39	33	29	18	19	10	5		
1976	120	115	74	45	46	32	31	21	8	7		
1977	145	139	63	36	33	26	26	19	13	4		
1978	120	119	53	35	29	25	22	15	11	8		
1979	123	152	61	46	42	41	33	21	15	6		
1980	159	204	107	70	64	49	46	28	16	4		
1981	127	180	108	62	50	43	47	23	15	4		
1982	119	185	112	56	61	49	37	22	11	1		
1983	90	169	119	63	51	45	40	22	11	4		
1984	75	156	108	57	48	44	41	22	10	3		
1985	79	180	130	68	48	41	39	23	11	3		
1986	67	169	143	69	51	41	35	26	9	3		
1987	65	135	111	64	42	37	33	20	10	3		
1988	54	124	104	49	29	27	20	17	8	2		
1989	53	122	107	57	32	33	24	20	12	3	2	1
1990	59	126	105	51	31	29	20	19	11	5	4	1
1991	58	157	99	44	31	23	21	16	8	4	4	-
1992	60	161	112	49	36	24	19	15	8	5	5	-
1993	60	195	129	62	46	28	19	18	9	5	5	1
1994	48	156	120	53	45	31	21	14	9	6	4	1
1995	36	137	89	44	42	28	20	13	13	7	6	2
1996	31	130	102	49	39	30	19	16	10	6	5	2
1997	42	152	128	64	59	47	25	21	17	14	10	5
1998	87	284	284	177	186	160	113	94	61	44	31	13
1999	85	235	253	172	163	159	109	85	68	44	35	8
2000	61	170	170	116	101	101	80	49	39	26	20	5
2001	54	164	169	99	94	96	66	49	30	23	19	5
2002	39	145	158	101	77	70	42	35	21	22	16	6
2003	37	176	169	104	78	71	57	35	31	19	15	5
2004	40	180	171	102	84	73	66	39	35	24	16	8
2005	32	163	170	107	92	80	73	47	40	29	20	9
2006	23	146	175	107	76	73	71	45	35	32	23	9
2007	19	117	168	102	86	72	56	49	32	33	24	9
2008	20	118	160	99	86	71	63	48	33	29	18	11
2009	22	115	187	108	98	78	75	66	41	38	23	15
2010	23	112	173	110	88	80	71	64	46	67	36	31
2011	24	108	154	104	80	69	61	59	39	63	34	28
2012	19	109	149	81	76	69	56	57	45	62	33	29
2013	22	115	158	98	59	68	56	52	44	50	29	21
2014	20	136	182	95	72	69	72	63	59	65	33	32
2000	66	183	181	123	109	106	84	54	43	30	23	6
2001	60	174	179	106	98	101	70	53	33	25	20	5
2002	43	153	165	104	82	74	46	37	24	24	17	6
2003	41	184	176	108	82	75	61	37	33	22	17	5

표 C604-627 계속

	남녀											
	15-19	20-24	25-29	30-34	35-39	40-44	45-49	50-54	55-59	60 이상	60-64	65 이상
	C604	C605	C606	C607	C608	C609	C610	C611	C612	C613	C614	C615
	남한, 천 명											
2004	42	189	181	108	88	77	70	41	38	27	18	9
2005	35	173	179	113	98	87	78	50	43	32	22	10
2006	24	156	184	112	79	78	74	48	37	36	25	10
2007	22	126	180	107	90	76	59	53	34	36	26	10
2008	22	123	170	103	90	76	66	52	36	32	20	12
2009	25	124	199	114	105	83	80	71	44	45	26	19
2010	28	122	190	119	95	88	77	70	51	80	41	39
2011	27	121	172	114	88	77	68	66	44	77	40	37
2012	22	124	167	92	84	76	62	63	52	77	39	38
2013	26	129	176	111	64	73	61	56	50	61	32	29
2014	25	154	206	105	79	75	78	69	65	81	39	42
2015	29	167	201	97	84	82	76	67	78	95	46	49
2016	27	172	236	108	76	74	70	69	75	106	56	50

	여자											
	15-19	20-24	25-29	30-34	35-39	40-44	45-49	50-54	55-59	60 이상	60-64	65 이상
	C616	C617	C618	C619	C620	C621	C622	C623	C624	C625	C626	C627
	남한, 천 명											
1963	68	53	18	14	18	13	6	4	3	3		
1964	61	48	10	8	8	9	7	4	2	2		
1965	67	60	6	7	8	3	5	5	1	1		
1966	69	49	9	8	4	8	5	4	1	2		
1967	77	56	15	5	3	3	5	2	-	2		
1968	57	44	9	7	4	5	3	5	2	2		
1969	42	47	25	9	10	3	2	4	1	1		
1970	43	29	10	3	4	1	3	5	3	1		
1971	52	33	7	3	4	5	4	3	2	7		
1972	47	33	4	3	3	3	2	-	-	-		
1973	46	28	3	4	2	1	3	3	-	-		
1974	55	33	5	5	3	3	4	1	2	2		
1975	52	37	5	2	3	4	2	1	2	2		
1976	40	31	5	4	4	5	2	2	1	1		
1977	54	41	6	4	3	2	3	1	1	1		
1978	52	42	5	3	4	2	2	1	1	4		
1979	49	55	7	3	4	5	3	2	1	1		
1980	76	71	10	9	9	7	6	3	1	-		
1981	55	54	7	5	5	3	4	2	1	-		
1982	51	63	7	5	6	7	3	2	-	-		
1983	42	57	7	4	6	4	4	2	1	-		
1984	37	56	8	4	6	6	5	3	-	-		
1985	40	66	11	7	8	6	3	1	1	-		
1986	32	65	11	7	5	5	3	2	1	-		
1987	35	58	10	5	4	4	3	-	1	1		
1988	28	55	14	8	5	5	3	2	2	-		
1989	31	53	14	12	8	6	4	2	1	1	-	1
1990	34	56	16	9	6	5	3	2	1	1	1	-
1991	31	73	17	10	7	6	5	1	1	1	1	-
1992	31	84	19	10	8	6	4	2	2	-	1	-
1993	32	91	21	10	9	5	5	3	2	1	1	-
1994	27	76	19	10	9	9	4	4	2	1	-	1
1995	21	69	19	8	9	7	5	2	2	2	2	-
1996	18	60	21	10	10	7	4	3	3	2	1	1
1997	21	80	32	17	20	18	7	6	3	3	3	1
1998	40	137	74	47	58	54	30	24	12	10	7	4
1999	38	121	60	45	55	54	31	20	15	9	5	3
2000	30	86	44	28	30	35	21	12	8	6	4	2
2001	27	86	46	24	27	31	18	14	5	4	3	1
2002	19	78	37	27	23	22	13	10	4	6	5	2

표 C604-627 계속

	여자											
	15-19	20-24	25-29	30-34	35-39	40-44	45-49	50-54	55-59	60 이상	60-64	65 이상
	C616	C617	C618	C619	C620	C621	C622	C623	C624	C625	C626	C627
	남한, 천 명											
2003	19	98	46	31	28	26	20	10	7	5	4	1
2004	21	100	46	30	29	27	26	11	9	6	4	2
2005	17	91	54	32	32	29	27	12	11	6	4	2
2006	13	82	58	28	23	24	21	13	7	7	5	2
2007	10	57	51	30	25	26	16	15	7	8	6	2
2008	9	63	53	27	23	23	22	14	7	5	3	2
2009	11	62	60	30	27	26	23	16	11	9	5	3
2010	11	65	58	29	28	30	25	18	12	22	11	11
2011	12	55	56	36	25	28	20	20	10	17	8	9
2012	10	62	53	28	25	26	22	19	13	17	7	10
2013	11	66	54	29	20	26	24	18	11	11	4	7
2014	10	73	64	39	31	27	32	27	19	17	7	11
2000	32	92	48	32	34	38	23	15	10	7	6	1
2001	30	92	50	28	30	33	20	15	6	5	4	1
2002	21	83	39	30	26	24	15	12	4	7	5	2
2003	21	103	49	33	30	28	22	11	8	5	5	1
2004	22	105	49	32	31	29	28	12	10	7	5	2
2005	18	96	58	34	35	32	29	13	12	7	5	2
2006	14	87	61	29	25	27	22	14	7	8	6	2
2007	11	62	54	33	27	28	18	16	8	9	7	2
2008	10	67	57	29	26	25	24	15	8	6	4	2
2009	12	67	64	33	31	29	26	19	12	12	7	5
2010	13	72	65	33	32	37	29	21	15	27	12	15
2011	14	62	63	41	30	32	24	23	13	24	10	14
2012	12	71	60	30	28	30	25	21	15	24	9	14
2013	13	75	61	34	22	28	27	20	13	16	5	11
2014	12	83	73	43	34	31	36	30	23	24	8	16
2015	16	92	67	37	32	40	38	29	26	29	10	19
2016	13	100	86	37	28	37	31	23	27	33	13	19

자료: 통계청, 『1963-1993 지난 30년간 고용사정의 변화』(1994), pp. 512, 526; 통계청, 『경제활동인구연보』, 각년도; 통계청, 「경제활동인구조사」(http://kosis.kr/).
주: 1963-2014년은 구직 기간 1주 기준, 2000-2016년은 구직 기간 4주 기준이다.

표 C628-647 교육수준별 실업자, 1980-2016

	전 가구										비농가									
	남녀					여자					남녀					여자				
	합계	초졸 이하	중졸	고졸	대졸 이상	합계	초졸 이하	중졸	고졸	대졸 이상	합계	초졸 이하	중졸	고졸	대졸 이상	합계	초졸 이하	중졸	고졸	대졸 이상
	C628	C629	C630	C631	C632	C633	C634	C635	C636	C637	C638	C639	C640	C641	C642	C643	C644	C645	C646	C647
	남한, 천 명																			
1980	748	195	187	307	60	190	48	39	91	13	693	185	171	280	58	175	46	34	84	12
1981	660	140	155	301	64	134	21	25	79	10	616	134	145	277	61	123	20	21	72	9
1982	654	114	156	314	71	145	26	20	86	13	612	108	148	290	66	134	25	19	77	12
1983	613	110	145	281	77	128	21	21	72	14	577	106	138	261	72	118	20	20	65	13
1984	568	94	130	262	82	124	18	20	67	19	536	92	124	243	77	113	18	19	60	17
1985	622	87	134	291	109	141	17	21	72	32	580	84	126	269	102	128	17	19	63	29
1986	611	84	117	286	124	131	14	16	69	31	578	82	113	269	114	122	14	16	63	29
1987	519	57	100	251	111	122	12	17	61	32	493	55	97	238	104	113	11	17	55	30
1988	435	37	77	220	101	120	9	18	60	33	415	37	75	209	95	113	9	17	56	31
1989	463	41	74	231	116	134	13	21	70	30	439	40	71	218	109	127	13	20	66	29
1990	454	36	64	240	114	133	9	16	74	34	433	35	63	229	108	127	9	16	71	32
1991	436	33	61	241	101	149	9	18	90	32	409	33	58	225	94	142	9	17	85	31
1992	465	29	67	261	108	160	8	20	94	38	439	28	63	244	104	151	7	19	89	37
1993	550	35	73	302	140	175	11	21	99	43	524	34	69	287	133	169	11	20	95	43
1994	489	35	65	259	130	155	12	18	83	42	468	35	64	246	124					
1995	430	32	55	231	112	143	10	16	78	39	413	32	54	221	107					
1996	435	28	56	238	114	136	9	18	73	36	422	27	54	231	110					
1997	568	40	78	315	134	207	14	28	115	50	549	39	77	304	129					
1998	1,490	158	246	790	297	486	64	78	252	92	1,441	155	241	761	284					
1999	1,374	141	219	734	281	448	55	70	238	84	1,332	138	214	709	270					
2000	913	88	139	471	216	300	36	43	154	67	883	87	137	455	204					
2001	845	75	117	433	221	284	27	37	150	70	816	73	114	419	210					
2002	708	52	86	358	212	241	21	28	120	71	685	51	85	348	202					
2003	777	45	77	411	243	289	19	29	148	93	757	44	76	401	236					
2004	813	54	85	435	240	304	21	30	155	98	793	52	84	425	232					
2002	752	55	93	380	224	261	23	31	130	76	728	54	91	369	213					
2003	818	50	82	432	253	310	21	32	159	98	797	49	81	421	246					
2004	860	59	90	460	252	326	23	33	166	104	837	57	89	450	242					
2005	887	64	90	472	261	334	26	27	177	103	866	63	89	461	253					
2006	827	54	82	420	272	294	20	26	138	110	803	53	80	408	263					
2007	783	47	72	389	275	266	17	25	125	99	768	46	71	382	268					
2008	769	49	69	384	268	265	18	21	122	104	756	48	68	378	262					
2009	889	54	76	437	321	304	22	22	141	120	872	53	76	429	315					
2010	920	68	86	420	346	342	33	29	139	142	896	64	84	411	337					
2011	855	53	80	398	323	325	25	28	141	132	832	51	79	389	313					
2012	820	56	70	359	335	316	23	25	128	139	798	54	68	349	327					
2013	807	48	57	347	355	309	19	19	128	143	785	47	56	338	345					
2014	937	57	61	416	402	389	24	25	161	179										
2015	976	58	61	433	425	405	26	19	174	186										
2016	1,012	50	64	443	456	416	23	21	174	198										

자료: 통계청, 『1963-1993 지난 30년간 고용사정의 변화』(1994), pp. 533, 547, 554, 568; 통계청, 『경제활동인구연보』, 각년도; 통계청, 「경제활동인구조사」(http://kosis.kr/).
주: 1980-2004년은 구직 기간 1주 기준, 2002-2016년은 구직 기간 4주 기준이다.

4. 노사관계

표 C648-660 노동조합, 1963-2015

	노동조합수					조합원수			조직대상 근로자	조직률(A)			조직률(B)
	합계	총연합단체	연합단체	단위노조		합계	남	여		전체	남	여	
				지부	분회								
	C648	C649	C650	C651	C652	C653	C654	C655	C656	C657	C658	C659	C660
	남한, 개					남한, 천 명				남한, %			
1963	2,150	1	16	313	1,820	224	174	50		9.4	9.6	8.7	
1964	2,463	1	16	341	2,105	272	211	60		11.5	11.6	10.9	
1965	2,634	1	16	362	2,255	302	235	66		11.6	11.7	11.1	
1966	2,735	1	16	359	2,359	327	251	76		11.8	11.8	11.7	
1967	3,022	1	16	386	2,619	378	287	91		12.4	12.4	12.5	
1968	3,134	1	16	385	2,732	413	310	103		12.1	12.3	11.7	
1969	3,373	1	16	417	2,939	445	333	111		12.5	12.9	11.5	
1970	3,500	1	17	419	3,063	473	358	115		12.6	13.1	11.4	
1971	3,526	1	17	446	3,062	498	374	124		12.7	13.0	11.9	
1972	3,409	1	17	430	2,961	515	381	134		12.9	12.9	12.8	
1973			17	403		548	392	156		13.2	13.0	13.6	
1974			17	432		656	463	193		14.8	14.2	16.2	
1975	4,091	1	17	488	3,585	750	509	241		15.8	14.5	19.2	
1976			17	517		846	559	286		16.5	15.2	19.5	
1977			17	538		955	635	320	3,752	16.7	15.6	19.5	25.5
1978			17	552		1,055	697	358	4,229	16.9	15.9	19.2	24.9
1979			17	553		1,088	724	364	4,461	16.8	16.2	18.1	24.4
1980	2,635	1	16	2,618		948	600	348	4,516	14.7	13.6	17.0	21.0
1981			16	2,141		967	628	338	4,649	14.6	13.9	16.2	20.8
1982			16	2,194		984	633	351	4,878	14.4	13.8	15.7	20.2
1983			16	2,238		1,010	673	336	5,212	14.1	14.2	13.9	19.4
1984			16	2,365		1,011	684	327	5,588	13.2	13.5	12.8	18.1
1985	2,551	1	16	2,534		1,004	692	312	5,956	12.4	13.1	11.1	16.9
1986	2,675	1	16	2,658		1,036	725	311	6,177	12.3	13.2	10.5	16.8
1987.06.30	2,742	1	16	2,725						11.7	13.0	9.5	15.7
1987.12.31	4,103	1	16	4,086		1,267	900	367	6,853	13.8	15.3	11.1	18.5
1988	6,164	1	21	6,142		1,707	1,232	475	8,764	17.8	20.1	13.7	19.5
1989	7,883	1	21	7,861		1,932	1,402	530	9,752	18.6	21.8	13.4	19.8
1990	7,698	1	21	7,676		1,887	1,385	502	10,264	17.2	20.5	12.0	18.4
1991	7,656	1	21	7,634		1,803	1,342	462	10,483	15.4	18.5	10.4	17.2
1992	7,527	1	21	7,505		1,735	1,324	411	10,568	14.6	17.9	9.1	16.4
1993	7,147	1	26	7,120		1,667	1,276	392	10,679	14.0	17.2	8.7	15.6
1994	7,025	1	26	6,998		1,659	1,286	373	11,450	13.3	16.6	7.9	14.5
1995	6,606	1	26	6,579		1,615	1,254	361	11,687	12.5	15.7	7.3	13.8
1996	6,424	1	26	6,397		1,599	1,260	339	12,020	12.1	15.5	6.6	13.3
1997	5,733	1	40	5,692		1,484	1,194	290	12,192	11.1	14.7	5.5	12.2
1998	5,560	1	42	5,517		1,402	1,148	254	11,166	11.4	15.2	5.3	12.6
1999	5,637	2	43	5,592		1,481	1,173	307	12,455	11.7	15.4	6.1	11.9
2000	5,698	2	44	5,652		1,527	1,221	306	12,701	11.4	15.3	5.7	12.0
2001	6,150	2	43	6,105		1,569	1,263	305	13,103	11.5	15.7	5.4	12.0
2002	6,506	2	41	6,463		1,606	1,306	300	13,839	11.3	15.7	5.1	11.6
2003	6,257	2	43	6,212		1,550	1,223	327	14,144	10.8	14.5	5.5	11.0
2004	6,017	2	42	5,973		1,537	1,212	325	14,538	10.3	14.0	5.2	10.6
2005	5,971	2	42	5,927		1,506	1,183	324	14,692	9.9	13.4	5.1	10.3
2006	5,889	2	51	5,836		1,559	1,215	344	15,072	10.0	13.5	5.2	10.3
2007	5,099	2	39	5,058		1,688	1,318	370	15,651	10.6	14.3	5.5	10.8
2008	4,886	2	41	4,843		1,666	1,291	375	15,847	10.3	13.8	5.5	10.5
2009	4,689	2	43	4,644		1,640	1,286	354	16,196	10.0	13.5	5.1	10.1
2010	4,420	2	42	4,376		1,643	1,272	371	16,804	9.7	13.1	5.1	9.8
2011	5,120	3	50	5,067		1,720	1,328	392	17,090	9.9	13.3	5.3	10.1
2012	5,177	3	52	5,122		1,781	1,359	423	17,338	10.1	13.5	5.6	10.3
2013	5,305	3	55	5,247		1,848	1,405	443	17,981	10.2	13.6	5.6	10.3
2014	5,445	2	57	5,386		1,905	1,453	453	18,429	10.2	13.7	5.6	10.3
2015	5,794	3	55	5,736		1,939	1,456	482	19,027	10.1	13.4	5.8	10.2

자료: 노동청, 『노동행정십년사』(1973), pp. 378-379; 노동부, 한국노동연구원, 『노동행정사 제1편 총괄』(2006), pp. 357; 『KLI 노동통계』, 각년도; 국가주요지표(http://www.index.go.kr/).

주: 1) 1980년 12월 31일 노동조합법 개정으로 이전의 지부 및 분회가 기업별 단위노조로 통폐합되었다.

2) 조직률A=(조합원수/전체 임금근로자수)×100; 조직률B=(조합원수/조직대상근로자)×100, 단 조직대상근로자는(임금근로자(상용, 임시, 일용)-노조가입이 금지된 공무원)이다.

표 C661-665 노사분규, 1963-2016

	발생건수	참가자 수	손실일수	파업성향	지속일수
	C661	C662	C663	C664	C665
	남한, 건	남한, 천 명	남한, 천 일	남한, 일/천 명	남한, 일
1964		1	2		
1965	12	4	19		
1966	12	31	41		
1967	18	3	10		
1968	16	18	65		
1969	6	30	163		
1970	4	1	9	2	
1971	10	1	11		
1975	52	10	14	3	
1980	206	49	61	9	
1985	265	29	64	8	
1986	276	47	72	9	
1987	3,749	1,262	6,947	756	
1988	1,873	293	5,401	562	
1989	1,616	409	6,351	611	
1990	322	134	4,487	410	19
1991	234	175	3,271	280	18
1992	235	105	1,528	128	20
1993	144	109	1,308	110	20
1994	121	104	1,484	119	22
1995	88	50	393	31	23
1996	85	79	893	68	29
1997	78	44	445	33	23
1998	129	146	1,452	118	26
1999	198	92	1,366	108	19
2000	250	178	1,894	142	30
2001	235	89	1,083	79	32
2002	322	94	1,580	111	30
2003	320	137	1,299	90	29
2004	462	185	1,199	81	25
2005	287	118	848	56	49
2006	138	131	1,201	77	55
2007	115	93	536	34	34
2008	108	114	809	50	37
2009	121	81	627	38	28
2010	86	40	511	30	36
2011	65	33	429	25	31
2012	105	134	933	53	32
2013	72	113	638	35	17
2014	111	133	651	35	41
2015	105	77	447	23	22
2016	120		2,035		

자료: 노동청, 『노동행정십년사』(1973), p. 378; 한국노동연구원, 『KLI 노동통계』, 각년도; 국가주요지표(http://www.index.go.kr/).

주: 1) 노사분규발생건수는 노동조합과 사용자(사용자단체) 간 근로조건의 결정에 관한 의견의 불일치로 인해 노조 측이 작업 거부 등에 돌입함으로써 1일 근로시간(8시간) 이상 작업이 중단된 경우 노사분규발생사업장으로 보고 산정한 것이다.

2) 근로손실일수는 노사분규가 직접적인 원인이 되어 발생한 사회적 손실을 근로일수로 측정한 지표로 파업기간 중 파업참가자 수×파업시간÷1일 근로시간(8시간)으로 계산한 것이다.

5. 산업안전

표 C666-677 산업재해 발생, 1982-2013

	적용사업자수	대상근로자수	재해자수					재해율	경제적 손실액			근로손실 일수
			합계	사망자수	부상		업무상 질병 요양자		합계	산재보상금	간접손실액	
					전체	신체장애자						
	C666	C667	C668	C669	C670	C671	C672	C673	C674	C675	C676	C677
	남한, 천 개	남한, 천 명	남한, 명					남한, %	남한, 억 원			남한, 천 일
1982	54	3,465	137,816	1,230	133,683	15,882	2,903	4.0	4,857	971	3,886	26,473
1983	60	3,941	156,972	1,452	152,500	16,868	3,020	4.0	5,881	1,176	4,704	29,680
1984	65	4,385	157,800	1,667	154,930	16,655	1,203	3.6	7,109	1,422	5,687	30,888
1985	67	4,495	141,809	1,718	138,533	19,824	1,558	3.2	9,300	1,860	7,440	36,584
1986	71	4,749	142,088	1,660	138,791	21,923	1,637	3.0	10,737	2,147	8,589	38,171
1987	84	5,357	142,596	1,761	139,212	25,244	1,623	2.7	12,060	2,412	9,648	42,010
1988	101	5,744	142,329	1,925	138,254	26,239	2,150	2.5	14,850	2,970	11,880	38,566
1989	119	6,688	134,127	1,724	130,842	25,536	1,561	2.0	18,465	3,693	14,472	37,513
1990	130	7,543	132,893	2,236	129,019	27,813	1,638	1.8	26,968	5,394	21,574	43,588
1991	146	7,923	128,169	2,299	124,333	29,854	1,537	1.6	35,078	7,015	28,061	46,245
1992	155	7,059	107,435	2,429	103,678	33,569	1,328	1.5	46,578	9,316	37,263	50,574
1993	163	6,943	90,288	2,210	86,665	29,932	1,413	1.3	43,627	8,725	34,901	46,835
1994	173	7,273	85,948	2,678	82,352	29,907	918	1.2	49,928	9,986	39,943	52,676
1995	186	7,894	78,034	2,662	74,252	29,803	1,120	1.0	56,679	11,336	45,343	55,332
1996	210	8,157	71,548	2,670	67,349	27,394	1,529	0.9	67,767	13,553	54,213	44,082
1997	228	8,236	66,770	2,742	62,604	28,854	1,424	0.8	77,802	15,560	62,242	46,634
1998	216	7,582	51,514	2,212	48,014	24,759	1,288	0.7	72,553	14,511	58,043	41,511
1999	249	7,441	55,405	2,912	51,593	19,591	1,521	0.7	63,711	12,742	50,969	39,398
2000	706	9,486	68,976	2,528	63,511	19,784	2,937	0.7	72,813	14,563	58,251	44,090
2001	909	10,581	81,434	2,748	74,290	25,360	4,396	0.8	87,227	17,445	69,782	54,550
2002	1,002	10,571	81,911	2,605	75,116	26,354	4,190	0.8	101,017	20,203	80,813	54,012
2003	1,007	10,599	94,924	2,923	84,261	30,356	7,740	0.9	124,091	24,818	99,273	59,135
2004	1,039	10,473	88,874	2,825	78,154	33,899	7,895	0.8	142,996	28,599	114,397	61,570
2005	1,130	12,070	85,411	2,493	76,518	36,973	6,400	0.8	151,289	30,258	121,031	69,188
2006	1,293	11,689	89,910	2,453	78,343	38,597	9,114	0.8	158,188	31,638	126,551	71,164
2007	1,430	12,529	90,147	2,406	77,292	35,793	10,449	0.7	162,114	32,423	129,691	63,934
2008	1,595	13,490	95,806	2,422	84,624	36,883	8,760	0.7	171,094	34,219	136,875	70,087
2009	1,561	13,885	97,821	2,181	87,699	35,273	7,941	0.7	173,157	34,631	138,526	51,900
2010	1,608	14,199	98,645	2,200	89,459	37,440	6,986	0.7	176,187	35,237	140,949	56,708
2011	1,738	14,362	93,292	2,114	84,662	36,968	6,516	0.7	181,270	36,254	145,016	54,777
2012	1,825	15,548	92,256	1,864	83,349	37,323	6,742	0.6	192,564	38,513	154,051	54,521
2013	1,977	15,449	91,824	1,929	82,803	35,490	6,788	0.6	189,772	37,954	151,817	52,757

자료: 한국노동연구원, 『KLI 노동통계』, 각년도.

주: 1) 적용사업장수는 산업재해보상보험법의 적용을 받는 사업장이다.

2) 사망자수는 재해 당시의 사망자수에 요양 중 사망자수를 포함한 것이다.

3) 2012년 이후의 사망자수는 2011년 5월 25일 산업재해통계업무처리규정(고용노동부 예규 제15호)이 개정됨에 따라 사망재해 기준 변경 후의 자료를 작성한 것이다. 이는 재해 당시의 사망자수에 요양 중 사망자수 및 업무상 질병에 의한 사망자수를 포함한 것이다. ※ 사망자수에는 사업장 외 교통사고, 체육행사, 폭력행위, 사고발생일로부터 1년 경과 사고사망자가 포함되지 않는다(다만, 운수업, 음식·숙박업의 사업장 외 교통사고 사망자는 포함).

4) 간접손실액은 하인리히 방식에 의해 직접손실액(산재보상금 지급액)의 4배로 계상되었다.

5) 근로손실일수는 신체장애자의 등급별 손실일수+사망자 손실일수+부상자, 직업병자의 요양일수이다.

표 C678-687 산업별 산업재해, 1972-2013

	산재강도율					산재도수율				
	광업	제조업	건설업	전기가스수도업	운수창고통신업	광업	제조업	건설업	전기가스수도업	운수창고통신업
	C678	C679	C680	C681	C682	C683	C684	C685	C686	C687
	남한, 천 근로시간당 손실일수					남한, 백만 근로시간당 재해건수				
1972	18.8	1.9	9.2	4.8	4.8	48.4	12.2	32.0	5.3	20.3
1973	28.9	1.3	3.1	1.0	4.3	46.6	13.8	13.4	3.7	23.0
1974	11.4	1.5	2.5	3.8	5.1	32.0	14.9	11.4	5.1	31.8
1975	25.9	2.1	3.6	3.5	4.9	57.7	15.7	14.7	8.5	21.9
1976	23.9	1.5	2.9	1.7	4.0	51.0	15.0	17.5	3.6	22.0
1977	24.6	1.9	2.5	1.7	5.2	45.3	15.9	12.7	4.7	27.7
1978	23.1	2.0	2.7	3.8	4.4	42.9	17.0	14.6	7.8	22.5
1979	27.2	2.2	2.8	4.0	4.0	44.2	13.4	11.9	6.3	17.5
1980	23.5	2.0	2.4	2.7	4.1	49.3	10.6	9.1	5.4	17.0
1985	24.6	2.9	3.2	2.5	3.0	50.1	11.2	12.1	2.9	11.2
1986	39.1	2.1	2.7	1.4	3.1	54.5	10.5	10.9	3.3	10.9
1987	46.1	2.3	2.5	2.4	3.3	53.8	9.8	9.0	3.0	10.5
1988	36.0	2.1	2.1	1.7	2.9	52.9	9.7	8.2	2.4	8.8
1989	39.4	2.1	1.6	0.9	2.5	51.6	8.5	5.6	2.3	8.3
1990	55.8	2.0	1.9	1.2	2.7	54.2	6.9	6.2	1.8	7.6
1991	58.3	2.1	2.1	1.4	2.8	52.3	6.5	6.6	1.4	7.3
1992	62.5	2.5	3.3	1.3	3.1	40.9	5.7	7.8	1.4	6.7
1993	67.4	2.4	3.0	1.4	3.2	41.5	5.2	5.9	1.0	6.2
1994	65.8	2.7	3.0	1.9	3.6	29.6	5.0	5.0	1.0	5.9
1995	60.2	2.9	2.8	1.8	3.4	22.7	4.5	4.1	1.0	5.0
1996	56.8	2.2	2.4	1.5	2.7	20.9	4.4	3.4	0.9	4.9
1997	62.0	2.4	2.5	0.9	2.9	21.9	4.0	3.0	1.0	4.8
1998	59.5	2.4	3.3	1.0	2.5	20.4	3.7	3.1	0.9	3.1
1999	78.9	2.3	2.7	1.0	2.3	25.5	4.3	2.5	1.0	3.0
2000	71.7	2.5	2.3	1.2	2.1	19.0	4.6	2.6	1.0	3.4
2001	94.7	3.0	2.4	1.2	2.5	31.3	4.8	2.9	1.0	3.4
2002	90.3	2.7	2.3	1.5	2.2	30.3	4.9	3.1	1.1	3.0
2003	107.2	3.0	2.8	1.5	2.4	42.3	5.5	3.7	1.1	3.5
2004	115.0	3.0	3.9	1.0	2.5	59.5	5.1	4.1	1.1	3.1
2005	133.0	3.5	4.0	1.0	2.5	57.1	4.8	3.3	1.1	2.9
2006	137.4	3.7	3.5	1.5	2.6	51.0	4.9	3.2	1.0	3.1
2007	118.2	3.2	2.9	0.9	2.2	42.0	4.6	3.0	1.0	2.9
2008	130.5	3.6	3.4	1.3	2.7	40.1	5.1	3.3	0.8	3.2
2009	121.3	2.7	2.3	1.1	1.8	36.8	4.7	3.4	1.0	2.9
2010	137.1	2.9	2.6	1.1	1.8	39.1	4.7	3.7	0.8	2.9
2011	127.2	2.7	2.8	0.7	1.6	39.3	4.2	4.0	0.7	2.7
2012	92.3	2.5	3.1	0.5	1.6	30.0	3.7	4.5	0.8	2.4
2013	123.8	2.2	3.3	0.9	1.6	34.8	3.5	5.0	0.6	2.6

자료: 한국노동연구원, 『KLI 노동통계』, 각년도.

주: 1) 산재강도율은 산업재해로 인한 연 1,000 근로시간당 근로 손실일수이다.

2) 산재도수율은 연 100만 근로시간당 발생한 재해건수이다.

표 C688-691 산업안전투자, 1988-2013

	산재보험 총지출	산재예방 투자비용	근로자 1인당 산재예방 투자비용	산재예방 투자지출 비중
	C688	C689	C690	C691
	남한, 억 원		남한, 원	남한, %
1988	3,362	72	1,253	2.2
1989	4,172	113	1,689	2.9
1990	5,873	124	1,644	2.1
1991	7,766	346	4,367	4.5
1992	10,279	493	6,984	4.8
1993	10,467	754	10,861	7.2
1994	11,254	742	10,202	6.6
1995	14,071	1,675	21,221	11.9
1996	16,154	1,727	21,174	10.7
1997	18,345	1,864	22,632	10.2
1998	16,458	951	12,542	5.8
1999	14,991	800	10,751	5.3
2000	16,847	817	8,613	4.9
2001	19,997	1,038	9,817	5.2
2002	24,652	2,085	19,726	8.5
2003	30,298	2,082	19,643	6.9
2004	33,689	1,646	15,714	4.9
2005	36,752	2,438	20,199	6.6
2006	38,612	2,491	21,311	6.5
2007	39,823	2,428	19,379	6.1
2008	41,845	2,504	18,562	6.0
2009	42,096	2,423	17,450	5.8
2010	43,332	2,689	18,938	6.2
2011	44,938	2,732	19,022	6.1
2012	47,134	2,996	19,269	6.4
2013	46,098	3,323	21,551	7.2

자료: 한국노동연구원, 『KLI 노동통계』, 각년도.

주: 1) 산재예방 투자지출비=산재예방투자비/산재보험총지출×100.

2) 2012년까지 산재예방 투자비용은 산재예방과 산재보험 및 예방연구개발 지출액의 합이다.

3) 2013년 산재예방 투자비용은 산재보험 및 예방연구개발 지출액을 포함하지 않는다.

D. 임금

차명수 · 황준석 · 이우연

이 글은 본서에 수록된 임금 통계의 내용과 성격을 소개하고, 그것이 보여 주는 실질 임금 수준과 임금격차의 장기 추세를 보여 주며 그 의미를 설명한다. 실질 임금은 생활수준의 변화 추세를 보여 주는 지표로서 흔히 사용되며, 숙련 · 비숙련 노동자 간 임금격차 및 학력별 임금격차는 인적 자본에 대한 투자의 수익률을 나타내고, 여성 · 남성 간 임금격차는 성별 생산성 차이와 여성노동자에 대한 사회적 차별을 반영한다.

1. 임금 통계

조선후기, 식민지기, 해방 이후 세 시기별로 이용 가능한 임금 통계의 양과 성격이 크게 다르다. 이 세 시기 중 임금 통계가 비교적 잘 정리되어 있는 시기는 식민지기이지만, 이용 가능한 임금 통계의 양은 해방 이후, 특히 1970년 이후 크게 증가했다. 조선후기의 임금 통계는 희소하며 그것이 얼마나 노동시장 전체의 상황을 대표하는 것인지도 알기 어렵다.

조선후기의 임금 통계는 크게 양반가의 일기, 농업 경영 관련 기록 등에서 수집된 것과 정부가 벌인 공공 사업에 관한 기록인 의궤에 나온 것으로 나뉘어진다. 이 통계서에 실린 이우연(2001)의 예천 임금(D16-28), 김건태(1999)의 영암 임금이 전자의 예이다(D8-15). 의궤에 제시된 것은 임금 지불 규정인데 이에 따르면 지불 수단은 쌀, 면포, 동전 중 어느 하나거나 두 가지 이상의 조합이었다. D4-7은 박이택(2004)이 수집해서 동전 1냥=쌀 2말=면포 4필의 교환 비율을 적용해서 화폐 임금으로 환산한 것이다. 그러나 이 숫자는 다음과 같은 두 가지 이유 때문에 명목 임금으로도 실질 임금으로도 볼 수 없다. 우선, 실제로 노동자들이 받은 임금은 의궤에 기록된 것과는 달랐기 때문이다. 특히, 의궤에 따르면 임금의 상당 부분이 쌀이나 면포 같은 실물로 지급되는 것으로 정해져 있었지만 실제로는 시간이 흐를수록 점차 많은 부분이 현물 대신 동전으로 지급되었다. 둘째, 실물로 지급되기로 규정된 부분을 동전 가치로 환산하기 위해서 동전 1냥=쌀 2말=면포 4필을 적용했지만 18, 19세기에 걸쳐서 인플레이션이 진행되었기 때문이다. 차명수(2009)는 이 같은 사정을 감안해서 박이택의 임금 통계를 쌀 임금 지수로 환산했는데 이는 계열 D1로 제시되어 있다.[1]

『조선총독부통계연보』에 실려 있는 임금표는 식민지기 임금에 관한 가장 포괄적이고 체계적인 자료이다. 여기에 나온 정보를 정리하고 분석한 적지 않은 수의 연구들이 나와 있다(허수열 1980; 김낙년 · 박기주 2007, 2011; 차명수 2011). 표 D54-61은 『조선총독부통계연보』 임금표에 제시된 주요 직종의 임금을 8대 도시별로 보여 준다. 식민기기 임금 통계를 제공하는 또 하나의 주요 자료로는 『조선은행조사월보』가 있는데 이는 표 D33-53으로 제시되어 있다. 셋째, 김낙년 · 박기주(2011)는 1) 조선총독부보고례, 2) 회사 및 공장에서의 노동자 조사(会社及工場に於ける労働者の調査), 3) 공장 및 광산에서의 노동상황조사(工場及鉱山に於ける労働状況調査), '조선노동기술통계조사령'(1941년 칙령 제380호)에 제시된 공장 임금 통계를 바탕으로 성별 · 연령별 · 민족별 임금을 추계했다(D70-87). 넷째, 김재호(2012)는 재정 통계로부터 조선총독부 관리 봉급을 추계했다(D27-32).

1 임금 중 화폐로 지급되는 부분의 비중이 어떻게 변했는지를 직접 보여 주는 증거가 없으므로 차명수(2009)는 이 비중의 변화 경로에 대한 서로 다른 가정을 도입해서 상이한 쌀 임금의 시계열을 도출하고 어떤 가정을 쓰더라도 18, 19세기에 실질 임금이 하락했을 것이라고 결론지었다.

이처럼 식민지기 임금 자료는 대부분 식민지 정부의 조사 당국이 계산한 도시별 평균 임금인데, 조선식산은행의 『퇴직사망자대장』은 실제로 개인들이 받았던 임금 액수를 알려주는 마이크로 데이터라는 점에서 독특하다.[2] 여기에는 조선식산은행 직원 개개인의 학력, 성별, 민족 같은 특성 그리고 입사, 승진, 퇴사 같은 인사 변동 사항뿐 아니라(상여금이나 수당을 제외한) 본봉 변화에 관한 정보가 포함되어 있다. 차명수 · 황준석 · 이우연(2014)은 『퇴직사망자대장』에 포함된 이 같은 마이크로 정보를 분석해서 학력수준별 임금격차를 추정했다(D-d).

해방 후에도 한국은행은 『조선총독부통계연보』의 임금표와 비슷한 양식에 따라 도시별 · 직종별 평균 임금을 발표했다. 그러나 임금조사 대상 직종이 크게 감소했을 뿐 아니라 그나마 한국은행은 1963년 임금 통계 발표를 중지했다. 식민지 시대의 직종별 평균 임금과 비슷한 성격의 통계는 세 가지가 있는데, 하나는 농업협동조합이 1959년부터 남녀별 농업 임금과 함께 발표한 목수와 미장이 임금(1998년까지), 초가 및 기와지붕 기술자(1971년까지) 임금이다(D142-145). 둘째는, 1957-1971년간의 광업 및 제조업 생산종사원의 월급여 총액을 종사자수로 나눈 숫자다(D148-172). 마지막은, 건설 및 제조업에 속하는 직종별 노임 단가다. 2016년도 조사기준으로 건설 부분은 대한건설협회에서 건설 현장 2,000여 곳을, 제조 부분은 중소기업중앙회에서 중소제조기업 1,500개 업체를 조사하여 발표한다. 이 임금은 대체로 정부 예산안 작성 등에 필요한 원가 회계에 이용되는 정보이므로 실제 지급 임금이라고 보기는 어렵다. 건설 · 제조 부문 내 300여 개 직종의 임금이 있는데 여기에서는 장기 시계열을 확보할 수 있는 건설 부문 38개와 제조 부문 52개의 직종을 수록하였다(D231-328, D329-380).

한국은행이 1967년도 임금기본조사보고서를 이듬해에 발간한 것을 계기로 임금 통계는 이전과는 전혀 다른 방식으로 제공되기 시작했다. 즉, 정부기관은 도시별 · 직종별 평균 임금 대신에 성별, 직종별, 학력별, 작업장 규모별, 근속연수별, 고용형태별로 임금 수준이 어떻게 다른지 발표하기 시작했다. 한국은행의 임금 구조 통계서 발간은 1967년도 한 번으로 끝났지만 임금 구조 통계는 1968년도부터 노동청(1981년 노동부로 승격, 2010년 고용노동부로 개칭, 이하 고용노동부)의 직종별임금결과조사보고서를 통해 제공되기 시작했다. 이 자료의 명칭은 1973년에 직종별임금조사보고서로, 1975년에 근로자센서스보고서(직종별 임금실태조사 부문)로, 1976년에 직종별임금실태조사보고서로, 1992년에 임금구조기본통계조사보고서로 변경되었고, 그리고 2008년부터는 고용형태별근로실태 조사보고서에 통합되었다.

고용노동부는 임금구조조사 작성의 근거가 된 마이크로 데이터(=원시 정보) 파일을 1980년부터 현재까지 제공한다. 경제학자들은 마이크로 데이터를 가지고 임금함수를 추정해서 교육수준별 임금격차를 추정했는데 그 결과는 직종별임금조사보고서에 제시된 것에 비해 현저히 작다(차명수 · 황준석 · 이우연 2014: 89). 왜 이런 차이가 나타났는지를 이해하기 위해서 대졸과 고졸 사이의 임금격차를 계산하는 경우를 생각해 보자. 대졸 노동자와 고졸 노동자를 각각 만 명씩 무작위로 추출했다고 하자. 이 표본에 포함된 노동자들은 나이도 다르고 근속연수도 각각 다르다. 이들의 임금으로부터 표본 평균(sample mean)을 구했더니 고졸 노동자가 월 150만 원, 대졸 노동자가 월 200만 원이었다고 하자. 그런데 어떤 이유로 이 표본에 포함된 고졸 노동자의 평균 근속연수가 대졸 노동자에 비해 짧다고 하자. 그렇다면 대학 교육을 받았다는 사실 때문에 발생하는 임금격차는 50만 원, 즉 33%보다 작을 것이다.

그래서 경제학자들은 학력별 임금격차를 추정하기 위해 회귀분석을 통해 연령과 경험이 임금 소득에 미치는 영향을 통제, 즉 제거하는데 이런 회귀식을 민서(Jacob Mincer, 1922-2006)형 임금 소득함수(Mincer earnings function)라고 한다. 고용노동부가 발표하는 임금조사보고서에 제시된 임금격차는 조사 대상자들을 학력별로 구분하여 이들이 받는 임금을 단순 평균한 것으로 보이는데 이는 순수히 학력 차이가 가져오는 임금격차와는 다르다. 이 둘 사이의 차이에 대해서는 다음 절에서 더 구체적으로 설명할 것이다.

임금구조조사의 마이크로 데이터는 한 해에 수십만 명의 표본 노동자의 정보를 담고 있는데 조사시점에서부터

---

2 조선식산은행은 1918년 여섯 개의 농공은행을 통합해서 설립되었는데, 1954년 한국산업은행으로 이름이 바뀌면서 국책 은행이 되어 고도 성장기에 정부의 산업 정책에 따라 선정된 기업들에게 정책 금융을 제공하는 기관으로 기능했다. 2008년 민영화되어 현재 KDB산업은행이라 불리는 일반 은행의 하나가 되었다.

이를 분석한 결과를 발표하는 데까지 적어도 일 년 정도의 시간이 소요된다. 예를 들어, 1983년 4월에 이루어진 조사의 경우 그 조사 결과보고서가 발표된 것은 1984년 8월 1일이었다. 고용노동부에서는 노동 현장의 상황을 보다 신속하게 파악하기 위해 사업체 노동력조사를 실시한다. 이는 1968년 노동이동조사와 1971년 근로자임금실태조사로 시작하여, 1974년 매월노동조사로 통합되어 분기별로 보고서가 발행되었다. 1980년 4월 조사부터 발행 주기가 월간으로 늘어났는데 당시 조사와 발표 사이의 시차는 약 반 년 정도였지만 이후 시차는 점차 줄어들고 있다.

매월노동조사는 1999년 3월부터 조사 대상을 상용근로자 10인 이상에서 5인 이상으로 확대, 2008년 3월에는 1인 이상으로 확대하였고, 명칭을 사업체임금근로시간조사로 변경하고 조사 주기도 분기로 바꿨다. 이후 2011년 1월부터 "사업체노동력조사"로 명칭을 변경하고 조사 대상도 임시직을 포함하는 종사자 1인 이상으로 확대했으며 조사 주기도 다시 매월로 복귀하여 현재에 이른다. 매월노동조사는 임금구조조사에 비해 간소하다. 임금은 각 기업이 보고하는 임금 총액을 근로자수나 근로 시간으로 나누어 구해지며 임금구조조사에서처럼 각 근로자의 학력, 경력 등이 기재되지는 않는다. 다만 근로자가 남성인지 여성인지, 생산근로자인지 아닌지 정도만 분류된다. 이 장에서는 산업별 평균 월급여액을 수록하였다(D173-182, D183-195).

지금까지 소개한 것은 명목 임금인데 노동자들의 생활수준 변화를 알기 위해서는 이를 생계비지수로 나누어 실질 임금으로 전환시킬 필요가 있다. 조선시대의 소비자물가지수로는 박기주 · 이우연(2001)이 추정한 18, 19세기 예천 지역의 소비자물가지수가 유일하다(O3-4). 식민지기의 소비자물가지수로는 차명수(2011)가 추계한 1910-1939년의 8대 도시 생계비지수를 이 장에 수록했다(D62-69). 셋째, 물가를 다루는 O장은 1907-2009년간의 서울 소비자물가지수를 수록하고 있다(O6). 마지막으로, 통계청이 발표한 남한의 도시 소비자물가지수도 제공한다(O45-73).

2. 임금 수준

그림 D-a 실질임금지수, 1700-2010

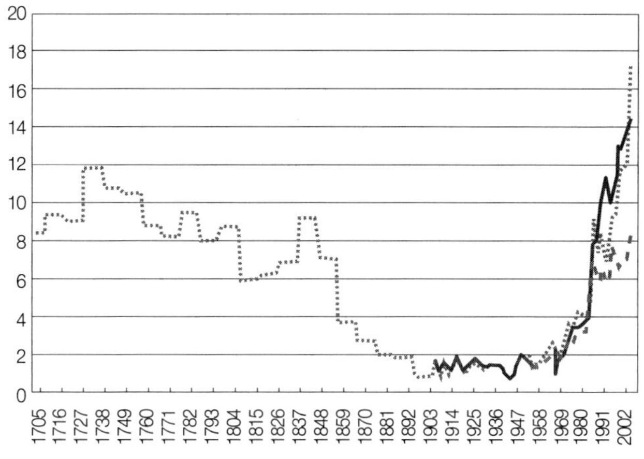

자료: 쌀 임금-D1; 실질 임금-D2; 후생 비율-D3.
주: 비농업 부문 비숙련 노동자 임금; 쌀 임금지수(점선)와 실질임금지수(실선)는 1910년의 수준을 같은 해의 후생 비율(파선) 1.7689와 일치시켰음.

그림 D-a는 가장 하위 소득계층인 비숙련 노동자(unskilled workers)들의 생활수준을 나타내는 세 가지 실질 임금 지표의 변화를 보여 준다. 우선 실선으로 표시된 것은 도시의 비숙련 노동자 명목 임금을 소비자물가지수(consumer price index)로 나누어 구한 실질임금지수(real wage index)이다. 이는 1910-1960년간 정체하다가 이후 반 세기 동안 빠르게 상승했다.

둘째, 파선은 농업 노동자들의 명목 임금을 최소생계비(cost of subsistence)로 나누어 구한 후생 비율(welfare ratio)을 보여준다. 여기서 최소생계비란 노동자들이 생명을 유지하는데 반드시 필요하다고 볼 수 있는 아홉 가지 소비재로 이루어진 재화 꾸러미(consumption bundle)를 사기 위해서 필요한 금액을 말한다. 그러므로 후생 비율은 생명 유지에 필요한 소비재 꾸러미를 몇 개 살 수 있는지를 나타낸다. 만일 후생 비율이 1이라면 노동자들이 겨우 죽지 않고 살아가고 있다는 것을 말한다. 이런 상태를 '빈곤선'(poverty line)이라고 한다. 1910년대 우리나라의 후생 비율은 1.33이었다.[3]

그림 D-a에 제시된 쌀 임금은 조선후기에 큰 폭의 실질 임금 하락이 일어났음을 말해 준다. 그러나 이는 노동자들

3 후생 비율 계산에 대한 상세한 설명은 Cha(2015)를 보라.

의 실질 임금 수입이 18, 19세기에 이렇게 많이 감소했음을 의미하는 것은 아니다. 왜냐하면 쌀 임금은 일당이며 노동자들의 연간 수입은 여기에 연간 노동 일수를 곱한 것과 같으며 실질 임금 하락은 노동 일수의 증가를 가져왔을 가능성이 크기 때문이다. 중세와 근대 초기의 영국에서도 인구 변동에 따라 실질 임금이 큰 폭으로 하락했는데 실질 임금이 하락(상승)할 때는 노동 일수가 증가(감소)하는 경향이 있었다(Humphries and Weisdorf, 2017). 조선후기의 노동 공급곡선도 영국과 마찬가지로 음의 기울기를 가지고 있었다면 연간 수입은 실질 임금보다 느리게 하락했을 것이다.

그림 D-a에 따르면 쌀 임금 하락은 20세기 들어 멈췄다. 쌀 임금 및 기타 실질임금지수는 식민지기와 해방 후 혼란기에 정체한 뒤 1960년경부터 빠르게 증가하기 시작했다. 조장옥(2017)은 식민지기에 기층민의 생활수준이 크게 향상되지 않았다는 사실을 근거로 식민지기에 우리나라가 맬서스의 덫을 벗어나 근대적 경제성장 단계로 이행했다는 주장이 설득력이 없다고 보았다.

그러나 근대적 경제성장으로의 이행이 일어났는지 여부는 전반적 생활수준이 얼마나 빠르게 증가하느냐를 보고 판단할 문제가 아니다. 18세기 말, 19세기 초에 일어난 영국 산업혁명은 역사상 최초로 근대적 경제성장으로의 이행을 이끈 사건이지만 이 시기에 보통 노동자들의 생활수준은 향상되지 않았다(Feinstein 1998). 영국 산업혁명이 획기적이었던 것은 이 시기에 인구가 빠르게 증가하는 가운데 최하위 소득계층인 비숙련 노동자들의 생활수준이 하락하지 않았다는 사실에 있었다. 중세와 근대 초기 영국에서는 제한된 자원을 이용해 먹고 살아야 하는 사람수가 증가하면 생활수준은 하락하고 흑사병 같은 전염병으로 인구가 감소하면 생활수준이 상승하는 경향이 나타나고 있었다. 영국 산업혁명을 계기로 인구와 생활수준 사이의 마이너스 상관관계가 사라지고 플러스의 상관관계가 나타나게 되었다(Clark 2005).

그림 D-b는 바로 이런 변화 – 맬더스적 정체로부터 근대적 경제성장으로의 이행 – 가 식민지기를 분수령으로 해서 일어났음을 알려준다. 1700-1900년 사이에 남한 인구가 약 300만 명에서 1,100만 명 정도로 증가하는 동안 쌀 임금 지수는 1/10로 감소했다. B장에서 설명하는 것처럼 식민지기에는 인구가 조선후기의 두 배나 빠른 속도인 1.3%씩 증가하고 있었음에도 불구하고 가장 하위의 소득계층인 비숙련 노동자 실질 임금이 완만한 속도이기는 하지만 증가했다.[4] 해방 후에는 인구 증가 속도가 더 빨라졌지만 실질 임금 증가 속도는 더욱 빨라졌다.

그림 D-b 인구 증가와 실질 임금, 1700-2010

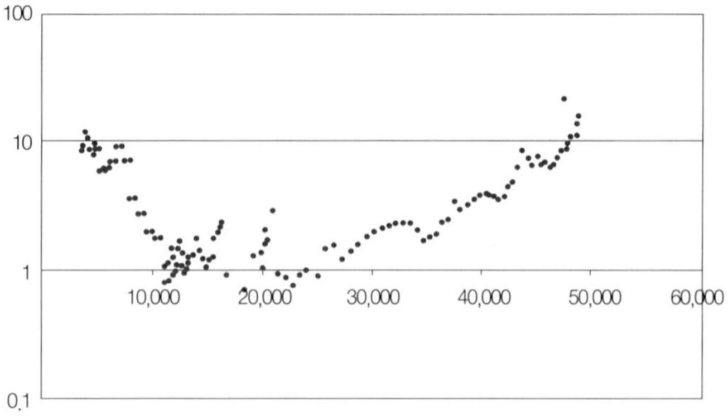

자료: B8, B11; D1; 1700-1910년간 인구는 1910년 인구에 식민지기 남한 인구 증가율을 적용해서 1900-1909년간의 인구를 구하고 이렇게 도출한 1900년 인구에 차명수(2009)가 추계한 18 및 19세기 인구 증가율을 적용해서 계산.
주: 가로축은 남한 인구(천 명); 세로축은 로그축이며 쌀 임금 지수를 표시.

3. 임금격차

노동자 중에는 근력뿐 아니라 기술과 지식을 이용해서 일하는 사람들이 있는데 이들을 숙련 노동자(skilled workers)라 한다. 숙련 노동자들의 임금은 비숙련 노동자 임금에 비해 높은데 그 차이는 숙련 노동자들이 보유하는 숙련(skill)에 대한 보수를 나타내며 숙련 프리미엄(skill premium)이라고 한다. 그림 D-c는 숙련 노동자 중 하나인 식자공 임금과 보통 노동자 사이의 임금 비율이 식민지기에 추세적으로 증가했음을 보여 준다. E장에서 설명하는 것처럼 식민지배하에서 근대교육이 확산되고 있었으므로 전체 노동자 중 숙련 노동자의 비중이 증가했을 것으로 추측할 수 있다. 따라서 식민지기에 전체 노동자들의 평균 실질 임금은 그림 D-a에 제시된 비숙련 노동자 실질 임금보다 더 빠르게 증가했을 것

4 이 같은 사실은 역시 가난한 사람들을 대표할 것으로 여겨지는 행려사망자의 평균 신장이 식민지기에 약 2센티미터 정도 커졌다는 발견과 합치한다. Kim and Park(2011).

그림 D-c 식자공/보통 노동자 임금 비율

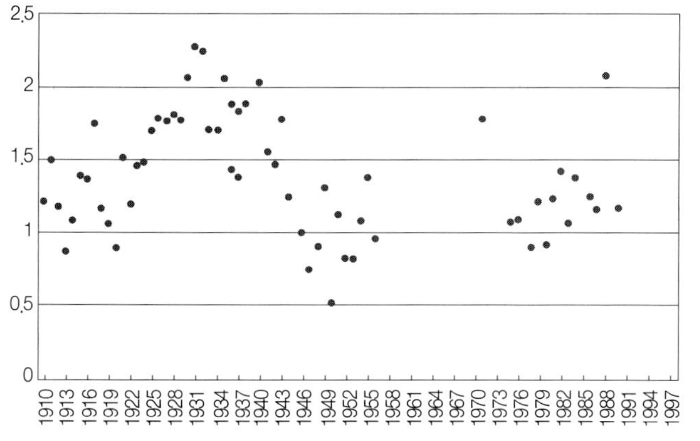

자료: 조선총독부통계연보; D123; 김낙년 · 박기주(2007); 직종별임금조사보고서.

이다.

식자공으로 일하려면 문자해독 능력을 가지고 있어야 하므로 식자공들은 적어도 초등학력을 보유하고 있었을 것이다. 식민지 시대의 보통 노동자, 즉 비숙련 노동자들은 대부분 아무런 교육도 받지 못하였을 가능성이 높으므로 숙련 프리미엄은 초졸 노동자/무학의 보통 노동자(식민지기) 또는 인부 (해방 후) 임금 사이의 비율이라고 볼 수 있다. 그림 D-c에 따르면 이 임금 비율을 식민지배 시작 당시 1.5에도 미치지 못했지만 이후 꾸준히 상승해서 제2차 세계대전 발발경 2 정도의 수준에 도달했다. 이는 식민지기에 초등학교 교육 보급으로 초졸자 공급이 증가했지만, 식민지 시대의 경제성장에 따른 초졸자, 즉 숙련 노동자에 대한 수요가 더 빠르게 증가했고 그래서 초등학교 교육 투자에 대한 수익률이 상승했음을 의미한다.

제2차 세계대전 발발, 해방, 남북 분단을 거치면서 숙련 프리미엄은 하락해서 식민지기 초기의 수준으로 되돌아 갔는데, 그 이후 다시 회복되지 못한 채 오늘에 이르렀음을 그림 D-c는 보여 준다. 해방 전후 시기의 숙련 프리미엄 수축은 이 시기의 경제 위축에 따른 숙련 노동자에 대한 수요 감소에 의한 것이며, 이후 숙련 프리미엄이 다시 증가하지 못했던 것은 P장에서 설명하는 것처럼 무학력자 비중의 급속한 감소와 초등학력자 비중의 급속한 증가로, 즉 숙련 노동자 공급 증가로 설명할 수 있다(P-i).

해방 후 초등교육이 의무화, 보편화되면서 초졸자/무학자 임금 비율이 학력별 임금격차지수로서 갖는 의미는

그림 D-d 고졸자에 대한 대졸자 임금 프리미엄 및 초졸자 임금 디스카운트

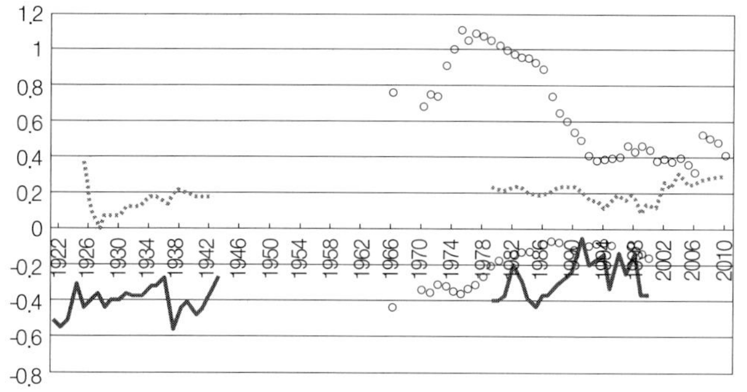

자료: 점선과 실선-식민지기는 차명수 · 황준석 · 이우연(2014), 1980년 이후는 필자들의 계산; 동그라미-직종별임금조사보고서.

주: 점선과 실선은 각각 고졸자 임금을 기준으로 한 초졸자 임금 디스카운트, 대졸자 임금 프리미엄; 식민지기는 식산은행『퇴직사망자대장』을 근거로 1980년 이후는 고용노동부의 원시 자료(마이크로 데이터)를 이용해 추정; 동그라미는 직종별임금조사보고서에 제시된 학력별 평균 임금의 비율을 구하고 이 비율에서 1을 빼어 도출한 학력별 임금격차.

크게 약화되고, 그 대신 대졸자 · 고졸자 임금 비율이 더 중요한 의미를 가지게 되었다. 그림 D-d에는 한국은행의 임금기본조사와 고용노동부의 직종별임금조사보고서에 제시된 고졸자 평균 임금에 대한 대졸자 평균 임금과 초졸자 평균 임금의 비율에서 1을 빼어 구한 대졸자 임금 프리미엄과 초졸자 임금 디스카운트가 동그라미로 표시되어 있다. 이에 따르면 1960년대 말에 60% 정도였던 대학 교육 프리미엄은 1970년대 들어서 상승했다. 그리고 1970년대 말에 100%를 초과한 뒤 하락해서 1990년대 초에는 40% 정도로 떨어진 후 정체했다.

그런데 앞 절에서 설명한 것처럼 이는 근속 기간 등이 미친 영향을 통제하지 않은 것일 가능성이 높다. 그림 D-d에 점선으로 표시된 것은 차명수 · 황준석 · 이우연(2014)이 회귀분석을 통해 학력 이외의 요인들이 미치는 영향을 제거한 뒤 금융산업의 고졸자에 대한 대졸자의 임금 프리미엄이다. 이는 한국은행의 임금기본조사와 고용노동부의 직종별임금조사보고서에 제시된 고졸자 평균 임금에 대한 대졸자 임금 프리미엄보다 훨씬 작다. 또 그림 D-d의 점선에 따르면 대졸 임금 프리미엄은 식민지기에 정체했다고 볼 수도 있고 1926년의 값을 이상치(outlier)라고 본다면 추세적으로 확대되었다고 할 수도 있다. 해방 후 1980년까지는 정보가 없지만 1980년과 1990년대에 대졸자 프리미엄은 감소 추세를 따르다 1990년대 들어 확대되기 시작했다.

그림 D-d에는 고졸 노동자에 대한 초졸 노동자의 임금 디스카운트가 실선으로 표시되어 있다. 이는 한국은행의 임금기본조사와 고용노동부의 직종별임금조사보고서에 제시된 초졸자 임금 디스카운트(동그라미 표시)보다 현저히 큰데 1980년 이후 감소하는 추세를 보였다.

그림 D-d에서 설명하고 있는 것처럼 차명수 · 황준석 · 이우연(2014)의 학력별 임금격차 추정치는 1945년과 그 이후의 시기에 대하여 매우 다른 성격의 자료에 의거하고 있으므로 연결된 시계열로 보기 어렵다. 굳이 연결해 보면 1945년 전과 후 사이에 학력별 임금격차가 비슷하며 1910년 이후 한 세기 동안 학력별 임금격차가 추세적으로 확대되거나 수축되지 않았음을 알 수 있다. 이는 지난 한 세기 동안 우리나라가 지속적이며 빠른 경제성장을 이룩했다는 점에 비추어 볼 때 괄목할만한 사실이다. 경제성장은 교육 받은 노동자들에 대한 수요를 확대시키고 따라서 학력별 임금격차를 확대시키는 경향이 있음에도 불구하고 임금격차가 안정되어 있었다는 것은 교육 공급이 수요 증가에 발 맞추어 확대되었음을 말해 준다.

거의 모든 나라에서, 거의 모든 시대에 여성노동자는 비슷한 일을 하는 남성노동자에 비해 낮은 임금을 받아 왔다. 증기기관 같은 동력 기계가 발명되기 이전에 존재했던 성별 임금격차의 대부분은 남성의 근력이 여성에 비해 우월하고 그래서 남성노동자의 생산성이 높다는 이유로 설명할 수 있었다. 그러나 기술 발전으로 성별로 육체적 차이 때문에 생기는 생산성 격차가 줄어든 오늘날 남아 있는 성별 임금격차는 반드시 생산성 격차라고 말하기 어렵다.

그림 D-d는 여성 · 남성 임금 비율을 농업과 비농업으로 나누어 보여 준다. 주에서 설명하고 있는 것처럼 이 그림은 1980-2010년간 비농업을 제외하면 나머지 모두가(표본 평균일 것이라고 짐작되는) 『조선총독부통계연보』나 『농협조사월보』와 같은 정부간행 통계서에 제시된 여성 임금을 남성 임금으로 나눈 비율이다. 그러므로 학력별 임금격차와 마찬가지로 여기에는 순수한 성별 임금격차뿐만 아니라 여성과 남성 노동자의 근속 기간이나 경험 등이 달랐기 때문에 발생하는 임금격차가 포함되어 있을 것이다. 다만 1980-2010년간의 비농업 부문 여성 · 남성 임금 비율은 황준석(2011)이 고용노동부의 마이크로 데이터를 가지고 임금함수

그림 D-e 여성/남성 임금 비율

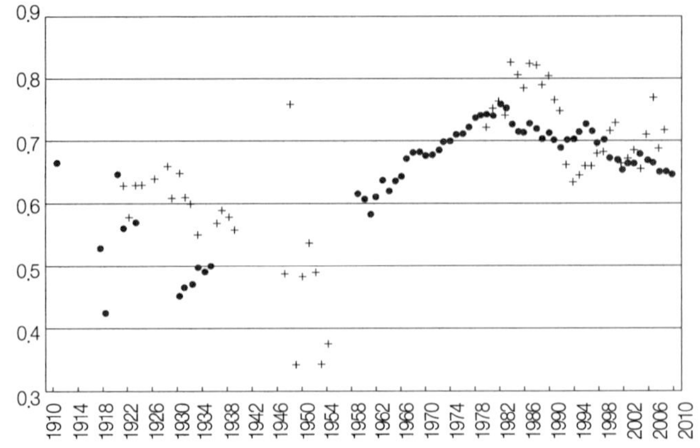

자료: 식민지기 농업-『조선총독부 통계연보』; 해방 후 농업-D138, D141; 1921-1943년간 비농업-D71, D72; 1945-1956년간 비농업-D112, D114; 1980년 이후 비농업-고용노동부 마이크로 데이터에 포함된 사무직 노동자 임금을 이용한 황준석(2011)의 추정치.

주: 동그라미는 농업, 십자가는 비농업.

를 추정해서 구한 사무직에서의 성별 임금격차이며 따라서 순수한 성별 임금격차에 가까운 숫자이다.

그림 D-d에 따르면 농업과 비농업에서의 여성 · 남성 임금 비율의 추세는 크게 다르지 않다. 식민지기에는 여성의 임금 열세가 악화되었으며 해방 후 1980년경까지 성별 임금격차가 줄어들었는데 이후 최근 30년간 여성 임금은 다시 남성 임금에 비해 하락했다. 1910년 이후의 한 세기를 전체적으로 보면 성별 임금격차는 추세적으로 완만히 감소했다.

4. 결론

임금 통계는 어떤 나라가 물질적으로 발전하고 있는지 아닌지 그 여부를 판단하기 위해서, 그리고 발전하고 있다면 그 발전을 가져오는 요인이 무엇인지를 추론하기 위해서 없어서는 안될 중요한 정보를 포함하고 있다. 그리고 임금으로 생활하는 노동자들은 상대적으로 빈곤한 사람들이므로 실질 임금 변화를 일인당 생산의 추이와 비교해 보면 소득분배가 평등해지고 있는지 불평등해지고 있는지도 알 수 있다. 우리나라에서 체계적인 임금 정보는 대부분 정부가 수집하여 발표해 왔는데, 지난 한 세기 동안 몇 번의 체

제 전환을 겪으면서 그 방식이 여러 번 바뀌었기 때문에 일관성 있는 장기 시계열을 만드는 일은 쉽지 않다. 이는 앞으로 꾸준히 추진해 나가야 할 과제이다.

참고문헌

김건태(1999), 「근대의 유교학맥과 민족운동 1-화서학파의 학맥과 민족운동: 1743~1927년 전라도 영암 남평문씨 문중의 농업경영」, 『대동문화연구』 35, 285-332.

김낙년 · 박기주(2007), 「해방 전후(1936-1956년) 서울의 물가와 임금」, 『경제사학』 42, 71-105.

______(2011), 「식민지기 조선의 임금수준과 임금격차-공장임금을 중심으로」, 『대동문화연구』 74, 379-417.

김재호(2012), 「제8장 정부부문」, 김낙년 편, 『한국의 장기통계: 국민계정 1911-2010』, 서울대학교출판문화원, 169-192.

박기주 · 이영훈 · 조영준(2007), 「물가」, 『낙성대경제연구소 워킹페이퍼』 2007-8.

박기주 · 이우연(2001), 「농촌의 재화 가격과 물가의 추이」, 안병직 · 이영훈 공편, 『맛질의 농민들: 韓國近世村落生活史』, 일조각, 150-177.

박이택(2004), 「제2장 서울의 숙련 및 미숙련 노동자의 임금, 1600~1909: 『儀軌』 자료를 중심으로」, 이영훈 편, 『수량경제사로 다시 본 조선후기』, 서울대학교출판문화원, 41-108.

이우연(2001), 「농업임금의 추이: 1853~1910」, 안병직 · 이영훈 편, 『맛질의 농민들』, 일조각, 178-204.

______(2010), 「조선후기 노비 가격의 구조와 수준, 1678-1889」, 『경제학연구』 58, 99-132.

조장옥(2017), 「거시경제학의 눈으로 본 식민지 근대화론」, 『경제학연구』 65(1), 1-44.

차명수(2009), 「의궤에 나타난 조선 중후기의 비숙련 실질 임금 추세, 1600-1909」, 『경제사학』 46, 3-28.

______(2009), 「조선후기의 출산력, 사망력 및 인구증가: 네 족보에 나타난 1700-1899년간 생몰 기록을 이용한 연구」, 『한국인구학』 32(1), 113-137.

______(2011), 「식민지 시대의 도시간, 직종간 비숙련 임금격차」, 『경제학연구』 59, 55-93.

차명수 · 황준석 · 이우연(2014), 「우리나라 금융 산업에서의 학력별 임금격차, 1922-2011」, 『경제사학』 56, 3-34.

황준석(2011), 「한국의 임금수준과 구조, 1959-2010」, 영남대학교 대학원 국내석사학위논문.

Cha, Myung Soo(2015), "Unskilled Wage Gaps Within the Japanese Empire," *Economic History Review* 68(1), 23-47.

Clark, Gregory(2005), "The Conditions of the Working Class in England, 1209-2004," *Journal of Political Economy* 113, 1307-1340.

Feinstein, Charles H.(1998), "Pessimism Perpetuated: Real Wages and the Standard of Living in Britain during and after the Industrial Revolution," *Journal of Economic History* 58(3), 625-658.

Humphries, Jane and Jacob Weisdorf(2017), "Unreal Wages? Real Income and Economic Growth in England, 1260-1850," paper presented at the 8th World Congress of Cliometrics, Strasbourg.

Kim, Duol and Heejin Park(2011), "Measuring living standards from the lowest: Height of the male Hangryu deceased in colonial Korea," *Explorations in Economic History* 48(4), 590-599.

D. 임금

차명수 · 황준석 · 이우연

1. 장기시계열 및 조선시대

표 D1-3 장기 실질임금지수, 1700-2010

	쌀임금지수	실질임금지수	후생비율
	D1	D2	D3
	남북한, 1910년=1		남북한
1700-1709	4.779		
1710-1719	5.364		
1720-1729	5.125		
1730-1739	6.696		
1740-1749	6.088		
1750-1759	5.971		
1760-1769	4.963		
1770-1779	4.664		
1780-1789	5.399		
1790-1799	4.499		
1800-1809	4.973		
1810-1819	3.379		
1820-1829	3.531		
1830-1839	3.898		
1840-1849	5.192		
1850-1859	4.032		
1860-1869	2.083		
1870-1879	1.556		
1880-1889	1.120		
1890-1899	1.000		
1900-1909	0.457		
1910	1.000	1.000	1.769
1911	0.598	0.777	1.202
1912	0.624	0.787	1.492
1913	0.468	0.702	0.976
1914	0.648	0.803	1.277
1915	0.838	0.876	1.645
1916	0.695	0.806	1.389
1917	0.520	0.675	1.130
1918	0.542	0.705	1.101
1919	0.614	0.819	1.289
1920	0.845	1.000	1.688
1921	0.946	1.077	1.842
1922	0.921	0.983	1.862
1923	0.779	0.927	1.516
1924	0.607	0.772	1.274
1925	0.530	0.693	1.108
1926	0.573	0.706	1.191
1927	0.635	0.767	1.284
1928	0.729	0.862	1.414
1929	0.736	0.880	1.438
1930	0.758	0.858	1.434
1931	1.005	1.074	1.918
1932	0.794	0.915	1.529
1933	0.791	0.851	1.476
1934	0.687	0.825	1.347
1935	0.594	0.736	1.188
1936	0.691	0.805	
1937	0.706	0.803	
1938	0.698	0.779	
1939	0.694	0.837	
1940		0.772	
1941		0.761	
1942		0.803	
1943		0.802	
1944		0.747	

	쌀임금지수	실질임금지수	후생비율
	D1	D2	D3
	남한, 1910년=1		남한
1945		0.623	
1946		0.569	
1947		0.409	
1948		0.337	
1949		0.472	
1950		0.496	
1951		0.704	
1952		0.803	
1953		0.882	
1954		1.100	
1955		1.011	
1956		0.985	
1957		0.794	
1958		0.831	
1959	1.162	0.757	1.591
1960	0.989	0.745	1.387
1961	0.925	0.722	1.344
1962	0.970	0.697	1.425
1963	0.756		1.224
1964	0.860		1.361
1965	1.000		1.502
1966	1.116		1.618
1967	1.230		1.736
1968	1.317		1.979
1969	1.365		1.954
1970	1.454	1.169	2.074
1971	1.424	1.310	2.062
1972	1.455	0.517	2.083
1973	1.285	1.004	1.967
1974	1.070	1.109	1.765
1975	1.124	1.103	1.762
1976	1.167	1.113	1.850
1977	1.493	1.262	2.179
1978	1.567	1.553	2.340
1979	2.100	1.864	3.202
1980	1.850	1.977	2.648
1981	1.996	1.926	2.751
1982	2.211	1.887	2.975
1983	2.378	1.902	3.106
1984	2.426	1.956	3.208
1985	2.391	2.036	3.197
1986	2.326	2.047	3.216
1987	2.256	2.110	3.144
1988	2.316	2.202	3.399
1989	2.739	2.338	4.110
1990	3.004	2.911	4.418
1991	3.896	3.866	5.634
1992	5.227	4.386	7.140
1993	4.673	4.590	6.388
1994	4.159	4.554	5.877
1995	4.730	5.617	6.442
1996	4.134	6.211	6.129
1997	4.341	6.413	6.394
1998	3.894	3.894	5.660
1999	4.135	5.602	5.850
2000	4.660	5.816	6.681
2001	5.328	5.965	7.825

표 D1-3 계속

	쌀임금지수	실질임금지수	후생비율
	D1	D2	D3
	남한, 1910년=1		남한
2002	5.289	6.495	6.989
2003	5.416	7.379	6.960
2004	6.026	7.352	6.571
2005	6.711	7.215	6.649
2006	6.640	7.497	7.081
2007	6.794	7.607	6.955
2008	6.989	7.765	7.051
2009	8.716	8.178	7.914
2010	9.951	8.247	8.329

자료: 실질임금과 후생비율 산출에 사용된 명목임금과 개별품목물가 또는 물가지수.

1) 명목임금: 1905년까지의 5년 평균치는 차명수, 「의궤에 나타난 조선 중후기의 비숙련 실질 임금 추세, 1600-1909」, 『경제사학』 46, 2009, pp. 3-28; 1910-1939년 D54-61; 1936-1956년 D35; 1970년 이후 D321.

2) 물가 및 물가지수: 조선시대 경주쌀값 O167; 식민지기 쌀값 O201; 해방 후 쌀값 O221, O251; 1910-1939년의 8대 도시 소비자 물가지수는 차명수, 「식민지기 8대 도시의 소비재가격 및 택지 임대가격」, 『경제사학』 50, 2011, pp. 3-38; 1936-1956의 소비자물가지수 O6; 1970년 이후 전 도시 소비자물가지수 O8.

3) 후생비율: 식민지기 명목임금과 물가는 조선총독부, 『조선총독부통계연보』.
해방 이후 명목임금은 D138, 개별품목물가는 한국물가정보 조사디자인팀, 『종합 물가총람 2010-통계로 본 물가 40년사』(한국물가정보, 2010).

주: 1) 실질임금지수와 쌀임금지수에 사용한 명목임금은 비농업 부문 비숙련 노동자의 임금이다.

2) 후생비율은 연간 250일의 노동 소득을 쌀 171kg, 콩 20kg, 쇠고기 3kg, 식용유 3kg, 비누 1.3kg, 면포 3m, 양초 1.3kg, 등유 1.3kg 그리고 3십만 BTU의 열량을 낼 수 있는 연료를 연탄 또는 등유를 구입하는 데 필요한 비용으로 나눈 값이다.

표 D4-7 조선시대 의궤에 기록된 월급, 1600-1909

	모군	모조역	육조역	장인
	D4	D5	D6	D7
	서울 근교, 냥			
1600				6.4
1605	5.5			3.6
1610	6.4			
1630	12.8			6.4
1632	14.0		12.0	
1633	7.0		3.6	6.7
1645	8.2			4.4
1649	8.8		5.7	4.9
1652	8.4			5.9
1659	8.1	8.3	5.5	4.4
1661	6.8		4.1	4.4
1667	6.0			4.4
1669	6.8		4.8	4.4
1671	6.8	6.8	4.8	4.4
1673	9.6	9.6	5.5	4.4
1674	7.3	7.3	5.0	4.4
1676	6.8			4.4
1677	6.6	6.4	4.2	5.4
1680	7.3	7.3	5.3	4.4
1681	7.1	7.1	5.1	4.4
1683	7.9	7.9	5.5	4.4
1684	7.3	7.3	5.3	4.4
1686	6.8	6.8	4.8	4.4
1687	6.8		4.8	4.4
1690	6.8	6.8	4.2	4.4
1694	6.8	6.8	3.6	4.4
1695	6.4	6.4	3.6	6.1
1696	6.8	6.8	4.8	4.4
1698	6.9	7.1	5.5	4.4
1699	7.7	6.8	5.8	4.7
1701	8.6	8.3	5.7	4.4
1702	6.8	6.8	4.8	4.4
1705	6.8		4.8	4.4
1713	6.8		4.8	4.4
1715	8.0			8.8
1718	7.1	7.4	5.3	4.4
1719	6.8	6.8	4.8	5.4
1720	7.3	7.3	5.3	4.4
1721		6.8	4.8	4.4
1722	7.1	5.9	5.0	4.4
1724	7.3	7.3	5.3	4.4
1725	6.4	6.4	4.0	4.4
1726	6.8	4.8	4.8	4.4
1727	6.8	6.8	4.8	4.4
1728	8.4	8.4	5.6	4.4
1730	7.7	7.7	5.3	4.4
1732	6.8	6.8	4.8	4.4
1735	6.8	6.8	4.8	4.4
1739	7.6	6.6	5.2	4.4
1740	6.9	5.6	4.1	4.4
1744	7.3	6.8	4.8	5.2
1745	6.8	6.8	2.8	4.4
1747	6.8	6.8	2.8	4.4
1751	7.3	7.3	3.7	4.4
1752	7.0	7.0	3.6	4.4
1753	7.3	7.3	3.7	
1755	6.8	6.8	2.8	4.4
1756	6.8	6.8	2.8	4.4
1757	7.7	7.7	5.4	4.4
1759	6.4	6.8	4.1	4.4
1762	7.5	7.5	5.3	4.9
1764	7.4	7.4	6.0	4.4
1770	6.4	6.4	5.6	6.4
1772	8.4	8.4	5.6	4.4
1776	8.0	8.0	5.5	4.4
1777	6.8	6.8	2.8	4.4
1778	5.8	5.8	2.8	4.4
1783	7.7	8.4	5.5	5.4
1784	8.4	8.4	5.6	4.4
1786	7.7	7.7	5.4	5.1
1787	8.4	8.4	5.6	4.4
1789	8.4	8.4	5.6	4.4
1794	8.7			10.7
1795	8.7	8.4	5.9	8.6
1800	7.0	7.5	4.8	4.4
1802	7.3	7.3	5.3	4.4
1804	6.9	7.6	4.5	4.3
1805	7.5	8.0	5.6	4.8
1807	7.3	7.6	5.2	6.6
1810	6.9		5.2	8.4
1815	7.7	7.9	5.4	4.4
1818	6.8	6.8	4.8	4.4
1819		7.3	5.3	4.4
1821	7.3		5.3	4.4
1822	7.7	7.9	5.4	4.4
1823	6.8	6.8	4.8	4.4
1825	6.8	6.8	4.8	4.4
1827		8.4	5.0	4.4
1829			4.8	4.4
1830	7.5	7.1	4.5	6.2
1832	6.8	6.8	4.8	4.4
1834	7.9	7.9	5.4	4.4
1835	8.1	8.4	5.6	7.5
1836	7.3	7.3	5.3	4.4
1837	7.3	7.3	5.3	4.4
1841		8.4	5.6	4.4
1843	7.7	7.9	5.4	4.4
1844		7.3	5.3	4.4
1846	8.4	8.4	5.6	4.4
1848	7.5	8.4	7.1	6.0
1849	7.7	7.9	5.4	4.4
1851	7.3	7.3	5.3	4.4
1852	7.3	7.9	5.5	4.4
1853		8.4	5.6	4.4
1855	8.0	8.1	5.5	4.4
1856	8.4	8.4	5.6	4.4
1857	7.7	8.0	5.5	4.4
1858	8.0	8.4	5.6	7.5
1859	7.3	7.3	5.3	4.4
1861	7.5	8.4	5.6	4.4
1862		8.4	5.6	4.4
1863	7.8	8.2	5.5	4.4
1865	7.3	7.3	5.3	4.4
1866		7.9	5.5	4.4
1873		8.4	5.6	4.4
1875		8.4	5.6	4.4
1876		9.0	5.4	4.4
1878	7.6	7.9	5.4	4.4

표 D4-7 계속

	모군	모조역	육조역	장인
	D4	D5	D6	D7
	서울 근교, 냥			
1880	7.3	7.3	5.3	4.4
1882		7.3	5.3	4.4
1884		7.3	5.3	4.4
1888		8.4	4.6	4.4
1890	7.3	8.2	4.7	4.4
1892	7.3	7.9	4.6	4.4
1897	7.2	6.1	3.6	11.2
1899	7.6			
1900	5.1	3.8		9.3
1901	3.9	3.7	3.1	7.5
1902	3.6		2.7	6.5
1903	4.8	2.2		7.1
1904	5.8		8.5	10.2
1905	5.2			7.8
1906		4.9		9.5
1907	6.7		13.4	
1908	8.4			15.4
1909				15.8

자료: 박이택, 「서울의 숙련 및 미숙련노동자의 임금, 1600-1909」, 이영훈 편, 『수량경제사로 다시 본 조선후기』(서울대학교출판부, 2004), pp. 41-107.

주: 1) 박이택(2004)에서 제시된 부표1(pp. 103-107)의 평균값이다.

2) 박이택(2004)이 제시한 자료는 위궤에 실린 임금 지급 규정이다. 이 규정에 따르면 임금은 대부분 쌀과 면포의 조합으로 지급되는데 박이택은 이를 쌀1석=면포2필=동전 4냥의 비율을 적용해서 냥으로 환산했다. 그러나 임금이 규정에 적힌 그대로 지급되지는 않았던 것으로 보이며, 일부는 동전으로 지급되었으며 동전 지급 비중이 점차 증가해 갔음을 보이는 증거가 있다. 조선후기에 물가는 상승 추세였으므로 동전으로 지급된 부분의 존재, 그리고 그 비중의 확대는 실질 임금을 떨어뜨리는 요인으로 작용했을 것이다. 차명수, 「의궤에 나타난 조선 중후기의 비숙련 실질 임금 추세, 1600-1909」, 『경제사학』 46, 2009, pp. 3-28을 참조하라.

표 D8-15 전라남도 영암군 남평문씨 족계의 고직-산직의 현물급여, 1755-1887

	使乃穀				種子			
	族契		小宗契		族契		小宗契	
	인원	수량	인원	수량	인원	수량	인원	수량
	D8	D9	D10	D11	D12	D13	D14	D15
	명	斗	명	斗	명	斗	명	斗
1755					1	5		
1758					1	5		
1763					1	5		
1787					1	5		
1816	3	15						
1819			3	80			3	15
1820			3	80			3	15
1821			3	80			3	15
1822			3	80			3	15
1823			3	80			2	10
1824			3	80			3	15
1825			3	80			3	15
1826			3	60			3	15
1827			3	40			3	15
1828			3	40			3	15
1829			3	40			3	20
1830			3	40			3	20
1831			3	40			3	15
1832			3	40			3	15
1833			3	40			3	25
1834			3	40			3	25
1835			3	40			3	25
1836			3	40			3	25
1837			3	40			3	25
1838			3	40			3	20
1839			3	40			3	20
1840			3	40			3	20
1841			3	40			3	15
1843	3	40						
1844	3	40						
1845	3	40	3	40			3	25
1846	3	40	3	40			3	15
1847	3	40	3	40	3	9	3	25
1848	3	40	3	40	3	9	3	25
1849	4	50	3	40	3	9	3	25
1850	3	40	3	40	3	9	3	25
1851	3	40	3	40	3	9	3	25
1852	3	30	2	30	2	6	3	20
1853	3	30	2	30	2	6	3	20
1854	3	30	2	30	2	6	3	20
1855	3	30	2	30	2	10	2	15
1856	3	35	2	30	2	10	2	15
1857	2	30	2	30	3	15	2	15
1858	2	30	2	30	3	15	1	5
1859			3	35	2	10	1	15
1860	3	35	3	35	2	10	1	5
1861	3	35	3	35	2	10	1	5
1862	3	30	3	30	2	10	2	15
1863	3	35	3	35	2	10	2	15
1864	3	35	3	35	3	10	2	15
1865	2	30	2	30	3	17	3	22
1866	2	30	2	30	3	17	3	22
1867	2	30	2	30	3	17	3	22
1868	2	30	2	30	3	17	3	22
1869	2	30	2	30			3	22
1870	2	30	2	30	3	17	3	15
1871	2	30	2	30	2	17	3	22

표 D8-15 계속

	使乃穀				種子			
	族契		小宗契		族契		小宗契	
	인원	수량	인원	수량	인원	수량	인원	수량
	D8	D9	D10	D11	D12	D13	D14	D15
	명	斗	명	斗	명	斗	명	斗
1872			2	30			3	22
1873			2	30			3	22
1874			2	30			3	22
1875			2	30			3	20
1876			2	30			3	20
1877			2	30			1	10
1878			1	20				
1879			1	20			2	15
1880			2	30			2	15
1881			2	30			2	15
1884	2	30			3	17		
1885	2	30			2	10		
1886	2	30			1	5		
1887	2	30			1	5		

자료: 김건태, 「근대의 유교학맥과 민족운동1 – 화서학파의 학맥과 민족운동; 1743-1927년 전라도 영암 남평문씨 문중의 농업경영」, 『대동문화연구』 35, 1999, pp. 326-328.

주: 김건태(1999)는 전라남도 영암에 거주한 남평문씨의 일족으로 구성된 족계(族契)와 그 중 일부에 의해 별도로 창설된 소종계(小宗契)의 금전출납부인 『用下記』로부터 1755-1887년 산소를 관리하는 산직(山直)과 곡물운송이나 서신왕래를 담당하는 운직(庫直)에 대한 급여기록을 정리하였다. 사래곡(私乃穀)이란 산직과 고직에게 1년간 지급한 벼를 말한다. 종자(種子)도 지급되었지만, 이자 없이 봄에 빌려주고 가을에 되돌려 받았다. 이렇게 지급된 실물과 면제된 이자를 노동에 대한 급여로 볼 수 있다. 동전으로 지급된 부분도 있는데 이는 같은 자료에 나와 있는 벼 가격을 이용하여 현물로 환산하였다.

표 D16-24 경상북도 예천군 함양박씨 양반가 일기의 임금, 1853-1910

	일고								연고
	이앙(남)	이앙(여)	조전운답	운답	농번기 기타작업(남)	농번기 기타작업(여)	농한기 작업	연평균 임금	
	D16	D17	D18	D19	D20	D21	D22	D23	D24
	錢								
1853									80
1854									80
1857	1.50							1.18	
1860	1.50			2.00				1.47	100
1861									100
1862				1.50				1.34	100
1863	2.00							1.58	100
1864							1.10	1.41	100
1865									100
1866									100
1867							1.50	1.92	116
1868			0.60	1.50	0.67			1.21	100
1869			0.65	1.95	0.57		1.17	1.41	100
1870	1.50		0.70	1.77			1.36	1.45	100
1871	1.29			1.00	0.90	2.00	1.00	1.22	100
1872			0.73	1.50			0.00	1.26	100
1875	2.00		0.90	1.90	1.50	1.67	1.50	1.70	100
1876	2.00			1.94	0.80		0.00	1.45	150
1877	1.50		0.70	1.00				1.11	150
1878	2.00							1.58	150
1879									150
1880	2.00	2.00				1.50		1.40	150
1881	2.00						1.00	1.46	150
1882	1.70			1.50	1.17			1.43	
1890	2.00			2.07		2.00	1.00	1.74	
1891	2.00			1.94			0.69	1.48	140
1892	2.50	2.00	1.50	1.83	1.57	2.00	1.56	1.85	150
1893	1.00		1.49	2.05	2.07	1.00	0.84	1.41	140
1894	2.00		1.50	2.16	0.78		1.22	1.52	140
1895	1.14	1.67			1.65		1.18	1.47	155
1897				2.00	1.50		1.45	1.69	
1898		1.00		1.95		1.00	2.74	1.67	147
1899	2.00	1.25		2.29	2.16	1.75	1.53	1.83	140
1900	2.00	2.00		2.07		2.00	1.75	1.92	140
1901	2.50	2.00	1.50	2.21	1.50	1.90	2.00	1.94	140
1902	2.00	2.00	2.00	2.50	1.50	2.00	2.06	2.01	150
1903	1.96	2.13	2.00	2.50		2.00	1.61	1.99	140
1904	2.42	2.07	2.00	2.69	1.75	2.00	1.44	2.05	180
1905	2.23	2.44	2.50	2.52	2.07	2.00	1.51	2.18	
1906		2.00					2.00	2.14	
1907	2.50	2.00			2.00			2.16	180
1908									200
1909			2.50	3.00				2.47	200
1910	3.00	3.00	2.50	3.00			2.80	2.76	200

자료: 이우연, 「농업임금의 추이: 1853-1910」, 안병직 · 이영훈 편, 『맛질의 농민들』(일조각, 2001), p. 187.

주: 경상북도 예천(醴泉)의 함양박씨(咸陽朴氏) 양반가의 『日用記』와 『日記』로부터 이우연(2001)이 수집, 정리한 일고(日雇)와 연고(年雇, 머슴)의 농업임금이다. 일고에게는 최소 1회의 식사와 2회의 간식이 지급되었고, 이들 현물급여는 전체 임금 중 높은 비중을 차지하였다. 연고의 경우 숙식(宿食) · 의료(衣料, 옷값)와 함께 고답(雇畓)이라는 소작지가 지급되었다. 고답에서도 소작료가 수취되었지만, 고용주는 고답의 원활한 경작을 위하여 책임을 분담하였다. 조전운답이란 일출과 함께 식전부터 운답(耘畓, 김매기) 작업하는 것으로 보인다.

표 D25-26 노비 및 쌀 가격 추이, 1680-1880

	노비가격	쌀가격
	D25	D26
	남한, 兩	남한, 石
1680-1689	5.672	
1690-1699	4.850	
1700-1709	5.922	5.194
1710-1719	5.525	4.052
1720-1729	3.195	3.811
1730-1739	2.964	3.233
1740-1749	2.758	2.993
1750-1759	3.159	3.480
1760-1769	3.120	4.569
1770-1779	3.758	4.599
1780-1789	3.910	4.446
1790-1799	2.845	5.642
1800-1809	4.822	4.463
1810-1819	3.787	6.355
1820-1829	5.781	6.023
1830-1839	4.934	5.886
1840-1849	4.696	4.532
1850-1859	5.215	5.811
1860-1869	9.077	11.105
1870-1879	10.870	15.050
1880-1889	7.737	19.283

자료: 이우연·차명수, 「조선후기 노비가격의 구조와 수준, 1678-1889」, 『경제학연구』 58, 2010, pp. 99-132.

2. 식민지기

표 D27-32 조선총독부 관리 직급별 연봉, 1913-1942

	칙임관	주임관	판임관	리원	촉탁고원	면리원
	D27	D28	D29	D30	D31	D32
	남북한, 圓					
1913	3,827	1,820	477		226	371
1914	3,848	1,834	444		222	383
1915	3,876	1,855	469		246	331
1916	3,838	1,871	495		228	252
1917	3,766	1,866	489		219	202
1918	3,671	1,863	488		224	211
1919	3,854	1,957	437		276	277
1920	5,160	3,050	832		546	473
1921	5,713	3,126	870		526	541
1922	5,557	3,079	869		522	587
1923	5,566	3,054	835	743	525	618
1924	5,444	2,947	872	733	517	633
1925	5,567	2,997	881	667	573	600
1926	5,548	3,026	893	640	578	626
1927	5,718	3,085	909	640	586	724
1928	6,982	3,050	910	629	590	720
1929	6,832	3,096	915	576	591	727
1930	6,864	3,111	918	661	590	722
1931	5,155	2,802	892	661	574	719
1932	5,337	2,807	906	627	564	719
1933	5,376	2,790	899	726	544	677
1934	5,244	2,851	904	858	545	687
1935	5,301	2,863	912	726	542	663
1936	5,264	2,841	910	716	543	667
1937	5,255	2,788	914	730	570	703
1938	5,391	2,797	917	748	572	735
1939	5,349	2,798	952	790	587	745
1940	5,382	2,824	969	818	603	845
1941	5,240	2,803	986	805	643	1,003
1942	5,205	2,789	1,011	873	654	1,511

자료: 김재호, 「제8장 정부부문」, 김낙년 편, 『한국의 장기통계: 국민계정 1911-2010』(서울대학교출판문화원, 2012), pp. 169-192.

표 D33-53 주요도시 조선인 직종별 일급, 1910-1963

	서울			대구			목포			부산		
	대공	석공	인부	대공	석공	인부	대공	석공	인부	대공	석공	인부
	D33	D34	D35	D36	D37	D38	D39	D40	D41	D42	D43	D44
	圓											
1910	1.05		0.46									
1911	1.09		0.40									
1912	1.00		0.41	0.61	0.64	0.45	1.20	1.30	0.49	0.80		0.45
1913	1.00		0.51	0.60	0.87	0.45	1.20	1.20	0.50	0.70		0.46
1914	0.88		0.46	0.60	0.82	0.44	1.20	1.20	0.50	0.70	0.60	0.45
1915	0.76		0.39	0.63	0.87	0.38	0.84	1.20	0.50	0.70		0.50
1916	0.81		0.63	0.63	0.81	0.39	0.80	0.74	0.50	0.70		0.50
1917	0.97		0.41	0.79	1.04	0.45	0.93	0.78	0.52	0.70		0.50
1918	1.31		0.65	1.41	1.67	0.55	1.20	1.00	0.63	1.06	1.00	0.85
1919	2.13		1.21	2.29	2.97	1.15	1.31	1.42	1.12	1.70	1.70	1.34
1920	2.95		1.40	3.08	3.53	1.52	2.38	2.95	2.00	2.50	3.02	1.58
1921	2.35		1.03	2.01	2.54	0.93	2.22	2.85	1.50	2.54	3.17	1.24
1922	2.18		1.04	2.25	2.42	0.97	2.38	3.06	1.02	3.00	3.00	1.20
1923	2.23		1.03	2.29	2.42	0.85	2.08	3.08	1.38	3.00	3.00	1.17
1924	2.43		0.88	1.75	2.25	0.85	2.50	3.00	1.90	3.00	3.10	1.20
1925	2.25	2.50	0.93	2.50	3.00	0.90	2.45	2.75	1.55	2.50	3.00	1.20
1926	2.20		0.90	2.37	2.57	0.94	2.39	2.75	1.09	3.46	3.00	1.20
1927	2.20		0.89	2.09	2.18	0.90	2.02	2.69	1.00	2.61	2.27	1.00
1928	2.18	2.21	0.89	2.27	2.27	0.83	2.15	2.84	1.00	2.35	2.35	1.15
1929	2.20	2.20	0.85	2.38	2.38	0.73	2.31	2.77	1.10	2.35	2.35	1.15
1930	2.10	2.08	0.80	2.38	1.67	0.70	2.05	2.69	0.88	2.35	2.35	1.15
1931	1.70		0.70	1.96	2.00	0.79	1.95	2.45	0.89	2.35	2.35	1.15
1932	1.57		0.70	1.67	1.92	0.69	1.74	2.24	0.77	1.78	1.78	0.78
1933	1.50		0.70	1.50	2.03	0.71	1.56	2.03	0.75	1.50	1.50	0.60
1934	1.50		0.70	1.50	2.00	0.70	1.63	2.00	0.80	1.50	1.50	0.61
1935	1.58		0.71	1.50	2.00	0.71	2.00	2.00	0.80	1.50	1.50	0.63
1936	2.45		0.84	1.50	2.00	0.70	1.87	2.04	0.88	1.50	1.77	0.65
1937	2.43		0.87	1.66	2.03	0.78	2.08	2.63	0.90	1.63	2.18	0.79
1938	2.34		0.90	2.21	2.36	0.90	2.25	2.71	0.97	2.00	2.50	0.83
1939	2.58		1.00	2.27	2.30	1.00	2.38	3.21	1.26	2.35	2.49	1.10
1940	2.75	4.00	1.13	2.94	3.38	1.46	3.08	3.56	1.50	3.02	2.98	1.67
1941	3.59	3.93	1.59	3.96	4.92	2.05	3.50	4.50	2.04	3.90	3.71	3.03
1942	3.85	3.82	1.79	3.86	4.58	2.05	3.75	4.96	2.42	3.50	3.48	2.81
1943	4.03	4.14	2.04	3.50	4.00	1.80	4.21	4.42	1.79	3.33	3.33	2.29
1944	4.50	4.42	2.42	3.15	3.52	1.90	5.00	4.86	3.36	3.50	3.50	2.50
1945	15.90	15.72	9.28	2.95	3.05	1.95	6.00	5.50	4.50	3.50	3.50	2.50
	원											
1946	0.15	0.18	0.08				0.18	0.12	0.10	0.21	0.13	0.13
1947	0.35	0.33	0.21	0.36	0.39	0.17	0.34	0.18	0.19	0.35	0.35	0.19
1948	0.51	0.51	0.32	0.64	0.53	0.34	0.51	0.44	0.33	0.66	0.55	0.38
1949	0.87	1.13	0.55	1.11	0.86	0.50	0.85	1.22	0.56	0.85	0.73	0.53
1950	3.64	4.91	1.92	1.65	2.05	0.71	1.13	1.87	0.75	2.18	2.29	1.45
1951				16.7	17.9	6.7	10.3	10.0	6.0	10.0	10.2	4.5
1952	35.3	37.0	16.1	30.4	32.0	15.7	30.8	33.4	18.0	36.0	38.5	19.1
1953	52.1	62.8	31.4	42.0	46.1	24.5	37.9	44.5	20.7	54.8	58.5	29.6
1954	94.1	131.3	44.3	108.2	121.1	46.1	61.1	65.7	29.4	103.2	106.1	39.8
1955	163.3	255.4	121.4	154.7	164.5	55.2	124.3	127.4	54.2	185.4	242.0	57.8
1956	222.2	305.0	99.7	176.8	186.2	65.2	162.5	223.0	64.9	199.5	275.3	72.0
1957	248.2	283.5	101.2	183.0	200.0	74.7	191.7	250.0	83.2	243.2	347.6	84.8
1958	268.7	270.0	100.0	204.7	244.8	93.2	241.7	291.7	98.3	255.6	273.0	98.6
1959	275.0	270.0	94.2	241.3	251.9	105.2	250.0	257.8	87.8	267.9	270.9	100.0
1960	295.8	268.3	100.0	280.0	294.7	107.8	270.9	271.1	101.0	286.7	270.0	92.7
1961	260.0	260.0	103.3	280.0	323.4	95.8	290.7	300.0	100.0	300.0	270.0	97.5
1962	275.0	285.0	108.3	280.0	380.0	97.5	259.2	268.3	94.2	290.0	292.5	105.0
1963	300.0	300.0	105.0	292.0	380.0	103.0	312.5	335.0	124.0	281.0	318.0	115.0

자료: 조선총독부, 『조선총독부통계연보』, 각년도; 조선은행 조사부, 『조선은행월보』, 각호; 한국은행 조사부, 『한국은행월보』, 각호.

표 D33-53 계속

	인천			평양			원산		
	대공	석공	인부	대공	석공	인부	대공	석공	인부
	D45	D46	D47	D48	D49	D50	D51	D52	D53
					圓				
1912	0.87	1.06	0.50	0.82	1.14	0.40	0.59	0.71	0.48
1913	0.82	0.93	0.52	0.83	0.96	0.44	0.77	1.03	0.51
1914	0.91	1.14	0.55	0.90	1.00	0.45	0.79	0.90	0.49
1915	0.85	0.99	0.55	0.90	0.96	0.67	0.77	1.00	0.50
1916	0.89	0.90	0.50	0.99	1.45	0.40	0.70	1.08	0.50
1917	0.93	0.91	0.50	1.00	1.30	0.45	1.50	1.24	0.51
1918	1.39	1.28	0.65	1.14	1.78	0.69	1.53	1.68	0.66
1919	1.78	1.66	1.40	1.65	2.17	1.02	2.23	2.43	1.16
1920	2.59	2.91	1.62	2.41	2.95	1.79	2.86	3.08	1.65
1921	2.38	2.74	1.25	2.50	2.80	0.90	2.22	3.08	1.23
1922	2.48	3.30	1.22	2.33	2.83	0.94	2.43	3.00	1.20
1923	2.48	3.00	1.07	1.92	2.19	0.80	2.50	3.00	1.20
1924	2.50		0.90	2.00	2.50	0.80	3.00	3.50	1.00
1925	2.25	3.00	1.00	2.00	3.00	0.80	2.00	3.00	1.00
1926	2.02	2.57	1.00	2.38	3.00	0.80	2.00	2.50	1.00
1927	2.00	2.50	1.00	2.50	3.00	0.80	2.00	2.50	1.00
1928	2.05	2.50	1.09	2.50	3.00	0.80	2.00	2.50	0.98
1929	2.00	2.50	1.00	2.50	3.00	0.79	2.00	2.50	0.88
1930	1.93	2.37	1.00	1.75	2.17	0.73	1.83	2.17	0.87
1931	1.80	2.30	0.88	1.62	2.03	0.73	1.36	1.39	0.65
1932	1.63	2.16	0.80	1.58	1.98	0.63	1.20	1.20	0.50
1933	1.50	2.13	0.76	1.55	1.80	0.63	1.21	1.21	0.50
1934	1.63	2.28	0.73	1.58	1.97	0.70	1.30	1.30	0.50
1935	1.97	2.48	0.75	1.60	2.04	0.75	1.53	2.32	0.73
1936	1.88	2.30	0.70	1.69	2.14	0.80	1.50	1.83	0.85
1937	1.79	2.34	0.75	1.67	2.01	0.82	2.35	2.33	0.89
1938	1.80	2.50	0.80	1.92	2.38	1.01	2.11	2.28	0.91
1939	1.80	2.50	0.80	2.45	2.94	1.23	2.61	2.82	1.15
1940	2.08	3.00	1.79	3.38	3.85	1.68	3.55	3.65	1.79
1941	2.69	3.67	1.27	4.00	4.46	2.06	3.50	3.88	1.95
1942	3.25	3.92	1.87	3.70	4.18	2.30	3.50		2.50
1943	4.00	4.50	2.00	3.95	3.92	2.50	4.17	4.67	2.50
1944	4.73	5.41	2.73	6.36	6.33	3.55	5.23	5.73	3.36
1945	6.00	7.00	4.00	8.00	8.00	7.00	6.50	7.00	5.00
					원				
1946	0.20	0.23	0.20						
1947	0.38	0.39	0.30						
1948	0.65	0.79	0.43						
1949	1.06	1.32	0.65						
1950	0.87	1.10	0.67						
1952	24.3	25.9	16.8						
1953	42.7	46.3	29.2						
1954	82.7	95.0	46.8						
1955	165.3	213.3	103.3						
1956	203.5	287.6	100.0						
1957	208.3	300.8	100.0						
1958	251.2	211.0	106.3						
1959	274.8	281.4	105.0						
1960	301.6	306.8	105.3						
1961	262.3	330.4	101.7						
1962	258.3	387.5	111.7						
1963	322.5	485.0	135.5						

표 D54-61 8대 도시 비숙련 노동자 일급, 1906-1939

	서울	목포	부산	대구	원산	청진	신의주	평양
	D54	D55	D56	D57	D58	D59	D60	D61
					圓			
1910	0.4511	0.3738	0.4450	0.4000	0.4360	0.6020	0.4040	0.4731
1911	0.3680	0.2770	0.4085	0.3130	0.5184	0.5025	0.3960	0.4710
1912	0.4453	0.3480	0.3930	0.3545	0.5247	0.5520	0.6170	0.4110
1913	0.3846	0.3500	0.4120	0.3615	0.5310	0.6705	0.4240	0.4338
1914	0.3929	0.4140	0.3600	0.3915	0.5102	0.6305	0.4200	0.4060
1915	0.4127	0.4260	0.3600	0.3915	0.4750	0.6305	0.3960	0.3892
1916	0.3760	0.4160	0.4440	0.3575	0.4297	0.6365	0.3980	0.3927
1917	0.3879	0.4639	0.4967	0.3992	0.4739	0.7564	0.4609	0.4421
1918	0.6233	0.6932	0.8084	0.6901	0.6227	0.9337	0.7009	0.7655
1919	1.1105	1.2923	1.0643	1.1542	1.2325	1.3526	0.9020	0.9863
1920	1.3898	1.3375	1.3821	1.7122	1.2946	1.8767	1.1170	0.9343
1921	1.0127	0.8436	1.1101	1.3045	0.9060	1.7113	0.6218	1.0266
1922	1.1430	0.7390	1.0370	0.9639	0.9216	1.5330	0.6962	1.0220
1923	0.9438	0.9600	1.0360	0.9360	0.8767	1.4574	0.7721	0.9535
1924	0.8833	0.9600	1.0060	0.8485	0.8679	1.0636	0.7180	0.9340
1925	0.8328	0.9345	0.9482	0.8525	0.7317	0.9365	0.9045	0.9069
1926	0.8001	0.8357	0.8955	0.7990	0.8578	1.0400	0.8865	0.6780
1927	0.8170	0.8420	0.8535	0.8636	0.9340	1.0400	0.7583	0.7303
1928	0.8102	0.8420	0.9529	0.8180	0.9492	1.0400	0.7168	0.9400
1929	0.8310	0.8420	0.9466	0.7704	0.9700	1.0400	0.8380	0.9330
1930	0.7115	0.7140	0.7666	0.6395	0.9500	0.9455	0.6622	0.7573
1931	0.6510	0.5352	0.7050	0.5888	0.6540	0.9030	0.7816	0.7070
1932	0.6510	0.5037	0.7130	0.5939	0.8120	0.8007	0.5920	0.7070
1933	0.6434	0.5321	0.7660	0.6193	0.6525	0.7802	0.5912	0.7224
1934	0.6430	0.5872	0.6987	0.6393	0.6326	0.8259	0.5980	0.8279
1935	0.6706	0.5750	0.7145	0.6445	0.8486	0.8672	0.6502	0.8038
1936	0.7437	0.5940	0.7713	0.7349	0.8745	0.8024	0.7030	0.9043
1937	0.7823	0.7888	0.7385	0.7885	0.8878	1.0832	0.8240	0.8560
1938	0.8206	0.8560	0.8531	0.7757	0.8933	1.1006	1.2033	0.8764
1939	0.8923	0.9560	1.0857	0.9549	0.9470	1.5447	2.0900	1.2777

자료: 차명수, 「식민지시대의 도시 간, 직종 간 비숙련 임금격차」, 『경제학연구』 59, 2011, pp. 55-93.
주: 일반노동자, 지게꾼, 하역부, 토공 임금의 가중평균.

표 D62-69 8대 도시 생계비지수, 1910-1939

	서울	목포	부산	대구	원산	청진	신의주	평양
	D62	D63	D64	D65	D66	D67	D68	D69
	1935년 서울 생계비=100							
1910	47.5	47.2	40.1	50.0	53.1	52.6	39.6	44.8
1911	55.3	56.5	47.2	58.1	56.0	57.8	44.9	49.6
1912	56.7	58.8	50.8	61.0	63.6	65.4	55.9	55.4
1913	63.4	61.7	55.0	65.5	65.3	66.8	55.2	55.9
1914	53.3	53.3	49.6	56.2	55.3	60.7	49.5	47.3
1915	49.3	45.4	43.5	51.1	51.2	53.3	45.9	46.1
1916	50.3	50.3	50.8	54.1	53.5	60.9	49.3	49.5
1917	64.6	63.0	64.9	77.0	65.3	74.2	61.7	68.2
1918	101.7	109.2	106.6	111.3	99.4	105.1	87.7	97.4
1919	136.9	138.2	150.2	150.7	128.1	141.2	118.3	132.4
1920	138.1	138.6	148.7	152.3	131.4	143.6	117.6	121.1
1921	101.8	109.3	108.0	111.9	99.9	99.1	92.3	89.5
1922	109.2	118.3	126.2	125.0	113.0	103.5	95.2	99.8
1923	107.6	106.6	116.6	120.0	100.2	102.3	91.7	100.1
1924	122.1	122.4	131.7	133.6	123.7	117.9	106.6	108.2
1925	132.7	133.1	137.0	139.8	123.6	121.2	111.1	119.1
1926	121.5	124.2	122.7	125.6	115.5	117.5	103.7	104.4
1927	111.4	114.4	110.4	121.5	107.7	111.3	102.2	103.7
1928	107.3	111.2	105.8	109.2	106.5	111.9	97.3	91.2
1929	106.2	110.1	106.2	114.0	101.0	102.4	97.2	88.9
1930	91.3	95.2	93.5	94.4	88.0	91.7	86.3	77.0
1931	65.5	60.3	68.3	67.6	64.7	69.6	65.1	58.2
1932	78.5	76.8	78.7	82.1	72.5	70.0	75.2	66.4
1933	83.1	82.3	85.8	86.0	80.7	82.8	81.5	72.4
1934	85.6	89.3	90.1	91.0	82.9	85.9	84.9	81.1
1935	100.0	98.8	104.2	103.9	95.4	104.6	97.6	93.4
1936	106.3	104.3	105.9	98.3	91.2	90.9	90.4	90.8
1937	110.7	115.0	109.2	108.6	100.4	101.1	92.7	90.0
1938	120.0	121.8	114.3	126.8	111.9	114.3	104.8	100.3
1939	147.7	134.5	138.9	139.8	123.5	127.9	117.5	118.1

자료: 차명수, 「식민지기 8대 도시의 소비재 가격 및 택지 임대 가격」, 『경제사학』 50, 2011, pp. 3-38.

표 D70-87 전국 공업 일급, 1921-1943

	조선인						
	전체	남자	여자	성년공	유년공	남자 성년공	여자 성년공
	D70	D71	D72	D73	D74	D75	D76
	남북한, 圓						
1921	0.80	0.94	0.61	0.85		0.96	0.66
1922	0.80	0.94	0.61	0.84		0.96	0.65
1923	0.84	0.98	0.68	0.88		1.00	0.71
1924	0.81	0.94	0.63	0.84		0.96	0.67
1926	0.85	0.98	0.66	0.89		1.01	0.70
1928	0.82	0.99	0.60	0.86		1.01	0.63
1929	0.80	0.96	0.59	0.84	0.45	0.98	0.62
1930	0.77	0.93	0.57	0.82	0.41	0.94	0.61
1931	0.74	0.95	0.50	0.79	0.35	0.97	0.54
1932	0.68	0.87	0.47	0.73	0.31	0.90	0.51
1933	0.65	0.86	0.43	0.70	0.30	0.89	0.46
1936	0.64	0.86	0.41	0.67	0.32	0.88	0.43
1937	0.67	0.91	0.43	0.72	0.32	0.94	0.45
1938	0.69	0.94	0.44	0.73	0.35	0.97	0.46
1939	0.76	1.02	0.49	0.80	0.38	1.05	0.52
1942	1.49	1.84	0.76	1.71	0.73	1.92	0.92
1943	1.80	2.18	0.96	2.08	0.86	2.33	1.09

	조선인 및 일본인										
	전체	방직공업	금속공업	기계기구 공업	요업	화학공업	제재 및 목제품	인쇄 제본업	식료품 공업	가스 및 전기업	기타 공업
	D77	D78	D79	D80	D81	D82	D83	D84	D85	D86	D87
	남북한, 圓										
1921	0.92	0.69	0.95	1.53	1.02	1.20	0.86	1.48	0.76	1.32	0.67
1922	0.93	0.70	0.98	1.62	1.01	1.18	0.77	1.39	0.77	1.34	0.66
1923	0.98	0.72	0.99	1.63	1.43	1.42	0.69	1.35	0.83	1.32	0.69
1924	0.94	0.72	0.95	1.71	1.08	1.20	0.95	1.41	0.76	1.36	0.70
1926	0.98	0.78	1.01	1.92	1.17	1.23	0.96	0.97	0.76	1.51	0.74
1928	0.96	0.66	1.02	1.87	1.01	1.28	0.91	1.41	0.76	1.39	0.72
1929	0.93	0.65	0.99	1.89	1.13	1.14	0.85	1.48	0.72	1.49	0.75
1930	0.90	0.61	0.98	1.81	1.01	1.22	0.84	1.50	0.73	1.31	0.74
1931	0.85	0.52	1.22	1.81	1.00	1.09	0.64	1.39	0.64	1.21	0.75
1932	0.80	0.49	0.95	1.70	0.99	1.11	0.64	1.42	0.59	1.26	0.75
1933	0.77	0.45	0.88	1.64	0.98	1.12	0.59	1.33	0.58	1.31	0.71
1936	0.75	0.41	0.86	1.66	1.00	1.05	0.74	1.29	0.66	1.54	0.68
1937	0.79	0.42	0.87	1.63	1.08	1.10	0.78	1.30	0.66	1.51	0.80
1938	0.82	0.44	0.95	1.71	1.02	1.14	0.85	1.23	0.67	1.30	0.83
1939	0.90	0.48	1.08	1.71	1.18	1.35	1.05	1.13	0.73	1.53	0.82
1942	1.66	0.90	2.21	1.97	1.94	1.90	1.69	1.72	1.43	2.08	1.06
1943	2.04	1.07	2.66	2.42	2.21	2.33	1.97	1.95	1.67	2.32	1.63

자료: 김낙년 · 박기주, 「식민지기 조선의 임금수준과 임금격차-공장임금을 중심으로」, 『대동문화연구』 74, 2011, pp. 379-417.

3. 해방 전후

표 D88-123 서울 제조업 일급, 1936-1956

	방직				금속			기계기구								
	면가공남공	면사방직여공	면직포여공	제사여공	도금공	주물공	프레스공	구조공	단조공	보링공	선반공	연마공	용접공	조성공	형삭공
	D88	D89	D90	D91	D92	D93	D94	D95	D96	D97	D98	D99	D100	D101	D102
							圓								
1936	0.59	0.47	0.46	0.45	1.50	1.24	1.20	1.53	1.25	1.50	1.20	0.95	0.95	1.53	1.25
1937	0.45	0.38	0.37	0.24	2.00	1.88	1.76	1.88	1.50	1.75	1.44	1.07	1.10	1.79	1.45
1940	0.50	0.43	0.42	0.44	2.50	2.35	2.20	2.46	1.93	2.20	1.81	1.36	1.38	2.23	1.80
1941	0.60	0.47	0.47	0.51	2.09	2.48	2.40	1.98	1.53	1.89	1.55	1.39	1.47	1.68	2.08
1942	0.79	0.63	0.63	0.58	1.67	3.07	2.09	2.01	2.31	2.19	2.37	1.90	1.94	2.03	2.18
1943	0.88	0.76	0.76	0.62	1.85	3.52	2.11	2.00	2.52	2.19	2.53	2.01	2.02	2.02	2.30
1944	1.20	0.80	0.81	0.68	2.38	3.67	2.52	2.16	3.28	2.20	3.18	2.38	2.95	2.77	2.46
							원								
1945	0.0082	0.0075	0.0074	0.0042	0.0098	0.0126	0.0122	0.0118	0.0161	0.0118	0.0126	0.0120	0.0127	0.0119	0.0124
1946	0.0899	0.0642	0.0653	0.0839	0.0643	0.0615	0.0608	0.0591	0.0602	0.0610	0.0596	0.0602	0.0594	0.0597	0.0600
1947	0.1099	0.0934	0.0916	0.0912	0.1456	0.1657	0.1478	0.1602	0.1655	0.1459	0.1770	0.1616	0.1493	0.1586	0.1640
1948	0.1608	0.1424	0.1412	0.1369	0.1917	0.2058	0.1967	0.1963	0.2042	0.1850	0.2096	0.1879	0.2067	0.2096	0.1971
1949	0.3130	0.2650	0.2620	0.2540	0.4830	0.4580	0.3900	0.3850	0.4260	0.3900	0.4250	0.3990	0.3880	0.4050	0.4120
1950	0.2930		0.2250	0.1700		1.0480	1.9950		1.1670	1.1110	1.1280	0.8710	1.1230	1.1670	1.0590
1951	3.95	4.36	3.27	3.17	7.57	5.77	5.52	8.13	6.96	5.88	6.97	5.91	6.69	7.28	6.57
1952	9.04	7.64	7.76		10.19	13.74	12.72	13.83	15.66	12.55	16.46	12.83	15.15	16.64	16.07
1953	15.9	11.2	12.9		23.2	28.5	29.0	0.0	28.5	23.8	19.6	27.0	25.5	26.5	29.1
1954	32.0	18.0	25.1	26.0	36.2	43.1	44.6	62.2	37.4	36.4	42.7	50.6	41.8	42.9	49.7
1955	53.9	25.0	30.5	49.1	56.0	81.7	70.5	66.2	68.2	61.9	80.2	60.5	89.0	74.2	69.2
1956	72.6	36.9	44.9	56.1	52.0	91.8	84.0	69.7	74.3	70.9	99.0	87.8	101.3	89.5	86.4

	요업		화학					식료품				
	벽돌제조남공	유리제조남공	고무제조남공	비누제조남공	제지남공	고무제조여공	비누제조여공	사이다제조남공	장양조남공	제과남공	주류양조남공	제과여공
	D103	D104	D105	D106	D107	D108	D109	D110	D111	D112	D113	D114
						圓						
1936	1.20	1.25	0.80	0.82	0.74	0.49	0.38	0.86	0.94	1.55	0.88	0.75
1937	1.40	1.45	1.17	1.11	0.85	0.71	0.51	1.01	1.20	1.85	0.86	0.90
1940	2.20	2.50	1.59	1.51	1.00	0.97	0.69	1.00	2.15	2.00	1.14	0.97
1941	2.18	2.50	1.58	1.51	1.03	0.96	0.69	1.41	1.80	2.00	1.33	0.97
1942	2.20	2.01	1.53	1.45	1.14	0.94	0.67	1.70	1.55	2.00	1.42	0.97
1943	2.67	2.14	1.64	1.54	1.43	1.00	0.71	2.25	1.40	2.00	1.87	0.97
1944	3.05	2.40	1.98	2.00	2.49	1.21	0.92	1.93	1.98	2.00	2.57	0.97
						원						
1945	0.0159	0.0078	0.0117	0.0090	0.0102	0.0071	0.0041	0.0159	0.0086	0.0119	0.0230	0.0058
1946	0.1150	0.0606	0.1298	0.0783	0.0677	0.0791	0.0360	0.0618	0.0739	0.0673	0.0675	0.0328
1947	0.1962	0.1700	0.2608	0.1267	0.1290	0.1590	0.0582	0.2075	0.1600	0.1886	0.1559	0.0919
1948	0.3042	0.2417	0.3467	0.1458	0.1817	0.2113	0.0670	0.2500	0.2189	0.2842	0.2011	0.1384
1949	0.4790	0.4080	0.5250	0.3380	0.3270	0.3200	0.1554	0.4480	0.4230	0.4410	0.4290	0.2148
1950	1.1030	0.9280	0.7420	0.8300	0.4790	0.7250	0.3815	0.5260	0.8750	0.5260	0.5500	0.4000
1951	6.28	4.88	5.86	4.94	4.31	4.54	4.46	3.69	5.00	7.55	3.89	2.58
1952	12.10	11.71	14.65	15.34	16.58	15.25	8.02	9.19	14.27	14.46	12.86	7.00
1953	18.4	22.2	24.0	28.6	14.6	16.5		20.2	23.6	19.5	24.8	10.5
1954	43.5	58.2	18.9	76.9	46.5	36.2	71.4	24.5	47.5	32.4	47.7	15.9
1955	71.5	85.6	61.3	89.3	89.0	45.4	68.8	40.8	93.1	77.9	100.8	26.7
1956	92.8	89.5	73.7	143.7	82.6	53.2	121.0	41.4	116.9	78.1	112.9	29.3

표 D88-123 계속

	기타					제재목제품		인쇄제본	
	양복제조남공	제모남공	제화공	양복제조여공	제모여공	소목	제재공	제본공	활판식자공
	D115	D116	D117	D118	D119	D120	D121	D122	D123
	圓								
1936	1.43	1.30	1.41	0.94	0.85	2.40	0.91	1.30	1.20
1937	1.70	1.60	2.20	1.11	1.04	2.45	1.00	1.30	1.20
1940	2.22	2.00	3.00	1.46	1.31	3.30	1.50	1.65	2.32
1941	2.32	2.00	2.93	1.52	1.31	3.44	1.50	2.22	2.49
1942	2.40	2.02	2.98	1.57	1.32	3.83	1.50	2.54	2.64
1943	2.45	2.10	3.00	1.61	1.37	3.88	1.58	2.90	3.65
1944	2.58	2.34	3.00	1.69	1.53	4.32	2.14	2.88	3.03
	원								
1945	0.0112	0.0087	0.0153	0.0073	0.0057	0.0249	0.0120	0.0119	0.0120
1946	0.0927	0.0781	0.1439	0.0607	0.0511	0.1676	0.1464	0.0851	0.0851
1947	0.1600	0.1446	0.4458	0.1048	0.0946	0.2900	0.1875	0.1392	0.1575
1948	0.2225	0.2300	0.4275	0.1457	0.1505	0.3442	0.2475	0.2817	0.2883
1949	0.4130	0.4500	0.5690	0.2705	0.2944	0.5290	0.4320	0.6990	0.7280
1950	1.0820	3.5540		1.5050	2.7500	1.9420	1.7930	0.7480	0.6180
1951	7.59	7.85	7.85	4.69	8.48	10.42	5.22	5.81	5.91
1952	20.09	21.62	29.75	13.44	18.01	34.83	14.55	16.05	15.71
1953	25.4	24.0	53.3	22.6	20.9	52.7	26.9	24.1	24.6
1954	58.3	58.7	106.2	54.2	48.6	92.9	61.5	33.4	48.0
1955	133.8	91.7	175.8	120.0	81.7	106.1	76.0	70.7	96.3
1956	148.0	116.3	195.6	118.6	88.8	104.3	81.1	70.4	96.1

자료: 김낙년 · 박기주, 「해방 전후(1936-1956년) 서울의 물가와 임금」, 『경제사학』 42, 2007, pp. 71-105.

주: 김낙년 · 박기주(2007)에서는 화폐단위를 환으로 환산하여 수록한 것을 이 표에서는 1원=10환=1,000圓의 환율을 적용해서 식민지기와 한국의 화폐 단위로 표시했다.

표 D124-133 서울의 사무직 일급, 1936-1950

	관공리		교원		회사원		백화점원		은행원	
	남	여	남	여	남	여	남	여	남	여
	D124	D125	D126	D127	D128	D129	D130	D131	D132	D133
	圓									
1936	0.50	0.18	0.55	0.40	0.65	0.35	0.57	0.33	0.90	0.35
1937	0.50	0.18	0.55	0.40	0.65	0.35	0.57	0.33	0.90	0.35
1938	0.50	0.21	0.56	0.40	0.75	0.40	0.65	0.38	0.95	0.35
1939	0.50	0.21	0.56	0.41	0.75	0.40	0.80	0.38	1.05	0.45
1940	0.50	0.21	0.57	0.41	0.75	0.45	0.80	0.38	1.10	0.45
1941	0.50	0.21	0.65	0.41	0.90	0.50	1.05	0.45	1.36	0.65
1942	1.00	0.36	1.20	0.45	1.10	0.50	1.05	0.60	1.44	0.65
1943	1.00	0.36	1.30	0.70	1.10	0.55	1.25	0.60	1.86	0.65
1944	1.00	0.36	1.30	0.80	1.10	0.55	1.25	0.60	1.99	0.70
	원									
1945	36.3	18.6	31.8	22.6	15.5	6.0	21.3	15.2	24.1	7.0
1946	42.5	24.7	206.5	110.7	185.0	220.0	194.5	115.0	227.1	79.8
1947	201.1	162.0	420.1	320.1	264.2	220.0	378.3	234.2	481.3	247.5
1948	337.3	248.8	713.0	566.9	874.6	595.0	602.3	505.0	744.0	395.5
1949	779.3	553.0	1299.1	1067.1	1352.1	975.8	1096.8	788.0	1339.8	686.8
1950	950.0	680.0	1570.0	1280.0	1550.0	1160.0	1600.0	1100.0	1644.0	829.0

자료: 한국은행조사부, 『경제연감』(1949, 1955-1959).
주: 1원=10환=1,000圓으로 환산하였다.

표 D134-135 충청남도 서천군 농업 임금, 1935-1960

	명목임금	쌀환산 일급		명목임금	쌀환산 일급
	D134	D135		D134	D135
	圓	升		원	升
1930	0.20	1.56	1945	0.05	3.31
1931	0.20	1.27	1946	0.09	1.36
1932	0.25	1.30	1947	0.15	1.46
1933	0.30	1.50	1948	0.28	2.00
1934	0.30	1.20	1949	0.28	1.81
1935	0.35	1.13	1950	0.52	1.22
1936	0.40	1.25	1951	2.00	1.08
1937	0.40	1.21	1952	8.00	0.98
1938	0.50	1.43	1955	25	2.08
1939	0.60	1.46	1956	40	1.54
1940	0.70	1.63	1957	50	1.72
1941	0.70	1.30	1958	50	2.17
1942	1.00	0.27	1959	50	2.17
1943	1.50	0.24	1960	50	2.17
1944	2	0.18	1961	50	1.47

자료: 저자미상, 『生活必需品 價格調查表』, 충청남도청 도정자료실 소장.
주: 1) 명목임금은 "農銀 1日分"의 연평균 값이며, 쌀임금은 같은 자료에 수록된 백미 1斗의 가격(O290)을 이용하여 산출하였다.
2) 1원=10환=1,000圓으로 환산하였다.

4. 해방 이후 현재까지

표 D136-147 농촌 임금, 1959-2015

	농업 남자 일급			농업 여자 일급			기타 직종 일급				현금급여 비중	
	현금급여액	급식평가액	합계 급여액	현금급여액	급식평가액	합계 급여액	목수	미장이	초가이기	기와이기	농업 남자	농업 여자
	D136	D137	D138	D139	D140	D141	D142	D143	D144	D145	D146	D147
	남한, 원										남한, %	
1959			97			60	202	191	127	242		
1960			95			58	206	204	130	257		
1961			107			65	221	218	130	265		
1962			115			70	238	235	160	280		
1963			143			91	281	268	202	333		
1964			199			124	353	356	278	412		
1965	131	90	221	82	58	141	433	412	287	529	59.4	58.8
1966	152	104	256	93	72	165	489	468	329	594	59.5	56.3
1967	182	124	306	114	92	206	591	573	399	670	59.4	55.2
1968	231	150	381	147	113	260	731	707	550	720	60.6	56.6
1969	274	189	463	175	141	316	917	880	617	1,017	59.2	55.5
1970	365	213	578	231	161	393	1,203	1,176	726	1,330	63.2	59.1
1971	457	237	695	293	179	472	1,447	1,401	843	1,539	65.8	62.1
1972	542	261	803	353	199	552	1,700	1,629			67.5	63.9
1973	596	290	887	388	232	620	1,929	1,873			67.3	62.5
1974	757	385	1,141	496	302	798	2,498	2,370			66.3	62.2
1975	978	489	1,467	656	387	1,044	3,001	2,847			66.7	62.9
1976	1,308	596	1,903	874	480	1,354	3,472	3,386			68.7	64.6
1977	1,635	707	2,342	1,136	559	1,696	4,006	4,040			69.8	67.0
1978	2,448	945	3,393	1,739	769	2,508	5,935	5,980			72.1	69.3
1979	3,786	1,354	5,140	2,662	1,153	3,815	9,843	9,514			73.7	69.8
1980	4,746	1,754	6,500	3,312	1,529	4,841	13,185	12,612			73.0	68.4
1981	5,194	2,194	7,388	3,610	1,879	5,489	15,148	14,530			70.3	65.8
1982	5,801	2,385	8,186	4,214	1,997	6,211	16,127	15,657			70.9	67.8
1983	6,104	2,552	8,655	4,396	2,142	6,538	17,015	16,251			70.5	67.2
1984	6,515	2,619	9,134	4,471	2,172	6,643	17,939	16,904			71.3	67.3
1985	7,082	2,596	9,678	4,780	2,160	6,939	19,130	18,205			73.2	68.9
1986	7,441	2,701	10,142	5,020	2,234	7,254	19,793	18,619			73.4	69.2
1987	7,620	2,948	10,568	5,345	2,354	7,699	20,624	19,446			72.1	69.4
1988	9,167	3,108	12,275	6,468	2,388	8,855	23,121	21,850			74.7	73.0
1989	11,607	3,549	15,156	7,872	2,794	10,666	29,137	28,161			76.6	73.8
1990	14,661	3,886	18,546	10,182	3,042	13,224	37,059	36,016			79.0	77.0
1991	19,917	4,527	24,444	13,740	3,447	17,187	51,366	49,547			81.5	79.9
1992	23,726	5,032	28,758	16,183	3,737	19,920	59,264	58,388			82.5	81.2
1993	25,199	5,177	30,376	17,455	3,829	21,284	62,773	62,714			83.0	82.0
1994	25,995	5,318	31,313	18,096	3,946	22,041	64,789	62,068			83.0	82.1
1995	27,733	5,504	33,237	19,603	4,188	23,791	67,221	64,542			83.4	82.4
1996	30,380	5,776	36,156	21,656	4,693	26,349	71,932	70,044			84.0	82.2
1997	32,210	6,464	38,674	22,349	5,396	27,746	73,509	71,148			83.3	80.6
1998	30,740	6,397	37,136	20,855	5,030	25,885	69,628	67,194			82.8	80.6
1999	34,314	7,298	41,612	23,590	5,642	29,232						
2000	39,259	8,698	47,956	25,290	6,993	32,284						
2001	42,017	8,796	50,813	26,389	7,794	34,184						
2002	43,821	9,272	53,093	27,015	7,824	34,839						
2003	47,357	9,735	57,092	29,310	8,664	37,974						
2004	47,723	9,744	57,467	29,766	8,548	38,314						
2005	49,013	9,942	58,955	31,141	8,903	40,044						
2006	49,914	10,041	59,990	31,055	9,120	40,173						
2007			61,388			40,967						
2008			68,406			44,672						
2009			72,185			47,032						
2010			76,172			49,265						
2011			80,711			53,002						
2012			85,482			56,519						
2013			91,917			60,612						
2014			96,777			64,099						
2015			101,400			67,087						

자료: 농협중앙회, 『농협조사월보』, 각월호; 통계청 「농가판매 및 구입가격조사」(http://kosis.kr).

표 D148-172 광업 및 제조업 생산종사원의 월급, 1957-1971

	광업					제조업							
	광업평균	석탄	금속	토사석	비금속	제조업평균	식료품	음료품	섬유	화의류 및 장신품	제재 및 목제품	가구 및 장치품	지류 및 지류제품
	D148	D149	D150	D151	D152	D153	D154	D155	D156	D157	D158	D159	D160
	남한, 원												
1957	2,640	3,050	2,610		1,780	2,030	2,030	2,770	1,610		2,320		2,550
1958	2,700	3,060	3,060		1,370	2,170	2,380	2,950	1,690		2,700		2,700
1959	3,220	4,090	2,650		2,000	2,350	2,300	2,880	1,930		2,520		3,080
1960	3,300	3,780	2,740		1,930	2,330	1,950	2,400	1,990		2,620		1,980
1961	3,780	4,310	3,150		2,260	2,610	2,310	2,770	2,250		2,830		2,640
1962	4,230	4,740	3,520		2,970	2,780	2,120	3,200	2,230		2,860		3,140
1963	4,670	5,250	3,790		3,340	3,180	2,430	3,450	2,760		3,510		3,190
1964	5,620	6,360	4,430		3,560	3,880	2,960	4,030	3,350		4,290		4,810
1965	7,130	8,050	5,850		5,100	4,600	3,780	4,540	4,060		5,320		5,000
1966	8,410	9,430	7,290	5,590	6,350	5,420	4,830	5,330	4,670	4,600	6,150	5,090	5,270
1967	10,990	12,570	9,370	6,340	7,660	6,640	6,120	5,840	3,050	5,140	7,310	5,720	6,620
1968	12,240	12,920	12,470	8,730	9,090	8,400	6,820	7,550	7,090	5,820	9,900	6,750	9,330
1969	15,100	16,560	13,390	9,820	11,280	11,270	10,460	10,500	9,110	8,790	12,678	8,470	12,750
1970	17,490	18,570	16,780	10,580	14,040	14,150	13,860	12,880	11,630	10,330	14,840	10,720	15,620
1971	20,790	21,690	19,560	17,490	17,670	16,980	16,490	16,460	13,310	12,110	17,160	13,000	19,430

	제조업											
	인쇄 및 출판	피혁 및 피혁제품	고무제품	화학	석유 및 석탄제품	토석 및 유리제품	1차금속	금속제품	일반기계	전기기기	수송용기기	기타
	D161	D162	D163	D164	D165	D166	D167	D168	D169	D170	D171	D172
	남한, 원											
1957	3,400		1,910	1,630		1,990	3,380	2,530	2,260		2,320	
1958	3,660		2,230	1,850		2,120	3,310	2,360	2,340		2,420	2,160
1959	4,430		2,270	1,840		2,410	4,200	2,440	2,270		2,510	2,220
1960	4,160		2,480	2,330	2,590	2,400	3,100	2,190	2,590		2,920	1,990
1961	3,810		2,620	2,650	2,700	2,870	3,580	2,160	3,280		3,470	1,930
1962	4,130		2,960	3,160	2,770	3,430	3,430	2,520	3,430		3,620	1,890
1963	4,370		3,230	3,320	2,890	3,700	3,760	2,790	4,230		4,290	2,170
1964	4,860	3,190	4,280	4,560	3,790	4,230	5,540	3,430	4,740	3,970	5,130	3,050
1965	5,980	3,460	4,800	5,240	5,410	4,750	7,000	4,020	5,200	4,320	5,940	3,680
1966	7,550	5,170	4,920	6,200	7,030	5,640	8,040	4,880	5,960	5,720	7,450	4,240
1967	8,310	6,240	5,700	7,650	8,540	6,490	10,330	6,790	6,990	6,780	9,600	5,220
1968	10,680	7,910	6,980	9,960	11,840	9,090	13,510	8,560	8,750	8,050	13,920	6,710
1969	14,730	10,770	9,380	16,160	14,670	12,370	15,300	9,750	10,950	11,690	17,390	9,400
1970	19,050	12,500	11,640	18,470	20,070	16,230	18,710	12,520	13,490	14,520	21,330	11,740
1971	22,540	14,360	13,210	23,770	27,870	19,600	22,570	15,940	16,020	18,390	24,560	14,240

자료: 한국은행, 「광공업 상용종업원 임금수준 및 평균출근일수」, 『한국통계연보』, 1972.

표 D173-182 산업별 월급, 1970-1992

	전 산업	광공업	광업	제조업	전기, 가스 및 수도사업	건설업	도·소매 및 음식·숙박업	운수, 창고 및 통신업	금융, 보험, 부동산 및 사업서비스업	사회 및 개인 서비스업
	D173	D174	D175	D176	D177	D178	D179	D180	D181	D182
	남한, 원									
1970	17,831	15,032	18,574	14,301	37,156	24,295	19,807	18,524	37,915	24,354
1971	20,581	17,434	22,171	16,611	47,332	26,645	21,831	21,288	44,187	29,045
1972	24,179	19,791	25,131	18,923	50,957	32,006	25,317	27,010	52,715	35,540
1973	26,954	23,267	30,415	22,330	61,326	36,740	29,160	28,875	61,032	37,020
1974	35,542	31,552	41,068	30,209	73,743	43,984	36,066	36,497	73,728	47,183
1975	46,019	40,020	54,650	38,378	104,399	61,590	52,700	45,509	96,251	66,888
1976	62,362	53,326	66,055	51,685	133,400	115,274	75,186	64,287	122,992	98,380
1977	82,355	71,022	93,851	69,168	170,954	154,519	90,442	39,188	152,312	131,345
1978	111,201	95,157	127,685	92,907	210,627	222,772	123,765	119,245	206,364	162,348
1979	142,665	122,268	166,171	119,515	247,583	247,835	157,872	157,985	246,384	211,619
1980	176,058	150,328	203,281	146,684	282,953	257,697	211,012	203,495	281,560	275,280
1981	212,477	180,735	243,710	176,176	357,083	319,767	247,240	238,309	339,664	343,118
1982	245,981	207,171	268,660	202,117	420,028	365,970	283,906	271,373	387,992	409,035
1983	273,119	231,880	286,419	226,790	484,421	387,082	311,111	292,194	417,352	450,421
1984	296,907	249,731	296,817	245,261	497,918	380,550	339,895	319,685	479,600	452,645
1985	324,283	275,082	325,079	269,652	574,795	400,397	372,048	342,269	519,175	484,407
1986	350,965	300,411	355,443	294,485	639,765	415,676	402,073	373,413	551,464	523,604
1987	386,536	334,372	384,769	328,696	698,967	453,203	447,085	410,403	612,629	557,515
1988	446,370	398,403	446,861	393,056	747,308	503,843	481,112	460,907	661,086	611,715
1989	540,611	496,460	530,103	491,632	845,994	593,717	558,434	522,270	737,546	715,512
1990	642,309	595,850	605,011	590,760	953,528	745,427	655,164	584,104	852,343	826,907
1991	754,673	696,565	710,574	690,310	1,124,142	884,932	773,419	699,480	929,874	969,499
1992	869,284	805,786	859,895	798,548	1,216,116	1,020,180	884,338	777,719	1,053,791	1,079,363

자료: 노동청, 『매월노동통계조사보고서』, 각호(이 보고서의 명칭은 이후 여러 차례 바뀌었다).
주: 특별급여가 포함된 월총급여액.

표 D183-195 산업별 월급, 1993-2015

	전 산업	광업	제조업	전기, 가스 및 수도사업	건설업	도, 소매 및 소비자용품 수리업	숙박 및 음식점업	운수, 창고 및 통신업	금융 및 보험업	부동산 및 사업서비스업	교육 서비스업	보건 및 사회복지사업	기타 공공, 사회 및 개인서비스업
	D183	D184	D185	D186	D187	D188	D189	D190	D191	D192	D193	D194	D195
	남한, 천 원												
1993	975	980	885	1,324	1,155	982	759	863	1,417	921	1,519	967	1,266
1994	1,099	1,096	1,022	1,425	1,270	1,071	864	955	1,568	1,006	1,740	1,094	1,393
1995	1,222	1,195	1,124	1,608	1,384	1,174	995	1,070	1,828	1,141	1,934	1,221	1,540
1996	1,368	1,380	1,261	1,917	1,501	1,317	1,112	1,260	1,987	1,242	2,037	1,347	1,726
1997	1,463	1,535	1,326	2,079	1,624	1,427	1,202	1,398	2,054	1,362	2,202	1,462	1,820
1998	1,427	1,525	1,284	2,022	1,502	1,397	1,178	1,351	1,967	1,329	2,190	1,484	1,765
1999	1,599	1,581	1,476	2,328	1,691	1,471	1,192	1,576	2,216	1,445	2,019	1,604	1,686
2000	1,727	1,702	1,601	2,490	1,840	1,598	1,251	1,771	2,448	1,533	2,096	1,671	1,889
2001	1,825	1,780	1,702	2,875	1,835	1,827	1,336	1,803	2,646	1,597	2,138	1,804	1,894
2002	2,036	1,994	1,907	3,243	2,063	1,979	1,527	1,954	3,027	1,827	2,597	1,945	2,040
2003	2,228	2,304	2,074	3,661	2,287	2,215	1,615	2,156	3,395	1,925	2,850	2,078	2,256
2004	2,373	2,457	2,280	3,860	2,352	2,301	1,686	2,203	3,646	2,066	3,053	2,192	2,345
2005	2,525	2,537	2,458	4,138	2,374	2,573	1,781	2,360	3,854	2,198	3,052	2,403	2,422
2006	2,667	2,616	2,595	4,354	2,577	2,718	1,830	2,406	4,198	2,387	3,192	2,593	2,456
2007	2,823	2,835	2,772	4,703	2,731	2,883	1,851	2,546	4,532	2,539	3,232	2,676	2,550
2008	2,940	3,049	2,871	5,213	2,957	2,810	1,967	2,775	4,602	2,714	3,843	2,745	2,333
2009	3,001	2,957	2,928	5,204	2,939	2,934	1,996	2,775	4,677	2,846	3,901	2,830	2,450
2010	3,196	3,178	3,190	5,572	3,252	3,110	2,086	2,906	4,887	3,040	3,963	2,899	2,538
2011	3,176	3,461	3,210	5,594	2,962	3,338	2,079	3,057	5,055	2,890	3,724	2,821	2,640
2012	3,352	3,636	3,407	5,513	3,137	3,518	2,197	3,258	5,289	3,023	3,902	2,931	2,771
2013	3,476	3,737	3,575	5,639	3,270	3,558	2,205	3,411	5,318	3,118	3,951	3,003	2,798
2014	3,575	3,717	3,716	5,630	3,352	3,646	2,345	3,462	5,466	3,228	3,880	3,074	2,831
2015	3,693	3,958	3,819	5,923	3,583	3,730	2,430	3,593	5,770	3,367	4,058	3,143	2,920

자료: 고용노동부, 「사업체노동력조사」(http://laborstat.molab.go.kr).

주: 1) 조사 대상 업체 규모는 여러 차례 변했는데 여기서는 10인 이상 고용업체의 상용 근로자 월급만을 제시한다.

2) 2008년부터 한국산업표준분류(KSIC) 9차 적용으로 산업 대분류수가 증가하여 해당 산업의 근로자수를 이용하여 가중평균하였다.

표 D196-205 산업별 월급, 1971-1992

	전 산업	농업, 임업, 수렵업 및 수산업	광업	제조업	전기, 가스 및 수도사업	건설업	도, 소매 및 음식, 숙박업	운수, 창고 및 통신업	금융, 보험, 부동산 및 사업서비스업	사회 및 개인 서비스업
	D196	D197	D198	D199	D200	D201	D202	D203	D204	D205
	남한, 원									
1971	22,440	24,181	24,732	17,960	42,278	26,651	24,106	24,759	42,848	30,788
1972	22,834	26,618	24,235	19,054	51,749	32,784	21,287	25,064	45,002	34,451
1973	27,300	30,410	30,708	22,490	54,453	38,452	30,624	29,526	53,959	38,708
1974	36,034	40,277	40,007	31,546	60,859	49,047	38,988	39,711	62,686	48,973
1975	42,589	43,106	50,557	36,336	84,552	65,656	53,956	43,352	79,280	62,594
1976	57,538	90,654	61,295	49,482	120,322	112,637	66,500	65,768	92,911	89,430
1977	69,190	106,878	76,332	59,015	128,737	136,845	77,400	78,082	114,955	113,442
1978	92,611	107,613	119,002	79,547	165,563	174,190	104,375	108,546	149,615	137,319
1979	126,544	166,731	151,024	108,818	179,222	234,472	144,051	146,954	183,134	177,452
1980	151,747	188,756	197,137	127,567	198,795	251,258	175,811	181,458	199,546	223,670
1981	180,837	199,173	222,728	153,214	245,584	272,610	203,084	218,349	238,445	273,404
1982	209,553	256,363	251,095	177,675	309,889	324,643	241,865	244,480	274,413	310,533
1983	233,256	175,325	275,781	197,534	331,869	336,613	264,162	259,225	306,952	349,969
1984	252,302		287,189	213,345	369,149	345,058	286,844	289,075	343,017	364,856
1985	268,766		298,325	225,185	410,746	382,023	299,277	304,060	371,948	385,452
1986	293,633		326,832	246,259	495,713	391,345	323,937	325,682	397,060	427,881
1987	322,446		345,501	273,972	513,049	421,381	356,191	359,722	410,713	490,530
1988	374,439		391,887	331,795	573,449	455,793	394,598	430,859	446,913	513,813
1989	434,641		459,860	396,209	579,722	545,017	441,602	463,199	490,928	568,298
1990	501,992		527,042	461,901	729,402	653,766	517,694	506,385	574,491	611,090
1991	589,544		662,865	549,954	808,686	757,206	613,247	581,838	646,925	681,153
1992	691,637		747,088	631,095	914,189	891,129	696,771	739,017	750,768	790,890

자료: 노동청, 『임금구조기본통계조사보고서』, 1971-1992(이 보고서의 명칭은 이후 여러 차례 바뀌었다).
주: 월급여총액=월정액급여+초과급여이며, 연특별급여 및 특별급여는 제외하였다.

표 D206-220 산업별 월급, 1993-2001

	전 산업	농업 수렵업 및 임업	어업	광업	제조업	전기 가스 및 수도 사업	건설업	도소매 및 소비자용품 수리업	숙박 및 음식점업	운수 창고 및 통신업	금융 및 보험업	부동산 및 사업 서비스업	교육 서비스업	보건 및 사회복지 사업	기타 공공 사회 및 개인서비스업
	D206	D207	D208	D209	D210	D211	D212	D213	D214	D215	D216	D217	D218	D219	D220
	남한, 천 원														
1993	757			844	701	1,003	935	736	632	768	901	707	1,151	754	905
1994	828			911	773	1,055	1,030	801	697	833	977	750	1,242	818	951
1995	928			989	869	1,126	1,110	881	823	938	1,115	880	1,334	882	1,060
1996	1,050			1,162	983	1,353	1,224	1,048	908	1,060	1,224	967	1,499	1,030	1,185
1997	1,132			1,233	1,064	1,362	1,352	1,134	930	1,122	1,300	1,048	1,551	1,087	1,323
1998	1,148			1,242	1,061	1,427	1,315	1,128	975	1,138	1,342	1,084	1,646	1,117	1,356
1999	1,211	1,113	1,331	1,300	1,128	1,641	1,320	1,166	880	1,266	1,447	1,152	1,586	1,182	1,282
2000	1,314	1,301	1,419	1,341	1,228	1,771	1,420	1,285	981	1,392	1,589	1,233	1,566	1,456	1,303
2001	1,393	1,401	1,500	1,482	1,297	2,006	1,510	1,385	1,051	1,474	1,670	1,353	1,681	1,510	1,401

자료: 고용노동부, 「고용형태별근로실태조사」(http://laborstat.molab.go.kr).
주: 월급여총액=월정액급여+초과급여이며, 연특별급여 및 특별급여는 제외하였다.

표 D221-238 산업별 월급, 2002-2008

	전 산업	농업 수렵업 및 임업	어업	광업	제조업	전기 가스 및 수도사업	건설업	도매 및 소매업	숙박 및 음식점업	운수업	통신업	금융 및 보험업	부동산 및 임대업	사업 서비스업	교육 서비스업	보건 및 사회복지 사업	오락 문화 및 운동 관련 서비스업	기타 공공 수리 및 개인서비스업
	D221	D222	D223	D224	D225	D226	D227	D228	D229	D230	D231	D232	D233	D234	D235	D236	D237	D238
	남한, 천 원																	
2002	1,533	1,509	1,333	1,586	1,458	2,360	1,600	1,549	1,107	1,408	2,482	1,946	1,051	1,639	1,754	1,454	1,680	1,382
2003	1,651	1,908	1,821	1,724	1,564	2,740	1,727	1,679	1,231	1,499	2,553	2,156	1,137	1,770	1,895	1,568	1,859	1,499
2004	1,750	1,999	1,865	1,796	1,679	2,874	1,806	1,765	1,296	1,604	2,648	2,342	1,184	1,841	1,987	1,654	1,965	1,592
2005	1,888	2,229	1,992	1,958	1,825	3,015	1,862	1,915	1,398	1,739	2,680	2,485	1,311	2,023	2,131	1,808	2,015	1,730
2006	2,014	2,332	2,127	2,127	1,935	3,162	2,016	2,069	1,476	1,840	2,828	2,627	1,444	2,142	2,326	1,901	2,147	1,834
2007	2,127	2,346	2,058	2,374	2,049	3,225	2,083	2,113	1,491	1,922	2,941	2,885	1,691	2,289	2,520	1,924	2,279	1,871
2008	2,259	2,239	2,111	2,423	2,168	3,360	2,277	2,201	1,580	1,989	3,156	2,981	1,734	2,491	2,633	2,046	2,397	1,977

자료: 고용노동부, 「고용형태별근로실태조사」(http://laborstat.molab.go.kr).
주: 월급여총액=월정액급여+초과급여이며, 연특별급여 및 특별급여는 제외하였다.

표 D239-257 산업별 월급, 2009-2015

	전 산업	농업임업 및 어업	광업	제조업	전기가스증기 및 수도사업	하수·폐기물처리 원료재생 및 환경복원업	건설업	도매 및 소매업	운수업	숙박 및 음식점업	출판영상 방송통신 및 정보서비스업	금융 및 보험업	부동산업 및 임대업	전문과학 및 기술 서비스업	사업시설 관리 및 사업지원 서비스업	교육서비스업	보건업 및 사회복지서비스업	예술스포츠 및 여가 관련 서비스업	협회 및 단체수리 및 기타 개인서비스업
	D239	D240	D241	D242	D243	D244	D245	D246	D247	D248	D249	D250	D251	D252	D253	D254	D255	D256	D257
	남한, 천 원																		
2009	2,710	2,823	2,901	2,671	4,645	2,398	2,553	2,584	2,325	1,701	3,479	4,149	1,903	3,352	2,389	2,982	2,339	2,293	2,155
2010	2,785	2,997	3,032	2,774	4,877	2,500	2,684	2,697	2,381	1,715	3,577	4,244	1,890	3,379	2,367	3,052	2,420	2,330	2,144
2011	2,916	3,067	3,170	2,928	5,065	2,565	2,820	2,763	2,622	1,801	3,654	4,554	2,003	3,603	2,374	3,273	2,386	2,419	2,255
2012	2,997	3,036	3,234	3,056	4,972	2,606	2,905	2,832	2,805	1,834	3,623	4,664	2,000	3,767	2,328	3,237	2,490	2,498	2,234
2013	3,116	3,227	3,444	3,246	5,183	2,786	2,999	2,903	2,858	1,904	3,849	4,777	2,092	3,918	2,379	3,339	2,570	2,506	2,380
2014	3,235	3,127	3,509	3,515	5,287	2,951	3,197	2,962	2,918	1,898	3,747	4,985	2,097	4,032	2,540	3,445	2,463	2,576	2,382
2015	3,269	3,186	3,793	3,569	5,424	2,985	3,137	3,005	2,978	1,902	3,804	5,034	2,199	4,154	2,577	3,358	2,519	2,526	2,269

자료: 고용노동부, 「고용형태별근로실태조사」(http://laborstat.molab.go.kr).
주: 월급여총액=월정액급여+초과급여이며, 연특별급여 및 특별급여는 제외하였다.

표 D258-269 성별 학력별 월급, 1971-2015

	전 학력		국졸 이하		중졸 이하		고졸		전문대졸		대졸 이상	
	남	여	남	여	남	여	남	여	남	여	남	여
	D258	D259	D260	D261	D262	D263	D264	D265	D266	D267	D268	D269
	남한, 천 원											
1971			19.9	9.4	41.9	10.9	29.1	18.7			48.3	35.5
1972	28.0	12.8	20.0	10.6	22.8	11.8	30.1	19.4			51.7	41.2
1973	33.3	18.6	23.5	12.8	26.0	13.8	35.6	22.7			62.1	45.2
1974	44.8	20.8	31.7	17.5	34.7	18.8	44.9	28.7	60.4	42.3	83.6	56.9
1975	54.8	23.8	37.8	20.2	40.9	21.5	55.4	33.6	72.6	50.7	90.6	70.0
1976	73.7	33.3	48.8	28.8	53.3	30.2	72.3	42.0	100.8	65.7	150.8	102.3
1977	91.3	41.4	63.6	37.6	66.9	37.6	89.8	52.0	124.9	74.1	178.8	122.6
1978	119.2	53.6	85.1	47.4	89.4	48.1	117.1	66.9	164.9	97.5	234.3	140.2
1979	162.1	71.6	120.0	64.2	125.7	64.4	155.3	85.6	211.8	130.0	303.6	171.7
1980	193	86			149	77	181	100	242	168	349	211
1981	228	105			178	94	215	121	280	189	407	270
1982	262	120			203	106	244	135	310	219	462	320
1983	290	136			226	118	267	148	336	237	501	356
1984	312	149			249	131	286	158	337	248	534	382
1985	328	158			259	138	300	167	351	264	565	412
1986	355	176			282	152	321	180	371	277	592	420
1987	390	199			315	173	350	200	399	280	639	473
1988	449	234			373	206	408	234	450	326	684	482
1989	513	278			431	246	467	279	510	368	758	518
1990	588	324			498	285	538	326	583	411	833	594
1991	687	385			583	343	629	381	687	467	936	684
1992	802	447			701	399	733	439	778	537	1,035	754
1993	868	491			776	437	805	481	832	580	1,098	815
1994	939	551			835	482	881	540	906	640	1,174	909
1995	1,050	628			932	540	976	614	1,021	721	1,298	986
1996	1,177	724			1,026	612	1,085	696	1,136	818	1,465	1,127
1997	1,262	789			1,088	652	1,164	760	1,216	865	1,566	1,205
1998	1,275	804			1,067	642	1,154	764	1,221	869	1,599	1,225
1999	1,358	867			1,139	684	1,219	820	1,264	885	1,721	1,295
2000	1,474	954			1,217	755	1,328	886	1,377	985	1,882	1,396
2001	1,559	1,015			1,259	808	1,392	931	1,438	1,043	1,994	1,470
2002	1,716	1,112			1,372	852	1,514	1,026	1,568	1,087	2,166	1,547
2003	1,850	1,207			1,437	910	1,620	1,098	1,690	1,188	2,351	1,688
2004	1,958	1,286			1,473	950	1,709	1,175	1,785	1,259	2,504	1,789
2005	2,109	1,396			1,603	1,031	1,798	1,238	1,876	1,380	2,684	1,893
2006	2,249	1,497			1,706	1,102	1,918	1,319	1,983	1,442	2,841	1,989
2007	2,381	1,582			1,818	1,170	1,969	1,381	2,097	1,491	3,038	2,100
2008	2,527	1,681			1,880	1,182	2,098	1,450	2,224	1,626	3,222	2,184
2009	2,546	1,693			1,841	1,201	2,114	1,431	2,275	1,624	3,192	2,196
2010	2,648	1,772			1,920	1,263	2,172	1,475	2,345	1,696	3,296	2,261
2011	2,750	1,862			1,973	1,291	2,274	1,552	2,468	1,832	3,420	2,397
2012	2,878	1,958			2,066	1,331	2,369	1,620	2,558	1,915	3,556	2,531
2013	2,986	2,033			2,163	1,393	2,455	1,681	2,679	1,971	3,705	2,615
2014	3,122	2,092			2,076	1,374	2,528	1,781	2,874	2,044	3,813	2,620
2015	3,215	2,119			2,176	1,372	2,557	1,745	2,903	2,078	3,956	2,698

자료: 노동청, 임금구조기본통계조사보고서, 1971-2007(이 보고서의 명칭은 이후 여러 차례 바뀌었다.); 고용노동부, 고용형태별근로실태조사 보고서, 2008-2015; 고용노동부, 「임금근로시간정보시스템」(http://www.wage.go.kr/wage/w_portal.jsp)-조사명: 고용형태별근로실태조사(舊 임금구조기본통계조사).

주: 1) 월급여총액=월정액급여+초과급여이며, 연특별급여 및 특별급여는 제외하였다.

2) 1979년 이전 '중등 이하'의 학력란은 '중등'학력만을 의미하며 '국졸 이하'와 분리되었다.

표 D270-290 성별 업체규모별 월급, 1975-2015

	전체						
	전 규모	5-9인	10-29인	30-99인	100-299인	300-499인	500인 이상
	D270	D271	D272	D273	D274	D275	D276
	남한, 천 원						
1975	46.7		42.4	48.5	45.0		48.5
1976	64.3		54.8	65.2	62.8		67.5
1977	77.4		71.4	80.7	78.7		76.3
1978	104.1		96.0	103.3	99.8		110.6
1979	146.4		141.8	145.9	143.1		150.9
1980	151		153	146	152	156	151
1981	175		181	167	167	193	173
1982	210		210	208	200	215	215
1983	233		237	232	229	235	235
1984	252		253	245	253	259	256
1985	269		264	266	268	275	272
1986	294		289	292	289	302	297
1987	322		309	318	327	349	322
1988	374		337	352	368	383	408
1989	435		389	403	433	452	484
1990	502		448	471	493	530	560
1991	590		542	555	579	622	650
1992	692		650	660	693	695	749
1993	757		710	717	766	788	824
1994	828		783	780	840	857	910
1995	928		876	874	930	995	1,017
1996	1,050		994	1,010	1,023	1,113	1,153
1997	1,132		1,083	1,078	1,111	1,181	1,257
1998	1,148		1,080	1,093	1,124	1,195	1,293
1999	1,211	1,052	1,135	1,174	1,246	1,304	1,412
2000	1,314	1,146	1,222	1,291	1,361	1,501	1,546
2001	1,393	1,209	1,281	1,368	1,455	1,548	1,673
2002	1,533	1,295	1,414	1,509	1,572	1,718	1,842
2003	1,651	1,427	1,554	1,611	1,712	1,866	1,982
2004	1,750	1,513	1,649	1,710	1,808	1,941	2,106
2005	1,888	1,559	1,778	1,880	1,955	2,084	2,272
2006	2,014	1,679	1,907	1,980	2,065	2,246	2,487
2007	2,127	1,760	1,944	2,130	2,186	2,353	2,700
2008	2,259	1,812	2,078	2,226	2,359	2,594	2,869
2009	2,710	2,026	2,332	2,534	2,848	3,231	3,886
2010	2,785	2,112	2,381	2,594	2,920	3,398	4,020
2011	2,916	2,182	2,464	2,680	3,057	3,618	4,368
2012	2,997	2,261	2,574	2,761	3,137	3,597	4,460
2013	3,116	2,298	2,688	2,895	3,193	3,711	4,853
2014	3,235	2,366	2,739	2,962	3,290	3,772	5,291
2015	3,269	2,400	2,762	2,982	3,340	3,883	5,481

자료: 임금구조기본통계조사보고서(1971-2007, 각년도 보고서 명칭에는 다소 차이 있음), 고용형태별근로실태조사 보고서(2008-2015).

注: 1) 1975-1979년 100인-299인은 100-499인, 1975-1977년 10-29인은 1-29인, 전 규모는 1975-1977년 1인 이상, 1977-1998년 10인 이상, 1999년 이후 5인 이상이다.

2) 월급여총액=월정액급여+초과급여이며, 연특별급여 및 특별급여는 제외한다.

표 D270-290 성별 업체규모별 월급, 1975-2015

	남						
	전 규모	5-9인	10-29인	30-99인	100-299인	300-499인	500인 이상
	D277	D278	D279	D280	D281	D282	D283
	남한, 천 원						
1975	60.8		49.4	56.6	60.8		68.1
1976	82.9		62.4	75.6	83.6		93.6
1977	102.9		82.2	95.6	105.7		113.9
1978	135.1		112.3	123.9	133.8		151.5
1979	189.3		167.4	174.9	189.2		206.5
1980	193		180	182	196	205	200
1981	199		219	215	223	224	218
1982	262		243	250	258	284	276
1983	290		277	276	289	310	304
1984	312		295	289	315	331	332
1985	328		306	312	329	349	348
1986	355		332	340	354	371	378
1987	390		356	373	394	428	410
1988	449		386	411	441	462	510
1989	513		446	469	509	533	591
1990	588		514	548	573	629	668
1991	687		628	646	666	728	767
1992	802		753	766	802	814	866
1993	868		811	824	875	900	945
1994	939		892	890	947	962	1,028
1995	1,050		992	993	1,045	1,116	1,151
1996	1,177		1,125	1,140	1,136	1,244	1,280
1997	1,262		1,224	1,205	1,229	1,317	1,384
1998	1,275		1,211	1,217	1,236	1,330	1,421
1999	1,358	1,213	1,283	1,313	1,377	1,455	1,542
2000	1,474	1,313	1,373	1,444	1,507	1,683	1,691
2001	1,559	1,390	1,435	1,521	1,611	1,729	1,825
2002	1,716	1,466	1,578	1,686	1,738	1,922	2,038
2003	1,850	1,614	1,738	1,801	1,891	2,096	2,193
2004	1,958	1,704	1,836	1,904	1,999	2,186	2,342
2005	2,109	1,744	1,973	2,081	2,179	2,316	2,538
2006	2,249	1,901	2,115	2,188	2,294	2,526	2,756
2007	2,381	2,006	2,159	2,354	2,409	2,721	3,006
2008	2,527	2,031	2,318	2,467	2,602	2,983	3,182
2009	3,072	2,305	2,628	2,843	3,169	3,794	4,367
2010	3,159	2,420	2,696	2,896	3,242	3,897	4,544
2011	3,312	2,495	2,807	3,007	3,396	4,102	4,909
2012	3,404	2,586	2,932	3,100	3,487	4,052	4,992
2013	3,547	2,627	3,081	3,242	3,581	4,159	5,438
2014	3,718	2,721	3,152	3,347	3,746	4,331	5,942
2015	3,780	2,777	3,182	3,393	3,800	4,496	6,124

표 D270-290 계속

	여						
	전 규모	5-9인	10-29인	30-99인	100-299인	300-499인	500인 이상
	D284	D285	D286	D287	D288	D289	D290
	남한, 천 원						
1975	25.5		24.6	26.8	23.5		26.9
1976	36.4		34.4	39.1	33.9		37.8
1977	45.2		46.1	48.0	42.5		46.2
1978	58.7		60.9	61.6	54.7		60.4
1979	80.2		84.8	85.6	76.3		80.1
1980	86		91	88	87	84	84
1981	111		112	99	97	100	103
1982	121		131	124	113	119	119
1983	136		137	142	135	131	133
1984	149		151	156	148	150	145
1985	158		161	169	158	156	152
1986	176		181	186	171	177	171
1987	199		198	206	195	205	195
1988	234		222	231	229	235	241
1989	278		259	266	275	294	293
1990	324		270	316	316	335	346
1991	385		363	375	384	398	406
1992	447		423	438	449	453	470
1993	491		475	479	489	515	512
1994	551		527	528	557	581	593
1995	628		603	594	627	685	679
1996	724		682	699	719	762	793
1997	789		743	762	784	832	877
1998	804		763	780	807	836	880
1999	867	775	828	875	876	895	1,001
2000	954	856	905	970	961	1,030	1,122
2001	1,015	900	953	1,037	1,033	1,095	1,216
2002	1,112	1,010	1,054	1,099	1,132	1,222	1,299
2003	1,207	1,117	1,160	1,176	1,252	1,313	1,404
2004	1,286	1,194	1,244	1,255	1,327	1,361	1,480
2005	1,396	1,255	1,357	1,408	1,404	1,504	1,596
2006	1,497	1,312	1,458	1,495	1,498	1,584	1,808
2007	1,582	1,362	1,489	1,614	1,627	1,609	1,956
2008	1,681	1,465	1,586	1,658	1,753	1,842	2,079
2009	1,952	1,587	1,730	1,851	2,041	2,117	2,778
2010	2,019	1,632	1,778	1,933	2,127	2,322	2,843
2011	2,121	1,707	1,789	2,008	2,280	2,643	3,107
2012	2,204	1,767	1,900	2,094	2,360	2,626	3,234
2013	2,291	1,804	1,973	2,203	2,354	2,710	3,560
2014	2,368	1,875	2,043	2,221	2,393	2,690	3,887
2015	2,362	1,884	2,085	2,219	2,425	2,799	3,922

표 D291-328 건설부문 하루 노임단가, 1970-2015

	건축목공	형틀목공	철공	철근공	철판공	창호공	석공	비계공	조적공	미장공	방수공	타일공	콘크리트공
	D291	D292	D293	D294	D295	D296	D297	D298	D299	D300	D301	D302	D303
	남한, 원												
1970	1,400	1,100	1,300	1,100	1,300	1,300	1,500	1,000	1,300	1,500	1,300	1,360	870
1971	1,500	1,400	1,500	1,300	1,500	1,500	1,650	1,600	1,500	1,500	1,400	1,500	900
1972	1,120	1,030	950	880	950	920	880	950	800	900	880	950	660
1973	1,120	1,030	950	880	950	920	880	950	800	900	880	950	660
1974	1,510	1,390	1,230	1,230	1,280	1,330	1,400	1,280	1,200	1,300	1,230	1,330	920
1975	1,960	1,740	1,720	1,660	1,850	1,860	2,030	1,660	1,680	1,820	1,780	1,920	1,280
1976	2,090	1,860	1,930	1,810	2,000	1,980	2,200	1,800	1,830	1,980	1,930	2,080	1,420
1977	2,550	2,360	2,450	2,290	2,490	2,430	2,890	2,360	2,320	2,510	2,540	2,630	1,870
1978	3,710	3,650	3,680	3,650	3,700	3,870	4,290	3,870	3,550	4,000	3,800	4,600	3,050
1979	5,530	5,080	5,770	5,270	4,180	5,230	5,560	5,380	5,200	5,740	4,840	5,940	4,330
1980	7,070	6,730	6,900	6,600	6,240	6,540	7,170	7,070	6,620	7,160	6,580	7,450	5,790
1981	8,110	7,910	7,330	7,820	7,110	7,890	9,150	8,240	7,770	8,320	7,710	8,490	7,020
1982	8,950	8,330	8,110	8,210	8,190	9,070	9,450	8,840	8,290	8,840	7,980	9,080	7,290
1983	9,410	9,010	8,810	8,930	8,680	9,360	10,200	9,500	8,960	9,240	8,750	9,360	7,910
1984	9,720	9,530	9,010	9,360	8,680	9,530	10,260	9,800	9,430	9,450	9,080	9,370	8,330
1985	10,280	10,230	9,340	9,930	9,240	9,920	10,590	10,280	9,610	10,150	9,510	9,720	8,810
1986	10,670	10,570	9,770	10,310	9,520	10,260	11,250	10,700	10,080	10,600	9,790	10,190	9,260
1987	11,330	11,660	10,770	11,460	10,930	11,130	12,070	11,500	10,930	11,450	10,790	11,350	10,540
1988	12,690	13,060	12,430	12,840	11,930	12,470	13,720	12,880	12,250	12,830	12,090	12,720	11,810
1989	14,600	14,800	14,300	14,800	13,750	14,350	15,400	14,800	14,100	14,800	13,950	14,650	13,600
1990	17,450	17,650	17,150	17,650	16,600	17,200	18,000	17,650	16,950	17,650	16,800	17,500	16,450
1991	22,500	22,700	22,200	22,700	21,600	22,200	23,000	22,700	22,000	22,700	21,800	22,500	21,500
1992	30,300	30,500	28,800	30,500	27,000	27,800	30,900	30,500	29,600	30,500	28,300	30,300	27,900
1993	39,600	40,200	35,100	38,900	33,500	35,500	41,000	40,300	37,800	40,100	35,600	39,700	36,300
1994	43,700	42,800	35,500	40,900	35,400	35,500	44,900	43,700	40,300	42,700	36,500	41,000	38,500
1995	58,769	59,548	55,791	59,767	52,687	46,205	63,811	62,806	55,321	59,156	46,994	57,306	54,221
1996	63,463	66,413	66,425	67,751	65,277	58,629	71,178	71,276	62,079	65,405	54,104	65,152	60,763
1997	68,498	71,566	70,528	73,244	70,002	62,767	73,697	77,971	64,409	68,330	56,394	66,087	66,187
1998	68,708	70,344	66,174	72,392	70,841	62,341	72,149	74,396	63,183	66,426	54,671	64,454	67,395
1999	63,099	34,492	60,240	64,906	61,611	55,487	67,681	66,378	57,316	59,223	50,024	59,131	61,063
2000	60,934	62,351	66,146	65,176	58,752	58,362	62,885	66,895	57,469	56,365	48,883	56,344	63,295
2001	65,005	66,296	65,066	69,463	60,539	58,899	67,461	69,959	59,439	60,692	51,695	59,717	65,422
2002	73,577	75,624	69,650	78,653	70,560	68,174	80,630	77,801	70,461	73,195	57,029	74,324	73,021
2003	88,402	91,807	85,853	95,082	80,721	81,414	94,040	95,582	83,477	88,513	68,103	99,167	88,831
2004	88,031	92,476	92,843	94,704	85,565	81,718	96,447	96,451	85,736	88,120	70,722	96,730	89,341
2005	89,471	93,252	93,852	96,829	87,057	81,605	94,763	96,489	85,180	87,921	70,126	96,104	89,620
2006	91,282	92,351	92,844	98,138	89,700	85,679	94,323	100,192	83,636	86,502	70,304	97,252	90,392
2007	96,632	93,486	95,751	99,968	94,274	84,919	92,901	104,049	87,721	88,501	70,912	99,150	93,830
2008	102,169	97,184	105,522	103,551	98,607	87,575	97,539	111,116	89,013	91,345	76,513	98,589	98,706
2009	100,797	101,171	109,519	111,378	97,808	90,742	104,086	116,604	90,028	93,860	76,141	96,410	99,687
2010	97,282	101,331	108,391	109,615	102,224	93,881	110,318	117,803	98,090	96,970	81,096	102,761	102,364
2011	103,182	105,057	107,188	110,192	106,352	99,476	109,692	122,327	103,477	101,886	79,810	108,098	103,358
2012	108,982	110,986	115,738	116,637	114,912	108,787	123,770	131,832	113,447	109,814	85,206	118,069	109,518
2013	118,581	123,659	122,854	123,011	120,934	119,445	130,906	146,104	118,375	119,109	90,160	126,993	120,803
2014	128,588	137,968	133,555	132,728	124,259	127,262	131,623	151,905	120,754	132,639	95,247	129,313	128,346
2015	140,766	151,961	138,680	144,107	124,313	133,244	141,224	160,002	125,868	141,400	103,051	137,492	141,205

자료: 2011년 이후는 대한건설협회, 『건설업임금실태조사』, 통계청(http://kosis.kr)에서 추출; 2010년 이전은 한국물가정보 조사디자인팀, 『종합 물가총람 2010-통계로 본 물가 40년사』(한국물가정보, 2010), pp. 208-240.

주: 1) 최대 163개의 직종이 있으나, 1970년부터 2015년까지 모든 구간에 존재하는 38개 직종만을 선별하였다.

2) 1995년부터는 1월과 9월로 연2회 발표되었으며, 연도별로 단순평균하여 수록하였다.

표 D291-328 계속

	보일러공	배관공	보온공	도장공	내장공	화약취급공	착암공	포장공	잠수부	보링공	조경공	배전전공	통신내선공
	D304	D305	D306	D307	D308	D309	D310	D311	D312	D313	D314	D315	D316
	남한, 원												
1970	1,400	1,300	1,200	1,300	1,500	1,300	1,200	1,200	11,000	1,650	1,500	1,360	1,600
1971	1,500	1,450	1,300	1,450	1,600	1,500	1,500	1,500	15,000	1,650	1,500	1,500	1,600
1972	970	900	950	810	780	810	850	840	7,830	1,220	600	920	1,160
1973	970	900	950	810	780	810	850	840	7,830	1,220	760	920	1,160
1974	1,400	1,300	1,230	1,170	1,280	1,360	1,160	1,170	11,700	1,580	1,210	1,280	1,620
1975	1,960	1,820	1,720	1,690	1,790	1,840	1,620	1,690	15,200	2,050	1,510	1,730	2,110
1976	2,200	2,010	1,860	1,880	1,940	1,850	1,830	1,790	17,360	2,140	1,610	3,290	2,320
1977	2,790	2,550	2,630	2,380	2,460	2,460	2,400	2,290	22,010	2,710	2,110	3,880	2,840
1978	3,780	3,540	3,480	3,530	3,970	4,560	3,750	3,420	29,530	4,660	3,270	4,450	3,760
1979	5,240	5,030	4,860	5,240	5,210	6,320	5,130	3,800	30,730	4,910	5,450	6,500	4,390
1980	7,790	6,400	6,060	6,640	7,380	8,130	6,620	5,760	37,690	6,500	6,800	8,230	7,360
1981	8,720	8,040	6,650	7,550	8,100	9,800	7,880	7,130	47,450	7,890	7,790	10,860	8,870
1982	9,590	8,310	7,140	8,300	8,280	10,690	8,630	8,560	47,450	7,990	7,790	10,980	9,600
1983	9,870	8,670	8,080	8,990	8,790	11,420	9,270	8,560	50,990	7,990	8,780	12,540	9,810
1984	9,890	9,010	8,160	9,210	8,920	11,480	9,700	9,000	55,250	8,580	9,040	12,870	10,140
1985	1,030	9,430	8,510	9,750	9,300	11,760	10,040	9,560	56,090	9,210	9,040	13,510	10,670
1986	11,080	9,620	8,930	10,280	9,920	12,010	10,660	10,060	57,420	9,680	9,290	14,020	11,020
1987	12,380	10,200	9,660	11,220	11,060	12,010	10,740	10,500	57,420	10,260	10,680	15,860	12,570
1988	13,520	10,960	10,820	12,570	12,390	13,300	12,030	12,120	58,390	11,100	10,760	17,880	14,350
1989	15,150	13,100	12,950	14,500	14,250	14,900	13,850	13,950	65,400	12,300	12,900	20,050	16,100
1990	17,750	15,950	15,800	17,350	17,100	17,750	16,700	16,800	18,950	16,150	15,750	22,550	18,700
1991	22,800	21,000	20,800	22,400	23,600	22,800	21,700	21,800	28,000	21,200	20,800	27,600	23,700
1992	28,500	27,300	25,000	29,000	31,700	30,600	28,100	28,300	36,400	25,400	26,000	35,900	29,600
1993	34,600	33,500	30,900	36,600	40,100	39,300	35,100	37,700	45,700	30,900	35,500	42,700	36,200
1994	34,700	34,400	30,900	38,200	42,400	41,200	36,500	40,300	53,700	33,000	35,500	54,000	36,200
1995	48,836	43,552	45,030	51,456	57,473	58,602	46,824	49,178	67,746	44,621	47,625	126,090	56,284
1996	54,261	50,047	56,202	57,784	35,516	63,759	54,866	70,571	78,196	49,597	54,252	149,315	62,712
1997	58,814	54,905	60,045	59,899	68,175	65,915	53,565	66,162	83,602	48,423	55,994	176,936	71,832
1998	54,625	55,456	58,634	59,339	66,006	65,087	55,786	60,866	77,867	56,174	55,264	178,348	68,165
1999	48,123	48,311	49,644	53,023	57,552	69,121	50,007	60,648	89,020	50,629	52,091	180,152	60,638
2000	47,048	48,540	51,300	54,866	55,684	69,422	52,733	63,482	87,773	48,337	52,612	183,540	56,881
2001	48,217	52,903	54,299	57,478	60,626	67,380	52,355	59,287	88,645	47,168	55,264	173,280	59,061
2002	48,381	62,633	62,522	65,080	73,391	76,030	57,581	63,923	92,181	54,482	60,847	159,641	67,193
2003	63,324	75,169	72,416	78,669	84,025	84,821	64,106	76,308	100,040	65,222	69,986	173,587	77,483
2004	67,873	74,215	74,555	82,109	86,115	81,388	67,521	85,395	106,226	69,953	75,358	174,807	82,388
2005	70,581	75,628	76,877	82,112	87,484	78,081	66,464	88,759	116,338	75,138	74,025	171,945	83,284
2006	74,507	76,672	81,401	84,084	88,249	74,123	68,986	85,468	119,979	78,541	72,375	171,436	84,928
2007	75,328	79,337	80,754	88,562	88,762	79,739	70,386	90,760	126,731	80,524	75,346	174,235	83,618
2008	84,050	85,055	83,211	91,243	95,539	88,904	74,434	92,300	127,593	82,097	80,478	182,340	89,405
2009	87,818	86,943	86,282	93,725	95,852	89,162	78,125	95,079	140,893	84,697	87,588	180,802	94,804
2010	87,356	90,770	86,049	94,344	96,338	92,099	80,323	95,662	146,136	86,700	86,939	187,127	104,227
2011	88,773	93,641	88,072	98,524	99,003	96,875	86,558	99,650	154,285	89,263	88,989	206,796	114,115
2012	101,348	99,215	91,840	106,285	111,739	111,803	86,830	101,113	149,174	91,699	99,451	205,156	125,500
2013	107,373	108,762	102,997	112,325	120,599	121,409	93,150	109,428	157,942	98,983	109,049	224,686	134,338
2014	116,296	112,899	106,192	118,583	127,805	131,416	100,867	115,230	175,808	105,759	116,282	241,079	144,696
2015	120,179	119,478	104,902	124,905	136,362	139,182	104,967	124,303	182,316	113,654	126,475	250,907	149,991

표 D291-328 계속

	무선안테나공	삭업반상	인력운반공 (목도)	특별인부	보통인부	건설기계운전사	화물차운전사	일반기계운전사	기계설비공	유리공	덕트공 (함석공)	용접공 (일반)
	D317	D318	D319	D320	D321	D322	D323	D324	D325	D326	D327	D328
	남한, 원											
1970	2,530	1,000	1,300	710	540	1,400	1,100	1,400	1,400	1,200	1,300	1,500
1971	3,000	1,300	1,400	900	680	1,600	1,300	1,600	1,500	1,400	1,400	1,600
1972	1,490	780	800	690	300	1,010	800	780	920	780	880	1,080
1973	1,490	780	800	690	600	1,010	800	780	920	780	880	1,080
1974	1,930	1,090	1,240	970	820	1,410	1,040	1,130	1,280	1,090	1,270	1,400
1975	2,320	1,520	1,610	1,260	1,030	1,830	1,500	1,630	1,730	1,580	1,710	1,890
1976	2,470	1,600	1,770	1,400	1,200	2,020	1,680	1,770	1,970	1,740	1,880	2,090
1977	2,910	2,030	2,240	1,800	1,500	2,650	2,130	2,160	2,410	2,200	2,340	2,650
1978	5,110	3,500	3,700	2,730	2,110	4,270	3,500	3,710	3,480	2,890	3,770	3,940
1979	6,890	4,610	4,900	4,000	2,990	5,960	5,030	4,820	3,950	6,570	5,140	5,200
1980	9,110	6,050	6,600	5,270	4,080	7,400	6,540	6,120	6,310	7,080	7,080	6,780
1981	10,880	7,850	9,070	6,530	4,820	8,750	8,300	8,080	7,540	7,480	7,120	8,120
1982	11,970	8,660	9,120	7,010	5,070	9,530	9,130	8,890	7,830	8,540	8,190	8,340
1983	12,690	8,740	9,400	7,210	5,290	10,010	9,430	8,890	8,630	9,100	8,680	8,910
1984	13,070	9,150	10,050	7,460	5,560	10,410	9,570	9,070	8,640	9,800	9,020	9,550
1985	13,460	9,440	10,350	8,000	5,930	10,410	9,630	9,760	8,640	10,150	9,030	9,770
1986	13,860	9,970	10,470	8,490	6,120	10,910	9,860	9,760	8,990	10,450	9,450	10,110
1987	14,690	10,410	10,470	9,100	6,520	11,690	10,040	9,760	8,990	10,450	10,480	11,100
1988	16,820	11,660	11,730	10,200	7,270	13,100	11,330	11,270	10,070	12,060	12,100	12,440
1989	18,850	13,500	13,500	12,200	8,150	14,800	13,500	13,500	12,050	13,900	13,950	14,350
1990	21,450	16,350	16,350	15,050	11,050	17,650	16,350	16,350	14,900	16,750	16,800	17,200
1991	26,500	21,400	21,400	20,100	16,100	22,700	21,400	21,400	19,900	21,800	21,800	22,200
1992	33,100	26,700	28,100	26,100	19,300	28,200	25,700	25,700	25,900	29,300	27,300	28,800
1993	41,600	33,200	43,700	30,000	21,200	35,300	30,900	30,400	30,900	36,000	34,000	36,900
1994	44,600	36,100	43,700	31,200	22,300	37,200	33,800	30,400	30,900	36,000	34,000	39,500
1995	96,862	48,400	56,666	41,933	28,576	45,562	40,671	39,135	48,992	54,189	46,722	51,980
1996	106,508	58,971	57,383	51,702	32,936	52,871	45,453	45,340	54,695	59,485	54,086	60,693
1997	106,327	59,748	59,685	53,561	35,440	53,654	48,244	50,833	57,509	64,056	65,376	67,879
1998	104,086	57,259	63,930	52,019	35,917	54,903	52,118	49,801	54,253	62,830	62,704	67,519
1999	93,190	56,287	63,072	48,835	33,539	54,370	50,480	46,562	50,454	57,548	57,221	60,158
2000	93,868	56,792	63,208	50,825	35,706	56,443	53,364	47,672	47,447	57,368	60,299	59,709
2001	94,922	57,825	65,411	52,510	38,208	56,439	54,799	48,133	48,208	59,584	62,119	59,574
2002	96,894	64,405	69,262	59,436	42,977	58,554	55,472	50,404	52,623	69,541	62,601	66,622
2003	99,975	69,312	78,501	66,438	51,583	80,180	63,279	60,293	59,978	77,478	70,387	80,530
2004	93,613	69,953	74,522	66,319	52,470	77,810	64,330	61,888	63,422	78,131	74,834	85,131
2005	94,023	70,768	73,764	66,996	52,838	76,985	65,264	61,813	65,341	80,251	74,366	88,463
2006	99,232	75,813	77,276	71,589	56,037	78,211	67,258	62,977	69,139	85,638	78,494	89,880
2007	103,108	81,348	80,581	75,876	58,352	81,145	68,048	65,868	74,849	86,116	81,827	94,376
2008	111,607	83,017	89,637	81,064	62,039	88,617	72,030	68,510	76,599	87,253	89,544	99,752
2009	119,877	90,173	91,485	85,003	67,266	95,836	80,037	69,796	81,196	93,976	98,751	102,869
2010	128,631	93,945	95,290	87,120	69,731	98,059	85,265	73,480	88,312	92,849	85,606	108,665
2011	138,543	99,604		94,161	73,212	102,822	84,869	75,329	93,189	98,215	88,630	112,607
2012	153,130	103,084	92,144	94,898	78,170	107,180	92,859	80,001	94,844	103,192	92,758	120,584
2013	170,573	105,665	94,207	99,444	82,709	111,486	102,196	86,293	104,068	111,329	98,191	123,499
2014	179,679	107,745	94,433	104,452	85,426	116,961	108,518	90,954	109,840	120,387	102,858	129,518
2015	187,511	110,042	98,626	110,008	88,686	127,027	116,639	89,644	117,482	126,260	110,287	136,384

표 D329-380 제조부문 하루 노임단가, 1972-2015

	기계설계사	제도사	현도사	마킹공	철물재단공	금속쇠톱공	프레스공	밀링공	드릴공	보링공	프레나공	강판공	판금공
	D329	D330	D331	D332	D333	D334	D335	D336	D337	D338	D339	D340	D341
	남한, 원												
1972	1,280	770	770	720	700	580	750	700	690	840	840	760	800
1973	1,280	770	770	720	700	580	750	700	690	840	840	760	800
1974	1,720	1,150	1,230	1,000	940	980	1,010	980	890	1,170	1,170	1,100	1,120
1975	1,980	1,660	1,780	1,300	1,230	1,140	1,370	1,350	1,120	1,530	1,530	1,380	1,460
1976	2,100	1,780	1,870	1,430	1,380	1,280	1,600	1,560	1,310	1,640	1,600	1,450	1,520
1977	2,480	2,100	2,460	1,790	1,730	1,600	2,000	1,950	1,640	2,050	2,000	1,810	1,900
1978	3,630	4,120	5,420	2,990	2,830	2,160	2,510	2,420	2,610	2,690	2,390	2,220	2,260
1979	5,610	4,360	5,420	3,390	2,850	2,280	2,810	2,990	2,630	3,690	2,890	2,520	3,050
1980	6,410	4,360	5,420	3,390	3,610	3,670	3,570	3,590	3,100	3,690	3,690	4,240	3,720
1981	7,660	5,310	5,730	3,920	4,040	4,290	3,850	4,330	3,870	4,570	4,420	4,240	4,860
1982	8,180	6,020	6,080	4,700	4,650	4,290	4,430	4,760	4,450	5,260	4,980	4,510	4,970
1983	8,670	6,280	9,180	4,780	4,970	4,290	4,440	5,070	4,600	5,750	5,270	4,700	5,200
1984	8,870	6,320	6,440	4,970	5,310	4,590	4,660	5,420	4,800	5,930	5,580	4,790	5,580
1985	9,460	6,460	6,860	5,240	5,610	4,780	4,900	5,610	5,050	6,080	5,700	4,950	5,790
1986	9,800	6,810	6,990	5,530	5,840	4,850	5,150	5,830	5,150	6,330	5,850	5,210	6,090
1987	10,350	7,330	7,410	5,800	6,370	5,000	5,600	5,600	5,250	6,690	6,270	5,700	6,440
1988	11,600	8,210	8,380	6,380	7,140	5,770	6,470	7,090	6,060	7,500	7,180	6,390	7,220
1989	13,000	9,200	9,400	7,350	8,100	6,900	7,450	8,100	7,000	8,400	8,100	7,350	8,100
1990	15,850	12,100	12,300	10,250	11,000	9,800	10,350	11,000	9,500	11,300	11,000	10,250	11,000
1991	20,100	16,900	17,300	15,300	15,800	11,400	12,600	13,800	11,900	14,300	14,100	14,800	13,100
1992	21,600	20,000	18,200	17,600	18,200	14,700	15,000	16,400	13,700	14,300	15,300	17,500	15,600
1993	22,900	22,400	19,400	18,800	19,400	17,400	16,000	18,300	16,000	15,300	16,400	18,600	16,700
1994	23,700	23,000	19,400	18,900	20,000	18,100	16,800	19,200	16,600	15,600	17,300	19,400	17,000
1995	28,137	27,167	21,913	21,003	21,370	20,813	20,883	21,250	19,810	18,705	20,700	21,976	21,063
1996	30,943	28,462	22,248	21,639	22,203	21,703	21,600	24,286	22,917	21,239	20,961	25,038	24,921
1997	37,068	30,689	24,945	22,536	27,772	25,666	24,194	26,702	25,840	26,470	22,946	31,329	28,921
1998	37,832	32,747	28,487	26,924	27,694	27,137	26,250	27,252	27,215	28,378	25,035	32,376	28,947
1999	37,114	32,368	29,309	27,195	26,589	27,971	25,512	26,307	25,568	28,529	24,862	30,126	28,447
2000	38,307	33,261	30,254	26,885	27,832	28,895	26,503	28,544	26,247	29,985	26,193	30,387	31,141
2001	38,781	33,462	32,889	27,622	29,276	30,590	28,853	28,083	26,664	29,981	29,050	32,506	30,675
2002	41,009	37,556	36,601	29,915	30,161	32,584	29,112	31,340	28,116	31,988	31,724	33,278	33,801
2003	47,352	43,791	43,245	33,455	34,921	35,694	31,139	32,609	32,430	33,888	32,692	36,318	39,103
2004	53,274	49,046	46,226	36,779	39,038	39,383	32,506	35,519	37,019	34,795	38,617	43,187	39,061
2005	58,131	51,576	49,838	39,565	41,215	41,826	35,153	37,973	37,986	36,478	42,283	46,110	40,283
2006	62,240	54,552	53,688	42,417	44,079	44,700	37,618	40,636	40,634	39,096	45,155	49,329	43,119
2007	71,600	56,801	55,056	46,657	45,739	45,731	40,913	44,773	43,567	43,892	53,614	52,965	48,125
2008	79,759	65,237	64,779	50,211	47,081	50,251	46,049	50,483	47,482	51,439	61,985	62,230	56,708
2009	83,750	73,008	70,833	59,006	47,498	57,402	47,348	55,178	49,753	52,094	62,838	64,540	63,403
2010	91,652	77,076	73,565	63,713	49,120	60,899	50,536	55,237	52,805	52,154	63,912	66,137	63,525
2011	88,338	77,513	76,667	70,079	50,989	69,274	53,008	61,699	51,123	58,366	74,792	67,841	62,512
2012	85,158	81,983	92,370	76,264	55,713	64,260	57,236	67,356	60,027	68,593	72,378	78,380	68,569
2013	95,645	90,432	106,225	68,903	55,171	65,035	65,678	62,272	64,690	69,509	65,300	79,818	70,763
2014	100,490	104,257	101,417	63,914	58,776	63,492	67,001	69,111	65,350	73,287	65,485	71,336	78,510
2015	101,207	104,569	101,817	64,359	60,477	64,510	68,318	70,589	66,318	73,505	65,872	72,799	80,245

자료: 2011년 이후는 중소기업중앙회, 『중소제조업직종별임금조사』, 통계청(http://kosis.kr)에서 추출; 2010년 이전은 한국물가정보 조사디자인팀, 『종합 물가총람 2010-통계로 본 물가 40년사』(한국물가정보, 2010), pp. 208-240.

주: 227개의 직종이 있으나, 1972년부터 2015년까지 모든 구간에 존재하는 52개 직종만을 선별하였다.

표 D329-380 계속

	모형조각기공	벤딩머쉰공	절곡공	수동교정공	열처리공	용해공	목형공	주물공	단조공	압연공	인발공	압출공	합금공
	D342	D343	D344	D345	D346	D347	D348	D349	D350	D351	D352	D353	D354
	남한, 원												
1972	750	850	900	840	720	800	1,030	810	780	760	760	750	760
1973	750	850	900	840	720	800	1,030	810	780	760	760	750	760
1974	1,050	1,140	1,210	1,130	1,040	1,080	1,390	1,130	1,090	1,100	1,100	1,120	1,140
1975	1,320	1,430	1,460	1,300	1,410	1,300	1,600	1,470	1,370	1,490	1,430	1,400	1,430
1976	1,520	1,530	1,560	1,420	1,540	1,420	1,710	1,610	1,470	1,560	1,530	1,500	1,500
1977	1,900	1,910	1,950	1,780	1,930	1,780	2,140	2,010	1,840	1,950	1,910	1,910	1,880
1978	2,400	2,400	2,470	2,250	2,390	2,370	2,890	2,630	2,380	2,490	2,490	2,460	2,300
1979	2,400	2,590	2,560	2,610	3,090	2,710	3,280	3,280	2,960	3,140	2,950	2,460	2,470
1980	3,040	3,320	3,350	3,330	3,490	3,600	4,550	3,690	4,000	3,760	3,730	3,840	3,780
1981	4,140	3,810	3,670	4,260	4,330	4,350	4,940	4,060	4,930	4,610	4,370	4,650	4,490
1982	4,760	4,250	4,050	4,730	4,820	4,990	5,400	4,620	5,110	5,300	4,440	5,120	5,160
1983	5,045	4,370	4,770	5,070	5,160	5,140	5,980	5,190	5,660	5,650	4,440	5,340	5,160
1984	5,130	4,390	5,030	5,360	5,360	5,400	6,020	5,420	5,740	5,820	4,440	5,450	5,530
1985	5,360	4,420	5,320	5,720	5,470	5,450	6,100	5,640	5,940	6,040	4,440	5,810	5,660
1986	5,380	4,600	5,550	5,860	5,700	5,540	6,350	5,800	6,130	6,290	4,470	5,810	6,060
1987	5,700	5,110	5,870	6,160	6,150	5,960	660	6,300	6,540	6,500	4,650	5,910	6,420
1988	6,580	5,900	6,780	7,110	6,890	6,880	7,400	7,060	7,400	7,280	5,370	6,820	7,190
1989	7,600	6,950	7,800	8,100	7,950	7,950	8,300	8,100	8,300	8,200	6,450	7,850	8,100
1990	10,500	9,850	10,700	11,000	10,850	10,850	11,200	11,000	11,200	11,100	9,350	10,010	11,000
1991	13,800	14,500	14,900	16,000	13,600	14,500	14,700	15,400	16,200	14,300	14,400	13,400	14,900
1992	18,600	14,500	16,000	16,800	14,800	17,200	16,900	16,900	17,600	16,400	18,800	18,100	15,600
1993	21,900	16,400	18,100	18,800	16,700	20,000	19,000	18,000	18,700	19,300	21,100	19,200	18,400
1994	22,400	16,700	18,700	18,800	17,500	20,900	19,400	18,000	18,900	20,100	21,100	19,400	19,000
1995	24,400	19,656	21,324	21,783	19,533	23,096	22,059	21,799	20,242	22,573	24,994	22,853	24,305
1996	27,811	22,902	25,275	22,823	22,451	23,511	24,333	26,303	25,148	23,756	25,097	27,080	24,397
1997	30,959	26,551	28,312	25,005	24,270	25,075	26,511	28,091	25,798	25,048	29,523	27,443	25,990
1998	34,225	29,076	28,966	25,582	25,392	25,672	28,022	25,636	26,695	26,549	29,014	28,959	29,689
1999	24,154	26,749	27,344	25,229	26,159	25,540	27,731	26,668	28,126	27,821	28,030	27,224	28,888
2000	34,451	28,032	29,276	27,737	27,918	26,230	28,410	26,477	29,453	28,953	26,782	27,633	30,521
2001	35,791	30,357	30,254	28,536	27,262	28,556	28,023	27,368	31,409	29,272	27,252	30,726	30,353
2002	35,456	32,332	29,317	30,400	30,100	31,327	29,698	28,755	33,146	30,860	29,999	29,699	34,173
2003	40,611	33,581	34,533	31,053	30,833	35,621	35,347	31,879	36,800	32,208	35,771	30,452	35,127
2004	39,278	38,900	34,480	34,000	36,897	36,096	37,585	32,895	38,987	36,410	36,745	34,992	36,477
2005	42,506	41,426	36,164	35,281	38,054	37,596	40,305	35,356	40,435	37,816	38,935	36,763	38,469
2006	45,457	44,321	38,686	37,770	40,724	39,558	42,055	38,807	43,262	40,471	41,657	38,572	41,437
2007	52,366	48,109	40,722	42,904	48,290	42,407	44,567	42,378	44,524	48,136	42,691	43,119	46,226
2008	55,528	48,362	45,780	48,680	51,985	49,814	48,193	51,663	49,641	49,357	49,519	50,924	49,787
2009	56,489	54,067	54,867	60,040	53,061	51,329	58,192	51,789	54,880	51,123	50,388	55,067	50,336
2010	55,798	57,494	56,973	58,326	56,996	58,140	59,550	51,975	54,694	55,323	49,629	54,436	55,737
2011	63,814	61,495	62,721	60,631	55,826	58,200	62,061	57,613	56,032	60,851	52,549	60,583	59,842
2012	76,225	55,341	65,680	70,897	70,470	62,219	74,030	55,815	64,078	67,637	64,123	65,201	62,527
2013	82,068	64,573	74,421	60,917	72,535	65,565	72,788	60,378	65,772	74,111	70,891	64,409	79,240
2014	79,782	70,443	77,508	69,091	76,078	69,742	79,902	69,352	67,023	83,522	72,278	75,598	72,415
2015	79,745	71,392	78,623	69,791	76,668	70,046	80,813	69,978	68,262	85,388	73,268	76,330	73,392

표 D329-380 계속

	레이저광선공	일반화학공	고무제품제조공	요업공	유리제품제조공	그라인더공	세척공	도장공(취부)	목장도장공	전기도금공	사출공	제재공	가구공
	D355	D356	D357	D358	D359	D360	D361	D362	D363	D364	D365	D366	D367
	남한, 원												
1972	810	950	890	540	700	550	680	850	950	750	760	760	950
1973	810	950	890	540	700	550	680	850	950	860	760	760	950
1974	1,210	1,180	1,200	780	940	820	850	1,140	1,280	1,160	1,020	1,100	1,420
1975	1,520	1,540	1,440	1,100	1,230	1,110	1,150	1,370	1,670	1,450	1,330	1,380	1,850
1976	1,600	1,730	1,500	1,240	1,320	1,250	1,200	1,470	1,750	1,590	1,390	1,440	1,970
1977	2,080	2,160	1,880	1,550	1,650	1,560	1,500	1,840	2,190	1,990	1,740	1,760	2,140
1978	2,630	3,240	2,280	2,800	2,330	2,190	1,830	2,630	2,740	3,324	2,550	4,260	4,010
1979	4,940	3,480	3,170	3,150	3,250	2,620	2,510	2,630	3,440	3,240	2,550	4,260	4,010
1980	6,250	4,050	3,320	3,830	4,110	3,550	3,390	4,030	4,260	3,440	3,770	5,290	5,070
1981	6,250	4,810	3,650	4,560	4,480	3,550	3,490	4,450	4,590	3,700	3,920	5,290	5,180
1982	6,250	5,350	3,930	4,560	5,150	3,840	4,010	4,930	5,280	3,740	4,220	5,290	5,180
1983	6,630	5,460	3,930	4,960	5,210	4,290	4,310	5,170	5,300	4,080	4,220	5,530	5,200
1984	6,830	5,750	3,930	5,150	5,210	4,380	4,310	5,310	5,370	4,410	4,360	5,580	5,340
1985	6,890	6,070	3,930	5,440	5,430	4,630	4,560	5,390	5,750	4,550	4,550	5,850	5,520
1986	7,100	6,190	4,010	5,750	5,430	4,790	4,690	5,640	5,820	4,680	4,590	5,950	5,610
1987	7,530	6,670	4,040	5,920	5,460	5,260	4,720	5,990	6,100	5,020	4,790	6,310	6,000
1988	8,440	7,700	4,670	6,280	6,250	5,970	5,450	6,710	7,040	5,800	5,530	7,070	6,270
1989	8,440	8,650	5,600	7,250	7,200	6,950	6,550	7,750	8,100	6,950	6,650	8,100	6,720
1990	10,830	11,550	8,390	7,590	10,100	9,850	9,450	10,650	11,000	11,450	9,550	11,000	10,130
1991	13,100	14,300	11,400	11,400	15,100	14,900	11,300	14,900	12,400	10,800	13,100	11,100	10,300
1992	17,200	18,200	13,100	12,100	17,900	15,600	11,900	15,600	14,800	14,500	15,100	15,300	13,400
1993	22,200	20,500	14,900	14,300	18,600	16,200	13,900	16,700	17,500	16,900	16,100	19,000	16,600
1994	23,000	20,600	16,300	14,900	19,600	17,100	14,600	17,200	18,500	17,500	16,200	19,300	18,100
1995	24,000	22,997	18,984	15,660	22,036	19,014	17,475	20,756	21,014	20,340	19,644	23,180	21,766
1996	29,943	25,033	19,697	17,177	22,569	22,075	21,926	26,031	24,739	25,913	22,962	25,986	25,637
1997	31,842	28,320	22,706	19,507	25,280	25,891	22,196	26,539	25,108	27,330	23,377	30,178	27,407
1998	32,466	30,672	23,643	19,954	25,177	26,023	24,121	28,204	28,647	27,765	25,394	31,180	26,317
1999	30,323	31,772	24,203	21,731	26,758	27,613	24,754	25,865	30,594	26,043	24,140	30,521	24,398
2000	31,926	31,478	25,525	23,459	26,943	27,734	27,982	25,584	31,207	26,478	24,901	31,492	24,428
2001	31,000	31,517	26,183	25,356	27,438	27,800	29,120	27,223	31,585	28,699	24,895	32,015	26,213
2002	31,820	32,970	26,842	26,732	28,532	30,776	28,511	30,299	31,666	30,899	28,193	32,974	29,905
2003	34,652	36,786	28,523	28,156	30,507	34,347	29,697	36,800	33,599	35,578	29,283	39,326	34,640
2004	35,276	38,427	32,213	30,620	31,148	36,383	29,882	39,201	37,651	37,169	31,892	39,740	35,023
2005	38,070	41,485	33,404	32,087	32,189	37,835	31,932	41,203	38,741	38,937	33,807	41,531	37,005
2006	40,659	44,373	35,749	34,299	34,423	40,206	34,241	44,089	40,364	41,499	36,175	44,439	39,585
2007	42,710	50,765	41,940	39,702	40,064	43,337	39,554	44,644	44,292	46,408	41,352	50,320	43,018
2008	44,497	58,818	43,250	45,953	44,989	50,662	46,946	50,180	44,737	48,098	43,423	51,579	46,665
2009	50,346	67,767	45,667	49,828	45,851	59,152	46,946	56,661	44,916	48,859	43,535	53,529	51,767
2010	55,153	65,833	49,420	51,561	47,048	57,746	53,191	57,709	48,414	49,583	48,132	52,958	53,217
2011	63,222	75,774	52,249	53,309	54,061	60,711	54,488	57,895	50,189	57,798	53,718	54,257	51,432
2012	62,426	82,514	57,577	66,527	66,352	68,483	63,348	58,781	56,458	69,043	57,605	66,197	64,119
2013	66,724	87,931	62,805	68,090	71,259	72,281	65,759	63,185	66,671	68,082	62,881	66,005	66,620
2014	62,947	87,586	57,945	63,550	74,653	70,266	70,914	66,519	60,209	73,234	73,989	69,314	74,925
2015	63,526	88,973	60,801	64,267	75,560	71,267	72,699	67,812	61,027	73,557	75,236	70,388	76,558

표 D329-380 계속

	벨트콘베이어 작업공	물품검사공	제본공	옵셋인쇄공	직물재단사	직포공	재봉기계사	방직기계보전공	편직공	제화공	식품제조공	작업반장	중기운전사
	D368	D369	D370	D371	D372	D373	D374	D375	D376	D377	D378	D379	D380
	남한, 원												
1972	730	490	350	700	990	360	810	620	660	890	890	780	1,010
1973	730	490	350	700	990	360	810	620	660	890	890	780	1,010
1974	940	630	560	980	1,380	520	1,050	890	920	1,110	1,200	1,090	1,410
1975	1,130	890	760	1,330	1,730	710	1,320	1,120	1,110	1,340	1,560	1,520	1,830
1976	1,230	1,040	890	1,490	1,940	830	1,510	1,310	1,300	1,530	1,630	1,600	2,020
1977	1,560	1,300	1,110	1,860	2,430	1,040	1,890	1,640	1,630	1,910	2,040	2,030	2,650
1978	2,650	2,170	2,140	3,190	3,650	2,850	3,050	3,800	2,530	2,780	2,520	3,500	4,270
1979	3,090	2,170	2,470	3,190	6,000	2,850	3,380	3,800	2,530	2,780	2,560	3,500	4,270
1980	3,990	2,690	4,270	5,590	8,300	2,850	3,430	4,120	2,610	3,520	3,230	4,590	4,730
1981	4,310	3,100	4,940	6,200	8,300	2,850	4,120	5,380	3,040	3,520	3,560	5,510	5,480
1982	4,650	3,490	5,130	6,200	8,300	3,280	4,740	5,380	3,500	4,070	4,270	6,130	6,220
1983	5,580	3,640	5,440	6,200	8,300	3,480	4,920	5,750	3,580	4,300	4,620	6,130	6,450
1984	5,580	3,640	5,680	6,390	8,650	3,480	4,940	5,930	3,750	4,300	4,960	6,140	6,580
1985	5,660	3,770	6,020	6,620	8,700	3,510	5,150	6,020	3,880	4,300	5,190	6,230	6,990
1986	6,060	3,930	6,180	6,870	8,730	3,580	5,470	6,210	3,980	4,310	5,270	6,540	7,320
1987	6,090	4,200	6,480	7,250	8,730	3,860	5,890	6,740	4,340	4,570	5,400	6,940	7,800
1988	6,820	4,850	7,260	8,370	9,290	4,460	6,600	7,280	5,010	5,280	6,120	8,010	8,740
1989	8,700	6,600	10,150	8,500	10,450	5,350	7,600	8,200	6,000	6,350	7,050	9,000	9,800
1990	10,750	8,700	8,170	12,300	9,020	7,810	7,600	7,960	8,900	8,090	9,500	11,900	12,700
1991	13,500	9,300	12,200	14,600	12,800	10,400	9,400	10,400	13,200	12,600	10,600	16,900	17,100
1992	14,700	11,700	14,500	18,500	15,900	13,000	12,300	12,000	15,200	14,500	13,700	19,400	21,000
1993	15,300	13,200	17,200	20,900	17,900	14,700	12,900	15,000	17,700	16,300	15,200	20,700	23,600
1994	17,200	13,300	18,300	21,400	19,900	14,700	13,600	16,500	17,800	17,000	15,800	21,400	24,300
1995	19,767	16,590	19,679	24,823	22,810	17,680	17,904	18,579	20,057	21,529	19,840	26,378	27,309
1996	24,245	18,691	20,780	28,280	24,205	21,095	20,814	24,294	24,775	22,415	23,120	30,079	30,926
1997	27,718	23,908	21,783	33,503	28,077	24,224	23,994	26,624	25,350	24,100	23,848	33,800	34,426
1998	30,255	24,289	25,005	35,315	29,255	25,264	24,979	30,145	24,861	27,595	25,264	33,617	37,599
1999	30,190	22,488	26,319	34,200	28,809	24,650	24,300	29,158	24,591	28,997	24,895	34,575	34,873
2000	29,848	22,715	28,291	36,282	31,297	24,011	23,102	30,443	26,321	31,474	25,401	35,260	34,123
2001	32,084	22,556	29,799	35,468	31,025	26,601	24,584	30,870	27,608	30,856	25,171	37,295	35,577
2002	32,320	25,389	30,062	36,711	33,497	26,700	27,930	30,997	26,256	34,868	27,736	41,608	37,911
2003	33,530	27,283	35,547	42,019	35,485	30,575	28,809	34,256	27,306	44,345	28,302	44,881	38,917
2004	34,035	28,354	40,994	42,573	40,948	37,713	29,034	38,946	29,229	39,216	28,845	46,020	39,192
2005	36,156	30,637	42,742	44,537	42,892	38,018	30,317	41,278	31,771	42,641	31,121	48,621	41,622
2006	38,690	33,285	45,737	47,596	45,884	40,680	32,437	44,153	33,978	45,623	33,288	52,029	44,536
2007	39,379	36,898	46,104	51,449	48,971	41,196	34,826	45,207	38,870	46,146	34,762	59,721	50,863
2008	42,275	42,632	50,520	58,144	52,833	43,397	39,628	53,980	45,923	47,429	40,700	63,004	53,413
2009	45,816	46,897	60,573	63,979	53,160	44,455	46,697	60,210	47,605	49,921	43,147	68,305	62,099
2010	46,827	46,978	60,767	63,020	55,723	48,318	45,888	58,924	46,184	54,885	46,411	72,019	62,994
2011	66,108	49,081	69,372	67,793	63,305	56,574	47,506	59,473	53,626	60,226	52,058	74,290	69,123
2012	73,632	54,855	66,247	73,980	66,769	66,338	52,756	60,796	60,745	59,397	52,495	78,307	64,678
2013	68,948	56,968	72,052	88,251	65,989	71,205	55,156	70,001	70,258	69,044	57,661	87,508	80,007
2014	67,477	65,771	81,525	86,204	75,730	69,566	62,076	74,854	62,774	71,716	61,142	88,642	78,052
2015	67,807	66,438	81,879	87,176	76,538	70,186	64,768	75,508	64,526	72,184	62,210	90,278	78,877

E. 교육

고선 · 박기주

19세기 말부터 한국에도 서양식 학교교육이 도입되었다. 선교사 등 민간에서 이른바 신식학교들을 설립하였고, 정부는 갑오개혁 이후 소학교, 중학교, 외국어학교, 사범학교 등을 설립했다. 1894년 관립 사범학교와 부속 소학교가 처음으로 설립되었고, 이후 공립 및 사립 소학교들이 설립되었다. 1899년에는 중학교가 설립되었다. 1905년 한국이 실질적으로 일본의 지배를 받게 되며 교육제도도 개편되었다. 1906년의 학제 개혁을 통해 소학교는 보통학교, 중학교는 고등학교로 바뀌었다. 식민지기에는 1911년 제1차 조선교육령, 1920년 제2차 조선교육령, 1938년 제3차 조선교육령, 1943년 제4차 조선교육령을 거치며 교육제도가 변화하였다. 보통학교는 소학교 및 국민학교로, 고등학교는 고등보통학교 및 중학교로 이름이 바뀌었다. 여성을 대상으로 하는 중등교육기관인 여자고등보통학교가 생겼고, 나중에 고등여학교로 이름이 바뀌었다. 1924년에는 경성제국대학이 설립되며 대학 형태의 근대 고등교육도 본격적으로 시작되었다. 1945년 해방 이후 미군정기 동안 중학교가 초급중학교와 고급중학교로 나뉘어지는 등 학제 개편이 이루어졌다. 정부가 수립된 뒤 초급중학교는 중학교, 고급중학교는 고등학교로 이름이 바뀌었고, 1996년에는 국민학교가 초등학교로 명칭을 변경하였다. 이외에도 현재까지 초등학교–중학교–고등학교–대학교의 틀을 유지하며 다양한 학제 개편이 이루어졌다.

교육 부문의 통계 자료는 학교와 학급(E1-98), 학생(E99-296), 교원(E297-402), 교육재정(E403-437), 기타(E438-475)로 나누어 제시했다. 학교와 학급, 학생, 교원 자료는 모두 각 연도의 특정 시점에서 정부의 교육 당국이 파악한 총량을 나타내는 행정 통계로, 항목에 따라 가장 이르게는 1906년부터 가장 최근으로는 2016년까지 자료가 수집되었다. 교육재정 통계는 교육 당국의 각 학년도별 세입 및 세출 예산 자료들을 제시했다. 이외에도 교육 통계를 교육 당국이 가공하여 생성한 결석률, 교육 통계와 인구 통계를 결합하여 계산한 취학률, 표본조사 자료를 통해 추계한 사교육 참여율과 교육 당국의 행정 통계이지만 여타의 분류에 해당하지 않은 교원의 주당 수업시간 및 검정고시 관련 통계를 기타로 묶어 제시했다. 통계표는 식민지기와 해방 이후의 학제가 다르고, 식민지기는 남북한 전체에 대한 통계인 반면 해방 이후는 남한으로 한정되었다는 점을 고려하여 식민지기와 해방 이후로 나누어 작성했다.

식민지기의 교육 관련 통계는 1912년부터 1943년까지는 朝鮮總督府 學務局의 『朝鮮諸學校一覽』을 기준으로 작성했다. 1906년부터 1910년까지의 통계는 朝鮮總督府 學務局의 『學事統計』 자료로 보완했다. 이외에 졸업자수 통계는 조선후생협회에서 펴낸 『朝鮮に於ける人口に關する諸統計』의 자료를 이용했다. 교육재정 통계는 1912년부터 1944년까지 朝鮮總督府 『朝鮮總督府統計年報』의 「학교비 세입세출예산」 자료로 작성했다. 1943년부터 1945년까지의 통계는 대부분 찾을 수 없었다. 해방 이후 1945년 무렵부터 1964년까지의 통계는 한국교육10년사간행회(1960), 중앙대학교부설 한국교육문제연구소(1974), 김영우(1999) 등에 간헐적으로 제시되었고, 교육부(1997)에도 일부 제시되었다. 1965년부터 2016년까지의 통계는 교육부에서 발간한 『교육통계연보』, 『교육통계분석자료집』, 『간추린 교육통계』로부터 수집했다. 교육 통계는 대부분 행정 통계로 종종 같은 해에도 수차례 작성되며, 서로 다른 간행물에 공표된다. 그러므로 통계 출처에 따라 동일한 항목의 값이 같은 해이지만 다른 경우가 드물지 않다. 하지만 이와 같은 경우에도 값들의 차이가 크지 않으며 연도별 추이는 동일하게 나타난다.

1. 교육제도의 변천

식민지기부터 현재까지 학제는 다양하게 변화하였고, 각급 학교의 명칭, 성질, 입학연령, 교육 기간도 시대별로 바뀌었다. 시대별 각급 교육기관의 변천은 표 E-a에, 주요 초등 및 중등 교육기관의 입학연령 변화는 표 E-b에 정리했다. 식민지기에는 조선인과 일본인이 초등 및 중등 과정의 경우 서로 다른 학교에서 분리되어 교육을 받았다. 일본인의 경우 일본과 동일하게 초등 과정은 소학교, 중등 과정은 중학교 및 고등여학교에서 교육이 이루어졌다. 반면, 조선인의 경우 보통학교, 고등보통학교, 여자고등보통학교 등 일본인과 다른 학교에서 교육이 실시되었다. 식민지기에는 조선시대의 전통 교육기관인 서당이 존속했는데, 초등학교 학령 아동들이 서당과 보통학교를 모두 다니는 경우도 빈번했다. 이외에도 신체 장애 등의 이유로 특수한 교육의 필요성이 있는 학생들을 위한 특수학교가 설립되어 운영되었다. 식민지기부터 현재까지 각급 학교가 어떻게 변모했는지 살펴보면 다음과 같다.

초등교육기관의 경우 1894년 처음 설립된 소학교는 7세에 입학하였고 5년 또는 6년제로 운영되었다. 1906년 「보통학교령」에 따라 소학교는 보통학교로 바뀌었고, 8세에 입학하여 12세까지 교육받는 4년제 학교가 되었다. 1920년 「개정 조선교육령」으로 기존의 4년제 이외에도 6년제 보통학교가 도입되었다. 1922년 「제2차 조선교육령」은 보통학교의 수업연한을 6년으로, 취학연령은 6세로 바꾸었지만, 지역별 사정에 따라 4년 또는 5년으로 단축하고 취학연령을 늦춰 운영할 수도 있었다. 1938년 「제3차 조선교육령」은 보통학교의 명칭을 소학교로 바꾸었고, 4년제 또는 5년제 소학교가 6년제 심상소학교로 점차 전환되기 시작해서 1940년대에는 거의 대부분 6년제 학교가 되었다. 1941년에는 「국민학교령」에 따라 소학교의 명칭이 다시 국민학교로 바뀌었다. 국민학교의 명칭과 6세부터 12세까지의 6년제 초등교육은 해방 이후에도 지속되었고, 1996년에는 명칭이 초등학교로 변경되었다.

식민지기의 중등교육은 인문교육, 실업교육, 사범교육으로 나누어졌다. 인문교육은 남학생은 고등보통학교에서, 여학생은 여자고등보통학교에서 이루어졌다. 고등보통학교와 여자고등보통학교는 12세 무렵에 보통학교를 졸업한 뒤 입학하여 교육을 받는 3-4년제 교육기관으로 출발하였고, 1922년 「제2차 조선교육령」에 의해 수업연한이 4-5년제로 개편되었다. 여학교의 수업연한이 남학교보다 일 년 짧았다. 고등보통학교와 여자고등보통학교는 1938년 「제3차

표 E-a 각급 교육기관의 변천, 1906-2016

	식민지기(1906-1945)	해방 이후(1946-2016)
유아교육	유치원	유치원
초등교육	보통학교-소학교-국민학교	국민학교-초등학교
	[일본인] 소학교	
		공민학교
중등교육	고등보통학교-중학교	초급중학교-중학교
	여자고등보통학교-고등여학교	
	실업학교	고등공민학교, 기술학교
	실업보습학교	고급중학교-고등학교
	사범학교	사범학교-(교육대학)
	[일본인] 중학교, 고등여학교	실업고등전문학교
		고등기술학교
고등교육	전문학교	
	대학	대학
		(사범학교)-교육대학
		초급대학
		(실업고등전문학교)
		간호학교
		전문학교-전문대학
		개방대학-산업대학
		대학원

표 E-b 각급 학교 입학연령의 변화

	초등교육	하급 중등교육	상급 중등교육	고등교육	비고
	보통학교, 초등학교 등	고등보통학교, 여자고등보통학교, 중학교 등	고등학교 등	전문학교, 대학 등	
1906	8	12			학교령
1911	8	12		16	제1차 조선교육령
1920	8	12-14		16-18	개정 조선교육령
1922	6-8	12		16-17	제2차 조선교육령
1938	6-8	12		16-17	제3차 조선교육령
1943	6	12		16	제4차 조선교육령
1946	6	12	15	18	미군정기
1949	6	12	16	20	교육법 제정
1951	6	12	15	18	1차 개정

조선교육령」에 의해 각각 일본인 학교와 같은 명칭인 중학교, 고등여학교로 바뀌었다. 실업교육기관으로는 보통학교를 졸업한 뒤 진학하는 실업학교가 있었다. 실업학교의 종류로는 농업학교, 공업학교, 상업학교, 수산학교가 있었고, 2-3년제로 시작되었다가 3-5년제로 운영되었다. 1935년에는 보통학교를 졸업한 연장자들에게 2-3년간 실업교육을 실시하는 실업보습학교도 도입되었다. 사범학교는 보통학교 및 소학교 교사를 양성하기 위한 교육기관이었다. 보통학교 또는 소학교 졸업생이 입학하였고, 수업연한은 5-6년이었다.

해방 이후 미군정기에 중등교육은 초급중학교 3년과 고급중학교 3년으로 개편되었다. 실업교육과 사범교육도 중등교육 체제로 편입되어, 실업계 학교 및 고급중학교 과정에 해당하는 사범학교에서 교육이 이루어졌다. 이에 따라 미군정기의 중등교육제도는 초급중학교만 이수하는 3년제와 고급중학교 또는 사범학교까지 이수하는 6년제로 실시되었다. 정부 수립 이후에는 중등교육 학제를 4년제 중학교와 3년제 고등학교 체제로 개편하였고, 1949년에 제정된 교육법에 이러한 내용을 반영하였다. 하지만 한국전쟁의 발발 이후 중등교육 학제는 다시 개편되었고, 1951년 3월 교육법 개정과 함께 3년제 중학교와 3년제 고등학교 체계가 갖추어졌다. 고등학교는 2010년까지 인문계와 실업계의 두 유형으로 분류되었고, 2011년부터는 일반, 특수목적, 특성화, 자율 고등학교의 네 유형으로 분류 방식이 바뀌었다.

사범학교는 중학교 졸업자를 대상으로 한 3년제 교육기관으로 지속되다가 1962년 10개교, 1963년 1개교가 고등교육기관인 2년제 교육대학으로 승격되었고, 나머지는 폐교되었다. 한편, 1963년에는 중학교 졸업을 입학자격으로 하는, 일종의 실업계 고등학교와 초급대학이 결합된 형태인 5년제 실업고등전문학교가 설립되었다. 실업고등전문학교는 1970년대에 들어와 점차 고등학교 졸업을 입학자격으로 하는 전문학교로 전환되며 사라졌다.

초등학교, 중학교, 고등학교 및 고등교육기관으로 이어지는 정식 학교계통으로부터 분리된 이른바 '방계' 학교들도 있었다. 공민학교는 초등학교, 고등공민학교는 인문계 중학교, 기술학교는 실업계 중학교, 고등기술학교는 실업계 고등학교에 상응하는 '방계' 학교였다. 이러한 학교에는 초중등교육의 학령을 초과한 사람들이 입학하였다. 이 학교들은 졸업하더라도 초등학교, 중학교 및 고등학교의 졸업학력을 인정받지 못하였고, 정식 학력인정을 위해서는 검정고시를 치루어야 했다.

고등교육의 경우, 조선시대의 성균관, 1895년 설립된 법관양성소, 1899년 설립된 의학교 등 현재 고등교육기관의 전신이 설립된 역사는 식민지기 이전까지 거슬러 올라간다. 식민지기인 1915년 「전문학교 규칙」이 제정되며 고등교육의 근대적 체계가 본격적으로 갖추어지기 시작했다. 전문학교에서는 실무 중심의 고등 실업교육을 주로 실시했다. 전문학교는 중학교, 고등보통학교, 고등여학교, 여자고등보통학교를 졸업해야 입학할 수 있었고, 3-4년제로 운영되었다. 1924년에는 2년제의 경성제국대학 예과가 설치되어 운영을 시작했고, 예과 졸업생들이 입학한 1926년에 경성제국대학이 공식적으로 설립되었다.

해방 후 전문학교들은 4년제 대학으로 승격되었고, 경성제국대학은 경성대학으로 명칭이 변경된 다음 몇 개의 전문학교와 통폐합하여 국립 서울대학교가 되었다. 기존 전문학교에서 이루어지던 고등 실업교육은 대학에 한시적으로 설치된 3년제 전문부를 통해 지속되었다. 이후 교육법령이 정비되며 2-4년제 초급대학이 신설되었고, 1952년에 제정된 교육법 시행령을 통해 대학의 초급대학 병설이 허용되며 기존 대학의 전문부가 초급대학으로 전환되었다. 1962년에는 교육법 개정을 통해 간호인력을 양성하던 간호고등기술학교가 초급대학에 준하는 3년제 간호학교로 개편될 수 있는 길이 열렸다. 1970년에는 5년제 실업고등전문학교가 개편된 2년제 전문학교가 등장했다. 이후 1970년대에 전문학교가 증가하면서 실업고등전문학교와 간호학교도 전문학교로 점차 전환하였고, 1979년에는 초급대학과 전문학교가 전문대학으로 통합 개편되었다. 1982년에는 전문대학 과정과 학사 과정을 운영하는 개방대학 제도가 도입되었다. 1984년부터 전문대학 과정을 폐지하여 개방대학은 4년제 학사 과정으로 운영되었고, 1996년에 산업대학으로 명칭이 바뀌었다. 한편, 1962년에는 기존 중등 과정 사범학교가 승격된 2년제 교육대학이 설립되었다. 교육대학은 1981년부터 순차적으로 2년제에서 4년제로 바뀌었다.

최초의 방송통신교육기관은 1972년에 설립된 한국방송통신대학교이다. 처음에는 서울대학교 부설 2년제 전문대학 과정으로 설치되었고, 1981년에 4년제 학사 과정으로 개편된 뒤 1982년에 서울대학교에서 독립하여 국립대학이 되었다. 1974년에는 방송통신고등학교가 설치되었고, 2013년에는 방송통신중학교가 처음으로 개교했다.

통계표에서는 편의상 식민지기의 초중등학교를 이후의 명칭 변경과 무관하게 보통학교, 고등보통학교, 여자고등보통학교로 표기했다. 또한 해방 이후의 초등교육기관은 국민학교와 초등학교를 모두 초등학교로 표기했다. 해방 이후에 처음에는 중등교육기관이었다가 나중에 고등교육기관으로 전환된 사범학교와, 실업계 중등교육과 전문대학 교육이 결합된 형태였던 실업고등전문학교의 통계는 교육대학 및 전문학교, 전문대학 통계와의 연속성을 보여주기 위하여 고등교육기관 표에 수록하였다. 기술학교, 고등기술학교, 공민학교, 고등공민학교, 방송통신중학교, 방송통신고등학교, 방송통신대학교는 기타 교육기관으로 분류하여 통계표를 작성했다.

각급 학교의 설립 형태는 국립 또는 관립, 공립, 사립으로 나누어진다. 식민지기의 관립학교와 해방 후 국립학교는 중앙정부에서 설립해 운영한 학교이다. 주로 고등교육기관이나 사범학교 등 국가 정책에 따라 설립된 학교와, 이러한 학교에 부설된 유초중등 교육기관이 해당되었다. 초중등교육은 미국과 일본의 제도를 따라 식민지기와 해방 후 모두 지방교육자치제로 실시되었다. 그래서 다수의 학교들이 지방의 교육 당국에서 설립하고 운영하는 공립학교였다. 사립학교의 경우 민간에서 설립하여 운영하는 학교였다. 정규 교육제도에 편입되는 정도와 교육 당국의 규제에 따라 사립학교의 자율성은 변화했다. 교육 과정의 운영, 교원과 시설 및 설비 등 다양한 측면에서 사립학교는 공립학교와 유사한 교육을 제공하도록 규제 및 관리되었고, 교원 인건비 등 정부로부터 재정지원을 받기도 했다.

2. 정규학교교육의 팽창

그림 E-c는 식민지기부터 현재까지 각급 학교 취학률의 변화를 보여 준다. 취학률은 학령인구 대비 각급 학교 학생수의 비율로, 학령에 해당하지 않은 학생이 많으면 100%보다 클 수 있다. 각 연령별 인구는 1960년부터 통계청에서 제공하므로, 각급 학교 학령인구를 기준으로 계산한 취학률은 1960년부터 계산이 가능하다. 한편, 식민지기에는 학령이 달랐고, 인구 자료가 각 연령이 아닌 5세 단위 연령대로만 존재한다. 따라서 식민지기부터 해방 이후까지 취학률의 변동을 일관되게 살펴보기 위하여 5-14세 인구 대비 초등학생수를 별도로 계산하여 제시했다. 취학률의 장기 추이를 살펴보면 초등교육은 1930-1950년대, 중학교는 1960-1970년대, 고등학교는 1970-1980년대에 빠르게 확대되었다. 1960년에 학령기준 초등학교 취학률은 이미 100%에 달하였고, 학령기준 중학교 취학률은 1980년대 중반에 100% 수준에 도달했다. 학령기준 고등학교 취학률은 1990년대 후반에 95%를 넘어섰다. 한편, 3-5세 아동의 유치원 취학률은 1980년대부터 본격적으로 상승하였고, 현재까지 약 50% 수준을 기록하고 있다.

그림 E-c 취학률(%)

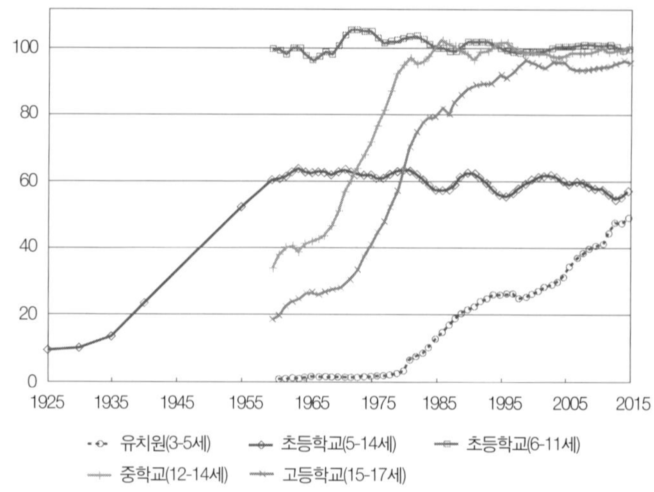

자료: 학생수는 E102, E130, E132, E136, E140. 1925, 1930, 1935, 1940년 5-14세 조선인 인구는 B195, B196, B218, B219. 그 외 인구는 통계청, 「인구총조사」 및 「장래인구추계」(http://kosis.kr).

주: 식민지기 초등학교 취학률은 보통학교 조선인 학생수(E102)를 1925, 1930, 1935, 1940년의 국세조사 5-14세 조선인 인구로 나누어 계산하였다. 해방 이후의 각 취학률은 1955년 및 1960년 이후에 대해 각급 학교 학생수를 해당 연령 인구로 나누어 계산하였다(E439-450).

고등교육의 팽창은 1990년대부터 본격화되었다. 그림 E-d는 1965년부터 2016년까지 고등교육기관 진학률과 고등학교 이상 각급 학교의 졸업 후 취업률을 보여 준다. 대학과 전문대를 포함한 고등교육기관 진학률은 1980년대에 30%를 넘어섰고, 1990년대부터는 꾸준히 증가하여 2004년에는

그림 E-d 고등학교 졸업 이후의 진로(%)

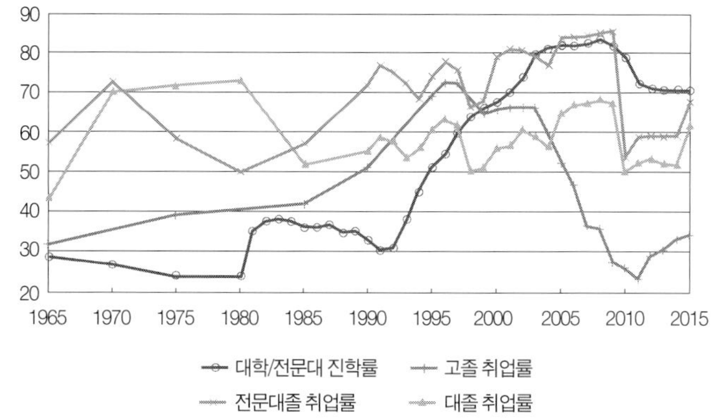

자료: E236, E238, E240-241, E272-279.
주: 진학률은 당해연도 고등학교 졸업자 중 대학 및 전문대 진학자의 비율, 취업률은 각급 학교 당해연도 졸업자에서 진학자와 입대자를 제한수로 취업자를 나눈 값이다.

80%를 넘어섰다. 하지만 2008년 이후로 감소하였고, 2016년에는 69.8%를 기록했다. 고졸 취업률은 1990년대 중반까지 꾸준히 증가했으나, 고등학교 취학률이 95%를 넘어선 1990년대 후반부터는 급격히 하락했다. 전문대 졸업생의 취업률은 1980년대에 주로 상승했다가 세계 금융위기가 발생한 2008년에 급락했다. 대졸 취업률은 1985년 이래로 완만한 성장 추세를 보이다가 마찬가지로 2008년에 급락했다.

학교교육의 팽창이 남성과 여성 모두에게 동등하게 진행되지는 않았다. 그림 E-e는 각급 학교별로 남학생 일인당 여학생수가 연도별로 어떻게 변화했는지 보여 준다. 한국전쟁 직후인 1953년에 초등학교 남학생 일인당 여학생수는 0.648명에 불과했다. 1950년대 말에 학령인구 기준 초등학교 취학률은 100%에 가까웠지만, 여전히 남학생 일인당 여학생수는 0.8명에 머물렀다. 중학교와 고등학교 교육 모두 성비 불균형의 개선은 취학률의 증가보다 더뎠고, 이는 정규 학교교육의 팽창이 초기 단계에서는 상대적으로 남학생 중심으로 이루어졌음을 의미한다. 1960년대 중반까지도 중학교와 고등학생 중 남학생수가 여학생수의 두 배였다. 중학교는 1981년, 고등학교는 1992년이 되어서야 남학생 대비 여학생수가 꾸준히 0.9를 넘어서게 되었다. 전문대와 대학교육을 합친 고등교육의 경우에는 2016년에도 남학생 일인당 여학생수가 0.684명에 불과했다.

각급 학교교육의 팽창은 학교 및 교원 공급 확대와 관련되었다. 그림 E-f는 5-14세 인구 천 명당 초등교육기관 및

그림 E-e 남학생 일인당 여학생(명)

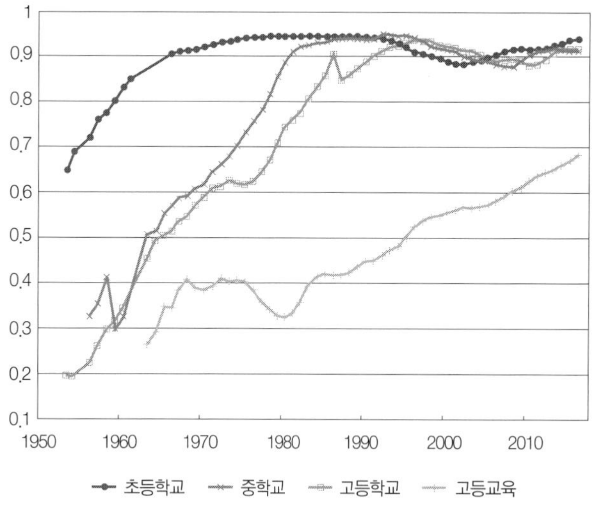

자료: E132-133, E136-137, E140-141, E168-169, E176-183, E190-191, E194-195, E198-199.
주: 고등교육 학생 성비는 대학, 교육대학, 초급대학, 전문학교, 간호학교, 전문대학, 산업대학 학생수 합계의 성비로 계산했다.

그림 E-f 5-14세 인구 천 명당 초등학교 및 초등교원(개교, 명)

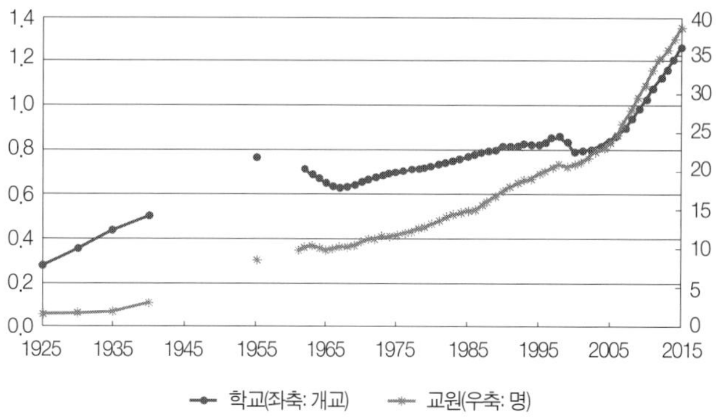

자료: 학교 및 교원은 E2, E31, E299, E319. 1940년 5-14세 조선인 인구는 B195, B196, B218, B219. 그 외 인구는 통계청, 「인구총조사」 및 「장래인구추계」(http://kosis.kr).
주: 식민지기는 보통학교 통계로 계산하였다.

초등교원수가 식민지기부터 현재까지 증가해 온 추세를 보여 준다. 학령기 아동 대비 초등학교의 수는 식민기지부터 1955년 무렵까지 계속 증가했는데, 이는 식민지기의 3면1교제, 1면1교제 같은 보통학교 공급 확대 정책과, 1950년대의 초등 의무교육 실시를 위한 국민학교 교육 확대 정책과 관련되었다. 학령인구 대비 교원수의 증가는 해방 이후에 더 빨랐다. 학령인구의 빠른 증가와 도시로의 인구 이동으로 인해 초등학교에서는 2부제 수업이 실시되기도 했다(E90-

그림 E-g 각급 학교 중 사립학교의 비율(%)

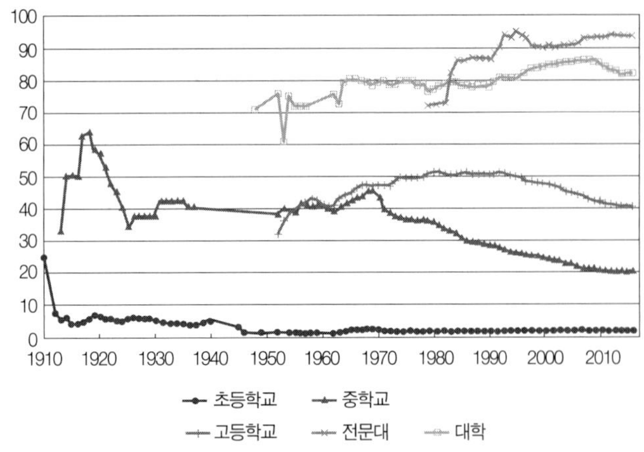

자료: E2-3, E8-9, E31-32, E35-36, E38-39, E53-55, E63-65.
주: 식민지기의 초등학교는 보통학교, 중학교는 고등보통학교의 통계이다.

98). 2000년대 이후로는 학령인구 감소로 인해 학교수와 교원수가 상대적으로 더 빠르게 증가하고 있다. 한편, 중학교는 1960년대 후반부터, 고등학교는 1970년대 후반부터 학령인구 대비 학교 및 교원 공급이 빠르게 증가했다.

학교교육 공급 확대와 취학률 증가는 의무 및 무상교육 제도의 실현으로 이어졌다. 해방 이후부터 정부에서 추진한 초등교육 6년 의무교육제도는 1950년대 후반까지 성공적으로 정착되었다. 중학교 과정의 무상의무교육은 1985년 일부 지역에 한정하여 실시되었고, 이후 지속적으로 실시 대상 지역이 확대되었다가 2002년부터 전국에서 전면 실시되었다.

학교교육의 공급은 정부뿐만 아니라 민간을 통해서도 이루어졌다. 그림 E-g는 연도별 각급 학교 중 사립학교의 비율을 보여 준다. 사립학교의 비율은 각급 학교교육이 도입된 초기에 높았다가, 보편적으로 확대되어 가는 과정에서 공립학교의 공급이 빠르게 증가하며 감소하는 경향을 나타냈다. 초등교육의 경우에는 식민지기부터 사립학교가 차지하는 비중이 미미했다. 중등교육의 경우에는 사립학교의 비중이 1970년대까지 컸다. 하지만 이후 공립 중등학교의 설립이 늘어나면서 중학교는 1970년대, 고등학교는 1990년대부터 사립학교의 비중이 줄어들었다. 하지만 고등교육의 경우 현재에도 전문대학의 90% 이상, 일반 대학의 80% 이상이 사립학교이다.

교원 공급의 확대 과정에서 여성 교원의 비율도 증가했다. 그림 E-h는 각급 학교 교원 중 여성의 비율을 보여 준다. 초등학교와 중학교는 1960년부터 여성 교원의 비율이 꾸준히 증가하여 2016년에는 각각 약 77% 및 69%에 달하고 있다. 고등학교의 여성 교원 비율은 상대적으로 더디게 증가하여 최근에서야 50% 수준을 기록하였다. 전문대 및 대학의 여성 교원 비율은 상대적으로 작아 2016년 기준으로도 아직 각각 38% 및 23% 수준에 머무르고 있다.

그림 E-h 여성 교원 비율(%)

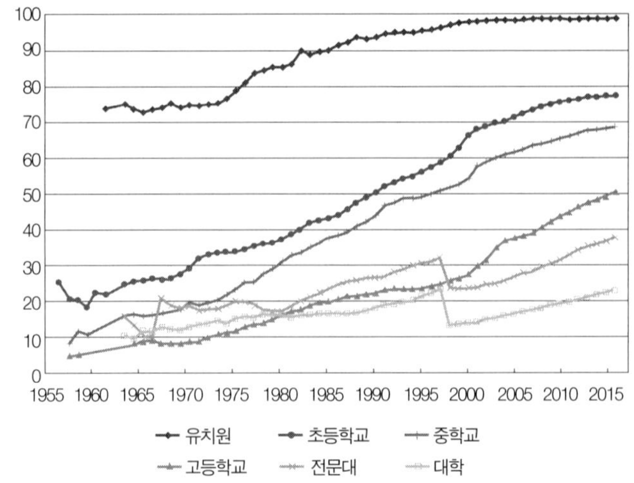

자료: E315-316, E319-320, E323-324, E327-328, E355-356, E371-372, E375-376, E379-380, E383-384, E387-388.
주: 전문대의 경우 1962-1966년은 초급대학과 실업고등전문학교, 1967-1977년은 초급대학, 실업고등전문학교, 간호학교, 1978년은 초급대학과 전문학교 교원의 합으로 계산하였고, 1979년 이후는 전문대학의 통계로 계산하였다. 전문대와 대학 교원은 1997년까지는 조교를 포함하였고, 1998년부터 조교를 제외하였다.

교원 일인당 학생수는 학교교육의 팽창 과정에서 교원 공급이 학생이 늘어나는데 비해 증가한 속도를 나타낸다. 그림 E-i는 식민지기부터 현재까지 각급 학교 교원 일인당 학생수의 추이를 보여 준다. 교원 일인당 학생수의 추이는 식민지기와 해방 이후에 상반되게 나타난다. 식민지기 보통학교 교육의 경우 등락이 있었지만 전반적으로 교원 일인당 학생수가 증가하는 추세를 보인다. 고등보통학교의 경우에도 꾸준히 증가하는 추세를 보였다. 하지만 해방 이후에는 반대로 초등학교 교원 일인당 학생수가 꾸준히 감소하였다. 중학교와 고등학교에서는 1970년대 말까지 교원 일인당 학생수가 정체되어 있었고, 1980년부터 감소하기 시작했다.

정규학교교육의 팽창은 교육재정 확대가 뒷받침했기

그림 E-i 교원 일인당 학생수(명)

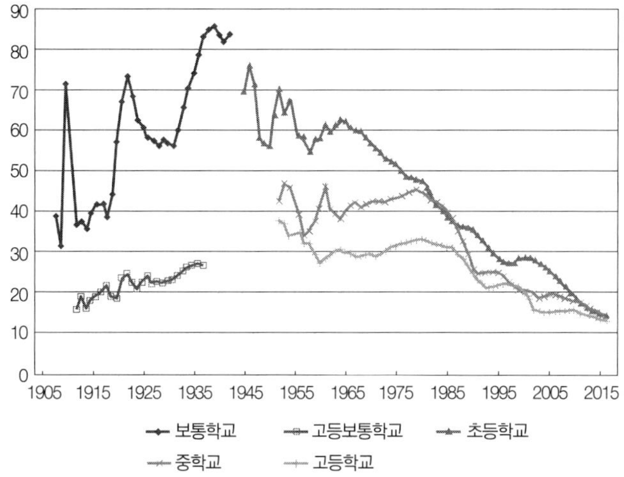

자료: 학생수는 E102-104, E112-113, E132, E136, E140. 교원수는 E299, E307, E319, E323, E327.

에 가능했다. 통계표에는 식민지기 공립보통학교 세입예산(E403-410), 세출예산(E411-421)과 해방 후 지방교육재정 재원(E422-437)을 수록했다. 식민지기 조선인 보통학교의 설립과 운영비용은 각 군에 설치된 '학교비'에서 주로 지급되었다. 학교비의 세입은 경상부와 임시부로 이루어졌다. 경상부는 조세수입인 부과금, 수업료로 징수된 사용료, 기타 각종 재산수입으로 이루어졌고, 임시부는 이월금, 보조금, 기부금, 학교채로 구성되었다. 부과금은 지역주민이 부담하였고, 호세 부가금과 호별할이 있었다. 1926년까지는 이에 더해 지세가 징수되기도 했다. 보조금은 중앙정부로부터 도를 통해 지급되었고, 기부금은 학교 설립을 위해 주민들이 자발적으로 조성했다.

1919년부터 1918년에 새롭게 개정된 지세령에 따라 호세와 가옥세가 도 지방세로 되면서 지세와 호세 및 가옥세 부가금이 크게 증가하였다. 하지만 1927년에 지세 부가금이 폐지되고, 중앙정부 보조금으로 대체되며 부과금의 비중이 줄고 대신 보조금의 비중이 커지게 되었다. 기부금은 주로 학교의 신축 또는 개축비로 사용되었다. 학교의 신설을 촉진하였다는 측면에서 기부금의 의미는 상당하였다. 하지만, 기부금이 실제 운영비 등으로 활용되는 경우는 흔치 않아 학령기 아동을 둔 가계의 교육비 지출 부담을 경감하는 효과를 가져왔다고 보기는 어려웠다. 한편, 초등교육에서의 사용료 징수는 가계의 교육비 부담을 증가시켰다. 사용료 징수는 식민지기의 초등교육 확대가 지체되었던 원인 중 한 가시로 볼 수 있다(박기주 2012; Go and Park 2015).

해방 이후 1950년대 말까지 교육재정은 주로 초등 의무교육 확산에 쓰였다. 1950년대의 교육재원으로는 호별세부가금과 특별부과금, 제1종 토지수득세환부금, 교육세, 의무교육재정교부금 등이 있었다. 교육재정의 기본 단위는 교육구, 시 또는 특별시로 교육위원회에서 호별세부가금과 특별부가금을 정해 징수했다. 식민지기부터 징수되어 왔던 호별세부가금은 초등교육의 경비로 집행되었고, 특별부가금은 교사의 신축, 증축, 수선 등 특별한 수요가 있을 때 별도로 징수되었다. 하지만 이 두 가지 지방세의 세액은 의무교육재정수요액보다 훨씬 적었고, 징수율도 낮았다. 따라서 점진적으로 폐지되었고, 국가의 재정지원 규모가 늘어났다. 농가의 경우 1951년부터 토지수득세 물납이 이루어지며 호별세부가금과 특별부과금이 국세인 토지수득세에 포함되었고, 중앙정부는 정해진 환부율에 따라 시(특별시) 교육위원회나 교육구에 호별세부가금과 특별부가금 상당 금액을 환부했다. 비농가에 부과된 호별세부가금 및 특별부과금은 교육세법이 제정된 1958년에 폐지되었다. 1958년에 신설된 교육세에는 국세로서의 교육세와 지방세로서의 교육세가 있었다. 국세로서의 교육세는 개인의 부동산소득, 갑종 및 을종 배당이자소득, 갑종 및 을종 사업소득, 근로소득, 양도소득, 잡소득, 법인의 유보소득에 부과되었고, 특별시 · 시 · 읍 · 면에 위탁하여 징수했다. 지방세로서의 교육세는 시(특별시) 교육위원회 및 교육구가 국세로서의 지방세 부과 대상이 아닌 소득에 대해 부과하였고, 역시 특별시 · 시 · 읍 · 면에 위탁하여 징수했다. 교육세는 1961년 5 · 16 군사정변 이후 교육자치제가 폐지되며 함께 폐지되었다. 한편, 1958년에는 의무교육재정교부금법도 제정되었다. 의무교육재정교부금 제도는 재원이 부족한 교육구에 재정 수요에 따라 보통교부금 및 특별교부금을 지원하는 방식으로 운영되었다. 이러한 교부금 제도는 1960년대 이후 재정비되어 현재의 지방교육재정교부금 제도로 발전했다(교육부 1998: 712-719).

당시의 교육재정은 대부분 국민학교 무상의무교육 실시에 사용되었다. 따라서 중등교육과 고등교육은 대개 등록금 및 수업료의 징수로 이루어질 수밖에 없었다. 한편, 의

그림 E-j 특수교육의 확대(개교, 명)

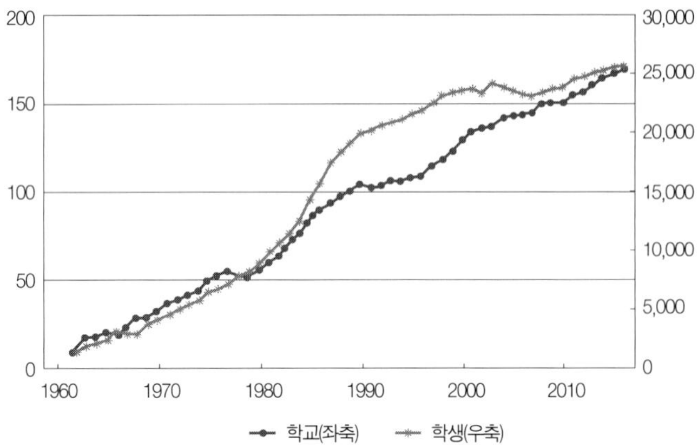

자료: E68-70, E202, E204, E206.

그림 E-k 공민학교와 고등공민학교(명)

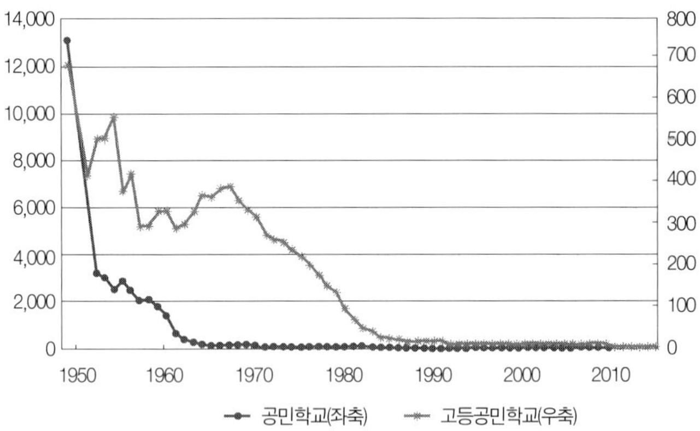

자료: E81, E83.

무교육이었던 국민학교에서도 재정지원 수준이 충분치는 않았다. 당시 국민학교 교원의 봉급은 국고 부담이었지만, 재정 형편상 실제 지급할 수 있는 금액은 상당히 적은 편이었다. 이미 재정이 부족하던 과거에 학교 후원회를 결성하여 학부모의 부담으로 소요경비를 지원하던 방식이 보다 공식화되어 1953년 국민학교에 사친회가 결성되었고, 교원 후생비를 지급하기 위해 사친회비를 징수하였다. 사친회는 1962년에 폐지되고 1963년에 기성회, 1970년부터는 육성회로 전환되었다. 육성회는 1995년을 마지막으로 폐지되었고, 1996년부터는 학교운영위원회에서 학교운영지원비를 징수하고 있다(교육부 1998: 719-720).

그림 E-l 검정고시 합격자(명)

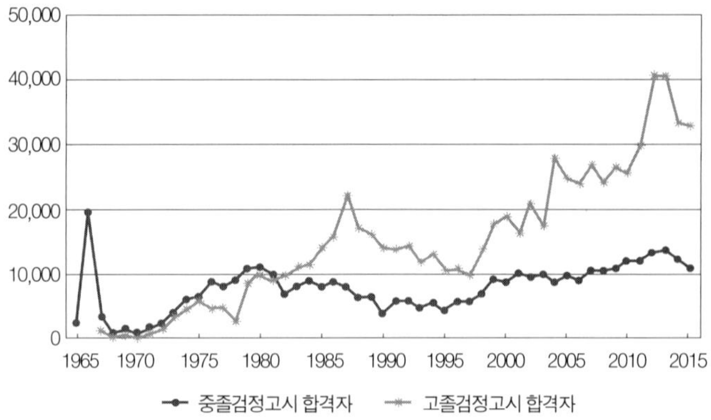

자료: E473, 475.
주: 전 과목 합격자의 수이다.

특수교육은 1960년대부터 본격적으로 확대되었다. 그림 E-j는 1962년부터 현재까지 특수학교와 학생수 변화를 보여 준다. 1962년에 9개교에 불과했던 특수학교는 이후 꾸준히 증가하여 2016년에는 170개교가 운영되고 있다. 특수학교 학생은 1962년 1,343명에서 2016년 2만 5,502명으로 증가했다.

정규학교교육의 팽창 속에서 이른바 '방계' 학교들은 거의 소멸되었다. 그림 E-k는 공민학교와 고등공민학교 수의 연도별 변화를 보여 준다. 1950년에 남한에는 1만 3,072개의 공민학교와 689개의 고등공민학교가 있었다. 하지만 초등학교와 중학교 취학률이 상승하면서 학령을 넘어선 초등학교 및 중학교 미학력자의 수가 줄어들었고, 공민학교와 고등공민학교에 대한 수요도 감소하였다. 공민학교의 수는 1960년대에 들어오며 급격히 감소했고, 마지막으로 남아 있던 학교가 2011년에 폐교되며 사라졌다. 고등공민학교는 1970년대부터 본격적으로 감소하여 2016년에는 3개교만 남았다.

초등학교, 중학교, 고등학교를 졸업하지 않더라도 검정고시에 응시하여 합격하면 해당 학교의 졸업학력을 인정받을 수 있다. 대학 입학자격 검정고시는 1950년, 고등학교 입학자격 검정고시는 1951년, 중학교 입학자격 검정고시는 1957년부터 시행되었다. 1969년에는 대학 입학자격 검정고시가 고등학교 졸업학력 검정고시로, 2015년에는 고등학교 입학자격 검정고시와 중학교 입학자격 검정고시가 각각 중학교 졸업학력 검정고시와 초등학교 졸업학력 검정고시로 이름이 바뀌었다. 그림 E-1은 연도별 중학교 졸업학력 검정고시와 고등학교 졸업학력 검정고시의 합격자수 추이를 보여 준다. 중학교 졸업학력 검정고시 합격자수는 1980년 이래로 매년 만여 명 수준을 유지하고 있으나, 고등학교 졸업학력 검정고시 합격자수는 1990년대 후반부터 꾸준히 증가하고 있다.

참고문헌

강명숙(2010), 「일제시대 학교제도의 체계화—제2차 조선교육령 개정을 중심으로」, 『한국교육사학』 32(1), 1-23.

교육부(1997), 『통계로 본 한국교육의 발자취』, 한국교육개발원.

______(1998), 『교육50년사』, 교육부.

국정브리핑 특별기획팀(2007), 『대한민국 교육 40년』, 한스미디어.

권숙인(2008), 「식민지배기 조선 내 일본인학교—회고록을 통해 본 소·중학교 경험을 중심으로」, 『사회와 역사』 77, 57-91.

김기석(1999), 『교육역사사회학』, 교육과학사.

김영우(1999), 『한국초등교육사』, 한국교육사학회.

김영화·이인효·박현정(1993), 『한국인의 교육열 연구』, 한국교육개발원.

대한교육연합회(1986), 『교육관계통계 자료』, 대한교육연합회.

문교부(1958), 『문교개관』, 문교부.

______(1988), 『문교40년사』, 문교부.

박기주(2012), 「식민지기 조선인 초등교육 확대의 통계적 분석」, 『경제사학』 52, 87-116.

박환보·유나연(2017), 「1950-60년대 고등공민학교에 관한 연구」, 『교육연구논총』 38(2), 1-30.

오성철(2000), 『식민지 초등 교육의 형성』, 교육과학사.

______(2015), 「한국 학제 제정 과정의 특질, 1945~1951」, 『한국교육사학』 37(4), 47-69.

우용제·류방란·한우희·오성철(1998), 『근대한국초등교육연구』, 교육과학사.

우용제·안홍선(2006), 「근대적 교원양성제도의 변천과 사범대학의 설립」, 『아시아교육연구』 7(4), 187-215.

유봉호·김융자(1998), 『한국 근/현대 중등교육 100년사』, 교학연구사.

이만규(2010), 『다시 읽는 조선교육사』, 살림터.

이진우·김갑용·오종진·노경수(1995), 「5.31 교육개혁과 개방대학의 진로」, 『대학발전세미나자료집』, 광주대학교 대학발전연구소.

이혜영·윤종혁·류방란(1997), 『한국 근대 학교교육 100년사 연구(II): 일제시대의 학교교육』, 한국교육개발원.

이혜영·최광만·윤종혁(1998), 『한국 근대 학교교육 100년사 연구(III): 해방이후의 학교교육』, 한국교육개발원.

정재걸·이혜영(1994), 『한국 근대 학교교육 100년사 연구(I): 개화기의 학교교육』, 한국교육개발원.

중앙대학교 부설 한국교육문제연구소(1974), 『문교사: 1945~1973』, 중앙대학교 출판국.

천세영(2001), 『한국교육과 교육재정연구』, 학지사.

한국교육십년사 간행회(1960), 『한국교육십년사』, 풍문사.

한국중등교육협의회(1980), 『한국 중등교육 35년사』, 한국중등교육협의회.

朝鮮厚生協會(1943), 『朝鮮に於ける人口に關する諸統計』, 朝鮮厚生協會.

Go, Sun and Ki-Joo Park(2012), "The elite-biased growth of elementary schooling in colonial Korea," Working Paper.

E. 교육

고선 · 박기주

1. 학교 및 학급

표 E1-15 교육기관, 1906-1943

	소학교	보통학교		중학교		고등여학교		고등보통학교		여자고등 보통학교	사범학교		대학	전문학교	서당
		합계	사립	합계	사립	합계	사립	합계	사립		공립	관립			
	E1	E2	E3	E4	E5	E6	E7	E8	E9	E10	E11	E12	E13	E14	E15
	남북한, 개														
1906	35					2									
1907	54					4									
1908	79	98				4									
1909	102	124		1		3									
1910	128	172	42	1		3									
1911															16,540
1912	180	355	25	1		3				3				1	18,238
1913	204	371	18	2		6		3	1	3				1	20,468
1914	264	405	22	2		6		4	2					1	21,358
1915	291	415	16	2		7		4	2	7				1	23,441
1916	317	434	16	3		9		6	3	4				4	25,486
1917	342	463	20	3		10		8	5	4				7	24,294
1918	365	490	26	5		10		11	7	5				7	23,369
1919	380	517	33	5		11		12	7	6				7	24,030
1920	399	586	34	5		11		14	8	7					25,482
1921	412	715	37	7		12		17	9	7	1	1			24,193
1922	419	855	44	7		13		21	10	7	1	1		8	21,057
1923	435	1,008	49	8		19		20	9	7	14	1			19,613
1924	443	1,141	51	9		21		20	8	7	14	1			18,510
1925	447	1,254	65	10		21		23	8	9	14	1			16,873
1926	452	1,336	76	11		22		24	9	12	13	1	1	10	16,089
1927	457	1,419	80	11		22		24	9	15		1			15,069
1928	463	1,505	80	11		23		24	9	15		1			14,957
1929	464	1,584	82	11		24		24	9	15	13	1	1	11	11,469
1930	466	1,722	81	11		25	1	24	9	16		3	1		10,036
1931	467	1,856	80	11		25	1	26	11	16		3	1	13	9,208
1932	475	1,973	80	11		25	1	26	11	17		3	1	13	8,630
1933	479	2,100	83	11		25	1	26	11	17		3	1	15	7,529
1934	485	2,216	86	11		27	1	26	11	17		3	1	15	6,843
1935	491	2,358	87	12		28	1	26	11	19		4		15	6,209
1936	501	2,498	85	15		28	1	27	11	20		5	1	15	5,944
1937	505	2,601	92	16		30	1	27	11	21		6	1	15	5,681
1938	521	2,699	100	50	13	54	11					8	1	15	5,293
1939	528	2,844	117	53	13	57	10						1	18	4,686
1940	532	2,985	134	57	13	64	13					10	1	18	4,105
1941	537	2,973		64	16	68	13					11	1	19	3,504
1942	546	3,110		71	19	71	12					12	1	20	3,052
1943	554	3,717		56								15	1	20	2,679

자료: 1906-1910년은 朝鮮總督府 學務局, 『學事統計』(1911); 1912-1943년은 朝鮮總督府 學務局, 『朝鮮諸學校一覽』, 각년도.

주: 1) 『學事統計』의 통계는 각년도 말을 기준으로 작성되었고, 『朝鮮諸學校一覽』의 통계는 각년도 5월 말을 기준으로 작성되었다.
2) 합계는 공립, 관립, 사립학교의 합계이다.
3) 소학교는 일본인 대상 초등학교, 보통학교는 조선인 대상 초등학교를 뜻한다. 보통학교는 1938년부터 소학교, 1941년부터 초등학교로 변경되었다.
4) 소학교는 공립 소학교와 관립 소학교의 합계이다. 관립 소학교는 관립 상급학교 부속으로 설치된 소학교였다.
5) 1908-1910년의 보통학교 통계는 관립 및 갑종 공립, 을종 공립, 보조 지정 보통학교의 합계이다.
6) 중학교와 고등여학교는 일본인 대상 중등교육기관, 고등보통학교 및 여자고등보통학교는 조선인 대상 중등교육기관이었다.
7) 사범학교는 초등교원을 양성하는 중등교육기관이었다.
8) 서당은 전통 교육기관이다.

표 E16-27 각급 학교 학급, 1906-1943

	소학교	보통학교		중학교		고등여학교		고등보통학교		여자고등보통학교	사범학교	
		합계	사립	합계	사립	합계	사립	합계	사립		공립	관립
	E16	E17	E18	E19	E20	E21	E22	E23	E24	E25	E26	E27
	남북한, 개											
1906	135					6						
1907	198					9						
1908	250					13						
1909	321			3		14						
1910	360	482		5		17						
1912	530	1,115	71	13		22				13		
1913	618	1,269	51	16		25		32	5	15		
1914	722	1,408	62	20		29		33	7			
1915	789	1,467	51	25		34		34	8	40		
1916	590	1,613	45	28		38		41	14	24		
1917	941	1,780	59	34		43		53	23	22		
1918	1,013	1,925	80	41		46		77	38	27		
1919	1,083	2,001	110	48		48		75	31	32		
1920	1,159	2,387	118	52		57		-		34		
1921	1,224	3,080	134	62		69		123	40	35	3	3
1922	1,291	4,096	188	69		82		161	62	37	2	7
1923	1,382	5,027	217	79		99				40	37	9
1924	1,415	6,412	242	90		115		210	79	40	48	11
1925	1,454	7,224	307	103		132		210	80	45	61	19
1926	1,480	7,801	388	113		141		228	85	59	44	17
1927	1,530	8,147	412	121		143		237	84	71		16
1928	1,583	8,255	434	126		152		238	86	82		16
1929	1,647	8,486	440	129		158		253	88	91	30	16
1930	1,691	8,789	432	131		178	5	257	90	99		27
1931	1,741	9,074	438	132		184	5	266	98	103		36
1932	1,804	9,355	452	133		187	5	274	105	108		40
1933	1,863	9,690	467	134		192	6	276	107	113		44
1934	1,938	9,993	496	137		195	7	281	109	117		45
1935	1,990	10,660	501	138		207	9	285	112	123		55
1936	2,076	11,359	519	144		217	10	292	116	129		65
1937	2,165	12,539	577	154		233	11	299	119	137		80
1938	2,312	14,264	639	493	132	396	92					105
1939	2,414		738	520	132	420	90					123
1940	2,506	18,870	831	572	149	457	103					136
1941	2,583	20,550		622	162	504	110					161
1942	2,713	23,258		694	193	548	107					177
1943	2,818	25,020		548								223

자료: 1906-1910년은 朝鮮總督府 學務局, 『學事統計』(1911); 1912-1943년은 朝鮮總督府 學務局, 『朝鮮諸學校一覽』, 각년도.

주: 1) 『學事統計』의 통계는 각년도 말을 기준으로 작성되었고, 『朝鮮諸學校一覽』의 통계는 각년도 5월 말을 기준으로 작성되었다.

2) 1910년의 보통학교 통계는 관립 및 갑종 공립, 을종 공립, 보조 지정 보통학교의 합계이다.

표 E28-40 유치원, 초등학교, 중학교, 고등학교, 1945-2016

	유치원			초등학교				중학교			고등학교		
	학교		학급	학교			학급	학교		학급	학교		학급
	합계	사립		합계	사립	분교		합계	사립		합계	사립	
	E28	E29	E30	E31	E32	E33	E34	E35	E36	E37	E38	E39	E40
	남한, 개												
1945				2,937	67								
1946				3,172	32								
1949				3,443	31	633							
1952				3,938	30	665	39,351	607	232	5,055	342	109	2,605
1953				3,954	13	466	40,669	621	246	4,816	398	144	2,759
1954				4,056	17		42,066	803	315	6,541	468	179	3,442
1955				4,220	19		47,020	949	371	7,554	557	223	3,953
1956				4,301	19		50,585	999	413	7,960	592	244	4,856
1957				4,367	20		55,536	1,034	424	8,071	611	256	4,868
1958				4,453	18		57,043	1,036	421	7,793	575	245	4,916
1959				4,576	20		62,310	1,013	418	8,013	623	263	4,865
1960							63,538			10,944			6,527
1961			466		21		61,258	1,073	431	9,771			
1962	336	336	484	4,732	22		65,045	1,122	438	10,895	621	252	5,801
1963	363	359	608	4,835	46		67,833	1,114	452	10,979	660	284	6,405
1964	380	379		5,004	59		71,377	1,165	482	11,114	692	305	6,963
1965	423	419	635	5,125	75	826	75,603	1,208	513	12,383	701	316	7,473
1966	449	448	635	5,274	94	842	79,225	1,251	540	13,378	735	338	7,700
1967	468	466	663	5,418	96	934	83,031	1,314	575	14,876	781	365	7,818
1968	470	468	634	5,601	92	971	85,368	1,420	641	16,633	840	396	8,507
1969	460	459	628	5,810	91	957	89,500	1,463	659	18,734	861	404	9,272
1970	484	483	653	5,961	88	949	92,596	1,608	698	21,253	889	418	10,150
1971	512	511	664	6,085	88	919	94,663	1,794	714	23,972	898	422	11,070
1972	531	530	680	6,197	85	871	96,647	1,866	718	26,398	942	441	12,408
1973	548	547	729	6,269	85	843	97,843	1,916	718	28,631	1,015	491	14,218
1974	588	588	798	6,315	83	844	98,098	1,935	720	29,922	1,089	536	16,620
1975	611	611	878	6,367	83	828	98,684	1,967	719	31,441	1,152	567	19,167
1976	635	630	1,010	6,405	80	816	100,147	1,977	717	32,651	1,198	590	21,507
1977	665	660	1,140	6,408	80	825	103,663	1,987	718	33,698	1,215	600	23,161
1978	721	713	1,268	6,426	79	836	105,743	2,012	730	35,068	1,253	623	24,612
1979	794	768	1,496	6,450	78	831	108,002	2,056	743	36,460	1,298	653	26,319
1980	901	861	1,906	6,487	82	836	109,855	2,100	749	37,741	1,353	690	28,392
1981	2,958	1,036	4,094	6,517	77	845	112,098	2,174	751	39,630	1,402	715	30,883
1982	3,463	1,135	4,762	6,501	76	900	111,908	2,213	746	40,608	1,436	723	32,899
1983	4,276	1,714	5,910	6,500	76	968	112,122	2,254	737	41,852	1,494	751	34,673
1984	5,183	2,069	7,336	6,528	75	1,008	106,729	2,325	738	43,256	1,549	780	36,273
1985	6,242	2,475	9,112	6,519	75	1,072	108,753	2,371	730	45,082	1,602	812	37,808
1986	7,233	2,900	10,995	6,535	75	1,095	110,372	2,412	726	46,343	1,627	832	40,210
1987	7,792	3,233	12,480	6,531	77	1,119	112,055	2,424	715	46,538	1,625	817	40,074
1988	8,030	3,420	13,262	6,463	76	1,179	113,451	2,429	709	46,113	1,653	833	41,469
1989	8,246	3,636	13,922	6,396	77	1,243	116,170	2,450	707	45,301	1,672	843	42,672
1990	8,354	3,751	14,473	6,335	76	1,296	117,538	2,474	706	45,310	1,683	850	43,233
1991	8,421	3,798	14,899	6,245	76	1,285	117,179	2,498	705	45,729	1,702	860	43,514
1992	8,498	3,902	15,561	6,122	76	1,253	114,290	2,539	703	48,042	1,735	878	43,392
1993	8,515	4,001	16,123	6,057	76	1,192	111,833	2,590	700	49,644	1,757	893	43,381
1994	8,910	4,449	17,677	5,900	75	1,113	108,700	2,645	697	51,328	1,784	894	43,725
1995	8,960	4,543	18,581	5,772	76	1,016	107,183	2,683	697	51,523	1,830	910	45,003
1996	8,939	4,546	19,252	5,732	76	946	106,594	2,705	694	51,198	1,856	914	46,107
1997	9,005	4,583	20,078	5,721	76	902	107,860	2,720	690	49,956	1,892	915	47,421
1998	8,973	4,518	20,091	5,688	76	830	110,021	2,736	685	49,259	1,921	922	48,244
1999	8,790	4,439	19,954	5,544	76	739	111,184	2,741	684	48,713	1,943	929	48,758
2000	8,494	4,318	20,723	5,267	76	664	112,437	2,731	676	48,946	1,957	933	48,544
2001	8,407	4,197	21,122	5,322	76	631	115,015	2,770	672	49,120	1,969	930	48,163
2002	8,343	4,103	21,539	5,384	76	603	118,502	2,809	671	50,196	1,995	932	53,017
2003	8,292	4,008	21,836	5,463	76	578	123,008	2,850	669	53,308	2,031	933	53,405
2004	8,246	3,918	22,046	5,541	75	551	125,278	2,888	662	55,102	2,080	939	53,421
2005	8,275	3,863	22,409	5,646	75	533	126,326	2,935	659	56,968	2,095	939	53,924

표 E28-40 계속

	유치원			초등학교				중학교			고등학교		
	학교		학급	학교			학급	학교		학급	학교		학급
	합계	사립		합계	사립	분교		합계	사립		합계	사립	
	E28	E29	E30	E31	E32	E33	E34	E35	E36	E37	E38	E39	E40
	남한, 개												
2006	8,290	3,830	23,010	5,733	75	514	127,161	2,999	659	58,771	2,144	944	54,590
2007	8,294	3,846	23,860	5,756	75	461	126,681	3,032	652	58,950	2,159	942	55,660
2008	8,344	3,861	24,567	5,813	75	416	125,935	3,077	650	58,804	2,190	941	56,629
2009	8,373	3,880	24,908	5,829	75	374	124,892	3,106	650	58,414	2,225	941	57,524
2010	8,388	3,887	25,672	5,854	76	355	123,933	3,130	647	58,386	2,253	946	58,172
2011	8,424	3,922	26,990	5,882	76	328	122,866	3,153	647	57,830	2,282	947	58,707
2012	8,538	4,013	28,386	5,895	76	302	121,393	3,162	645	57,086	2,303	947	59,077
2013	8,678	4,101	30,597	5,913	76	278	119,896	3,173	644	56,843	2,322	948	59,405
2014	8,826	4,207	33,041	5,934	76	266	119,894	3,186	641	56,305	2,326	949	59,596
2015	8,930	4,252	34,075	5,978	75	254	120,063	3,204	641	54,855	2,344	950	59,668
2016	8,987	4,291	35,790	6,001	75	246	119,547	3,209	640	53,184	2,353	949	59,781

자료: 초등학교 1945-1949년은 김영우, 『한국초등교육사』(한국교육사학회, 1999), pp. 332-333; 이외의 1945-1957년은 한국교육10년사간행회, 『한국교육십년사』(풍문사, 1960), pp. 511-512, 539; 이외에는 교육부, 『통계로 본 한국 교육의 발자취』(1997); 교육부, 『교육통계연보』, 각년도; 중앙대학교 부설 한국교육문제연구소, 『문교사』(중앙대학교 출판국, 1974), pp. 685-687.

주: 합계는 국립, 공립, 사립학교의 합계로 분교를 제외한 수치이다. 초등학교 통계의 경우 1945년은 12월 말, 1946년은 10월 말, 1947년은 5월 말, 1949년은 12월 말 기준으로 작성되었다.

표 E41-44 인문계, 실업계 고등학교, 1955-2010

	인문계 고등학교		실업계 고등학교	
	학교	학급	학교	학급
	E41	E42	E43	E44
	남한, 개			
1955	311	2,096	249	1,857
1958	347	2,835	228	2,081
1959	343	2,769	280	2,096
1960	357	3,596	283	2,931
1961	367	2,979	280	2,096
1962	338	3,371	283	2,430
1963	364	3,592	296	2,813
1964	386	3,950	306	3,013
1965	389	4,248	312	3,225
1966	408	4,363	327	3,337
1967	413	4,318	368	3,500
1968	415	4,610	425	3,897
1969	417	4,957	444	4,315
1970	408	5,251	481	4,899
1971	398	5,603	500	5,467
1972	403	6,091	539	6,317
1973	452	6,747	563	7,471
1974	613	8,743	476	7,877
1975	673	10,840	479	8,327
1976	714	12,595	484	8,912
1977	716	13,470	499	9,691
1978	717	14,103	536	10,509
1979	724	14,850	574	11,469
1980	748	15,577	605	12,815
1981	781	16,889	621	13,994
1982	810	18,055	626	14,844
1983	855	19,171	639	15,502
1984	905	20,438	644	15,835
1985	967	21,850	635	15,958
1986	996	23,488	631	16,722
1987	1,030	24,594	595	15,480
1988	1,063	25,857	590	15,612
1989	1,084	26,964	588	15,708
1990	1,096	27,496	587	15,737
1991	1,085	27,324	617	16,190
1992	1,058	26,470	677	16,922
1993	1,039	25,712	718	17,669
1994	1,046	25,528	738	18,197
1995	1,068	25,969	762	19,034
1996	1,085	26,677	771	19,430
1997	1,121	27,732	771	19,689
1998	1,149	28,555	772	19,689
1999	1,181	29,642	762	19,116
2000	1,193	30,013	764	18,531
2001	1,210	30,296	759	17,867
2002	1,254	35,127	741	17,890
2003	1,297	35,934	734	17,471
2004	1,351	36,398	729	17,023
2005	1,382	37,141	713	16,783
2006	1,437	38,034	707	16,556
2007	1,457	39,237	702	16,423
2008	1,493	40,388	697	16,241
2009	1,534	41,403	691	16,121
2010	1,561	42,142	692	16,030

자료: 교육부, 『통계로 본 한국 교육의 발자취』(1997); 교육부, 『교육통계연보』, 각년도.

주: 고등학교는 2011년부터 2가지 유형(일반계고, 전문계고)에서 4가지 유형(일반고, 특성화고, 특목고, 자율고)으로 분류 변경되었다.

표 E45-52 일반고등학교, 특수목적고등학교, 특성화고등학교, 자율고등학교, 2011-2016

	일반고		특수목적고		특성화고		자율고	
	학교	학급	학교	학급	학교	학급	학교	학급
	E45	E46	E47	E48	E49	E50	E51	E52
	남한, 개							
2011	1,554	41,122	120	2,246	499	11,937	109	3,402
2012	1,529	40,415	128	2,411	499	11,804	147	4,447
2013	1,525	40,417	138	2,604	494	11,626	165	4,758
2014	1,520	40,538	143	2,674	499	11,661	164	4,723
2015	1,537	40,817	148	2,762	498	11,448	161	4,641
2016	1,545	41,088	152	2,822	497	11,301	159	4,570

자료: 교육부, 『교육통계연보』, 각년도.

주: 고등학교는 2011년부터 2가지 유형(일반계고, 전문계고)에서 4가지 유형(일반고, 특성화고, 특목고, 자율고)으로 분류 변경되었다.

표 E53-67 고등교육기관, 1948-2016

	일반대학			교육대학	사범학교	산업대학	초급대학	실업고등 전문학교	전문학교	간호학교	전문대학			대학원	
	국립	공립	사립								국립	공립	사립	합계	대학원 대학
	E53	E54	E55	E56	E57	E58	E59	E60	E61	E62	E63	E64	E65	E66	E67
	남한, 개														
1948	4	4	19												
1952	7	5	37		17		7								
1953	8	15	35		18		5								
1954	8	5	38		18		7								
1955	10	5	38		18		8								
1956	11	5	40		18		8								
1957	11	5	40		18		8								
1958					18		10								
1959					18		10								
1960					18		11								
1961					18		12								
1962	10	2	36	10			28							25	
1963	11	2	34	11			36	10						28	
1964	12	2	52	12			36	9						32	
1965	12	2	56	13			34	14						37	
1966	12	2	55	14			29	16						42	
1967	12	2	54	14			23	19		22				49	
1968	13	1	53	14			22	19		24				56	
1969	14	1	53	16			20	23		25				60	
1970	14	1	56	16			14	22	4	25				64	
1971	14	1	57	16			13	21	13	23				66	
1972	14	1	54	16			12	20	24	19				74	
1973	14	1	54	16			12	20	50	10				81	
1974	14	1	57	16			11	8	78	4				80	
1975	14	1	57	16			10	1	87	3				82	
1976	14	1	57	16			10		96	2				85	
1977	15	1	57	16			10		102	2				87	
1978	15	1	58	11			10		112					90	
1979	19	1	64	11							20	16	91	100	
1980	19	1	65	11							20	16	92	121	
1981	19	1	69	11							21	16	95	151	
1982	20	1	76	11							23	12	93	169	
1983	20	1	77	11							23	1	106	170	
1984	20	1	78	11							17	0	105	186	
1985	21	1	78	11							17	0	103	201	
1986	21	1	78	11							17	0	103	203	
1987	22	1	80	11							16	0	103	209	
1988	22	1	81	11							16	0	103	251	
1989	22	1	81	11							16	0	101	278	
1990	23	1	83	11							16	0	101	298	
1991	23	1	91	11		8					14	0	104	316	
1992	23	1	97	11		8					13	0	113	335	

표 E53-67 계속

	일반대학			교육대학	사범학교	산업대학	초급대학	실업고등 전문학교	전문학교	간호학교	전문대학			대학원	
	국립	공립	사립								국립	공립	사립	합계	대학원 대학
	E53	E54	E55	E56	E57	E58	E59	E60	E61	E62	E63	E64	E65	E66	E67
	남한, 개														
1993	24	1	102	11		12					8	0	120	350	
1994	24	2	105	11		14					8	1	126	368	
1995	24	2	105	11		17					7	1	137	421	
1996	24	2	108	11		18					7	3	142	505	
1997	24	2	124	11		19					7	4	144	592	
1998	24	2	130	11		18					7	8	143	669	
1999	24	2	132	11		19					7	9	145	676	
2000	24	2	135	11		19					7	9	142	829	17
2001	24	2	136	11		19					6	9	143	905	18
2002	24	2	137	11		19					7	9	143	945	18
2003	24	2	143	11		19					7	9	142	1,010	25
2004	24	2	145	11		18					7	8	143	1,030	28
2005	24	2	147	11		18					6	8	144	1,051	34
2006	23	2	150	11		14					5	8	139	1,051	36
2007	23	2	150	11		14					3	8	137	1,042	36
2008	23	2	149	10		13					2	8	137	1,055	37
2009	24	2	151	10		12					2	8	136	1,115	38
2010	25	2	152	10		11					2	7	136	1,138	40
2011	28	2	153	10		9					3	7	137	1,167	41
2012	31	2	156	10		2					2	7	133	1,177	43
2013	32	1	155	10		2					2	7	131	1,200	43
2014	34	1	154	10		2					2	7	130	1,209	44
2015	34	1	154	10		2					2	7	129	1,197	47
2016	34	1	154	10		2					2	7	129	1,195	46

자료: 1948-1957년은 한국교육10년사간행회, 『한국교육십년사』(풍문사, 1960), pp. 511-512, 539; 일반대학 1948년은 교육부 교육50년사편찬위원회, 『교육50년사』(교육부, 1998), p. 459; 이외에는 교육부, 『통계로 본 한국 교육의 발자취』(1997); 교육부, 『교육통계연보』, 각년도; 중앙대학교 부설 한국교육문제연구소, 『문교사』(중앙대학교 출판국, 1974), pp. 685-687.

주: 1) 일반대학은 대학(단과대학) 및 대학교의 합계이다.

2) 사범학교는 식민지기 사범학교와 같으며, 중학교 졸업 이후 진학하는 고등학교 과정이었다. 1962년 3월부터 2년제 국립교육대학으로 승격 개편되었다.

3) 개방대학은 1981년 도입되었고, 1998년부터 산업대학으로 바뀌었다.

4) 간호학교는 해방 후 종합병원부설로 간호학교가 설립되며 등장하였고, 중학교 졸업자를 대상으로 3년 과정의 교육을 실시했다. 1962년부터 2년제 초급대학으로 승격되었고, 1970년부터 3년제 특수초급대학인 간호전문대학으로 바뀌었다.

5) 대학원의 합계는 2005년까지는 대학원 대학을 포함한다. 대학원 대학은 2000년에 신설되었고, 2000년 이전 대학원의 합계는 대학 부설 대학원만을 포함한다.

표 E68-76 특수학교, 1962-2016

	특수학교								
	학교			학급					
	국립	공립	사립	합계	유치원 과정	초등 과정	중학 과정	고교 과정	전공과 과정
	E68	E69	E70	E71	E72	E73	E74	E75	E76
	남한, 개								
1962	2	2	5	85					
1963	2	2	13	148					
1964	2	2	14	147					
1965	2	1	17	184		133	36	15	
1966	2	1	16	189		140	35	14	
1967	2	1	19	219		162	41	16	
1968	2	1	25	198		198	42	18	
1969	2	2	24	270		205	45	20	
1970	2	4	26	300		242	42	21	
1971	2	5	29	346		287	38	21	
1972	2	5	31	384		324	39	21	
1973	2	6	33	431		364	46	21	
1974	2	7	34	486		415	50	21	
1975	2	9	38	540		462	54	24	
1976	2	10	39	581		490	64	27	
1977	2	13	39	617		520	67	30	
1978	2	10	39	651		547	74	30	
1979	2	10	39	685		569	86	30	
1980	4	11	42	708		583			
1981	2	12	47	759		607	106	41	
1982	2	14	49	809		636	124	49	
1983	2	17	52	862		672	135	55	
1984	2	19	57	933		721	152	60	
1985	2	21	63	1,038		777	191	70	
1986	2	23	65	1,173		848	240	82	
1987	2	24	68	1,338		887	309	96	
1988	2	27	68	1,491		949	355	128	
1989	2	28	70	1,624		991	383	175	
1990	3	29	72	1,762		1,031	399	240	
1991	3	29	70	1,846	100	1,050	415	281	
1992	3	30	70	1,938	103	1,084	439	312	
1993	3	31	72	1,949	117	1,053	446	333	
1994	3	31	72	1,987	123	1,057	465	342	
1995	3	33	72	2,062	128	1,080	487	367	
1996	3	34	72	2,109	136	1,068	509	396	
1997	3	36	75	2,264	158	1,124	537	445	
1998	4	36	78	2,393	198	1,157	549	489	
1999	4	38	81	2,421	213	1,156	556	496	
2000	5	41	83	2,534	242	1,193	578	521	
2001	5	42	87	2,627	263	1,216	610	538	
2002	5	44	87	2,657	270	1,222	609	556	
2003	5	45	87	2,888	275	1,286	653	595	79
2004	5	47	89	2,987	273	1,307	669	651	87
2005	5	48	89	3,073	274	1,321	701	679	98
2006	5	49	89	3,176	274	1,319	739	726	117
2007	5	50	89	3,274	267	1,307	783	772	145
2008	5	54	90	3,484	268	1,348	835	857	176
2009	5	55	90	3,631	271	1,356	876	915	213
2010	5	55	90	3,760	281	1,340	910	974	255
2011	5	59	91	3,973	283	1,374	963	1,046	307
2012	5	60	91	4,086	280	1,376	983	1,088	359
2013	5	66	91	4,274	285	1,392	1,061	1,134	402
2014	5	69	92	4,374	289	1,402	1,091	1,147	445
2015	5	70	92	4,476	294	1,428	1,070	1,190	494
2016	5	74	91	4,611	308	1,472	1,074	1,224	533

자료: 교육부, 『통계로 본 한국 교육의 발자취』(1997); 교육부, 『교육통계연보』, 각년도.

표 E77-89 기타 교육기관, 1946-2016

	기술학교		고등기술학교		공민학교		고등공민학교		방송통신중학교		방송통신고등학교		방송통신대학
	학교	학급	학교	학급	학교	학급	학교	학급	학교	학급	학교	학급	학교
	E77	E78	E79	E80	E81	E82	E83	E84	E85	E86	E87	E88	E89
	남한, 개												
1946					8,287								
1947					15,506								
1948					2,013								
1950	1		10		13,072		689						
1951	4		15										
1952	15		23				418	1,001					
1953	22		38		3,215		511	1,379					
1954	30		47		2,976		512	1,439					
1955	42	202	55	229	2,532	4,929	561	1,630					
1956	47	352	60	282	2,844	5,283	384	1,037					
1957	58	197	65	209	2,439	4,859	422	1,190					
1958	61	368	66	450	2,013	4,339	296	906					
1959	61	368	68	504	2,013	4,339	296	906					
1960	69	459	79	486	1,745	4,198	333	938					
1961					1,376	3,502	334	982					
1962	64	305	47	244	561	1,167	292	1,085					
1963	64	320	52	267	383	940	303	1,199					
1964	76	303	63	284	215	607	331	1,155					
1965	81	323	70	366	140	398	372	1,300					
1966	74	356	68	372	106	300	369	1,337					
1967	75	336	67	322	113	325	388	1,424					
1968	82	348	63	323	106	198	391	1,470					
1969	69	318	66	288	83	223	362	1,478					
1970	64	324	68	352	69	231	336	1,490					
1971	69	311	72	375	68	197	320	1,313					
1972	56	268	63	343	55	162	278	1,183					1
1973	61	324	53	339	40	104	264	1,109					1
1974	62	337	48	352	30	93	257	1,121			11		1
1975	60	348	48	351	26	74	244	1,120			36		1
1976	51	346	44	339	15	45	223	1,039			40		1
1977	50	335	41	333	11	36	201	934					1
1978	50	296	35	367	10	35	178	956					1
1979	47	200	38	419	5	16	153	678			39		1
1980	32	93	40	425	5	11	136	473			44		1
1981	23	58	41	455	5	15	97	340					1
1982	12	36	38	402	5	15	67	249			47		1
1983	4	24	37	363	4	12	48	174					1
1984	3	13	36	365	3	8	40	137			49		1
1985	3	9	36	393	1	1	27	93			49		1
1986	2	5	33	410	1	3	24	90					1
1987	1	2	33	437	1	3	21	73			50		1
1988	1	1	30	467	1	3	13	47					1
1989	1	1	28	479	1	3	16	37			50		1
1990	1	1	28	488	1	3	11	29			50		1
1991	1	1	27	471	1	3	10	28			50	568	1
1992	1	1	25	442	1	3	10	26			49	484	1
1993	1		23	374	1	3	9	17			49	433	1
1994	1		22	295	1	3	7	17			45	385	1
1995	1		20	254	1	3	7	16			43	351	1
1996			19	224	1	3	7	17			42	333	1
1997			19	199	1	3	7	19			42	396	1
1998			17	192	1	3	7	18			41	312	1
1999			16	172	1	3	7	18			41	334	1
2000			15	146	1	3	5	13			40	321	1
2001			15	127	1	3	5	13			40	347	1
2002			15	130	1	3	4	7			39	367	1
2003			14	124	1	3	4	7			39	374	1
2004			14	110	1	3	4	8			39	368	1

표 E77-89 계속

	기술학교		고등기술학교		공민학교		고등공민학교		방송통신중학교		방송통신고등학교		방송통신대학
	학교	학급	학교	학급	학교	학급	학교	학급	학교	학급	학교	학급	학교
	E77	E78	E79	E80	E81	E82	E83	E84	E85	E86	E87	E88	E89
	남한, 개												
2005			13	111	1	3	4	10			39	368	1
2006			12	108	1	3	4	10			39	375	1
2007			12	108	1	3	4	9			39	384	1
2008			12	63	1	3	4	11			40	393	1
2009			10	49	1	3	4	11			40	404	1
2010			10	48	1	2	4	11			40	411	1
2011			9	46	1	1	4	14			40	417	1
2012			9	46			4	13			40	416	1
2013			8	43			4	16	2	5	40	422	1
2014			7	44			4	5	6	30	42	414	1
2015			7	44			3	7	12	81	42	412	1
2016			7	45			3	7	20	123	42	410	1

자료: 공민학교 1946-1948, 1950년은 중앙대학교 부설 한국교육문제연구소, 『문교사』(중앙대학교 출판국, 1974), pp. 103-104, 253; 고등공민학교 1950, 1952년 중앙대학교 부설 한국교육문제연구소, 『문교사』(중앙대학교 출판국, 1974), p. 254; 방송통신고등학교, 「연혁」(http://www.cyber.hs.kr); 이외에는 교육부, 『통계로 본 한국 교육의 발자취』(1997); 교육부, 『교육통계연보』, 각년도; 중앙대학교 부설 한국교육문제연구소, 『문교사』(중앙대학교 출판국, 1974), pp. 685-687.

주: 1) 중학 과정 기술학교는 1996년 폐지되었다.

2) 공민학교는 초등과정 3년제 교육기관으로 2012년 2월 마지막 학교의 폐교로 사라졌다.

3) 방송통신중학교는 2013년, 방송통신고등학교는 1974년 처음 설립되었다.

4) 방송통신대학은 1972년 개교했다. 1991년 5년제에서 4년제로 개편되었고, 1993년 한국방송통신대학교로 명칭이 바뀌었다.

표 E90-98 2부제 이상 수업 초등학교 및 학급, 1965-2002

	학교	학급							
		1학년	2학년	3학년	4학년	5학년	6학년	복식학급	특수학급
	E90	E91	E92	E93	E94	E95	E96	E97	E98
	남한, 개								
1965		3,886	5,174	3,450	1,457	133	35	127	
1966	3,624	3,904	6,048	3,831	1,414	159	47	133	
1967	3,219	3,854	5,701	3,712	1,171	108	54	186	
1968	3,487	3,143	5,360	2,715	750	99	54	110	
1969	3,245	2,903	4,958	2,321	574	86	13	104	
1970	2,688	2,211	3,244	1,535	367	62	22	116	
1971	1,549	1,499	1,871	826	272	68	6	75	
1972	895	949	955	369	119	35	12	22	
1973	302	440	492	190	67	10	1	8	
1974	207	440	406	143	27	1		10	
1975	297	407	581	241	43	4		11	
1976	401	557	1,081	409	85	6	2	15	
1977	614	1,550	2,552	1,218	249	19	1	18	
1978	1,050	1,769	2,850	1,392	354	19	1	10	
1979	954	2,326	3,532	1,846	611	51	8	4	
1980	941	2,852	4,347	2,464	820	179	44	47	
1981	1,012	2,890	3,979	2,437	891	68	4	13	
1982	967	3,011	3,635	2,049	662	22	2	26	
1983	986	2,933	3,493	2,003	492	28	2	1	
1984	825	2,696	2,324	911	273	11		2	
1985	794	2,376	2,028	695	162	10	1	183	
1986	885	2,779	2,413	642	135	9		1	40
1987	909	2,967	2,780	697	58			24	26
1988	941	3,408	2,875	1,123	72			1	1
1989	1,045	3,886	3,190	1,091	13			4	22
1990	1,060	3,696	3,211	1,012	16			6	28
1991	1,019	3,289	2,766	1,013	3			1	
1992	748	2,444	1,808	473					1
1993	468	1,581	1,153	217					
1994	298	1,027	643	125					
1995	240	906	592	128					
1996	209	761	550	84					
1997	153	540	386	47					
1998	112	460	345	36					
1999	148	200	134	28	10	21	18	25	16
2000	30	60	49	8				12	10
2001	22	43	24	2				22	5
2002	4	5	8					4	

자료: 교육부, 『교육통계연보』, 각년도.

주: 1) 학교는 분교를 포함한다.

2) 복식학급은 한 교실에서 서로 다른 과정의 수업이 함께 이루어지는 제도이다. 2003년 이후로는 복식학급 통계만 제공되며, 복식학급의 수는 증가하고 있다.

2. 학생

표 E99-129 학생, 1906-1943

	소학교			보통학교						중학교				고등보통학교	
				합계			사립			합계		사립			
	일본인	조선인	기타	조선인	일본인	기타	조선인	일본인	기타	일본인	조선인	일본인	조선인	일본인	조선인
	E99	E100	E101	E102	E103	E104	E105	E106	E107	E108	E109	E110	E111	E112	E113
	남북한, 명														
1906	5,297														
1907	7,427														
1908	9,933			10,744											
1909	12,630			14,834						154					
1910	15,462			17,234						205					
1912	21,455			44,639			2,031			480					974
1913	24,258			51,826			1,646			684					1,232
1914	28,592			59,397			1,988			836					1,281
1915	31,523			63,854			1,625			1,034					1,381
1916	35,173			73,575			1,342			1,196					1,839
1917	37,911			84,283			1,924			1,478					2,369
1918	40,239			90,807			2,890			1,753					3,497
1919	42,811			89,288			4,521			2,010					3,154
1920	45,559	140		106,595	78	3	4,016			2,162	53			46	3,467
1921	48,543	207	2	157,219	76		6,464			2,582	55			74	5,618
1922	51,588	328	2	236,028	139		10,273	6		3,006	74			13	7,696
1923	53,518	496	2	317,774	147		11,744	6		3,393	101			36	8,931
1924	55,887	591		374,115	227		11,552			3,955	124			59	9,951
1925	55,306	796		407,427	246	3	14,595			4,490	173			78	10,107
1926	56,100	887		439,090	276		18,839			4,828	194			106	10,963
1927	58,134	957		451,066	322	1	19,778	1		5,222	216			136	11,076
1928	61,139	991		463,985	407	1	23,364			5,437	255			14	11,457
1929	63,986	977		471,361	446	1	22,401			5,594	266			131	11,866
1930	67,214	1,038	1	489,935	486	2	23,055			5,667	312			125	11,949
1931	70,841	1,078	7	499,160	550		23,464			5,686	340			99	12,700
1932	74,888	1,164		513,804	581		24,563			5,843	327			83	13,193
1933	78,074	1,316	7	561,292	627	1	26,645			6,024	322			83	13,527
1934	80,137	1,382	4	636,334	615	9	29,864	2		6,225	324			119	13,909
1935	81,864	1,522	9	717,414	676	8	33,701	3		6,379	335			141	14,364
1936	84,714	2,048	13	798,234	616	1	35,086	1		6,756	368			151	14,831
1937	87,440	2,364	7	900,657	516	9	39,793			7,313	465			175	15,454
1938	89,873	6,139	23	1,046,565	749	10	44,999	1		7,954	17,868		7,551		
1939	92,225	7,777	16	1,210,603	858	17	51,735	18	1	8,522	18,785		7,551		
1940	93,185	8,884	12	1,380,768	896	17	57,868	10		8,875	21,470	2	8,489		
1941	94,052	9,925	15	1,502,906	905	7				10,233	22,875	3	9,315		
1942	97,762	10,926	16	1,683,894	1,040	11				11,209	25,960	8	11,151		
1943	97,176	12,237	16	1,927,788	993	2				12,165	28,321	7	11,440		

자료: 1906-1910년은 朝鮮總督府學務局, 『學事統計』(1911); 1912-1943년은 朝鮮總督府學務局, 『朝鮮諸學校一覽』, 각년도.

주: 1) 합계는 소학교의 경우 공립과 관립, 여타 학교의 경우 공립, 관립, 사립학교 학생수의 합계이다.

2) 관립 보통학교는 일본인 및 기타 국적 재학생 통계가 기록되지 않았다.

3) 1908-1910년의 보통학교 통계는 관립 및 갑종 공립, 을종 공립, 보조 지정 보통학교의 합계이다.

4) 고등보통학교와 여자고등보통학교는 1938년부터 중학교 및 고등여학교로 이름이 변경되었다. 1912-1919년의 학생수는 국적을 구분하지 않은 수치로, 각각 약간의 일본인 또는 조선인이 포함되었을 수 있다.

표 E99-129 계속

	고등여학교				여자고등보통학교		사범학교				대학		대학예과		전문학교	
	합계		사립				공립		관립							
	일본인	조선인	일본인	조선인	일본인	조선인	일본인	조선인	일본인	조선인	일본인	조선인	일본인	조선인	일본인	조선인
	E114	E115	E116	E117	E118	E119	E120	E121	E122	E123	E124	E125	E126	E127	E128	E129
	남북한, 명															
1906	105															
1907	177															
1908	295															
1909	397															
1910	515															
1912	820					283									14	
1913	946					291									30	
1914	1,083														35	
1915	1,247					778									14	
1916	1,471					627									24	603
1917	1,648					528									18	881
1918	1,718					632									64	899
1919						687										819
1920	2,331	7														
1921	3,060	6			74	1,065	8	109	117							
1922	3,732	4			36	1,322		107	304	21					503	882
1923	4,475	41			45	1,518	1,249	414	425							
1924	5,241	80			37	1,710	1,549	527	525							
1925	5,690	318			1	2,021	2,457	625	800							
1926	6,191	341				2,630	76	1,615	609	163	103	47	225	103	696	1,181
1927	6,618	436			1	3,243					226	89	204	104		
1928	6,841	471			1	3,760					324	145	202	112		
1929	7,141	572			2	4,197	46	1,039	571	185	386	166	186	109	981	1,289
1930	7,891	616	167	53		4,554				1,243			216	86		
1931	8,326	620	182	57		4,749			706	963	352	182	216	102	1,255	1,570
1932	8,514	611	216	46		4,770			712	1,060	389	190	214	110	1,332	1,755
1933	8,973	585	300	38		5,179			753	1,138	407	202	217	97	1,739	2,046
1934	9,376	544	388	27		5,503			795	1,215	433	188	200	109	1,777	2,205
1935	10,005	520	491	20		6,047			951	1,483	461	210			1,775	2,722
1936	10,639	534	571	18		6,514			1,192	1,980	372	167	288	159	1,739	2,502
1937	11,337	587	635	21	1	7,147			1,574	2,184	355	161	296	165	1,718	2,521
1938	12,056	8,660	689	4,352					2,178	2,781	327	174	329	185	1,739	2,621
1939	12,742	9,535	747	4,291							350	206	338	204		
1940	13,266	11,283	823	5,035					2,281	4,410	384	250	336	205	2,034	3,183
1941	14,165	12,846	921	5,435					5,820	1,664	407	309	395	219	2,323	3,639
1942	15,339	14,313	989	5,269					2,137	6,033	422	365	442	201	2,638	3,909
1943	16,478	16,127	1,011	5,500					3,473	7,481	440	339	497	200	3,025	4,054

표 E130-143 유치원, 초등학교, 중학교, 고등학교 학생, 1945-2016

	유치원		초등학교				중학교				고등학교			
			합계		사립		합계		사립		합계		사립	
	남녀	여자	남녀	여자	남녀	여자	남녀	여자	남녀	여자	남녀	여자	남녀	여자
	E130	E131	E132	E133	E134	E135	E136	E137	E138	E139	E140	E141	E142	E143
	남한, 천 명													
1945	14	7	1,638				81		20					
1946			2,159											
1947			2,183											
1948			2,426											
1949			2,771											
1950			2,658											
1951			2,074											
1952	7	4	2,370	883	2		312		102		123		25	
1953	10	5	2,342	921	5	3	324		100	21	160	26	46	10
1954	11	5	2,744	1,118	7		420		145		213	34	70	13
1955	11	5	2,877		7		475		167		261		92	
1956	12	5	2,921	1,221	7	4	459	112	168	42	274	50	99	19
1957	12	6	3,188	1,377	8	4	440	115	159	42	276	57	101	23
1958	13	7	3,262	1,422	7	4	430	125	159	50	268	61	98	25
1959	14	7	3,550	1,579	7	4	458	104	179	50	261	62	104	28
1960			3,621	1,644			529	129			264	67		
1961	15	7	3,855	1,772	9	5	621				279			
1962	17		4,089		10		655		267		324		135	
1963	19		4,422		14		666	223	279	106	364	113	156	60
1964	17		4,726		17		667	226	275	105	400	132	187	75
1965	20		4,941		25		751	267	333	133	427	143	216	85
1966	22	10	5,165	2,453	38	17	822	298	382	157	435	147	221	88
1967	22	10	5,383	2,561	49	21	912	336	447	186	442	154	227	91
1968	22	10	5,549	2,644	57	24	1,013	376	510	212	481	170	254	102
1969	22	9	5,623	2,683	61	26	1,147	433	575	240	530	193	285	117
1970	22	10	5,749	2,755	65	28	1,319	503	641	268	590	219	323	135
1971	22	10	5,807	2,790	68	29	1,530	598	688	295	647	245	356	153
1972	22	10	5,776	2,781	68	29	1,686	671	728	316	730	277	409	175
1973	25	11	5,692	2,747	69	29	1,832	741	760	333	839	323	479	206
1974	28	12	5,619	2,716	69	30	1,930	798	795	352	981	375	561	238
1975	32	14	5,599	2,709	70	30	2,027	856	823	371	1,123	428	640	271
1976	37	16	5,504	2,667	69	30	2,117	912	849	387	1,254	481	712	305
1977	42	18	5,514	2,673	69	30	2,196	963	872	404	1,351	530	773	341
1978	48	21	5,604	2,720	70	30	2,298	1,032	905	427	1,454	583	840	379
1979	57	26	5,641	2,738	70	31	2,395	1,103	937	450	1,565	649	919	428
1980	66	30	5,658	2,745	72	32	2,472	1,161	958	467	1,697	722	1,008	479
1981	154	70	5,586	2,712	73	32	2,574	1,225	959	473	1,823	786	1,093	527
1982	169	77	5,465	2,652	73	33	2,603	1,247	933	461	1,922	838	1,143	556
1983	206	95	5,257	2,550	73	33	2,672	1,282	922	455	2,013	898	1,197	589
1984	254	118	5,041	2,447	73	32	2,736	1,318	907	450	2,092	950	1,252	622
1985	315	148	4,857	2,357	72	32	2,782	1,342	884	438	2,153	992	1,303	652
1986	355	168	4,798	2,329	69	30	2,766	1,339	848	420	2,262	1,073	1,377	705
1987	397	188	4,772	2,315	70	31	2,658	1,287	797	394	2,238	1,025	1,362	666
1988	405	194	4,820	2,339	69	31	2,524	1,223	745	368	2,301	1,061	1,411	693
1989	411	196	4,894	2,377	69	31	2,371	1,148	693	342	2,326	1,083	1,434	711
1990	415	197	4,869	2,362	69	31	2,276	1,103	650	320	2,284	1,073	1,409	703
1991	426	204	4,759	2,306	70	32	2,232	1,082	620	306	2,211	1,046	1,366	686
1992	451	214	4,560	2,205	69	32	2,336	1,136	619	306	2,126	1,012	1,316	669
1993	469	222	4,336	2,092	67	31	2,411	1,170	616	303	2,069	991	1,281	657
1994	510	240	4,099	1,971	64	30	2,509	1,218	613	299	2,061	989	1,254	648
1995	529	248	3,905	1,869	63	29	2,482	1,204	597	290	2,158	1,039	1,296	672
1996	552	260	3,801	1,809	61	28	2,380	1,152	566	274	2,243	1,082	1,325	689
1997	568	267	3,784	1,796	58	27	2,180	1,052	515	249	2,337	1,128	1,355	705
1998	534	250	3,835	1,817	55	26	2,011	966	465	224	2,327	1,123	1,321	685
1999	534	249	3,936	1,859	53	25	1,897	907	430	206	2,251	1,082	1,254	648
2000	545	256	4,020	1,891	52	25	1,861	889	412	197	2,071	993	1,137	586
2001	545	258	4,089	1,919	52	24	1,831	871	396	188	1,911	915	1,034	531

표 E130-143 계속

	유치원		초등학교				중학교				고등학교			
			합계		사립		합계		사립		합계		사립	
	남녀	여자	남녀	여자	남녀	여자	남녀	여자	남녀	여자	남녀	여자	남녀	여자
	E130	E131	E132	E133	E134	E135	E136	E137	E138	E139	E140	E141	E142	E143
	남한, 천 명													
2002	550	262	4,138	1,943	51	24	1,841	870	387	183	1,796	856	951	487
2003	547	262	4,176	1,962	50	24	1,855	874	378	178	1,767	841	913	467
2004	542	258	4,116	1,939	49	23	1,934	911	379	178	1,747	828	879	447
2005	542	258	4,023	1,900	47	23	2,011	947	380	178	1,763	833	869	439
2006	546	260	3,925	1,862	46	22	2,075	973	384	180	1,776	836	860	431
2007	542	260	3,830	1,823	45	22	2,063	963	379	177	1,841	868	873	436
2008	538	258	3,672	1,753	45	22	2,039	953	371	173	1,907	900	887	442
2009	537	259	3,474	1,660	44	22	2,007	943	363	170	1,966	925	899	447
2010	539	260	3,299	1,575	44	21	1,975	938	355	167	1,962	919	887	439
2011	565	275	3,132	1,498	43	21	1,911	911	342	161	1,944	910	868	430
2012	614	299	2,952	1,413	42	21	1,849	884	330	156	1,920	904	847	423
2013	658	321	2,784	1,336	41	20	1,804	860	319	150	1,893	901	826	416
2014	653	318	2,729	1,313	40	20	1,718	819	301	142	1,839	879	797	403
2015	683	333	2,715	1,310	40	20	1,586	756	277	130	1,788	856	770	389
2016	704	345	2,673	1,292	39	20	1,457	696	255	120	1,752	837	750	377

자료: 초등학교 1945-1949년은 김영우, 『한국초등교육사』(한국교육사학회, 1999), pp. 332-333; 이외의 1945-1957년은 한국교육10년사간행회, 『한국교육십년사』(풍문사, 1960), pp. 511-512, 539; 이외에는 교육부, 『통계로 본 한국 교육의 발자취』(1997); 교육부, 『교육통계연보』, 각년도; 중앙대학교 부설 한국교육문제연구소, 『문교사』(중앙대학교 출판국, 1974), pp. 685-687.

주: 초등학교와 특수학교는 분교를 제외한 수치이다. 초등학교 통계의 경우 1945년은 12월 말, 1946년은 10월 말, 1947년은 5월 말, 1949년은 12월 말 기준으로 작성되었다.

표 E144-151 인문계, 실업계 고등학교 학생, 1955-2012

	인문계 고등학교				실업계 고등학교			
	합계		사립		합계		사립	
	남녀	여자	남녀	여자	남녀	여자	남녀	여자
	E144	E145	E146	E147	E148	E149	E150	E151
	남한, 천 명							
1958	164	55	76	22	105	7	22	3
1959	160	55	77	24	101	7	27	4
1960	164	58			99	9		
1961	178				101			
1962	199		99		124		36	
1963	214		110		150		47	
1966	260	109	150	62	175	38	71	26
1967	259	112	150	63	183	42	76	29
1968	274	119	161	67	208	51	93	35
1969	294	131	175	74	236	62	110	43
1970	315	142	190	82	275	77	132	53
1971	337	151	203	87	310	93	153	66
1972	370	163	224	94	360	114	185	81
1973	411	174	250	102	428	148	229	103
1974	530	220	322	128	451	155	238	110
1975	648	271	391	155	475	158	249	116
1976	746	308	451	176	507	173	261	129
1977	795	330	482	188	555	200	292	152
1978	840	351	513	202	615	232	328	177
1979	888	377	546	218	678	273	373	210
1980	933	400	576	232	764	322	432	247
1981	1,006	434	620	253	817	352	473	274
1982	1,069	460	644	262	853	379	499	294
1983	1,132	491	676	276	881	407	522	313
1984	1,200	526	713	294	892	424	539	328
1985	1,267	555	758	312	886	437	545	340
1986	1,345	597	812	339	917	477	566	365
1987	1,397	603	852	346	840	422	510	320
1988	1,458	630	895	366	843	431	516	328
1989	1,491	648	922	380	835	435	513	331

표 E144-151 계속

	인문계 고등학교				실업계 고등학교			
	합계		사립		합계		사립	
	남녀	여자	남녀	여자	남녀	여자	남녀	여자
	E144	E145	E146	E147	E148	E149	E150	E151
	남한, 천 명							
1990	1,473	645	909	377	811	428	500	326
1991	1,407	619	872	362	804	428	494	324
1992	1,313	580	826	348	812	432	490	320
1993	1,237	549	784	334	832	441	497	322
1994	1,209	541	762	329	851	449	492	320
1995	1,246	558	779	337	911	481	516	334
1996	1,304	592	803	354	939	490	521	335
1997	1,377	634	832	370	960	494	523	334
1998	1,399	653	824	372	927	470	496	313
1999	1,399	663	813	376	852	419	441	272
2000	1,324	627	757	349	747	366	380	237
2001	1,260	597	707	327	651	318	326	204
2002	1,220	580	663	307	575	276	288	180
2003	1,224	583	646	302	542	257	268	166
2004	1,232	587	627	293	515	241	252	154
2005	1,260	600	624	291	503	233	246	148
2006	1,282	609	620	288	494	227	240	143
2007	1,347	641	635	295	494	227	238	141
2008	1,419	678	655	305	487	222	232	137
2009	1,485	707	671	312	481	218	228	135
2010	1,496	708	666	309	466	211	220	130
2011	985	465	436	202	295	133	140	83
2012	489	231	215	100	143	65	68	40

자료: 교육부, 『통계로 본 한국 교육의 발자취』(1997); 교육부, 『교육통계연보』, 각년도.

注: 고등학교는 2011년부터 2가지 유형(일반계고, 전문계고)에서 4가지 유형(일반고, 특성화고, 특목고, 자율고)으로 분류 변경되었고, 2011년과 2012년은 2010년 이전에 입학한 학생들만 해당한다.

표 E152-167 일반고등학교, 특수목적고등학교, 특성화고등학교, 자율고등학교 학생, 2011-2016

	일반고				특수목적고				특성화고				자율고			
	합계		사립		합계		사립		합계		사립		합계		사립	
	남녀	여자	남녀	여자	남녀	여자	남녀	여자	남녀	여자	남녀	여자	남녀	여자	남녀	여자
	E152	E153	E154	E155	E156	E157	E158	E159	E160	E161	E162	E163	E164	E165	E166	E167
	남한, 천 명															
2011	488	235	207	101	22	12	11	7	118	52	56	32	36	13	18	5
2012	927	452	406	199	44	23	20	14	223	98	104	60	94	35	34	10
2013	1,356	668	595	294	67	35	30	21	320	143	151	87	150	54	50	14
2014	1,314	652	573	284	67	35	29	20	313	139	147	85	145	52	48	14
2015	1,278	636	552	275	68	35	29	20	302	133	141	82	141	52	48	13
2016	1,256	625	540	268	68	35	28	19	291	126	136	77	138	50	46	12

자료: 교육부, 『교육통계연보』, 각년도.

注: 고등학교는 2011년부터 2가지 유형(일반계고, 전문계고)에서 4가지 유형(일반고, 특성화고, 특목고, 자율고)으로 분류 변경되었고, 2011년과 2012년은 2011년 이후 입학한 학생들만 해당한다.

표 E168-181 대학교, 대학원, 교육대학, 사범학교, 산업대학 학생, 1945-2016

	대학교				대학원				교육대학		사범학교		산업대학	
	합계		사립		합계		사립							
	남녀	여자	남녀	여자	남녀	여자	남녀	여자	남녀	여자	남녀	여자	남녀	여자
	E168	E169	E170	E171	E172	E173	E174	E175	E176	E177	E178	E179	E180	E181
	남한, 천 명													
1945	8		4								8			
1952	31		15								10	3		
1953	38		20								12	3		
1954	63		33								13	4		
1955	79		44								13			
1956	90										14	5		
1957	84										13	5		
1958	74										12	5		
1959	76										11	4		
1960	93													
1961	134													
1962	116		82		2		1		2					
1963	105	20	74	17	3		1		4	1				
1964	113	23	83	20	3		2		4	2				
1965	106	24	80	22	4		2		6	2				
1966	131	30	105	27	5		3		8	3				
1967	124	30	97	27	5		3		9	3				
1968	124	29	95	26	5	1	3		10	5				
1969	133	30	101	27	6	1	4	1	11	6				
1970	146	33	110	29	7	1	4	1	12	7				
1971	155	36	116	31	7	1	5	1	13	7				
1972	164	40	120	34	9	1	6	1	13	6				
1973	178	45	130	38	10	2	7	1	13	6				
1974	192	50	140	43	12	2	8	2	11	6				
1975	209	55	152	47	14	2	10	2	9	5				
1976	230	60	167	50	15	2	11	2	6	4				
1977	251	63	181	52	17	3	11	2	4	2				
1978	278	68	199	56	19	3	13	2	4	3				
1979	330	77	236	62	26	4	17	3	7	6				
1980	403	91	288	71	34	6	23	4	9	8				
1981	536	122	390	95	45	8	31	6	10	9				
1982	661	160	482	122	54	9	38	7	11	9				
1983	773	199	566	150	60	10	42	8	12	10				
1984	870	233	639	174	63	11	44	9	14	12				
1985	932	250	689	186	68	12	49	10	18	13				
1986	971	258	724	193	70	13	50	11	21	14				
1987	990	262	744	198	70	14	50	11	21	13				
1988	1,004	270	758	205	75	16	54	12	19	12				
1989	1,021	284	774	217	81	18	58	13	17	11				
1990	1,040	296	785	226	87	20	61	15	16	10				
1991	1,052	308	795	235	91	22	64	16	16	11			57	10
1992	1,070	321	809	246	97	24	67	17	17	12			70	13
1993	1,092	335	826	258	104	27	72	19	17	13			84	16
1994	1,132	351	847	268	110	30	76	22	18	14			101	20
1995	1,188	378	892	291	113	32	78	23	20	15			121	24
1996	1,267	415	959	321	126	36	87	26	20	15			142	30
1997	1,368	464	1,034	358	151	44	103	32	21	16			141	31
1998	1,478	516	1,130	402	180	55	122	39	21	15			147	32
1999	1,588	560	1,226	440	205	67	141	48	21	16			158	35
2000	1,665	596	1,293	472	229	80	158	57	21	15			171	38
2001	1,730	627	1,348	497	243	92	169	66	21	15			180	42
2002	1,772	648	1,384	515	263	104	182	74	23	17			187	46
2003	1,809	665	1,415	530	272	113	189	80	24	17			191	47
2004	1,837	675	1,439	541	277	119	193	85	23	17			189	47
2005	1,860	684	1,459	550	282	125	197	89	25	18			189	46
2006	1,888	696	1,483	562	290	132	204	94	26	18			180	44
2007	1,920	713	1,511	578	297	137	208	98	26	18			170	42

표 E168-181 계속

	대학교				대학원				교육대학		사범학교		산업대학	
	합계		사립		합계		사립							
	남녀	여자	남녀	여자	남녀	여자	남녀	여자	남녀	여자	남녀	여자	남녀	여자
	E168	E169	E170	E171	E172	E173	E174	E175	E176	E177	E178	E179	E180	E181
	남한, 천 명													
2008	1,943	727	1,532	591	301	142	212	101	24	16			162	41
2009	1,984	749	1,563	612	306	146	215	104	23	15			143	38
2010	2,029	778	1,601	636	317	152	221	108	22	15			134	37
2011	2,065	802	1,624	655	330	159	225	111	20	14			123	34
2012	2,104	822	1,645	668	330	159	224	111	19	13			96	26
2013	2,120	836	1,649	676	330	159	223	111	18	12			76	20
2014	2,130	847	1,649	683	331	160	221	111	17	11			60	15
2015	2,113	848	1,628	681	333	162	221	113	16	11			45	11
2016	2,085	846	1,604	678	333	163	221	114	16	11			33	8

자료: 1945-1957년은 한국교육10년사간행회, 『한국교육십년사』(풍문사, 1960), pp. 511-512, 539; 일반대학 1948년은 교육부교육50년사편찬위원회, 『교육50년사』(교육부, 1998), p. 459; 이외에는 교육부, 『통계로 본 한국 교육의 발자취』(1997); 교육부, 『교육통계연보』, 각년도; 중앙대학교 부설 한국교육문제연구소, 『문교사』(중앙대학교 출판국, 1974), pp. 685-687.

주: 1) 일반대학은 대학(단과대학) 및 대학교의 합계이다.
2) 사범학교는 식민지기 사범학교와 같으며, 중학교 졸업 이후 진학하는 고등학교 과정이었다. 1962년 3월부터 2년제 국립교육대학으로 승격 개편되었다.
3) 개방대학은 1981년 도입되었고, 1998년부터 산업대학으로 바뀌었다.
4) 대학원의 합계는 2005년까지는 대학원 대학을 포함한다. 대학원 대학은 2000년에 신설되었고, 2000년 이전 대학원의 합계는 대학 부설 대학원만을 포함한다.

표 E182-197 초급대학, 실업고등전문학교, 전문학교, 간호학교 학생, 1958-1985

	초급대학				실업고등전문학교				전문학교				간호학교			
	합계		사립		합계		사립		합계		사립		합계		사립	
	남녀	여자	남녀	여자	남녀	여자	남녀	여자	남녀	여자	남녀	여자	남녀	여자	남녀	여자
	E182	E183	E184	E185	E186	E187	E188	E189	E190	E191	E192	E193	E194	E195	E196	E197
	남한, 명															
1958	3,591	1,615	2,756	1,356												
1959	3,458	1,482	2,623	1,223												
1960	4,889	2,105														
1962	8,608		8,238													
1963	14,423	4,675	13,846	4,623	707	20	254	20								
1964	14,871	5,141	14,369	5,118	4,374	120	1,470	112								
1965	15,536	6,484	15,033	6,467	7,623	316	3,427	290								
1966	17,063	7,392	16,683	7,369	10,546	378	4,646	317								
1967	14,734	6,368	14,583	6,352	14,089	409	6,286	302					2,301	2,297	1,293	1,289
1968	10,708	5,453	10,589	5,437	17,069	396	7,792	249					3,210	3,205	1,868	1,863
1969	8,101	3,825	8,021	3,815	20,741	487	10,146	332					4,351	4,340	2,369	2,362
1970	4,907	2,285	4,907	2,285	23,440	917	11,725	706					5,136	5,114	2,468	2,461
1971	4,009	1,979	4,009	1,979	27,864	1,958	15,365	1,682					5,336	5,314	2,232	2,225
1972	3,894	2,262	3,894	2,262	33,004	3,586	20,044	3,130					4,927	4,905	1,991	1,984
1973	4,245	2,576	4,245	2,576	41,374	8,025	26,191	6,074					2,409	2,400	858	849
1974	3,798	2,356	3,798	2,356	50,328	11,490	33,386	8,609					1,614	1,604	707	701
1975	3,787	2,352	3,787	2,352	58,500	14,834	39,764	10,702					579	575	317	313
1976	3,976	2,514	3,976	2,514	68,095	17,357	48,545	12,795					226	226		
1977	4,141	2,302	4,141	2,302	86,120	21,676	65,614	16,846					265	265	81	81
1978	4,803	2,511	3,655	1,894					110,145	27,120	88,820	21,909				
1979	2,689	1,412	1,658	846					64,730	16,164	52,006	12,855				
1980	394	7	249	6					13,458	2,834	9,144	1,403				
1981	152	1	106	1					10,853	78	8,665	64				
1982	74		74						6,732	31	5,598	31				
1983	8		8						1,995	13	1,675	13				
1984	1		1						71		60					
1985									3		3					

자료: 교육부, 『통계로 본 한국 교육의 발자취』(1997); 교육부, 『교육통계연보』, 각년도; 중앙대학교부설 한국교육문제연구소, 『문교사』(중앙대학교 출판국, 1974), pp. 685-687.

주: 1) 간호학교는 해방 후 종합병원 부설로 간호학교가 설립되며 등장하였고, 중학교 졸업자를 대상으로 3년 과정의 교육을 실시했다. 1962년부터 2년제 초급대학으로 승격되었고, 1970년부터 3년제 특수초급대학인 간호전문대학으로 바뀌었다.
2) 간호학교와 실업고등전문학교는 전문학교로 점차 전환되었고, 1979년부터 초급대학과 전문학교는 전문대학으로 점차 전환되었다.

표 E198-201 전문대학 학생, 1979-2016

	합계		사립	
	남녀	여자	남녀	여자
	E198	E199	E200	E201
	남한, 천 명			
1979	75	18	64	15
1980	151	40	129	35
1981	189	54	161	48
1982	211	65	181	57
1983	216	74	189	70
1984	230	81	205	78
1985	242	87	219	84
1986	251	93	227	89
1987	260	97	237	94
1988	267	101	243	97
1989	291	108	266	103
1990	324	119	297	114
1991	359	131	332	126
1992	405	146	379	141
1993	456	166	435	161
1994	507	187	486	182
1995	570	214	548	208
1996	643	251	620	244
1997	725	278	700	269
1998	802	301	772	291
1999	860	320	825	308
2000	913	339	876	327
2001	953	351	915	340
2002	963	353	924	342
2003	926	335	887	324
2004	898	330	859	318
2005	853	316	817	306
2006	818	311	784	301
2007	796	308	765	300
2008	772	306	745	299
2009	761	301	736	295
2010	767	305	746	299
2011	777	310	758	306
2012	770	307	753	303
2013	758	303	742	299
2014	741	297	725	293
2015	720	291	706	287
2016	697	285	683	281

자료: 교육부, 『통계로 본 한국 교육의 발자취』(1997); 교육부, 『교육통계연보』, 각년도.

표 E202-207 특수학교 학생, 1962-2016

	국립		공립		사립	
	남녀	여자	남녀	여자	남녀	여자
	E202	E203	E204	E205	E206	E207
	남한, 명					
1962	612		273		458	
1963	647	217	250	84	1,087	446
1964	616	209	263	91	1,281	507
1965	490	165	242	84	1,805	735
1966	666	225	300	113	1,913	732
1967	688	244	337	122	2,096	830
1968	731	250	355	129	1,836	978
1969	748	249	367	143	2,832	1,101
1970	765	266	564	223	2,808	1,147
1971	779	266	609	251	3,280	1,349
1972	803	282	652	246	3,733	1,504
1973	828	298	868	351	3,934	1,604
1974	818	298	919	380	4,130	1,664
1975	837	297	1,195	501	4,491	1,749
1976	843	304	1,302	512	4,642	1,841
1977	866	317	1,657	662	4,819	1,862
1978	894	328	1,696	638	5,117	1,933
1979	933	345	1,827	711	5,384	2,023
1980	921	333	2,015	785	5,968	2,273
1981	901	376	2,341	880	6,545	2,460
1982	905	347	2,656	982	7,165	2,706
1983	865	339	3,002	1,153	7,632	2,953
1984	853	340	3,522	1,355	8,176	3,165
1985	849	337	4,054	1,553	9,371	3,657
1986	842	326	4,474	1,722	10,348	3,981
1987	878	354	5,076	1,951	11,405	4,418
1988	840	338	5,742	2,219	11,810	4,510
1989	805	324	5,979	2,332	12,353	4,745
1990	914	369	6,219	2,437	12,838	4,937
1991	1,002	392	6,216	2,437	12,992	4,947
1992	1,033	406	6,419	2,472	13,194	4,990
1993	1,019	379	6,648	2,569	13,334	5,076
1994	1,036	384	6,831	2,595	13,384	4,994
1995	1,046	377	7,007	2,614	13,554	5,012
1996	989	363	7,258	2,662	13,613	5,016
1997	995	370	7,787	2,818	13,787	4,983
1998	1,180	419	7,946	2,860	14,130	5,039
1999	1,128	403	8,119	2,930	14,243	4,998
2000	1,157	411	8,480	3,011	13,968	4,902
2001	1,217	440	8,881	3,116	13,671	4,714
2002	1,218	430	8,864	3,082	13,371	4,540
2003	1,296	454	9,499	3,274	13,324	4,576
2004	1,259	444	9,608	3,361	13,009	4,407
2005	1,239	422	9,697	3,264	12,630	4,294
2006	1,186	410	9,901	3,347	12,307	4,197
2007	1,121	382	9,998	3,365	12,028	4,108
2008	1,062	354	10,445	3,501	11,912	4,051
2009	1,056	335	10,652	3,580	12,012	4,135
2010	1,033	338	10,839	3,672	11,986	4,153
2011	1,024	340	11,280	3,914	12,313	4,249
2012	983	320	11,520	3,971	12,282	4,217
2013	965	318	12,200	4,143	11,996	4,068
2014	925	318	12,662	4,291	11,730	3,992
2015	893	320	13,073	4,566	11,570	3,912
2016	870	299	13,441	4,660	11,191	3,767

자료: 교육부, 『통계로 본 한국 교육의 발자취』(1997); 『교육통계연보』, 각년도.

표 E208-221 기타 교육기관 학생, 1946-2016

	공민학교		고등공민학교		기술학교		고등기술학교		방송통신중학교		방송통신고등학교		방송통신대학	
	남녀	여자	남녀	여자	남녀	여자	남녀	여자	남녀	여자	남녀	여자	남녀	여자
	E208	E209	E210	E211	E212	E213	E214	E215	E216	E217	E218	E219	E220	E221
	남한, 명										남한, 천 명			
1946	777,868													
1947	849,008													
1948	152,701	82,687												
1950	1,039,631		83,066		149		920							
1951					378		1,366							
1952			47,070		1,388		1,978							
1953			64,139		2,323		3,493							
1954			66,337		3,277		4,864							
1955			68,086		4,387		5,681							
1956	211,578		45,373		4,910	1,283	6,145	2,859						
1957	184,721		44,993		6,502		6,505							
1958	152,701	82,687	33,665	11,573	6,752		6,665							
1959	152,701	82,687	33,665	11,573	7,314	1,513	9,409	6,241						
1960	136,158	73,395	38,761	13,268	8,581	2,667	8,232	6,405						
1961	103,431		41,604											
1962	41,453		51,165		9,216		8,345							
1963	31,255		54,190		9,623		8,908							
1964	19,916	11,591	49,806	18,345	9,070	3,540	9,830	5,923						
1965	13,759	8,152	56,881	22,742	10,511	4,185	12,824	8,402						
1966	11,710	6,922	58,560	25,193	10,593	4,071	12,708	8,187						
1967	11,204	6,673	64,451	29,489	11,581	4,880	9,767	5,670						
1968	9,889	5,641	70,496	34,286	13,666	5,524	10,689	6,247						
1969	8,436	4,811	76,301	36,632	13,326	5,037	10,466	5,929						
1970	7,852	4,466	72,338	35,533	13,126	5,044	12,876	7,078						
1971	7,520	4,327	61,182	30,391	11,867	4,663	12,671	7,159						
1972	5,959	3,395	54,507	27,738	9,110	4,068	12,492	6,702						
1973	3,212	1,557	51,866	27,422	11,123	4,660	12,520	6,072						
1974	3,029	1,458	52,532	28,356	11,867	5,253	12,991	5,059						
1975	1,875	1,063	52,512	29,382	12,928	5,684	13,386	3,992						
1976	1,145	652	47,545	27,247	12,851	5,377	13,414	3,353						
1977	980	601	43,772	25,634	12,028	4,823	13,436	2,717						
1978	1,039	643	37,874	22,199	9,989	4,457	15,316	2,569						
1979	325	248	29,128	17,774	6,829	3,116	18,226	13,480						
1980	251	204	19,482	12,474	3,567	1,819	20,389	2,750						
1981	283	219	12,386	8,219	1,921	1,027	20,155	2,989						
1982	283	204	7,789	5,112	860	468	17,529	2,891						
1983	224	186	4,946	3,022	546	302	16,337	2,528						
1984	195	170	3,900	2,353	338	199	17,051	2,938						
1985	5	2	2,644	1,512	231	140	19,064	3,942						
1986	142		2,237	1,332	94	57	20,382	4,292						
1987	141	141	1,649	1,055	26	15	21,593	4,315						
1988	142	142	1,082	663	25	14	23,637	5,185						
1989	198	198	675	396	24	20	24,181	5,480						
1990	150	150	393	228	24	20	24,224	5,365						
1991	150	150	480	358	26	22	22,956	5,445			29		163	86
1992	150	150	448	335	23	17	21,422	5,081			24	12	304	164
1993	150	150	380	275			18,168	5,026			20	10	328	185
1994	150	150	350	256			14,178	4,634			17	8	311	176
1995	150	150	369	283			12,120	4,486			15	7	315	178
1996	150	150	423	348			10,317	4,226			14	6	327	186
1997	195	195	418	345			9,365	3,958			15	7	371	212
1998	170	170	525	447			9,037	4,123			14	6	314	186
1999	150	150	511	413			8,399	3,740			14	6	316	191
2000	150	150	297	227			6,601	3,136			14	7	360	217
2001	140	140	302	240			5,408	3,117			15	7	371	223
2002	145	145	156	104			4,911	3,216			14	8	367	223
2003	105	105	150	68			4,324	2,861			13	7	308	194
2004	106	106	147	90			3,457	2,195			13	7	291	187

표 E208-221 계속

	공민학교		고등공민학교		기술학교		고등기술학교		방송통신중학교		방송통신고등학교		방송통신대학	
	남녀	여자	남녀	여자	남녀	여자	남녀	여자	남녀	여자	남녀	여자	남녀	여자
	E208	E209	E210	E211	E212	E213	E214	E215	E216	E217	E218	E219	E220	E221
	남한, 명										남한, 천 명			
2005	94	94	174	116			3,374	1,987			13	7	282	183
2006	70	70	172	101			3,076	1,573			13	7	273	178
2007	65	65	191	104			3,378	1,787			14	8	273	178
2008	60	60	188	93			1,463	533			14	8	273	178
2009	50	50	193	113			1,236	376			15	8	277	181
2010	19	19	200	118			1,194	325			15	9	272	179
2011	7	7	186	105			1,140	293			14	8	269	178
2012			170	85			1,137	284			15	9	255	169
2013			175	113			1,031	269	160	123	13	8	245	164
2014			117	67			1,026	215	826	630	12	7	228	152
2015			85	49			940	248	2,074	1,593	11	7	214	144
2016			61	29			897	240	3,241	2,572	41	7	184	125

자료: 공민학교 1946-1948, 1950년 중앙대학교 부설 한국교육문제연구소, 『문교사』(중앙대학교 출판국, 1974), pp. 103-104, 253; 고등공민학교 1950, 1952년 중앙대학교 부설 한국교육문제연구소, 『문교사』(중앙대학교 출판국, 1974), p. 254; 방송통신고등학교, 「연혁」(http://www.cyber.hs.kr); 이외에는 교육부, 『통계로 본 한국 교육의 발자취』(1997); 교육부, 『교육통계연보』, 각년도; 중앙대학교 부설 한국교육문제연구소, 『문교사』(중앙대학교 출판국, 1974), pp. 685-687.

주: 1) 중학 과정 기술학교는 1996년 폐지되었다.

2) 공민학교는 초등 과정 3년제 교육기관으로 2012년 2월 마지막 학교의 폐교로 사라졌다.

3) 방송통신중학교는 2013년, 방송통신고등학교는 1974년 처음 설립되었다.

4) 방송통신대학은 1972년 개교했다. 1991년 5년제에서 4년제로 개편되었고, 1993년 한국방송통신대학교로 명칭이 바뀌었다.

표 E222-227 각급 학교 졸업자, 1912-1940

	초등교육 졸업자		중등교육 졸업자		대학전문교육 졸업자	
	남	여	남	여	남	여
	E222	E223	E224	E225	E226	E227
	남북한, 명					
1912	5,930	1,636	904	28	17	
1913	7,151	1,993	1,294	53	14	
1914	9,287	2,323	1,312	78	32	
1915	10,751	2,757	1,678	79	56	
1916	11,656	2,904	1,951	118	116	
1917	12,256	2,814	2,393	119	123	
1918	13,915	3,333	2,181	205	145	
1919	14,261	3,535	1,829	128	97	
1920	11,937	3,885	1,723	139	59	
1921	13,159	4,234	1,597	178	101	
1922	17,021	4,603	1,373	149	171	
1923	25,104	5,535	1,879	280	201	
1924	34,982	6,976	2,106	210	203	
1925	43,282	8,751	2,188	406	214	
1926	50,178	10,465	2,252	358	379	
1927	61,217	12,132	3,192	543	281	11
1928	63,224	13,785	3,503	571	310	11
1929	62,525	14,392	3,744	725	324	37
1930	62,756	14,459	3,994	1,053	366	64
1931	64,658	15,116	4,152	1,025	444	63
1932	68,096	16,433	4,678	1,046	483	60
1933	74,139	18,502	4,928	1,106	492	82
1934	83,445	20,546	5,313	1,204	427	94
1935	103,104	24,128	6,355	1,276	572	71
1936	116,948	27,688	7,437	1,383	571	88
1937	129,517	32,312	8,468	1,492	684	78
1938	141,531	37,489	9,049	1,792	680	79
1939	143,875	36,773	10,105	1,946	730	84
1940	156,320	44,746	11,544	2,349	803	154

자료: 朝鮮厚生協會, 『朝鮮に於ける人口に關する諸統計』(朝鮮厚生協會, 1943), pp. 115-116.

표 E228-241 초등학교, 중학교, 고등학교 졸업 · 진학, 1965-2016

	초등학교				중학교				고등학교					
	당해연도 졸업자수		당해연도 진학자수 (초등학교→중학교)		당해연도 졸업자수		당해연도 진학자수 (중학교→고등학교)		당해연도 졸업자수		당해연도 진학자수 (고등학교→고등교육)		취업자	입대자
	남녀	여자	남녀	여자	남녀	여자	남녀	여자	남녀	여자	남녀	여자		
	E228	E229	E230	E231	E232	E233	E234	E235	E236	E237	E238	E239	E240	E241
	남한, 천 명													
1965	618	267	335	126	190	66	131	46	129	43	37	13	29	1
1970	800	369	529	209	313	116	219	80	145	52	39	15		
1975	925	442	714	308	569	231	425	167	263	102	63	25	77	3
1980	874	426	837	401	742	336	627	271	467	193	111	44		
1981	939	455	906	433	773	357	669	293	497	208	175	59		
1982	909	441	888	428	821	387	713	318	546	236	206	76		
1983	926	450	913	443	813	390	727	333	579	253	222	91		
1984	982	477	971	469	875	419	785	363	614	270	232	97		
1985	940	456	933	452	856	413	776	364	642	289	234	99	170	4
1986	901	439	896	435	883	426	805	378	668	314	243	102		
1987	864	421	859	418	833	451	857	406	683	313	251	106		
1988	799	389	796	387	899	436	841	402	686	315	240	103		
1989	740	358	738	357	863	420	817	393	710	329	250	112		
1990	764	372	762	371	836	406	800	385	762	355	253	115	258	3
1991	754	366	752	365	775	376	727	348	754	356	229	107		
1992	842	409	841	408	718	347	688	330	740	352	230	105		
1993	838	407	836	406	744	361	712	343	722	345	277	127		
1994	848	412	848	411	736	356	727	351	688	330	311	142		
1995	813	394	813	394	819	397	807	391	650	312	334	155	218	1
1996	736	356	736	356	817	395	808	391	670	324	368	172	218	1
1997	651	313	651	313	825	400	820	397	672	325	404	188	194	1
1998	643	300	643	300	789	376	785	374	737	356	472	219	177	2
1999	618	296	618	296	716	345	712	342	748	362	498	231	161	1
2000	615	294	614	294	631	302	629	301	765	370	520	242	161	1
2001	615	291	615	291	627	299	624	298	736	355	519	240	144	1
2002	630	296	630	296	603	288	600	287	671	324	497	234	114	1
2003	628	296	628	296	598	285	596	284	590	283	471	220	79	
2004	693	328	693	328	600	284	599	283	589	281	478	224	66	1
2005	707	332	707	332	616	290	615	289	569	272	468	220	53	1
2006	692	322	692	322	613	289	611	288	568	271	466	220	47	1
2007	683	318	683	318	678	320	675	319	571	271	473	223	36	1
2008	681	321	681	321	690	324	688	323	582	274	488	229	33	1
2009	657	312	657	312	675	314	672	313	576	273	472	225	28	1
2010	648	311	647	311	669	311	667	310	634	301	500	243	34	1
2011	618	294	617	294	668	314	666	313	648	306	470	230	41	2
2012	597	285	597	285	646	306	644	305	637	298	454	221	53	2
2013	602	287	602	287	636	305	634	305	631	295	446	220	55	1
2014	531	254	531	254	606	289	605	288	633	299	449	223	61	1
2015	465	222	465	222	588	280	586	280	615	293	436	219	61	1
2016	473	227	473	227	594	283	592	282	608	293	424	215	62	1

자료: 교육부, 『통계로 본 한국의 발자취』(1997); 교육부, 『교육통계연보』, 각년도; 교육부, 『교육통계분석자료집』, 각년도; 교육부, 『간추린 교육통계』, 각년도.

표 E242-251 일반계, 실업계 고등학교 졸업 · 진학, 1965-2010

	일반계 고교					실업계 고교				
	당해연도 졸업자수		당해연도 진학자수 (고등학교→고등교육)		취업자	당해연도 졸업자수		당해연도 진학자수 (고등학교→고등교육)		취업자
	남녀	여자	남녀	여자		남녀	여자	남녀	여자	
	E242	E243	E244	E245	E246	E247	E248	E249	E250	E251
	남한, 천 명									
1965	76	33	29	11		53	11	8	1	
1970	82	36	33	14	8	63	15	6	1	32
1975	137	59	57	22	13	126	43	11	3	63
1980	266	113	104	40	25	201	80	20	3	103
1985	366	161	197	86	27	277	129	37	13	143
1990	488	212	230	106	48	274	143	23	9	210
1991	482	211	229	107	50	272	144	21	9	217
1992	466	204	230	105	50	275	147	24	11	219
1993	450	198	251	114	46	273	148	28	12	210
1994	424	188	271	124	38	255	141	39	18	192
1995	391	173	284	132	28	259	138	50	24	190
1996	395	177	308	142	22	275	147	60	30	196
1997	398	179	324	150	16	274	146	80	38	178
1998	434	197	364	168	13	302	160	108	51	164
1999	457	214	386	182	13	291	148	112	49	148
2000	474	225	398	190	12	291	145	122	52	150
2001	466	221	397	188	13	270	134	121	52	131
2002	440	210	382	184	10	231	114	115	51	104
2003	401	191	361	173	7	190	93	109	48	72
2004	406	193	364	174	6	183	88	114	50	60
2005	399	191	352	169	6	170	81	115	50	47
2006	405	195	355	172	5	163	76	112	48	42
2007	413	197	359	174	4	159	73	113	49	32
2008	424	201	372	178	3	158	73	115	51	30
2009	425	203	361	175	3	151	69	111	49	25
2010	477	229	389	192	4	156	72	111	51	30

자료: 교육부, 『통계로 본 한국의 발자취』(1997); 교육부, 『교육통계연보』, 각년도; 교육부, 『교육통계분석자료집』, 각년도; 교육부, 『간추린 교육통계』, 각년도.

표 E252-271 일반고등학교, 특수목적고등학교, 특성화고등학교, 자율고등학교 졸업 · 진학, 2011-2016

	일반고					특수목적고				
	당해연도 졸업자수		당해연도진학자수 (고등학교→고등교육)		취업자수	당해연도 졸업자수		당해연도 진학자수 (고등학교→고등교육)		취업자수
	남녀	여자	남녀	여자		남녀	여자	남녀	여자	
	E252	E253	E254	E255	E256	E257	E258	E259	E260	E261
	남한, 명									
2011	470,605	231,956	356,689	182,780	8,776	22,779	11,223	15,347	7,837	2,142
2012	453,242	221,902	347,250	176,642	8,136	23,283	11,061	14,943	7,745	2,723
2013	449,975	220,221	349,458	178,262	8,120	23,104	11,759	13,868	8,333	3,970
2014	453,046	222,129	356,725	181,892	8,958	23,842	12,252	14,212	8,613	4,277
2015	442,590	218,270	349,250	178,693	9,394	23,937	11,911	13,984	8,423	4,823
2016	437,299	218,226	341,155	176,705	9,623	22,771	11,743	12,730	8,150	5,183

	특성화고					자율고				
	당해연도 졸업자수		당해연도 진학자수 (고등학교→고등교육)		취업자수	당해연도 졸업자수		당해연도진 학자수 (고등학교→고등교육)		취업자수
	남녀	여자	남녀	여자		남녀	여자	남녀	여자	
	E262	E263	E264	E265	E266	E267	E268	E269	E270	E271
	남한, 명									
2011	114,690	49,873	69,944	29,213	29,756	40,394	13,262	27,981	9,988	383
2012	108,950	46,826	54,484	22,864	41,791	51,249	17,826	37,222	13,897	410
2013	105,907	45,524	44,152	19,187	42,900	52,211	17,713	38,996	14,140	453
2014	106,521	47,290	40,353	18,888	47,539	49,574	17,418	37,527	13,709	494
2015	101,884	45,722	36,738	17,816	46,800	47,051	17,030	35,678	13,697	353
2016	101,256	46,047	35,473	17,219	46,756	46,272	16,756	34,639	13,219	320

자료: 교육부, 『교육통계연보』, 각년도.

표 E272-279 전문대, 일반대 졸업자 진학 · 취업 · 입대, 1965-2015

	전문대				일반대			
	졸업자	진학자	취업자	입대자	졸업자	진학자	취업자	입대자
	E272	E273	E274	E275	E276	E277	E278	E279
	남한, 명							
1965	7,841	1,374	3,452	465	36,180	1,036	12,916	5,762
1970	7,838	1,254	4,323	632	23,515	1,091	13,743	2,961
1975	14,106	1,134	6,375	2,028	33,610	2,179	19,635	4,076
1980	51,507	4,473	17,836	11,557	49,735	6,088	28,349	4,796
1985	73,927	6,991	29,566	15,282	118,584	12,278	48,552	13,163
1990	87,131	6,718	47,094	14,840	165,916	12,782	79,975	7,830
1991	93,166	6,875	57,078	12,422	175,586	13,784	90,780	7,135
1992	106,417	7,878	64,103	13,378	178,631	14,040	91,438	6,897
1993	111,855	9,399	65,020	12,740	184,868	15,211	88,429	5,868
1994	128,366	8,417	73,665	12,936	179,519	14,835	90,110	5,020
1995	143,075	9,972	88,843	13,339	180,664	16,500	97,290	4,326
1996	155,326	13,874	102,648	10,135	184,212	19,329	101,911	3,831
1997	175,365	14,691	115,096	8,901	192,465	23,078	102,245	3,860
1998	196,551	16,591	114,035	7,973	196,566	24,141	85,805	2,565
1999	212,726	16,867	128,308	7,459	204,390	26,141	90,147	2,643
2000	223,489	14,817	159,960	7,149	214,498	26,000	104,371	2,225
2001	232,972	16,430	170,986	5,423	239,702	27,193	119,239	2,102
2002	239,114	18,729	173,356	5,539	244,852	29,526	129,414	2,137
2003	246,789	20,328	176,044	5,442	258,126	31,186	133,122	2,251
2004	226,886	15,037	160,906	3,338	267,058	29,661	132,199	2,842
2005	228,336	12,221	177,919	3,498	268,833	28,652	154,542	2,449
2006	222,973	9,399	177,364	2,208	270,546	27,016	162,174	1,781
2007	215,040	8,234	173,804	1,814	277,858	27,412	168,254	1,586
2008	207,741	8,092	167,526	2,979	282,670	27,072	170,878	5,461
2009	199,421	7,753	162,608	1,840	279,059	26,890	169,277	1,191
2010	190,033	6,929	97,717	1,675	280,341	24,879	129,130	760
2011	188,216	6,838	105,589	1,941	293,967	24,575	140,204	1,205
2012	189,733	8,165	106,139	1,981	298,883	25,161	144,836	1,978
2013	184,817	9,635	102,621	1,976	294,952	25,753	140,155	1,631
2014	183,389	9,801	101,283	2,777	301,606	26,043	141,993	1,650
2015	182,424	9,344	114,330	5,336	322,413	25,459	182,462	2,038

자료: 교육부, 『교육통계연보』, 각년도; 교육부, 『교육통계분석자료집』, 각년도; 한국교육개발원, 『고등교육기관 졸업자 취업통계조사』, 각년도.

표 E280-296 국내 대학원 학위취득자, 1990-2016

	석사				석·박사통합과정		박사										
	성별		유형별		성별		성별		유형별		전공별						
	남녀	여자	일반대학원	전문/특수대학원	남녀	여자	남녀	여자	일반대학원	전문/특수대학원	공학계열	자연계열	인문계열	사회계열	교육계열	의약계열	예체능계열
	E280	E281	E282	E283	E284	E285	E286	E287	E288	E289	E290	E291	E292	E293	E294	E295	E296
	남한, 명																
1990							2,481					909	365	424	83	674	26
1991							2,980					1,052	447	495	108	839	39
1992							3,211					1,132	487	576	147	806	63
1993							3,711					1,422	531	648	153	884	73
1994							3,818					1,489	487	636	151	977	78
1995							4,107					1,621	588	664	178	992	64
1996							4,462					1,846	545	728	153	1,100	90
1997							4,792					2,062	564	733	176	1,153	104
1998							4,999					2,156	548	733	189	1,236	137
1999							5,586					2,440	530	823	211	1,433	149
2000	47,226		25,407	21,819			6,153		6,152	1		2,637	581	935	226	1,598	176
2001	53,109		27,071	26,038			6,221		6,208	13		2,769	533	883	259	1,634	143
2002	56,991		26,974	30,017			6,758		6,685	73		3,050	639	951	303	1,659	156
2003	64,259		27,105	37,154			7,240		7,170	70	1,758	1,425	668	959	305	1,905	220
2004	66,720		27,822	38,898			8,008		7,933	75	1,971	1,545	643	1,188	349	2,012	300
2005	68,439	29,448	27,654	40,785			8,602	2,234	8,444	158	2,138	1,531	759	1,222	380	2,180	392
2006	69,834	31,241	26,223	43,611			8,909	2,432	8,652	257	2,201	1,613	811	1,403	459	1,975	447
2007	70,092	32,887	26,276	43,816	87	13	9,082	2,532	8,757	325	2,104	1,515	790	1,472	456	2,266	479
2008	72,924	34,349	27,208	45,716	25	12	9,369	2,763	8,950	419	2,078	1,592	814	1,620	534	2,211	520
2009	75,685	36,364	28,717	46,968	199	53	9,912	2,981	9,356	556	2,112	1,703	854	1,860	556	2,256	571
2010	77,328	37,932	29,514	47,814	290	85	10,542	3,370	9,883	659	2,308	1,830	1,037	2,027	592	2,149	599
2011	79,403	38,550	31,725	47,678	605	143	11,645	3,687	10,990	655	2,935	2,157	1,064	2,120	646	2,091	632
2012	82,765	40,621	33,036	49,729	807	214	12,243	4,015	11,453	790	3,050	2,242	1,127	2,234	703	2,149	738
2013	82,938	41,662	32,499	50,439	874	235	12,625	4,274	11,736	889	3,163	2,251	1,096	2,405	754	2,219	737
2014	82,805	41,426	32,611	50,194	1,405	350	12,931	4,533	12,041	890	3,171	2,352	1,122	2,496	762	2,285	743
2015	81,664	41,163	31,953	49,711	1,552	393	13,077	4,719	11,999	1,078	3,332	2,282	1,272	2,518	826	2,056	791
2016	81,460		31,947	49,513			13,882		12,802	1,080							

자료: 교육부, 『교육통계연보』, 각년도.

주: 1) 전년도 8월과 당해연도 2월 학위취득자를 합산한 값이다.

2) 박사학위 취득자는 석박사통합과정 학위취득자를 포함한다.

3) 전공계열별 박사학위 취득자수에서 2003년 이전에는 공학계열이 자연계열에 포함된다.

3. 교원

표 E297-314 각급 학교 교직원, 1906-1943

	소학교		보통학교				중학교		고등여학교		고등보통학교	여자고등보통학교	사범학교		대학	대학예과	전문학교	
	합계		합계		사립													
	합계	교원	합계	교원	합계	교원	합계	사립	합계	사립			공립	관립	관립	관립	합계	사립
	E297	E298	E299	E300	E301	E302	E303	E304	E305	E306	E307	E308	E309	E310	E311	E312	E313	E314
	남북한, 명																	
1906	165								20									
1907	226								33									
1908	288		379						39									
1909	363		545				8		37									
1910	453		625				21		41									
1912	590		1,405		91		26		33		62	29					1	
1913	729		1,600		68		37		45		65	34					1	
1914	874		1,776		81		44		53		80						5	
1915	982		1,856		74		49		63		76	93					2	
1916	1,045		2,014		60		58		73		99	59					46	
1917	1,177		2,172		74		67		82		119	59					78	
1918	1,258		2,308		108		85		84		163	61					84	
1919	1,338		2,399		126		94		83		168	71					93	
1920	1,395		2,731		125		113		91		189	56						
1921	1,475		3,518		157		132		124		243	81	13	13				
1922	1,601		4,328		234		164		168		313	90		18			148	51
1923	1,657		5,454		250		188		194		400	82	94	31				
1924	1,752		6,503		270		215		226		480	105	132	26				
1925	1,729		7,222		294		220		250		454	149	133	35				
1926	1,770		7,729		982		241		265		468	135	105	38	55	19	218	76
1927	1,889		8,094		434		251		286		505	175		43	140	22		
1928	1,889		8,371		468		273		283		505	194		46	204	21		
1929	1,942		8,551		462		280		312		537	208	81	46	401	23	300	110
1930	1,989		8,835		481		281		356	12	534	232		80	421	23		
1931	2,014		9,120		488		280		360	10	555	240		88	474	23	401	183
1932	2,106		9,367		500		278		368	9	550	240		83	498	23	362	213
1933	2,157		9,709		513		271		381	12	541	255		93	507	23	360	191
1934	2,285	1,897	10,200	9,459	541		265		387	17	536	251		97	106	23	370	223
1935	2,299	1,949	10,746	9,975	542		259		406	21	541	265		115			321	193
1936	2,411	2,027	11,418	10,565	558		286		420	21	557	279		131	27		458	259
1937	2,490	2,130	12,580	11,628	636		301		441	17	583	300		161	28		490	265
1938	2,632	2,291	14,265	13,114	688	128	975	268	799	210				265	30		454	220
1939	2,811	2,478	16,159	14,568	787	118	1,039	268	841	200				241	34		436	197
1940	2,862	2,528	18,001	16,001	851		1,102	304	933	220				282	35		462	212
1941	2,941	2,638	20,567	17,015			1,198	307	1,001	240				307	38		525	254
1942	3,019	2,698	23,020	18,003			1,470	436	1,168	244				364	60		814	381
1943	3,183	2,922	26,060	20,599										362	40	4,073	515	213

자료: 1906-1910년은 朝鮮總督府學務局, 『學事統計』(1911); 1912-1943년은 朝鮮總督府學務局, 『朝鮮諸學校一覽』, 각년도.

주: 1) 1908-1910년의 보통학교 통계는 관립 및 갑종 공립, 을종 공립, 보조 지정 보통학교의 합계이다.

2) 설립형태별 합계는 공립, 관립, 사립학교 교직원수의 합계이고, 소학교의 경우에는 공립 및 관립 소학교 교직원수의 합계이다.

3) 교원수는 훈도의 수이고, 교직원 합계는 훈도와 직원의 합계이다.

4) 전문학교 합계의 경우 1912-1915년은 일본인 전문학교, 1916-1919년은 일본인 전문학교와 조선인 전문학교 교원수의 합계이다. 이후에는 일본인과 조선인 전문학교가 나뉘지 지 않았다.

표 E315-330 유치원, 초등학교, 중학교, 고등학교 교원, 1945-2016

	유치원				초등학교				중학교				고등학교			
	합계		사립		합계		사립		합계		사립		합계		사립	
	남녀	여자	남녀	여자	남녀	여자	남녀	여자	남녀	여자	남녀	여자	남녀	여자	남녀	여자
	E315	E316	E317	E318	E319	E320	E321	E322	E323	E324	E325	E326	E327	E328	E329	E330
	남한, 명															
1945					23,474				1,186							
1946					28,338				4,899							
1947					30,519				6,034							
1948					41,591				5,112							
1949					48,700				9,949							
1950					47,248				9,100				2,269			
1951					32,421				11,000				1,720			
1952					33,705				7,115				3,245			
1953					36,353		91		6,885		2,465		4,343		351	
1954					40,869		129		9,147		3,883		6,266		2,087	
1955	523				47,020				10,594				6,669			
1956	494				49,613	12,355	145	45	11,723	958	4,983	471	7,912	394	3,190	196
1957	599				54,345	10,993	144	40	12,900	1,463	5,249	763	8,568	432	3,360	186
1958	937				59,618	11,689	127	56	12,244	1,253	4,685	558	8,371		3,218	
1959	1,034				61,059	11,368	140	61	12,211		4,811		8,979		3,430	
1960					62,207	13,672			13,053				9,664			
1961	1,135	837			63,003	13,789	177	78	13,463				9,877			
1962	1,112		1,112		68,124		203		16,163		7,006		11,065		4,481	
1963	1,414	1,058	1,402	1,051	72,116	17,719	314	140	16,943	2,750	7,253	1,280	12,083	993	4,948	530
1964	1,291	946	1,287	942	75,455	19,053	402	193	17,339	2,740	7,409	1,269	13,036	1,115	5,541	618
1965	1,402	1,015	1,391	1,007	79,164	20,207	602	257	19,067	3,078	8,759	1,549	14,108	1,250	6,456	755
1966	1,579	1,158	1,575	1,154	84,927	21,904	877	342	19,801	3,255	9,173	1,677	14,636	1,187	6,609	678
1967	1,651	1,220	1,643	1,214	89,277	23,095	1,100	418	21,678	3,602	10,448	1,955	15,241	1,235	6,931	725
1968	1,632	1,222	1,623	1,213	92,530	24,242	1,279	453	24,496	4,301	12,320	2,457	16,688	1,354	7,756	790
1969	1,582	1,172	1,577	1,168	96,358	26,364	1,326	459	27,437	5,247	13,990	2,903	18,186	1,594	8,657	934
1970	1,660	1,239	1,657	1,236	101,095	29,428	1,412	472	31,207	5,805	15,421	3,200	19,854	1,784	9,665	1,094
1971	1,694	1,261	1,689	1,257	103,756	32,709	1,455	497	35,938	6,868	16,399	3,416	22,315	2,151	10,786	1,309
1972	1,800	1,348	1,796	1,344	105,672	34,689	1,457	495	39,888	7,934	17,204	3,612	24,506	2,583	12,139	1,553
1973	1,880	1,416	1,875	1,411	107,259	35,846	1,471	496	43,155	9,320	17,800	4,024	27,834	3,108	14,434	1,992
1974	2,013	1,540	2,013	1,540	107,436	36,112	1,462	502	44,769	10,276	18,034	4,355	31,545	3,679	16,784	2,421
1975	2,153	1,689	2,153	1,689	108,126	36,440	1,446	499	46,917	11,755	18,485	4,906	35,755	4,557	19,233	3,099
1976	2,288	1,854	2,267	1,837	109,530	37,409	1,419	493	48,115	12,136	18,798	5,331	39,027	5,196	21,085	3,595
1977	2,415	2,011	2,396	1,994	112,997	39,599	1,411	502	49,249	13,557	19,177	5,656	41,864	5,814	22,792	4,023
1978	2,561	2,158	2,541	2,140	115,245	41,040	1,396	502	51,045	14,817	19,759	6,123	44,451	6,604	24,561	4,697
1979	2,896	2,467	2,840	2,418	117,290	42,276	1,397	510	52,854	16,552	20,305	6,928	47,611	7,783	26,487	5,672
1980	3,339	2,846	3,259	2,774	119,064	43,792	1,420	537	54,858	18,010	20,745	7,277	50,948	8,729	28,666	6,437
1981	3,961	3,409	3,665	3,113	122,727	47,230	1,451	560	57,838	19,513	21,074	7,158	55,347	9,747	31,277	7,099
1982	4,349	3,905	3,716	3,274	124,572	49,720	1,475	581	60,178	21,136	20,848	6,972	59,160	10,942	32,874	7,670
1983	6,421	5,703	5,534	4,818	126,163	52,124	1,472	580	63,350	23,025	20,904	6,914	63,109	12,173	34,870	8,362
1984	7,513	6,718	6,370	5,580	126,233	53,158	1,471	572	66,372	24,853	21,115	6,978	66,278	13,154	36,716	8,925
1985	9,281	8,342	7,923	6,994	126,785	54,600	1,469	576	69,553	26,808	21,178	6,967	69,546	14,181	38,738	9,507
1986	11,834	10,805	8,872	7,858	126,677	55,361	1,463	575	71,979	28,336	21,136	6,834	72,700	15,432	40,698	10,274
1987	11,920	10,986	9,878	8,953	130,142	59,417	1,570	609	74,858	30,497	21,014	6,701	76,015	16,068	42,158	10,154
1988	13,078	12,224	10,821	9,968	132,527	62,704	1,593	628	77,430	32,622	21,301	6,661	81,139	17,360	44,750	10,506
1989	14,886	13,830	12,168	11,116	134,898	65,760	1,612	645	81,699	35,707	22,071	6,920	87,277	19,087	48,394	11,208
1990	18,511	17,309	13,775	12,578	136,800	68,604	1,643	658	89,719	41,718	22,228	7,029	92,683	21,229	50,446	11,692
1991	19,706	18,637	14,215	13,148	138,200	71,320	1,675	675	92,348	43,944	22,312	7,023	95,272	22,158	51,633	11,837
1992	21,107	20,021	15,643	14,559	138,880	73,195	1,724	709	95,330	46,019	22,753	7,152	96,342	22,374	52,561	11,954
1993	22,207	21,075	16,736	15,606	139,159	74,756	1,739	712	97,131	47,131	22,879	7,151	96,698	22,446	53,302	12,040
1994	24,288	23,037	18,799	17,550	139,096	75,848	1,718	703	99,775	48,931	22,695	7,143	97,064	22,578	52,932	11,925
1995	25,576	24,411	20,012	18,849	138,369	76,955	1,745	720	99,931	49,778	22,525	7,111	99,067	23,660	53,440	12,134
1996	26,621	25,467	20,982	19,830	137,912	78,872	1,746	720	99,928	50,815	22,275	7,120	101,591	24,994	53,962	12,378
1997	27,586	26,473	21,828	20,718	138,670	81,389	1,742	729	97,931	50,688	21,832	7,026	104,404	26,592	54,502	12,649
1998	26,721	25,889	20,741	19,915	140,121	84,459	1,724	729	96,016	50,172	21,377	6,886	105,945	27,503	54,625	12,695
1999	26,164	25,537	20,123	19,502	137,577	86,282	1,689	752	93,244	50,410	20,583	6,950	105,304	28,616	53,867	12,864
2000	28,012	27,350	21,867	21,212	140,000	92,908	1,691	810	92,589	53,292	19,932	7,186	104,351	31,030	52,945	13,307
2001	28,975	28,368	22,674	22,073	142,715	96,434	1,696	822	93,385	54,865	19,612	7,138	104,314	32,471	52,247	13,455

표 E315-330 계속

	유치원				초등학교				중학교				고등학교			
	합계		사립		합계		사립		합계		사립		합계		사립	
	남녀	여자	남녀	여자	남녀	여자	남녀	여자	남녀	여자	남녀	여자	남녀	여자	남녀	여자
	E315	E316	E317	E318	E319	E320	E321	E322	E323	E324	E325	E326	E327	E328	E329	E330
	남한, 명															
2002	29,673	29,065	23,274	22,673	147,497	100,560	1,726	871	95,283	56,878	19,566	7,244	114,304	40,235	55,986	16,123
2003	30,290	29,714	23,737	23,168	154,075	106,324	1,744	898	99,717	60,674	20,051	7,619	115,829	42,307	55,927	16,357
2004	30,206	29,646	23,480	22,926	157,407	110,200	1,725	900	101,719	62,511	19,948	7,569	116,111	43,395	55,128	15,932
2005	31,033	30,495	24,087	23,555	160,143	113,751	1,737	918	103,835	64,659	19,842	7,602	116,411	44,387	54,713	15,795
2006	32,096	31,555	24,359	23,828	163,645	117,780	1,741	922	106,919	67,344	19,862	7,766	117,933	46,097	54,624	15,885
2007	33,504	32,942	25,341	24,787	167,182	121,963	1,766	944	107,986	68,673	19,828	7,900	120,211	48,534	54,643	16,283
2008	34,601	34,008	26,119	25,537	172,190	127,479	1,814	976	108,700	70,141	19,710	8,070	122,906	51,728	54,598	16,783
2009	35,415	34,797	26,787	26,181	175,068	130,552	1,837	993	109,075	71,091	19,652	8,246	125,074	54,240	54,530	17,209
2010	36,461	35,827	27,634	27,028	176,754	132,728	1,853	1,012	108,781	71,466	19,364	8,233	126,423	56,055	54,296	17,406
2011	38,662	37,996	29,423	28,778	180,623	136,829	1,865	1,032	110,658	73,934	19,163	8,267	131,083	60,524	54,845	18,215
2012	42,235	41,526	32,266	31,578	181,435	138,295	1,842	1,019	111,004	74,737	19,015	8,309	132,953	62,890	54,973	18,740
2013	46,126	45,373	35,129	34,402	181,585	139,023	1,761	988	112,690	76,116	19,293	8,639	133,414	64,205	54,531	18,930
2014	48,530	47,599	36,599	35,834	182,672	140,176	1,792	998	113,349	77,008	19,066	8,628	134,488	65,745	54,412	19,235
2015	50,998	50,145	38,379	37,588	182,658	140,516	1,767	996	111,247	76,298	18,671	8,631	134,999	67,575	54,082	19,631
2016	52,923	52,047	39,511	38,702	183,452	141,248	1,775	1,026	109,525	75,375	18,291	8,569	135,427	68,788	53,399	19,642

자료: 초등학교 1945-1949년은 김영우, 『한국초등교육사』(한국교육사학회, 1999), pp. 332-333; 이외의 1945-1957년은 한국교육10년사간행회, 『한국교육십년사』(풍문사, 1960), pp. 511-512, 539; 이외에는 교육부, 『통계로 본 한국 교육의 발자취』(1997); 교육부, 『교육통계연보』, 각년도; 중앙대학교 부설 한국교육문제연구소, 『문교사』(중앙대학교 출판국, 1974), pp. 685-687.

주: 휴직교원은 포함되나, 퇴직교원 및 시간강사는 제외되었다.

표 E331-338 인문계, 실업계 고등학교 교원, 1955-2010

	인문계 고등학교				실업계 고등학교			
	합계		사립		합계		사립	
	남녀	여자	남녀	여자	남녀	여자	남녀	여자
	E331	E332	E333	E334	E335	E336	E337	E338
	남한, 명							
1955	3,672				2,997			
1958	5,050	500	2,546	273	3,321		672	
1959	4,982		2,432		3,997		998	
1960	5,317				4,347			
1961	5,442				4,435			
1962	6,315		3,183		4,750		1,298	
1963	6,642		3,419		5,441		1,592	
1965	7,894		4,444		6,214		2,012	
1966	7,905	913	4,440	527	6,731	274	2,169	151
1967	7,948	907	4,551	526	7,293	328	2,380	199
1968	8,475	979	4,877	565	8,213	375	2,879	225
1969	9,216	1,109	5,349	637	8,970	485	3,308	297
1970	9,845	1,196	5,763	713	10,009	588	3,902	381
1971	10,700	1,333	6,162	770	11,615	818	4,624	539
1972	11,536	1,562	6,661	886	12,970	1,021	5,478	667
1973	12,936	1,729	7,485	1,024	14,898	1,379	6,949	968
1974	17,549	2,417	10,398	1,500	13,996	1,262	6,386	921
1975	20,415	2,904	12,113	1,839	15,340	1,653	7,120	1,260
1976	22,491	3,305	13,362	2,127	16,536	1,891	7,723	1,468
1977	24,093	3,659	14,309	2,344	17,771	2,155	8,483	1,679
1978	25,163	3,958	15,088	2,569	19,288	2,646	9,473	2,128
1979	26,442	4,445	15,855	2,957	21,169	3,338	10,632	2,715
1980	27,480	4,734	16,533	3,186	23,468	3,995	12,133	3,251
1981	29,774	5,236	17,798	3,480	25,573	4,511	13,479	3,619
1982	32,001	5,860	18,525	3,669	27,159	5,082	14,349	4,001
1983	34,432	6,454	19,551	3,905	28,677	5,719	15,319	4,457
1984	37,013	7,115	20,882	4,198	29,265	6,039	15,834	4,727
1985	40,040	7,853	22,737	4,643	29,506	6,328	16,001	4,864
1986	42,679	8,685	24,458	5,176	30,021	6,747	16,240	5,098
1987	45,976	9,317	26,329	5,333	30,039	6,751	15,829	4,821

표 E331-338 계속

	인문계 고등학교				실업계 고등학교			
	합계		사립		합계		사립	
	남녀	여자	남녀	여자	남녀	여자	남녀	여자
	E331	E332	E333	E334	E335	E336	E337	E338
	남한, 명							
1988	49,993	10,315	28,386	5,645	31,146	7,045	16,364	4,861
1989	54,333	11,394	30,992	6,066	32,944	7,693	17,402	5,142
1990	58,074	12,828	32,380	6,367	34,609	8,401	18,066	5,325
1991	58,757	12,989	32,784	6,301	36,515	9,169	18,849	5,536
1992	57,358	12,486	33,002	6,237	38,984	9,888	19,559	5,717
1993	56,040	12,128	32,834	6,097	40,658	10,318	20,468	5,943
1994	55,753	12,142	32,648	6,048	41,311	10,436	20,284	5,877
1995	56,411	12,540	32,711	6,094	42,656	11,120	20,729	6,040
1996	57,803	13,233	33,118	6,312	43,788	11,761	20,844	6,066
1997	60,110	14,264	33,730	6,533	44,294	12,328	20,772	6,116
1998	61,680	15,045	34,028	6,682	44,265	12,458	20,597	6,013
1999	62,944	16,370	34,462	7,133	42,360	12,246	19,405	5,731
2000	63,374	18,255	34,282	7,540	40,977	12,775	18,663	5,767
2001	64,504	19,666	34,311	7,799	39,810	12,805	17,936	5,656
2002	74,398	26,540	38,042	10,177	39,906	13,695	17,944	5,946
2003	76,666	28,592	38,420	10,517	39,163	13,715	17,507	5,840
2004	77,835	29,845	37,963	10,242	38,276	13,550	17,165	5,690
2005	79,158	30,988	38,002	10,240	37,253	13,399	16,711	5,555
2006	81,183	32,639	38,144	10,362	36,750	13,458	16,480	5,523
2007	83,662	34,833	38,381	10,736	36,549	13,701	16,262	5,547
2008	86,500	37,533	38,588	11,150	36,406	14,195	16,010	5,633
2009	88,997	39,736	38,736	11,516	36,077	14,504	15,794	5,693
2010	90,735	41,462	38,820	11,784	35,688	14,593	15,476	5,622

자료: 1955-1957년은 한국교육10년사간행회, 『한국교육십년사』(풍문사, 1960), pp. 511-512, 539; 이외에는 교육부, 『통계로 본 한국 교육의 발자취』(1997); 교육부, 『교육통계연보』, 각 년도; 중앙대학교 부설 한국교육문제연구소, 『문교사』(중앙대학교 출판국, 1974), pp. 685-687.

注: 1) 휴직교원은 포함되나, 퇴직교원 및 시간강사는 제외되었다.

2) 2011년부터 고교 유형이 변경되었다.

표 E339-354 일반고등학교, 특수목적고등학교, 특성화고등학교, 자율고등학교 교원, 2011-2016

	일반고				특수목적고				특성화고				자율고			
	합계		사립		합계		사립		합계		사립		합계		사립	
	남녀	여자	남녀	여자	남녀	여자	남녀	여자	남녀	여자	남녀	여자	남녀	여자	남녀	여자
	E339	E340	E341	E342	E343	E344	E345	E346	E347	E348	E349	E350	E351	E352	E353	E354
	남한, 명															
2011	90,464	43,300	37,541	12,081	5,801	2,359	1,868	725	27,327	11,644	11,905	4,464	7,491	3,221	3,531	945
2012	89,538	43,726	37,777	12,485	6,289	2,584	1,892	735	27,283	11,928	11,873	4,563	9,843	4,652	3,431	957
2013	89,469	44,522	37,626	12,656	6,678	2,768	1,883	719	26,759	11,849	11,751	4,644	10,508	5,066	3,271	911
2014	90,174	45,568	37,475	12,767	6,934	2,985	1,872	729	26,938	12,095	11,893	4,811	10,442	5,097	3,172	928
2015	90,878	46,983	37,264	13,036	7,245	3,204	1,928	749	26,588	12,242	11,744	4,902	10,288	5,146	3,146	944
2016	91,474	48,085	36,914	13,099	7,416	3,252	1,899	740	26,306	12,233	11,564	4,849	10,231	5,218	3,022	954

자료: 교육부, 『교육통계연보』, 각년도.

注: 1) 휴직교원은 포함되나, 퇴직교원 및 시간강사는 제외되었다.

2) 2011년부터 고교 유형이 변경되었다.

표 E355-370 대학교, 대학원, 교육대학, 사범학교, 산업대학 교원, 1952-2016

	대학교				대학원				교육대학		사범학교		산업대학			
	합계		사립		합계		사립						합계		사립	
	남녀	여자	남녀	여자	남녀	여자	남녀	여자	남녀	여자	남녀	여자	남녀	여자	남녀	여자
	E355	E356	E357	E358	E359	E360	E361	E362	E363	E364	E365	E366	E367	E368	E369	E370
	남한, 명															
1952											323					
1953											341					
1954											315					
1955	2,420										380					
1956											354	27				
1957											366	30				
1959											383	29				
1960	2,438										395					
1961	3,836															
1962	3,387		2,012						111							
1963	3,071	306	2,065	270					206	17						
1964	4,194	379	2,510	337					229	18						
1965	5,305	604	3,410	539	165		84		305	20						
1966	5,808	662	3,756	593	270		249		397	25						
1967	5,985	740	3,840	658	60	2	38	1	452	30						
1968	6,572	790	4,232	707	192	5	156	4	477	33						
1969	7,160	833	4,638	742	287	11	219	9	533	32						
1970	7,779	979	5,130	889	165	6	108	3	660	41						
1971	8,071	1,058	5,256	937	123	7	63	2	773	44						
1972	8,949	1,196	5,916	1,043	141	10	82	4	797	48						
1973	9,253	1,327	6,093	1,168	160	9	96	4	800	50						
1974	9,492	1,280	6,323	130	149	7	79	2	809	51						
1975	10,080	1,488	6,608	1,329	162	6	120	1	791	50						
1976	10,080	1,550	6,842	1,406	170	2	94	2	766	49						
1977	10,902	1,657	7,399	1,493	154	11	93	4	725	49						
1978	11,475	1,835	7,797	1,636	161	13	93	6	526	38						
1979	13,059	2,095	8,960	1,852	191	15	118	8	537	39						
1980	14,458	2,266	9,880	1,954	238	23	163	17	564	40						
1981	17,481	2,717	12,247	2,314	247	20	168	16	482	44						
1982	20,137	3,226	13,817	2,673	287	20	199	14	520	47						
1983	22,473	3,636	15,426	2,991	325	27	232	21	538	50						
1984	24,406	4,005	16,652	3,256	429	42	330	34	576	59						
1985	26,047	4,286	17,843	3,471	412	32	314	24	623	69						
1986	27,580	4,477	18,925	3,619	431	38	324	29	644	78						
1987	28,642	4,684	19,560	3,783					653	80						
1988	29,885	4,928	20,421	3,985					680	94						
1989	31,675	5,437	21,718	4,396					679	96						
1990	33,340	5,867	22,967	4,728					694	100						
1991	35,175	6,506	24,271	5,225					693	107			993	56	388	37
1992	37,287	7,052	26,030	5,699					719	122			1,252	77	422	45
1993	39,511	7,707	27,725	6,243					736	138			1,497	96	439	52
1994	41,576	8,381	29,236	6,785					745	141			1,873	156	528	80
1995	45,087	9,602	32,390	7,876					766	148			2,106	198	699	107
1996	48,582	10,658	35,443	8,786					786	147			2,355	240	877	147
1997	53,300	12,120	39,507	10,100					814	168			2,248	272	917	180
1998	40,345	5,291	29,139	4,356					693	108			2,019	167	816	106
1999	41,226	5,494	29,902	4,544					708	116			2,252	199	1,007	136
2000	41,943	5,758	30,584	4,792					698	120			2,390	223	1,137	159
2001	43,309	6,111	31,861	5,106					710	125			2,456	231	1,205	167
2002	44,177	6,420	32,545	5,368					721	133			2,543	239	1,247	168
2003	45,272	6,731	33,348	5,631					740	146			2,655	258	1,343	185
2004	47,005	7,227	34,502	5,983	1,388	235	1,252	225	756	156			2,543	266	1,144	173
2005	49,200	7,973	36,192	6,583	1,673	281	1,377	244	798	174			2,658	302	1,247	206
2006	51,859	8,708	38,474	7,242	1,990	344	1,529	294	857	196			2,117	273	911	154
2007	52,763	9,092	39,253	7,555	2,895	557	2,342	492	855	202			2,190	290	958	162
2008	54,331	9,603	40,628	8,019	3,097	601	2,391	512	812	193			2,137	296	1,044	183
2009	54,518	9,990	41,217	8,371	5,005	881	3,303	673	805	193			2,073	282	953	169

표 E355-370 계속

	대학교				교육대학				교육대학		사범학교		산업대학			
	합계		사립		합계		사립						합계		사립	
	남녀	여자	남녀	여자	남녀	여자	남녀	여자	남녀	여자	남녀	여자	남녀	여자	남녀	여자
	E355	E356	E357	E358	E359	E360	E361	E362	E363	E364	E365	E366	E367	E368	E369	E370
	남한, 명															
2010	55,972	10,637	42,226	8,905	5,743	1,065	3,767	802	813	197			1,942	328	1,071	239
2011	58,104	11,307	43,615	9,483	6,516	1,258	4,127	922	820	203			1,869	340	1,152	264
2012	61,993	12,465	46,652	10,497	6,699	1,344	4,187	991	842	211			286	67	286	67
2013	63,042	13,068	47,624	11,036	7,436	1,531	4,823	1,145	835	210			316	80	316	80
2014	64,378	13,795	48,799	11,684	7,677	1,635	4,876	1,202	834	214			335	86	335	86
2015	65,423	14,440	49,770	12,266	8,551	1,840	5,659	1,375	849	224			357	99	357	99
2016	65,300	14,733	49,662	12,463	8,964	1,904	5,826	1,397	844	225			371	104	371	104

자료: 1952-1957년은 한국교육10년사간행회, 『한국교육십년사』(풍문사, 1960), pp. 511-512, 539; 일반대학 1948년은 교육부교육50년사편찬위원회, 『교육50년사』(교육부, 1998), p. 459; 이외에는 교육부, 『통계로 본 한국 교육의 발자취』(1997); 교육부, 『교육통계연보』, 각년도; 중앙대학교 부설 한국교육문제연구소, 『문교사』(중앙대학교 출판국, 1974), pp. 685-687.

주: 1) 휴직교원은 포함되나, 퇴직교원 및 시간강사는 제외되었다.
2) 2013년 전임강사 폐지에 따라, 이후 교원은 총(학)장 및 전임교원(교수, 부교수, 조교수)만 포함한다. 국공립대학은 전임교원의 요건을 충족하는 기금교수를 포함한다. 1998년 이전에는 조교를 포함했다.
3) 산업대학은 1991-1997년 동안 개방대학이었다.

표 E371-386 초급대학, 실업고등전문학교, 전문학교, 간호학교 교원, 1960-1978

	초급대학				실업고등전문학교				전문학교				간호학교			
	합계		사립		합계		사립		합계		사립		합계		사립	
	남녀	여자	남녀	여자	남녀	여자	남녀	여자	남녀	여자	남녀	여자	남녀	여자	남녀	여자
	E371	E372	E373	E374	E375	E376	E377	E378	E379	E380	E381	E382	E383	E384	E385	E386
	남한, 명															
1960	194															
1962	335		321													
1963	569	91	530	89	30	1	29	1								
1964	467	86	417	84	195	2	84	1								
1965	454	87	417	87	436	6	152	3								
1966	462	106	439	106	597	6	196	3								
1967	333	104	324	104	678	8	160	4					177	129	115	79
1968	267	84	258	84	905	10	299	5					253	170	185	112
1969	269	78	262	78	1,034	14	386	7					223	179	152	116
1970	228	74	228	74	1,170	32	479	25					239	192	160	126
1971	167	59	167	59	1,436	83	650	73					203	170	113	93
1972	149	62	149	62	1,686	132	867	123					191	161	100	82
1973	184	54	184	54	1,999	259	1,089	196					109	99	44	39
1974	165	63	165	63	2,381	388	1,386	277					32	30	16	15
1975	160	63	160	63	2,565	458	1,561	329					23	21	6	6
1976	165	61	165	61	2,943	530	1,917	393					14	12		
1977	172	70	172	70	3,360	577	2,308	424					14	12		
1978	288	69	155	59					4,290	723	3,189	550				

자료: 교육부, 『통계로 본 한국 교육의 발자취』(1997); 교육부, 『교육통계연보』, 각년도; 중앙대학교부설 한국교육문제연구소, 『문교사』(중앙대학교 출판국, 1974), pp. 685-687.

주: 1) 휴직교원은 포함되나, 퇴직교원 및 시간강사는 제외되었다.
2) 교원은 1998년 이전에는 조교를 포함했다.

표 E387-390 전문대학 교원, 1979-2016

	전문대학			
	합계		사립	
	남녀	여자	남녀	여자
	E387	E388	E389	E390
	남한, 명			
1979	5,236	894	4,083	717
1980	5,488	916	4,229	721
1981	5,941	1,081	4,600	871
1982	6,392	1,258	4,934	1,018
1983	6,372	1,350	5,075	1,225
1984	6,413	1,421	5,227	1,296
1985	6,406	1,513	5,447	1,404
1986	6,465	1,595	5,526	1,508
1987	6,458	1,625	5,569	1,540
1988	6,762	1,747	5,856	1,660
1989	6,999	1,841	6,074	1,751
1990	7,382	1,950	6,424	1,855
1991	7,953	2,130	6,951	2,028
1992	8,518	2,376	7,607	2,262
1993	9,024	2,585	8,396	2,467
1994	9,375	2,791	8,824	2,662
1995	10,384	3,152	9,782	3,009
1996	11,515	3,559	10,927	3,404
1997	12,468	3,963	11,810	3,785

	전문대학			
	합계		사립	
	남녀	여자	남녀	여자
	E387	E388	E389	E390
	남한, 명			
1998	10,926	2,578	10,277	2,448
1999	11,381	2,664	10,648	2,524
2000	11,707	2,764	10,967	2,625
2001	11,897	2,866	11,219	2,751
2002	12,156	2,979	11,439	2,850
20003	11,974	2,965	11,237	2,832
2004	11,872	3,019	11,141	2,881
2005	12,027	3,214	11,376	3,076
2006	11,857	3,314	11,259	3,203
2007	11,685	3,319	11,170	3,242
2008	12,100	3,569	11,643	3,489
2009	12,451	3,776	11,993	3,697
2010	12,530	3,955	12,225	3,901
2011	12,891	4,224	12,558	4,170
2012	13,078	4,483	12,770	4,433
2013	13,015	4,550	12,699	4,499
2014	12,920	4,621	12,605	4,570
2015	12,991	4,774	12,669	4,720
2016	12,854	4,821	12,535	4,768

자료: 교육부, 『통계로 본 한국 교육의 발자취』(1997); 교육부, 『교육통계연보』, 각년도.

주: 1) 휴직교원은 포함되나, 퇴직교원 및 시간강사는 제외되었다.

2) 2013년 전임강사 폐지에 따라, 이후 교원은 총(학)장 및 전임교원(교수, 부교수, 조교수)만 포함한다. 국공립대학은 전임교원의 요건을 충족하는 기금교수를 포함한다. 1998년 이전에는 조교를 포함한다.

표 E391-394 특수학교 교원, 1962-2016

	특수학교			
	합계		사립	
	남녀	여자	남녀	여자
	E391	E392	E393	E394
	남한, 명			
1962			48	
1963	191	53	115	40
1964	204	55	131	43
1965	234	74	176	55
1966	247	74	164	54
1967	280	90	197	69
1968	350	114	250	89
1969	376	128	273	101
1970	394	139	267	102
1971	453	172	318	132
1972	505	197	360	152
1973	558	233	404	186
1974	609	245	434	190
1975	662	278	457	208
1976	704	294	482	222
1977	756	320	509	242
1978	800	348	532	273
1979	824	366	541	282
1980	887	403	586	311
1981	957	424	620	321
1982	1,025	443	648	328
1983	1,169	526	730	384
1984	1,343	614	827	434
1985	1,565	748	972	525
1986	1,757	872	1,082	601
1987	1,977	1,001	1,201	673
1988	2,218	1,128	1,309	731
1989	2,485	1,262	1,446	797
1990	2,757	1,373	1,575	855
1991	2,864	1,433	1,631	874
1992	3,014	1,531	1,710	920
1993	3,198	1,689	1,815	999
1994	3,303	1,757	1,896	1,040
1995	3,461	1,845	1,982	1,075
1996	3,613	1,940	2,072	1,120
1997	3,930	2,172	2,203	1,221
1998	4,153	2,336	2,343	1,316
1999	4,282	2,491	2,414	1,372
2000	4,555	2,788	2,461	1,452
2001	4,815	2,995	2,563	1,514
2002	5,068	3,224	2,700	1,620
2003	5,329	3,491	2,776	1,691
2004	5,545	3,699	2,864	1,741
2005	5,724	3,868	2,911	1,762
2006	5,970	4,052	3,009	1,815
2007	6,256	4,258	3,153	1,906
2008	6,637	4,522	3,298	1,987
2009	6,793	4,604	3,400	2,031
2010	6,857	4,631	3,399	2,017
2011	7,407	5,015	3,606	2,149
2012	7,654	5,194	3,657	2,184
2013	8,012	5,488	3,655	2,166
2014	8,297	5,632	3,687	2,169
2015	8,542	5,825	3,719	2,191
2016	8,720	5,944	3,695	2,166

자료: 교육부, 『통계로 본 한국 교육의 발자취』(1997); 교육부, 『교육통계연보』, 각년도.
주: 1) 휴직교원은 포함되나, 퇴직교원 및 시간강사는 제외되었다.
2) 특수학교 교원수는 유치원, 초등학교, 중학교, 고등학교 과정을 모두 포함한다.

표 E395-402 기타 교육기관 교원, 1946-2016

	공민학교		고등공민학교		고등기술학교		방송통신대학	
	남녀	여자	남녀	여자	남녀	여자	남녀	여자
	E395	E396	E397	E398	E399	E400	E401	E402
	남한, 명							
1946	12,248							
1947	20,507							
1948	4,860							
1950			2,160					
1952	4,847		1,753					
1953	6,708		1,871					
1954	6,989		2,110					
1955	6,142		2,150		589			
1956	5,851		1,991		624	181		
1957	5,713		1,466		810			
1958	4,860		1,252		849	560		
1959	4,860		1,564		877	193		
1960	4,174		1,810		763	232		
1961	3,464		1,784					
1962	1,474		1,967		460			
1963	1,004		1,784		381			
1964	765	178	2,061	276	477	187		
1965	449	188	2,504	394	616	234		
1966	368	170	2,458	367	749	272		

표 E395-402 계속

	공민학교		고등공민학교		고등기술학교		방송통신대학	
	남녀	여자	남녀	여자	남녀	여자	남녀	여자
	E395	E396	E397	E398	E399	E400	E401	E402
	남한, 명							
1967	332	168	2,667	485	583	197		
1968	306	158	2,794	583	604	214		
1969	277	118	2,845	627	567	216		
1970	245	98	2,765	614	649	238		
1971	234	108	2,478	561	660	236		
1972	172	78	2,240	510	620	207		
1973	122	64	2,178	492	584	187		
1974	114	47	2,057	495	566	161		
1975	93	39	2,161	585	601	143		
1976	67	34	1,902	583	562	147		
1977	51	26	1,703	569	523	121		
1978	59	27	1,500	508	575	122		
1979	19	11	1,159	437	665	132		
1980	15	9	778	299	672	135		
1981	12	6	636	231	749	159		
1982	12	7	470	170	665	132		
1983	10	6	421	168	624	129		
1984	10	6	355	140	615	130		
1985	1		281	117	666	164		
1986	4	4	298	120	646	169		
1987	4	4	178	80	687	166		
1988	4	4	122	51	689	179		
1989	4	4	93	39	751	194		
1990	4	4	62	25	801	204		
1991	4	4	66	27	703	182	142	27
1992	4	4	80	33	605	160	149	29
1993	4	4	53	22	472	141	159	37
1994	4	4	50	22	375	141	164	43
1995	4	4	52	25	337	125	166	40
1996	3	3	55	26	320	124	168	41
1997	3	3	57	33	296	119	166	49
1998	3	3	42	17	267	112	112	27
1999	3	3	21	11	237	108	109	26
2000	3	3	24	11	220	97	113	29
2001	3	3	20	11	171	85	111	27
2002	2	2	12	4	186	86	112	28
2003	2	2	11	4	174	78	118	30
2004	2	2	8	1	154	64	123	32
2005	3	3	9	2	140	53	131	35
2006	3	3	8	2	142	57	134	35
2007	3	3	10	4	137	57	136	38
2008	3	3	9	3	107	37	137	38
2009	3	3	22	7	100	29	140	39
2010	2	2	21	6	97	26	139	38
2011	2	2	18	7	93	29	148	41
2012			18	6	91	28	149	44
2013			17	4	90	26	145	45
2014			11	3	93	28	150	46
2015			10	4	97	32	154	48
2016			11	4	96	31	153	46

자료: 공민학교 1946-1948, 1950년은 중앙대학교 부설 한국교육문제연구소, 『문교사』(중앙대학교 출판국, 1974), pp. 103-104, 253; 고등공민학교 1950, 1952년은 중앙대학교 부설 한국교육문제연구소, 『문교사』(중앙대학교 출판국, 1974), p. 254; 이외에는 교육부, 『통계로 본 한국 교육의 발자취』(1997); 교육부, 『교육통계연보』, 각년도; 중앙대학교 부설 한국교육문제연구소, 『문교사』(중앙대학교 출판국, 1974), pp. 685-687.

주: 휴직교원은 포함되나, 퇴직교원 및 시간강사는 제외되었다.

4. 교육재정

표 E403-410 공립보통학교 세입예산, 1912-1944

	합계	재산수입	수업료 및 수수료	부과금	보조금 및 기부금	조입금	학교비채	기타
	E403	E404	E405	E406	E407	E408	E409	E410
	남북한, 천 圓							
1912	912	408	2	13	416			73
1913	1,003	435	17	30	455			65
1914	1,111	453	36	44	508			72
1915	1,151	447	44	54	543			64
1916	1,262	438	52	75	634			63
1917	1,370	179	67	129	914			81
1918	1,836	212	103	195	1,205			120
1919	2,514	260	119	528	1,455			153
1920	8,144	165	147	4,377	2,813			641
1921	10,386	133	275	4,767	3,533	463	532	682
1922	13,309	143	752	6,511	3,527	708	796	871
1923	13,903	145	1,786	6,956	3,051	359	418	1,188
1924	14,013	160	2,500	7,006	3,118	340	45	845
1925	13,314	180	2,679	6,921	2,314	181		1,039
1926	14,039	205	2,845	6,970	2,724	281	102	913
1927	14,428	225	2,989	3,052	6,872	172	142	975
1928	14,458	229	3,028	3,107	6,966	179	149	799
1929	14,834	237	3,080	3,269	7,071	117	187	872
1930	15,297	237	3,184	3,446	7,418	121	20	872
1931	15,378	196	3,259	3,501	7,401	110	98	814
1932	15,847	204	3,291	3,861	7,297	159	87	948
1933	16,414	211	3,421	3,933	7,565	84	36	1,164
1934	18,454	214	3,585	4,083	8,718	112	613	1,129
1935	20,748	227	3,573	4,045	10,428	126	719	1,630
1936	22,799	229	3,893	4,757	10,864	85	1,249	1,722
1937	29,426	248	4,542	6,508	12,716	123	3,154	2,135
1938	35,240	274	5,544	9,360	13,312	558	3,531	2,661
1939	42,777	316	6,560	12,137	15,699	964	4,490	2,612
1940	51,538	356	7,645	12,603	19,136	1,099	7,956	2,744
1941	63,705	385	8,865	17,621	20,774	1,272	8,253	6,536
1942	75,789	397	10,048	22,530	25,396	1,202	7,800	8,415
1943	95,274	404	11,462	30,668	28,035	240	12,480	11,985
1944	112,923	484	13,403	34,613	40,763	1,296	9,041	13,322

자료: 朝鮮總督府, 『朝鮮總督府統計年報』, 각년도.

주: E403은 E404-410의 합계로 자료 출처에 제시된 값인데, 1913년의 경우 1圓의 차이가 있다.

표 E411-421 공립보통학교 세출예산, 1912-1944

	합계	사무비	보통학교비	실업보습 학교비	기본재산 조성비	재산관리비	신영비	적립금	학교비채비	예비비	기타
	E411	E412	E413	E414	E415	E416	E417	E418	E419	E420	E421
	남북한, 천 圓										
1912	912		783		3		60			30	35
1913	1,003		847		7		107			33	10
1914	1,111		940		11		120			26	16
1915	1,151		983	4	8		119			19	18
1916	1,262		1,055	15	11		147			19	16
1917	1,370		1,127	18	14		164			20	28
1918	1,836		1,247	26	13		334			16	201
1919	2,514		1,533	37	12		508			40	385
1920	8,144	202	3,583	43	207	20	2,887			165	1,037
1921	10,386	240	5,057	25	11	66	4,034	469	87	181	219
1922	13,309	375	6,588	38	47	56	5,326	281	98	289	212
1923	13,903	409	7,785	64	51	68	4,281	334	188	274	449
1924	14,013	443	8,918	78	70	77	3,289	103	211	305	518
1925	13,314	434	9,063	95	89	84	2,404	148	227	276	495
1926	14,039	455	9,734	158	138	96	2,623	90	216	256	274
1927	14,428	350	10,227	219	122	106	2,318	94	230	256	506
1928	14,458	370	10,508	281	137	121	2,022	82	186	248	504
1929	14,834	396	10,883	302	112	138	1,986	51	223	242	501
1930	15,297	413	11,419	337	143	150	1,614	83	282	254	605
1931	15,378	368	11,611	352	97	148	1,599	42	253	239	669
1932	15,847	403	11,864	346	109	161	1,734	50	316	254	610
1933	16,414	427	12,371	365	89	160	2,044	74	264	255	366
1934	18,454	457	13,031	353	116	172	2,704	53	295	262	1,013
1935	20,748	489	13,908	393	151	190	3,622	66	358	281	1,289
1936	22,799	518	14,702	533	122	205	4,363	114	401	288	1,552
1937	29,426	684	16,208	541	116	221	7,920	527	549	317	2,343
1938	35,240	822	18,078	553	164	248	10,309	1,245	809	353	2,657
1939	42,777	954	21,427	601	175	287	13,569	1,174	1,251	376	2,963
1940	51,538	1,042	24,991	669	251	329	15,534	1,002	1,864	398	5,459
1941	63,705	1,346	31,172	788	212	391	21,331	924	2,667	906	3,966
1942	75,789	1,728	39,286	951	157	453	22,428	232	3,655	1,681	5,216
1943	95,274	2,230	50,626	1,132	299	556	27,834	907	4,240	2,160	5,289
1944	113,836	1,876	58,832	1,011		3,431	25,480		5,328	2,965	2,990

자료: 朝鮮總督府,『朝鮮總督府統計年報』, 각년도.

주: E411은 E412-421의 합계로 자료 출처에 제시된 값인데, 1913년 1圓, 1921년 2,541圓, 1944년 11,922,819圓의 차이가 있다.

표 E422-437 교육비특별회계 재원, 1948-2016

	합계	국고부담								
		소계	교원봉급	보조금	교육세	교부금	교부세	환부금(토지수득, 교육, 입장세)	지방교육 양여금	교육환경개선 지원금
	E422	E423	E424	E425	E426	E427	E428	E429	E430	E431
	남한, 십억 원									
1948	0.0022	0.0012	0.0009	0.0003						
1949	0.010	0.0073	0.0028	0.0045						
1950	0.013	0.010	0.0057	0.0045						
1951	0.031	0.020	0.0058	0.0051				0.0089		
1952	0.092	0.070	0.0022	0.025				0.043		
1953	0.30	0.19	0.074	0.026				0.09		
1954	0.62	0.49	0.30	0.079				0.10		
1956	2.5	2.0	0.83	1.0				0.15		
1957	3.3	2.6	1.4	0.84				0.36		
1958	3.9	3.5	1.9	0.85	0.17			0.59		
1959	5.0	4.8	3.1	0.30	0.69			0.76		
1960	5.4	5.2	3.1	0.24	1.0			0.79		
1961	6.1	5.9	3.8	0.20	1.1			0.77		
1962	11.9	9.4		0.91		8.3	0.011	0.13		
1963	12.3	9.4		1.2		8.1	0.014			
1964	13.3	10.7		1.3		8.9	0.55			
1965	16.3	13.0		2.0		10.4	0.59			
1966	26.5	22.2		1.6		19.7	0.91			
1967	33.5	28.1		2.1		25.0	1.0			
1968	45.7	39.1		3.0		34.0	2.2			
1969	61.7	51.4		3.6		44.9	3.0			
1970	81.0	67.4		4.8		58.4	4.1			
1971	104.6	84.6		6.6		72.7	5.3			
1972	128.4	100.4		7.5		92.9				
1973	151.7	99.1		1.4		97.7				
1974	134.3	100.0		0.0		100.0				
1975	220.1	163.8		0.43		163.4				
1976	391.8	291.1		1.5		289.6				
1977	476.3	366.7		4.7		362.0				
1978	626.2	477.3		9.3		468.1				
1979	823.0	653.5		9.8		643.7				
1980	1,074.2	845.3		11.6		833.7				
1981	1,432.2	1,114.3		11.6		1,102.7				
1982	1,981.5	1,474.4		9.0		1,465.5				
1983	2,242.1	1,629.3		0.3		1,629.1				
1984	2,366.5	1,713.3		3.7		1,709.6				
1985	2,644.9	1,949.4		0.8		1,948.6				
1986	2,956.1	2,215.1		2.6		2,212.5				
1987	3,226.7	2,445.2		2.8		2,442.4				
1988	3,706.0	2,840.0		4.0		2,836.0				
1989	4,320.3	3,146.6		9.7		3,136.9				
1990	5,023.5	3,797.1		4.4		3,792.7				
1991	6,660.5	5,487.7		2.8		4,046.6			1,438.2	
1992	7,977.9	6,787.9		15.9		5,001.6			1,770.4	
1993	9,345.5	7,811.5				5,434.1			2,377.3	
1994	10,675.2	8,861.0		9.6		6,285.3			2,566.1	
1995	12,251.4	10,269.4		73.4		7,209.0			2,987.0	
1996	15,302.0	12,698.5		104.8		8,480.1			4,113.6	
1997	18,048.4	15,343.7		111.1		9,960.9			5,271.8	
1998	18,122.1	15,416.3		173.6		9,024.0			5,518.6	700.0
1999	15,658.2	13,036.0		62.8		7,661.7			4,617.9	693.5
2000	19,318.1	14,513.8		80.6		8,571.4			5,161.8	700.0
2001	22,202.6	15,728.8		126.5		11,977.9			3,624.4	
2002	23,416.2	16,620.9		140.3		12,762.2			3,718.4	
2003	25,854.1	18,670.3		108.9		14,453.2			4,108.2	
2004	29,057.8	21,252.2		145.3		16,868.3			4,238.6	
2005	30,637.0	21,568.4		95.8		17,495.4			3,977.2	

표 E422-437 계속

	합계	국고부담								
		소계	교원봉급	보조금	교육세	교부금	교부세	환부금(토지수득, 교육, 입장세)	지방교육 양여금	교육환경개선 지원금
	E422	E423	E424	E425	E426	E427	E428	E429	E430	E431
	남한, 십억 원									
2006	31,148.4	23,445.5		159.6		23,285.9				
2007	33,624.1	25,496.9		373.8		25,123.1				
2008	37,852.4	28,964.5		7.3		28,957.1				
2009	40,003.1	30,601.9		2.5		30,599.4				
2010	41,095.4	29,140.2		8.7		29,131.5				
2011	43,921.5	33,378.5		35.0		33,343.6				
2012	47,703.4	36,713.4		11.9		36,701.5				
2013	51,449.6	39,190.0		17.2		39,172.8				
2014	52,902.8	39,749.5		6.1		39,743.3				
2015	54,334.1	38,160.7		22.7		38,138.0				
2016	56,134.9	39,991.1		151.7		39,839.4				

자료: 교육부, 『교육통계연보』, 각년도.

주: 1) 시도교육비특별회계 당초예산 기준이다.

2) 빈 칸은 0을 의미하고, 0.0은 소수점 둘째 자리에서 반올림했을 때 0이 되는 값이다.

3) 자체수입 등은 자체수입, 지방교육채, 주민부담금 등 기타 수입의 합계이다.

4) 1982년부터 교부금은 교육세를 포함한다.

5) E423은 E424-431을 합한 값이고, E432는 E433-437을 합한 값이다. E422는 E423과 E432의 합계이다.

6) 1948년은 6개월(1948.10-1949.3), 1954년은 15개월(1954.4-1955.6), 1956년은 18개월(1955.7-1956.12) 예산으로 1955년의 값은 별도로 없다.

	지방부담					
	소계	지방교육세	호별세부가금	호별세특별부과금	자체수입 등	전입금
	E432	E433	E434	E435	E436	E437
	남한, 십억 원					
1948	0.0010		0.0005	0.0005		
1949	0.0028		0.0014	0.0014		
1950	0.0029		0.0015	0.0014		
1951	0.011		0.0057	0.0051		
1952	0.022		0.011	0.010		
1953	0.12		0.061	0.055		
1954	0.13		0.069	0.062		
1956	0.56		0.30	0.26		
1957	0.65		0.34	0.31		
1958	0.47	0.18	0.15	0.14		
1959	0.20	0.20				
1960	0.20	0.20				
1961	0.26	0.26				
1962	2.5				1.8	0.71
1963	2.9				2.1	0.86
1964	2.6				2.2	0.38
1965	3.3				2.9	0.44
1966	4.2				3.7	0.55
1967	5.3				4.6	0.76
1968	6.6				5.5	1.0
1969	10.2				8.9	1.4
1970	13.6				11.6	2.1
1971	20.0				17.0	3.0
1972	28.0				24.8	3.2
1973	55.6				51.8	3.9
1974	34.2				29.9	4.3
1975	56.3				49.9	6.4
1976	100.8				91.3	9.5
1977	109.6				98.0	11.6
1978	148.9				134.1	14.8
1979	169.5				149.0	20.5
1980	228.9				203.2	25.6
1981	317.9				289.7	28.2
1982	507.1				474.7	32.4
1983	612.7				564.3	48.4
1984	653.3				607.9	45.4
1985	695.5				640.5	55.0
1986	741.0				677.0	64.0
1987	781.5				709.9	71.6
1988	866.0				779.7	86.3
1989	1,173.7				861.9	311.8
1990	1,226.4				891.1	335.3
1991	1,172.8				786.7	386.1
1992	1,190.1				769.6	420.5
1993	1,534.1				1,114.0	420.0
1994	1,814.2				1,188.7	625.5
1995	1,982.1				1,298.4	683.7
1996	2,603.5				1,541.7	1,061.8
1997	2,704.7				1,605.1	1,099.6
1998	2,705.7				1,512.3	1,193.4
1999	2,622.3				1,566.0	1,056.2
2000	4,804.3				3,691.1	1,113.2
2001	6,473.8				1,902.0	4,571.8
2002	6,795.2				1,941.3	4,854.0
2003	7,183.8				1,908.3	5,275.5
2004	7,805.7				1,702.8	6,102.9
2005	9,068.6				3,009.3	6,059.3
2006	7,702.9				1,819.0	5,884.0

표 E422-437 계속

	지방부담					
	소계	지방교육세	호별세부가금	호별세특별부과금	자체수입 등	전입금
	E432	E433	E434	E435	E436	E437
	남한, 십억 원					
2007	8,127.2				1,801.4	6,325.8
2008	8,888.0				1,800.4	7,087.5
2009	9,401.2				1,972.9	7,428.3
2010	11,955.2				4,367.8	7,587.4
2011	10,542.9				2,627.4	7,915.6
2012	10,990.0				2,606.6	8,383.5
2013	12,259.6				3,596.8	8,662.8
2014	13,153.3				4,720.1	8,433.3
2015	16,173.4				6,537.6	9,635.8
2016	16,143.8				6,025.0	10,118.8

5. 기타

표 E438 공립보통학교 결석률, 1912-1940

	결석률		결석률		결석률		결석률
	E438		E438		E438		E438
	남북한, %		남북한, %		남북한, %		남북한, %
1912	13.3	1920	8.14	1927	5.4	1934	3.8
1913	10.5	1921	6.4	1928	5.6	1935	3.7
1914	10.3	1922	6.3	1929	5.5	1936	3.6
1915	9.4	1923	5.4	1930	5.2	1937	3.4
1916	8.3	1924	5.1	1931	5.7	1938	3.8
1917	7.7	1925	6.7	1932	4.6	1939	5.3
1918	10.1	1926	5.7	1933	4.2	1940	5.3
1919	12.5						

자료: 朝鮮總督府 學務局, 『朝鮮諸學校一覽』, 각년도.

주: 결석률은 일일 평균 결석자수를 일일 평균출석자와 결석자수의 합으로 나눈 값이다.

표 E439-450 유초중고 취학률, 1960-2015

	유치원(3-5세)		초등학교(6-11세)		중학교(12-14세)		고등학교(15-17세)		초등학교 및 중학교(5-14세)		초중고(5-19세)	
	남녀	여자	남녀	여자	남녀	여자	남녀	여자	남녀	여자	남녀	여자
	E439	E440	E441	E442	E443	E444	E445	E446	E447	E448	E449	E450
	남한, %											
1960			99.8	93.7	33.8	16.9	18.6	10.0	69.2	61.1	52.4	45.2
1961	0.6	0.6	99.3	94.5	38.1		19.8		70.6		54.5	
1962	0.6		98.3		40.2		22.2		71.4		56.0	
1963	0.6		99.5		40.7	28.1	23.5	15.0	72.7		57.5	
1964	0.6		99.9		38.9	27.2	24.7	16.7	72.7		58.2	
1965	0.7		97.7		41.4	30.5	26.4	18.1	72.4		58.4	
1966	0.8	0.7	96.8	95.5	42.1	31.6	26.8	18.7	72.5	69.1	58.6	54.7
1967	0.8	0.7	97.8	96.6	42.9	32.7	26.0	18.6	73.4	70.1	59.3	55.6
1968	0.8	0.8	98.5	97.4	44.0	33.8	26.7	19.5	73.9	70.6	60.0	56.3
1969	0.8	0.7	98.3	97.4	46.8	36.6	27.4	20.6	74.6	71.3	60.4	56.7
1970	0.8	0.8	100.7	100.2	51.2	40.6	28.1	21.6	77.2	73.9	61.6	58.0
1971	0.8	0.8	104.0	104.0	57.0	46.4	28.4	22.3	80.2	77.1	63.1	59.7
1972	0.8	0.8	105.4	105.5	59.6	49.4	30.1	23.7	81.3	78.2	63.5	60.0
1973	0.9	0.8	105.4	105.9	63.9	53.8	33.3	26.5	82.2	79.2	63.8	60.3
1974	1.0	0.9	105.1	105.5	67.9	58.3	37.3	29.6	82.9	80.2	64.3	60.8
1975	1.1	1.1	105.0	105.3	71.9	63.1	41.0	32.5	84.0	81.6	65.3	61.8
1976	1.3	1.2	102.9	103.5	76.5	68.6	44.8	35.6	84.2	82.2	65.7	62.4
1977	1.5	1.4	101.9	102.6	81.4	74.3	48.1	39.2	85.2	83.5	66.6	63.6
1978	1.8	1.7	102.2	103.0	87.3	81.5	52.2	43.5	87.7	86.6	68.7	66.2
1979	2.3	2.1	102.3	103.3	92.4	88.3	57.2	49.3	89.5	88.9	70.8	68.7
1980	2.8	2.6	102.9	103.7	95.1	92.5	63.5	56.2	91.2	90.9	73.1	71.5
1981	6.6	6.2	103.4	103.8	96.9	95.3	70.2	63.0	92.2	92.1	75.3	73.8
1982	7.1	6.7	103.7	104.1	95.4	94.5	74.9	67.8	92.0	91.9	76.2	74.8
1983	8.5	8.1	102.7	103.1	96.0	95.1	77.9	71.9	91.3	91.3	76.6	75.4
1984	10.4	10.0	101.4	101.7	97.5	96.9	79.2	74.3	90.7	90.7	76.4	75.4
1985	12.6	12.3	99.9	100.1	100.1	99.6	79.5	75.5	90.3	90.3	76.1	75.3
1986	14.4	14.1	99.9	100.2	101.9	101.8	81.8	80.0	90.4	90.6	76.5	76.2
1987	17.0	16.7	99.0	99.3	101.3	101.3	80.4	75.9	89.8	90.0	75.4	74.5
1988	18.8	18.7	99.1	99.4	100.6	100.8	83.4	79.2	90.0	90.3	75.7	75.0
1989	20.2	20.2	100.2	100.6	99.0	99.1	85.9	82.4	91.0	91.3	76.5	75.9
1990	21.3	21.2	101.7	102.2	98.2	98.5	88.0	85.4	91.9	92.4	77.2	76.9
1991	22.3	22.4	102.1	102.6	96.5	96.7	89.1	87.2	91.7	92.2	77.2	77.0
1992	23.8	23.8	101.7	102.2	98.8	99.3	89.4	88.0	92.3	92.7	77.7	77.6
1993	24.5	24.6	101.7	102.0	98.9	99.2	89.5	88.6	92.0	92.4	77.8	77.8
1994	26.0	26.1	101.0	101.4	101.2	101.4	89.5	88.8	92.2	92.6	78.2	78.3
1995	26.0	26.1	100.1	100.3	101.6	101.8	91.8	91.3	91.4	91.8	78.5	78.5
1996	26.2	26.4	99.4	100.0	101.6	102.1	91.2	90.4	90.3	91.0	78.0	78.1
1997	26.5	26.7	99.0	99.7	100.0	100.6	93.5	92.8	88.9	89.6	77.3	77.4
1998	24.8	25.0	98.7	99.5	98.9	99.3	94.6	94.2	88.1	88.8	76.4	76.5
1999	25.2	25.1	98.9	99.7	98.5	98.7	96.6	96.3	88.1	88.7	76.1	76.1
2000	26.2	26.2	98.7	99.3	99.5	100.0	95.6	95.5	88.4	89.0	75.8	75.8
2001	27.1	27.1	98.5	98.9	99.2	99.9	94.9	94.9	88.5	88.9	76.0	76.0
2002	28.4	28.5	98.7	99.1	98.8	99.4	94.4	94.2	88.9	89.2	76.8	76.8

표 E439-450 계속

	유치원(3-5세)		초등학교(6-11세)		중학교(12-14세)		고등학교(15-17세)		초등학교 및 중학교(5-14세)		초중고(5-19세)	
	남녀	여자	남녀	여자	남녀	여자	남녀	여자	남녀	여자	남녀	여자
	E439	E440	E441	E442	E443	E444	E445	E446	E447	E448	E449	E450
	남한, %											
2003	29.0	29.2	99.8	100.0	96.9	97.5	95.7	95.6	89.4	89.6	78.3	78.2
2004	29.5	29.6	99.9	100.1	97.0	97.4	95.7	95.9	89.9	90.0	79.2	79.2
2005	31.3	31.3	100.1	100.3	97.4	97.9	95.8	96.1	90.1	90.2	79.7	79.7
2006	34.3	34.2	100.2	100.3	98.6	98.9	94.1	94.2	90.6	90.7	80.0	80.0
2007	36.9	36.9	100.6	100.7	98.5	98.5	93.7	93.9	91.8	91.8	80.6	80.6
2008	38.5	38.4	101.1	101.2	98.5	98.4	93.5	93.9	92.4	92.4	80.5	80.6
2009	39.7	39.7	100.8	100.9	98.7	98.4	94.1	94.5	92.0	91.9	79.9	79.9
2010	40.4	40.5	100.6	100.5	99.5	99.3	94.2	94.4	92.4	92.2	79.2	79.2
2011	41.2	41.4	100.8	100.6	99.8	99.7	94.2	94.3	92.4	92.2	78.3	78.3
2012	44.3	44.5	100.9	100.7	99.0	99.1	94.7	94.5	91.5	91.3	77.4	77.5
2013	47.9	48.2	100.0	99.8	99.2	99.1	95.4	95.3	90.3	90.0	76.6	76.8
2014	47.6	47.8	99.2	99.0	99.9	99.7	96.2	96.1	90.4	90.1	76.6	76.7
2015	49.0	49.3	99.8	99.7	100.5	100.1	95.8	95.8	90.7	90.5	76.5	76.5

자료: 연령대별 인구는 통계청, 「장래인구추계」(http://kosis.kr); 학생수는 교육부, 『교육통계연보』, 각년도.

주: 1) 취학률은 각급 학교 학생수를 제시한 학령기 인구로 나누어 계산하였다.

2) 빈 칸은 결측이다.

3) 각급 학교 재적생 중 연령이 학령기를 벗어나는 경우가 있으므로 취학률은 100%보다 클 수 있다.

표 E451-466 교원의 주당 수업시간, 1998-2016

	유치원			초등학교			중학교			고등학교					전문대학	대학
	합계	국·공립	사립	합계	국·공립	사립	합계	국·공립	사립	합계	국·공립	사립	일반계고	실업계고		
	E451	E452	E453	E454	E455	E456	E457	E458	E459	E460	E461	E462	E463	E464	E465	E466
	남한, 시간															
1998				25.1			17.9						15.6	15.8	15.2	9.7
1999				24.3			18.1			15.9			15.8	16.1	15.2	8.8
2000				25.2			18.4			15.9			15.8	16.1	15.0	9.4
2001				26.1			18.4						15.8	15.9	14.9	9.3
2002				26.2			18.4						16.0	16.2	14.4	9.3
2003				26.2			18.5						16.3	16.5	14.0	9.6
2004				25.0			18.1						16.4	16.6	13.9	9.1
2005	25.0	25.8	24.8	26.8	26.8	26.3	19.9	20.0	19.6	17.6	17.6	17.6	17.6	17.7	13.5	9.0
2006	22.9	23.9	22.5	26.3	26.3	26.1	18.8	18.8	18.4	17.4	17.4	17.3	17.3	17.5	13.4	9.1
2007	21.6	23.1	21.1	25.9	25.9	24.9	19.6	19.7	19.2	17.4	17.5	17.3	17.4	17.5	13.2	9.0
2008	25.0	25.4	24.8	25.7	25.7	25.9	19.7	19.8	19.3	17.5	17.6	17.4	17.5	17.6	13.0	9.0
2009	23.1	24.7	22.5	25.5	25.5	25.5	19.7	19.8	19.3	17.5	17.7	17.4	17.5	17.7	12.9	9.0
2010	25.3	25.4	25.2	24.8	24.8	25.7	20.0	20.1	19.7	17.9	18.0	17.8	17.9	18.0	12.8	9.1
2011	25.2	25.0	25.2	24.8	24.8	24.6	19.7	19.8	19.4	17.4	17.5	17.3			13.0	9.3
2012	24.6	23.9	24.8	22.3	22.3	22.7	18.9	18.9	18.8	16.7	16.8	16.6				
2013	24.8	23.5	25.1	21.5	21.5	22.5	18.5	18.5	18.4	16.5	16.5	16.5				
2014	24.6	22.8	25.2	20.9	20.9	22.3	18.3	18.3	18.3	16.6	16.6	16.7				
2015	25.5	23.3	26.2	21.2	21.2	22.5	18.3	18.3	18.4	16.7	16.7	16.8				
2016	24.9	22.8	25.6	21.2	21.1	21.8	18.1	18.1	18.4	16.8	16.7	16.9				

자료: 교육부, 『교육통계연보』, 각년도.

주: 1) 교원의 주당 수업시간=교원의 총주당 수업시간/교원수.

2) 총주당 수업시간=1학기 동안의 총수업시간/19주.

3) 총주당 수업시간은 유치원, 초등학교는 40분, 중학교는 45분, 고등학교는 50분을 1시간으로 환산하여 계산하였다.

4) 총수업시간은 과목담당 수업시간과 창의적 체험활동 수업시간이다.

5) 초중등교육 교원(기간제 교사 포함)은 수석교사, 보직교사, 교사, 특수교사, 실기교사이며, 고등교육 교원은 교수, 부교수, 조교수, 전임강사이다.

6) 휴직교원은 제외되었다.

7) 연도별 총수업시간 정의.

- 1998-2003년: 수업시간(상세 미구분).
- 2004-2011년: 과목수업시간+교과재량수업시간+창의재량수업시간+특별활동수업시간.
- 2012-2013년: 과목수업시간+교과재량수업시간+창의재량수업시간+특별활동수업시간+창의적 체험활동 수업시간.
- 2014년 이후: 교과수업시간+창의적 체험활동 수업시간.

표 E467-471 사교육 참여율, 2007-2016

	합계	초등학교	중학교	고등학교	
				합계	일반고
	E467	E468	E469	E470	E471
	남한, %				
2007	77.0	88.8	74.6	55.0	62.0
2008	75.1	87.9	72.5	53.4	60.5
2009	75.0	87.4	74.3	53.8	62.8
2010	73.6	86.8	72.2	52.8	61.1
2011	71.7	84.6	71.0	51.6	58.7
2012	69.4	80.9	70.6	50.7	57.6
2013	68.8	81.8	69.5	49.2	55.9
2015	68.6	81.1	69.1	49.5	56.2
2015	68.8	80.7	69.4	50.2	56.8
2016	67.8	80.0	63.8	52.4	58.8

자료: 통계청, 『초중고사교육비조사』, 각년도.

주: 사교육 참여율은 연도별 각급 학교 재학생 중 사교육에 참여하는 학생의 비율이다.

표 E472-475 검정고시 응시자 및 합격자, 1965-2015

	중학교 졸업학력 검정고시		고등학교 졸업학력 검정고시	
	응시자수	합격자수	응시자수	합격자수
	E472	E473	E474	E475
	남한, 명			
1965	4,769	2,439		
1966	159,142	19,454	72,563	16,371
1967	23,875	3,255	8,330	1,232
1968	14,676	869	5,091	259
1969	14,269	1,526	5,037	631
1970	16,432	937	5,275	323
1971	14,053	1,788	6,708	942
1972	17,375	2,253	13,149	1,527
1973	19,395	4,064	18,013	3,796
1974	32,174	6,108	27,333	4,682
1975	34,522	6,623	27,326	6,255
1976	31,774	8,628	24,789	4,876
1977	38,737	7,915	26,656	4,751
1978	45,652	8,970	30,838	2,916
1979	48,072	10,847	40,551	8,738
1980	42,698	10,887	42,875	10,043
1981	35,201	9,874	55,238	9,141
1982	31,170	6,926	58,280	9,701
1983	27,637	8,065	54,073	11,298
1984	25,388	8,652	55,694	11,428
1985	24,732	8,093	55,976	14,156
1986	22,975	8,734	62,664	15,772
1987	18,821	8,114	60,268	22,085
1988	16,179	6,432	49,702	17,228
1989	15,029	6,495	43,670	16,267
1990	12,905	4,049	41,763	14,201
1991	11,888	5,697	38,018	14,043
1992	12,072	5,856	35,759	14,461
1993	13,490	4,731	34,171	11,987
1994	15,437	5,632	35,287	13,291
1995	14,414	4,438	33,669	10,738
1996	15,295	5,868	32,087	10,894
1997	17,622	5,665	40,201	9,924
1998	18,549	6,959	45,466	13,889
1999	19,533	9,346	51,590	18,021
2000	17,893	8,681	55,071	18,825
2001	17,642	10,008	54,010	16,424
2002	17,271	9,505	54,875	20,768
2003	17,015	9,860	57,496	17,543
2004	14,989	8,738	56,411	27,938
2005	15,181	9,775	60,685	24,731
2006	15,400	9,019	52,012	24,181
2007	16,932	10,492	56,378	26,905
2008	17,447	10,509	62,738	24,370
2009	19,646	10,851	69,922	26,582
2010	18,589	11,884	71,828	25,799
2011	18,411	12,016	75,229	29,895
2012	18,717	13,228	69,844	40,511
2013	19,262	13,652	72,100	40,539
2014	18,471	12,241	68,696	33,368
2015	15,935	10,913	62,434	32,697

자료: 교육부, 『교육통계연보』, 각년도.

주: 1) 합격자수는 전 과목 합격자수이다.

2) 중학교 졸업학력 검정고시는 2013년 이전에는 고등학교 입학자격 검정고시였다.

F. 건강

홍석철

건강은 국민 생활수준의 주요 척도이다. 유해질병이 창궐하고 빈곤했던 과거에는 생존과 생계가 국민들의 최우선 관심이었지만, 소득이 증가하고 인구 고령화가 급격히 진행되는 현재는 건강하게 오래 살고자 하는 건강수명(healthy life expectancy)이 중요한 관심이 되었다.[1] 이제 건강은 경제 활동으로 획득한 소득과 소비를 통해 윤택한 삶을 누리기 위한 필요조건으로 자리매김하였다.

건강한 삶을 위해 개인들은 건강증진에 도움이 되는 재화와 서비스를 소비하고 건강관리에 힘쓴다. 하지만 개인의 물질적인 조건과 노력만이 건강한 삶을 보장하는 것은 아니다. 불시에 위협하는 전염성 질병의 예방과 퇴치에서 정부 역할의 중요성은 주지의 사실이다. 역시 만성질환으로 인한 국민들의 질병부담을 줄이기 위해서는 의료보험제도 도입과 같은 공공 부문의 역할이 더욱 중요해지고 있다.

지속적인 국민건강 증진을 위한 투자의 타당성과 효율성을 확보하기 위해서는 국민건강 지표 추이의 환경적, 제도적, 정책적 요인들을 검토하는 것이 필요하다. 이때 건강증진을 위한 개인과 공공 투자의 혜택은 단기에만 발생하는 것은 아니다. 최근의 연구들은 한 시점(특히, 생애초기)의 건강 문제가 생애주기에 걸쳐 개인의 건강 수준과 더불어 인지능력, 교육성과와 같은 인적자본 형성을 저해할 수 있음을 보여왔다(Almond and Currie 2011; Hong 2013). 또한 이 같은 부정적인 영향의 세대 간 전이 가능성에 대한 연구도 점차 늘고 있다(Currie and Morritti 2007). 이는 국민건강 증진의 사회경제적 편익이 장기적인 관점에서 살펴볼 때 더욱 크다는 점을 시사한다.

한편, 국민건강 증진은 경제성장의 원동력이기도 하다. 높은 건강 수준은 인적자본을 향상시키고 경제 활동의 생산성을 개선하여 경제성장으로 이어진다. Floud et al.(2011)의 연구에 따르면, 산업혁명 이후 1800-2000년 사이 영국 경제성장의 54%는 건강증진을 통한 생산성의 향상에 기인하였다. 지난 100년간 한국의 경험은 국민건강 증진과 경제성장의 연관성을 가장 잘 보여 주는 대표적인 사례이다. 특히, 한국전쟁의 폐허에서 고도성장의 기적을 이루어 낸 배경에는 1950-1970년대 위생개선, 질병퇴치, 영양개선과 같은 국민건강 증진의 노력과 그에 따른 생산성 증대가 있었다. 또한 1980년대 이후 국민건강보험의 도입과 정착은 한국의 국민건강 수준을 세계적 수준으로 끌어 올린 토대가 되었다. 본 장에서는 경제발전의 과정에서 건강의 중요성을 잘 보여 주는 건강 관련 통계 자료를 정리하고 그 추이를 설명한다.

1. 통계 자료 개관

본 장에서 제시한 건강 관련 통계는 다양한 자료로부터 수집하였다. 식민지기 통계는 대부분 『조선총독부통계연보』에서 수집하였으며, 해방 이후 통계는 보건복지부의 『보건사회통계연보』, 『보건복지통계연보』, 통계청의 『사망원인통계』, 질병관리본부의 『전염병 감시 연보』 등에서 얻었다. 특히, 『조선총독부통계연보』의 자료 수집이 시작된 1910년부터 원인별 사망, 주요 감염병의 발병 및 사망, 의료기관 및 의료인력의 장기 추이를 살펴볼 수 있다.

그러나 『조선총독부통계연보』 통계의 정확도에 대해 몇 가지 문제가 존재한다. 첫째, 통계 수집 초기인 1910년대

---

1 건강수명은 기대수명 중 질병이나 부상으로 고통받은 기간을 제외한 건강한 삶을 유지한 기간을 의미한다. 2014년 보고에 따르면 한국의 기대수명은 81.8세이지만 건강수명은 65.2세로 추정되었다(자료: 통계청, 국가지표체계, http://www.index.go.kr).

의 사망 및 전염병 통계의 과소 추정 가능성이다. 다시 말해 사망 및 전염병 통계 수집의 체계가 완성되기 전까지 전국적인 자료가 정확하게 집계되지 못했을 가능성이 있다. 하지만 1910년대 후반으로 갈수록 과소 평가의 문제는 점차 감소하였으며, 이는 건강 통계뿐만 아니라 조선총독부가 발표한 대부분 집계 통계에서 나타나는 공통된 특징이다. 본 장에서 제시하는 사망자수와 B장에서 제시하는 연말 상주 인구를 가지고 조사망률을 계산하면, 1910년대 사망률이 상승하는 것이 관측된다. 그러나 이는 1910년대 사망자수 과소 추정의 문제가 줄어들면서 나타난 현상일 가능성이 높다. 1910년대 이후에도 집계의 정확성이 낮을 가능성은 여전히 존재하기 때문에, 식민지기의 사망 및 발병 관련 통계 자료들에 근거하여 한국전쟁 이전의 사망률과 질병률의 추이를 논하는 데 유의할 필요가 있다.[2]

둘째, 조선총독부는 조선 거주 일본인에 대해서는 정확한 자료를 수집하였으나 조선인에 대한 사망 및 전염병 발병률은 제대로 파악하지 못하였다는 우려도 있다. 실제로 1930년대 『조선총독부통계연보』에서 조선 거주 일본인의 인구 10만 명당 법정 전염병 발병률은 조선인의 발병률보다 10배가량 높게 관측된다. 또한 『일본제국통계연감』에서 관측되는 일본 거주 일본인의 전염병 발병률은 조선인 발병률보다 3배가량 높다. 위 문제들로 인한 사망과 전염병 발병의 과소 추정이 어느 정도였는지 정확하게 밝혀진 바 없으며, 향후 엄밀하게 검토해야 할 문제이다. 따라서 본 장에서 제시한 식민지기의 통계 자료는 이러한 문제의 가능성을 염두에 두고 해석할 필요가 있다.

한편, 식민지기부터 최근 연도까지 장기 추이의 관측이 가능한 변수들 중에서 1940-1950년대 자료가 누락된 경우가 많다. 해방 전후, 한국전쟁 전후 자료 수집 기능이 일시적으로 중단된 것이 주요한 원인으로 보인다. 비록 누락된 시기가 있지만, 지난 100년에 걸친 변수들의 장기적인 추이와 그 함의를 찾는 데에는 큰 무리가 없다고 판단된다.

2 과소 보고 및 추계의 문제가 사망 및 질병 원인에 무관하게 무작위로 발생했다면, 식민지기 통계 자료는 원인별 상대적 차이와 추이를 이해하는데 유용하게 활용할 수 있다.

2. 기대수명을 통해 본 지난 100년간 국민건강 추이와 배경

국민건강 수준을 보여 주는 대표적인 지표는 출생시 기대수명이다. 기대수명은 현재의 사망 수준이 그대로 지속된다는 가정하에 연령별 사망률을 이용하여 출생집단이 평균적으로 얼마나 오래 살지를 측정한다. 따라서 기대수명의 장기적인 추이를 통해 연령대별 평균적인 건강 수준을 간접적으로 살펴볼 수 있다.

기대수명 통계는 B장의 인구 부문에서 제시하고 있으나 국민건강의 중요한 지표이므로 이 장에서는 그 변천의 배경을 심도 있게 다루고자 한다. 그림 F-a는 20세기 초부터 기대수명의 장기 추이를 보여 준다. 비교를 위해 비슷한 시기 미국민의 출생시 기대수명 추이도 추가하였다. 가장 주목할 점은 한국전쟁 이전까지 출생시 기대수명이 50세를 넘지 못했다는 사실이다. 이렇게 기대수명이 낮은 가장 중요한 이유는 유해질병에 따른 높은 영유아 사망률 때문이다. 이런 배경은 미국의 기대수명 추이에서도 잘 드러난다. 19세기 말 미국의 경제력은 세계 최고였으나 산업화가 심화되면서 도시를 중심으로 위생과 전염성 질병의 문제가 만연하였다. 특히, 전염병에 취약한 영유아들의 높은 사망률로 인해 출생시 기대수명이 매우 낮을 수밖에 없었다 (Preston and Haines 1991). 한국의 경우 식민지기 기대수명이 조금씩 개선되고 있었으나 해방 직후까지 40세 중반에 머물렀다는 것은 식민지기 조선의 위생과 질병 환경 그리고 의료기술이 19세기 말 미국의 경험만큼 취약했고 영유아 사망률이 매우 높았음을 시사한다.

한국전쟁 이후 기대수명의 개선은 놀라웠다. 한국의 기대수명이 50세를 넘어선 것은 1956년이며, 미국은 1905년 전후에 기대수명이 50세를 넘어섰다. 한국전쟁 직후 한국의 기대수명 수준은 미국보다 약 50년 뒤쳐져 있었다. 그리고 불과 15년이 지난 1970년에 한국의 기대수명은 60세를 넘어서게 된다. 미국이 60세를 넘어선 것은 1905년에서 25년이 지난 1930년이며, 한국과 미국의 격차는 40년으로 줄어들었다. 기대수명이 70세에 다다른 것은 한국은 1990년, 미국은 1955년경으로 그 격차는 다시 35년으로 줄어들게 된다. 그리고 2005년에 한국의 기대수명은 미국을 추월하였고, 2010

그림 F-a 출생시 기대수명 추이, 한국과 미국(세)

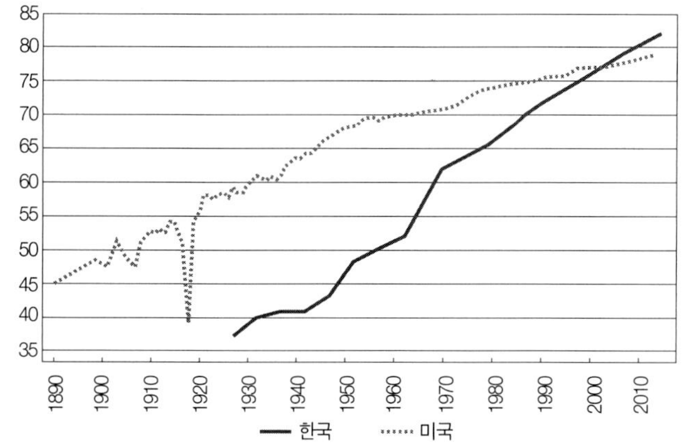

자료: 한국 기대수명-계열 B323; 미국 기대수명-Carter et al.(2006), Vol. 1, Series Ab645-646.
주: 남녀 평균값이며, 미국은 모든 인종을 포함한 추정치이다.

년에는 80세를 넘어서게 된다.

미국의 경험을 보면 기대수명이 50세를 넘어 60세에 이르기 위해서는 유해질병의 퇴치가 전제조건이었다. 19세기 후반 이후 세균이론의 등장과 보급으로 각종 유해질병의 원인을 파악함으로써 감염 예방이 가능해졌으며, 이에 근거하여 개인 위생 캠페인이 본격화되었다. 1910년대 대대적인 기생충 구제사업과 1920년대 말라리아 퇴치사업 등 질병퇴치 운동도 중요한 역할을 하였다. 또한 상하수도 시설의 보급 등 보건 인프라 구축도 질병퇴치에 큰 기여를 하였다(CDC 1999; Cutler and Miller 2005).

한국전쟁 이후 1970년대 기대수명이 60세에 이르기까지 한국의 경험은 20세기 초 미국의 경험과 대동소이하다. 위생관리의 필요성과 방법을 알리는 계몽 활동, 영양개선사업, 예방접종사업, 기생충 구제사업, 그리고 전국 보건소 설치와 공중보건 활동의 제도적 기틀 마련 등의 활동은 1950-1970년대에 걸쳐 대대적으로 시행되었다.[3] 이 같은 노력은 영유아 사망률을 현저히 낮추고 기대수명을 높이는 데 중요한 역할을 하였다.

기대수명이 60세를 넘어 80세에 이르는 과정에서는 유해질병의 퇴치와 더불어 청장년층의 만성질환 관리가 중요하다. 이를 위해서는 만성질환을 정확히 진단하고 치료할 수 있는 의료기술의 발전이 뒷받침되어야 하며, 진보된 의료기술 혜택의 접근성을 높이기 위해 의료보험과 같은 정책적 지원이 필수적이다.

한국전쟁 직후 한국의 의료 인프라는 매우 취약한 상태였다. 그러나 빈곤한 상황에서 의료 인프라의 확충을 하루아침에 이룰 수는 없었다. 이때 해외 원조 프로그램을 통한 인적자본 확충은 매우 중요했다. 1955년 시작된 '미네소타 프로젝트'는 한국의 의료 인프라 구축의 시작이라 볼 수 있을 상징적인 일이었다(이왕준 2006). 미네소타 프로젝트는 미국 국제협력본부(ICA)의 한국 원조 프로그램으로서 한국 의료진 77명을 4년 동안 미네소타대학에서 의료교육과 훈련을 제공하는 프로그램이었다. 이후 고국으로 돌아온 이들은 한국의 의료 인프라 발전에 적잖은 기여를 하였고, 60년이 지난 지금은 오히려 한국의 의료기술을 배우기 위해 해외의 많은 의료진들이 한국을 찾고 있다.

한편 한국의 국민건강보험제도는 1977년에 처음 시작되었다. 처음에는 500인 이상의 대규모 사업장이 의료보험조합을 구성하여 운영하는 방식으로 도입되었지만, 이후 1988년에는 농어민, 1989년에는 도시 자영업자에 확대 적용하면서 전 국민에 대한 의료보장이 본격화되었다. 그리고 2000년에는 국민건강보험공단이 설립되어 명실공히 전 국민 의료보험제도가 정착되어 현재까지 이어져 오고 있다.

요약하자면 선진국의 기대수명과 사망률의 장기적인 변천은 크게 19세기 말부터 20세기 초까지 세균이론 등장에 따른 질병퇴치와 영유아 사망률 감소, 그리고 20세기 중반 이후 만성질환 치료기술의 발전에 바탕을 둔 수명연장으로 설명된다. 한국 역시 동일한 과정을 겪으며 기대수명이 상승하였지만, 미국 등의 선진국과 비교할 때 짧은 기간 동안 매우 놀라운 속도로 국민건강 수준이 개선되었다. 무엇보다 한국전쟁 이후 1970년대까지 지속된 질병퇴치를 위한 노력, 그리고 의료 인프라 구축과 보다 많은 의료 혜택을 위한 국민건강보험의 도입과 확대의 결과였다.

3. 질병퇴치의 노력과 성과

식민지기는 각종 감염성 질환을 예방하고 치료할 수 있는 효과적인 방법이 충분히 존재하지 않았다. 그림 F-b에서

3 자료: 국가기록원(http://www.archives.go.kr).

그림 F-b 주요 감염성 질환 발병률 추이

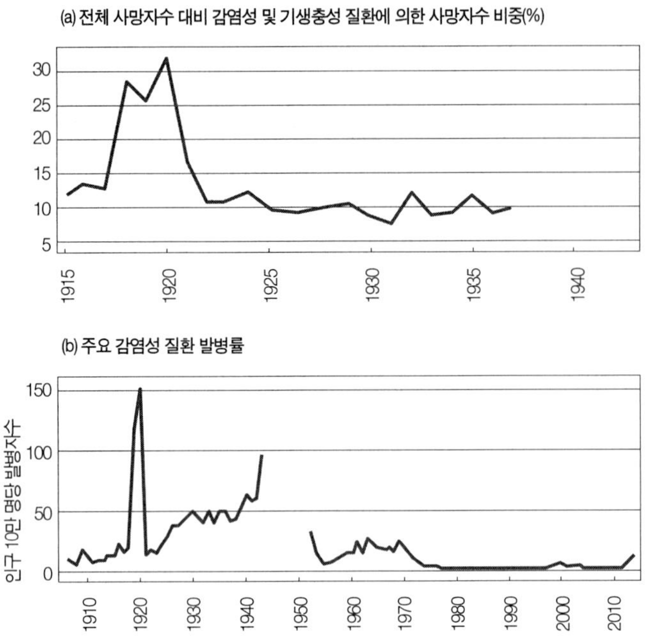

자료: 전체 사망자수–F1, 감염성 질병에 의한 사망자수–F25, 기생충성 질환에 의한 사망자수–F22, 주요 감염성 질환 발병자수–콜레라(F60), 장티푸스(F61), 이질(F62), 디프테리아(F63), 성홍열(F66), 발진티푸스(F64).

주: 식민지기 통계는 조선인에 대한 것이다. 주요 감염성 질환 발병률은 한국전쟁 기간인 1951년에 인구 10만 명당 616명으로 가장 높았으나, 위 그림에서는 제외하였다.

제시한 질병 추이에 따르면, 연간 약 5만 명의 조선인들이 감염성 또는 기생충성 질환에 의해 사망할 정도로 식민지기 위생 및 질병 환경 그리고 의료기술이 극히 취약했다. 특히, 1918-1920년은 그 정도가 더욱 심각했던 것으로 관측된다. 1918년은 전 세계적으로 스페인 독감이 유행하였고, 조선도 그 영향을 피해갈 수 없었다. 1922년 발간된 일본 內務省衛生局의 『流行性感冒』에 따르면, 조선인 인구의 44.3%에 달하는 770만 명이 스페인 독감에 감염되었고 약 14만 명이 사망하였다(Hong and Yun 2017). 그림 F-b의 (a) 그래프는 1918년 전체 사망자수 중 감염성 및 기생충성 질환에 의한 사망자수 비중이 30%대에 육박하는 것을 보여 준다. 1919-1920년에는 콜레라가 유행하여 각각 1만 6,617명, 2만 4,045명의 조선인이 감염된 것으로 조선총독부는 보고하였다. 그리고 1919-1920년 겨울에는 약 43만 명이 2차 스페인 독감에 감염되어 이 중 4만 4,099명이 사망한 것으로 추산된다.

지난 100년간 감염성 질병부담과 질병퇴치 노력의 추이를 살펴보기 위해, 그림 F-b의 (b)에서는 콜레라, 장티푸스, 이질, 디프테리아, 성홍열, 발진티푸스 등 6가지 주요 감염성 질환의 인구 10만 명당 발병률의 장기 추이를 제시하였다. 이들 감염성 질환들은 식민지기 조선총독부에서 매년 발병자수를 취합하여 통계연보에 보고하였으며, 해방 이후에도 법정 전염병으로 구분되어 현재까지 조사되고 있다.

발병률 추이에서 찾을 수 있는 주요한 특징을 정리하면 다음과 같다. 첫째, 식민지기 조선인의 발병률이 광복 직전까지 빠르게 증가한 것으로 보아, 이 시기 위생과 질병 환경이 취약해졌음을 엿볼 수 있다. 1920년에 발병률이 크게 증가한 것은 앞서 논의한 것처럼 콜레라 발발의 결과이다. 그러나 앞서 강조한 것처럼 식민지기 사망 및 전염병 통계 자료의 불완전성 때문에 실제 질병 문제의 심각성을 과소 또는 과대 추정할 수 있음을 염두에 둘 필요가 있다. 둘째, 1950년대 중반 발병률이 매우 낮아졌는데 이는 한국전쟁 이후 재건 과정에서 원조기관들의 질병퇴치 지원의 결과로 보인다. 셋째, 주요 감염성 질환의 발병률은 1960년대 다시 급증하였고, 1970년대를 거치면서 아주 빠르게 감소하는 패턴을 보인다. 이는 1960-1970년대 걸쳐 진행된 위생개선 캠페인, 영양개선사업, 예방접종사업, 기생충 구제사업 등 질병퇴치를 위한 적극적 노력의 결과이다. 넷째, 1980년대 이후 주요 감염성 질환의 발병률은 거의 사라졌으나 간혹 이들 질병이 다시 적잖은 규모로 발생하는 경우가 관측된다. 2000년 전후로 세균성 이질의 유행이나 최근 성홍열의 유행이 그러한 사례이다.[4] 이는 과거 유행하였고 이제는 퇴치되었다고 생각하는 감염성 질환이라도 예방 노력을 지속하지 않는다면 언제든 재발할 수 있음을 시사한다.

일반적으로 감염성 질병 환경에 가장 취약한 연령대는 영유아들이다. 식민지기 신뢰할 수 있는 영유아 사망률을 추계하는 것은 몇 가지 문제가 뒤따른다. 아직 출생 및 사망 등록이 체계적으로 시행되지 못했기 때문에, 사망률 산식의 분자인 사망자수가 상당히 과소 추계되었을 가능성이 있다. 마찬가지로 출생자 통계 역시 보고 누락으로 과소 추계의 가능성이 높다. 어느 변수의 과소 추계 정도가 높은가에 따라 사망률 추정치와 추이도 유의미하게 달라질 수 있

4 2000년대 들어서 1군 법정 감염성 질병(F129-135)으로 분류되는 장티푸스는 연평균 200명이 감염되고 있으며, 세균성이질은 2000년 전후로 급증한 경험이 있다. 2군 법정 감염성 질병(F136-147) 중에는 홍역, 유행성이하선염, 수두 등의 발병률이 최근 크게 증가하였고, 3군 질병(F148-167) 중에는 결핵, 쯔쯔가무시증 등의 유병자수가 높게 관측되었다.

그림 F-c 상수도 보급률과 장티푸스 발병률의 상관관계

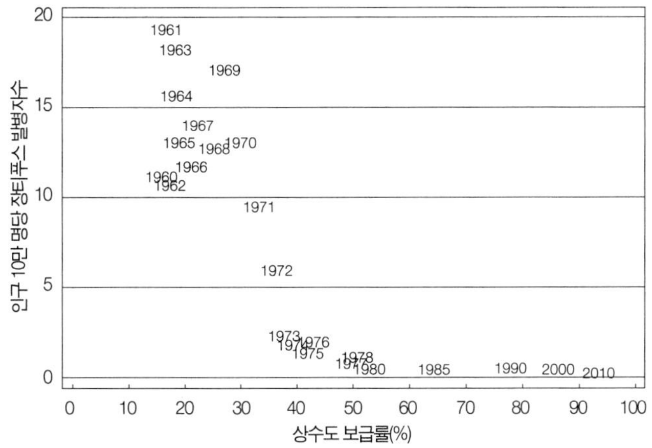

자료: 상수도 보급률 - F431; 장티푸스 발병률 - 발병자수(F131)를 해당 연도 인구수로 나누어 추정하였다.

다. 이런 이유로 사망률 추계를 정확히 제시하기는 어렵지만, 적어도 1960년대까지는 영아 사망률(출생 1년대 사망 확률)이 출생 1,000명당 100명 수준보다 높았을 것으로 판단된다. 미국 등 선진국의 영아 사망률도 20세기 초 이와 비슷한 수준을 유지했는데, 당시 열악했던 위생과 질병 환경의 취약성을 잘 반영한다.

한국은 1960-1970년대를 거치면서 영유아 사망률이 현저하게 개선되었는데, 이 기간 위생개선과 질병퇴치의 괄목할만한 성과가 있었음을 의미한다. 이 시기 대표적인 유해질병은 오염된 식수를 통해 감염되는 장티푸스였다. 정수된 식수 제공을 위한 상수도사업과 식수원 보호를 위한 하수도사업은 장티푸스와 같은 수인성 질환을 예방하기 위해 필수적이다. 1960년까지만 해도 인구 중 상수도 혜택을 받았던 비중은 20%에 미치지 못하였다. 한국전쟁의 폐허로 인해 한국은 이 시기 상수도 시설을 자생적으로 확충할 여력이 없었다. 대신 1960년대 미국과 독일 등의 차관에 의한 정부재정 융자로 서울을 비롯한 주요 대도시를 중심으로 상수도 확충이 시작되었다. 그 결과 1970년대 중반 상수도 보급률은 40%대로, 1990년까지는 80%로 증가하게 된다. 그림 F-c에서 보듯이 상수도 인프라 확충은 1980년대까지 장티푸스 발병률을 현저하게 낮추었다. 상수도 보급의 이 같은 질병퇴치 성과는 20세기 초 미국의 상수도 보급에 관한 연구에서도 유사하게 분석되었으며, 질병퇴치의 경제적 편익은 상수도 보급에 소요되는 비용을 월등히 초과하는 것으로 추정되었다(Ferrie and Troesken 2008).

4. 근대 보건의료 인프라 형성과 발전

조선에 근대적 병원이 설립된 것은 19세기 말 일련의 개항으로 서구문물의 유입과 더불어 시작되었다. 이는 단순히 서구문물의 영향 때문만은 아니며, 당시의 정치, 사회, 인구, 보건적 배경과 밀접하게 관련을 가진다(조우현 외 2002). 조선말기 근대 병원은 서양 선교의사들이 설립한 선교병원, 관립병원, 그리고 일본인들이 조선 내 일본인 거류민들을 위해 만든 일본인 병원 등의 형태로 설립되었다. 1885년에 설립된 광혜원(후에 제중원으로 개칭)은 최초의 사립병원으로 알려져 있으며, 광제원(1899년 설립)과 적십자병원(1905년 설립)을 통합하여 1907년 발족한 대한의원은 대표적인 관립의료기관이었다. 병의원에 대한 체계적인 보고가 시작된 1910년에는 관립·공립 병원 17곳, 조선인이 설립한 사립병원 14곳, 일본인이 설립한 사립병원 85곳, 외국인이 설립한 사립병원 9곳 등 총 125개 병원이 존재하였다. 그러나 해방 직전인 1943년의 병원수는 총 181개로 식민지기 동안 크게 증가하지는 않았다.

이들 의료기관들은 서양의학을 통해 만연했던 다양한 유해질병을 예방하고 치료하는데 기여했으며, 교육기관으로서 의료인력 양성의 싹을 틔웠다. 기존 연구에 따르면 식민지기 전문학교와 대학을 통해 배출된 조선인 의사는 약 4,000명에 이르렀고 이들 가운데 박사 학위자는 340명 정도로 추산된다(이흥기 2010). 하지만 당시 인구가 2,500만 명에 이르고 있어 실제 국민들이 받았던 근대적인 의료 혜택은 양적·질적으로 미약했다.

그러나 식민지기 의료 환경을 근대적인 의료기관과 인력만으로 설명하기에는 역부족이다. 실제로 조선인 의료의 대부분은 한의학이 담당하고 있었다고 해도 과언이 아니다. 1913년 「의생규칙」의 반포로 한의사들은 양의사보다 지위가 낮은 '의생'으로 분류되었다. 이들의 수는 서양의학 교육을 받은 의사보다 많았는데, 1930년 기준 조선인 의생의 수(4,596명)는 조선인 의사수(921명)의 5배에 달했다. 여기에 약의 조제와 투약을 주로 하는 약제사, 약의 판매만을 하

그림 F-d 근대적 의료기관과 의료인력의 증가 추이

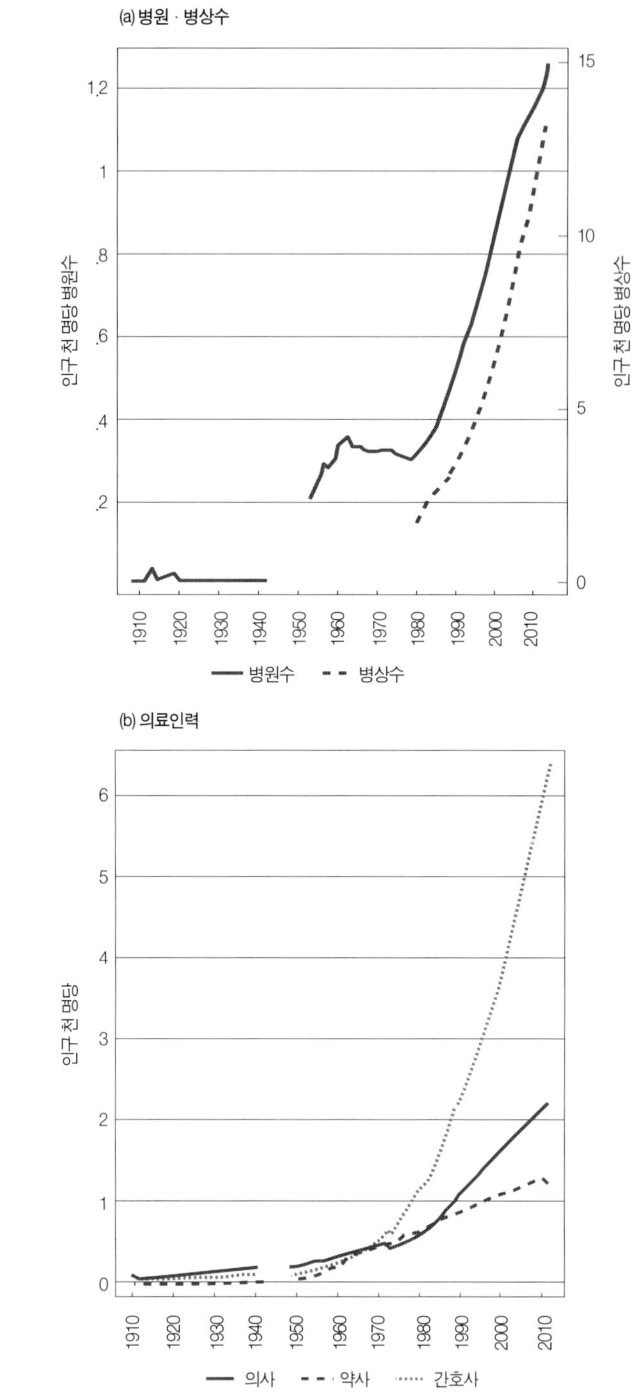

자료: 병원수–해방 이전 F181, 해방 이후 F188; 병상수–F205; 의사수–해방 이전 F219, F220, F221의 합계, 해방 이후–F247; 약사수–해방 이전 F229, F230, F231의 합계, 해방 이후 F250; 간호사–해방 이전 F238, F239, F240의 합계, 해방 이후 F252.

주: 인구당 병원, 병상, 의료인력수는 해당연도의 인구로 나누어 추산하였다. 식민지기의 의료인력은 조선인, 일본인, 외국인을 모두 더한 값을 사용하였다.

는 약종상, 의사가 없는 지역의 의료 문제를 해결하기 위해 일정한 자격을 갖춘 사람에게 의료 활동을 하도록 허락했던 한지의업 종사자, 그리고 종두 시술을 했던 종두시술생까지 포함하면 한의학 관련 종사사수는 6,700명에 달했다. 이는 식민지기 조선인의 의료는 상당부분 서양의학보다는 한의학에 의존하고 있었음을 시사한다.

그림 F-d에서 볼 수 있듯이 근대적 의료 인프라의 확충이 급격하게 증가한 것은 한국전쟁 이후이다. 앞서 소개한 1955년 미네소타 프로젝트는 선진 의학의 도입 계기가 되었고, 1960-1970년대를 통해 기존의 서울의대, 연세의대, 경북의대를 뒤이어 11개의 의과대학이 설립되어 의학교육의 진일보가 있었다(전종휘 1987). 또한 국민보건에 관한 중앙행정기관인 사회부 출범(1948) 그리고 「국민의료법」(1951), 「전염병예방법」(1954), 「보건소법」(1956), 「의료보험법」(1963), 「기생충질환 예방법」(1966), 「결핵예방법」(1967) 등 해방 이후 제정된 일련의 법안들은 공공보건 의료 서비스와 인프라 개선을 위한 법제적인 토대를 마련하였다(국가기록원 2015).

특히, 1976년에는 의료보험 당연 적용을 주요 내용으로 하는 의료보험법 개정으로, 500인 이상 사업장 근로자를 대상으로 처음으로 의료보험제도가 실시되었다. 또한 1977년에는 저소득층 의료 혜택 제도화를 위한 의료보험법이 제정되면서 의료보호의 제도적 틀을 갖추게 되었다. 이러한 기반을 토대로 1980년대를 거치면서 의료보험의 의무 시행 사업장 규모가 확대되고, 1989년에는 전 국민 의료보험을 실현하게 되었다. 2000년에는 국민의료보험관리공단과 직장조합이 통합되어 국민건강보험공단이 출범하여 오늘에 이르고 있다(국가기록원 2015).

국민건강보험은 질병과 부상에 대한 예방, 진단, 치료, 재활, 출산, 사망, 건강증진에 대한 보험급여를 실시함으로써, 국민들의 의료비 부담을 덜고 국민건강 증진을 도모하였다. 그림 F-e (a)에서 제시된 보장률 추이에 따르면, 최근 10년 동안 국민건강보험은 개인 의료비의 60% 남짓을 보장하고 있다. 특히, 2000년대 들어서는 노인장기요양보험제도(2008년), 4대 중증질환 보장성 강화(2013년), 본인부담상환제 개선(2004, 2007, 2009, 2014) 등 일련의 의료보장성 강화 정책을 실시해 왔다. 그림 F-e (a)에서 법정 본인부담률이 줄어든 것은 이러한 보장성 강화의 결과로 보인다. 다만 여전히 개인 의료비의 20%는 국민건강보험의 혜택을 받지 못하는 비급여 항목에 대한 지출이다.

한편, 그림 F-e (b)의 그래프는 연간 입원환자와 외래환

그림 F-e 건강보험 보장률과 의료이용률의 변화

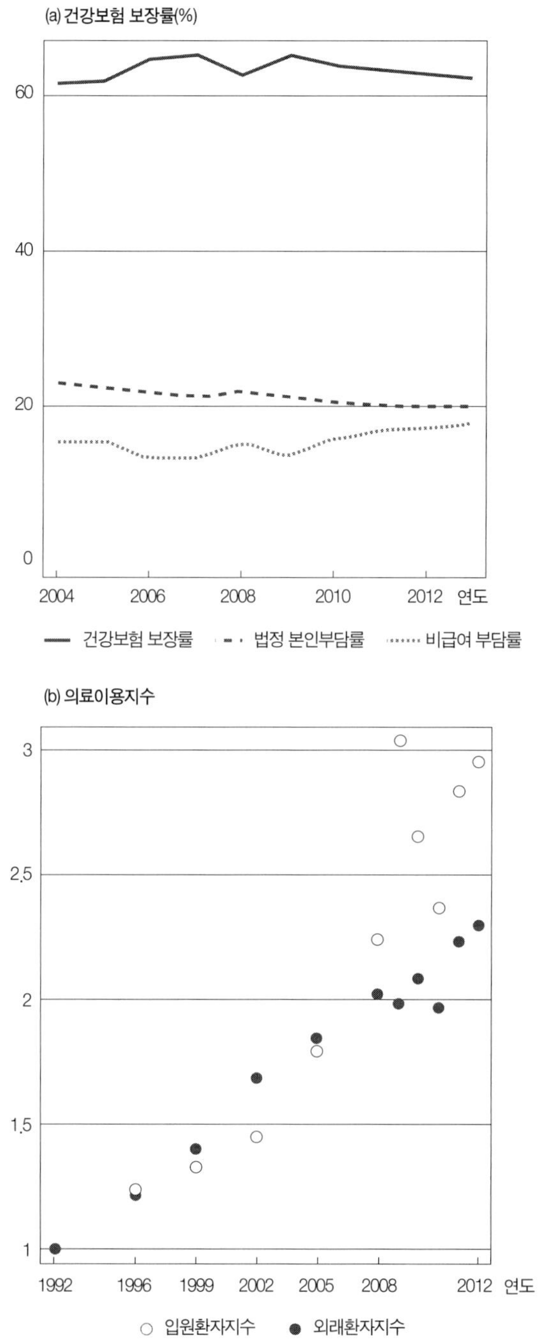

자료: 건강보험 보장률–F287, 법정 본인부담률–F288, 비급여 부담률–F289, 입원환자수– F290, 외래환자수–F291.

주: 의료이용지수는 연간 입원환자와 외래환자수를 총인구수로 나누어 비율을 계산하고, 1992년을 기준연도로 하여 증가 추이를 제시하였다.

자를 총인구로 나눈 비율이 1992년을 기준으로 얼마나 증가했는지를 보여 준다. 지난 20년간 입원환자 규모는 약 3배 증가하였고, 외래환자는 약 2.5배 증가한 것으로 관측된다. 이 같은 의료이용의 증가는 인구고령화, 소득증대에 따른 양질의 의료 서비스와 건강수명에 대한 수요 증가와 밀접히 관련된다.

5. 국민건강 지출과 건강 패턴의 변화

공공 부문의 의료 보장성 강화와 의료 서비스에 대한 수요 증가는 국민의료비 증가 추이에서 뚜렷하게 관측된다. 그림 F-f (a)는 GDP 대비 국민의료비 비중의 추이를 보여

그림 F-f 국민의료비 추이

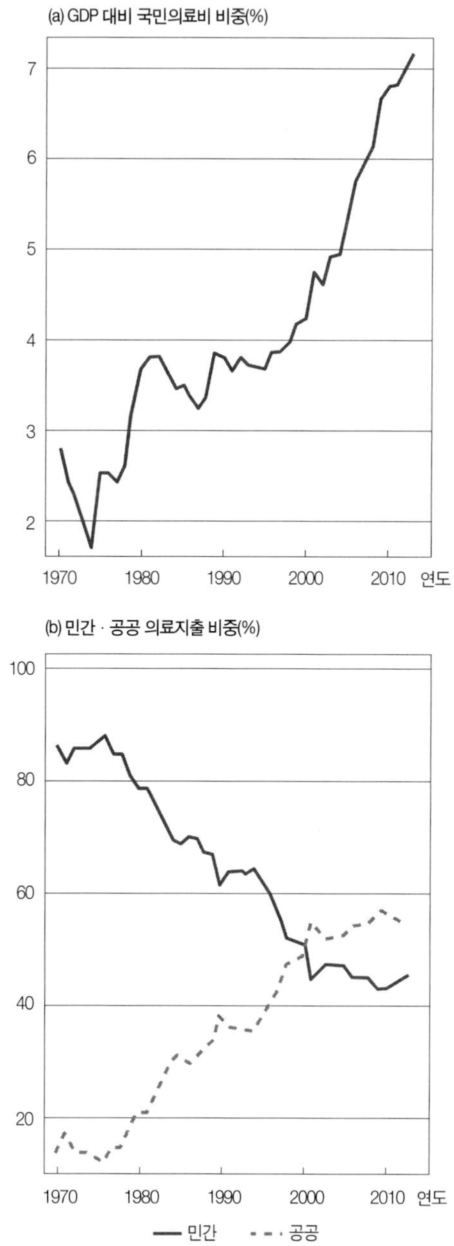

자료: GDP 대비 국민의료비 비중–F363, 민간 부문 의료지출 비중–F383, 공공 부문 의료지출 비중–F377.

주는데, 1970년대 2%대였으나 최근에는 7%를 넘어서고 있다. 물론 현재의 GDP 대비 국민의료비 비중은 OECD 평균인 9.1%(2014)에는 미치지 못하지만, 1990년대 중반 이후 증가 속도는 OECD 국가 중 가장 빠르다. 향후 인구 고령화가 더욱 심화될수록 의료비 비중은 더욱 증가할 것으로 예상된다.

한편, 국민의료비의 재원은 건강보험, 산재보험, 장기요양보험 등 정부 및 의무가입제도에 의해 지출된 공공의료비와 그 외 민영보험, 가계 직접 부담에 의해 지출된 민간의료비로 나뉜다. 그림 F-f (b)에서 두 재원 비중의 추이를 보면, 지난 40년 동안 민간의료비 비중은 지속적으로 감소하고 공공 부문의 비중은 증가해 온 것이 특징적이다.

질병예방과 퇴치, 보장성 강화, 그리고 건강수명에 대한 수요 증가는 단지 의료이용과 의료지출을 증가시켰을 뿐만 아니라, 건강 관련 행위에 긍정적인 영향을 미쳤으며 삶의 질도 개선하였다. 예를 들어, 남성흡연율(F454)은 1998년 66.3%였으나, 불과 15년이 지난 2014년에는 43.1%로 크게 하락하였다. 65세 이상 고령 인구 중 건강 문제나 신체 혹은 정신적 장애로 일상생활 및 사회 활동에 제한을 받는 비율(F460)은 2005년 37.7%에서 2014년 14.6%로 하락하였다. 또한 포괄적 생활수준의 지표로 간주되는 성인들의 평균 신장(F434)은 1958-1997년 사이 약 4.2% 증가하였다.[5] 그만큼 국민들의 물질적, 비물질적 생활수준이 향상되었음을 시사한다(홍석철 2013).

하지만 긍정적인 변화만 있었던 것은 아니다. 근로와 생활 환경의 변화로 신체 활동이 줄어들고 소득 증대로 필요 이상의 영양을 섭취함에 따라, 비만 인구의 비중은 1998년 25.8%에서 2013년 32.5%로 빠르게 증가하였다(F446). 또한 현대인의 생활습관 및 환경과 관련한 만성질환의 증가도 주목할 필요가 있다.

그림 F-g는 전체 사망자 중 주요 사망원인별 사망자 비중의 장기 추이를 보여 준다. 20세기 초 식민지기에는 감염성 질환에 의한 사망 비중이 높을 때는 30%에 달하였으나 최근에는 2% 수준에 불과하다. 반면 악성종양으로 불리는 암에 의한 사망 비중은 20세기 초에는 매우 낮았으나 최근 30년간 빠르게 증가하여 지금은 30% 수준이다.[6] 또 다른 중요한 특징은 자살 사망의 비중도 1990년대 이후 급격히 증가하여 최근 전체 사망의 5-6% 수준을 차지하고 있다는 점이다.

그림 F-g 주요 사망원인에 따른 사망 비중 추이(%)

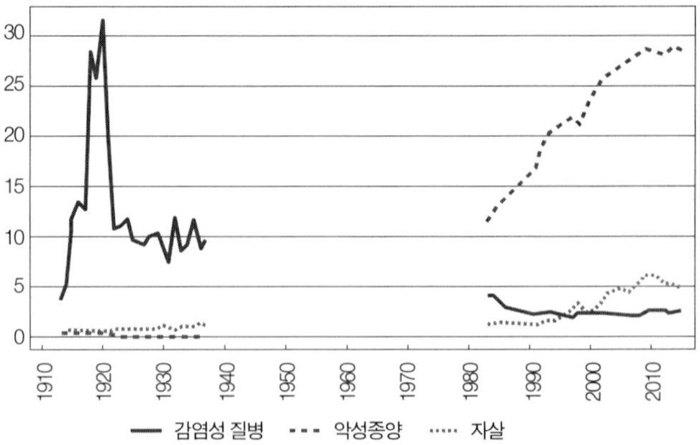

자료: 감염성 질병 사망자수–해방 이전 F22, F25의 합계, 해방 이후 F28, 악성종양 사망자수–해방 이전 F21, 해방 이후 F29, 자살 사망자수–해방 이전 F16, 해방 이후 통계청(KOSIS).

그림 F-g의 장기 추이는 대부분 선진국에서도 관측되는 패턴이다. 앞으로 국민건강 증진을 위해서는 만성질환의 진단과 치료뿐만 아니라 생활습관 개선, 건강관리 서비스, 정신건강 개선을 위한 투자와 노력이 더욱 필요함을 시사한다.

본 장에서 제시하는 통계 자료는 지난 100년간 한국의 국민건강의 패턴, 질병퇴치의 노력과 결과, 근대적 의료 인프라 구축, 최근의 의료 수요 및 이용의 증가 등을 잘 보여준다. 그러나 경제발전과 국민건강 증진의 상호 연관성에 대한 심도있는 연구를 활성화하기 위해서는 1950-1970년대의 건강 분야 자료가 보완될 필요가 있다. 이 시기 한국은 보건의료 부문의 진일보를 이룩하였지만 다른 시기보다 자료가 상대적으로 부족하기 때문이다. 정치, 경제적으로 격변기였기 때문에 자료조사가 제대로 이루어지지 못한 탓도 있겠지만, 확인되지 않고 발굴되지 못한 자료에 대한 파악이 필요하다.

5 17세 남성을 대상으로 한 조사이며, 출생연도를 기준으로 1958년 167cm에서 1997년 174cm로 증가하였다.

6 20세기 초에는 암에 대한 지식과 진단기술의 부족으로 암 사망이 과소 보고되었을 가능성도 있다.

참고문헌

국가기록원(2015),『주요 정책기록 해설집 III: 복지편』, 국가기록원.

이왕준(2006),「미네소타 프로젝트가 한국 의학교육에 미친 영향」, 서울대학교 박사학위논문.

이흥기(2010),「한국 근대 의사직의 형성과정(1885-1945)」, 서울대학교 박사학위논문.

전종휘(1987),『우리나라 현대의학 그 첫 세기』, 최신의학사.

조우현 · 박종연 · 박춘선(2002),「우리나라 근대 병원의 등장: 19세기 말 20세기 초의 병원들」,『의사학』11(1), 20-48.

홍석철(2013),「생활수준 연구의 경제사적 조망」,『경제사학』55, 137-173.

Almond, Douglas and Janet Currie(2011), "Killing Me Softly: The Fetal Origins Hypothesis," *Journal of Economic Perspectives* 25(3), 153-172.

Carter, Susan, Scott Gartner, Michael Haines, Alan Olmstead, Richard Sutch, and Gavin Wright eds.(2006), *Historical Statistics of the United States: Earliest Times to the Present*, New York: Cambridge University Press.

Centers for Disease Control(1999), "CDC on infectious diseases in the United States, 1900-99," *Population and Development Review* 25, 635-640.

Currie, Janet and Enrico Moretti(2007), "Biology as Destiny? Short- and Long-Run Determinants of Intergenerational Transmission of Birth Weight," *Journal of Labor Economics* 25(2), 231-264.

Cutler, David and Grant Miller(2005), "The Role of Public Health Improvements in Health Advances: The Twentieth-Century United States," *Demography* 42(1), 1-22.

Ferrie, Joseph and Werner Troesken(2008), "Water and Chicago's Mortality Transition, 1850-1925," *Explorations in Economic History* 45, 1-16.

Floud, Roderick, Robert W. Fogel, Bernard Harris, and Sok Chul Hong(2011), *The Changing Body: Health, Nutrition, and Human Development in the Western World since 1700*, Cambridge University Press.

Hong, Sok Chul(2013), "Malaria: An Early Indicator of Later Disease and Work Level," *Journal of Health Economics* 32(3), 612-632.

Hong, Sok Chul and Yangkeun Yun(2017), "Fetal Exposure to the 1918 Influenza Pandemic in Colonical korea and Human Capital Development," *Seoul Journal of Economics* 30(4), 353-383.

Kwon, Tai Hwan(1977), *Demography of Korea: Population Change and its Components, 1925-66*, Seoul: Seoul National University Press.

Preston, Samuel and Michael Haines(1991), *Fatal Years: Child Mortality in Late Nineteenth-Century America*, Princeton University Press.

F. 건강

홍석철

1. 사망원인별 사망

표 F1-26 사망원인별 사망자수, 1913-1937

	합계	전신병	정신병	신경계병	순환기병	눈 및 눈 부속기병	귓병	이비인후병	호흡기병	소화기병	치아병	운동기병	피부 및 피부 부속기병
	F1	F2	F3	F4	F5	F6	F7	F8	F9	F10	F11	F12	F13
	남북한, 명												
1913	273,235	14,046	1,357	7,987	7,605	249	222	2,423	20,325	29,603	156	2,764	2,774
1914	301,654	18,003	2,848	15,647	10,121	366	285	4,313	31,069	49,895	185	3,600	3,149
1915	336,936	19,547	2,985	37,097	12,738	452	340	9,624	50,754	68,851	408	4,033	4,775
1916	363,556	18,485	2,794	55,692	10,407	385	255	10,462	59,905	74,890	415	4,060	4,300
1917	402,410	19,815	2,997	68,517	12,122	293	334	10,910	68,273	90,271	606	4,405	4,654
1918	515,238	17,966	3,493	67,996	12,977	281	211	12,025	75,361	78,704	332	5,324	4,422
1919	384,505	11,653	5,599	59,721	8,365	537	434	8,084	48,658	64,719	530	3,660	3,454
1920	394,966	11,823	4,776	66,543	9,662	617	446	7,013	42,035	47,539	465	4,563	4,515
1921	337,934	11,375	6,226	69,404	10,492	1,165	551	6,980	39,667	48,242	912	4,377	6,126
1922	368,988	12,496	8,348	79,169	12,873	1,385	1,005	7,940	45,014	55,102	1,107	5,523	8,616
1923	359,358	10,789	9,820	72,086	14,899	1,057	927	7,717	46,691	53,320	948	5,671	8,128
1924	378,779	10,844	7,670	78,163	15,631	1,052	711	8,504	49,763	59,618	883	5,383	7,754
1925	384,673	10,572	7,082	80,819	16,493	847	583	8,165	50,235	61,469	639	5,437	7,968
1926	379,361	10,183	7,171	77,952	17,426	1,181	638	7,814	51,677	65,013	591	5,406	8,022
1927	402,840	10,337	7,067	80,727	19,247	973	702	7,115	52,038	71,217	651	5,535	7,471
1928	424,642	10,579	6,918	84,535	19,537	964	679	8,090	57,512	74,608	722	5,470	8,323
1929	452,853	10,626	7,413	88,154	21,619	1,110	762	8,624	63,074	80,761	795	5,642	8,626
1930	373,722	9,793	6,543	73,926	17,919	769	712	6,697	52,900	68,186	690	4,344	6,799
1931	401,548	10,418	7,393	76,698	19,953	841	684	7,075	56,145	75,040	619	4,786	7,412
1932	448,523	12,050	7,247	81,767	21,293	704	671	6,402	63,509	83,679	687	4,900	10,473
1933	392,668	10,638	7,100	75,853	18,489	543	503	5,382	56,760	77,545	488	4,454	6,154
1934	398,482	10,779	6,946	75,828	18,253	579	459	5,626	60,207	77,236	512	4,382	6,736
1935	421,444	12,778	6,822	74,305	19,609	506	435	5,593	62,844	82,776	504	4,129	7,155
1936	424,063	14,591	6,089	72,676	18,590	653	439	5,413	69,983	83,902	466	3,972	5,845
1937	386,733	13,837	5,518	62,664	18,339	454	319	4,292	61,165	80,412	377	3,517	6,041

	비뇨생식기병	외상	물에 빠져 죽음 및 목매 죽음	기형 및 유년	노쇠	임신 및 출산	중독	신생물	기생충병	각기	감기	전염병	진단불명 및 원인불명
	F14	F15	F16	F17	F18	F19	F20	F21	F22	F23	F24	F25	F26
	남북한, 명												
1913	4,107	1,322	1,002	7,179	36,660	2,420	671	554	3,804	969	9,286	6,516	109,234
1914	4,393	1,976	2,150	4,584	30,304	2,359	1,577	1,130	4,443	1,494	19,895	11,536	76,332
1915	6,308	2,564	2,748	3,992	26,576	2,429	1,727	1,372	7,013	1,640	21,890	32,415	14,658
1916	9,131	3,324	2,827	2,940	18,179	2,418	1,539	1,479	6,491	1,797	20,864	43,047	7,470
1917	11,753	2,904	2,810	4,716	17,056	2,523	1,524	1,411	8,715	1,643	19,578	42,209	2,371
1918	11,798	2,946	3,109	4,797	15,986	3,463	1,472	1,447	7,674	1,914	39,689	139,152	2,699
1919	10,511	2,820	2,307	4,570	13,741	2,628	3,732	1,377	6,327	1,584	22,915	92,338	4,241
1920	9,925	2,105	2,295	1,287	17,755	1,810	4,950	1,350	5,495	870	23,321	119,692	4,114
1921	9,529	2,873	2,092	2,468	17,322	2,548	5,442	1,274	5,250	1,307	28,598	50,813	2,901
1922	10,553	3,319	3,379	3,991	19,377	2,813	6,514	1,007	6,009	1,952	33,704	33,989	3,803
1923	9,576	3,500	3,467	3,918	18,935	2,827	5,937	865	5,378	1,451	33,022	34,302	4,127
1924	10,235	3,167	3,073	3,546	20,157	2,812	5,400	959	5,191	1,241	32,744	39,867	4,411
1925	10,504	3,270	3,443	3,595	21,434	3,024	5,266	766	5,460	1,195	39,150	32,018	5,239
1926	10,199	3,164	3,559	3,476	21,009	3,122	4,779	600	4,941	1,373	35,244	30,549	4,272
1927	11,319	3,452	3,645	3,929	26,501	3,271	4,774	751	5,246	1,621	37,636	32,294	5,321
1928	11,391	3,124	3,938	3,949	24,562	3,349	4,235	929	5,239	1,367	41,172	37,321	6,129
1929	11,769	3,210	3,412	4,743	26,977	3,401	4,169	927	5,451	1,450	43,388	41,256	5,494
1930	10,141	2,749	4,481	3,057	24,442	3,327	3,501	631	3,976	1,032	34,758	28,242	4,107
1931	9,750	2,700	3,892	3,469	26,287	3,395	3,594	716	4,225	1,310	43,867	25,969	5,310
1932	10,236	2,753	3,698	3,296	25,311	3,238	3,784	683	4,798	1,084	40,741	48,956	6,563
1933	9,818	2,948	4,068	2,946	26,047	3,184	3,326	649	4,170	1,075	34,072	30,068	6,388
1934	9,748	2,789	4,023	2,926	24,390	3,225	3,494	675	4,313	1,092	34,824	32,098	7,342
1935	10,142	3,118	4,230	3,023	25,957	3,137	3,234	809	4,568	1,057	32,113	44,921	7,679
1936	10,551	3,177	6,025	2,440	26,463	3,122	3,402	803	4,216	1,084	37,913	33,681	8,567
1937	10,749	3,127	4,534	2,082	24,927	3,024	3,212	796	3,591	1,049	28,227	34,621	9,859

자료: 조선총독부, 『조선총독부통계연보』, 각년도.

주: 조선인, 일본인, 외국인 중 조선인만을 대상으로 하였다.

표 F27-46 사망원인별 사망자수, 1983-2015

	합계	특정 감염성 및 기생충성 질환 (A00-B99)	신생물 (C00-D48)	혈액 및 조혈기관질환과 면역메커니즘을 침범하는 특정장애 (D50-D89)	내분비, 영양 및 대사 질환 (E00-E88)	정신 및 행동장애 (F01-F99)	신경계통의 질환 (G00-G98)	눈 및 눈부속기의 질환 (H00-H57)	귀 및 유돌의 질환 (H60-H93)	순환계통 질환 (I00-I99)
	F27	F28	F29	F30	F31	F32	F33	F34	F35	F36
	남한, 명									
1983	254,563	10,560	29,384	308	2,432	1,317	3,067	16	9	66,233
1984	236,445	9,672	29,872	300	2,821	1,425	2,626	16	8	67,153
1985	240,418	8,551	32,055	300	3,042	1,384	2,423	8	7	65,809
1986	239,256	7,690	33,201	296	3,274	1,393	2,308	5	4	62,606
1987	243,504	7,127	34,111	259	3,301	1,260	2,124	11	7	60,880
1988	235,779	6,295	35,479	258	3,059	689	1,991	4	5	58,593
1989	236,818	5,802	37,450	323	3,890	694	2,015	13	5	57,834
1990	241,616	5,687	39,338	335	4,945	1,186	2,172	5	7	58,611
1991	242,270	5,384	40,179	316	5,244	1,947	2,456	21	1	58,569
1992	236,162	5,631	44,853	360	5,982	2,596	2,410	24	1	62,645
1993	234,257	5,714	47,207	381	7,583	3,088	2,955	36	4	66,555
1994	242,439	5,786	49,904	424	8,067	4,640	2,385	38	1	69,612
1995	242,838	5,368	51,045	416	8,558	5,254	2,272	18	6	63,376
1996	241,149	5,005	51,790	399	8,669	6,056	2,167	17	8	58,913
1997	241,943	4,993	53,282	383	9,359	6,543	2,378	13	6	56,109
1998	243,193	6,100	51,587	503	10,855	7,311	2,489	31	5	57,614
1999	245,364	5,514	54,757	472	11,131	6,763	2,189	24	5	57,359
2000	246,163	6,185	58,700	480	11,779	6,428	2,851	9	2	58,329
2001	241,521	5,756	59,821	454	12,273	6,399	3,041	8	3	57,626
2002	245,317	5,723	63,195	453	12,855	5,583	4,012	2	-	61,301
2003	244,506	5,406	63,984	423	12,762	4,572	3,962	1	1	60,004
2004	244,217	5,163	65,083	443	12,382	4,794	4,130	-	1	58,128
2005	243,883	5,525	65,857	442	12,402	4,503	4,118	-	4	56,266
2006	242,266	5,420	66,371	459	12,225	4,369	4,393	-	4	56,093
2007	244,874	5,349	68,335	502	11,959	4,219	5,158	4	2	57,574
2008	246,113	5,603	69,854	483	11,053	5,449	5,457	1	4	55,460
2009	246,942	6,022	70,777	571	10,562	4,953	5,523	1	7	54,249
2010	255,405	6,685	73,147	615	11,146	4,947	6,052	3	3	56,119
2011	257,396	6,766	72,650	572	11,715	5,141	6,640	4	2	56,878
2012	267,221	7,106	74,990	626	12,543	5,574	8,138	1	2	58,960
2013	266,257	6,683	76,621	690	11,844	5,190	9,814	1	2	57,182
2014	267,692	6,912	77,902	637	11,611	5,096	9,967	-	1	57,815
2015	275,895	7,295	78,281	724	11,659	5,349	10,733	-	3	59,544

자료: 통계청, 『사망원인통계』, 각년도.

주: 사망원인의 괄호 안 분류기호는 한국표준질병사인 분류이다.

표 F27-46 계속

	호흡계통의 질환 (J00-J98, U04)	소화계통의 질환 (K00-K92)	피부 및 피하조직의 질환 (L00-L98)	근골격계통 및 결합 조직의 질환 (M00-M99)	비뇨생식계통의 질환 (N00-N98)	임신, 출산 및 산후기 (O00-O99)	출생전후기에 기원한 특정병태 (P00-P96)	선천 기형, 변형 및 염색체 이상 (Q00-Q99)	달리 분류되지 않은 증상, 징후 (R00-R99)	질병이환 및 사망의 외인 (V01-Y89)
	F37	F38	F39	F40	F41	F42	F43	F44	F45	F46
	남한, 명									
1983	11,112	20,040	68	874	1,992	184	76	670	83,893	22,328
1984	9,871	18,704	57	758	1,832	135	63	761	66,999	23,372
1985	9,586	18,584	34	774	1,937	126	81	925	70,604	24,188
1986	8,419	17,885	41	730	1,955	103	108	901	74,348	23,989
1987	8,144	17,249	38	657	1,712	68	91	749	79,052	26,664
1988	8,135	16,425	29	619	1,849	67	117	1,071	73,984	27,110
1989	8,500	16,862	51	755	1,845	65	157	1,178	70,265	29,114
1990	7,849	15,860	45	886	1,605	92	128	1,194	71,312	30,359
1991	7,989	15,886	125	976	1,760	98	245	1,300	67,653	32,121
1992	9,123	17,064	139	1,459	1,952	85	376	1,289	47,407	32,766
1993	10,732	18,045	189	2,055	2,110	89	283	1,303	33,177	32,751
1994	11,279	17,789	230	2,314	2,291	86	238	1,210	33,618	32,527
1995	11,123	17,902	199	2,084	2,240	90	254	1,013	37,003	34,617
1996	10,756	16,683	170	2,047	2,235	77	256	974	40,055	34,872
1997	11,282	15,915	198	1,903	2,483	67	243	867	43,254	32,665
1998	12,498	15,789	326	2,459	2,851	63	219	615	39,705	32,173
1999	12,961	14,861	356	2,555	2,912	77	1,138	939	41,470	29,881
2000	16,056	14,848	387	2,129	3,123	62	1,315	939	33,742	28,799
2001	15,616	14,362	440	2,114	3,273	70	1,697	948	28,988	28,632
2002	16,544	14,070	430	2,463	3,219	71	1,302	974	24,358	28,762
2003	14,448	12,831	405	2,081	2,866	58	1,305	872	27,069	31,456
2004	14,168	12,049	392	1,547	3,003	58	1,209	738	30,453	30,476
2005	14,208	11,208	405	1,525	3,062	53	902	605	31,934	30,864
2006	14,210	10,670	496	1,656	3,224	54	859	571	31,688	29,504
2007	14,864	10,762	413	1,900	3,875	48	904	599	28,270	30,137
2008	16,018	10,769	417	1,666	4,325	39	804	527	27,709	30,475
2009	17,023	10,658	418	1,846	4,592	62	739	470	25,808	32,661
2010	18,528	11,062	490	1,871	4,845	75	830	493	25,850	32,644
2011	19,932	11,134	470	1,772	4,922	85	769	501	24,998	32,445
2012	22,770	11,276	443	1,767	5,438	56	764	499	25,115	31,153
2013	22,490	11,170	428	1,660	5,652	51	689	509	24,566	31,015
2014	24,159	11,351	484	1,559	5,834	48	696	471	23,800	29,349
2015	27,806	11,708	470	1,491	6,546	42	631	433	24,396	28,784

2. 질환 발병률

표 F47-58 암발생자수 및 발생률, 1999-2013

	모든 암		위암		간암		폐암		유방암		갑상선암	
	발생자수	발생률	발생자수	발생률	발생자수	발생률	발생자수	발생률	발생자수	발생률	발생자수	발생률
	F47	F48	F49	F50	F51	F52	F53	F54	F55	F56	F57	F58
	남한											
	명	인구 10만 명당	명	인구 10만 명당	명	인구 10만 명당	명	인구 10만 명당	명	인구 10만 명당	명	인구 10만 명당
1999	101,032	214	20,870	44	13,286	28	13,204	28	5,744	12	3,325	7
2000	101,772	214	20,972	44	13,126	28	13,390	28	5,906	12	3,288	7
2001	111,234	232	22,541	47	13,868	29	14,153	30	7,165	15	4,410	9
2002	117,089	243	23,220	48	13,961	29	14,880	31	8,090	17	5,438	11
2003	125,707	260	23,921	50	14,113	29	15,209	32	8,527	18	7,538	16
2004	134,476	277	23,629	49	14,513	30	16,355	34	9,211	19	10,412	22
2005	146,858	302	26,361	54	15,177	31	17,233	35	10,252	21	12,771	26
2006	154,583	316	26,430	54	15,002	31	17,725	36	10,932	22	16,132	33
2007	167,675	341	26,811	55	15,476	32	18,436	38	12,000	24	21,262	43
2008	182,129	369	28,392	58	15,897	32	19,142	39	12,836	26	27,309	55
2009	195,842	394	30,011	60	16,139	33	20,045	40	13,648	28	32,456	65
2010	207,085	415	30,642	61	16,293	33	21,226	43	14,639	29	36,687	74
2011	221,013	441	31,895	64	16,684	33	22,118	44	16,128	32	41,200	82
2012	226,216	449	31,010	62	16,363	33	22,335	44	16,683	33	44,494	88
2013	225,343	446	30,184	60	16,192	32	23,177	46	17,292	34	42,541	84

자료: 보건복지부, 『국가암등록사업 연례 보고서』, 각년도.

주: 2013년 발생자수 기준 상위 5개 항목을 게시하였다.

표 F59-82 주요 전염성 질병 연간 발병자수 및 사망자수, 1906-1943

	발병자수											
	합계	콜레라	장티푸스	이질	디프테리아	발진티푸스	두창	성홍열	파라티푸스	유행성 뇌척수막염	회귀열	합계 발병률
	F59	F60	F61	F62	F63	F64	F65	F66	F67	F68	F69	F70
	남북한											
	명											인구 10만 명당
1906	1,235	516	413	143	17	2	89	55	-			9.5
1907	878	171	451	147	16	-	91	2	-			6.8
1908	2,052	58	310	220	-	-	1,442	15	7			15.9
1909	6,657	1,594	342	424	-	-	4,260	15	22			51.5
1910	3,945	464	285	744	-	-	2,425	3	24			30.0
1911	4,681	-	509	479	11	2	3,653	7	20			33.8
1912	2,468	72	617	546	49	8	1,095	7	74			16.9
1913	1,535	1	700	454	33	4	214	15	114			10.1
1914	2,411	-	1,445	458	67	8	131	78	224			15.4
1915	2,240	1	1,306	384	141	22	47	172	167			14.0
1916	3,800	1,680	1,282	417	142	31	34	26	188			23.3
1917	2,862	-	1,560	784	140	81	25	68	204			17.2
1918	4,191	-	2,882	300	116	70	282	25	516			25.1
1919	22,019	16,617	2,022	426	110	696	1,670	28	450			131.2
1920	35,885	24,045	1,012	331	112	56	10,224	14	91			212.1
1921	10,238	1	1,489	400	127	58	7,888	121	154			60.0
1922	6,052	38	1,766	677	159	58	3,086	70	198			35.2
1923	6,038	-	1,624	475	168	16	3,509	116	130			34.6
1924	4,470	-	2,108	713	317	490	428	258	116	40		25.4
1925	6,050	6	3,397	1,120	336	208	628	82	268	5		32.6
1926	8,175	248	3,870	1,294	323	1,216	905	77	235	7		43.9
1927	7,947	-	3,649	1,856	391	936	599	167	270	79		42.7
1928	8,508	-	4,142	1,520	373	1,739	243	261	225	5		45.6
1929	9,417	18	4,570	1,985	561	1,135	491	332	195	130		50.1
1930	11,399	-	6,164	1,160	593	1,615	1,365	277	212	13		57.9
1931	10,156	-	4,943	1,072	645	1,422	1,282	413	314	65		51.5
1932	11,120	67	4,555	1,200	847	1,129	2,656	367	223	76		55.5
1933	15,005	-	5,882	1,532	869	1,363	4,757	202	313	87		74.3
1934	9,180	-	4,291	1,529	1,117	1,015	403	193	269	363		44.8
1935	11,867	-	5,486	2,075	1,109	1,072	1,143	211	367	404		55.8
1936	12,202	-	5,043	2,620	1,144	1,233	1,313	318	297	234		57.1
1937	9,548	-	4,304	2,117	1,494	855	196	195	242	145		44.0
1938	10,056	50	4,655	2,499	1,561	492	36	84	365	314		45.8
1939	12,746	-	5,713	2,792	1,822	1,220	559	77	370	193		57.7
1940	18,154	-	9,777	1,579	1,725	1,154	3,128	61	488	109	133	79.1
1941	18,801	-	9,187	1,238	1,706	1,203	4,439	78	401	91	458	78.6
1942	18,142	-	9,771	1,489	1,684	2,400	1,542	50	515	63	628	71.1
1943	27,419	-	13,781	1,522	1,278	7,489	1,228	45	978	79	1,019	106.2

자료: 조선총독부, 『조선총독부통계연보』, 각년도.
주: 조선인, 일본인, 외국인 중 조선인만을 대상으로 하였다.

표 F59-82 계속

	사망자수											
	합계	콜레라	장티푸스	이질	디프테리아	발진티푸스	두창	성홍열	파라티푸스	유행성뇌척수막염	회귀열	합계 사망률
	F71	F72	F73	F74	F75	F76	F77	F78	F79	F80	F81	F82
	남북한											
	명											인구 10만 명당
1906												
1907												
1908												
1909												
1910												
1911												
1912												
1913												
1914	481	-	204	142	39	2	12	50	32			3
1915	520	1	201	158	61	4	8	75	12			3
1916	1,491	1,022	218	139	63	5	5	11	28			9
1917	730	1	309	313	65	3	5	20	14			4
1918	876	-	514	117	58	15	99		2			5
1919	12,740	11,339	430	147	45	102	600	16	61			76
1920	17,136	13,453	174	116	45	12	3,321	7	8			101
1921	3,004	1	273	157	63	17	2,428	51	14			18
1922	1,724	21	319	234	63	16	1,018	28	22			10
1923												
1924	1,022	-	354	237	138	87	85	93	11	17		6
1925	1,314	5	585	289	169	32	156	40	36	2		7
1926	1,655	156	566	380	151	128	210	36	24	4		9
1927	1,543	-	508	481	183	81	142	64	39	45		8
1928	1,624	-	662	390	161	195	78	113	21	4		9
1929	1,983	15	748	482	270	125	121	128	19	75		11
1930	1,964	-	796	274	261	183	317	115	13	5		10
1931	1,905	-	673	278	276	131	324	162	21	40		10
1932	2,341	36	734	367	363	126	534	124	19	38		12
1933	2,695	-	800	341	344	148	940	55	27	40		13
1934	1,895	-	624	374	386	131	128	48	20	184		9
1935	2,613	-	892	513	436	147	302	68	37	218		12
1936	2,536	-	817	565	402	140	347	126	23	116		12
1937	2,053	-	718	485	538	107	44	57	13	91		9
1938	2,049	32	743	510	449	78	9	19	26	183		9
1939	2,620	-	956	635	593	141	170	-	31	87	7	12
1940	3,212	-	1,474	389	479	153	611	10	34	52	10	14
1941	3,373	-	1,346	311	431	154	1,025	11	25	44	26	14
1942	2,789	-	1,261	289	444	304	395	3	48	29	16	11
1943	3,848	-	1,750	300	311	937	372	2	80	38	58	15

표 F83-102 스페인독감 감염자수 및 사망자수, 도별, 1918년 9월-1919년 1월

		조선인					일본인				
		발병자수	발병률	사망자	사망률	치명률	발병자수	발병률	사망자	사망률	치명률
		F83	F84	F85	F86	F87	F88	F89	F90	F91	F92
		명	인구 천 명당	명	인구 천 명당	환자 천 명당	명	인구 천 명당	명	인구 천 명당	환자 천 명당
경기	남	285,894	331.7	6,227	7.2	21.8	20,332	438.4	137	3.0	6.7
	여	256,885	314.0	6,124	7.5	23.8	19,290	452.1	102	2.4	5.3
	합	542,779	323.0	12,351	7.4	22.8	39,622	445.0	239	2.7	6.0
충북	남	152,563	396.7	2,526	6.6	16.6	2,294	640.4	13	3.6	5.7
	여	130,379	362.6	2,152	6.0	16.5	1,932	659.6	13	4.4	6.7
	합	282,942	380.2	4,678	6.3	16.5	4,226	649.1	26	4.0	6.2
충남	남	352,413	622.9	6,851	12.1	19.4	4,671	488.0	25	2.6	5.4
	여	360,305	676.9	7,397	13.9	20.5	4,631	550.9	36	4.3	7.8
	합	712,718	649.1	14,248	13.0	20.0	9,302	517.4	61	3.4	6.6
전북	남	213,510	373.8	4,038	7.1	18.9	4,116	347.5	49	4.1	11.9
	여	195,136	364.8	3,602	6.7	18.5	2,726	271.9	36	3.6	13.2
	합	408,646	369.4	7,640	6.9	18.7	6,842	312.9	85	3.9	12.4
전남	남	393,080	415.8	6,935	7.3	17.6	5,942	429.7	54	3.9	9.1
	여	361,974	399.9	6,575	7.3	18.2	5,535	468.8	54	4.6	9.8
	합	755,054	408.0	13,510	7.3	17.9	11,477	447.7	108	4.2	9.4
경북	남	522,992	497.2	9,504	9.0	18.2	7,303	468.0	69	4.4	9.4
	여	507,411	519.3	10,265	10.5	20.2	6,144	463.3	51	3.8	8.3
	합	1,030,403	507.8	19,769	9.7	19.2	13,447	465.9	120	4.2	8.9
경남	남	309,981	357.6	7,589	8.8	24.5	14,978	466.1	188	5.9	12.6
	여	290,622	356.8	7,080	8.7	24.4	13,207	444.2	107	3.6	8.1
	합	600,603	357.2	14,669	8.7	24.4	28,185	455.6	295	4.8	10.5
황해	남	297,665	452.0	6,801	10.3	22.8	3,704	487.2	35	4.6	9.4
	여	287,490	453.2	6,966	11.0	24.2	2,969	500.6	16	2.7	5.4
	합	585,155	452.6	13,767	10.6	23.5	6,673	493.1	51	3.8	7.6
평남	남	333,921	590.4	3,745	6.6	11.2	7,315	528.8	49	3.5	6.7
	여	326,308	598.9	4,143	7.6	12.7	6,861	587.9	34	2.9	5.0
	합	660,229	594.5	7,888	7.1	11.9	14,176	555.9	83	3.3	5.9
평북	남	270,470	423.6	4,173	6.5	15.4	2,822	488.4	35	6.1	12.4
	여	261,740	435.9	4,460	7.4	17.0	2,359	511.4	22	4.8	9.3
	합	532,210	429.6	8,633	7.0	16.2	5,181	498.6	57	5.5	11.0
강원	남	230,247	387.5	3,722	6.3	16.2	2,094	570.0	9	2.4	4.3
	여	218,100	397.2	4,158	7.6	19.1	1,715	614.7	12	4.3	7.0
	합	448,347	392.1	7,880	6.9	17.6	3,809	589.3	21	3.2	5.5
함남	남	318,499	510.2	5,421	8.7	17.0	5,507	620.3	47	5.3	8.5
	여	300,305	512.3	6,150	10.5	20.5	4,592	598.0	25	3.3	5.4
	합	618,804	511.2	11,571	9.6	18.7	10,099	610.0	72	4.3	7.1
함북	남	110,717	424.5	1,265	4.8	11.4	3,661	524.4	38	5.4	10.4
	여	101,807	406.3	1,268	5.1	12.5	3,216	567.2	41	7.2	12.7
	합	212,524	415.5	2,533	5.0	11.9	6,877	543.6	79	6.2	11.5
합계	남	3,791,952	441.5	68,797	8.0	18.1	84,739	471.6	748	4.2	8.8
	여	3,598,462	443.9	70,340	8.7	19.5	75,177	478.3	549	3.5	7.3
	합	7,390,414	442.6	139,137	8.3	18.8	159,916	474.7	1,297	3.9	8.1

자료: 조선총독부, 『朝鮮彙報』, 1919년 3월호; 일본내무성위생국, 『流行性感冒』.

주: 스페인독감 2차, 3차 유행에 대한 자료는 일본내무성위생국 『유행성독감』에 수록되어 있다. 발병률은 인구 1,000명당 발병자수이다. 사망률은 인구 1,000명당 사망자수이다. 치명률은 환자 1,000명당 사망자수이다.

표 F83-102 계속

		외국인					합계				
		발병자수	발병률	사망자	사망률	치명률	발병자수	발병률	사망자	사망률	치명률
		F93	F94	F95	F96	F97	F98	F99	F100	F101	F102
		명	인구 천 명당	명	인구 천 명당	환자 천 명당	명	인구 천 명당	명	인구 천 명당	환자 천 명당
경기	남	264	92.6	17	6.0	64.4	306,490	336.3	6381	7.0	20.8
	여	60	104.5	10	17.4	166.7	276,235	320.7	6236	7.2	22.6
	합	324	94.6	27	7.9	83.3	582,725	328.7	12617	7.1	21.7
충북	남	132	296.0	-	-	-	154,989	398.8	2539	6.5	16.4
	여	3	107.1	-	-	-	132,314	365.0	2165	6.0	16.4
	합	135	284.8	-	-	-	287,303	382.5	4704	6.3	16.4
충남	남	944	538.8	4	2.3	4.2	358,028	620.5	6880	11.9	19.2
	여	47	465.3	1	9.9	21.3	364,983	674.9	7434	13.7	20.4
	합	991	534.8	5	2.7	5.0	723,011	646.8	14314	12.8	19.8
전북	남	142	171.3	3	3.6	21.1	217,768	373.0	4090	7.0	18.8
	여	2	33.3	2	33.3	1000.0	197,864	363.0	3640	6.7	18.4
	합	144	162.0	5	5.6	34.7	415,632	368.2	7730	6.8	18.6
전남	남	97	190.9	1	2.0	10.3	399,119	415.9	6,990	7.3	17.5
	여	-	-	-	-	-	367,509	400.7	6,629	7.2	18.0
	합	97	171.7	1	1.8	10.3	766,628	408.5	13,619	7.3	17.8
경북	남	173	327.0	3	5.7	17.3	530,468	496.6	9,576	9.0	18.1
	여	4	125.0	-	-	-	513,559	518.6	10,316	10.4	20.1
	합	177	315.5	3	5.3	16.9	1,044,027	507.2	19,892	9.7	19.1
경남	남	75	158.9	1	2.1	13.3	325,034	361.3	7,778	8.6	23.9
	여	8	106.7	-	-	-	303,837	359.8	7,187	8.5	23.7
	합	83	151.7	1	1.8	12.0	628,871	360.6	14,965	8.6	23.8
황해	남	1,499	268.6	22	3.9	14.7	302,868	450.9	6,858	10.2	22.6
	여	225	1051.4	1	4.7	4.4	290,684	453.9	6,983	10.9	24.0
	합	1,724	297.5	23	4.0	13.3	593,552	452.3	13,841	10.5	23.3
평남	남	429	325.2	2	1.5	4.7	341,665	588.3	3,796	6.5	11.1
	여	63	301.4	-	-	-	333,232	598.5	4,177	7.5	12.5
	합	492	322.0	2	1.3	4.1	674,897	593.3	7,973	7.0	11.8
평북	남	1,187	274.6	11	2.5	9.3	274,479	423.2	4,219	6.5	15.4
	여	303	426.2	1	1.4	3.3	264,402	436.5	4,483	7.4	17.0
	합	1,490	296.0	12	2.4	8.1	538,881	429.6	8,702	6.9	16.1
강원	남	128	389.1	4	12.2	31.3	232,469	388.6	3,735	6.2	16.1
	여	1	66.7	-	-	-	219,816	398.2	4,170	7.6	19.0
	합	129	375.0	4	11.6	31.0	452,285	393.2	7,905	6.9	17.5
함남	남	365	289.2	10	7.9	27.4	324,371	511.3	5,478	8.6	16.9
	여	15	170.5	-	0.0	0.0	304,912	513.4	6,175	10.4	20.3
	합	380	281.5	10	7.4	26.3	629,283	512.3	11,653	9.5	18.5
함북	남	191	258.5	-	-	-	114,569	426.6	1,303	4.9	11.4
	여	6	146.3	-	-	-	105,029	409.8	1,309	5.1	12.5
	합	197	252.6	-	-	-	219,598	418.4	2,612	5.0	11.9
합계	남	5,626	268.7	78	3.7	13.9	3,882,317	441.7	69,623	7.9	17.9
	여	737	334.2	15	6.8	20.4	3,674,376	444.5	70,904	8.6	19.3
	합	6,363	274.9	93	4.0	14.6	7,556,693	443.0	140,527	8.2	18.6

표 F103-128 주요 전염성 질병 발생자수 및 사망자수, 1944-1954

	발병자수												
	합계	콜레라	장티푸스	이질	디프테리아	발진티푸스	두창	성홍열	파라티푸스	유행성 뇌척수막염	재귀열	유행성뇌염	합계 발병률
	F103	F104	F105	F106	F107	F108	F109	F110	F111	F112	F113	F114	F115
	남한												
	명												인구 10만 명당
1944	21,169	-	9,393		2,260	5,391	1,654	189	599	660	1,023		84.3
1946	56,786	15,644	11,278	2,389	864	4,754	20,810	400	65	446	136		281.8
1947	13,313	-	8,250	1,161	962	1,831	402	89	97	207	314		66.1
1948	12,462	-	5,062	1,318	2,231	1,806	1,197	39	385	164	260		61.8
1949	25,948	-	5,691	876	1,668	1,322	10,085	12	159	139	380	5,616	128
1950	13,116	-	7,211	52	932	1,821	2,349	2	125	50	569	5	64.6
1951	172,486	-	81,575	9,004	2,534	32,211	43,213	84	886	224	2,728	27	845.5
1952	10,227	-	3,969	1,506	517	923	1,313	5	64	64	645	1,221	49.6
1953	7,052	-	1,352	1,139	398	410	3,349	2	58	43	21	280	32.8
1954	2,982	-	617	477	410	293	790	-	51	17	11	316	13.9

	사망자수												
	합계	콜레라	장티푸스	이질	디프테리아	발진티푸스	두창	성홍열	파라티푸스	유행성 뇌척수막염	재귀열	유행성뇌염	합계 사망률
	F116	F117	F118	F119	F120	F121	F122	F123	F124	F125	F126	F127	F128
	남한												
	명												인구 10만 명당
1944	3,325	-	1,466	-	396	673	464	6	53	155	112		13.2
1946	18,538	10,181	1,921	1,239	142	442	4,234	225	31	79	44		41.5
1947	2,797	-	1,371	598	206	184	220	71	8	108	31		13.9
1948													1
1949	5,854	-	515	118	233	120	2,668	2	11	37	21	2,729	29
1950	1,449	-	691	7	489	153	382	-	8	8	30	1	7.1
1951	33,602	-	14,051	824	576	6,154	11,530	14	180	14	246	13	164.7
1952	1,367	-	330	64	586	81	277	-	3	6	21	526	6.6
1953	849	-	70	17	42	24	571	-	2	10	1	112	3.9
1954	373	-	21	27	29	14	127	-	1	5	-	146	1.7

자료: 내무부통계국, 『한국통계연감』, 각년도.

표 F129-135 법정 감염병 연간 발병자수, 제1군, 1957-2014

	콜레라	페스트	장티푸스	파라티푸스	세균성이질	장출혈성대장균 감염증	A형 간염
	F129	F130	F131	F132	F133	F134	F135
	남한, 명						
1957	-	-	619	15	106		
1958	-	-	1,319	50	30		
1959	-	-	2,139	27	32		
1960	-	-	2,798	77	47		
1961	-	-	4,982	92	145		
1962	-	-	2,862	43	101		
1963	414	-	4,989	25	818		
1964	20	-	4,380	35	434		
1965	-	-	3,760	22	355		
1966	-	-	3,454	34	133		
1967	-	-	4,230	33	139		
1968	-	-	3,931	59	251		
1969	1,538	-	5,404	20	282		
1970	206	-	4,221	42	814		
1971	-	-	3,146	5	306		
1972	-	-	2,030	9	215		
1973	-	-	813	2	110		
1974	-	-	656	-	72		
1975	-	-	534	1	21		
1976	-	-	672	-	78		
1977	-	-	304	1	9		
1978	-	-	427	4	40		
1979	-	-	215	-	38		
1980	145	-	201	7	57		
1981	-	-	164	10	110		
1982	-	-	319	14	52		
1983	-	-	391	39	82		
1984	-	-	184	21	37		
1985	-	-	208	12	41		
1986	-	-	278	14	57		
1987	-	-	184	20	37		
1988	-	-	419	23	50		
1989	-	-	133	12	11		
1990	-	-	232	17	13		
1991	113	-	187	16	34		
1992	-	-	221	20	245		
1993	-	-	307	32	113		
1994	-	-	267	8	233		
1995	68	-	370	30	23		
1996	2	-	475	9	9		
1997	10	-	265	9	11		
1998	-	-	380	12	906		
1999	3	-	308	11	1,781		
2000	-	-	234	7	2,462	1	
2001	162	-	401	36	927	11	
2002	4	-	221	413	767	8	
2003	1	-	199	88	1,117	52	
2004	10	-	174	45	487	118	
2005	16	-	190	31	317	43	
2006	5	-	200	50	389	37	
2007	7	-	223	45	131	41	
2008	5	-	188	44	209	58	
2009	-	-	168	36	180	62	
2010	8	-	133	55	228	56	
2011	3	-	148	56	171	71	5,521
2012	-	-	129	58	90	58	1,197
2013	3	-	156	54	294	61	867
2014	-	-	251	37	110	111	1,307

자료: 보건복지부, 「법정감염병 발생보고」, 『감염병 감시연보』, 각년도.

주: 빈칸은 해당 질병이 법정 감염병에 포함되지 않았음을 의미한다.

표 F136-147 법정 감염병 연간 발병자수, 제2군, 1957-2014

	디프테리아	백일해	파상풍	홍역	유행성이하선염	풍진	폴리오	B형간염(급성)	B형간염(산모)	B형간염(주산기)	일본뇌염	수두
	F136	F137	F138	F139	F140	F141	F142	F143	F144	F145	F146	F147
	남한, 명											
1957	873	12,755		18,703	5,757		1,378				132	
1958	751	16,643		9,427	4,664		747				6,897	
1959	1,134	19,646		23,459	4,492		1,135				2,093	
1960	828	8,711		16,028	4,826		1,178				1,248	
1961	914	16,887		16,251	7,269		2,003				1,058	
1962	758	16,311		30,792	5,104		1,183				1,038	
1963	713	10,700		9,328	3,123		1,644				19	
1964	841	4,038		12,698	2,437		359				2,952	
1965	1,079	2,676		6,748	2,259		174				752	
1966	1,281	8,373		11,925	2,982		153				3,563	
1967	1,070	1,327		982	1,297		198				2,673	
1968	537	1,205		6,286	1,687		367				1,208	
1969	220	4,774		5,397	1,961		194				76	
1970	568	3,818		3,625	814		176				27	
1971	348	1,436		4,192	1,431		61				43	
1972	556	989		6,738	1,655		33				73	
1973	430	1,846		3,408	590		198				286	
1974	263	3,077		4,867	2,089		22				126	
1975	337	1,182		4,973	1,848		23				117	
1976	493	1,177		7,328	1,627		77				30	
1977	185	3,162	-	5,064	1,607		35				101	
1978	120	713	1	6,149	1,950		2				41	
1979	80	787	5	2,533	1,575		9				18	
1980	51	1,554	1	5,097	866		14				107	
1981	43	1,622	9	2,307	1,524		2				194	
1982	17	700	7	6,776	1,487		2				1,197	
1983	19	443	16	695	1,050		5				139	
1984	16	1,854	5	2,246	919		-				-	
1985	2	479	5	1,283	1,237		-				-	
1986	-	188	2	1,818	939		-				-	
1987	1	808	3	1,880	824		-				3	
1988	-	565	5	1,579	759		-				1	
1989	-	168	-	2,394	878		-				-	
1990	-	174	-	3,415	2,092		-				1	
1991	-	118	-	258	382		-				3	
1992	-	41	1	38	253		-				3	
1993	-	39	3	1,503	474		-				4	
1994	-	39	-	7,883	1,874		-				3	
1995	-	3	-	71	430		-				-	
1996	-	7	1	65	254		-				-	
1997	-	13	-	2	238		-				-	
1998	-	8	3	4	4,461		-				3	
1999	-	2	4	88	2,626		-				1	
2000	-	28	16	32,647	2,955	107	-				-	
2001	-	9	8	23,060	1,668	128	-				1	
2002	-	21	4	62	764	24	-				6	
2003	-	5	8	33	1,518	8	-				1	
2004	-	6	11	11	1,744	15	-				-	
2005	-	11	11	7	1,863	12	-				6	1,934
2006	-	17	10	28	2,089	18	-				-	11,027
2007	-	14	8	194	4,557	35	-				7	20,284
2008	-	9	16	2	4,542	30	-				6	22,849
2009	-	66	17	17	6,399	36	-				6	25,197
2010	-	27	14	114	6,094	43	-				26	24,400
2011	-	97	19	42	6,137	53	-	462	936	30	3	36,249
2012	-	230	17	3	7,492	28	-	289	2,438	26	20	27,763
2013	-	36	22	107	17,024	18	-	117	3,211	59	14	37,361
2014	-	88	23	442	25,286	11	-	173	3,912	30	26	44,450

자료: 보건복지부, 「법정감염병 발생보고」, 『감염병감시연보』, 각년도.

주: 빈칸은 해당 질병이 법정 감염병에 포함되지 않았음을 의미한다.

표 F148-167 법정 감염병 연간 발병자수, 제3군, 1957-2014

	말라리아	결핵	한센병	성홍열	수막구균성수막염	레지오넬라증	비브리오패혈증	발진티푸스	발진열
	F148	F149	F150	F151	F152	F153	F154	F155	F156
	남한, 명								
1957				5	16			187	
1958				9	30			162	
1959				2	20			73	
1960				26	22			84	-
1961				2	9			41	-
1962				6	20			30	-
1963	1,425			-	20			32	-
1964	1,028	100,061		2	18			14	-
1965	628	71,152		1	24			23	-
1966	404	73,054		-	17			1	-
1967	1,443	125,700		-	9			1	-
1968	3,270	167,019		-	15			-	-
1969	299	179,838	1,891	-	3			-	-
1970	15,926	171,464	1,292	-	17			-	-
1971	9,914	158,772	1,796	-	7			-	-
1972	4,275	149,651	1,267	2	-			-	-
1973	1,354	152,531	1,450	1	-			-	-
1974	1,827	128,712	1,167	1	2			-	-
1975	1,238	136,825	1,036	2	2			-	-
1976	294	132,427	782	-	2			-	-
1977	860	121,518	832	9	3			-	-
1978	-	120,161	720	107	1			-	2
1979	1	116,521	610	48	2			-	2
1980	-	80,750	499	26	3			-	-
1981	-	86,851	469	70	4			-	-
1982	-	89,608	448	94	6			-	-
1983	-	81,561	362	94	6			-	-
1984	-	75,317	308	197	1			-	-
1985	-	72,833	215	207	2			-	-
1986	-	78,536	151	354	8			-	-
1987	3	74,973	142	288	-			-	-
1988	8	66,869	172	258	42			-	3
1989	1	63,370	115	220	9			-	1
1990	6	58,707	157	139	2			-	20
1991	2	52,735	150	119	1			-	6
1992	-	49,077	136	110	-			-	1
1993	3	45,925	130	76	7			-	11
1994	25	35,812	113	153	5			-	9
1995	107	31,114	94	141	4			-	14
1996	356	29,197	103	132	3			-	3
1997	1,724	24,304	85	116	2			-	11
1998	3,932	23,989	123	115	13			-	28
1999	3,621	21,435	75	109	3			-	33
2000	4,142	19,692	78	68	4	-	21	-	40
2001	2,556	34,123	79	49	11	2	41	-	16
2002	1,799	32,010	64	54	27	1	60	-	9
2003	1,171	30,687	41	107	38	3	80	-	9
2004	864	31,503	43	80	8	10	57	-	19
2005	1,369	35,269	38	87	7	6	57	-	35
2006	2,051	35,361	56	108	11	20	88	-	73
2007	2,227	34,710	12	146	4	19	59	-	61
2008	1,052	34,157	7	151	1	21	49	-	87
2009	1,345	35,845	5	127	3	24	24	-	29
2010	1,772	36,305	6	106	12	30	73	-	54
2011	826	39,557	7	406	7	28	51	-	23
2012	542	39,545	5	968	4	25	64	-	41
2013	445	36,089	7	3,678	6	21	56	-	19
2014	638	34,869	6	5,809	5	30	61	-	9

자료: 보건복지부, 「법정감염병 발생보고」, 『감염병 감시연보』, 각년도.

주: 빈칸은 해당 질병이 법정 감염병에 포함되지 않았음을 의미한다.

표 F148-167 계속

	쯔쯔가무시증	렙토스피라증	브루셀라증	탄저	공수병	신증후군출혈열	후천성면역결핍증	매독(1기)	매독(2기)	매독(선천성)	크로이츠펠트-야콥병(CJD)
	F157	F158	F159	F160	F161	F162	F163	F164	F165	F166	F167
	남한, 명										
1957											
1958											
1959											
1960											
1961											
1962											
1963					103						
1964					45						
1965					5						
1966					101						
1967					2						
1968					11						
1969					1						
1970					10						
1971					2						
1972					-						
1973					1						
1974					1						
1975					13						
1976					1						
1977					-	176					
1978					-	100					
1979					-	73					
1980					-	20					
1981					-	46					
1982					1	32					
1983					-	29					
1984					1	36					
1985					-	64	1				
1986					-	52	3				
1987		500			-	58	9				
1988		49			-	55	22				
1989		47			-	58	37				
1990		140			-	106	52				
1991		25			-	85	46				
1992		13			-	76	81				
1993		4			-	109	69				
1994	238	7			-	132	90				
1995	274	13			-	89	107				
1996	263	6			-	118	105				
1997	277	4			-	104	124				
1998	1,140	90			-	215	129				
1999	1,342	130			1	196	186				
2000	1,758	106	-	-	-	203	219				
2001	2,637	133	-	-	1	323	327				
2002	1,919	122	1	-	1	336	397				
2003	1,415	119	16	-	2	392	533				
2004	4,698	141	47	-	1	427	610				
2005	6,780	83	158	-	-	421	680				
2006	6,480	119	215	-	-	422	749				
2007	6,022	208	101	-	-	450	740				
2008	6,057	100	58	-	-	375	797				
2009	4,995	62	24	-	-	334	768				
2010	5,671	66	31	-	-	473	773				
2011	5,151	49	19	-	-	370	888	690	235	40	29
2012	8,604	28	17	-	-	364	868	562	199	26	45
2013	10,365	50	16	-	-	527	1,013	566	210	22	34
2014	8,130	58	17	-	-	344	1,081	726	258	31	65

표 F168-173 제1-3군 감염병의 연간 발병률, 1957-2014

	제1군 감염병		제2군 감염병		제3군 감염병	
	발병자수	발병률	발병자수	발병률	발병자수	발병률
	F168	F169	F170	F171	F172	F173
	남한					
	명	인구 10만 명당	명	인구 10만 명당	명	인구 10만 명당
1957	740	3.5	39,598	185.7		
1958	1,399	6.4	39,129	178.6		
1959	2,198	9.6	51,959	226.2		
1960	2,922	11.7	32,819	131.2		
1961	5,219	20.3	44,382	172.3		
1962	3,006	11.3	55,186	208.1		
1963	6,246	22.9	25,527	93.6		
1964	4,869	17.4	23,325	83.4	101,168	361.5
1965	4,137	14.4	13,688	47.7	71,833	250.2
1966	3,621	12.3	28,277	96.1	73,577	250.0
1967	4,402	14.6	7,547	25.0	127,155	422.0
1968	4,241	13.8	11,290	36.6	170,315	552.3
1969	7,244	23.0	12,622	40.0	180,141	571.1
1970	5,283	16.4	9,028	28.0	187,417	581.3
1971	3,457	10.5	7,511	22.8	168,695	513.0
1972	2,254	6.7	10,044	30.0	153,928	459.4
1973	925	2.7	6,758	19.8	153,887	451.2
1974	728	2.1	10,444	30.1	130,543	376.3
1975	556	1.6	8,480	24.0	138,080	391.4
1976	750	2.1	10,732	29.9	132,724	370.2
1977	314	0.9	10,154	27.9	122,390	336.1
1978	471	1.3	8,975	24.3	120,271	325.3
1979	253	0.7	5,002	13.3	116,574	310.6
1980	410	1.1	7,689	20.2	80,779	211.9
1981	284	0.7	5,692	14.7	86,925	224.5
1982	385	1.0	10,179	25.9	89,709	228.1
1983	512	1.3	2,351	5.9	81,661	204.6
1984	242	0.6	5,035	12.5	75,516	186.9
1985	261	0.6	3,001	7.4	73,042	179.0
1986	349	0.8	2,945	7.1	78,898	191.4
1987	241	0.6	3,516	8.4	75,264	180.8
1988	492	1.2	2,904	6.9	67,180	159.8
1989	156	0	3,440	8.1	63,601	149.8
1990	262	0.6	5,682	13.3	58,874	137.3
1991	350	0.8	761	1.8	52,863	122.1
1992	486	1.1	335	0.8	49,188	112.4
1993	452	1.0	2,020	4.6	46,022	104.1
1994	508	1.1	9,799	22.0	36,004	80.7
1995	491	1.1	504	1.1	31,380	69.6
1996	495	1.1	326	0.7	29,691	65.2
1997	295	0.6	253	0.6	26,157	56.9
1998	1,298	2.8	4,476	9.7	28,077	60.7
1999	2,103	4.5	2,717	5.8	25,202	54.1
2000	2,703	5.8	35,630	75.8	23,946	50.9
2001	1,526	3.2	24,738	52.2	36,756	77.6
2002	1,405	3.0	853	1.8	33,900	71.2
2003	1,405	2.9	1,557	3.3	32,014	66.9
2004	716	1.5	1,761	3.7	32,475	67.6
2005	554	1.2	1,887	3.9	36,767	76.4
2006	644	1.3	2,134	4.4	37,604	77.7
2007	406	0.8	4,772	9.8	37,148	76.4
2008	446	0.9	4,559	9.3	35,448	72.4
2009	384	0.8	6,488	13.2	37,349	75.9
2010	424	0.9	6,261	12.7	38,249	77.4
2011	378	0.8	6,279	12.6	40,819	82.0
2012	277	0.6	7,745	15.5	41,100	82.2
2013	507	1.0	17,181	34.2	40,237	80.1
2014	398	0.8	25,842	51.2	41,330	82.0

자료: 보건복지부, 「법정감염병 발생보고」, 『감염병 감시연보』, 각년도.

주: 발병자수는 각 군별 감염병 발병자수의 합이며, 이를 해당 연도 인구로 나누어 인구 10만 명당 발병률을 산출하였다.

표 F174-180 법정 제1군 감염병 연간 사망자수, 1960-2014

	콜레라	페스트	장티푸스	파라티푸스	세균성이질	장출혈성대장균감염증	A형 간염
	F174	F175	F176	F177	F178	F179	F180
	남한, 명						
1960	-	-	125	1	2		
1961	-	-	186	3	4		
1962	-	-	97	3	2		
1963	36	-	126	1	21		
1964	2	-	124	2	16		
1965	-	-	94	1	9		
1966	-	-	66	-	2		
1967	-	-	53	1	7		
1968	-	-	38	-	7		
1969	137	-	57	-	8		
1970	12	-	42	-	13		
1971	-	-	33	-	7		
1972	-	-	30	-	-		
1973	-	-	9	-	-		
1974	-	-	8	-	-		
1975	-	-	8	-	-		
1976	-	-	6	-	-		
1977	-	-	1	-	-		
1978	-	-	2	-	-		
1979	-	-	2	-	-		
1980	4	-	1	-	2		
1981	-	-	1	-	1		
1982	-	-	-	-	-		
1983	-	-	1	-	-		
1984	-	-	2	-	-		
1985	-	-	-	-	-		
1986	-	-	1	-	-		
1987	-	-	1	-	-		
1988	-	-	-	-	-		
1989	-	-	1	-	-		
1990	-	-	-	-	-		
1991	4	-	-	-	-		
1992	-	-	-	-	-		
1993	-	-	-	-	-		
1994	-	-	-	-	-		
1995	-	-	-	-	-		
1996	-	-	-	-	-		
1997	-	-	-	-	-		
1998	-	-	-	-	-		
1999	-	-	-	-	-		
2000	-	-	-	-	-	1	
2001	-	-	2	-	-	-	
2002	-	-	-	-	-	-	
2003	-	-	-	-	-	2	
2004	-	-	-	-	-	-	
2005	-	-	-	-	-	-	
2006	-	-	-	-	-	-	
2007	-	-	-	-	-	-	
2008	-	-	-	-	-	-	
2009	-	-	-	-	-	-	
2010	-	-	-	-	-	-	
2011	-	-	1	-	-	-	3
2012	-	-	-	-	-	-	-
2013	-	-	-	-	-	1	1
2014	-	-	1	-	-	-	-

자료: 보건복지부, 「법정감염병 발생보고」, 『감염병 감시연보』, 각년도.

주: 빈칸은 해당 질병이 법정 감염병에 포함되지 않았음을 의미한다. 장출혈성대장균감염증은 2000년 전염병예방법 개정으로 신규 지정되었으며, 2000년 통계는 8월 1일 이후 신고·보고된 자료이다. A형간염은 감염병의 예방 및 관리에 관한 법률 시행(2010.12.30)에 따라 기존 지정전염병에서 제1군감염병으로 군 분류 변경되었다.

3. 의료기관, 병상수 및 의료인력

표 F181-187 유형별 병의원수, 1908-1943

	합계	관립	공립	사립병원			인구 대비 병의원수
				조선인	일본인	외국인	
	F181	F182	F183	F184	F185	F186	F187
	남북한						
	개						인구 100만 명당
1908	92		10		82		7
1909	82		12		70		6
1910	125	14	3	14	85	9	9
1911	160	14	6	28	98	14	11
1912	145	19	3	15	88	20	10
1913	556	19	4	137	363	33	36
1914	164	19	4	19	98	24	10
1915	289	19	6	62	171	31	18
1916	283	20	5	47	180	31	17
1917	326	20	5	65	204	32	20
1918	362	20	5	95	211	31	22
1919	395	20	7	111	229	28	23
1920	139	20	7	18	71	23	8
1921	100	23	8	4	43	22	6
1922	100	25	7	7	41	20	6
1923	114	27	8	13	43	23	7
1924	107	27	10	11	37	22	6
1925	108	2	37	7	39	23	6
1926	103	3	35	6	37	22	6
1927	108	3	38	9	37	21	6
1928	114	4	39	9	42	20	6
1929	119	4	39	8	46	22	6
1930	123	4	40	8	47	24	6
1931	129	4	42	10	48	25	7
1932	131	4	42	11	51	23	7
1933	134	4	45	9	51	25	7
1934	136	4	46	10	53	23	7
1935	136	4	46	12	51	23	6
1936	140	4	46	15	51	24	7
1937	151	4	49	16	57	25	7
1938	149	4	50	15	54	26	7
1939	148	4	51	13	55	25	7
1940	161	4	52	20	63	22	7
1941	163	5	53	34	67	4	7
1942	177	6	61	41	68	1	7
1943	181	6	59	40	76	-	7

자료: 조선총독부, 『조선총독부통계연보』, 각년도.

주: 1920년 말에 사립병원의 감소는 사립병원 특별규칙 실시의 결과이다. 관립병원은 도(道)자혜의원 출장소를 포함한다.

표 F188-203 유형별 병의원수, 1952-2014

	합계	병의원						특수병원			치과병의원		한방병의원		부속병원	조산원
		병의원수 합계	종합병원	병원	요양병원	의원	인구 대비 병의원수	결핵	한센	정신	치과병원	치과의원	한방병원	한의원		
	F188	F189	F190	F191	F192	F193	F194	F195	F196	F197	F198	F199	F200	F201	F202	F203
	남한															
	개						인구 100만 명당	개								
1952	3,571	2,168				2,168	106				-	368	-	1,035		
1953	4,305	2,588	45	70		2,473	120	4	18	-	-	508	-	863	-	324
1954	4,773	2,565	53	65		2,447	119	4	31	-	-	483	-	1,069	75	546
1955	5,542	2,932	42	90		2,800	136	4	24	-	-	596	-	1,284	120	582
1956	5,527	2,766	43	80		2,643	133	4	37	-	-	561	-	1,300	78	781
1957	6,289	3,053	50	96		2,907	143	4	42	-	-	641	-	1,275	72	1,202
1958	6,482	3,326	49	97		3,180	145	4	37	-	-	681	-	1,424	68	942
1959	7,050	3,757	16	116		3,625	157	5	36	-	-	708	-	1,569	52	923
1960	7,620	4,013	22	128		3,863	160	5	36	-	-	757	-	1,779	67	963
1961	8,869	4,787	27	138		4,622	186	2	43	-	-	926	-	2,046	55	1,010
1962	9,321	5,248	18	152		5,078	198	5	43	-	-	999	-	2,055	40	931
1963	9,674	5,473	28	145		5,300	201	3	6	-	-	996	-	2,315	48	833
1964	9,388	5,266	32	161		5,073	188	3	8	-	-	1,024	-	2,110	52	925
1965	9,546	5,208	24	182		5,002	181	3	8	-	-	1,079	-	2,247	72	929
1966	9,677	5,233	18	203		5,012	178	8	8	-	-	1,129	-	2,316	83	900
1967	9,695	5,278	15	204		5,059	175	7	9	-	-	1,141	-	2,347	105	806
1968	9,924	5,442	12	219		5,211	176	6	5	-	-	1,200	-	2,413	130	726
1969	9,925	5,389	12	214		5,163	171	8	5	-	-	1,219	-	2,434	117	752
1970	10,301	5,634	12	220		5,402	175	7	6	-	-	1,344	-	2,443	111	756
1971	10,767	5,973	14	259		5,700	182	11	7	-	-	1,426	-	2,443	140	767
1972	10,860	6,070	17	257		5,796	181	6	7	-	-	1,466	-	2,419	93	799
1973	11,231	6,195	17	185		5,993	182	7	7	-	-	1,546		2,528	162	786
1974	11,086	6,188	36	124		6,028	178	4	6	-	3	1,566	2	2,367	201	749
1975	11,186	6,252	37	128		6,087	177	4	6	-	3	1,611	3	2,377	203	727
1976	11,279	6,309	43	141		6,125	176	4	6	-	4	1,660	3	2,366	242	685
1977	11,209	6,242	52	182		6,008	171	4	6	-	4	1,720	9	2,344	262	618
1978	11,245	6,317	61	212		6,044	171	5	6	-	5	1,785	12	2,294	249	572
1979	11,320	6,406	70	226		6,110	171	6	6	-	4	1,901	12	2,162	268	555
1980	11,781	6,659	82	233		6,344	175	6	6	-	3	2,025	11	2,317	266	488
1981	12,233	6,949	89	256		6,604	179	4	1	7	3	2,155	11	2,345	278	480
1982	12,807	7,198	111	263		6,824	183	4	1	7	3	2,317	11	2,450	240	576
1983	13,674	7,690	156	282		7,252	193	4	1	6	3	2,519	13	2,506	236	696
1984	14,216	8,064	170	310		7,584	200	4	1	8	4	2,748	16	2,612	256	503
1985	15,153	8,569	183	317		8,069	210	4	1	8	4	2,994	17	2,774	279	503
1986	16,095	9,081	195	316		8,570	220	5	1	9	4	3,274	16	2,941	262	502
1987	17,311	9,599	205	305		9,089	231	6	1	11	4	3,595	18	3,217	356	504
1988	18,461	10,131	213	323		9,595	241	7	4	17	5	3,999	23	3,586	256	433
1989	20,019	10,740	218	322		10,200	253	5	5	15	7	4,536	31	3,990	257	433
1990	21,701	11,491	228	328		10,935	268	5	1	26	6	5,286	33	4,261	256	336
1991	23,373	12,303	231	326		11,746	284	5	1	29	6	5,952	41	4,497	272	267
1992	25,022	12,928	236	337		12,355	296	5	1	31	7	6,632	52	4,849	270	247
1993	26,661	13,568	242	360		12,966	307	5	1	35	7	7,269	54	5,250	256	216
1994	28,121	14,279	252	380		13,647	320	4	1	35	8	7,718	64	5,553	266	193
1995	29,773	15,007	266	398		14,343	333	4	1	37	12	8,292	69	5,928	246	177
1996	31,173	15,694	271	421		15,002	345	4	1	44	14	8,761	81	6,172	240	162
1997	32,700	16,594	262	456		15,876	361	3	1	45	21	9,222	98	6,348	220	148
1998	34,588	17,813	255	517		17,041	385	2	1	42	31	9,653	107	6,590	216	133
1999	36,820	19,301	277	517		18,507	414	3	1	76	42	10,107	128	6,834	198	130
2000	38,665	20,338	285	581		19,472	433	3	1	79	56	10,471	136	7,276	185	120
2001	40,276	21,686	268	599		20,819	458	2	3	70	60	10,556	131	7,499	169	100
2002	44,029	24,274	284	691		23,299	510	2	1	75	80	11,120	135	8,097	169	76
2003	45,772	24,583	283	730	68	23,502	514	4	2	88	99	11,890	151	8,734	150	71
2004	47,378	25,628	282	763	92	24,491	533	3	2	95	107	11,968	154	9,196	158	67
2005	49,566	26,673	290	794	177	25,412	554	3	1	102	123	12,520	146	9,765	187	46

표 F188-203 계속

	합계	병의원						특수병원			치과병의원		한방병의원		부속병원	조산원
		병의원수 합계	종합병원	병원	요양병원	의원	인구 대비 병의원수	결핵	한센	정신	치과병원	치과의원	한방병원	한의원		
	F188	F189	F190	F191	F192	F193	F194	F195	F196	F197	F198	F199	F200	F201	F202	F203
	남한															
	개						인구 100만 명당	개								
2006	51,286	27,586	295	850	363	26,078	570	3	1	107	134	12,808	142	10,294	172	39
2007	52,914	28,105	302	945	593	26,265	578	3	1	107	151	13,280	138	10,895	182	52
2008	54,165	28,648	313	1,064	690	26,581	585	3	1	118	184	13,618	139	11,248	175	31
2009	55,769	29,307	312	1,129	762	27,104	596	3	1	130	178	14,071	151	11,705	185	38
2010	56,244	29,649	312	1,154	849	27,334	600	3	1	143	188	14,074	159	11,804	186	37
2011	58,496	30,448	319	1,245	975	27,909	612	3	1	144	199	15,002	178	12,305	180	36
2012	59,519	31,499	323	1,327	1,087	28,762	630	3	1	156	202	14,800	199	12,440	184	35
2013	60,899	31,699	324	1,331	1,228	28,816	631	3	1	160	200	15,579	203	12,816	191	47
2014	63,675	33,750	321	1,436	1,304	30,689	669	3	2	170	202	15,933	234	13,135	213	33

자료: 보건복지부, 『보건복지통계연보』, 각년도.

표 F204-218 입원진료 병상수, 의료기관 유형별, 1981-2014

	합계		병의원				특수병원			치과병의원		한방병의원		부속병원	조산원
	병상수	인구 10만 명당 병상수	종합병원	병원	요양병원	의원	결핵	한센	정신	치과병원	치과의원	한방병원	한의원		
	F204	F205	F206	F207	F208	F209	F210	F211	F212	F213	F214	F215	F216	F217	F218
	남한, 개														
1981	65,255	169	23,139	16,596		23,549				54	11	438	171	337	960
1982	69,063	176	27,286	17,219		21,694				54	6	417	140	499	1,748
1983	83,382	209	37,604	20,956		22,616				54	3	485	56	413	1,195
1984	93,528	231	44,847	23,516		22,963				54	1	566	23	532	1,026
1985	99,950	245	49,394	24,321		23,861				54	11	596	21	674	1,018
1986	107,915	262	55,351	23,957		26,122				54	1	573	25	784	1,048
1987	114,511	275	57,863	26,798		27,861				54		612	31	859	433
1988	120,678	287	60,554	28,853		28,830				66		804	15	945	611
1989	126,539	298	62,832	29,760		31,237				81		1,127	24	834	644
1990	134,176	313	66,625	19,425		33,011	2,073	2,600	7,778	66		1,276	14	872	436
1991	144,025	333	71,275	20,917		35,779	2,363	2,600	8,307	66		1,695	17	664	342
1992	151,887	347	76,619	22,423		35,418	2,363	2,600	9,039	66		2,078	18	933	330
1993	164,588	372	81,911	25,886		37,408	2,317	2,600	10,987	66	3	2,359	75	694	282
1994	182,159	408	91,172	30,161		39,836	2,317	2,600	11,974	90		2,953	135	677	244
1995	196,232	435	96,865	33,425		44,610	2,243	1,800	12,720	81	29	3,498	168	577	216
1996	208,583	458	100,828	37,262		46,903	2,243	1,800	14,389	103		4,207	190	460	198
1997	220,427	480	101,615	44,288		49,586	1,428	1,100	15,891	153	6	5,493	209	510	148
1998	236,387	511	101,137	52,355		55,663	818	2,600	16,913	80	1	5,952	225	510	133
1999	259,459	557	108,929	51,861		60,442	1,172	2,600	26,181	99		7,499	279	243	154
2000	287,040	611	113,518	62,874		67,288	1,142	2,600	30,339	86	27	8,117	319	564	166
2001	288,952	610	108,224	63,813		76,976	826	2,817	27,458	58	33	7,774	519	317	137
2002	316,089	664	115,779	75,392		83,987	1,338	1,000	28,449	74	6	8,321	1,215	415	113
2003	340,988	712	111,801	78,853	8,355	96,338	1,373	1,029	33,226	168	19	8,742	730	281	73
2004	353,289	735	117,323	86,897	10,445	91,702	1,373	1,029	34,280	171	13	8,887	698	338	133
2005	379,751	789	120,728	90,467	25,501	93,972	1,373	1,000	36,252	225	22	8,538	672	848	153
2006	410,581	849	124,090	98,228	43,336	95,224	1,373	1,000	37,429	247	7	8,379	344	819	105
2007	450,119	926	125,840	112,392	66,727	96,292	1,373	1,000	36,714	249	17	8,245	455	660	155
2008	478,645	978	128,673	122,654	76,970	97,842	1,355	1,000	39,559	253	14	8,610	777	862	76
2009	498,302	1,013	130,601	130,788	89,503	91,762	1,345	1,000	41,710	291	39	8,694	944	1,548	77
2010	523,327	1,059	132,961	130,670	112,827	88,204	1,318	1,000	44,281	328	45	9,491	1,312	803	87
2011	564,572	1,134	137,728	145,525	135,294	86,577	1,318	1,000	43,885	351	90	10,643	1,304	768	89
2012	598,844	1,198	138,850	155,020	161,054	81,869	1,286	700	45,513	317	61	11,947	1,537	607	83
2013	633,087	1,261	141,425	155,861	192,659	79,641	1,128	700	45,875	307	92	12,588	1,946	590	275
2014	668,470	1,326	144,982	163,574	213,986	76,138	943	729	49,371	277	76	14,131	2,393	1,721	149

자료: 보건복지부, 『보건복지통계연보』, 각년도.

표 F219-246 유형별 의료인력, 1910-1943

	의사			한지 의업자			의생	치과의사			약제사		
	조선인	일본인	외국인	조선인	일본인	외국인	조선인	조선인	일본인	외국인	조선인	일본인	외국인
	F219	F220	F221	F222	F223	F224	F225	F226	F227	F228	F229	F230	F231
	남북한, 명												
1910	1,342	345	25					2	23	1	44	43	-
1911	479	376	25		37		1,365	4	27	1	55	57	-
1912	72	353	32		42		1,653		14	1		41	-
1913	183	395	38		26	3	1,462	2	18	1		54	-
1914	144	464	33	1	82	8	5,827	1	18	1		53	-
1915	209	627	36		74	7	5,804	1	38	1		63	-
1916	233	667	32	1	76	7	5,626	2	47	2		72	-
1917	279	678	36	1	68	6	5,659	1	59	2		71	1
1918	351	648	35	2	71	5	5,588	2	65	2		75	-
1919	354	654	30	24	82	3	5,438	5	70	2	1	85	-
1920	402	604	29	5	70	1	5,376	14	90			93	-
1921	411	619	31	15	63	2	5,240	6	97	1		92	-
1922	468	659	32	4	70	8	5,223	9	100	2		109	-
1923	652	515	35	11	67	8	5,183	7	144	3	30	110	-
1924	577	666	32	19	61	8	5,004	13	148	2	6	127	2
1925	637	685	36	16	69	5	4,915	42	162	3	7	142	-
1926	703	708	39	40	74	9	4,877	59	184	3	8	168	2
1927	762	711	35	54	85	10	4,829	77	215	3	11	146	-
1928	806	786	30	49	87	12	4,699	90	246	2	21	155	1
1929	836	779	30	76	83	11	4,680	97	266	3	26	190	1
1930	921	796	32	116	89	13	4,594	111	302	3	36	197	1
1931	939	818	34	166	87	12	4,472	138	348	3	48	217	1
1932	1,001	885	23	179	83	11	4,374	150	404	3	58	208	1
1933	1,094	964	32	207	88	12	4,267	154	448	3	70	237	1
1934	1,218	1054	30	208	79	9	4,155	191	499	3	96	252	1
1935	1,336	1146	24	173	78	9	4,044	200	541	3	108	277	1
1936	1,413	1129	23	218	74	9	3,880	231	568	3	136	294	-
1937	1,470	1414	22	270	81	10	3,739	212	624	1	165	307	-
1938	1,668	1245	18	274	74	8	3,783	267	609	3	174	320	-
1939	1,725	1253	20	317	69	8	3,684	287	620	1	205	341	-
1940	1,918	1269	10	365	65	6	3,604	301	613	1	231	367	-
1941	2,022	1191	3	399	57	2	3,597	371	619	-	293	379	-
1942	2,487	1187	-	509	54	1	3,349	494	659	-	329	398	-
1943	2,618	1194	1	548	55	1	3,337	515	675	-	954	394	-

자료: 조선총독부, 『조선총독부통계연보』, 각년도.

주: 의약 관련 종사자를 의사, 약제사, 약종상 등 셋으로 나눈 것은 의약 행위를 단순한 약상 행위와 구별하기 위함이다. 의생은 조선인만 해당된다.

표 F219-246 계속

	종두 시술상			산파			간호사			제약자			약종상		
	조선인	일본인	외국인	조선인	일본인	외국인	조선인	일본인	외국인	조선인	일본인	외국인	조선인	일본인	외국인
	F232	F233	F234	F235	F236	F237	F238	F239	F240	F241	F242	F243	F244	F245	F246
	남북한, 명														
1910				20	172	-	17	220	3	76	21	-	2,551	303	6
1911	849	33	-	11	221	-	32	302	3	176	18	1	3,203	387	11
1912	1,101	66	-	4	274	-	32	402	8	2	20	-	4,848	427	5
1913	1,117	68	-	2	336	-	21	418	6	30	15	-	6,382	609	12
1914	1,177	71	-	2	395	-	9	175	2	3	12	-	7,601	524	20
1915	966	48	-	5	512	-	21	184	10	6	12	-	8,130	514	16
1916	897	51	-	8	603	-	41	416	8	6	22	-	8,434	532	23
1917	828	55	-	23	625	-	57	420	9	13	34	-	8,727	547	33
1918	785	48	-	14	608	-	52	416	9	5	40	-	8,692	538	20
1919	723	47	-	26	592	2	44	413	11	13	36	-	8,484	507	24
1920	706	59	-	21	585	-	47	462	10	41	40	-	9,726	535	23
1921	827	45	-	25	615	1	65	501	16	44	40	1	10,180	523	28
1922	1,029	60	-	27	703	1	73	532	14	12	31	1	10,508	521	19
1923	1,477	104	-	42	716	-	66	420	21	31	32	-	10,048	581	18
1924	1,473	108	-	65	812	-	87	543	16	8	38	-	10,302	535	28
1925	1,516	128	-	66	796	-	101	599	21	5	27	-	37	496	17
1926	1,454	153	-	81	905	1	99	668	19	4	35	-	777	492	7
1927	1,560	151	-	115	931	1	135	782	21	6	33	-	689	504	8
1928	1,605	151	-	138	983	1	150	798	24	5	37	-	195	532	7
1929	1,484	152	-	144	1,001	1	162	797	18	5	36	-	409	543	-
1930	1,464	158	-	173	1,077	1	182	919	19	9	36	-	492	564	4
1931	1,403	158	-	220	1,041	1	248	995	18	6	39	-	629	526	-
1932	1,717	190	-	273	1,243	1	210	939	22	6	35	-	875	527	3
1933	1,906	177	-	301	1,284	1	314	1,252	20	8	38	-	608	500	2
1934	1,956	160	-	368	1,396	2	359	1,293	20	9	41	-	553	510	2
1935	1,949	168	-	424	1,445	-	419	1,344	20	45	49	-	692	511	4
1936	1,944	150	-	464	1,446	1	434	1,293	15	22	40	-	352	506	2
1937	1,824	160	-	421	1,349	2	525	1,433	13	35	46	-	586	460	3
1938	1,848	147	-	555	1,380	-	573	1,261	9	48	53	-	483	459	3
1939	1,983	142	-	556	1,302	1	588	1,239	9	56	47	-	549	451	3
1940	2,002	124	-	649	1,407	1	780	1,311	7	63	49	-	614	440	3
1941	1,994	126	-	660	1,281	-	872	1,338	1	69	60	-	749	439	1
1942	1,942	106	-	827	1,263	-	1,017	1,247	-	67	122	-	705	431	1
1943	1,962	93	-	874	1,221	-	1,045	1,327	-	80	76	-	844	416	-

표 F247-262 유형별 의료인력, 1949-2014

	의사	치과의사	한의사	약사	조산사	간호사
	F247	F248	F249	F250	F251	F252
	남한, 명					
1949	3,672	590	592	1,003	1,559	1,549
1950	3,871	601	586	1,046	1,677	1,588
1951	4,294	637	561	1,194	1,700	1,723
1952	4,716	722	645	1,343	1,909	1,723
1953	4,966	752	741	1,446	2,001	2,091
1954	5,201	777	995	1,499	2,126	2,259
1955	5,435	806	1,069	1,985	2,369	2,487
1956	5,723	883	1,217	2,232	2,579	2,672
1957	6,068	969	1,383	2,738	2,878	2,962
1958	6,405	1,035	1,572	3,273	3,374	3,602
1959	6,614	1,121	1,824	3,856	3,789	4,128
1960	7,064	1,216	1,957	4,696	4,134	4,836
1961	7,704	1,375	2,140	5,025	4,733	6,360
1962	8,951	1,590	2,252	5,999	6,381	8,144
1963	8,649	1,541	1,985	7,202	5,504	7,195
1964	9,695	1,609	2,188	8,519	5,631	8,159
1965	10,464	1,649	2,373	10,028	5,714	8,898
1966	11,072	1,693	2,374	10,736	5,811	9,851
1967	11,824	1,733	2,373	11,510	5,912	10,815
1968	12,727	1,854	2,446	12,792	6,017	11,925
1969	13,465	1,950	2,542	13,842	6,013	13,037
1970	14,404	2,017	2,828	14,648	6,182	14,506
1971	15,589	2,352	2,937	15,519	6,266	16,351
1972	16,363	2,454	3,026	16,724	6,354	19,089
1973	16,377	2,363	2,691	17,784	6,553	21,953
1974	15,188	2,339	2,504	18,729	3,445	19,842
1975	16,260	2,512	2,551	19,750	3,773	23,632
1976	17,333	2,668	2,633	20,623	4,028	26,949
1977	18,405	2,823	2,610	21,515	4,222	30,294
1978	19,577	3,027	2,644	22,371	4,455	33,672
1979	20,779	3,254	2,712	23,381	4,641	36,975
1980	22,074	3,549	2,818	24,366	4,833	40,373
1981	23,270	3,881	2,940	25,311	5,115	43,605
1982	24,634	4,201	3,087	26,307	5,403	46,651
1983	26,017	4,549	3,234	27,395	5,681	49,587
1984	27,567	4,911	3,426	28,531	5,991	54,081
1985	29,151	5,375	3,628	29,866	6,247	59,104
1986	31,514	5,981	3,944	31,334	6,513	64,270
1987	34,087	6,748	4,335	32,855	6,849	69,829
1988	36,747	7,644	4,841	34,344	7,167	76,143
1989	39,672	8,617	5,344	35,756	7,397	82,657
1990	42,458	9,606	5,701	37,118	7,643	89,032
1991	45,401	10,124	6,029	38,396	7,862	95,335
1992	48,295	11,272	6,748	39,564	8,012	101,140
1993	51,425	12,167	7,479	40,779	8,150	107,883
1994	54,314	12,926	8,090	42,037	8,262	114,320
1995	57,096	13,668	8,625	43,269	8,352	120,415
1996	59,307	14,358	9,210	44,577	8,447	127,145
1997	62,517	15,370	9,200	45,820	8,516	133,920
1998	65,339	16,113	9,825	46,998	8,590	141,094
1999	69,632	17,263	11,256	49,214	8,658	150,067
2000	72,411	18,026	12,019	50,623	8,728	160,295
2001	75,203	18,874	12,705	51,872	8,801	170,845
2002	78,517	19,659	13,573	53,168	8,920	181,800
2003	81,248	20,434	14,480	54,381	8,996	192,480
2004	81,918	20,760	14,348	53,492	8,628	202,012
2005	85,289	21,569	15,200	54,829	8,657	213,644
2006	88,139	22,255	15,849	55,845	8,572	223,781
2007	91,400	23,114	16,663	57,176	8,587	235,687

표 F247-262 계속

	의사	치과의사	한의사	약사	조산사	간호사
	F247	F248	F249	F250	F251	F252
	남한, 명					
2008	95,014	23,912	17,473	58,363	8,565	246,840
2009	98,360	24,627	18,333	59,717	8,603	258,568
2010	101,371	25,379	19,065	60,956	8,578	270,274
2011	104,332	26,087	19,846	62,245	8,562	282,656
2012	107,221	26,791	20,600	63,647	8,528	295,254
2013	109,500	27,398	21,287	63,292	8,422	307,797
2014	112,407	28,123	22,007	63,150	8,382	323,041

	의료기사						의무기록사	안경사	위생사	영양사
	임상병리사	방사선사	물리치료사	작업치료사	치과기공사	치과위생사				
	F253	F254	F255	F256	F257	F258	F259	F260	F261	F262
	남한, 명									
1970	1,119	678	144	1	461				237	
1971	1,307	726	168	1	486	7			262	2,118
1972	1,440	813	208	1	528	9			484	2,501
1973	1,585	882	236	1	574	10			623	3,064
1974	1,774	989	261	4	591	22			623	3,745
1975	2,001	1,093	318	4	839	40			623	4,439
1976	2,201	1,171	361	5	914	60			623	5,262
1977	2,683	1,224	406	6	980	85			623	6,414
1978	3,211	1,558	511	8	1,103	121			623	7,293
1979	3,579	1,759	656	9	1,261	253			666	8,474
1980	4,197	2,018	787	14	1,440	499			1,045	10,017
1981	4,735	2,268	965	14	1,701	764			1,362	11,772
1982	5,232	2,774	1,247	17	1,888	1,120			1,964	14,138
1983	6,289	3,332	1,648	26	2,160	1,466			2,351	16,261
1984	6,839	3,626	2,002	36	2,969	2,029			2,841	18,600
1985	8,586	3,994	2,553	46	3,827	2,675	396		3,449	21,731
1986	10,146	4,772	3,154	58	4,834	3,354	767		4,157	24,163
1987	11,840	5,817	3,985	81	5,626	4,114	953		5,207	28,066
1988	13,466	6,754	4,821	101	6,582	4,777	1,388		6,103	31,912
1989	14,961	7,493	5,693	122	6,924	5,512	1,808	1,212	6,900	35,605
1990	16,220	8,194	6,281	140	7,696	6,310	2,123	10,260	7,571	39,459
1991	17,581	8,854	7,249	179	8,468	7,151	2,486	11,405	8,284	43,046
1992	18,608	9,905	7,921	214	9,189	8,143	3,061	12,018	9,147	46,900
1993	19,020	10,147	8,244	245	9,917	9,107	3,564	12,682	10,050	50,873
1994	20,358	10,756	9,110	266	10,789	10,169	4,270	13,819	11,228	56,156
1995	21,792	11,277	9,924	289	11,509	11,170	4,681	14,671	12,363	60,155
1996	23,310	12,114	10,611	319	11,940	11,277	5,349	15,946	13,576	64,871
1997	25,086	13,176	11,960	347	12,587	12,356	6,142	16,995	15,086	69,213
1998	26,753	14,360	13,028	370	13,259	13,769	6,811	18,220	16,554	73,989
1999	28,361	15,392	14,553	395	13,935	15,569	7,060	19,139	18,651	78,182
2000	29,710	16,432	15,896	415	14,912	17,102	7,644	20,220	19,974	82,070
2001	31,046	17,494	17,570	479	15,984	19,320	8,150	21,360	22,337	84,970
2002	32,468	18,417	19,240	596	16,958	21,371	8,819	24,010	23,836	89,009
2003	34,101	19,594	21,153	831	18,026	23,389	9,317	24,017	26,833	92,928
2004	35,220	20,700	23,005	1,143	18,946	25,626	10,140	24,652	30,255	97,295
2005	36,609	22,237	25,498	1,643	20,202	28,153	10,818	26,000	32,843	100,808
2006	37,895	23,633	27,884	2,248	21,453	30,664	11,413	27,300	37,011	104,874
2007	39,324	25,191	30,298	2,837	22,809	33,713	12,448	28,712	41,910	108,480
2008	40,498	26,985	32,794	3,489	24,235	36,912	13,630	30,237	45,419	112,778
2009	42,199	28,261	35,155	4,389	25,618	40,381	14,447	31,681	49,742	116,283
2010	43,348	29,885	38,247	5,390	26,872	43,733	15,424	33,218	54,190	121,679
2011	44,929	31,472	41,023	6,443	28,227	47,444	16,453	34,791	57,666	124,947
2012	46,361	32,831	44,298	7,572	29,461	51,546	17,689	35,934	62,244	128,807
2013	48,055	35,032	47,710	8,528	30,515	56,072	18,821	37,225	66,798	132,663
2014	49,980	36,339	51,435	10,048	31,555	61,139	20,662	38,482	71,104	132,663

자료: 보건복지부, 『보건복지통계연보』, 각년도.

주: 1949-1969년 F253-262 자료는 보고되지 않았다.

4. 건강보험 및 의료이용

표 F263-282 의료보장 적용인구, 1980-2014

	합계	건강보험									
		합계	직장								
			합계			근로자			공무원 및 교직원		
	적용인구	적용인구	적용인구	가입자	피부양자	적용인구	가입자	피부양자	적용인구	가입자	피부양자
	F263	F264	F265	F266	F267	F268	F269	F270	F271	F272	F273
	남한, 천 명										
1980	11,368	9,226	9,161	2,913	6,248	5,381	1,971	3,410	3,780	941	2,839
1985	21,254	17,995	16,424	4,947	11,478	12,215	3,908	8,307	4,210	1,039	3,171
1990	44,110	40,180	20,759	6,511	14,247	16,155	5,298	10,858	4,603	1,214	3,390
1995	45,429	44,016	21,559	7,166	14,393	16,744	5,777	10,968	4,815	1,390	3,425
1997	46,089	44,925	22,040	7,282	14,758	17,101	5,843	11,258	4,938	1,438	3,500
1998	45,795	44,472	20,807	6,539	14,268	15,853	5,121	10,732	4,954	1,418	3,536
1999	46,821	45,184	21,717	6,803	14,914	16,857	5,426	11,432	4,859	1,377	3,482
2000	47,466	45,896	22,404	7,268	15,136	17,578	5,891	11,687	4,826	1,377	3,449
2001	47,882	46,379	23,167	7,885	15,281	18,503	6,504	11,998	4,664	1,381	3,283
2002	48,080	46,659	23,752	8,323	15,429	19,118	6,924	12,194	4,634	1,399	3,235
2003	48,557	47,103	24,834	8,805	16,029	20,149	7,377	12,772	4,685	1,428	3,257
2004	48,901	47,372	25,979	9,283	16,697	21,237	7,823	13,414	4,743	1,460	3,282
2005	49,154	47,392	27,233	9,746	17,488	22,561	8,283	14,279	4,672	1,463	3,209
2006	49,238	47,410	28,445	10,415	18,030	23,724	8,912	14,812	4,721	1,503	3,218
2007	49,672	47,820	29,424	11,175	18,250	24,749	9,652	15,097	4,676	1,523	3,153
2008	50,001	48,160	30,417	11,617	18,800	25,774	10,086	15,688	4,642	1,531	3,111
2009	50,291	48,614	31,413	12,146	19,267	26,761	10,584	16,178	4,651	1,562	3,089
2010	50,581	48,907	32,384	12,764	19,620	27,747	11,189	16,558	4,637	1,574	3,062
2011	50,909	49,299	33,257	13,397	19,860	28,650	11,810	16,840	4,607	1,587	3,020
2012	51,169	49,662	34,106	13,991	20,115	29,527	12,388	17,138	4,579	1,602	2,977
2013	51,448	49,990	35,006	14,606	20,400	30,454	12,991	17,462	4,552	1,615	2,937
2014	51,757	50,316	35,602	15,141	20,461	31,434	13,660	17,774	4,168	1,481	2,687

	건강보험						의료급여		
	지역						합계	1종	2종
	합계		군지역		도시지역				
	가입자	세대	가입자	세대	가입자	세대	적용인구	적용인구	적용인구
	F274	F275	F276	F277	F278	F279	F280	F281	F282
	남한, 천 명	남한, 천 세대	남한, 천 명	남한, 천 세대	남한, 천 명	남한, 천 세대	남한, 천 명		
1980							2,142	642	1,500
1985	375	85	274	61	101	24	3,259	642	2,616
1990	19,421	5,616	6,180	1,659	13,242	3,957	3,930	695	1,959
1995	22,457	7,225	3,877	1,204	18,580	6,020	1,413	498	915
1997	22,885	7,601	3,477	1,129	19,409	6,472	1,164	496	667
1998	23,665	7,900	3,388	1,119	20,278	6,782	1,323	648	674
1999	23,467	8,005	3,348	1,131	20,119	6,874	1,637	743	894
2000	23,492	8,215	3,286	1,144	20,206	7,071	1,570	811	759
2001	23,213	8,564	2,873	1,048	20,340	7,516	1,503	832	671
2002	22,908	8,701	2,741	1,037	20,166	7,664	1,421	829	592
2003	22,269	8,730	2,467	970	19,802	7,760	1,454	867	586
2004	21,393	8,612	2,316	942	19,077	7,671	1,529	919	610
2005	20,159	8,384	2,135	904	18,023	7,480	1,762	996	765
2006	18,965	8,107	2,038	886	16,926	7,222	1,829	1,029	800
2007	18,395	8,142	1,982	891	16,413	7,251	1,853	1,062	790
2008	17,743	8,058	1,895	877	15,848	7,181	1,841	1,025	816
2009	17,201	8,111	1,847	898	15,354	7,213	1,677	1,036	641
2010	16,523	7,940	1,791	886	14,732	7,054	1,674	1,072	603
2011	16,043	7,902	1,761	897	14,281	7,005	1,609	1,087	522
2012	15,556	7,835	1,713	913	13,843	6,921	1,507	1,058	449
2013	14,984	7,709	1,686	915	13,298	6,794	1,459	1,040	419
2014	14,715	7,749	1,766	993	12,948	6,756	1,441	1,037	404

자료: 국민건강보험공단, 『건강보험통계연보』, 각년도.

주: 직종 및 임의지역 의료보험조합은 1989년 6월 30일자로 해산되었다. 공·교 의료보험관리공단과 지역의료보험조합이 1998년 10월에 통합되었다. 국민의료보험관리공단과 직장의료보험조합이 2000년 7월 통합되었다. 연도 말 기준으로 보고된 자료이다.

표 F283-289 국민건강보험 보험료, 요양급여비, 보장률, 1991-2014

	총보험료	1인당 보험료	급여비	1인당 급여비	건강보험보장률	법정본인부담률	비급여본인부담률
	F283	F284	F285	F286	F287	F288	F289
	남한						
	십억 원	원	십억 원	원	%		
1991	2,331	57,531	2,023	49,912			
1992	2,658	64,252	2,349	56,783			
1993	2,859	68,288	2,758	65,891			
1994	3,187	74,469	3,151	73,625			
1995	3,600	82,392	3,955	90,506			
1996	4,175	94,093	4,964	111,873			
1997	4,878	108,798	5,709	127,320			
1998	5,254	117,661	6,585	147,430			
1999	6,305	140,903	7,653	171,010			
2000	7,228	157,367	8,789	191,338			
2001	8,856	192,145	12,940	280,762			
2002	10,928	234,987	13,425	288,678			
2003	13,741	292,592	14,755	314,191			
2004	15,579	330,374	16,130	341,298	61.3	23.1	15.6
2005	16,928	357,094	17,989	379,473	61.8	22.5	15.7
2006	18,811	396,775	20,932	441,514	64.5	22.1	13.4
2007	21,729	455,714	23,956	502,420	65.0	21.3	13.7
2008	24,973	520,260	25,600	533,320	62.6	21.9	15.5
2009	26,166	540,437	28,916	597,243	65.0	21.3	13.7
2010	28,458	583,635	32,497	666,473	63.6	20.6	15.8
2011	32,922	670,072	34,565	703,514	63.0	20.0	17.0
2012	36,390	735,220	35,715	721,575	62.5	20.3	17.2
2013	39,032	783,306	38,125	765,103	62.0	20.0	18.0
2014	41,938	836,164	40,792	813,317			

자료: 보험료와 급여비는 보건복지부, 『건강보험통계연보』, 각년도; 보장률과 부담률은 보건복지부, 건강보험환자의 진료비 부담 현황 조사결과, 각년도; 국민건강보험공단, 『건강보험환자 진료비 실태조사』, 각년도.

注: 총보험료는 건강보험적용인구가 한 해 동안 납부한 건강보험료(국고지원금 제외)이다. 급여비는 지급기준이며, 적용인구는 연평균 적용인구이다. 건강보험보장률은 전체 의료비(일반매약비, 성형, 미용목적의 보철비, 건강증진 목적의 첩약비 등 제외) 중 건강보험에서 부담하는 급여비가 차지하는 비율을 나타낸다.

표 F290-315 의료기관별 연간 입원 및 외래환자수, 1992-2013

	합계		종합병원		병원		치과병원		한방병원		의원	
	입원	외래	입원	외래	입원	외래	입원	외래	입원	외래	입원	외래
	F290	F291	F292	F293	F294	F295	F296	F297	F298	F299	F300	F301
	남한, 명											
1992	139,751	1,146,559	79,664	132,491	19,868	45,209	68	1,571	1,194	4,374	25,389	701,122
1996	180,238	1,446,984	89,249	178,097	52,746	60,337	62	3,061	2,189	7,443	34,669	857,972
1999	198,147	1,709,122	92,785	195,428	65,970	67,149	66	4,249	3,668	11,820	35,144	1,064,536
2002	220,656	2,102,982	96,869	206,656	80,441	85,544	55	7,485	4,030	12,684	39,046	1,366,893
2005	275,598	2,328,537	107,575	246,518	113,788	109,875	115	10,565	4,374	10,786	48,390	1,443,412
2008	349,821	2,582,329	114,647	284,858	188,752	158,839	137	15,800	5,011	11,079	40,790	1,533,854
2009	476,747	2,555,358	139,221	308,112	218,986	180,072	228	15,133	5,274	13,800	111,673	1,425,058
2010	418,423	2,693,206	118,974	331,739	241,437	204,212	372	16,401	6,672	13,844	50,503	1,536,808
2011	376,614	2,566,366	115,811	331,062	230,017	210,252	126	15,857	5,791	13,552	24,626	1,422,829
2012	453,130	2,925,135	121,037	353,743	282,053	233,762	132	17,844	7,374	14,172	41,968	1,655,038
2013	473,287	3,025,985	124,985	379,364	305,577	254,972	273	20,312	8,401	16,120	33,523	1,672,808

	치과의원		한의원		보건의료원		보건소		보건지소		보건진료소		조산원	
	입원	외래	입원	외래	입원	외래	입원	외래	입원	외래	입원	외래	입원	외래
	F302	F303	F304	F305	F306	F307	F308	F309	F310	F311	F312	F313	F314	F315
	남한, 명													
1992	11	138,623	9	45,508					225	57,887		18,152	104	420
1996		147,509	1,153	103,436	159	2,102	7	32,315		27,566		26,872	4	234
1999		161,847	351	117,348	157	1,900		24,785		32,036		27,985	6	39
2002		181,331	47	179,122	167	1,797		17,513		20,586		23,302	1	69
2005		196,391	1,236	234,731	115	2,033		25,060		23,127		25,989	5	50
2008		225,563	286	278,176	182	2,024		26,222		21,240		24,617	16	57
2009	333	211,398	777	326,915	253	2,472		26,046		22,418		23,920	2	14
2010		226,931	269	290,814	194	2,647		26,231		20,137		23,408	2	34
2011		215,421	143	290,243	88	2,166		24,231		18,983		21,742	12	27
2012		246,266	404	337,732	154	2,648		23,822		18,339		21,751	8	18
2013		264,962	264	354,262	218	2,574		24,693		18,131		17,753	46	34

자료: 보건복지부, 『환자조사』, 각년도.

표 F316-338 상병별 일평균 외래환자수, 1990-2015

	합계	특정 감염성 및 기생충성 질환	신생물	혈액 및 조혈기관의 질환과 면역기전을 침범하는 특정 장애	내분비, 영양 및 대사질환	정신 및 행동 장애	신경계통의 질환	눈 및 눈부속기의 질환	귀 및 꼭지돌기의 질환	순환기계통의 질환	호흡기계통의 질환	소화기계통의 질환
	F316	F317	F318	F319	F320	F321	F322	F323	F324	F325	F326	F327
	남한, 명											
1990	1,074,141	53,200	9,515	1,906	9,843	17,138	13,610	43,369	36,631	20,758	266,493	218,242
1994	1,283,938	72,445	13,885	2,455	18,712	23,924	16,511	72,276	34,990	39,036	239,271	254,541
1996	1,446,199	47,151	16,015	3,379	21,183	44,357	19,933	55,822	29,906	46,844	386,464	240,930
1999	1,709,122	46,852	14,897	2,569	33,074	24,030	23,664	58,091	44,828	80,148	543,316	281,317
2002	2,102,982	58,971	19,956	3,179	46,586	30,939	35,908	63,748	45,992	105,467	674,238	301,691
2005	2,328,537	57,248	26,785	3,646	67,857	46,281	43,389	80,898	50,922	162,604	575,192	340,475
2008	2,582,329	77,411	35,130	4,993	88,121	45,597	53,091	104,079	58,204	187,346	447,649	378,528
2009	2,555,358	68,903	35,656	4,394	81,615	50,708	66,064	97,992	46,651	169,229	440,312	349,726
2010	2,693,206	70,407	37,909	4,204	94,365	53,031	47,587	103,941	62,697	182,402	483,195	382,056
2011	2,566,366	73,784	42,579	4,419	83,081	50,982	46,345	97,599	50,438	177,102	432,444	352,107
2012	2,925,135	83,417	43,564	5,064	100,427	59,791	52,122	115,406	56,370	208,053	512,374	397,930
2013	3,025,985	95,948	52,827	5,505	99,139	59,823	53,852	117,253	59,771	203,040	447,538	409,169
2014	3,052,896	89,631	54,110	4,950	111,125	67,923	56,974	122,285	48,964	196,623	423,733	366,762
2015	3,379,897	93,078	57,922	5,633	125,520	78,423	63,313	160,986	50,018	223,578	456,317	455,055

	피부 및 피부밑 조직의 질환	근육골격계통 및 결합조직의 질환	비뇨생식기 계통의 질환	임신, 출산 및 산후기	출생 전후기에 기원한 특정 병태	선천 기형, 변형 및 염색체 이상	달리 분류되지 않은 증상, 징후와 임상 및 검사의 이상 소견	손상, 중독 및 외인에 의한 특정 기타 결과	질병이환 및 사망의 외인	건강상태 및 보건서비스 접촉에 영향을 주는 요인	특수목적 코드
	F328	F329	F330	F331	F332	F333	F334	F335	F336	F337	F338
	남한, 명										
1990	76,406	78,946	65,394	6,956	317	1,359	12,574	100,796	926	39,762	
1994	88,771	121,640	65,824	6,240	786	1,794	21,010	123,728	4,998	61,101	
1996	84,022	152,086	65,625	9,519	874	1,335	18,496	131,217	1,537	69,504	
1999	77,860	225,079	69,594	4,009	929	1,514	23,946	135,798	157	17,450	
2002	83,950	307,048	84,626	4,076	832	1,499	33,753	150,792	421	49,310	
2005	95,814	397,384	91,938	5,156	889	1,500	44,357	185,052	654	50,496	
2008	121,847	519,679	108,776	4,587	2,017	2,298	52,531	222,739	808	66,785	113
2009	116,733	557,596	100,570	3,995	1,592	2,356	72,693	213,041	1,214	74,277	41
2010	117,692	546,944	110,776	4,577	1,379	2,887	57,036	234,972	2,099	92,988	62
2011	119,249	521,260	102,788	4,110	1,506	2,785	53,069	237,051	902	88,678	24,088
2012	143,476	583,788	118,359	5,301	1,739	3,008	61,225	252,885	1,312	91,955	27,569
2013	150,235	623,845	137,311	4,233	2,086	2,938	65,467	296,759	1,616	115,291	22,339
2014	149,876	703,105	128,661	4,632	2,133	3,439	69,775	334,840	1,438	88,598	22,508
2015	138,046	746,438	148,890	4,612	1,883	3,581	78,802	349,667	804	114,881	22,453

자료: 보건복지부, 『환자조사』, 각년도.

표 F339-361 상병별 퇴원환자 평균 재원일수, 1990-2015

	합계	특정 감염성 및 기생충성 질환	신생물	혈액 및 조혈기관의 질환과 면역기전을 침범하는 특정 장애	내분비, 영양 및 대사질환	정신 및 행동 장애	신경계통의 질환	눈 및 눈부속기의 질환	귀 및 꼭지돌기의 질환	순환기계통의 질환	호흡기계통의 질환	소화기계통의 질환
	F339	F340	F341	F342	F343	F344	F345	F346	F347	F348	F349	F350
	남한, 일											
1990	14	15	15	10	14	69	21	8	8	14	9	9
1994	13	10	14	10	13	68	20	7	7	13	8	9
1996	15	10	15	11	14	65	14	8	8	15	8	10
1999	12	8	13	10	13	66	18	3	7	13	8	8
2002	14	8	12	8	14	96	18	3	6	15	9	8
2005	14	8	11	9	14	90	25	3	6	15	8	8
2008	16	10	12	11	20	105	26	2	6	23	11	9
2009	15	9	11	10	17	102	29	2	6	20	10	8
2010	14	9	11	10	18	109	31	1	6	21	10	8
2011	15	9	10	11	19	111	36	1	5	22	10	8
2012	14	8	11	7	20	107	38	1	5	24	9	7
2013	15	8	11	9	21	118	30	1	5	25	9	7
2014	14	9	11	9	20	130	34	1	5	25	8	7
2015	13	9	11	6	18	80	36	1	5	23	8	6

	피부 및 피부 밑 조직의 질환	근육골격 계통 및 결합조직의 질환	비뇨생식기 계통의 질환	임신, 출산 및 산후기	출생 전후기에 기원한 특정 병태	선천 기형, 변형 및 염색체 이상	달리 분류되지 않은 증상, 징후와 임상 및 검사의 이상 소견	손상, 중독 및 외인에 의한 특정 기타 결과	질병이환 및 사망의 외인	건강상태 및 보건서비스 접촉에 영향을 주는 요인	특수목적 코드
	F351	F352	F353	F354	F355	F356	F357	F358	F359	F360	F361
	남한, 일										
1990	12	22	9	4	9	13	7	21	14	7	
1994	12	22	8	4	9	11	7	21	15	7	
1996	12	23	9	5	11	10	7	21	7	8	
1999	12	18	8	4	9	9	6	16	6	7	
2002	13	17	8	4	10	8	6	15	15	6	
2005	13	17	8	4	9	8	7	14	9	6	
2008	17	16	9	4	9	8	9	15	8	6	31
2009	14	15	8	4	10	8	9	15	26	5	71
2010	13	14	8	4	10	8	7	13	7	5	13
2011	12	14	9	4	9	7	8	14	10	5	22
2012	13	11	10	4	8	7	7	13	12	5	40
2013	11	12	10	4	8	7	7	12	5	5	30
2014	11	10	10	4	9	6	7	12	5	6	28
2015	16	10	8	4	9	9	5	13	7	5	18

자료: 보건복지부, 『환자조사』, 각년도.

5. 국민의료비

표 F362-374 기능별 국민의료비, 1970-2013

	합계	GDP 대비 국민의료비 비중	경상의료비										고정자본형성
			합계	개인의료비						집합보건의료비			
				합계	입원	외래	의약품	치료용구	기타	합계	예방/공중보건	보건행정관리	
	F362	F363	F364	F365	F366	F367	F368	F369	F370	F371	F372	F373	F374
	남한												
	십억 원	%	십억 원										
1970	79	2.8	75	69	28	21	15	5	0	6	4	2	4
1971	84	2.5	80	71	29	22	15	5	0	9	6	3	5
1972	96	2.3	90	82	34	25	18	6	0	8	5	3	6
1973	109	2.0	100	91	37	28	20	6	0	9	6	2	8
1974	136	1.7	124	114	46	35	24	8	0	10	8	3	12
1975	268	2.6	247	226	90	70	50	15	0	21	12	10	21
1976	368	2.6	341	316	125	98	71	22	1	26	17	9	26
1977	448	2.4	415	379	133	136	84	25	1	36	23	13	34
1978	654	2.6	608	561	195	202	126	37	1	47	29	18	46
1979	1,084	3.4	1,016	940	323	342	213	59	2	76	39	37	68
1980	1,452	3.7	1,366	1,260	434	459	287	77	2	106	56	50	86
1981	1,883	3.8	1,774	1,655	570	600	381	101	3	119	60	59	109
1982	2,180	3.8	2,022	1,890	661	681	435	109	4	132	64	68	158
1983	2,486	3.7	2,328	2,172	771	778	502	118	3	156	67	89	157
1984	2,710	3.5	2,553	2,383	851	858	542	129	4	170	71	99	157
1985	3,062	3.5	2,894	2,707	982	966	617	138	4	186	73	113	168
1986	3,412	3.4	3,251	3,025	1,128	1,036	694	162	5	226	92	134	161
1987	3,905	3.2	3,737	3,473	1,311	1,182	799	176	5	264	100	165	168
1988	4,896	3.4	4,673	4,352	1,654	1,488	986	217	7	321	115	207	223
1989	6,334	3.9	6,079	5,658	2,121	1,945	1,309	276	7	421	126	296	254
1990	7,552	3.8	7,260	6,700	2,539	2,291	1,544	318	9	560	165	395	292
1991	8,761	3.7	8,391	7,769	2,265	3,311	1,811	371	11	621	140	481	370
1992	10,464	3.8	9,936	9,166	2,711	3,903	2,091	447	13	770	200	570	528
1993	11,609	3.7	11,008	10,184	3,080	4,209	2,379	501	15	823	202	622	601
1994	13,593	3.7	12,375	11,418	3,483	4,623	2,759	535	19	957	239	718	1,219
1995	15,754	3.7	14,728	13,653	4,376	5,325	3,332	591	29	1,075	312	763	1,025
1996	18,650	3.9	17,408	15,971	5,155	6,178	3,974	626	38	1,436	389	1,048	1,242
1997	20,512	3.9	19,101	17,511	6,119	6,382	4,348	614	48	1,589	399	1,191	1,411
1998	20,803	4.0	19,623	17,960	6,581	6,468	4,331	526	54	1,662	417	1,245	1,180
1999	24,241	4.2	22,742	21,102	7,569	7,822	5,040	600	71	1,640	432	1,208	1,499
2000	26,843	4.2	25,380	23,459	7,704	8,954	6,125	596	79	1,921	539	1,383	1,463
2001	32,754	4.8	30,865	28,855	8,444	12,509	7,173	637	92	2,010	577	1,434	1,889
2002	35,145	4.6	33,065	30,891	8,988	13,311	7,835	649	108	2,175	666	1,508	2,080
2003	39,941	4.9	37,714	35,271	10,260	14,154	9,581	846	430	2,443	790	1,653	2,227
2004	43,446	5.0	41,118	38,571	11,295	15,360	10,546	861	509	2,547	821	1,726	2,328
2005	49,012	5.3	46,371	43,437	13,344	16,931	11,574	929	658	2,935	1,061	1,874	2,640
2006	55,617	5.8	52,569	49,227	15,346	18,894	13,266	913	808	3,342	1,318	2,024	3,048
2007	62,457	6.0	58,663	54,961	18,837	19,886	14,152	1,164	922	3,702	1,515	2,187	3,794
2008	68,015	6.2	64,065	59,812	20,645	21,618	15,280	1,302	968	4,253	1,848	2,405	3,950
2009	76,659	6.7	72,929	67,420	23,431	23,971	16,890	1,083	2,044	5,509	2,473	3,036	3,730
2010	85,969	6.8	81,730	75,232	26,230	26,220	18,652	1,389	2,740	6,498	2,633	3,865	4,239
2011	91,056	6.8	86,980	80,378	28,444	27,969	19,639	1,544	2,782	6,602	2,795	3,807	4,075
2012	96,595	7.0	92,145	84,595	30,408	30,512	19,341	1,452	2,882	7,550	3,075	4,475	4,450
2013	102,876	7.2	98,258	90,729	33,321	32,999	20,284	1,606	2,519	7,529	3,329	4,200	4,618

자료: 보건복지부, 『국민의료비추계 및 국민보건계정』, 각년도.

주: 1) 국민의료비는 경상의료비와 고정자본형성액의 합계로 정의된다. 경상의료비는 입원, 외래, 의약품, 치료용구, 기타 의료서비스를 위한 지출로 구성된 개인의료비와 예방 및 공중보건, 보건행정관리를 위한 지출로 구성된 집합보건의료비로 나뉜다.

2) 입원의료비는 국민보건계정의 HC1.1(입원치료서비스), HC.2.1(입원재활서비스), HC.3.1(장기요양보건지출중입원)의 지출을 합한 값이다. 외래의료비는 HC1.3(외래치료서비스)와 HC.2.3(외래재활서비스)의 지출을 합한 값이다. 의약품은 HC.5.1.1(처방의약품), HC.5.1.2(비처방의약품), HC.5.1.3(기타의료소모품)의 지출을 합한 값이다. 치료용구는 HC.5.2.1(안경/기타시력용품), HC.5.2.2(교정용구/기타보철), HC.5.2.3(보청기), HC.5.2.4(휠체어 등의 의료기술용구), HC.5.2.9(기타 의료내구재)의 지출을 합한 값이다. 기타 의료비는 HC.1.2(당일입퇴원치료서비스), HC.2.2(당일입퇴원재활서비스), HC.1.4(재가치료서비스), HC.2.4(재가재활서비스), HC.3.2(장기요양보건지출 중 당일입퇴원), HC.3.3(장기요양보건지출 중 재가)의 지출을 합한 값이다.

3) 고정자본형성은 공장, 기계, 건물 등 고정자본과 원료재고품 등을 포함한 자본의 합계가 사회적으로 증가하는 것을 의미한다. 특히 건물 등 고정자본의 증가만을 가리켜 '고정자본형성'이라고 한다. 따라서 보건의료 관련 신규건물(병원, 보건소 등)의 건설 또는 증축, 대형장비의 구입 등이 국민보건계정에서 고정자본형성에 해당한다.

표 F375-389 재원별 국민의료비, 1970-2013

	합계	공공재원						민간재원							
		합계	국민의료비 대비 비중	중앙정부	광역정부	지방정부	사회보장기금	합계	국민의료비 대비 비중	민간보험	가계직접부담			민간비영리단체	기업
											합계	비급여본인부담	법정본인부담		
	F375	F376	F377	F378	F379	F380	F381	F382	F383	F384	F385	F386	F387	F388	F389
	남한														
	십억 원	십억 원	%	십억 원	십억 원	십억 원	십억 원	십억 원	%	십억 원	십억 원	십억 원	십억 원	십억 원	십억 원
1970	79	11	13.8	6	2	3	1	68	86.2	0	67	67	0	1	0
1971	84	15	17.2	6	2	5	1	70	82.8	0	68	68	0	1	1
1972	96	14	14.5	6	2	4	2	82	85.5	0	79	79	0	1	2
1973	109	15	14.0	7	2	4	2	93	86.0	1	87	87	0	1	5
1974	136	19	14.3	9	3	4	3	117	85.7	1	107	107	0	2	7
1975	268	35	12.9	14	5	11	5	233	87.1	1	217	217	0	2	13
1976	368	45	12.2	20	5	13	6	323	87.8	1	305	305	0	3	14
1977	448	69	15.3	27	7	19	15	380	84.7	2	355	352	3	3	20
1978	654	100	15.3	39	9	23	29	554	84.7	3	520	510	10	5	26
1979	1,084	207	19.1	57	12	39	99	877	80.9	5	827	795	32	7	39
1980	1,452	312	21.5	72	16	51	173	1,140	78.5	6	1,076	1,023	53	8	50
1981	1,883	402	21.3	96	20	56	229	1,481	78.7	8	1,403	1,321	82	10	60
1982	2,180	524	24.0	96	24	52	352	1,656	76.0	10	1,512	1,386	126	14	120
1983	2,486	679	27.3	107	28	61	483	1,807	72.7	13	1,655	1,474	181	18	120
1984	2,710	825	30.4	126	27	59	613	1,885	69.6	17	1,738	1,509	229	22	108
1985	3,062	964	31.5	133	31	68	731	2,098	68.5	23	1,913	1,644	269	28	134
1986	3,412	1,026	30.1	172	36	84	734	2,386	69.9	28	2,218	1,876	341	29	111
1987	3,905	1,192	30.5	192	45	106	849	2,712	69.5	37	2,512	2,100	412	31	132
1988	4,896	1,598	32.6	254	58	129	1,157	3,298	67.4	50	3,021	2,496	524	35	192
1989	6,334	2,110	33.3	320	67	162	1,561	4,223	66.7	75	3,900	3,184	717	41	207
1990	7,552	2,925	38.7	369	69	199	2,288	4,627	61.3	89	4,275	3,207	1,069	48	216
1991	8,761	3,186	36.4	452	73	212	2,449	5,575	63.6	118	5,140	3,925	1,215	62	256
1992	10,464	3,771	36.0	496	90	257	2,928	6,692	64.0	139	6,038	4,618	1,419	68	448
1993	11,609	4,240	36.5	553	102	271	3,314	7,369	63.5	273	6,491	4,854	1,637	73	532
1994	13,593	4,826	35.5	618	112	311	3,784	8,768	64.5	363	7,176	5,363	1,813	88	1,141
1995	15,754	5,912	37.5	743	128	342	4,699	9,841	62.5	441	8,370	6,137	2,232	106	924
1996	18,650	7,540	40.4	967	152	423	5,998	11,110	59.6	530	9,422	6,723	2,700	122	1,035
1997	20,512	8,811	43.0	1,197	188	462	6,964	11,701	57.0	666	9,762	6,693	3,069	146	1,127
1998	20,803	9,949	47.8	1,436	219	465	7,829	10,854	52.2	957	8,844	5,437	3,407	161	892
1999	24,241	11,746	48.5	1,974	312	495	8,965	12,495	51.5	968	10,312	6,386	3,926	175	1,040
2000	26,843	13,145	49.0	2,067	367	552	10,159	13,698	51.0	1,308	11,040	6,915	4,125	190	1,160
2001	32,754	18,090	55.2	2,609	462	652	14,367	14,664	44.8	1,281	11,759	6,847	4,911	195	1,430
2002	35,145	19,020	54.1	2,847	485	767	14,921	16,126	45.9	1,329	12,971	7,548	5,423	216	1,609
2003	39,941	20,824	52.1	3,067	513	828	16,415	19,117	47.9	1,640	15,311	9,301	6,010	259	1,907
2004	43,446	22,818	52.5	3,408	596	839	17,976	20,627	47.5	1,654	16,662	10,276	6,386	297	2,015
2005	49,012	25,924	52.9	4,318	712	924	19,970	23,087	47.1	1,900	18,584	11,708	6,876	349	2,254
2006	55,617	30,388	54.6	5,390	900	986	23,113	25,229	45.4	2,127	20,301	12,800	7,501	415	2,385
2007	62,457	34,212	54.8	5,861	1,103	1,062	26,185	28,245	45.2	2,438	22,426	13,964	8,461	433	2,949
2008	68,015	37,159	54.6	6,371	1,307	1,057	28,424	30,856	45.4	2,988	24,288	14,992	9,296	481	3,099
2009	76,659	43,260	56.4	7,443	1,672	1,174	32,971	33,399	43.6	4,031	26,360	15,762	10,598	439	2,569
2010	85,969	48,779	56.7	8,199	1,959	1,219	37,402	37,190	43.3	4,610	29,164	17,923	11,240	494	2,922
2011	91,056	50,926	55.9	8,005	1,959	1,184	39,779	40,129	44.1	5,218	31,324	19,576	11,748	525	3,063
2012	96,595	53,055	54.9	8,650	2,012	1,217	41,176	43,540	45.1	5,881	33,668	21,454	12,214	567	3,424
2013	102,876	55,890	54.3	8,486	2,088	1,249	44,066	46,987	45.7	6,373	36,222	23,315	12,907	598	3,794

자료: 보건복지부, 『국민의료비추계 및 국민보건계정』, 각년도.

주: 금액은 당해년 가격으로 표시하였다. 재원별 분류는 공급자에게 지불하는 단계의 재원을 구분하는 것으로, 공공재원(정부, 사회보장기금), 민간재원(가계직접부담, 민영사회보험, 민영보험회사, 민간비영리단체, 기업)으로 구성된다.

표 F390-404 공급자별 국민의료비, 1970-2013

	합계	병원	간호/주거케어시설	통원서비스제공자			의료재화소매상		
				의원	치과의원	기타 의료서비스 제공자	약국	안경점	기타 소매상
	F390	F391	F392	F393	F394	F395	F396	F397	F398
	남한, 십억 원								
1970	79	35	-	11	5	3	8	3	6
1971	84	36	-	11	5	3	8	3	6
1972	96	43	-	13	6	4	10	4	7
1973	109	49	-	15	7	5	11	4	7
1974	136	63	-	18	8	6	13	5	9
1975	268	123	-	37	17	11	27	10	18
1976	368	169	-	51	24	16	38	14	26
1977	448	189	-	64	45	19	44	16	30
1978	654	277	-	97	66	27	65	24	44
1979	1,084	455	-	180	109	44	103	39	71
1980	1,452	611	-	254	144	57	135	50	93
1981	1,883	795	-	333	189	75	176	66	121
1982	2,180	954	-	399	211	81	190	70	130
1983	2,486	1,094	-	477	233	92	203	76	134
1984	2,710	1,201	-	543	250	92	214	86	137
1985	3,062	1,362	-	614	278	101	242	90	157
1986	3,412	1,503	-	647	316	128	267	107	193
1987	3,905	1,711	-	753	359	153	298	113	218
1988	4,896	2,195	-	991	437	173	336	142	264
1989	6,334	2,788	-	1,295	573	244	414	179	364
1990	7,552	3,325	-	1,615	666	343	457	211	341
1991	8,761	3,752	-	1,911	782	482	538	242	351
1992	10,464	4,616	-	2,230	930	644	606	295	303
1993	11,609	5,178	-	2,487	1,006	646	659	340	381
1994	13,593	6,224	-	2,922	1,103	657	769	359	530
1995	15,754	7,101	21	3,444	1,257	716	903	396	787
1996	18,650	8,403	27	4,070	1,454	759	1,062	408	994
1997	20,512	9,405	33	4,595	1,521	788	1,148	389	974
1998	20,803	9,650	44	4,803	1,456	642	1,136	325	981
1999	24,241	11,266	58	5,724	1,681	785	1,292	365	1,206
2000	26,843	11,521	61	6,652	1,839	994	2,118	341	1,180
2001	32,754	12,560	93	8,178	2,061	1,184	5,116	366	981
2002	35,145	13,747	89	8,365	2,184	1,410	5,570	349	1,064
2003	39,941	15,695	144	8,624	2,541	1,713	6,847	495	1,234
2004	43,446	17,248	206	9,143	2,817	1,919	7,740	520	1,087
2005	49,012	20,537	291	9,503	3,161	2,003	8,778	598	993
2006	55,617	23,654	399	10,402	3,892	2,213	9,924	599	1,034
2007	62,457	27,461	511	11,200	4,508	2,072	10,897	732	1,282
2008	68,015	29,857	868	11,800	5,029	1,990	11,777	799	1,605
2009	76,659	33,005	2,093	12,819	5,719	2,832	12,792	760	1,374
2010	85,969	37,433	2,937	13,880	5,905	3,706	13,591	856	1,514
2011	91,056	39,968	3,104	14,619	6,623	3,842	14,317	988	1,522
2012	96,595	43,104	3,271	15,597	7,093	4,131	14,021	1,025	1,470
2013	102,876	46,947	3,670	16,991	7,579	3,953	14,142	1,104	1,635

자료: 보건복지부, 『국민의료비추계 및 국민보건계정』, 각년도.

주: 공급자별 분류는 어떤 의료서비스 공급자에게 의료비가 지출이 되는지를 구분한다. 공급자는 병원, 간호/주거케어시설, 통원서비스 제공자(의원, 치과의원, 외래진료센터 등), 의료재화소매상/기타공급자(약국, 안경 및 의료용구소매상 등), 공중보건/관리, 일반보건행정(보건행정정부기관, 사회보장기금, 기타 사회보험 등), 기타산업(직장보건의료 제공자 등)으로 구성된다.

표 F390-404 계속

	공중보건/관리	일반보건행정			기타산업	해외부문
		보건행정정부기관	사회보장기금	기타사회/민간보험		
	F399	F400	F401	F402	F403	F404
	남한, 십억 원					
1970	3	2	0	0	1	2
1971	5	3	0	0	1	3
1972	4	2	0	0	1	3
1973	5	2	0	0	1	3
1974	6	3	0	0	2	4
1975	8	9	0	0	3	4
1976	12	9	0	0	3	5
1977	19	12	1	1	4	5
1978	24	14	2	1	6	6
1979	32	29	7	1	8	6
1980	41	39	10	2	11	7
1981	49	41	16	2	14	8
1982	48	38	29	2	18	9
1983	55	44	42	4	22	10
1984	52	45	49	5	26	11
1985	60	50	57	7	32	12
1986	71	62	64	8	34	13
1987	84	79	77	10	37	15
1988	92	104	88	15	42	17
1989	114	135	137	23	48	19
1990	124	175	193	26	56	21
1991	125	210	234	37	72	23
1992	165	238	290	42	79	26
1993	177	250	324	47	86	29
1994	177	275	383	60	103	32
1995	210	291	387	84	121	36
1996	247	365	562	120	138	40
1997	262	393	667	130	163	44
1998	294	402	694	149	177	49
1999	410	418	639	150	191	55
2000	488	478	742	162	205	61
2001	500	560	714	160	213	68
2002	546	640	691	177	236	76
2003	529	721	736	197	381	85
2004	532	714	805	207	414	94
2005	653	758	878	237	517	105
2006	743	827	908	289	616	117
2007	914	949	878	360	562	131
2008	1,076	978	958	469	658	150
2009	1,411	1,409	988	639	689	129
2010	1,399	2,126	1,018	720	751	133
2011	1,330	2,018	966	822	817	118
2012	1,433	2,504	1,005	966	855	120
2013	1,624	2,178	1,052	970	884	146

표 F405-416 재원별 입원 및 외래의료비, 1970-2013

	입원의료비						외래의료비					
	합계	정부	사회보장기금	민간보험	가계직접부담	기타 민간부문	합계	정부	사회보장기금	민간보험	가계직접부담	기타 민간부문
	F405	F406	F407	F408	F409	F410	F411	F412	F413	F414	F415	F416
	남한, 십억 원											
1970	28	0	1	0	27	-	21	0	0	0	20	1
1971	29	0	1	0	27	-	22	1	0	0	20	1
1972	34	0	1	0	32	-	25	1	0	0	23	1
1973	37	1	2	0	35	-	28	1	0	0	26	1
1974	46	1	3	0	42	-	35	1	1	0	31	2
1975	90	1	4	1	84	-	70	2	1	0	65	3
1976	125	2	5	1	117	-	98	2	1	0	91	3
1977	133	3	10	1	118	-	136	4	4	0	125	4
1978	195	5	16	2	171	-	202	5	8	0	183	6
1979	323	8	41	3	270	-	342	8	38	0	288	8
1980	434	11	68	4	351	-	459	10	66	0	372	10
1981	570	16	91	6	457	-	600	15	90	0	482	12
1982	661	23	139	7	492	-	681	20	134	0	511	17
1983	771	29	188	8	546	-	778	25	186	0	545	21
1984	851	32	234	12	574	-	858	29	238	0	564	26
1985	982	45	295	15	627	-	966	36	280	1	618	32
1986	1,128	57	332	19	720	-	1,036	44	247	1	710	33
1987	1,311	74	391	26	820	-	1,182	58	287	1	799	37
1988	1,654	110	524	33	987	-	1,488	86	404	1	956	41
1989	2,121	135	675	49	1,262	-	1,945	103	563	2	1,229	48
1990	2,539	141	973	59	1,365	-	2,291	108	815	2	1,309	56
1991	2,265	159	1,088	76	942	-	3,311	131	823	3	2,283	72
1992	2,711	188	1,320	91	1,113	-	3,903	175	943	3	2,703	79
1993	3,080	219	1,451	216	1,194	-	4,209	206	1,065	6	2,847	86
1994	3,483	253	1,636	292	1,303	-	4,623	217	1,174	7	3,122	103
1995	4,376	318	1,995	342	1,718	3	5,325	243	1,505	9	3,446	121
1996	5,155	381	2,446	393	1,931	4	6,178	282	1,935	11	3,811	138
1997	6,119	464	2,790	508	2,353	4	6,382	349	2,282	17	3,571	163
1998	6,581	589	3,079	718	2,189	5	6,468	446	2,710	59	3,076	177
1999	7,569	815	3,483	716	2,547	7	7,822	602	3,345	68	3,616	191
2000	7,704	931	3,574	1,017	2,176	6	8,954	613	3,626	86	4,424	204
2001	8,444	1,065	4,030	970	2,369	9	12,509	818	5,825	141	5,513	212
2002	8,988	1,185	4,201	984	2,611	8	13,311	883	5,930	157	6,108	233
2003	10,260	1,387	4,913	1,211	2,736	13	14,154	910	6,009	199	6,759	276
2004	11,295	1,651	5,360	1,201	3,065	17	15,360	989	6,399	210	7,455	308
2005	13,344	2,065	5,879	1,358	4,018	24	16,931	1,188	7,033	261	8,095	355
2006	15,346	2,463	7,068	1,479	4,304	33	18,894	1,398	7,845	303	8,926	422
2007	18,837	2,673	8,694	1,611	5,818	41	19,886	1,414	8,480	399	9,164	428
2008	20,645	2,985	9,596	1,884	6,153	27	21,618	1,516	9,050	551	10,000	501
2009	23,431	3,249	11,110	2,465	6,607	-	23,971	1,544	10,078	807	11,043	498
2010	26,230	3,400	13,234	2,789	6,807	-	26,220	1,536	11,001	957	12,175	551
2011	28,444	3,561	14,244	3,110	7,529	-	27,969	1,573	11,679	1,116	12,999	602
2012	30,408	3,732	14,942	3,418	8,316	-	30,512	1,646	12,546	1,328	14,352	640
2013	33,321	3,946	16,564	3,693	9,117	-	32,999	1,735	13,549	1,501	15,535	679

자료: 보건복지부, 『국민의료비추계 및 국민보건계정』, 각년도.

표 F417-428 재원별 의약품 지출 및 집합보건의료비, 1970-2013

	의약품지출						집합보건의료비					
	합계	정부	사회보장기금	민간보험	가계직접부담	기타 민간부문	합계	정부	사회보장기금	민간보험	가계직접부담	기타 민간부문
	F417	F418	F419	F420	F421	F422	F423	F424	F425	F426	F427	F428
	남한, 십억 원											
1970	15	0	-	0	15	-	6	5	0	0	1	0
1971	15	0	-	0	15	-	9	8	0	0	1	0
1972	18	0	-	0	18	-	8	7	0	0	1	0
1973	20	0	-	0	20	-	9	7	0	0	1	1
1974	24	0	-	0	24	-	10	8	0	0	1	1
1975	50	0	-	0	50	-	21	18	0	0	2	1
1976	71	0	-	0	71	-	26	21	0	0	3	1
1977	84	1	1	0	83	-	36	29	1	1	4	2
1978	126	1	2	0	122	-	47	35	2	1	5	3
1979	213	2	12	0	199	-	76	56	7	1	9	3
1980	287	2	22	0	263	-	106	73	17	2	11	4
1981	381	4	30	0	347	-	119	81	16	2	15	5
1982	435	6	45	0	383	-	132	76	33	2	16	5
1983	502	8	67	0	427	-	156	88	42	4	17	5
1984	542	7	85	0	450	-	170	85	55	5	18	6
1985	617	10	99	0	508	-	186	97	57	7	20	6
1986	694	13	83	0	598	-	226	117	71	8	23	7
1987	799	18	93	1	687	-	264	144	77	10	26	8
1988	986	29	131	1	825	-	321	169	97	15	32	9
1989	1,309	35	186	1	1,087	-	421	211	137	23	41	10
1990	1,544	34	278	1	1,231	-	560	257	220	26	45	11
1991	1,811	39	290	2	1,482	-	621	271	247	37	55	11
1992	2,091	49	338	2	1,701	-	770	326	326	42	65	12
1993	2,379	61	445	3	1,870	-	823	342	351	47	69	14
1994	2,759	66	561	4	2,128	-	957	393	413	60	76	15
1995	3,332	75	737	5	2,515	-	1,075	430	460	84	85	16
1996	3,974	88	937	6	2,943	-	1,436	528	677	120	95	17
1997	4,348	113	1,117	11	3,108	-	1,589	570	772	130	98	19
1998	4,331	136	1,217	31	2,947	-	1,662	591	818	149	88	16
1999	5,040	192	1,385	33	3,429	-	1,640	627	745	150	102	16
2000	6,125	271	2,091	42	3,721	-	1,921	779	855	162	109	16
2001	7,173	379	3,678	9	3,107	-	2,010	898	819	160	117	16
2002	7,835	419	3,949	11	3,456	-	2,175	1,027	821	177	130	19
2003	9,581	469	4,388	19	4,704	-	2,443	1,174	899	197	154	20
2004	10,546	571	4,981	22	4,972	-	2,547	1,152	993	207	174	21
2005	11,574	742	5,632	27	5,174	-	2,935	1,358	1,114	237	202	23
2006	13,266	954	6,528	35	5,749	-	3,342	1,527	1,265	289	233	27
2007	14,152	1,034	7,230	49	5,839	-	3,702	1,749	1,305	360	258	30
2008	15,280	1,088	7,745	68	6,378	-	4,253	1,946	1,524	469	281	33
2009	16,890	1,122	8,723	101	6,945	-	5,509	2,716	1,815	639	308	31
2010	18,652	1,145	9,498	124	7,885	-	6,498	3,414	1,940	720	386	38
2011	19,639	1,170	10,065	150	8,254	-	6,602	3,239	2,016	822	484	41
2012	19,341	1,063	9,698	147	8,432	-	7,550	3,811	2,175	966	551	47
2013	20,284	1,057	10,017	195	9,015	-	7,529	3,656	2,288	970	566	49

자료: 보건복지부, 『국민의료비추계 및 국민보건계정』, 각년도.

6. 건강 관련 지표들

표 F429-439 상하수도 보급률, 17세 평균신장, 일평균 칼로리섭취량, 1948-2014

	상수도				하수도	17세 평균 신장		칼로리 섭취량	식품군별 섭취량		
	인구	급수인구	보급률	1일 1인당 급수량	보급률	남	여		합계	식물성 섭취분율	동물성 섭취분율
	F429	F430	F431	F432	F433	F434	F435	F436	F437	F438	F439
	남한										
	천 명	천 명	%	L	%	cm	cm	kcal	g	%	%
1948	17,800	3,280	18	66							
1950	20,167			54							
1955		3,451		65							
1956	21,526	3,475	16	71							
1958	21,321	3,321	16	87		167	157				
1959	21,910	3,325	15	90		167	158				
1960	22,974	3,605	16	98		167	157				
1961	24,954	4,210	17	99		167	158	2,141			
1962	25,498	4,400	17	102		167	157	2,179			
1963	26,231	4,800	18	102		167	157	2,208			
1964	26,987	5,000	19	104		168	157	2,251			
1965	27,678	5,200	19	104		168	157	2,367			
1966	28,317	6,000	21	106		168	157	2,440			
1967	29,160	6,474	22	110		169	157	2,508			
1968	29,541	7,436	25	110		169	158	2,610			
1969	30,171	8,150	27	128		169	158	2,722	1,056	97.0	3.0
1970	30,738	9,184	30	135		170	158	2,816	1,035	92.1	7.9
1971	31,435	10,430	33	158		170	158	2,899	999	95.4	4.6
1972	31,828	11,600	36	173		170	158	2,975	893	91.7	8.3
1973	32,360	12,250	38	177		170	158	3,058	997	92.4	7.6
1974	32,905	12,944	39	179		170	158	3,027	1,000	94.1	5.9
1975	33,459	14,089	42	182		171	158	3,106	922	92.3	7.8
1976	34,709	14,961	43	216		171	159	3,158	949	93.4	6.6
1977	35,849	17,910	50	220		171	159	3,110	1,015	91.6	8.4
1978	36,412	18,582	51	228		172	160	3,177	894	90.0	9.9
1979	36,969	19,053	52	232		172	160	3,141	1,004	88.2	11.8
1980	37,534	19,834	53	235		172	160	3,024	1,061	90.7	9.2
1981	38,124	20,809	55	256	12	173	160	2,970	972	90.0	10.0
1982	38,723	22,088	57	264	11	173	161	2,939	980	88.2	11.8
1983	39,331	23,363	59	270	10	173	160	2,951	1,042	88.0	12.0
1984	39,951	24,728	62	273	8	173	161	2,998	991	85.8	14.2
1985	40,758	26,211	64	280	8	173	161	2,951	1,050	82.6	17.4
1986	40,467	27,188	67	282	9	174	161	2,996	1,068	83.1	17.0
1987	41,184	28,289	69	295	37	174	161	3,073	921	79.7	20.2
1988	41,575	29,556	71	311	39	174	161	3,086	1,,037	80.0	20.0
1989	41,975	31,161	74	325	38	174	161	3,064	1,016	81.2	18.8
1990	42,380	32,968	78	339	39	174	161	2,956	1,048	81.2	18.9
1991	42,869	33,631	78	369	36	174	161	2,950	1,068	80.2	19.7
1992	43,270	34,670	80	376	36	174	161	3,003	1,098	80.4	19.5
1993	44,570	35,640	80	385	41	174	161	2,959	1,054	79.6	20.4
1994	45,080	36,570	81	394	42	174	161	2,980	1,067	79.0	21.0
1995	45,510	37,350	82	408	45	174	161	3,022	1,101	79.1	20.9
1996	45,970	38,110	83	398	53	173	161	3,060			
1997	46,430	38,820	84	409	61	174	161	3,071			
1998	46,880	39,610	84	409	66			2,977	1,272	80.7	19.3
1999	47,170	40,190	85	395	68			3,089			
2000	47,540	40,950	86	388	71			3,092			
2001	47,980	41,770	87	380	73			3,080	1,289	79.6	20.4
2002	48,290	42,400	88	374	76			3,080			
2003	48,518	43,021	89	362	79			3,061			
2004	48,824	43,633	89	347	81			3,096			
2005	49,053	44,187	90	353	84			3,102	1,274	78.3	21.7
2006	49,268	44,671	91	351	86			3,121			
2007	49,599	45,270	91	346	87			3,137	1,293	80.3	19.7

표 F429-439 계속

	상수도				하수도	17세 평균신장		칼로리 섭취량	식품군별 섭취량		
	인구	급수인구	보급률	1일 1인당 급수량	보급률	남	여		합계	식물성 섭취분율	동물성 섭취분율
	F429	F430	F431	F432	F433	F434	F435	F436	F437	F438	F439
	남한										
	천 명	천 명	%	L	%	cm	cm	kcal	g	%	%
2008	50,034	46,057	92	340	89			3,181	1,319	80.3	19.7
2009	50,394	46,733	93	337	89			3,209	1,343	80.2	19.8
2010	50,644	47,336	93	332	90			3,280	1,505	79.4	20.6
2011	51,435	50,264	98	333	91			3,329	1,458	79.3	20.7
2012	51,717	50,638	98	335	92				1,436	79.4	20.6
2013	51,881	50,905	98	332	92				1,544	78.7	21.3
2014	52,127	51,325	98	335							

자료: 상하수도 보급은 환경부, 『상수도통계』, 각년도; 환경부, 『하수도통계』 각년도; 17세 평균신장은 교육부, 『학생건강검사통계보고』, 각년도; 칼로리 섭취량은 통계청, 『식품공급』(http://kosis.kr/); 식품군별 섭취량은 보건복지부, 『국민건강영양조사』 각년도.

주: 상하수도 보급에서 급수인구(명)는 광역상수도 급수인구와 지방상수도 급수인구의 합이다. 보급률(%)은 (급수인구÷총인구)×100으로 계산되었다. 1일 1인당 급수량(l/일·명)은 (급수량(톤/일)÷급수인구(명))×1,000으로 계산되었다. 1996년, 1999-2001년은 톤/일 단위이고 1997년, 2002-2005년은 ㎥/일 단위이다. 평균신장은 17세 인구의 출생연도 기준이다. 칼로리 섭취량은 1인당 1일 평균이다. 식품군별 섭취량에서 1969-1995년 원시자료 확보 불가로 이전 보고서에 수록된 값을 제시한다.

표 F440-452 저체중과 과체중 출생아 비중, 비만율, 신체질량지수, 1993-2014

	출생체중 2,500g 미만 비중			출생체중 4,000g 이상 비중			비만율			신체질량지수(남성, 징병검사 결과)			
	전체	남아	여아	전체	남아	여아	전체	남	여	저체중	정상	과체중	비만
	F440	F441	F442	F443	F444	F445	F446	F447	F448	F449	F450	F451	F452
	남한, %												
1993	2.6	2.3	2.9	6.7	8.2	5.0							
1994	2.8	2.5	3.1	6.6	8.2	4.8							
1995	3.0	2.7	3.4	6.3	7.7	4.6							
1996	3.1	2.8	3.5	6.3	7.8	4.7							
1997	3.3	2.9	3.6	6.0	7.4	4.3							
1998	3.5	3.1	3.9	5.8	7.1	4.3	25.8	25.7	25.9				
1999	3.6	3.2	4.0	5.4	6.6	4.0				34.2	54.2	11.6	
2000	3.8	3.4	4.2	5.1	6.3	3.7				34.2	54.3	11.6	
2001	4.0	3.5	4.4	5.1	6.3	3.8	30.3	32.0	29.1	31.0	53.0	16.0	
2002	4.0	3.5	4.4	5.3	6.5	3.9				27.9	52.5	9.0	10.6
2003	4.0	3.7	4.4	5.0	6.2	3.8				25.9	52.5	9.6	12.0
2004	4.1	3.8	4.5	4.8	5.9	3.5				24.2	53.0	10.1	12.6
2005	4.3	3.8	4.7	4.5	5.7	3.3	31.4	34.9	27.9	23.7	53.2	10.2	12.9
2006	4.4	3.9	4.9	4.2	5.2	3.0				23.5	53.4	10.2	12.9
2007	4.7	4.2	5.1	4.1	5.2	3.0	32.1	36.6	27.8	23.9	53.6	10.0	12.5
2008	4.9	4.4	5.3	3.9	4.9	2.8	31.0	35.6	26.5	23.8	53.4	17.2	5.6
2009	4.9	4.4	5.5	3.7	4.6	2.7	31.9	36.2	27.6	25.3	53.0	16.4	5.3
2010	5.0	4.6	5.5	3.6	4.5	2.6	31.4	36.5	26.4	25.1	53.4	16.2	5.3
2011	5.2	4.7	5.7	3.3	4.2	2.4	31.9	35.2	28.6	25.6	53.0	16.2	5.2
2012	5.3	4.8	5.9	3.4	4.3	2.4	32.8	36.1	29.7	25.7	52.3	16.7	5.3
2013	5.5	5.1	6.0	3.3	4.2	2.3	32.5	37.6	27.5	25.4	51.4	17.3	5.8
2014	5.7	5.2	6.2	3.2	4.0	2.3				25.0	51.1	17.7	6.1

자료: 저체중과 과체중 출생아 비중은 통계청, 『인구동향조사』, 각년도; 비만율은 보건복지부 질병관리본부, 『국민건강통계』, 각년도; 신체질량지수는 병무 통계 징병검사 현황.

주: 2,500g 미만으로 출생한 경우 저체중 출생이라고 하며, 4,000g 이상으로 출생한 경우 과체중 출생이라고 한다. 비만율은 만 19세 이상 중체질량지수(kg/㎡)가 25 이상인 인구의 백분율이다. 신체질량지수는 징병검사 기준이다. 1999-2001년에는 19.9 이하(저체중), 20.0-24.9(정상), 25.0 이상(과체중 및 비대)으로 분류하였다. 2002-2007년에는 19.9 이하(저체중), 20.0-24.9(정상), 25.0-26.9(과체중), 27.0 이상(비만)으로 하였다. 2008-2014년에는 19.9 이하(저체중), 20.0-24.9(정상), 25.0-29.9(과체중), 30.0 이상(비만)으로 하였다.

표 F453-467 흡연율, 음주율, 활동제한율, 평균수면시간, 1998-2015

	현재 흡연율			월간 음주율		
	전체	남	여	전체	남	여
	F453	F454	F455	F456	F457	F458
	남한, %					
1998	35.1	66.3	6.5			
2001	30.2	60.9	5.2			
2005	28.8	51.6	5.7	54.6	72.6	36.9
2007	25.3	45.0	5.3	57.2	73.5	41.5
2008	27.7	47.7	7.4	59.5	74.6	44.9
2009	27.2	46.9	7.1	59.4	75.7	43.3
2010	27.5	48.3	6.3	60.4	77.8	43.3
2011	27.0	47.3	6.8	60.6	77.6	44.2
2012	25.8	43.7	7.9	57.9	73.5	42.9
2013	24.1	42.1	6.2	60.1	75.3	45.7
2014	24.2	43.1	5.7	60.0	74.4	46.4
2015	22.6	39.3	5.5	60.6	75.2	46.5

	활동제한율						수면시간 분포 (19세 이상)		
	전체		남		여		6시간 이하	7-8시간	9시간 이상
	19세 이상	65세 이상	19세 이상	65세 이상	19세 이상	65세 이상			
	F459	F460	F461	F462	F463	F464	F465	F466	F467
	남한, %								
1998									
2001							41.1	52.0	6.9
2005	8.3	37.7	7.0	30.6	9.7	42.5	39.9	53.1	7.0
2007	14.4	42.1	11.5	36.8	17.1	45.8			
2008	15.8	44.6	12.2	37.3	19.3	49.7	40.7	50.7	8.6
2009	13.5	43.5	10.3	37.5	16.6	47.6	39.2	52.6	8.3
2010	10.1	28.1	8.1	20.9	12.1	33.2	40.1	51.6	8.2
2011	9.1	24.6	8.0	21.4	10.2	26.9	41.1	51.5	7.4
2012	8.6	19.4	7.5	15.4	9.6	22.2	40.4	51.9	7.7
2013	7.6	20.2	7.3	20.7	8.0	19.8	44.1	49.3	6.7
2014	6.8	14.6	5.7	13.6	7.8	15.4	41.9	51.1	7.0
2015									

자료: 흡연율과 음주율은 보건복지부 질병관리본부, 『국민건강통계』, 각년도; 활동제한율과 수면시간은 보건복지부, 『국민건강영양조사』, 각년도.

주: 현재흡연율은 평생 담배 5갑(100개비) 이상 피웠고 현재 담배를 피우는 만 19세 이상 인구 비중이다. 월간 음주율은 최근 1년 동안 한 달에 1회 이상 음주한 만 19세 이상 인구 비중이다. 활동제한율이란 현재 건강상의 문제나 신체 혹은 정신적 장애로 일상생활 및 사회활동에 제한을 받는 인구 비중을 의미한다.

G. 농업

조석곤 · 이영훈

개항과 더불어 시장경제가 확대되고 식민지기에도 경제성장이 진행되었지만, 식민지기 조선은 여전히 농업이 주력 산업이었다. 해방 이후에도 1960년대까지만 해도 농업이 제1위 산업이었지만, 수출지향형 공업화가 진행되면서 남한 경제는 급속하게 공업화되었으며, 1980년대에 이르면 경상수지의 만성적 적자를 극복하고 성공한 자본주의 국가의 반열에 서게 되었다. 이러한 압축성장 과정에서 농업은 급속하게 그 비중이 줄어들었으며, 부가가치 생산 측면에서는 전기가스수도업에도 미치지 못하는 왜소한 산업이 되었다. 하지만 농업 부문에 국한하여 보면 농업 인구의 급감에도 불구하고 농업총생산의 절대적 규모는 오히려 증가하고 있는데, 이는 농업 부문에서 노동 생산성 및 토지 생산성의 증가로 농업 성장은 계속되고 있었음을 보여 준다.

이 장은 1910-2015년 시기를 대상으로 농업 관련 장기 시계열을 작성한 것이지만 조선시대의 경우 이영훈(2012)이 1660년 이후의 두락당 벼 생산량과 지대량 정보를 수집하였으므로 이 시계열을 추가한다. 식민지기 이후 농업 장기 시계열 관련 추계와 그에 기초한 연구도 적지 않게 축적되어 있다. 황수철(1996)은 1955-1992년의 투입, 산출과 생산성을 추계했으며, 박섭(1999)은 1912-1940년의 농업 생산을 추계했고 박섭(2005)은 이를 1910-1944까지 연장하고 개선하였다. 황수철 외(2003)는 1910-2001년의 농업 산출 및 투입을 정리하였는데, 해방 전은 1910-1942년, 해방 후는 1937-2001년의 산출 시계열을 정비하였다. 황수철 외(2014)는 농업 산출 추계를 2012년까지 확대하였으며, 유영봉(2015)은 농업 투입에 대해서도 2013년까지 확대한 추계를 통해 농업 생산의 효율성을 분석했다.

장기 시계열 작성시 가장 큰 난점은 자료의 부재(또는 일부 결락)이며, 자료가 있는 경우도 조사 방식의 변경에 따른 시계열의 연결 문제, 그리고 과대 · 과소 추계의 문제로부터 발생하는 수치의 신뢰성 문제를 해결해야 한다. 본 통계의 장기 시계열은 기본적으로 황수철 외(2003)를 따르되 시계열을 2015년까지 확장한다.

이 글에서는 농업 장기 시계열이 보여 주는 근현대 한국 농업의 장기 변화를 간략히 소개한다. 본 장기 시계열은 1910-2015년의 시기를 포괄하고 있지만, 이 시기는 식민지기와 대한민국 시기로 구분되며, 식민지기의 통계는 1942년까지만 작성하였고, 해방 이후는 1955년부터 작성하였다. 식민지기와 대한민국 시기에는 근대적 조사방법에 입각한 농업통계서가 발간되었지만, 조선시대에 대해서는 그 정도 수준으로 정리하는 것은 불가능하다. 그럼에도 과세면적 단위의 경지면적은 연도별로 파악할 수 있으며, 최근 들어 조선후기 지대량에 대한 미시 자료가 축적되었기 때문에, 이를 생산량의 대리변수로 간주하고 해당 시계열을 제시한다.

글의 순서는 다음과 같다. 1절에서는 통계 작성에 사용한 자료에 대해 간단히 소개한다. 2절에서는 해당 시기 한국 농업의 상황에 대해 간단히 정리한다. 3절 및 4절에서는 장기 시계열로부터 한국 농업의 변화 과정을 생산 측면과 농가수지 측면으로 나누어 살펴본다. 5절에서는 본 시계열을 이용하여 농업 전환의 시점을 한국 농업의 성장경로를 통해 추론해 본다.

1. 자료 소개

본 연구의 시계열은 조선시대, 식민지기, 대한민국 등 세 시기를 다룬다. 장기 역사 통계의 취지를 반영하여 경지면적 및 농가, 재배면적 및 생산량 통계는 시계열을 연결한다. 이 장의 통계 시계열은 조선왕조(G1-46), 농가와 경지면적(G47-98), 농업 생산량과 생산액(G99-409), 농업 투입(G410-460), 농가경제조사(G461-541)로 구분하여 제시한다. 단위는 생산량과 면적 모두 미터법을 기준으로 정리한다. 이 절에서는 이용한 자료를 개괄적으로 소개하고, 구체적 내용은 3절 이후에서 설명한다. 다만 조선후기는 면적 및 미곡 생산량 정도의 자료만 구할 수 있기 때문에 논의의 편의상 관련 내용도 여기에서 간단히 설명한다.

조선왕조기에는 경지면적을 결부제(結負制)에 근거하여 산정하였는데, 결은 토지 생산성을 반영한 면적 단위로서 과세의 기본 단위로 활용하였다. 표 G1-10은 1744-1909년의 과세면적 단위로 파악한 도별 경지면적을 보여 준다. 수세결수는 1830년대까지는 감소 추세를 보이다가 이후 완만한 상승 추세를 보였으나 19세기 말까지 18세기 중반 수준을 회복하지 못했다. 이것이 경지면적의 감소를 의미하는지 조선왕조의 토지 파악 능력의 감소를 의미하는지는 좀 더 살펴볼 일이다.

표 G11-46은 1660-1947년간의 전국 36개 지역의 벼 생산량 또는 지대량의 시계열 자료이다. 각 지역의 시계열이 모두 일관된 것은 아니며, 지역 분포도 삼남지방에 집중되어 있다는 한계가 있는 자료이지만, 전반적으로 논의 두락당 지대량이 17세기 말에서 19세기 말까지 장기의 감소 추세를 보이고 있다. 이영훈(2012)은 지대율이 추세적으로 감소했다는 실증적 증거가 없다는 전제하에, 이 장기 추세는 두락당 생산량의 장기적인 하락을 의미한다고 해석하고 있는데, 보다 많은 사례 발굴이 필요하다.

식민지 시기 시계열은 『조선총독부통계연보』에 기초하여 작성하였다. 조선총독부는 1909년 주요 작물에 대한 통계조사(생산량, 재배면적)를 실시하였고, 1910년대에 조사 대상 품목을 점차 확대하였다. 총독부의 통계조사 방법은 토지조사사업을 거치면서 정확도가 향상된 것은 사실이지만(황수철 외 2003: 11-16) 식민지 시기 농업 통계는 대부분 동리장을 최말단 조사원으로 하는 행정 계통을 이용한 행정조사였다. 다만 미곡에 대해서는 예외적으로 1936년 표본지에 대한 실측조사를 실시하였다.

1907년부터 시작하여 식민지기에 조사가 이루어진 품목은 총 61개였는데(박섭 1999: 94) 본 시계열에서는 이 중 1933년부터 조사한 품목인 황모시 · 아마는 해방 이후에 조사되지 않았으므로 제외하고, 호밀의 경우는 1936년부터 조사하여 시계열이 짧지만 해방 이후에도 조사된 품목이므로 포함했다. 사료작물은 해방 후 계열을 정리하지는 않았지만, 『총독부통계연보』에 자세히 조사되었기 때문에 관련 계열을 제시하였다.

대한민국의 농업 시계열은 『농림통계연보』와 『농가경제조사보고』를 중심으로 작성한다. 『농림통계연보』는 1952년부터 발간되었지만, 1960년대 이후 조사방법의 변화에 따른 시계열의 수정이 1955년부터 이루어졌기 때문에 본 통계에서는 1955년부터 시계열을 제시한다. 『농가경제조사결과보고』는 조사가 시작된 1962년부터 시계열을 작성한다.

『농림통계연보』의 수치는 행정 통계로부터 표본조사로 변함에 따라서 1955년까지 소급하여 통계수치를 수정했다. 조사방법의 변화는 산출물과 투입에 따라 작물별로 상이한데, 미곡이 1965년부터 표본조사를 도입하여 가장 빨랐고 맥류는 1966년, 기타 잡곡 및 경종작물은 1970년대에 들어서야 표본조사를 실시했다. 작부면적의 경우는 미곡을 제외하면 1970년대 중반에 표본조사가 실시되었다.

1943-1954년에 대해서는 별도의 추계작업을 시도하지 않았다. 『농림통계연보』(1952)에는 1937-1951년간의 농업 생산량이 남북한을 구분하여 실려 있으며 이후 1954년까지 시계열이 연장되어 있다(G352-401). 그럼에도 불구하고 이 통계치를 사용하지 않은 것은 이 계열을 이용하여 식민지기와 해방 이후 계열을 연결할 때 곤란한 문제가 발생하기 때문이다. 1955년 이후 『농림통계연보』의 시계열은 표본조사의 결과를 반영하여 꾸준히 그 수치가 수정되었고 이 장의 시계열도 그 수정치를 반영하고 있다. 같은 논리라면 동일한 방법으로 『농림통계연보』(1952)의 수치를 조정해야 하는데, 결국 『조선총독부통계연보』 시계열까지도 모두 수정해야 한다는 문제가 있다.[1] 이 통계서에 수록된 남북한 시계열을 이용할 때는 특히 이점에 유의할 필요가 있다.

1 쌀 생산량을 예를 들어 설명하면, 1937-1954년을 연결시킨 『농림통계연보』를 정리한 표 G352-401의 1954년 남한 생산량은 220.3만 톤인 반면(G355), 표 G99-330의 1955년 생산량은 295만 9,037톤(G100)으로 격단의 차이가 있다. 식민지기도 마찬가지인데, 1937년의 경우 『조선총독부통계연보』의 미곡 생산량은 남북한 합쳐 279만 5,150톤임에도 『농림통계연보』의 그것은 남한만 284만 1,027톤이다.

『농가경제조사결과보고』는 표본설계에 의해 추출된 표본으로부터 구조화된 조사표에 입각하여 작성된 미시 자료인데, 정교한 방식으로 설계 · 조사되었음에도 불구하고 전체 농가의 평균적인 표본이라고 보기 어려운 측면이 있다.[2] 또한 2003년의 표본설계 및 조사표 변경은 아주 근본적인 것이어서 양 시계열을 그대로 연결할 수는 없다. 분류 체계 개편의 목적은 농가수지에 대해서는 도시와 농촌 간의 비교를 위해 가계조사와 일치하도록 개편했으며, 자산 및 부채에는 기업회계기준 체계를 도입하였기 때문인데, 본 시계열에서는 양자를 개략적으로 연결한 두 기준의 시계열을 동시에 제시한다.

2. 근현대 한국 경제의 성장과 한국 농업

1910-2015년은 한국 경제의 근현대를 포괄하는 시기이지만 식민지기와 독립국가라는 전혀 이질적인 정치 체제가 존재했던 시기이다. 식민지기와 해방 후의 한국 경제와 농업은 모두 전반적으로 높은 성장률을 유지했지만, 농업의 역할과 정책 패러다임은 상이했다. 식민지기 한국 농업은 식량 및 원자재 공급의 역할과 함께 농업 잉여가 자본으로 전환되었던 시기였다. 해방 후 한국 농업은 생산 측면에서는 식량자급에 주목적을 두었으며, 축적된 농업 잉여는 양질의 노동력 공급을 위한 자원으로 활용된 시기였다. 농업 정책 기조의 측면에서는 식민지기에는 자유방임적 시장제도의 틀을 유지하면서 정책금융을 병행하였는데, 세계대공황 이후에는 소농의 안정화를 위한 국가 개입이 추가되었다. 한편, 해방 후에는 애초부터 통제경제적 성격을 강하게 노정하였는데, 1980년대 중반 우루과이라운드 이후 개방농정으로 전환하였다.

식민지기 초반에는 토지조사사업 등 근대적 토지소유의 제도적 기반을 마련하는 데 주력하였다. 1910년대 육지면재배장려사업으로 면화 생산이 급증하였으며, 1920년대 중반 이후 산미증식계획 등 미곡 증산 정책을 실시하였다. 토지담보 대출을 기반으로 한 수리조합사업은 증산을 인센티브로 관개와 같은 공공재 공급을 민간에게 맡긴 방법이었다. 하지만 미곡 증산에도 불구하고 농업 공황에 따른 미가 하락으로 많은 수리조합이 재정위기에 처하였고, 농가경제의 악화에 따라 소작쟁의가 빈발하면서 1930년대에는 자작농창정계획과 같은 정부 주도의 농촌안정 정책이 실시되었다.

해방 이후 가장 중요한 농업 정책은 농지 개혁이다. 종래 소작농에게 토지를 분배함으로써 일거에 식민지지주제를 해체한 이 정책으로 비록 영세한 규모지만 농민의 대부분은 자작농이 되었다. 1960년대에는 영세 규모의 자작농을 효율적인 생산 단위로 묶으려는 농업 구조 개선 논의가 진행되었지만 성과를 거두지 못하였고, 농업 정책은 식량자급(1960년대 후반 이후에는 주곡자급)이라는 소극적 목표에 갇히게 되었다. 그래도 이 과정에서 미곡 생산성은 급증하였고 미곡에 관한 한 자급을 달성하기에 이르렀다. 정부가 주도하는 농업보호육성 정책은 1980년대 개방농정론이 대두되면서 근본적으로 변화한다. 우루과이라운드 이후 세계무역구조의 전환은 농산물 수입개방을 피할 수 없게 만들었으며, 1989년 규모화를 통한 농업 경쟁력 강화라는 농업구조조정 방향이 농어촌발전종합대책으로 구체화되면서 새로운 농업의 성장 동력을 발굴하는 방향으로 선회했다. 이미 1980년대 중반에 농공단지, 복합영농 등의 정책을 거쳐, 축산 · 시설영농 육성, 유통 인프라 개선, 식품산업 육성, 6차 산업 육성 등 현재까지 다양한 시도가 진행되었지만 농업의 상대적 지위는 계속 위축되어 갔다.

식민지기 농업은 주요 수출품 생산 또는 원자재 공급 역할을 수행하였지만, 대한민국기 농업 생산은 이런 역할을 수행하지 못하였다. 하지만 경제성장 과정에서 농업 부문은 중요한 역할을 수행했던 것으로 보인다. 앞서 논의한 것처럼 농업 생산성은 지속적으로 상승하였으며, 농가소득도 꾸준하게 상승했다. 타 산업 부문에 비해 농업 부문의 발전 속도가 느렸긴 하지만 이 과정에서 축적된 농업 잉여는 저축을 통한 투자재원 확보, 교육비 투자를 통한 양질의 인

2 농가경제조사의 표집은 조사목적을 반영한 층화된 농가를 대상으로 한 군집 표집 방식이어서 농가의 인구 구성을 정확히 반영한다고 보긴 어렵다. 65세 이상 인구 비중이 『농림통계연보』의 그것보다 증가율이 둔화된 것은 한 예이다. 특히, 2003년 표본설계 및 조사방법의 변화는 기존 도시가계조사의 방식을 따른 근본적인 것이어서 두 계열을 연결할 때 주의를 요한다. 편법이지만, 잉여(또는 손실)액의 변화가 없도록 농가처분가능소득을 조절하면 두 계열을 큰 변화 없이 연결 가능하다(G522-541). 여기에서는 이 계열을 이용하여 설명한다.

적자본 양성, 그리고 내수시장에서 주요 수요원이 됨으로써 경제성장에 기여하였다. 하지만 1980년대 이후 개방화가 진전되면서 한국 농업의 경쟁력은 한계에 봉착하였고, 농촌인구의 고령화가 진행되면서 농업은 점차 사양산업으로 전락하는 구조 전환을 경험하고 있다. 이제 절을 바꾸어서 이 과정을 구체적으로 살펴본다.

3. 농업 구조의 변화

이제 20세기 이후 한국 농업 구조의 변화를 농가호수 및 농업인구의 동향, 농업 생산 및 투입 구조의 변화로 나누어 살펴본다. 먼저 농가호수 및 농업인구는 표 G47-90에 있다. 해방 후 통계에는 경작규모별 농가호수와 연령별 농가인구의 통계도 제시하였다. 여타 자료를 보완하여[3] 1910-2015년을 연결한 계열은 표 G91-98에 있으며 그림 G-a는 그 장기 추이를 보여 준다.

그림 G-a 농가호수와 농업인구의 장기 추이(호, 명)

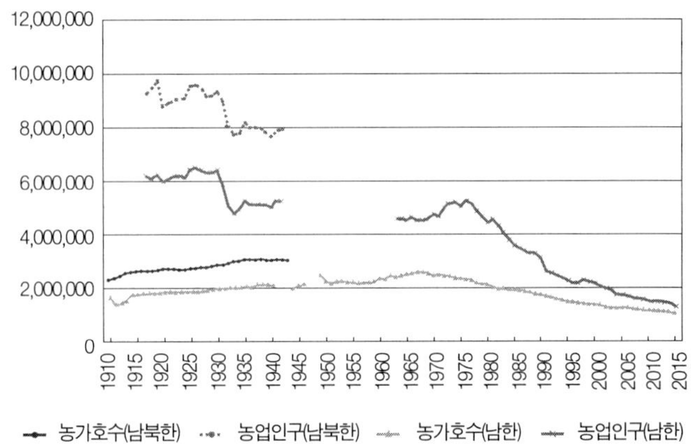

자료: G91-94.

농가호수는 식민지기를 거쳐 해방 후에도 지속적으로 증가하다가 1967년에 정점에 도달하였고 이후 감소하였다. 인구 추세도 마찬가지인데, 농업인구가 정점에 달했던 1967년으로부터 1974년까지 7년 동안 감소한 농가인구가 262만여 명으로 2015년 농가인구 257만여 명보다 많은 정도로 인구 유출이 급격히 진행했다. 식민지기는 1930년대에 들어와 농업인구도 감소하였는데, 1930년 국세조사의 유업자 파악 방식의 변화도 큰 영향을 미쳤겠지만(김낙년 2010) 농업 공황이나 산업화의 여파로 농가인구의 유출이 있었기 때문이다.

남한 지역의 수치는 『농림통계연보』(1952)의 방식을 따른다.[4] 남한 지역에 국한해 보면 농가호수 및 농업인구의 추이는 남북한 전체와 유사하다. 다만 1910년대 초반의 감소가 통계상의 오류인지 1914년 행정구역 개편에 따른 변화인지는 분명치 않다. 해방 후에는 농가호수와 농가인구(G62, G72) 모두 1968년부터 감소하지만, 농림업 취업자(G76)는 오히려 증가하다가 1977년부터 감소 추세로 돌아선다. 농가인구 감소에도 불구하고 1970년대에 농림업 취업자가 증가한 것은 취학 · 취업 등과 관련한 가구원의 농외 이출 속에서도 1970년대 가격지지 정책에 따른 농업 노동 수요가 여전히 존재했기 때문이다. 겸업농가의 비중은 식민지기에는 1920년대 중반까지 증가하다가 이후 급격하게 감소한 반면, 해방 후에는 1965년경까지 10% 수준에서 완만하게 감소하다가, 1980년대 중반까지는 완만하게 증가하여 20%를 상회하였으며, 1990년대 들어서면서 급증하여 2010년대에는 45%를 상회했다. 식민지기에는 농업이 매우 노동집약적인 방식으로 진행하면서 농업 노동 수요가 많았던 데다 농촌 내 농외 취업기회가 많지 않았던 반면, 해방 후에는 기계화의 진전 및 농외 취업기회의 확대 등이 영향을 미친 것으로 보인다. 또한 농업 부문이 농업 수입만으로는 농가수지의 균형을 맞추기 어려운 한계산업이 된 사정을 반영한 것이기도 하다.

다음은 농업 산출 및 투입 구조에 대해 살펴본다. 농업 총산출은 재배업과 축잠업으로 구분되며, 재배업은 식량작물(곡물)과 비식량작물로 구분한다. 축잠업은 축산업과 양잠업으로 구분한다. 조사품목은 『농림통계연보』에서 농업 생산지수가 제공되는 품목, 즉 당해연도 총생산액에서 차지하는 비중이 0.01% 이상인 품목을 대상으로 하는데, 장기

3 1941-1954년간 농가호수는 『경제연감』과 『농림통계연보』로부터 구할 수 있으며, 농업인구에 대해서는 1963년부터 통계를 구할 수 있다.

4 분단으로 경기도와 강원도의 일부가 북한에 속하고 황해도의 일부는 남한에 속했지만, 『농림통계연보』(1952)에서는 경기도, 전라도, 충청도, 경상도의 전체와 강원도 면적의 절반으로 남한 면적을 구하는 방식을 채택했다.

그림 G-b 경종작물의 재배면적 추이(ha, %)

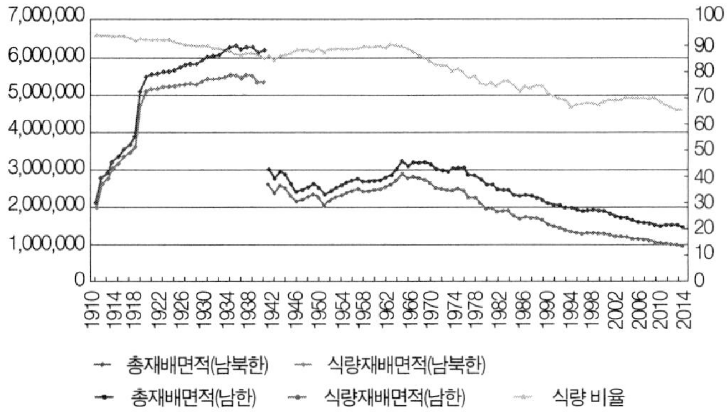

자료: G95-98.
주: 식량 비율(%)은 우축이며, 식량재배면적이 총재배면적에서 차지하는 비율이다.

그림 G-c 농업총산출 중 경종(식량, 비식량) 및 축잠업 비중의 추이(%)

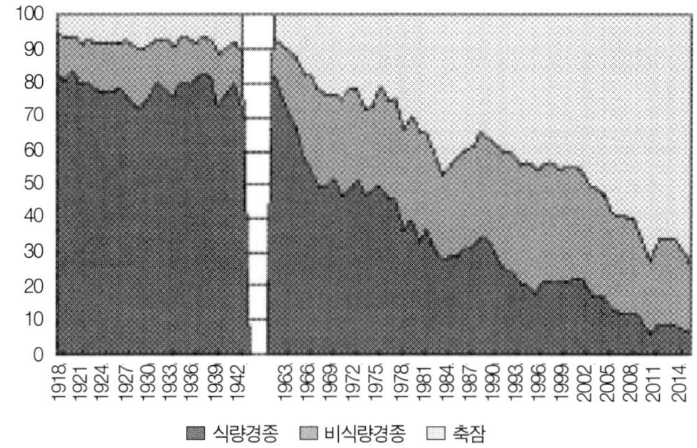

자료: G331-351.
주: 해방 전 통계에서는 부산물을 제외하고 비중을 산출하였다.

시계열을 구할 수 있는 품목에 한정하였다. 농업총투입은 경상투입과 고정자본투입으로 구분되는데, 축우의 경우 사육두수로도 제시되고 있기 때문에 양자가 중첩된다. 농업산출은 표 G99-330에 제시하였다. 양자를 직접 연결하지 않은 것은 주 1)에 언급한 사정 때문이다. 그나마 재배면적에서는 그 격차가 상대적으로 크지 않는데, 조사 방식의 변경에 따른 재배면적의 변화가 많지 않았기 때문이다.

이러한 사정을 염두에 두고 재배면적의 추이를 살펴본다. 그림 G-b에서 1910년대 작부면적이 급증한 것은 1910년대 초반에 조사 대상에 포함되는 작물이 제한적이었다가 점차 늘어났기 때문이다. 재배면적 추이는 사실상 토지조사사업이 종료된 1918년 이후부터 유의미한 통계라 할 수 있다. 전체적으로 재배면적은 증가 추세였지만 상대적으로 식량 재배면적의 증가 속도가 비식량 품목에 비해 완만하게 증가하고 있다. 1930년대 이후 비식량작물의 재배면적 증가는 주로 채소 · 면화 · 사료 재배면적의 급증에 기인한다.

해방 이후 경종작물 재배면적이 급감한 것은 상대적으로 이모작이 어려운 논 비율이 남한 지역에서 높았기 때문이다. 식량 재배면적의 비율은 해방 전과 유사한 수준에서 출발하지만, 식민지기와는 달리 1960년대 중반까지 오히려 증가하고 있다. 늘어나는 인구를 먹여 살려야 할 필요 때문에 식량작물의 재배에 집중한 것을 알 수 있다. 이러한 추세는 농업인구가 절대적으로 감소하는 1960년대 중반 이후 반전하는데, 식량 재배면적의 비율은 1990년대 중반까지 지속적으로 감소하여 70% 수준에 이르러서 안정된다. 그 후 2010년대 이후 다시 감소하기 시작하였다.

경종 재배면적이 정점에 달했던 1965년에는 323만 ha였지만, 2015년에는 148만 ha(45.9%)로 급감하였다. 장기 추이는 미곡 이외의 식량작물 비중의 감소와 과일 · 채소 재배면적 비중의 증가로 요약할 수 있다. 미곡은 절대적인 재배면적은 감소하였지만, 지속적인 정부지원 정책으로 재배면적에서 차지하는 비중은 오히려 증가하였다. 하지만 전반적으로 이미 곡물 생산은 사양산업화하고 있었으며, 그 자리는 과일 · 채소 등 비식량 작물로 대체되고 있었다.

재배업 내의 변화보다도 더 큰 변화는 축산업의 약진이다. 그림 G-c는 농산물 산출액에서 차지하는 곡물, 비곡물, 축잠업의 비중이다. 표 G331-351은 해방 전은 반성환(1974), 해방 후는 농림업생산지수로부터 연도별 명목 산출액을 계산한 것이다. 식민지기에는 1910년대에 곡물의 비중이 80% 이상으로 압도적이었으며, 이후 점차 감소하였지만 70%를 하회한 적은 없다. 축잠업은 5% 내외에서 1930년대까지 점차 증가하였으며, 1930년대 후반 비곡물 경종작물의 비중이 늘면서 축산의 비중은 감소하였다. 해방 후에도 통계가 제시된 1961년 84%를 차지하던 곡물의 비중은 이후 급격히 감소하고, 1991년 이후에는 비곡물 생산액보다 적게 되었다. 한편, 축산업은 꾸준히 증가하여 2009년 비곡물 생산액을 추월하여 현재는 가장 큰 비중을 차지하고 있다.

부가가치 기준으로 볼 때는 약간 상이한 구조를 보인

그림 G-d 미곡 생산량 추정치(톤)

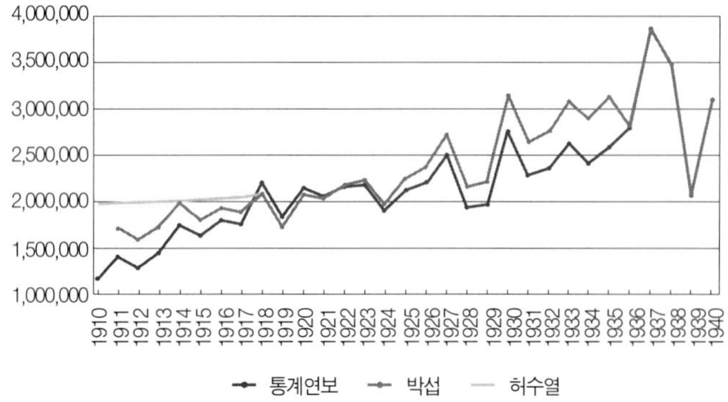

자료: G100, G101; 허수열(2005).

그림 G-e ha당 농업경상투입과 농업고정투입, 2005년 불변가격

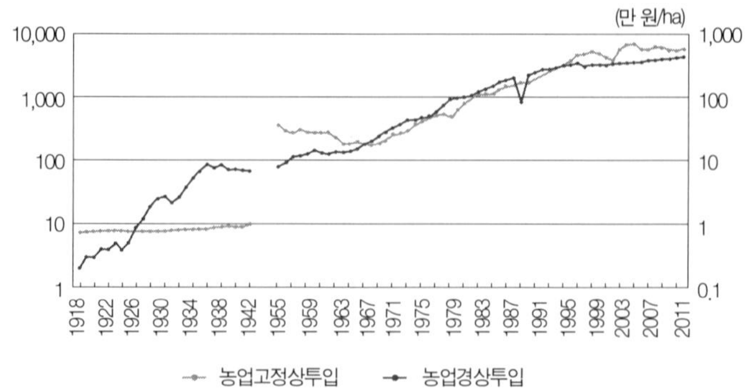

자료: G415, G420.

주: 오른쪽 축이 농업경상투입이다. 반성환(1974)은 1965년 불변가격을 제시하고 있으나, 0.368:1의 비율(P156)로 2005년 불변가격을 환산하여 표시하였다.

다. 총산출액과 달리 부가가치 기준으로는 축산업이 재배업의 절반 수준에 미치지 못하고 있다. 2015년 축산업은 명목 총산출의 43.2%를 차지하고 있었지만, 부가가치 기준으로는 25.5% 수준에 지나지 않았다. 이 비중은 1970년에 6.2%였던 것에 비하면 상당히 증가한 것이지만,[5] 축산업의 부가가치율이 재배업에 비해 낮게 나타나는 이유를 밝히기 위해서는 곡물, 비곡물, 축산물의 부가가치에 대한 새로운 자료가 필요할 것으로 보인다.

한 가지 더 언급할 점은 1910년대 농업 생산량에 관한 내용이다. 앞서도 말했지만 1910년대 농업 통계는 불완전한 것이며, 특히 재배면적보다도 농업 생산성과 관하여 이견이 존재한다. 1910년대 미곡 생산량을 둘러싼 논쟁이 대표적인데, 그림 G-d는 논쟁의 대표적인 두 당사자의 추계치를 그래프로 표시한 것이다. 박섭(1996)은 『조선총독부통계연보』의 미곡 생산량(G100)이 1918년과 1937년의 수치가 정확하다고 보았는데, 1918년은 토지조사사업이 완료된 시점이며, 1937년은 실지조사에 의한 생산량조사가 이루어진 해이기 때문이다. 이 경우 토지조사사업 이후 행정 통계는 실제 생산량을 과소 추계한 것으로 나타난다. 박섭은 1918년 생산량에서 두둑면적이 포함되었기 때문에 재배면적이 과대평가된 부분을 공제하고, 과소 평가된 부분이 매년 같은 비율로 누적되었을 것이라는 가정하에 1919-1936년의 생산량을 수정하였다. 이 부분에 대해서는 허수열(2005)도 의견을 같이한다. 하지만 1910년대의 통계에 대해서는 의견이 다른데, 박섭(1996)은 통계연보의 생산성 증가율을 준용하여 1910년대 생산량을 계산한 반면, 허수열(2005)은 1920년대 초반의 평균 생산성 증가율에 의거하여 1910년대 미곡 생산량을 계산하였다. 이 논쟁은 다른 작물에 대해서도 적용될 수 있기 때문에 1910년대 농업 통계는 이점을 감안하고 해석할 필요가 있다.

이제 요소투입의 변화를 살펴본다. 농업 생산요소는 매우 다양하지만, 이들 모두에 대해 장기 시계열을 작성할 만큼 자료가 충분치 않다. 표 G410-425에는 식민지기는 반성환(1974), 해방 후는 황수철(2015)에 의거하여, 농업 경상투입액과 농업 조고정자본스톡액을 제시하고 있다. 경상투입액은 농약, 비료, 종자(해방 후는 사료 포함)로 구성되며, 고정투입에는 농기계, 대동물, 대식물, 토지개량비, 건물 등이 포함되었다.[6] 식민지기에는 경상투입의 증가율이 높았는데, 이는 비료사용량이 격증했기 때문이다. 1960년대 중반 이후에는 농기계를 중심으로 한 고정자본스톡이 증가한다.

해방 후를 중심으로 살펴보면, 1ha당 경상투입액은 1955년 8.2만 원에서 2012년 78.4만 원으로 증가하였고, 농기계는 전무한 상황에서 시작하여 2012년에는 527.2만 원으로 격증했다. 경상투입액은 농약의 사용량이 급증하여 이후 1971년에 종자 구입액을 추월하였고, 1979년에는 비료 구입액도 추월하였다. 농약에 대한 의존도가 매우 높은 영농방

5 『국민계정』(kosis.kr).

6 반성환(1974)은 경상투입에 농업 경영비와 손도구를 포함시켰지만, 여기서는 일관성을 위해 제외했다. 경상투입액이 고정투입액을 상회한 것처럼 보이는 것은 두 축의 단위 차이에 기인한 것이다.

법을 채택하고 있음을 보여 준다. 농기계 투입액은 경상생산요소 투입보다 급격하게 증가하여, 5년의 감가상각 기간을 감안한다 하더라도 2000년대 중후반에는 경상투입액을 상회하였다. 미곡 생산에 특화된 대규모화가 진행되었을 뿐만 아니라, 소규모 밭농사에 광범하게 활용되는 관리기의 격증에서 볼 수 있듯이 전작 또는 시설영농에서의 육체노동의 생력화(省力化)라는 방향으로도 진행되고 있음을 알 수 있다.

이상 농업 구조의 변화 과정을 요약하면, 식민지기에는 농업은 주요 산업으로서 원료공급지 및 미곡 수출 등으로 경제성장에 직접적으로 기여한 반면, 해방 후에는 식량(주곡)자급이라는 소극적 역할로 경제성장에 기여했다. 하지만 농지 개혁을 통한 소농경제의 농가수지 개선은 이후 산업화에 필요한 양질의 노동력 공급처로서, 혹은 잠재적 실업자의 저수지로서 체제 안정에 기여할 수 있었다.

농업 구조 면에서 보면 식민지기에는 경종이 압도적이었으나, 해방 후에 오면 경종 위주에서 축산업으로, 경종 부문에서도 식량작물로부터 비식량작물로 무게중심이 이전하였다. 재배면적 비중에서는 미곡이 여전히 압도적이지만, 미곡 이외 식량작물의 급감이 두드러진다. 특히, 개방화 이후 경종 부문은 식량자급과 거리가 먼 방향으로 진전하였다. 생산액 측면에서 보면 식량 부문의 쇠퇴는 더 두드러진다. 우루과이라운드 이후 수입 농산물의 증대가 그 위축을 부채질하고 있다. 소득증대에 따른 외식 수요의 증대와 함께 축산업이 발달하였고, 이제 축산업이 재배업을 추월하는 단계를 목전에 두고 있는 상황이다. 하지만 축산업은 부가가치 측면에서는 그 비중이 아직 재배업에 미치지 못하고 있는데, 재배업에 대한 가격지지 정책, 축산업에서 주기적으로 빈발하는 전염병 피해 등이 영향을 미친 것으로 보인다.

요소투입 면에는 비료뿐만 아니라 농약에 대한 의존도가 격증하였다. 기계화의 측면에서는 미곡 재배에서는 대규모화가 진행되는 한편, 전작에 특화된 소규모 생력화로의 진행도 이루어졌다. 1955-2012년간 경상생산요소 투입액은 9.6배 증가했지만(G415), 같은 기간 농업 생산액은 약 3.5배 증가하는데 그쳤다(G331). 고정자본스톡의 감가상각액을 포함하면 생산요소 투입 증가율과 농업 산출액 증가율 사이의 격차는 더 벌어질 것이다. 같은 기간 농업 취업자는 438.3만 명에서 148만 명으로 33.8%로 감소하였으니(G410), 노동력 감소를 경상투입 및 고정자본 투입으로 커버한 것으로 해석할 수 있다.

4. 농가수지의 추이

이제 농가수지의 추이를 살펴본다. 식민지기에는 농가수지 관련 자료가 단편적으로만 존재하므로 시계열 작성이 불가능하며, 해방 후에는 1962년부터 『농가경제조사』를 통해 농가수지의 변화를 알 수 있다.[7] 농가경제조사는 생산성 지표(G475-487), 농가자산 및 부채(G488-502), 농가수지 등으로 정리할 수 있다. 표본설계는 수차례 변화했고(G461-474), 조사 방식의 경우 1983년과 2003년에 큰 변화가 있었는데, 2003년의 변화가 보다 근본적이었다. 이때의 변화는 도시가계조사와 조사 방식을 통일시킨 것으로, 크게 보면 비경상소득을 분리하고 가계지출을 소비지출과 비소비지출로 구분한 후 종래 조세부담금과 분가지출(分家支出)은 비소비지출에 포함시킨 것이다. 조사 방식의 변화가 크기 때문에 두 기준에 따른 통계를 별도로 제시한다. 표 G503-521은 2002년 이전 기준에 의해 농가수지를 정리한 것이며, 표 G522-541은 2003년 기준에 의해 농가수지를 정리한 것이다. 그림 G-f는 2003년 이후 기준에 따라 농가수지가 어떻게 구성되었는지를 보여 준다.

농가소득은 1962년 6만 7,885원에서 2015년 3,721만 5,119원으로 증가하였는데, 이는 연평균 12.6%의 높은 성장률을 기록한 것이다. 같은 기간 동안 농림어업의 명목 GDP 성장률이 10.9%였던 것과 비교하면 농가경제조사의 소득 증가율이 더 높은 편인데, 이는 『농가경제조사』의 표본이 농가소득 면에서 평균 이상일 가능성이 있다. 그럼에도 불구하고 같은 기간 한국 경제의 명목 GDP 성장률이 16.6%였으므로 농가소득 성장률은 전체 경제성장률보다는 여전히

7 『농가경제조사』의 표본설계 방식이 『농림통계연보』의 그것과 다르기 때문에 두 통계의 내용이 서로 다를 수 있음에 유의할 필요가 있다. 예를 들면, 평균 가구원에서 고령인구가 차지하는 비율을 살펴보면 1980년대 중반까지는 『농가경제조사』가 『농림통계연보』보다 낮았지만, 이후 역전되었다(G469-474).

그림 G-f 농가수지의 구성(2003년 이후 기준)

농가소득(G522) (=G523+G526+G533 +G534)	농업소득 (G523=G524-G525)	농업조수입(G524)	
		농업경영비(G525)	
	농업외소득 (G526=G527+G530)	겸업소득 (G527=G528-G529)	겸업수입(G528)
			겸업지출(G529)
		사업이외소득 (G530=G531-G532)	사업이외수입(G531)
			사업이외지출(G532)
	이전소득(G533)		
	비경상소득(G534)		
가계지출 (G535=G536+G537)	소비지출(G536)		
	비소비지출(G537)		
농가처분가능소득(G538=G522-G537)			
잉여(또는 손실)(G539=G538-G536)			

자료: G522-541.

그림 G-g 농가수지의 장기 추이(%)

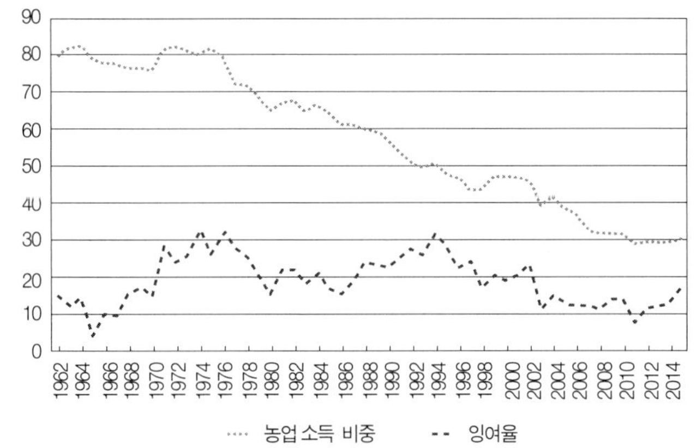

자료: G522-523, G539.

낮다. 또한 2000년대 중반 이후 농가소득은 거의 정체 상태였는데, 2000년대에는 농업소득이 감소하였기 때문이고, 2014년 이후에는 농외소득도 감소하는 추세를 보였기 때문이다.

그림 G-g에는 농가수지의 장기 추이를 농업소득 비중과 잉여율을 중심으로 정리하였다. 농가소득에서 농업소득이 차지하는 비중은 1970년대 중반까지 80% 내외로 변동하였지만, 이후 급격히 감소하면서 2010년대에 들어와 30% 수준까지 하락하였다. 1960년대 10% 내외의 잉여율[8]을 보이던 농가경제는 1970년대 이후 20%를 주위로 변동하였지만, 2000년대 이후 다시 10%대로 하락했다. 감가상각 등을 반영한 2003년 이후 방식을 적용한다 하더라도 2000년대에 들어와 농가의 수익성이 하락한 것은 분명하다.

요컨대 농업의 상대적 비중이 급감하는 '압축쇠퇴'를 경험하면서도 농가소득도 꾸준히 증가하고 있었지만, 그 증가율은 전체 경제의 그것에 미치지 못하였다. 농가소득의 구성 면에서도 농외소득의 비중이 증가하였는데, 비농업 부문이 농가소득의 주요한 측면을 구성하고 있음을 알 수 있다. 그나마 2000년대에 들어와서는 농가소득의 증가는 정체 국면을 보이는데, 고령화 문제가 지속되는 한 이 상황은 계속될 것이다.

5. 농업의 성장기여도와 한국 농업의 구조 전환

농업의 여타 산업에 대한 기여는 식량 및 원료 공급, 수출에 대한 기여 등으로 요약할 수 있는데, 식민지 시기에는 이러한 기능을 수행했다고 볼 수 있다. 면화재배의 급증은 그 사례이며, 기아 수출의 혐의가 있지만 미곡 수출의 증대 역시 그러한 기능을 수행했다. 하지만 해방 이후 이러한 기능을 수행하지 못했다. 농산물 수출이 차지하는 비중은 1960년대 초반에는 전체 수출액의 30%를 상회했지만, 1970년대에 들어와 10% 미만으로 하락하였으며 농림수산물 무역수지는 만성적 적자 상태였다. 1970년대 식량증산 정책으로 그 적자 폭이 크지 않았지만, 복합영농기 사료 수입의 증가로 1990년대 이후 적자액은 급격하게 증가하였다(『농림통계연보』 1974: 346-372; 농림축산식품주요통계 2016: 109). 농업을 통한 자본축적이라는 역할은 무역수지의 측면에서는 오히려 마이너스였던 셈이다.

하지만 산업화의 진전 과정에서 농업은 중요한 역할을 했던 것도 사실이다. 우선 농촌은 잉여인구의 저수지 역할을 수행했다. 농업 부문이 어느 정도 성장률을 유지하고 있

8 잉여율은 농가잉여의 농가소득에 대한 비율이다. 농가잉여는 농가소득과 농가지출의 차액이다. 농가지출이 2003년 이후 항목이 변경되었지만, 잉여액은 기준 변경 이전과 동일해야 하나, 실제 1982년까지의 잉여액은 차이가 발생하고 있다. 이는 농업외차입금 이자에 해당하는 금액이 1983년부터는 '사업이외지출'에 계상되었지만 1982년까지는 '부채'에 계상되었기 때문에 발생한 오차이다. 여기에서는 G532에 표시된 1962-1982년의 사업이외지출, 즉 농외차입금 이자에 해당하는 액수를 공제한 금액을 잉여액으로 사용한다.

그림 G-h 제조업 중 식료품제조업의 비중 변화(%)

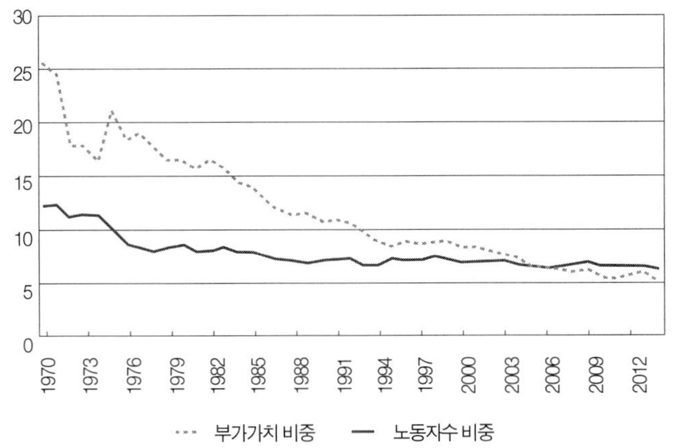

자료: G402-409.

었던 상황에서 도시 부문에 가해지는 인구 압력을 줄일 수 있었고, 1970년대 식량 증산은 그 압력을 완화시키는 역할을 했을 것이다. 실질 GDP에서 차지하는 농업의 비중은 식민지 초기에는 60%를 상회하다가 1930년대 후반이 되면 40% 이하로 하락한다. 해방 후에는 분단으로 인하여 북부 공업지대가 사라졌기 때문에 1950년대 후반 농업의 비중은 50%에 근접했지만, 1960년대 후반 이후 공업화 진전과 함께 농업의 비중은 급격하게 줄어들었고, 2007년 이후부터는 2%대로 하락하였다. 전체 경제의 압축성장에 대비되는 농업의 압축쇠퇴라 할 만한 감소이다.

주목받지는 않았지만 농산품을 원료로 하는 제조업의 비중은 해방 이후 산업화 초기 단계에서는 무시할 수 없는 규모였다. 그림 G-h는 농산물을 원료로 하는 식료품제조업이 전체 제조업에서 어느 정도의 비중을 차지하고 있는지 보여 준다. 식료품제조업은 1970년만 해도 부가가치에서는 25.6%, 종업원수에서도 12.3%를 차지하였고, 이후 비중은 점차 감소했지만, 1980년대 만해도 전체 부가가치 생산의 10% 이상을 담당하고 있었다. 종업원수의 비중도 1980, 1990년대에도 꾸준히 7-8% 비중을 유지하고 있었다.

한편, 산업화가 진행되면서 이제 산업 부문이 농업에 값싼 요소와 진보된 농업 기술을 제공함으로써 농업 생산성을 더욱 증대시키는데, 이를 농업 전환(agricultural transformation)이라고 부른다.[9] 한국은 인구 압력이 높은 나라인 만큼, Yamada(1987)의 방식대로 해방 후 토지 생산성과 토지노동 비율의 장기 추이를 살펴보면(G479-480, G483), 1970년대 중반을 거치면서 둘 사이의 관계가 음에서 양으로 뚜렷하게 반전하고 있다. 1975년을 전후로 한국 농업은 구조전환기를 거치고 있었던 셈이다. 이 시기는 통일벼를 중심으로 한 미곡 증산을 통해 주곡자급 목표를 달성하면서, 동시에 상업농 육성을 통해 농가수지 개선을 꾀하던 시기였다. 또한 농가인구의 유출에도 불구하고 증가 추세를 이어가던 농업 취업자가 감소로 반전하는 시기였다. 즉, 소농 체제에 기반을 둔 농업 부문의 성장이 비농업 부문의 성장에 간접적으로 기여하던 단계로부터 1970년대 중반을 계기로 농업이 자본주의적 시장에 급격하게 편입되면서 상업농 체제로 변화하였고, 이것이 한국 농업의 구조 전환을 촉진한 것이라 할 수 있다.

참고문헌

김낙년(2010), 「식민지기 조선의 유업자: 호구조사와 국세조사」, 『경제사학』 48, 125-166.

김낙년 편(2012), 『한국의 장기통계: 국민계정 1911-2010』, 서울대학교출판문화원.

농림부, 『농가경제조사』.

_____, 『농림통계연보』.

박 섭(1996), 「식민지기 미곡생산량 통계의 수정에 대하여」, 『경제학연구』 44(1), 85-108.

_____(1999), 「1912~1940년의 한국 농업생산통계」, 『경제학연구』 47(4), 83-99.

_____(2005), 「식민지기 한국 농업의 신추계 및 기존 추계와의 비교 · 검토, 1910-1944」, 『경제사학』 39, 95-128.

반성환(1974), 『한국 농업의 성장』, 한국개발연구원.

유영봉(2015), 「한국 농업생산의 지역별 효율성 분석: 1955-2013」,

9 Hayami and Ruttan(1985)은 선진국의 경우 산업화 이전에는 토지와 노동 투입의 증대가 농업 성장의 원천이었다가 어떤 시점을 넘어서면 요소대체와 농업 기술 변화에 기초하여 농업 성장이 이루어지는 것으로 보았으며, 토지 생산성과 노동 생산성 지표를 이용한 농업 성장경로로부터 농업전환 과정을 살펴보았다. 한편, Yamada(1987)는 아시아의 경우 토지 생산성과 토지/노동 비율을 이용하여 농업 전환 시점을 파악했다. 인구가 조밀한 아시아의 경우에는 토지노동 비율이 경제성장 초기에는 악화되다가 인구유출로 개선되면서 토지 생산성이 증가한다는 것이다.

『농업경영 · 정책연구』 42(3), 487-506.
이영훈(2012), 「17세기 후반~20세기 전반 수도작 토지생산성의 장기추세」, 『경제논집』 51(2), 411-460.
정혁 외(2015), 『농업 부문 개발과 구조전환을 통한 한국 경제 발전』, KDI.
조선총독부, 『조선총독부통계연보』.
통계청, 『경제활동인구조사』.
한국비료협회, 『비료연감』.
한국작물보호협회, 『농약연보』.
허수열(2005), 『개발 없는 개발: 일제하 조선경제 개발의 현상과 본질』, 은행나무.
황수철(1996), 『한국 농업의 산출, 투입 및 생산성 추계 연구』, 서울대학교대학원 경제학과 박사학위논문.
_____(2015), 「한국의 농업성장 분석: 1955~2012년의 산출, 투입 및 생산성 추계를 중심으로」, 정혁 외(2015), 『농업 부문 개발과 구조전환을 통한 한국 경제 발전』, KDI.
황수철 · 유영봉 · 박섭 · 조석곤(2003), 『한국의 장기농업 통계 1910~2001』, 농수산부.
황수철 · 유리나 · 유영봉(2014), 「농업산출의 추계와 분석(1955~2012)」, 『식품유통연구』 31(4), 21-43.
Hayami, Y. and V. W. Ruttan(1985), *Agricultural Development: An International Perspective*, Johns Hopkins University Press.
Yamada, S.(1987), Agricultural Growth and Productivity in Selected Asian Countries, *Productivity Measurement and Analysis: Asian Agriclture*, APO, 31-90.

G. 농업

조석곤 · 이영훈

1. 조선시대

표 G1-10 도별 경지면적, 1744-1909

	경기	충청	전라	경상	강원	황해	평안	함경	전국	남한
	G1	G2	G3	G4	G5	G6	G7	G8	G9	G10
	남북한, 천 結									
1744	76.6	151.2	252.0	257.4	25.6	84.4	94.6	97.0	1,038.8	750.0
1745	76.1	147.0	234.6	224.9	21.7	85.1	95.7	97.4	982.5	693.5
1746	71.2	147.6	243.5	251.5	22.7	84.3	93.5	97.8	1,012.1	725.1
1747	69.5	143.4	246.9	243.8	22.9	83.2	95.1	100.3	1,005.1	715.0
1748	77.5	157.1	252.4	250.1	23.2	85.5	99.6	98.2	1,043.7	748.7
1749	78.2	159.5	256.0	256.7	22.5	84.2	98.1	52.6	1,007.8	761.7
1750	77.7	158.6	254.7	252.6	22.4	80.5	96.4	49.4	992.1	754.7
1751	76.4	155.7	246.6	253.5	22.7	84.0	96.3	65.8	1,000.9	743.5
1752	76.0	152.6	256.3	253.4	23.2	84.1	98.7	97.1	1,041.4	749.9
1753	60.8	139.9	255.1	249.6	22.2	74.9	99.0	94.2	995.6	716.4
1754	73.0	147.3	254.1	251.3	22.6	85.3	97.1	74.6	1,005.1	736.9
1755	66.4	125.0	228.5	209.9	21.3	85.2	97.2	56.1	889.6	640.4
1756	66.3	132.9	243.4	229.4	21.5	86.9	98.4	97.6	976.3	682.7
1757	71.4	144.5	246.9	246.4	23.3	87.2	96.4	97.9	1,013.9	720.9
1758	70.4	145.8	248.5	243.7	22.8	85.2	97.4	97.5	1,011.5	719.9
1759	64.3	137.4	234.4	238.0	22.7	79.4	98.2	99.1	973.4	685.4
1760	65.4	136.7	244.4	244.0	22.4	83.2	99.0	100.0	995.1	701.7
1761	74.5	133.5	225.2	219.4	22.1	81.9	98.8	100.2	955.6	663.7
1762	65.2	102.6	142.0	198.2	22.7	84.2	97.5	99.1	811.4	519.2
1763	71.2	134.9	227.9	233.5	21.3	85.8	98.3	100.2	973.0	678.1
1764	64.9	121.4	223.5	225.6	22.4	80.1	99.2	100.5	937.6	646.6
1765	75.5	138.2	226.5	231.2	22.7	86.4	99.0	100.6	980.0	682.7
1766	75.4	145.0	242.3	242.1	22.7	86.4	97.2	100.6	1,011.8	716.3
1767	71.8	137.3	243.0	234.5	22.5	83.8	98.4	99.1	990.4	697.9
1768	69.4	136.8	222.5	212.6	20.7	83.1	99.1	94.8	939.0	651.6
1769	75.1	142.1	232.9	229.7	22.6	85.9	99.2	99.1	986.5	691.1
1770	74.9	141.5	246.4	241.5	22.4	85.6	96.0	96.7	1,005.0	715.5
1771	74.2	138.4	228.5	222.1	22.3	84.1	97.7	99.6	966.9	674.4
1772	66.5	141.3	241.3	241.6	22.3	82.2	99.4	101.0	995.7	701.9
1773	70.0	125.3	199.4	226.2	22.5	84.0	99.7	101.4	928.5	632.1
1774	73.3	138.0	235.6	235.1	22.3	84.9	99.8	101.5	990.4	693.1
1775	69.8	133.3	233.9	223.7	21.0	83.2	97.2	99.1	961.1	671.1
1776	73.8	141.7	244.2	235.0	21.3	83.3	98.5	100.9	998.7	705.3
1777	66.1	124.1	235.5	225.8	20.7	82.4	100.3	101.4	956.3	661.9
1778	69.3	128.3	235.1	197.7	20.2	81.3	97.9	100.9	930.8	640.5
1779	76.1	147.2	249.6	235.3	23.0	87.6	100.5	101.1	1,020.4	719.8
1780	76.6	146.7	246.7	237.2	23.0	87.6	100.6	100.7	1,019.0	718.6
1781	75.3	144.0	230.0	208.3	22.1	86.0	98.7	100.6	965.0	668.6
1782	62.7	124.4	232.6	222.2	21.7	85.9	100.8	101.7	952.0	652.8
1783	65.4	118.5	205.7	225.0	16.8	85.1	99.9	101.7	918.0	622.9
1784	78.6	143.6	252.7	237.8	21.3	88.1	100.7	101.9	1,024.7	723.4
1785	78.5	143.5	248.7	236.7	21.9	84.2	100.8	102.1	1,016.4	718.4
1786	65.8	120.7	211.6	205.7	19.5	87.1	100.5	101.0	911.8	613.5
1787	72.8	134.2	243.2	230.9	21.6	86.4	101.0	102.0	992.0	691.8
1788	77.9	143.4	247.4	233.9	21.4	87.8	99.7	97.6	1,009.1	713.3
1789	77.1	141.4	243.2	232.5	21.5	84.8	97.8	100.5	998.7	704.9
1790	77.3	145.0	243.9	237.3	22.8	85.8	100.9	102.7	1,015.6	714.7
1791	73.9	137.9	243.2	222.1	21.7	84.4	98.7	103.5	985.5	688.0
1792	72.3	124.9	229.3	184.1	21.4	86.9	98.9	105.0	922.8	621.3
1793	76.7	141.4	246.0	230.6	22.7	80.5	99.2	105.1	1,002.2	706.0
1794	70.3	113.2	201.8	198.1	21.5	85.0	99.1	104.4	893.3	594.1
1795	72.3	117.0	241.7	228.7	23.1	84.4	99.4	106.0	972.5	671.2
1796	79.1	142.5	246.6	234.7	23.1	88.2	99.2	106.0	1,019.4	714.5
1797	77.4	139.6	232.3	208.7	22.8	86.7	99.9	108.9	976.2	669.4
1798	71.6	115.0	217.9	202.7	22.0	87.8	100.1	108.6	925.8	618.2
1799	78.5	141.5	244.5	229.4	23.1	88.8	100.5	109.3	1,015.6	705.5
1800	78.3	136.3	244.7	228.5	22.5	88.3	100.4	109.3	1,008.3	699.1

표 G1-10 계속

	경기	충청	전라	경상	강원	황해	평안	함경	전국	남한
	G1	G2	G3	G4	G5	G6	G7	G8	G9	G10
	남북한, 천 結									
1801	78.6	141.9	238.5	218.4	22.3	88.6	100.6	109.3	998.2	688.5
1802	78.1	139.5	241.7	234.2	22.7	88.2	100.2	109.3	1,014.0	704.9
1803	71.0	131.0	244.9	234.0	23.0	82.2	100.6	109.3	995.9	692.3
1804	76.5	139.3	248.4	234.7	23.0	83.6	99.3	109.3	1,014.3	710.5
1805	78.1	138.5	226.7	227.0	23.1	87.9	101.0	109.3	991.7	681.9
1806	77.7	140.1	243.3	226.6	23.2	86.3	100.9	109.3	1,007.5	699.3
1807	75.7	141.1	241.2	232.8	23.2	84.1	100.9	109.3	1,008.4	702.4
1808	74.5	136.0	241.3	227.9	23.1	87.4	101.0	109.4	1,000.5	691.2
1809	59.7	97.6	145.8	192.5	22.6	84.9	101.0	109.2	813.3	506.9
1810	73.4	132.2	204.2	221.1	22.9	86.7	99.2	108.6	948.1	642.2
1811	71.7	136.2	233.6	234.3	22.6	78.2	95.1	108.0	979.6	686.9
1812	72.5	123.9	208.4	209.9	22.9	78.1	87.8	109.0	912.5	626.1
1813	72.9	124.7	234.5	222.2	22.0	84.6	96.7	107.6	965.2	665.2
1814	57.6	107.6	175.6	155.6	22.3	86.3	96.4	107.6	809.1	507.6
1815	70.7	128.8	201.6	200.8	23.0	83.8	97.0	107.6	913.3	613.4
1816	74.8	137.3	227.0	230.2	22.8	86.6	98.0	107.6	984.2	680.7
1817	73.8	129.0	223.5	214.1	22.7	84.8	98.9	107.7	954.6	651.8
1818	75.6	136.4	232.4	226.0	23.4	84.1	97.8	107.7	983.3	682.0
1819	73.6	114.2	232.4	223.1	22.9	85.7	98.5	107.7	958.1	654.7
1820	77.0	133.2	235.9	228.5	23.3	87.9	98.7	107.7	992.2	686.3
1821	70.5	125.3	205.0	216.6	23.1	82.3	96.5	107.6	926.8	628.8
1822	68.5	124.9	227.8	221.6	23.5	85.2	98.8	107.7	957.8	654.4
1823	73.9	127.3	231.0	223.3	23.5	86.6	99.0	106.7	971.3	667.3
1824	75.3	131.9	228.6	228.2	23.5	87.2	99.0	106.7	980.3	675.7
1825	55.8	107.1	228.6	229.7	22.7	84.4	99.1	106.7	934.2	632.5
1826	75.7	132.0	236.5	228.8	23.2	87.8	98.6	106.7	989.2	684.6
1827	73.7	124.8	235.8	228.4	23.4	86.4	98.5	106.7	977.8	674.5
1828	73.8	115.6	210.0	190.5	23.5	86.9	99.4	106.8	906.3	601.6
1829	74.8	125.7	234.0	227.3	23.5	86.8	98.8	105.0	975.8	673.5
1830	75.0	127.6	233.8	226.7	23.5	87.9	99.4	105.6	979.7	675.0
1831	76.0	129.3	230.7	225.6	23.6	88.3	99.1	104.1	976.6	673.3
1832	55.2	105.1	230.1	221.2	23.2	77.4	99.2	104.4	915.8	623.2
1833	62.2	113.0	227.9	185.0	23.2	85.4	99.4	104.4	900.7	599.8
1834	74.9	131.1	232.2	224.2	23.4	88.4	99.1	104.4	977.8	674.2
1835	68.8	122.7	231.3	227.3	22.8	84.3	99.4	104.4	961.1	661.6
1836	71.7	110.8	220.6	200.2	22.2	88.4	99.1	104.5	917.5	614.4
1837	71.6	118.1	217.0	214.8	23.3	86.2	99.1	104.5	934.5	633.2
1838	54.1	96.1	225.4	218.4	22.5	85.9	99.3	104.5	906.0	605.2
1839	68.6	113.6	229.0	220.3	22.5	83.0	98.4	104.5	939.8	642.7
1840	74.2	119.0	237.3	224.6	23.3	88.1	99.2	104.1	969.8	666.8
1841	76.0	124.5	235.3	224.2	23.3	88.2	99.1	104.1	974.7	671.7
1842	66.1	113.3	225.4	222.1	23.3	84.7	99.1	104.1	938.2	638.7
1843	74.6	122.5	243.4	227.4	23.3	85.7	98.7	104.1	979.8	679.6
1844	75.7	124.2	243.0	227.3	23.6	87.6	98.9	104.1	984.5	682.1
1845	75.5	125.4	238.6	228.3	23.7	87.3	96.4	104.1	979.4	679.7
1846	73.5	125.8	243.6	229.8	23.6	84.9	98.2	104.1	983.5	684.5
1847	71.4	123.5	240.5	227.7	23.4	88.2	99.1	104.1	977.9	674.8
1848	68.0	123.2	242.3	229.7	23.4	82.6	98.6	104.1	972.1	675.0
1849	73.6	124.2	240.3	229.2	23.6	87.8	98.9	104.1	981.6	679.1
1850	69.3	117.7	235.0	228.9	23.5	86.1	98.7	104.1	963.4	662.7
1851	68.7	114.5	234.1	228.1	23.6	81.3	97.0	104.1	951.4	657.1
1852	71.4	117.9	223.2	227.6	23.5	85.4	98.6	104.1	951.9	651.9
1853	76.4	124.1	226.6	181.2	23.6	88.6	99.0	104.1	923.5	620.0
1854	74.6	122.3	231.2	226.8	23.5	88.6	100.9	104.1	972.1	666.7
1855	76.5	127.8	239.6	229.1	23.7	89.3	99.9	104.1	990.1	684.8
1856	74.1	121.6	238.0	213.6	23.5	84.7	97.6	104.1	957.2	658.9
1857	74.7	119.2	230.9	216.2	23.5	89.1	98.7	104.1	956.5	652.8
1858	73.6	113.6	222.9	214.9	23.1	88.0	101.0	102.1	939.1	636.4
1859	73.7	118.4	232.2	222.1	23.6	86.4	98.2	104.1	958.7	658.2

표 G1-10 계속

	경기	충청	전라	경상	강원	황해	평안	함경	전국	남한
	G1	G2	G3	G4	G5	G6	G7	G8	G9	G10
	남북한, 천 結									
1860	69.3	114.0	231.8	221.8	23.5	86.5	99.1	103.4	949.5	648.8
1861	73.7	116.9	229.8	222.6	23.7	88.7	100.9	103.4	959.8	654.9
1862	70.0	113.1	231.5	215.4	23.6	93.2	100.9	103.1	950.8	641.8
1863	68.2	119.2	233.0	221.9	23.1	87.4	101.0	103.1	956.9	653.9
1864	71.3	123.6	238.4	220.8	23.4	89.8	100.9	103.1	971.4	665.8
1865	66.9	117.3	243.1	218.0	23.2	90.3	101.0	103.1	963.0	657.0
1866	70.7	133.1	248.4	224.4	23.8	91.7	100.7	103.4	996.2	688.5
1867	73.2	133.8	250.0	225.3	24.0	92.7	101.0	103.4	1,003.4	694.3
1868	74.0	134.8	252.3	226.6	23.8	92.5	101.0	103.4	1,008.4	699.6
1869	77.1	135.4	256.5	228.7	24.0	92.6	101.1	102.9	1,018.3	709.8
1870	73.7	136.9	257.7	231.6	24.0	93.4	101.5	103.3	1,022.0	711.8
1871	76.4	137.5	259.3	232.1	24.0	93.4	100.1	96.9	1,019.7	717.3
1872	79.3	137.5	258.5	232.2	24.0	96.1	101.5	96.8	1,025.9	719.5
1873	79.3	136.9	257.7	229.7	23.8	94.9	101.1	96.1	1,019.6	715.5
1874	75.5	133.3	248.1	224.6	23.7	91.7	101.9	96.6	995.5	693.5
1875	76.4	135.3	251.0	225.8	23.9	92.3	102.1	97.0	1,003.7	700.5
1876	60.9	108.3	206.1	177.3	23.6	91.3	102.1	97.3	867.0	564.5
1877	77.9	133.0	249.2	228.1	24.2	92.9	102.1	97.2	1,004.6	700.4
1878	78.0	132.8	247.5	225.0	24.2	92.9	99.1	97.2	996.7	695.5
1879	73.4	134.1	248.0	224.1	24.7	91.6	102.1	97.2	995.0	691.9
1880	75.8	133.1	252.3	229.0	24.2	92.9	102.1	97.2	1,006.6	702.3
1881	75.9	132.6	245.9	225.5	24.0	92.4	101.3	97.2	994.6	691.8
1882	62.6	119.2	246.6	225.2	24.1	89.4	91.4	96.9	955.3	665.6
1883	72.1	124.6	228.6	201.2	23.7	89.5	102.1	96.9	938.8	638.5
1893	79	127	231	213	22	89	102	95	958	661
1895	68	112	217	208	21	87	103	100	916	616
1897	68	128	241	213	20	85	100	80	935	660
1904									1,004.1	
1905									961.5	
1906									978.2	
1907									999.3	
1908	70.4	141.2	255.0	225.3	23.3	88.4	108.8	105.5	1,017.9	703.6
1909	72.3	136.4	234.7	234.5	22.8	80.3	105.2	103.3	989.6	689.3

자료: 1744-1883년은 『度支田賦考』; 1893년은 『結戶貨法細則』, 1895년은 『十三道乙未條結戶都案』; 1897년은 『十三道丁酉條結戶都案』; 1908년과 1909년은 『통감부통계연보』이다.
주: 남한 수치는 경기도, 충청도, 전라도, 경상도, 그리고 강원도 수치의 1/2을 합한 면적이다. 단위 '결'은 생산성을 반영한 면적단위로 과세액 산정에 이용하였다.

표 G11-46 두락당 벼 생산량 및 지대량, 1660-1947

	생산량			지대량														
	칠곡	예천	단성	과천	노성1	노성2	부여1	부여2	서산	고부1	고부2	고창	영광	남원	광주	나주	영암1	영암2
	G11	G12	G13	G14	G15	G16	G17	G18	G19	G20	G21	G22	G23	G24	G25	G26	G27	G28
	두																	
1660																		
1661																		
1662																		
1663																		
1664																		
1665																		
1666																		
1667																		
1668																		
1669																		
1670																		
1671																		
1672																		
1673																		
1674																		
1675																		
1676																		
1677																		
1678																		
1679																		
1680																		
1681																		
1682																		
1683																		
1684																		
1685																		
1686																		
1687	49.4																	
1688	49.3																	
1689	39.4																	
1690	46.2																	
1691	43.5																	
1692	40.0																	
1693																		
1694																		
1695																		
1696	31.5																	
1697	25.2																	
1698																		
1699																		
1700																		
1701	37.5																	
1702	21.6																	
1703																		
1704																		
1705																		
1706																		
1707																		
1708																		
1709																		
1710																		
1711																		
1712																		
1713																		
1714	25.7																	
1715	33.8																	
1716																		
1717	35.1																	

표 G11-46 계속

	생산량			지대량														
	칠곡	예천	단성	과천	노성1	노성2	부여1	부여2	서산	고부1	고부2	고창	영광	남원	광주	나주	영암1	영암2
	G11	G12	G13	G14	G15	G16	G17	G18	G19	G20	G21	G22	G23	G24	G25	G26	G27	G28
	두																	
1718																		
1719	48.7																	
1720																		
1721																		
1722																		
1723							7.3											
1724	35.5						13.9											
1725	22.2						9.9											
1726	27.8																	
1727	26.9						12.1											
1728	30.0																	
1729	34.1						11.2											
1730	36.9						11.4											
1731							1.8											
1732	29.3						7.7											
1733	36.2						9.3											
1734	28.3						11.5											
1735	32.0																	
1736	29.8																	
1737	31.7																	
1738	33.8						8.6											
1739	42.3																	
1740	49.3																	
1741																		
1742	38.5																	
1743	28.8																21.2	
1744	34.1																20.0	
1745	14.6																20.9	
1746	27.3																21.7	
1747	25.3																12.5	
1748	36.8																18.2	
1749	24.2																19.5	
1750																	17.0	
1751																		
1752	32.9																21.9	
1753	31.0																19.9	
1754	36.4																18.5	
1755																	11.0	
1756																	13.1	
1757																	17.2	
1758																	21.1	
1759																	17.5	
1760																	13.6	
1761																	15.5	
1762																	9.7	
1763																	14.4	
1764	27.7																15.9	
1765	30.9																16.6	
1766																		
1767																		
1768																		
1769																		
1770																		
1771																		
1772																		
1773																		
1774																		
1775																		

표 G11-46 계속

	생산량			지대량														
	칠곡	예천	단성	과천	노성1	노성2	부여1	부여2	서산	고부1	고부2	고창	영광	남원	광주	나주	영암1	영암2
	G11	G12	G13	G14	G15	G16	G17	G18	G19	G20	G21	G22	G23	G24	G25	G26	G27	G28
	두																	
1776	28.6																	
1777	24.2																	
1778	24.5																	
1779	16.9																17.0	
1780	27.6																20.1	
1781	20.0																9.9	
1782	14.2																13.6	
1783	23.5																8.6	
1784	20.9																17.5	
1785	15.1																12.1	
1786	15.1																11.6	
1787	25.3																13.5	
1788																	14.1	
1789																	15.9	
1790																	15.8	
1791																	15.1	
1792																	13.0	
1793																	12.1	
1794																	7.7	
1795																	12.5	
1796																	15.6	
1797																	13.8	
1798																	12.5	
1799																	15.8	
1800																	14.7	
1801																	14.2	
1802																	13.8	
1803																	12.3	
1804																	14.1	
1805																	10.7	
1806																	11.9	
1807																	13.8	
1808																	15.0	
1809																	1.8	
1810																	8.1	
1811																	14.1	
1812																	8.4	
1813																	10.2	
1814																	2.6	
1815																	8.4	
1816																	12.3	
1817																		
1818																		
1819																	13.6	
1820											11.4						11.8	
1821											14.3						5.4	
1822											15.7						12.6	
1823											15.3						12.3	
1824											11.4						11.9	
1825											9.7						10.9	
1826											15.4						13.1	
1827																	12.7	
1828																	8.6	
1829														15.5			11.3	
1830										4.3	8.6		9.6	16.5			12.2	
1831										4.3			9.3	12.5			12.6	
1832									6.3	3.7			6.4				11.8	
1833									4.4				7.1	13.5			7.6	

표 G11-46 계속

	생산량			지대량														
	칠곡	예천	단성	과천	노성1	노성2	부여1	부여2	서산	고부1	고부2	고창	영광	남원	광주	나주	영암1	영암2
	G11	G12	G13	G14	G15	G16	G17	G18	G19	G20	G21	G22	G23	G24	G25	G26	G27	G28
	두																	
1834		33.3							8.7				9.6				9.2	
1835									8.9				8.3				10.2	
1836									14.3				6.8	12.5			8.6	
1837									10.2	1.7	7.1		7.5	13.8			7.0	
1838										3.3	10.0		7.9	12.5			6.2	
1839									12.1		11.4		9.6				10.9	
1840		60.0							13.0	3.3	10.0		9.1				11.4	
1841		60.0							11.0		8.6		9.0				10.1	
1842		86.7							9.9	5.0	14.3		7.0					
1843		103.3							12.8	4.0	10.0		10.8				11.5	
1844					5.2				13.9	4.0	9.7		9.2				10.0	
1845					5.1					4.0	10.7						7.0	
1846		46.7			5.1				13.1	3.3	6.8						9.4	
1847		41.3			5.1				11.0	4.0	9.4						8.5	
1848					5.1				11.3	4.0	7.9						9.7	
1849				16.7	5.2				13.4	3.3	7.3			10.4			11.0	
1850				13.6					14.3	4.0	9.0			9.2			8.7	
1851		60.0		11.2	4.0				12.4	3.5				12.5			8.8	
1852		86.7		11.2					11.0	3.3				15.0			2.8	
1853				15.2						4.0	10.1			11.2			5.8	
1854				9.6										9.2			7.5	
1855		45.3	50.0	16.4					14.3				8.7	9.6			9.3	
1856		86.7	43.3	12.0					7.2	5.0	9.3		8.3	10.0			8.0	
1857		26.7		14.2					13.3		2.9			9.8			6.7	
1858		33.3	33.3	15.9					11.3	3.3	11.4		7.2	9.8			1.7	
1859		53.3		16.9					14.5	4.0	8.6			11.5			9.3	11.0
1860				11.0		4.7			5.4				8.0	10.1	14.0		7.6	8.0
1861		46.7	37.0	16.0		4.3			14.8				5.9	10.0	10.0		7.9	12.0
1862		46.7		13.7		4.4			10.8	3.3			5.7	10.0	12.0		9.3	12.0
1863		16.7		11.0		4.2			12.8	3.3			6.1	8.8	8.0	12.0	7.0	6.0
1864		60.0	39.0	15.5		5.3			13.1				6.7	12.8	10.0		9.2	
1865		42.0	40.0	13.0		5.3			9.7				7.4	10.0	12.0		9.2	
1866		60.0		13.5		6.1			15.1				6.4	9.6	10.0		7.5	
1867		42.0		11.1		5.2			12.3				7.3	10.4	10.0		8.6	
1868		33.3		18.0		4.7			12.1				6.9	12.0			7.1	
1869		21.3		10.9		3.7			10.5	3.3			5.3	10.0	8.0		6.7	
1870		53.3	45.5	12.8		3.3			10.3				8.0	8.3	9.0		4.1	
1871		63.3	33.7	12.4		3.7			10.5	3.3			8.2	10.8	9.0		6.3	
1872		46.7	35.6	18.4		4.9			13.7	3.3			6.9	10.0	8.0		5.3	
1873		53.3	38.2	14.2		4.5			11.4	2.7			4.3	10.0	8.0		4.6	
1874			30.0	14.7					6.4				6.9	10.0	12.0		9.0	
1875		33.3	30.2	16.4		5.0			9.0	2.7			6.3	10.0			9.4	
1876			18.0	6.0		0.9				2.7			1.8	0.0	8.0		1.8	
1877		40.0	30.6	18.1		3.6				2.3			4.6	9.3			4.9	
1878		40.0	31.0	16.8		3.9				2.3			4.8	10.4			8.1	
1879			39.9	12.2		3.9				2.0			4.6	9.2	8.0		7.5	
1880			24.7	19.6		4.3				2.0				7.9			5.9	
1881			30.7	17.4		3.9				2.0				9.2			2.2	7.1
1882			28.2	9.2		2.2				2.0			3.8	2.3	12.0			6.4
1883			23.0	12.1		2.4				2.0			2.6	2.7				6.4
1884			26.1	17.9		5.1				2.0			3.6	8.5	12.0		5.0	6.1
1885			23.9	13.9		3.8				2.0			4.3	8.3	8.0		4.4	5.7
1886			36.0	18.7									3.9	8.5	4.0		3.7	7.1
1887			31.1	8.9									3.8	8.3	1.2		3.8	5.7
1888			27.6	14.1									0.8	0.0			0.8	3.6
1889		40.0	34.7	13.3									3.6	8.7	7.6		2.7	7.0
1890			37.6	16.5									4.2	7.5	15.0		4.8	6.0
1891		33.3	31.8							2.7			4.1	3.3	6.0		4.7	7.3

표 G11-46 계속

	생산량			지대량															
	칠곡	예천	단성	과천	노성1	노성2	부여1	부여2	서산	고부1	고부2	고창	영광	남원	광주	나주	영암1	영암2
	G11	G12	G13	G14	G15	G16	G17	G18	G19	G20	G21	G22	G23	G24	G25	G26	G27	G28
	두																	
1892			36.9							2.7			3.8	6.5	4.0		5.8	8.2
1893		26.7	25.2							1.7			3.3	3.0	2.0		2.9	8.4
1894		40.0	39.3							2.0			2.1	2.5			1.8	8.2
1895		23.3	24.5										3.6	5.0	8.0		4.4	5.6
1896		26.7	36.4							2.0			5.1	5.0	7.0		6.1	4.2
1897		21.3	23.9							1.3			4.5	1.3	6.0		6.2	9.2
1898		40.0	28.5										5.7	3.3	6.0		6.9	6.8
1899		33.3	37.9										4.1	5.0			5.9	7.4
1900		26.7	30.9										6.0	2.0	5.0		5.7	7.5
1901		20.0	24.6											1.3	5.0	13.5	4.8	7.5
1902			32.3												4.0	13.2	5.5	8.3
1903		20.0	34.0										4.2	1.3			1.9	9.5
1904		34.7	33.6												6.0		6.1	7.1
1905			28.1												6.0		5.9	
1906		46.7	36.4												6.0		6.1	10.0
1907		26.7	31.7												6.0		5.1	10.0
1908		40.0	35.0												6.0	11.7	5.6	8.7
1909		33.3	27.5					7.6							2.0	9.5	4.3	12.0
1910		46.7	29.5					7.5							6.0	11.6	6.4	10.0
1911			19.7										7.0		6.0	12.4	6.2	13.6
1912			33.5		4.5	3.9		7.8							6.0	13.0	7.2	14.2
1913					4.4	5.0		9.3							6.0	11.6	6.8	12.1
1914					5.8	5.6		9.6							5.6	12.8	8.3	
1915					5.0	5.0		9.1				4.8			5.2	11.7	8.9	10.4
1916					5.2	6.1		7.6				5.2			6.0	12.1	8.9	13.5
1917					5.6	5.7		9.6				10.0			4.0	12.7	4.0	14.0
1918					6.8	6.0		9.8				8.9			5.0	14.7	8.4	15.0
1919					6.5	5.2		8.9				14.0			5.0	15.3	8.8	15.0
1920			36.1		7.0	6.9		9.6				18.2				14.1	8.3	24.0
1921			34.3		7.3	6.9		9.8				14.7				13.4	8.2	11.7
1922						7.4		9.5				15.4	12.1			14.2	8.6	13.3
1923						7.2		9.8				13.6	11.9			14.1	9.5	14.2
1924								8.0				5.1	7.9			13.4	7.8	12.5
1925								9.3				14.2	12.9		8.0	15.1	8.2	10.8
1926								10.0				10.9	11.4		9.0	15.3	10.3	13.3
1927								10.1				12.5	14.1		9.0	15.2	9.7	15.0
1928								6.8				11.3	11.4		5.0	15.2		14.2
1929								9.0				12.0	9.9			14.7		15.8
1930								9.3				13.6			12.0	17.9		10.0
1931								10.6				12.5			9.0	16.5		11.7
1932								10.7								17.0		11.9
1933			43.3					16.0				12.7			12.0			7.5
1934			49.7					17.4				12.1			12.0			15.3
1935			60.5					17.4										16.5
1936			44.6					14.1				15.7			12.0			11.8
1937			62.6												9.0			16.8
1938			54.3												8.0			16.8
1939			58.0															
1940																		16.7
1941								17.6										15.3
1942								17.3										5.9
1943																		15.3
1944								8.6										15.3
1945								9.7										14.1
1946																		11.8
1947																		11.8

표 G11-46 계속

	지대량																	
	해남	장흥1	장흥2	단성	거창	경주1	경주2	울산	대구	칠곡	성주	인동	고령	예천	안동1	안동2	영주1	영주2
	G29	G30	G31	G32	G33	G34	G35	G36	G37	G38	G39	G40	G41	G42	G43	G44	G45	G46
	두																	
1660								17.2										
1661								12.5										
1662								13.0										
1663								15.7										
1664								13.3										
1665								10.3										
1666																		
1667																		
1668																		
1669								7.6										
1670								9.5										
1671								1.5										
1672																		
1673								1.6										
1674								12.9										
1675																		
1676								9.7										
1677																		
1678								3.9										
1679								5.9										
1680								6.8										
1681																		
1682																		
1683																		
1684																		
1685										13.2	14.7	16.6						
1686																		
1687										19.1		20.7						
1688										17.4	17.3	16.9						
1689										19.1		15.3						
1690										15.6		14.7						
1691										13.0	16.9	13.3						
1692								5.6		14.2		15.5						
1693								6.9		16.3		15.7						
1694																		
1695								7.5		8.6	7.2	7.2						
1696										13.5	12.3	12.2						
1697										11.3	10.6	10.0						
1698										14.3								
1699																		
1700																		
1701										13.8	14.3	10.1	18.7					
1702										12.6	12.5	13.6	17.6					
1703										16.4		15.5						
1704																		
1705										9.8		9.3						
1706										13.5	13.5	11.2						
1707										14.7	15.2	12.5	19.6					
1708										10.1	11.2	10.0	14.8					
1709										11.3	11.0	9.1	7.6					
1710										17.6	17.3	17.1	18.3					
1711										12.2	10.2	8.6	14.3					
1712										16.3	13.4	12.8	18.2					
1713										9.9	11.4	9.3	15.4					
1714										7.7	12.3	7.8	12.5					
1715										15.1	8.0	13.1	14.7					
1716										10.1	5.5	5.4	16.1					
1717										12.5	12.2	9.9	15.8					

표 G11-46 계속

	지대량																	
	해남	장흥1	장흥2	단성	거창	경주1	경주2	울산	대구	칠곡	성주	인동	고령	예천	안동1	안동2	영주1	영주2
	G29	G30	G31	G32	G33	G34	G35	G36	G37	G38	G39	G40	G41	G42	G43	G44	G45	G46
	두																	
1718										11.3	13.8	11.9	19.2					
1719										12.9	13.8	14.0	17.1					
1720										7.3	9.7	0.0	15.8					
1721										11.0	10.3	7.4	12.8					
1722																		
1723																		
1724										15.0	11.5	12.5	18.3					
1725										8.4	6.5	8.9	10.9					
1726										10.7		9.4	16.6					
1727										9.4	7.7	10.1	14.3					
1728										11.6	9.8	10.1	19.2					
1729										14.8	11.1	12.8	17.9					
1730										13.9	11.1	12.1	17.9					
1731										4.8	4.7	3.5	8.7					
1732										7.8	4.9	4.0	9.6					
1733										11.3	5.7	8.6	8.2					
1734										13.0	5.9	10.0	14.0					
1735										14.9	12.4	13.9	11.5					
1736										13.1	10.4	12.2	14.0					
1737										9.0	11.1	7.1	11.1					
1738										8.1	7.0	15.5	8.8					
1739										17.8		14.0						
1740										14.6	14.5	11.3	14.3					
1741																		
1742										15.9	13.4	19.3	12.5					
1743										6.4	12.3	9.4	14.5					
1744										14.9	13.7	18.4	17.1					
1745										10.4	10.7	12.7	9.2					
1746										11.7		12.2	10.7					
1747										12.6	8.5	14.5	10.2					
1748						12.2				16.6	12.3	18.3	13.2					
1749						12.2				12.9	5.7	13.7	14.1					
1750						10.2				14.6		12.6						
1751						10.2												
1752						12.5				14.7	12.7	14.3						
1753										14.1		16.1						
1754										13.4		13.6						
1755																		
1756						4.8												
1757						9.4												
1758						9.2												
1759						9.6												
1760						12.4												
1761						7.2												
1762						7.2												
1763						7.6												
1764						12.2				12.6								
1765						10.8				11.8						10.6		
1766						11.2										14.1		
1767						11.5										9.8		
1768						10.6										8.2		
1769						8.7												
1770						12.5												
1771						8.3										20.8		
1772						9.5										5.3		
1773						10.1										8.8		
1774						13.4										12.6		
1775						10.6										14.2		

표 G11-46 계속

	지대량																	
	해남	장흥1	장흥2	단성	거창	경주1	경주2	울산	대구	칠곡	성주	인동	고령	예천	안동1	안동2	영주1	영주2
	G29	G30	G31	G32	G33	G34	G35	G36	G37	G38	G39	G40	G41	G42	G43	G44	G45	G46
	두																	
1776						8.2	5.5			12.9						18.3		
1777						12.4	8.6		13.1	14.1						10.8		
1778						7.4	7.2		7.0	8.9						19.2		
1779						9.6			14.8	10.0						17.8		
1780						11.5	9.6		12.6	14.3						8.3		
1781						9.8	7.3		9.5	9.6						3.8		
1782						8.9	6.6		4.3	8.0						5.0		
1783						8.4			12.2	14.0						8.3		
1784						10.6	5.8		13.5	13.1						7.7		
1785						10.8	5.4		11.9	11.1								
1786						5.0			5.5	7.7								
1787						9.6	6.9		13.2	11.4								
1788						8.7	5.1		10.3									
1789						7.7	5.6		12.2									
1790						8.4	6.4		14.8									
1791						6.8	5.2		11.5									
1792						5.2			7.7									
1793						7.1	6.3		12.2									
1794						7.7	1.7		2.5									
1795						8.0	2.2		13.9									
1796						9.3	4.0		11.9									
1797						5.3	1.9		4.1									
1798						3.7	1.8		5.8									
1799						7.2			8.0									
1800						5.4			9.7									
1801						8.6			4.9									
1802									10.5									
1803							8.3		8.6									
1804									12.3									
1805						10.9												
1806																		
1807							6.5		9.9									
1808							5.4		9.7									
1809						8.7	3.8		4.2									
1810							3.2											
1811						10.6	5.3											
1812						2.7	3.5											
1813						6.8	3.7									8.4		
1814																6.1		
1815						6.2										10.5		
1816							9.1									10.3		
1817							7.1									10.2		
1818						10.7	6.4											
1819							6.4									9.7		
1820							5.9									15.8		
1821							6.3									11.5		
1822						5.4	7.0									13.1		
1823	9.5						5.8									13.8		
1824	6.4						6.3									14.2		
1825	6.8						5.8											
1826	10.3						4.8											
1827	8.6					8.8												
1828	6.0					4.8	3.6											
1829	5.7					9.8										14.7		
1830	6.4						5.3									12.9		
1831	5.3	7.3					4.4									15.6		
1832	6.8	14.4					5.4									12.0		
1833	5.5	10.6					3.8									11.2		

표 G1-46 계속

	지대량																	
	해남	장흥1	장흥2	단성	거창	경주1	경주2	울산	대구	칠곡	성주	인동	고령	예천	안동1	안동2	영주1	영주2
	G29	G30	G31	G32	G33	G34	G35	G36	G37	G38	G39	G40	G41	G42	G43	G44	G45	G46
	두																	
1834	5.8	14.0					6.0									15.3		
1835	6.7	14.0														12.4		
1836	5.4	8.8														16.6		
1837	3.8	9.6	8.3													15.0		
1838	6.4	10.6	10.1				1.9									13.5		
1839	2.8	11.9	14.6													16.6		
1840	6.1	11.4	12.3													14.4		
1841	4.4	10.0	13.2				3.2									17.5		
1842	4.9	12.5	10.7													18.2		
1843	4.5	11.3	13.3			2.8	2.6									14.5		
1844	9.6	13.3	12.8			8.1	3.2									15.1		
1845	5.4	11.4	12.4			5.3										17.1		
1846	5.9	14.6	18.3													16.1		
1847	7.2	11.3	13.0			7.6										14.0		
1848	6.9	13.1	14.4			10.7	4.0									14.2		
1849	5.5	13.1	12.8			5.4	4.1									14.4		
1850	4.5	10.6	13.8				3.8									13.6		
1851	8.1	5.3	6.8													12.8		
1852	3.0	7.4	5.3				4.2									16.1		
1853	4.4	8.1	7.3				5.9									9.7		
1854	2.4	11.3	7.8			5.0	6.0									16.4		
1855	2.1	11.3	11.5				2.8									18.4		
1856	3.0	11.3	13.8			5.2	5.5									17.2		
1857	3.9	11.3	12.5													14.7		
1858	4.9	5.0	2.4			6.6										11.7		
1859	5.0	14.4	15.0													17.2		
1860	4.4	11.3	11.3													13.4	10.0	
1861	6.1	11.3	11.3				4.7									17.4	9.5	
1862	4.8	11.0	11.9			2.1	4.5										9.3	
1863	3.5	4.0	11.3														10.0	
1864	4.5		11.8			13.0											12.8	
1865	5.6		11.3															
1866	2.6		9.4														13.3	
1867	2.5		10.0				4.8											
1868	3.9		6.9															
1869	2.5		7.9		6.4													
1870	3.0		4.4		7.9													
1871	6.9		10.0		7.4	11.9												
1872	7.3		7.5		7.2		7.3											
1873			5.6		6.2													
1874	3.8		7.5		7.6													
1875	4.8		8.1		4.7													
1876	3.5				7.5		5.0											
1877					9.4													
1878	4.6																	
1879						11.3											10.3	
1880																	9.5	
1881																	9.5	
1882																	9.5	
1883																	6.8	
1884																	11.0	
1885																	10.0	
1886														20.2			11.3	
1887			20.8											17.2			8.5	
1888	6.9		15.7											15.0			8.8	13.8
1889	7.7													16.3			8.8	13.8
1890	9.1													16.2			9.3	14.0
1891	8.3													15.6			9.8	13.3

표 G11-46 계속

	지대량																	
	해남	장흥1	장흥2	단성	거창	경주1	경주2	울산	대구	칠곡	성주	인동	고령	예천	안동1	안동2	영주1	영주2
	G29	G30	G31	G32	G33	G34	G35	G36	G37	G38	G39	G40	G41	G42	G43	G44	G45	G46
	두																	
1892	9.2													13.4			7.5	15.0
1893	7.6													15.0			12.5	15.0
1894														13.9			8.0	15.3
1895	5.3			23.4										15.2			9.5	13.8
1896	7.8			28.1										15.3			12.5	15.3
1897	7.4			25.4										13.9			7.0	13.8
1898	9.0			26.6										14.0			8.8	13.8
1899	9.5			28.5										13.2			7.8	13.0
1900	7.1			31.2										11.9			7.3	13.0
1901	8.3			26.0										11.2			5.5	10.0
1902	7.7			22.1										10.1			8.5	11.3
1903	7.4			22.0			4.9							12.8			11.8	15.8
1904	9.1			26.4			5.3							10.9			8.8	13.3
1905	7.0			20.8			3.9							10.0			11.3	15.0
1906	8.6													12.7			8.8	17.5
1907	7.6			25.9										12.1			8.8	18.8
1908	7.3					5.3								11.0			8.8	21.3
1909	6.7													11.5			9.3	17.5
1910	7.5													10.1			13.8	20.5
1911														10.6	6.7		14.5	22.5
1912														9.3			12.5	20.0
1913														9.5			15.0	18.8
1914														11.6			15.8	25.0
1915					12.4									10.0			5.3	21.3
1916					10.2									9.8			12.5	25.0
1917					11.2									11.1	5.3	9.7	8.8	30.0
1918	8.6				11.1									10.3	6.7	9.6	4.5	26.5
1919					11.5									10.3	4.3	9.6	8.5	26.3
1920					12.1									10.9		9.4	7.0	21.3
1921					10.6									9.9	6.3	9.0	6.3	25.0
1922					10.6									10.9	4.3	9.3	7.5	23.5
1923					10.6									10.5	6.3	9.3	6.8	26.8
1924					7.9									9.4	5.0	8.5	7.0	25.0
1925					10.6									10.5	6.7	9.7	7.0	22.0
1926					10.6									11.0	5.7	8.4	8.0	23.8
1927					10.6										5.3	9.8		26.3
1928					3.4										1.7	4.3		23.8
1929					6.4										3.3	4.8		10.0
1930															7.3	9.6		23.8
1931															8.0	7.8		20.5
1932															6.0			19.3
1933															9.5			25.0
1934															6.5			20.0
1935															9.5			21.3
1936															7.5			23.8
1937															9.0			26.3
1938															8.0			27.5
1939																		15.3
1940															6.5			28.0
1941															6.5			27.0
1942															2.5			16.3
1943																		27.5
1944																		22.5
1945															3.0			27.5
1946																		27.5
1947															7.5			

표 G11-46 계속

자료:

두락당 생산량

G11: 칠곡 이씨가 추수기, 김건태, 『조선시대 양반가의 농업경영』, 역사비평사, 2004, p. 296.

G12: 예천 박씨가 일기 중 命山畓의 두락당 수확량, 박기주, 「19 · 20세기 초 在村兩班 地主經營의 動向」, 『맛질의 農民들』, 일조각, 2001, p. 199. 원자료에서 수확량 단위는 駄, 이를 1石으로 간주하였다. 명산답이 몇 두락인지 명확하지 않으나 주변 답과의 비교에서 3두락으로 추정하였다.

G13: 단성 김씨가 일기와 추수기. 鄭震英, 「19세기 중반-20세기 초반 在村 兩班地主家의 농업경영-경상도 단성 金麟燮家의 家作地 경영을 중심으로-」, 『大東文化硏究』 62, 2008, pp. 135-137.

두락당 지대량

G14: 과천 모씨가 추수기 중 如5와 之68 필지의 평균 지대량, 安秉珆, 『朝鮮近代經濟史』, 日本評論社, 1975, pp. 88-89.

G15: 노성 윤씨 문중 義倉賭租記, 김현숙, 「19 · 20세기 파평윤씨 문중의 농지소유와 농업경영-충남 논산시 노성면 병사리를 중심으로-」, 『韓國史學報』 35, 2009, p. 238.

G16: 노성 윤씨 문중 大宗契賭地記, 동상, p. 240.

G17: 부여 황씨가 추수기 중 18개 필지의 평균 지대량, 李榮薰, 「18世紀前半 農庄 經營의 一樣相 -黃氏家 扶餘 農庄의 事例分析-」, 『朝鮮時代史學報』 1, 1997, pp. 168-169.

G18: 부여 유씨가 추수기 중 17개 필지의 평균 지대량, 한국정신문화연구원 촬영, 미간행 자료.

G19: 서울 모씨가(교리댁) 추수기 중 深55 · 虧2 · 聲17 필지와 언내첫바미 4개 필지의 평균 지대량, 서울대학교 규장각 소장, 『續成錄』.

G20: 고부 김씨동족 계책 중 檜亭畓 7두락의 평균 지대량, 한국학중앙연구원 편, 『古文書集成95-高敞 · 高阜光山金氏篇-』, 2009, pp. 202-282.

G21: 고부 김씨동족 계책 중 書堂洞 3두락의 평균 지대량, 동상.

G22: 고창 황씨가 추수기, 金柄夏, 『韓國農業經營史硏究』, 한국정신문화연구원, 1993, p. 66.

G23: 영광 신씨가 추수기, 李榮薰, 「湖南 古文書에 나타난 長期趨勢와 中期波動」, 『호남지방 고문서 기초연구』, 한국정신문화연구원, 1999, p. 345.

G24: 남원 이씨가 추수기, 전북대학교박물관 소장, 미간행 자료.

G25: 광주 양과동 동약 추수기 중 項洞坪 1개 필지의 지대량, 광주민속박물관 편, 『光州良瓜洞鄕約』, 1996, pp. 112-191.

G26: 나주 박씨가 추수기, 김건태, 『조선시대 양반가의 농업경영』, p. 447.

G27: 영암 문씨동족 계책, 김건태, 『조선시대 양반가의 농업경영』, pp. 372-375.

G28: 나주 망호리 이씨동족 계책 중 禿川坪 계답의 평균 지대량, 나주 망호리 소장.

G29: 해남 윤씨가 계책 중 觀善契과 古章契에 속한 토지의 평균 지대량, 한국정신문화연구원 촬영, 미간행 자료.

G30: 장흥 이씨가 상위전기 중 聖 5두락과 善 3두락의 평균 지대량, 한국학중앙연구원 촬영, 미간행 자료.

G31: 장흥 이씨가 하위전기 중 欲 5두락과 作 3두락의 평균 지대량, 동상.

G32: 단성 김씨가 추수기, 鄭震英, 「19세기 중반-20세기 초반 在村 兩班地主家의 농업경영 -경상도 단성 金麟燮家의 家作地 경영을 중심으로-」, 『大東文化硏究』 62, p. 139.

G33: 거창 정씨가 계책 중 불정 · 영풍 · 창평 · 호동 4개 필지의 평균 지대량, 한국학중앙연구원 편, 『古文書集成23 -巨昌草溪鄭氏篇-』, 1995, pp. 726-808.

G34: 경주 옥산서원 도록, 朴基炷, 「재화가격의 추이 -慶州 지방을 중심으로-」, 『수량경제사로 다시 본 조선후기』, 서울대학교출판부, 2004, p. 211.

G35: 경주 용산서원 도록, 朴基炷, 「재화가격의 추이 -慶州 지방을 중심으로-」, 동상.

G36: 울산 구강서원 중수기, 李樹健 · 李樹煥 편, 『朝鮮時代嶺南書院資料』, 국사편찬위원회, 1999, pp. 707-748.

G37: 대구 우씨동족 계책 중 전 계답 평균 지대량, 金炫榮 편, 『大邱月村丹陽禹氏文書』, 한국고문서학회, 1994, pp. 156-210.

G38: 칠곡 이씨가 추수기, 김건태, 『조선시대 양반가의 농업경영』, p. 317.

G39: 칠곡 이씨가 추수기, 동상.

G40: 칠곡 이씨가 추수기, 동상.

G41: 칠곡 이씨가 추수기, 동상.

G42: 예천 박씨가 추수기, 朴基炷, 「19 · 20세기 초 在村兩班 地主經營의 動向」, 『맛질의 農民들 -韓國近世村落生活史-』, p. 224.

G43: 안동 김씨가 추수기 중 基谷畓 3두락의 지대량, 한국정신문화연구원 편, 『古文書集成七-安東義城金氏-』, 1990, pp. 376-382.

G44: 안동 박씨가 은곡재사 전여기 중 大峴畓 7두락과 自論畓 5두락의 평균 지대량, 한국학진흥원 촬영, 미간행 자료.

G45: 영주 김씨가 추수기 중 佛岩畓 4두락의 지대량, 한국학중앙연구원 촬영, 미간행 자료.

G46: 영주 김씨가 추수기 중 林堂畓 4두락의 지대량, 동상.

주: 두락은 볍씨 1두를 파종하는 면적을 말하는데, 대략 6a에 해당하였다. 1두는 조선시대 표준으로 대략 6리터 정도였으나, 실제로는 지역마다 상이하였다.

2. 농가와 경지면적

표 G47-90 경지면적 및 농가, 1910-1942, 1955-2015

	경지면적			경지면적(박섭 계열)			자작지면적		수리상태별 논면적		관개시설별 미곡 재배면적				
	합계	논	밭	합계	논	밭	논	밭	수리답	수리 불안전답	총답면적	수리 안전답	수리조합 답	수리 불안전답	천수답
	G47	G48	G49	G50	G51	G52	G53	G54	G55	G56	G57	G58	G59	G60	G61
	남북한, 천 ha														
1910	2,145	834	1,311	4,192	1,494	2,698									
1911	2,705	985	1,720	4,205	1,499	2,706									
1912	2,824	1,016	1,808	4,217	1,502	2,715									
1913	2,867	1,061	1,806	4,230	1,506	2,724									
1914	2,935	1,080	1,854	4,243	1,510	2,733	375	1,034							
1915	3,144	1,168	1,977	4,257	1,515	2,742	404	1,093							
1916	3,560	1,329	2,231	4,270	1,519	2,751	458	1,204							
1917	3,774	1,383	2,391	4,280	1,523	2,757	478	1,308							
1918	4,306	1,532	2,775	4,306	1,531	2,775	542	1,593							
1919	4,289	1,530	2,759	4,346	1,534	2,812	543	1,590							
1920	4,286	1,531	2,755	4,332	1,535	2,797	546	1,563							
1921	4,287	1,531	2,756	4,354	1,537	2,817	553	1,579							
1922	4,282	1,532	2,749	4,349	1,539	2,810	547	1,570							
1923	4,285	1,537	2,749	4,359	1,547	2,812	546	1,578							
1924	4,287	1,541	2,745	4,372	1,555	2,817	544	1,579							
1925	4,312	1,551	2,762	4,382	1,562	2,820	544	1,588							
1926	4,343	1,561	2,782	4,413	1,573	2,840	545	1,594							
1927	4,352	1,574	2,778	4,417	1,590	2,827	585	1,481							
1928	4,355	1,585	2,770	4,421	1,602	2,819	546	1,452							
1929	4,356	1,596	2,760	4,410	1,612	2,798	543	1,411							
1930	4,352	1,604	2,748	4,429	1,630	2,799	539	1,394							
1931	4,348	1,616	2,733	4,418	1,639	2,779	531	1,372							
1932	4,354	1,633	2,721	4,424	1,656	2,768	534	1,359							
1933	4,452	1,668	2,784	4,452	1,668	2,784	535	1,366							
1934	4,468	1,679	2,790	4,469	1,679	2,790	530	1,343							
1935	4,463	1,689	2,774	4,463	1,689	2,774	537	1,340	1,161	528					
1936	4,467	1,704	2,762	4,466	1,704	2,762	535	1,326	1,177	528					
1937	4,469	1,722	2,747	4,469	1,722	2,747	541	1,317	1,220	502					
1938	4,478	1,736	2,742	4,479	1,737	2,742	548	1,304	1,217	520					
1939	4,489	1,748	2,741	4,489	1,748	2,741	550	1,301	1,237	512					
1940	4,474	1,756	2,718	4,473	1,755	2,718	558	1,295	1,261	495					
1941	4,453	1,755	2,698				563	1,297	1,220	535					
1942	4,438	1,753	2,686				563	1,288	1,226	527					
	남한, 천 ha														
1955	1,995	1,187	808						534	654	1,086	336	197	278	274
1956	1,992	1,189	803						539	650	1,093	341	198	279	275
1957	1,999	1,193	806						566	627	1,101	359	207	278	257
1958	2,012	1,200	813						587	613	1,104	367	209	275	254
1959	2,016	1,203	813						629	574	1,109	370	213	274	248
1960	2,025	1,206	819						664	542	1,117	372	225	280	240
1961	2,032	1,211	822						665	546	1,124	378	236	280	230
1962	2,063	1,223	840						682	541	1,134	387	254	276	217
1963	2,080	1,228	852						684	544	1,149	392	262	282	213
1964	2,171	1,261	910						686	575	1,182	415	275	286	205
1965	2,256	1,286	970						701	585	1,199	281	421	299	198
1966	2,293	1,287	1,006						729	558	1,199	421	281	299	198
1967	2,312	1,291	1,021						744	547	1,204	445	286	289	180
1968	2,319	1,289	1,030						746	544	1,127	456	293	279	177
1969	2,311	1,283	1,028						983	300	1,198	448	283	252	144
1970	2,298	1,273	1,025						1,002	272	1,184	515	296	248	140
1971	2,271	1,265	1,007						1,022	243	1,178	544	304	223	113
1972	2,242	1,259	983						1,028	231	1,178	558	310	21	100
1973	2,241	1,263	979						1,042	221	1,170	562	315	213	89
1974	2,238	1,269	970						1,050	219	1,269	556	320	293	
1975	2,240	1,277	963						1,065	211	1,277	700	365	211	

표 G47-90 계속

	경지면적			경지면적(박섭 계열)			자작지면적		수리상태별 논면적		관개시설별 미곡 재배면적				
	합계	논	밭	합계	논	밭	논	밭	수리답	수리 불안전답	총답면적	수리 안전답	수리조합 답	수리 불안전답	천수답
	G47	G48	G49	G50	G51	G52	G53	G54	G55	G56	G57	G58	G59	G60	G61
	남한, 천 ha														
1976	2,238	1,290	948						1,082	208	1,290	702	380	208	
1977	2,231	1,303	928						1,104	199	1,303	703	402	199	
1978	2,222	1,312	910						1,122	190	1,312	702	420	190	
1979	2,207	1,311	896						1,123	188	1,311	702	421	188	
1980	2,196	1,307	889						893	413	1,307	469	424	413	
1981	2,188	1,308	880						908	400	1,308	476	433	400	
1982	2,180	1,312	869						917	395	1,312	473	303	395	
1983	2,167	1,316	851						929	387	1,316	470	459	387	
1984	2,152	1,320	833						935	385	1,320	471	464	385	
1985	2,144	1,325	820						948	377	1,325	477	471	377	
1986	2,141	1,329	813						965	364	1,329	485	480	364	
1987	2,143	1,352	792						976	376	1,352	486	490	376	
1988	2,138	1,358	780						981	377	1,358	479	502	377	
1989	2,127	1,353	774						985	368	1,353	479	506	368	
1990	2,109	1,345	764						988	358	1,345	475	512	358	
1991	2,091	1,335	756						988	347	1,335	470	518	347	
1992	2,070	1,315	756						973	342	1,315	455	518	342	
1993	2,055	1,298	757						956	343	1,298	445	511	343	
1994	2,033	1,267	766						941	326	1,267	435	506	326	
1995	1,985	1,206	779						907	299	1,206	403	504	299	
1996	1,946	1,176	769						889	287	1,176	389	500	287	
1997	1,924	1,163	761						882	281	1,163	379	503	281	
1998	1,910	1,157	753						881	277	1,157	369	512	277	
1999	1,899	1,153	746						879	274	1,153	366	512	274	
2000	1,889	1,149	740						880	269	1,149	360	520	269	
2001	1,876	1,146	730						881	265	1,146		881	265	
2002	1,863	1,138	724						880	258	1,138		880	258	
2003	1,846	1,127	719						878	249	1,127		878	249	
2004	1,836	1,115	721						870	245	1,115		870	245	
2005	1,824	1,105	719						867	238	1,105		867	238	
2006	1,801	1,084	716						859	225	1,084		859	225	
2007	1,782	1,070	712						848	222	1,070		848	222	
2008	1,759	1,046	713						832	214	1,046		832	214	
2009	1,737	1,010	727						807	204	1,010		807	204	
2010	1,715	984	731						788	196	984		788	196	
2011	1,698	960	738						772	188	960		772	188	
2012	1,730	966	764						778	188	966		778	188	
2013	1,711	964	748												
2014	1,691	934	758												
2015	1,679	908	771												

자료: 조선총독부, 『조선총독부통계연보』, 각년도; 농림부, 『농림통계연보』, 각년도; 취업자는 통계청, 「경제활동인구조사」(http://kosis.kr); G50-52, 박섭, 「식민지기 한국 농업의 신추계 및 기존추계와의 비교·검토, 1910-1944」, 『경제사학』 39, 2005, p. 121이다.

표 G47-90 계속

	농가호수					경지규모별 농가호수					농가인구			취업자	
	합계	전업	겸업			0.5ha 미만	0.5-1.0	1.0-2.0	2.0-3.0	3.0ha 이상	합계	주업자	겸업자	농림어업	농림업
			계	1종	2종										
	G62	G63	G64	G65	G66	G67	G68	G69	G70	G71	G72	G73	G74	G75	G76
	남북한, 천 호										남북한, 천 명				
1910	2,336														
1911	2,380														
1912	2,434														
1913	2,573	2,230	343												
1914	2,590	2,215	375												
1915	2,629	2,261	368												
1916	2,641	2,248	393												
1917	2,642	2,221	421								9,289	6,970	2,318		
1918	2,653	2,202	451								9,492	7,151	2,341		
1919	2,665	2,197	468								9,729	7,313	2,416		
1920	2,721	2,255	466								8,804	7,215	1,589		
1921	2,717	2,257	460								8,907	7,220	1,688		
1922	2,713	2,245	467								9,056	7,317	1,740		
1923	2,703	2,220	483								9,099	7,347	1,752		
1924	2,704	2,232	473								9,121	7,401	1,721		
1925	2,743	2,262	481								9,553	7,763	1,790		
1926	2,754	2,290	464								9,600	7,833	1,767		
1927	2,781	2,373	408								9,470	7,811	1,659		
1928	2,799	2,440	359								9,239	7,709	1,530		
1929	2,815	2,476	339								9,199	7,715	1,485		
1930	2,870	2,536	334								9,373	7,801	1,572		
1931	2,882	2,578	304								9,011	7,579	1,432		
1932	2,931	2,734	197								8,076	7,301	775		
1933	3,010	2,844	166								7,734	7,069	665		
1934	3,013	2,851	163								7,825	7,175	649		
1935	3,067	2,910	157								8,195	7,540	655		
1936	3,060	2,905	155								8,029	7,388	641		
1937	3,059	2,912	147								8,023	7,431	592		
1938	3,052	2,906	147								7,983	7,416	566		
1939	3,023	2,881	142								7,809	7,292	517		
1940	3,047	2,915	132								7,709	7,154	555		
1941											7,908	7,313	595		
1942											7,966	7,397	569		
	남한, 천 호										남한, 천 명				
1955	2,218	1,993	225			964	690	446	122	6	13,300				
1956	2,201	1,992	209			942	676	449	125	8	13,446				
1957	2,211	1,996	215			945	672	456	130	8	13,592				
1958	2,218	2,000	219			937	674	463	138	7	13,750				
1959	2,267	2,065	202			958	688	474	140	7	14,126				
1960	2,350	2,131	218			1,009	707	486	141	7	14,559				
1961	2,327	2,115	212			947	741	491	143	6	14,509				
1962	2,470	2,246	223			1,013	803	505	141	7	15,097				
1963	2,416	2,198	217			1,009	761	497	139	9	15,266			4,763	4,573
1964	2,450	2,229	221			979	783	526	148	16	15,553			4,747	4,580
1965	2,507	2,275	232			901	794	643	140	29	15,812			4,742	4,538
1966	2,540	2,282	258			894	818	657	137	35	15,781			4,811	4,631
1967	2,587	2,251	336	208	128	919	829	665	135	39	16,078			4,756	4,545
1968	2,579	2,202	377	183	194	858	820	669	133	41	15,908			4,748	4,531
1969	2,546	2,182	365	166	199	842	807	668	131	39	15,589			4,744	4,608
1970	2,483	1,681	802	489	414	787	824	639	123	37	14,422			4,846	4,756
1971	2,482	2,114	368	153	215	810	786	645	120	36	14,712			4,797	4,682
1972	2,452	2,081	371	152	219	802	777	637	117	35	14,677			5,238	5,006
1973	2,450	2,085	365	157	208	795	771	645	118	37	14,645			5,445	5,143
1974	2,381	1,913	469	272	197	673	809	631	119	37	13,459			5,481	5,205
1975	2,379	1,917	462	298	164	691	828	618	112	36	13,244			5,339	5,041
1976	2,336	1,865	471	300	171	689	814	589	105	33	12,786			5,514	5,240
1977	2,304	1,879	425	249	176	686	795	577	101	31	12,309			5,342	5,101

표 G47-90 계속

	농가호수					경지규모별 농가호수					농가인구			취업자	
	합계	전업	겸업			0.5ha 미만	0.5-1.0	1.0-2.0	2.0-3.0	3.0ha 이상	합계	주업자	겸업자	농림어업	농림업
			계	1종	2종										
	G62	G63	G64	G65	G66	G67	G68	G69	G70	G71	G72	G73	G74	G75	G76
	남한, 천 호										남한, 천 명				
1978	2,224	1,814	410	235	175	631	799	583	97	30	11,528			5,154	4,894
1979	2,162	1,776	386	211	175	644	764	556	90	27	10,883			4,866	4,622
1980	2,155	1,642	513	295	218	612	748	629	108	31	10,827			4,654	4,429
1981	2,029	1,666	363	181	182	605	742	545	83	24	9,999			4,801	4,556
1982	1,995	1,623	372	173	200	577	725	548	83	23	9,688			4,612	4,314
1983	2,000	1,623	378	162	216	571	719	552	84	23	9,475			4,315	4,044
1984	1,974	1,598	376	156	220	556	707	552	85	23	9,015			3,914	3,731
1985	1,926	1,518	408	168	240	534	686	550	87	23	8,521			3,733	3,554
1986	1,906	1,509	397	157	240	540	663	548	88	24	8,180			3,662	3,477
1987	1,872	1,465	407	160	247	522	647	547	91	26	7,771			3,580	3,400
1988	1,826	1,417	409	160	249	507	626	541	94	27	7,273			3,483	3,319
1989	1,772	1,331	441	176	265	483	594	536	101	29	6,786			3,438	3,291
1990	1,767	1,052	715	389	326	483	545	543	130	44	6,661			3,237	3,100
1991	1,702	1,119	584	254	329	466	527	512	121	42	6,068			2,725	2,602
1992	1,641	1,026	615	252	363	469	496	477	124	53	5,707			2,667	2,549
1993	1,593	985	607	236	371	451	472	460	127	59	5,407			2,592	
1994	1,558	931	627	237	391	453	448	442	124	65	5,167			2,491	
1995	1,501	849	652	277	375	433	432	418	123	70	4,838			2,403	
1996	1,480	836	644	244	400	440	421	405	118	70	4,692			2,323	
1997	1,440	844	595	205	390	438	411	383	115	70	4,468			2,285	
1998	1,413	893	520	179	342	483	395	347	100	66	4,400			2,397	
1999	1,382	878	503	173	331	487	388	333	90	63	4,210			2,302	
2000	1,384	902	481	225	257	441	379	352	114	85	4,031			2,243	
2001	1,354	885	469	162	308	478	369	332	100	75	3,933			2,148	
2002	1,281	862	419	139	279	453	344	306	99	59	3,591			2,069	
2003	1,264	813	452	145	306	463	332	292	94	61	3,530			1,950	
2004	1,240	785	455	147	308	464	322	280	91	59	3,415			1,824	
2005	1,273	796	477	165	312	475	331	281	93	67	3,434			1,813	
2006	1,245	785	460	151	310	503	325	251	80	61	3,304			1,781	
2007	1,231	755	476	144	332	505	313	246	80	61	3,274			1,723	
2008	1,212	707	505	160	345	491	308	244	81	62	3,187			1,686	
2009	1,195	693	502	151	351	485	300	239	82	61	3,117			1,648	
2010	1,177	628	550	193	356	486	288	229	78	97	3,063			1,566	
2011	1,163	630	533	182	352	490	281	219	76	97	2,962			1,542	
2012	1,151	625	526	169	357	486	276	217	74	99	2,912			1,528	
2013	1,142	607	535	172	362	485	270	215	75	99	2,847			1,520	
2014	1,121	599	522	164	358	481	262	208	74	98	2,752			1,452	
2015	1,089	599	490	173	318	486	255	185	63	89	2,569			1,345	

표 G47-90 계속

	연령별 농가인구													
	합계				남					여				
	14세 이하	15-59	60세 이상	65세 이상	계	14세 이하	15-59	60세 이상	65세 이상	계	14세 이하	15-59	60세 이상	65세 이상
	G77	G78	G79	G80	G81	G82	G83	G84	G85	G86	G87	G88	G89	G90
	남북한, 천 명													
1910														
1911														
1912														
1913														
1914														
1915														
1916														
1917														
1918														
1919														
1920														
1921														
1922														
1923														
1924														
1925														
1926														
1927														
1928														
1929														
1930														
1931														
1932														
1933														
1934														
1935														
1936														
1937														
1938														
1939														
1940														
1941														
1942														
	남한, 천 명													
1955														
1956														
1957														
1958														
1959														
1960														
1961														
1962														
1963														
1964														
1965														
1966														
1967														
1968														
1969														
1970	6,271	7,007	1,143	713	7,164	3,231	3,433	500	295	7,258	3,040	3,575	644	418
1971	5,681	7,887	1,144		7,377	2,939	3,960	477		7,335	2,741	3,927	667	
1972	5,505	8,017	1,155		7,400	2,849	4,066	485		7,277	2,656	3,951	671	
1973	5,340	8,150	1,155		7,390	2,761	4,146	483		7,255	2,579	4,004	672	
1974	5,172	7,140	1,147		6,797	2,671	3,618	508		6,662	2,501	3,522	640	
1975	5,200	6,880	1,164	738	6,654	2,700	3,449	505	302	6,590	2,500	3,432	658	437
1976	4,484	7,132	1,170		6,438	2,323	3,603	512		6,348	2,161	3,529	658	
1977	4,195	6,936	1,178		6,180	2,173	3,490	517		6,129	2,022	3,446	662	

표 G47-90 계속

	연령별 농가인구														
	합계				남					여					
	14세 이하	15-59	60세 이상	65세 이상	계	14세 이하	15-59	60세 이상	65세 이상	계	14세 이하	15-59	60세 이상	65세 이상
	G77	G78	G79	G80	G81	G82	G83	G84	G85	G86	G87	G88	G89	G90
	남한, 천 명														
1978	3,812	6,560	1,155		5,761	1,970	3,282	509		5,766	1,842	3,278	646	
1979	3,460	6,264	1,159		5,428	1,790	3,126	512		5,455	1,670	3,139	647	
1980	3,573	6,116	1,138	728	5,415	1,832	3,077	507	305	5,412	1,742	3,039	632	423
1981	2,937	5,909	1,584	437	5,000	1,513	2,976	677	165	4,994	1,425	2,934	908	272
1982	2,757	5,763	1,609	444	4,836	1,409	2,908	687	168	4,848	1,346	2,855	922	277
1983	2,571	5,706	1,656	458	4,719	1,314	2,874	704	172	4,756	1,257	2,832	952	285
1984	2,338	5,465	1,675	463	4,473	1,196	2,740	713	176	4,542	1,143	2,725	962	288
1985	2,114	5,230	1,631	453	4,246	1,086	2,635	697	172	4,275	1,028	2,595	933	281
1986	1,918	5,061	1,200	782	4,058	984	2,542	532	334	4,122	935	2,519	668	448
1987	1,712	4,840	1,219	798	3,835	881	2,414	539	342	3,936	831	2,426	680	455
1988	1,501	4,544	1,228	804	3,561	770	2,249	542	346	3,712	731	2,295	686	458
1989	1,314	4,237	1,235	808	3,304	675	2,085	544	349	3,482	639	2,152	691	459
1990	1,370	4,104	1,187	769	3,279	699	2,049	531	339	3,383	672	2,054	656	430
1991	1,175	3,639	1,255	815	2,931	602	1,775	554	354	3,138	573	1,864	701	461
1992	1,041	3,430	1,237	796	2,763	534	1,677	552	351	2,944	507	1,753	685	445
1993	932	3,208	1,267	812	2,611	482	1,563	566	357	2,797	450	1,645	701	454
1994	839	3,024	1,304	827	2,486	436	1,468	583	364	2,681	403	1,557	721	463
1995	680	2,916	1,255	785	2,373	353	1,451	570	350	2,478	328	1,465	685	434
1996	650	2,701	1,342	853	2,263	342	1,317	604	376	2,429	308	1,384	738	476
1997	574	2,558	1,336	856	2,150	300	1,251	599	377	2,319	274	1,307	737	479
1998	567	2,490	1,343	862	2,129	298	1,228	603	377	2,271	269	1,262	741	485
1999	509	2,345	1,356	887	2,040	268	1,159	613	393	2,170	241	1,186	744	494
2000	459	2,239	1,333	876	1,971	242	1,127	603	392	2,060	217	1,113	730	485
2001	445	2,066	1,423	959	1,903	236	1,026	641	432	2,031	209	1,040	782	527
2002	384	1,835	1,372	940	1,748	204	917	627	430	1,843	180	918	745	510
2003	377	1,776	1,377	982	1,715	202	889	624	447	1,815	175	887	752	535
2004	353	1,687	1,375	1,002	1,654	187	844	622	456	1,761	165	843	752	546
2005	335	1,747	1,351	999	1,677	178	880	618	457	1,757	157	867	733	542
2006	315	1,642	1,348	1,018	1,607	170	817	621	466	1,697	145	825	727	552
2007	308	1,591	1,375	1,052	1,590	166	788	636	479	1,684	142	803	740	573
2008	288	1,513	1,386	1,060	1,542	155	747	641	481	1,644	133	766	745	579
2009	265	1,459	1,393	1,067	1,510	141	724	645	486	1,607	124	735	748	581
2010	270	1,513	1,279	973	1,501	142	763	597	446	1,562	129	751	683	527
2011	236	1,419	1,307	1,000	1,456	127	708	621	471	1,506	108	712	686	529
2012	216	1,352	1,344	1,038	1,424	116	676	632	486	1,488	101	676	712	552
2013	197	1,289	1,361	1,062	1,387	105	643	638	498	1,461	92	646	724	564
2014	175	1,208	1,368	1,075	1,340	93	606	640	503	1,412	82	602	728	571
2015	150	140	1,293	987	1,265	78	97	618	472	1,305	72	43	675	515

표 G91-98 농가호수 및 인구, 재배면적, 1910-2015

	농가호수		농업인구		총재배면적		식량재배면적	
	남북한	남한	남북한	남한	남북한	남한	남북한	남한
	G91	G92	G93	G94	G95	G96	G97	G98
	천 호		천 명		천 ha			
1910	2,336	1,567			2,131		2,025	
1911	2,380	1,341			2,796		2,654	
1912	2,434	1,375			2,934		2,779	
1913	2,573	1,447			3,240		3,070	
1914	2,590	1,710			3,387		3,203	
1915	2,629	1,734			3,580		3,388	
1916	2,641	1,752			3,707		3,484	
1917	2,642	1,747	9,289	6,162	3,938		3,655	
1918	2,652	1,752	9,492	6,093	5,117		4,770	
1919	2,665	1,764	9,729	6,258	5,529		5,156	
1920	2,721	1,804	8,804	5,974	5,596		5,214	
1921	2,717	1,804	8,907	6,063	5,611		5,222	
1922	2,712	1,794	9,056	6,188	5,667		5,278	
1923	2,703	1,794	9,099	6,189	5,664		5,266	
1924	2,704	1,794	9,121	6,140	5,698		5,276	
1925	2,743	1,808	9,553	6,419	5,778		5,311	
1926	2,753	1,817	9,600	6,497	5,831		5,321	
1927	2,781	1,833	9,470	6,413	5,874		5,341	
1928	2,799	1,868	9,239	6,324	5,877		5,321	
1929	2,815	1,874	9,199	6,309	5,971		5,402	
1930	2,870	1,912	9,372	6,392	6,042		5,454	
1931	2,882	1,918	9,011	5,882	6,083		5,467	
1932	2,931	1,931	8,076	5,048	6,103		5,479	
1933	3,010	1,975	7,734	4,795	6,198		5,514	
1934	3,013	1,978	7,825	4,915	6,291		5,564	
1935	3,066	2,025	8,193	5,260	6,344		5,571	
1936	3,060	1,978	8,029	5,153	6,277		5,492	
1937	3,059	2,089	8,023	5,140	6,306		5,553	
1938	3,052	2,084	7,982	5,149	6,303		5,544	
1939	3,023	2,065	7,809	5,115	6,166		5,392	
1940	3,047	2,077	7,709	5,028	6,224		5,375	
1941	3,071		7,908	5,238		3,039		2,630
1942	3,053		7,966	5,204		2,800		2,389
1943	3,046					2,977		2,596
1944		1,992				2,892		2,534
1945		2,065				2,617		2,308
1946		2,137				2,441		2,184
1947						2,480		2,211
1948						2,557		2,293
1949		2,474				2,643		2,354
1950		2,261				2,545		2,282
1951		2,184				2,360		2,078
1952		2,234				2,451		2,193
1953		2,249				2,559		2,291
1954		2,234				2,603		2,332
1955		2,218				2,674		2,399
1956		2,201				2,725		2,437
1957		2,211				2,765		2,493
1958		2,218				2,701		2,446
1959		2,267				2,711		2,454
1960		2,350				2,724		2,474
1961		2,327				2,750		2,506
1962		2,469				2,831		2,558
1963		2,416		4,573		2,869		2,632
1964		2,450		4,580		3,037		2,767
1965		2,507		4,538		3,235		2,933
1966		2,540		4,631		3,141		2,812
1967		2,587		4,545		3,201		2,832

표 G91-98 계속

	농가호수		농업인구		총재배면적		식량재배면적	
	남북한	남한	남북한	남한	남북한	남한	남북한	남한
	G91	G92	G93	G94	G95	G96	G97	G98
	천 호		천 명		천 ha			
1968		2,579		4,531		3,201		2,799
1969		2,546		4,608		3,215		2,768
1970		2,483		4,756		3,165		2,681
1971		2,482		4,682		3,025		2,538
1972		2,452		5,006		3,013		2,522
1973		2,450		5,143		2,983		2,476
1974		2,381		5,205		3,039		2,472
1975		2,379		5,041		3,064		2,522
1976		2,336		5,240		3,075		2,474
1977		2,304		5,101		2,902		2,284
1978		2,224		4,894		2,861		2,272
1979		2,162		4,622		2,764		2,129
1980		2,155		4,429		2,611		1,982
1981		2,029		4,556		2,609		2,002
1982		1,995		4,314		2,514		1,908
1983		2,000		4,044		2,483		1,926
1984		1,974		3,731		2,464		1,917
1985		1,926		3,554		2,346		1,780
1986		1,906		3,477		2,328		1,707
1987		1,871		3,400		2,355		1,775
1988		1,826		3,319		2,326		1,736
1989		1,772		3,291		2,284		1,726
1990		1,767		3,100		2,216		1,669
1991		1,702		2,602		2,142		1,562
1992		1,641		2,549		2,069		1,478
1993		1,592		2,478		2,075		1,467
1994		1,558		2,381		1,995		1,403
1995		1,501		2,297		1,995		1,346
1996		1,480		2,221		1,957		1,342
1997		1,440		2,184		1,913		1,315
1998		1,413		2,292		1,931		1,332
1999		1,382		2,201		1,931		1,327
2000		1,383		2,144		1,922		1,318
2001		1,354		2,053		1,916		1,334
2002		1,280		1,978		1,848		1,300
2003		1,264		1,864		1,762		1,236
2004		1,240		1,744		1,753		1,233
2005		1,273		1,733		1,734		1,234
2006		1,245		1,703		1,669		1,180
2007		1,231		1,647		1,640		1,163
2008		1,212		1,612		1,617		1,145
2009		1,195		1,575		1,600		1,127
2010		1,177		1,497		1,553		1,095
2011		1,163		1,474		1,522		1,056
2012		1,151		1,461		1,550		1,052
2013		1,142		1,453		1,540		1,040
2014		1,121		1,388		1,533		1,013
2015		1,089		1,286		1,484		983

자료: 1) 농가호수의 1910-1940년과 1955-2015년은 G62; 1941-1948년은 한국은행, 『경제연감』(1949); 1949-1954년은 농림부, 『농림통계연보』(1952, 1955)이다.
2) 농업인구의 1910-1942년은 G72; 1963-2015년은 G76이다. 단 1993-2015년의 수치는 G75*0.956(1990-1992년 G75와 G76의 비율의 평균)이다.
3) 재배면적의 1910-1940년과 1955-2015년은 G99-G315에 있는 재배면적의 합; 1941-1954년은 G352-383에 있는 재배면적의 합이다.

주: 남한 수치는 경기도, 충청북도, 충청남도, 전라북도, 전라남도, 경상북도, 경상남도, 그리고 강원도 수치의 1/2을 합한 수치이다.

3. 농업생산량과 생산액

표 G99-330 농산물 재배면적 및 생산량, 1910-1942, 1955-2015

	미곡			맥류											
				소계		겉보리		쌀보리		밀		호밀		맥주보리	
	재배면적	생산량	생산량(박섭)	재배면적	생산량	재배면적	생산량	재배면적	생산량	재배면적	생산량	재배면적	생산량	재배면적	생산량
	G99	G100	G101	G102	G103	G104	G105	G106	G107	G108	G109	G110	G111	G112	G113
	남북한														
	천 ha	천 t	천 t	천 ha	천 t	천 ha	천 t	천 ha	천 t	천 ha	천 t	천 ha	천 t	천 ha	천 t
1910	795	1,173		463	381	290	270	19	19	129	92				
1911	924	1,409	1,709	506	538	339	387	20	23	147	128				
1912	973	1,292	1,591	580	601	384	425	28	28	168	148				
1913	1,036	1,452	1,729	639	730	422	523	30	33	186	173				
1914	1,070	1,751	1,988	672	643	449	459	31	30	192	154				
1915	1,119	1,638	1,798	712	709	478	513	32	34	202	162				
1916	1,149	1,804	1,929	743	672	499	475	33	28	211	168				
1917	1,159	1,761	1,889	797	713	535	503	35	38	227	172				
1918	1,535	2,206	2,092	837	796	558	570	37	40	242	186				
1919	1,525	1,830	1,738	1,194	994	796	720	54	49	344	226				
1920	1,543	2,143	2,075	1,222	1,066	817	729	53	47	352	290				
1921	1,519	2,063	2,033	1,208	1,100	801	754	52	53	354	293				
1922	1,545	2,162	2,170	1,222	1,001	810	675	52	48	360	278				
1923	1,538	2,185	2,232	1,214	871	806	597	55	47	353	227				
1924	1,563	1,904	1,977	1,218	1,051	806	710	54	54	358	288				
1925	1,572	2,127	2,246	1,235	1,125	821	774	54	57	359	294				
1926	1,575	2,203	2,364	1,246	1,040	828	701	56	52	362	287				
1927	1,589	2,491	2,714	1,249	980	830	675	56	52	363	253				
1928	1,505	1,946	2,151	1,257	944	838	651	57	53	362	241				
1929	1,619	1,973	2,215	1,283	1,008	866	714	63	61	354	233				
1930	1,648	2,762	3,144	1,307	1,073	887	749	77	72	343	252				
1931	1,661	2,286	2,639	1,306	1,097	893	773	83	90	331	233				
1932	1,630	2,354	2,756	1,311	1,145	891	792	99	113	321	240				
1933	1,683	2,620	3,075	1,325	1,127	881	751	124	138	320	238				
1934	1,698	2,407	2,894	1,343	1,213	881	791	139	174	323	248				
1935	1,681	2,575	3,132	1,355	1,347	870	866	162	220	324	261				
1936	1,588	2,795	2,795	1,394	1,159	854	675	204	265	331	217	5	3		
1937	1,626	3,859		1,439	1,628	850	970	237	374	338	274	13	10		
1938	1,646	3,476		1,464	1,320	834	734	274	298	342	278	14	10		
1939	1,225	2,067		1,479	1,500	823	749	295	404	348	336	13	10		
1940	1,628	3,100		1,517	1,440	801	681	351	465	345	281	21	13		
1941															
1942															
	남한														
1955	1,089	2,959		701	980	383	551	227	290	74	123	16	15		
1956	1,097	2,438		733	1,039	407	566	233	321	76	134	17	18		
1957	1,105	3,002		766	918	417	488	243	281	88	133	17	15		
1958	1,108	3,161		721	1,111	378	582	249	376	78	137	16	17		
1959	1,113	3,150		725	1,281	379	674	253	424	77	164	17	19		
1960	1,121	3,047		735	1,288	382	694	260	416	76	159	17	19		
1961	1,128	3,463		742	1,389	385	732	264	465	76	172	17	20		
1962	1,139	3,015		773	1,297	384	626	289	488	82	164	19	20		
1963	1,155	3,758		819	902	394	477	324	269	84	139	18	17		
1964	1,195	3,954		859	1,434	419	730	336	497	90	190	14	17		
1965	1,228	3,501		933	1,657	441	775	386	684	93	184	13	14		
1966	1,231	3,919		882	1,845	403	798	374	834	94	193	12	20		
1967	1,235	3,603		886	1,754	406	759	379	791	93	191	9	13		
1968	1,151	3,195		894	1,903	387	685	403	994	97	211	8	12		
1969	1,220	4,090		862	1,903	361	747	400	919	94	224	8	13		
1970	1,203	3,939		833	1,820	342	667	388	923	97	219	6	10		
1971	1,190	3,998		768	1,715	310	608	365	899	87	196	5	8	1	3
1972	1,191	3,957		777	1,756	296	617	413	981	63	149	4	8	1	2
1973	1,182	4,212		713	1,549	280	538	384	900	43	100	4	6	2	4
1974	1,204	4,445		745	1,468	328	580	374	803	36	74	5	6	2	5
1975	1,218	4,669		761	1,806	322	699	386	995	44	97	6	9	3	6

표 G99-330 계속

	미곡			맥류											
				소계		겉보리		쌀보리		밀		호밀		맥주보리	
	재배면적	생산량	생산량(박섭)	재배면적	생산량	재배면적	생산량	재배면적	생산량	재배면적	생산량	재배면적	생산량	재배면적	생산량
	G99	G100	G101	G102	G103	G104	G105	G106	G107	G108	G109	G110	G111	G112	G113
	남한														
	천 ha	천 t	천 t	천 ha	천 t	천 ha	천 t	천 ha	천 t	천 ha	천 t	천 ha	천 t	천 ha	천 t
1976	1,215	5,215		752	1,847	303	686	398	1,049	37	82	4	6	11	24
1977	1,230	6,006		546	862	197	286	306	507	27	45	3	4	13	20
1978	1,230	5,797		575	1,388	246	509	291	793	17	36	4	4	17	46
1979	1,233	5,565		489	1,556	173	512	277	924	13	42	3	5	24	72
1980	1,233	3,550		360	906	111	267	186	457	28	92	2	3	34	87
1981	1,224	5,063		374	919	123	242	197	529	20	57	2	3	33	88
1982	1,188	5,175		339	820	100	198	187	472	20	66	3	5	30	79
1983	1,228	5,404		351	930	95	254	195	482	26	112	2	4	33	79
1984	1,231	5,682		346	824	104	221	183	451	6	17	2	3	51	132
1985	1,237	5,626		242	584	64	162	101	225	3	11	1	2	73	184
1986	1,236	5,607		193	459	52	112	88	203	2	5	1	2	50	137
1987	1,262	5,493		208	521	57	135	103	252	1	4	1	1	45	129
1988	1,260	6,053		197	565	51	138	99	280	1	2	1	1	45	144
1989	1,257	5,898		179	517	43	118	90	257	0	1	0	0	45	142
1990	1,244	5,606		160	417	37	94	78	192	0	1	0	0	44	130
1991	1,208	5,384		127	340	29	67	55	141	0	1	0	0	44	132
1992	1,157	5,331		103	315	22	57	44	132	0	1	0	0	37	125
1993	1,136	4,750		117	321	21	49	48	128	1	1	0	0	48	142
1994	1,103	5,060		85	234	15	35	31	75	1	2	0	0	38	122
1995	1,056	4,695		90	292	15	43	31	99	2	10	0	0	42	140
1996	1,050	5,323		95	299	15	39	35	110	3	11	0	0	43	139
1997	1,052	5,450		70	195	10	23	23	61	2	7	0	0	35	104
1998	1,059	5,097		83	189	13	24	34	70	1	5	0	0	34	91
1999	1,066	5,263		77	241	12	30	34	108	2	6	0	0	29	97
2000	1,072	5,291		68	163	11	22	28	70	1	2	0	0	28	69
2001	1,083	5,515		92	272	14	30	48	151	1	3	0	0	29	89
2002	1,053	4,927		81	218	12	29	36	94	2	6	0	0	30	89
2003	1,016	4,451		65	168	9	20	24	60	3	10	0	0	28	78
2004	1,001	5,000		63	190	9	23	27	81	4	13			24	73
2005	980	4,768		61	200	8	22	28	96	2	8			22	74
2006	955	4,680		58	154	8	20	25	65	2	6			24	64
2007	950	4,408		56	176	8	22	24	77	2	7			22	70
2008	936	4,843		56	180	8	22	26	82	3	10			19	66
2009	924	4,916		54	167	7	18	25	77	5	19			17	54
2010	892	4,295		51	120	5	12	21	43	13	39			12	26
2011	854	4,224		42	119	5	12	17	44	13	44			7	20
2012	849	3,898		31	94	5	12	13	35	9	37			4	10
2013	833	4,116		33	80	8	18	14	30	7	19			4	12
2014	816	4,127		38	112	8	22	17	48	7	23			6	18
2015	799	4,327		44	102	8	18	18	37	10	26			8	21

자료: 조선총독부, 『조선총독부통계연보』, 각년도; 농림부, 『농림통계연보』, 각년도; G101은 박섭, 「식민지기 미곡생산량 통계의 수정에 대하여」, 『경제학연구』 44(1), 1996, p. 102이다.
주: 생산량 t의 경우는 별도 표시가 없는 경우 모두 정곡이다.

표 G99-330 계속

	잡곡																	
	소계		조		수수		옥수수		메밀		피		기장		귀리		잡곡기타	
	재배면적	생산량	재배면적	생산량	재배면적	생산량	재배면적	생산량	재배면적	생산량	재배면적	생산량	재배면적	생산량	재배면적	생산량	재배면적	생산량
	G114	G115	G116	G117	G118	G119	G120	G121	G122	G123	G124	G125	G126	G127	G128	G129	G130	G131
	남북한																	
	천 ha	천 t	천 ha	천 t	천 ha	천 t	천 ha	천 t	천 ha	천 t	천 ha	천 t	천 ha	천 t	천 ha	천 t	천 ha	천 t
1910	596	462	390	302	43	40	51	47			97	52	15	10	25	12		
1911	691	540	431	341	59	49	59	58			83	58	13	10	45	24		
1912	651	561	400	356	54	62	54	48			88	63	14	12	42	20		
1913	777	678	461	423	61	66	54	53	56	32	84	61	11	8	51	36		
1914	802	609	469	366	66	60	58	54	62	35	84	51	11	7	52	35		
1915	850	665	488	397	66	65	60	53	73	45	89	56	11	8	63	41		
1916	867	716	498	429	65	70	62	62	72	44	90	59	11	8	69	44		
1917	921	742	539	456	68	75	70	61	75	46	89	56	11	8	69	40		
1918	1,247	1,050	752	646	93	105	83	83	95	58	113	75	15	11	95	72		
1919	1,282	689	774	435	97	71	89	53	93	38	117	47	16	8	96	37		
1920	1,283	1,098	767	688	98	110	90	85	98	61	120	77	17	13	93	64		
1921	1,309	1,088	773	668	100	109	91	84	99	60	121	77	17	12	108	77		
1922	1,317	960	779	586	96	93	92	76	108	55	115	64	17	12	110	74		
1923	1,313	963	773	604	97	93	94	73	102	52	114	66	17	11	116	64		
1924	1,304	919	768	579	98	90	93	62	116	77	108	58	17	11	104	42		
1925	1,312	884	783	542	97	93	98	75	106	55	103	57	17	11	108	52		
1926	1,313	889	783	545	97	90	99	74	105	56	99	53	17	10	112	62		
1927	1,316	917	787	569	96	90	102	75	108	61	97	52	17	10	110	60		
1928	1,358	949	804	597	96	90	103	83	137	62	93	48	18	10	107	58		
1929	1,309	949	785	598	94	89	105	85	109	57	89	48	17	10	109	63		
1930	1,302	993	784	635	93	90	107	89	107	60	85	48	16	11	109	62		
1931	1,304	852	785	523	90	77	107	81	103	52	82	37	16	9	121	73		
1932	1,327	986	800	631	87	81	109	90	122	66	77	38	16	10	117	70		
1933	1,301	898	791	587	86	80	112	92	106	55	73	36	15	9	118	38		
1934	1,311	684	785	430	84	65	117	70	115	48	77	29	15	7	118	35		
1935	1,316	859	788	554	82	74	118	97	125	61	72	33	15	8	116	33		
1936	1,296	905	782	577	78	74	128	115	121	54	67	36	14	8	105	40		
1937	1,274	1,019	773	666	79	79	136	122	118	63	65	37	14	9	89	44		
1938	1,235	904	755	597	76	71	138	101	112	59	59	29	13	7	81	39		
1939	1,504	870	843	573	75	55	147	87	290	98	59	25	18	9	70	23		
1940	1,141	752	677	486	67	63	166	110	121	48	47	22	8	4	55	19		
1941																		
1942																		
	남한																	
1955	215	91	146	64	13	6	20	12	32	8							4	1
1956	212	81	144	57	12	6	21	10	30	7							4	1
1957	209	81	141	56	11	5	22	12	30	7							4	1
1958	216	108	146	78	12	7	20	12	34	10							4	2
1959	212	86	144	59	12	6	19	12	32	8							4	1
1960	202	80	136	55	12	5	20	12	30	7							4	1
1961	199	96	139	68	11	5	21	14	24	7							4	2
1962	196	98	135	69	13	6	23	15	21	6							5	1
1963	197	106	134	74	13	6	28	18	19	7							3	1
1964	211	123	133	75	16	8	38	30	20	8							4	1
1965	208	117	120	61	15	8	44	35	25	12							4	1
1966	164	104	93	58	14	8	37	30	18	8							2	1
1967	154	107	82	42	11	7	44	52	14	6							2	1
1968	193	156	112	78	11	7	37	55	31	14							2	1
1969	137	130	73	61	11	7	39	55	13	6							2	1
1970	117	117	54	44	10	7	41	59	11	6							2	1
1971	95	102	40	35	8	6	35	56	10	5							1	1
1972	81	88	34	31	7	5	31	47	8	5							1	1
1973	88	98	34	30	8	6	32	54	12	8							2	1
1974	73	90	31	30	5	4	31	52	5	3							1	0
1975	73	92	28	28	6	5	32	54	6	4							1	1
1976	67	103	21	23	6	5	30	70	8	5							2	1

표 G99-330 계속

	잡곡																	
	소계		조		수수		옥수수		메밀		피		기장		귀리		잡곡기타	
	재배면적	생산량	재배면적	생산량	재배면적	생산량	재배면적	생산량	재배면적	생산량	재배면적	생산량	재배면적	생산량	재배면적	생산량	재배면적	생산량
	G114	G115	G116	G117	G118	G119	G120	G121	G122	G123	G124	G125	G126	G127	G128	G129	G130	G131
	남한																	
	천 ha	천 t	천 ha	천 t	천 ha	천 t	천 ha	천 t	천 ha	천 t	천 ha	천 t	천 ha	천 t	천 ha	천 t	천 ha	천 t
1977	65	117	14	17	6	5	30	83	13	10							2	2
1978	55	123	6	7	5	5	31	100	12	11							1	1
1979	49	165	3	3	4	4	32	149	9	8							1	1
1980	53	170	3	4	4	4	35	154	10	8							1	1
1981	51	163	4	5	4	5	33	145	8	7							1	1
1982	57	146	5	5	3	4	28	117	19	18							2	2
1983	42	115	2	2	3	3	28	101	8	8							2	2
1984	45	148	2	2	3	3	30	133	8	7							2	2
1985	40	147	4	5	1	2	26	132	8	7							1	1
1986	41	131	3	3	1	2	24	113	12	11							1	2
1987	46	149	2	3	2	2	26	127	13	12							3	5
1988	35	120	2	2	1	2	22	106	9	9							1	1
1989	35	132	3	3	1	2	25	121	5	5							1	2
1990	37	133	3	4	1	2	26	120	5	5							2	2
1991	34	88	2	2	2	2	22	75	7	7							2	2
1992	33	105	1	2	1	1	21	92	8	8							2	2
1993	27	90	2	2	1	1	20	82	5	4							1	1
1994	32	99	2	2	1	1	22	89	6	5							1	1
1995	28	86	1	2	1	2	18	74	7	7							1	2
1996	27	83	1	1	2	2	18	72	5	5							2	3
1997	30	97	1	1	2	2	21	87	5	5							2	2
1998	30	91	3	3	1	2	20	80	4	4							2	3
1999	29	89	2	2	1	2	20	79	4	5							2	2
2000	25	75	1	2	2	3	16	64	3	3							2	3
2001	23	68	1	2	1	1	14	57	4	4							3	4
2002	28	85	2	2	2	2	17	73	3	4							3	4
2003	25	81	2	2	1	2	17	70	3	3							3	4
2004	27	88	2	3	2	2	18	78	2	2							3	3
2005	26	86	2	2	2	3	15	73	2	2							4	5
2006	25	82	2	2	2	3	14	65	3	3							4	8
2007	27	98	1	1	2	3	17	84	2	2							5	8
2008	26	104	1	1	1	2	18	93	2	3							4	6
2009	24	88	1	1	2	3	15	77	2	2							4	5
2010	25	85					16	74	2	2							7	9
2011	27	86					16	74	2	2							9	10
2012	31	101					17	83	3	3							11	15
2013	28	95					16	80	2	2							10	13
2014	28	99					16	82	2	2							10	15
2015	30	99					15	78	3	3							12	18

표 G99-330 계속

	두류															
	소계		콩		팥		녹두		낙화생		채두		완두		기타	
	재배면적	생산량	재배면적	생산량	재배면적	생산량	재배면적	생산량	재배면적	생산량	재배면적	생산량	재배면적	생산량	재배면적	생산량
	G132	G133	G134	G135	G136	G137	G138	G139	G140	G141	G142	G143	G144	G145	G146	G147
	남북한															
	천 ha	천 t	천 ha	천 t	천 ha	천 t	천 ha	천 t	천 ha	천 t	천 ha	천 t	천 ha	천 t	천 ha	천 t
1910	159	99			159	99										
1911	515	398	340	287	166	108									9	2
1912	549	460	372	331	164	125									12	3
1913	588	448	402	326	169	118									17	4
1914	618	452	422	333	177	115									19	5
1915	661	499	457	375	181	113	15	9							8	2
1916	672	533	465	399	181	120	17	10	0	1					9	3
1917	705	535	487	397	185	123	19	11	1	1					13	3
1918	1,069	888	737	657	265	200	32	20	0	1					35	10
1919	1,068	526	752	443	258	69	31	9	1	1					27	5
1920	1,079	856	765	647	258	182	33	20	1	1					23	6
1921	1,099	818	783	632	260	161	34	19	1	1					22	5
1922	1,105	768	790	610	259	136	34	17	1	1					22	6
1923	1,117	799	799	627	259	148	35	18	1	1					23	6
1924	1,105	607	792	494	255	95	35	13	1	1					21	4
1925	1,107	793	797	623	251	145	37	19	1	1					21	5
1926	1,099	761	785	587	254	148	39	20	1	1					21	5
1927	1,095	823	787	641	249	156	39	21	1	1					19	5
1928	1,098	651	794	514	245	115	39	16	1	1					19	4
1929	1,089	684	786	539	241	121	42	18	1	1					18	5
1930	1,087	767	786	606	239	135	41	20	1	1					19	5
1931	1,083	712	786	558	237	129	40	19	1	1					19	5
1932	1,095	753	803	595	232	132	39	20	1	2					19	5
1933	1,086	783	797	615	231	137	39	20	1	1	6	4	5	5	7	2
1934	1,079	676	788	515	232	131	39	20	2	3	6	3	5	3	7	1
1935	1,077	763	785	591	233	140	38	20	3	4	6	3	5	4	7	1
1936	1,066	652	781	511	228	114	37	16	3	3	6	4	5	3	6	1
1937	1,061	741	779	575	225	133	37	20	3	4	6	4	5	4	5	1
1938	1,041	672	761	522	222	119	38	19	3	4	6	4	5	3	5	1
1939	1,007	397	732	315	220	63	36	10	3	2	6	3	5	3	5	1
1940	902	578	660	441	199	116	25	12	2	2	5	3	5	3	6	1
1941																
1942																
	남한															
1955	305	165	269	149	28	13	4	2							4	2
1956	303	170	270	153	25	13	4	2							4	2
1957	311	170	277	153	26	13	4	2							4	2
1958	305	171	269	153	27	13	5	2							5	3
1959	306	154	271	138	27	12	5	2							4	3
1960	311	147	273	130	28	12	5	2							5	3
1961	329	185	290	165	28	15	4	2							7	4
1962	327	177	287	156	28	16	3	2							8	4
1963	325	177	283	156	29	15	4	2							9	3
1964	324	185	281	163	30	17	3	1							9	4
1965	353	197	308	174	32	16	4	2							9	4
1966	328	187	276	161	36	19	6	3							10	5
1967	363	228	311	201	38	19	6	3							9	4
1968	367	278	314	245	39	26	6	3							8	4
1969	360	262	305	229	40	25	6	3							8	5
1970	348	265	295	232	37	24	6	3							10	6
1971	323	253	275	222	34	23	5	3							8	5
1972	326	252	282	224	32	21	5	3							7	4
1973	357	275	312	246	33	21	5	3							8	5
1974	328	354	286	319	30	28	4	2							7	5
1975	324	349	274	311	32	27	5	3							12	8
1976	304	345	247	295	35	34	7	5							15	11

표 G99-330 계속

	두류															
	소계		콩		팥		녹두		낙화생		채두		완두		기타	
	재배면적	생산량	재배면적	생산량	재배면적	생산량	재배면적	생산량	재배면적	생산량	재배면적	생산량	재배면적	생산량	재배면적	생산량
	G132	G133	G134	G135	G136	G137	G1328	G139	G140	G141	G142	G143	G144	G145	G146	G147
	남한															
	천 ha	천 t	천 ha	천 t	천 ha	천 t	천 ha	천 t	천 ha	천 t	천 ha	천 t	천 ha	천 t	천 ha	천 t
1977	316	378	251	319	35	35	6	5							25	21
1978	299	339	247	293	30	27	6	6							16	14
1979	262	310	207	257	32	33	8	6							15	14
1980	244	266	188	216	32	29	6	5							16	15
1981	262	315	202	257	35	34	8	6							18	18
1982	242	295	183	233	38	40	8	7							14	14
1983	232	277	182	226	30	30	6	6							14	14
1984	233	296	190	254	26	25	6	5							12	12
1985	196	275	156	234	24	24	6	6							10	11
1986	182	251	133	199	27	31	8	7							14	15
1987	212	266	154	203	32	35	8	7							18	20
1988	198	302	145	239	31	38	9	9							13	15
1989	202	303	157	252	26	31	7	8							10	12
1990	188	271	152	233	22	23	5	5							9	10
1991	155	224	119	183	23	27	5	5							8	9
1992	135	212	105	176	19	24	5	5							7	8
1993	145	201	117	170	17	19	5	5							6	7
1994	147	178	122	154	16	14	3	3							7	6
1995	133	189	105	160	18	19	3	3							7	8
1996	122	189	98	160	15	19	3	3							6	7
1997	122	182	100	156	12	13	4	4							7	8
1998	120	165	98	140	12	13	3	3							7	8
1999	108	139	87	116	12	13	2	2							7	8
2000	107	134	86	113	12	11	2	2							7	8
2001	99	140	78	118	11	11	3	3							7	9
2002	99	135	81	115	8	7	3	3							8	10
2003	95	121	80	105	7	6	2	2							6	8
2004	100	156	85	139	7	8	1	1							6	8
2005	118	199	105	183	5	6	1	1							6	8
2006	101	170	90	156	4	5	1	2							5	7
2007	88	128	76	114	5	5	2	2							5	6
2008	87	147	75	133	5	6	1	2							5	7
2009	83	155	70	139	5	6	1	2							6	8
2010	83	119	71	105	4	5	2	2							6	8
2011	88	142	78	129	4	4	2	2							5	7
2012	93	136	81	123	5	5	2	2							6	7
2013	96	173	80	154	7	8	3	2							6	9
2014	89	159	75	139	6	7	2	2							6	10
2015	69	119	57	104	5	5	2	2							6	8

표 G99-330 계속

	서류								
	소계			감자			고구마		
	재배면적	생서생산량	생산량	재배면적	감자생서생산량	생산량	재배면적	고구마생서생산량	생산량
	G148	G149	G150	G151	G152	G153	G154	G155	G156
	남북한, 천 ha	남한, 천 t	남북한, 천 t	남북한, 천 ha	남한, 천 t	남북한, 천 t	남북한, 천 ha	남한, 천 t	남북한, 천 t
1910	12		90	607		5	11		86
1911	18		116	608		8	16		108
1912	27		192	609		20	24		172
1913	31		233	610		32	28		200
1914	40		297	611		52	35		245
1915	46		342	612		77	39		265
1916	54		376	613		66	46		311
1917	73		503	614		79	63		424
1918	81		492	615		80	70		412
1919	86		599	616		96	75		503
1920	87		599	617		99	76		500
1921	87		589	618		96	75		493
1922	88		497	619		92	77		405
1923	84		475	620		92	73		384
1924	86		512	621		106	75		407
1925	85		510	622		63	76		447
1926	88		548	623		105	77		443
1927	92		527	624		106	80		421
1928	104		645	625		103	91		542
1929	103		674	626		118	89		556
1930	109		576	627		129	95		447
1931	113		823	628		134	97		690
1932	116		724	629		162	97		562
1933	119		593	630		166	98		426
1934	133		814	631		212	109		602
1935	143		930	632		199	116		731
1936	148		1,428	633		251	120		1,177
1937	154		1,005	634		308	121		697
1938	158		892	635		274	120		618
1939	177		988	636		322	133		665
1940	187		1,046	637		403	130		644
1941									
1942									
	남한								
1955	90	1,196	321	46	453	91	43	742	230
1956	93	988	268	47	348	70	46	640	198
1957	102	1,074	284	56	447	90	46	627	194
1958	95	1,115	301	47	405	82	48	709	220
1959	98	1,086	296	46	369	74	52	716	222
1960	106	1,184	323	46	404	81	60	780	242
1961	108	1,383	380	46	444	89	62	938	291
1962	123	1,547	436	47	396	80	76	1,151	357
1963	135	1,779	511	44	375	75	91	1,404	435
1964	178	3,199	932	45	547	110	133	2,651	822
1965	211	3,554	1,041	58	557	112	152	2,997	929
1966	207	3,351	967	59	660	133	148	2,690	834
1967	193	2,214	627	56	543	109	137	1,671	518
1968	195	2,641	754	58	592	119	136	2,049	635
1969	190	2,698	774	54	575	116	135	2,123	658
1970	179	2,717	779	52	581	117	127	2,136	662
1971	162	2,467	703	51	565	114	111	1,901	589
1972	146	2,317	670	42	440	89	104	1,877	582
1973	137	2,120	608	40	451	91	97	1,669	517
1974	122	1,897	539	41	447	89	80	1,450	449
1975	146	2,614	738	52	660	132	95	1,953	605
1976	136	2,352	667	49	569	114	87	1,783	553
1977	127	2,118	595	50	558	112	77	1,560	484

표 G99-330 계속

	서류								
	소계			감자			고구마		
	재배면적	생서생산량	생산량	재배면적	감자생서생산량	생산량	재배면적	고구마생서생산량	생산량
	G148	G149	G150	G151	G152	G153	G154	G155	G156
	남한								
	천 ha	천 t	천 t	천 ha	천 t	천 t	천 ha	천 t	천 t
1978	113	1,931	565	39	304	61	74	1,627	504
1979	95	1,742	501	34	356	71	61	1,387	430
1980	92	1,549	431	37	446	89	55	1,103	342
1981	91	1,663	454	41	554	111	50	1,109	344
1982	81	1,381	369	36	539	108	45	843	261
1983	72	1,481	407	30	469	94	42	1,012	314
1984	63	1,330	365	26	436	87	37	895	277
1985	65	1,362	359	31	575	115	33	787	244
1986	56	1,250	325	28	566	113	28	684	212
1987	47	993	258	22	450	90	26	543	168
1988	46	985	259	22	424	85	25	560	174
1989	54	1,222	310	28	629	126	26	592	184
1990	40	802	208	21	371	74	19	432	134
1991	38	792	200	21	416	83	17	376	117
1992	50	1,041	243	35	726	145	16	315	98
1993	41	905	212	27	622	124	14	282	87
1994	36	736	174	22	489	98	15	247	77
1995	40	897	213	25	592	118	15	305	95
1996	48	1,068	251	32	731	146	16	337	105
1997	41	931	218	25	638	128	15	293	91
1998	39	901	218	23	562	112	16	339	105
1999	48	1,106	268	28	678	136	20	428	133
2000	46	1,050	248	29	705	141	16	345	107
2001	37	877	205	25	604	121	13	273	85
2002	39	983	231	25	666	133	15	317	98
2003	34	767	183	20	498	100	14	269	83
2004	42	988	236	25	643	129	17	345	107
2005	50	1,177	266	33	894	179	17	283	88
2006	41	917	215	24	631	126	17	286	89
2007	42	927	224	20	574	115	21	352	109
2008	40	934	223	21	605	121	19	329	102
2009	42	942	227	21	591	118	21	351	109
2010	44	916	216	25	617	123	19	299	93
2011	45	878	204	27	622	124	18	255	79
2012	48	950	255	25	608	122	23	343	106
2013	50	1,057	284	27	727	146	22	330	102
2014	42	913	245	21	591	119	21	322	100
2015	40	832	224	20	538	108	19	295	91

표 G99-330 계속

	과일																	
	소계		사과		배		복숭아		포도		감귤		감		밤		기타	
	재배면적	생산량	재배면적	생산량	재배면적	생산량	재배면적	생산량	재배면적	생산량	재배면적	생산량	재배면적	생산량	나무수	생산량	재배면적	생산량
	G157	G158	G159	G160	G161	G162	G163	G164	G165	G166	G167	G168	G169	G170	G171	G172	G173	G174
	남북한																	
	천 株	천 t	천 株	천 t	천 株	천 t	천 株	천 t	천 株	천 t	천 ha	천 t	천 株	천 t	천 株	천 t	천 ha	천 t
1910																		
1911	3,297	44	445	1	391	4	631	5	199	0			510	19	1,122	15		
1912	5,009	40	843	2	841	3	807	4	360	0			576	15	1,581	15		
1913	6,875	42	1,208	3	1,239	5	1,249	5	419	1			624	14	2,136	14		
1914	7,915	36	1,333	3	1,352	5	1,364	5	432	1			642	9	2,792	14		
1915	6,802	42	1,227	4	824	3	375	2	277	1			628	17	3,470	16		
1916	7,724	24	1,316	4	952	4			272	1					5,185	16		
1917	8,159	28	1,421	7	1,139	6			348	1					5,251	14		
1918	8,874	22	1,438	6	1,077	5			263	1					6,096	10		
1919	9,483	28	1,459	9	1,106	6			213	1					6,705	12		
1920	2,135	17	1,113	10	862	7			160	0								
1921	2,266	18	1,181	10	851	8			234	0								
1922	2,339	21	1,218	12	864	9			257	1								
1923	2,371	26	1,237	15	863	10			271	1								
1924	2,434	23	1,257	13	900	9			278	1								
1925	2,367	28	1,255	16	833	11			279	0								
1926	2,334	32	1,302	19	840	12			192	1								
1927	2,417	34	1,376	19	848	14			193	1								
1928	2,511	45	1,504	30	838	14			168	1								
1929	2,621	38	1,577	25	864	12			180	1								
1930	2,753	56	1,717	41	852	13			184	1								
1931	2,937	63	1,869	48	879	15			190	1								
1932	4,099	87	1,992	45	837	13	262	4	231	2			778	22				
1933	4,425	97	2,087	54	872	13	267	4	250	3			948	24				
1934	4,717	103	2,209	60	940	15	279	4	254	3			1,035	21				
1935	4,959	98	2,328	59	999	14	319	4	261	1			1,052	20				
1936	5,270	120	2,585	77	1,067	18	367	5	241	2			1,010	18				
1937	5,732	122	2,833	72	1,153	20	464	6	238	2			1,045	23				
1938	6,221	132	3,049	83	1,336	21	510	6	304	2			1,023	20				
1939	6,754	148	3,496	99	1,528	23	635	7	10	2			1,086	17				
1940	656	160	224	119	65	27	17	7	333	3			17	4				
1941	329	154	251	117	49	24	16	7	4	3			8	3				
1942																		
	남한																	
	천 ha	천 t	천 ha	천 t	천 ha	천 t	천 ha	천 t	천 ha	천 t	천 ha	천 t	천 ha	천 t	천 ha	천 t	천 ha	천 t
1955	18	110	8	51	4	29	3	14	1	3	0	0	1	6			2	6
1956	19	108	9	52	4	27	3	14	0	3	0	0	1	8			1	5
1957	19	120	9	62	4	28	3	15	0	3	0	0	1	6			1	5
1958	21	144	11	84	4	29	3	14	1	4	0	0	1	8			1	5
1959	22	161	12	106	4	25	3	14	1	4	0	0	1	6			1	6
1960	21	160	11	106	4	26	2	13	1	4	0	0	1	6			1	5
1961	21	142	11	81	4	29	3	19	1	6	0	0	1	6			1	2
1962	21	188	11	119	4	26	3	18	1	8	0	1	1	8			1	8
1963	22	172	11	111	3	23	3	18	1	7	0	0	1	7			1	6
1964	26	217	13	126	4	27	5	33	2	12	0	1	2	11			0	7
1965	40	299	19	168	5	38	10	51	4	20	0	1	1	11			2	9
1966	42	320	19	176	5	40	10	59	4	25	1	1	2	11			2	8
1967	45	348	19	191	6	39	11	66	5	27	1	1	2	11			2	11
1968	48	376	20	200	6	46	11	67	5	30	2	3	2	17			2	12
1969	52	402	20	221	6	44	11	64	6	41	3	2	2	16			4	13
1970	56	410	21	214	6	50	11	73	7	37	5	4	2	15			4	17
1971	52	393	20	223	6	46	8	62	8	37	6	5	1	11			3	10
1972	55	474	20	263	7	48	9	75	8	52	7	10	2	15			2	10
1973	61	533	23	293	7	50	9	79	9	62	8	23	2	15			3	10
1974	70	559	27	300	9	54	11	83	9	64	9	26	3	20			3	11
1975	74	543	31	280	9	49	9	61	7	50	9	67	4	21			4	15

표 G99-330 계속

	과일																	
	소계		사과		배		복숭아		포도		감귤		감		밤		기타	
	재배면적	생산량	재배면적	생산량	재배면적	생산량	재배면적	생산량	재배면적	생산량	재배면적	생산량	재배면적	생산량	재배면적	생산량	재배면적	생산량
	G157	G158	G159	G160	G161	G162	G163	G164	G165	G166	G167	G168	G169	G170	G171	G172	G173	G174
	남한																	
	천 株	천 t	천 株	천 t	천 株	천 t	천 株	천 t	천 株	천 t	천 株	천 t	천 株	천 t	천 株	천 t	천 株	천 t
1976	87	598	40	313	11	62	10	86	7	66	10	43	5	17			4	11
1977	94	767	43	395	11	79	10	84	7	58	10	102	6	30			6	20
1978	94	801	45	428	10	68	10	91	7	56	10	108	6	30			7	21
1979	96	857	46	444	9	65	10	92	7	54	11	145	6	33			6	23
1980	99	833	46	410	9	60	10	89	8	57	12	161	7	32			7	25
1981	100	1,026	47	523	9	72	10	89	9	72	13	209	8	39			5	23
1982	101	1,194	43	527	10	96	10	91	11	95	14	279	8	58			7	49
1983	105	1,400	41	586	10	106	11	99	14	131	15	331	8	91			6	55
1984	107	1,229	39	528	9	101	12	98	16	125	15	261	9	69			7	46
1985	109	1,464	38	533	9	128	13	132	16	150	16	371	10	97			7	54
1986	112	1,475	36	538	9	135	14	139	17	165	17	340	11	99			8	60
1987	114	1,583	39	556	8	145	14	138	17	158	18	441	10	76			8	69
1988	120	1,714	43	640	8	192	13	135	16	156	18	415	11	98			9	78
1989	127	1,941	47	676	9	199	13	133	16	157	19	579	12	113			11	84
1990	133	1,766	49	629	9	159	12	115	15	131	19	493	14	96			15	144
1991	139	1,765	51	542	9	165	12	122	15	148	20	556	15	110			17	122
1992	148	2,090	53	695	10	174	11	116	15	146	22	719	18	155			19	86
1993	155	1,920	52	616	11	162	11	123	17	164	22	619	20	116			22	119
1994	162	1,930	52	617	13	164	10	115	20	212	22	549	22	167			22	106
1995	174	2,300	50	716	16	178	10	130	26	316	24	615	25	195			23	150
19906	173	2,207	44	651	18	219	10	128	27	357	25	514	27	211			21	127
1997	176	2,452	40	652	22	260	11	147	28	393	26	649	29	240			20	111
1998	176	2,153	35	459	25	260	12	151	30	398	26	512	30	261			19	113
1999	174	2,385	31	490	26	259	13	157	31	470	26	624	31	274			17	111
2000	173	2,429	29	489	26	324	14	170	29	476	27	563	31	288			16	119
2001	167	2,488	26	404	26	417	14	166	27	454	27	645	30	270			17	132
2002	166	2,500	26	433	25	386	16	188	26	422	26	643	29	281			18	147
2003	163	2,275	26	365	24	317	16	189	25	376	25	632	28	249			19	146
2004	157	2,411	27	357	23	452	16	201	23	368	22	584	27	299			20	150
2005	155	2,593	27	368	22	443	15	224	22	381	22	638	27	364			21	175
2006	152	2,504	28	408	21	431	13	194	19	330	21	620	28	353			21	168
2007	154	2,750	29	436	20	467	13	184	19	329	21	778	29	396			22	160
2008	154	2,698	30	471	18	471	13	189	18	334	21	636	31	431			23	167
2009	157	2,881	30	494	17	418	13	198	18	333	21	753	30	417			27	267
2010	162	2,489	31	460	16	308	14	139	18	306	21	615	32	391			31	271
2011	161	2,458	31	380	15	290	14	185	17	269	21	681	31	391			31	263
2012	160	2,374	31	395	14	173	14	202	17	278	21	692	30	401			31	234
2013	161	2,523	30	494	14	282	15	193	17	260	21	683	29	352			35	258
2014	162	2,697	31	475	13	303	16	210	16	269	21	722	28	428			37	290
2015	163	2,697	32	583	13	261	17	238	15	259	21	672	27	385			32	232

	채소																	
	소계		과채류소계		수박		참외		딸기		오이		호박		토마토		가지	
	재배면적	생산량	재배면적	생산량	재배면적	생산량	재배면적	생산량	재배면적	생산량	재배면적	생산량	재배면적	생산량	재배면적	생산량	재배면적	생산량
	G175	G176	G177	G178	G179	G180	G181	G182	G183	G184	G185	G186	G187	G188	G189	G190	G191	G192
	남북한																	
	천 ha	천 t	천 ha	천 t	천 ha	천 t	천 ha	천 t	천 ha	천 t	천 ha	천 t	천 ha	천 t	천 ha	천 t	천 ha	천 t
1910																		
1911	52	820					7	76										
1912	53	529					7	69										
1913	57	638					8	78										
1914	61	744					9	91										
1915	66	720					9	85										
1916	72	821					10	101										
1917	100	1,070					14	131										
1918	101	869					13	93										
1919	103	1,143					13	126										
1920	105	1,079					13	118										
1921	105	1,029					13	113										
1922	109	885					14	117										
1923	109	950					14	115										
1924	110	1,043					14	115										
1925	112	1,073					14	114										
1926	114	1,151					14	121										
1927	114	1,001					15	136										
1928	116	1,145					15	134										
1929	117	1,055					15	131										
1930	115	1,035					15	125										
1931	119	1,098					14	132										
1932	161	1,371			2	23	14	133			7	68	4	42			2	17
1933	167	1,398			3	26	14	128			8	72	4	41			2	18
1934	168	1,407			2	29	13	124			8	68	5	43			2	19
1935	173	1,313			3	29	13	122			8	72	4	43			3	19
1936	171	1,452			3	33	13	120			8	76	5	45				21
1937	177	1,522			3	33	13	120			9	80	5	49			3	21
1938	183	1,119			3	29	12	92			9	61	5	39			3	17
1939	181	1,384			4	29	12	82			9	64	6	44			3	22
1940	180	1,412			4	29	11	90			9	76	6	47			3	23
1941	187	1,291			3	23	10	75			9	74	6	46			3	23
1942																		
	남한																	
1955	90	2,409	9	88	1	11	4	35			2	18	1	5	0	4	1	14
1956	98	1,927	9	79	1	11	4	32			2	15	1	5	0	4	1	11
1957	101	2,551	9	81	1	11	4	31			2	16	1	6	0	5	1	11
1958	100	2,216	10	88	1	14	4	36			2	18	0	5	0	5	1	11
1959	97	1,975	9	80	1	15	4	32			2	15	0	4	0	4	1	9
1960	105	2,135	11	110	3	31	5	42			2	16	0	4	1	7	1	11
1961	104	2,412	11	109	2	27	5	47			2	14	0	5	1	7	1	10
1962	108	2,559	12	129	3	33	5	51			2	16	1	11	1	8	1	10
1963	105	2,253	13	134	3	34	6	49			2	18	1	16	1	7	1	10
1964	122	2,754	18	178	4	49	7	62			2	22	1	17	1	11	2	17
1965	132	3,055	22	197	5	60	7	67			3	22	1	13	1	14	2	20
1966	140	3,310	19	208	4	58	8	75			3	26	1	13	1	17	2	18
1967	163	3,622	21	272	5	90	8	86			3	32	1	13	1	28	2	23
1968	180	4,190	23	312	6	109	8	93			3	38	1	13	2	32	2	27
1969	204	4,666	26	361	7	123	9	114			4	48	1	15	2	29	3	32
1970	230	4,794	30	380	8	125	11	122			5	55	1	17	2	32	3	30
1971	239	5,710	30	438	8	160	10	125	2	18	4	55	1	17	2	33	2	31
1972	234	5,107	30	433	8	156	9	114	2	20	4	58	2	23	2	33	2	29
1973	243	4,909	32	431	8	152	10	119	2	22	4	55	2	21	2	33	3	29
1974	266	5,647	37	504	9	184	12	140	5	32	5	63	2	22	2	32	3	32
1975	247	4,674	32	445	7	131	11	141	4	30	4	54	1	19	2	37	3	33
1976	284	6,108	39	611	11	226	12	154	5	49	6	83	2	25	2	37	3	37

표 G99-330 계속

	채소																	
	소계		과채류소계		수박		참외		딸기		오이		호박		토마토		가지	
	재배면적	생산량	재배면적	생산량	재배면적	생산량	재배면적	생산량	재배면적	생산량	재배면적	생산량	재배면적	생산량	재배면적	생산량	재배면적	생산량
	G175	G176	G177	G178	G179	G180	G181	G182	G183	G184	G185	G186	G187	G188	G189	G190	G191	G192
	남한																	
	천 ha	천 t	천 ha	천 t	천 ha	천 t	천 ha	천 t	천 ha	천 t	천 ha	천 t	천 ha	천 t	천 ha	천 t	천 ha	천 t
1977	297	6,239	39	622	9	198	11	159	8	67	5	85	2	32	2	43	2	40
1978	269	7,736	35	571	10	213	10	152	6	55	5	83	2	33	2	35		
1979	332	8,044	41	826	12	306	13	198	7	75	5	144	2	46	1	56		
1980	351	7,190	43	780	16	335	10	159	8	84	5	113	2	40	2	49		
1981	355	7,435	38	717	13	291	8	133	8	78	5	99	3	41	3	74		
1982	335	7,871	44	833	16	370	11	193	8	79	4	98	2	36	2	57		
1983	314	6,813	35	665	13	303	8	128	6	66	4	92	2	40	1	35		
1984	308	7,111	38	758	18	389	8	135	5	53	4	103	3	45	1	33		
1985	327	6,935	40	812	21	473	7	115	4	45	4	93	3	44	1	43		
1986	357	7,829	39	770	23	483	5	84	4	44	4	85	2	40	1	35		
1987	296	6,561	35	678	20	419	4	71	3	37	3	78	3	43	1	30		
1988	326	7,468	51	1,169	23	546	8	163	7	101	7	201	3	65	3	93		
1989	299	7,935	51	1,210	23	552	9	192	6	96	7	212	4	68	3	89		
1990	296	8,281	54	1,257	26	593	8	179	7	109	7	216	4	82	2	78		
1991	322	8,087	62	1,496	30	724	9	203	6	101	8	267	6	111	3	90		
1992	329	8,276	67	1,686	35	842	8	210	6	108	8	273	6	136	3	117		
1993	350	9,589	73	1,889	37	865	9	232	7	137	9	349	8	163	3	143		
1994	344	8,470	72	1,872	35	858	10	258	7	151	9	303	8	152	4	149		
1995	372	9,686	84	2,294	45	1,120	12	331	7	169	9	337	7	159	4	177		
1996	359	9,404	76	2,083	39	866	11	292	7	170	7	360	7	172	4	223		
1997	333	9,030	76	2,209	40	1,006	10	294	6	151	7	333	7	181	5	245		
1998	326	9,247	70	2,159	34	870	10	299	7	156	8	408	8	195	4	232		
1999	342	9,447	73	2,335	34	937	11	319	6	152	8	419	8	217	5	291		
2000	354	10,483	68	2,407	30	923	10	333	7	181	7	454	8	240	5	277		
2001	335	10,496	64	2,375	28	949	9	270	8	203	7	452	9	296	3	206		
2002	304	8,984	61	2,264	26	840	8	247	8	210	7	464	9	277	4	227		
2003	294	9,191	58	2,215	24	783	8	239	8	205	7	445	9	272	4	270		
2004	301	10,062	58	2,376	22	824	7	243	7	203	6	407	9	304	6	395		
2005	282	9,097	59	2,488	23	905	7	200	7	202	6	403	9	339	7	439		
2006	275	9,445	56	2,348	21	778	7	220	7	205	6	390	10	322	7	433		
2007	259	8,828	55	2,291	19	742	6	205	7	203	5	330	10	330	7	480		
2008	258	9,343	55	2,389	21	857	7	220	6	192	6	384	9	328	6	408		
2009	247	9,353	55	2,355	21	847	7	228	6	204	5	352	10	341	6	384		
2010	229	7,894	48	2,052	16	679	6	208	7	232	4	306	9	303	5	325		
2011	242	9,120	47	1,933	16	609	6	180	6	172	5	304	9	300	6	368		
2012	280	9,875	48	2,068	15	643	6	187	6	192	4	288	10	325	6	433		
2013	282	10,479	46	2,033	15	673	6	177	7	217	4	255	9	323	6	389		
2014	288	11,818	50	2,180	17	687	5	158	7	210	4	279	10	345	7	500		
2015	266	10,386	49	2,082	15	634	5	161	6	195	4	271	11	364	7	457		

표 G99-330 계속

	채소																	
	엽채류소계		배추		시금치		상추		양배추		미나리		근채류소계		무		당근	
	재배면적	생산량	재배면적	생산량	재배면적	생산량	재배면적	생산량	재배면적	생산량	재배면적	생산량	재배면적	생산량	재배면적	생산량	재배면적	생산량
	G193	G194	G195	G196	G197	G198	G199	G200	G201	G202	G203	G204	G205	G206	G207	G208	G209	G210
	남북한																	
	천 ha	천 t	천 ha	천 t	천 ha	천 t	천 ha	천 t	천 ha	천 t	천 ha	천 t	천 ha	천 t	천 ha	천 t	천 ha	천 t
1910																		
1911			18	255											27	490		
1912			18	184											28	276		
1913			21	216											28	344		
1914			22	256											31	397		
1915			24	240											33	394		
1916			25	271											36	448		
1917			36	366											50	574		
1918			37	299											51	477		
1919			37	380											53	637		
1920			38	368											54	593		
1921			39	347											54	568		
1922			40	299											56	468		
1923			39	313											56	522		
1924			40	356											57	572		
1925			41	364											57	596		
1926			42	393											58	637		
1927			42	330											57	536		
1928			43	391											58	620		
1929			43	364											59	561		
1930			43	355											57	555		
1931			44	388											60	578		
1932			46	398					1	9					61	588		
1933			48	407					1	6					63	603		
1934			48	394					1	7					62	614		
1935			49	376					1	8					63	533		
1936			49	420					1	10					62	605		
1937			51	475					1	9					62	610		
1938			52	315					1	9					67	455		
1939			51	436					1	11					65	590		
1940			50	440					1	12					63	571		
1941			55	410					1	12					69	517		
1942																		
	남한																	
1955	23	1,279	21	1,254	1	9			0	8	0	5	23	855	22	852	0	0
1956	23	980	21	955	1	9			0	7	1	7	23	674	22	672	0	0
1957	26	1,354	23	1,329	1	10			0	8	1	7	24	918	24	916	0	0
1958	22	1,114	20	1,090	1	8			0	7	0	6	22	747	21	745	0	0
1959	22	971	20	946	0	4			1	16			22	682	22	682		
1960	23	1,045	20	1,018	1	9			1	11	1	7	23	746	22	744		
1961	23	1,210	21	1,186	1	9			0	8	1	6	23	874	23	873	0	0
1962	24	1,334	22	1,307					0	10	1	7	24	875	23	873		
1963	23	1,142	21	1,122	1	9			0	7	0	5	23	794	23	793		
1964	24	1,388	23	1,372	5	43			0	8	0	3	25	952	25	952		
1965	27	1,492	25	1,465	4	36			1	12	1	6	28	1,120	27	1,114	1	4
1966	27	1,614	25	1,587	4	43			1	14	0	4	28	1,137	28	1,133	1	3
1967	32	1,874	32	1,859	4	35			1	14			30	1,106	29	1,102	0	4
1968	35	2,167	33	2,137	4	34			1	16	0	5	33	1,318	32	1,309	1	7
1969	50	2,490	43	2,414	4	34			1	23	1	11	37	1,385	36	1,370	1	13
1970	51	2,500	46	2,432	4	37			1	22	1	10	45	1,466	43	1,452	1	12
1971	54	3,091	48	3,018	4	44			1	20	1	11	43	1,674	41	1,659	1	12
1972	46	2,585	41	2,521	4	35			1	18	1	10	42	1,575	40	1,558	2	13
1973	49	2,449	43	2,388	4	34			1	17	1	10	43	1,529	41	1,512	1	13
1974	50	2,834	44	2,773	4	34			1	18	1	9	47	1,760	44	1,737	2	18
1975	45	2,334	39	2,263	3	29	1	15	1	16	1	10	39	1,391	36	1,370	2	15
1976	51	3,208	45	3,118	3	32	2	20	1	28	1	10	49	1,742	44	1,695	4	40

표 G99-330 계속

	채소																	
	엽채류소계		배추		시금치		상추		양배추		미나리		근채류소계		무		당근	
	재배면적	생산량	재배면적	생산량	재배면적	생산량	재배면적	생산량	재배면적	생산량	재배면적	생산량	재배면적	생산량	재배면적	생산량	재배면적	생산량
	G193	G194	G195	G196	G197	G198	G199	G200	G201	G202	G203	G204	G205	G206	G207	G208	G209	G210
	남한																	
	천 ha	천 t	천 ha	천 t	천 ha	천 t	천 ha	천 t	천 ha	천 t	천 ha	천 t	천 ha	천 t	천 ha	천 t	천 ha	천 t
1977	55	2,885	47	2,774	4	49	2	27	1	23	1	12	51	1,886	48	1,855	2	24
1978	59	4,115	51	4,002	5	59	2	28	1	26			56	2,452	52	2,407	3	45
1979	59	3,658	49	3,445	5	74	3	52	2	87			52	2,171	47	2,082	4	89
1980	59	3,239	48	3,040	6	72	3	54	2	73			53	2,048	49	1,973	4	75
1981	60	3,643	49	3,457	7	82	3	45	2	59			52	2,086	48	2,016	4	70
1982	59	3,712	50	3,496	4	46	2	41	4	129			55	2,088	48	1,970	7	117
1983	50	3,146	42	2,993	4	46	2	45	2	63			40	1,628	37	1,568	3	60
1984	59	3,589	47	3,360	6	72	3	60	3	97			45	1,816	40	1,738	5	78
1985	54	3,046	41	2,790	6	76	3	50	4	131			42	1,668	38	1,586	5	81
1986	60	3,669	48	3,409	5	62	3	56	4	142			43	1,797	38	1,705	5	92
1987	47	2,639	37	2,434	5	60	2	44	3	101			41	1,645	35	1,536	6	108
1988	54	2,784	41	2,503	6	74	4	74	4	133			47	1,852	42	1,757	5	95
1989	56	3,103	42	2,796	5	73	5	91	4	144			44	1,935	39	1,842	4	93
1990	62	3,676	47	3,373	5	69	5	89	4	144			41	1,847	37	1,761	4	87
1991	60	3,135	42	2,731	7	91	6	114	5	199			42	1,680	36	1,558	6	121
1992	56	2,785	40	2,406	6	89	6	114	5	176			38	1,632	33	1,516	5	115
1993	75	4,147	55	3,730	9	121	7	150	4	146			42	1,741	36	1,601	6	140
1994	63	3,131	43	2,689	9	121	8	152	4	169			45	1,731	39	1,593	6	138
1995	70	3,439	46	2,885	8	122	8	171	7	262			41	1,594	36	1,435	6	159
1996	68	3,518	48	2,998	7	112	7	140	6	268			45	1,885	40	1,728	5	157
1997	63	3,168	43	2,702	8	124	6	154	5	188			41	1,678	35	1,463	6	215
1998	66	3,238	47	2,779	8	117	7	152	4	189			43	1,748	37	1,602	6	145
1999	63	3,017	45	2,524	7	105	7	174	5	215			40	1,592	35	1,441	5	151
2000	73	3,745	52	3,149	7	121	8	204	6	271			45	1,914	40	1,759	4	155
2001	70	3,687	50	3,041	8	127	7	183	6	337			43	1,885	39	1,732	4	153
2002	58	2,868	39	2,317	7	113	7	179	5	259			35	1,548	31	1,412	4	136
2003	67	3,262	48	2,678	7	112	7	190	5	282			38	1,686	35	1,561	3	124
2004	64	3,463	45	2,865	7	119	7	205	5	274			38	1,790	36	1,710	2	80
2005	54	2,879	37	2,325	7	109	6	167	5	277			30	1,395	27	1,277	3	118
2006	60	3,332	42	2,749	6	104	6	160	6	319			34	1,625	30	1,495	3	130
2007	51	2,774	34	2,217	5	81	5	155	6	320			28	1,271	26	1,194	2	77
2008	54	3,133	37	2,585	6	93	5	138	6	317			30	1,502	27	1,402	3	100
2009	52	3,099	34	2,529	7	105	5	146	6	319			26	1,355	24	1,256	3	99
2010	43	2,265	28	1,783	5	88	5	141	5	253			25	1,141	22	1,039	3	102
2011	54	3,271	36	2,681	7	105	5	117	7	368			26	1,330	23	1,237	3	94
2012	42	2,327	26	1,816	6	96	4	112	6	303			18	909	16	845	2	64
2013	44	2,622	28	2,120	6	91	4	97	6	314			20	1,081	17	1,001	3	80
2014	49	3,111	32	2,539	3	116	2	46	7	380			23	1,380	21	1,297	2	83
2015	43	2,569	26	2,060	6	90	4	102	6	318			23	1,368	20	1,249	3	119

표 G99-330 계속

	채소																	
	우엉		토란		조미채소소계		고추		파		양파		생강		마늘		과채류(시설)소계	
	재배면적	생산량	재배면적	생산량	재배면적	생산량	재배면적	생산량	재배면적	생산량	재배면적	생산량	재배면적	생산량	재배면적	생산량	재배면적	생산량
	G211	G212	G213	G214	G215	G216	G217	G218	G219	G220	G221	G222	G223	G224	G225	G226	G227	G228
	남북한																	
	천 ha	천 t	천 ha	천 t	천 ha	천 t	천 ha	천 t	천 ha	천 t	천 ha	천 t	천 ha	천 t	천 ha	천 t	천 ha	천 t
1910																		
1911																		
1912																		
1913																		
1914																		
1915																		
1916																		
1917																		
1918																		
1919																		
1920																		
1921																		
1922																		
1923																		
1924																		
1925																		
1926																		
1927																		
1928																		
1929																		
1930																		
1931																		
1932			0	0			13	37	3	20					8	36		
1933			0	0			14	37	3	23					8	37		
1934			0	0			15	42	3	24					9	43		
1935			0	0			16	45	4	24					9	42		
1936			0	0			16	49	4	30					9	44		
1937			0	0			17	49	4	30					9	44		
1938			0	0			18	38	4	24					10	39		
1939			0	0			17	35	4	30					10	42		
1940			0	4			18	43	5	36					10	41		
1941			0	6			17	36	5	31					10	38		
1942																		
	남한																	
1955	0	1	0	2	30	133	19	39	4	33	2	28			5	33		
1956	0	1	0	1	38	151	26	45	4	33	3	37	1	5	5	31		
1957	0	1	0	1	38	154	25	47	4	34	3	36	1	5	5	31		
1958	0	1	0	1	38	167	25	52	4	36	3	35	1	7	6	36		
1959					35	155	23	42	3	26	3	44	1	8	5	35		
1960	0	1	0	1	40	158	27	33	3	33	3	43	1	7	6	42		
1961	0	0	0	1	40	162	28	59	2	23	3	31	1	5	7	43		
1962	0	1	0	1	43	162	31	56	3	31	2	25			7	51		
1963	0	0	0	1	42	150	30	54	3	31	1	17			7	48		
1964	0	0	0	0	52	211	37	74	5	47	2	28			8	62		
1965	0	1	0	1	53	230	37	74	5	50	3	48			8	59		
1966	0	0	0	0	63	332	44	106	5	67	3	60	1	12	10	87		
1967					78	338	54	106	6	58	4	68	1	11	12	95		
1968	0	1	0	1	88	377	64	134	6	57	4	78	1	10	12	99		
1969	0	1	0	1	88	406	60	99	8	81	5	112	1	9	13	104		
1970	0	1	0	1	98	389	70	85	9	98	5	95	2	9	14	103		
1971	0	2	0	1	105	439	77	117	8	101	4	102	1	12	14	107		
1972	0	3	0	2	113	479	82	116	8	100	6	136	2	12	15	115		
1973	0	2	0	1	115	459	85	122	9	101	5	104	2	13	15	119		
1974	0	3	0	2	127	511	92	113	9	106	7	146	3	18	17	128		
1975	0	3	0	2	128	455	99	128	9	115	4	95	2	14	14	103		
1976	0	4	0	3	141	506	108	157	11	97	5	124	3	21	14	106		

표 G99-330 계속

	채소																	
	우엉		토란		조미채소소계		고추		파		양파		생강		마늘		과채류(시설)소계	
	재배면적	생산량	재배면적	생산량	재배면적	생산량	재배면적	생산량	재배면적	생산량	재배면적	생산량	재배면적	생산량	재배면적	생산량	재배면적	생산량
	G211	G212	G213	G214	G215	G216	G217	G218	G219	G220	G221	G222	G223	G224	G225	G226	G227	G228
	남한																	
	천 ha	천 t	천 ha	천 t	천 ha	천 t	천 ha	천 t	천 ha	천 t	천 ha	천 t	천 ha	천 t	천 ha	천 t	천 ha	천 t
1977	0	4	0	3	147	781	99	141	14	206	12	258	2	20	20	156		
1978					118	598	69	42	14	203	7	165	3	21	25	166		
1979					179	1,389	109	112	16	501	10	393	4	33	41	350		
1980					196	1,124	133	125	17	455	8	275	2	17	37	253		
1981					205	989	151	138	17	407	10	281	1	9	26	154		
1982					177	1,238	113	130	19	468	14	439	2	15	28	186		
1983					189	1,374	122	194	16	397	15	542	2	20	33	220		
1984					167	947	100	117	19	432	5	171	3	27	40	200		
1985					191	1,409	118	165	21	524	11	440	2	23	39	256		
1986					215	1,593	129	198	24	613	10	379	3	34	48	370		
1987					174	1,600	89	138	20	498	12	525	4	38	49	401		
1988					174	1,663	100	249	21	540	11	527	5	43	37	303	17	442
1989					148	1,688	74	190	22	549	10	558	4	34	39	357	19	541
1990					138	1,501	65	177	19	466	8	407	4	34	44	417	22	585
1991					158	1,777	73	195	21	535	10	530	4	37	49	481	25	711
1992					168	2,173	80	248	24	603	14	810	5	48	43	465	29	865
1993					160	1,812	89	267	21	555	10	556	4	40	36	393	35	1,103
1994					164	1,737	93	290	21	497	10	541	6	46	35	362	40	1,192
1995					177	2,359	92	316	23	553	16	975	6	53	40	462	47	1,475
1996					171	1,917	96	332	21	523	10	579	3	28	42	456	46	1,504
1997					154	1,974	82	322	19	485	13	740	4	33	36	394	47	1,621
1998					147	2,102	70	288	20	500	15	872	5	47	37	394	47	1,658
1999					167	2,503	81	437	23	607	16	936	4	40	42	484	52	1,895
2000					168	2,417	80	391	24	658	17	878	2	16	45	474	51	1,992
2001					158	2,548	76	412	24	636	19	1,074	2	21	37	406	49	1,984
2002					149	2,305	77	381	22	567	15	933	3	30	33	394	48	1,917
2003					130	2,028	63	350	20	535	12	745	2	19	33	379	45	1,865
2004					142	2,434	68	410	26	700	16	948	2	18	30	358	45	2,012
2005					138	2,336	67	395	20	513	17	1,023	2	29	32	375	47	2,101
2006					125	2,140	59	353	20	543	15	890	2	23	29	331	44	1,989
2007					126	2,493	61	414	18	489	18	1,213	2	29	27	348	42	1,940
2008					119	2,319	55	386	19	505	15	1,035	1	18	28	375	43	2,047
2009					114	2,543	51	350	17	447	19	1,372	1	16	26	357	43	2,034
2010					113	2,436	50	310	16	417	22	1,412	2	25	22	272	39	1,803
2011					116	2,586	47	262	20	482	23	1,520	2	27	24	295	37	1,651
2012					116	2,215	50	302	15	357	21	1,196	2	22	28	339	37	1,754
2013					118	2,460	50	299	16	431	14	810	5	48	43	465	36	1,702
2014					108	2,709	41	271	16	463	24	1,590	2	32	25	354	40	1,853
2015					96	2,072	39	273	15	400	18	1,094	3	39	21	266	38	1,756

표 G99-330 계속

	채소																	
	수박		참외		딸기		오이		호박		토마토		엽채류(시설)소계		배추		시금치	
	재배면적	생산량	재배면적	생산량	재배면적	생산량	재배면적	생산량	재배면적	생산량	재배면적	생산량	재배면적	생산량	재배면적	생산량	재배면적	생산량
	G229	G230	G231	G232	G233	G234	G235	G236	G237	G238	G239	G240	G241	G242	G243	G244	G245	G246
	남북한																	
	천 ha	천 t	천 ha	천 t	천 ha	천 t	천 ha	천 t	천 ha	천 t	천 ha	천 t	천 ha	천 t	천 ha	천 t	천 ha	천 t
1910																		
1911																		
1912																		
1913																		
1914																		
1915																		
1916																		
1917																		
1918																		
1919																		
1920																		
1921																		
1922																		
1923																		
1924																		
1925																		
1926																		
1927																		
1928																		
1929																		
1930																		
1931																		
1932																		
1933																		
1934																		
1935																		
1936																		
1937																		
1938																		
1939																		
1940																		
1941																		
1942																		
	남한																	
1955																		
1956																		
1957																		
1958																		
1959																		
1960																		
1961																		
1962																		
1963																		
1964																		
1965																		
1966																		
1967																		
1968																		
1969																		
1970																		
1971																		
1972																		
1973																		
1974																		
1975																		
1976																		

표 G99-330 계속

	채소																	
	수박		참외		딸기		오이		호박		토마토		엽채류(시설)소계		배추		시금치	
	재배면적	생산량	재배면적	생산량	재배면적	생산량	재배면적	생산량	재배면적	생산량	재배면적	생산량	재배면적	생산량	재배면적	생산량	재배면적	생산량
	G229	G230	G231	G232	G233	G234	G235	G236	G237	G238	G239	G240	G241	G242	G243	G244	G245	G246
	남한																	
	천 ha	천 t	천 ha	천 t	천 ha	천 t	천 ha	천 t	천 ha	천 t	천 ha	천 t	천 ha	천 t	천 ha	천 t	천 ha	천 t
1977																		
1978																		
1979																		
1980																		
1981																		
1982																		
1983																		
1984																		
1985																		
1986																		
1987																		
1988	3	81	4	87	5	73	3	111	1	21	2	67	5	158	3	128	0	6
1989	4	120	4	119	4	70	3	131	1	27	2	73	7	176	3	101	2	25
1990	5	146	4	110	5	82	4	144	2	39	2	63	8	211	4	132	2	33
1991	7	209	5	136	4	76	5	176	2	39	2	74	10	279	5	171	2	36
1992	10	274	5	158	4	83	5	198	2	56	2	96	10	257	4	149	2	37
1993	12	335	6	183	5	112	6	270	3	76	3	127	12	327	5	184	3	48
1994	15	425	8	220	6	129	6	231	2	58	3	129	14	356	5	187	4	61
1995	19	532	10	293	6	152	6	260	3	79	3	158	16	433	7	247	4	67
1996	19	484	9	267	6	157	5	299	3	81	4	216	13	362	6	204	3	55
1997	21	618	9	273	6	141	5	276	3	80	4	233	13	393	5	223	3	56
1998	19	554	9	280	6	147	6	343	3	113	4	221	15	461	6	283	4	65
1999	21	682	10	304	6	144	6	360	4	126	5	280	14	425	5	235	3	59
2000	21	698	9	319	7	173	6	399	4	134	5	269	15	508	6	281	3	60
2001	21	760	8	259	7	198	5	389	4	178	3	200	14	452	5	236	3	61
2002	20	692	7	237	7	205	5	407	4	157	3	218	12	383	4	178	3	60
2003	18	637	7	232	7	201	5	395	3	136	4	264	13	435	5	219	3	62
2004	17	692	7	235	7	199	5	353	4	149	6	383	13	444	4	213	3	63
2005	19	777	7	191	7	198	4	346	4	161	6	427	10	338	3	143	3	57
2006	17	676	7	214	6	200	5	336	3	142	6	422	11	363	4	184	3	51
2007	16	651	6	201	6	199	4	283	3	136	7	470	9	310	3	138	2	42
2008	17	758	6	216	6	188	4	329	3	153	6	403	9	316	3	151	3	50
2009	17	743	7	225	6	200	4	310	3	179	6	376	10	324	3	139	3	60
2010	14	613	6	205	7	229	4	273	3	158	5	325	11	344	4	168	2	49
2011	13	529	6	177	6	169	3	263	3	145	6	368	12	377	5	219	3	59
2012	13	567	6	182	6	189	3	248	3	134	6	433	9	286	3	139	3	51
2013	12	576	5	174	7	215	3	220	3	128	6	389	8	258	3	130	2	45
2014	14	588	5	155	7	209	3	246	3	154	7	500	8	252	3	116	2	46
2015	13	545	5	159	6	193	3	240	3	163	7	457	8	228	2	91	3	54

표 G99-330 계속

	채소													
	상추		근채류(시설 무)		조미채소(시설)소계		풋고추		파		대파		쪽파	
	재배면적	생산량	재배면적	생산량	재배면적	생산량	재배면적	생산량	재배면적	생산량	재배면적	생산량	재배면적	생산량
	G247	G248	G249	G250	G251	G252	G253	G254	G255	G256	G257	G258	G259	G260
	남북한													
	천 ha	천 t	천 ha	천 t	천 ha	천 t	천 ha	천 t	천 ha	천 t	천 ha	천 t	천 ha	천 t
1910														
1911														
1912														
1913														
1914														
1915														
1916														
1917														
1918														
1919														
1920														
1921														
1922														
1923														
1924														
1925														
1926														
1927														
1928														
1929														
1930														
1931														
1932														
1933														
1934														
1935														
1936														
1937														
1938														
1939														
1940														
1941														
1942														
	남한													
1955														
1956														
1957														
1958														
1959														
1960														
1961														
1962														
1963														
1964														
1965														
1966														
1967														
1968														
1969														
1970														
1971														
1972														
1973														
1974														
1975														
1976														

표 G99-330 계속

	채소													
	상추		근채류(시설 무)		조미채소(시설)소계		풋고추		파		대파		쪽파	
	재배면적	생산량	재배면적	생산량	재배면적	생산량	재배면적	생산량	재배면적	생산량	재배면적	생산량	재배면적	생산량
	G247	G248	G249	G250	G251	G252	G253	G254	G255	G256	G257	G258	G259	G260
	남한													
	천 ha	천 t	천 ha	천 t	천 ha	천 t	천 ha	천 t	천 ha	천 t	천 ha	천 t	천 ha	천 t
1977														
1978														
1979														
1980														
1981														
1982														
1983														
1984														
1985														
1986														
1987														
1988	1	25	2	61	2	40	2	40						
1989	2	49	3	86	2	41	2	41						
1990	2	46	2	74	2	45	2	45						
1991	3	71	3	94	2	53	2	53						
1992	3	71	3	105	3	76	3	76						
1993	4	95	4	116	3	80	3	80						
1994	5	109	4	133	4	114	4	114						
1995	6	120	4	145	5	123	5	123						
1996	5	103	5	174	5	114	5	114						
1997	4	113	5	187	5	122	5	122						
1998	5	113	5	208	5	141	5	141						
1999	5	131	5	209	5	221	5	221						
2000	6	167	7	252	6	198	6	198						
2001	6	155	6	230	9	335	6	232	2	52	1	39	1	12
2002	5	145	5	211	9	319	5	188	2	65	2	48	1	17
2003	5	153	6	220	10	350	6	218	2	66	2	51	1	15
2004	5	168	7	262	12	410	6	255	3	77	2	62	1	15
2005	4	137	4	184	10	346	6	234	2	56	1	40	1	16
2006	4	128	5	223	10	362	6	236	2	63	2	47	1	16
2007	4	131	4	177	10	366	6	254	2	56	1	43	1	13
2008	4	114	4	150	10	367	6	262	2	52	1	42	0	10
2009	4	124	4	150	9	316	6	233	2	42	1	32	0	9
2010	5	127	1	43	9	303	5	215	2	44	1	35	0	9
2011	4	100	1	64	11	319	5	185	3	67	2	53	1	14
2012	4	96	1	45	8	271	5	198	1	37	1	24	1	13
2013	3	83	1	44	9	279	5	181	2	49	1	34	1	15
2014	3	90	1	44	9	288	5	186	2	51	1	35	1	17
2015	3	83	1	43	8	267	5	176	2	46	1	33	1	13

표 G99-330 계속

	특용작물																	
	소계		면화		육지면		재래면		삼베		모시		닥나무		청모시		고리버들	
	재배면적	생산량	재배면적	생산량	재배면적	생산량	재배면적	생산량	재배면적	생산량	재배면적	생산량	재배면적	생산량	재배면적	생산량	재배면적	생산량
	G261	G262	G263	G264	G265	G266	G267	G268	G269	G270	G271	G272	G273	G274	G275	G276	G277	G278
	남북한																	
	천 ha	천 t	천 ha	천 t	천 ha	천 t	천 ha	천 t	천 ha	천 t	천 ha	천 t	천 ha	천 t	천 ha	천 t	천 ha	천 t
1910			50	8					14	4	1	0						
1911			48	14	3	2	45	12	14	6	1	0						
1912			51	18	6	4	45	14	15	7	1	0						
1913			57	21					15	9	1	0						
1914			61	22	21	10	40	11	16	9	1	0						
1915			65	27	30	17	35	10	17	9	1	0						
1916			77	27	48	19	29	8	17	10	1	0						
1917			92	42	63	33	28	9	19	11	1	0						
1918			129	47	94	36	36	10	26	17	1	0						
1919			144	58	108	52	36	7	28	18	1	0	3	3				
1920			145	69	106	53	39	16	28	20	1	0	4	3				
1921			147	57	104	41	42	17	28	20	1	0	4	4				
1922			150	71	103	53	47	18	29	21	1	1	5	4				
1923			158	77	109	58	49	18	29	21	1	1	5	5				
1924			169	83	117	64	52	19	29	21	1	1	5	5				
1925			196	84	138	61	59	23	29	21	2	1	6	6	1	1	0	1
1926			214	97	149	71	65	26	30	22	2	1	6	6	1	0	0	1
1927			203	91	137	65	67	27	30	21	2	1	6	6	1	0	0	1
1928			204	103	137	73	67	29	29	21	2	1	6	6	1	0	0	1
1929			185	95	123	68	62	27	29	20	2	0	7	6	0	0	0	1
1930			191	101	131	76	60	25	29	21	2	1	7	7	0	0	0	1
1931			191	70	130	47	61	22	28	20	1	0	7	7	0	0	0	1
1932			158	93	100	67	58	25	27	20	1	1	7	7	0	0	0	1
1933			175	96	116	69	59	27	27	20	2	1	7	7	0	0	0	1
1934			192	93	132	72	60	21	27	18	1	1	7	7	0	0	0	1
1935			208	128	146	102	61	26	27	19	2	1	7	7	0	0	0	1
1936			227	82	163	54	64	29	26	18	1	0	7	7	0	0	0	0
1937			221	144	174	120	48	24	25	18	1	1	8	7	0	0	0	0
1938			234	126	187	108	46	18	23	16	1	0	7	7	0	0	0	0
1939			251	126	220	115	31	11	22	13	1	0	8	5	0	0	0	0
1940			291	112	277	108	14	4	30	20	1	0	7	6	0	0	0	0
1941			324	123	314	120	10	3	34	25	1	0	6	4	0	0	0	0
1942			337	128	329	126	8	2	36	21	1	0	5	4	0	0	0	0
	남한																	
1955	156	68	121	52														
1956	160	63	124	43														
1957	118	40	83	23														
1958	100	43	61	20														
1959	106	46	65	22														
1960	92	38	54	17														
1961	86	48	43	25														
1962	108	47	47	16														
1963	73	34	22	11														
1964	71	40	20	11														
1965	68	43	17	10														
1966	78	60	17	12														
1967	86	69	15	10														
1968	85	76	15	11														
1969	100	95	15	12														
1970	109	87	14	12														
1971	111	102	12	11														
1972	103	91	12	10														
1973	104	99	12	10														
1974	131	124	9	8														
1975	123	89	6	6														

표 G99-330 계속

	특용작물																	
	소계		면화		육지면		재래면		삼베		모시		닥나무		청모시		고리버들	
	재배면적	생산량	재배면적	생산량	재배면적	생산량	재배면적	생산량	재배면적	생산량	재배면적	생산량	재배면적	생산량	재배면적	생산량	재배면적	생산량
	G261	G262	G263	G264	G265	G266	G267	G268	G269	G270	G271	G272	G273	G274	G275	G276	G277	G278
	남한																	
	천 ha	천 t	천 ha	천 t	천 ha	천 t	천 ha	천 t	천 ha	천 t	천 ha	천 t	천 ha	천 t	천 ha	천 t	천 ha	천 t
1976	130	93	7	6														
1977	123	90	6	5														
1978	127	77	7	6														
1979	121	84	8	8														
1980	106	62	9	7														
1981	88	68	5	4														
1982	112	73	4	3														
1983	123	81	3	3														
1984	117	84	3	3														
1985	119	86	2	2														
1986	141	101	1	1														
1987	160	112	1	1														
1988	137	118	1	1														
1989	125	105																
1990	111	90																
1991	112	83																
1992	108	88																
1993	99	64																
1994	84	72																
1995	100	79																
1996	82	67																
1997	87	70																
1998	96	70																
1999	87	61																
2000	77	64																
2001	79	65																
2002	77	57																
2003	69	41																
2004	61	49																
2005	62	50																
2006	61	47																
2007	64	53																
2008	60	52																
2009	70	53																
2010	66	61																
2011	62	51																
2012	59	49																
2013	58	57																
2014	70	68																
2015	72	74																

표 G99-330 계속

	특용작물																	
	왕골		들깨		참깨		아주까리		박하		제충국		유채		땅콩		담배	
	재배면적	생산량	재배면적	생산량	재배면적	생산량	재배면적	생산량	재배면적	생산량	재배면적	생산량	재배면적	생산량	재배면적	생산량	재배면적	생산량
	G279	G280	G281	G282	G283	G284	G285	G286	G287	G288	G289	G290	G291	G292	G293	G294	G295	G296
	남북한																	
	천 ha	천 t	천 ha	천 t	천 ha	천 t	천 ha	천 t	천 ha	천 t	천 ha	천 t	천 ha	천 t	천 ha	천 t	천 ha	천 t
1910			8	2													28	9
1911			9	3													16	10
1912	2	2	10	3													18	13
1913	1	2	9	3													19	14
1914	1	2	9	3													21	16
1915	2	2	10	3													13	13
1916	2	2	10	3	5	2											13	13
1917	2	2	10	3	5	2											15	14
1918	3	4	14	4	7	3											18	15
1919	3	3	14	3	7	3											18	14
1920	3	4	14	4	8	4											20	16
1921	3	4	14	4	9	4											17	14
1922	3	4	14	4	8	4											12	11
1923	3	4	14	4	9	4											13	11
1924	3	4	14	4	9	4											16	16
1925	3	5	14	3	9	4	2	2	0	0	0	0					17	14
1926	4	5	14	3	9	4	2	1	0	0	0	0					16	13
1927	4	5	14	3	9	4	2	2	0	0	0	0					19	19
1928	4	4	14	3	10	4	2	1	0	0	0	0					22	23
1929	4	4	14	3	10	4	2	1	0	0	0	0					19	26
1930	4	5	14	3	10	4	2	1	0	1	0	0					14	15
1931	4	5	13	3	10	5	2	1	0	1	0	0					15	16
1932	4	5	13	3	10	4	2	1	0	1	0	0					14	20
1933	4	5	13	3	10	4	2	1	0	1	0	0					13	17
1934	4	5	13	3	10	4	2	1	1	2	0	0					15	15
1935	4	5	13	3	10	4	2	1	1	4	0	0					16	22
1936	4	5	13	3	10	3	2	1	1	4	0	0					17	21
1937	4	5	12	3	10	4	2	1	1	5	0	0					19	27
1938	4	5	12	3	9	4	2	1	1	3	0	0					20	29
1939	3	3	11	2	9	3	3	1	1	2	0	0					21	34
1940	3	3	10	2	9	3	3	1	1	2	0	0					22	27
1941	3	3	9	2	8	2	4	1	0	2	1	1					22	28
1942	2	2	9	1	8	2			0	0	1	1					23	40
	남한																	
1955			5	2	7	2									2	0		
1956			5	2	7	1									2	1		
1957			5	2	7	1									2	1	21	26
1958			6	2	8	2									2	1	21	28
1959			6	2	8	2									2	1	20	29
1960			7	3	8	2									3	1	20	29
1961			7	3	10	3							2	1	3	1	20	32
1962			8	3	11	3							10	6	4	2	22	35
1963			7	3	11	3							6	2	4	2	22	29
1964			9	4	13	3							8	6	4	2	29	49
1965			9	4	14	4							8	7	4	3	34	56
1966			11	5	16	5							14	14	5	3	36	72
1967			12	6	19	6							18	21	6	4	37	72
1968			12	6	19	6							20	24	7	5	38	70
1969			12	6	24	7							26	36	8	6	39	59
1970			13	7	35	9							26	29	8	6	43	56
1971			12	7	38	12							32	43	7	5	41	63
1972			13	8	42	13							20	24	8	5	58	116
1973			13	8	49	15							15	21	5	4	56	112
1974			15	9	51	15							29	39	6	4	54	95
1975			15	10	52	19							27	36	9	6	54	104
1976			18	12	65	27							25	37	8	6	55	112

표 G99-330 계속

	특용작물																	
	왕골		들깨		참깨		아주까리		박하		제충국		유채		땅콩		담배	
	재배면적	생산량	재배면적	생산량	재배면적	생산량	재배면적	생산량	재배면적	생산량	재배면적	생산량	재배면적	생산량	재배면적	생산량	재배면적	생산량
	G279	G280	G281	G282	G283	G284	G285	G286	G287	G288	G289	G290	G291	G292	G293	G294	G295	G296
	남한																	
	천 ha	천 t	천 ha	천 t	천 ha	천 t	천 ha	천 t	천 ha	천 t	천 ha	천 t	천 ha	천 t	천 ha	천 t	천 ha	천 t
1977			17	11	58	23							27	36	10	10	63	145
1978			17	10	70	25							19	23	14	13	64	134
1979			23	14	64	21							12	28	14	13	56	111
1980			22	12	49	7							15	26	12	9	46	93
1981			24	15	38	14							12	26	10	9	41	87
1982			24	15	62	21							11	20	11	13	43	115
1983			27	18	75	37							7	8	12	14		101
1984			26	19	73	42							6	8	10	12		94
1985			28	21	73	41							4	6	12	16		76
1986			34	25	88	48							4	7	13	20		83
1987			39	28	94	43							5	8	22	32		78
1988			37	29	78	52							4	8	16	29		73
1989			40	30	65	40							4	7	17	29		78
1990			37	28	58	38							4	7	12	18		66
1991			41	30	58	30							3	5	11	18		70
1992			50	37	46	29							2	3	10	19		80
1993			41	28	46	16							1	3	10	17		107
1994			33	24	41	28							2	3	9	17		99
1995			36	26	52	32							2	4	9	17		84
1996			33	25	42	29							1	2	6	11		61
1997			32	25	49	33							1	1	6	11		54
1998			35	27	53	28							1	1	7	14		56
1999			30	23	49	24							1	2	7	12		66
2000			26	20	44	32							2	3	5	9		68
2001			29	22	44	31							1	2	5	10		56
2002			26	21	44	24							1	1	5	11		48
2003			29	21	35	12							1	1	4	7		36
2004			24	18	32	21							1	1	3	8		31
2005			24	18	34	23							1	2	3	7		27
2006			27	24	31	15							1	1	3	6		22
2007			29	28	31	18							1	1	3	7		21
2008			27	24	29	19							1	1	3	7		20
2009			30	28	35	13							1	2	4	10		17
2010			33	34	27	13									5	14		11
2011			32	31	26	10									4	11		
2012			30	29	25	10									4	10		
2013			30	33	23	12									4	11		
2014			37	43	28	12									5	12		
2015			43	51	25	12									5	12		

표 G99-330 계속

	사료																	
	소계		청예대두		자운영		헤아리벳찌		힐초		목숙		루상		청예소두		기타	
	재배면적	생산량	재배면적	생산량	재배면적	생산량	재배면적	생산량	재배면적	생산량	재배면적	생산량	재배면적	생산량	재배면적	생산량	재배면적	생산량
	G297	G298	G299	G300	G301	G302	G303	G304	G305	G306	G307	G308	G309	G310	G311	G312	G313	G314
	남북한																	
	천 ha	천 t	천 ha	천 t	천 ha	천 t	천 ha	천 t	천 ha	천 t	천 ha	천 t	천 ha	천 t	천 ha	천 t	천 ha	천 t
1910																		
1911																		
1912																		
1913	2	9	1	9	0	0			0	0	0	0	0	0				
1914	3	18	3	17	0	1			0	0	0	0	0	0				
1915	7	44	7	40	0	2			0	0	0	0	0	0	0	1		
1916	12	74	11	68	0	4			0	0	0	0	0	0	0	1		
1917	20	98	19	91	0	5			0	1	0	0	0	0	0	1		
1918	25	155	23	137	1	15			0	1	0	1	0	0			0	2
1919	25	128	23	107	1	17			0	1	0	0	0	0			0	2
1920	23	144	21	113	2	21			0	1	0	0	0	0			1	9
1921	28	183	26	145	2	33			0	1	0	0	0	0			1	5
1922	26	182	23	139	3	35			0	1	0	0	0	0			1	6
1923	26	183	22	136	3	42			0	0	0	0	0	0			0	5
1924	31	239	27	176	4	62			0	0	0	0	0	0			0	1
1925	37	323	28	182	8	138			0	0	0	0	0	0			0	2
1926	50	477	34	226	16	247			0	0	0	0	0	1			0	3
1927	70	516	42	199	27	300			0	0	0	0	0	4			1	13
1928	80	825	47	239	30	539	1	8					0	7			1	31
1929	108	922	50	178	51	638	2	13					0	7			4	86
1930	125	1,202	49	244	67	822	3	40					0	7			5	89
1931	146	1,096	55	262	81	696	10	135					0	4				
1932	148	1,502	59	323	72	943	17	233					0	3				
1933	183	1,574	66	343	85	863	33	368					0	0				
1934	210	1,923	74	362	96	1,074	40	487					0	0				
1935	234	2,180	76	383	104	1,167	53	630					0	0				
1936	228	1,946	56	283	106	1,070	66	593					0	0				
1937	195	1,820	53	286	78	785	64	750										
1938	185	1,688	54	274	60	690	71	724										
1939	184	1,606	60	289	60	683	63	634										
1940	207	1,652	60	279	63	652	84	721										
1941																		
1942																		
	남한																	
1955																		
1956																		
1957																		
1958																		
1959																		
1960																		
1961																		
1962																		
1963																		
1964																		
1965																		
1966																		
1967																		
1968																		
1969																		
1970																		
1971																		
1972																		
1973																		
1974																		
1975																		
1976																		

표 G99-330 계속

	사료																	
	소계		청예대두		자운영		헤아리벳찌		힐초		목숙		루상		청예소두		기타	
	재배면적	생산량	재배면적	생산량	재배면적	생산량	재배면적	생산량	재배면적	생산량	재배면적	생산량	재배면적	생산량	재배면적	생산량	재배면적	생산량
	G297	G298	G299	G300	G301	G302	G303	G304	G305	G306	G307	G308	G309	G310	G311	G312	G313	G314
	남한																	
	천 ha	천 t	천 ha	천 t	천 ha	천 t	천 ha	천 t	천 ha	천 t	천 ha	천 t	천 ha	천 t	천 ha	천 t	천 ha	천 t
1977																		
1978																		
1979																		
1980																		
1981																		
1982																		
1983																		
1984																		
1985																		
1986																		
1987																		
1988																		
1989																		
1990																		
1991																		
1992																		
1993																		
1994																		
1995																		
1996																		
1997																		
1998																		
1999																		
2000																		
2001																		
2002																		
2003																		
2004																		
2005																		
2006																		
2007																		
2008																		
2009																		
2010																		
2011																		
2012																		
2013																		
2014																		
2015																		

표 G99-330 계속

	잠업		축산업													
			한육우	젖소	돼지	말	면양	산양	칠면조	사슴	개	토끼	닭	오리	꿀벌	우유
	재배면적	산견량	사육두수	사육두수	사육두수	사육두수	사육두수	사육두수	사육두수	사육두수	사육두수	사육두수	사육두수	사육두수	생산량/통수	생산량
	G315	G316	G317	G318	G319	G320	G321	G322	G323	G324	G325	G326	G327	G328	G329	G330
	남북한															
	천 ha	천 t	천 頭												t	천 L
1910	4	0	704	0	566	40		7					2,796			376
1911	4	1	906	1	573	41		8					3,421			510
1912	5	1	1,041	1	625	47	0	10					3,932			543
1913	7	1	1,211	0	761	51	0	10					4,194			584
1914	10	1	1,338	1	758	53	0	12					4,110		642	574
1915	13	2	1,354	1	767	55	0	14					4,278		551	548
1916	15	2	1,353	1	780	53	0	14					4,400		551	
1917	19	3	1,385	1	832	55	1	15					4,567		559	
1918	23	4	1,480	1	924	58	1	17					4,913			
1919	27	4	1,462	1	963	53	1	18					4,998			
1920	31	4	1,490	1	1,078	55	2	21					5,972			
1921	33	4	1,524	1	1,011	55	2	22					5,626			725
1922	31	5	1,608	1	1,101	53	2	23					5,874			772
1923	32	7	1,610	1	1,172	53	2	25					6,093			901
1924	34	8	1,605	1	1,130	55	3	25					5,909			1,113
1925	39	9	1,591	1	1,150	57	2	24					6,121			
1926	49	10	1,595	1	1,221	56	2	25					6,081			
1927	58	11	1,586	1	1,244	59	2	22					6,072			
1928	67	12	1,570	1	1,278	58	2	22					6,136			1,725
1929	73	16	1,586	1	1,328	56	2	22					6,185			1,504
1930	75	18	1,612	1	1,387	56	2	24					6,147			1,672
1931	78	19	1,637	2	1,348	54	2	26					6,295			
1932	78	19	1,664	2	1,339	54	2	27					6,601			1,909
1933	79	21	1,663	2	1,425	53	3	29	1			39	6,868	29	204	2,098
1934	77	736	1,671	2	1,584	54	5	31	1			46	7,179	36	831	2,699
1935	76	682	1,679	2	1,616	53	9	34	1			59	7,117	38	863	3,647
1936	76	722	1,703	2	1,574	52	12	40	1			72	7,118	35	733	3,410
1937	77	721	1,713	1	1,625	51	20	43	1			50	7,221	34	838	3,150
1938	78	701	1,717	1	1,507	49	27	44	1			64	7,165	31	705	3,484
1939	81	658	1,705	1	1,400		38	48	1			136	6,977	30	680	3,697
1940	83	727	1,740		1,320			54	1			189	6,690	27	595	3,692
1941	86	646	1,754		1,327			54	1			193	6,285	23	395	4,170
1942	87	472	1,740		1,150			51	1			130	5,694	21	331	3,914
	남한															
	천 ha	천 t	천 頭												통	천 L
1955	11	7	867	0	1,262							291	8,924	622	75	
1956	12	6	917	0	1,161							291	9,031	364	85	
1957	12	6	967	1	1,233						455	251	9,352	232	92	
1958	13	6	1,001	1	1,324						591	297	9,894	166	101	
1959	12	5	1,021	1	1,439						699	595	12,041	210	119	
1960	12	5	1,011	1	1,397						751	792	12,030	197	115	
1961	13	5	1,096	1	1,256						780	749	11,218	142	125	
1962	15	6	1,253	2	1,672						864	1,317	13,047	219	141	
1963	17	6	1,364	4	1,510						921	1,131	11,907	173	111	
1964	23	6	1,352	5	1,256					0	897	794	10,282	149	102	
1965	27	8	1,314	7	1,382					0	794	763	11,893	210	124	
1966	33	10	1,291	8	1,457					0	702	909	14,008	233	131	
1967	37	11	1,245	10	1,296					0	614	833	17,079	227	127	
1968	51	17	1,197	14	1,396					1	756	651	25,968	319	125	
1969	53	21	1,206	19	1,338					1	812	489	22,651	199	112	
1970	46	21	1,286	24	1,126							469	23,633		129	
1971	44	25	1,250	30	1,333					1	1,285	364	25,903	252	100	
1972	42	27	1,338	36	1,248					1	1,494	421	24,537	224	105	
1973	44	31	1,493	52	1,595					2	1,527	587	23,071	483	125	
1974	48	37	1,785	73	1,818					3	1,368	848	18,814	491	158	

표 G99-330 계속

	잠업		축산업													
			한육우	젖소	돼지	말	면양	산양	칠면조	사슴	개	토끼	닭	오리	꿀벌	우유
	재배면적	산견량	사육두수	사육두수	사육두수	사육두수	사육두수	사육두수	사육두수	사육두수	사육두수	사육두수	사육두수	사육두수	생산량/통수	생산량
	G315	G316	G317	G318	G319	G320	G321	G322	G323	G324	G325	G326	G327	G328	G329	G330
	남한															
	천 ha	천 t	천 頭												통	천 L
1975	43	36	1,556	86	1,247					4	1,433	842	20,939	490	151	
1976	45	42	1,464	90	1,953					4	1,331	920	26,325	564	159	
1977	41	32	1,508	109	1,482					5	1,310	1,047	30,224	543	181	
1978	35	28	1,651	136	1,719					6	1,452	1,042	40,753	560	238	321
1979	32	26	1,599	163	2,843					7	1,547	817	41,121	494	260	381
1980	27	20	1,427	207	1,784					9	1,509	549	40,130	404	245	452
1981	22	13	1,312	194	1,832					11	1,350	523	42,999	388	315	513
1982	16	13	1,526	228	2,183					14	1,355	602	46,592	508	395	576
1983	14	11	1,940	275	3,649					17	1,317	554	49,239	446	444	712
1984	14	10	2,318	334	2,958					19	1,272	511	46,483	336	451	841
1985	12	9	2,553	390	2,853					23	1,003	628	51,081	689	467	1,006
1986	11	9	2,370	437	3,347					27	1,092	670	56,095	827	521	1,154
1987	9	7	1,923	463	4,281					31	1,393	554	59,324	586	534	1,413
1988	8	6	1,559	480	4,852					38	1,932	248	58,467	502	584	1,632
1989	8	5	1,536	515	4,801					45	2,010	166	61,689	596	636	1,762
1990	8	5	1,622	504	4,528					53	1,873	156	74,463	717	527	1,752
1991	7	4	1,773	496	5,046					61	2,089	158	74,855	1,189	533	1,741
1992	6	3	2,019	508	5,463					70	2,306	180	73,324	1,045	597	1,816
1993	4	2	2,260	553	5,928					78	2,064	158	72,945	1,032	640	1,858
1994	3	1	2,393	552	5,955					89	2,005	156	80,569	1,698	663	1,917
1995	2	0	2,594	553	6,461					100	2,265	218	85,800	2,357	764	1,998
1996	1	0	2,844	551	6,516					111	2,538	202	82,829	3,465	719	2,034
1997	1	0	2,735	544	7,096					128	2,246	197	88,251	2,709	1,006	1,984
1998	1	0	2,383	539	7,544					137	1,846	259	85,847	3,167	947	2,027
1999	1	0	1,952	535	7,864					141	1,860	336	94,587	4,264	1,081	2,244
2000	1	0	1,590	544	8,214					150	2,042	436	102,547	5,134	1,240	2,253
2001	1	0	1,406	548	8,720					156	2,506	416	102,393	6,716	1,530	2,339
2002			1,410	544	8,974					153	1,868	362	101,693	7,824	1,772	2,537
2003			1,480	519	9,231					145	2,921	376	99,019	9,017	1,872	2,366
2004			1,666	497	8,908					138	2,622	320	106,736	8,266	2,013	2,329
2005			1,819	479	8,962					126	2,311	331	109,628	8,389	2,090	2,229
2006			2,020	464	9,382					110	2,124	302	119,181	9,386	1,976	2,176
2007			2,201	453	9,606					98	1,918	298	119,365	10,513	1,890	2,188
2008			2,430	446	9,087					79	1,745	238	119,784	9,702	1,859	2,139
2009			2,635	445	9,585					75	1,812	256	138,768	12,733	1,988	2,110
2010			2,922	430	9,881					65	1,704	245	149,200	14,397	1,698	2,073
2011			2,950	404	8,171								149,511	12,735		1,889
2012			3,059	420	9,916								146,836	11,161		2,111
2013			2,918	424	9,912								151,337	10,899		2,093
2014			2,759	431	10,090								156,410	7,539		2,214
2015			2,676	411	10,187								164,131	9,772		2,168

표 G331-351 남한 농업총산출액, 당해년 가격, 1918-1942, 1961-2015

	농업계	재배업								
		소계	식량작물						채소	과실
			식량작물계	미곡	맥류	잡곡	두류	서류		
	G331	G332	G333	G334	G335	G336	G337	G338	G339	G340
	남한, 백만 圓									
1918	577.9	525.2	461.0	317.3	78.1	13.3	42.2	10.0	32.4	2.4
1919	786.8	709.6	615.4	437.9	101.5	17.4	44.2	14.4	36.9	4.1
1920	758.4	686.8	612.0	427.7	94.6	18.4	56.7	14.6	42.3	6.3
1921	535.9	472.8	416.7	290.0	67.4	12.8	36.1	10.2	27.2	4.2
1922	603.9	541.3	471.2	338.8	64.6	16.9	39.3	11.6	36.0	3.8
1923	583.4	518.3	446.0	322.8	53.6	15.8	42.2	11.5	29.7	5.5
1924	647.1	577.1	488.3	338.1	84.1	18.7	37.0	10.4	39.4	5.3
1925	703.4	623.4	531.8	369.4	95.2	15.6	39.9	11.7	52.9	3.9
1926	654.0	585.5	500.1	363.7	79.1	15.4	34.5	7.5	48.9	4.5
1927	624.0	558.2	466.6	334.0	69.7	16.4	35.2	11.3	50.2	4.8
1928	527.6	466.0	381.1	256.8	69.5	18.1	27.5	9.2	42.3	4.7
1929	493.5	433.0	355.9	227.7	70.4	16.9	26.6	14.3	37.5	5.7
1930	366.7	325.5	277.3	179.0	62.8	9.9	18.9	6.6	24.1	3.1
1931	353.1	316.0	275.0	200.0	39.3	8.6	18.9	8.2	21.7	3.3
1932	419.2	375.7	319.9	224.0	48.2	14.2	25.4	8.1	23.7	4.2
1933	469.5	414.1	349.6	249.3	57.9	10.5	24.1	7.7	33.9	4.3
1934	531.8	479.1	413.6	301.5	69.9	9.1	25.4	7.7	27.7	4.2
1935	637.1	572.3	489.5	340.6	92.4	15.6	30.8	10.1	33.4	4.6
1936	669.3	595.0	528.1	382.6	91.6	13.0	31.0	10.0	33.3	4.4
1937	932.5	837.6	751.4	553.5	131.2	17.9	36.8	11.9	35.5	5.2
1938	907.4	813.0	716.6	538.1	112.5	18.7	33.6	13.7	39.8	5.4
1939	780.6	676.0	566.7	291.0	182.6	49.8	28.4	14.9	43.6	7.9
1940	1,164.8	1,024.6	884.7	607.9	190.8	20.9	38.9	26.2	63.2	14.2
1941	1,344.4	1,200.9	1,048.2	777.1	187.6	14.1	38.2	31.2	62.1	22.3
1942	926.3	800.4	642.2	433.5	156.6	15.1	19.2	18.0	59.4	19.9
	남한, 십억 원									
1961	247.6	233.7	208.1	146.5	42.3	1.3	3.0	14.9	8.7	2.2
1962	238.8	222.2	186.9	127.0	39.2	1.5	3.0	16.2	11.5	3.4
1963	286.4	264.4	212.0	158.3	27.9	2.6	5.1	18.2	21.1	3.3
1964	359.4	326.1	254.4	166.7	43.6	4.1	8.1	32.0	26.1	6.7
1965	379.7	333.8	244.6	147.6	49.7	3.0	9.1	35.2	36.2	9.1
1966	444.4	393.8	265.9	165.2	54.3	2.8	9.7	33.9	53.5	10.6
1967	478.3	407.9	274.6	167.3	61.3	4.6	15.3	26.1	52.7	12.6
1968	519.1	438.9	298.3	174.6	71.6	4.9	14.1	33.0	55.6	16.5
1969	688.1	584.1	415.1	276.7	84.0	4.3	14.2	35.8	64.8	19.5
1970	798.7	671.3	442.3	294.2	79.6	4.3	22.9	41.3	110.9	22.9
1971	961.8	827.3	543.0	373.4	91.1	5.2	22.1	51.3	147.6	27.9
1972	1,164.9	995.6	689.6	479.9	121.1	5.2	26.2	57.3	121.3	35.4
1973	1,343.2	1,094.4	752.5	535.0	111.5	6.4	33.0	66.8	124.0	46.0
1974	1,910.1	1,556.8	1,104.3	816.1	135.1	7.9	53.8	91.3	181.3	64.9
1975	2,651.2	2,298.5	1,524.2	1,084.1	231.6	9.5	65.7	133.3	402.5	112.1
1976	3,547.1	2,968.5	1,951.8	1,458.5	242.6	11.6	88.8	150.2	566.7	137.7
1977	4,300.7	3,633.7	2,333.8	1,857.2	161.4	14.7	121.8	178.6	769.1	164.8
1978	5,729.1	4,496.1	2,755.7	2,102.2	300.8	15.8	129.7	207.1	1,130.4	189.6
1979	6,770.9	5,569.8	3,382.6	2,617.6	381.2	22.4	133.2	228.2	1,500.1	238.4
1980	6,376.5	5,100.3	2,854.5	2,183.8	267.3	32.9	147.3	223.2	1,445.3	247.2
1981	9,149.5	7,126.5	4,460.5	3,539.6	331.9	46.5	253.5	289.0	1,636.5	324.2
1982	9,861.1	7,298.6	4,371.5	3,579.9	343.3	40.3	215.7	192.4	1,536.2	534.5
1983	10,719.2	7,385.8	4,633.6	3,776.6	384.7	29.7	217.6	225.0	1,379.3	499.4
1984	11,462.6	8,255.8	4,955.9	4,101.9	355.9	44.3	237.5	216.3	1,693.0	588.6
1985	12,343.6	9,184.7	5,247.0	4,440.6	263.3	47.1	221.0	274.9	2,241.5	700.8
1986	12,659.9	9,545.7	5,608.0	4,832.2	235.6	46.0	217.1	277.2	1,991.6	753.6
1987	13,058.2	9,968.0	5,827.7	4,954.6	275.4	53.1	258.1	286.5	1,888.9	925.8
1988	15,154.9	12,002.1	7,023.7	5,994.3	321.1	40.4	315.0	352.9	2,513.8	1,075.6
1989	15,337.4	11,878.9	7,061.4	6,044.1	310.8	43.7	306.4	356.4	2,200.6	1,300.7
1990	17,218.6	13,270.9	7,405.8	6,538.0	295.2	42.1	270.9	259.7	3,082.4	1,222.0
1991	19,346.5	14,912.9	7,324.7	6,398.3	296.6	28.9	251.4	349.5	3,990.7	1,594.1
1992	20,563.4	15,931.0	7,709.9	6,723.2	293.1	33.0	263.8	396.7	4,395.7	1,687.4
1993	20,990.8	15,922.2	7,207.8	6,281.0	311.9	26.5	287.7	300.7	4,765.6	1,708.7

표 G331-351 계속

	농업계	재배업								
		소계	식량작물						채소	과실
			식량작물계	미곡	맥류	잡곡	두류	서류		
	G331	G332	G333	G334	G335	G336	G337	G338	G339	G340
	남한, 십억 원									
1994	23,807.1	18,494.4	7,729.2	6,813.3	237.2	33.2	277.5	367.9	5,765.5	2,479.5
1995	26,341.6	20,379.4	7,878.8	6,759.8	293.0	44.4	351.3	430.4	6,939.5	3,026.5
1996	28,316.9	21,382.7	9,857.5	8,613.2	299.9	46.1	357.7	540.7	6,486.6	2,526.1
1997	29,375.4	22,472.3	10,271.3	9,192.8	199.0	49.1	335.0	495.4	6,332.1	3,137.1
1998	29,759.9	22,245.0	10,170.9	9,182.6	197.8	46.8	330.2	413.5	6,732.3	2,697.7
1999	31,973.0	24,036.3	11,196.4	10,045.1	276.5	53.7	368.4	452.6	6,821.9	3,199.4
2000	31,967.8	23,885.3	11,435.5	10,504.6	195.3	43.7	343.1	348.9	6,738.5	2,580.5
2001	32,383.1	24,071.1	11,774.8	10,721.7	345.1	43.3	323.8	340.9	7,209.1	2,076.7
2002	32,163.7	23,111.8	10,475.5	9,556.4	261.1	51.4	312.0	294.6	6,769.4	2,582.7
2003	31,808.7	22,939.1	9,755.2	8,835.9	207.4	47.1	328.9	335.9	7,618.9	2,348.5
2004	36,155.5	25,315.6	11,203.3	9,963.1	231.4	51.0	488.1	469.6	7,669.3	2,941.6
2005	35,088.9	23,321.7	9,738.3	8,536.8	249.8	49.4	525.8	376.5	6,918.6	3,081.7
2006	35,232.4	23,556.1	9,411.8	8,405.7	187.9	48.5	342.8	426.8	7,353.4	2,970.6
2007	34,685.0	23,407.7	8,909.5	7,857.5	211.9	56.0	292.6	491.4	7,483.0	2,822.3
2008	38,469.8	24,876.9	10,606.7	9,379.6	209.2	65.2	448.4	504.3	7,213.5	2,998.4
2009	41,364.3	24,880.2	9,863.5	8,680.0	182.2	58.3	454.5	488.5	7,554.1	3,510.6
2010	41,677.4	24,206.1	7,997.2	6,787.4	119.8	59.1	499.1	531.7	8,353.3	3,583.8
2011	41,358.2	26,316.8	9,463.3	8,008.8	136.1	58.9	681.4	578.2	8,533.7	3,674.5
2012	44,300.3	28,206.6	9,750.7	8,117.5	111.0	65.5	682.2	774.5	10,153.7	3,817.7
2013	44,608.8	28,296.6	10,254.0	8,531.6	101.1	59.3	942.9	619.0	9,632.7	4,114.3
2014	44,916.8	26,042.2	9,376.3	8,153.6	130.7	48.4	558.1	485.5	8,894.2	3,577.6
2015	44,518.8	25,307.2	8,830.4	7,697.2	149.7	42.9	406.0	534.8	8,989.0	3,686.9

	재배업					축잠업					부산물
	특용작물	약용작물	버섯	전매작물	기타	소계	축산			양잠	
							축산업계	가축	축산물		
	G341	G342	G343	G344	G345	G346	G347	G348	G349	G350	G351
	남한, 백만 圓										
1918	28.6				0.7	24.0	19.7			4.2	28.7
1919	52.5				0.7	38.5	32.5			6.0	38.7
1920	26.0				0.2	34.1	29.3			4.8	37.5
1921	24.5				0.1	37.3	33.5			3.8	25.8
1922	29.8				0.5	33.1	26.8			6.3	29.6
1923	36.7				0.5	36.8	27.9			8.8	28.3
1924	43.3				0.7	38.5	31.3			7.3	31.5
1925	34.1				0.7	45.9	33.4			12.4	34.0
1926	30.9				1.1	36.6	25.7			10.9	32.0
1927	35.4				1.2	35.3	26.4			8.9	30.5
1928	36.8				1.0	36.2	26.1			10.0	25.4
1929	33.2				0.7	36.9	23.1			13.8	23.6
1930	20.2				0.8	23.4	15.4			8.0	17.8
1931	15.4				0.7	19.8	14.5			5.3	17.3
1932	27.4				0.5	22.9	16.2			6.7	20.5
1933	25.9				0.4	32.8	18.9			14.0	22.6
1934	33.0				0.6	26.5	20.1			6.4	26.2
1935	44.2				0.5	33.6	23.2			10.3	31.2
1936	28.7				0.4	41.8	29.5			12.3	32.5
1937	45.1				0.4	49.2	35.1			14.1	45.7
1938	50.7				0.4	50.1	38.7			11.4	44.4
1939	57.5				0.4	67.6	44.6			23.0	36.9
1940	61.9				0.5	84.2	57.2			27.0	55.9
1941	67.6				0.7	77.9	56.2			21.6	65.6
1942	78.4				0.4	82.2	67.3			14.8	43.7
	남한, 십억 원										
1961	1.7			3.9	9.1	13.9	13.4	10.7	2.7	0.6	
1962	2.0			5.0	13.4	16.6	15.8	12.4	3.4	0.8	
1963	1.8			5.0	21.2	22.0	21.1	16.0	5.1	0.9	
1964	3.0			10.2	25.6	33.3	31.9	24.9	7.0	1.4	
1965	3.7			16.5	23.7	45.9	43.4	32.8	10.6	2.5	

표 G331-351 계속

	재배업					축잠업					부산물
	특용작물	약용작물	버섯	전매작물	기타	소계	축산: 축산업계	축산: 가축	축산: 축산물	양잠	
	G341	G342	G343	G344	G345	G346	G347	G348	G349	G350	G351
	남한, 십억 원										
1966	5.6			21.5	36.7	50.6	47.2	34.8	12.4	3.4	
1967	6.3			20.0	41.7	70.4	66.2	48.6	17.6	4.3	
1968	6.3			21.9	40.3	80.2	73.4	56.2	17.2	6.8	
1969	8.5			13.6	62.7	104.0	95.0	69.7	25.3	9.0	
1970	10.7			16.9	67.8	127.3	117.7	83.9	33.8	9.6	
1971	13.9			23.9	71.0	134.5	120.4	90.1	30.3	14.1	
1972	14.7			59.3	75.3	169.3	150.0	108.8	41.2	19.3	
1973	30.8			60.0	81.0	248.8	210.6	163.2	47.5	38.2	
1974	29.3			64.9	112.1	353.3	301.9	226.2	75.7	51.4	
1975	37.1		4.9	73.0	144.8	352.7	302.8	203.8	99.1	49.9	
1976	58.8		8.4	98.5	146.5	578.6	519.1	407.4	111.7	59.5	
1977	49.3		13.6	137.0	166.1	667.0	620.1	475.9	144.2	46.9	
1978	74.0		15.3	145.1	186.2	1,233.1	1,189.3	993.4	196.0	43.7	
1979	76.7		10.4	154.5	207.0	1,201.2	1,150.2	935.3	214.9	51.0	
1980	86.3	9.1	10.2	178.5	269.2	1,276.2	1,227.3	929.4	297.9	48.9	
1981	127.6	14.6	8.8	233.4	321.0	2,023.0	1,975.5	1,527.9	447.5	47.6	
1982	199.5	15.4	8.9	310.6	322.0	2,562.5	2,515.4	2,071.2	444.2	47.0	
1983	224.0	28.5	8.8	285.0	327.2	3,333.4	3,292.0	2,759.9	532.1	41.4	
1984	233.0	32.5	16.3	335.5	400.9	3,206.7	3,166.2	2,597.6	568.6	40.6	
1985	258.3	33.9	15.6	348.0	339.6	3,158.9	3,121.6	2,498.6	623.0	37.3	
1986	360.7	32.5	7.7	400.1	391.4	3,114.2	3,076.7	2,411.2	665.5	37.5	
1987	446.2	94.3	12.9	410.3	362.0	3,090.2	3,056.6	2,294.0	762.6	33.6	
1988	441.9	126.0	16.6	407.9	396.7	3,152.8	3,120.3	2,230.3	890.0	32.4	
1989	332.4	108.6	21.1	443.7	410.3	3,458.5	3,423.5	2,321.1	1,102.4	35.1	
1990	371.4	195.1	69.1	458.0	467.0	3,947.7	3,917.4	2,797.7	1,119.7	30.1	
1991	355.5	311.6	163.0	584.7	588.6	4,433.5	4,407.1	3,286.2	1,120.9	26.4	
1992	365.9	373.7	143.5	640.1	614.9	4,632.4	4,611.9	3,412.4	1,199.5	20.5	
1993	253.6	389.8	219.2	805.2	572.3	5,068.6	5,057.0	3,828.7	1,228.3	11.6	
1994	389.7	515.1	257.5	745.8	612.2	5,312.7	5,305.4	3,997.8	1,307.7	7.3	
1995	394.6	521.6	315.4	634.6	668.3	5,962.3	5,960.6	4,455.3	1,505.3	1.7	
1996	356.9	625.7	406.3	548.8	574.7	6,934.2	6,934.1	5,274.8	1,659.3		
1997	420.6	578.2	550.9	592.9	589.2	6,903.1	6,903.1	5,202.5	1,700.5		
1998	380.3	589.5	470.6	631.5	572.2	7,514.9	7,514.9	5,525.0	1,989.8		
1999	313.6	596.5	499.8	789.0	619.8	7,936.7	7,936.6	5,737.8	2,198.8		
2000	370.1	663.4	484.8	795.7	816.7	8,082.4	8,082.4	5,863.8	2,218.6		
2001	381.8	590.3	506.4	726.7	805.3	8,312.0	8,312.0	5,793.9	2,518.1		
2002	310.3	784.4	481.0	855.4	853.1	9,051.9	9,051.9	6,432.0	2,620.0		
2003	263.7	805.5	417.0	808.7	921.6	8,869.6	8,869.6	6,363.8	2,505.7		
2004	326.9	917.2	484.1	766.8	1,006.5	10,839.9	10,839.9	8,106.0	2,733.9		
2005	347.2	994.9	301.4	776.8	1,162.8	11,767.2	11,767.2	8,814.9	2,952.3		
2006	282.6	941.1	484.8	867.8	1,244.1	11,676.3	11,676.3	9,014.6	2,661.8		
2007	326.9	923.7	451.1	958.3	1,533.0	11,277.3	11,277.3	8,508.6	2,768.7		
2008	332.6	904.3	476.5	1,028.9	1,316.0	13,592.9	13,592.9	10,357.0	3,235.9		
2009	296.0	864.0	444.3	1,078.4	1,269.3	16,484.0	16,484.0	12,946.7	3,537.3	0.0	
2010	371.1	851.0	598.6	1,031.5	1,419.7	17,471.4	17,471.4	13,752.2	3,719.1	0.0	
2011	325.8	817.4	422.4	1,141.5	1,938.1	15,041.4	14,990.9	11,277.1	3,713.7	50.5	
2012	363.0	751.1	404.0	1,165.4	1,801.0	16,093.7	16,022.5	12,123.7	3,898.8	71.1	
2013	459.2	733.9	364.3	942.2	1,796.1	16,312.2	16,232.8	12,040.4	4,192.4	79.4	
2014	517.2	701.9	455.1	937.0	1,582.9	18,874.6	18,781.9	14,158.1	4,623.7	92.7	
2015	547.0	629.8	381.7	906.6	1,335.6	19,211.6	19,125.7	14,533.1	4,592.6	86.0	

자료: 1918-1942년은 반성환, 『한국농업의 성장』(한국개발연구원, 1974), pp. 224-225; 1961-2015년은 농림부, 『농림통계연보』, 각년도.

주: 1) 기준연도 총생산액의 1/10,000 이상인 품목을 대상으로 작성한 『농림통계연보』의 농림업생산지수로부터 계산하였다.

2) 1969년까지는 농림부, 『농림통계연보』(1970); 1970-1979년까지는 농림부, 『농림통계연보』(1980); 1980-1989년까지는 농림부, 『농림통계연보』(1990); 그 이후는 통계청, 「농림업생산지수」(www://kosis.kr)의 자료를 이용하였다. 1990년 이후는 기준연도 2010년이며, 그 이전은 1970년, 1980년의 수치를 평균하여 연결하였다.

3) 볏짚, 화훼류 등은 기타로 통합하고, 1990년대 이후 축잠업의 오차는 잠업을 조정함으로써 통일하였다.

표 G352-401 농산물 재배면적 및 생산량, 1937-1954

	재배면적		미곡		맥류		잡곡		두류		서류		
	재배면적	식량재배면적	재배면적	생산량	재배면적	생산량	재배면적	생산량	재배면적	생산량	재배면적	서류생서생산량	생산량
	G352	G353	G354	G355	G356	G357	G358	G359	G360	G361	G362	G363	G364
	남한												
	천 ha	kt	천 ha	kt	천 ha	kt	천 ha	kt	천 ha	kt	천 ha	kt(생서)	kt
1937	3,064	2,744	1,180	2,841	843	1,505	248	131	430	323	42	513	137
1938	3,073	2,743	1,189	2,563	861	1,155	235	127	410	275	47	617	168
1939	3,002	2,653	768	1,085	873	1,301	584	224	377	131	52	497	136
1940	3,068	2,685	1,172	2,262	923	1,281	221	95	309	190	61	600	165
1941	3,039	2,630	1,178	2,775	854	1,246	215	86	309	208	73	733	203
1942	2,800	2,389	804	1,546	890	1,045	379	97	251	112	65	354	96
1943	2,977	2,596	1,094	1,981	904	852	232	92	291	139	75	709	197
1944	2,892	2,534	883	1,507	904	1,355	376	133	290	143	81	721	196
1945	2,617	2,308	1,046	1,885	641	417	242	74	270	137	110	1,010	279
1946	2,441	2,184	1,098	1,769	548	710	202	76	255	147	81	745	201
1947	2,480	2,211	1,114	2,034	586	633	171	57	259	136	82	785	212
1948	2,557	2,293	1,112	2,274	593	667	223	79	275	151	90	859	233
1949	2,643	2,354	1,044	2,163	611	869	297	121	310	199	92	940	253
1950	2,545	2,282	1,089	2,145	625	896	204	70	281	138	83	817	219
1951	2,360	2,078	915	1,666	527	522	273	97	285	130	78	719	195
1952	2,451	2,193	808	1,363	587	736	422	156	307	139	70	521	140
1953	2,559	2,291	1,069	2,076	677	851	171	82	284	159	90	1,226	327
1954	2,603	2,332	1,069	2,203	680	1,092	203	83	292	178	89	999	278

	과일류		채소류		과채류		엽채류		근채류		조미채소	
	재배면적	생산량	재배면적	생산량	재배면적	생산량	재배면적	생산량	재배면적	생산량	재배면적	생산량
	G365	G366	G367	G368	G369	G370	G371	G372	G373	G374	G375	G376
	남한											
	천 ha	kt	천 ha	kt	천 ha	kt	천 ha	kt	천 ha	kt	천 ha	kt
1937	6	35	84	1,621	17	165	18	715	20	616	29	125
1938	8	40	86	1,735	17	171	19	780	20	657	30	127
1939	9	41	90	1,346	17	130	19	601	24	517	31	97
1940	11	48	90	1,596	17	122	19	719	22	657	32	99
1941	15	68	92	1,687	17	141	18	790	22	639	33	118
1942	11	47	95	1,503	16	120	21	710	26	575	32	99
1943	12	52	85	1,361	16	120	18	615	21	534	30	93
1944	12	58	73	1,285	11	91	16	600	20	513	27	81
1945	13	39	74	1,045	11	83	15	498	20	377	26	71
1946	14	57	77	1,162	12	91	16	521	20	451	27	76
1947	13	41	87	1,425	13	107	21	717	23	494	28	85
1948	17	80	93	2,243	13	120	23	1,184	22	786	33	119
1949	18	88	99	2,459	13	118	26	1,404	23	792	34	116
1950	18	64	70	1,737	9	83	19	991	16	561	24	81
1951	17	137	82	2,295	8	86	19	1,060	22	933	31	183
1952	17	97	86	2,105	9	93	20	1,043	23	804	31	128
1953	16	98	86	1,640	11	102	21	843	20	509	32	162
1954	17	105	95	2,294	10	98	23	1,207	23	795	34	146

표 G352-401 계속

	기타채소		특용작물		담배		양잠		한육우	젖소	말	노새
	재배면적	생산량	재배면적	생산량	재배면적	생산량	재배면적	생산량	사육두수	사육두수	사육두수	사육두수
	G377	G378	G379	G380	G381	G382	G383	G384	G385	G386	G387	G388
	남한											
	천 ha	kt	천 ha	kt	천 ha	kt	천 ha	kt	천 頭			頭
1937			216	131	14	20						
1938			223	117	14	21						
1939			236	106	14	23						
1940			268	100	15	19						
1941			288	105	15	19						
1942			290	99	15	29						
1943			270	147	15	25						
1944			256	121	15	23						
1945	1	14	207	74			15		597	1,661	34	
1946	2	23	155	63			12	6	609	1,001	33	34
1947	2	22	158	44			10	6	643		35	18
1948	3	34	144	60			10	6	684	867	26	55
1949	3	29	162	85			10	7	699	889	22	99
1950	2	20	165	66			11	5	393	780	17	
1951	2	34	171	79			10	5	572	237	18	
1952	3	38	145	55			10	6	661	280	18	119
1953	2	25	156	54			10	6	668	281	16	
1954	4	48	149	56			10	6	763	269	16	162

	당나귀	돼지	면양	염소	토끼	닭	오리	칠면조	거위	꿀벌	우유	산양유	벌꿀
	사육두수	사육두수	사육두수	사육두수	사육두수	사육두수	사육두수	사육두수	사육두수	통수	생산량	생산량	생산량
	G389	G390	G391	G392	G393	G394	G395	G396	G397	G398	G399	G400	G401
	남한												
	頭	천 頭	頭	천 頭				頭		천 통	t		
1937													
1938													
1939													
1940													
1941													
1942													
1943													
1944													
1945		195	4,095	29	18	1,516	2						
1946	46	300	2,678	36	21	1,851	2	42					
1947	45	521	3,450	46	45	2,078	8	68					
1948	43	659	1,839	48	71	2,441	14	245					
1949	64	525	1,843	38	135	2,605	38	135					
1950		156	1,020	20	92	719							
1951		335	671	23	68	1,395	55						
1952	80	489	949	23	99	1,972	112	137		27	390	16	180
1953	452	506	1,300	20	82	2,246	83	361			352	46	
1954	37	938	624	27	168	5,464	345	319	4,678	49	140		278

자료: 농림부, 『농림통계연보』(1952, 1955).

표 G402-409 농산가공제조업 생산액, 부가가치, 노동자수 및 급여, 당해년 가격, 1970-2014

	생산액		부가가치		노동자수		급여	
	합계	음식료품 담배	합계	음식료품 담배	합계	음식료품 담배	합계	음식료품 담배
	G402	G403	G404	G405	G406	G407	G408	G409
	남한, 십억 원				남한, 천 명		남한, 십억 원	
1970	1,284	281	528	135	776	96	127	16
1971	1,618	351	665	163	767	95	152	20
1972	3,628	681	1,351	242	1,079	123	301	36
1973	3,609	675	1,343	239	1,084	124	298	35
1974	5,604	957	1,826	299	1,230	140	437	47
1975	8,045	1,412	2,778	586	1,358	137	634	62
1976	11,520	1,809	4,013	743	1,653	142	987	87
1977	15,018	2,382	5,506	1,045	1,855	156	1,430	132
1978	20,857	3,080	8,048	1,439	2,043	164	2,175	182
1979	26,300	3,638	9,031	1,489	2,035	171	2,849	264
1980	35,875	4,893	11,681	1,929	1,946	167	3,395	314
1981	46,182	6,063	15,178	2,386	1,966	158	4,036	342
1982	51,008	7,117	17,034	2,829	2,014	162	4,640	400
1983	59,767	8,049	20,553	3,256	2,125	176	5,359	465
1984	70,460	8,800	24,282	3,497	2,251	180	6,337	490
1985	76,110	9,301	26,323	3,649	2,343	185	7,070	547
1986	89,893	10,457	32,383	4,125	2,636	197	8,404	614
1987	112,460	11,732	39,930	4,692	2,892	207	10,775	772
1988	132,449	13,476	47,464	5,411	2,999	213	13,385	899
1989	146,036	15,177	53,813	6,205	2,958	203	16,426	1,062
1990	173,975	17,199	69,271	7,491	2,871	203	18,964	1,206
1991	198,831	19,878	82,264	9,014	2,726	195	21,858	1,386
1992	221,649	22,280	93,121	9,995	2,619	191	24,090	1,518
1993	263,482	23,434	110,588	10,689	2,873	189	29,313	1,729
1994	307,580	25,949	131,945	11,900	2,909	191	33,261	1,890
1995	350,774	28,497	152,707	13,038	2,673	194	35,483	2,153
1996	385,328	32,269	166,177	15,018	2,608	185	39,595	2,346
1997	416,364	33,605	172,780	15,091	2,412	172	42,306	2,327
1998	408,186	35,272	169,300	15,152	2,085	156	32,437	2,057
1999	452,621	36,730	188,673	17,126	2,190	158	35,562	2,184
2000	529,314	37,795	205,187	17,424	2,311	161	42,158	2,459
2001	548,339	39,548	206,647	17,256	2,265	161	44,599	2,586
2002	591,437	42,135	224,853	18,095	2,320	165	49,246	2,841
2003	629,984	43,352	236,778	18,210	2,324	165	53,458	3,037
2004	743,051	47,905	281,646	20,863	2,386	163	59,357	3,140
2005	798,632	46,432	291,153	19,408	2,443	160	64,426	3,341
2006	856,135	47,275	304,134	19,383	2,484	159	68,141	3,450
2007	944,713	51,066	329,011	21,105	2,508	166	72,936	3,705
2008	1,113,309	58,398	367,630	22,438	2,454	163	75,004	3,747
2009	1,122,987	64,090	374,501	23,641	2,453	169	76,093	4,023
2010	1,334,833	67,058	435,344	24,389	2,636	173	88,519	4,273
2011	1,491,351	73,240	480,203	25,799	2,695	179	93,966	4,543
2012	1,507,834	78,536	480,713	28,088	2,754	181	98,612	4,742
2013	1,491,736	80,520	479,281	29,358	2,814	186	104,023	5,000
2014	1,489,213	73,109	484,485	25,106	2,905	184	110,895	5,015

자료: 통계청, 「광업제조업조사」(http://kosis.kr).

주: 식료품제조업은 고기 · 과실 · 채소 · 유지가공업, 낙농품제조업, 곡물가공품 · 전분 및 사료제조업, 기타식품제조업, 음료제조업 등을 포함하고 있다.

4. 농업투입

표 G410-425 농업생산요소 투입액, 1918-1942, 1955-2012

	농업인구 및 경지					농업경상투입					농업조고정자본스톡					
	농업취업자	남	여	경지면적	재배면적	합계	배합사료	농약	비료	종자	합계	농기계	대동물	대식물	토지개량	건물
	G410	G411	G412	G413	G414	G415	G416	G417	G418	G419	G420	G421	G422	G423	G424	G425
	남한, 천 명			남한, 천 ha		남한, 십억 원(2005년 불변가격)										
1918	1,598			2,108	2,888	6.1		0.1	5.5	0.4	215.0	0.3	183.3	4.3	26.2	0.9
1919	1,635			2,116	2,926	8.5		0.1	7.7	0.6	221.6	0.3	189.1	4.1	27.0	1.0
1920	1,633			2,110	2,939	10.0		0.2	9.1	0.7	226.8	0.4	193.5	4.0	27.7	1.2
1921	1,679			2,113	2,945	10.6		0.2	9.5	0.9	230.2	0.4	196.8	3.3	28.4	1.3
1922	1,659			2,108	2,952	12.7		0.2	11.5	1.1	233.0	0.5	198.5	3.3	29.2	1.5
1923	1,678			2,119	2,956	14.1		0.2	12.6	1.2	236.4	0.5	200.9	3.2	30.2	1.7
1924	1,683			2,124	2,973	11.5		0.2	10.0	1.4	236.6	0.6	199.8	3.1	31.1	1.9
1925	1,721			2,121	3,020	16.6		0.3	14.8	1.5	236.6	0.7	198.6	3.2	31.9	2.2
1926	1,716			2,121	3,047	27.5		0.5	25.3	1.7	239.6	0.8	199.6	2.7	34.0	2.5
1927	1,713			2,120	3,069	38.2		0.7	35.7	1.8	240.3	0.9	198.7	2.7	35.1	2.8
1928	1,718			2,123	3,086	58.6		1.0	55.6	2.0	241.8	1.0	197.5	2.7	37.4	3.2
1929	1,761			2,125	3,151	78.8		1.4	75.2	2.2	246.0	1.2	198.8	2.7	39.6	3.6
1930	1,766			2,129	3,209	86.1		1.5	82.2	2.3	253.4	1.3	203.0	2.8	42.1	4.2
1931	1,750			2,123	3,226	70.0		1.2	66.3	2.5	260.4	1.5	207.0	2.8	44.4	4.7
1932	1,716			2,128	3,213	83.5		1.4	79.4	2.6	265.5	1.7	209.9	2.8	45.7	5.4
1933	1,787			2,135	3,292	127.1		2.2	122.1	2.8	271.1	2.0	210.2	3.2	49.5	6.2
1934	1,780			2,137	3,357	181.1		3.2	175.0	3.0	273.4	2.1	210.2	3.3	51.1	6.7
1935	1,782			2,141	3,367	230.2		4.1	223.0	3.1	279.6	2.6	213.8	3.5	51.5	8.1
1936	1,780			2,139	3,330	297.5		5.3	288.9	3.3	286.1	3.1	217.2	3.7	52.3	9.8
1937	1,782			2,141	3,309	259.1		4.6	251.1	3.4	292.1	3.7	219.3	4.0	53.7	11.5
1938	1,806			2,154	3,302	276.4		4.9	267.9	3.6	296.8	4.2	221.0	4.5	54.0	13.1
1939	1,684			2,163	3,137	228.8		4.0	221.0	3.8	297.4	4.5	218.5	5.2	55.4	13.9
1940	1,874			2,158	3,281	238.6		4.2	230.5	3.9	305.5	4.7	223.9	6.3	55.9	14.7
1941	1,842			2,150	3,290	231.3		4.1	223.1	4.1	312.2	5.3	228.4	6.3	55.5	16.7
1942	1,687			2,138	3,045	204.9		3.6	197.1	4.2	314.2	6.1	228.7	5.3	55.1	19.0
1955	4,383	2,690	1,692	1,995	2,635	215.3	0.2		148.9	66.1	9,643.6	1.2	2,845.1	356.8	6,311.2	129.2
1956	4,429	2,726	1,704	1,992	2,685	250.2	0.3		178.2	71.7	8,227.3	1.6	2,980.7	366.1	4,762.2	116.7
1957	4,470	2,762	1,708	1,999	2,707	313.5	0.5	62.0	176.0	75.0	7,569.0	1.9	3,140.7	372.3	3,938.4	115.7
1958	4,507	2,792	1,715	2,012	2,637	314.6	0.7	46.1	198.3	69.5	8,159.5	2.3	3,253.4	418.6	4,336.4	148.8
1959	4,591	2,842	1,749	2,016	2,587	337.5	1.2	84.6	182.9	68.8	7,371.5	2.8	3,315.4	440.1	3,441.0	172.2
1960	4,723	2,930	1,793	2,025	2,616	377.2	1.7	87.3	214.3	73.8	7,359.0	3.2	3,272.8	424.7	3,452.6	205.7
1961	4,656	2,902	1,755	2,033	2,705	365.1	2.3	42.0	245.0	75.7	7,595.9	3.5	3,444.3	435.9	3,546.2	165.9
1962	4,831	3,037	1,794	2,063	2,777	357.9	3.9	32.3	242.3	79.4	8,016.9	6.1	3,989.0	437.4	3,412.1	172.4
1963	4,905	3,089	1,815	2,080	2,819	388.8	5.1	66.8	239.5	77.4	6,421.7	8.5	4,330.4	439.3	1,506.3	137.2
1964	4,875	3,057	1,818	2,171	2,978	413.5	6.5	46.2	271.0	89.8	5,540.1	12.8	3,613.3	529.7	1,250.1	134.2
1965	4,984	3,126	1,857	2,256	3,164	455.3	10.7	57.0	290.5	97.1	5,809.2	17.3	3,520.6	777.1	1,323.4	170.8
1966	5,076	3,131	1,945	2,293	3,063	480.0	17.9	47.5	311.8	102.8	6,202.9	21.0	3,453.1	819.9	1,717.7	191.2
1967	5,060	3,105	1,955	2,312	3,115	571.9	32.6	64.1	354.2	121.0	6,094.6	29.4	3,332.7	870.2	1,640.4	222.0
1968	5,187	3,138	2,049	2,319	3,101	638.0	67.8	85.6	351.9	132.8	5,618.6	36.0	3,087.3	927.8	1,253.2	314.3
1969	5,260	3,234	2,026	2,311	3,110	758.9	111.0	107.5	391.1	149.3	5,984.4	51.4	3,027.8	1,009.6	1,527.1	368.4
1970	5,340	3,190	2,151	2,298	3,056	898.2	154.1	159.8	416.7	167.7	6,555.6	68.2	2,975.6	1,101.8	2,034.3	376.7
1971	5,249	3,012	2,237	2,271	2,917	1,005.9	213.2	180.0	441.9	170.8	7,909.9	99.8	3,048.5	1,073.1	3,199.0	489.6
1972	5,503	3,126	2,377	2,242	2,894	1,102.0	235.7	227.6	470.5	168.2	8,065.4	128.0	3,235.6	1,160.7	3,074.1	467.0
1973	5,274	3,029	2,245	2,241	2,859	1,291.4	276.2	283.7	559.4	172.2	8,744.2	169.8	3,581.6	1,281.1	2,853.3	858.4
1974	5,031	2,925	2,106	2,238	2,890	1,298.2	281.5	235.7	593.5	187.5	11,329.1	237.7	4,156.5	1,464.8	4,792.3	677.9
1975	4,759	2,730	2,029	2,240	2,962	1,456.4	273.5	365.2	627.8	189.8	12,622.9	315.7	3,701.5	1,444.9	6,418.7	742.1
1976	4,837	2,715	2,121	2,238	2,965	1,508.1	419.7	437.8	447.6	203.0	15,467.9	421.1	3,416.8	1,709.6	8,836.4	1,083.9
1977	4,595	2,667	1,928	2,231	2,789	1,691.0	576.4	386.2	520.4	208.0	15,058.4	520.5	3,449.8	1,822.6	7,972.4	1,293.2
1978	4,314	2,416	1,898	2,222	2,766	2,092.8	817.6	482.3	607.0	185.9	15,134.5	662.6	3,814.8	1,823.8	7,621.7	1,211.6
1979	4,082	2,246	1,835	2,207	2,678	2,607.0	1,178.0	622.6	593.4	212.9	13,722.5	813.7	3,485.6	1,872.4	6,348.4	1,202.5
1980	3,895	2,175	1,720	2,196	2,581	2,552.7	1,051.2	697.4	574.7	229.4	17,016.5	1,004.3	3,259.7	1,925.0	9,784.3	1,043.1
1981	3,900	2,176	1,724	2,188	2,548	2,569.7	1,059.7	699.5	567.1	243.3	20,634.2	1,210.1	2,843.5	1,988.0	13,597.3	995.3
1982	3,829	2,119	1,710	2,180	2,457	2,602.9	1,341.9	614.9	418.4	227.8	27,749.7	1,454.6	3,483.5	1,967.6	19,113.0	1,731.0
1983	3,726	2,087	1,639	2,167	2,470	3,138.1	1,776.5	661.9	490.0	209.6	28,078.3	1,705.9	4,344.3	2,040.9	18,138.5	1,848.6
1984	3,716	2,080	1,636	2,152	2,451	3,258.2	1,817.0	714.6	536.9	189.6	28,355.6	1,923.5	4,882.6	2,044.4	17,507.0	1,998.1

표 G410-425 계속

	농업인구 및 경지					농업경상투입					농업조고정자본스톡					
	농업취업자	남	여	경지면적	재배면적	합계	배합사료	농약	비료	종자	합계	농기계	대동물	대식물	토지개량	건물
	G410	G411	G412	G413	G414	G415	G416	G417	G418	G419	G420	G421	G422	G423	G424	G425
	남한, 천 명			남한, 천 ha		남한, 십억 원(2005년 불변가격)										
1985	3,571	1,986	1,585	2,144	2,336	3,517.1	1,958.6	784.1	573.8	200.7	27,809.1	2,177.9	5,095.3	2,051.9	16,485.3	1,998.7
1986	3,558	1,951	1,607	2,141	2,330	4,044.3	2,330.2	909.1	593.3	211.7	32,004.4	2,571.8	4,540.0	2,097.1	20,836.3	1,959.2
1987	3,468	1,866	1,602	2,143	2,351	4,501.4	2,737.9	996.6	599.6	167.3	36,386.8	2,830.4	4,130.7	2,153.1	24,045.5	3,227.1
1988	3,319	1,771	1,548	2,138	2,317	4,716.5	2,965.3	944.6	623.2	183.4	37,265.4	3,077.0	3,702.9	2,249.5	25,010.5	3,225.5
1989	3,197	1,661	1,536	2,127	2,277	1,947.0	3,158.5	991.5	635.3	161.7	39,993.0	3,388.3	3,706.9	2,366.0	27,001.4	3,530.4
1990	3,204	1,675	1,529	2,109	2,208	5,121.2	3,165.3	1,063.5	737.8	154.6	38,587.1	3,801.8	3,772.7	2,449.4	24,503.8	4,059.5
1991	2,931	1,514	1,417	2,091	2,133	5,347.5	3,486.2	1,161.7	538.8	160.8	49,143.7	4,277.0	4,148.5	2,504.4	34,214.7	3,999.1
1992	2,869	1,466	1,403	2,070	2,062	5,767.4	3,854.1	1,127.9	621.1	164.3	57,523.5	4,619.8	4,581.4	2,662.6	39,635.8	6,023.9
1993	2,800	1,413	1,389	2,055	2,072	5,893.1	3,955.0	1,113.1	639.2	185.8	57,789.7	5,104.4	5,009.0	2,716.7	38,555.6	6,404.0
1994	2,710	1,360	1,351	2,033	1,996	6,055.6	4,112.2	1,129.0	637.1	177.3	56,169.2	5,519.8	5,089.5	2,823.5	35,165.3	7,570.0
1995	2,555	1,301	1,254	1,985	1,996	6,362.2	4,461.5	1,084.8	629.4	186.6	60,419.7	5,911.7	5,557.7	3,045.7	36,934.0	8,970.7
1996	2,468	1,234	1,235	1,945	1,959	6,607.3	4,791.9	1,031.2	601.4	182.8	75,224.2	6,366.9	5,984.3	3,034.5	50,247.1	9,591.4
1997	2,389	1,179	1,212	1,924	1,915	6,617.0	4,812.0	1,052.0	584.4	168.5	89,194.8	6,884.4	5,496.3	3,087.2	60,788.6	12,938.4
1998	2,480	1,254	1,227	1,910	1,934	5,979.9	4,297.0	942.1	574.2	166.7	97,795.7	7,440.0	4,826.4	3,082.6	71,197.8	11,248.9
1999	2,347	1,210	1,136	1,899	1,936	6,341.9	4,510.4	1,094.9	564.2	172.5	102,589.2	7,808.2	4,097.9	3,071.7	73,979.7	13,631.8
2000	2,273	1,170	1,102	1,889	1,929	6,370.0	4,533.4	1,115.6	537.0	184.0	94,923.7	8,062.1	3,597.4	3,099.7	66,945.9	13,218.5
2001	2,155	1,101	1,055	1,876	1,923	6,348.9	4,485.3	1,204.9	478.3	180.4	82,551.9	8,183.0	3,385.0	2,980.5	55,504.1	12,499.3
2002	1,993	1,026	968	1,863	1,855	6,455.6	4,736.7	1,098.5	461.6	158.9	73,033.3	8,177.9	3,374.9	2,952.7	45,465.2	13,062.6
2003	1,955	1,010	947	1,846	1,770	6,285.8	4,632.1	1,043.4	454.6	155.7	104,527.0	7,861.3	3,406.5	2,858.3	76,438.7	13,962.1
2004	1,889	981	907	1,836	1,759	6,211.3	4,478.4	1,071.0	499.6	162.3	119,282.4	7,948.1	3,666.8	2,730.2	92,585.6	12,351.7
2005	1,932	1,018	913	1,824	1,739	6,239.1	4,578.2	1,041.3	471.2	148.4	120,680.4	8,085.8	3,892.6	2,671.0	93,213.5	12,817.5
2006	1,854	966	889	1,800	1,674	6,174.7	4,698.2	1,013.3	315.5	147.8	99,264.2	8,176.9	4,293.7	2,632.7	69,958.8	14,202.1
2007	1,864	970	894	1,782	1,647	6,479.3	4,902.6	1,014.2	421.3	141.2	94,647.3	8,176.1	4,550.7	2,640.9	65,667.1	13,612.5
2008	1,812	946	866	1,759	1,626	6,481.9	4,897.4	1,068.3	379.5	136.9	103,089.4	8,278.9	4,892.4	2,625.5	73,551.6	13,740.9
2009	1,700	905	795	1,737	1,608	6,431.2	5,003.7	964.1	331.6	131.8	97,961.8	7,970.8	5,207.4	2,614.9	69,059.7	13,109.1
2010	1,582	874	707	1,715	1,560	6,493.8	5,323.2	756.8	288.8	124.9	84,437.6	8,031.6	5,774.9	2,625.1	55,757.4	12,248.7
2011	1,492	827	665	1,698	1,532	6,352.8	5,105.0	806.0	307.5	134.3	83,504.4	7,907.4	5,836.3	2,612.6	57,420.8	9,727.3
2012	1,480	838	642	1,730	1,506	6,840.1	5,659.1	738.4	322.8	119.8	87,150.0	7,939.8	5,845.8	2,580.5	60,581.9	10,202.0

자료: 1918-1942년은 반성환, 『한국 농업의 성장』, 한국개발연구원, 1974, pp. 245-249; 1955-2012년은 황수철, 「한국의 농업성장 분석: 1955-2012년의 산출, 투입 및 생산성 추계를 중심으로」, 정혁 외, 『농업부문 개발과 구조전환을 통한 한국경제 발전』, KDI, 2015이다.

주: 반성환(1974)은 1965년 불변가격으로 추정하였는데, 여기에서는 1965년 불변가격: 2005년 불변가격=0.0368:1의 비율(P156)로 환산하였다.

표 G426-460 농업생산요소 투입량, 1955-2015

	농기계																
	경운기	트랙터	이앙기	바인더	콤바인	동력방제기구					양수기	탈곡기	건조기			파종기	관리기
						합계	고성능방제기		분무기	살분무기			합계	순환식 (곡물건조기)	평면식 (농산물건조기)		
							과수전용	수도일반용									
	G426	G427	G428	G429	G430	G431	G432	G433	G434	G435	G436	G437	G438	G439	G440	G441	G442
	남한, 천 대																
1955											6	1					
1956											7	1					
1957											7	2					
1958											7	2					
1959	0										6	3				0	
1960	0										7	4				0	
1961	0					0					7	5				0	
1962	0					1					15	8				1	
1963	0					3					15	9				0	
1964	1					5					18	15				0	
1965	1					8					26	19				0	
1966	2	0				9					30	22				1	
1967	4	0				13					32	25				1	
1968	6	0				12					38	27				2	
1969	9	0				25					50	34				1	
1970	12	0				45					54	41				1	
1971	17	0				69					58	63				0	
1972	25	0				82					61	76				0	
1973	38	0	0		0	97			16	82	61	85	1	0	1	0	
1974	60	0	0		0	116			3	93	63	108	1	0	0	0	
1975	86	1	0		0	138			33	105	66	127	1	0	0	1	
1976	122	1	0		0	164			41	124	86	145	1	0	0	2	
1977	154	1	0	0	0	194			53	141	120	161	1	0	0	3	
1978	195	2	1	3	0	235	1		66	170	181	186	1	1	0	4	
1979	236	2	2	11	1	291	1		82	207	188	203	1	1	0	4	
1980	290	3	11	14	1	332	1		109	222	194	220	2	1	1	3	
1981	350	4	15	16	2	365	1	2	143	229	209	239	2	1	1	3	
1982	422	6	20	17	4	405	0	1	171	233	246	254	2	2	1	3	
1983	489	7	25	20	6	439	0	1	208	230	263	270	3			3	
1984	538	10	31	23	8	474	1	1	245	227	273	287	4			3	
1985	589	12	42	26	12	518	1	2	292	222	286	302	5			4	
1986	684	16	60	33	16	586	2	3	327	254	287	294	6			3	
1987	711	20	76	38	20	627	2	4	370	253	295	303	9			3	
1988	726	25	92	45	25	664	2	7	420	234	313	297	11			4	
1989	739	31	112	50	33	677	4	8	451	214	326	285	14			4	
1990	751	41	138	56	44	695	5	10	484	196	342	267	18			6	
1991	768	53	168	62	54	718	6	16	514	182	343	245	24	16	71	8	
1992	768	64	185	63	61	723	8	18	530	167	253	222	27	18	78	9	
1993	799	77	211	65	68	718	10	16	546	147	353	161	32	22	93	10	
1994	837	89	229	66	70	717	12	16	555	134	375	138	34	25	107	12	
1995	869	100	248	67	72	713	13	17	561	125	385	122	28	28	118	13	
1996	910	113	271	68	74	717	16	21	561	118	408	110		38	123	15	
1997	946	131	303	69	74	703	20	21	540	120	397	96		44	135	13	
1998	960	158	325	73	78	642	24	21	462	136	345	78		50	146	10	
1999	954	176	336	73	84	625	27	20	428	150	309	66		53	157	8	
2000	939	192	342	72	87	629	29	22	411	167	293	59		56	165	8	
2001	923	201	343	70	88	643	30	27	408	178	325	54		58	168	9	
2002	872	206	341	68	87	643	33	30	393	188	321	50		61	170	14	
2003	858	212	335	63	87	65	36	30						64	172		376
2004	833	220	336	62	89	77	36	41						66	176		383
2005	820	228	332	60	87	143	39	89						70	184		393
2006	803	237	325	57	86	156	40	116						73	189		399
2007	771	244	314		85	124	42							74	197		410
2008	740	254	310		85	149	44							75	198		422
2009	715	259	283		80	0	44							76	198		406
2010	698	265	276		81	2	44							78	208		408

표 G426-460 계속

	농기계																
	경운기	트랙터	이앙기	바인더	콤바인	동력방제기구					양수기	탈곡기	건조기			파종기	관리기
						합계	고성능방제기		분무기	살분무기			합계	순환식 (곡물건조기)	평면식 (농산물건조기)		
							과수전용	수도일반용									
	G426	G427	G428	G429	G430	G431	G432	G433	G434	G435	G436	G437	G438	G439	G440	G441	G442
	남한, 천 대																
2011	667	268	254		79		43							77	205		399
2012	657	273	245		79		47							77	219		403
2013	640	278	236		79		49							78	221		408
2014	610	277	220		76		51							77	227		397
2015	598	283	213		79		55							78	242		407

	비료								농약									
	성분별 비료소비량 (농협중앙회 판매분)				성분별 비료소비량 (시판분)				농약생산량					농약출하량				
	합계	질소질	인산질	가리질	합계	질소질	인산질	가리질	합계	살균제	살충제	제초제	기타제	합계	살균제	살충제	제초제	기타제
	G443	G444	G445	G446	G447	G448	G449	G450	G451	G452	G453	G454	G455	G456	G457	G458	G459	G460
	남한, 천 t								남한, t									
1955	165	128	28	9					265	15	250	0	0					
1956	165	108	50	8					359	8	349	3	0					
1957	171	107	57	7					396	9	383	4	0					
1958	152	96	52	4					327	8	316	2	0					
1959	134	86	44	4					405	13	391	2	0					
1960	137	88	43	6					249	8	240	1	1					
1961	308	211	81	17					222	9	211	0	1					
1962	307	201	87	19					506	121	381	1	4					
1963	307	192	94	21					634	206	416	4	7					
1964	364	173	154	37					888	202	623	33	29					
1965	393	218	123	52					505	135	352	3	14					
1966	423	240	125	59					897	208	644	11	34					
1967	486	278	133	76					1,197	135	1,019	20	22					
1968	478	286	121	71					1,341	299	980	25	36					
1969	535	320	131	84					2,572	1,541	945	42	43					
1970	563	356	124	83					3,789	1,956	1,275	480	78					
1971	605	347	165	93					3,249	678	1,746	727	98					
1972	648	373	171	104					5,193	1,061	3,038	981	112					
1973	793	411	232	150					6,830	1,080	4,214	1,345	191					
1974	837	449	232	155					5,801	967	3,557	1,221	56					
1975	886	482	238	167					8,534	1,457	5,095	1,905	78					
1976	643	361	142	140					11,031	2,047	6,749	2,141	94					
1977	736	388	210	138					9,444	1,435	5,656	2,246	107					
1978	866	462	231	174					10,400	2,143	5,838	2,259	160					
1979	863	445	227	192					14,768	4,024	7,562	2,845	337					
1980	828	448	196	184					17,440	5,591	7,318	3,523	1,008					
1981	832	433	199	200					16,032	6,404	5,297	3,473	858					
1982	617	312	149	157					13,610	4,208	5,655	2,651	1,096					
1983	709	363	168	179					15,361	3,751	6,672	3,936	1,002					
1984	762	394	177	191					17,282	5,181	6,761	4,163	1,177	16,688	6,506	5,161	3,857	1,164
1985	807	414	186	207					17,758	5,771	6,622	4,031	1,334	18,247	7,052	5,955	3,994	1,246
1986	830	423	192	215					23,703	7,981	8,690	4,887	2,145	21,322	7,834	7,054	4,454	1,980
1987	839	428	193	219	906	451	212	243	22,582	8,333	7,838	4,200	2,211	23,229	8,069	8,384	4,666	2,110
1988	855	439	194	222	943	469	219	255	21,768	8,347	7,121	4,391	1,909	21,967	7,250	8,146	4,591	1,980
1989	865	451	194	220	954	483	221	251	23,317	7,932	7,950	4,927	2,508	23,280	7,937	8,037	4,882	2,424
1990	998	523	223	252	1,104	562	256	285	26,610	8,248	9,488	6,274	2,600	25,082	9,332	7,778	5,509	2,463
1991	712	366	160	186	813	403	192	218	28,734	8,630	10,895	6,130	3,079	27,476	10,503	8,470	5,631	2,872
1992	822	428	184	210	936	467	218	250	28,946	9,066	10,852	5,463	3,565	26,718	9,878	8,445	5,369	3,026
1993	835	435	186	213	974	477	226	270	26,849	11,316	7,729	5,178	2,626	25,999	7,642	10,143	5,270	2,944
1994	820	424	185	211	970	475	228	268	25,656	10,734	7,420	5,334	2,168	26,282	7,999	10,119	5,506	2,658
1995	811	419	183	209	954	472	223	259	26,676	8,085	9,527	5,756	3,308	25,834	8,892	7,910	5,817	3,215
1996	787	412	175	201	908	456	209	243	25,085	7,138	8,400	6,338	3,209	24,641	8,407	7,156	5,962	3,116
1997	780	411	172	197	882	446	199	237	25,300	7,079	9,493	6,264	2,464	24,814	9,161	7,332	6,043	2,278
1998	801	428	173	201	860	447	187	226	22,073	6,153	8,753	5,594	1,573	22,103	8,765	6,543	5,116	1,679

표 G426-460 계속

	비료								농약									
	성분별 비료소비량 (농협중앙회 판매분)				성분별 비료소비량 (시판분)				농약생산량					농약출하량				
	합계	질소질	인산질	가리질	합계	질소질	인산질	가리질	합계	살균제	살충제	제초제	기타제	합계	살균제	살충제	제초제	기타제
	G443	G444	G445	G446	G447	G448	G449	G450	G451	G452	G453	G454	G455	G456	G457	G458	G459	G460
	남한, 천 t								남한, t									
1999	781	424	164	194	842	444	179	219	26,264	8,287	9,976	5,431	2,570	25,837	9,544	8,082	5,596	2,615
2000	743	403	157	184	801	423	171	208	29,459	9,482	10,563	5,978	3,436	26,087	9,270	8,726	5,822	2,269
2001	651	352	136	162	717	375	153	189	27,790	9,728	9,647	6,468	1,947	28,218	9,880	9,394	6,380	2,564
2002	637	344	133	160	690	363	146	180	26,585	9,137	9,017	5,729	2,702	25,844	9,556	8,294	5,494	2,500
2003	632	342	132	157	678	359	143	176	23,087	6,923	8,786	5,012	2,366	24,610	9,332	7,500	5,430	2,348
2004	685	372	143	170	747	394	157	196	23,910	7,220	8,367	5,655	2,668	25,323	8,958	7,657	6,113	2,595
2005	650	328	145	177	722	354	162	206	23,969	8,210	7,738	6,461	1,560	24,506	8,734	7,396	6,189	2,187
2006	399	214	82	103	478	244	102	131	22,847	6,358	7,663	5,921	2,905	24,076	8,334	7,175	5,814	2,753
2007	559	309	109	141	631	335	129	167	25,428	7,198	8,891	6,291	3,048	24,262	8,568	6,758	5,946	2,990
2008	487	269	94	124	570	302	115	153	22,168	6,351	7,592	5,813	2,412	25,368	9,960	6,865	6,073	2,470
2009	450	244	89	118	500	262	102	135	24,621	7,124	9,178	6,168	2,151	22,790	8,810	6,142	5,909	1,929
2010	365	211	71	83	423	235	86	103	20,166	5,885	7,074	5,638	1,569	20,431	7,414	6,023	5,224	1,770
2011	389	227	75	87	447	255	87	105	17,964	5,338	6,048	4,670	1,908	19,131	6,634	5,351	5,180	1,966
2012	387	227	72	87	472	267	91	114	18,337	6,077	5,745	4,524	1,991	17,438	5,047	5,879	4,432	2,080
2013	351	206	66	78	459	259	89	110	19,262	6,728	5,674	4,759	2,101	18,708	5,991	6,383	4,479	1,855
2014					453	257	89	108	20,710					19,788	6,620	5,770	5,536	1,862
2015					439	243	88	108	22,010					19,482				

자료: 농림부, 『농림통계연보』, 각년도; 2011-2015년의 비료는 한국비료협회, 『비료연감』, 각년도; 2011-2014년 농약은 한국작물보호협회, 『농약연보』, 각년도.

5. 농가경제조사

표 G461-474 가구원수 및 영농종사자(농가경제조사), 당해년 가격, 1962-2015

	표본 농가수	가구원수			영농 종사자	연령별 평균가구원			연령별평균가구원 비중			농림통계연보 비중		
		합계	남자	여자		14세 이하	60세 이상	65세 이상	14세 이하	60세 이상	65세 이상	14세 이하	60세 이상	65세 이상
	G461	G462	G463	G464	G465	G466	G467	G468	G469	G470	G471	G472	G473	G474
	남한, 호	남한, 명							남한, %					
1962	1,163	6.32	3.15	3.17	3.39	2.44	0.42		38.6	6.6				
1963	1,161	6.39	3.18	3.21	3.19	2.6	0.47		40.7	7.4				
1964	1,172	6.44	3.21	3.23	3.27	2.7	0.46		41.9	7.1				
1965	1,173	6.29	3.1	3.19	3.15	2.62	0.47		41.7	7.5				
1966	1,180	6.22	3.06	3.16	3.12	2.56	0.47		41.2	7.6				
1967	1,176	6.12	3	3.12	3.12	2.55	0.48		41.7	7.8				
1968	1,181	6.02	2.94	3.08	3	2.62	0.46	0.29	43.5	7.6	4.8			
1969	1,180	5.99	2.93	3.06	2.96	2.61	0.48	0.28	43.6	8	4.7			
1970	1,180	5.92	2.9	3.02	2.91	2.51	0.5	0.3	42.4	8.4	5.1	43.5	7.9	4.9
1971	1,180	5.83	2.84	2.99	2.92	2.43	0.51	0.32	41.7	8.7	5.5	38.6	7.8	
1972	1,182	5.71	2.82	2.89	2.98	2.33	0.5	0.31	40.8	8.8	5.4	37.5	7.9	
1973	1,170	5.72	2.81	2.91	2.93	2.24	0.55	0.36	39.2	9.6	6.3	36.5	7.9	
1974	2,515	5.66	2.82	2.84	2.86	2.25	0.53	0.34	39.8	9.4	6	38.4	8.5	
1975	2,517	5.63	2.82	2.81	2.86	2.14	0.53	0.36	38	9.4	6.4	39.3	8.8	5.6
1976	2,516	5.54	2.75	2.79	2.85	2.05	0.54	0.35	37	9.7	6.3	35.1	9.1	
1977	3,374	5.52	2.73	2.79	2.74	2.11	0.54	0.35	38.2	9.8	6.3	34.1	9.6	
1978	3,375	5.38	2.64	2.74	2.66	2.01	0.56	0.36	37.4	10.4	6.7	33.1	10	
1979	3,375	5.2	2.54	2.66	2.59	1.7	0.61	0.4	32.7	11.7	7.7	31.8	10.7	
1980	3,375	5.11	2.51	2.6	2.49	1.6	0.62	0.41	31.3	12.1	8	33	10.5	6.7
1981	3,375	5.05	2.5	2.55	2.49	1.52	0.63	0.42	30.1	12.5	8.3	29.4	15.8	4.4
1982	3,373	4.97	2.46	2.51	2.51	1.42	0.64	0.43	28.6	12.9	8.7	28.5	16.6	4.6
1983	1,998	4.99	2.47	2.52	2.54	1.61	0.58	0.4	32.3	11.6	8	27.1	17.5	4.8
1984	1,997	4.8	2.37	2.43	2.48	1.47	0.59	0.4	30.6	12.3	8.3	25.9	18.6	5.1
1985	1,998	4.7	2.34	2.36	2.48	1.36	0.6	0.41	28.9	12.8	8.7	24.8	19.1	5.3
1986	1,935	4.52	2.24	2.28	2.44	1.21	0.61	0.41	26.8	13.5	9.1	23.5	14.7	9.6
1987	1,962	4.33	2.13	2.2	2.4	1.09	0.65	0.45	25.2	15	10.4	22	15.7	10.3
1988	2,932	4.28	2.11	2.17	2.33	1.1	0.61	0.41	25.7	14.3	9.6	20.6	16.9	11.1
1989	2,975	4.12	2.02	2.1	2.29	0.98	0.63	0.42	23.8	15.3	10.2	19.4	18.2	11.9
1990	2,990	3.97	1.93	2.04	2.2	0.86	0.67	0.44	21.7	16.9	11.1	20.6	17.8	11.5
1991	2,976	3.82	1.84	1.98	2.16	0.77	0.69	0.44	20.2	18.1	11.5	19.4	20.7	13.4
1992	3,059	3.7	1.78	1.92	2.13	0.68	0.72	0.46	18.4	19.5	12.4	18.2	21.7	13.9
1993	3,050	3.78	1.83	1.95	2.16	0.74	0.71	0.45	19.6	18.8	11.9	17.2	23.4	15
1994	3,040	3.68	1.77	1.9	2.11	0.67	0.76	0.47	18.2	20.7	12.8	16.2	25.2	16
1995	3,072	3.56	1.71	1.85	2.08	0.59	0.83	0.51	16.6	23.3	14.3	14	25.9	16.2
1996	3,085	3.46	1.67	1.79	2.06	0.52	0.87	0.52	15	25.1	15	13.8	28.6	18.2
1997	3,117	3.39	1.64	1.75	2.05	0.45	0.93	0.56	13.3	27.4	16.5	12.8	29.9	19.2
1998	3,012	3.29	1.59	1.69	2.1	0.46	0.95	0.57	14	28.9	17.3	12.9	30.5	19.6
1999	3,034	3.23	1.57	1.66	2.08	0.44	0.97	0.6	12.4	27.2	16.9	12.1	32.2	21.1
2000	3,040	3.12	1.52	1.61	2.16	0.4	1.03	0.65	12.8	33	20.8	11.4	33.1	21.7
2001	3,041	3.05	1.49	1.57	2.17	0.36	1.1	0.71	11.8	36.1	23.3	11.3	36.2	24.4
2002	3,081	2.97	1.45	1.51	2.17	0.34	1.13	0.73	11.4	38	24.6	10.7	38.2	26.2
2003	3,042	2.96	1.46	1.5	2.24							10.7	39	27.8
2004	3,056	2.85	1.4	1.45	2.24							10.3	40.3	29.3
2005	3,048	2.83	1.4	1.43	2.26							9.8	39.3	29.1
2006	3,074	2.77	1.36	1.41	2.22							9.5	40.8	30.8
2007	3,121	2.77	1.37	1.4	2.23							9.4	42	32.1
2008	2,643	2.67	1.33	1.34	2.19							9	43.5	33.3
2009	2,652	2.62	1.32	1.3	2.17							8.5	44.7	34.2
2010	2,649	2.61	1.31	1.3	2.18							8.8	41.8	31.8
2011	2,637	2.56	1.28	1.28	2.16							8	44.1	33.7
2012	2,674	2.55	1.27	1.28	2.14							7.4	46.1	35.6
2013	2,435	2.55	1.27	1.28	2.1							6.9	47.8	37.3
2014	2,351	2.47	1.23	1.25	2.08							6.4	49.7	39.1
2015	2,409	2.45	1.21	1.24	2.09							5.8	50.3	38.4

자료: 『농가경제조사결과보고』, 각년도; 농림통계연보 비중은 『농림통계연보』, 각년도; 1970년 및 1975년 65세 이상 인구는 『농업총조사』, 각년도.

표 G475-487 생산성지표(농가경제조사), 1962-2015

	농업조수입	중간재비	농업부가가치	농업자본액	경지면적	영농시간	노동생산성	노동집약도	토지생산성	자본생산성	자본집약도	자본구성도	자본계수
	G475	G476	G477	G478	G479	G480	G481	G482	G483	G484	G485	G486	G487
	남한												
	천 원				10a	시간	원/시간	시간/10a	천원/10a	계수	천원/10a	원/시간	계수
1962	73	14	59	91	8.90	2,536	23	285.00	7	0.66	10	36	1.52
1963	101	17	84	120	8.97	2,076	40	231.49	9	0.70	13	59	1.43
1964	128	14	115	103	9.09	2,116	54	232.84	13	1.12	11	49	0.89
1965	116	17	101	80	9.59	2,087	48	217.58	10	1.26	8	39	0.79
1966	131	19	114	127	9.48	2,064	55	217.73	12	0.90	13	61	1.11
1967	151	21	132	147	9.75	2,016	65	206.76	14	0.90	15	73	1.11
1968	177	24	155	182	9.99	1,883	82	188.51	16	0.85	18	97	1.17
1969	215	27	190	227	9.96	1,844	103	185.11	19	0.84	23	124	1.19
1970	248	32	220	261	9.88	1,810	121	183.23	22	0.84	26	143	1.19
1971	357	38	323	360	9.95	1,833	176	184.25	32	0.90	36	196	1.12
1972	428	42	391	462	9.94	1,767	221	177.79	39	0.85	46	262	1.18
1973	480	52	435	547	9.99	1,752	248	175.33	44	0.80	55	312	1.26
1974	664	74	602	751	9.67	1,433	420	148.23	62	0.80	78	525	1.25
1975	891	109	794	971	9.62	1,530	519	159.04	83	0.82	101	635	1.22
1976	1,166	160	1,023	1,248	9.69	1,603	638	165.38	106	0.82	129	776	1.22
1977	1,334	184	1,176	1,549	10.00	1,569	749	156.94	118	0.76	155	990	1.32
1978	1,769	257	1,548	1,882	10.16	1,585	977	155.98	152	0.82	185	1,188	1.22
1979	2,027	315	1,755	2,278	10.15	1,654	1,061	162.97	173	0.77	224	1,380	1.30
1980	2,342	375	2,017	2,497	10.27	1,654	1,220	161.03	196	0.81	243	1,507	1.24
1981	3,269	507	2,830	3,203	10.46	1,703	1,661	162.85	271	0.88	306	1,454	1.13
1982	3,998	647	3,438	3,794	10.58	1,630	2,109	154.07	325	0.91	359	2,327	1.10
1983	4,702	969	3,887	5,701	11.01	1,904	2,042	172.90	353	0.68	518	2,995	1.47
1984	5,277	1,081	4,365	6,541	11.10	1,898	2,299	171.02	393	0.67	589	3,446	1.50
1985	5,477	1,211	4,454	6,488	11.38	1,921	2,318	168.84	391	0.69	570	3,377	1.46
1986	5,619	1,316	4,492	6,555	11.50	1,900	2,364	165.19	391	0.69	570	3,451	1.46
1987	5,984	1,353	4,848	6,960	11.54	1,777	2,729	153.97	420	0.70	603	3,917	1.44
1988	7,226	1,507	5,963	8,614	11.78	1,778	3,354	150.92	506	0.69	731	4,845	1.44
1989	8,212	1,679	6,807	9,400	12.06	1,744	3,904	144.58	564	0.72	779	5,391	1.38
1990	9,078	1,838	7,574	10,815	12.12	1,535	4,932	126.69	625	0.70	892	7,044	1.43
1991	10,097	2,040	8,449	11,984	12.03	1,398	6,043	116.22	702	0.70	996	8,572	1.42
1992	10,778	2,424	8,834	13,928	11.84	1,367	6,462	115.45	746	0.63	1,176	10,189	1.58
1993	12,927	3,218	10,389	17,439	13.36	1,447	6,940	108.32	778	0.60	1,305	11,649	1.68
1994	15,347	3,170	12,544	19,217	13.50	1,439	8,714	106.63	929	0.65	1,424	13,351	1.53
1995	16,012	4,031	12,919	21,323	13.54	1,376	9,387	101.64	954	0.61	1,575	15,494	1.65
1996	17,284	4,705	13,669	25,707	13.66	1,293	10,573	94.65	1,001	0.53	1,882	19,884	1.88
1997	17,284	5,351	13,146	25,782	13.55	1,219	10,780	90.00	970	0.51	1,903	21,143	1.96
1998	16,630	5,926	12,138	29,057	13.80	1,226	9,897	88.87	880	0.42	2,106	23,692	2.39
1999	18,638	6,114	14,065	30,047	13.69	1,249	11,263	91.19	1,027	0.47	2,194	24,061	2.14
2000	19,514	6,403	14,762	31,425	14.05	1,253	11,778	89.21	1,051	0.47	2,237	25,072	2.13
2001	20,193	6,708	15,287	32,661	14.24	1,259	12,141	88.42	1,074	0.47	2,294	25,939	2.14
2002	19,951	6,379	15,427	32,145	14.45	1,187	12,997	82.14	1,068	0.48	2,225	27,082	2.08
2003	23,611	6,887	16,723	45,019	16.30	1,516	11,114	92.35	1,026	0.37	2,763	29,919	2.69
2004	26,623	8,144	18,479	48,118	16.24	1,530	12,210	93.20	1,138	0.38	2,963	31,794	2.60
2005	26,496	8,421	18,075	49,721	15.85	1,488	12,297	92.76	1,141	0.36	3,138	33,826	2.75
2006	27,322	8,674	18,648	51,184	16.07	1,409	13,384	86.72	1,161	0.36	3,186	36,735	2.74
2007	26,102	8,721	17,381	51,418	16.13	1,368	12,839	83.92	1,077	0.34	3,187	37,981	2.96
2008	25,843	9,669	16,174	53,931	13.73	1,229	13,157	89.57	1,178	0.30	3,929	43,869	3.33
2009	26,621	10,155	16,467	52,517	13.39	1,171	14,061	87.44	1,229	0.31	3,921	44,843	3.19
2010	27,221	9,907	17,314	53,323	13.60	1,103	15,698	81.09	1,273	0.32	3,920	48,347	3.08
2011	26,457	10,227	16,230	54,976	13.21	1,091	14,882	82.55	1,229	0.30	4,162	50,410	3.39
2012	27,559	10,435	17,154	54,609	13.23	1,034	16,591	78.11	1,296	0.31	4,126	52,816	3.18
2013	30,648	12,277	18,371	62,298	13.00	1,140	16,119	87.68	1,413	0.29	4,793	54,662	3.39
2014	32,179	12,980	19,199	63,523	13.02	1,108	17,326	85.10	1,474	0.30	4,878	57,326	3.31
2015	33,654	13,329	20,326	62,951	13.00	1,043	19,497	80.18	1,563	0.32	4,841	60,383	3.10

자료: 『농가경제조사결과보고』, 각년도.

주: 금액은 당해년 가격이다.

표 G488-502 농가자산 및 부채(농가경제조사), 당해년 가격, 1962-2015

	농가자산										농가부채				
	합계	고정자산							유동자산		합계	생산성부채		가계성 부채	상환 및 이자
		소계	토지	건물, 영농시설	대식물	대동물	대농구	무형자산	재고자산	금융자산		농업용	겸업용		
	G488	G489	G490	G491	G492	G493	G494	G495	G496	G497	G498	G499	G500	G501	G502
	남한, 천 원														
1962	255	218	180	28	1	8	2		33	4	5	2		3	
1963	378	327	277	40	1	7	2		46	5	7	3		4	
1964	389	323	278	36	1	7	2		58	7	8	3		4	
1965	463	396	341	43	1	10	2		57	10	11	4		5	1
1966	520	441	375	52	2	11	2		67	12	10	4		6	1
1967	590	496	422	57	1	15	2		78	16	11	6		5	1
1968	672	547	456	61	3	25	3		100	25	14	7		6	1
1969	766	617	500	77	9	26	4		116	34	13	5		6	1
1970	915	743	602	92	11	35	4		131	41	16	8		7	1
1971	1,100	858	671	112	21	50	4		196	46	10	5		5	1
1972	1,521	1,205	929	150	29	86	10		261	56	14	8		5	1
1973	2,149	1,783	1,484	169	31	87	13		303	63	14	8		5	1
1974	3,227	2,738	2,248	324	49	98	19		386	102	26	14		10	1
1975	4,588	3,963	3,374	390	58	115	26		469	156	33	19		12	2
1976	6,303	5,489	4,721	488	81	165	34		623	192	37	24		11	2
1977	8,746	7,733	6,609	694	107	258	65		683	329	82	48		27	6
1978	10,011	8,901	7,417	890	120	390	83		734	376	111	79		27	5
1979	11,816	10,430	8,725	1,123	141	334	107		912	475	173	115		47	11
1980	13,384	11,795	9,610	1,509	140	399	137		963	625	339	206		112	21
1981	16,603	14,681	11,667	1,898	184	687	245		1,219	703	437	260		145	32
1982	18,804	16,555	12,694	2,166	173	1,229	293		1,364	885	830	509		263	58
1983	24,532	22,053	15,854	3,177	236	2,236	550		1,352	1,127	1,285	801		361	123
1984	26,894	23,403	17,356	3,283	243	1,931	590		1,712	1,779	1,784	1,140		455	189
1985	28,378	24,810	18,996	3,459	246	1,490	620		1,806	1,762	2,024	1,306		476	242
1986	30,043	25,985	20,476	3,544	267	1,033	665		1,854	2,204	2,192	1,358		537	298
1987	33,091	28,050	22,251	3,831	288	1,023	657		2,234	2,808	2,390	1,446		532	412
1988	44,754	38,694	31,367	4,743	518	1,101	965		2,653	3,407	3,131	2,004		729	399
1989	57,929	50,215	41,638	5,276	574	1,671	1,056		2,853	4,860	3,899	2,524		868	507
1990	79,352	69,667	59,190	6,490	640	2,034	1,312		3,160	6,526	4,734	3,147		1,015	573
1991	99,189	87,858	74,687	8,114	673	2,830	1,554		3,301	8,030	5,192	3,600		1,027	565
1992	115,617	102,105	86,250	9,983	736	3,379	1,755		3,494	10,019	5,683	4,094		977	612
1993	133,198	119,333	96,877	15,004	888	3,719	2,843		3,400	10,466	6,828	5,256		1,056	516
1994	141,901	122,347	97,650	16,535	902	4,400	2,861		4,073	15,481	7,885	6,191		1,054	640
1995	158,171	134,334	105,444	19,306	988	5,539	3,057		4,098	19,739	9,163	7,331		1,110	722
1996	168,901	142,665	111,080	21,772	1,177	5,162	3,474		5,052	21,184	11,734	9,136		1,458	1,140
1997	184,503	153,149	120,724	23,465	1,237	4,135	3,588		5,113	26,241	13,012	9,781		1,775	1,456
1998	192,335	164,632	122,836	31,337	2,818	2,521	5,121		4,611	23,091	17,011	12,958		2,653	1,400
1999	154,226	122,767	80,029	32,099	3,151	2,681	4,807		4,596	26,863	18,535	14,054		3,182	1,299
2000	159,975	125,918	81,231	33,361	3,577	2,881	4,868		4,796	29,261	20,207	15,159		3,882	1,166
2001	166,765	129,665	84,180	33,984	3,397	3,358	4,747		4,776	32,324	20,376	15,282		4,015	1,079
2002	170,465	128,153	83,129	33,818	3,257	3,365	4,583		5,209	37,103	19,898	15,024		3,913	961
2003	204,527	165,855	98,949	41,967	4,065	11,711	8,797	366	4,730	33,942	26,619	17,455	1,711	6,344	1,109
2004	243,665	194,401	122,187	46,388	4,408	11,232	8,893	1,294	5,270	43,994	26,892	16,961	1,448	6,134	2,349
2005	298,178	238,399	158,923	51,594	4,529	12,643	8,840	1,871	5,425	54,354	27,210	16,315	1,386	6,614	2,894
2006	356,963	284,696	200,854	55,057	4,548	12,883	8,816	2,537	5,460	66,807	28,161	16,042	1,755	7,160	3,203
2007	395,981	315,569	227,757	60,211	4,623	11,764	8,639	2,576	5,778	74,634	28,946	16,481	961	7,725	3,779
2008	341,227	283,826	198,087	63,114	4,105	6,151	11,166	1,204	5,283	52,118	25,786	13,600	2,590	6,446	3,151
2009	358,029	289,539	201,537	63,123	4,459	7,625	11,136	1,659	4,997	63,493	26,268	13,150	2,669	7,086	3,362
2010	372,476	289,435	201,952	63,767	4,821	7,141	10,175	1,579	5,373	77,668	27,210	12,930	3,453	7,330	3,497
2011	387,180	295,637	207,960	63,130	4,997	6,747	10,986	1,819	5,695	85,847	26,035	11,892	3,393	7,156	3,594
2012	407,872	310,016	223,462	63,632	5,096	6,702	9,386	1,737	5,641	92,215	27,262	13,122	3,268	7,030	3,842
2013	400,580	330,123	224,204	76,600	6,861	7,401	14,215	841	5,405	65,053	27,363	11,715	2,347	7,729	5,571
2014	431,823	349,894	241,231	78,247	7,154	8,679	13,822	760	5,470	76,459	27,878	11,778	3,208	7,539	5,354
2015	453,580	358,793	252,940	75,856	6,628	9,765	11,867	1,736	5,679	89,109	27,215	11,917	3,200	7,754	4,344

자료: 『농가경제조사결과보고』, 각년도.

표 G503-521 농가수지(농가경제조사, 2002년 이전 기준), 당해년 가격, 1962-2015

	농가소득	농업소득			농업외소득						
		소계	농업조수입	농업경영비	소계	겸업소득			사업이외소득		
						소계	겸업수입	겸업지출	소계	사업이외수입	사업이외지출
	G503	G504	G505	G506	G507	G508	G509	G510	G511	G512	G513
	남한, 천 원										
1962	68	54	73	19	14	3	5	2	11	11	
1963	93	77	101	24	17	2	7	4	14	14	
1964	126	104	128	24	22	4	12	8	17	17	
1965	112	89	116	27	23	4	11	7	19	19	
1966	130	101	131	30	29	5	12	7	23	23	
1967	149	116	151	35	33	7	13	6	27	27	
1968	179	137	177	40	42	8	15	7	34	34	
1969	218	167	215	47	51	8	14	6	43	43	
1970	256	194	248	54	62	10	17	7	52	52	
1971	356	292	357	65	64	11	17	6	53	53	
1972	429	353	428	75	76	15	25	10	61	61	
1973	481	390	480	90	90	15	28	13	75	75	
1974	674	542	664	123	133	22	42	20	110	110	
1975	873	715	891	176	158	22	52	30	136	136	
1976	1,156	921	1,166	245	235	29	69	40	207	207	
1977	1,433	1,036	1,334	297	397	39	93	53	357	357	
1978	1,884	1,356	1,769	413	529	44	121	77	485	485	
1979	2,227	1,531	2,027	496	696	44	116	72	652	652	
1980	2,693	1,755	2,342	587	938	67	172	106	872	872	
1981	3,688	2,476	3,269	793	1,211	106	260	154	1,105	1,105	
1982	4,465	3,031	3,998	966	1,434	71	248	178	1,363	1,363	
1983	5,128	3,331	4,702	1,371	913	183	379	196	730	889	159
1984	5,549	3,699	5,277	1,577	955	192	422	230	762	978	216
1985	5,736	3,699	5,477	1,778	1,060	214	566	351	846	1,068	222
1986	5,995	3,677	5,619	1,942	1,209	274	531	257	934	1,171	237
1987	6,535	4,016	5,984	1,968	1,314	280	581	300	1,033	1,280	247
1988	8,130	4,912	7,226	2,314	1,812	354	720	366	1,458	1,755	297
1989	9,437	5,616	8,212	2,596	2,152	455	853	398	1,697	2,010	312
1990	11,026	6,264	9,078	2,814	2,841	589	1,038	449	2,252	2,550	298
1991	13,105	7,035	10,097	3,062	3,662	758	1,437	680	2,904	3,267	362
1992	14,505	7,356	10,778	3,422	4,424	926	1,548	622	3,497	3,872	374
1993	16,928	8,427	12,927	4,500	5,041	1,084	1,939	855	3,957	4,498	541
1994	20,316	10,325	15,347	5,021	6,184	1,347	2,481	1,134	4,837	5,383	547
1995	21,803	10,469	16,012	5,543	6,931	1,526	2,842	1,315	5,404	5,976	572
1996	23,298	10,837	17,284	6,447	7,487	1,522	3,285	1,763	5,965	6,649	684
1997	23,488	10,204	17,284	7,080	8,677	1,823	3,847	2,024	6,854	7,153	299
1998	20,494	8,955	16,630	7,675	6,975	1,213	2,324	1,112	5,763	6,182	419
1999	22,323	10,566	18,638	8,072	7,034	1,484	2,978	1,494	5,550	5,885	335
2000	23,072	10,897	19,514	8,617	7,432	1,435	3,340	1,905	5,997	6,564	566
2001	23,907	11,267	20,193	8,927	7,829	1,491	3,409	1,917	6,338	6,886	547
2002	24,475	11,274	19,951	8,677	8,140	1,454	3,475	2,021	6,686	7,177	492
2003	26,878	10,572	23,611	13,039	9,397	2,266	6,517	4,251	7,131	7,178	48
2004	29,001	12,050	26,623	14,572	9,544	2,342	6,091	3,748	7,201	7,299	98
2005	30,503	11,815	26,496	14,681	9,884	2,531	7,186	4,655	7,353	7,416	62
2006	32,303	12,092	27,322	15,231	10,037	2,690	7,937	5,247	7,347	7,440	93
2007	31,967	10,406	26,102	15,696	11,097	2,959	7,616	4,658	8,138	8,229	91
2008	30,523	9,654	25,843	16,189	11,353	2,900	6,347	3,447	8,453	8,532	80
2009	30,814	9,698	26,621	16,924	12,128	3,296	7,655	4,359	8,832	8,944	112
2010	32,121	10,098	27,221	17,123	12,946	3,467	8,445	4,978	9,480	9,598	118
2011	30,148	8,753	26,457	17,704	12,949	3,653	8,695	5,043	9,296	9,472	176
2012	31,031	9,127	27,589	18,461	13,585	3,966	9,358	5,392	9,619	9,739	119
2013	34,524	10,035	30,648	20,613	15,705	4,182	9,432	5,249	11,523	11,676	153
2014	34,950	10,303	32,179	21,875	14,799	3,751	8,400	4,649	11,048	11,233	185
2015	37,215	11,257	33,654	22,398	14,939	3,733	8,252	4,520	11,206	11,380	174

표 G503-521 계속

	이전수입	조세부담금	처분가능농가소득	가계비	분가지출	잉여(또는 손실)	자산	부채
	G514	G515	G516	G517	G518	G519	G520	G521
	남한, 천 원							
1962		1	66	56		10	255	5
1963		2	90	77	2	11	378	7
1964		3	121	101	2	18	389	8
1965		3	108	100	2	5	463	11
1966		3	125	110	2	13	520	10
1967		3	145	128	3	14	590	11
1968		3	174	143	2	28	672	14
1969		4	210	171	2	37	766	13
1970		3	249	208	4	38	915	16
1971		4	349	244	4	101	1,100	10
1972		4	422	310	9	103	1,521	14
1973		6	470	337	10	123	2,149	14
1974		9	660	435	5	219	3,227	26
1975		13	853	616	10	227	4,588	33
1976		20	1,127	749	10	368	6,303	37
1977		27	1,387	976	10	401	8,746	82
1978		32	1,826	1,321	21	485	10,011	111
1979		47	2,148	1,662	34	451	11,816	173
1980		61	2,579	2,138	36	405	13,384	338
1981		70	3,542	2,676	63	803	16,603	437
1982		72	4,294	3,258	69	968	18,804	830
1983	885	77	5,051	4,054	74	923	24,532	1,285
1984	895	82	5,467	4,272	32	1,163	26,894	1,784
1985	977	47	5,690	4,691	37	962	28,378	2,024
1986	1,109	45	5,950	4,995	51	905	30,043	2,192
1987	1,205	45	6,490	5,201	71	1,219	33,091	2,390
1988	1,405	55	8,075	6,031	92	1,952	44,754	3,131
1989	1,668	52	9,385	7,065	145	2,174	57,929	3,899
1990	1,921	60	10,965	8,227	260	2,478	79,352	4,734
1991	2,408	69	13,036	9,417	311	3,308	99,189	5,192
1992	2,726	86	14,419	10,046	262	4,112	115,617	5,683
1993	3,461	115	16,813	12,203	334	4,276	133,198	6,828
1994	3,807	141	20,175	13,334	427	6,414	141,901	7,885
1995	4,403	174	21,629	14,782	548	6,299	158,171	9,163
1996	4,974	194	23,103	17,039	922	5,143	168,901	11,734
1997	4,607	216	23,272	17,045	497	5,730	184,503	13,012
1998	4,563	217	20,277	16,442	329	3,506	192,335	17,011
1999	4,723	219	22,104	17,123	388	4,593	154,226	18,535
2000	4,743	234	22,838	18,003	474	4,361	159,975	20,207
2001	4,811	237	23,669	18,458	393	4,819	166,765	20,376
2002	5,060	239	24,236	17,858	584	5,793	170,465	19,898
2003	6,909	294	26,584	18,162	5,607	2,815	204,527	26,619
2004	7,407	299	28,702	18,386	6,006	4,309	243,665	26,892
2005	8,803	396	30,107	19,378	6,875	3,854	298,178	27,210
2006	10,175	431	31,872	19,891	8,139	3,842	356,963	28,161
2007	10,465	471	31,497	20,510	7,067	3,919	395,981	29,946
2008	9,516	377	30,146	20,328	6,397	3,421	341,227	25,786
2009	7,988	433	30,380	20,017	6,123	4,240	358,029	26,268
2010	9,076	584	31,537	21,264	5,825	4,449	372,476	27,210
2011	8,446	579	29,569	22,156	5,171	2,242	387,180	26,035
2012	8,318	421	30,611	22,315	4,755	3,541	407,872	27,262
2013	8,784	527	33,997	24,184	5,554	4,260	400,580	27,364
2014	9,848	565	34,385	24,466	5,524	4,395	431,823	27,878
2015	11,110	544	36,671	24,741	5,328	6,602	453,580	27,215

자료: 『농가경제조사결과보고』, 각년도.

주: 가계지출=가계비+조세부담금+분가지출; 잉여=처분가능농가소득(농가소득-조세부담금)-가계지출-분가지출.

표 G522-541 농가수지(농가경제조사, 2003년 이후 기준), 당해년 가격, 1962-2015

	농가소득	농업소득			농업외소득						
		소계	농업조수입	농업경영비	소계	겸업소득			사업이외소득		
						소계	겸업수입	겸업지출	소계	사업이외수입	사업이외지출
	G522	G523	G524	G525	G526	G527	G528	G529	G530	G531	G532
	남한, 천 원										
1962	68	54	73	19	14	3	5	2	11	11	1
1963	93	77	101	24	17	2	7	4	14	14	1
1964	126	104	128	24	22	4	12	8	17	17	2
1965	112	89	116	27	23	4	11	7	19	19	2
1966	130	101	131	30	29	5	12	7	23	23	2
1967	149	116	151	35	33	7	13	6	27	27	2
1968	179	137	177	40	42	8	15	7	34	34	2
1969	218	167	215	47	51	8	14	6	43	43	3
1970	256	194	248	54	62	10	17	7	52	52	3
1971	356	292	357	65	64	11	17	6	53	53	3
1972	429	353	428	75	76	15	25	10	61	61	3
1973	481	390	480	90	90	15	28	13	75	75	4
1974	674	542	664	123	133	22	42	20	110	110	6
1975	873	715	891	176	158	22	52	30	136	136	8
1976	1,156	921	1,166	245	235	29	69	40	207	207	10
1977	1,433	1,036	1,334	297	397	39	93	53	357	357	19
1978	1,884	1,356	1,769	413	529	44	121	77	485	485	27
1979	2,227	1,531	2,027	496	696	44	116	72	652	652	33
1980	2,693	1,755	2,342	587	938	67	172	106	872	872	53
1981	3,688	2,476	3,269	793	1,211	106	260	154	1,105	1,105	76
1982	4,465	3,031	3,998	966	1,434	71	248	178	1,363	1,363	99
1983	5,128	3,331	4,702	1,371	913	183	379	196	730	889	159
1984	5,549	3,699	5,277	1,577	955	192	422	230	762	978	216
1985	5,736	3,699	5,477	1,778	1,060	214	566	351	846	1,068	222
1986	5,995	3,677	5,619	1,942	1,209	274	531	257	934	1,171	237
1987	6,535	4,016	5,984	1,968	1,314	280	581	300	1,033	1,280	247
1988	8,130	4,912	7,226	2,314	1,812	354	720	366	1,458	1,755	297
1989	9,437	5,616	8,212	2,596	2,152	455	853	398	1,697	2,010	312
1990	11,026	6,264	9,078	2,814	2,841	589	1,038	449	2,252	2,550	298
1991	13,105	7,035	10,097	3,062	3,662	758	1,437	680	2,904	3,267	362
1992	14,505	7,356	10,778	3,422	4,424	926	1,548	622	3,497	3,872	374
1993	16,928	8,427	12,927	4,500	5,041	1,084	1,939	855	3,957	4,498	541
1994	20,316	10,325	15,347	5,021	6,184	1,347	2,481	1,134	4,837	5,383	547
1995	21,803	10,469	16,012	5,543	6,931	1,526	2,842	1,315	5,404	5,976	572
1996	23,298	10,837	17,284	6,447	7,487	1,522	3,285	1,763	5,965	6,649	684
1997	23,488	10,204	17,284	7,080	8,677	1,823	3,847	2,024	6,854	7,153	299
1998	20,494	8,955	16,630	7,675	6,975	1,213	2,324	1,112	5,763	6,182	419
1999	22,323	10,566	18,638	8,072	7,034	1,484	2,978	1,494	5,550	5,885	335
2000	23,072	10,897	19,514	8,617	7,432	1,435	3,340	1,905	5,997	6,564	566
2001	23,907	11,267	20,193	8,927	7,829	1,491	3,409	1,917	6,338	6,886	547
2002	24,475	11,274	19,951	8,677	8,140	1,454	3,475	2,021	6,686	7,177	492
2003	26,878	10,572	23,611	13,039	9,397	2,266	6,517	4,251	7,131	7,178	48
2004	29,001	12,050	26,623	14,572	9,544	2,342	6,091	3,748	7,201	7,299	98
2005	30,503	11,815	26,496	14,681	9,884	2,531	7,186	4,655	7,353	7,416	62
2006	32,303	12,092	27,322	15,231	10,037	2,690	7,937	5,247	7,347	7,440	93
2007	31,967	10,406	26,102	15,696	11,097	2,959	7,616	4,658	8,138	8,229	91
2008	30,523	9,654	25,843	16,189	11,353	2,900	6,347	3,447	8,453	8,532	80
2009	30,814	9,698	26,621	16,924	12,128	3,296	7,655	4,359	8,832	8,944	112
2010	32,121	10,098	27,221	17,123	12,946	3,467	8,445	4,978	9,480	9,598	118
2011	30,148	8,753	26,457	17,704	12,949	3,653	8,695	5,043	9,296	9,472	176
2012	31,031	9,127	27,589	18,461	13,585	3,966	9,358	5,392	9,619	9,739	119
2013	34,524	10,035	30,648	20,613	15,705	4,182	9,432	5,249	11,523	11,676	153
2014	34,950	10,303	32,179	21,875	14,799	3,751	8,400	4,649	11,048	11,233	185
2015	37,215	11,257	33,654	22,398	14,939	3,733	8,252	4,520	11,206	11,380	174

표 G522-541 계속

	이전소득	비경상소득	가계지출			농가처분가능소득	잉여(또는 손실)	자산	부채
			소계	소비지출	비소비지출				
	G533	G534	G535	G536	G537	G538	G539	G540	G541
	남한, 천 원								
1962			57	56	1	66	10	255	5
1963			81	77	4	90	11	378	7
1964			106	101	5	121	18	389	8
1965			106	100	5	107	5	463	11
1966			115	110	5	125	13	520	10
1967			133	128	5	144	14	590	11
1968			149	143	5	173	28	672	14
1969			177	171	6	212	37	766	13
1970			215	208	7	249	38	915	16
1971			252	244	8	348	101	1,100	10
1972			323	310	13	416	103	1,521	14
1973			353	337	16	465	123	2,149	14
1974			450	435	14	660	219	3,227	26
1975			638	616	22	851	227	4,588	33
1976			779	749	30	1,127	368	6,303	37
1977			1,013	976	36	1,397	401	8,746	82
1978			1,373	1,321	52	1,832	485	10,011	111
1979			1,743	1,662	81	2,146	451	11,816	173
1980			2,235	2,138	97	2,597	405	13,384	338
1981			2,809	2,676	133	3,555	803	16,603	437
1982			3,399	3,258	141	4,324	968	18,804	830
1983	885		4,205	4,054	152	4,976	923	24,532	1,285
1984	895		4,386	4,272	114	5,435	1,163	26,894	1,784
1985	977		4,774	4,691	83	5,653	962	28,378	2,024
1986	1,109		5,090	4,995	96	5,899	905	30,043	2,192
1987	1,205		5,316	5,201	116	6,420	1,219	33,091	2,390
1988	1,405		6,178	6,031	147	7,983	1,952	44,754	3,131
1989	1,668		7,262	7,065	197	9,240	2,174	57,929	3,899
1990	1,921		8,547	8,227	320	10,706	2,478	79,352	4,734
1991	2,408		9,797	9,417	380	12,725	3,308	99,189	5,192
1992	2,726		10,394	10,046	348	14,158	4,112	115,617	5,683
1993	3,461		12,652	12,203	449	16,479	4,276	133,198	6,828
1994	3,807		13,902	13,334	568	19,748	6,414	141,901	7,885
1995	4,403		15,504	14,782	722	21,081	6,299	158,171	9,163
1996	4,974		18,155	17,039	1,116	22,181	5,143	168,901	11,734
1997	4,607		17,758	17,045	713	22,775	5,730	184,503	13,012
1998	4,563		16,988	16,442	546	19,948	3,506	192,335	17,011
1999	4,723		17,729	17,123	606	21,717	4,593	154,226	18,535
2000	4,743		18,711	18,003	707	22,365	4,361	159,975	20,207
2001	4,811		19,088	18,458	631	23,276	4,819	166,765	20,376
2002	5,060		18,681	17,858	823	23,652	5,793	170,465	19,898
2003	2,031	4,878	24,063	18,162	5,901	20,976	2,815	204,527	26,619
2004	3,006	4,401	24,691	18,386	6,305	22,696	4,309	243,665	26,892
2005	4,078	4,725	26,649	19,378	7,271	23,232	3,854	298,178	27,210
2006	4,886	5,289	28,461	19,891	8,571	23,733	3,842	356,963	28,161
2007	4,959	5,506	28,048	20,510	7,538	24,429	3,919	395,981	29,946
2008	5,289	4,227	27,102	20,328	6,773	23,749	3,421	341,227	25,786
2009	5,481	3,508	26,574	20,017	6,557	24,257	4,240	358,029	26,268
2010	5,610	3,467	27,672	21,264	6,408	25,712	4,449	372,476	27,210
2011	5,453	2,993	27,906	22,156	5,750	24,398	2,242	387,180	26,035
2012	5,614	2,705	27,490	22,315	5,176	25,855	3,541	407,872	27,262
2013	5,844	2,940	30,264	24,184	6,080	28,444	4,260	400,580	27,364
2014	6,819	3,029	30,555	24,466	6,089	28,861	4,395	431,823	27,878
2015	7,906	3,114	30,613	24,741	5,872	31,343	6,602	453,580	27,215

자료: 『농가경제조사결과보고』, 각년도.

주: 가계지출=소비지출(2002년 이전 가계비)+비소비지출(2002년 이전 조세부담금+분가지출); 처분가능소득=농가소득-비소비지출; 잉여=처분가능소득-소비지출.

H. 천연자원

류상윤 · 이우연 · 송경은

한국의 경제발전의 배경을 이야기할 때 흔히 천연자원의 부족함과 인적자원의 풍부함을 대비시킨다. 한반도나 근처 해저에서 경제성 있는 석유자원은 아직 발견되지 않았고, 석탄은 가정용 연료로 사용할 수 있는 무연탄은 풍부했지만 산업용 유연탄은 이웃 일본과 달리 빈약했다. 철광석 같은 것도 일부 국내에서 채굴되기는 했으나 대부분 수입에 의존해야 했다. 임산자원 역시 마찬가지다. 국토의 약 70%가 산림이라고는 하지만 경제발전에 따라 늘어나는 목재 수요를 뒷받침하기에는 부족했다. 또한 임산물이 주된 난방 연료였던 시절에는 산림이 헐벗지 않도록 하는 이른바 '산림녹화'가 정부의 중요 과제이기도 했다. 그나마 수산업은 삼면이 바다인 자연 환경의 혜택을 입어 국민들의 영양 섭취와 해외 수출을 통한 외화 획득에 일정 부분 기여한 것으로 평가할 수 있다.

한국 천연자원 관련 산업이 걸어온 길은 부족한 천연자원을 보다 효율적으로 활용해 가는 과정이었다고 할 수 있을 것이다. 20세기 들어 광업권의 확립과 해외의 발달된 채굴기술의 도입으로 광업 생산량이 늘어날 수 있었으며, 약탈적 채취에서 심고 가꾸는 임업으로의 전환을 통해 헐벗었던 산을 푸르게 하면서 동시에 목재 등의 생산을 확대시킬 수 있었다. 비교적 자원이 풍부한 수산업 역시 어업권의 법제화와 동력선의 도입, 양식기술의 활용 등을 통해 발달해 왔다.

같은 천연자원 관련 산업이지만 광업과 임업, 수산업은 조금 성격을 달리 한다. 임업과 수산업은 농업과 함께 1차 산업에, 광업은 제조업과 함께 2차 산업에 속한다. 자원의 성격에서도 산림자원과 수산자원은 채취하더라도 다시 채워지는 갱신가능자원(renewable resources)인 데 반해 광물자원은 다시 채워지지 않는(또는 다시 채워지는 데 오랜 시간이 걸리는) 비갱신가능자원(non-renewable resources)이다.

1. 광업

인류 역사의 발전 초기를 구석기시대, 신석기시대, 청동기시대, 철기시대로 나누는 데서도 알 수 있듯이 땅 위 또는 땅 속의 광물은 인간 생활에서 중요한 역할을 해왔다. 좀 더 가까운 시대로 눈을 돌려보더라도 이른바 '대항해시대'의 국가 간 쟁탈전에서도 금, 은과 같은 광물이 중요한 대상이었다. 바로 그 광물을 채굴 · 채취하거나 추출하는 산업 활동을 광업이라고 부른다.[1]

광업은 이처럼 인류 역사와 함께 해온 오랜 전통을 가지고 있고 그것은 한국에서도 마찬가지였지만 매년의 광업 통계가 작성된 것은 100년 남짓밖에 되지 않았다. 통계는 미비하지만 『조선왕조실록』 등의 기술에 근거해 조선후기 광업 발전을 살펴보면, 임진왜란과 병자호란 이후 성장했던 군사 관청(軍 · 營門)에 의한 관영 군수광업(철, 유황, 납)은 북벌론의 쇠퇴와 함께 약화되고 18세기 들어서는 '설점수세제'(設店收稅制), '별장제'(別將制)에 의한 은광업이 발달했다. 이 제도하에서 서울의 부상(富商)이 호조(戶曹)에 의해 별장으로 파견되어 광산을 개발하고 세금을 거두었는데, 호조는 제련장이나 부대시설을, 별장은 노동력과 연료를 담당하였다. 18세기 말에는 '수령수세제'(守令收稅制), '물주제'(物主制)로 전환하면서 민간자본에 의한 광산 경영이 활발해졌으며 은광뿐만 아니라 동광과 금광도 곳곳에서 개발되었

---

1 한국표준산업분류에 따르면 광업이란 '지하 및 지표에서 고체, 액체 및 기체 상태의 천연광물을 채굴 · 채취 · 추출하는 산업 활동'을 말한다.

그림 H-a 광종별 종업원수 비중, 1910-1940(%)

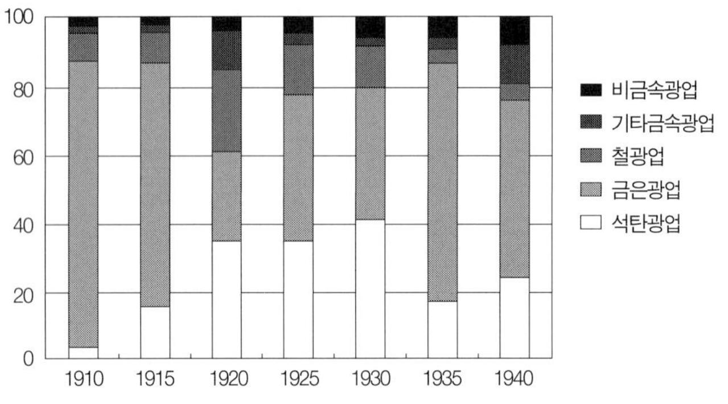

자료: H9-14.

그림 H-b GDP 중 광업 부가가치 비중, 1911-1940, 1953-2015(%)

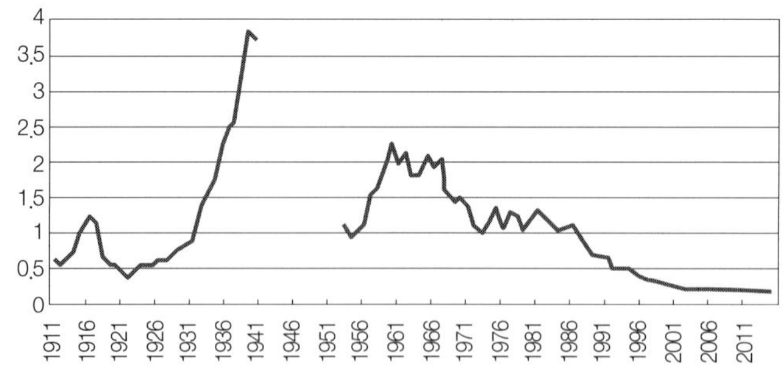

자료: N172, N186.
주: 해방 이전은 남북한, 해방 이후는 남한만의 수치이다.

다. 광산 개발에 소요되는 모든 자금은 부유한 상인인 물주에 의해 조달되었고 현장의 운영은 이들의 감시하에 혈주(穴主)나 덕대(德大)에 의해 이루어졌다(유승주 1997: 187-209; 이헌창 2016: 201-210).

대한제국기 통감부에 의해 한국광업법(1906년)[2]이 제정됨으로써 선원주의(先願主義), 허가제에 기초한 광업권 제도가 성립되었고 이에 근거해 광업권 출원, 허가와 관련한 통계 등 광업 통계가 체계적으로 작성되기 시작했다. 일본의 『일본제국통계연감』을 본따서 식민 권력이 발간한 『조선총독부통계연보』는 다른 여러 분야와 마찬가지로 광업에서도 가장 기초적인 통계집이었으며, 총독부의 광업 관련 부서에서 마찬가지로 본국의 『本邦鑛業の趨勢』를 본따서 발간한 『朝鮮鑛業の趨勢』는 추가적인 통계 정보를 제공했다.

개항기 외국인들이 가장 큰 관심을 보인 광물은 금이었다. 채굴한 금을 만지려는 조선인들에게 외국인들이 소리쳤던 "No touch"가 풍부한 광맥, 나아가서는 많은 이익을 얻을 수 있는 원천을 의미하는 '노다지'라는 단어의 어원이라는 것은 너무나 잘 알려져 있다. 당시 금은 사치품의 원료일 뿐만 아니라 금본위제하에서 통화 가치 유지와 국제결제의 수단으로서 매우 중요했다. 한국광업법이 제정되기 10여 년 전인 1895년, 선교사이자 외교관이었던 알렌의 주선으로 미국인 모스가 평안도 운산금광의 25년 채굴권을 부여받았는데, 이것을 '한국 광업의 기원'으로 보기도 한다(한국광업협회 2012: 289-290). 운산금광은 동양의 엘도라도로도 불리던 곳이다.

한국에서 금광업의 중요성, 특히 20세기 초의 그것은 통계에서도 확인된다. 광업을 광물에 따라 석탄, 금은, 철, 기타 금속, 비금속으로 구분했을 때 1910년대 광업 노동자의 83%가 금은광업에 종사하고 있었다(H-a). 이 비율은 1920년대 금광업이 정체하고 석탄광업이 성장하면서 낮아졌다가 1930년대 '골드 러시'에 따라 다시 높아졌다.

민족별로 매년의 광업 출원 및 허가 건수(H31-38)를 보면, 일본인이 아닌 외국인의 출원은 1916년이 마지막이었다. 1920년대까지는 일본인들에 비해 조선인들이 광업권 획득에 소극적인 모습을 보였지만 1930년대 들어서는 오히려 더 적극적이어서 출원 및 허가 건수 모두 일본인을 앞질렀다.

1920년대 일본제국의 불황기를 맞아 조선의 광업도 정체했다. 특히, 금광업의 정체가 두드러졌는데, 그러한 가운데 상대적으로 성장한 것이 석탄광업이었다(H2, H10-11, H22, H25). 한국에서 석탄 사용이 본격화한 것은 19세기 말 들어 방한한 외국인들에 의해서였다. 에너지원으로서의 석탄 채굴에 대해서도 외국인들은 금광만큼은 아니었지만 관심을 보였는데, 1896년 러시아인 니시첸스키가 함경도 경원, 종성 지방의 석탄 채굴권을 취득한 것을 '한국 석탄산업의 기원'으로 보기도 한다(한국광업협회 2012: 290). 하지만 탄질, 지형, 기후 등의 여건에 의해 함경도 석탄광 개발은 성공하지 못했고 이후 국내 최초의 탄광(무연탄)인 평양광업소가 1908년부터 황실직영으로 생산을 시작했다. 1922년부터 시작된 탄전조사 결과 새로운 탄층들이 발견되는 한편, 탄광설비

2 1906년 광업법은 1915년 조선광업령이 제정됨에 따라 폐지되었다.

가 기계화되고 채탄방법도 발전함에 따라 1920년대 석탄 생산은 빠르게 증가했다. 1926년에는 총독부의 무연탄 합동정책에 의해 민간 석탄광업자 대부분이 참여한 조선무연탄 주식회사라는 회사가 탄생하기도 했다(박기주 2009).

광업의 급팽창기는 1930년대였다. 일본제국의 호경기, 세계적인 무역블럭화, 그리고 만주국 설립에 따른 인접 지역의 개발 등이 조선 내 광물 개발을 촉진한 요인이었다. 제국의 필요에 발맞춰 조선총독부의 장려책도 전개되었는데, 금 증산을 목표로 한 산금10개년계획이 1932년 발표되었고, 1937년에는 조선 중요광물 증산령, 1940년에는 조선광업진흥주식회사령이 제정되었다.[3] 그에 따라 금광, 석탄광, 기타 금속 · 비금속광 등 광물 전반에서 생산이 확대되었다(H22-30). 1940년의 광업 부가가치(1935년 가격)는 1930년에 비해 5배로 늘어났으며(H44) GDP 중 비중도 1% 미만에서 3%대 후반까지 상승했다(그림 H-b). 종사자수도 제1차 세계대전 호경기 때 일시적으로 3만 명대였으나 그 후 1만 명, 2만 명대에 머무르던 것이 1935년에는 10만 명, 1938년에는 20만 명을 넘어섰다(H9).

1945년 해방과 분단, 그리고 5년 후 발발한 전쟁의 영향으로 한국 광업은 크게 위축되었다. 1950년대 들어 미국 원조기관의 지원하에 광업 복구가 진행되었으며 1951년 조선광업령을 대체하는 광업법이 제정되어 이를 제도적으로 뒷받침했다. 국내 에너지원으로서 증산이 시급했던 석탄광업의 경우 1954년 UNKRA(유엔한국재건단)와 한국 정부 간에 탄광개발협정이 체결되고 1955년 석탄증산 5개년계획이 수립되었다. 수출품이 부족했던 상황에서 '한미중석협정'(1952)에 의해 알루미늄의 원료인 중석(텅스텐)이 한때 주요 수출상품으로 부상하기도 했다.

혼란에 빠졌던 광업 통계도 국제 기준에 맞추어 정비되어 갔는데, GDP는 1953년부터, 생산지수는 1954년부터, 사업체 통계는 1955년부터 수치를 얻을 수 있다(N172, N192, H1-9, H15-21, H49-56). 이에 따르면 해방 후 한국 광업은 GDP와 종업원수 기준으로는 1986년, 생산지수 기준으로는 1987년까지 성장 추세를 보였다(N192, H9, H49, H53).

석유가 나지 않는 나라에서 석탄이 국내 광물 에너지원으로서 증산의 주요 대상이 되었다. 1950년 66만 톤에 불과하던 석탄 생산량은 1980년대 후반에는 2,000만 톤 이상으로까지 늘어났다(H22). 1960년대 중반 이후 고도 경제성장이 시작되자 산업 원료인 금속 · 비금속 광물의 수요도 늘어났고 그 중 일부는 국내 증산으로 충족되었다. 1983년부터 1996년 사이 일반광(금속 · 비금속 광물)의 자급률은 30% 수준이었다(H57-65). 그런데 시멘트의 원료인 석회석이 큰 비중을 차지하는 비금속광물을 제외하고 금속광물만 보면 1983년 자급률이 16%에 불과하였고 계속해서 하락해 1990년에는 5% 밑으로 떨어졌다.

인건비 상승, 광산 노후화 등으로 인해 해외에 비해 국내 광업의 채산성이 악화됨에 따라 한국 광업은 1990년대 이후 쇠퇴의 길을 걸었다. 최근 GDP 중 광업의 비중은 0.2%에 불과하며 종사자수도 만 명 정도에 그친다(H-b, H9). 사북탄광의 노동자들로 북적이던 마을이 강원랜드라고 하는 카지노 리조트로 변모한 것은 한국 광업의 현상을 상징적으로 보여 준다.

2. 에너지

에너지란 '일을 할 수 있는 힘이나 능력'을 가리킨다. 인력이나 축력도 모두 에너지의 한 형태이지만 에너지 산업이라고 했을 때는 흔히 인류의 주요 에너지원, 즉 신탄, 석탄, 석유, 천연가스, 원자력, 태양열 등의 생산과 소비에 관한 것을 말한다.

지금은 TV를 시청하고 스마트폰을 보는 데도 많은 에너지가 소비되고 있지만 산업이 발달하기 전인 과거에는 음식을 조리하고 추운 날씨에 난방을 하는 데 주로 에너지가 소비되었다. 다른 여러 나라와 마찬가지로 한국에서도 그 주요 에너지원은 자연으로부터 채취한 나무, 풀 등 땔감이었다. 18세기 영국의 산업혁명은 인류를 석탄의 시대로 이끌었다. 앞서 광업 부분에서 언급한 것처럼 한국에서는 그보다 훨씬 늦은 19세기 말 외국인들에 의해 석탄 사용이 보급되기 시작했다. 석탄의 생산, 수입 통계(H96-98)로부터 확인되듯이 식민지기 근대 산업의 이식과 도시화의 진전은 석탄 소비를 크게 늘렸다.

3 1930년대 산금정책에 대해서는 박기주(1988) 참조. 당시의 금광 열풍은 전봉관(2005)에 인용된 신문, 잡지 글들에 잘 묘사되어 있다.

그림 H-c 1차 에너지 공급원의 구성 변화, 1910-2015(%)

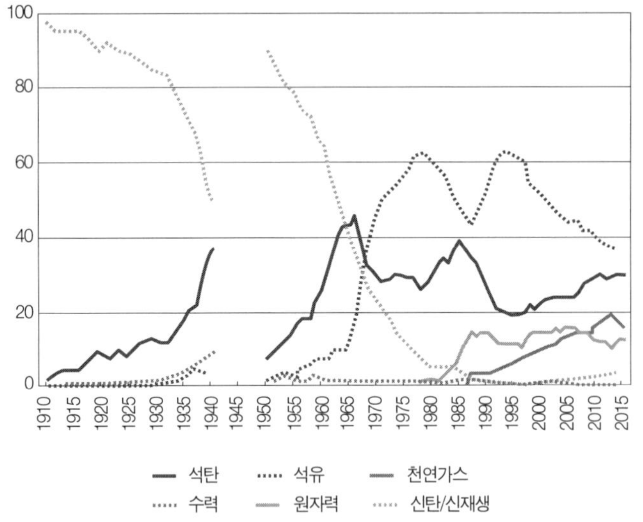

자료: 해방 이전은 G100, H96-102; 김낙년 편(2012); 1950-1954년은 『대한석탄공사50년사』, p. 688; 1955년 이후는 H66-73.
주: 1) 해방 이전은 남북한, 해방 이후는 남한만의 수치이다.
2) 해방 이전 수치 계산방법은 본문 참조.

해방 이전에는 현재와 같이 열량 단위 에너지 통계가 작성되지 않았지만 에너지 공급원의 대략적인 구성 변화를 알아보기 위해 다음과 같이 추계해 보았다. 석탄과 석유는 재고를 무시하고 국내 생산량과 무역량으로 매해의 소비량을 계산했다(H96-102).[4] 석탄 무역 통계는 일부 연도를 빼면 유연탄과 무연탄을 구별하고 있지 않으나 구별되는 해에 비추어 수출은 모두 무연탄, 수입은 모두 유연탄으로 가정했다. 수력 발전량은 김낙년 편(2012)의 표 II-19에서 가져왔다. 신탄은 임산연료와 농업부산연료로 구성되는데 임산연료는 이우연의 추계(김낙년 편 2012: 표 II-8)를 사용했고 농업부산연료, 즉 볏짚은 쌀 생산량(G100)에 일정 비율을 곱하여 추정했다.[5] 열량 환산에는 『에너지통계연보』의 환산율을 적용했다.

그 결과를 해방 이후 통계와 함께 제시한 것이 그림 H-c이다. 이에 따르면 1940년까지 신탄이 가장 중요한 에너지 공급원이었지만 석탄의 비중이, 특히 1930년대에 빠르게 상승해 40%에 가까운 수준에 이르렀다. 1930년대에는 석유와 수력의 비중도 상승하였고 그에 따라 신탄의 비중은 급격히 하락해 1940년에는 절반 정도까지 떨어졌다.

해방과 분단을 겪으면서 남한 경제의 에너지 공급은 다시 신탄 중심으로 급격히 바뀌었다. 상공부의 추계에 따르면 1955년 1차 에너지 공급의 원천 중 신탄 비중은 80%에 달했다. 석탄, 석유 공급이 늘어남에 따라 신탄 의존도는 빠르게 떨어졌지만, 체계적인 에너지 통계치를 구할 수 있는 최초 연도인 1961년에도 신탄 비중은 50% 이상으로 석탄보다 여전히 높았다(H68-73). 석탄이 신탄을 앞선 것은 1965년으로 주요 선진국들에 비해 크게 뒤처진 것이었다. 하지만 2차 세계대전 이후의 세계적 추세였던 석탄에서 석유로의 전환은 빠르게 진행되었다. 1961년 8%에 불과하던 석유의 비중은 1968년 34.8%로 늘어나 석탄을 앞질렀다(H69). 신탄→석탄→석유라는 장기적인 변화를 한국은 압축적으로 겪었던 것이다. 석유는 비중이 최근 하락하고 있지만 여전히 가장 중요한 에너지원이며, 우리가 늘 중동 정세에 민감할 수밖에 없는 이유이기도 하다.

1980년대의 중요한 변화는 원자력 에너지의 비중 상승이다. 1978년 고리 원자력발전소, 1983년 월성, 1986년 영광, 1988년 울진발전소가 상업운전을 시작함에 따라 1차 에너지 중 원자력의 비중은 1990년 14%까지 상승했다. 1990년대 이후에는 도시가스 제조와 발전을 위한 천연가스 도입이 빠르게 늘고 있으며 향후 미세먼지 대책으로서 석탄 발전이 억제된다면 더욱 늘어날 수 있다. 또한 최근에는 지구 온난화에 대한 우려와 기술 발전으로 신재생 에너지가 주목을 받고 있다.

지금까지 본 것은 1차 에너지 공급이고 최종 소비자가 사용하는 에너지 형태는 그 구성이 크게 다르다. 바로 현대인의 일상 생활에서 빼놓을 수 없는 전기 사용 때문이다. 수력, 원자력과 달리 화력 발전의 경우 1차 에너지 공급은 석탄, 석유, 천연가스 등이나 최종 소비 형태는 전기가 된다. 최종 에너지 소비에서 전력의 비중은 1961년 1%에서 최근 20%까지 증가했다(H67, H80-86). 화석연료를 전기로 전환하는 데는 손실이 발생하기 마련이어서 겨울철 난방에까지 전기가 널리 사용되는 것이 바람직하지 않다는 논란이 제기되기도 한다. 하지만 1990년대 후반과 2000년대에 난방용 등유 가격이 큰 폭으로 상승한 데 비해 주택용 전기 가격은 소폭 상승에 그친 점(H109, H112)을 고려하면 현행 가격 체계하에

4 석유는 국내 정유를 통한 생산이 없었다고 가정했다.
5 해방 이후 『농림통계연보』를 참고하여 정곡량의 2배를 볏짚 생산량으로 삼았다.

서는 그 또한 소비자들의 합리적 선택임을 부정하기 어렵다.

한국 최초의 발전소는 1899년 동대문에 개설된 것으로 알려져 있다. 1910년대까지만 해도 발전량은 미미했는데 1920년대 중반 한국 지형에 맞는 유역 변경식 수력발전소가 건설되기 시작하면서 전력 공급이 크게 늘어났다(H103; 호리 2003: 222-269). 그런데 수력발전소의 대부분이 북한 지역에 위치했기 때문에 1945년의 분단 직후 일시 북한에서 남한으로의 송전이 이루어졌으나 곧 끊김에 따라 남한 지역에는 전력난이 발생했다. 발전소 건설은 1950년대 전후 복구기의 주요 과제 중 하나였으며 과도기적으로 미국의 발전선이 전력을 공급하기도 했다. 1960년대 이후 경제성장에 발맞춰 화력 발전이 증가했고 앞서 본 것처럼 1970년대 말부터 원자력발전소가 가동되기 시작했다. 2014년 연간 총발전량은 54만 GWh에 이르렀다(H103).

한국 에너지 소비의 국제적 위상을 보면,[6] 총소비량 순위는 1971년 33위였으나 2000년 이후 10위권으로 올라섰다. 비중으로 보면 1971년 세계 전체의 0.3%에 불과했으나 이후 급증하여 2000년에는 1.9%를 기록했으며 그 후 중국의 에너지 소비가 늘어나는 가운데서도 2%에 조금 못 미치는 소비 비중을 유지하고 있다. 일인당 에너지 소비량은 1971-2014년간에 10.2배나 늘어나 주요 선진국들과는 비교할 수 없을 정도로 증가 속도가 빨랐다.[7]

최근 한국 에너지 소비의 특징을 OECD 국가들 또는 주요 선진국과 비교하여 몇 가지로 정리하면 다음과 같다. 수치와 순위는 OECD/IEA의 2013년 통계를 기준으로 한 것이다. 첫째, 일인당 에너지 소비량이 상대적으로 높다. TPES(total primary energy supply) 기준으로는 OECD 34개국 중 8위, TFC(total final consumption) 기준으로는 11위였다. 둘째, GDP당(2005년 PPP) 에너지 소비량, 즉 에너지 原單位(energy intensity) 역시 상대적으로 높다. OECD 34개국 중 TPES 기준으로는 5위, TFC 기준으로는 7위로 일인당 수치보다 순위가 더 높다. 주요 선진국의 경우 1970년대 오일쇼크 후 에너지 원단위가 하락 추세를 보인 반면, 한국도 전반적으로는 하락 추세이나 1980년대 말부터 1990년대 전반까지 뚜렷한 상승국면이 있었다.

셋째, 에너지 전환손실이 상대적으로 크다. 전환손실은 TPES와 TFC의 차이로 여러 가지 요소로 구성되어 있지만 그 중 가장 큰 것은 발전소에서 화석에너지를 전기로 전환할 때 발생하는 손실이다. (TPES-TFC)/TPES로 계산한 전환손실 비중은 37%로 OECD 국가들과 비교해 보면 10위에 해당한다. 이와 관련해 TFC에서 전력이 차지하는 비중을 보면 2013년 25%로 OECD 국가들 중 9번째로 높았다. 한국에서 TFC 중 전력 비중은 2000년대 들어 크게 늘어났으며 비에너지 사용분을 제외하면 2013년에는 근소하나마 석유를 뛰어넘었다. 수송 부문을 제외한 산업 부문과 기타 부문(가정, 상업, 공공 등) 모두에서 전력 비중이 계속해서 늘어왔다. 넷째, 비에너지 사용 비중이 높다. 석탄, 석유 등과 같은 화석 에너지 원료는 연료용으로 사용될 뿐만 아니라 선철이나 석유화학제품의 원료, 즉 코크스나 납사(naptha)를 만드는 데도 쓰인다. TFC 중에 비에너지 사용이 차지하는 비중을 계산해 보면 한국은 26%로 OECD 국가들 중 가장 높았다. 이러한 특징은 1990년대 이후 뚜렷해졌는데 1990년 신규 투자 자유화 조치로 1990-1991년 중 석유화학산업에서 대폭적인 설비확충이 이루어졌기 때문이다. 다섯째, 산업 부문의 에너지 소비 비중이 높다. 위에서 비에너지 사용 비중이 높다는 것은 이미 지적했으므로 이를 제외한 에너지 소비 중 산업 부문의 비중을 계산해 보면, 즉 산업 부문/(TFC-비에너지 사용)은 38%로 OECD 국가들 중 아이슬란드와 핀란드에 이어 세 번째로 높았다.

3. 임업

근래 환경사 연구가 세계 역사학계에서 새로운 분야로 부상하였듯이 한국의 임업과 그 원천인 산림의 변화에 대한 연구 또한 2000년대 이후 시작되었다. 다른 전근대 사회와 마찬가지로 조선시대의 임업과 산림에 대한 통계는 거의 찾아볼 수 없다. 1906년 이후 통감부 주도하에 부분적이나마 황폐한 산림을 복구하기 위하여 한국사 최초로 인공

6 이하 내용은 류상윤 · 박기주(2016)를 일부 요약한 것이다. 국제비교를 위해 OECD/IEA의 통계를 활용하였다.

7 통계치를 알 수 있는 1960년 대비 2014년의 일인당 에너지 소비량은 일본 4.0배, 프랑스 2.2배, 미국 1.2배 영국 0.9배였다. 한국과 유사한 경제성장 패턴을 보인 대만은 1971-2013년간에 일인당 에너지 소비량이 6.9배 증가했다.

조림을 중심으로 하는 녹화사업이 시작되면서 임업 · 산림과 관련하여 일부 조사가 시작되었고, 그 결과 관련 통계가 『조선통감부통계연감』에 게재되었다.

한국의 임업 · 산림 통계의 획기가 마련된 것은 조선총독부가 통치의 근간을 마련하는 목적하에 임업 · 산림 정책의 기초를 수립하기 위하여 실시한 조선임적조사를 통해서였다. 단기간에 소수의 인원에 의해 이루어진 조사였지만, 이를 통해 한반도 전체의 산림의 상태와 임야의 소유권에 대한 정보가 개략적이나마 처음으로 전문가들에 의해 파악되었다. 이 조사에 따르면 숲이라고 부를 수 있는 임야가 약 3할, 헐벗은 곳도 3할에 가까웠다. 국유림은 52.4%, 민유림은 47.6%로 추산되었다(이우연 2010: 205-208). 19세기 이후 임업과 산림에 큰 변화를 가져올 만한 이변이 없었으므로 이상이 조선후기의 상태와 근사하다고 보아도 큰 문제는 없을 것이다.

총독부가 1910년부터 본격적으로 산림녹화사업을 진행하면서 『조선총독부통계연보』에는 이전에 비해 훨씬 다양한 임업 통계들이 게재되었다. 본서의 많은 통계가 그렇듯이 임업 또한 1910년을 출발로 보아도 좋다. 그 후 임야소유권을 근대적 형태로 재편, 확정하는 조선임야조사사업이 종료된 1927년부터 임업 통계는 가일층 세분화되고 조사 대상도 확대되었다. 해방 이후의 통계 또한 이 식민지기의 조사 · 발표와 기본적으로 같은 절차와 방식에 따라 수행되었다. 해방 전후부터 1960년대 초에 이르는 15년 내외의 시기는 통계가 공백이거나 신뢰할 수 없는 경우가 많으며, 이 또한 다른 사회 · 경제 통계와 같은 실정이다. 1960년 전후부터 신뢰할 수 있는 임업 · 산림 통계가 작성 · 발표되기 시작하였다.

한국의 산림은 약 천 6백만 헥타르로 전 국토의 70% 이상을 차지한다. 다른 전근대 사회와 마찬가지로 한국에서도 산림은 유일한 연료원이었고 건축, 조선, 기구 제작 등에서 가장 중요한 소재였으며, 유기비료, 즉 퇴비의 생산에도 큰 역할을 하였다. 17세기 중엽 이래 19세기 말까지 인구가 증가하면서 농지 개발과 지속 불가능한 자원채취로 산림 고갈이 지속되었고, 19세기 말에 이르면 한반도 남부에서는 나무가 있는 산을 찾아보기 어려울 만큼 극도로 산림은 황폐화하였다. 20세기 들어 일본 식민통치의 일환으로 산림소유권은 근대적인 형태와 내실을 갖도록 재편되었고, 중일 · 태평양전쟁기 이전까지 조선총독부 주도하에 꾸준히 산림녹화가 진행됨으로써 1940년경이면 수백년 만에 처음으로 도처에서 푸른 산을 찾아볼 수 있게 되었다. 해방 후부터 1950년대의 전쟁과 사회적 혼란 속에서 산림은 다시 급속도로 황폐화하였지만, 1973-1987년간 시행된 '치산녹화사업'으로 대표되는 국가 주도의 녹화사업을 거치면서 한국은 경제성장과 산림녹화를 동시에 이룩한 모범 사례로 거명되기에 이르렀다.

산림은 어장, 목초지 등과 함께 '공용자원'(common-pool resources)으로 분류된다.[8] 이들은 사유재나 공공재와 달리 배제불가능성과 경합성을 동시에 갖고 있다. 배제불가능성이란 이 자원을 생산하는 데 기여하지 않은 경제 주체가 그 생산물을 사용 · 수익함에도 불구하고 그를 배제할 수 없는 것(공공재와 같고 사유재와 다른 속성)을, 경합성이란 한 경제 주체가 그 자원을 소비함에 따라 다른 주체가 사용할 수 있는 양은 그만큼 감소한다는 것(사유재와 같고 공공재와 다른 성격)을 말한다. 공용자원의 소유권에 대한 설명으로는 네 가지 형태의 소유권 체제의 분류가 널리 이용되고 있다(Richards ed. 2002). 1) 자유접근 체제, 2) 사유재산 체제, 3) 국유재산 체제, 4) 공유재산 체제가 그것이다.

자유접근 체제에서 산림은 선착순에 따라 이용된다. 이 자원을 소유하는 주체, 그 대상인 객체, 그리고 소유권을 행사하는 방법에 있어서 성문(成文)과 불문(不文)을 막론하고 실질적인 규율이 존재하지 않는다. 이 경우, 산림의 보호나 증산을 위한 투자의 유인이 존재하지 않고, 인구가 일정한 수준을 넘어서면 결국 황폐화가 진행된다. 공유재산 체제란 복수의 권리 행사자가 존재하지만, 자유접근 체제와 달리 소유권 행사(사용, 수익, 처분)에 있어서 그 주체와 객체의 경계가 뚜렷하며, 그 권리 행사의 방법이 특정되어 있는 상황을 말한다. 사유재산 체제와 국유재산 체제는 일반 재화의 그것과 동일하다.

조선시대 산림은 왕토(王土)로서 국유재산이었다. 이는 '산림, 내, 저류지(貯流地), 바다 등에서 나는 이익은 왕이 온

8 이 같은 자원을 공유자원(common-property resources)으로 부르기도 하지만 이들이 반드시 공동소유의 형태를 띠는 것은 아니므로 대신에 common-pool resources라는 용어가 널리 사용되고 있다.

백성과 함께 누린다'(山林川澤與民共地)는 유교적 통치이념의 소산이자, 조선시대 전체를 통해 흔들림 없는 법적 규제였다. 문제는 조선후기, 특히 18세기 이후 19세기 말까지 인구가 증가함에 따라 발생하였다. 조선왕조는 유교의 매장 문화를 수용하여 분묘지의 일정 영역에 대한 연고자의 사적 소유권을 지지하는 규정을 정하였다. 이를 계기로 산림에 대하여 사적 소유권과 근사한 소유권이 발생, 발전하였다. 물론 사적 소유권이 발전하였다고 하나, 그것이 근대적인 일물일권(一物一權)적 소유권은 아니었다.

조선후기 한반도 전체의 임야소유권과 임상(林相)에 대해서는 1910년 3월부터 9월까지 실시된 '조선임적조사'(朝鮮林籍調査)를 통해 개괄적이나마 그 실태를 파악할 수 있다(H118-130). 여기서 '관리기관이 있는 국유림'(약 7%)이란 국가와 왕실이 조선, 건축 등 국가에 필요한 목재를 얻기 위해 특별히 설정한 구역을 말한다. 소유권 체제에 따라 분류하면 국유재산 체제에 해당한다. 봉산(封山), 금산(禁山), 송전(松田) 등의 명칭을 갖고 있던 이들 특수국유림에 대한 관리는 민간인의 접근을 방지, 차단, 단속하는 수준이었고, 중앙정부가 조림, 육림 등을 위해 전담 관리를 파견한 일은 없었다. 조선후기 인구가 증가하고 목재와 연료에 대한 수요가 증가하면서 민간인의 도벌과 남획이 성행하였으나 조선왕조는 그에 효과적으로 대처하지 못하였다. 국유재산 체제는 명목에 지나지 않고 실질적으로는 자유접근 체제로 퇴행한 것이다. 이들 산림은 자유접근 체제의 비극적 운명이라고 할 수 있는 황폐화를 면하지 못하였다.

1910년 시점에서 민유림은 전체 임야의 약 48%인 것으로 추정되었다. 대부분 조선후기에 발전한 사유림이었다. 하지만 일견 사유재산 체제로 분류할 수 있는 이 임야에 대하여, 명목적 소유자 이외의 인근 촌락 농민들 또한 확정할 수 없는 관행에 따라, 경우에 따라서는 명시적 권리로 인식될 정도로, 생존에 필요한 최소한의 부산물에 대해서는 모종의 권리를 가지고 있었다. 하지만 그 농민이 누구이며, 그들이 행사하는 권리가 어느 정도인지는 알 수 없다. 이러한 소유의 주체, 객체 및 행사방법에 명백한 구분이 없다는 점이 공유재산 체제와 다른 자유접근 체제의 특징이다. 다른 전근대 사회와 마찬가지로 조선에서도 사유림에 대해서는 사유재산 체제와 자유접근 체제가 중첩되어 있었다. 이러한 상황에서 산림을 감시함으로써 얻는 수익은 그 비용을 감당할 수 없었고 소유권자들은 식재 · 파종과 보호 등 조림투자를 기피했다.

'관리기관이 없는 국유림'은 전체 임야의 약 46%였다. 여기에는 두 종류가 있는데, 첫째는 함경남북도, 평안북도, 강원도 등에 널리 펼쳐진 원시림이다. 19세기 말까지도 조선의 벌채 · 운반 기술로는 용익이 불가능했던 산림이다. 두 번째는 너무 많은 사람들이 그 산물을 이용하기 때문에 누가 주인인지 알 수 없는 산림, 즉 자유접근 체제하에 놓인 산림이다. 농촌 촌락 인근의 산림이나 도시 주변의 산림 중에 이러한 것이 많았다. 전자의 면적이 후자보다 더 넓었던 것으로 추정되지만, 한국인의 일상과 밀접한 관계에 있는 것은 물론 후자였다. 이러한 산림은 '무주공산'(無主空山)으로 불리었으며, 소유권 체제의 성격으로 볼 때 가장 열악한 임상을 가지고 있었을 것이다.

임상별로 보면 성림지는 전국 임야의 32%에 불과했고 치수발생지가 42%, 무입목지도 26%를 차지할 정도였다(H131-134). 즉, 20세기 초 한국의 산림, 특히 남부지방의 그것은 매우 황폐해 있었다. 당시 한국을 찾은 외국인들이 종종 부산에서 서울에 이르기까지 산에서 나무를 찾아볼 수 없다고 기술한 것도 이를 뒷받침한다.

식민지기 임업 정책의 구현은 그와 같은 무제한적 · 약탈적 채취임업에서 심고 가꾸는 임업, 즉 육성임업으로 전환하는 과정이었다. 먼저 산림 황폐화의 근본 원인이 조선 특유의 소유권제도에 있었던 만큼, 근대적인 일물일권적 권리로 재편하는 것이 시급하였다. 앞서 말한 원시림은 국가 재정과 국토 보전을 목표로 설정하는 '요존국유림'으로 구획되어 민간의 접근이 차단되었다. 조선총독부의 산림소유권 재편이 완료되는 1934년 말 현재, 요존국유림은 전체 임야의 28%를 차지하였다(H135, H178).

'불요존국유림'은 두 가지로 구성되었다(H191-192). 첫째는 앞서 말한 무주공산에 해당하는 것으로서 '제1종 국유림'으로 불렸다. 특별한 개인이나 집단에게 소유권을 부여하는 것이 불가능하고, 그 때문에 가장 심각하게 황폐한 산림이었다. 이에 대해 조선총독부는 임적조사에 기초해 제정한 1911년 삼림령에서 '조림대부'라는 독특한 제도를 도입하였다(H193-200). 낮은 대부료를 납입하면서 인공조림 등을 통해 일정한 성과를 거두면 대부를 받은 자에게 해당 국유림을 무상으로 양여하는 것이 그 골자였다. 소유권의 법인(法認)을 조림 성과에 연계시키는 제도인 셈인데, 이른바 '녹화주의'라 하여 식민지 조선에서만 찾아볼 수 있는 독특한 것이었다. 1941년까지 약 175만 정보가 대부되어 그 중에서 약 95만 정보가 양여되었다.

1910년에서 1934년까지 일본인에 대한 대부는 2,375건이었고 1건당 평균 면적은 270정보였다(H193-198). 같은 시기 조선인에 대한 대부는 1건당 평균 9정보의 소규모였지만 건수로는 8만 건에 이르렀다. 건당 평균 면적에서 보듯이 일본 대자본이 조선에 유입되었고, 당시 독일과 함께 세계 최고의 수준을 갖고 있던 임업기술도 동시에 도입되었다. 한편, 총독부가 제공한 경제적 유인에 대하여 조선인도 긍정적 · 적극적으로 반응하였으며, 이는 한국인들이 전국적인 범위에서 자발적으로 조림 · 녹화에 나선 최초의 일이었다. 조림대부제도에 의해 무주공산에서 비로소 소유권이 형성되었고, 이와 동시에 녹화를 달성하는 이중의 성과를 얻었다.

연고자가 있는 국유림, 즉 '제2종 국유림'은 사실상의 민유림이었다. 조선총독부는 이들 산림의 소유주를 최종적으로 확정해 전국적으로 체계적인 산림녹화를 추진하고자 하였다. 이를 위해 1927년 「조선특별연고삼림양여령」을 공포 · 시행하였으며 연고자로 파악된 사실상의 소유자에게 이들 산림을 무상양여의 형식으로 소유권을 이전하였다. 그 결과 1927년과 비교해 1934년 말에는 국유림은 586만 정보로 감소하고 민유림은 1,048만 정보로 증가해 민유림이 국유림을 역전하게 되었다(H177, H180). 특히 남부지방에서는 민유림이 92%를 차지하게 되었다. 이것으로 한반도 산림의 소유 구조는 기본적으로 확정되었다.

소유권 재편과 동시에 산림보호와 인공조림을 포함하는 포괄적인 복구 · 녹화 정책이 식민지기부터 비로소 시행되었다. 조림대부 다음으로 큰 성과를 얻은 것은 사방사업이었다(H201-206). 일반적인 파식으로는 뿌리를 내릴 수 없을 정도로 황폐한 곳에서 종자나 묘목이 쓸려 내려가지 않도록 토목 구조물을 설치한 후에 파식하는 산림복구 방식이다. 이밖에 민유림에 대한 조림보조사업도 중요한 역할을 하였다(이우연 2010: 326-327).

조선총독부는 조림뿐만 아니라 산림보호를 위한 법적 · 행정적 수단도 최대한 동원하고자 하였다. 대표적인 것이 도지사가 산림의 사용과 수익에 관하여 명령을 내릴 수 있다는 「삼림령」의 조항이었다. 이에 근거하여 민유림의 소유자라고 할지라도 임산물을 채취하려면 군수의 허가를 받아야 한다는 규정이 각 도별로 공포되었다. 총독부 관리들도 인정하듯이 이는 사실상 사적 소유권을 침해하는 규정이었다.

식민지기 산림보호 정책의 또 하나의 특징은 총독부가 민간인이 공동으로 조림 · 보호하는 조직체를 결성하게 하고 그 활동을 적극적으로 장려 · 지도했다는 점이다. 민유림에서는 1910년대 전반부터 그 소유자를 구성원으로 하는 삼림조합이 전국적으로 조직되었고 1930년경에는 거의 모든 민유림에서 삼림조합이 결성되기에 이르렀다. 삼림조합의 가장 중요한 활동은 도벌 방지를 위해 소유자 공동으로 산림을 감시하는 것이었다. 하지만 민유림 감시와 단속으로 인한 임산물 부족은 농가에게 큰 부담이었고 그 외 여러 가지 이유로 1933년 삼림조합은 해산되었다. 이후 촌락 또는 동리를 단위로 하여 애림계(愛林契), 순산계(巡山契), 식림계(植林契) 등 다양한 명칭을 가진 "국가주도적 의사공동체"(Aoki 2011: 121-124)가 광범위하게 형성되었다. 이들 조직의 특징은 산림을 소유하지 않았을지라도 해당 구역 내에 거주하는 모든 세대주를 조직원으로 구성한다는 점이며, 그 목적은 민유림의 공동 조림, 보호 및 수확물의 공동분배였다.

식민지기 소유권 재편과 녹화 정책에 의해 한국의 임상은 크게 개선되었다. 1927년 이후 1935년경까지 입목지는 55.7%에서 70.2%로 크게 증가하고 미입목지는 13.4%에서 7.2%로 반감되었다(H142). 임상의 변화를 수량적으로 파악하는 또 하나의 방법은 임목축적인데 1927년 2억 7,500만m^3에서 1935년 2억 1,600만m^3로 21.7%나 감소하였다(H173). 강원, 평북, 함남 및 함북에 소재한 원시림의 벌채 · 개발이 그 가장 큰 이유였다. 이들 원시림은 당시 과잉축적을 가진 산림이었고 이때 적절한 수준으로 이루어지는 벌채는 직접적 수입을 줄 뿐만 아니라 오히려 생장량을 증가시킨다. 이 북부 국유림을 제외하면 임목축적은 오히려 증가하였다.

해방 후 한국 산림의 역사는 17세기 이후 20세기 전반까지 전개된 350여 년 역사의 축소판이라고 할 수 있다. 짧은

그림 H-d 임야 중 입목지 비율, 1927-2015(%)

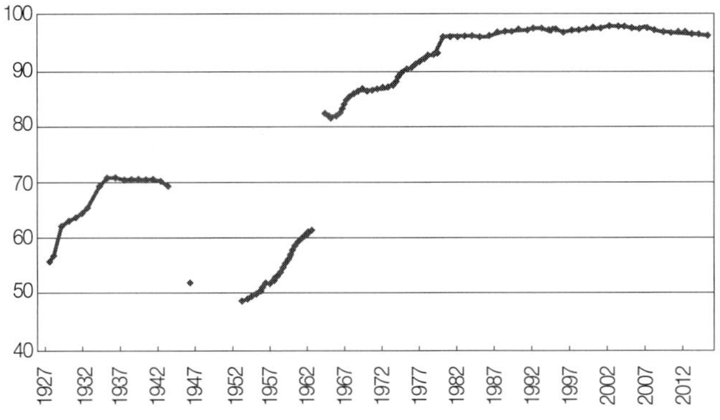

자료: H135-172.
주: 해방 이전은 남북한, 해방 이후는 남한의 수치이다.

기간 동안 심각한 수준으로 산림이 황폐화된 후 다시 복구·녹화가 진행되었다.

해방 이후 250만 명 이상의 해외 거주 조선인이 귀환하였고 한국전쟁 후 36만 명이 월남하여 인구가 급증하였지만, 그간 북부지방으로부터 공급되던 석탄과 전력의 유입이 차단되면서 연료 부족이 극심해지고 사회적 무질서로 인해 도벌과 남벌이 전국에 만연하였다. 전쟁과 빨치산 토벌로 인한 피해도 적지 않았다. 또한 해방 이후 10여 년은 '무주공산'의 시대였다. 전쟁과 사회적 무질서 속에서 전근대의 뿌리 깊은 자유접근 체제의 관행이 되살아났다. 1954년 현재 산림의 80.2%가 민유림이었다. 식민지기에 엄격히 통제되었던 도벌은 행정력의 불비로 인해 철저히 단속되지 못하였다. 국유와 사유라는 소유권 체제의 한계를 보완하여 산림의 보호와 육성을 가능하게 했던 "조합", "계" 등과 같은 공유재산 체제는 사회적 혼란으로 인해 제 기능을 수행하지 못한 채 조합과 계라는 이름만 남아 있는 상태였다. 『한국임정50년사』와 같은 정부 측 간행물들은 도시와 농촌을 가릴 곳 없이 사람 손이 닿는 곳이라면 모두 "벌거숭이 붉은 산"이 되었다고 묘사했다. 다만, 1950년대 통계는 신뢰도가 낮아서 그에 부합하는 수치를 찾기는 쉽지 않다.

행정 체계가 구비되고 사회적 혼란이 수습되면서 1950년대 후반부터 산림복구 활동이 시작되었다. 해방 이후 녹화사업에서 가장 큰 역할을 한 것은 농민들로 조직된 산림계였다(H233-234). 해방 이후 산림계도 식민지기의 애림계 등과 마찬가지로 동리 구역 내에 있는 산림의 소유자와 구역 내에 거주하는 모든 세대주에 의하여 조직되었다. 식민지기에는 애림계 등의 구성과 조림·보호 활동이 행정적으로 장려·지도되었던 것과 달리, 해방 이후에는 법률(1951년 「산림보호임시조치법」, 1961년 「산림법」 등)에 의해 강제되었다. 식민지기와 마찬가지로 산림 비소유 농가가 전체 농가의 과반이었으며 산림을 소유하고 있다고 할지라도 1헥타르 미만의 지극히 영세한 규모의 소유자가 절반 이상이었다. 이러한 상황에서 산림계는 '국가 주도적 의사공동체'(government-led quasi community)로서 공유재산 체제에 의해 국·사유의 한계를 보완하는 중요한 역할을 하였다(H232-234).

해방 이후 산림녹화에 대해서는 1973-1987년에 전개된 '치산녹화사업'이 세계적으로 유명하지만 그전부터 산림의 복구·녹화를 위한 사업이 지속적·전국적으로 진행되어 그에 못지 않은 큰 성과를 거두었다. 첫째는 연료림 조성이다. 이는 한국전쟁 직후부터 시작되었지만 그 실적을 알 수 있는 것은 1957년부터이다(H235-236). 당시 산림 황폐화의 가장 중요한 원인은 농민의 연료 채취였다. 따라서 정부는 촌락 인근의 산림을 연료림으로 지정한 후 노동력의 공급과 수익의 당사자인 산림계에 묘목, 비료 등을 지원함과 함께 기술 지도를 담당하였다. 1957년부터 1972년까지 총조림 면적 223만 헥타르 중에서 연료림으로 조림된 면적은 102만 헥타르로 45.6%를 차지하였다. 둘째, 사방사업이다. 해방 직후 산림 황폐화는 매우 심각하여 사방사업을 필요로 하는 면적이 매우 넓었다(H203-204). 여기에서도 정부는 재정적·기술적 지원을 하고 산림계 조직을 통해 농민들이 출역하였다. 1957-1972년간 시행된 사업면적은 57만 헥타르로 총조림면적의 26%를 차지한다. 연료림과 사방사업이 총조림면적의 69%를 점했던 것이다.

1973-1987년에 시행된 치산녹화사업은 새마을운동과 함께 정부가 강력히 추동한 범국가적·범국민적 운동이었다. 정부는 학교, 기업, 단체, 공공기관 등 동원할 수 있는 모든 조직을 이용하여 극히 짧은 기간에 전국적으로 인공조림을 실시하였고, 그 결과 세계적으로 '기적'이라는 평가를 받게 되었다(H207-208). 제1차 사업은 본래 1973-1982년간 백만 헥타르에 조림을 실시한다는 계획이었으나 1978년에 조기 달성하였고, 1979년에 제2차 사업이 시작되었다. 이후 실지조사를 통해 예상보다 임상이 우량함을 확인한 후, 본계

그림 H-e 조림실적, 1910-2015(천 ha, 백만 본)

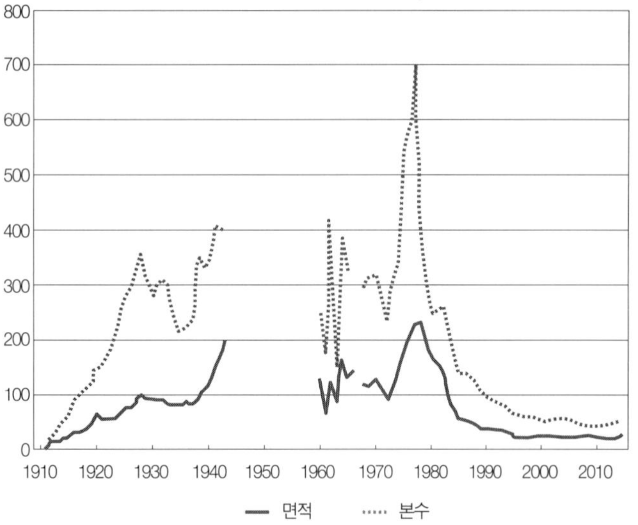

자료: H207-208.
주: 1) 해방 이전은 남북한, 해방 이후는 남한의 수치이다.
2) 대규모 연료림 조성 사업으로 돌출적으로 높은 실적을 보인 1967년은 시각적 편의를 위하여 제외하였다.

획을 두 차례에 걸쳐 축소조정함으로써 1987년에 조기 종료되었다.

다른 한편, 1970년대부터 농촌에 무연탄이 공급되기 시작하고 1980년대에는 가스까지 빠른 속도로 도입됨으로써 본격적인 연료대체가 일어났고, 이것이 산림자원에 대한 수요를 크게 감소시킴으로써 치산녹화사업의 성공을 뒷받침했다. 하지만 1960년대에 이루어진 대규모 연료림 조성사업이나 심각한 황폐지에서 수행된 사방사업의 경험과 성과가 없었다면 전국적인 인공조림을 이와 같이 신속하게 성공적으로 종료하는 것은 불가능한 일이었다. 특히, 치산녹화사업의 성과는 대부분 이전부터 지속적으로 조림과 보호업무를 성공적으로 수행해 온 산림계로 조직된 농민에 의해서 이루어진 것이었다. '기적'의 주인공은 그 농민들이었다.

1961년 공포된 산림법은 산림보호를 위해 민유림에서도 산물 채취의 자유를 제약하였고 조림을 위하여 제3자가 조림에 나서는 것을 허용·강제하였다. 두 가지 모두 사적 소유권을 침해하는 것이었으며, 산림계에 의해 수행되었다. 산림계는 민유림 공동감시의 주체였고, 산림 소유자의 동의가 없어도 조림을 수행하고 그 수익의 80% 이상을 차지할 수 있었다. 후자를 '대집행'(代執行)이라고 한다. 군(郡) 산림조합이 민유림 소유자에게 조림을 명령한 후 일정 기간 내에 그를 시행하지 않으면 소유자의 동의가 없더라도 산림계가 조림을 시행하고 그 산물을 일정 비율로 나누어 가지기로 이미 계약을(分收契約) 체결한 것으로 간주하는 형식이었다. 식민지기에 비해 훨씬 심각한 "초헌법적" 사적 소유권의 침해라고 할 수 있는데, 이는 외래 식민 권력이 가진 한계였다고 평가할 수 있다.

해방 이후 조림은 신속한 산림 복구·녹화를 위해 대부분 속성수에 의해 이루어졌다. 지금도 목재로 사용할 만한 산림은 찾아보기 어렵다. 당시에는 산림 복구·녹화가 긴급 과제였기에 수종 교체, 산불 대처, 간벌 등을 위한 임도(林道) 등 산림관리 시설의 설치는 부족하였다. 그 후과는 목재 무역 적자, 산불피해의 증가, 병충해 피해 등으로 나타나고 있다. 그럼에도 불구하고, 1980년대 초가 되면 "벌거숭이 붉은 산"은 사라지고 전국 어디를 가더라도 현대 한국인의 눈앞에 푸른 산이 펼쳐졌고, 등산은 한국인 최다수가 즐기는 여가생활이 되었다. 한국 산림의 역사에서 20세기는 중간에 시련의 시기도 있었지만 전근대적 채취 임업을 극복하고 수백년 만에 다시 푸르름을 회복하는 역전의 세기가 되었다.

한국의 임업과 산림은 N장 국민소득에서 볼 수 있는 경제의 일반적 동향이나 D장 임금에서 확인되는 장기적인 생활수준의 변화와 마찬가지로 U자형의 역사적 추세를 보이고 있다. 20세기 후반 "한강의 기적"과 "경제성장과 함께 산림녹화에 성공한 유일한 국가"라는 평가는 그 대표적인 예라고 할 수 있다.

4. 수산업

수산업은 어업, 어획물 운반업 및 수산물 가공업을 포함하며 그 중 어업은 수산 동식물을 포획, 채취 또는 양식하는 산업으로 정의된다(수산업법 제1장 제2조). 어업의 채취 대상이 되는 수산자원은 스스로 갱신되며 인간의 사용률이 갱신율에 영향을 미치는 자율 갱신자원(self-regulating renewable resources)이라는 점이 큰 특징이다. 또한 산림자원과 마찬가지로 배제불가능성과 경합성을 특징으로 하는 공용자원이기 때문에 고갈의 위기에 봉착할 가능성이 높다.

수산 통계는 식민지기부터 공식적으로 조사되었는데, 수산 관련 근대적 법규가 제정되는 시기와 일치한다. 한국에서 제정된 어정(魚政)의 최초 모법은 1908년 『어업법』이며, 이후 1911년 『어업령』, 1929년 『조선어업령』, 해방 이후에는 1953년 『수산업법』으로 현재까지 이어지고 있다. 현재 수산 통계를 관장하는 정부기관은 통계청과 해양수산부로, 어로, 양식 등 국내 어업 생산과 관련한 통계는 통계청이, 이외 등록어선, 수산물가공업, 검역 및 수출검사, 원양어업, 양식어업권 등 수산 정책 통계는 해양수산부가 각각 주관하고 있다.

한국 수산업의 발전 과정은 크게 다섯 단계로 나누어진다. 첫째, 전통적 어구와 무동력 어선을 이용한 연안어업 발달기, 둘째 식민지기 동력선(動力船)의 도입으로 시작된 적극적 · 자원 약탈적 어업기, 셋째 해방 직후 재건과 이후 원양어업 도입의 외연 확장기, 넷째 2000년대 이후 양식어업 기술의 발달로 시작된 기르는 어업으로의 전환기, 다섯째 지속 가능한 발전을 위한 어촌과 어업의 유지 · 보호가 과제가 되고 있는 현재 등이다.

첫 단계인 연안어업 발달기는 역사시대 이래부터 한말 또는 식민지 초기까지의 시기이다. 자원의 비옥도가 높은 어장은 토지와 동일한 방식으로 매매가 이루어지는 등 어장에 대한 사유재산권이 발달한 것이 특징이다.

당시 조선에서 해안선 인접 어장의 이용은 크게 미역, 다시마, 패류 등 정착성 수산자원을 채포 대상으로 하는 채조(採藻) · 포개(捕介) 어업, 어류 등 이동성 수산자원을 어획하는 연안어업으로 나누어져 있었다. 그리고 연안어업이 행해졌던 어장은 육지와의 근접성 및 자원의 비옥도에 따라 다시 구분되었는데, 비교적 육지로부터 근거리에 있으며 어류가 빈번하게 모이는 특정 장소에 정치(定置)어구를 설치한 어장과 비교적 먼 바다에 위치해 일정 시기 대어군이 회유하는 한시적 어장(예를 들면, 통영 대구어장)으로 구분되었다. 이 시기 채조가 가능하거나 정치어구가 설치된 어장은 입안(立案)[9] 또는 매매문서 등을 통해 사적 소유권이 보장되었지만, 이동성 어구, 즉 선박을 이용해 어획이 가능한 먼 바다의 어장은 개인의 독점적 권리가 보장되지 않았다. 이는 먼 바다 어장에 대해 자유로운 접근이 허용되었음을 의미하는데, 같은 공용자원인 산림과 상이한 점은 어장의 이용과 접근이 사실상 자본설비 유무에 따라 제한적이었다는 점이다. 먼 바다는 어업기술과 생산도구, 즉 선박을 소유한 자만이 접근 가능했기 때문이다(송경은 2013: 95-124).

이후 위와 같은 어장 이용 관행은 20세기 「어업법」과 「어업령」을 통해 면허, 허가, 신고라는 세 가지 종류의 어업권으로 구분된 형태의 제도적 관리가 현대까지 이어지고 있다. 면허어업은 구래부터 연안어장에 발달하였던 배타적 점유 관계에 그 권리를 부여한 것, 허가어업은 근해어장의 이용에 대해 관(官)이 제한적 진입과 이용을 허용한 것, 신고어업은 자연자원의 총량에 훼손 또는 영향을 주지 않는 생계형 어업에 한하여 어장의 자유로운 이용을 보장한 것이다(유동운 2003: 88; 김병호 1996: 53-54; 양세식 1981: 53-62). 연안어업 발달기에는 주로 사적 소유권이 발달한 면허어업과 생계형 신고어업을 중심으로 어업이 이루어지고 있었다. 물론 대규모 장비와 어선을 활용한 허가어업도 존재했지만, 이들이 본격적으로 발달한 것은 1920년대 이후였다.

두 번째 단계인 기선(汽船), 즉 동력선의 도입으로 시작된 적극적 · 자원 약탈적 어업기는 식민지기인 1920년대부터 본격적으로 개시되었다. 한국에서 어업이 성장한 시기는 농업, 제조업 등과 마찬가지로 식민지기였으며 다른 1차 산업보다 높은 성장세를 보였다. 1911-1940년 사이 농업 부가가치는 1.6배, 임업 부가가치는 1.1배 증가한 데 비해 수산업 부가가치는 11.0배 증가하였다(N189-191). 식민지기 어업 생산력이 폭발적으로 증가한 것은 근대적인 기술발달, 즉 동력선의 도입에 기인한다.

어업에 동력선이 본격적으로 등장한 것은 1920년대이다(H-f). 『조선총독부통계연보』에 나타나는 어획용 및 양식용 동력선의 최초 통계는 1919년으로 10척에 불과했으나, 1923년에는 123척, 1940년에는 2,850척으로 대폭 증가하였다. 동력선의 비중은 1912년 0.3%에 불과했으나, 1920년대부터 2%를 점유했고, 1940년에는 7.2%에 이르게 된다. 해방 직후인 1954년 8.8%, 1970년 20.6%, 1980년 65.9%, 2015년 98.5%로 현재 어선 대부분은 동력선으로 구성되어 있다.

9 입안(立案)은 개인의 청원에 따라 매매, 양도 등의 사실을 관(官)에서 확인하고 이를 인증해 주기 위해 발급한 문서이다(디지털 한국민족문화대백과사전).

그림 H-f 어선수, 1912-2015(천 척)

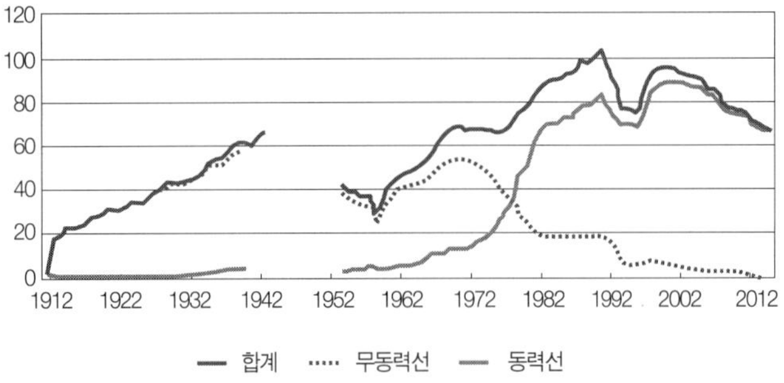

자료: H309-313.
주: 해방 이전은 남북한, 해방 이후는 남한만의 수치이다.

1910년대 동력선은 어획용이 아닌 이미 획득한 어획물의 신속한 운반을 통한 상품가치의 보존을 목적으로 도입된 것이었다. 실제 전체 동력선 가운데 어획용의 비중은 1919년까지 2.8%에 불과하였다. 그러나 1920년부터는 본격적으로 어획용 동력선이 운반용 동력선의 규모를 넘어서게 되었다. 어획용 동력선은 폭발적으로 증가하여 1937년에는 전체 동력선의 70.9%를 점유하였다. 1920년대 후반 동력선을 적극 활용한 어업은 정어리, 청어, 고등어 등 대어군(大魚群)을 이루는 어종을 대상으로 한 건착망어업(巾着網漁業)[10]이 대표적이다. 당시 비료와 화학제품의 원자재인 어유비(魚油肥)의 원료가 되었던 정어리는 1923년 이후 약 18년간 한반도 동해안에 대량 회유하였는데,[11] 이때 동력선이 건착망어업에 본격적으로 도입되었다. 1929-1930년간 무동력선 기반의 정어리 건착망어업은 대부분 동력선 기반으로 전환되었고, 1934년부터는 전부 동력화되었다(吉田敬市 1954: 353).

1920년대 이후 동력 어선의 도입으로 식민지 조선에서 어획량이 급격하게 증가하였으나, 이는 동시에 자원 약탈적 어업이 행해졌음을 의미하였다(H248-259). 전통어구를 사용하는 다수의 어업자들은 연안어업을 황폐시키는 동력어선의 조업에 반대하였으며, 이에 총독부는 수산자원 관리를 위해 동력선 어업의 금지구역을 설정하는 조처를 하기도 하였다.

해방 후 수산업은 세 번째 단계인 산업 재건과 이후 원양어업 도입 등 외연 확장기를 맞이하였다. 1950년 한국전쟁으로 4,721척의 어선과 어구가 침몰 · 파괴 · 유실되는 등 수산업 부문도 커다란 피해를 보게 되었다. 1953년 휴전협정이 체결된 후 정부와 UNKRA를 통해 어선과 어구의 도입 및 어업시설의 재건 등 정책적 협조와 투자가 이루어졌다(최정윤 외 2007: 13). 바다를 생산 기반으로 둔 수산업은 생산수단인 어구와 선박이 원조로 긴급 지원되면서 생산의 정상화가 타 산업보다 빠르게 진행되었다.

식민지기 지속적으로 증가하다가 해방 직후 남북분할과 한국전쟁으로 감소했던 어선수도 다시 늘어나 1991년 10만 3,848척까지 확대되었다(H309). 1991년을 정점으로 어선수는 축소되었고, 2015년 현재 6만 7,226척을 기록하고 있는데, 이는 최근 정부 주도의 어업 구조조정 정책 추진의 결과이다. 다만 2015년 무동력선의 비중이 전체 어선 가운데 1.5%에 불과하며, 동력선의 마력수가 1957년 톤당 2.1마력에서 2015년 톤당 25.9마력으로 증가한 것으로부터 기술발달에 따른 어선 설비의 고성능화를 확인할 수 있다. 또한 어업가구당 보유 어선수도 1954년 0.21척에서 2014년 1.16척으로 증가했다. 즉, 1920년 동력선 도입 이후 어선장비는 지속적인 질적 · 양적 성장 일로에 있다.

해방 후 수산업은 한국의 수출산업으로 중요한 위치를 점하게 되었다. 전쟁으로 제반 산업 기반이 붕괴해 수출이 극히 부진한 상황에서 수산물의 수출이 활발하게 진행되었는데, 일례로 1958년 총수출금액에서 수산물이 차지하는 비중이 최대 25%를 기록하는 등 수산업은 재건기 한국의 외화가득원 역할을 담당하였다. 당시 주요 수출 수산물은 김, 한천, 건오징어, 건어패류 등이었다. 고도성장기에도 수산물 수출은 생산량 증가율을 웃돌며 급증하였다. 수산물 수출은 1962년 1,000만 달러, 1971년에는 1억 달러, 1981년에는 10억 달러를 초과했다(H317-318).

해방 후 한국 어업의 외연적 확대를 위한 정책 방안으로 원양어업 진출이 적극적으로 추진되었다. 원양어업의 발전 단계는 해방 직후-1970년까지는 개척기, 1971-1992년까지는 성장기, 1993년 이후 정체 · 쇠퇴기로 구분된다(최정윤 외 2007: 230-256). 원양어업의 시작이라 할 수 있는 참치연

10 건착망어업은 그물을 이용하여 어군을 둘러쳐 포위한 뒤 포위범위를 좁혀 고기를 잡는 어법이다.

11 『조선총독부통계연보』에 의하면 정어리 어획고가 가장 많았던 해는 1937년으로 139만 톤을 기록하였다. 당해연도 어류의 어획고는 197만 톤으로 정어리 어획고는 전체의 70.6%를 차지하였다. 아울러 수산가공품에 있어서도 비료와 어유 및 어람의 증가세가 확인된다.

그림 H-g　어업 부문별 생산량, 1911-2015(천 톤)

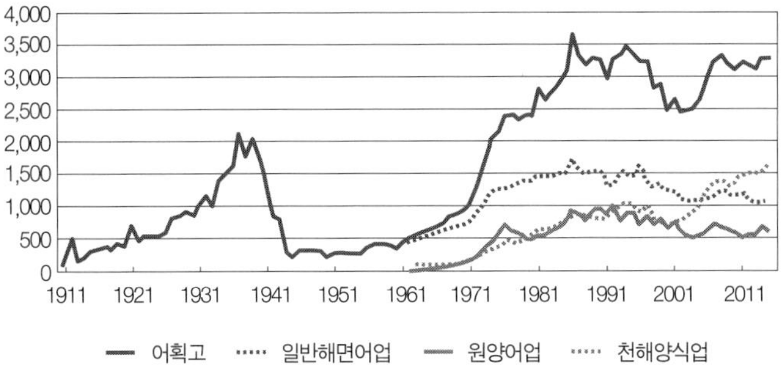

자료: H248, H260-266.
주: 해방 이전은 남북한, 해방 이후는 남한만의 수치이다.

승시험조업이 1957년 인도양에서 시행되었다. 1970년대 이후 원양어업은 적극적인 해외 어장개발 등을 통해 참치, 새우, 명태 등의 어획물을 확보하였고, 수출산업으로도 중흥을 맞이하게 된다. 그러나 1990년대 이후 200해리 체제의 강화, 신한일어업협정체결 등에 의한 조업철수로 정체 · 쇠퇴기를 맞게 되었다. 원양어업은 1992년 어획량 102만 톤, 점유율 31.1%에 달해 정점에 있었으나, 2015년에는 어획량 58만 톤으로, 전체 어업 생산량의 약 17.3%만을 담당하고 있다(H260, H262).

한국 수산업의 네 번째 발전 단계는 2000년대 이후 기르는 어업으로의 중심 이동이다. 자연적 상태에서 수산자원은 고갈의 위험이 늘 있지만, 기술의 발달로 자원의 인공적인 양육이 가능하게 될 경우 이러한 특성은 극복 가능한 대상이 된다. 더해서 수산업의 본질적 기능인 식량산업으로서의 역할, 즉 먹거리의 안정적 수급을 충실하게 이행할 수 있게 된다. 이에 수산양식업은 최근 중요성이 더욱 높아지고 있다.

수산 양식은 1960년대 후반 종래 자연산 채취에만 의존하던 미역이 기술개발로 인공종묘에 의한 양식이 가능하게 된 이후 널리 보급되었다. 주요 양식 품종은 굴, 전복 및 가리비 등의 패류, 김, 미역 등의 해조류, 넙치, 조피볼락 등의 어류 등이다. 특히, 2002년 「기르는 어업 육성법」이 제정되면서 본격적으로 수산업은 잡는 어업에서 기르는 어업의 시대로 전환되고 있다. 특히, 2006년 이후 양식어업은 일반해면어업의 생산량을 넘어섰다(H-g).

그림 H-g에서와 같이 어획량은 1940년대 정어리 어군의 쇠퇴로 급감하던 때를 제외하면 1980년대 중반까지 크게 늘어난 후 정체하고 있다. 그 중 일반해면어업의 생산량은 1986년 173만 톤까지 확대되었으나 2000년대 이후에는 100만 톤 전후에 그치고 있으며 전술한 대로 원양어업도 쇠퇴기에 이르렀다. 반면, 양식어업 생산량은 1962년 18,709톤으로 한국 총어업 생산량의 4%에 불과하였으나, 2015년 167만 톤으로 50%를 점유했다. 같은 해 일반해면어업의 점유율은 31.7%, 원양어업은 17.3%였다. 전체적으로 근해 어자원 감소에도 불구하고 양식업의 발달로, 한국 어업의 전체 생산량은 2006년 이후 300만 톤 이상이 유지되고 있다.

한국 수산업의 최근 과제는 지속 가능한 발전을 위한 어촌의 유지와 어업 생산의 보호이다. 기술의 발달, 가구당 어선 척수의 증가 등으로 어획량은 유지되고 있지만 수산업 종사자는 매년 줄어들고 있다(H237-247). 어업가구는 식민지기 동안 증가 추세를 보이며, 1957년 23만 가구로 최대치를 기록하였으나 2014년 6만 가구로 최대치 대비 25% 수준으로 감소하였다. 그러나 수산업은 상품 제공 기능 이외에 농업, 수산업 등의 1차 산업이 사회 전체의 균형적 유지에 기여하는 여러 순기능, 즉 환경보호, 국토의 균형발전, 식량안보, 경관 및 전통문화보존 등 다원적 기능을 수행하고 있다. 이에 수산자원의 보호를 통한 지속 가능한 어업과 더불어 어촌의 유지와 보호는 최근 전 세계 수산업의 주요한 이슈 중 하나로 꼽힌다.[12] 미래 수산업은 본질적 기능인 식량생산은 물론 환경기반의 산업으로서 역할, 즉 어촌의 유지도 국토의 균형발전 차원에서 주목되는 부분이다. 이에 1970년대부터 진행되어 온 어업 가구의 감소 추세를 저지하고, 어촌의 인구 유입을 장려하는 정책 방안도 강구되어야 할 시점이다.

마지막으로 수산업의 본질적 기능으로 식량 공급을 강조하고자 한다. 한국의 2014년 1인 1일 공급 단백질은 총 102.96g이다. 이 가운데 어패류는 19.98g으로 약 19.41%를 점유하고 있으며, 이는 동물성 단백질 54.44g 중 36.7%에 달하

12 일본의 경우 『수산기본법』 제32조에 "국가는 어업 및 어촌이 국민생활 및 경제안정에 담당하는 역할에 관한 국민의 이해와 관심을 깊게 함과 동시에, 수산물 공급 기능 이외의 다면에 걸친 기능이 장래에 적절하고 충분히 발휘되도록 필요한 정책을 강구하여야 한다"고 명시하고 있다. 이는 어업 취업자의 급격한 감소로 어촌사회의 해체를 우려한 일본 정부의 정책적 판단에 근거하여 동법이 제정된 것을 의미한다.

는 수치이다(한국농촌경제연구원 2015). 한국의 수산물 소비량은 2013년 연간 52.78kg로 세계에서도 높은 수준으로 216개국 가운데 11위이며 세계 평균치인 18.98kg의 2.8배에 달한다(FAO Statistical Yearbook). 한편, UN에서는 2050년에 세계 인구가 98억 명에 달할 것으로 미래 인구 증가를 예측하고 있는데, 이에 따라 전지구적인 식량부족의 위기를 우려하는 시각이 대두되고 있고 그 대안으로 수산(양식)·축산물 분야가 주목을 받고 있다. 앞서 살펴본 대로 삼면이 바다인 한국에서 수산업은 산업 고도화 이전 과거 국민의 식량과 제조업 원료 공급, 수출산업의 중추 역할, 국토의 균형발전 등 그 기능과 역할이 다변화되어 왔으나, 결국 미래 수산업은 원점으로 돌아가 식량산업이라는 본질적인 역할이 다시 부각될 것으로 전망된다.

참고문헌

김낙년 편(2012), 『한국의 장기통계: 국민계정 1911-2010』, 서울대학교출판문화원.

김병호(1996), 「入漁慣行과 慣行漁業의 制度的 性格에 관한 고찰」, 『수산경영론집』 27.

대한석탄공사50년사 편찬위원회 편(2001), 『대한석탄공사50년사: 1950~2000』, 대한석탄공사.

류상윤 · 박기주(2016), 「한국 에너지 소비의 장기 추이 – 주요 선진국 및 대만과의 비교 –」, 『경제사학』 62.

박구병(1968), 「한국명태어업사」, 『부산수산대학교 논문집: 인문사회과학』 20.

박기주(1988), 「1930년대 조선 산금정책에 관한 연구」, 『경제사학』 12.

______(2009), 「식민지기 조선의 석탄 수급구조와 정책」, 『대동문화연구』 67.

산림청(1997), 『한국임정50년사』, 산림청.

송경은(2013), 「韓國에서의 近代的 漁業權 形成과 法制化」, 서울대학교 대학원 경제학부 박사학위논문.

양세식(1981), 「免許漁業과 許可漁業: 그 制度的意義」, 『農村經濟』 4(1).

유동운(2003), 『현대수산경제론』, 태화출판사.

유승주(1997), 「광업의 발달」, 국사편찬위원회, 『한국사 33 조선후기의 경제』, 국사편찬위원회.

이배용(1971), 「구한말 미국의 운산금광 채굴권 획득에 대하여」, 『역사학보』 50 · 51.

이성인(2012), 『저소비 고효율 경제사회 구축을 위한 국가 에너지효율화 추진전략 연구–제조업 에너지효율성 및 절약 잠재량 평가』, 에너지경제연구원.

이우연(2010), 『한국의 산림 소유제도와 정책의 역사, 1600~1987』, 일조각.

이헌창(2016), 『한국경제통사』 제7판, 도서출판 해남.

전봉관(2005), 『황금광시대』, 살림출판사.

최정윤 외(2007), 『수산시책 50년: 평가와 과제』, 논문의 집.

한국광업협회(2012), 『한국광업백년사』, 한국광업협회.

한국농촌경제연구원(2015), 『식품수급표 2014』, 한국농촌경제연구원.

한국학중앙연구원, 디지털 한국민족문화대백과사전(http://encykorea.ac.kr).

호리 가즈오 · 주익종 옮김(2003), 『한국 근대의 공업화』, 전통과현대.

吉田敬市(1954), 『朝鮮水産發史』, 朝水會.

Aoki, Masahiko(2001), "Community Norms and Embeddedness: A Game-Theoretic Approach," Masahiko Aoki and Yujiro Hayami eds., *Communities and Markets in Economic Development*, Oxford: Oxford University Press.

FAO, FAO Statistical Yearbooks(http://www.fao.org/faostat/en).

Richards, J. F. ed.(2002), *Land, Property, and the Environment*, San Francisco: ICS Press.

H. 천연자원

류상윤 · 이우연 · 송경은

1. 광업

표 H1-8 광업 중분류별 사업체수, 1914-2014

	합계	석탄광업	금속광업	기타 광업
	H1	H2	H3	H4
	남북한, 개소			
1914	32	2	27	3
1915	45	2	35	8
1916	55	2	45	8
1917	79	5	51	23
1918	79	7	55	17
1919	57	7	40	10
1920	64	16	37	11
1921	44	11	26	7
1922	44	13	23	8
1923	64	17	38	9
1924	70	16	40	14
1925	79	18	50	11
1926	85	19	54	12
1927	94	20	60	14
1928	108	25	65	18
1929	104	26	59	19
1931	118	27	77	14
1932	88	19	67	2
1933	131	22	102	7
1934	167	26	134	7
1935	199	28	160	11
1936	227	30	189	8
1937	274	29	234	11
1938	358	40	288	30
1941	343	53	232	58
	남한 , 개소			
1955	263	61	145	57
1958	363	85	140	138
1960	368	102	115	151
1963	1,240	169	153	918
1966	1,546	147	175	1,224
1967	1,612	115	128	1,369
1968	1,552	93	136	1,323
1969	1,577	99	114	1,364
1970	1,702	127	103	1,472
1971	1,551	124	76	1,351
1972	1,519	116	72	1,331
1973	1,588	105	60	1,423
1974	1,583	108	58	1,417
1975	1,442	126	81	1,235
1976	1,607	121	91	1,395
1977	1,566	127	70	1,369

	합계	석탄광업	금속광업	기타 광업	
	H1	H2	H3	H4	
	남한, 개소				
1978	1,837	209	66	1,562	
1979	1,779	200	65	1,514	
1980	1,737	194	63	1,480	
1981	1,926	220	64	1,642	
1982	1,948	275	53	1,620	
1983	1,845	296	53	1,496	
1984	1,879	297	50	1,532	
1985	1,896	328	50	1,518	
1986	1,948	338	47	1,563	
1987	1,929	329	43	1,557	
1988	1,795	296	32	1,467	
1989	1,800	256	24	1,520	
1990	1,765	353	23	1,389	
1991	1,788	307	20	1,461	
1992	1,678	261	12	1,405	
1993	1,642	204	10	1,428	
1994	1,206	168	13	1,025	
1995	1,082	130	9	943	
1996	975	116	10	849	
1997	852	101	9	742	
1998	771	102	7	662	
	합계	석탄, 원유 및 천연가스 광업	금속 광업	비금속광물 광업(연료용 제외)	광업 지원 서비스업
	H1	H5	H6	H7	H8
	남한, 개소				
1999	417	23	8	386	
2000	414	23	5	386	
2001	406	18	3	385	
2002	402	16	2	384	
2003	417	18	2	397	
2004	406	18	2	386	
2005	393	14	3	376	
2006	378	14	4	360	
2007	375	13	3	358	1
2008	364	9	4	350	1
2009	381	6	3	371	1
2010	375	7	5	360	3
2011	359	7	6	344	2
2012	328	7	7	312	2
2013	353	10	5	337	1
2014	349	12	5	331	1

자료: 해방 이전은 조선총독부, 『朝鮮鉱業の趨勢』, 각년도; 1955-1998년은 통계청, 『광업 · 제조업조사보고서』, 각년도; 1999-2014년은 통계청, 「광업 · 제조업조사」(http://kosis.kr).

주: 1) 1914-1931년은 연산 1만 圓 이상, 1932-1941년은 연산 5만 圓 이상, 1955-1998년은 종업원 5인 이상, 1999-2014년은 종업원 10인 이상 기준이다.

2) 1955-1969년은 표준산업분류 제2차 개정, 1970-1974년은 제3차 개정, 1975-1982년은 제4차 개정, 1983-1990년은 제5차 개정, 1991-1998년은 제6차 개정, 1999-2014년은 제9차 개정에 따른 수치이다.

표 H9-21 광업 중분류별 종업원수, 1910-2014

	합계	석탄광업	금은광업	철광업	기타금속광업	비금속광업
	H9	H10	H11	H12	H13	H14
	남북한, 명					
1910	21,702	1,005	18,105	1,789	200	603
1911	17,636	1,252	13,964	1,320	223	877
1912	15,133	1,589	11,250	1,326	455	513
1913	16,421	2,056	11,803	1,308	648	606
1914	15,259	2,947	10,178	1,301	372	461
1915	21,851	3,438	15,705	1,818	686	204
1916	26,418	2,743	17,153	1,647	2,897	1,978
1917	34,086	2,599	16,533	2,866	5,248	6,840
1918	34,824	3,987	12,276	6,256	6,653	5,652
1919	19,219	3,895	6,361	5,988	1,859	1,116
1920	16,470	5,792	4,144	4,056	1,892	586
1921	12,568	3,633	5,096	2,793	489	557
1922	17,826	7,361	6,870	2,075	178	1,342
1923	16,618	5,677	6,910	2,410	823	798
1924	18,723	6,294	7,845	2,620	958	1,006
1925	18,746	6,459	8,185	2,788	435	879
1926	23,299	8,410	10,344	2,650	667	1,228
1927	24,712	9,765	9,274	3,068	775	1,830
1928	28,724	11,637	9,031	4,376	1,239	2,441
1929	29,484	10,739	11,284	4,423	871	2,167
1930	31,100	12,937	11,788	3,806	667	1,902
1931	35,895	11,511	18,744	3,684	240	1,716
1932	64,466	11,564	46,760	3,147	714	2,281
1933	70,711	11,691	51,999	3,345	1,347	2,329
1934	95,717	14,747	70,481	3,770	3,124	3,595
1935	130,841	22,144	92,070	5,197	4,746	6,684
1936	139,934	22,147	98,801	4,323	8,680	5,983
1937	161,954	24,833	114,769	5,077	10,100	7,175
1938	206,427	29,977	131,414	7,293	15,493	22,250
1939	222,096	44,137	138,644	7,243	20,392	11,680
1940	236,256	53,493	125,695	11,169	29,024	16,875
1941	232,027	64,871	113,897	11,782	23,756	17,721

	합계	석탄광업	금속광업	기타 광업
	H9	H15	H16	H17
	남한, 명			
1955	29,717	12,711	14,177	2,829
1958	37,293	17,537	10,830	8,926
1960	39,800	24,661	9,457	5,682
1963	60,087	37,202	11,180	11,705
1966	64,514	37,047	15,399	12,068
1967	70,610	37,360	12,227	21,023
1968	77,503	38,302	14,771	24,430
1969	72,821	34,866	12,958	24,997
1970	76,609	33,700	12,309	30,600
1971	75,043	39,954	9,455	25,634
1972	71,786	39,242	9,800	22,744
1973	69,737	35,660	8,370	25,707
1974	71,293	39,484	8,530	23,279
1975	83,076	49,706	10,206	23,164
1976	81,708	46,941	10,807	23,960
1977	80,898	46,350	9,848	24,700
1978	83,057	51,720	7,880	23,457
1979	79,229	49,477	7,746	22,006
1980	84,122	53,851	7,868	22,403
1981	90,036	60,928	7,296	21,812
1982	87,845	59,543	6,221	22,081
1983	84,743	58,982	5,662	20,099
1984	87,717	60,460	5,398	21,859
1985	90,525	63,421	5,208	21,896

표 H9-21 계속

	합계	석탄광업	금속광업	기타 광업	
	H9	H15	H16	H17	
	남한, 명				
1986	94,811	66,803	5,212	22,796	
1987	94,320	66,937	4,860	22,523	
1988	87,614	62,507	3,636	21,471	
1989	73,897	49,279	3,224	21,394	
1990	66,734	44,376	2,532	19,826	
1991	60,983	37,824	2,063	21,096	
1992	50,982	29,484	1,615	19,883	
1993	45,546	24,645	994	19,907	
1994	35,281	16,745	722	17,814	
1995	29,928	12,707	582	16,639	
1996	27,318	11,376	584	15,358	
1997	24,289	10,043	614	13,632	
1998	19,829	8,660	291	10,878	
	계	석탄, 원유 및 천연가스 광업	금속 광업	비금속광물 광업 (연료용 제외)	광업 지원 서비스업
	H9	H18	H19	H20	H21
	남한, 명				
1999	16,888	7,740	277	8,871	
2000	15,957	7,318	216	8,423	
2001	15,504	6,569	113	8,822	
2002	14,474			8,624	
2003	15,021			9,295	
2004	14,793			9,055	
2005	13,727	5,120	121	8,486	
2006	13,136	4,951	134	8,051	
2007	13,247	4,923		8,114	
2008	12,453	4,296		7,921	
2009	12,385	3,703		8,443	
2010	11,771	3,271	251	8,146	103
2011	11,136	3,182		7,545	
2012	10,376	2,932		6,991	
2013	10,777	2,914		7,460	
2014	10,861	2,989		7,451	

자료: 해방 이전은 조선총독부, 『朝鮮鉱業の趨勢』, 각년도; 1955-1998년은 통계청, 『광업·제조업조사보고서』, 각년도; 1999-2014년은 통계청, 「광업·제조업조사」(http://kosis.kr).

주: 1) 1910-1941년은 전 광산, 1955-1998년은 종업원 5인 이상, 1999-2014년은 종업원 10인 이상 기준이다.

2) 1955-1969년은 표준산업분류 제2차 개정, 1970-1974년은 제3차 개정, 1975-1982년은 제4차 개정, 1983-1990년은 제5차 개정, 1991-1998년은 제6차 개정, 1999-2014년은 제9차 개정에 따른 수치이다.

3) H18, H19의 2002년 이후 공란, H21의 2007년 이후 공란은 사업체의 비밀보호를 위해 공개하지 않은 것이다.

표 H22-30 주요 광산물 생산량, 1910-2015

	석탄	철광	중석광	금(및 사금)	은	동	흑연	형석	소금
	H22	H23	H24	H25	H26	H27	H28	H29	H30
	남북한								
	1,000M/T	1,000M/T	M/T	kg	kg	M/T	M/T	M/T	M/T
1910	78	140		3,753	178		7,983		598
1911	121	101		4,147	194	1	7,492		2,706
1912	128	123		4,325	225	2	10,342		8,899
1913	128	142		5,379	734	2	12,300		24,968
1914	183	182		5,346	571	2	6,538		29,352
1915	229	259		6,115	683		5,478		30,592
1916	191	245	92	6,939	777		7,862		42,539
1917	195	141	325	5,479	823	2,241	8,837		53,152
1918	188	200	289	4,684	1,347	3,105	7,041		46,445
1919	220	417	59	3,172	142	2,288	9,240		50,814
1920	291	447		3,296	24	859	11,212		54,921
1921	311	242		2,670	92	37	7,214		55,874
1922	317	186		3,326	334	2	15,042		45,450
1923	380	243		3,927	1,344		14,167		40,282
1924	399	309		4,172	1,700		14,948		65,046
1925	622	351		4,693	1,504	424	14,078		50,996
1926	683	352		7,159	1,571	778	15,775		93,057
1927	710	484	5	5,643	1,600	1,004	17,942		109,770
1928	816	504	149	5,175	1,744	607	22,479	950	152,249
1929	938	552	14	5,553	1,701	547	25,148	1,470	185,783
1930	884	532	12	6,186	2,101	589	20,073	2,297	145,300
1931	936	416	16	9,031	11,404	698	14,050	2,648	146,322
1932	1,104	376	57	9,701	18,351	694	16,814	7,577	213,445
1933	1,307	523	153	11,508	21,865	785	22,677	9,076	210,925
1934	1,689	570	368	12,428	31,287	1,434	31,294	12,099	142,718
1935	1,999	598	876	14,710	39,345	2,170	45,118	9,722	273,781
1936	2,282	629	1,707	17,490	58,821	3,637	40,914	8,740	175,446
1937	2,431	593	1,590	22,848	75,568	4,900	41,128	8,084	240,954
1938	3,419	899	2,625	27,738	88,169	5,828	57,318	37,391	264,946
1939	4,139	1,017	3,968	29,193	115,681	10,539	83,415	28,151	431,355
1940	5,741	1,258	4,218	25,289	113,886	12,944	94,521	24,620	284,504
1941	6,158	1,360	4,784	23,284	109,808	10,624	81,889	32,673	303,536
1942	6,857	1,898	6,062	15,241	106,173	7,986	96,054	39,329	294,095
1943	6,588	2,364	6,932	5,342	88,000	4,554	96,471	69,370	396,805
1944	7,049	3,332	8,333	598	80,170	5,193	103,306	75,227	316,036
	남한								
1946	227		376	38	857	223	204		80,872
1947	501		1,199	228	207	77	4,200		70,056
1948	869		1,339	108	935	38	15,958		89,884
1949	1,129		1,376	170	635	185	68,806	1,560	155,486
1950	661		807	462	316	144	63,767	5,467	116,084
1951	162	0.05	1,061	237	40	115	10,222	1,789	84,556
1952	577	21	3,789	291	353	305	15,056	5,553	203,865
1953	867	19	7,441	457	1,624	401	19,428	11,012	192,686
1954	889	31	3,828	1,484	1,563	296	13,920	8,491	180,119
1955	1,308	29	3,146	1,368	2,476	533	89,948	10,074	354,137
1956	1,815	63	3,742	1,470	6,109	617	61,124	3,113	196,940
1957	2,441	185	3,825	2,058	8,626	385	147,601	5,120	369,191
1958	2,671	261	3,012	2,214	7,707	321	94,071	1,620	436,408
1959	4,136	282	2,924	2,004	7,524	2,879	82,595	6,122	389,891
1960	5,360	392	4,459	2,047	10,253	3,535	92,331	18,900	399,268
1961	5,884	489	5,718	2,616	14,320	3,179	89,713	27,932	121,746
1962	7,444	471	5,798	3,313	12,843	6,436	185,095	32,970	388,076
1963	8,858	501	4,737	2,802	13,810	7,378	339,676	39,785	230,088
1964	9,622	685	4,156	2,357	12,580	7,288	264,458	56,397	385,606
1965	10,248	735	3,837	1,954	13,499	13,310	257,019	39,167	668,874
1966	11,613	789	3,704	1,891	15,530	12,644	130,941	32,008	393,494
1967	12,436	698	3,648	1,970	18,287	9,337	63,881	56,968	612,030

표 H22-30 계속

	석탄	철광	중석광	금(및 사금)	은	동	흑연	형석	소금
	H22	H23	H24	H25	H26	H27	H28	H29	H30
	남한								
	1,000M/T	1,000M/T	M/T	kg	kg	M/T	M/T	M/T	M/T
1968	10,242	830	3,770	1,941	19,815	11,426	129,730	46,604	561,736
1969	10,273	710	3,551	1,578	28,182	13,300	74,334	39,173	289,000
1970	12,394	571	3,728	1,597	46,482	6,565	59,530	47,780	405,000
1971	12,785	504	3,708	896	48,005	5,764	72,515	57,886	359,745
1972	12,403	492	3,659	531	55,043	6,767	40,768	28,975	451,711
1973	13,571	595	3,915	507	46,350	7,543	43,598	29,877	741,525
1974	15,263	625	4,193	738	40,162	8,994	104,807	32,981	574,189
1975	17,593	644	4,403	415	46,780	9,670	47,232	28,296	665,330
1976	16,427	755	4,660	583	57,793	8,161	41,690	20,270	691,000
1977	17,268	791	4,746	665	65,512	6,326	65,955	12,981	
1978	18,054	693	4,830	852	43,073	2,597	56,319	11,368	
1979	18,208	639	4,887	749	70,848	1,718	56,693	8,450	
1980	18,624	62	4,930	384	79,247	1,487	60,586	6,912	
1981	19,865	594	4,939	350	84,137	1,813	38,652	6,464	
1982	20,116	620	4,361	247	76,623	2,130	26,965	3,667	
1983	19,861	655	4,468	304	66,557	2,593	33,266	6,361	
1984	21,370	628	4,868	438	76,353	1,858	58,563	4,672	
1985	22,543	668	4,648	372	68,926	1,234	71,479	705	
1986	24,253	582	4,422	455	80,382	813	97,218	243	
1987	24,273	470	4,278	1,072	71,026	661	107,345	63	
1988	24,295	390	3,655	1,294	48,865	133	108,445	261	
1989	20,785	344	3,064	1,331	53,428	13	101,468	856	
1990	17,217	298	2,451	1,203	16,375	196	99,600	560	
1991	15,059	222	1,405	1,115	3,054	17	76,791	290	
1992	11,970	222	445	1,399	4,723		8,412	70	
1993	9,439	219		1,438	4,712		5,910	299	
1994	7,438	191		1,374	8,600		4,300	100	
1995	5,720	184		1,226	166	123	1,938		519,855
1996	4,951	221		995		3	1,113		338,879
1997	4,514	296		611	42		83	617	333,561
1998	4,361	238		4	957	41	62		252,275
1999	4,197	188		6	1		62		502,542
2000	4,150	163		13			65		348,387
2001	3,817	23	8	10	58		238		260,711
2002	3,318	157	2	188	6,802		95		204,512
2003	3,297	174		528	15,417		55		154,641
2004	3,191	226		1,371	50,866	22	245	2	340,828
2005	2,832	213		1,853	41,489	41	40	6	378,887
2006	2,797	227	5	1,582	56,256	13	68	6	285,568
2007	2,886	291	7	3,098	57,369	6	52		296,108
2008	2,773	366	6	1,593	76,196	4	73		384,304
2009	2,519	455		2,024	81,512	14	51		382,270
2010	2,084	513		2,776	128,919	9	34		222,509
2011	2,084	542	9	1,283	61,762				372,230
2012	2,094	593	26	1,370	37,406				308,847
2013	1,815	663							421,259
2014	1,748	693	2,246						303,510
2015	1,764	445	15						342,844

자료: 1910-1941년은 조선총독부, 『朝鮮鉱業の趨勢』, 각년도; 조선총독부, 『조선총독부통계연보』, 각년도; 1942-1944년은 조선은행, 『경제연감』(1949); 해방 이후는 지식경제부·한국지질자원연구원, 『광산물수급현황』(2011), pp. 274-282; 한국지질연구원, 『광산물수급분석』, 각년도. 단, 동의 1942년 생산량은 조선총독부, 『帝国議会説明資料』(1944); 소금(천일염)의 경우 1910-1939년은 조선총독부, 『전매국연보』, 각년도; 1940-1951년은 한국산업은행, 『한국의 산업』(1962); 1952-1976년은 한국은행, 『경제통계연보』, 각년도; 1995-2015년은 통계청, 『산업생산연보』, 각년도.

주: 1) 식민지기의 금, 은, 동은 독립제련소 생산을 포함한다.
2) 1946년 이후 석탄 생산량은 무연탄 생산량이다.
3) 1946-1979년 금, 은 생산량은 수입 광석에 함유된 금, 은을 제련한 것도 포함한다.
4) 1946년 이후 동 생산량은 동광 생산량이다.

표 H31-38 광업 출원 및 허가건수, 1906-1941

	출원				허가			
	합계	조선인	일본인	외국인	합계	조선인	일본인	외국인
	H31	H32	H33	H34	H35	H36	H37	H38
	남북한, 건							
1906	259	32	212	15	30	4	26	
1907	319	63	244	12	182	28	135	19
1908	234	45	185	4	166	20	145	1
1909	492	215	263	14	306	109	184	13
1910	1031	560	436	35	294	161	124	9
1911	692	291	378	23	402	207	190	5
1912	633	207	397	29	326	121	196	9
1913	610	215	385	10	352	135	207	10
1914	542	179	358	5	308	93	214	1
1915	814	403	381	30	380	157	205	18
1916	3,085	1,081	1,932	72	804	308	422	74
1917	6,189	2,098	4,091		1,224	461	763	
1918	3,333	2,526	807		988	367	621	
1919	1,022	138	884		462	134	328	
1920	1,132	46	1,086		373	60	313	
1921	1,291	93	1,198		416	60	356	
1922	259	97	162		211	57	154	
1923	389	175	214		133	67	66	
1924	600	284	316		199	114	85	
1925	972	328	644		278	144	134	
1926	928	272	656		198	97	101	
1927	793	252	541		192	79	113	
1928	867	319	548		181	92	89	
1929	935	420	515		205	106	99	
1930	1,392	627	765		341	132	209	
1931	1,805	1,161	644		343	206	137	
1932	3,204	1,806	1,398		469	291	178	
1933	5,210	3,250	1,960		728	483	245	
1934	9,447	6,497	2,950		1,132	770	362	
1935	10,153	7,628	2,525		1,445	960	485	
1936	6,105	3,934	2,171		1,268	798	470	
1937	8,116	5,468	2,648		1,357	787	570	
1938	15,721	10,991	4,730		1,466	896	570	
1939	16,411	11,826	4,585		2,237	1,361	876	
1940	10,548	6,669	3,879		1,886	1,120	766	
1941	6,243	3,151	3,092		1,020	469	551	

자료: 조선총독부, 『朝鮮鉱業の趨勢』, 각년도; 조선총독부, 『조선총독부통계연보』, 각년도.

표 H39-48 광업 부가가치, 1910-1941

	당해년 가격					1935년 가격				
	합계	석탄	금속광물	비금속광물	비철금속	합계	석탄	금속광물	비금속광물	비철금속
	H39	H40	H41	H42	H43	H44	H45	H46	H47	H48
	남북한, 천 圓									
1910	3,044	261	415	294	2,074	4,805	316	995	702	4,326
1911	3,290	363	321	323	2,283	4,844	489	326	646	4,829
1912	3,714	375	498	422	2,418	5,379	516	492	810	5,029
1913	4,393	383	492	482	3,035	6,535	516	580	1,165	6,261
1914	4,611	545	654	394	3,017	7,017	739	870	1,030	6,271
1915	5,869	671	1,309	493	3,397	8,814	923	1,809	813	7,157
1916	8,277	551	3,225	694	3,808	12,022	769	3,734	980	8,205
1917	10,153	773	3,746	1,237	4,396	13,613	787	4,358	1,007	9,170
1918	9,452	885	3,222	1,240	4,105	12,556	757	3,764	828	8,907
1919	10,308	1,429	4,736	1,315	2,828	14,352	886	6,533	933	6,320
1920	10,853	2,634	4,944	1,104	2,172	13,248	1,175	4,925	1,088	5,353
1921	7,769	2,146	2,765	1,327	1,530	10,977	1,253	3,399	1,354	3,778
1922	7,074	1,702	2,051	1,659	1,662	10,767	1,280	2,342	1,636	4,713
1923	8,061	1,849	2,906	1,353	1,953	11,820	1,534	2,881	1,139	5,668
1924	9,501	1,991	3,503	1,718	2,290	13,441	1,611	3,314	1,604	6,031
1925	10,172	3,058	2,574	1,600	2,940	14,461	2,510	2,919	1,372	7,055
1926	11,457	3,357	2,470	1,785	3,845	17,925	2,754	2,831	1,909	10,796
1927	11,598	3,554	3,152	1,867	3,024	18,267	2,862	3,280	2,356	8,675
1928	12,581	3,879	3,760	2,261	2,681	20,030	3,300	3,713	3,183	7,490
1929	13,241	4,250	3,756	2,543	2,691	22,049	3,795	4,017	3,597	7,780
1930	12,109	3,582	3,326	2,173	3,028	21,202	3,577	3,907	2,990	8,764
1931	12,560	3,490	3,247	2,034	3,791	23,243	3,787	4,305	2,838	11,104
1932	18,479	4,014	4,579	2,865	7,021	25,549	4,472	5,871	3,861	10,835
1933	25,525	4,845	6,617	3,757	10,306	29,541	5,272	7,363	4,110	12,530
1934	31,946	6,684	9,638	3,421	12,203	32,645	6,831	9,846	3,864	12,203
1935	47,183	8,018	19,110	5,982	14,073	47,183	8,018	19,110	5,982	14,073
1936	58,350	8,943	27,489	5,405	16,513	52,782	8,956	23,173	5,236	15,113
1937	77,711	10,172	36,500	7,011	24,028	64,175	9,535	27,769	6,159	20,174
1938	110,367	17,124	50,515	11,333	31,395	86,484	13,440	38,068	8,513	25,521
1939	140,505	25,419	65,703	18,053	31,330	106,206	16,192	50,921	11,960	25,295
1940	168,835	42,222	80,057	23,425	23,131	112,668	22,433	51,973	13,941	18,693
1941	179,682	47,057	87,677	23,353	21,596	121,544	24,008	61,495	12,801	17,449

자료: 김낙년 편, 『한국의 장기통계: 국민계정』(서울대출판문화원, 2012), pp. 535-536.

주: 1910-1941년의 기준년 가격은 가법성이 충족되지 않는 피셔연쇄지수를 사용하여 작성되었기 때문에 계와 유별 합계가 일치하지 않는다.

표 H49-56 광업 생산지수, 1954-2015

	광업	석탄광업	금속광업	기타광업
	H49	H50	H51	H52
	남한, 1975=100			
1954	8	5.1	31.4	3.7
1955	9.9	7.4	26.6	25.3
1956	12.8	10.3	31.9	17.1
1957	17.4	13.9	40.6	41.4
1958	18.2	15.2	40.4	26.4
1959	25.3	23.5	36.6	23.1
1960	33.3	30.4	56.8	25.7
1961	37.7	33.5	70.5	29.1
1962	44.8	42	73.7	27.8
1963	51	50.5	65.7	38.8
1964	56.2	54.8	73.8	51.4
1965	59.1	58.3	78.9	43
1966	64.9	66.1	87.1	40.1
1967	66.7	70.8	81.3	40.7
1968	62.9	58.3	95.5	45.3
1969	63.9	58.5	93.8	50.8
1970	71.3	70.5	89.2	60.1
1971	73.6	72.7	84.8	67.5
1972	70.2	70.5	80.1	62.6
1973	81.7	77.2	91	83.9
1974	89.2	86.9	95	89.5
1975	100	100	99.9	100

	광업	석탄, 원유 및 천연가스 광업	금속광업	비금속광물 광업; 연료용 제외
	H53	H54	H55	H56
	남한, 2010=100			
1975	181.7	762.7	209.8	55.6
1976	183.1	712.5	231.9	64.9
1977	198.9	747.4	254.8	76.5
1978	204.4	783	237	81.7
1979	204.3	789.7	221.1	84.3
1980	202	804.1	218.2	77.4
1981	207.5	795	231	88.9
1982	195.7	762.4	213.6	80.2
1983	197	713.9	220.9	98.4
1984	211.3	777.8	228.1	102.9
1985	231.6	888.5	216.4	106.7
1986	248.3	941.4	207.5	119.7
1987	251.4	934.6	188.1	128.2
1988	249.7	919.5	168.8	131.4
1989	224.7	770.5	161.6	133
1990	203.1	640	137.7	136.5
1991	209.2	553.1	130.6	160.5
1992	183.2	447.2	131.9	146.4
1993	174.6	355.3	95.5	154.1
1994	176.9	286.6	59.8	171.6
1995	168	225.2	59.7	171.4
1996	167.2	199.9	74.5	170.8
1997	161.7	183.6	79.1	165.2
1998	125.1	175	60.9	125.8
1999	135.7	166.2	51.4	139.2
2000	133.6	166.7	42.1	137.6
2001	133.4	153.2	24.5	140.2
2002	139	133.8	40.7	147.4
2003	137.8	133.1	35.6	146.5
2004	133	130.5	46.8	140.1
2005	122.6	114.5	45.1	129.6
2006	117.5	106.9	51.1	124.8
2007	112.2	94	77.2	120.5
2008	101	75.3	69.9	111.8
2009	107.8	102.1	55.2	112.6
2010	100	100	100	100
2011	104.5	91.6	124.9	108.4
2012	99.8	90.2	108.5	102.9
2013	103.8	86.2	98.4	110.3
2014	95.6	71.1	99.9	104.2
2015	96.1	59.1	78.9	109.9

자료: 1975=100 지수는 『산업생산연보 1977』; 2010=100 지수는 한국은행, 「산업별 생산 · 출하 · 재고지수」(http://ecos.bok.or.kr).

표 H57-65 광산물 자급률, 1983-2015

	수요			공급				평균환율	자급률
				생산					
	내수	수출	연말재고	전체	국내생산	수입	전년이월		
	H57	H58	H59	H60	H61	H62	H63	H64	H65
	남한								
	십억 원	백만 달러	십억 원	십억 원	십억 원	백만 달러	십억 원	원/달러	%
1983	763	62	17	289	257	683	8	776.15	33.6
1984	823	48	22	286	256	723	15	806.02	31.1
1985	966	41	65	362	331	783	23	870.53	34.3
1986	1,087	45	61	398	336	824	64	881.36	30.9
1987	1,354	96	59	459	354	1,177	65	822.41	26.1
1988	1,382	122	85	539	442	1,315	57	730.57	32.0
1989	1,600	155	85	566	489	1,690	89	671.40	30.5
1990	1,621	239	85	548	493	1,753	86	707.97	30.4
1991	1,955	256	114	679	616	2,030	89	733.60	31.5
1992	2,139	299	119	770	709	2,045	124	780.84	33.2
1993	2,359	353	107	895	780	2,158	123	802.73	33.1
1994	2,474	655	153	1,009	841	2,527	115	903.62	34.0
1995	2,917	2,517	182	1,059	900	4,958	158	771.04	30.9
1996	3,007	5,472	160	1,115	944	7,791	186	804.78	31.4
1997	3,515	6,417	206	1,156	961	8,933	173	951.11	27.4
1998	4,037	6,875	179	1,204	788	6,594	222	1398.88	19.5
1999	3,818	3,069	721	1,192	812	5,736	174	1189.48	21.3
2000	4,462	1,660	792	1,203	861	5,091	172	1130.61	19.3
2001	5,742	1,187	955	1,343	879	4,595	954	1290.83	15.3
2002	6,189	1,105	624	1,561	1,050	4,502	1,001	1251.24	16.8
2003	7,030	2,188	210	1,897	1,150	6,102	679	1191.80	16.4
2004	7,106	3,375	652	1,937	1,173	7,947	588	1144.70	16.5
2005	8,755	640	268	2,069	1,164	6,925	516	1024.31	13.3
2006	11,543	1,370	452	2,434	1,171	10,539	799	955.51	10.2
2007	12,473	1,442	867	2,759	1,296	12,293	497	929.20	10.4
2008	16,804	2,308	524	3,490	1,641	14,503	392	1102.59	9.8
2009	16,330	3,615	424	4,339	1,368	10,833	3,201	1276.40	8.4
2010	21,513	4,139	518	5,204	1,644	17,100	1,841	1156.26	7.6
2011	29,298	5,816	539	7,257	1,799	24,912	1,419	1108.11	6.1
2012	24,899	6,762	686	7,540	1,894	24,267	541	1126.88	7.6
2013	19,573	267	567		1,598	18,771	526	1095.04	8.0
2014	18,996	311	488		1,523	18,234	463	1053.22	8.0
2015	14,862	362	362		1,556	14,184	383	1131.49	10.5

자료: 지식경제부 · 한국지질자원연구원, 『광산물수급현황』, 각년도; 한국지질연구원, 『광산물수급분석』, 각년도.

주: 1) 일반광 즉 금속, 비금속 광물을 대상으로 한 수치이다.

2) 자급률=국내생산액/내수액.

3) 생산 중 전체는 수입광석(동, 연광석)에서 회수된 금, 은 생산량 포함액, 국내생산은 국내광산 생산분이다.

4) 1994년과 1998년은 계산이 맞지 않은데 1994년은 이유 불명, 1998년은 금모으기 수출액 때문이다.

5) 2013년 이후는 시계열에 단절이 있다.

2. 에너지

표 H66-73 1차 에너지 공급 및 최종 에너지 소비, 1955-2015

	에너지 공급 및 소비		1차 에너지원별 구성비					
	1차 에너지	최종 에너지	석탄	석유	천연가스	수력	원자력	신탄/신재생
	H66	H67	H68	H69	H70	H71	H72	H73
	남한, 천 toe		남한, %					
1955	8,152		16.6	2.5		1.5		79.4
1956	8,755		18.8	5.8		1.5		73.9
1957	8,863		18.5	5.7		1.2		74.6
1958	9,228		19.5	6.3		1.7		72.5
1959	9,464		23.8	7.8		2.1		66.3
1960	9,440		26.3	7.6		1.5		64.6
1961	9,748	9,271	32.4	8.1		1.7		57.8
1962	10,346	9,796	36.8	9.8		1.7		51.7
1963	10,932	10,342	40.9	10.3		1.7		47.1
1964	11,483	10,674	43.8	9.5		1.6		45.1
1965	12,012	11,227	43.6	12.1		1.5		42.8
1966	13,056	12,158	46.2	16.6		1.9		35.3
1967	13,944	12,685	40	26.8		1.7		31.5
1968	15,822	14,252	34.2	34.8		1.5		29.5
1969	17,593	15,929	30.9	42.3		2		24.8
1970	19,678	17,882	29.6	47.2		1.6		21.6
1971	20,868	18,845	28.1	50.6		1.6		19.7
1972	21,291	18,991	28.3	51.3		1.6		18.7
1973	25,010	22,364	30.2	53.8		1.3		14.7
1974	25,763	22,713	30.1	54.3		1.9		13.7
1975	27,553	23,424	29.3	56.8		1.5		12.4
1976	30,193	25,836	29.4	58.6		1.5		10.5
1977	34,214	29,527	28.2	61.7		1	0.1	9.1
1978	38,088	32,418	26	63.3		1.2	1.5	8
1979	43,242	36,971	27.4	62.8		1.3	1.8	6.7
1980	43,911	37,597	30.1	61.1		1.1	2	5.7
1981	45,718	38,952	33.3	58.1		1.5	1.6	5.5
1982	45,625	38,711	33.9	57.7		1.1	2.1	5.3
1983	49,420	41,337	33.4	55.9		1.4	4.5	4.8
1984	53,535	44,998	37.1	51.6		1.1	5.5	4.7
1985	56,296	46,998	39.1	48.2		1.6	7.4	3.6
1986	61,462	50,524	38.0	46.4	0.1	1.6	11.5	2.4
1987	67,878	55,197	34.8	43.7	3.1	2.0	14.5	1.9
1988	75,351	61,033	33.4	47.0	3.6	1.2	13.3	1.5
1989	81,660	65,875	30.0	49.6	3.2	1.4	14.5	1.3
1990	93,192	75,107	26.2	53.8	3.2	1.7	14.2	0.9
1991	103,619	83,803	23.7	57.5	3.4	1.2	13.6	0.6
1992	116,010	94,623	20.4	61.8	4.0	1.1	12.2	0.6
1993	126,879	104,048	20.4	61.9	4.5	1.2	11.5	0.6
1994	137,234	112,206	19.4	62.9	5.6	0.7	10.7	0.7
1995	150,437	121,962	18.7	62.5	6.1	0.9	11.1	0.7
1996	165,212	132,033	19.5	60.5	7.4	0.8	11.2	0.7
1997	180,638	144,432	19.3	60.4	8.2	0.7	10.7	0.7
1998	165,932	132,128	21.7	54.6	8.3	0.9	13.5	0.9
1999	181,363	143,060	21.0	53.6	9.3	0.8	14.2	1.0
2000	192,887	149,852	22.2	52.0	9.8	0.7	14.1	1.1
2001	198,409	152,950	23.0	50.6	10.5	0.5	14.1	1.2
2002	208,636	160,451	23.5	49.1	11.1	0.6	14.3	1.4
2003	215,066	163,995	23.8	47.6	11.2	0.8	15.1	1.5
2004	220,238	166,009	24.1	45.7	12.9	0.7	14.8	1.8
2005	228,622	170,854	24.0	44.4	13.3	0.6	16.1	1.7
2006	233,372	173,584	24.3	43.6	13.7	0.6	15.9	1.9
2007	236,454	181,455	25.2	44.6	14.7	0.5	13.0	2.0
2008	240,752	182,576	27.4	41.6	14.8	0.5	13.5	2.2
2009	243,311	182,066	28.2	42.1	13.9	0.5	13.1	2.3
2010	263,805	195,587	29.2	39.5	16.3	0.5	12.1	2.3

표 H66-73 계속

	에너지 공급 및 소비		1차 에너지원별 구성비					
	1차 에너지	최종 에너지	석탄	석유	천연가스	수력	원자력	신탄/신재생
	H66	H67	H68	H69	H70	H71	H72	H73
	남한, 천 toe		남한, %					
2011	276,636	205,863	30.2	38.0	16.7	0.6	12.0	2.4
2012	278,698	208,120	29.1	38.1	18.0	0.6	11.4	2.9
2013	280,290	210,247	29.2	37.8	18.7	0.6	10.4	3.2
2014	282,938	213,870	29.9	37.1	16.9	0.6	11.7	3.9
2015	287,479	218,608	29.7	38.1	15.2	0.4	12.1	4.5

자료: 1955-1960년은 상공부, 『장기에너지종합대책』(1981), p. 383; 1961년 이후는 에너지경제연구원, 『에너지통계연보』, 각년도.

注: 1) 신탄/신재생의 1991년까지는 신탄만이며 1992년부터는 신탄을 포함한 신재생 에너지 전체를 가리킨다.

2) 1955-1960년 1차 에너지 공급은 원자료에 무연탄환산톤으로 되어 있는 것을 1무연탄환산톤=0.51toe로 환산했다.

표 H74-79 에너지원별 1차 에너지 공급, 1961-2015

	석탄	석유	천연가스	수력	원자력	신탄
	H74	H75	H76	H77	H78	H79
	남한					
	천 M/T	천 bbl	천 M/T	GWh	GWh	천 M/T
1961	5,885	5,428		653		20,129
1962	7,104	6,913		702		19,104
1963	8,475	7,688		728		18,386
1964	9,377	7,438		750		18,507
1965	10,208	9,952		710		18,364
1966	11,704	14,735		985		16,468
1967	11,152	25,240		953		15,693
1968	10,435	37,366		929		16,693
1969	10,912	50,454		1,429		15,554
1970	11,580	62,702		1,221		15,182
1971	11,725	71,012		1,320		14,668
1972	12,206	73,381		1,368		14,250
1973	15,163	90,583		1,284		13,114
1974	15,774	94,002		1,906		12,589
1975	16,731	105,119		1,683		12,214
1976	18,368	118,966		1,789		11,339
1977	19,904	142,117		1,393	71	11,132
1978	20,122	163,147		1,808	2,324	10,850
1979	23,169	183,871		2,329	3,152	10,329
1980	25,862	182,105		1,984	3,477	8,989
1981	28,848	180,053		2,709	2,897	8,900
1982	29,369	178,894		2,004	3,776	8,633
1983	31,328	189,308		2,723	8,965	8,492
1984	37,004	191,049		2,399	11,792	8,900
1985	40,533	189,190		3,659	16,745	7,255
1986	42,878	200,591	54	4,019	28,311	5,287
1987	43,304	210,512	1,621	5,344	39,314	4,709
1988	45,906	250,558	2,094	3,566	40,101	4,156
1989	44,138	287,150	2,027	4,558	47,365	3,688
1990	43,405	356,348	2,329	6,361	52,887	2,845
1991	42,392	424,667	2,694	5,051	56,311	2,205
1992	39,814	514,224	3,524	4,863	56,530	
1993	42,419	564,575	4,402	6,006	58,138	
1994	42,660	621,498	5,860	4,098	58,651	
1995	44,352	677,210	7,087	5,478	67,029	
1996	50,277	721,065	9,363	5,202	73,925	
1997	53,942	793,899	11,379	5,404	77,086	
1998	55,892	670,278	10,645	6,099	89,689	
1999	59,129	719,657	12,961	6,067	103,064	
2000	66,525	742,557	14,557	5,610	108,964	
2001	70,823	743,667	15,990	4,151	112,133	
2002	75,952	762,868	17,768	5,309	119,102	
2003	79,121	762,941	18,610	6,887	129,659	
2004	82,116	752,329	21,809	5,861	130,715	
2005	84,822	761,080	23,350	5,189	146,779	
2006	87,827	765,520	24,619	5,219	148,749	
2007	94,128	794,946	26,664	5,043	142,937	
2008	104,198	760,641	27,439	5,563	150,958	
2009	108,378	778,480	26,083	5,641	147,771	
2010	121,029	794,278	33,083	6,472	148,596	
2011	130,860	801,642	35,603	7,831	154,723	
2012	128,146	827,679	38,485	7,652	150,328	
2013	129,554	825,202	40,278	8,394	138,784	
2014	133,322	821,457	36,636	7,820	156,407	
2015	134,837	856,206	33,446	5,796	164,762	

자료: 에너지경제연구원, 『에너지통계연보』, 각년도.

표 H80-91 에너지형태별 최종 에너지 소비, 1961-2015

	열량							물량				
	석탄	석유	천연가스	도시가스	전력	열에너지	신탄/신재생	석탄	석유	천연가스	도시가스	전력
	H80	H81	H82	H83	H84	H85	H86	H87	H88	H89	H90	H91
	남한											
	천 toe							천 M/T	천 bbl	천 M/T	백만 m^3	GWh
1961	2,778	754			102		5,636	5,076	5,188			1,189
1962	3,435	886			126		5,349	6,298	6,071			1,470
1963	4,067	981			146		5,148	7,583	6,709			1,696
1964	4,386	930			176		5,181	7,989	6,343			2,043
1965	4,544	1,329			212		5,142	8,638	9,117			2,464
1966	5,470	1,819			259		4,611	10,358	12,502			3,008
1967	4,977	2,978			336		4,394	9,704	20,385			3,903
1968	4,753	4,408			417		4,674	8,949	30,222			4,850
1969	5,012	6,015			547		4,355	9,930	41,270			6,358
1970	5,593	7,373			666		4,215	11,006	50,420			7,740
1971	5,622	8,352			764		4,107	11,099	56,966			8,884
1972	5,652	8,488		1	859		3,990	11,322	57,875		2	9,992
1973	7,273	10,354		1	1,064		3,672	14,477	70,874		2	12,367
1974	7,599	10,379		2	1,208		3,525	15,348	70,973		3	14,048
1975	7,566	11,004		4	1,430		3,420	15,382	75,623		6	16,630
1976	8,392	12,576		6	1,687		3,175	17,124	86,311		8	19,620
1977	9,325	15,115		7	1,964		3,117	19,104	103,995		9	22,833
1978	9,699	17,323		7	2,350		3,038	19,604	119,607		10	27,326
1979	11,427	19,965		8	2,679		2,892	22,105	138,085		12	31,145
1980	12,426	19,824		15	2,815		2,517	23,997	137,499		21	32,734
1981	14,478	18,912	-	23	3,046	-	2,492	26,970	131,230	-	21	35,424
1982	14,548	18,460	-	28	3,258	-	2,417	27,042	128,898	-	25	37,880
1983	15,336	19,921	-	37	3,665	-	2,378	28,708	140,176	-	34	42,620
1984	16,806	21,602	-	52	4,046	-	2,492	31,411	152,559	-	47	47,051
1985	17,940	22,580	-	84	4,363	-	2,031	33,615	159,929	-	77	50,733
1986	18,887	25,181	-	132	4,843	-	1,480	35,230	179,142	-	120	56,310
1987	19,778	28,372	-	199	5,519	10	1,319	36,418	202,088	-	181	64,169
1988	20,565	32,511	-	339	6,391	63	1,164	37,920	231,911	-	308	74,317
1989	20,116	36,967	-	619	7,069	71	1,033	36,473	263,974	-	590	82,192
1990	19,855	45,252	-	1,011	8,117	75	797	35,699	323,981	-	963	94,384
1991	19,915	52,675	-	1,540	8,976	80	617	34,546	378,588	-	1,467	104,375
1992	18,688	62,939	-	2,219	9,911	143	723	31,547	455,529	-	2,114	115,244
1993	19,058	69,876	-	3,027	10,985	360	742	31,139	506,290	-	2,883	127,734
1994	17,670	76,511	-	4,057	8,324	460	906	28,092	554,923	-	3,864	96,794
1995	17,758	82,876	-	5,594	14,041	641	1,051	27,702	601,515	-	5,327	163,270
1996	18,718	88,714	-	6,937	15,692	811	1,161	28,815	644,746	-	6,607	182,470
1997	18,918	97,901	-	8,093	17,267	909	1,344	28,923	719,247	-	7,708	200,784
1998	18,151	86,526	-	8,425	16,638	861	1,526	27,759	642,761	-	8,024	193,470
1999	18,498	92,821	-	10,513	18,422	1,000	1,806	28,280	689,445	-	10,012	214,215
2000	19,847	93,596	-	12,561	20,600	1,119	2,130	30,370	698,709	-	11,963	239,535
2001	20,532	93,356	-	13,290	22,165	1,150	2,456	31,532	698,207	-	12,657	257,731
2002	21,629	96,159	-	14,567	23,947	1,223	2,925	33,251	722,304	-	13,873	278,451
2003	22,610	96,155	-	15,470	25,250	1,300	3,210	34,779	722,656	-	14,734	293,599
2004	22,194	95,513	-	16,191	26,840	1,343	3,928	34,248	719,281	-	15,420	312,096
2005	22,311	96,718	-	17,811	28,588	1,530	3,896	34,616	729,891	-	16,963	332,413
2006	22,660	97,037	-	18,379	29,990	1,425	4,092	35,272	734,599	-	17,504	348,720
2007	24,249	100,622	-	18,955	31,700	1,438	4,491	36,485	763,585	-	17,967	368,605
2008	26,219	97,217	-	19,765	33,116	1,512	4,747	39,447	740,940	-	18,734	385,070
2009	23,895	98,369	-	19,459	33,925	1,551	4,867	35,927	752,234	-	18,445	394,474
2010	29,164	100,381	559	21,081	37,338	1,718	5,346	43,516	767,386	430	19,982	434,160
2011	33,544	101,976	801	22,871	39,136	1,702	5,834	49,924	778,899	616	21,679	455,070
2012	31,964	101,710	717	24,728	40,127	1,751	7,124	48,419	796,495	550	23,776	466,593
2013	32,679	101,809	467	24,878	40,837	1,695	7,883	49,539	799,075	358	23,890	474,849
2014	35,412	102,957	354	23,041	41,073	1,567	9,466	53,051	808,496	272	22,091	477,592
2015	34,921	107,322	437	21,678	41,594	1,559	11,096	52,358	841,558	335	20,785	483,655

자료: 에너지경제연구원, 『에너지통계연보』, 각년도.

주: 신탄/신재생의 1991년까지는 신탄만이며 1992년부터는 신탄을 포함한 신재생 에너지 전체를 가리킨다.

표 H92-95 부문별 최종 에너지 소비, 1975-2015

	산업	가정 · 상업	수송	공공
	H92	H93	H94	H95
	남한, 천 toe			
1975	9,019	10,616	2,227	1,562
1976	10,760	10,822	2,415	1,839
1977	11,314	11,713	3,627	2,875
1978	13,097	13,044	4,405	1,872
1979	15,854	13,828	5,610	1,678
1980	16,571	14,034	4,905	2,087
1981	17,506	15,837	3,721	1,888
1982	17,354	15,197	4,215	1,945
1983	18,346	15,439	5,434	2,118
1984	19,508	17,189	6,007	2,142
1985	20,014	18,180	6,707	2,096
1986	21,865	18,605	7,699	2,355
1987	24,648	18,893	9,275	2,381
1988	28,200	19,700	10,747	2,385
1989	30,871	20,080	12,269	2,655
1990	36,150	21,971	14,173	2,812
1995	62,946	29,451	27,148	2,416
2000	83,912	32,370	30,945	2,625
2001	85,158	32,893	31,909	2,989
2002	89,197	34,299	33,763	3,191
2003	90,805	34,964	34,632	3,593
2004	92,992	34,807	34,615	3,595
2005	94,366	36,861	35,559	4,068
2006	97,235	35,986	36,527	3,836
2007	104,327	35,916	37,068	4,144
2008	106,458	36,225	35,793	4,100
2009	106,119	35,722	35,930	4,295
2010	116,910	37,255	36,938	4,483
2011	126,886	37,542	36,875	4,560
2012	128,324	37,884	37,143	4,769
2013	130,906	37,341	37,330	4,670
2014	136,086	35,476	37,628	4,679
2015	136,724	36,439	40,292	5,152

자료: 에너지경제연구원, 『에너지통계연보』, 각년도.

표 H96-102 석탄, 원유, 석유제품 수급, 1910-2015

	석탄			원유	석유제품		
	생산	수입	수출	수입	생산	수입	수출
	H96	H97	H98	H99	H100	H101	H102
	남북한, 천 M/T			남북한, 천 L			
1910						27,241	
1911	121	235	87			29,968	
1912	128	306	86			34,137	
1913	128	373	93			34,504	
1914	183	356	120			27,047	
1915	229	383	165			30,670	
1916	191	402	123			26,029	
1917	195	618	123			25,061	
1918	188	751	120			23,692	
1919	220	886	88			37,928	
1920	291	823	115			38,390	
1921	311	665	130			25,350	
1922	317	659	113			31,005	
1923	380	812	115			43,281	
1924	399	690	147			44,478	
1925	622	673	213			59,962	
1926	683	742	224			49,269	
1927	710	933	238			82,261	
1928	816	882	274			75,849	
1929	938	894	286			115,373	
1930	884	936	240			90,444	
1931	936	830	316			110,332	
1932	1,104	846	398			144,090	
1933	1,307	1,061	469			137,482	
1934	1,689	1,209	591			190,056	807
1935	1,999	1,346	639			286,526	3,964
1936	2,282	1,544	672			403,206	6,639
1937	2,431	1,649	653			525,055	17,241
1938	3,419	1,903	982			420,126	32,710
1939	4,139	1,975	926			447,007	54,162
1940	5,741	1,441	1,444			477,499	11,500
1941	6,158	1,562	1,095			278,179	7,855
1942	6,857	1,510	834				
1943	6,588	1,160	782				
	남한, 천 M/T			남한, 백만 bbl			
1947	500	690					
1948	868	968					
1949	1,129	661					
1950	662	219					
1951	165	753					
1952	577	756					
1953	867	679					
1954	889	901					
1955	1,308	1,065	33				
1956	1,815	973	0.002				
1957	2,441	742					
1958	2,671	700	28				
1959	4,136	58	68				
1960	5,350	138	123			5	
1961	5,884	71	241			5	
1962	7,444	180	292			7	
1963	8,858	134	276			7	
1964	9,622	166	217	6	5	3	
1965	10,248	117	252	11	10	0	
1966	11,613	91	156	14	13	2	
1967	12,436	58	173	18	17	8	0
1968	10,242	104	238	36	35	5	0
1969	10,273	92	239	56	52	1	1

표 H96-102 계속

	석탄			원유	석유제품		
	생산	수입	수출	수입	생산	수입	수출
	H96	H97	H98	H99	H100	H101	H102
	남한, 천 M/T			남한, 백만 bbl			
1970	12,394	80	331	69	68	0	4
1971	12,785	56	322	85	82	0	8
1972	12,403	33	151	93	86	0	6
1973	13,571	649	222	103	102		8
1974	15,263	839	25	113	105	2	9
1975	17,593	786		118	116	2	8
1976	16,427	1,586		132	132		11
1977	17,268	2,100		155	152	5	8
1978	18,054	2,815		167	167	4	3
1979	18,208	6,366		186	181	10	1
1980	18,624	7,723		183	176	14	0
1981	19,865	11,538		183	174	13	3
1982	20,116	11,331		178	171	20	7
1983	19,861	10,964		193	189	22	16
1984	21,370	12,998		200	201	24	24
1985	22,543	19,464		198	198	24	26
1986	24,253	20,351		230	207	31	27
1987	24,273	20,616		216	209	47	33
1988	24,295	23,583		261	252	42	31
1989	20,785	24,427		296	292	49	35
1990	17,217	23,805		308	304	101	27
1991	15,058	29,035		399	408	110	70
1992	11,970	30,054		509	505	137	92
1993	9,443	35,281		561	540	168	103
1994	7,438	38,942		574	568	191	93
1995	5,720	43,312		625	643	205	123
1996	4,951	45,951		722	724	215	158
1997	4,514	49,314		873	911	186	231
1998	4,361	50,566		819	865	176	297
1999	4,197	51,101		874	911	184	298
2000	4,150	59,601		894	927	204	306
2001	3,817	61,857		859	907	205	295
2002	3,318	64,640		791	858	229	239
2003	3,299	65,318		805	841	220	209
2004	3,191	72,103		826	886	195	236
2005	2,832	69,330		843	923	179	263
2006	2,824	70,888		889	950	192	289
2007	2,886	79,355		873	956	209	292
2008	2,773	90,480		865	939	225	334
2009	2,519	93,142		835	913	268	331
2010	2,084	106,266		872	939	277	342
2011	2,085	116,218		927	1,002	279	408
2012	2,094	114,837		947	1,035	310	441
2013	1,815	116,487		915	1,002	329	429
2014	1,748	118,122		928	1,030	327	449
2015	1,764	119,526		1,026	1,117	308	477

자료: 해방 이전 석탄생산은 H22. 석탄 수출입은 조선총독부, 『朝鮮総督府統計年報』, 각년도; 남조선과도정부, 『조선통계연감』(1943). 석유제품 수출입은 조선총독부, 『朝鮮貿易年表』, 각년도; 해방 이후는 통계청, 『한국통계연감』, 각년도; 에너지경제연구원, 『에너지통계연보』, 각년도.

주: 1) 1940-1943년의 수출입량은 일본과의 거래만을 포함한다.
2) 1947년 이후 석탄 생산량은 일부 갈탄을 포함하며 출처가 달라 H22와 일치하지 않는 경우도 있다.

표 H103-105 발전 및 판매전력량, 1911-2014

	총발전량	송전단 전력량	판매 전력량
	H103	H104	H105
	남북한, GWh		
1911	5		
1912	6		
1913	8		
1914	14		
1915	17		
1916	21		
1917	23		
1918	18		
1919	21		
1920	26		
1921	32		
1922	43		
1923	61		
1924	82		
1925	104		
1926	115		
1927	141		
1928	116		
1929	127		
1930	527		
1931	921		
1932	891		
1933	995		
1934	1,444		
1935	2,083		
1936	2,339		
1937	2,698		
1938	2,960		
1939	3,846		
1940	4,267		
1941	4,860		
1942	5,692		
	남한, GWh		
1945	711		
1946	676	566	
1947	829	748	
1948	694	460	
1949	655	520	
1950	421	380	
1951	337	291	
1952	640	593	
1953	736	697	
1954	899	857	
1955	885	841	551
1956	1,119	1,060	651
1957	1,325	1,248	766
1958	1,514	1,439	922
1959	1,688	1,613	1,072
1960	1,699	1,612	1,136
1961	1,936	1,684	1,189
1962	2,164	1,891	1,470
1963	2,475	2,134	1,696
1964	2,985	2,552	2,043
1965	3,556	3,050	2,464
1966	4,235	3,673	3,008
1967	5,296	4,671	3,903
1968	6,536	5,744	4,850
1969	8,201	7,348	6,358
1970	9,766	8,780	7,740
1971	11,142	10,028	8,884
1972	12,451	11,208	9,992
1973	15,764	13,956	12,367
1974	17,854	15,911	14,048
1975	20,854	18,752	16,630
1976	24,417	21,919	19,620
1977	28,021	25,172	22,833
1978	33,412	29,844	27,326
1979	38,270	33,669	31,145
1980	40,078	35,083	32,734
1981	44,088	37,950	35,424
1982	47,164	40,555	37,880
1983	53,037	45,495	42,620
1984	58,352	50,238	47,051
1985	62,667	53,908	50,732
1986	69,681	59,818	56,310
1987	80,251	68,275	64,169
1988	93,109	78,855	74,318
1989	103,624	87,512	82,192
1990	118,461	100,003	94,383
1991	131,616	110,571	104,374
1992	146,439	122,309	115,244
1993	161,901	135,273	127,734
1994	183,366	155,218	146,540
1995	203,546	172,693	163,270
1996	225,846	192,883	182,470
1997	246,587	211,029	200,784
1998	237,197	203,430	193,470
1999	262,152	225,802	214,215
2000	290,443	251,953	239,535
2001	309,886	269,842	257,731
2002	332,021	290,058	278,451
2003	347,756	305,645	293,599
2004	368,034	324,885	312,096
2005	389,480	346,207	332,413
2006	402,989	363,054	348,719
2007	425,407	384,693	368,605
2008	442,611	401,726	385,070
2000	452,447	411,631	394,475
2010	495,028	451,433	434,160
2011	517,570	472,650	455,070
2012	531,202	484,334	466,593
2013	537,169	491,003	474,849
2014	542,145	494,717	477,592

자료: 1911-1940년은 김낙년 편, 『한국의 장기통계: 국민계정』(서울대출판문화원, 2012), p. 550; 1941-1942년은 조선은행, 『조선경제연보』(1948); 1945-1970년은 한국전력공사, 『한국전기백년사』(1989), pp. 1445, 1452, 1457; 1971년 이후는 에너지경제연구원, 『에너지통계연보』, 각년도.

주: 1945-1948년 총발전량은 북한으로부터의 수전을 포함한다.

표 H106-117 주요 에너지 가격 및 단가, 1910-2015

	목탄	연탄	석유			전기						
			휘발유	등유	경유	평균	주택용	일반용	교육용	산업용	농사용	가로등
	H106	H107	H108	H109	H110	H111	H112	H113	H114	H115	H116	H117
	남북한											
	圓/37.5kg		圓/19L			圓/100kWh						
1910				3.09								
1911	0.90			3.16		8.73						
1912	1.03			3.47		7.81						
1913	1.06			3.69		7.07						
1914	1.00			3.79		6.98						
1915	1.04			3.87		6.89						
1916	1.02			5.80		6.80						
1917	1.32			5.63		7.49						
1918	1.80			7.55		12.00						
1919	1.98			10.78		13.11						
1920	2.06			11.01		14.94						
1921	2.12			10.95		14.33						
1922	2.30			8.44		12.21						
1923	2.09			7.80		10.09						
1924	1.87			8.45		8.69						
1925	1.98			8.56		7.68						
1926	1.75			7.80		7.41						
1927	1.79			7.60		6.77						
1928	1.65			7.30		9.46						
1929	1.57			7.30		9.58						
1930	1.76			7.03		8.28						
1931	1.35			6.54		7.75						
1932	1.20			6.44		7.24						
1933	1.45			6.90		6.96						
1934	1.65			6.33		3.78						
1935	1.49			6.30		2.65						
1936	1.97			6.39		4.23						
1937	1.98			7.80		5.57						
1938	2.62			8.19		6.30						
1939	2.49			8.33		4.15						
1940	3.56			7.91		3.99						
1941	3.92			7.94								
1942	4.36			8.23								
1943	4.68			8.34								
1944	6.74			8.34								
	남한											
		원/3.6kg	원/L			GWh						
1961						3.22	6.09				1.53	2.73
1962		8.5				3.47	6.42				1.55	3.63
1963		8.5				3.28	6.36				1.59	3.41
1964		8.7				3.68	7.04				1.59	3.90
1965		10.9				4.72	9.30				2.16	4.96
1966		12.5				5.37	10.70				2.72	5.88
1967		14.4				5.57	11.64				2.73	6.20
1968		14.5				6.04	12.99				3.10	6.80
1969		15.4				5.86	12.50				3.20	6.80
1970		16.9				6.34	13.33				3.55	8.09
1971		18.7	36.3	22.7	18.5	6.41	13.27				3.54	8.09
1972		20.5	46.9	29.6	24.1	7.36	14.86				4.04	8.14
1973		22.0	54.8	33.8	27.9	7.30	15.14				4.17	7.99
1974		28.0	73.0	71.5	61.9	10.64	23.93				6.03	10.72
1975		33.8	169.6	70.6	68.1	17.10	30.98				6.06	15.54
1976		35.6	189.5	71.8	73.0	19.43	32.99				6.94	20.67
1977		44.7	191.4	72.3	69.6	21.81	32.99				10.02	26.90
1978		60.0	199.4	73.8	69.2	22.38	32.25				10.41	28.53
1979		77.8	291.8	95.5	93.8	32.17	42.13				15.74	37.97
1980		104.9	580.9	184.7	178.5	50.88	59.94				22.76	64.01

표 H106-117 계속

	목탄	연탄	석유			전기						
			휘발유	등유	경유	평균	주택용	일반용	교육용	산업용	농사용	가로등
	H106	H107	H108	H109	H110	H111	H112	H113	H114	H115	H116	H117
	남한											
		원/3.6kg	원/L			GWh						
1981		136.9	697.7	257.7	245.9	64.31	74.61				29.74	78.22
1982		155.5	740.0	292.0	278.0	69.87	75.19				30.38	90.88
1983		158.0	667.9	292.3	278.3	67.71	73.26				33.42	85.02
1984		158.0	660.0	291.0	277.0	67.42	73.33				33.19	84.39
1985		165.4	660.0	291.0	277.0	67.92	73.42				34.26	83.20
1986		175.6	587.5	249.2	238.3	65.51	71.33				34.69	82.02
1987		184.7	547.0	234.7	225.1	63.48	71.75				36.04	72.79
1988		192.2	445.6	194.7	187.3	65.49	71.94				33.48	55.60
1989		195.0	379.8	186.0	179.0	55.43	69.13				32.70	49.84
1990		196.6	383.5	191.3	179.0	52.94	68.66				34.06	48.26
1991			482.2	226.9	179.0	54.23	73.03				33.80	46.84
1992			546.0	231.1	195.1	58.09	81.22				33.56	51.43
1993			610.0	254.0	210.0	58.90	82.29				35.82	51.60
1994			611.0	252.3	219.5	60.22	85.95	86.92	77.60	46.14	34.59	51.93
1995			598.0	261.6	231.5	61.28	86.47	89.00	76.00	47.14	36.17	53.59
1996			675.9	314.3	294.1	62.99	88.95	90.32	75.68	48.37	37.11	54.60
1997			838.7	373.5	376.2	65.26	92.05	93.19	77.89	49.86	38.96	56.18
1998			1,122.6	524.2	553.5	72.08	100.62	104.16	86.51	55.01	44.31	63.02
1999			1,191.9	491.2	521.8	71.59	103.07	102.45	85.73	54.78	44.04	62.82
2000			1,248.4	559.6	612.8	74.65	107.30	106.04	90.16	58.30	43.04	65.92
2001			1,280.0	580.2	644.6	77.06	111.71	107.99	92.74	61.56	43.51	68.14
2002			1,269.1	554.4	677.6	75.21	110.31	104.42	90.78	60.08	43.16	66.22
2003			1,294.8	638.8	772.0	74.68	107.96	100.59	90.24	60.30	43.45	65.75
2004			1,365.3	752.2	907.9	74.58	110.41	96.85	89.05	60.23	41.95	65.33
2005			1,432.3	871.0	1,079.7	74.46	110.82	95.24	89.00	60.25	41.67	65.65
2006			1,492.4	931.9	1,228.2	76.43	114.33	97.91	77.48	61.92	42.96	68.61
2007			1,525.9	932.2	1,272.7	77.85	114.31	97.68	77.20	64.56	42.45	71.47
2008			1,692.1	1,238.7	1,614.4	78.76	114.97	95.30	78.58	66.24	42.38	72.50
2009			1,600.7	976.2	1,397.5	83.59	114.45	98.50	83.56	73.69	42.13	76.65
2010			1,710.4	1,076.0	1,502.8	86.12	119.85	98.93	87.23	76.63	42.54	81.13
2011			1,929.3	1,321.2	1,745.7	89.32	119.99	101.69	94.18	81.23	42.72	87.18
2012			1,985.8	1,394.1	1,806.3	99.10	123.69	112.50	108.84	92.83	42.90	98.89
2013			1,924.5	1,366.7	1,729.6	106.33	127.02	121.98	115.99	100.70	45.51	107.33
2014			1,827.3	1,296.7	1,636.7	111.28	125.14	129.75	114.15	106.83	47.31	113.39
2015			1,510.4	947.4	1,299.6	111.57	123.69	130.46	113.22	107.41	47.31	113.37

자료: 해방 이전 목탄, 등유 가격은 한국은행, 『물가총람』(1968), pp. 290-291, 293-294; 전기 단가는 김낙년 편, 『한국의 장기통계: 국민계정』(서울대출판문화원, 2012), p. 548; 해방 이후 연탄 및 석유 제품 가격은 에너지경제연구원, 『에너지통계연보』, 각년도; 전기 단가는 한국전력공사, 『한국전력통계』, 각년도.

주: 1) 해방 이전 목탄, 등유 가격은 서울 도매 가격, 해방 이후 석유 제품 가격은 소매 가격이다.

2) 해방 이후 연탄 가격은 서울 가정도 가격이다.

3) 휘발유 1971-1986년은 보통, 1987-2015년은 무연의 가격이다.

4) 전기 주택용의 1961-1993년은 농사용 전등을 포함한다.

3. 임업

표 H118-130 도별 소유별 임상별 임야면적, 1910

	합계	관리기관 있는 국유림				관리기관 없는 국유림				민유림			
		소계	성림지	치수발생지	무입목지	소계	성림지	치수발생지	무입목지	소계	성림지	치수발생지	무입목지
	H118	H119	H120	H121	H122	H123	H124	H125	H126	H127	H128	H129	H130
	남북한, 천 정보												
경기	714	55	25	11	19	169	32	18	119	490	60	269	161
충북	533	36	8	19	8	232	50	84	98	265	28	148	88
충남	469	11	1	3	6	43	8	12	23	415	83	170	162
전북	527	14	4	9	1	97	71	15	11	416	191	190	35
전남	983	140	26	47	66	112	12	28	73	730	47	598	85
경북	1,309	73	37	21	15	389	71	130	187	848	66	608	174
경남	887	42	3	4	35	206	66	20	120	639	57	443	139
황해	1,005	35	3	13	20	426	74	292	60	544	34	432	78
평남	999	42	23	9	9	510	183	251	76	448	30	346	72
평북	2,395	319	270	15	33	1,174	541	459	174	903	68	333	501
강원	1,910	192	153	33	5	979	434	384	161	739	84	535	119
함남	2,518	76	72	1	3	1,849	1,333	216	299	593	53	304	235
함북	1,600	-	-	-	-	1,083	792	79	212	517	26	68	422
계	15,850	1,035	627	187	222	7,268	3,667	1,988	1,614	7,546	829	4,445	2,272

자료: 조선총독부, 『조선총독부통계연보』(1910).

주: 성림지란 완전한 입목(立木) 밀도를 1로 할 때 입목도가 0.1 이상인 것, 치수발생지란 낫으로 벨 수 있을 정도의 어린 나무가 발생하는 곳으로 입목도가 0.1 이상인 것, 무입목지란 입목도가 0.1 이하인 것을 가리킨다.

표 H131-172 임상별 임야면적, 1910-2015

	합계	성림지	치수발생지	무입목지
	H131	H132	H133	H134
	남북한, 천 정보			
1910	15,850	5,123	6,619	4,107
1914	15,883	5,484	7,218	3,181
1920	15,883	5,482	7,285	3,116

	합계	입목지					산생지	미입목지	화전	개간적지	방목적지	채초적지	제지
		소계	침엽수	활엽수	혼효림	죽림							
	H135	H136	H137	H138	H139	H140	H141	H142	H143	H144	H145	H146	H147
	남북한, 천 정보												
1927	16,472	9,177	4,491	2,820	1,862	3	3,685	2,213	366	207	179	285	359
1928	16,424	9,417					3,615	2,028	347	211	178	261	368
1929	16,448	10,231	5,267	2,829	2,132	3	3,166	1,775	367	185	167	212	343
1930	16,601	10,466	5,297	2,958	2,206	4	3,001	1,778	428	182	172	223	351
1931	16,488	10,546	5,381	2,952	2,209	4	2,933	1,632	461	184	164	218	352
1932	16,458	10,717	5,412	3,079	2,221	4	2,851	1,571	412	173	161	225	348
1933	16,436	10,918	5,413	3,032	2,468	5	2,654	1,458	471	217	144	220	353
1934	16,346	11,321	5,520	3,245	2,551	5	2,310	1,222	495	249	158	201	390
1935	16,334	11,582	5,529	3,387	2,662	5	2,103	1,178	498	199	165	218	391
1936	16,340	11,542	5,462	3,387	2,687	5	2,113	1,190	516	199	176	244	362
1937	16,312	11,507	5,379	3,366	2,757	5	2,130	1,156	509	198	170	256	386
1938	16,318	11,512	5,381	3,404	2,722	5	2,103	1,168	514	190	167	273	391
1939	16,313	11,516	5,390	3,392	2,729	5	2,111	1,164	522	175	173	263	389
1940	16,273	11,488	5,351	3,377	2,756	5	2,165	1,130	507	163	157	260	403
1941	16,278	11,496	5,177	3,467	2,788	63	2,177	1,145	488	157	167	271	377
1942	16,274	11,430	5,371	3,282	2,771	5	2,254	1,164	468	164	156	262	375
1943	16,274	11,277	5,282	3,205	2,784	5	2,317	1,198	456	200	175	282	370
	남한, 천 정보												
1946	6,814	3,533					1,475	1,295	48	63	68	167	165
1953	6,469	3,153	1,878	625	648	3	1,614	1,287	31	58	62	134	129

	합계	입목지					산생지	미입목지				제지
		소계	침엽수	활엽수	혼효림	죽림		소계	요인공 조림지	천연조림 가능지	요사방 조림지	
	H148	H149	H150	H151	H152	H153	H154	H155	H156	H157	H158	H159
	남한, 천 정보											
1954	6,397	3,149	1,883	674	589	3	1,645	1,435	610	327	498	168
1955	6,726	3,381	1,992	748	638	3		3,176	1,283	1,200	693	170
1956	6,748	3,489	2,028	809	649	3		3,086	1,206	1,193	686	173
1957	6,709	3,487	1,963	799	722	3		3,039	1,076	1,292	671	182
1958	6,721	3,608	1,972	842	790	3		2,936	1,019	1,281	637	178
1959	6,761	3,774	2,006	909	855	3		2,812	919	1,302	590	175
1960	6,757	3,946	2,046	935	962	3		2,637	808	1,304	524	173
1961	6,809	4,103	2,153	1,021	925	4		2,524	907	1,168	449	182
1962	6,750	4,141	2,176	1,089	872	4		2,431	806	1,247	378	179

	합계	입목지					무입목지					제지	미조사지
		소계	침엽수	활엽수	혼효림	죽림	소계	미입목지	기개간지	초기황폐지	독나지		
	H160	H161	H162	H163	H164	H165	H166	H167	H168	H169	H170	H171	H172
	남한, 천 정보												
1964	6,743	5,548	3,419	1,166	960	2	991	750	163	51	27	158	46
	남한, 천 ha												
1965	6,614	5,369	3,216	1,186	964	4	1,244						
1966	6,612	5,439	3,199	1,227	1,008	5	1,174						
1967	6,640	5,655	3,187	1,238	1,226	4	943						42
1968	6,631	5,709	3,217	1,237	1,249	6	879						43
1969	6,627	5,745	3,260	1,231	1,248	6	835						47
1970	6,611	5,701	3,268	1,207	1,219	7	860						51
1971	6,612	5,739	3,306	1,209	1,217	7	826						47
1972	6,597	5,732	3,306	1,208	1,210	7	822						43
1973	6,586	5,742	3,317	1,217	1,201	8	799						45
1974	6,641	5,930	3,211	1,038	1,677	5	703						8

표 H131-172 계속

	합계	입목지					무입목지					제지	미조사지
		소계	침엽수	활엽수	혼효림	죽림	소계	미입목지	기개간지	초기황폐지	독나지		
	H160	H161	H162	H163	H164	H165	H166	H167	H168	H169	H170	H171	H172
	남한, 천 ha												
1975	6,575	5,921	3,201	1,039	1,677	5	647						8
1976	6,613	6,017	3,186	1,147	1,680	3	589						8
1977	6,593	6,057	3,178	1,182	1,693	5	528						8
1978	6,578	6,092	3,178	1,229	1,681	5	478						8
1979	6,571	6,117	3,193	1,252	1,667	5	446						8
1980	6,568	6,302	3,249	1,148	1,899	5	241						25
1981	6,563	6,292	3,256	1,150	1,881	5	246						25
1982	6,554	6,284	3,260	1,158	1,860	5	245						25
1983	6,547	6,283	3,274	1,157	1,847	5	240						25
1984	6,540	6,279	3,280	1,161	1,832	5	242						19
1985	6,531	6,268	3,281	1,158	1,823	5	244						19
1986	6,524	6,288	3,270	1,182	1,831	5	217						19
1987	6,499	6,296	3,269	1,187	1,835	5	184						19
1988	6,491	6,288	3,234	1,265	1,784	6	184						19
1989	6,485	6,279	3,191	1,292	1,790	6	186						19
1990	6,476	6,286	3,079	1,389	1,810	8	174						16
1991	6,468	6,284	2,984	1,551	1,740	8	168						16
1992	6,464	6,297	2,894	1,673	1,722	8	166						
1993	6,460	6,289	2,890	1,673	1,718	8	171						
1994	6,456	6,274	2,883	1,669	1,714	8	181						
1995	6,452	6,263	2,877	1,668	1,710	8	188						
1996	6,448	6,255	2,846	1,674	1,728	8	193						
1997	6,441	6,260	2,788	1,686	1,779	8	181						
1998	6,436	6,264	2,742	1,675	1,839	8	173						
1999	6,430	6,262	2,727	1,676	1,851	8	168						
2000	6,422	6,268	2,711	1,666	1,885	6	154						
2001	6,416	6,266	2,692	1,672	1,896	6	150						
2002	6,412	6,268	2,674	1,683	1,905	6	143						
2003	6,406	6,262	2,720	1,660	1,876	6	144						
2004	6,400	6,252	2,707	1,666	1,873	6	148						
2005	6,394	6,239	2,699	1,659	1,875	7	155						
2006	6,389	6,231	2,695	1,660	1,869	7	158						
2007	6,382	6,217	2,687	1,662	1,862	7	166						
2008	6,375	6,199	2,680	1,659	1,853	7	175						
2009	6,370	6,180	2,672	1,657	1,844	7	190						
2010	6,369	6,172	2,581	1,719	1,865	7	197						
2011	6,348	6,150	2,569	1,719	1,855	7	197						
2012	6,340	6,132	2,563	1,719	1,844	7	207						
2013	6,339	6,120	2,557	1,718	1,838	7	219						
2014	6,339	6,120	2,557	1,718	1,838	7	220						
2015	6,335	6,096	2,339	2,029	1,706	22	239						

자료: 1910-1920, 1933-1942년은 조선총독부, 『조선총독부통계연보』, 각년도; 1927년은 조선총독부, 『朝鮮の林業』(1929); 1928년은 산림청 편, 『조선임업사 상』(2000), pp. 22-23. 이는 번역본이며, 원저는 조선임업협회 편, 『조선임업사』(1945); 1929-1932년은 조선총독부, 『임야통계』, 각년도; 1943-1946년은 남조선과도정부, 『조선통계연감』(1943); 조선은행, 『경제연감』(1949); 1953-1971년은 농림부, 『농림통계연보』, 각년도; 1972-2015년은 『2015년 산림기본통계』.

주: 1) 1910-1920년, 성림지란 완전한 입목(立木) 밀도를 1로 할 때 입목도가 0.1 이상인 것, 치수발생지란 낫으로 벨 수 있을 정도의 어린 나무가 발생하는 곳으로 입목도가 0.1 이상인 것, 무입목지란 입목도가 0.1 이하인 것을 가리킨다.

2) 1927-1943년, 입목지는 입목도 0.3 이상, 산생지는 입목도 0.1-0.3, 미입목지는 입목도 0.1 미만인 것을 가리킨다.

표 H173-176 수림별 임목축적, 1927-2015

	합계	침엽수	활엽수	혼효림
	H173	H174	H175	H176
	남북한, 백만 m^3			
1927	275	184	91	
1928	271	182	89	
1929	257	167	89	
1930	250	159	91	
1931	246	155	91	
1932	240	154	86	
1933	240	153	87	
1934	225	141	83	
1935	216	141	75	
1936	220	143	77	
1937	224	145	79	
1938	225	145	80	
1939	227	147	80	
1940	226	146	80	
1941	225	145	80	
1942	224	144	80	
1943	212	136	76	
	남한, 백만m^3			
1953	36	19	18	
1954	52	37	15	
1955	58	39	19	
1956	59	39	19	
1957	59	38	21	
1958	60	39	21	
1959	62	40	22	
1960	64	41	23	
1961	71	44	27	
1962	81	48	33	
1964	60	30	24	6
1965	60	28	21	11
1966	62	29	22	11
1967	64	31	22	11
1968	65	31	23	11
1969	67	31	23	12
1970	69	32	24	12
1971	71	33	25	13
1972	73	34	26	13
1973	74	34	26	14
1974	102	39	33	31
1975	105	40	34	32
	남한, 백만 m^3			
1976	108	41	34	33
1977	111	42	35	34
1978	114	43	36	35
1979	117	44	37	36
1980	146	66	41	39
1981	152	69	43	40
1982	158	72	44	42
1983	164	75	46	44
1984	172	78	48	46
1985	179	82	49	48
1986	193	90	51	52
1987	201	93	52	56
1988	216	99	57	61
1989	234	107	60	66
1990	248	114	65	70
1991	257	117	71	69
1992	272	123	77	72
1993	284	128	80	76
1994	296	134	83	79
1995	309	141	86	83
1996	324	145	90	89
1997	341	151	95	95
1998	364	158	98	107
1999	388	168	105	115
2000	408	175	110	123
2001	428	182	116	130
2002	448	189	122	137
2003	468	201	125	142
2004	489	209	133	147
2005	506	217	136	153
2006	526	226	141	159
2007	624	273	166	186
2008	659	290	173	195
2009	697	310	182	205
2010	800	336	215	248
2011	828			
2012	849			
2013	873			
2014	902			
2015	925	404	264	257

자료: 1927-1942년은 조선총독부, 『조선총독부통계연보』, 각년도; 1943년은 남조선과도정부, 『조선통계연감』(1943); 1953-1971년은 농림부, 『농림통계연보』, 각년도; 1972-2015년은 『2015년 산림기본통계』.

주: 해방 이전 단위는 尺締인데, 1尺締=0.334m^3로 환산했다.

표 H177-190 소유별 임야면적, 1927-2015

	국유림			민유림			
	합계	요존	불요존	합계	공유림(公有林)	사찰림	사유림
	H177	H178	H179	H180	H181	H182	H183
	남북한, 천 정보						
1927	9,173	5,277	3,896	7,299	575	165	6,559
1928	8,697	5,150	3,552	7,727	617	171	6,940
1929	8,316	5,081	3,235	8,132	614	170	7,347
1930	7,840	4,791	3,049	8,761	692	174	7,895
1931	7,014	4,764	2,250	9,474	760	176	8,538
1932	6,630	4,699	1,931	9,828	817	178	8,834
1933	6,210	4,682	1,528	10,226	868	179	9,178
1934	5,865	4,655	1,210	10,481	876	183	9,423
1935	5,741	4,631	1,110	10,592	902	185	9,506
1936	5,658	4,603	1,055	10,683	928	185	9,569
1937	5,529	4,528	1,042	10,783	984	188	9,611
1938	5,497	4,331	1,157	10,820	1,000	187	9,634
1939	5,457	4,261	1,196	10,857	1,011	188	9,658
1940	5,398	4,218	1,180	10,875	1,053	187	9,635
1941	5,359	4,181	1,178	10,919	1,067	187	9,665
1942	5,328	4,176	1,151	10,947	1,066	190	9,691
1943	5,297	4,113	1,184	10,977	1,076	188	9,714

	국유림				민유림		
	합계	산림청소관		타 부처 소관	합계	공유림	사유림
		요존	불요존				
	H184	H185	H186	H187	H188	H189	H190
	남한, 천 정보						
1954	1,265				5,131	549	4,582
1955	1,411				5,316	572	4,744
1956	1,426				5,322	571	4,750
1957	1,383				5,326	571	4,754
1958	1,385				5,336	570	4,766
1959	1,423	781	602	40	5,338	570	4,768
1960	1,417	911	466	40	5,340	572	4,768
1961	1,465	953	472	41	5,344	569	4,775
1962	1,398	913	434	51	5,353	567	4,786
1964	1,314	882	312	119	5,429	502	4,928
1966	1,270	836	299	135	5,398	501	4,896
1967	1,317	882	297	138	5,379	500	4,879
1968	1,316	882	297	138	5,370	498	4,872
1969	1,319	886	296	137	5,364	492	4,872
1970	1,287	885	273	130	5,379	493	4,886
	남한, 천 ha						
1971	1,285	874	312	99	5,327	490	4,836
1972	1,287	879	315	93	5,310	497	4,812
1973	1,293	875	316	101	5,294	496	4,798
1974	1,304	891	315	99	5,329	502	4,827
1975	1,310	897	313	100	5,318	499	4,819
1976	1,309	899	311	100	5,296	496	4,801
1977	1,308	899	309	100	5,277	494	4,783
1978	1,308	901	307	100	5,263	494	4,769
1979	1,307	902	305	100	5,256	493	4,763
1980	1,314	900	307	107	5,229	495	4,733
1981	1,310	902	307	102	5,228	495	4,733
1982	1,314	905	305	104	5,215	493	4,722
1983	1,315	907	304	104	5,208	493	4,714
1984	1,318	918	296	104	5,202	494	4,708
1985	1,314	918	292	104	5,198	493	4,705
1986	1,318	918	295	104	5,187	489	4,698
1987	1,320	920	295	104	5,160	486	4,674
1988	1,318	968	251	99	5,154	488	4,665
1989	1,333	972	252	109	5,133	491	4,642
1990	1,346	982	251	114	5,114	489	4,625

표 H177-190 계속

	국유림				민유림		
	합계	산림청소관		타 부처 소관	합계	공유림	사유림
		요존	불요존				
	H184	H185	H186	H187	H188	H189	H190
	남한, 천 ha						
1991	1,367	1,001	246	120	5,084	488	4,596
1992	1,380	1,007	247	126	5,083	489	4,594
1993	1,382	1,013	243	126	5,078	491	4,586
1994	1,385	1,021	239	125	5,070	492	4,578
1995	1,393	1,030	238	125	5,059	492	4,567
1996	1,399	1,048	225	126	5,049	490	4,559
1997	1,414	1,063	226	125	5,027	488	4,539
1998	1,419	1,105	187	127	5,017	487	4,529
1999	1,426	1,122	175	129	5,004	487	4,517
2000	1,433	1,132	171	130	4,989	493	4,496
2001	1,441	1,150	161	130	4,975	491	4,484
2002	1,448	1,174	143	131	4,964	491	4,473
2003	1,457	1,198	128	131	4,949	490	4,459
2004	1,470	1,217	121	132	4,930	489	4,441
2005	1,484	1,251	100	132	4,910	489	4,420
2006	1,497	1,274	91	133	4,892	489	4,403
2007	1,509	1,296	80	133	4,873	489	4,384
2008	1,518	1,317	70	131	4,857	488	4,368
2009	1,530	1,339	60	131	4,840	488	4,353
2010	1,543	1,354	56	133	4,825	488	4,338
2015	1,618	1,438	34	146	4,717	467	4,250

자료: 1927년은 조선총독부, 『朝鮮の林業』(1929); 1928년 산림청 편, 『조선임업사 상』(2000), pp. 23, 462. 이는 번역본이며, 원저는 조선임업협회 편, 『조선임업사』(1945); 1929-1932년은 조선총독부, 『임야통계』, 각년도; 1933-1942년은 조선총독부, 『조선총독부통계연보』, 각년도; 1943년은 남조선과도정부, 『조선통계연감』(1943); 1954-2010년은 농림부, 『농림통계연보』, 각년도; 2015년은 『2015년산림기본통계』.

주: 1928년은 국유림 합계가 맞지 않으나 원문대로이다.

표 H191-192 불요존 국유림 종별 임야면적, 1927-1939

	제1종	제2종
	H191	H192
	남북한, 천 정보	
1927	934	2,961
1928		
1929	983	2,252
1930	1,155	1,895
1931	1,077	1,173
1932	1,035	896
1933	977	552
1934	982	228
1935	907	203
1936	885	169
1937	858	143
1938	1,042	124
1939	1,081	115

자료: 1927년은 조선총독부, 『朝鮮の林業』(1929); 1929-1939년은 조선총독부, 『임야통계』, 각년도.

주: 제2종은 사실상의 소유자나 연고자(소유 여부를 아직 확정할 수 없는 이해관계자)가 존재하므로 그들을 제외한 제3자에게 처분할 수 없는 임야이다. 이에 속하지 않는 것이 제1종 임야이다. 본문 참조.

표 H193-200 조림대부, 1910-1943

	대부허가						성공양여	
	건수			면적			건수	면적
	합계	조선인	일본인	합계	조선인	일본인		
	H193	H194	H195	H196	H197	H198	H199	H200
	남북한							
	건수			정보			건수	정보
1910	13	9	4	849	316	533		
1911	50	36	14	1,009	526	483		
1912	3,084	3,008	76	12,532	7,108	5,424		
1913	8,069	7,838	231	44,050	27,086	16,964		
1914	7,425	7,179	246	97,320	48,484	48,836		
1915	9,012	8,822	190	48,059	37,297	10,762	1	149
1916	6,583	6,410	173	60,792	44,940	15,852	6	564
1917	2,773	2,664	109	74,531	50,602	23,929	24	2,752
1918	1,082	910	172	97,647	36,154	61,493	35	267
1919	880	691	189	87,078	34,518	52,560	135	2,382
1920	1,033	924	109	66,946	29,413	37,533	264	2,191
1921	1,123	996	127	63,937	34,082	29,855	499	2,069
1922	1,444	1,275	169	88,043	38,698	49,345	688	5,726
1923	1,308	1,191	117	45,137	13,651	31,486	879	14,073
1924	1,637	1,536	101	65,594	35,571	30,023	1,009	39,439
1925	1,271	1,200	71	31,305	10,340	20,965	1,779	54,096
1926	901	821	80	41,028	19,597	21,431	1,372	30,925
1927	341	296	45	51,968	34,489	17,479	1,439	57,602
1928	692	606	86	54,213	28,302	25,911	1,865	69,943
1929	240	211	29	21,234	9,684	11,550	2,422	46,450
1930	2,763	2,736	27	29,092	21,445	7,647	2,279	83,749
1931	5,520	5,502	18	66,342	32,802	33,540	2,136	92,490
1932	9,545	9,518	27	86,844	43,966	42,878	1,833	57,494
1933	8,707	8,691	16	82,574	52,137	30,437	2,340	75,036
1934	6,850	6,847	3	43,684	28,773	14,911	3,343	65,524
1935	255			23,660			5,136	55,201
1936	61			9,745			8,046	58,160
1937	230			36,740			8,901	41,043
1938	115			180,006			4,632	32,422
1939	14			61,248			3,329	20,616
1940	14			3,987			1,596	15,602
1941	25			79,101			1,214	26,366
1942							594	26,890
1943							387	33,261

자료: 조선총독부, 『朝鮮の林業』, 각년도; 조선산림협회, 『조선산림회보』 212, pp. 43-44; 산림청 편, 『조선임업사 상』(2000), p. 422. 이는 번역본이며, 원저는 조선임업협회 편, 『조선임업사』(1945); 조선총독부, 『조선총독부통계연보』, 각년도; 남조선과도정부, 『조선통계연감』(1943).

주: 조림대부제에 대해서는 본문을 참조하라.

표 H201-206 사방사업, 1922-1999

	합계		신규		보수	
	면적	본수	면적	본수	면적	본수
	H201	H202	H203	H204	H205	H206
	남북한					
	ha	천 본	ha	천 본	ha	천 본
1922	157	984				
1923	155	993				
1924	52	391				
1925	466	2,460				
1926	756	4,070				
1927	982	5,797				
1928	1,035	6,245				
1929	2,440	13,764				
1930	1,957	10,471				
1931	6,313	27,601				
1932	10,494	38,143				
1933	11,331	38,111				
1934	10,596	30,823				
1935	12,475	37,789				
1936	12,571	35,755				
1937	17,314	54,225				
1938	17,441	54,218				
1939	26,947	67,495				
1940	15,281	70,366				
1941	14,602	62,876				
1942	12,653	49,116				
1943	11,446	44,373				
	남한					
1946	6,313	18,480	6,313	18,480		
1947	5,716	22,124	5,716	22,124		
1948	4,071	13,863	4,071	13,863		
1949	5,210	22,810	5,210	22,810		
1950	1,367	7,933	1,367	7,933		
1951	4,573	15,113	4,573	15,113		
1952	984	3,397	984	3,397		
1953	43,571	76,645	5,836	23,344	37,735	53,301
1954	45,390	104,448	3,176	11,998	42,214	92,450
1955	8,825	29,010	973	4,206	7,852	24,804
1956	7,647	24,336	7,300	21,000	347	3,336
1957	3,546	13,307	3,546	13,307		
1958	24,000	3,286	24,000	3,286		
1959	43,265	89,526	43,265	89,526		
1960	71,746	107,742	71,746	107,742		
1961	51,230	101,126	48,730	96,126	2,500	5,000
1962	24,044	36,082	23,794	35,407	250	675
1963	181,844	609,764	181,844	609,764		
1964	114,890	555,961	113,459	552,454	1,431	3,507
1965	77,271	233,889	27,276	136,538	49,995	97,351
1966	86,188	168,121	6,573	32,514	79,615	135,607
1967	33,096	124,274	15,232	75,860	17,864	48,414
1968	11,665	46,083	5,532	27,838	6,133	18,245
1969	11,711	46,149	4,741	26,452	6,970	19,697
1970	11,296	41,759	4,778	23,503	6,518	18,256
1971	9,682	34,445	3,196	15,109	6,486	19,336
1972	6,263	23,649	2,782	13,474	3,481	10,175
1973	5,120	18,201	4,767	17,181	353	1,020
1974	9,176	30,707	9,176	30,707		
1975	9,033	61,156	9,033	61,156		
1976	5,486	31,390	5,486	31,390		
1977	5,222	26,150	5,222	26,150		
1978	7,490	37,721	7,490	37,721		
1979	5,206	26,029	5,206	26,029		

표 H201-206 계속

	합계		신규		보수	
	면적	본수	면적	본수	면적	본수
	H201	H202	H203	H204	H205	H206
	남한					
	ha	천 본	ha	천 본	ha	천 본
1980	5,855	32,619	5,855	32,619		
1981	3,850	19,353	3,850	19,353		
1982	5,850	29,250	5,850	29,250		
1983	5,239	26,463	5,239	26,463		
1984	3,040	15,800	3,040	15,800		
1985	3,203	15,994	3,203	15,994		
1986	2,230	11,210	2,230	11,210		
1987	1,535	7,840	1,535	7,840		
1988	1,401	7,004	1,401	7,004		
1989	1,136	5,572	1,136	5,572		
1990	926	4,517	926	4,517		
1991	493	2,180	493	2,180		
1992	854	2,045	854	2,045		
1993	204	1,837	204	1,837		
1994	180	573	179	570	1	3
1995	291	1,069	291	1,069		
1996	131	375	131	375		
1997	158	1,411	158	1,411		
1998	125	589	125	589		
1999	120	397	120	397		

자료: 1922-1923년은 조선총독부, 『朝鮮の林業』(1929); 1924-1942년은 조선총독부, 『조선총독부통계연보』, 각년도; 1943년은 남조선과도정부, 『조선통계연감』(1943); 1946-1960년은 한국임정연구회, 『산림녹화30년사』(1975), pp. 608-609; 1961-1999년은 산림청, 『임업통계연보』, 각년도.

주: 해방 이후 수치는 산지사방에 한한다. 사방사업은 산림황폐의 예방과 복구를 위해 토목공사와 조림을 함께 하는 것인데, 크게 보아 산지사방과 야계사방이 있다. 야계사방은 강수량 급증에 취약한 하천 상류지역에서 실시하는 것이며, 산지사방이란 기타 일반임야에서 실시하는 것을 뜻한다.

표 H207-212 소유별 조림실적, 1910-2015

	합계		국유림		민유림	
	면적	본수	면적	본수	면적	본수
	H207	H208	H209	H210	H211	H212
	남북한					
	ha	천 본	ha	천 본	ha	천 본
1910	527	876	527	876		
1911	3,543	11,425	95	778	3,447	10,647
1912	7,662	23,169	540	1,189	7,122	21,980
1913	12,155	40,187	111	1,015	12,044	39,172
1914	18,811	51,533	133	1,378	18,677	50,155
1915	19,609	61,418	181	1,520	19,428	59,898
1916	28,488	88,586	224	1,811	28,264	86,775
1917	29,152	100,043	379	2,029	28,773	98,014
1918	35,710	107,596	677	342	35,033	107,254
1919	41,554	119,398	410	540	41,144	118,858
1920	58,547	158,518	745	1,069	57,802	157,449
1921	53,118	149,173	1,420	3,612	51,699	145,561
1922	52,677	170,027	2,488	4,065	50,189	165,962
1923	53,038	201,306	3,561	6,075	49,477	195,231
1924	56,614	222,437	2,176	6,332	54,438	216,105
1925	73,079	277,176	2,806	8,021	70,273	269,155
1926	72,732	282,489	3,038	6,190	69,694	276,299
1927	87,250	324,251	5,242	11,428	82,008	312,823
1928	99,814	353,574	7,396	10,954	92,418	342,620
1929	93,795	311,318	5,847	10,639	87,948	300,679
1930	87,116	281,331	7,087	9,843	80,029	271,488
1931	87,626	314,461	6,739	11,202	80,887	303,259
1932	85,925	305,061	7,678	10,503	78,247	294,558
1933	80,386	266,502	8,450	9,380	71,936	257,122
1934	75,494	223,725	9,567	8,327	65,927	215,398
1935	75,709	208,910	10,624	13,371	65,085	195,539
1936	82,254	224,011	14,784	18,596	67,470	205,415
1937	79,062	230,912	15,622	19,108	63,440	211,804
1938	90,894	351,619	17,076	112,923	73,818	238,696
1939	105,473	329,298	17,073	58,923	88,400	270,375
1940	121,393	338,777	23,246	38,224	98,147	300,553
1941	146,247	409,925	25,323	39,982	120,924	369,943
1942	171,322	402,487	28,825	55,883	142,497	346,604
1943	195,869	392,848	22,588	38,172	173,281	354,676
	남한					
1960	127,954	244,490	4,546	11,644	123,408	232,846
1961	64,882	171,044	5,384	13,422	59,497	157,622
1962	124,745	423,309	10,665	32,805	114,080	390,504
1963	84,498	111,683	14,095	27,299	70,403	84,384
1964	163,941	387,447	20,092	44,732	143,849	342,715
1965	130,060	324,399	19,364	55,041	110,695	269,358
1966	139,120	313,748	21,797	53,332	117,323	260,416
1967	454,779	1,637,532	47,962	161,925	406,817	1,475,597
1968	115,836	292,963	27,967	78,643	87,869	214,320
1969	112,501	316,454	16,724	50,027	95,777	256,427
1970	125,438	318,236	16,777	46,466	108,661	271,770
1971	109,066	272,159	13,865	41,590	95,201	230,569
1972	88,984	229,424	11,341	33,908	77,593	195,516
1973	112,316	311,105	9,671	30,388	102,645	280,717
1974	134,862	332,422	15,471	52,983	119,391	272,439
1975	173,650	562,409	16,673	61,511	156,977	500,718
1976	203,900	600,426	17,823	63,156	186,077	537,270
1977	225,837	711,190	20,669	82,258	205,168	628,932
1978	229,208	422,995	12,348	37,812	216,860	385,183
1979	194,247	291,125	16,722	39,395	177,525	251,730
1980	165,583	247,937	7,336	20,598	158,247	227,339
1981	153,261	253,524	6,947	21,983	146,314	231,541

표 H207-212 계속

	합계		국유림		민유림	
	면적	본수	면적	본수	면적	본수
	H207	H208	H209	H210	H211	H212
	남한					
	ha	천 본	ha	천 본	ha	천 본
1982	135,979	257,272	7,647	21,288	128,332	235,984
1983	94,138	210,511	6,261	17,871	87,877	192,640
1984	71,605	174,928	4,839	12,692	66,766	162,236
1985	52,327	137,257	3,089	8,237	49,238	129,020
1986	52,972	138,679	3,448	9,306	49,334	129,373
1987	50,792	134,643	3,037	8,217	47,755	126,426
1988	46,099	126,188	3,282	8,713	42,817	117,475
1989	36,404	102,209	2,289	6,424	34,115	95,785
1990	37,350	94,406	2,575	6,053	34,775	88,353
1991	37,095	90,960	2,973	7,939	34,122	83,021
1992	34,226	83,942	3,751	10,055	30,475	73,887
1993	32,623	79,784	4,336	11,778	28,287	68,006
1994	30,164	76,265	3,708	10,317	26,456	65,948
1995	24,938	65,672	3,358	9,764	21,580	55,908
1996	23,247	62,860	2,903	8,571	20,344	54,289
1997	21,813	57,380	2,567	8,321	19,246	49,059
1998	20,383	54,923	2,337	7,481	18,046	47,442
1999	21,232	58,062	2,015	6,117	19,217	51,946
2000	22,131	54,951	3,213	8,940	18,918	46,011
2001	20,691	48,001	2,605	8,187	18,086	39,814
2002	20,657	50,512	2,395	8,247	18,262	42,265
2003	21,139	55,831	2,125	7,823	19,013	48,007
2004	21,452	52,560	1,830	6,529	19,621	46,032
2005	19,938	51,714	1,910	7,012	18,028	44,702
2006	20,600	46,994	1,435	4,690	19,165	42,304
2007	20,775	44,370	1,754	5,043	19,021	39,327
2008	21,992	43,404	1,810	4,898	20,183	38,506
2009	21,919	39,917	1,930	5,163	19,989	34,753
2010	21,515	42,839	2,807	5,986	18,708	36,853
2011	21,179	44,860	2,971	7,966	18,208	36,894
2012	20,039	42,602	3,063	7,360	16,976	35,242
2013	21,780	47,225	3,779	8,890	18,001	38,335
2014	23,048	49,340	3,953	9,619	19,096	39,721
2015	23,178	50,728	3,919	10,072	19,259	40,656

자료: 조선총독부, 『조선총독부통계연보』, 각년도; 남조선과도정부, 『조선통계연감』(1943); 산림청, 『임업통계연보』, 각년도. 단, 민유림 1911-1921년은 산림청 편, 『조선임업사 하』(2001), p. 55. 이는 번역본이며, 원저는 조선임업협회 편, 『조선임업사』(1945).

주: 1) 조림에는 크게 인공조림과 자연조림이 있고, 인공조림에는 씨앗을 뿌리는 파종과 묘목을 심는 식재가 있다. 여기에서는 식재 수치만 게재한다.

2) 민유림의 식재본수는 신식과 보식의 합계이다.

3) 1911-1921년 민유림 조림면적은 원자료에 정보로 되어 있는 것을 1정보=0.99헥타르로 환산했다.

표 H213-217 묘목생산, 1928-2015

	묘포		묘목생산		
	수	면적	합계	유묘	성묘
	H213	H214	H215	H216	H217
	남북한				
	개	ha	천 본		
1928	9,102	1,347	679,023	370,930	308,093
1929	7,551	1,157	490,424	225,622	264,802
1930	7,914	1,117	545,597	261,907	283,690
1931	9,920	1,101	546,229	252,336	293,893
1932	9,153	916	371,589	134,595	236,994
1933	9,297	654	289,419	97,309	192,110
1934	6,147	574	294,419	110,604	183,815
1935	4,016	585	268,992	84,966	184,026
1936	3,825	516	220,209	64,136	156,073
1937	2,760	534	243,634	67,878	175,756
1938	2,476	651	304,105	99,663	204,442
1939	2,819	778	339,951	102,067	237,884
1940	3,946	1,168	506,059	130,684	375,375
1941	4,168	1,387	707,714	285,269	422,445
1942	2,993	1,206	698,142	270,468	427,674
1943	2,179	1,171	728,634	346,929	381,705
	남한				
1953			82,498	17,519	64,979
1954			139,119	21,805	117,314
1955	5,022	1,060	545,952	182,141	363,811
1956	4,430	965	378,274	81,759	296,515
1957	4,604	796	406,701	117,896	288,805
1958	4,271	1,198	611,749	248,984	362,765
1959	3,428	1,245	616,017	199,309	416,708
1960	5,858	1,024	546,120	187,217	358,903
1961	1,936	751	389,318	131,108	258,210
1962	2,899	1,106	595,453	124,368	471,085
1963	4,725	1,936	904,153	209,111	695,042
1964	4,739	2,763	1,235,026	269,736	965,290
1965	5,627	1,660	742,133	181,649	560,484
1966	3,413	1,495	665,697	192,374	473,323
1967	4,102	3,543	2,146,345	405,431	1,740,914
1968	3,394	1,598	975,256	432,693	542,563
1969	1,317	1,625	1,196,201	614,578	581,623
1970		1,876	1,012,795	567,487	445,308
1971	850	1,643	795,325	413,686	381,639
1972	1,614	1,261	642,203	382,098	260,105
1973	29,937	2,277	621,997	278,066	343,931
1974	7,392	3,013	971,711	554,816	416,895
1975	8,280	2,689	1,071,806	517,975	553,831
1976	5,692	2,934	989,401	320,497	668,904
1977	6,159	2,918	885,230	480,025	405,205
1978	6,125	3,437	668,480	348,564	319,916
1979	5,308	2,256	785,671	477,371	308,300
1980	3,958	1,936	656,471	381,665	274,806
1981	3,942	1,750	608,164	344,413	263,751
1982	1,689	1,220	567,918	323,422	244,496
1983	721	870	425,114	258,299	166,845
1984	957	699	396,138	248,928	147,210
1985	1,971	812	438,812	281,384	157,429
1986	1,610	569	400,146	249,520	150,626
1987	1,842	717	318,035	180,449	137,586
1988	2,038	620	263,989	155,377	108,612
1989	1,768	515	266,751	180,160	86,591
1990	2,101	579	269,682	183,221	86,461
1991	2,198	534	276,449	185,865	90,584
1992	1,723	382	265,041	181,513	83,528
1993	1,594	446	241,047	165,067	75,980
1994	913	445	195,014	130,880	64,134
1995	1,429	326	200,332	138,450	61,882
1996	2,130	382	210,047	146,298	63,749
1997	2,021	378	176,462	118,831	57,631
1998	1,962	377	168,308	110,932	57,376
1999	2,046	236	126,603	80,499	46,104
2000	1,858	377	125,562	79,564	45,998
2001	1,006	226	124,047	78,030	46,017
2002	1,489	314	121,034	68,528	52,506
2003	1,123	378	135,462	80,076	55,386
2004		339	119,526	71,387	48,139
2005		333	99,821	61,643	38,178
2006	1,171	404	74,623	41,991	32,632
2007		547	75,816	43,269	32,547
2008	77	546	101,152	60,496	40,656
2009	76	568	103,122	61,535	41,587
2010	72	578	102,945	56,892	46,053
2011	73	546	96,662	54,861	41,801
2012	69	551	104,553	60,569	43,984
2013	68	601	99,697	55,282	44,416
2014	70	564	115,181	65,949	49,232
2015	71	556	116,815	65,757	51,057

자료: 조선총독부, 『조선총독부통계연보』, 각년도; 남조선과도정부, 『조선통계연감』(1943); 산림청, 『임업통계연보』, 각년도.

주: 유묘와 성묘의 구분은 수종별로 다르며, 묘목의 높이, 연령 등에 따라 구분한다.

표 H218-228 임산물 생산, 1910-2015

	용재	죽재	시초	장작	지엽	목탄	기타 임산연료	녹비	퇴비원료	사료	종실
	H218	H219	H220	H221	H222	H223	H224	H225	H226	H227	H228
	남북한										
	천 m^3	천 본	백만 관								
1910	749	3,730	1,203	1,668	205	5					
1911	770	4,144	1,236	1,714	210	6					
1912	791	4,604	1,270	1,761	216	6					
1913	814	5,116	1,307	1,812	222	7					
1914	834	5,628	1,339	1,858	228	8					
1915	833	6,190	1,338	1,855	228	9					
1916	846	6,809	1,359	1,884	221	10					
1917	857	7,700	1,375	1,908	234	12					
1918	865	8,470	1,389	1,927	236	14					
1919	870	8,894	1,397	1,937	238	19					
1920	991	9,783	1,352	1,962	24	20					
	천 m^3	천 속	백만 관								
1922	954	280	1,147	870	63	19					
1923	1,406	399	1,935	1,213	136	20					
1924	1,175	395	1,863	1,194	130	19					
1925	1,492	212	1,258	599	976	14					
1926	1,930	224	1,113	550	1,259	21					
1927	2,112	247	1,086	550	886	21					
1928	2,181	281	1,230	546	993	18					
1929	1,713	289	1,280	629	985	23					
1930	1,394	292	1,316	528	1,003	19					
1931	1,645	246	1,458	505	986	22					
1932	1,589	218	1,457	523	857	19					
1933	1,990	159		1,284	1,794	22	2,074	279	1,026		
1934	1,299	198		1,358	2,005	26	2,055	219	998	377	
1935	2,265	197		1,428	1,916	23	2,014	229	1,070	388	
1936	2,269	236		1,469	1,636	25	1,949	225	1,172	502	
1937	2,436	285		1,363	1,438	25	1,942	227	1,367	477	
1938	2,649	214		1,256	1,271	27	1,723	227	1,377	531	
1939	2,782	280		1,246	1,082	31	1,618	201	1,268	460	
1940	3,364	200		1,138	999	38	1,492	209	1,258	500	
1941	3,182	147		1,091	950	47	1,471	245	1,317	492	
1942	2,935	121		1,008	903	53	1,400	252	1,458	543	
	천 m^3	천 속	천 M/T								
1943	3,313	132		3,737	3,421	202	5,011	990	6,828	2,202	
	남한										
1946	462	74		1,607	1,638	43	1,662	1,958	3,796	932	
1947	485	61		2,012	1,375	38	2,252	887	2,953	588	
1948	352	97		1,472	1,677	55	2,279	1,035	2,926	546	
1949											
1950	200	54		466	591	32	942	624	2,025	468	
1951	256	90		719	406	21	1,775	1,023	2,251	482	
1952	261	41		201	413	20	1,439	1,088	3,958	386	
1953	300	35		212	267	19	2,801	901	4,498	688	
1954	284	23		186	216	26	1,437	763	4,914	1,410	
1955	423	47		154	560	21	1,543	893	5,625	832	
1956	419	62		182	678	32	2,215	536	6,201	705	
1957	365	51		164	464	22	2,866	581	7,786	1,182	
1958	271	73		76	322	28	3,323	699	8,679	971	
1959	358	97		56	384	52	2,612	695	8,318	1,156	
1960	453	67		77	339	28	3,976	864	5,760	3,136	
1961	230	89		47	632	7	4,736	1,105	5,607	1,043	
1962	348	174		56	883	6	7,528	1,344	9,996	1,243	
1963	473	297		52	1,024	17	7,327	1,551	8,204	1,270	
1964	494	394		54	1,033	7	6,298	1,839	9,937	1,233	
1965	503	246		32	773	3	4,174	2,842	14,012	1,668	
1966	779	175		51	1,019	22	6,559	1,827	15,792	1,814	
1967	791	230		64	917	13	4,344	1,884	16,820	1,407	

표 H218-228 계속

	용재	죽재	시초	장작	지엽	목탄	기타 임산연료	녹비	퇴비원료	사료	종실
	H218	H219	H220	H221	H222	H223	H224	H225	H226	H227	H228
	남한										
	천 m^3	천 속	천 M/T								
1968	816	286		118	1,033	8	5,111	2,206	16,723	1,598	
1969	1,095	242		113	1,971	17	4,454	1,290	21,283	1,455	
1970	833	166		144	2,199	18	3,983	1,431	22,908	1,844	4
1971	874	181		105	1,362	14	4,550	1,776	24,260	1,944	4
1972	790	140		106	1,438	21	3,883	1,403	23,298	2,461	5
1973	948	248		106	3,678	8	2,842	2,426	23,323	2,475	8
1974	1,027	152		193	2,449	8	2,892	1,490	22,524	2,415	6
1975	930	140		170	2,814	8	2,613	926	21,055	1,971	10
1976	1,059	99		165	2,584	21	2,267	815	20,743	2,236	11
1977	1,108	119		151	2,329	6	2,440	937	21,915	2,520	22
1978	1,064	85		163	2,769	16	2,136	617	22,836	2,781	33
1979	918	99		156	2,477	11	2,068	482	15,921	2,070	44
1980	933	76		143	2,433	9	2,115	110	22,669	2,716	45
1981	976	74		155	2,408	7	1,873	114	22,916	2,530	66
1982	976	66		172	2,412	4	1,755	293	16,356	2,407	71
1983	878	166		261	2,525	1	1,617	400	20,045	6,248	78
1984	854	136		259	2,392	2	1,337	713	18,446	10,255	74
1985	781	139		269	2,334	1	578	739	16,158	9,448	80
1986	801	80		280	1,928	2	607	330	14,087	7,707	66
1987	741	35		573	1,806	1	587	432	13,751	5,847	67
1988	893	25		507	1,598	1	502	336	13,465	5,264	88
1989	997	16		303	1,282	1	504	342	11,898	3,550	90
1990	923	92		271	897	1	232	297	9,787	2,547	96
1991	680	20		199	525	0	165	2,325	7,522	1,935	102
1992	674	31		159	408	1	109	218	6,705	1,613	118
1993	711	25		120	302	0	65	229	5,995	1,501	93
1994	717	23		99	223	1		201	5,550	1,248	119
1995	735	16		75	148	1		254	3,787	1,092	112
1996	800	17		54	76	1		267	3,655	1,082	127
1997	840	10		65	86	1		207	3,444	948	146
1998	849	28		87	81	2		193	3,073	832	144
1999	1,019	28		89	58	4		220	3,024	732	146
2000	1,039	13		152	43	33		174	1,562	597	161
2001	996	25		149	66	23		133	1,846	507	159
2002	1,244	28		138	60	8		138	1,709	518	139
2003	1,163	18		200	25	6		130	1,289	412	110
2004	1,466	160		135	16	6		122	600	233	137
2005	1,826	155		150	15	10		89	555	196	142
2006	1,616	147		138	15	27		95	502	165	164
2007	1,702	150		133	10	12		77	325	134	187
2008	1,955	36		130	9	8		64	295	124	195
2009	2,516	34		140	10	11		60	219	103	206
2010	3,726	34		54	6	10		40	186	87	206
2011	3,957	118		57	4	10		45	202	100	195
2012	4,654	39		175	3	10		67	201	139	189
2013	3,800	30		162	0	6		20	36	379	241
2014	5,179	11				4					300
2015	4,914	2				2					285

자료: 1910-1942년은 조선총독부, 『조선총독부통계연보』, 각년도; 1943-1959년은 농림부, 『임산액표』(1961); 1960-2015년은 산림청, 『임업통계연보』, 각년도.

주: 1) 기타 임산연료는 토탄을 포함하지 않는다.

2) 죽재 1속은 3자(尺), 즉 91cm의 줄로 묶을 수 있는 양을 말한다.

표 H229-231 산불피해, 1922-2015

	건수	면적	재적
	H229	H230	H231
	남북한		
	건	ha	m^3
1922		15,573	
1923		12,687	
1924	1,568	213,558	
1925	1,646	153,677	
1926	1,361	34,609	
1927	1,084	18,495	
1928	3,129	84,037	
1929	1,202	19,928	
1930	2,052	62,962	
1931	1,629	25,883	
1932	1,545	34,831	
1933	1,410	64,261	
1934	1,236	24,357	
1935	1,701	65,480	
1936	1,387	31,067	
1937	1,581	70,709	
1938	1,330	46,279	
1939	1,594	33,571	
1940	1,739	59,107	
1941	518	13,470	
1942	622	9,812	
1943	809	25,608	
	남한		
1960	458	10,732	33,412
1961	357	5,429	23,419
1962	535	10,053	18,400
1963	286	2,633	3,918
1964	332	3,269	1,605
1965	968	19,943	37,268
1966	564	5,674	6,391
1967	344	3,594	1,336
1968	1,031	23,962	33,307
1969	262	1,892	1,535
1970	781	13,754	22,427
1971	613	6,498	13,345
1972	437	4,238	15,435
1973	536	1,146	487
1974	693	2,440	1,337
1975	690	1,282	348
1976	828	1,368	722
1977	682	1,410	1,076
1978	925	3,760	4,638
1979	546	970	685
1980	403	1,218	3,601
1981	252	814	1,533
1982	136	509	300
1983	135	919	5,378
1984	101	922	1,637
1985	165	363	1,383
1986	275	3,414	14,273
1987	87	191	243
1988	270	878	3,383
1989	294	1,652	3,024
1990	71	175	323
1991	139	429	1,740
1992	180	640	2,425
1993	278	1,752	4,884
1994	433	781	3,623
1995	630	1,013	3,092
1996	527	5,368	363,685
1997	524	2,330	40,815
1998	265	1,014	44,092
1999	315	473	6,377
2000	729	25,953	1,373,302
2001	785	963	33,753
2002	599	4,467	324,120
2003	271	133	2,444
2004	544	1,588	52,787
2005	516	2,067	113,830
2006	405	254	7,808
2007	418	230	6,467
2008	389	227	4,580
2009	570	1,381	91,626
2010	282	297	11,168
2011	277	1,090	52,544
2012	197	72	2,467
2013	296	552	66,765
2014	492	137	6,962
2015	623	419	31,591

자료: 조선총독부, 『조선총독부통계연보』, 각년도; 남조선과도정부, 『조선통계연감』(1943); 산림청, 『임업통계연보』, 각년도.

표 H232-234 산림조합과 산림계, 1962-2002

	산림조합	산림계	산림계원
	H232	H233	H234
	남한		
	개		천 명
1962	170	21,716	2,565
1963	159	21,825	2,607
1964	159	21,893	2,580
1965	159	21,826	2,543
1966	158	21,771	2,577
1967	158	21,735	2,566
1968	156	21,067	2,521
1969	157	21,546	2,513
1970	153	21,511	2,498
1971	151	21,490	2,403
1972	150	21,490	2,386
1973	142	21,423	2,354
1974	142	21,295	2,326
1975	141	21,109	2,275
1976	141	21,095	2,246
1977	141	20,939	2,115
1978	141	20,846	2,075
1979	141	20,453	2,020
1980	141	20,475	1,996
1981	139	20,433	1,991
1982	140	20,392	1,987
1983	141	20,138	1,974
1984	141	20,071	1,975
1985	141	19,940	1,963
1986	141	19,879	1,953
1987	141	19,549	1,915
1988	140	18,741	1,600
1989	140	17,063	1,455
1990	140	17,064	1,426
1991	140	17,064	1,422
1992	141	16,950	1,414
1993	141	16,746	976
1994	142	16,746	956
1995	143	16,430	932
1996		16,371	924
1997		16,371	922
1998		16,173	907
1999		16,027	891
2000		16,027	882
2001		16,027	874
2002		16,012	870

자료: 산림청, 『임업통계연보』, 각년도; 산림조합중앙회, 『산림조합사십년사』(2002).

표 H235-236 연료림 조림실적, 1957-1977

	면적	본수
	H235	H236
	남한	
	ha	천 본
1957	44,725	153,583
1958	72,247	229,884
1959	68,345	199,410
1960	75,876	142,593
1961	39,170	117,570
1962	84,878	328,433
1963	51	238
1964	55,590	222,228
1965	48,069	188,842
1966	51,269	169,391
1967	364,751	1,426,052
1968	1,000	4,000
1969	3,800	17,772
1970	1,500	7,500
1971	1,140	6,452
1972	1,000	5,000
1973	10,037	41,967
1974	30,095	120,739
1975	40,630	186,417
1976	50,061	244,423
1977	77,005	402,410

자료: 산림청, 『한국임정50년사』(1997), p. 186; 산림청, 『임업통계연보』, 각년도.

4. 수산업

표 H237-247 어업 가구, 인구, 종사가구원, 1911-2014

	어업가구					어가인구					어업종사가구원
	합계	어로	양식	제조	판매	합계	어로	양식	제조	판매	
	H237	H238	H239	H240	H241	H242	H243	H244	H245	H246	H247
	남북한, 천 가구					남북한, 천 명					
1911	88	58	4	10	16	275	182	12	34	47	
1912	75	51	2	11	12	242	168	6	37	32	
1913	87	57	4	10	16	301	195	8	60	38	
1914	88	65	2	10	11	316	231	8	39	38	
1915	89	66	2	11	11	333	244	8	41	40	
1916	98	71	4	11	13	360	262	14	41	42	
1917	107	76	5	12	15	390	281	15	46	47	
1918	108	75	5	13	15	427	300	19	54	53	
1919	106	73	5	14	15	437	298	20	64	56	
1920	104	70	6	15	13	445	307	23	60	54	
1921	110	71	8	17	13	454	318	25	65	46	
1922	112	74	10	14	14	469	335	34	53	47	
1923	117	76	12	15	15	464	329	41	46	48	
1924	127	97	14	17		451	350	45	56		
1925	132	98	17	17		487	383	49	55		
1926	138	102	18	18		517	397	61	59		
1927	139	105	20	15		518	399	66	53		
1928	144	107	23	14		512	392	71	50		
1929	149	110	25	15		505	378	76	52		
1930	154	112	26	16		525	386	84	55		
1931	160	113	33	14		527	389	91	47		
1932	153	109	30	14		509	374	91	44		
1933	146	107	28	11		350	226	95	29		
1934	155	115	30	11		339	235	77	28		
1935	160	118	32	10		349	242	83	24		
1936	167	123	33	12		382	265	88	30		
1937	175	128	34	13		396	274	91	31		
1938	172	128	33	12		397	270	96	31		
1939	179	129	36	13		411	278	98	34		
1940	186	130	43	13		431	280	114	37		
1941	192	134	44	14		470	299	131	39		
1942	200	142	46	12		493	320	140	34		
1943	198	141	45	11		477	305	141	31		
	남한, 천 가구					남한, 천 명					
1943	139	92	41	6		343	193	134	15		
1946	158	104	42	12		408	273	108	27		
1947	184					502					
1948	171	105	44	22		521	303	155	63		
1949	197	144	38	15		616	404	159	53		
1950	207	148	40	19		625	392	166	68		
1951	199	149	34	15		585	391	147	47		
1952	180	126	39	16		588	375	164	48		
1953	196	134	46	16		600	377	182	41		
1954	208	138	52	18		697	421	225	50		
1955	210	143	50	16		679	423	203	53		
1956	207	142	53	12		728	457	224	48		
1957	232	170	51	10		780	507	225	47		
1958	222	160	53	10		807	532	231	45		
1959	201	139	53	9		789	536	218	35		
1960	131	78	53			848	570	239	39		
1961	149	91	58			859	546	271	42		
1962	153	86	67			885	473	412			377
1963	156	95	61			971	548	424			416
1964	157	97	61			964	553	411			432
1965	165	101	64			990	573	417			433
1966	186	118	68			1,141	698	443			464

표 H237-247 계속

	어업가구					어가인구					어업종사가구원
	합계	어로	양식	제조	판매	합계	어로	양식	제조	판매	
	H237	H238	H239	H240	H241	H242	H243	H244	H245	H246	H247
	남한, 천 가구					남한, 천 명					
1967	186	117	69			1,143	695	448			467
1968	173	107	66			1,065	636	429			445
1969	175	108	67			1,052	623	429			408
1970	149	104	45			913	619	294			308
1972	148					868					341
1973	141					813					308
1974	133					767					293
1975	128					751					283
1976	127					733					289
1977	127					729					291
1978	126					686					265
1979	123					663					263
1980	134	78	56			725	415	311			295
1981	130					674					249
1982	127					656					252
1983	128	69	59			643					244
1984	128	70	58			626					240
1985	127	68	58			602					237
1986	126	68	58			585					237
1987	124	66	58			557					232
1988	122	65	57			531					227
1989	119	66	53			496					219
1990	122	72	50			496	293	203			212
1991	120	71	49			470					205
1992	116	71	45			425					207
1993	114	71	43			405					207
1994	110	71	40			382					198
1995	104	70	34			347	237	110			176
1996	102	68	34			330					172
1997	100	66	34			323					174
1998	99	65	34			322	215	107			173
1999	98	65	32			315	213	102			171
2000	82	57	25			251	176	75			140
2001	78	52	25			234	159	75			137
2002	73	52	22			215	152	63			128
2003	73	51	22			212	149	64			125
2004	73	52	21			210	150	60			122
2005	80	56	24			221	157	64			131
2006	77	53	24			212	148	64			128
2007	74	51	23			202	140	62			123
2008	71	49	22			192	133	59			119
2009	69	47	23			184	124	59			116
2010	66	48	17			171	126	46			107
2011	63	45	18			159	114	45			104
2012	61	45	17			153	111	42			100
2013	60	44	16			147	106	41			98
2014	59	43	15			141	103	38			96

자료: 1911-1942년은 조선총독부, 『조선총독부통계연보』, 각년도; 1943-1959년은 수산청, 『수산기본통계』(1967); 1960-1968년은 수산청, 『수산통계연보』 각년도; 1969년 이후는 통계청, 「어업조사」(http://kosis.kr/).

표 H248-259 어종별 생산, 1911-1965

	중량						금액					
	어획					양식	어획					양식
	합계	어류	패류	해조류	기타 수산동물		합계	어류	패류	해조류	기타 수산동물	
	H248	H249	H250	H251	H252	H253	H254	H255	H256	H257	H258	H259
	남북한, 톤						남북한, 천 圓					
1911	66,356						4,598					
1912	504,849						8,023					
1913	166,331						11,512					
1914	218,263						12,065					
1915	328,598						13,235					
1916	349,078						15,956					
1917	369,518						20,913					
1918	357,155					274	32,863					104
1919	407,358					1,239	43,845					292
1920	379,526					1,120	39,265					441
1921	667,237					5,631	44,998					717
1922	490,371					2,957	47,536					647
1923	551,988					3,610	52,723					1,515
1924	538,911					4,182	51,998					1,701
1925	537,386					2,450	51,552					2,213
1926	586,597					5,825	53,743					2,482
1927	830,505					3,017	64,075					2,521
1928	848,487					3,174	66,114					3,329
1929	904,835					3,529	65,338					2,724
1930	866,647					2,656	50,129					2,370
1931	1,039,472					3,619	46,578					2,615
1932	1,168,179					3,180	46,264					2,448
1933	1,007,258					3,820	51,378					2,904
1934	1,393,449	1,222,772	33,760	80,802	56,115	3,976	57,778	49,408	2,042	2,377	3,951	2,846
1935	1,503,219	1,321,725	33,521	84,473	63,501	4,226	65,967	56,541	2,084	2,717	4,624	2,902
1936	1,668,229	1,517,637	24,770	66,651	59,171	5,148	79,879	70,137	1,806	3,044	4,891	4,747
1937	2,115,785	1,964,991	25,612	54,709	70,474	5,360	89,920	80,203	2,004	2,697	5,017	4,586
1938	1,759,100	1,596,033	26,333	75,241	61,493	6,366	87,083	76,957	2,207	2,793	5,126	5,924
1939	2,046,244	1,905,518	20,513	53,001	67,212	5,772	151,098	134,568	2,417	5,844	8,269	8,308
1940	1,736,391	1,609,495	18,325	50,380	58,191	4,780	175,499	154,222	2,864	6,995	11,418	15,470
1941	1,318,041	1,189,910	20,849	39,998	67,284	7,810	166,751	142,430	3,685	6,430	14,206	18,471
1942	845,782	704,662	35,955	52,024	53,141	20,542	162,067	131,731	4,305	8,104	17,927	27,290
1943	776,331	633,107	26,743	50,249	66,232	19,049	179,835	142,060	4,908	9,487	23,380	31,461
1944	295,803	228,530	6,977	29,857	30,439		127,310	104,836	1,691	6,867	13,916	
1945	202,103	149,858	9,865	23,232	19,148		255,186	193,380	12,671	8,015	41,120	
	남한, 톤						남한, 백만 원					
1946	304,741	250,990	9,528	14,764	23,441	6,018	2	2	0	0	0	0
1947	306,247	264,281	5,336	7,683	24,652	4,295	8	7	0	0	1	0
1948	293,759	225,555	6,422	6,605	46,566	8,611	15	11	0	0	2	1
1949	308,710	234,367	8,330	9,110	48,342	8,561	22	17	1	1	2	2
1950	219,450	169,251	5,324	20,313	21,303	3,259	36	24	1	5	3	3
1951	266,849	187,474	9,211	19,320	48,650	2,194	220	157	7	11	40	5
1952	281,849	208,123	9,557	13,199	46,739	4,231	366	248	9	15	44	50
1953	266,995	185,185	8,433	17,516	46,902	8,959	653	500	16	26	53	58
1954	254,642	188,941	10,455	17,253	32,887	5,106	1,082	763	34	41	110	134
1955	265,895	190,424	6,799	20,019	41,992	6,661	1,627	1,186	42	71	159	169
1956	346,561	257,518	9,778	24,423	49,197	5,645	2,566	1,841	64	123	237	301
1957	409,309	279,768	12,187	34,797	76,405	6,152	2,859	2,113	96	89	285	276
1958	403,579	291,190	15,883	28,758	59,358	8,115	3,124	2,394	115	89	270	255
1959	392,598	266,181	12,662	29,682	73,600	9,935	3,284	2,264	102	134	404	380
1960	358,095	241,737	13,479	27,436	59,818	14,711	3,634	2,549	107	143	326	509
1961	448,001	244,920	44,739	36,936	108,972	12,067	4,187	2,834	130	210	605	408
1962	470,187	298,238	19,994	45,611	87,541	18,146	6,095	4,244	175	373	773	530
1963	532,153	250,075	17,458	37,891	138,847	85,324	7,962	4,761	244	638	1,548	772
1964	597,325	318,146	45,030	42,980	115,640	72,924	13,343	8,472	674	1,328	1,617	1,253
1965	635,652	384,911	18,628	48,362	101,483	73,705	19,712	12,002	444	740	2,739	3,093

자료: 1911-1942년은 조선총독부, 『조선총독부통계연보』 각년도; 1943년은 남조선과도정부, 『조선통계연감』(1943); 1944-1945년은 한국산업은행조사부, 『산업경제10년사: 1945-1955』(1955); 1946-1965년은 수산청, 『수산통계연보』, 각년도.

표 H260-273 어업부문별 생산, 1958-2015

	중량							금액						
	합계	해면어업				내수면어업		합계	해면어업				내수면어업	
		일반어업	원양어업	천해양식업	포경어업	어로	양식		일반어업	원양어업	천해양식업	포경어업	어로	양식
	H260	H261	H262	H263	H264	H265	H266	H267	H268	H269	H270	H271	H272	H273
	남한, 톤							남한, 백만 원						
1958	403,304		257											
1959	392,060		538											
1960	357,181		914											
1961	447,634		367											
1962	470,187	448,117	657	18,709	1,778	895	31	6,095	5,485	27	528	29	24	2
1963	532,153	441,638	2,558	85,285	1,710	923	39	8,060	7,140	98	769	34	17	2
1964	599,824	519,459	2,605	72,885	2,801	2,035	39	13,544	11,961	201	1,251	80	49	1
1965	636,512	553,070	8,563	73,675	860	314	30	19,736	15,912	693	3,092	24	14	1
1966	702,295	582,893	26,852	91,060	1,128	337	25	24,258	18,524	2,502	3,158	42	30	2
1967	750,349	610,707	40,484	97,131	1,140	854	33	34,442	24,203	3,452	6,687	52	44	4
1968	852,291	687,034	50,074	113,031	1,044	1,086	22	44,287	30,088	4,414	9,632	77	74	3
1969	862,784	691,348	82,782	86,316	1,322	895	120	50,555	33,919	8,640	7,869	55	39	33
1970	935,462	724,365	89,621	119,211	1,866	381	17	65,660	42,600	12,337	10,553	97	63	9
1971	1,073,733	764,179	159,307	147,222	2,155	696	174	88,057	51,394	23,309	13,074	126	88	66
1972	1,343,569	956,276	224,135	160,378	1,622	1,103	55	108,262	62,940	32,551	12,290	108	328	46
1973	1,686,484	1,061,962	360,636	260,401	2,191	1,208	86	172,480	90,814	55,572	24,694	100	339	961
1974	2,026,221	1,263,728	418,380	340,169	2,813	976	155	225,006	113,109	81,449	26,694	242	281	3,231
1975	2,134,979	1,207,753	565,593	351,396	1,608	8,178	451	315,970	148,895	128,346	36,553	298	1,271	607
1976	2,406,896	1,255,095	724,260	410,670	1,885	14,516	470	412,080	185,629	187,243	34,772	720	2,586	1,130
1977	2,421,273	1,306,069	595,927	491,137	2,254	23,873	2,013	573,212	282,171	215,346	64,403	1,331	7,904	2,057
1978	2,353,518	1,360,662	566,223	390,997	2,740	31,065	1,831	565,005	303,796	167,289	66,281	2,497	19,706	5,435
1979	2,422,163	1,412,289	486,083	480,414	2,077	39,882	1,418	788,375	444,464	203,057	104,985	2,444	30,353	3,071
1980	2,410,346	1,370,324	458,209	540,564	2,023	38,232	994	843,095	473,723	219,046	108,345	2,344	36,673	2,965
1981	2,811,914	1,526,670	542,357	701,065	1,687	39,297	838	1,187,409	617,160	362,369	155,796	2,502	45,692	3,890
1982	2,644,074	1,473,248	527,819	596,316	2,139	43,670	882	1,233,058	686,108	313,510	172,051	3,130	53,251	5,008
1983	2,793,023	1,485,569	615,141	643,798	1,519	45,442	1,554	1,394,459	817,677	330,363	177,008	2,742	60,501	6,168
1984	2,909,811	1,521,615	658,252	678,321	1,502	48,645	1,476	1,422,057	774,174	373,013	201,249	3,477	60,032	10,110
1985	3,102,605	1,494,514	767,030	787,571	426	50,400	2,664	1,676,999	856,442	506,506	226,334	2,017	68,729	16,971
1986	3,659,724	1,725,820	929,886	946,965		51,779	5,274	2,007,981	1,002,016	595,188	319,215		68,546	23,016
1987	3,331,825	1,525,999	882,660	866,063		47,598	9,505	2,168,389	1,077,932	658,076	320,972		60,127	51,282
1988	3,209,135	1,512,481	774,240	886,605		24,681	11,128	2,264,442	1,156,310	638,638	391,351		35,004	43,140
1989	3,319,395	1,510,262	930,333	848,246		18,958	11,596	2,682,266	1,366,569	833,930	399,907		30,874	50,986
1990	3,274,506	1,542,013	925,331	772,731		18,594	15,837	2,418,224	1,416,236	491,256	419,904		33,459	57,369
1991	2,983,222	1,303,913	873,465	775,419		16,167	14,258	2,782,693	1,627,804	521,895	515,455		40,416	77,124
1992	3,289,041	1,295,396	1,023,926	935,478		14,192	20,049	2,996,539	1,736,647	532,631	602,387		40,980	83,895
1993	3,335,531	1,526,139	741,017	1,038,119		11,877	18,379	3,422,825	2,283,088	451,264	568,962		35,715	83,797
1994	3,476,587	1,486,357	887,198	1,072,126		10,041	20,865	3,938,734	2,519,810	556,935	720,566		34,160	107,263
1995	3,348,184	1,425,213	897,227	996,451		8,928	20,365	3,795,936	2,479,042	525,959	648,082		33,881	108,971
1996	3,244,288	1,623,822	715,378	874,810		7,884	22,394	3,993,956	2,732,751	492,593	643,322		31,851	93,439
1997	3,243,739	1,367,406	829,403	1,015,134		6,932	24,864	4,090,179	2,482,904	546,921	921,811		28,759	109,783
1998	2,835,015	1,308,336	722,597	777,230		6,850	20,002	4,388,414	2,293,637	1,000,870	950,315		28,990	114,602
1999	2,910,569	1,336,062	791,409	765,252		6,317	11,529	4,320,448	2,280,020	1,094,370	831,902		27,920	86,235
2000	2,514,225	1,189,000	651,267	653,373		7,142	13,443	4,066,447	2,329,483	929,667	683,856		33,765	89,676
2001	2,665,124	1,252,099	739,057	655,827		5,971	12,170	4,252,898	2,468,309	964,125	717,163		29,470	73,831
2002	2,476,188	1,095,812	580,346	781,519		5,690	12,821	4,205,242	2,487,006	809,406	794,517		29,770	84,543
2003	2,487,042	1,096,526	544,591	826,245		6,080	13,600	4,770,819	2,405,811	1,072,614	1,165,675		32,413	94,306
2004	2,519,101	1,076,687	499,400	917,715		10,302	14,997	4,731,322	2,609,717	737,289	1,217,105		42,477	124,735
2005	2,714,050	1,097,041	552,096	1,041,074		7,500	16,339	5,049,321	2,705,955	819,232	1,348,407		40,232	135,495
2006	3,032,116	1,108,815	639,184	1,259,274		7,139	17,704	5,285,860	2,751,251	891,031	1,443,169		43,381	157,028
2007	3,274,823	1,152,299	709,960	1,385,804		26,760		5,751,945	2,939,109	990,205	1,599,542			223,089
2008	3,361,255	1,284,890	666,182	1,381,003		29,180		6,345,058	3,222,256	1,327,395	1,520,122			275,285
2009	3,182,342	1,226,966	611,950	1,313,355		30,071		6,924,249	3,640,437	1,163,751	1,846,311			273,750
2010	3,110,634	1,132,536	592,116	1,355,000		30,982		7,425,686	3,911,681	1,364,524	1,815,646			333,834
2011	3,255,929	1,235,489	510,624	1,477,546		32,270		8,072,860	4,444,106	1,467,044	1,784,244			377,466
2012	3,183,424	1,091,034	575,309	1,488,950		28,131		7,689,051	3,951,034	1,655,406	1,759,271			323,340
2013	3,135,250	1,044,697	549,928	1,515,210		25,414		7,226,887	3,747,607	1,408,034	1,725,808			345,437
2014	3,304,911	1,059,173	669,140	1,546,823		29,774		7,359,632	3,780,274	1,275,222	1,932,025			372,111
2015	3,342,247	1,058,316	578,137	1,672,739		33,055		7,261,923	3,702,291	1,023,738	2,128,413			407,482

자료: 해양수산부, 『해양수산통계연보』, 각년도.

표 H274-308 수산가공품 생산, 1912-2015

	중량			금액										
					식용품									
	합계	식용	비식용	합계	소계	절류	소건품	염건품	자건품	염장품	통조림	염신품	해조	기타
	H274	H275	H276	H277	H278	H279	H280	H281	H282	H283	H284	H285	H286	H287
	남북한, 톤			남북한, 圓										
1912				4,606										
1913				5,440										
1914				6,864										
1915				7,795										
1916				9,782										
1917				13,247										
1918				19,116	15,724		3,681	1,301	5,033	4,317	476	566		350
1919				28,110	22,798		6,338	1,386	7,212	6,013	684	624		542
1920				21,402	18,008		4,633	1,265	5,681	4,684	383	911		451
1921				25,655	21,418		5,877	1,601	6,321	5,166	429	1,323		701
1922				26,426	21,639		5,110	1,899	6,495	5,886	864	1,030		354
1923				29,614	24,472		5,588	2,360	8,602	5,141	827	1,142		813
1924				31,173	25,248		5,415	2,953	8,488	5,214	916	1,292		969
1925				32,060	24,374		4,852	2,903	8,024	5,065	897	1,593		1,040
1926				34,129	24,092		4,704	2,837	7,524	4,422	1,227	2,076		1,303
1927				40,290	24,597		4,398	2,959	6,689	6,921	816	1,528		1,285
1928				44,886	25,677		4,869	3,087	7,837	5,880	1,249	1,700		1,055
1929				44,816	27,695	80	7,205	2,831	7,995	5,202	1,474	1,471		1,437
1930				30,389	21,022	27	6,123	2,233	5,294	3,851	1,276	1,104		1,113
1931				28,369	19,070	12	5,767	2,272	4,334	3,764	622	1,167		1,133
1932				27,384	19,606	18	5,716	2,239	4,869	3,324	929	1,338		1,174
1933				35,589	23,964	1	7,745	2,016	4,832	4,382	1,488	1,987		1,513
1934				45,533	26,162	5	5,299	1,977	5,701	4,376	2,118	1,959	3,334	1,394
1935				65,014	29,060	8	5,433	2,038	6,254	5,465	2,523	2,311	3,294	1,735
1936				79,377	31,345	2	6,028	2,071	5,257	5,610	2,994	2,485	5,278	1,621
1937	556	136	420	93,447	34,160	1	6,998	1,734	5,304	6,068	4,414	2,824	4,848	1,969
1938	453	136	317	96,818	44,661	1	12,832	1,779	6,745	6,400	4,372	3,217	6,915	2,398
1939	573	194	380	167,917	75,068	2	26,128	2,955	10,712	11,355	4,686	5,305	10,140	3,785
1940	473	162	310	181,758	82,480	2	16,443	3,680	15,205	12,568	4,401	6,866	18,856	4,459
1941	388	170	218	172,631	101,392	0	19,598	6,644	15,931	15,513	5,546	8,722	21,253	8,185
1942	226	191	35	146,348	132,267	5	30,993	6,323	17,930	21,548	4,352	10,478	30,156	10,483
1943	161	154	6	138,993	134,382	32	35,810	3,395	18,460	17,307	3,760	12,690	31,383	11,471

	금액					
	비식용품					
	소계	비료	어유 및 어랍	공예품	해조	기타
	H288	H289	H290	H291	H292	H293
	남북한, 圓					
1912						
1913						
1914						
1915						
1916						
1917						
1918	3,392	1,108	320	61	1,829	74
1919	5,312	1,932	478	30	2,803	69
1920	3,394	833	373	17	2,164	7
1921	4,237	976	209	24	3,028	1
1922	4,787	911	178	21	3,677	0
1923	5,142	762	122	63	4,194	0
1924	5,925	977	208	91	4,649	0
1925	7,686	1,892	815	120	4,858	0
1926	10,037	3,763	1,620	74	4,580	0
1927	15,693	6,325	4,324	73	4,971	0
1928	19,209	6,641	6,320	81	6,126	41
1929	17,121	7,991	7,754	106	1,270	0
1930	9,368	4,506	3,579	64	1,136	83

표 H274-308 계속

	금액					
	비식용품					
	소계	비료	어유 및 어랍	공예품	해조	기타
	H288	H289	H290	H291	H292	H293
	남북한, 圓					
1931	9,299	4,918	2,914	35	1,210	221
1932	7,778	4,548	2,520	47	660	3
1933	11,625	6,087	4,846	27	632	33
1934	19,371	10,880	7,255	52	1,130	53
1935	35,953	15,830	18,699	64	1,301	60
1936	48,032	21,641	24,755	64	1,548	23
1937	59,287	30,002	27,637	63	1,572	13
1938	52,157	28,926	21,979	34	1,196	22
1939	92,849	53,839	35,282	52	3,657	18
1940	99,278	54,502	41,826	122	2,798	30
1941	71,239	41,738	26,293	253	2,883	72
1942	14,081	5,697	3,938	683	3,119	643
1943	4,611	275	639	675	1,742	1,281

	금액														
	합계	소건품	염건품	자건품	염장품	통조림	염신품	해조	어유비	냉동품	한천	연제품	조미가공품	수산피혁품	기타
	H294	H295	H296	H297	H298	H299	H300	H301	H302	H303	H304	H305	H306	H307	H308
	남한, 백만 원														
1945	0.1														
1946	1														
1947	3														
1948	4														
1949	14														
1950	13														
1951	95														
1952	131														
1953	231	53	13	30	62	1	22	39	2						8
1954	303	82	8	48	81		37	14	4						28
1955	732	142	14	180	119	17	31	203	2						23
1956	768	149	20	142	159	6	93	173	2						25
1957	1,061	217	100	192	151	24	125	215	5	3					29
1958	984	284	86	186	161	33	82	120	1						31
1959	1,562	364	36	264	111	364	123	233	31	0.2					36
1960	1,378	304	11	312	93	243	74	272	13	0.0					55
1961	1,666	520	15	281	109	197	115	348	19	5					58
1962	1,820	629	45	303	122	56	154	391	20	20					79
1963	2,974	1,074	25	267	122	147	209	606	41	338					144
1964	5,552	1,066	64	172	319	273	220	1,013	55	2,124					247
1965	10,878	1,337	127	243	79	1,099	222	2,285	94	5,116					275
1966	8,110	1,592	185	1,179	298	495	288	2,028	68	1,391					586
1967	11,194	1,651	264	1,031	258	391	661	3,097	60	2,440					1,341
1968	9,830	2,166	296	699	336	676	624	2,552	537	1,363					581
1969	10,610	1,807	237	664	128	828	250	4,126	39	1,965	433	8	118		8
1970	20,933	2,585	76	429	176	1,004	399	8,640	58	6,502	520	77	451		17
1971	23,889	3,465	67	796	170	1,553	655	6,111	67	9,504	229	59	1,189		27
1972	23,919	5,901	55	1,236	96	2,824	950	4,041	153	7,152	128	194	1,172		17
1973	38,310	5,659	272	2,648	185	2,382	1,519	6,965	447	13,181	20	792	4,148		92
1974	54,744	7,667	96	3,208	91	3,777	1,572	14,660	851	15,569	1,449	830	4,973		
1975	67,890	10,586	104	4,452	672	3,710	3,133	11,521	1,259	23,689	2,600	691	5,472		1
1976	106,293	8,131	103	3,394	7,536	8,307	3,054	16,868	2,840	47,985	1,388	284	5,640		763
1977	153,809	6,875	269	3,739	6,819	12,438	2,024	18,895	4,718	88,748	872	546	4,325		3,542
1978	228,717	17,628	399	18,350	2,577	21,858	5,957	39,650	6,018	98,397	2,096	1,614	8,749		5,424
1979	286,060	19,145	373	21,163	8,321	13,214	9,692	48,798	3,690	143,650	3,054	2,660	10,285		2,016
1980	359,682	26,083	1,406	21,677	11,870	13,798	10,626	78,899	3,002	155,352	8,493	12,645	12,490		3,341
1981	511,724	41,643	218	37,623	26,635	21,321	8,437	96,056	7,066	212,688	6,041	29,825	18,676		5,494
1982	578,876	39,851	821	29,957	12,291	54,022	19,632	108,241	7,036	231,072	3,358	44,495	24,920		3,182
1983	758,313	31,940	292	51,850	11,327	72,779	26,945	154,763	10,216	275,965	6,443	63,875	44,409		7,508

표 H274-308 계속

	금액														
	합계	소건품	염건품	자건품	염장품	통조림	염신품	해조	어유비	냉동품	한천	연제품	조미가공품	수산피혁품	기타
	H294	H295	H296	H297	H298	H299	H300	H301	H302	H303	H304	H305	H306	H307	H308
	남한, 백만 원														
1984	824,409	32,948	357	123,504	8,377	50,373	21,538	141,498	7,388	292,522	4,381	70,958	59,298		11,266
1985	1,236,438	19,909	65	24,728	1,120	26,619	11,956	54,059	65,427	936,951	708	69,156	21,010		4,730
1986	1,153,652	82,316	59	46,908	9,975	61,336	39,396	180,291	22,492	463,973	5,180	106,620	115,727		19,380
1987	1,399,258	63,225	139	46,597	8,221	85,131	43,924	159,404	19,790	693,909	5,916	138,807	112,420		21,774
1988	1,457,740	90,650	399	62,336	9,447	87,687	43,008	170,124	30,607	601,902	5,760	182,766	135,980		37,075
1989	1,846,954	82,233	428	66,350	11,834	126,106	55,130	199,266	11,411	996,549	6,242	163,222	95,497		32,685
1990	1,555,201	76,333	1,774	56,625	8,768	138,222	52,114	207,651	33,502	600,928	6,989	192,160	136,116		44,018
1991	1,756,066	64,908	3,574	70,287	5,335	144,214	53,500	198,875	22,810	807,020	8,179	245,334	99,246		32,784
1992	1,529,671	58,966	4,057	68,095	2,758	145,621	73,440	183,611	25,786	607,328	7,308	246,473	79,580		26,647
1993	1,577,030	101,427	4,163	113,576	1,341	121,484	63,934	162,193	18,407	645,683	3,046	263,316	55,350		23,109
1994	1,813,410	78,863	9,126	89,028	702	178,784	63,756	212,933	15,963	786,305	5,047	280,522	56,251		36,130
1995	1,916,579	168,386	9,034	68,845	1,137	160,532	84,561	215,366	17,293	809,810	5,566	283,680	64,272		28,097
1996	2,248,059	175,200	10,479	241,677	2,680	154,062	87,152	279,885	17,908	877,160	9,172	262,869	64,248		65,567
1997	2,480,398	86,752	3,562	155,913	627	164,826	153,804	287,611	18,373	1,166,247	6,044	309,987	67,256		59,396
1998	2,370,836	95,539	6,009	139,329	485	162,873	103,302	292,365	19,506	1,109,501	9,464	305,738	74,098	120	52,507
1999	2,358,536	56,194	4,856	77,472	2,555	131,783	148,501	255,622	23,240	1,217,294	6,824	288,204	91,681	1,090	53,220
2000	2,187,562	43,586	5,291	126,633	127	129,724	157,081	312,362	16,662	761,913	14,611	398,138	136,676		84,758
2001	2,374,042	103,349	4,019	149,417	5,823	159,586	159,603	325,196	17,413	961,963	12,045	246,944	144,924	103	83,657
2002	2,856,958	72,736	3,222	121,845	11,739	175,028	140,583	301,982	14,995	1,151,178	10,235	455,440	263,831	1,117	133,027
2003	2,173,284	76,507	2,845	82,100	5,445	121,275	151,899	182,562	8,086	961,850	5,806	238,319	172,602	2,048	161,940
2004	2,806,399	85,252	3,671	185,866	11,040	178,379	186,327	316,562	8,833	1,284,145	6,962	190,380	205,346	1,414	142,222
2005	3,516,323	102,574	6,419	189,124	14,654	166,334	127,300	397,894	6,140	2,029,287	7,495	166,925	176,414	6,203	119,560
2006	3,779,162	86,226	89,375	219,555	10,404	205,662	163,950	439,025	7,904	2,020,551	6,214	201,374	177,899	4,411	146,612
2007	5,517,849	132,061	23,816	168,777	296,953	196,297	785,313	360,122	8,247	3,029,824	5,161	185,846	179,619	4,347	141,466
2008	6,642,033	130,782	353,832	158,626	255,644	264,192	170,455	528,538	7,677	3,111,591	3,794	301,507	971,254	2,515	381,626
2009	6,046,188	64,018	274,839	207,160	47,934	320,200	289,626	519,813	9,645	3,228,142	4,178	356,073	311,024	6,235	407,301
2010	6,875,258	77,802	371,013	223,346	49,158	196,153	216,846	523,502	15,628	4,135,905	6,392	428,613	333,940	4,550	292,410
2011	6,540,369	66,188	430,522	135,536	69,778	165,965	153,828	565,437	17,784	3,867,926	9,838	377,184	348,493	5,933	325,957
2012	7,770,232	108,516	425,323	161,379	85,535	203,341	166,801	653,661	20,917	4,658,507	12,576	413,369	338,214	6,953	515,140
2013	7,422,605	389,042	458,122	155,311	68,470	248,895	123,566	631,702	34,478	4,090,403	16,539	443,867	447,709	6,423	308,078
2014	7,523,432	321,351	389,319	149,079	121,555	258,291	137,091	554,164	26,517	4,401,073	19,604	372,587	450,316	5,296	317,189
2015	7,097,394	366,670	355,371	133,778	86,060	280,639	165,249	517,598	38,199	3,935,348	17,704	481,211	490,971		228,596

자료: 조선총독부, 『조선총독부통계연보』 각년도; 남조선과도정부, 『조선통계연감』(1943); 해양수산부, 『해양수산통계연보』, 각년도.

표 H309-316 어선, 1912-2015

	선수					선복량과 마력		
	합계	동력선			무동력선	동력선		무동력선
		소계	어업용	운반용		선복량	마력	선복량
	H309	H310	H311	H312	H313	H314	H315	H316
	남북한							
	척					톤	마력	톤
1912	1,546	5		5	1,541			
1913	19,223	59		59	19,164			
1914	19,561	18		18	19,543			
1915	22,158	16		16	22,142			
1916	22,253	25		25	22,228			
1917	24,271	43		43	24,228			
1918	26,526	235		235	26,291			
1919	28,382	362	10	352	28,020			
1920	29,072	561	43	518	28,511			
1921	31,285	674	44	630	30,611			
1922	31,316	617	64	553	30,699			
1923	32,300	365	123	242	31,935			
1924	34,628	440	236	204	34,188			
1925	34,610	426	286	140	34,184			
1926	36,570	580	387	193	35,990			
1927	38,476	808	464	344	37,668			
1928	40,359	974	543	431	39,385			
1929	42,307	1,288	822	466	41,019			
1930	43,079	1,519	990	529	41,560			
1931	44,435	1,682	1,055	627	42,753			
1932	45,645	1,726	1,094	632	43,919			
1933	45,551	1,658	1,165	493	43,893			
1934	48,016	1,924	1,323	601	46,092			
1935	52,888	2,244	1,410	834	50,644			
1936	53,994	3,012	2,015	997	50,982			
1937	55,889	3,593	2,548	1,045	52,296			
1938	59,614	3,817	2,682	1,135	55,797			
1939	61,151	3,947	2,718	1,229	57,204			
1940	62,832	4,228	2,851	1,377	58,604			
1941	61,591							
1942	65,156							
1943	66,924							
	남한							
1954	42,728	3,745			38,983	38,732		78,530
1955	39,519	4,141			35,378	52,348		75,233
1956	39,634	4,623			35,011	52,937		64,155
1957	37,752	4,598			33,154	52,240	112,004	53,105
1958	38,132	5,891			32,241	62,015	133,019	48,390
1959	28,891	3,978			24,913	52,216	118,197	37,204
1960	34,438	4,349			30,089	57,979	131,409	49,038
1961	42,300	5,015			37,285	65,457	150,445	79,412
1962	45,504	6,085			39,419	80,105	187,447	81,604
1963	47,217	6,107			41,110	80,336	178,552	79,706
1964	48,716	6,463			42,253	86,514	189,702	80,904
1965	51,052	7,572			43,480	119,515	260,700	83,648
1966	53,294	8,884			44,410	160,487	361,141	85,474
1967	57,255	10,989			46,266	179,117	423,407	82,961
1968	62,002	11,444			50,558	206,321	485,303	86,641
1969	66,115	12,852			53,263	251,065	600,870	91,215
1970	68,355	14,085			54,270	268,182	676,074	90,184
1971	68,269	14,657			53,612	307,256	816,173	85,393
1972	67,679	14,741			52,938	366,844	968,393	84,923
1973	68,597	16,472			52,125	432,118	1,134,354	78,994
1974	68,031	18,001			50,030	526,183	1,418,248	76,188
1975	67,655	19,697			47,958	581,122	1,587,069	66,578
1976	65,822	22,731			43,091	604,740	1,675,695	57,251

표 H309-316 계속

	선수					선복량과 마력		
	합계	동력선			무동력선	동력선		무동력선
		소계	어업용	운반용		선복량	마력	선복량
	H309	H310	H311	H312	H313	H314	H315	H316
	남한							
	척					톤	마력	톤
1977	66,506	29,834			36,672	636,445	1,865,632	46,146
1978	70,310	33,984			36,326	712,647	2,186,923	43,439
1979	74,556	47,073			27,483	720,895	2,333,873	31,867
1980	77,574	51,113			26,461	740,266	2,461,774	30,422
1981	80,500	59,688			20,812	757,468	2,584,912	24,114
1982	86,515	67,084			19,431	784,708	2,797,024	22,862
1983	88,594	69,338			19,256	806,020	2,972,524	22,328
1984	90,463	71,650			18,813	830,005	3,212,812	22,184
1985	90,970	71,836			19,134	836,633	3,353,741	21,838
1986	93,037	73,905			19,132	862,262	3,607,243	21,589
1987	94,155	74,835			19,320	890,449	4,026,836	21,509
1988	99,024	78,424			20,600	925,501	4,701,283	22,689
1989	98,455	78,294			20,161	941,037	5,036,608	22,194
1990	99,658	79,365			20,293	954,977	5,449,206	21,754
1991	103,848	84,024			19,824	961,715	6,198,182	20,928
1992	94,135	76,825			17,310	940,468	6,910,316	18,588
1993	87,473	72,838			14,635	903,912	7,279,350	16,005
1994	77,391	70,082			7,309	930,076	8,134,917	10,246
1995	76,801	71,041			5,760	951,213	8,841,842	7,386
1996	75,244	69,206			6,038	965,276	9,191,689	6,532
1997	81,000	73,780			7,220	958,155	12,700,482	6,316
1998	90,997	82,803			8,194	971,704	13,067,043	6,630
1999	94,852	87,502			7,350	986,339	11,796,089	5,617
2000	95,890	89,294			6,596	917,963	13,597,179	5,136
2001	94,935	89,347			5,588	880,467	14,765,745	4,386
2002	94,388	89,327			5,061	812,629	17,273,940	3,935
2003	93,257	88,521			4,736	750,763	17,094,036	3,676
2004	91,608	87,203			4,405	721,398	16,743,102	3,582
2005	90,735	87,554			3,181	697,956	12,949,457	2,854
2006	86,113	83,358			2,755	671,299	14,387,995	2,420
2007	85,627	82,796			2,831	661,519	14,352,601	2,350
2008	80,766	78,280			2,486	619,098	13,082,258	2,239
2009	77,713	75,247			2,466	592,445	13,350,321	2,328
2010	76,974	74,669			2,305	598,365	13,348,276	2,257
2011	75,629	73,427			2,202	604,414	13,125,456	2,213
2012	75,031	72,922			2,109	607,997	13,952,670	2,118
2013	71,287	69,323			1,964	605,303	14,185,314	1,921
2014	68,417	67,191			1,226	584,237	14,058,252	997
2015	67,226	66,234			992	543,721	14,073,805	905

자료: 조선총독부, 『조선총독부통계연보』, 각년도; 남조선과도정부, 『조선통계연감』(1943); 해양수산부, 『해양수산통계연보』, 각년도.

표 H317-318 수산물 수출, 1912-2013

	중량	금액
	H317	H318
	남북한	
	톤	천 圓
1912	171	32
1913	325	42
1914	124	23
1915	265	28
1916	446	31
1917	286	52
1918	685	154
1919	1,526	461
1920	1,006	89
1921	520	58
1922	162	18
1923	144	17
1924	1,358	422
1925	1,769	336
1926	1,629	279
1927	1,159	211
1928	377	52
1929	1,343	303
1930	1,556	265
1931	1,500	277
1932	2,253	395
1933	3,317	491
1934	2,684	731
1935	1,697	657
1936	1,930	871
1937	2,435	741
1938	3,723	1,328
1939	14,828	3,351
1940	9,133	6,370
1941	5,947	3,904
1942	4,659	2,239
	남한	
	톤	천 달러
1956	6,298	2,899
1957	9,837	3,436
1958	11,049	3,670
1959	7,615	4,163
1960	15,008	8,996
1961	16,965	7,317
1962	24,884	12,341
1963	26,666	13,587
1964	38,782	23,666
1965	45,758	28,492
1966	67,622	42,036
1967	66,425	57,499
1968	76,439	57,323
1969	112,312	73,916
1970	130,165	90,052
1971	146,394	114,981
1972	187,300	152,564
1973		260,021
1974	271,900	290,940
1975	367,127	428,747
1976	458,214	567,408
1977	537,787	703,073
1978	424,987	752,003
1979	414,640	935,994
1980	375,910	871,396
1981	373,890	1,050,763
1982	373,750	946,760
1983	473,802	907,413
1984	408,907	955,232
1985	431,531	969,992
1986	477,686	1,384,105
1987	567,585	1,731,352
1988	566,783	2,047,306
1989	473,162	1,821,183
1990	454,512	1,636,669
1991	491,993	1,642,570
1992	436,638	1,518,072
1993	370,764	1,496,933
1994	369,429	1,646,884
1995	415,240	1,721,748
1996	451,620	1,635,113
1997	509,092	1,492,587
1998	590,390	1,369,013
1999	475,644	1,520,534
2000	533,824	1,504,470
2001	435,691	1,273,619
2002	429,884	1,160,435
2003	424,785	1,129,385
2004	406,434	1,278,638
2005	411,878	1,193,117
2006	367,498	1,088,948
2007	536,009	1,225,832
2008	613,823	1,454,635
2009	652,214	1,511,230
2010	793,045	1,798,162
2011	686,930	2,308,155
2012	708,638	2,362,050
2013	687,569	2,151,951

자료: 조선총독부, 『조선총독부통계연보』 각년도; 해양수산부, 『해양수산통계연보』, 각년도.

I. 건설 및 주택

박이택

건설투자는 다음 세 가지 측면에서 근대적 경제성장과 밀접한 관련이 있다. 첫째, 근대적 경제성장은 새로운 기술적 혁신을 구현할 높은 수준의 고정자본형성을 동반하는데, 건설투자는 고정자본형성의 큰 부분을 차지한다. 따라서 건설투자는 고정자본형성이 별로 이루어지지 않는 전통경제로부터 고율의 고정자본형성에 기초한 근대적 경제성장 체제로의 이행을 고찰하는 좋은 소재가 된다.

둘째, 근대적 경제성장은 주로 투자의 변동성에 기인한 경기변동을 경험하며, 이 과정에서 변동을 완화시키기 위한 정부의 규제 체계가 발전한다. 물론 건설투자에 있어 정부의 규제 체계의 발전은 건설투자가 가지는 변동성을 완화할 목적만을 갖는 것은 아니다. 지역개발과 도시개발은 자유시장 경제 체제하에서도 국토의 종합적 개발 및 건축시설의 안정성을 위하여 정부 계획 및 규제하에 놓이게 된다. 이 때문에 건축허가제도가 발전하고, 이 과정에서 생성된 건축허가 관련 정보는 건설투자의 실태 및 관리 체계를 파악하는 데 유용하다.

셋째, 근대적 경제성장은 사람들의 생활조건의 개선을 동반하는데, 그 중 주거생활의 개선은 특히 현저하게 일어난다. 이 단계에서 주택 건설은 건설투자의 중심을 이루게 되고, 주택자산은 개인들이 소유하는 가장 중요한 자산으로 축적된다. 주택 공급 체계와 공급되는 주택의 유형은 역사적으로 그리고 지역적으로 매우 상이하게 전개되었다.

에세이의 구성을 간략히 설명하면, 건설 및 주택과 관련된 자료를 소개하고, 건설업의 비중과 구성을 건설업 부가가치와 건축허가 면적을 중심으로 살펴보고, 주택 공급의 구성 변화와 공급된 주택의 유형 및 주택보급률의 추이를 살펴본다.

1. 자료

1) 식민지기

식민지기에는 철도, 수리시설 등 인프라스트럭처와 공장, 사옥 등 산업용 건물을 건설하는 토목회사들이 성장하였으며, 이들이 수주한 토목건축공사에 대한 정보는 1921-1936년 동안에는 『조선토목건축협회회보』에, 1937-1943년 동안에는 『경성토목건축업협회회보』에 수록되어 있다. 이 자료들을 정리한 것이 토목건축공사의 발주자별 구성(I136-157)과 자본재형태별 구성(I197-201)이다.

이 자료에는 관청이나 대기업이 직영으로 행한 토목건축사업이나 부역으로 행한 사업들은 포함되어 있지 않으므로, 관청이나 기업의 세출 자료나 회계 자료 등은 토목건축업의 규모 및 추이를 파악하는데 보조적인 자료로 활용할 수 있다. 박이택(2001)은 이 자료들을 이용하여 식민지기 건설업 소득을 추계하였는바 I2-3, I5-6이 추계 결과이다. 이 추계치는 정부와 공공단체는 물론, 수리조합과 사설철도 등 민간 기업자의 사업비 자료, 건설 청부업자의 수주액 자료, 부역 서비스 자료 등 입수 가능한 건설 관련 자료를 거의 망라하여 추계된 것이기는 하지만, 영세한 규모의 자가 건설 등 자료상 포착되지 못하는 부분이 존재한다.

건설업 소득을 추계하는 대안적인 방법으로는 재화유통추적법(commodity flow method)이 있는데, 생산 및 무역 통계로부터 출발하여 유통 단계를 거쳐 건설이나 설비 투자로 가는 부분을 추적하는 방법이다. 이 방법을 사용하여 식민지기 건설 및 설비 투자를 추계한 최초의 연구는 溝口敏行(1975)이다. 이 추계방법의 문제로는 추계된 총액의 상세한 내역을 알기 어렵고 또 추계 과정에서 임의적인 가정이 많이 사용되었다는 점을 들 수 있다. 박이택 · 김낙년(2006)은 박이택(2001)과 溝口敏行(1975)의 추계방법을 통합하여, 건설업 소득을 추계하였는데, 표 I1, I4, I7이 그것이다.

2) 해방 후

해방 후에는 식민지기에 비할 수 없을 만큼 건설 및 주택에 대한 통계가 풍부하다. 1953년부터는 한국은행이 추계한 국민계정을 활용하여 건설업의 규모와 구성을 파악할 수 있는데, 이 중 건설업 명목 부가가치(I8-14), 건설업 실질 부가가치(I15-21), 건설업 국내총부가가치와 요소소득(I22-37)을 제시하였다.

해방 후에는 건축허가제도를 실시하였기 때문에, 건축허가와 관련된 행정 통계가 남아 있다. 1962년부터는 전국 건축허가 통계조사가 도시계획법에 의거하여 실시되어 전국 건축허가 통계를 알 수 있지만, 그 이전에는 1956년부터 주요 도시의 건축허가 통계가 남아 있을 뿐 전국 건축허가 면적을 알 수는 없는데, 이 시기 건축은 대부분 주요 도시에서 이루어졌기 때문에, 누락된 규모가 크지 않다. 이 두 통계를 결합하면 1956년부터 현재까지 건축허가의 추이를 파악할 수 있는데, 이 자료로부터 건축허가의 용도별 구성(I38-47, I48-59)과 건축허가의 자재별 구성(I60-69, I70-79)을 작성하여 제시하였다. 이 통계는 건축허가를 집계한 것이어서, 실제 건축된 준공 결과와는 다르지만, 건축업의 장기 동향을 파악할 수 있으며, 정부의 건설규제의 한 측면을 보여주므로 상당히 가치 있는 자료이다.

실제 이루어진 건축 성과는 매년도 건축 성과, 즉 유량에 대한 통계와 매년도 특정 시점에 존재하는 건축물 총량, 즉 저량에 대한 통계에서 파악할 수 있다. 건축물 총량에 대한 통계는 국토교통부 내부 행정 자료로 존재하는데, 1984년부터 현재까지 용도별 · 면적별 · 층수별 건축물 현황(I80-91, I92-109, I110-127)을 제시하였다. 매년 건축 성과에 대한 정보는 1977년부터는 건설업 수주통계조사로부터 알 수 있는데, 이로부터 발주자별 · 공종별 건설수주액(I174-196)을 정리하여 제시하였다. 물론 건설수주에 관한 통계는 건설업 수주통계조사에서만 얻을 수 있는 것은 아니다. 식민지기와 마찬가지로 1977년 이전에도 공사 수주 자료를 집계한 통계들이 만들어졌는데, 1945-1948년의 발주자별 · 공종별 공사수주액은 『조선경제연보』와 『경제연감』에 기록된 것이 있어 이를 정리하여 I158-173에 제시하였으며, 기타 여러 자료로부터 건설업 수주액 및 기성액 자료를 모두 모아 장기 추이를 알 수 있도록 제표한 것이 I131-135이다. 이 수주액은 국내에서 발주된 건설공사인데, 잘 알려져 있듯이 1960년대부터 한국의 건설업은 해외 건설수주에 적극적으로 참가하였다. 국내 건설업체의 성장에는 해외건설공사 수주도 중요하였으므로, 해외 건설공사 지역별 · 공정별 수주액(I202-215)도 제시하였다.

건설업은 면허제로 운영되었기 때문에, 건설업체의 양적 변동은 일반 건설업 면허수와 업체수로부터 파악할 수 있다. I216-221과 I222-247은 이 자료를 정리한 것이다. 건설업체의 세부적인 동태는 건설업통계조사에서 얻을 수 있는데, 건설업의 조직형태별 주요 지표(I248-263)는 이 조사에서 주요 지표를 선정하여 제시한 것이다. 건설업의 기술 수준은 건설기계를 통하여 살펴볼 수 있기 때문에, 국토교통부 건설인력기재과에서 작성한 건설기계등록현황(I264-277)도 제시하였다.

식민지기에는 주택에 대한 정보가 거의 존재하지 않았는데, 해방 이후에는 도시화가 진전되고, 주거복지가 강조되면서 주택에 대한 통계가 풍부해졌다. 우선 주택건설호수에 대한 통계로는 행정 통계와 대한주택공사의 조사 통계 등이 있는데, 이로부터 사업주체별 주택건설호수(I278-288)와 주택유형별 주택건설호수(I289-293)를 제시하였으며, 서민들의 주거안정을 위해 건설된 공공임대주택 건설 통계(I294-297)도 제시하였다.

한 가구가 한 주택을 수요한다고 간주하여, 주택스톡을 가구수로 나눈 값을 주택보급률 지수로 사용하는데, 이 지수는 주택 정책의 주요 지표로 활용된다. 이를 정리한 것이 I298-302이다. 물론 전국의 가구 총수와 주택스톡을 사용하여 계산된 주택보급률은 주택 수요와 공급의 지역별 미스매치의 문제를 보여 주지는 못한다. 주택 미분양 통계는 주택 수급의 지역적 미스매치의 문제를 어느 정도 보여주므로, 이와 관련된 자료를 정리하여 제시한 것이 I303-308이다.

위에 소개한 주택 통계들은 주택의 양에 대한 것일 뿐 주택의 질에 대한 정보는 보여 주지 못한다. 1970년대에는 주택 부족과 불량주택이 사회적인 문제가 되었다. 내무부에서 발간한 『한국도시연감』에 불량주택 및 부족주택에 대한 정보가 수록되어 있는데, 이를 정리한 것이 I309-318이다. 불량주택과 주택 노후화 등의 문제를 해결하면서 주거복지를 강화하기 위해 주택의 재개발이나 재건축이 이루어졌는데, 이를 정리한 것이 I319-324와 I325-328이다.

주택 건설의 역사적 변천은 매년도 주택 건설 통계로 파악할 수도 있지만, 특정 시점의 건설연수별 주택스톡으로부터도 파악할 수 있다. 한국의 경우 1940년대부터 1960년대까지 주택 건설에 대한 시계열 정보가 빈약하기 때문에, 주택 센서스에서 파악된 건설연수별 주택스톡 통계는 주택 건설의 역사적 변천을 파악하는 데 특히 유용하다. 한국에서 주택 센서스는 1960년 12월 1일에 인구주택 국세조사라는 형태로 처음 행해졌으며, 이때부터 건설연수별 주택스톡에 대한 정보를 얻을 수 있다. 1960년부터 10년 간격으로 주택 센서스의 건설연수별 주택스톡(I329-337, I338-342, I343-347, I348-353, I354-359, I360-365)을 제시하였고, 추가적으로 2015년의 주택스톡(I366-371)도 제시하였다. 1977년과 2013년에는 아파트 전수조사가 행해졌는데, 그 결과를 제시한 것이 I372-383과 I384-404이다.

1980년대 후반에는 주택 공급 문제를 해결하고 서민들의 주택 마련을 돕기 위해 주택금융제도가 정비되었는데, 주택금융과 관련하여서는 입주자저축가입자 현황(I405-409)과 국민주택기금 조성 및 운용실적(I410-427)을 제시하였다.

2. 장기 추세

1) 건설업의 비중

해방 이후 한국은행이 국민계정을 추계하기 이전 시기의 건설업 부가가치 규모를 보여 주는 공식적인 통계는 존재하지 않는다. 그렇지만 식민지 시기에 대해서는 한국과 일본의 연구자들에 의해 여러 버전의 GDP 추계가 이루어졌는데, 그 속에는 건설업 부가가치 추계도 포함되어 있다. 식민지기 GDP에 대한 김낙년(2006)의 추계와 해방 후 국민계정으로부터 GDP에서 건설업의 비중을 계산하면, 1910년대에는 2% 내외였는데, 1930년대에는 증가하여 1930년대 말에는 4%를 넘게 되었다. 그러나 해방 후 1950년대에는 다시

그림 I-a 부가가치에서 건설업의 비중(%)

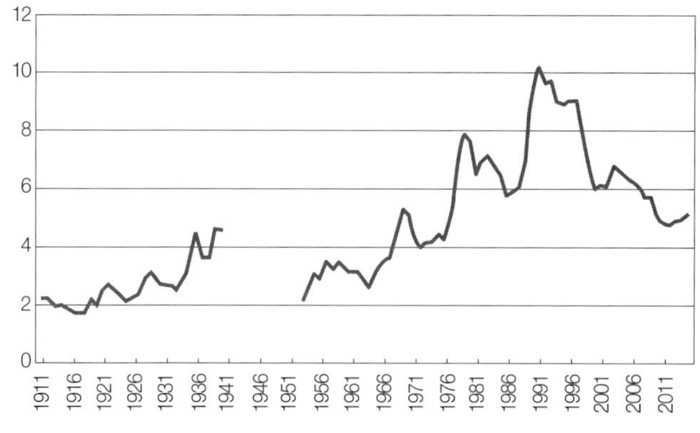

자료: 1953년 이후는 I14, 1940년 이전은 I4를 국내총부가가치로 나누어 계산하였다.

4% 아래에 머물렀다가, 1960년대 중반부터 빠르게 증가하여, 1990년대 초에는 10%에 이르고 있다. 이후 다시 감소하여 현재에는 5% 내외로 감소하였다.

건설업 비중의 변동은 한국 경제의 변화를 압축적으로 보여 준다. 1910년대에는 일본으로부터 재정자립을 해야 한다는 조선재정독립계획에 구속된 예산이 편성되어 사회간접자본 투자는 별로 이루어지지 않았으며, 민간의 건설투자도 왕성하지 않아 부가가치에서 건설업이 차지하는 비중이 낮았다. 그러나 1920년대에는 조선산미증식계획, 조선철도12개년계획, 조선하천개수사업 등 사회간접자본 형성을 위한 투자가 대규모로 이루어짐으로써 건설업의 비중이 증대하고 있으며, 1930년대에는 수력자원 및 광산자원의 개발과 이 자원을 활용하기 위한 공장과 광산 그리고 관련 건물 등이 건설되어 건설업의 비중은 더욱 늘어났다. 1930년대 건설업의 비중은 경제개발의 시대인 1960년대와 거의 같았다. 해방 후에는 1970년대 중화학공업화의 진전과 더불어 건설업의 비중이 크게 성장하였다. 1980년대 후반에는 산업화의 성과로 중산층이 두터워지고 주택 수요가 크게 성장함에 따라 주택 가격이 폭등하면서 주택 200만 호 건설을 대선공약으로 제시한 후보가 대통령에 당선되었다. 이 시기에 건설업의 비중은 최고에 이르렀다. 뒤에서 보듯이 이 시기에 주택 건설이 주택 수요를 앞지르면서 주택보급률이 올라가기 시작했다. 이 이후에는 부가가치에서 건설업이 차지하는 비중은 감소하였으며, 주택 건설에서 신규 건설뿐만 아니라 재건축과 재개발도 중요하게 되었다.

2) 건축허가 면적

정부는 국토의 종합적 개발 및 건축시설의 안정성을 위하여 건축사업을 정부계획 및 규제 체계 속에서 관리한다. 이 때문에 건축 행위에 대한 행정관리 체계가 정비된 1960년대 이후부터는 건축 실태에 대한 행정 통계를 얻을 수 있지만, 그 이전 시기에 대해서는 잘 정비된 건축허가 관련 통계를 얻을 수 없다. 따라서 여기에서는 해방 이후에 한정하여 살펴본다.

건축허가 면적을 보면, 1950년대에는 주요 도시에 대한 건축허가 면적만을 알 수 있는데, 당시 건축 활동은 주로 주요 도시에서 일어났기 때문에, 전반적인 추이를 고찰하는 데는 큰 문제가 되지는 않는다. 그림 I-b는 건축허가 면적의 추이를 보여 주는데, 이에 의하면 1950년대 중반에 연간 건축허가 면적은 100만 제곱미터 정도에 불과하였지만, 1960년대 이후 건축허가 면적은 급속하게 증대하여, 1990년대 이후에는 1억 제곱미터에 이르고 있다. 1960년대 건축허가 면적의 급속한 증가는 대부분 주요 도시의 건축허가 면적의 급속한 증가에 의한 것이었다. 즉, 건축허가의 급속한 증가는 한국의 급속한 도시화를 배경으로 한 것이었다.

그림 I-b 건축허가 면적(천 제곱미터)

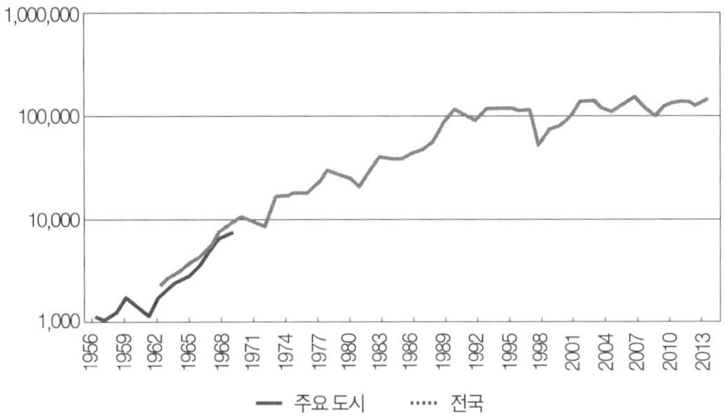

자료: 주요 도시는 I43, 전국은 I54.

그림 I-c 건축허가 면적의 용도별 구성(%)

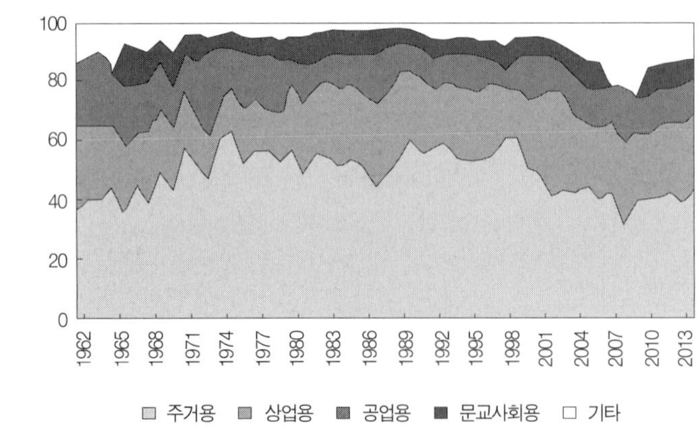

자료: I54-59.

건축허가의 구성을 보면, 가장 큰 비중을 차지하는 것은 주거용으로서 40% 내외를 차지하고 있고, 그 다음을 상업용과 공업용이 차지하고 있다. 주거용, 상업용, 공업용이 전체의 80% 내외를 차지하고 있다.

3) 주택 건설

전체 건축허가 면적 중 주거용이 40% 내외를 차지하였으며, 그 비율에 큰 변화는 없었기 때문에 주택건설호수의 추이는 건축허가 면적과 거의 비슷한 추이를 보여 준다. 단, 1950년대에는 건축허가 면적에 대한 통계는 없으며, 주택건설호수 통계만 있는데, 이 시기 주택건설호수는 감소 추세였으며, 1960년대 초에 상승 추세로 전환하였음을 보여 준다. 주택 투자의 변동성은 경기변동을 낳는 주된 요인 중의 하나로 거론되는데, 이를 보기 위해 10개년 이동 변동계수를 계산하여 제시하였다. 주택건설호수는 1960년대부터 추세적으로 증가했는데, 특히 1988년부터 실시된 주택 200만 호 계획과 더불어 주택건설호수가 높은 수준에서 안착하여, 주택 200만 호 건설 시기를 포함한 기간의 10개년 이동 변동계수는 큰 값을 보여 준다. 전체적인 변동성을 보면, 1960-1970년대보다 1990년대 이후 시기에 주택 건설의 변동성이 더 줄어들었음을 보여 준다.

주택 건설은 공공 주도로 이루어질 수도 있고 민간 주도로 이루어질 수 있는데, 그 추이를 보기 위해 주택건설호수 중 공공건설호수의 비중을 제시한 것이 그림 I-e이다. 식민지기에도 공영주택이 있기는 하였지만, 그것이 차지하는 비중은 크지 않았다. 해방 이후에는 식민지기에 비해 주택 건설에 있어 공공 부문의 비중이 커졌는데, 한국전쟁 직후인 1950년대 전반에는 특히 공공 부문의 비중이 커서 1953-1954년에는 주택 건설 중 공공 부문이 담당한 것이 40%를 넘고 있다. 그러나 그 비중은 점차 줄어들어서 1960년경에는 10% 수준으로 떨어졌다. 경제개발계획과 더불어 다시 공공 부문의 비중이 커지기 시작하여 1980년대 중반에는 70%

그림 I-d 주택건설호수의 추이(호)

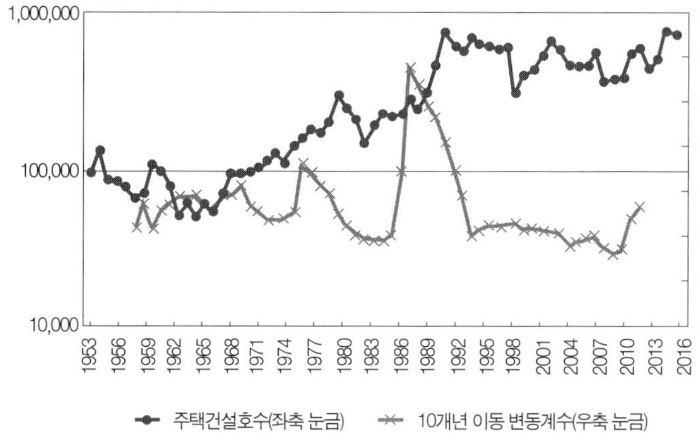

자료: I278.

그림 I-e 주택건설호수 중 공공건설호수의 비중(%)

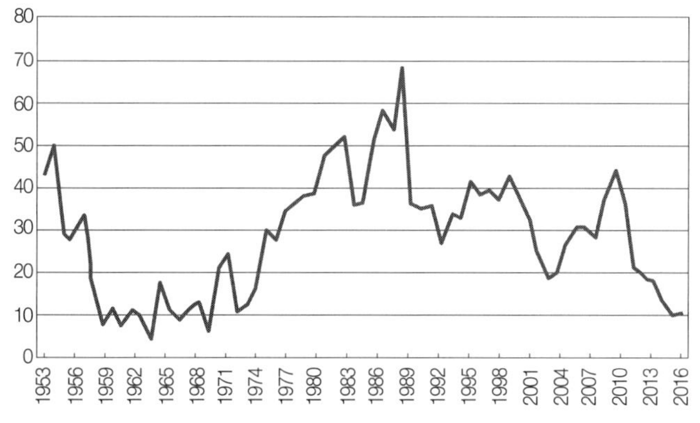

자료: I278과 I279에서 계산하였다.

그림 I-f 주택유형별 주택건설호수의 구성비(%)

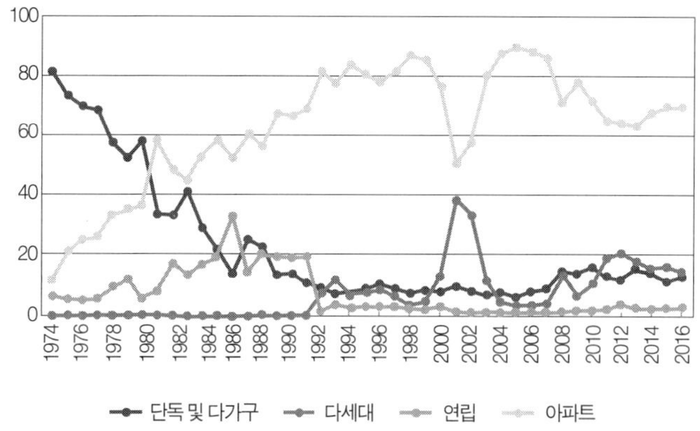

자료: I289-293.

그림 I-g 주택보급률(%)

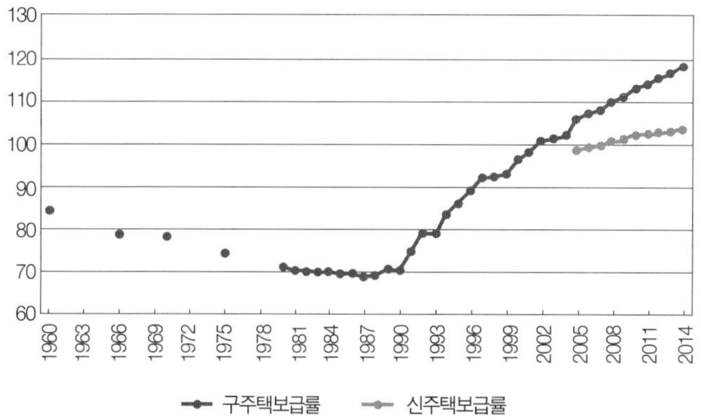

자료: I302.

에 달했다. 뒤에 보듯이 이 시기에는 민간 부문이 주택 수요를 충당하지 못해 공공 주도로 주택 공급을 실시하였지만, 여전히 주택 수요의 증가에는 미치지 못하여, 주택보급률은 하락하고 있었다. 1980년대 후반에는 주택 200만 호 건설을 대선공약으로 내건 노태우 정권이 등장하면서, 주택 건설에 우호적인 환경이 조성되어, 민간 중심의 대대적인 주택 공급이 이루어지기 시작하면서, 공공 건설의 비중은 40% 이하로 떨어졌고, 이후 공공 건설의 비중은 더욱 떨어져 2016년에는 10% 수준으로 떨어졌다.

이 기간 동안 한국인들의 주거문화는 크게 변화했다. 단독주택이나 다가구주택 중심에서 아파트 중심으로 변화되었다. 이것은 주택유형별 주택건설호수를 통해서도 파악할 수 있다. 주택건설호수 중 아파트의 비중은 1970년대 전반에는 20%를 밑돌았지만, 1990년대에 들어서는 80% 내외로 증가하였다. 2000년대 들어 다세대주택의 건설이 늘어나면서 아파트의 비중이 약간 줄어들기는 하였지만, 여전히 60%를 상회하고 있다.

주택보급률은 주택수를 거주가구수로 나눈 값으로서, 주택 보급 정도를 보여 주는 대표적인 지표이다. 주택보급률에는 주택보급률의 분모에 사용되는 거주가구수로 보통가구수를 사용하는 구주택보급률과 일반가구수를 사용하는 신주택보급률이 있다. 최근에는 독립적인 주거 생활자로서 1인가구가 무시할 수 없는 규모로 성장하고 있는데, 보통가구수를 분모로 사용하는 구주택보급률에서는 1인가구와 비혈연가구를 독립적인 주거 생활자로 보지 않았지만, 신주택보급률에서는 이들을 독립적인 주거 생활자로 본다. 따라서 신주택보급률은 구주택보급률보다 분모가 더 커지기 때문에, 주택보급률 값은 더 작아진다. 구주택보급률의 장기적인 추이를 보면, 1988년까지는 지속적으로 떨어지고 있지만, 이후 급속하게 증가하여 현재 주택보급률은 100%를 훨씬 넘어서고 있다. 신주택보급률로 보면, 2007년까지는 100을 넘지 않았지만, 2008년 이후가 되면 신주택보급률도 100을 넘는 상태에 도달했다. 저출산 고령화가 진전되어 인구수가 줄어들게 되면, 주택 잉여의 문제는 더 심각해질 것인데, 이것은 인구 감소 지역에서의 폐가의 증가 및 지방 소멸이라는 형태로 진행될 가능성이 높다.

참고문헌

『건설업수주연보』, 각년판.
『건설업통계조사보고서』, 각년판.
『건설통계편람』, 각년판.
京城土木建築業協會, 『京城土木建築業協會會報』, 各月版.
『대한민국통계연감』, 각년판.
朝鮮土木建築協會, 『朝鮮土木建築協會會報』, 各月版.
『주택통계편람』, 각년판.
『한국통계연감』, 각년판.
박이택(2001), 「식민지기 건설업과 상업 소득추계」, 안병직 편, 『한국 경제성장사—예비적 고찰』, 서울대학교출판부.
박이택 · 김낙년(2006), 「자본형성」, 김낙년 편, 『한국의 경제성장』, 서울대학교출판부.
溝口敏行(1975), 『台灣 · 朝鮮の經濟成長』, 岩波書店.

I. 건설 및 주택

박이택

1. 건설업 부가가치

표 I1-7 건설업 부가가치, 1911-1943

	명목						실질(1935년)
	총산출			국내총부가가치			국내총부가가치
	A	B	C	A	B	C	A
	I1	I2	I3	I4	I5	I6	I7
	남북한, 천 원						
1911	25,329	14,995	16,267	10,267	5,998	7,271	18,546
1912	29,688	16,950	18,763	11,569	6,780	8,592	19,441
1913	29,029	14,458	16,809	11,343	5,783	8,135	18,636
1914	28,790	13,907	16,799	11,422	5,563	8,454	20,191
1915	25,600	13,654	17,085	10,517	5,462	8,893	19,774
1916	27,922	13,401	17,123	10,790	5,360	9,083	19,054
1917	39,120	12,700	17,080	13,744	5,080	9,460	18,913
1918	60,271	17,366	22,403	20,669	6,946	11,984	20,209
1919	82,959	26,890	32,586	32,100	10,756	16,451	23,369
1920	92,884	36,706	43,059	39,222	14,682	21,035	24,484
1921	95,114	40,324	47,335	43,981	16,130	23,140	32,778
1922	108,647	57,635	65,303	47,800	23,054	30,722	35,220
1923	97,813	51,175	59,501	43,527	20,470	28,796	33,628
1924	86,456	36,848	45,831	37,939	14,739	23,723	28,719
1925	87,460	35,524	45,165	37,409	14,209	23,851	28,993
1926	92,898	55,971	66,270	39,985	22,388	32,687	32,039
1927	106,118	61,151	72,107	46,130	24,460	35,417	37,264
1928	115,092	63,294	74,760	52,380	25,318	36,784	43,702
1929	117,482	73,026	84,619	54,063	29,210	40,804	46,059
1930	106,837	50,133	59,943	49,233	20,053	29,863	47,754
1931	89,872	60,524	68,932	42,192	24,209	32,618	45,400
1932	91,703	71,018	79,681	42,544	28,407	37,070	47,029
1933	103,058	91,789	100,707	44,981	36,716	45,634	47,156
1934	124,676	92,877	100,903	53,419	37,151	45,177	54,295
1935	166,781	97,501	107,056	74,369	39,001	48,556	74,369
1936	214,206	129,947	139,375	98,699	51,979	61,406	95,284
1937	255,060	172,092	184,068	111,013	68,837	80,813	91,689
1938	310,431	218,536	230,257	130,276	87,414	99,135	91,698
1939	396,031	298,380	313,031	170,669	119,352	134,003	104,552
1940	509,322	333,535	350,351	216,806	133,414	150,231	120,281
1941		336,344	356,856		134,538	155,049	
1942		405,810	426,194		162,324	182,708	
1943		487,033	507,417		194,813	215,197	

자료: 박이택, 「식민지기 건설업과 상업 소득추계」, 안병직 편, 『한국경제성장사-예비적 고찰』(서울대학교출판부, 2001); 김낙년 편, 『한국의 경제성장』(서울대학교출판부, 2006).

注: A는 김낙년(2006)의 추계값이고, B는 박이택(2001)의 부역을 포함하지 않은 추계이고, C는 박이택(2001)의 부역을 포함한 추계이다.

표 I8-14 건설업 부가가치, 당해년 가격, 1953-2016

	건설업						총부가가치에 대한 건설업 비율
	합계	건물건설			토목건설	건물수선	
		소계	주거용 건물건설	비주거용 건물건설			
	I8	I9	I10	I11	I12	I13	I14
	남한, 십억 원						남한, %
1953	1						2.19
1954	2						2.71
1955	3						3.13
1956	4						2.93
1957	7						3.53
1958	6						3.27
1959	7						3.53
1960	8						3.28
1961	9						3.17
1962	11						3.18
1963	14						2.77
1964	19						2.62
1965	25						3.21
1966	34						3.45
1967	44						3.62
1968	70						4.55
1969	107						5.31
1970	129						5.05
1971	137						4.34
1972	155						3.92
1973	213						4.17
1974	303						4.20
1975	426						4.47
1976	557						4.30
1977	863						5.20
1978	1,614						7.24
1979	2,282						7.94
1980	2,671	1,377	783	594	1,013	282	7.61
1981	2,876	1,250	693	557	1,185	441	6.55
1982	3,557	1,547	915	632	1,398	613	7.04
1983	4,263	2,044	1,218	826	1,571	648	7.15
1984	4,725	2,206	1,142	1,064	1,809	711	6.81
1985	5,058	2,103	1,130	973	2,080	876	6.47
1986	5,311	2,471	1,387	1,084	1,987	852	5.81
1987	6,453	3,113	1,611	1,502	2,437	904	5.96
1988	8,078	4,307	2,247	2,061	2,822	949	6.21
1989	10,609	6,002	3,061	2,941	3,544	1,063	7.15
1990	16,933	10,501	6,031	4,471	5,064	1,368	9.49
1991	22,198	13,189	7,817	5,372	7,313	1,696	10.24
1992	23,993	13,120	7,747	5,374	8,837	2,036	9.69
1993	27,428	15,586	8,902	6,684	9,490	2,353	9.74
1994	30,113	16,817	9,247	7,570	10,622	2,675	9.07
1995	34,800	20,058	10,859	9,199	11,711	3,031	8.95
1996	39,470	21,025	11,476	9,549	14,976	3,468	9.09
1997	43,336	21,891	11,613	10,278	17,476	3,969	9.08
1998	36,879	17,729	9,671	8,058	15,977	3,173	7.71
1999	34,826	14,850	8,668	6,182	16,746	3,229	6.70
2000	34,232	15,067	7,879	7,189	16,038	3,126	6.00
2001	37,707	17,358	9,206	8,152	16,904	3,445	6.13
2002	41,500	21,472	11,077	10,395	16,709	3,320	6.11
2003	49,558	27,310	14,074	13,237	18,754	3,494	6.83
2004	52,086	29,283	15,119	14,164	19,418	3,386	6.59
2005	53,214	29,745	15,409	14,337	20,039	3,430	6.41
2006	54,813	30,612	15,371	15,241	20,709	3,492	6.29
2007	57,994	32,089	15,991	16,098	22,415	3,490	6.16
2008	57,618	30,722	14,453	16,269	23,624	3,272	5.78
2009	59,610	29,209	13,399	15,811	27,236	3,165	5.71

표 18-14 계속

	건설업						총부가가치에 대한 건설업 비율
	합계	건물건설			토목건설	건물수선	
		소계	주거용 건물건설	비주거용 건물건설			
	I8	I9	I10	I11	I12	I13	I14
	남한, 십억 원						남한, %
2010	58,634	29,534	11,870	17,664	25,774	3,326	5.12
2011	58,587	29,524	10,717	18,807	25,380	3,684	4.84
2012	59,959	30,740	11,798	18,942	25,466	3,754	4.79
2013	64,251	34,910	14,460	20,451	25,469	3,872	4.93
2014	67,267	37,826	16,324	21,502	25,344	4,096	4.96
2015	74,522	43,232	20,113	23,119	26,822	4,468	5.23
2016	84,681	53,379	26,469	26,910	26,894	4,408	5.70

자료: 통계청, 「국민계정(2010년 기준)」(http://kosis.kr).

표 I15-21 건설업 부가가치, 2010년 가격, 1953-2016

	건설업						총부가가치에 대한 건설업 비율
	합계	건물건설			토목건설	건물수선	
		소계	주거용 건물건설	비주거용 건물건설			
	I15	I16	I17	I18	I19	I20	I21
	남한, 십억 원						남한, %
1953	753						4.10
1954	923						4.69
1955	921						4.44
1956	856						4.10
1957	1,069						4.70
1958	1,095						4.52
1959	1,329						5.21
1960	1,304						5.01
1961	1,429						5.11
1962	1,636						5.65
1963	1,920						6.08
1964	2,027						5.85
1965	2,519						6.80
1966	3,059						7.38
1967	3,636						8.08
1968	5,034						9.94
1969	6,959						12.02
1970	7,253						11.45
1971	7,095						10.16
1972	6,952						9.28
1973	8,562						9.99
1974	9,521						10.18
1975	10,074						9.96
1976	11,015						9.73
1977	14,127						11.28
1978	18,082						13.14
1979	18,911						12.62
1980	18,368	9,572	4,785	4,838	6,799	1,823	12.45
1981	17,045	7,415	3,589	3,906	6,959	2,430	10.76
1982	19,676	8,654	4,532	4,093	7,621	3,105	11.51
1983	23,885	11,668	6,209	5,390	8,689	3,238	12.38
1984	25,201	11,967	5,568	6,552	9,644	3,288	11.85
1985	26,556	11,311	5,476	5,923	10,799	4,020	11.56
1986	27,455	13,106	6,664	6,463	10,162	3,838	10.76
1987	30,178	14,886	7,075	7,954	11,277	3,716	10.55
1988	32,621	17,805	8,715	9,209	11,190	3,432	10.20
1989	36,589	21,349	10,383	11,119	11,860	3,274	10.70
1990	45,209	28,417	15,910	12,470	13,423	3,414	12.06
1991	50,430	30,082	17,373	12,640	16,690	3,682	12.20
1992	49,610	27,130	15,696	11,369	18,404	4,079	11.27
1993	53,964	30,531	17,220	13,258	18,901	4,523	11.45
1994	56,421	31,155	16,900	14,218	20,295	4,967	10.98
1995	59,328	34,011	18,182	15,796	20,106	5,169	10.55
1996	63,186	33,445	18,071	15,337	24,181	5,548	10.45
1997	63,764	31,923	16,806	15,090	25,985	5,870	9.96
1998	56,458	27,138	14,685	12,424	24,702	4,656	9.28
1999	52,279	22,295	12,924	9,334	25,323	4,704	7.75
2000	49,718	21,842	11,351	10,471	23,494	4,420	6.78
2001	52,165	23,935	12,608	11,304	23,568	4,688	6.80
2002	53,654	27,624	14,187	13,415	21,768	4,270	6.50
2003	58,141	31,774	16,302	15,447	22,219	4,140	6.83
2004	58,964	32,997	16,957	16,013	22,114	3,830	6.61
2005	58,600	32,608	16,819	15,762	22,201	3,771	6.31
2006	59,578	33,143	16,566	16,554	22,624	3,790	6.10
2007	61,061	33,657	16,679	16,955	23,715	3,673	5.91
2008	59,504	31,677	14,856	16,808	24,428	3,394	5.59
2009	60,878	29,796	13,617	16,169	27,838	3,245	5.66

표 I15-21 계속

	건설업						총부가가치에 대한 건설업 비율
	합계	건물건설			토목건설	건물수선	
		소계	주거용 건물건설	비주거용 건물건설			
	I15	I16	I17	I18	I19	I20	I21
	남한, 십억 원						남한, %
2010	58,634	29,534	11,870	17,664	25,774	3,326	5.12
2011	55,432	27,992	10,172	17,821	23,965	3,474	4.68
2012	54,431	27,950	10,746	17,205	23,098	3,384	4.49
2013	56,044	30,502	12,632	17,874	22,234	3,316	4.48
2014	56,471	31,786	13,697	18,092	21,358	3,336	4.38
2015	59,691	34,416	15,922	18,494	21,861	3,425	4.51
2016	65,977	41,234	20,330	20,892	21,441	3,270	4.85

자료: 통계청, 「국민계정(2010년 기준)」(http://kosis.kr).

표 I22-37 건설업 국내 총부가가치와 요소소득, 당해년 가격, 1970-2015

	건설업								총산출 및 부가가치에서 건설업의 비중							
			국내총부가가치								국내총부가가치					
	총산출	중간소비	소계	기타생산세(공제)기타생산보조금	고정자본소모	국내요소소득	피용자보수	영업잉여	총산출	중간소비	소계	기타생산세(공제)기타생산보조금	고정자본소모	국내요소소득	피용자보수	영업잉여
	I22	I23	I24	I25	I26	I27	I28	I29	I30	I31	I32	I33	I34	I35	I36	I37
	남한, 십억 원								남한, %							
1970	480	351	129	1	4	124	62	63	8.21	10.66	5.05	5.26	2.05	5.27	6.54	4.43
1971	494	357	137	1	4	131	65	67	6.71	8.48	4.34	4.81	1.88	4.53	5.60	3.82
1972	533	378	155	2	7	147	74	73	5.78	7.18	3.92	5.21	2.27	4.05	5.25	3.28
1973	739	526	213	2	7	204	109	95	5.98	7.27	4.17	5.16	1.82	4.36	5.91	3.36
1974	1,144	841	303	3	10	290	139	151	6.24	7.55	4.20	5.31	1.73	4.41	5.59	3.69
1975	1,526	1,100	426	4	13	410	208	202	6.27	7.43	4.47	3.95	1.62	4.74	6.18	3.82
1976	1,907	1,349	557	5	18	535	282	253	5.85	6.87	4.30	3.63	1.61	4.56	5.94	3.62
1977	2,635	1,772	863	7	26	829	483	346	6.48	7.37	5.20	4.85	1.82	5.53	7.54	4.04
1978	3,939	2,326	1,614	10	36	1,568	1,081	486	7.19	7.17	7.24	5.78	1.89	7.75	11.83	4.39
1979	5,374	3,092	2,282	17	43	2,222	1,636	586	7.48	7.17	7.94	6.15	1.62	8.60	13.35	4.32
1980	6,960	4,289	2,671	22	68	2,582	1,789	792	7.41	7.30	7.61	5.92	1.80	8.34	11.58	5.10
1981	7,502	4,627	2,876	25	90	2,761	1,813	948	6.37	6.26	6.55	5.35	1.90	7.14	9.48	4.85
1982	9,266	5,709	3,557	28	246	3,283	2,103	1,181	6.95	6.90	7.04	5.26	4.17	7.45	9.43	5.42
1983	11,293	7,030	4,263	34	274	3,956	2,557	1,399	7.30	7.40	7.15	5.48	3.85	7.62	9.46	5.62
1984	12,444	7,719	4,725	43	184	4,498	2,959	1,538	6.99	7.11	6.81	6.25	2.32	7.41	9.51	5.19
1985	13,345	8,286	5,058	46	218	4,794	3,218	1,576	6.79	7.00	6.47	6.02	2.37	7.02	9.32	4.67
1986	13,835	8,524	5,311	53	232	5,026	3,478	1,548	6.05	6.22	5.81	6.14	2.10	6.32	8.68	3.93
1987	16,560	10,107	6,453	59	274	6,120	4,433	1,687	6.08	6.15	5.96	6.08	2.02	6.53	9.22	3.69
1988	20,296	12,217	8,078	80	310	7,688	5,768	1,921	6.38	6.49	6.21	7.03	1.86	6.84	9.75	3.61
1989	25,640	15,031	10,609	67	375	10,167	8,003	2,164	7.26	7.34	7.15	4.85	1.96	7.95	11.38	3.76
1990	38,663	21,730	16,933	98	1,084	15,752	12,507	3,245	9.27	9.11	9.49	5.71	4.51	10.32	14.49	4.89
1991	50,814	28,616	22,198	158	1,469	20,571	16,075	4,497	10.20	10.17	10.24	6.65	5.25	11.03	14.96	5.69
1992	55,369	31,376	23,993	183	1,704	22,106	17,128	4,978	9.82	9.93	9.69	6.50	4.96	10.50	14.03	5.63
1993	64,089	36,661	27,428	186	1,966	25,276	19,252	6,024	10.14	10.47	9.74	5.58	4.93	10.60	13.90	6.03
1994	70,451	40,338	30,113	254	2,192	27,667	20,720	6,947	9.57	9.98	9.07	6.36	4.77	9.81	12.76	5.81
1995	83,477	48,678	34,800	312	2,545	31,943	23,556	8,387	9.61	10.14	8.95	6.44	4.22	9.87	12.17	6.45
1996	94,258	54,789	39,470	348	2,897	36,224	27,243	8,981	9.61	10.02	9.09	6.40	4.09	10.12	12.28	6.60
1997	103,172	59,836	43,336	382	4,883	38,071	30,324	7,748	9.57	9.95	9.08	6.44	5.97	9.77	12.91	5.00
1998	96,148	59,269	36,879	384	4,146	32,350	26,004	6,345	8.64	9.34	7.71	6.81	4.40	8.54	11.64	4.09
1999	91,534	56,709	34,826	381	3,880	30,564	24,104	6,461	7.63	8.34	6.70	6.93	3.90	7.37	10.14	3.65
2000	91,445	57,214	34,232	373	3,107	30,751	24,039	6,712	6.88	7.54	6.00	6.51	2.86	6.75	9.22	3.44
2001	99,747	62,040	37,707	389	3,233	34,085	27,068	7,017	7.03	7.72	6.13	6.74	2.70	6.95	9.48	3.43
2002	109,654	68,153	41,500	387	3,411	37,703	30,421	7,282	7.03	7.75	6.11	6.60	2.66	6.92	9.65	3.17
2003	128,982	79,423	49,558	426	3,643	45,489	36,337	9,152	7.72	8.40	6.83	6.81	2.62	7.84	10.58	3.86
2004	139,305	87,219	52,086	422	3,914	47,751	38,950	8,801	7.47	8.12	6.59	5.78	2.59	7.55	10.46	3.39
2005	142,157	88,943	53,214	554	4,107	48,553	39,313	9,240	7.13	7.65	6.41	7.32	2.58	7.32	9.79	3.53
2006	146,844	92,031	54,813	733	4,242	49,838	39,445	10,393	6.89	7.30	6.29	7.39	2.53	7.18	9.26	3.88
2007	159,992	101,999	57,994	865	4,243	52,886	41,426	11,460	6.84	7.30	6.16	7.02	2.38	7.04	9.05	3.90
2008	173,569	115,952	57,618	966	4,604	52,048	42,631	9,417	6.54	6.99	5.78	7.16	2.27	6.68	8.83	3.17
2009	180,398	120,788	59,610	927	4,956	53,727	44,049	9,679	6.62	7.19	5.71	7.44	2.23	6.63	8.79	3.13
2010	181,058	122,424	58,634	965	5,056	52,613	44,983	7,630	5.94	6.43	5.12	7.07	2.18	5.85	8.39	2.10
2011	182,340	123,752	58,587	1,009	5,319	52,260	44,998	7,262	5.41	5.74	4.84	6.95	2.11	5.54	7.89	1.95
2012	181,880	121,920	59,959	1,057	5,417	53,485	46,539	6,946	5.24	5.49	4.79	6.94	2.03	5.52	7.77	1.88
2013	191,566	127,315	64,251	1,052	5,747	57,452	50,567	6,885	5.47	5.79	4.93	6.71	2.06	5.70	8.03	1.82
2014	194,824	127,557	67,267	1,127	5,853	60,288	52,640	7,648	5.47	5.77	4.96	6.74	2.01	5.76	7.96	1.98
2015	206,353	131,831	74,522	1,229	6,248	67,045	57,513	9,532	5.82	6.21	5.23	6.72	2.04	6.10	8.23	2.38

자료: 통계청, 「국민계정(2010년 기준)」(http://kosis.kr).

2. 건축허가 및 건축물 현황

표 I38-47 주요 도시 건축물 건축허가의 용도별 구성, 1956-1969

	동수				
	합계	주택	주거산업 병용	산업	공무 문교
	I38	I39	I40	I41	I42
	남한, 동				
1956	10,626	6,985	947	2,389	305
1957	8,373	5,154	888	2,057	274
1958	12,065	8,557	1,114	2,145	249
1959	18,570	14,727	1,319	2,244	280
1960	16,158	13,078	1,149	1,750	181
1961	11,113	7,251	1,191	2,374	297
1962	11,720	6,990	1,097	3,186	447
1963	17,644	12,665	1,172	3,504	303
1964	14,998	10,592	1,226	2,895	285
1965	23,901	17,426	1,975	4,059	440
1966	29,596	22,339	1,956	4,864	437
1967	46,848	37,682	3,081	5,584	501
1968	50,812	39,804	3,478	6,741	789
1969	50,316	37,547	4,725	7,417	627

	연면적				
	합계	주택	주거산업 병용	산업	공무 문교
	I43	I44	I45	I46	I47
	남한, 천m^2				
1956	1,115	329	89	533	164
1957	1,056	264	496	478	218
1958	1,252	443	149	519	141
1959	1,742	735	165	625	217
1960	1,403	650	129	455	168
1961	1,161	371	102	515	173
1962	1,700	391	172	910	227
1963	2,153	748	133	1,076	196
1964	2,510	830	322	1,090	269
1965	2,964	1,027	453	1,059	426
1966	3,684	1,404	284	1,609	386
1967	5,087	2,399	494	1,725	470
1968	6,729	2,781	538	2,778	632
1969	7,466	2,605	817	3,418	626

자료: 경제기획원, 『한국통계연감』, 각년도.

표 I48-59 전국 건축물 건축허가의 용도별 구성, 1962-2016

	동수						연면적					
	합계	주거용	상업용	공업용	문교사회용	기타	합계	주거용	상업용	공업용	문교사회용	기타
	I48	I49	I50	I51	I52	I53	I54	I55	I56	I57	I58	I59
	남한, 동						남한, 천m^2					
1962	15,917	9,924	3,922	1,067		1,004	2,180	814	611	426		330
1963	23,184	16,975	3,884	1,323		1,002	2,853	1,052	640	531		360
1964	20,068	15,021	3,400	890		757	3,140	1,279	769	706		386
1965	30,146	23,353	4,676	1,057		1,060	3,893	1,731	827	655		679
1966	36,858	28,812	4,952	1,772		1,322	4,507	1,635	1,004	918	609	342
1967	57,357	48,077	6,130	1,598		1,552	5,888	2,690	1,072	897	694	535
1968	67,978	57,192	6,977	1,992		1,817	7,717	3,039	1,848	1,292	760	777
1969	75,183	63,239	7,698	2,067		2,179	9,572	4,776	1,996	1,525	710	565
1970	92,909	80,585	7,677	2,002		2,645	10,787	4,692	2,323	1,529	1,095	1,148
1971	89,112	67,834	7,989	1,081		2,606	9,619	5,594	1,787	1,164	656	418
1972	74,153	60,832	8,512	1,982		2,827	8,701	4,524	1,543	1,514	777	344
1973	117,359	96,551	10,339	5,883		4,779	16,572	7,924	2,212	4,836	751	850
1974	128,228	109,347	10,339	3,468		5,074	16,884	10,300	2,371	2,808	673	731
1975	120,950	101,887	10,995	3,045		5,023	18,420	11,623	2,650	2,641	945	561
1976	111,580	88,323	12,552	4,384		6,321	17,985	9,494	3,240	3,494	883	874
1977	142,453	117,801	13,931	3,595		7,126	22,342	12,880	3,615	3,413	1,265	1,169
1978	149,749	124,789	13,862	4,114		6,984	30,818	17,516	4,110	5,997	1,724	1,471
1979	129,382	102,991	13,380	4,599		8,412	27,505	14,737	4,430	4,870	1,783	1,686
1980	104,481	77,695	16,800	2,519		7,467	25,727	14,740	5,653	2,222	1,823	1,289
1981	75,024	51,644	14,687	2,534		6,159	20,846	10,308	4,957	2,647	1,856	1,077
1982	101,503	71,506	17,832	2,900		9,265	29,798	16,651	6,867	2,307	2,976	997
1983	126,506	89,255	22,824	3,738		10,689	39,693	21,707	10,183	3,412	2,964	1,429
1984	101,586	65,770	21,805	4,590		9,421	39,563	20,553	10,087	4,746	3,170	1,007
1985	95,418	61,252	20,578	3,540		10,048	38,215	20,606	9,497	4,140	2,918	1,054
1986	100,115	63,314	20,981	5,201		10,619	43,543	22,518	10,321	5,932	3,482	1,289
1987	114,077	69,110	28,094	6,592		10,281	47,983	21,639	13,375	7,995	3,438	1,536
1988	137,217	89,036	30,826	6,951		10,404	59,770	29,136	16,328	9,413	3,587	1,306
1989	156,881	99,183	37,839	7,868	4,967	7,024	88,615	47,509	26,061	9,034	4,026	1,986
1990	188,959	122,679	42,470	9,505	5,556	8,749	116,419	70,927	26,408	10,569	5,106	3,408
1991	157,846	91,512	40,239	11,621	5,043	9,431	105,184	59,060	25,620	11,280	5,098	4,126
1992	136,847	69,437	39,906	10,611	5,345	11,548	94,647	54,713	18,869	9,878	5,479	5,707
1993	143,280	72,107	38,904	11,658	5,111	15,500	117,790	69,299	24,766	11,375	4,984	7,366
1994	123,045	54,830	39,554	12,423	5,033	11,205	116,221	63,387	27,500	13,291	5,936	6,107
1995	140,062	68,820	38,716	12,387	5,215	14,924	117,327	62,614	28,549	13,726	6,281	6,157
1996	144,630	71,404	38,480	11,708	5,117	17,921	113,822	61,064	26,862	11,921	6,289	7,682
1997	123,683	55,120	36,809	9,668	5,533	16,553	113,373	62,677	27,919	8,797	6,603	7,379
1998	66,660	25,258	19,064	5,504	4,254	12,580	50,964	31,154	8,754	2,796	3,983	4,279
1999	95,286	35,634	30,474	11,374	4,443	13,361	72,531	44,606	11,746	7,824	4,478	3,882
2000	110,861	43,323	36,505	13,673	5,448	11,912	81,058	41,283	18,882	11,646	5,126	4,121
2001	145,959	73,805	38,109	15,382	5,303	13,360	97,717	47,856	25,888	13,538	5,534	4,901
2002	200,094	89,487	57,859	22,709	7,405	22,634	138,734	57,320	49,862	15,366	7,489	8,697
2003	166,467	62,307	55,002	20,317	7,804	21,037	142,108	62,128	45,809	14,738	7,919	11,513
2004	142,777	45,878	43,923	20,805	9,075	23,096	117,461	50,099	30,966	14,740	8,860	12,796
2005	134,649	37,799	40,546	20,788	9,991	25,525	111,506	50,281	23,368	13,576	9,862	14,419
2006	188,283	53,225	57,796	26,450	12,380	38,432	133,271	53,861	32,570	16,813	11,340	18,687
2007	227,507	73,488	72,040	24,099	-	57,880	150,957	65,212	35,739	16,351	-	33,654
2008	229,352	76,357	71,752	23,732	-	57,511	120,658	38,462	33,265	18,504	-	30,427
2009	212,347	72,891	63,776	19,407	-	56,273	105,137	41,917	24,399	11,542	-	27,279
2010	227,511	81,793	64,198	22,539	13,350	45,629	125,447	51,464	26,617	15,484	12,062	19,820
2011	239,836	99,074	67,789	22,353	12,558	38,062	137,868	56,557	34,002	16,499	10,452	20,358
2012	230,928	98,898	65,987	21,000	11,771	33,272	137,142	59,256	32,334	15,940	10,459	19,152
2013	225,002	93,592	65,553	22,132	11,916	31,809	127,066	50,238	33,719	16,092	10,319	16,697
2014	236,804	101,894	68,830	20,956	9,817	35,307	141,347	60,935	37,420	15,655	9,350	17,987
2015	265,445	124,789	75,215	21,229	10,203	34,009	189,840	85,520	52,449	16,709	10,333	24,828
2016	275,572	130,489	77,488	20,258	9,442	37,895	178,955	78,420	48,144	17,443	10,612	24,335

자료: 건설부국토계획국, 『건설통계편람』, 각년도; 한국주택은행, 『주택경제데이터북』(1991); 통계청, 「건축허가 및 착공통계」(http://kosis.kr).
주: 1965년 이전 용도별 합계에서 주거용에는 기타가 합산되어 있다.

표 I60-69 주요 도시 건축물 건축허가의 자재별 구성, 1956-1969

	동수				
	합계	철근 및 철골조	벽돌 및 석조	목조	기타
	I60	I61	I62	I63	I64
	남한, 동				
1956	10,626	171	2,032	8,372	51
1957	8,373	237	2,145	5,965	26
1958	12,065	265	3,989	7,790	21
1959	18,570	421	6,480	11,667	2
1960	16,158	360	5,675	10,123	
1961	11,113	441	5,291	5,281	100
1962	11,720	715	7,619	3,313	73
1963	17,644	1,015	14,237	2,351	41
1964	14,998	1,048	12,048	1,662	240
1965	23,901	1,995	18,066	2,518	1,322
1966	29,596	2,294	22,752	2,577	1,973
1967	46,848	3,325	38,097	4,959	467
1968	50,812	4,139	39,434	5,289	1,950
1969	50,316	4,934	41,713	3,628	41

	연면적				
	합계	철근 및 철골조	벽돌 및 석조	목조	기타
	I65	I66	I67	I68	I69
	남한, 천m^2				
1956	1,115	215	389	504	7
1957	1,056	215	429	410	2
1958	1,252	246	528	474	3
1959	1,742	353	797	590	1
1960	1,403	283	634	487	
1961	1,161	315	575	267	4
1962	1,700	568	928	201	3
1963	2,153	617	1,412	121	3
1964	2,510	714	1,656	128	12
1965	2,964	1,039	1,724	135	61
1966	3,684	1,143	2,274	134	133
1967	5,087	1,380	3,407	241	60
1968	6,729	2,456	3,865	286	122
1969	7,466	3,478	3,771	206	11

자료: 경제기획원, 『한국통계연감』, 각년도.

표 I70-79 전국 건축물 건축허가의 자재별 구성, 1962-2016

	동수					연면적				
	합계	철근 및 철골조	조적조	목조	기타	합계	철근 및 철골조	조적조	목조	기타
	I70	I71	I72	I73	I74	I75	I76	I77	I78	I79
	남한, 동					남한, 천m^2				
1962	15,917	663	10,090	4,795	369	2,180	446	1,395	321	19
1963	23,814	1,321	17,161	4,153	549	2,583	709	1,612	277	34
1964	20,067	1,500	14,721	2,916	930	3,140	850	1,811	431	48
1965	30,146	2,633	21,408	3,746	2,359	3,893	1,432	2,145	200	116
1966	36,858	3,181	25,884	4,020	3,773	4,507	1,469	2,609	217	213
1967	57,357	4,375	41,272	7,748	3,962	5,888	1,590	3,596	368	334
1968	67,978	5,874	44,463	9,117	8,524	7,717	3,049	3,673	440	554
1969	75,183	8,265	44,727	7,887	14,304	9,572	4,669	3,562	493	848
1970	92,909	8,967	61,281	9,893	12,768	10,787	4,853	4,482	586	866
1971	89,112	9,455	58,454	8,342	12,861	9,619	4,415	3,873	447	884
1972	74,153	7,567	52,008	6,586	7,992	8,701	3,526	4,084	391	700
1973	117,359	10,695	90,536	4,777	11,351	16,572	6,883	8,379	294	1,018
1974	128,228	9,367	106,339	3,831	8,691	16,884	6,250	9,470	238	927
1975	120,950	11,766	98,766	3,600	6,818	18,420	8,205	9,315	255	644
1976	111,580	12,660	89,362	3,588	5,970	17,985	8,288	8,717	287	693
1977	142,453	13,830	118,150	3,699	6,744	22,342	9,322	11,959	304	757
1978	149,749	17,837	122,199	4,047	4,666	30,818	14,549	14,535	488	1,246
1979	129,382	19,581	103,263	2,718	3,815	27,505	14,799	11,904	260	542
1980	104,481	22,335	78,095	2,209	1,842	25,727	15,566	9,727	160	275
1981	75,024	17,923	53,932	1,779	1,390	20,846	14,197	6,357	120	171
1982	101,503	19,581	79,922	1,475	357	29,798	19,713	9,922	104	59
1983	126,506	26,463	98,211	1,371	461	39,693	26,219	13,247	128	101
1984	101,586	28,269	71,560	1,777	580	39,563	30,023	9,301	117	122
1985	95,418	26,524	67,564	833	497	38,215	29,028	8,949	89	149
1986	100,115	27,997	70,464	961	693	43,543	32,666	10,601	121	155
1987	114,077	35,328	77,117	717	915	47,983	36,295	11,363	104	221
1988	137,217	40,240	94,727	743	1,507	59,770	43,739	15,553	90	388
1989	156,881	51,296	102,350	689	2,546	88,615	70,757	17,184	96	578
1990	188,959	65,316	118,061	692	4,890	116,419	92,923	22,176	128	1,192
1991	157,846	68,542	79,647	697	8,960	105,184	88,810	14,033	145	2,196
1992	136,847	59,893	64,230	697	12,027	94,647	80,067	11,378	168	3,034
1993	143,280	66,266	59,579	740	16,695	117,790	99,025	12,174	207	6,384
1994	123,045	69,227	39,637	481	13,700	116,221	102,717	8,527	123	4,854
1995	140,062	74,754	48,017	649	16,642	117,327	103,134	9,085	88	5,020
1996	144,630	83,432	42,894	871	17,433	113,822	101,941	7,192	132	4,557
1997	123,683	74,091	32,345	1,052	16,195	113,373	104,215	5,105	172	3,881
1998	66,660	32,686	18,736	1,122	14,116	50,964	46,700	1,889	112	2,263
1999	95,286	51,052	22,544	1,265	20,425	72,531	66,190	2,340	142	3,859
2000	110,861	71,385	19,691	1,309	18,476	81,058	75,292	2,056	178	3,532
2001	145,959	108,166	18,582	1,252	17,959	97,717	91,562	2,056	181	3,919
2002	200,094	175,382	21,459	1,600	1,653	138,734	136,222	2,074	171	268
2003	166,467	145,004	19,379	1,993	91	142,108	139,965	1,759	373	11
2004	142,777	123,805	16,653	2,316	3	117,461	115,526	1,551	383	1
2005	134,649	118,688	13,628	2,326	7	111,506	110,204	1,073	229	1
2006	188,283	161,149	20,926	5,654	554	133,271	131,063	1,626	474	107
2007	227,507	191,525	25,280	8,979	1,723	150,957	147,838	2,177	750	193
2008	229,352	194,265	24,156	10,184	747	120,658	117,843	1,950	819	46
2009	212,347	178,182	22,225	11,022	918	105,137	102,487	1,755	839	56
2010	227,511	195,370	19,924	10,922	1,295	125,447	122,840	1,680	868	59
2011	239,836	208,302	19,357	11,686	491	137,868	135,229	1,611	997	33
2012	230,928	201,135	17,398	11,826	569	137,142	134,749	1,388	961	43
2013	225,002	196,498	16,101	11,710	693	127,066	124,727	1,291	995	53
2014	236,804	206,806	16,100	13,062	836	141,347	138,824	1,260	1,200	63
2015	265,445	232,757	16,406	15,393	889	189,840	187,096	1,354	1,313	77
2016	275,572	242,570	14,778	17,043	1,181	178,955	174,888	1,136	1,505	1,426

자료: 건설부국토계획국, 『건설통계편람』, 각년도; 한국주택은행, 『주택경제데이터북』(1991); 통계청, 「건축허가 및 착공통계」(http://kosis.kr).

표 I80-91 용도별 건축물 현황, 1984-2016

	전국						수도권(서울, 인천, 경기)					
	합계	주거용	상업용	공업용	교육, 사회용	기타	합계	주거용	상업용	공업용	교육, 사회용	기타
	I80	I81	I82	I83	I84	I85	I86	I87	I88	I89	I90	I91
	남한, 천 동											
1984	5,884	4,963	383	93	103	341	1,619	1,389	115	30	20	66
1987	5,948	4,971	462	95	109	311	1,612	1,330	177	27	19	59
1990	6,352	5,168	559	124	119	382	1,723	1,385	212	41	23	62
1993	5,675	4,428	734	83	65	366	1,517	1,188	213	24	15	78
2000	5,921	4,333	881	145	96	466	1,676	1,200	307	47	27	95
2003	6,255	4,281	976	170	132	696	1,767	1,170	330	63	31	174
2004	6,357	4,350	1,013	183	141	670	1,800	1,198	348	69	35	150
2005	6,370	4,310	1,013	193	147	707	1,797	1,184	351	73	38	152
2006	6,290	4,239	1,023	201	151	676	1,738	1,136	348	75	38	140
2007	6,460	4,365	1,011	216	163	706	1,818	1,202	341	82	44	149
2008	6,557	4,452	1,089	235	164	615	1,851	1,200	379	89	46	137
2009	6,618	4,479	1,108	243	169	620	1,866	1,209	385	92	48	132
2010	6,677	4,486	1,129	250	174	637	1,881	1,212	392	95	50	133
2011	6,732	4,529	1,143	259	170	631	1,893	1,225	394	98	51	125
2012	6,796	4,516	1,138	265	175	701	1,905	1,232	385	99	53	137
2013	6,852	4,529	1,157	274	179	713	1,914	1,230	388	102	54	139
2014	6,911	4,544	1,175	283	183	726	1,926	1,232	393	105	55	141
2015	6,987	4,569	1,199	293	187	739	1,944	1,236	399	109	56	144
2016	7,055	4,589	1,222	302	189	752	1,962	1,239	406	113	57	147

자료: 국토교통부 내부행정자료; 국토교통부, 「용도별 건축물 현황」(http://stat.molit.go.kr).

주: 1) 2003년 이전까지 3년 주기로 발표, 1997년 자료가 없다.

2) 2006년부터는 건축물 현황 자료를 시스템(DW)을 활용하여 추출하며, 건축물대장상 지역이 오기 혹은 미기입된 경우 지역이 기타로 나타난다.

표 I92-109 면적별 건축물 현황, 1984-2016

	전국									수도권(서울, 인천, 경기)								
	합계	1백m^2 미만	1백m^2-2백m^2 미만	2백m^2-3백m^2 미만	3백m^2-5백m^2 미만	5백m^2-1천m^2 미만	1천m^2-3천m^2 미만	3천m^2-1만m^2 미만	1만m^2 이상	합계	1백m^2 미만	1백m^2-2백m^2 미만	2백m^2-3백m^2 미만	3백m^2-5백m^2 미만	5백m^2-1천m^2 미만	1천m^2-3천m^2 미만	3천m^2-1만m^2 미만	1만m^2 이상
	I92	I93	I94	I95	I96	I97	I98	I99	I100	I101	I102	I103	I104	I105	I106	I107	I108	I109
	남한, 천 동																	
1984	5,884					5,818	53	10	2	1,619					1,584	27	5	2
1987	5,948					5,866	64	14	4	1,612					1,568	35	7	3
1990	6,352					6,199	106	41	6	1,723					1,656	50	15	2
1993	5,675	3,594	1,302	282	234	138	103	13	10	1,517	685	415	170	122	68	46	6	4
2000	5,921	3,209	1,381	410	415	262	152	64	28	1,676	591	440	211	198	126	66	29	14
2003	6,255	3,199	1,470	460	499	332	180	82	33	1,767	555	455	227	232	166	77	38	17
2004	6,357	3,221	1,493	470	518	345	187	87	35	1,800	555	465	231	239	172	80	41	18
2005	6,370	3,255	1,465	455	524	351	190	93	37	1,797	553	468	223	237	174	80	44	19
2006	6,290	3,190	1,451	451	528	351	189	95	37	1,738	522	454	216	234	170	78	44	19
2007	6,460	3,232	1,485	467	558	375	200	103	40	1,818	533	471	225	249	185	85	49	21
2008	6,557	3,232	1,523	482	577	385	208	111	40	1,851	539	481	230	256	187	86	53	20
2009	6,618	3,237	1,536	489	592	395	213	115	42	1,866	536	483	231	261	191	88	55	21
2010	6,677	3,233	1,547	496	611	408	219	120	43	1,881	532	485	232	268	196	90	57	21
2011	6,732	3,253	1,533	494	635	426	224	121	46	1,893	524	482	231	275	207	93	58	24
2012	6,796	3,254	1,540	500	656	443	230	125	48	1,905	519	482	231	281	213	95	60	25
2013	6,852	3,253	1,548	505	674	459	236	129	49	1,914	513	482	231	286	219	96	61	25
2014	6,911	3,251	1,557	512	693	474	242	133	50	1,926	509	481	231	292	226	98	62	26
2015	6,987	3,254	1,569	519	715	492	248	138	52	1,944	506	482	232	299	234	100	64	27
2016	7,055	3,253	1,578	524	736	511	255	143	54	1,962	502	482	232	306	244	102	66	27

자료: 국토교통부 내부행정자료; 국토교통부, 「면적별 건축물 현황」(http://stat.molit.go.kr).

주: 표 I80-91의 주를 참조하라.

표 I110-127 층수별 건축물 현황, 1984-2016

	전국								
	합계	1F	2-4F	5F	6-10F	11-20F	21-30F	31F 이상	기타
	I110	I111	I112	I113	I114	I115	I116	I117	I118
	남한, 천 동								
1984	5,884			5,879	3	2	0.02	0.00	
1987	5,948			5,935	10	3	0.03	0.01	
1990	6,352	4,398	1,857	66	21	10	0.05	0.01	
1993	5,675	4,290	1,318	45	13	10	0.29	0.01	
2000	5,921	4,101	1,688	67	26	35	3.41	0.02	
2003	6,255	4,099	1,952	105	45	46	6.73	0.08	
2004	6,357	4,154	1,985	111	50	49	7.53	0.11	
2005	6,370	4,139	2,004	113	52	53	8.24	0.16	
2006	6,290	4,072	1,981	111	51	55	8.67	0.22	
2007	6,460	4,168	2,045	117	55	60	9.90	0.33	
2008	6,557	4,216	2,061	119	55	64	10.72	0.50	
2009	6,618	4,248	2,084	122	56	67	11.41	0.58	
2010	6,677	4,265	2,114	126	58	70	12.29	0.75	
2011	6,732	4,286	2,147	131	61	72	12.95	0.89	
2012	6,796	4,305	2,181	137	65	74	13.60	1.02	20
2013	6,852	4,320	2,210	143	68	76	14.20	1.19	20
2014	6,911	4,336	2,241	148	72	78	15.13	1.32	20
2015	6,987	4,357	2,280	155	77	81	16.41	1.48	21
2016	7,055	4,371	2,317	161	82	84	17.63	1.66	21

	수도권								
	합계	1F	2-4F	5F	6-10F	11-20F	21-30F	31F 이상	기타
	I119	I120	I121	I122	I123	I124	I125	I126	I127
	남한, 천 동								
1984	1,619			1,616	2	1	0.02	0.00	
1987	1,612			1,602	8	2	0.03	0.01	
1990	1,723	800	878	31	7	7	0.04	0.01	
1993	1,517	835	650	21	6	4	0.19	0.01	
2000	1,676	845	763	34	14	18	2.06	0.02	
2003	1,767	788	867	60	24	23	4.35	0.06	
2004	1,800	798	881	64	26	26	4.90	0.07	
2005	1,797	787	885	64	28	28	5.25	0.09	
2006	1,738	748	861	63	28	28	5.38	0.09	
2007	1,818	782	900	68	30	31	6.16	0.17	
2008	1,851	793	907	71	30	33	6.60	0.29	
2009	1,866	797	912	73	31	35	6.98	0.32	
2010	1,881	797	920	76	33	37	7.43	0.43	
2011	1,893	800	927	80	34	38	7.78	0.51	
2012	1,905	799	932	85	36	39	8.19	0.62	5.00
2013	1,914	797	937	88	38	40	8.44	0.71	5.07
2014	1,926	797	941	92	41	41	8.69	0.75	5.14
2015	1,944	799	947	97	44	42	9.28	0.82	5.35
2016	1,962	799	954	102	48	43	9.75	0.92	5.50

자료: 국토교통부 내부행정자료; 국토교통부, 「층수별 건축물 현황」(http://stat.molit.go.kr).

주: 1) 표 I80-91의 주를 참조하라.

2) 1984, 1987년 1-4F의 자료는 5F 자료에 포함되었다.

3. 건설업 및 건설업체 현황

표 I128-130 건설청부업체 수주액 및 기성액, 1922-1943

	조선토목건축협회 자료	경성토목건축업협회 자료	양 자료 연접
	수주액	기성액	수주액
	I128	I129	I130
		남북한, 천 圓	
1922	35,868		35,868
1923	21,637		21,637
1924	13,004		13,004
1925	19,410		19,410
1926	37,425		37,425
1927	35,078		35,078
1928	31,490		31,490
1929	41,737		41,737
1930	22,535		22,535
1931	31,927		31,927
1932	33,239		33,239
1933	41,412		41,412
1934	44,358		44,358
1935	51,610		51,610
1936	69,560		69,560
1937		59,143	74,788
1938		89,647	113,362
1939		118,558	149,921
1940		144,010	182,106
1941		175,738	222,227
1942		185,495	234,565
1943		197,305	249,499

자료: 박이택, 「식민지기 건설업과 상업 소득추계」, 안병직 편, 『한국경제성장사-예비적 고찰』(서울대학교출판부, 2001).

표 I131-135 건설업 수주액 및 기성액, 1969-2013

	수주액	기성액			미기성액
		소계	원도급공사	하도급공사	
	I131	I132	I133	I134	I135
	남한, 십억 원				
1969		187			
1973		317	316	0	
1974		484	483	1	
1975	618	763	760	3	
1976	2,238	1,287	1,267	20	
1977	5,265	2,243	2,190	53	
1978	7,800	4,201	4,015	186	
1979	11,848	5,769	5,488	282	
1980	16,869	8,010	7,555	454	
1981	22,699	11,349	10,592	757	
1982	30,779	14,208	13,394	815	
1983	30,685	15,006	13,755	1,251	
1984	33,772	16,202	14,890	1,312	
1985	31,774	16,876	15,111	1,765	
1986	31,436	15,290	13,626	1,663	
1987	27,689	14,565	12,660	1,905	
1988	16,693	16,533	14,047	2,487	
1989	24,733	20,104	16,764	3,340	
1990	38,486	27,592	22,932	4,661	
1991	50,078	40,414	32,739	7,675	
1992	53,143	51,772	41,972	9,800	
1993	68,054	57,620	45,322	12,298	
1994	87,296	68,057	52,960	15,097	89,227
1995	101,273	83,644	63,379	20,266	113,000
1996	119,444	106,207	79,585	26,621	132,616
1997	133,384	119,719	91,163	28,556	160,462
1998	90,609	104,329	78,327	26,002	137,779
1999	94,879	97,687	71,011	26,676	125,698
2000	103,017	98,516	69,571	28,944	126,073
2001	115,077	107,355	74,748	32,607	136,304
2002	153,399	118,653	82,024	36,629	171,564
2003	167,986	137,422	92,836	44,586	192,601
2004	165,465	148,714	96,939	51,775	200,224
2005	189,203	152,189	100,023	52,166	227,322
2006	202,308	161,257	106,415	54,843	254,713
2007	274,459	181,667	121,742	59,925	340,345
	계약액(원도급, 하도급)	기성액			미기성액
		합계	원도급공사	하도급공사	
2008	283,780	211,556	145,571	65,984	422,304
2009	279,750	217,021	147,171	69,851	362,142
2010	275,914	214,530	145,935	68,595	459,229
2011	289,649	224,229	153,083	71,146	481,548
2012	302,571	232,503	162,923	69,580	502,841
2013	284,794	242,275	169,347	72,929	500,575

자료: 한국건설산업연구원, 『한국건설반세기』(정문출판주식회사, 1997), p. 733; 국토개발연구원, 『우리나라의 건설산업구조-건설시장 구조분석을 중심으로-』(1989), p. 14; 통계청, 「건설업조사」(http://kosis.kr).

표 I136-157 건설청부업체 기성액의 발주자별 구성, 1922-1943

	합계	관청						
		소계	내무국				철도국	지방청
			소계	총독부	체신국	전매국		
	I136	I137	I138	I139	I140	I141	I142	I143
	남북한, 천 圓							
1922	35,868	27,087	5,467				15,991	5,628
1923	28,753	19,145	4,561				9,758	4,826
1924	18,032	9,907	2,924				3,258	3,725
1925	16,639	9,508	2,019				4,031	3,458
1926	25,201	14,235	1,901	1,563	193	145	7,720	4,614
1927	35,621	20,960	3,207	2,672	279	256	10,349	7,403
1928	33,536	20,395	3,760	3,086	247	426	8,976	7,659
1929	38,443	19,330	3,474	2,770	242	461	7,704	8,152
1930	27,810	13,721	2,179	1,741	154	285	5,063	6,479
1931	29,785	18,487	1,965	1,634	100	232	6,488	10,034
1932	22,787	16,550	1,348	1,107	116	125	6,408	8,794
1933	37,504	27,659	3,076	2,278	191	607	9,707	14,876
1934	43,589	32,288	4,436	3,104	203	1,129	10,104	17,749
1935	47,439	30,111	4,464	3,160	281	1,024	11,191	14,455
1936	60,223	29,421	4,500	3,351	520	628	15,942	8,979
1937	74,786	32,284	5,024	3,843	725	456	20,635	6,624
1938	113,359	52,722	4,396	3,672	269	455	41,401	6,926
1939	149,952	76,827	4,009	1,318	912	1,779	63,126	9,693
1940	182,041	65,363	3,117	1,451	752	914	53,972	8,274
1941	222,297	94,501	5,735	4,943	198	593	80,339	8,427
1942	234,555	92,978	7,467	5,220	509	1,738	71,609	13,902
1943	249,525	86,494	11,646	9,900	623	1,123	61,856	12,992

	민간													
	소계	군	사설철도	수리조합	잡공사									
					소계	이왕직	토지개발	수력회사	전기회사	공업회사	광업회사	상업운수	금융회사	기타
	I144	I145	I146	I147	I148	I149	I150	I151	I152	I153	I154	I155	I156	I157
	남북한, 천 圓													
1922	8,782	1,745	3,440	1,697	1,899									
1923	9,608	1,058	3,740	3,381	1,429									
1924	8,125	402	2,693	4,127	903									
1925	7,131	271	1,140	4,316	1,404									
1926	10,966	442	1,411	3,098	6,015	23	762	3,970	116	600	-	147	293	104
1927	14,661	535	2,101	4,391	7,634	25	1,042	3,998	305	1,395	-	187	465	216
1928	13,141	496	2,256	5,701	4,688	13	876	1,201	261	1,351	14	116	585	271
1929	19,113	569	5,731	6,466	6,347	11	598	2,365	315	1,546	13	436	496	565
1930	14,089	422	4,362	4,746	4,559	17	311	1,448	250	1,471	4	344	292	422
1931	11,298	373	2,388	5,733	2,804	29	525	210	134	1,015	2	138	453	297
1932	6,237	114	571	2,808	2,744	13	248	-	48	1,550	0	123	511	252
1933	9,845	702	2,066	2,748	4,330	11	198	-	63	1,962	73	389	1,061	574
1934	11,301	1,379	3,761	1,675	4,486	3	67	-	59	1,299	162	632	1,437	827
1935	17,328	1,557	5,009	1,224	9,537	50	236	1,476	909	2,975	624	767	1,381	1,119
1936	30,802	1,648	6,782	625	21,746	154	600	4,585	2,710	8,053	1,560	1,028	1,328	1,728
1937	42,502	1,888	8,627	328	31,659	235	891	7,003	4,117	12,065	2,308	1,302	1,444	2,293
1938	60,636	-	20,869	73	39,694	-	493	11,564	1,854	17,664	5,168	1,106	267	1,578
1939	73,124	-	17,292	11	55,821	-	453	23,145	2,498	20,979	6,485	948	370	944
1940	116,678	-	16,642	252	99,784	-	374	45,980	1,349	34,536	14,550	1,807	485	703
1941	127,796	-	19,452	1,287	107,056	-	751	39,439	3,211	46,981	10,341	3,461	271	2,603
1942	141,577	-	6,712	2,935	131,930	-	1,935	62,149	3,326	49,203	9,729	3,220	518	1,850
1943	163,030	-	4,958	2,975	155,098	-	6,072	61,257	2,656	72,675	6,882	3,603	445	1,509

자료: 김낙년 편, 『한국의 경제성장』(서울대학교출판부, 2006).

표 I158-173 발주자별 · 공종별 공사액, 1945-1948

	공사액 총계			
	합계	토목	건축	기타
	I158	I159	I160	I161
	남한, 천 원			
1945	14,222	53	8,637	5,533
1946	1,605,376	218,193	1,098,996	299,188
1947	2,039,696	718,576	1,075,934	245,186
1948	2,668,291			

	기업, 관공서, 기타 공공단체			
	합계	토목	건축	기타
	I162	I163	I164	I165
	남한, 천 원			
1945				
1946	776,526	152,188	515,703	108,635
1947	1,307,384	581,352	597,950	128,082
1948	2,013,697			

	미군부대관계			
	합계	토목	건축	기타
	I166	I167	I168	I169
	남한, 천 원			
1945	10,216	3	5,682	4,531
1946	799,827	66,005	556,863	176,960
1947	569,921	127,273	342,637	100,011
1948	484,669			

	민간			
	합계	토목	건축	기타
	I170	I171	I172	I173
	남한, 천 원			
1945	4,007	50	2,955	1,002
1946	29,023		26,430	2,593
1947	162,391	9,950	135,347	17,094
1948	169,925			

자료: 조선은행, 『조선경제연보』(1948), pp. I-389-390; 조선은행, 『경제연감』(1949).

주: 1) 조선토건협회 회원 138개 업체가 소화한 공사액만을 집계한 것이다.

2) 기타는 토목 건축 공사 외의 전기 수도 등 공사이다.

3) 미군부대 관계 공사액은 미군의 군사 비밀에 속하는 (상당액에 달할 것으로 추정되는) 공사부분은 계상되지 않았다.

표 I174-196 발주자별 · 공종별 건설수주액, 1977-2016

	수주총액										
	합계	건축									토목
		소계	주택				사무실 및 점포	공장 및 창고	관공서 등	기타	
			소계	신규주택	재건축	재개발					
	I174	I175	I176	I177	I178	I179	I180	I181	I182	I183	I184
	남한, 십억 원										
1977	787	337	147				57	56	47	31	450
1978	1,655	1,086	637				130	164	102	53	570
1979	2,195	975	455				152	176	131	61	1,221
1980	2,062	1,195	546				198	128	190	133	867
1981	3,198	1,561	533				387	204	290	147	1,637
1982	3,934	1,849	790				448	160	296	155	2,085
1983	4,735	2,457	962				694	244	330	228	2,278
1984	5,187	3,164	1,586				667	346	316	250	2,023
1985	5,388	2,993	1,214				721	453	403	203	2,396
1986	5,981	3,773	1,412				830	877	371	283	2,208
1987	7,250	4,091	1,602				697	849	566	378	3,159
1988	7,292	4,922	1,911				1,015	1,209	491	296	2,370
1989	13,453	8,467	3,571				2,513	1,401	621	361	4,986
1990	20,964	13,426	7,924				2,498	1,764	752	488	7,538
1991	25,569	16,367	9,482				3,571	1,818	1,009	487	9,202
1992	27,861	17,154	10,258				3,047	1,746	1,168	935	10,707
1993	33,246	23,443	15,148				4,180	1,754	1,710	651	9,804
1994	39,394	26,993	16,163				5,005	3,044	1,565	1,215	12,401
1995	49,025	32,543	18,412				6,269	4,978	1,971	913	16,482
1996	59,535	35,506	21,062				7,254	3,283	2,844	1,063	24,029
1997	62,722	35,068	20,208				7,214	3,552	2,587	1,507	27,653
1998	36,027	16,888	10,921				2,377	499	1,585	1,507	19,138
1999	36,299	22,598	17,437				1,701	748	1,268	1,444	13,702
2000	41,778	27,377	20,067	14,130	3,617	2,320	3,488	1,038	1,311	1,472	14,401
2001	50,995	31,009	21,553	13,886	5,291	2,377	4,613	1,010	2,708	1,124	19,986
2002	67,834	46,623	31,005	21,483	7,697	1,825	8,855	2,195	3,204	1,364	21,211
2003	80,897	58,125	42,668	25,580	12,018	5,070	7,845	3,448	2,823	1,342	22,772
2004	77,774	52,919	35,161	26,644	6,958	1,559	6,672	6,196	3,023	1,868	24,856
2005	83,489	60,377	42,455	28,916	7,842	5,697	7,384	4,509	3,988	2,041	23,113
2006	91,001	69,573	52,756	33,737	4,542	14,477	7,068	5,970	2,763	1,017	21,428
2007	112,502	82,442	58,409	41,771	3,278	13,360	10,570	7,142	4,392	1,930	30,060
2008	103,907	69,776	44,679	27,914	3,220	13,545	12,272	6,188	3,990	2,647	34,131
2009	109,088	59,841	39,831	22,052	4,086	13,692	9,211	3,535	5,314	1,950	49,248
2010	89,814	54,523	31,353	13,338	6,334	11,681	8,690	6,124	6,857	1,498	35,292
2011	95,332	62,163	37,908	22,751	6,070	9,087	9,392	6,569	6,291	2,003	33,169
2012	89,395	59,230	34,252	23,181	4,585	6,487	9,944	6,564	6,948	1,520	30,165
2013	77,885	53,203	30,501	23,922	3,391	3,189	9,279	5,296	6,647	1,480	24,681
2014	90,606	66,639	42,075	33,949	4,910	3,216	12,646	5,217	4,764	1,937	23,967
2015	134,493	100,325	67,032	51,636	7,675	7,720	19,592	4,863	7,225	1,614	34,169
2016	145,802	114,842	73,652	55,668	6,921	11,062	24,170	8,444	6,954	1,622	30,959

자료: 건설수주통계조사; 통계청, 「건설경기동향조사」(http://kosis.kr).

표 I174-196 계속

	공공부문			민간부문			국내외국기관			민자		
	합계	건축	토목	합계	건축	토목	합계	건축	토목	합계	건축	토목
	I185	I186	I187	I188	I189	I190	I191	I192	I193	I194	I195	I196
	남한, 십억 원											
1977	558	149	409	223	183	40	6	6	0			
1978	738	227	511	909	852	57	9	7	2			
1979	1,551	404	1,147	627	559	68	18	11	6			
1980	1,195	451	744	823	735	88	45	10	35			
1981	2,203	670	1,533	946	864	82	48	26	22			
1982	2,550	661	1,890	1,341	1,168	173	43	21	22			
1983	2,815	701	2,115	1,863	1,717	146	57	40	17			
1984	3,108	1,354	1,754	2,039	1,782	257	41	29	12			
1985	3,461	1,286	2,174	1,830	1,627	203	98	80	18			
1986	3,046	1,196	1,850	2,838	2,498	341	96	79	17			
1987	3,833	1,194	2,639	3,301	2,807	494	116	91	25			
1988	2,988	1,031	1,957	4,235	3,830	405	70	61	8			
1989	5,939	1,776	4,162	7,482	6,666	816	33	25	8			
1990	8,603	2,563	6,039	12,352	10,855	1,497	9	7	2			
1991	11,546	3,390	8,156	14,011	12,971	1,040	12	6	6			
1992	13,471	3,586	9,885	14,386	13,564	821	5	4	1			
1993	12,752	3,669	9,084	20,475	19,755	720	20	20	0			
1994	14,925	3,932	10,993	24,455	23,048	1,407	14	13	1			
1995	17,040	4,496	12,544	31,710	28,032	3,678	28	15	13	247	-	247
1996	24,650	4,904	19,746	34,584	30,457	4,127	22	22	-	279	123	156
1997	26,520	4,757	21,762	32,548	29,932	2,616	71	33	38	3,582	345	3,237
1998	20,832	4,100	16,733	13,802	12,338	1,465	101	79	22	1,292	372	919
1999	14,388	3,774	10,613	20,943	18,608	2,335	128	104	24	841	112	729
2000	13,123	3,519	9,604	25,919	23,547	2,372	91	85	6	2,644	225	2,419
2001	19,614	4,777	14,837	28,677	26,061	2,616	112	103	9	2,591	68	2,524
2002	19,395	4,859	14,536	45,655	41,356	4,299	238	179	59	2,546	229	2,317
2003	19,571	5,286	14,285	58,271	52,665	5,607	141	129	13	2,914	46	2,868
2004	22,210	5,973	16,237	51,510	46,099	5,412	136	129	7	3,918	718	3,200
2005	21,825	7,138	14,687	58,975	52,770	6,205	196	192	5	2,494	277	2,216
2006	20,460	7,871	12,589	66,550	60,864	5,686	103	94	10	3,888	744	3,144
2007	28,695	12,478	16,218	77,554	68,537	9,017	285	96	188	5,967	1,331	4,636
2008	31,559	14,537	17,022	66,440	52,947	13,493	155	148	6	5,753	2,144	3,609
2009	51,488	12,978	38,510	53,159	45,802	7,358	440	238	202	4,001	823	3,178
2010	29,197	9,396	19,801	55,086	43,084	12,003	194	191	3	5,337	1,852	3,485
2011	28,624	11,610	17,014	61,839	49,044	12,795	142	115	27	4,727	1,394	3,333
2012	26,071	11,833	14,238	59,811	46,406	13,405	160	151	9	3,353	840	2,513
2013	24,736	10,126	14,610	50,947	42,409	8,539	199	188	11	2,003	481	1,522
2014	26,427	10,451	15,976	62,115	55,679	6,436	201	99	102	1,862	410	1,452
2015	28,546	8,963	19,584	103,185	90,405	12,780	144	142	2	2,618	815	1,803
2016	33,963	14,440	19,524	107,748	100,060	7,688	91	83	8	3,999	259	3,740

표 I197-201 자본재형태별 건설청부업체 기성액의 구성비, 1911-1943

	합계	주거용 건물	비주거용 건물	기타 구축물	토지개량
	I197	I198	I199	I200	I201
	남북한, %				
1911	100.00	20.41	57.76	17.10	4.73
1912	100.00	24.15	68.35	2.77	4.73
1913	100.00	24.49	69.31	1.47	4.73
1914	100.00	24.19	68.46	3.34	4.01
1915	100.00	22.19	62.79	5.81	9.22
1916	100.00	21.30	60.28	6.74	11.68
1917	100.00	22.08	62.47	2.73	12.72
1918	100.00	23.66	66.96	4.50	4.88
1919	100.00	20.79	58.83	17.17	3.21
1920	100.00	21.24	60.09	15.31	3.36
1921	100.00	13.83	39.13	21.49	25.56
1922	100.00	9.34	26.44	40.42	23.79
1923	100.00	3.78	10.68	32.30	53.24
1924	100.00	5.35	15.13	20.13	59.39
1925	100.00	6.20	17.54	9.30	66.96
1926	100.00	2.39	7.65	71.61	18.34
1927	100.00	6.17	22.97	17.25	53.61
1928	100.00	6.36	12.73	23.62	57.30
1929	100.00	4.10	13.50	53.74	28.65
1930	100.00	5.43	22.41	22.81	49.34
1931	100.00	1.38	14.34	13.95	70.33
1932	100.00	0.99	54.27	21.91	22.82
1933	100.00	2.95	50.47	32.34	14.24
1934	100.00	3.28	39.00	30.51	27.22
1935	100.00	4.78	38.30	38.29	18.64
1936	100.00	6.28	37.60	46.06	10.06
1937	100.00	6.30	45.54	45.58	2.58
1938	100.00	6.54	36.56	55.59	1.30
1939	100.00	10.50	28.59	60.34	0.57
1940	100.00	9.90	28.44	61.11	0.55
1941	100.00	6.47	34.94	56.95	1.64
1942	100.00	4.36	33.12	59.81	2.70
1943	100.00	7.50	40.95	46.47	5.08

자료: 김낙년 편, 『한국의 경제성장』(서울대학교출판부, 2006).

주: 1) 1926-1933년, 1937-1943년은 청부업체 수주액 자료로부터 인용했다.

2) 1922-1925년은 1922-1928년 조선토목건축업협회 회원의 5,000원 이상 청부공사 수주액 자료를 이용하여 추계했다.
수리조합 수주액은 토지개량, 기타 토목 수주액은 기타 구축물, 건물 수주액은 주거용 건물과 비주거용 건물 추계 자료로 사용했다.
포괄범위의 차이는 1926-1928년 기간 동안의 수주액 자료와 본 표의 구성을 비교하여 교정했다.

3) 1911-1921년은 사설철도 공사액과 수리조합 공사액 자료를 이용하여 추계했다.
사설철도 공사액은 기타 구축물, 수리조합 공사액은 토지개량 추계자료로 사용했다.
포괄범위의 차이와 잔여부분의 배분은 1926-1928년 기간 동안의 비율을 이용하여 추계했다.

4) 1934-1936년은 1931-1933년의 평균과 1937-1939년 평균치를 이용하여 보간했다.

5) 기성액 실제값은 I136을 참조하라.

표 I202-215 해외건설공사 지역별 · 공정별 수주액, 1965-2016

	지역별							공정별						
	합계	중동	아시아	태평양, 북미	유럽	아프리카	중남미	합계	토목	건축	산업설비	전기	통신	용역
	I202	I203	I204	I205	I206	I207	I208	I209	I210	I211	I212	I213	I214	I215
	남한, 백만 달러													
1965	5		5											
1966	11		11					11	10	1				
1967	16		16					16	4	11				0
1968	21		16	4				21	11	10				
1969	14		12	3				14	6	7	1		1	0
1970	48		31	17				48	14	25	9	0		0
1971	56		34	20			1	56	24	29	1		0	1
1972	83		62	19			2	83	56	21	6			0
1973	174	24	118	31			1	174	128	40	6			0
1974	261	89	145	23		0	4	261	205	21	34		0	1
1975	815	751	43	5		15	1	815	652	110	43	10		0
1976	2,502	2,429	35	17		7	14	2,502	1,102	949	421	12	0	17
1977	3,516	3,387	119	10		0	0	3,516	1,690	1,001	756	34	0	36
1978	8,145	7,982	91	10		25	36	8,145	1,534	4,988	731	71	773	48
1979	6,351	5,958	378	14		1		6,351	1,425	3,118	1,321	142	324	21
1980	8,260	7,831	410	4		15		8,259	3,528	3,671	520	108	80	353
1981	13,681	12,674	838	2		166		13,681	3,347	8,866	1,139	29	153	147
1982	13,321	11,392	1,921	4			5	13,321	4,742	6,090	1,902	463	75	48
1983	10,144	9,023	979	9		130	3	10,144	5,222	3,420	1,021	95	49	338
1984	6,502	5,911	568	0		49	-25	6,504	1,533	3,195	1,562	195		19
1985	4,691	4,285	306	43		52	4	4,691	2,285	1,355	689	249	7	106
1986	2,239	1,242	872	83		38	5	2,239	870	1,125	208	17	2	17
1987	1,711	1,314	298	68		30	1	1,711	566	577	323	207	18	19
1988	1,602	1,251	240	62		48	1	1,602	697	613	174	100		18
1989	2,412	1,442	766	164		40		2,412	1,001	497	608	219	67	19
1990	6,770	5,812	712	122	17	106		6,770	5,425	420	908	0		17
1991	3,038	868	1,887	236	9	37		3,038	1,639	354	929	81	9	26
1992	2,783	568	2,117	26	1	39	32	2,783	557	1,543	628	39	7	9
1993	5,117	1,810	2,582	300	326	40	58	5,117	2,365	1,627	846	139	94	45
1994	7,441	2,304	4,452	402	145	119	20	7,441	1,922	2,268	2,976	246	10	19
1995	8,508	818	6,443	431	655	125	36	8,508	2,201	3,596	2,405	256	30	19
1996	10,779	948	7,575	1,361	697	107	91	10,779	1,990	4,288	4,285	130	49	37
1997	14,032	914	8,277	563	2,561	248	1,468	14,032	2,613	6,124	4,957	231	98	8
1998	4,055	1,505	1,889	247	80	270	64	4,055	521	1,395	1,954	60	86	39
1999	9,189	3,423	4,411	142	54	217	941	9,189	1,591	1,944	5,414	238		2
2000	5,433	1,603	3,394	18	28	137	252	5,433	2,768	732	1,703	212	8	10
2001	4,355	2,260	1,742	16	11	306	20	4,355	867	721	2,662	58	45	2
2002	6,126	3,111	2,274	2	17	720	3	6,126	539	605	4,826	128	8	20
2003	3,668	2,258	1,164	86	110	49	1	3,668	402	532	2,491	192	8	43
2004	7,498	3,571	2,273	98	805	712	39	7,498	806	874	5,182	545	3	89
2005	10,859	6,445	2,609	158	175	1,275	198	10,859	836	1,226	8,263	374	13	147
2006	16,468	9,530	4,044	381	513	1,557	443	16,468	1,422	3,543	10,920	474	3	106
2007	39,788	22,801	12,853	676	1,437	1,687	333	39,788	5,232	8,177	25,268	690	41	381
2008	47,640	27,204	14,685	613	1,160	1,501	2,477	47,640	9,463	9,001	26,874	1,336	19	947
2009	49,148	35,746	8,793	2,213	470	1,209	717	49,148	6,017	6,273	35,421	756	20	660
2010	71,579	47,250	14,464	4,953	398	2,447	2,067	71,579	4,123	7,724	57,285	770	458	1,218
2011	59,144	29,541	19,363	1,013	377	2,208	6,643	59,144	5,857	7,846	43,269	954	61	1,158
2012	64,881	36,872	19,431	234	534	1,615	6,195	64,881	8,795	14,323	39,549	1,322	74	818
2013	65,212	26,143	27,568	6,359	731	1,083	3,327	65,212	18,128	5,446	39,650	761	238	988
2014	66,010	31,351	15,916	3,043	6,755	2,196	6,750	66,010	5,664	4,927	51,721	1,402	189	2,107
2015	46,144	16,530	19,720	3,648	964	750	4,532	46,144	8,504	7,110	26,490	855	184	3,001
2016	28,192	10,694	12,675	1,380	600	1,225	1,618	28,192	6,444	5,330	13,245	1,477	4	1,692

자료: 1999년까지는 해외건설협회(www.icak.or.kr); 2000년 이후는 통계청, 「해외건설수주통계」(http://kosis.kr).

주: 1965년 수주실적에는 경남기업 공영건업(38만 7,000달러)의 실적이 포함되지 않았다.

표 I216-221 일반 건설업 면허 및 업체 추이, 1964-1995

	업체수			면허수		
	합계	서울	지방	전국	합계	지방
	I216	I217	I218	I219	I220	I221
	남한, 업체			남한, 건		
1964	561	285	276	568	306	262
1965	553	285	268	580	307	273
1966	607	319	288	641	347	294
1967	648	335	313	685	368	317
1968	693	364	329	739	406	333
1969	784	430	354	839	480	359
1970	836	449	387	892	498	394
1971	816	426	390	881	484	397
1972	707	351	356	769	407	362
1973	669	329	340	731	385	346
1974	646	312	334	707	367	340
1975	554	285	269	632	354	278
1976	534	280	254	611	349	262
1977	527	288	239	604	358	246
1978	521	290	231	613	372	241
1979	516	286	230	621	381	240
1980	505	271	234	622	379	243
1981	507	266	241	716	427	289
1982	506	259	247	720	420	300
1983	504	249	255	716	399	317
1984	492	233	259	696	377	319
1985	483	219	264	687	360	327
1986	480	202	278	683	336	347
1987	468	185	283	669	312	357
1988	930	365	565	1,297	529	768
1989	918	340	578	1,294	492	802
1990	912	319	593	1,285	466	819
1991	1,700	578	1,122	2,318	792	1,521
1992	1,653	526	1,127	2,268	728	1,540
1993	2,651	759	1,892	2,949	871	2,078
1994	2,958	800	2,158	3,308	912	2,376
1995	3,543	881	2,662	4,057	1,006	3,051

자료: 한국건설산업연구원, 『한국건설반세기』(정문출판주식회사, 1997), p. 740.

표 I222-247 일반 건설업 면허 및 업체 추이, 1975-2015

	업체수		면허수																							
			전국												서울											
				일반면허				특수면허								일반면허				특수면허						
	전국	서울	합계	소계	토건	토목	건축	소계		철강재설치	포장(도로포장)	준설(항만준설)	삭도제작및설치	조경	합계	소계	토건	토목	건축	소계		철강재설치	포장(도로포장)	준설(항만준설)	삭도제작및설치	조경
	I222	I223	I224	I225	I226	I227	I228	I229	I230	I231	I232	I233	I234	I235	I236	I237	I238	I239	I240	I241	I242	I243	I244	I245	I246	I247
	남한, 개		남한, 건																							
1975	707	367	646	643	591	25	27	64		13	47	3	-	1	312	310	285	8	17	57		10	44	2	-	1
1976	552	283	630	547	506	19	22	83		14	62	4	2	1	351	279	258	6	15	72		10	58	2	1	1
1977	534	280	611	529	492	17	20	82		14	61	4	2	1	349	277	258	6	13	72		10	58	2	1	1
1978	527	288	604	523	486	17	20	81		14	61	3	2	1	358	286	267	6	13	72		11	57	1	2	1
1979	523	290	617	515	478	17	20	102		24	72	3	2	1	372	284	265	6	13	93		19	65	1	2	1
1980	517	287	622	510	500	7	3	112		37	69	3	2	1	382	282	277	3	2	100		32	63	2	2	1
1981	505	271	622	498	488	7	3	124		53	65	3	2	1	379	265	260	3	2	114		49	60	2	2	1
1982	507	265	716	495	495	-	-	221		53	158	3	-	7	426	255	255	-	-	171		50	113	2	-	6
1983	506	262	720	494	494	-	-	226		52	159	4	-	11	421	251	251	-	-	170		48	111	2	-	9
1984	504	249	716	492	492	-	-	224		52	157	4	-	11	399	240	240	-	-	159		46	102	2	-	9
1985	492	235	696	481	481	-	-	215		52	148	4	-	11	379	227	227	-	-	152		46	95	2	-	9
1986	483	219	687	473	473	-	-	214		51	148	4	-	11	360	213	213	-	-	147		45	91	2	-	9
1987	480	202	683	471	471	-	-	212		50	147	4	-	11	336	196	196	-	-	140		44	85	2	-	9
1988	468	185	669	460	460	-	-	209		49	145	4	-	11	312	179	179	-	-	133		42	80	2	-	9
1989	928	353	1,297	905	635	69	201	392		58	294	7	-	33	529	347	235	23	89	182		49	104	5	-	24
1990	913	336	1,294	900	630	69	201	394		58	296	7	-	33	492	325	220	17	88	167		47	93	5	-	22
1991	913	318	1,285	895	625	69	201	390		57	293	7	-	33	466	307	208	15	84	159		46	88	5	-	20
1992	1,700	578	2,313	1,674	1,015	108	551	639		82	499	15	-	43	792	566	311	16	239	226		54	134	13	-	25
1993	1,653	526	2,268	1,632	993	105	534	636		81	497	15	-	43	728	517	292	12	213	211		51	125	13	-	22
1994	2,651	759	2,949	2,731	1,266	381	1,084	218		102		16		100	871	767	317	48	402	104		56		13		35
1995	2,966	801	3,316	3,077	1,416	454	1,207	239		106		15		118	913	810	321	52	437	103		58		12		33
1996	3,543	881	4,057	3,807	1,506	830	1,471	250		110		16		124	1,006	901	336	77	488	105		60		13		32

	업체수		면허수											
			전국						서울					
	전국	서울	합계	토건	토목	건축	산업설비	조경	합계	토건	토목	건축	산업설비	조경
1997	3,896	869	4,360	1,688	970	1,478	78	146	972	329	81	474	51	37
1998	4,198	769	4,803	1,853	1,295	1,267	143	245	880	326	76	358	59	61
1999	5,144	825	6,020	2,394	1,596	1,471	199	360	958	360	85	374	61	78
2000	7,975	1,276	9,279	2,596	3,013	2,986	245	439	1,466	389	201	701	67	108
2001	11,961	1,974	14,082	2,736	5,016	5,497	265	568	2,261	394	379	1,263	64	161
2002	12,634	2,223	14,694	2,796	4,675	6,345	250	628	2,496	397	308	1,555	60	176
2003	12,996	2,296	14,868	2,982	4,464	6,522	248	652	2,548	390	268	1,644	59	187
2004	12,988	2,143	14,653	3,292	4,218	6,201	251	691	2,343	382	211	1,516	51	183
2005	13,202	2,030	14,829	3,601	4,145	6,046	251	786	2,230	393	211	1,375	51	200
2006	12,914	2,006	14,498	3,810	3,882	5,628	264	914	2,206	410	181	1,335	50	230
2007	12,842	1,919	14,499	3,950	3,715	5,541	284	1,009	2,121	410	178	1,251	52	230
2008	12,590	1,876	14,262	3,989	3,626	5,223	293	1,131	2,081	405	175	1,197	55	249
2009	12,321	1,852	14,029	3,983	3,531	4,926	301	1,288	2,057	404	174	1,134	57	288
2010	11,956	1,800	13,807	3,915	3,332	4,774	335	1,451	2,021	401	164	1,074	65	317
2011	11,545	1,674	13,392	3,783	3,074	4,727	351	1,457	1,890	370	145	1,020	67	288
2012	11,304	1,611	13,200	3,610	2,839	4,878	379	1,494	1,820	338	128	1,037	76	241
2013	10,921	1,459	12,816	3,441	2,661	4,857	372	1,485	1,650	318	94	947	77	214
2014	10,972	1,412	12,906	3,358	2,588	5,096	373	1,491	1,598	292	80	948	76	202
2015	11,220	1,442	13,197	3,296	2,523	5,524	375	1,479	1,624	274	76	1,013	78	183

자료: 통계청(http://kosis.kr).

주: 1997년부터는 일반면허와 특수면허로 구분되어 있지 않다.

표 I248-263 건설업체의 조직형태별 주요 지표, 1973-2013

	기업체수				종사자수			
	합계	회사법인	회사이외의 법인	개인	합계	회사법인	회사이외의 법인	개인
	I248	I249	I250	I251	I252	I253	I254	I255
	남한, 개				남한, 명			
1973	2,054	750	379	925	237,576	199,565	28,182	9,829
1974	2,522	806	378	1,338	280,570	230,633	34,462	15,475
1975	3,348	882	455	2,011	328,935	274,203	39,046	15,686
1976	3,376	976	418	1,982	345,463	287,805	37,373	20,285
1977	3,875	1,081	404	2,390	407,809	339,544	41,599	26,666
1978	4,200	1,332	336	2,532	490,146	429,641	29,513	30,992
1979	4,614	1,601	356	2,657	586,956	523,240	30,128	33,588
1980	4,924	1,790	324	2,810	608,130	542,528	25,922	39,680
1981	5,494	1,974	356	3,164	640,247	571,726	24,751	43,770
1982	6,912	2,236	427	4,249	710,188	615,098	46,981	48,109
1983	8,834	3,255	454	5,125	769,700	687,378	26,488	55,834
1984	10,602	4,080	26	6,496	846,318	780,470	784	65,064
1985	11,936	4,453	31	7,452	859,531	791,844	1,556	66,131
1986	12,858	4,376	15	8,467	811,983	737,052	390	74,542
1987	12,845	4,353	17	8,475	749,003	673,165	3,240	72,597
1988	13,940	4,662	7	9,271	821,369	740,961	229	80,179
1989	16,270	5,826	16	10,428	832,410	746,445	106	85,859
1990	18,073	6,437	6	11,630	934,312	848,673	302	85,337
1991	19,477	7,738	8	11,731	1,077,291	991,555	82	85,653
1992	24,995	12,827	9	12,159	1,265,004	1,197,172	462	67,370
1993	30,788	14,707	43	16,037	1,388,011	1,284,317	2,308	101,385
1994	32,561	15,221	36	17,303	1,460,821	1,353,772	1,790	105,258
1995	39,533	20,804	36	18,692	1,550,017	1,431,641	2,016	116,358
1996	43,421	23,749	41	19,631	1,610,910	1,504,027	1,006	105,876
1997	45,304	25,481	81	19,741	1,643,814	1,539,587	2,348	101,878
1998	46,498	26,691	72	19,734	1,476,199	1,377,201	2,617	96,380
1999	47,428	28,169	104	19,155	1,320,495	1,244,508	1,527	74,460
2000	51,203	33,224	75	17,903	1,342,192	1,261,642	1,607	78,942
2001	59,186	41,527	134	17,525	1,422,618	1,337,954	2,398	82,266
2002	62,165	45,735	106	16,324	1,524,562	1,442,251	1,745	80,566
2003	64,044	48,542	133	15,369	1,719,074	1,638,954	1,438	78,681
2004	65,276	49,591	157	15,528	1,737,166	1,652,695	1,636	82,834
2005	66,619	52,295	159	14,164	1,718,181	1,642,348	1,682	74,151
2006	58,835	53,427	170	5,238	1,716,837	1,659,963	1,807	55,067
2007	61,366	56,005	187	5,174	1,727,536	1,673,769	1,849	51,918
2008	62,805	57,618	198	4,989	1,657,122	1,607,085	1,841	48,196
2009	64,854	59,799	164	4,891	1,661,000	1,611,782	1,588	47,630
2010	65,330	60,377	159	4,794	1,625,313	1,580,370	2,429	42,514
2011	65,469	60,670	151	4,648	1,574,587	1,533,449	1,109	40,029
2012	65,249	60,686	136	4,427	1,508,443	1,473,387	874	34,182
2013	65,675	61,178	144	4,353	1,547,486	1,514,531	940	32,015

자료: 건설업통계조사; 통계청, 「건설업조사」(http://kosis.kr).

표 I248-263 계속

	매출액				부가가치			
	합계	회사법인	회사이외의 법인	개인	합계	회사법인	회사이외의 법인	개인
	I256	I257	I258	I259	I260	I261	I262	I263
	남한, 백만 원							
1973	316,518	280,837	25,142	10,539	178,379	161,433	12,423	4,523
1974	483,715	413,706	43,356	26,653	235,696	206,530	19,841	9,325
1975	762,969	660,332	63,184	39,452	349,520	304,540	29,279	15,702
1976	1,286,604	1,170,886	68,806	46,912	503,879	455,264	29,666	18,949
1977	2,242,653	2,067,818	96,625	78,209	972,129	897,067	43,981	31,081
1978	4,200,806	3,956,176	123,954	120,676	1,803,671	1,685,066	64,891	53,714
1979	5,769,497	5,438,231	157,493	173,773	2,510,991	2,349,531	80,743	80,717
1980	8,009,517	7,604,472	157,711	247,394	3,262,140	3,087,877	68,701	105,562
1981	11,349,018	10,873,808	165,940	309,269	4,721,063	4,505,781	77,496	137,785
1982	14,208,488	13,626,247	218,189	364,053	5,689,734	5,420,386	103,022	166,326
1983	15,006,149	14,289,493	235,591	481,065	6,709,771	6,374,046	113,491	222,233
1984	16,201,852	15,625,013	7,122	569,718	7,192,287	6,905,019	3,742	283,525
1985	16,875,652	16,235,365	14,060	626,227	6,761,613	6,413,561	8,441	339,612
1986	15,289,803	14,576,110	5,387	708,305	6,728,385	6,396,026	2,235	330,125
1987	14,565,340	13,707,660	63,697	793,983	6,039,503	5,636,490	30,734	372,280
1988	16,533,464	15,444,259	4,552	1,084,652	7,230,425	6,732,948	1,892	495,585
1989	20,104,311	18,747,584	1,985	1,354,742	9,206,425	8,555,604	769	650,051
1990	27,592,432	25,946,875	8,724	1,636,833	13,341,726	12,547,992	2,808	790,925
1991	40,414,306	38,381,494	1,926	2,030,887	20,061,259	19,044,121	981	1,016,157
1992	51,772,230	50,171,343	12,956	1,587,930	25,412,116	24,649,005	7,071	756,040
1993	57,620,222	54,872,974	59,847	2,687,400	29,211,050	27,733,233	40,451	1,437,366
1994	68,057,102	64,952,530	63,127	3,041,444	33,850,262	32,126,789	37,303	1,686,169
1995	83,644,492	79,927,416	91,950	3,625,125	39,898,517	37,809,997	47,933	2,040,587
1996	106,206,535	102,144,363	47,878	4,014,293	47,338,892	44,999,673	28,538	2,310,679
1997	119,718,713	115,486,834	149,961	4,081,917	51,966,544	49,637,307	83,634	2,245,602
1998	104,328,705	100,735,087	178,445	3,415,172	45,180,825	43,237,452	80,055	1,863,317
1999	92,738,809	89,577,645	117,000	3,044,162	41,697,750	39,868,605	59,020	1,770,124
2000	95,762,655	92,509,916	139,918	3,112,820	41,914,593	40,186,708	53,016	1,674,868
2001	105,349,471	102,054,179	125,738	3,169,553	45,951,266	44,144,914	69,177	1,737,173
2002	114,121,028	110,898,379	138,358	3,084,290	49,683,118	47,907,442	62,254	1,713,421
2003	127,149,270	123,899,037	70,310	3,179,923	57,040,194	55,254,622	42,342	1,743,229
2004	139,251,721	135,583,225	88,444	3,580,050	61,700,391	59,698,138	50,466	1,951,786
2005	142,622,781	139,273,002	86,969	3,262,809	61,740,405	59,951,894	48,524	1,739,986
2006	151,359,705	148,470,099	103,718	2,785,887	67,683,533	66,155,849	56,266	1,471,416
2007	166,735,009	163,689,077	111,570	2,934,362	68,019,559	66,509,382	57,278	1,452,898
2008	192,790,087	189,704,969	120,811	2,964,306	72,694,843	71,250,841	57,697	1,386,304
2009	191,565,272	188,452,154	113,860	2,999,257	75,908,289	74,431,139	54,339	1,422,811
2010	191,491,114	188,610,821	146,631	2,733,661	75,298,393	74,017,243	79,011	1,202,138
2011	198,219,667	195,524,622	71,455	2,623,589	77,225,189	75,962,017	35,050	1,228,121
2012	204,363,152	201,879,228	62,951	2,420,971	79,605,649	78,438,956	31,601	1,135,091
2013	216,883,642	214,443,946	84,853	2,354,843	82,635,102	81,495,853	38,092	1,101,157

표 I264-277 건설기계등록 현황, 1961-2014

	합계	불도저	굴삭기	로더	지게차	덤프트럭	기중기	롤러	콘크리트 믹서트럭	콘크리트 펌프	공기압축기	천공기	타워크레인	기타
	I264	I265	I266	I267	I268	I269	I270	I271	I272	I273	I274	I275	I276	I277
	남한, 대													
1961	1,129	250		66		56	91	172			113			381
1965	1,764	506		185		56	111	172			176			558
1966	2,230	708		220		56	151	178			186			731
1970	7,165	1,949		609		868	628	573			448			2,090
1971	8,023	2,154		734		955	747	590			472			2,371
1974	10,705	2,604		940		1,138	962	664			540			3,857
1976	11,356	3,098	817	1,785	1,493	326	954	766	470	10	639	19		979
1977	14,534	3,378	1,241	2,194	2,604	504	1,121	805	695	15	852	73		1,052
1978	21,049	3,680	2,200	2,920	4,526	1,181	1,591	885	1,503	36	1,230	96		1,201
1979	23,674	3,649	2,644	3,251	5,571	1,217	1,798	964	1,608	72	1,482	141		1,277
1980	24,741	3,605	2,926	3,419	5,934	1,193	1,831	1,000	1,750	82	1,542	177		1,282
1981	26,571	3,648	3,430	3,593	6,259	1,252	1,864	1,046	2,168	84	1,708	196		1,323
1982	27,948	3,643	4,369	3,733	6,903	1,797	1,949	1,208	1,439	110	1,029	270		1,498
1983	36,439	3,864	6,336	3,894	7,970	3,344	2,035	1,372	3,276	168	2,214	304		1,662
1984	43,335	3,903	8,748	4,078	9,138	5,033	2,179	1,468	4,161	329	2,328	345		1,625
1985	51,036	4,001	11,759	4,467	10,289	6,591	2,284	1,665	5,031	407	2,436	397		1,709
1986	57,134	4,170	14,017	4,596	11,731	7,606	2,457	1,760	5,602	478	2,511	426		1,780
1987	64,296	4,299	16,789	4,821	14,022	8,557	2,551	1,782	6,066	522	2,574	466		1,847
1988	73,059	4,520	19,896	5,101	16,702	10,034	2,756	1,815	6,537	625	2,686	504		1,883
1989	88,312	4,906	24,713	5,585	21,197	12,542	3,124	1,965	7,501	879	3,000	628		2,272
1990	118,740	5,539	33,633	6,622	27,225	20,210	3,673	2,168	10,755	1,635	3,796	1,098		2,386
1991	154,014	6,035	43,342	7,987	34,838	30,115	4,520	2,634	13,342	2,438	4,623	1,592		2,548
1992	171,518	6,000	49,367	9,061	39,753	32,100	4,942	3,201	14,606	2,710	4,877	1,791		3,110
1993	187,240	5,874	54,208	10,001	44,435	34,597	5,278	3,566	15,818	3,025	5,114	2,023		3,301
1994	199,147	5,431	56,681	10,539	48,195	37,781	5,648	3,645	17,327	3,393	5,180	2,105		3,222
1995	214,446	5,289	60,168	11,119	53,140	41,200	6,457	3,685	18,729	3,810	5,521	2,236		3,092
1996	239,081	5,319	67,847	11,935	58,844	48,400	7,344	3,940	19,592	4,396	5,873	2,549		3,042
1997	263,986	5,457	76,965	12,674	63,192	54,988	7,875	4,374	21,237	5,042	6,198	2,897		3,087
1998	258,170	5,308	78,094	12,350	62,764	51,210	7,159	4,395	20,140	4,827	5,974	2,916		3,033
1999	256,540	5,176	78,196	12,205	63,443	49,595	6,953	4,803	19,749	4,688	5,757	2,919		3,056
2000	259,859	5,052	79,770	12,239	66,995	47,573	7,176	5,247	19,491	4,619	5,627	2,909		3,161
2001	265,254	4,975	81,554	12,596	71,471	46,215	7,387	5,448	19,344	4,597	5,541	2,886	-	3,240
2002	278,927	4,912	85,357	13,176	78,184	47,005	7,941	5,516	20,262	4,820	5,556	2,881	-	3,317
2003	300,627	4,956	91,874	13,893	85,473	50,827	8,517	5,695	22,218	5,148	5,586	2,968	-	3,472
2004	315,555	4,944	98,113	14,451	91,031	51,573	8,513	5,870	23,516	5,363	5,558	3,057	-	3,566
2005	324,030	4,892	101,656	14,849	96,290	50,751	8,409	6,017	23,478	5,402	5,504	3,163	-	3,619
2006	332,219	4,840	104,521	15,057	101,188	51,120	8,335	6,178	23,419	5,258	5,415	3,211	-	3,677
2007	342,896	4,700	107,860	15,306	107,476	51,916	8,328	6,192	23,771	5,138	5,332	3,189	-	3,688
2008	350,499	4,541	110,312	15,590	113,409	51,586	8,508	6,090	23,530	5,060	4,986	3,170	46	3,671
2009	362,641	4,361	113,284	16,113	118,631	53,161	8,531	6,061	23,036	5,062	4,618	3,194	2,958	3,631
2010	374,904	4,262	117,306	16,686	125,107	54,981	8,633	6,149	22,179	5,044	4,299	3,261	3,323	3,674
2011	387,988	4,190	121,847	17,325	132,975	55,695	8,681	6,277	21,493	5,104	4,265	3,371	3,033	3,732
2012	400,307	4,125	126,065	18,267	140,455	55,029	8,770	6,343	21,616	5,230	4,251	3,454	2,900	3,802
2013	414,658	4,049	130,449	19,403	147,798	54,436	9,049	6,384	22,146	5,475	4,232	4,290	3,073	3,874
2014	430,094	3,972	133,388	20,624	156,612	54,395	9,410	6,397	23,179	5,816	4,333	4,820	3,171	3,977

자료: 국토교통부 건설인력기재과, 『건설기계현황통계』(2015).

주: 1) 1970-1974년도: 굴삭기는 기타에 포함(1961-1966년에는 없다)되어 있다.

2) 1961-1974년도: 콘크리트믹스트럭와 콘크리트펌프는 기타에 포함되어 있다.

4. 주택건설호수와 주택 및 아파트 스톡

표 I278-288 사업주체별 주택건설호수, 1951-2016

	사업주체별										
	합계	공공						민간			
		소계	국가기관	지자체	주공, LH	주택사업자	기타	소계	지정업체	등록업체	조합 등 개인
	I278	I279	I280	I281	I282	I283	I284	I285	I286	I287	I288
	남한, 호										
1951		20,325									
1952		21,700									
1953	95,263	40,633						54,630			
1954	132,985	65,202						67,783			
1955	86,747	25,246						61,501			
1956	84,711	24,224						60,487			
1957	76,848	25,741						51,107			
1958	65,510	11,326						54,184			
1959	70,456	5,535						64,921			
1960	107,644	12,167						95,477			
1961	99,988	7,128						92,860			
1962	79,593	8,671						70,922			
1963	51,229	5,013						46,216			
1964	62,000	2,800						59,200			
1962	49,492	8,776	5,024		1,550		2,202	40,716			
1963	58,507	6,232	3,467		1,067		1,698	52,275			
1964	54,150	4,820	1,521		663		2,436	49,330			
1965	70,465	7,953	1,417	59	580		5,897	62,512			
1966	93,321	12,134	1,578	29	628		9,899	81,187			
1967	94,568	5,677	818	539	618	1,788	1,914	88,841			
1968	96,225	20,094	5,338	1,206	132	12,131	1,287	76,131			
1969	104,545	25,258	1,469	89	660	12,588	2,892	79,287			
1970	115,000	12,382	1,775	2,584	1,000	6,435	3,788	102,618			
1971	130,000	15,669	2,601	1,392		11,937	6,961	114,331			
1972	110,000	17,459	2,868	968		13,605	18	92,541			
1973	142,560	43,281	26,047	88	2,629	13,826	691	99,279			
1974	158,110	43,499	31,085	764	3,700	7,950		114,611			
1975	179,951	62,700	9,046	21,769	18,264	9,066	4,467	117,251			
1976	169,970	61,827	7,748	18,408	18,817	11,425	5,429	108,143			
1977	203,545	77,825	7,424	28,005	25,682	16,714		125,720			
1978	300,107	115,433	4,722	58,197	27,860	24,654		184,674	40,781		
1979	251,048	118,300	2,800	52,600	30,079	32,821		132,748	16,392		
1980	211,537	106,187	7,505	30,474	30,104	38,104		105,350	18,212	30,200	56,938
1981	149,837	77,633	4,768	27,704	45,006		4,104	72,204	13,454	24,343	34,407
1982	191,420	68,209	3,741	22,997	40,182		1,446	123,211	18,484	31,332	73,395
1983	225,990	82,071		34,941	31,506	9,085	6,720	143,919		59,621	84,298
1984	222,047	114,081		53,609	35,099	25,373	8,746	107,966	19,256	43,888	44,822
1985	227,362	132,090		41,103	45,148	29,864	15,955	95,292	19,377	57,078	18,837
1986	288,252	152,913	9,162	21,384	28,686	56,926	36,755	135,339	28,708	52,797	53,834
1987	244,301	166,754	6,945	13,463	33,824	66,583	45,939	77,547			
1988	316,900	115,018	210	18,403	37,696	95,575	58,709	201,552			
1989	462,159	161,732		41,554	50,682	69,496		300,427			
1990	750,378	269,400		62,786	79,702	126,933		481,000			
1991	613,083	164,200		31,935	66,531	65,710		448,900			
1992	575,492	195,000		40,595	75,305	73,570	5,477	380,500			
1993	695,319	226,700		15,491	70,300	140,924		468,600			
1994	622,854	258,400		12,673	70,089	175,648		364,500			
1995	619,057	236,500		15,629	70,292	150,548		382,600			
1996	592,132	232,400		8,358	60,140	163,901		359,700			
1997	596,435	219,000		1,341	60,180	157,504		377,400			
1998	306,031	131,000		2,321	33,183	95,545		175,000			
1999	404,715	151,300		2,207	48,236	100,884		253,400			
2000	433,488	140,300		3,303	52,395	84,563		293,200			
2001	529,854	127,900		4,491	44,100	79,336		402,000			
2002	666,541	123,700		7,852	69,617	46,261		542,800			

표 I278-288 계속

	사업주체별										
	합계	공공						민간			
		소계	국가기관	지자체	주공, LH	주택사업자	기타	소계	지정업체	등록업체	조합 등 개인
	I278	I279	I280	I281	I282	I283	I284	I285	I286	I287	I288
	남한, 호										
2003	585,382	120,500		16,399	78,753	25,370		464,900			
2004	463,800	124,000		14,717	100,534	8,740		339,800			
2005	463,641	141,000		33,740	101,786	5,452		322,600			
2006	469,503	143,700		15,826	116,185	11,683		325,800			
2007	555,792	157,000		13,864	141,817	1,308		398,800			
2008	371,285	141,200		3,943	130,069	7,148		230,100			
2009	381,787	168,300		22,882	141,049	4,369		213,500			
2010	386,542	138,300		43,430	88,781	6,104		248,200			
2011	549,594	115,349		27,408	79,699	8,242		434,245			
2012	586,884	109,609		6,685	77,583	25,341		477,275			
2013	440,116	79,619		8,684	42,021	28,914		360,497			
2014	515,251	63,320		3,709	48,390	11,221		451,931			
2015	765,328	76,428		6,278	58,855	11,295		688,900			
2016	726,048	75,802		7,702	57,613	10,487		650,246			

자료: 심대식 · 성준경, 「한국주택금융정책의 방향과 그 구체적 금융방안 (1)」, 『주택금융』(한국주택금고, 1968), 1(1), p. 60; 차일석, 『도시계획과 주택정책에 대한 고찰, 주택금융』(한국주택금고, 1968), 1(4), p. 4; 한국주택은행, 주택금융』(1977), 10(4), p. 41; 한국건설산업연구원, 『한국건설반세기』(정문출판주식회사, 1997), p. 738; 통계청, 「주택건설실적통계」(http://kosis.kr); e-나라지표, 「주택건설인허가실적」(http://www.index.go.kr).

표 I289-293 주택유형별 주택건설호수, 1974-2016

	주택유형별				
	합계	단독 및 다가구	다세대	연립	아파트
	I289	I290	I291	I292	I293
	남한, 천 호				
1974	157	128		10	19
1975	180	132		10	38
1976	170	119		9	43
1977	204	138		11	54
1978	300	172		28	100
1979	251	132		30	88
1980	212	123		12	77
1981	150	51		12	87
1982	191	63		33	95
1983	226	94		31	102
1984	222	65		39	119
1985	227	50		45	132
1986	288	41		95	152
1987	244	61		35	148
1988	317	73		65	178
1989	462	62		90	310
1990	750	105		144	501
1991	613	69		120	424
1992	575	53	43	9	470
1993	695	52	80	23	540
1994	623	42	43	17	521
1995	619	56	49	17	497
1996	592	61	50	18	463
1997	596	53	39	19	485
1998	306	24	9	7	266
1999	405	34	18	8	345
2000	433	35	57	10	332
2001	530	49	204	9	267
2002	667	53	221	8	385
2003	585	42	68	6	469
2004	464	34	21	4	405
2005	464	28	16	5	416
2006	470	38	14	5	413
2007	556	51	23	5	476
2008	371	54	50	4	263
2009	382	55	25	5	297
2010	387	62	41	6	277
2011	550	73	106	13	357
2012	587	71	120	20	376
2013	440	70	81	11	279
2014	515	75	82	11	348
2015	765	88	123	19	535
2016	726	97	104	18	507

자료: 한국건설산업연구원, 『한국건설반세기』(정문출판주식회사, 1997), p. 738; 국토교통부, 「주택건설실적통계인허가」 (http://stat.molit.go.kr).

표 I294-297 공공임대주택건설, 1987-2015

	합계	지자체	주공	민간
	I294	I295	I296	I297
	남한, 호			
1987	51,918	135	20,070	31,713
1988	52,218	1,164	25,188	25,866
1989	82,475	24,252	40,046	18,177
1990	144,544	28,747	58,744	57,053
1991	76,391	21,606	49,224	5,561
1992	62,679	13,473	44,717	4,489
1993	41,525	2,922	10,055	28,548
1994	74,889	3,088	19,125	52,676
1995	83,032	1,276	18,237	63,519
1996	111,063	3,190	16,188	91,685
1997	108,728	1,057	15,941	91,730
1998	93,795	160	13,958	79,677
1999	109,417	441	30,115	78,861
2000	95,932	1,714	30,953	63,265
2001	102,557	2,438	40,908	59,211
2002	86,586	4,033	55,403	27,150
2003	84,768	10,106	64,686	9,976
2004	97,226	6,150	86,845	4,231
2005	105,787	18,533	84,476	2,778
2006	111,536	9,461	96,991	5,084
2007	146,565	15,769	117,351	13,445
2008	116,908	12,802	94,788	9,318
2009	89,603	10,501	66,527	12,575
2010	93,278	27,066	64,278	1,934
2011	84,065	20,657	57,868	5,540
2012	73,619	14,047	38,216	21,356
2013	75,778	10,327	46,626	18,825
2014	80,629	8,802	52,446	19,381
2015	90,144	11,650	65,577	12,917

자료: e-나라지표, 「임대주택건설실적」(http://www.index.go.kr).

注: 건설실적은 사업계획승인기준이고, 단 다가구 · 부도임대주택 · 미분양매입을 포함하고 있다.

표 I298-302 주택보급률, 1960-2014

	구주택보급률				
	주택수		가구수		보급률
	A	B	A	B	
	I298	I299	I300	I301	I302
	남한, 천 호				남한, %
1960	3,589		4,263		84.2
1961					
1962		3,602		4,629	
1963		3,666		4,772	
1964		3,730		4,904	
1965		3,795		5,031	
1966	3,867	3,859	4,916	5,192	78.7
1967		3,886		5,210	
1968		3,962		5,306	
1969		4,183		5,857	
1970	4,360	4,301	5,576	5,863	78.2
1971		4,384		6,000	
1972	4,484	4,499		6,125	
1973	4,558	4,591		6,246	
1974	4,640	4,707		6,365	
1975	4,734	4,825	6,367	6,762	74.4
1976	4,822	4,956		6,641	
1977	4,927	5,100		6,602	
1978	5,082	5,242		6,829	
1979	5,211	5,416		7,079	
1980	5,319	4,563	7,470	7,971	71.2
1981	5,460		7,749		70.5
1982	5,640		8,039		70.2
1983	5,852		8,340		70.2
1984	6,061		8,652		70.1
1985	6,104		8,751		69.8
1986	6,303		9,037		69.7
1987	6,450		9,320		69.2
1988	6,670		9,612		69.4
1989	7,032		9,920		70.9
1990	7,160		10,166		70.4
1991	7,853		10,483		74.9
1992	8,631		10,933		78.9
1993	8,798		11,122		79.1
1994	9,133		11,436		83.5
1995	9,570		11,758		86
1996	10,113				89.2
1997	10,627				92
1998	10,867				92.4
1999	11,181				93.3
2000	11,472		11,928		96.2
2001	11,892		12,098		98.3
2002	12,358		12,286		100.6
2003	12,669		12,515		101.2
2004	12,988		12,714		102.2
2005	13,223		12,491		105.9
2006	13,534		12,634		107.1
2007	13,793		12,760		108.1
2008	14,169		12,891		109.9
2009	14,456		13,025		111.0
2010	14,677		12,995		112.9
2011	15,007		13,136		114.2
2012	15,306		13,262		115.4
2013	15,628		13,395		116.7
2014	15,989		13,535		118.1
	신주택보급률				
2005	15,623		15,887		98.3

표 I298-302 계속

	신주택보급률				
	주택수		가구수		보급률
	A	B	A	B	
	I298	I299	I300	I301	I302
	남한, 천 호				남한, %
2006	15,978		16,105		99.2
2007	16,295		16,364		99.6
2008	16,733		16,619		100.7
2009	17,071		16,862		101.2
2010	17,672		17,339		101.9
2011	18,131		17,719		102.3
2012	18,551		18,057		102.7
2013	18,969		18,408		103.0
2014	19,429		18,773		103.5

자료: 한국건설산업연구원, 『한국건설반세기』(정문출판주식회사, 1997), p. 738; 국토개발연구원, 『주택자료편람』(1981), p. 115; 통계청, 「주택보급률」(http://kosis.kr).

주: 1) 구주택보급률=주택수/보통가구수×100, 신주택보급률=주택수/일반가구수×100.

2) 일반가구수는 총가구수에서 외국인가구수와 집단가구수를 뺀 값이고, 보통가구수는 일반가구수에서 1인가구수와 비혈연가구수를 뺀 값이다.

3) 주택수와 가구수에서 B는 국토개발원, 『주택자료편람』(1981)에 기재된 값이다.

표 I303-308 주택미분양 현황, 1993-2015

	전체		공급부문		수도권과 서울	
	합계	준공 후 미분양	민간부문	공공부문	수도권	서울
	I303	I304	I305	I306	I307	I308
	남한, 호					
1993	77,488	2,141	71,444	6,044	8,552	-
1994	105,586	2,581	87,001	18,585	14,250	-
1995	152,313	17,919	91,450	60,863	34,993	311
1996	109,637	12,304	69,434	40,203	23,895	1,408
1997	88,867	7,567	62,734	26,133	12,171	401
1998	102,701	18,102	81,098	21,603	27,481	5,588
1999	70,872	17,810	57,121	13,751	20,958	2,795
2000	58,550	16,272	38,941	19,609	19,785	3,037
2001	31,512	8,834	20,741	10,771	9,360	1,771
2002	24,923	5,425	14,168	10,755	1,387	52
2003	38,261	5,874	31,894	6,367	7,370	735
2004	69,133	10,314	60,781	8,352	15,458	612
2005	57,215	10,983	51,415	5,800	12,242	574
2006	73,772	13,654	71,818	1,954	4,724	529
2007	112,254	17,395	110,715	1,539	14,624	454
2008	165,599	46,476	164,293	1,306	26,928	2,486
2009	123,297	50,087	122,962	335	25,667	1,803
2010	88,706	42,655	88,706	-	29,412	2,729
2011	69,807	30,881	69,807	-	27,881	1,861
2012	74,835	28,778	74,835	-	32,547	3,481
2013	61,091	21,751	61,091	-	33,192	3,157
2014	40,379	16,267	40,379	-	19,814	1,356
2015	61,512	10,518	61,512	-	30,637	494

자료: e-나라지표, 「주택미분양현황」(http://www.index.go.kr).

주: 1) 매년 12월 말 기준.

2) 준공 후 미분양: 사용검사 후에도 분양되지 않은 주택.

3) 민간부문: 국민주택기금을 지원받지 않고 순수민간 자본으로 건설하는 주택.

4) 공공부문: 국민주택기금을 지원받아 건설하는 주택.

5) 주택분양통계에는 유량 통계와 저량 통계가 있는데, 유량 통계의 경우신규 분양세대수 중 미분양세대수로 비분양률을 계산할 수 있지만, 저량 통계의 경우, 여러 시기에 분양된 것 중에서 현재 분양되지 않고 남아 있는 것이기 때문에, 미분양률을 계산할 적당한 모수가 없다.

표 I309-318 불량주택 및 부족주택수, 1970-1984

	전국					서울				
	가구수	현존주택수	정상주택수	불량주택수	부족주택수	가구수	현존주택수	정상주택수	불량주택수	부족주택수
	I309	I310	I311	I312	I313	I314	I315	I316	I317	I318
	남한, 천 가구	남한, 천 동				남한, 천 가구	남한, 천 동			
1970	3,063	1,836	1,548	289	1,227	1,097	600	426	174	497
1971	3,151	1,919	1,632	287	1,232	1,151	625	456	168	527
1973	3,545	2,250	1,988	262	1,363	1,216	701	545	155	515
1974	3,785	2,361	2,115	246	1,424	1,274	737	587	150	537
1975	4,143	2,501	2,278	223	1,823	1,411	813	678	135	733
1978	4,726	2,862	2,660	202	1,864	1,609	892	804	88	717
1979	5,209	3,088	3,766	293	1,820	1,523	936	783	154	586
1980	5,795	3,384	3,036	348	2,410	1,836	994	840	154	843
1981	5,803	3,707	3,369	338	2,095	1,915	1,189	1,036	152	726
1982	5,839	3,729	3,437	292	2,110	1,767	1,086	936	150	681
1983	6,114	3,963	3,664	298	2,152	1,869	1,142	996	146	727
1984	6,486	4,149	3,856	293	2,337	1,983	1,174	1,048	125	809

자료: 내무부, 『한국도시연감』, 각년도.

표 I319-324 주택재건축추진사업, 1993-2015

	인가			준공		
	합계	수도권	지방	합계	수도권	지방
	I319	I320	I321	I322	I323	I324
	남한, 천 호					
1993	2.1	1.6	0.5	3.0	2.8	0.2
1994	0.8	0.8	0.0	2.2	2.2	0.0
1995	1.8	1.8	0.0	5.5	5.2	0.2
1996	4.3	2.8	1.5	5.3	3.8	1.5
1997	3.6	3.6	0.0	12.8	12.2	0.6
1998	3.2	3.2	0.0	21.2	20.0	1.1
1999	17.7	17.7	0.0	30.0	28.1	1.9
2000	29.4	29.4	0.0	21.2	19.2	2.0
2001	12.2	12.1	0.0	14.1	13.7	0.5
2002	24.8	22.5	2.3	22.2	19.3	2.8
2003	59.9	52.3	7.7	31.1	28.1	3.1
2004	32.7	23.3	9.4	20.8	17.1	3.7
2005	12.9	9.0	3.8	22.4	17.4	5.1
2006	15.8	8.5	7.3	24.9	3.1	21.8
2007	10.6	2.3	8.3	20.3	9.5	10.8
2008	22.4	10.5	11.9	52.5	28.7	23.8
2009	6.1	3.1	3.0	19.6	10.1	9.5
2010	12.4	10.2	2.2	19.2	7.8	11.4
2011	18.6	14.3	4.3	7.5	0.9	6.6
2012	18.4	16.6	1.8	11.7	1.1	10.6
2013	13.2	9.7	3.5	5.1	1.1	4.0
2014	8.8	2.0	6.8	11.6	3.4	8.2
2015	9.9	2.9	7.0	7.1	0.7	6.4

자료: e-나라지표, 「재건축추진현황」(http://www.index.go.kr).
주: 1) 1993년도는 1983-1993년의 총합계.
2) 2013년도에 각각 조합인가, 사업시행인가, 준공된 구역을 대상으로 작성되었다.

표 I325-328 주택재개발사업, 1973-2016

	구역수	시행면적	건립가구	철거대상
	I325	I326	I327	I328
	남한, 개소	남한, 천 ㎡	남한, 호	남한, 동
1973-2003	347	14,473	275,971	13,230
2004	12	599	12,014	2,639
2005	53	4,211	52,132	13,226
2006	60	3,800	58,995	16,132
2007	121	7,433	119,819	38,734
2008	169	14,361	158,686	58,655
2009	165	11,137	140,201	40,912
2010	93	6,924	112,135	20,180
2011	33	3,344	46,097	11,581
2012	15	1,740	23,741	7,462
2013	19	1,144	16,618	5,020
2014	12	1,310	9,607	5,817
2015	7	576	10,177	2,073
2016	7	371	3,390	1,762

자료: 통계청, 「도시재정비사업현황」(http://kosis.kr).

표 I329-337 건립연수별 주택스톡, 1960년

건립연수		주택상태별					농, 비농별			
		합계	양호	요수리	요재건	미상	영농가구	비농가구	미상	공가
		I329	I330	I331	I332	I333	I334	I335	I336	I337
						남한, 호				
전국	합계	4,445,842	2,756,268	1,214,864	454,553	20,157	2,332,772	2,020,105	8,547	84,418
	공가	84,418	50,781	22,712	9,276	1,649	-	-	-	84,418
	현주	4,361,424	2,705,487	1,192,152	445,277	18,508	2,332,772	2,020,105	8,547	-
	건립연수 1년 미만	167,864	117,521	25,761	24,079	503	34,175	119,020	125	14,544
	건립연수 1-9년	1,196,528	770,372	245,043	178,216	2,897	408,618	758,361	1,216	28,333
	건립연수 10-14년	651,247	466,058	150,574	32,843	1,772	316,336	323,194	901	10,816
	건립연수 15-23년	788,053	548,422	207,638	29,669	2,324	416,116	358,644	1,162	12,131
	건립연수 24-49년	976,859	573,921	332,885	66,310	3,743	633,793	329,714	2,226	11,126
	건립연수 50년 이상	634,734	261,650	247,912	121,419	3,753	509,626	116,925	2,881	5,302
	미상	30,557	18,324	5,051	2,017	5,165	14,108	14,247	36	2,166
시부	합계	1,291,308	836,698	253,482	197,841	3,287	107,818	1,143,311	798	39,381
	공가	39,381	26,426	7,422	4,841	692				39,381
	현주	1,251,927	810,272	246,060	193,000	2,595	107,818	1,143,311	798	
	건립연수 1년 미만	81,097	55,574	7,721	17,698	104	1,822	71,030	47	8,198
	건립연수 1-9년	501,203	302,107	75,945	122,586	565	17,590	469,045	326	14,242
	건립연수 10-14년	207,554	142,988	43,749	20,544	273	17,212	184,819	139	5,384
	건립연수 15-23년	247,040	178,976	54,539	13,179	346	23,398	217,779	139	5,724
	건립연수 24-49년	195,765	127,220	53,925	14,304	316	28,209	163,284	116	4,156
	건립연수 50년 이상	48,023	23,375	16,230	8,357	61	18,820	28,413	22	768
	미상	10,626	6,458	1,373	1,173	1,622	767	8,941	9	909
읍부	합계	412,169	276,315	108,188	26,279	1,387	166,431	237,034	238	8,466
	공가	8,466	6,021	1,842	440	163				8,466
	현주	403,703	270,294	106,346	25,839	1,224	166,431	237,034	238	
	건립연수 1년 미만	16,883	12,815	2,971	1,038	59	2,505	13,117	9	1,252
	건립연수 1-9년	107,807	80,169	19,787	7,679	172	24,735	80,418	84	2,570
	건립연수 10-14년	57,765	42,072	13,702	1,872	119	23,988	32,667	32	1,078
	건립연수 15-23년	83,698	58,206	23,177	2,128	187	34,471	47,809	49	1,369
	건립연수 24-49년	99,101	61,487	31,870	5,561	183	50,040	47,633	45	1,383
	건립연수 50년 이상	43,651	19,466	16,234	7,882	69	29,500	13,680	16	455
	미상	3,264	2,100	447	119	598	1,192	1,710	3	359
면부	합계	2,742,365	1,643,255	853,194	230,433	15,483	2,058,523	639,760	7,511	36,571
	공가	36,571	18,334	13,448	3,995	794				36,571
	현주	2,705,794	1,624,921	839,746	226,438	14,689	2,058,523	639,760	7,511	
	건립연수 1년 미만	69,884	49,132	15,069	5,343	340	29,848	34,873	69	5,094
	건립연수 1-9년	587,518	388,096	149,311	47,951	2,160	366,293	208,898	806	11,521
	건립연수 10-14년	385,928	280,998	93,123	10,427	1,380	275,136	105,708	730	4,354
	건립연수 15-23년	457,315	311,240	129,922	14,362	1,791	358,247	93,056	974	5,038
	건립연수 24-49년	681,993	385,214	247,090	46,445	3,244	555,544	118,797	2,065	5,587
	건립연수 50년 이상	543,060	218,809	215,448	105,180	3,623	461,306	74,832	2,843	4,079
	미상	16,667	9,766	3,231	725	2,945	12,149	3,596	24	898

자료: 통계청, 「주택총조사」(http://kosis.kr).

표 1338-342 건립연수별 주택스톡, 1970년

건축연도		합계	독립주택	연립주택	공동주택	비거주용건물내주택
		주택종류별				
		1338	1339	1340	1341	1342
		남한, 호				
전국	합계	4,359,811	4,154,911	146,234	33,198	25,468
	1944년 이전	1,707,372	1,660,771	39,418	3,023	4,159
	1950-1945	751,226	726,129	20,793	560	3,744
	1960-1951	983,558	937,146	37,954	1,903	6,554
	1961	40,025	36,012	3,207	496	310
	1962	85,674	78,346	5,416	482	1,430
	1963	84,936	77,208	6,082	1,087	560
	1964	73,466	68,925	3,913	125	503
	1965	119,424	111,784	5,664	574	1,403
	1966	78,826	73,355	2,990	1,730	752
	1967	114,645	105,460	5,069	2,619	1,496
	1968	111,661	100,020	6,780	3,435	1,426
	1969	125,697	102,234	6,119	15,434	1,910
	1970	83,300	77,521	2,829	1,729	1,222
시부	합계	2,005,099	1,814,482	130,661	31,220	26,379
	1944년 이전	470,617	427,710	35,706	2,753	4,159
	1950-1945	322,962	297,760	21,112	440	3,518
	1960-1951	495,452	456,866	30,078	1,524	6,858
	1961	26,527	22,043	3,724	488	276
	1962	54,451	46,537	5,575	482	1,849
	1963	50,714	44,151	5,118	998	447
	1964	46,712	42,553	3,565	125	469
	1965	83,791	76,537	5,005	574	1,669
	1966	59,914	55,527	2,706	689	796
	1967	97,555	89,141	3,968	2,607	1,640
	1968	101,597	90,184	6,055	3,391	1,585
	1969	119,412	95,925	5,856	15,432	1,951
	1970	75,390	69,549	2,198	1,716	1,163
읍부	합계	789,774	744,284	40,947	309	3,924
	1944년 이전	324,594	308,401	15,374	51	719
	1950-1945	141,664	135,141	5,470	43	968
	1960-1951	189,785	174,936	13,362	181	1,124
	1961	5,546	5,526	-	-	20
	1962	12,432	12,091	297	-	44
	1963	14,007	12,241	1,622	-	144
	1964	10,249	9,878	294	-	78
	1965	18,122	16,525	1,477	-	122
	1966	10,515	10,146	260	-	100
	1967	16,792	16,087	631	-	77
	1968	15,126	14,235	762	31	65
	1969	17,720	16,536	875	2	306
	1970	13,221	12,543	518	-	160
면부	합계	5,134,418	5,057,236	65,120	1,669	8,725
	1944년 이전	2,488,586	2,474,954	16,325	219	1,865
	1950-1945	941,926	931,314	8,914	77	1,544
	1960-1951	1,082,825	1,061,948	18,193	198	2,289
	1961	36,144	35,332	681	9	114
	1962	77,878	75,694	1,950	-	234
	1963	80,086	76,768	2,883	88	260
	1964	64,260	63,061	1,012	-	187
	1965	91,670	89,888	1,506	-	277
	1966	53,216	49,591	1,281	1,040	264
	1967	59,034	55,500	3,033	13	473
	1968	53,125	47,764	4,988	13	348
	1969	53,674	50,450	2,781	-	443
	1970	46,995	44,972	1,572	13	425

자료: 통계청, 「주택총조사」(http://kosis.kr).

표 I343-347 건립연수별 주택스톡, 1980

	건축연도	주택종류별				
		합계	단독주택	아파트	연립주택	비거주용 건물 내 주택
		I343	I344	I345	I346	I347
		남한, 호				
전국	합계	5,318,880	4,652,127	373,710	161,795	131,248
	1950년 이전	1,390,555	1,366,294		7,718	16,543
	1950-1959	838,912	816,564	718	5,422	16,208
	1960-1969	967,712	894,889	29,294	12,678	30,851
	1970-1975	1,055,355	892,860	94,049	30,685	37,761
	1976-1980	1,066,346	681,520	249,649	105,292	29,885
시부	합계	2,468,209	1,881,964	355,608	134,682	95,955
	1950년 이전	280,304	263,624		5,446	11,234
	1950-1959	254,177	238,924	718	3,723	10,812
	1960-1969	534,564	474,333	28,662	8,433	23,136
	1970-1975	677,514	536,437	89,186	22,742	29,149
	1976-1980	721,650	368,646	237,042	94,338	21,624
읍부	합계	676,724	633,475	7,516	17,271	18,462
	1950년 이전	197,057	192,367		1,969	2,721
	1950-1959	123,548	119,683		948	2,917
	1960-1969	122,090	115,358	111	2,373	4,248
	1970-1975	123,005	110,634	2,932	4,892	4,547
	1976-1980	111,024	95,433	4,473	7,089	4,029
면부	합계	2,173,947	2,136,688	10,586	9,842	16,831
	1950년 이전	913,194	910,303		303	2,588
	1950-1959	461,187	457,957		751	2,479
	1960-1969	311,058	305,198	521	1,872	3,467
	1970-1975	254,836	245,789	1,931	3,051	4,065
	1976-1980	233,672	217,441	8,134	3,865	4,232

자료: 통계청, 「주택총조사」(http://kosis.kr).

표 I348-353 건립연수별 주택스톡, 1990

건축연도		주택종류별					
		합계	단독주택	아파트	연립주택	다세대주택	비거주용 건물 내 주택
		I348	I349	I350	I351	I352	I353
		남한, 호					
전국	합계	7,160,386	4,726,933	1,628,117	487,506	115,349	202,481
	1950년 이전	944,412	934,359	-	701	-	9,352
	1950-1959	470,294	461,496	492	324	-	7,982
	1960-1969	912,575	863,634	20,475	4,760	-	23,706
	1970-1979	1,697,887	1,220,092	323,517	98,145	-	56,133
	1980-1985	1,495,055	664,360	545,094	221,454	10,466	53,681
	1986년	317,531	124,415	129,720	36,171	16,738	10,487
	1987년	298,304	118,696	121,829	28,898	18,519	10,362
	1988	381,775	129,818	189,136	30,720	19,999	12,102
	1989	374,748	114,679	185,022	38,188	25,721	11,138
	1990	267,805	95,384	112,832	28,145	23,906	7,538
시부	합계	4,646,241	2,411,001	1,541,881	429,228	103,364	160,767
	1950년 이전	217,265	210,212	-	475	-	6,578
	1950-1959	152,781	146,440	492	245	-	5,604
	1960-1969	460,344	418,723	20,364	2,900	-	18,357
	1970-1979	1,248,365	792,469	317,840	92,321	-	45,735
	1980-1985	1,215,527	442,768	524,882	195,863	9,360	42,654
	1986	253,919	81,532	119,995	28,404	15,637	8,351
	1987	244,594	79,773	115,078	24,113	17,413	8,217
	1988	325,559	93,001	177,425	26,984	18,229	9,920
	1989	312,670	80,789	167,246	33,361	22,115	9,159
	1990	215,217	65,294	98,559	24,562	20,610	6,192
읍부	합계	702,157	570,501	58,526	43,379	8,180	21,571
	1950년 이전	129,106	127,725	-	144	-	1,237
	1950-1959	67,695	66,398	-	42	-	1,255
	1960-1969	117,144	112,749	69	1,577	-	2,749
	1970-1979	147,413	133,672	3,527	4,760	-	5,454
	1980-1985	114,748	75,038	13,430	19,601	670	6,009
	1986	28,457	13,670	7,308	5,851	523	1,105
	1987	20,982	11,674	4,567	2,914	748	1,079
	1988	26,106	11,439	9,541	2,661	1,378	1,087
	1989	27,683	9,856	10,933	3,260	2,646	988
	1990	22,823	8,280	9,151	2,569	2,215	608
면부	합계	1,811,988	1,745,431	27,710	14,899	3,805	20,143
	1950년 이전	598,041	596,422	-	82	-	1,537
	1950-1959	249,818	248,658	-	37	-	1,123
	1960-1969	335,087	332,162	42	283	-	2,600
	1970-1979	302,109	293,951	2,150	1,064	-	4,944
	1980-1985	164,780	146,554	6,782	5,990	436	5,018
	1986	35,155	29,213	2,417	1,916	578	1,031
	1987	32,728	27,249	2,184	1,871	358	1,066
	1988	30,110	25,378	2,170	1,075	392	1,095
	1989	34,395	24,034	6,843	1,567	960	991
	1990	29,765	21,810	5,122	1,014	1,081	738

자료: 통계청, 「주택총조사」(http://kosis.kr).

표 I354-359 건립연수별 주택스톡, 2000

	건축연도	주택종류별					
		합계	단독주택	아파트	연립주택	다세대주택	영업용 건물 내 주택
		I354	I355	I356	I357	I358	I359
		남한, 호					
전국	합계	10,959,342	4,069,463	5,231,319	812,872	453,117	392,571
	2000	248,789	46,299	175,211	10,639	10,367	6,273
	1999	437,255	62,746	346,422	11,211	8,338	8,538
	1998	493,239	82,440	362,158	22,039	15,445	11,157
	1997	627,761	119,825	422,374	40,605	29,526	15,431
	1996	571,266	122,013	368,223	36,318	29,800	14,912
	1995	765,092	206,536	430,086	60,795	43,848	23,827
	1990-1994	3,040,847	729,980	1,749,516	264,818	203,384	93,149
	1985-1989	1,522,844	504,661	713,241	156,118	84,040	64,784
	1980-1984	1,207,265	542,287	421,210	154,387	28,369	61,012
	1970-1979	1,093,248	742,635	238,449	54,876	-	57,288
	1960-1969	388,305	362,973	4,351	927	-	20,054
	1959년 이전	563,431	547,068	78	139	-	16,146
동부	합계	8,123,046	2,077,466	4,671,005	691,371	419,060	264,144
	2000	176,099	16,315	137,173	9,318	9,744	3,549
	1999	332,863	18,727	295,100	7,298	7,369	4,369
	1998	359,972	27,706	295,920	16,380	13,949	6,017
	1997	459,455	44,380	349,212	30,789	26,515	8,559
	1996	417,502	44,866	309,906	27,614	26,798	8,318
	1995	564,590	74,920	384,902	50,421	40,757	13,590
	1990-1994	2,411,512	374,663	1,568,489	218,257	186,630	63,473
	1985-1989	1,270,611	328,733	679,094	133,971	80,045	48,768
	1980-1984	969,907	345,625	410,446	142,967	27,253	43,616
	1970-1979	786,809	455,922	236,334	53,384	-	41,169
	1960-1969	200,308	181,657	4,351	908	-	13,392
	1959년 이전	173,418	163,952	78	64	-	9,324
읍부	합계	1,022,198	503,885	369,728	74,779	18,577	55,229
	2000	31,504	6,632	22,804	751	260	1,057
	1999	40,899	9,635	26,877	2,417	378	1,592
	1998	61,140	11,300	44,137	3,098	687	1,918
	1997	78,897	16,173	52,905	5,754	1,530	2,535
	1996	63,481	15,389	39,255	4,859	1,562	2,416
	1995	65,714	26,444	28,326	5,676	1,560	3,708
	1990-1994	252,013	81,884	121,647	27,034	9,196	12,252
	1985-1989	101,505	50,204	26,001	14,955	2,713	7,632
	1980-1984	87,770	63,307	6,557	8,906	691	8,309
	1970-1979	99,109	89,004	1,219	1,235	-	7,651
	1960-1969	52,293	49,182	-	19	-	3,092
	1959년 이전	87,873	84,731	-	75	-	3,067
면부	합계	1,814,098	1,488,112	190,586	46,722	15,480	73,198
	2000	41,186	23,352	15,234	570	363	1,667
	1999	63,493	34,384	24,445	1,496	591	2,577
	1998	72,127	43,434	22,101	2,561	809	3,222
	1997	89,409	59,272	20,257	4,062	1,481	4,337
	1996	90,283	61,758	19,062	3,845	1,440	4,178
	1995	134,788	105,172	16,858	4,698	1,531	6,529
	1990-1994	377,322	273,433	59,380	19,527	7,558	17,424
	1985-1989	150,728	125,724	8,146	7,192	1,282	8,384
	1980-1984	149,588	133,355	4,207	2,514	425	9,087
	1970-1979	207,330	197,709	896	257	-	8,468
	1960-1969	135,704	132,134	-	-	-	3,570
	1959년 이전	302,140	298,385	-	-	-	3,755

자료: 통계청, 「주택총조사」(http://kosis.kr).

표 I360-365 건립연수별 주택스톡, 2010

	건축연도	주택종류별					
		합계	단독주택	아파트	연립주택	다세대주택	비거주용 건물 내 주택
		I360	I361	I362	I363	I364	I365
		남한, 호					
전국	합계	13,883,571	3,797,112	8,185,063	503,630	1,246,486	151,280
	2010	205,476	35,391	155,385	1,762	11,527	1,411
	2009	347,381	46,175	271,236	4,332	23,583	2,055
	2008	407,692	51,969	313,593	4,970	34,431	2,729
	2007	385,733	51,667	311,883	2,895	16,633	2,655
	2006	382,879	44,699	320,070	2,649	13,020	2,441
	2005	444,999	72,049	347,061	3,947	17,734	4,208
	1995-2004	5,383,734	876,094	3,652,353	146,533	658,668	50,086
	1980-1994	4,976,596	1,455,633	2,690,159	303,181	462,913	64,710
	1979년 이전	1,349,081	1,163,435	123,323	33,361	7,977	20,985
동부	합계	10,806,290	1,931,928	7,191,332	404,905	1,167,732	110,393
	2010	142,234	13,597	115,951	1,220	10,729	737
	2009	257,431	15,235	216,668	2,812	21,682	1,034
	2008	308,765	19,241	252,299	3,840	31,901	1,484
	2007	291,576	18,298	254,495	1,904	15,457	1,422
	2006	300,085	15,387	270,524	1,557	11,265	1,352
	2005	342,597	23,727	298,163	2,496	15,805	2,406
	1995-2004	4,306,888	386,503	3,156,573	107,184	622,089	34,539
	1980-1994	4,144,082	904,699	2,504,349	252,245	431,049	51,740
	1979년 이전	712,632	535,241	122,310	31,647	7,755	15,679
읍부	합계	1,352,033	501,014	713,521	67,026	52,687	17,785
	2010	36,034	5,754	29,061	444	548	227
	2009	49,383	8,014	38,481	1,244	1,283	361
	2008	54,797	8,701	43,046	714	1,875	461
	2007	55,400	8,497	45,130	508	805	460
	2006	47,098	7,388	37,390	760	1,167	393
	2005	50,426	11,458	36,270	832	1,279	587
	1995-2004	525,671	119,519	349,506	25,626	24,611	6,409
	1980-1994	362,019	164,811	134,226	35,489	20,984	6,509
	1979년 이전	171,205	166,872	411	1,409	135	2,378
면부	합계	1,725,248	1,364,170	280,210	31,699	26,067	23,102
	2010	27,208	16,040	10,373	98	250	447
	2009	40,567	22,926	16,087	276	618	660
	2008	44,130	24,027	18,248	416	655	784
	2007	38,757	24,872	12,258	483	371	773
	2006	35,696	21,924	12,156	332	588	696
	2005	51,976	36,864	12,628	619	650	1,215
	1995-2004	551,175	370,072	146,274	13,723	11,968	9,138
	1980-1994	470,495	386,123	51,584	15,447	10,880	6,461
	1979년 이전	465,244	461,322	602	305	87	2,928

자료: 통계청, 「주택총조사」(http://kosis.kr).

표 I366-371 건립연수별 주택스톡, 2015

건립연수		주택종류별					
		합계	단독주택	아파트	연립주택	다세대주택	비거주용 건물 내 주택
		I366	I367	I368	I369	I370	I371
		남한, 호					
합계	합계	16,367,006	3,973,961	9,806,062	485,349	1,898,090	203,544
	1년 미만	476,785	58,991	307,004	11,551	95,835	3,404
	1-2년 미만	455,212	55,176	304,505	9,441	82,614	3,476
	2-3년 미만	393,370	50,748	234,606	11,850	93,029	3,137
	3-4년 미만	386,958	53,877	215,665	11,057	103,047	3,312
	4-5년 미만	360,246	50,778	236,618	5,652	63,780	3,418
	5-10년 미만	1,981,035	223,393	1,582,648	20,863	140,044	14,087
	10-15년 미만	2,587,698	273,915	1,758,449	38,773	491,508	25,053
	15-20년 미만	2,562,148	373,489	1,901,193	72,935	188,188	26,343
	20-30년 미만	4,494,328	913,756	2,765,826	160,234	582,145	72,367
	30-40년 미만	1,440,791	750,042	467,054	138,229	53,299	32,167
	40-50년 미만	501,512	451,636	30,448	4,532	4,409	10,487
	50년 이상	726,923	718,160	2,046	232	192	6,293
동부	합계	12,770,134	1,904,640	8,606,848	387,477	1,723,960	147,209
	1년 미만	364,810	20,252	252,307	7,212	82,947	2,092
	1-2년 미만	349,706	19,107	252,125	6,336	70,122	2,016
	2-3년 미만	307,635	16,802	202,427	8,776	77,760	1,870
	3-4년 미만	307,382	20,492	186,526	8,644	89,680	2,040
	4-5년 미만	293,352	19,215	211,525	3,716	56,710	2,186
	5-10년 미만	1,531,239	78,869	1,304,465	13,882	125,745	8,278
	10-15년 미만	2,189,403	116,263	1,557,593	29,774	468,677	17,096
	15-20년 미만	1,993,987	139,469	1,618,710	52,570	166,919	16,319
	20-30년 미만	3,817,424	566,999	2,537,162	125,804	529,694	57,765
	30-40년 미만	1,123,138	468,021	452,319	126,013	51,123	25,662
	40-50년 미만	319,879	272,736	29,644	4,518	4,391	8,590
	50년 이상	172,179	166,415	2,045	232	192	3,295
읍부	합계	1,614,808	544,351	864,404	66,387	112,764	26,902
	1년 미만	49,267	10,172	27,240	2,786	8,483	586
	1-2년 미만	48,727	9,286	28,392	2,322	8,033	694
	2-3년 미만	44,650	8,913	22,913	1,744	10,471	609
	3-4년 미만	41,054	8,939	21,049	1,502	8,943	621
	4-5년 미만	27,837	8,252	13,162	1,274	4,606	543
	5-10년 미만	274,041	37,135	221,528	3,932	8,982	2,464
	10-15년 미만	212,395	38,953	149,248	5,781	14,814	3,599
	15-20년 미만	295,552	55,720	208,496	13,736	13,228	4,372
	20-30년 미만	324,479	94,657	165,479	23,227	33,492	7,624
	30-40년 미만	117,496	95,465	6,611	10,083	1,712	3,625
	40-50년 미만	51,978	50,773	286			919
	50년 이상	127,332	126,086				1,246
면부	합계	1,982,064	1,524,970	334,810	31,485	61,366	29,433
	1년 미만	62,708	28,567	27,457	1,553	4,405	726
	1-2년 미만	56,779	26,783	23,988	783	4,459	766
	2-3년 미만	41,085	25,033	9,266	1,330	4,798	658
	3-4년 미만	38,522	24,446	8,090	911	4,424	651
	4-5년 미만	39,057	23,311	11,931	662	2,464	689
	5-10년 미만	175,755	107,389	56,655	3,049	5,317	3,345
	10-15년 미만	185,900	118,699	51,608	3,218	8,017	4,358
	15-20년 미만	272,609	178,300	73,987	6,629	8,041	5,652
	20-30년 미만	352,425	252,100	63,185	11,203	18,959	6,978
	30-40년 미만	200,157	186,556	8,124	2,133	464	2,880
	40-50년 미만	129,655	128,127	518	14	18	978
	50년 이상	427,412	425,659				1,752

자료: 통계청, 「주택총조사」(http://kosis.kr).

표 I372-383 준공연도별 아파트 스톡, 1977

	사업주체별 세대수				
	합계	정부시영	주공	건설회사	개인
	I372	I373	I374	I375	I376
	남한, 호				
1935년 이전	52			52	
1936-1940	30				30
1941-1945	116				
1946-1955					
1956-1960	1,133		842	164	127
1961-1965	979	569	240		170
1966-1970	38,572	28,678	4,192	2,290	3,412
1971-1975	62,848	20,069	21,695	11,588	9,496
1976-1977	61,417	15,102	31,084	9,365	5,866

	규모별 세대수						
	합계	13평 이하	14-20평	21-25평	26-40평	41-60평	61평 이상
	I377	I378	I379	I380	I381	I382	I383
				남한, 호			
1935년 이전	52			52			
1936-1940	30	30					
1941-1945	116	18	50	48			
1946-1955							
1956-1960	1,133	557	497	75	4		
1961-1965	979	803	140	36			
1966-1970	38,572	26,833	7,723	1,183	2,429	343	61
1971-1975	62,848	27,334	15,756	8,129	8,221	3,020	388
1976-1977	61,417	29,637	18,284	4,402	6,562	2,302	240

자료: 건설부 주택자료; 한국주택은행,『주택금융』49(한국주택은행, 1978), p. 102.

표 I384-404 준공연도별 아파트 스톡, 2013

	사업주체별								
	합계	국가	지방자치단체	대한주택공사	민간				기타
					소계	건설업자	주택조합	개인	
	I384	I385	I386	I387	I388	I389	I390	I391	I392
	남한, 호								
1940	51	-	-	-	51	-	-	51	-
1945	48	-	-	-	48	48	-	-	-
1960	413	-	-	232	181	-	-	181	-
1965	1,509	432	293	711	73	30	-	43	-
1970	31,385	2,148	20,083	3,450	5,704	3,103	-	2,601	-
1971	7,317	800	2,905	788	2,824	2,299	-	525	-
1972	5,199	1,156	416	997	2,630	1,065	-	1,565	-
1973	7,947	252	1,052	5,326	1,317	426	-	891	-
1974	16,911	676	1,541	6,482	8,212	7,025	-	1,187	-
1975	42,167	1,144	7,312	22,603	11,108	8,660	-	2,448	-
1976	21,009	746	3,600	6,370	10,293	8,398	-	1,895	-
1977	31,578	608	2,474	15,580	12,916	10,599	-	2,317	-
1978	58,031	426	4,097	17,119	36,389	32,927	-	3,462	-
1979	87,637	707	10,651	26,287	49,992	43,262	-	6,730	-
1980	72,988	1,269	2,377	29,394	39,948	35,102	190	4,656	-
1981	70,795	616	1,585	34,419	34,175	29,611	-	4,564	-
1982	68,081	1,758	2,028	34,313	29,982	26,502	-	3,480	-
1983	88,448	298	1,529	30,461	56,160	49,135	-	7,025	-
1984	91,219	20	6,153	26,932	58,114	51,488	30	6,596	-
1985	94,749	30	2,645	27,199	64,875	57,373	-	7,502	-
1986	98,908	-	13,450	29,778	55,680	50,163	-	5,517	-
1987	106,531	-	10,724	25,820	69,987	63,243	80	6,664	-
1988	162,028	60	16,119	41,547	104,302	92,076	198	12,028	-
1989	180,651	398	9,854	38,524	131,875	122,019	3,722	6,134	-
1990	201,504	200	5,218	45,823	150,263	133,546	13,320	3,397	-
1991	270,821	2,547	16,985	54,494	196,795	172,557	19,873	4,365	-
1992	381,141	4,126	38,351	63,391	275,273	240,126	32,907	2,240	-
1993	368,703	-	25,810	35,999	306,894	271,723	33,566	1,605	-
1994	398,341	145	154,963	45,286	197,947	142,420	24,731	30,796	-
1995	429,898	787	21,609	49,705	357,797	333,218	21,919	2,660	-
1996	364,483	1,074	21,569	38,711	303,129	284,519	17,009	1,601	-
1997	417,762	988	12,078	43,409	361,287	326,015	33,236	2,036	-
1998	364,988	1,376	9,601	35,620	318,391	275,595	38,177	4,619	-
1999	337,538	-	5,873	32,486	299,179	236,541	61,195	1,443	-
2000	281,523	380	5,900	39,903	235,340	194,885	40,196	259	-
2001	337,367	-	9,949	37,741	289,677	222,159	66,870	648	-
2002	288,262	514	2,836	36,406	248,506	189,275	54,727	4,504	-
2003	266,840	3,438	7,305	34,985	221,112	151,925	67,753	1,434	-
2004	299,739	-	7,210	33,388	259,141	185,787	68,132	5,222	-
2005	304,114	-	5,608	30,429	265,079	199,477	63,814	1,788	2,998
2006	279,226	-	4,133	31,586	239,349	171,456	66,155	1,738	4,158
2007	286,335	1,910	9,537	21,681	248,413	176,648	71,405	360	4,794
2008	305,437	-	19,993	33,000	245,321	163,292	80,962	1,067	7,123
2009	235,740	-	15,200	34,408	176,457	131,119	44,410	928	9,675
2010	232,326	4,079	9,571	45,415	168,233	139,406	28,274	553	5,028
2011	157,126	-	13,774	50,413	92,073	66,587	24,092	1,394	866
2012	154,361	1,163	6,102	24,885	116,338	82,117	24,045	10,176	5,873
2013	178,138	-	10,961	23,962	140,117	120,364	15,300	4,453	3,098

자료: 통계청, 「아파트주거환경통계」(http://kosis.kr).

표 1384-404 계속

	규모별											
	42.9m² 미만	42.9-49.5	49.5-59.4	59.4-66.0	66.0-82.5	82.5-99.0	99.0-115.5	115.5-132.0	132.0-148.5	148.5-166.5	166.5-198.0	198.0m² 이상
	1393	1394	1395	1396	1397	1398	1399	1400	1401	1402	1403	1404
	남한, 호											
1940	8	15	-	-	20	5	3	-	-	-	-	-
1945	-	-	-	24	-	24	-	-	-	-	-	-
1960	178	-	152	2	80	-	-	1	-	-	-	-
1965	765	437	296	5	3	3	-	-	-	-	-	-
1970	18,385	4,505	3,295	1,248	1,344	1,138	661	525	61	94	111	18
1971	560	800	999	1,062	2,584	312	49	402	53	443	10	43
1972	1,061	1,391	920	95	472	748	306	68	35	54	44	5
1973	270	1,972	448	169	1,946	292	1,817	182	756	13	42	40
1974	536	5,895	3,861	777	1,360	1,543	533	479	1,386	212	120	209
1975	2,505	20,071	8,914	1,584	2,663	1,483	1,342	1,207	212	752	682	752
1976	2,117	7,332	3,776	1,459	3,188	1,378	373	546	247	-	524	69
1977	1,613	12,717	2,713	1,072	3,568	2,176	3,764	2,321	328	438	668	200
1978	2,774	12,817	8,313	3,690	9,068	8,445	5,729	2,685	1,034	1,581	1,303	592
1979	4,342	20,668	13,271	4,304	11,860	13,452	9,162	5,907	1,339	1,854	1,120	358
1980	11,577	15,483	9,786	6,435	10,054	7,381	8,000	2,088	337	820	903	124
1981	5,270	17,869	15,018	7,195	9,415	5,988	5,432	2,162	648	1,090	708	-
1982	4,239	12,280	21,790	7,558	8,444	4,364	2,199	2,235	860	1,045	2,410	657
1983	9,755	5,616	14,041	9,454	13,927	9,805	6,019	2,232	677	14,755	1,346	821
1984	850	6,470	18,201	14,913	18,576	11,669	10,744	1,827	2,400	3,105	2,179	285
1985	261	6,185	18,470	11,609	20,045	14,417	14,384	2,001	2,810	2,897	1,278	392
1986	66	7,588	14,771	8,943	24,870	17,300	13,759	4,359	911	3,908	1,797	636
1987	2,202	9,132	15,438	12,879	27,384	20,588	10,236	5,708	600	1,542	781	41
1988	3,850	10,496	25,158	20,300	40,867	28,429	19,269	3,763	3,307	3,413	1,982	1,194
1989	1,391	66,884	19,883	13,034	27,432	22,878	18,752	3,679	2,958	2,569	595	596
1990	7,391	1,837	26,727	9,878	42,550	44,002	52,880	3,660	4,776	5,768	1,499	536
1991	25,458	13,545	21,718	12,918	45,445	48,658	79,041	4,100	5,070	8,354	5,132	1,382
1992	42,566	15,113	27,765	23,218	59,996	56,409	103,443	19,612	8,339	11,324	8,617	4,739
1993	27,581	10,747	21,636	21,052	39,047	120,723	55,047	29,138	12,084	15,938	11,288	4,422
1994	38,032	10,749	23,347	20,947	82,214	67,510	85,175	29,353	11,397	16,718	8,601	4,298
1995	23,581	9,004	32,377	31,191	115,890	79,626	88,054	22,773	6,489	12,654	6,517	1,742
1996	15,494	5,109	22,411	29,518	119,425	71,997	61,164	17,248	6,415	9,244	4,656	1,802
1997	10,563	7,190	32,250	34,728	115,772	72,504	102,862	16,975	10,903	9,923	2,609	1,483
1998	7,625	3,945	28,080	26,219	100,612	71,963	78,517	18,637	14,335	10,282	3,652	1,121
1999	7,906	10,556	15,042	21,377	66,959	78,772	75,087	16,837	17,188	17,604	8,240	1,970
2000	8,895	12,980	19,900	32,314	53,892	74,289	81,120	10,050	20,010	10,752	2,738	1,389
2001	3,871	4,719	4,909	5,427	25,306	59,436	88,558	52,128	29,703	13,773	1,437	1,294
2002	4,310	5,197	11,351	11,806	48,652	57,259	70,456	34,565	16,529	13,829	9,628	4,680
2003	2,463	4,499	7,737	13,241	37,930	51,568	85,308	27,503	19,186	9,120	5,396	2,889
2004	2,958	3,348	8,287	11,428	42,707	61,576	100,667	27,626	21,234	9,714	5,877	4,317
2005	1,176	1,395	5,617	9,457	39,263	45,636	116,503	38,245	17,683	15,525	9,897	3,717
2006	558	1,425	4,221	11,137	31,742	40,990	101,534	33,183	23,457	18,856	8,720	3,403
2007	2,174	2,811	6,309	7,021	23,057	38,932	107,087	32,210	21,592	27,228	14,375	3,539
2008	5,829	2,376	6,371	8,604	26,230	46,476	95,109	36,059	31,798	24,597	13,482	8,506
2009	3,124	2,691	7,724	8,412	19,773	43,277	61,023	26,170	19,462	21,324	13,031	9,729
2010	5,629	4,900	10,263	9,112	14,795	36,464	59,913	24,074	18,064	25,536	14,536	9,040
2011	4,821	3,434	11,470	5,912	18,804	28,273	38,416	10,884	8,758	11,414	7,771	7,169
2012	8,076	2,573	7,183	4,806	11,097	28,074	47,845	14,241	9,271	12,069	6,599	2,527
2013	6,577	1,982	8,165	7,223	16,386	40,526	52,852	16,402	9,990	9,849	5,343	2,843

5. 주택금융

표 I405-409 입주자저축가입자 현황, 1980-2013

	합계	청약저축	청약예금	청약부금	종합저축
	I405	I406	I407	I408	I409
			남한, 천 좌		
1980	16	-	16		
1981	54	36	17		
1982	158	113	46		
1983	322	232	89		
1984	354	263	91		
1985	265	201	64		
1986	189	139	49		
1987	194	116	78		
1988	836	484	352		
1989	1,892	1,087	695	111	
1990	2,538	1,302	940	297	
1991	2,886	1,314	1,009	563	
1992	2,624	1,082	893	649	
1993	2,474	921	820	734	
1994	2,303	768	781	754	
1995	2,208	635	725	848	
1996	2,074	516	694	864	
1997	2,248	447	809	992	
1998	1,391	274	530	588	
1999	1,606	290	678	639	
2000	3,791	317	1,561	1,914	
2001	3,749	457	1,419	1,873	
2002	5,240	790	1,947	2,504	
2003	6,343	1,186	2,420	2,737	
2004	6,666	1,634	2,534	2,498	
2005	7,107	2,180	2,816	2,111	
2006	7,213	2,409	2,937	1,867	
2007	6,912	2,639	2,794	1,479	
2008	6,316	2,628	2,479	1,209	
2009	13,912	2,015	2,190	856	8,850
2010	14,811	1,677	1,948	647	10,539
2011	14,878	1,382	1,749	514	11,233
2012	14,905	1,164	1,547	514	11,217
2013	16,210	988	1,387	360	13,475

자료: 국토교통부, 「입주자저축가입자현황」(http://stat.molit.go.kr).

표 I410-427 국민주택기금 조성 및 운용 실적, 1985-2014

	조성									
	합계	국민주택채권	청약저축	재특/농특/공자	융자금회수	복권기금전입금	주택복권자금	주택저당증권	이자수입 등	전기이월자금
	I410	I411	I412	I413	I414	I415	I416	I417	I418	I419
	남한, 억 원									
1985	13,081	3,417	2,323	802	356		107		2,656	3,420
1986	11,636	3,573	1,623	2,051	505		115		2,476	1,293
1987	14,616	3,882	1,031	5,266	1,291		113		2,772	261
1988	13,013	5,398	2,773	2,241	727		112		1,382	380
1989	24,819	7,036	8,585	2,986	1,388		306		2,299	2,219
1990	40,588	11,550	12,895	496	4,800		402		2,022	8,423
1991	46,651	16,511	14,130	1,797	6,847		584		4,367	2,415
1992	51,695	18,250	12,012	1,836	5,421		540		5,607	8,029
1993	58,380	17,406	9,665	2,217	11,996		556		10,563	5,977
1994	63,331	19,100	7,680	8,570	9,343		597		12,123	5,918
1995	70,867	21,438	6,354	15,337	9,963		551		13,532	3,692
1996	77,118	24,294	4,969	16,879	10,567		507		16,302	3,600
1997	79,456	27,806	4,200	15,953	10,424		588		19,485	1,000
1998	99,666	25,125	2,381	21,558	10,671		595		38,444	892
1999	133,085	35,752	2,022	44,164	23,026		670		23,577	3,874
2000	140,078	37,382	2,312	22,207	32,947		768	12,773	25,896	5,793
2001	190,912	54,396	3,041	27,764	58,565		777	7,427	26,731	12,211
2002	192,000	76,176	6,014	560	70,650		1,054	5,102	23,870	8,574
2003	207,807	70,902	9,020	560	57,720		5,304	3,089	22,628	38,584
2004	203,469	59,864	11,531	540	48,008	3,851	1,079		21,115	57,481
2005	227,009	84,736	16,248	540	54,699	4,846			22,012	43,928
2006	264,165	106,213	18,805	640	65,459	4,900			23,389	44,759
2007	244,050	85,503	20,610	540	55,003	4,610			33,278	44,506
2008	220,978	84,747	19,753		56,680	4,647			38,343	16,808
2009	277,018	95,658	61,001	273	71,838	5,547			35,396	7,305
2010	345,151	89,394	83,475	173	82,970	4,719			40,841	43,579
2011	430,856	99,968	90,834	-	104,571	4,814	-	-	47,244	83,424
2012	453,722	97,370	112,691	-	101,133	4,880	-	-	32,857	104,791
2013	526,803	104,870	147,235	-	123,835	5,381	-	-	32,923	112,559
2014	646,891	124,474	162,453		135,148	5,380			31,345	188,091

자료: 국토교통부(http://stat.molit.go.kr)에서 국민주택기금 통계를 제공했었지만, 현재는 주택도시기금 통계만 제공하고 본 통계는 제공하지 않는다.

주: 재특/농특/공자에서 재특은 재정융자특별회계 자금을, 농특자금은 농어촌특별세관리특별회계 자금을, 공자는 공공자금관리기금예수금을 의미한다.

표 I410-427 계속

	운용							
	합계	융자사업					차입금상환 등	지급준비자금
		소계	임대주택건설	분양주택건설	수요자지원	주택개량 등		
	I420	I421	I422	I423	I424	I425	I426	I427
	남한, 억 원							
1985	13,081	5,989	611	5,003		375	5,799	1,293
1986	11,636	5,451	593	4,709		149	5,924	261
1987	14,616	5,534	1,424	3,934		176	8,702	380
1988	13,013	6,311	1,380	4,659		272	4,483	2,219
1989	24,819	11,739	3,442	4,142		4,155	4,657	8,423
1990	40,588	26,906	8,420	8,946	450	9,090	11,267	2,415
1991	46,651	25,086	6,508	11,896	450	6,232	13,536	8,029
1992	51,695	30,538	7,265	16,121	450	6,702	15,180	5,977
1993	58,380	29,901	4,698	20,647	696	3,860	22,561	5,918
1994	63,331	36,919	8,856	22,058	1,500	4,505	22,720	3,692
1995	70,867	43,567	12,522	24,776	1,750	4,519	23,700	3,600
1996	77,118	46,283	17,211	22,341	1,730	5,001	29,835	1,000
1997	79,456	46,271	21,179	18,948	2,250	3,894	32,293	892
1998	99,666	55,894	19,555	9,102	22,721	4,516	39,898	3,874
1999	133,085	69,041	22,870	9,540	33,262	3,369	58,251	5,793
2000	140,078	84,199	34,355	8,945	37,931	2,968	43,668	12,211
2001	190,912	89,301	41,194	6,454	27,207	14,446	93,037	8,574
2002	192,000	69,979	36,904	4,317	22,171	6,587	83,437	38,584
2003	207,807	78,897	30,659	9,422	35,784	3,032	71,429	57,481
2004	203,469	71,868	29,275	14,480	26,839	1,274	87,673	43,928
2005	227,009	100,158	29,175	16,185	52,316	2,482	82,092	44,759
2006	264,165	117,403	40,366	14,660	60,009	2,368	102,257	44,505
2007	244,050	100,418	41,131	8,522	48,929	1,836	126,824	16,808
2008	220,978	95,028	26,420	7,367	60,101	1,140	118,645	7,305
2009	277,018	120,775	65,852	13,896	53,717	1,254	98,415	43,884
2010	345,151	110,906	37,396	22,736	50,759	15	150,657	83,588
2011	430,856	51,563	38,635	36,880	68,395	7,653	175,421	103,872
2012	453,722	158,516	35,887	48,777	73,838	14	170,352	124,854
2013	526,803	140,940	35,197	18,319	86,712	712	199,921	185,942
2014	646,891	159,137	40,445	9,846	108,375	471	258,111	229,643

J. 제조업

박기주

제조업은 원재료에 물리적, 화학적 작용을 가하여 투입된 원재료와 성질이 다른 새로운 제품으로 전환시키는 산업 활동을 말한다. 따라서 그것은 단순한 채굴 · 채집이나 생육을 통해 재화를 얻는 1차 산업과 다르며, 유형의 물질을 만들어낸다는 점에서 서비스업과도 다르다. 그러나 최근에는 기술발전에 따라 이런 전통적 구분이 애매해지는 경우도 있다. 한편 제조업이라 하더라도 동질적이지 않기 때문에, 전통적인 방식에 따라 경공업과 중화학공업으로 분류하거나 혹은 용도에 따라 자본재, 중간재, 소비재 생산 부문으로 구분하기도 한다. 발전된 경제에서는 일반적으로 중화학공업 혹은 자본재와 중간재의 생산 비중이 높다.

전통시대의 수공업에는 관영과 민영이 있었다. 민간의 장인을 동원하는 관영수공업은 조선왕조 후기에 정부와 왕실이 공인을 통해 필요 물자를 조달하면서부터 점차 해체되었다. 민영수공업은 지역적으로 편중되어 있었고 발전하지 못했다. 면작과 양잠은 널리 행해졌지만 직물수공업은 가내부업에 의한 자급의 수준에 머무르고 상인 등에 의한 생산과 유통의 조직화는 그다지 진전되지 않았다(須川英德 2001). 조선은 1876년에 강요된 개항을 통해 소위 미면교환이라는 국제 분업질서에 편입되었으며, 청일전쟁 이후 투박하고 값싼 일본산 기계제 면제품이 수입되면서 전통적 직물수공업은 비록 수입 면사를 이용하여 대응하지만 심각한 타격을 받지 않을 수 없었다. 개항 이후 일본인이 來住하면서 정미업과 일부 소비재 생산 부문에서 근대 공업이 이식되었지만 아직 미미한 수준에 불과하였다. 이에 제조업의 성장 과정에 대한 설명은 20세기에 국한된다.

한국은 제2차 세계대전 이후 독립하여 분단과 전쟁을 거친 저소득국이었으나 제조업이 선도적 역할을 하면서 경제성장을 주도하여 선진국의 수준에 이른 대표적인 국가이다. 제조업은 고도성장기에 경공업으로 시작하였으나 빠른 속도로 중화학공업의 비중이 높아졌으며, 현재는 중화학공업이 제조업 생산에서 압도적인 비중을 차지하고 있다. GDP 대비 제조업의 비중은 2013년 기준으로 31%이며 이는 현재 세계의 공장이라는 중국과 비슷한 수준이며 다른 OECD 국가에 비해 매우 높은 수준이다. 1인당 제조업 GDP는 2013년 현재 7,200달러로 미국의 5,600달러보다 높고 일본과 비슷한 수준이다(정준호 2016: 74).

한국 경제의 고도성장을 이해하기 위해서는 제조업의 장기적 변화를 보는 것이 필수불가결하다. 이에 이하 1절에서는 제조업 관련 통계 자료에 대해 설명하고, 제2절에서는 생산지수를 중심으로 제조업의 성장 과정을 개관하고, 제3절에서는 제조업 구성의 추이를 살펴보기로 한다.

1. 제조업 관련 통계의 출처와 작성

1) 1911-1940년

1905년 제2차 한일협약으로 일본이 조선을 사실상 식민지화한 후 통감부가 발간한 『統監府統計年報』에 전국의 공장에 관한 표가 처음으로 수록되지만, 제조업에 관한 기본통계는 『朝鮮總督府統計年報』(이하 『총독부통계연보』)에서 얻을 수 있다. 『총독부통계연보』에는 제조업과 관련하여 「공장」과 「공산물」이라는 두 종의 통계가 수록되어 있다. 각각은 각도 지사가 매년 보고하는 「공장표」와 「공산표」를 집계한 것이며, 수록된 기간은 1911년부터 1940년까지이다. 공산물 통계는 가내공업도 포함하며 품목별 생산량 및 생산액을 집계하여 제시하고 있다. 공장 통계는 사업체 기준의 통계이며 공장수, 종업원수, 생산액을 제시하고 있다. 공장 통계는 1929년부터 공장의 기준을 변경하고 생산 통계를 별도의 표로 분리하였기 때문에 이전 연도와 통계상의 단절이 있으며,[1] 공장 및 종업원 통계와 생산 통계가 상호 대응되지 않는다.

공산액은 가내공업을 포함하므로 당연히 공장 생산액보다 커야 하지만 그렇지 못한 경우가 있다. 이는 양 통계 사이에 많은 부정합이 존재함을 의미한다. 또한 공장 통계는 관영공장을 포함하지 않은 시기가 있다. 박기주(2006)는 차량 제조업, 연초 제조업, 제약업, 인쇄업 관영공장 통계의 누락된 연도를 보완하고 금속제련업의 통계 오류를 수정하여 공장 생산액과 종업원수를 업종별로 추계하였다. 『총독부통계연보』의 공장 통계를 유별로 집계한 것과 그것을 수정한 박기주(2006)의 결과는 업종에 따라 상당한 차이가 있다(J17-76).

공산물 통계는 제조업 품목별로 금액과 수량을 제시하고 있지만, 일부 연도의 통계가 누락되었거나 업종별 합계액만 제시되어 있기도 하여 다른 자료로 보완할 필요가 있다. 보완을 위한 자료에는 동일한 보고의 통계를 상세하게 수록한 『朝鮮總督府官報』와 경성상공회의소의 『朝鮮經濟雜誌』(1932년 2월호부터 『經濟月報』)가 있으며, 관영 전매국과 철도국 소속 공장의 생산에 관한 정보를 제공하는 『朝鮮總督府轉賣局年報』와 『朝鮮總督府鐵道局年報』가 있다. 또한 1930년대 말의 전시 체제하에서 『총독부통계연보』에 공개되지 않은 일부 품목의 생산 통계는 미공간의 『民營工場生産額集計』(1938-1940)로 보완할 수 있으며, 농축산 가공품 생산 통계는 『농업통계표』 등을 이용하여 보완할 수 있다. 박기주(2012)는 이상의 자료를 이용하여 업종별 생산액과 디플레이터를 추계하였다(J511-560).

2) 해방 전후

『총독부통계연보』의 제조업 생산에 관한 통계는 1940년에 그치고 해방 후에 한국은행에 의한 제조업 산출액 및 부가가치 추계는 1953년부터 시작된다. 따라서 그 사이 시기는 통계의 공백기라고 할 수 있다. 다만 1940년대 전반기의 생산력 확충이나 물자동원계획과 관련한 생산 통계가 단편적인 형태로 남아 있으며, 해방 후에 한국은행, 상공부, 내무부통계국, 한국산업은행 등이 발간한 통계서에 제조업의 품목별 생산량 통계가 분산적으로 존재한다. 한편, 한국은행은 국민소득 추계를 위해 제조업 산출액 및 부가가치를 추계하였는데, 1950년대의 수치를 여러 차례 수정하였지만 그 이유와 방식을 명확히 설명하지 않았다.

따라서 개별 재화의 생산에 관한 단편적인 통계만 있을 뿐인 1941년부터 1952년까지는 물론이고 한국은행이 명확한 설명 없이 수치를 수정한 1960년까지의 생산 통계를 새로 추계함으로써 해방 전과 후의 통계를 연결할 필요가 있다. 이에 박기주 · 류상윤(2010)은 여러 단편적 자료를 수집하여 1940-1960년의 품목별 생산량 시계열을 만들고 거기에 1955년 단가를 곱함으로써 1955년 불변가격 생산액을 추계하였으며, 1936년과 1955년 금액 간의 환산율을 작성함으로써 식민지기 1911-1940년의 시계열과 연결하였다(J668-677). 추계에 사용한 자료와 구체적인 추계 과정은 해당 논문을 참조할 수 있기 때문에 여기서는 설명을 생략한다.

3) 국민소득 추계 자료

제조업 생산 통계로는 국민소득 추계를 위한 자료와 센서스 자료가 있다.

먼저, 국민소득 추계 자료를 살펴보기로 하자. 한국은행은 1957년에 국민소득 통계 공식 기관으로 지정된 이후 국민소득을 추계하고 그 결과를 국민계정 시리즈로 발간하였으며 거기에 제조업 산출액과 부가가치를 제시하였다. 최초로 『한국의 국민소득: 1953~1958』이 발간된 이후 1967년에 『한국의 국민소득계정』, 1968, 1969, 1971년에 『국민소득연보』가 발간되었다. 『국민소득연보』는 1978년까지 발행되었으며 이후에는 『한국의 국민소득』, 『국민소득계정』, 『신국민계정』, 『국민계정』으로 이름을 바꾸어 발행되었다. 앞에서 언급한대로 1950년대의 수치는 최초의 시리즈와 후속 시리즈 사이에 큰 차이가 있지만, 수정 이유와 방식이 명확하게 설명되어 있지 않다.

한국은행에 의한 최초의 국민소득 추계는 1953년 SNA(System of National Accounts)에 따라 작성되었으며 GNP 기준이었다. 이후 한국은행은 기준연도를 변경하거나 새로운

1 공장기준의 변경으로, 1929년의 공장수는 1928년보다 크게 감소한 반면, 종업원수는 약간 감소하였다. 이는 공장기준 변경으로 인해 공장 통계에서 탈락한 것이 영세한 공장이었음을 말해 준다.

SNA로 통계를 재구성할 때 과거의 국민계정 통계를 개정하였다. 그러나 개정은 1970년부터의 통계에만 국한되었으며, 1970년 이전 연도의 통계(J561-590)는 1975년 불변가격의 추계가 포함되어 있는 『한국의 국민소득』(1978)이 마지막 개정이었다.[2] 추계를 위한 생산량과 가격 통계로는 경제기획원의 산업생산지수와 상공부의 상공 통계[3]와 도매물가 및 수출단가를 사용하였으며, 내수와 수출의 가격 구조가 서로 다르므로 분리하여 각각의 생산액을 추계하고 일정한 소득률을 곱하여 부가가치를 추계하였다(한국은행 1978: 60-61).

1970년 이후의 통계(J591-632)는 가장 최근에 개정된 국민계정 통계로서, 한국은행 경제통계시스템(http://esos.bok.or.kr)에서 가져왔다. 현재의 국민계정 체제는 2008년 SNA를 따르고 있다. 2008년 SNA로 이행하면서 국민계정은 공표 시계열을 1953년까지로 소급하였지만 1970년 이전은 제조업 종합에 관한 시계열만 제시되어 있다. 현재의 국민계정상의 제조업 통계는 다음과 같은 방식으로 작성되고 있다.[4] 기준년의 제조업의 명목 총산출은 광공업 센서스 자료를 이용하고 센서스가 포괄하지 못하는 영세기업은 산업연관표 작성 시에 이용한 영세기업 비율을 이용하여 추계한다. 센서스가 포괄하지 못하는 일부 품목의 경우에는 협회 및 관련 단체로부터 입수한 자료로 총산출을 추계한다. 부가가치는 총산출에서 중간투입(산업연관표를 이용하여 작성)을 차감하여 구한다. 비교년의 명목 총산출 역시 동일한 방법으로 구하고 부가가치는 기준년 부가가치율과 전년 대비 부가가치 증가율로부터 구한 비교년 부가가치율을 곱하여 추계한다(한국은행 2015).

4) 센서스 자료

센서스 자료로는 경제기획원 조사통계국(이후 통계청으로 승격)에 의한 『산업총조사보고서』와 『광공업통계조사보고서』가 있다.

한국은행이 1955년에 산업총조사를 처음 실시한 후 한국산업은행이 1958년과 1960년에 실시하였으며, 이후 경제기획원 조사통계국이 1963년, 1966년과 5년 주기(3, 8로 끝나는 연도를 대상)로 조사하여 『광공업센서스보고서』, 『산업센서스보고서』, 『산업총조사보고서』를 발간하였다. 산업총조사는 광업, 제조업은 물론 전기 · 가스 · 수도사업도 조사 대상에 포함하였다. 산업총조사는 2008년 3월에 폐지되고 이후 서비스업총조사 등을 통합한 경제총조사를 2011년부터 실시하고 있으며, 조사 대상 연도는 0 또는 5로 끝나는 연도이며 모든 사업체를 조사 대상으로 한다.

산업총조사가 없는 연도에 대해서는 『광공업통계조사보고서』(2001년 기준 조사부터 『광업제조업통계조사보고서』 2007년 기준 조사부터 『광업제조업조사보고서』)가 매년 발간되었다. 한국산업은행이 1967년 기준 조사를 1968년에 최초로 실시하였으며, 1969년 기준 조사부터 경제기획원 조사통계국 통계청이 인수하여 산업총조사가 실시되지 않는 연도에 대해 매년 실시하였다. 광공업통계조사 보고는 5인 이상 사업체에 대해 한국표준산업분류(2000년 기준 조사부터 제8차 개정 분류, 2007년 기준 조사부터 제9차 개정)에 의거하여 조사하였으며, 2008년 기준 조사부터 10인 이상 사업체를 대상으로 조사하고 있다. 단, 통계청은 제8차 개정 분류를 1991년까지 소급 적용하여 재집계한 통계와 제9차 개정 분류를 10인 이상 사업체에 대해 1999년까지 소급 적용하여 재집계한 통계도 제공하고 있다.

센서스는 사업체를 조사 대상으로 한다. 사업체는 일정한 물리적 장소 또는 지역에서 경제 활동을 독립적으로 하는 기업체 또는 기업체를 구성하는 부분 단위(개별 공장, 작업장, 사업소 등)를 말한다. 보고서는 사업체 단위로 출하액이 큰 생산품목을 따라 산업을 분류하여 집계한 수치를 제공하고 있다. 이 장의 통계표에는 센서스 통계의 기본이 되는 사업체 단위의 통계만 제시되어 있지만 센서스는 기업체 단위의 통계도 제공하고 있다. 기업체 단위의 통계는 사업체별 통계를 기업체별로 재집계한 것이다.

이상의 광공업통계조사와 산업총조사로부터 우리는 제조업사업체수, 종사자수, 급여액, 생산비, 부가가치, 출하액 등의 기본 통계(J1-16, J77-510)와 제조업의 동향을 보여 주는 생산, 출하, 재고에 관한 지수도 확보할 수 있다(J688-833).

---

2 이후에 발행된 국민계정 시리즈에도 1970년 이전의 내용은 동일하였다.

3 상공부가 발행한 『상공통계연보』에는 1957-1973년의 제조업 품목별 생산량을 수록하고 있으며, 이것이 국민소득 추계에 이용되었을 것으로 추정된다.

4 국민계정 체계는 국민소득 통계, 자금순환표, 국제수지표와 이를 통합한 국민계정과 국민대차대조표로 구성되며, 국민소득 통계 중 생산국민소득의 하나로 제조업 통계가 포함되어 있다.

2. 제조업의 성장 개관

제조업의 성장 추이를 쉽게 확인시켜 주는 것은 제조업 생산지수이다.[5] 생산지수는 개념적으로 국민계정상의 실질 부가가치지수에 해당한다.[6] 통계청(http://kosis.kr)은 2010년 기준의 생산지수를 1975년까지 소급하여 제공하고 있으며(J688),[7] 이는 한국은행 국민계정상의 명목 부가가치와 디플레이터(J605, J619)로부터 계산한 실질 부가가치지수와 거의 일치한다. 한편, 한국은행의 『경제통계연보』는 1954-1978년의 제조업 생산지수를 제공하고 있다(J678).[8] 또한 박기주 · 류상윤(2010)은 1955년 기준의 1911-1960년의 제조업 실질 부가가치를 추계하였다(J668). 그림 J-a의 제조업 생산지수는 이상의 세 계열을 1975년과 1955년에서 연결한 것이며, 제조업 GDP 비중은 국민소득 통계표(N173, N184)로부터 계산한 것이다.

그림 속의 숫자는 2010년을 100으로 한 값이다. 생산지수의 추이는 그동안 한국 경제에 있었던 여러 충격을 반영하고 있다. 그림에서 보듯이 1931년, 1940년대 전반, 1950년, 1980년, 1998년, 2008년은 생산지수의 하락이 있었던 시점이며, 1941년과 1956년은 해방 전의 최고와 해방 후 다시 그 수준을 회복하는 시점이며, 1965년은 성장이 가속된 시점이다.

한편, 제조업이 전체 GDP에서 차지하는 비중은 해방 직후에 식민지 초기보다 더 낮은 수준으로 하락하기도 했지만, 지난 100년 동안에 4% 전후에서 현재의 30% 정도로 증가하였다. 특히, 제조업의 GDP 비중이 크게 높아진 시기는 1930년대와 1960-1970년대이며 그 시기에 제조업 생산지

그림 J-a 제조업 생산지수(2010년=100)와 GDP 비중(%)

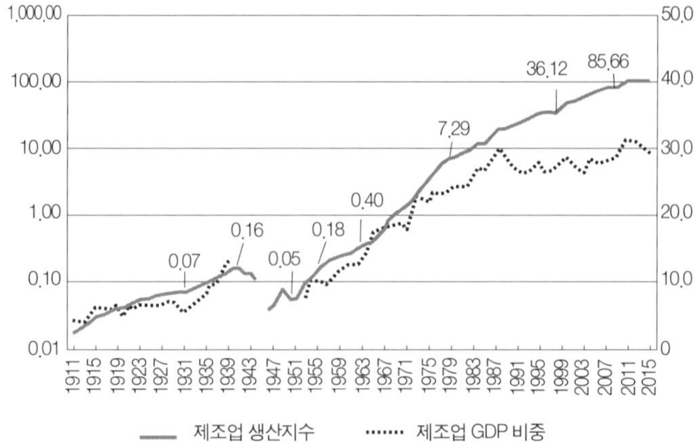

자료: J668, J678, J688, N173, N184.
주: 1) 생산지수는 1955년과 1975년 기준 시계열을 2010년 기준 시계열에 연결한 것임.
2) GDP 비중은 국민소득 중 제조업 부가가치 비중임.

수의 상승 속도와 경제성장의 속도가 빨랐다. 1980년대 중엽 이후 최근까지 제조업의 GDP 비중은 30% 수준을 유지하고 있다. 제조업의 생산지수가 상승하였지만 제조업의 GDP 비중이 정체하고 있다는 것은 한국 경제도 선진국 경제와 유사하게 서비스 산업이 중요해지고 있음을 의미한다.

이상의 제조업 생산지수와 제조업의 GDP 비중을 추이를 고려하면서 시기별로 제조업 생산추이의 변화를 살펴보자.

식민지 초기의 공산액에는 가내수공업 생산이 꽤 큰 비중을 차지하였다. 1차 산품의 최종 생산 단계라고도 할 수 있는 정미업, 繰綿業, 제재업을 제외한 통계로 보면, 5인 이상 기준의 공장 생산액의 비중은 1911-1940년에 공산액의 20%에서 80% 정도로 증가하였다. 반면 가내수공업 생산액의 비중은 80%에서 20%로 감소하였다(박기주 2006).

세계대공황기인 1930-1931년에 생산지수는 0.07로 하락하지만 1920년대 말과 비교하여 거의 하락하지 않았다. 식민지인 조선의 생산추이는 일본 경제에 영향을 받을 수밖에 없는데, 일본 경제에 미친 공황의 충격은 심하지 않았다. 이는 1920년대에 경제가 침체 상태였다는 기저효과 때문이기도 하고, 공황이 발발하자 재빨리 금본위제를 포기(1931년 12월)함으로써 재정팽창 정책을 통해 공황으로부터 비교적 빠르게 벗어날 수 있었기 때문이다. 특히, 조선총독부의 적극적인 공업 유치에 의해 일본의 대자본이 조선으로 진출

---

5 현재 통계청이 광업제조업동태조사를 이용하여 생산지수를 작성하고 있으며, Laspeyres 산식을 이용하고 기준 물량 및 가중치를 5년마다 변경하고 있다. 생산지수는 실물경제동향분석, 국민총생산 추계, 노동생산성 측정 등에 이용되고 있다.

6 생산지수는 기본적으로 센서스 자료에만 기초하여 생산액, 중간투입 등으로부터 부가가치율과 가중치 등을 추계하여 계산되지만, 국민계정상의 제조업 부가가치는 센서스로부터 얻을 수 있는 생산액에서 산업연관표의 중간투입, 피용자 보수, 고정자본소모 등을 가감하는 방식으로 계산되기 때문에 양자는 일치하지 않는다. 또한 생산지수는 5인 이상의 사업체를 대상으로 하지만 부가가치는 모든 업체의 생산을 포함하고 있으므로 후자의 증가율이 전자보다 완만하다(한국은행 1960).

7 생산지수는 기준연도와 멀어질수록 산업구조 변화로 인해 현실과의 괴리가 발생함을 명심할 필요가 있다. 생산지수에는 원지수와 계절조정지수가 있는데, 여기서는 장기 추이를 보는 것이 목적이므로 원지수를 이용하였다.

8 단, 이 생산지수와 국민계정(J571, J581)으로부터 계산한 1953-1970년의 실질 부가가치지수 사이에는 약간의 괴리가 있다.

한 것도 공황 극복에 기여하였을 것으로 생각된다. 제조업 생산지수는 중일전쟁 발발 이후 생산력 확충 산업의 육성으로 인해 상승세를 이어 갔다.

1940-1950년대는 태평양전쟁과 해방 그리고 한국전쟁과 전후 복구로 이어지는 시기이다. 이미 중일전쟁이 장기화되면서 물자수급에 차질이 생기고, 특히 태평양전쟁이 발발하여 해상수송이 거의 불가능해지면서 일본과 해협으로 분리된 조선의 재생산 구조는 타격을 입었다. 일본 경제는 군수 생산 덕분에 1944년의 피크에 도달하기까지 생산이 확대되었지만, 조선의 제조업 생산지수는 1941년의 0.16을 피크로 1940년대 전반에 급감하면서 1930년대 중엽의 수준으로 돌아갔다(박기주 · 류상윤 2010).

1945년 해방이 되어 일본이 철수하자 자본, 기술, 시장면에서 일본에 의존하고 있던 제조업 재생산 구조가 붕괴하였으며, 남북 분단은 상황을 더욱 악화시켰다. 식민지기에 남과 북의 제조업 구성에 큰 차이가 있었다. 남한은 경공업, 북한은 중화학공업의 비중이 높았으며 전력 에너지는 전적으로 북한에 있었다. 따라서 분단은 남북 간의 경제순환의 해체와 에너지 공급의 단절을 가져왔다. 해방 직후 크게 하락했다가 회복되는 듯하던 제조업 생산지수는 1950년에 전쟁이 발발하면서 0.05로 다시 크게 하락하였다. 전후에 정부가 수입대체공업을 보호하고 원조자금의 배정 및 금융 · 조세 지원을 한 결과 제조업 생산은 빠르게 회복하면서, 생산지수는 1956년경에 0.18이 되어 해방 전의 최고 수준인 1941년의 0.16을 넘어설 수 있었다.

1960년대 중엽부터 1970년대 말까지 제조업이 급성장하면서 한국의 산업 구조는 제조업 중심으로 크게 개편되었다. 제조업 생산지수는 1965년에 0.4에 불과했으나 1979년에는 7.4로 18배 이상 증가하였다. 이러한 변화를 가져온 것은 수출 지향적 성장전략과 중화학공업 육성 정책이었다. 정부는 양질의 저렴한 노동력을 이용한 경공업을 수출산업으로 육성하였다. 경공업 제품 위주의 수출성장 전략으로 1960년대 중엽부터 한국은 매년 10% 전후의 고도성장을 할 수 있었으며 무역은 매년 40% 정도의 성장률을 보였다.

그러나 1960년대 말부터 경공업 제품 위주의 수출은 한계를 보였다. 경공업 제품의 수출이 급증함에 따라 자본재 및 수출용 원자재의 수입도 증가하면서 무역적자 폭이 확대되었으며, 경공업 제품에서의 비교우위가 후발 개도국의 추격에 의해 도전받고 있었으며, 한국의 수출주력 상품인 섬유제품에 대한 선진국의 보호주의 경향이 나타나고 있었다. 이에 정부는 수출상품 구조의 고도화를 위해 1970년대에 중화학공업 육성 정책을 추진하였다.

1970년대에 세계경제는 침체 국면에 있었고 두 번의 석유파동이 있었음에도 불구하고 정부의 중화학공업 육성 정책에 의해 제조업이 급성장하면서, 한국 경제는 높은 성장률을 기록하였으며 수출도 비약적으로 증가하였다. 그러나 1979년에 제2차 석유파동과 영국과 미국 등 선진국에서의 금융긴축으로 세계경제가 침체 국면에 빠지면서 수출 지향적 성장을 추구한 한국 경제는 큰 타격을 받았으며, 1980년에 제조업 생산지수는 전년의 7.4에서 7.29로 감소하였다.

1980년에 집권한 신군부는 기존의 정부 주도적 산업 정책으로부터 탈피하여 시장의 자율성을 확대하는 방향으로 정책 전환을 모색하였다. 정부는 금융기관을 자율화하고 물가안정을 강력하게 추구하였다. 세계경제가 조금씩 회복되자 제조업은 1970년대에 구축한 설비를 기반으로 하여 생산과 수출을 증가시킬 수 있었으며 1980년대 후반에는 3저 호황에 힘입어 높은 성장률을 기록하였다.

제조업의 성장은 1990년대 전반에도 지속되었으나 그것은 차입에 의한 재벌의 문어발식 기업 확장의 결과였으며 저환율 정책이 그것을 부추겼다. 재벌의 무리한 확장은 기업과 금융기관의 부실을 가져왔으며, 특히 1996년에 반도체 가격 폭락으로 초래된 교역조건 악화가 대폭적인 무역수지 적자를 가져와 한국 경제에 대한 위기감이 고조되었다. 또한 금융 당국은 단기 자본시장이 확대되고 있었음에 대비하여 충분한 외환을 보유하지 않았다. 국내 경제가 이 같은 상황하에 있을 때 동남아에서 시작된 금융위기가 전파되어 단기성 외국자본이 급격히 빠져나가면서 한국은 보유 외환이 고갈되는 위기를 맞이하였다.

1997년 12월 한국은 국가 부도의 위기에 직면하여 IMF의 구제금융을 지원받기로 합의하였다. 외환위기로 인해 많은 사업체가 도산하면서 제조업 생산지수는 1998년에 36.12로 크게 하락하였다. 외환위기 이후 한국 경제는 더 이상 과거와 같은 높은 성장률을 기록하지 못하였다. 비록 높은 경제성장률을 보인 중국 시장에 중간재를 비롯한 중화학공업 제품을 공급하면서 제조업 생산지수는 계속 상승할 수 있었으나, 2008년 세계적 금융위기에 의해 생산지수는 다시 하락하였으며 이후 정체하는 모습을 보이고 있다.

3. 제조업 생산 구조의 추이

1) 부가가치 산업별 구성

한국은행의 「국민계정」은 1970년까지 소급해서 제조업의 산업별 구성을 제공하고 있다. 이전 시기의 산업별 구성은 기존의 연구(김낙년 편 2012)나 한국은행이 간행한 「국민소득계정」(1984)를 이용하여 파악할 수 있다. 다만 자료의 성격상 전체를 통합해서 보기 어렵기 때문에, 이하에서는 1911-1940년, 1953-1970년, 1970년 이후의 세 시기로 구분하여 제조업 산업별 명목 부가가치로 생산 구조의 추이를 검토한다.

제조업 산업분류의 기준이 되는 표준산업분류 제8차 개정은 제조업의 산업분류를 이전의 9분류에서 13분류로 변경하였다.[9] 이처럼 분류가 더 늘어난 것은 이전의 기계공업을 좀 더 세분하였기 때문이다. 따라서 그것을 하나로 통합하면 이전과 같은 9분류로 산업별 구성의 장기 추이를 확인할 수 있다. 그림 J-b는 기타 제조업을 제외하고 또 구성비가 작은 제재 · 목제품 제조업과 종이 · 종이제품 제조업을 합하여 7개 산업의 구성비 추이를 나타낸 것이다. 식민지기는 남한으로 한정함으로써 해방 후와 비교할 수 있도록 하였다.

먼저, 식민지기(1911-1940)의 산업별 구성을 보면, 음식료 · 연초 제조업과 섬유 · 의복 제조업이 압도적인 비중을 차지하며 두 산업을 합한 비중은 1910년대 초에 80%를 상회하였으며 1920-1930년대에는 70%대에서 등락하였다. 나머지 산업의 비중은 모두 합하여 20-30% 정도에 불과하였다. 음식료 · 연초 제조업의 비중은 1910년대에 크게 감소하였으며 다시 1930년대에는 더 빠르게 크게 감소하였다. 섬

---

9 한국표준산업분류는 UN의 국제표준산업분류에 따라 1964년에 제정되었으며, 이후 UN 표준산업분류의 개정과 국내 산업 구조 및 기술 변화를 반영하기 위해 주기적으로 개정되었다. 1991년 제6차 개정에서 전면적으로 개정되었으며, 2000년에 제8차 개정, 2008년에 제9차 개정이 시행되었다.

그림 J-b 제조업 업종별 부가가치 구성비(%)

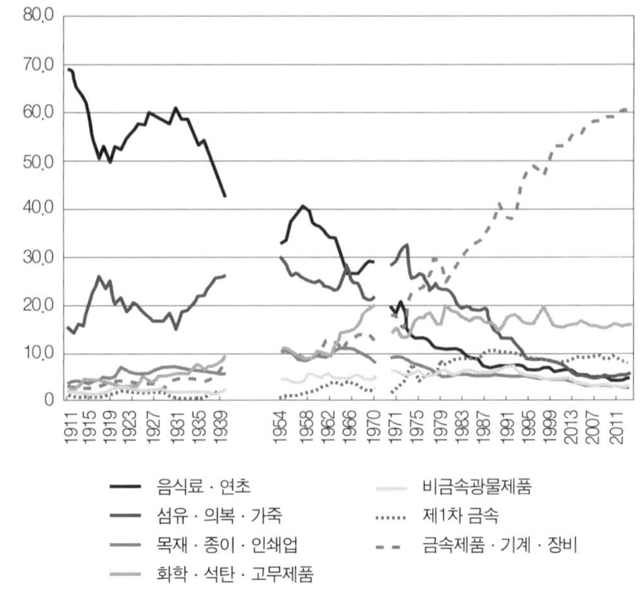

자료: J521-529, J571-579, J605-617.

유 · 의복 제조업의 비중은 1920년대에 조금 하락하였지만 1930년대에 증가하였다. 나머지 산업의 비중은 1930년대 후반에 미미한 증가를 보이고 있다.

음식료 · 연초 제조업과 섬유 · 의복 제조업에는 각각 정미업과 繰綿業이 포함되어 있다. 두 업종의 산출액은 크지만 사실 1차 산품의 최종 생산 단계에 불과하여 부가가치는 크지 않기 때문에 두 업종을 제외하더라도 추이나 수준이 크게 달라지지는 않는다. 음식료 · 연초 제조업과 섬유 · 의복 제조업에는 가내수공업이 높은 비중을 차지하고 있었다. 따라서 이들 두 제조업의 비중이 높고 또 비중이 점차 감소하는 것은 식민지 초기에 가내수공업의 비중이 컸다가 이후 감소한 것을 반영하고 있다. 한편, 1930년대에 섬유 · 의복 제조업의 비중 증가는 이 부문에 일본 자본이 많이 진출해 있으면서 나타난 결과였다.

이상은 남한만을 본 것이며, 남북한을 통합해서 산업 구성을 보면(J541-560) 이와 조금 다른 추이를 볼 수 있다. 남북이 제조업에 차지하는 비중을 보면, 1930년까지는 인구가 많은 남한 지역이 북한의 2배 정도였지만 이후 북한의 제조업 생산이 더 빠르게 증가하면서 1930년대 후반에는 북한 지역의 생산이 남한을 능가하였다. 특히, 흥남 일대에 화학 콤비나트가 건설되어 가동되면서 화학제품 생산에서 남한

과 북한의 격차가 크게 벌어졌다. 그 결과, 남북한을 합한 산업 구성에서는 1920년대까지 경공업 중심이던 산업 구조가 공황을 지나면서 경공업의 비중이 상대적으로 하락하는 대신 중화학공업의 비중이 높아졌다. 화학비료 생산 중심의 화학제품 제조업은 1930년대에 급성장하면서 1939년에 제조업 생산의 27.3%라는 큰 비중을 차지하였다. 반면 음식료 · 연초 제조업과 섬유 · 의복 제조업의 비중은 여전히 크지만 그 이상으로 감소하였다. 그러나 남한만을 보면 그런 변화는 보이지 않는다. 즉, 식민지기의 산업 구조의 변화는 남한이 경공업, 북한이 중화학공업에 편향되는 결과를 보여 주었다.

다음으로, 1953-1970년의 제조업 산업별 구성의 추이를 보자. 해방 직후에 제조업 생산이 크게 감소하였으며, 음식료 · 연초 제조업과 섬유 · 의복 제조업의 실질 부가가치도 해방 전에 비해 1/3-1/4로 감소하였다. 그러나 두 제조업은 해방 후에도 여전히 제조업 생산의 60% 이상을 차지하였으며, 특히 원조물자에 기초하고 있는 소위 '3백 산업'(제당, 제분, 방적)을 포함하고 있었다. 설탕과 밀가루와 면사는 한국전쟁이 끝나자 바로 생산의 증가를 보였다(J633, J634, J640). 1950년대에 원조물자를 기초로 하는 소비재 중심의 수입대체공업화가 진행되었다. 물론 섬유 · 의복 제조업에는 3백 산업과 무관한 메리야스제품 생산도 포함되어 있으며, 음식료품 제조업에는 연초 제조업과 도정업이 큰 비중을 차지하였다. 따라서 3백 산업에만 초점을 맞추어 이 시기의 제조업을 이해하는 것은 다소 무리가 있다.

1960년대에는 공업화가 본격화되면서 음식료 · 연초 제조업의 비중이 빠르게 감소하여 1960년대 말에는 30% 이하로 되었다. 수출 지향적 공업화가 추진되면서 수출품 중에서 경공업 제품이 차지하는 비중이 급속하게 증가하였으며, 특히 섬유제품은 1969년 수출액의 40%를 차지하였을 정도로 한국의 가장 중요한 수출품이 되었다. 1960년대에 제조업 산업 구성에서 나타난 가장 특징적인 점은 화학 · 석탄 · 고무제품 제조업의 비중이 급격하게 증가하였다는 것이다. 이처럼 제조업 업종별 구성에서 큰 변화가 있었지만 그럼에도 불구하고 전통적으로 비중이 컸던 두 업종은 50%가 넘는 큰 비중을 차지하고 있었다.

1970년 이후의 산업별 구성의 추이를 보자. 정부는 1970년대에 국내 수요의 충족뿐 아니라 수출 확대를 위해 철강, 비철금속, 기계, 조선, 전자, 화학의 6개 중화학공업을 육성하기로 하였다. 중화학공업 육성 정책으로 인해 전 산업에서 차지하는 제조업의 비중이 높아지고 그와 동시에 제조업 내 중화학공업의 비중도 높아졌다. 1970년대 초에 기타 제조업을 포함한 경공업(J606-608, J618)의 비중이 60%였으나 1980년대 초에는 41%로 감소하였다. 섬유 · 의복 제조업의 생산은 여전히 큰 비중을 차지하고 있지만 정체하고 있었던 반면, 금속제품, 기계 · 운송장비, 전자, 제1차 금속 제조업의 생산은 1980년대에도 빠르게 증가하면서 1990년대 초에 중화학공업의 비중은 70%대가 되어 제조업 부가가치의 대부분을 차지하였다.

그러나 한국 경제의 중심인 중화학공업은 점차 성숙기에 접어들면서 가치 창출이 쉽지 않게 되었다. 새로운 성장을 위해서는 신산업의 육성이 필요하였다. 신산업의 가장 선두에 있으면서 국제경쟁력을 가진 산업으로 성장한 것은 통신기기 제조업과 통신서비스업으로 구성되어 있는 정보통신산업이었다. 통신기기 제조업과 관련하여, 정부는 1980년 말에 전자산업육성방안을 수립하고 3대 전략 품목(반도체, 컴퓨터, 전자교환기)을 중심으로 산업을 육성하였으며, 그 결과 한국 기업은 반도체 분야에서 선진국의 기술을 따라잡고 마침내 1994년에 256M D램을 세계 최초로 개발하였다. 통신서비스업과 관련하여, 1980년대 후반에 통신서비스 분야에 경쟁 체제가 도입되었으며, 종합정보통신망사업을 통해 1993년 말부터 디지털 통신서비스가 가능하게 되었다. 또한 CDMA(코드분할다중접속) 기술 상용화 개발 사업단이 구성되었으며 1996년부터 세계 최초로 CDMA 방식의 디지털 이동통신서비스가 시작되었다.

정보통신산업은 1996년에 수립된 정보화촉진기본계획에 의거한 정부의 선도적 투자와 지원을 받아, 하드웨어 부문에서 큰 성과를 거두면서 외환위기의 돌파구이자 경제성장의 동력으로 자리 잡았지만, 최근 여러 가지 한계에 직면하고 있다. 하드웨어 면에서 경쟁국들의 추격이 심하여 수익성을 위협받고 있으며, 높은 성장이 기대되는 소프트웨어 부문은 정보통신기술을 이용하는 문화콘텐츠 산업이나 타 산업과의 기술융합 면에서 부진한 상태에 있다. 또한 기기 · 부품 제조 부문에서 세계시장을 선도하고 있는 대기업과는 달리, 중소기업은 경쟁력을 갖고 있지 못하다는 문제를 안고 있다.

그림 J-c 고용규모별 사업체수 및 종업원수 지수(1970년=100)

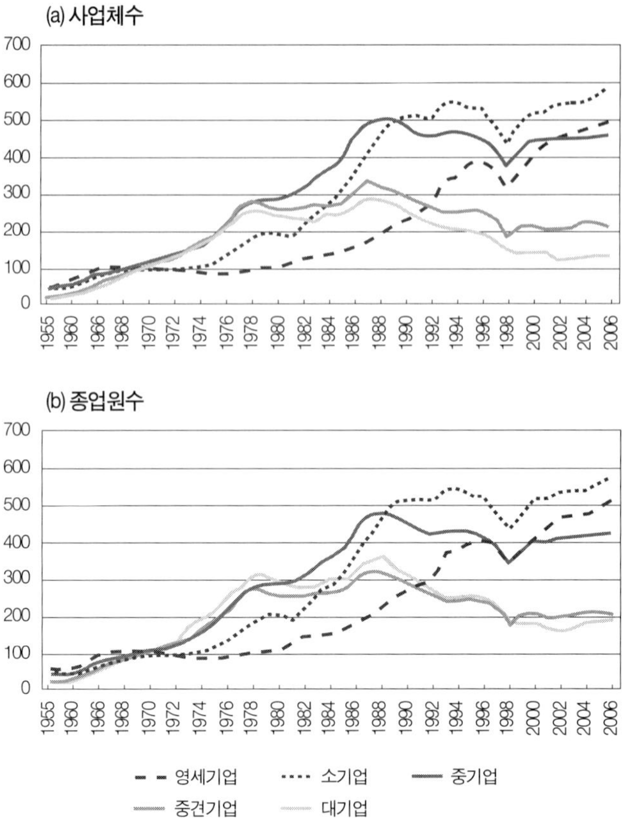

자료: J858-866, J867-875.
주: 영세기업은 5-19명, 소기업은 20-49명, 중기업은 50-199명, 중견기업은 200-499명, 대기업은 500명 이상을 고용하는 사업체.

2) 제조업 기업규모별 고용 및 생산의 추이

1980년대 산업 정책의 주요 과제는, 중소기업 부품산업을 육성하여 대기업의 가공조립형 중화학공업과 수직적 분업관계를 심화시키며 기술혁신을 통한 산업 구조의 질적 고도화를 달성하고 경쟁력을 확보하는 것이었다. 그러나 1980년대에 한국 경제는 대기업과 중소기업이 수직적 분업 관계를 통해 양자가 동반 성장하는 생태계를 만들어 내는 데 성공했다고 보기 어렵다. 대기업과 중소기업 간의 신뢰가 높지 않아 전자에 의한 지배력 남용이 많으며 양자 간의 격차는 확대되었다. 고도성장이 유지되고 있을 때는 양자 간의 불균형이 심각하게 드러나지 않지만 경영 환경이 나빠지면 대기업의 중소기업에 대한 압박이 강해진다(김주훈 2014).

그림 J-c는 고용규모별 사업체수와 종업원수 지수의 추이를 보여 준다. 대기업(500명 이상)과 중견기업(200-499명)은 1960-1970년대에 증가하였으며, 중기업(50-199명)도 1970년대에 빠르게 증가하였다. 반면 소기업(20-50명)과 영세기업(5-19명)은 증가 속도가 느렸다. 이는 1970년대 말까지는 경제성장이 기업 규모의 상향 이동을 동반하는 선순환이 있었음을 의미한다. 즉, 경제성장이 대기업 위주로 전개되고 재벌이 형성되는 가운데서도 낙수효과가 비교적 잘 나타나고 있었다고 할 수 있다.

그러나 1980년대 전반에는 대기업과 중견기업의 사업체수는 거의 증가하지 않아 기업 규모의 상향이동이 거의 정체하는 모습을 보였으며, 1980년대 후반부터 영세기업, 소기업의 수는 상승세를 보였지만 대기업과 중견기업은 감소하고 중기업은 정체하는 모습을 보였다. 특히, 고용 규모 20인 미만의 영세기업이 빠르게 증가하면서 사업체수에서 영세기업이 차지하는 비중은 1987년 56%에서 2002년의 76%로 증가하였다. 소기업의 사업체수는 1980년대에 급증하였으나 이후에도 증가하는 추세였다. 외환위기를 경험한 1997, 1998년에는 모든 규모에서 사업체수가 감소하였다가 이후 다시 증가하게 되지만, 이전처럼 대기업이나 중견기업보다 소기업과 영세기업이 크게 증가하는 양극화 현상을 보였다.

고용에서도 마찬가지였다. 대기업과 중견기업의 고용은 1970년대까지는 빠르게 증가하였으며, 1987, 1988년까지도 완만하게 증가하였으며 소기업과 영세기업의 고용보다 더 컸다. 그러나 1988년 이후 대기업과 중견기업의 고용은 감소하고 소기업, 영세기업의 고용은 계속 증가하였다. 외환위기를 맞아 모든 규모의 사업체에서 고용이 감소하였다가 외환위기 이후 고용이 증가한 것은 대기업과 중견기업이 아니라 소기업과 영세기업에서였다. 1987, 1988년에는 종업원 5명 이상 사업체의 종업원수가 300만 명을 조금 넘는 가운데 대기업과 중견기업의 종업원수가 150여만 명이어서 과반 수준이었지만, 지금은 겨우 80-90만 명에 불과하여 전체의 1/3 정도이며 소기업과 영세기업이 고용의 반 가까이를 차지하고 있다.

1988년은 서울 올림픽이 개최되면서 한국의 경제성장

이 세계인의 주목을 받은 시점이지만 제조업의 기업 구조 면에서 보면 그전까지의 추세와 다른 모습이 나타나고 있었으며, 그것은 외환위기를 거치면서 더욱 심화되었다. 물론 사업체수에서 대기업의 수가 지속적으로 증가하는 데는 어느 정도 한계가 있을 수 있지만 중견기업 사업체수 역시 감소하고 있으며 더 나아가 중기업마저도 정체하는 모습을 보이고 있었다. 이는 기업 생태계가 대기업과 소기업 · 영세기업으로 양분되고 있음을 의미한다.

1980년대 말부터 나타난 이런 변화는 산업의 성격이 변했기 때문일 수도 있지만 그보다는 세계화에 따른 생산비 인하 요구에 대응하여 대기업이 기술집약적 생산 활동만 남기고 노동집약적인 생산 활동을 외주하였기 때문이다. 대기업은 생산비를 하청 기업에 전가하는 이러한 분업 구조 속에서 대기업과 중소기업 간의 양극화가 발생하고 저부가가치의 노동집약적인 생산 활동에 머무르고 있는 소기업의 비중이 높아진 것이다(김주훈 2014).

이러한 추이가 집중도 측면에서 어떻게 반영되고 있는가를 살펴보자.[10] 경제 전체에서 소수 기업(혹은 기업집단)이 차지하는 비중을 보여 주는 일반집중도를 보면(J854-857), 상위 50대 기업의 출하액 비중과 종사자수 비중이 1981년에 각각 36.6%, 16.5%였으나 1988년에 30.3%와 14.5%로 감소하였으며 1997년에는 37.1%와 16.5%로 증가하였다. 즉, 1980년대 중엽까지는 대기업뿐 아니라 중소기업도 동반 성장하면서 대기업의 일반집중도가 하락하였으나 이후 대기업으로의 집중이 심화되었음을 알 수 있다. 그러나 외환위기 후 10년이 지난 2009년에 상위 50대 기업의 매출액 비중은 이전보다 크게 높아진 44.9%이지만 종사자수 비중은 외환위기 전보다 낮은 15.1%에 머물렀다. 상위 50대 기업에서 나타나는 이러한 추이는 100대 기업으로 확대해서 보더라도 변하지 않는다.

한편, 각 산업별 상위 업체의 시장점유율이나 모든 업체의 시장점유율로부터 계산되는 산업집중도[11]를 보면((J876-879) 전자와 후자 모두 통계 작성이 가능한 1981년 이래로 계속 하락하다가 외환위기 이후에는 다시 상승하거나 정체하는 추세를 보이고 있다. 전체적으로는 고집중 산업의 비중이 감소하고 저집중 산업의 비중이 증가하면서 집중도는 1980년대 초보다 낮아졌다고 할 수 있다. 그러나 전 산업의 평균으로 보면 이처럼 산업집중도는 낮아졌지만, 우리나라의 주력산업이고 재벌계 대기업이 진출해 있는 규모가 큰 산업의 집중도는 전반적으로 매우 높게 나타났다(이재형 2013).

요컨대 규모별 사업체와 종업원수의 추이나 집중도 추이에서의 나타나는 변화의 시점은 1987년과 1997년 외환위기인 것으로 생각된다.

10 집중도는 광업 · 제조업 전체에 대해 작성되어 있지만 광업의 비중이 미미하므로 제조업 집중도로 이해해도 무방하다.

11 전자는 상위 3개 업체의 시장점유율을 합한 값으로 표현되며(CR3), 후자는 모든 기업의 시장점유율의 제곱의 합으로 표현된다(허핀달-허쉬만 지수, HHI).

참고문헌

김낙년(2008), 「일제시기 우리나라 GDP의 도별 분할」, 『경제사학』 38, 211-219.

김낙년 편(2012), 『한국의 장기통계: 국민계정 1911-2010』, 서울대출판부.

김주훈(2014), 「경제발전의 전개 형태와 중소 기업」, 이영훈 엮음, 『한국형 시장경제 체제』, 서울대학교출판문화원.

박기주(2006), 「식민지 조선의 공장생산액과 노동생산성 증가」, 『경제사학』 40, 83-117.

_____(2015), 「수출지향적 경제성장과 중화학공업화」, 박경로 외, 『한국의 무역 성장과 경제 · 사회 변화』, 대한민국역사박물관.

박기주 · 류상윤(2010), 「1940 · 50년대 광공업 생산 통계의 추계와 분석」, 『경제학연구』 58(3), 37-74.

박기주 외(2014), 『한국 중화학공업화와 사회의 변화』, 대한민국역사박물관.

須川英德(2001), 「19세기 농촌사회에 있어서 사회적 분업」, 이영훈 편, 『맛질의 농민들』, 일조각.

이재형(2002), 『한국의 시장집중분석-광공업부문을 중심으로-』, 한국개발연구원.

_____(2013), 『한국의 산업조직과 시장구조』, 한국개발연구원.

정준호(2016), 「한국 산업화의 특성과 글로벌 가치사슬」, 이병천 외 엮음, 『한국의 민주주의와 자본주의-불화와 공존』, 돌베개.

한국은행(1960), 「新産業生産指數解說」, 『조사월보』 14(5).

_____(1978), 『한국의 국민소득』.

_____(2015), 『우리나라의 국민계정체계』.

J. 제조업

박기주

1. 제조업 종합

표 J1-8 제조업 종합(5인 이상 사업체), 1955-2006

	사업체수	월평균 종사자수	급여액	주요생산비	부가가치	생산액	출하액	유형자산 연말잔액
	J1	J2	J3	J4	J5	J6	J7	J8
	남한, 개	남한, 천 명	남한, 십억 원					
1955	8,628	221				25		
1958	12,971	260	6	30	16	46	46	
1960	15,204	275	7	37	22	60	59	298
1961	16,028	297		43		66		
1962	16,355	305		59		93		
1963	18,310	402	16	105	62	167	163	
1966	22,718	567	38	261	156	417	408	
1967	23,833	649	53	344	207	551	539	
1968	24,087	748	77	468	301	769	753	
1969	25,098	829	107	622	426	1,048	1,031	
1970	24,114	861	138	785	550	1,335	1,307	
1971	23,412	848	162	982	691	1,673	1,645	
1972	23,729	973	211	1,342	899	2,242	2,228	
1973	23,293	1,158	311	2,315	1,254	3,569	3,451	
1974	22,632	1,298	451	3,839	1,867	5,706	5,438	
1975	22,787	1,420	652	5,342	2,828	8,170	7,994	
1976	24,957	1,717	1,009	7,602	4,075	11,677	11,463	
1977	26,726	1,919	1,461	9,842	5,597	15,438	15,208	
1978	29,864	2,112	2,222	12,967	8,192	21,159	20,898	6,649
1979	31,804	2,117	2,922	17,482	9,208	26,690	25,767	9,495
1980	30,823	2,015	3,472	24,422	11,857	36,279	35,227	12,819
1981	33,431	2,044	4,133	31,305	15,413	46,717	45,831	16,378
1982	36,799	2,099	4,753	34,343	17,306	51,649	51,292	19,585
1983	39,243	2,215	5,500	39,634	20,911	60,546	60,023	21,661
1984	41,549	2,344	6,495	46,651	24,654	71,305	70,369	24,689
1985	44,037	2,438	7,245	50,296	26,737	77,033	76,486	27,007
1986	50,063	2,738	8,607	59,068	32,882	91,950	91,214	30,916
1987	54,389	3,001	11,032	73,336	40,569	113,905	112,474	38,410
1988	59,928	3,120	13,729	85,990	48,342	134,331	133,081	46,981
1989	65,684	3,093	16,886	93,519	54,959	148,477	146,260	59,150
1990	68,872	3,020	19,580	106,384	70,925	177,309	175,234	76,216
1991	72,212	2,918	22,830	119,333	86,366	205,699	202,529	89,751
1992	74,680	2,801	25,235	130,802	96,020	226,822	224,605	108,783
1993	88,865	2,885	28,835	147,408	108,524	255,932	254,405	128,136
1994	91,372	2,930	32,791	169,635	129,611	299,246	296,167	144,299
1995	96,202	2,952	37,844	205,373	159,448	364,821	358,888	164,863
1996	97,143	2,898	42,329	227,737	174,215	401,952	397,847	187,455
1997	92,138	2,698	41,490	253,815	181,093	434,908	431,038	211,336
1998	79,545	2,324	34,694	248,278	176,731	425,008	425,189	241,288
1999	91,156	2,508	39,000	278,798	200,935	479,733	477,987	257,187
2000	98,110	2,653	46,223	345,410	219,425	564,834	559,408	264,019
2001	105,873	2,648	49,505	361,933	221,860	583,793	583,218	266,425
2002	110,356	2,696	54,864	391,900	242,300	634,199	631,338	261,226
2003	112,662	2,735	59,516	421,558	255,813	677,371	672,591	262,355
2004	113,310	2,798	65,678	492,990	301,863	794,853	788,633	265,728
2005	117,205	2,866	71,091	538,997	312,792	851,789	848,484	287,349
2006	119,181	2,911	75,122	585,919	326,844	912,763	909,067	310,176
1998*	276,480	2,743	36,424	254,700	184,554		439,435	250,089
2003*	300,976	3,121	61,633	430,704	265,488		691,412	272,490
	경공업							
1999	43,726	942	11,898	63,459	52,696		115,784	52,934
2000	46,788	980	13,604	69,967	55,247		124,260	52,721
2001	50,036	969	14,382	76,386	55,547		131,128	54,279
2002	51,446	973	15,746	83,198	59,144		141,280	53,503
2003	51,149	948	16,334	82,774	59,696		141,526	52,479
2004	50,153	910	16,565	87,331	64,564		151,378	53,267
2005	51,508	905	17,146	91,445	65,396		156,208	55,049

표 J1-8 계속

	사업체수	월평균 종사자수	급여액	주요생산비	부가가치	생산액	출하액	유형자산 연말잔액
	J1	J2	J3	J4	J5	J6	J7	J8
	남한, 개	남한, 천 명	남한, 십억 원					
	경공업							
2006	51,283	889	17,560	94,861	65,885		160,200	56,114
	중화학공업							
1999	47,430	1,565	27,102	215,339	148,239		362,203	204,252
2000	51,322	1,673	32,620	275,442	164,177		435,148	211,298
2001	55,837	1,679	35,123	285,548	166,313		452,090	212,146
2002	58,910	1,723	39,118	308,702	183,156		490,058	207,722
2003	61,513	1,787	43,182	338,784	196,117		531,065	209,876
2004	63,157	1,888	49,113	405,660	237,299		637,256	212,461
2005	65,697	1,961	53,945	447,552	247,396		692,276	232,300
2006	67,898	2,022	57,562	491,058	260,959		748,867	254,062

자료: 한국은행, 『광업및제조업사업제조사종합보고서』(1955); 한국산업은행, 『광업및제조업사업체조사종합보고서』(1958, 1960); 경제기획원 · 한국산업은행, 『광공업센서스보고서』(1963); 1963년부터 통계청, 「광업 · 제조업조사(산업편 8차 개정)」(http://kosis.kr).

주: *는 모든 사업체로, 5인 이상 통계와 1-4인 통계를 합한 것이다.

표 J9-16 제조업 종합(10인 이상 사업체), 1999-2014

	사업체수	월평균 종사자수	급여액	주요생산비	부가가치	생산액	출하액	유형자산 연말잔액
	J9	J10	J11	J12	J13	J14	J15	J16
	남한, 개	남한, 천 명	남한, 십억 원					
1999	47,485	2,190	35,562	265,485	188,673	454,159	452,621	245,621
2000	51,148	2,311	42,158	329,264	205,187	534,450	529,314	251,643
2001	52,317	2,265	44,599	342,020	206,647	548,667	548,339	252,393
2002	54,543	2,320	49,246	369,187	224,853	594,040	591,437	246,294
2003	54,880	2,324	53,458	397,764	236,778	634,542	629,984	247,005
2004	54,797	2,386	59,357	467,430	281,646	749,075	743,051	249,934
2005	57,198	2,443	64,426	510,530	291,153	801,683	798,632	270,675
2006	58,928	2,484	68,141	555,532	304,134	859,666	856,135	292,241
2007	61,785	2,508	72,936	619,633	329,011	948,644	944,713	313,014
2008	58,459	2,454	75,004	755,356	367,630	1,122,986	1,113,309	350,978
2009	57,996	2,453	76,093	747,472	374,501	1,121,973	1,122,987	379,260
2010	62,376	2,636	88,519	899,489	435,344	1,334,833	1,326,114	
2011	63,047	2,695	93,966	1,022,149	480,203	1,502,353	1,491,351	477,758
2012	63,907	2,754	98,612	1,030,782	480,713	1,511,495	1,507,834	483,023
2013	65,389	2,814	104,023	1,016,449	479,281	1,495,730	1,491,736	507,828
2014	68,640	2,905	110,895	1,004,728	484,485	1,489,213	1,486,574	530,693
	경공업							
1999	20,761	759	9,925	55,608	45,203		100,553	46,078
2000	22,020	783	11,256	60,747	46,790		106,746	45,767
2001	22,038	751	11,595	65,027	46,705		111,055	46,397
2002	22,480	751	12,576	70,455	48,830		118,379	45,342
2003	21,619	720	13,016	70,242	48,835		118,250	44,452
2004	20,579	686	13,169	74,553	53,549		127,688	45,078
2005	20,771	674	13,615	77,489	53,786		130,782	46,460
2006	20,625	657	13,901	80,512	53,851		133,894	47,338
2007	21,570	657	14,384	85,200	57,022		141,338	48,812
2008	20,084	629	14,536	97,453	60,462		156,538	54,075
2009	19,947	631	14,977	102,524	62,265		164,720	58,164
2011	20,758	665	17,187	128,716	71,364		197,874	68,821
2012	20,930	674	18,052	132,349	73,926		204,974	69,557
2013	21,071	683	19,052	134,892	76,310		209,946	71,927
2014	22,076	705	20,716	139,061	80,038		218,161	77,275
	중화학공업							
1999	26,724	1,431	25,638	209,878	143,471		352,068	199,543
2000	29,128	1,528	30,901	268,517	158,396		422,568	205,876
2001	30,279	1,514	33,005	276,993	159,943		437,284	205,996
2002	32,063	1,569	36,671	298,732	176,023		473,057	200,951
2003	33,261	1,604	40,442	327,522	187,943		511,734	202,552
2004	34,218	1,700	46,188	392,876	228,097		615,363	204,856
2005	36,427	1,769	50,811	433,042	237,366		667,850	224,215
2006	38,303	1,827	54,241	475,020	250,283		722,240	244,903
2007	40,215	1,850	58,552	534,433	271,989		803,374	264,202
2008	38,375	1,825	60,468	657,903	307,168		956,771	296,903
2009	38,049	1,822	61,116	644,948	312,236		958,267	321,096
2011	42,289	2,030	76,779	893,433	408,839		1,293,477	408,937
2012	42,977	2,080	80,561	898,434	406,786		1,302,861	413,466
2013	44,318	2,130	84,971	881,557	402,971		1,281,790	435,901
2014	46,564	2,200	90,178	865,667	404,447		1,268,413	453,418

자료: 통계청, 「광업·제조업조사(산업편 9차 개정)」(http://kosis.kr); 2010년은 『경제총조사』.

주: 1999-2006년 수치는 제9차 개정 한국표준산업분류에 의거하여 재집계한 것으로서, 제8차 개정 한국표준산업분류에 의거하여 10인 이상 사업체를 집계한 원래의 수치와 차이가 있다.

표 J17-46 업종별 종합, 1911-1940

	공장수										종업자수				
	합계	방직	금속	기계	요업	화학	목제품	인쇄제본	식품	기타	합계	방직	금속	기계	요업
	J17	J18	J19	J20	J21	J22	J23	J24	J25	J26	J27	J28	J29	J30	J31
	남북한, 개										남북한, 명				
1911											14,373	659	672		1,452
1912											17,184	915	732	51	1,523
1913	520	27	72	3	48	28	10	46	228	58	19,824	1,150	1,036	67	1,250
1914	638	43	73	4	64	23	15	52	294	70	20,745	1,788	1,606	63	1,668
1915	764	56	97	4	68	24	23	56	337	99	24,208	2,012	2,402	77	1,659
1916	1,058	80	150	4	140	31	35	68	406	144	28,312	3,210	3,548	56	2,544
1917	1,337	106	198	8	182	74	49	70	507	143	41,094	5,736	8,778	114	3,438
1918	1,678	121	238	24	201	107	55	79	639	214	46,311	6,307	9,276	1,734	3,644
1919	1,881	110	296	42	247	108	63	69	678	268	48,223	5,447	8,009	2,064	4,755
1920	2,067	66	327	29	275	124	76	87	773	310	54,737	4,295	11,281	2,346	6,151
1921	2,358	74	399	37	296	128	98	99	913	314	48,753	4,260	11,093	2,003	5,903
1922	2,876	98	485	53	362	250	126	121	1,029	352	54,079	4,785	11,138	1,976	6,258
1923	3,472	163	516	61	439	267	148	149	1,378	351	68,802	10,309	10,851	2,335	7,767
1924	3,809	171	491	64	465	289	159	174	1,636	360	72,548	10,046	10,199	2,178	7,498
1925	4,192	231	541	49	470	290	172	203	1,837	399	79,722	15,467	11,233	2,095	6,745
1926	4,242	231	489	56	468	312	198	206	1,894	388	82,789	15,428	10,475	2,403	6,998
1927	4,859	268	492	84	452	274	218	205	2,392	474	88,383	16,176	10,504	2,640	6,665
1928	5,290	308	497	97	396	291	227	218	2,759	497	98,863	21,583	10,831	2,395	7,338
1929	3,950	241	237	221	318	393	153	208	1,958	221	92,705	19,289	5,566	3,860	7,130
1930	4,226	270	231	224	314	515	163	215	2,088	206	101,048	21,194	5,465	3,264	6,609
1931	4,561	270	244	235	321	677	181	237	2,173	223	105,677	19,985	5,437	3,253	5,837
1932	4,590	261	238	253	319	750	174	240	2,142	213	109,659	19,792	5,586	3,769	6,152
1933	4,787	266	239	272	305	820	201	256	2,183	245	119,095	21,966	4,142	4,455	6,326
1934	5,074	336	232	292	312	902	206	258	2,268	268	137,481	26,026	4,639	5,842	7,611
1935	5,570	377	239	310	336	1,161	240	285	2,326	296	167,487	31,450	7,164	7,427	9,996
1936	5,877	402	259	344	336	1,425	271	286	2,258	296	187,018	36,520	7,874	9,065	11,098
1937	6,257	426	264	417	346	1,587	311	306	2,273	327	205,014	38,284	8,236	10,911	11,650
1938	6,624	508	269	533	305	1,581	327	312	2,399	390	230,996	44,714	11,575	20,061	13,135
1939	6,953	608	295	613	342	1,618	360	313	2,348	456	270,439	52,081	17,875	29,579	15,162
1940	7,142	668	289	689	382	1,576	474	324	2,069	671	294,971	51,615	19,680	35,128	17,486

자료: 조선총독부, 『조선총독부통계연보』, 각년도.

주: 1) 1911-1913년은 종업원 10인 이상, 1913-1928년은 1일 평균 5인 이상, 1929-1940년은 5인 이상 직공을 사용하는 공장이다.

2) 1911-1940년의 방직, 목제품, 식품에는 각각 조면, 제재, 정곡업이 포함되어 있다.

3) 1929년에 공장 기준이 변하여 통계상의 단절이 있다.

4) 전기가스업과 영림창(관영 제재업)을 제외하였다.

표 J17-46 계속

	종업자수					생산액									
	화학	목제품	인쇄제본	식품	기타	합계	방직	금속	기계	요업	화학	목제품	인쇄제본	식품	기타
	J32	J33	J34	J35	J36	J37	J38	J39	J40	J41	J42	J43	J44	J45	J46
	남북한, 명					남북한, 천 圓									
1911	69	172	670	2,927	7,752	18,267	497	446		261	33	70	572	13,016	3,371
1912	276	103	961	2,938	9,685	27,818	480	1,598	60	377	729	183	971	18,462	4,958
1913	877	154	1,289	3,399	10,602	34,950	1,449	1,610	66	620	1,408	229	1,098	22,852	5,618
1914	499	183	1,163	5,633	8,142	31,018	755	2,145	71	397	814	232	966	20,343	5,296
1915	412	297	1,177	7,944	8,228	43,929	1,835	7,276	84	495	459	455	1,033	23,279	9,013
1916	388	409	1,558	9,440	7,159	56,692	2,863	12,144	34	610	651	556	1,263	28,134	10,437
1917	1,067	646	1,777	11,941	7,597	96,647	6,843	22,756	91	801	936	1,309	1,466	51,204	11,240
1918	908	945	2,135	12,751	8,611	153,701	9,339	18,750	2,330	1,611	1,979	1,683	2,643	96,272	19,093
1919	1,510	1,211	1,658	13,279	10,290	224,238	13,981	16,396	3,129	2,665	6,017	4,190	2,876	137,849	37,135
1920	1,590	1,231	2,132	14,255	11,456	174,318	8,349	32,000	5,109	5,635	6,154	4,370	3,250	75,854	33,596
1921	1,617	1,478	2,270	14,602	5,527	163,457	11,765	23,476	4,355	5,114	4,562	5,368	8,659	91,228	8,931
1922	2,765	1,971	2,510	17,256	5,420	157,806	8,205	21,686	3,873	5,274	4,649	5,728	7,440	92,235	8,714
1923	4,347	1,967	3,258	18,417	9,551	234,360	21,886	20,895	2,410	5,303	10,389	8,255	5,840	130,879	28,502
1924	4,864	2,329	3,369	22,081	9,984	285,487	21,311	17,635	3,837	5,856	10,798	7,770	6,322	179,761	32,197
1925	5,637	2,612	3,994	22,123	9,816	331,834	21,932	24,938	3,702	7,129	13,965	8,315	8,074	212,176	31,603
1926	6,243	2,985	3,915	24,060	10,282	361,141	25,865	21,210	4,941	7,852	16,500	8,929	7,522	225,279	43,043
1927	5,710	3,746	3,884	26,830	12,228	363,059	25,259	22,157	8,522	6,534	16,205	10,231	8,230	223,698	42,222
1928	6,768	3,840	3,947	29,359	12,802	386,209	30,124	26,077	7,195	7,868	15,778	10,412	11,095	228,128	49,532
1929	10,872	4,001	5,168	31,720	5,099	335,063	38,212	20,383	4,543	9,116	17,413	7,721	9,954	223,412	4,309
1930	17,203	3,725	5,166	34,970	3,452	256,843	33,866	15,263	3,328	8,348	24,676	7,037	8,184	152,054	4,089
1931	21,681	3,959	5,176	36,825	3,524	259,023	24,583	16,152	3,359	7,291	31,921	6,514	8,391	156,483	4,328
1932	22,652	4,149	5,555	38,430	3,574	312,202	30,798	21,608	4,248	7,582	35,361	6,824	9,179	192,073	4,527
1933	24,445	4,522	6,121	42,529	4,589	373,878	38,909	29,323	4,816	8,774	52,035	10,015	9,566	215,207	5,234
1934	29,169	5,181	6,594	47,298	5,121	473,691	49,822	41,557	6,967	10,019	68,233	11,634	10,702	267,842	6,914
1935	43,169	6,353	7,157	48,879	5,892	604,184	72,123	21,381	9,195	14,997	118,034	14,506	12,170	331,463	10,315
1936	54,845	7,268	7,843	46,496	6,009	680,330	91,156	28,387	10,483	19,032	162,588	19,254	12,457	326,798	10,174
1937	64,470	8,220	8,063	47,922	7,258	903,387	125,546	45,355	14,539	21,253	243,404	26,378	15,557	398,455	12,899
1938	60,955	10,442	7,889	53,141	9,084	1,167,115	161,212	87,082	26,155	31,523	318,177	29,058	16,147	454,007	43,754
1939	71,673	12,401	8,403	48,610	14,655	1,459,832	197,899	131,851	58,141	35,959	459,106	41,009	18,473	456,550	60,844
1940	85,920	15,481	8,383	41,791	19,487	1,644,977	236,120	144,230	84,815	52,236	649,334	76,872	18,346	306,343	76,682

표 J47-76 업종별 종합(추계), 1911-1940

	공장수										종업자				
	합계	방직	금속	기계	요업	화학	목제품	인쇄제본	식품	기타	합계	방직	금속	기계	요업
	J47	J48	J49	J50	J51	J52	J53	J54	J55	J56	J57	J58	J59	J60	J61
	남북한, 개										남북한, 명				
1911											16,286	659	672	1,210	1,452
1912											19,236	915	732	1,309	1,523
1913	524	27	72	4	48	29	10	48	228	58	21,989	1,150	1,036	1,373	1,250
1914	642	43	73	5	64	24	15	54	294	70	22,962	1,788	1,606	1,417	1,668
1915	768	56	97	5	68	25	23	58	337	99	26,441	2,012	2,402	1,346	1,659
1916	1,062	80	150	5	140	32	35	70	406	144	30,886	3,210	3,548	1,338	2,544
1917	1,341	106	198	9	182	75	49	72	507	143	43,651	5,736	8,778	1,462	3,438
1918	1,681	121	238	24	201	108	55	81	639	214	47,445	6,307	9,276	1,734	3,644
1919	1,884	110	296	42	247	109	63	71	678	268	49,480	5,447	8,009	2,064	4,755
1920	2,070	66	327	29	275	125	76	89	773	310	56,038	4,295	11,281	2,346	6,151
1921	2,369	74	399	37	296	130	98	101	920	314	55,375	4,260	11,093	2,003	5,903
1922	2,887	98	485	53	362	252	126	123	1,036	352	59,669	4,785	11,138	1,976	6,258
1923	3,473	163	516	62	439	267	148	149	1,378	351	71,170	10,309	10,851	3,952	7,767
1924	3,810	171	491	64	465	290	159	174	1,636	360	72,634	10,046	10,199	2,178	7,498
1925	4,192	231	541	49	470	290	172	203	1,837	399	79,722	15,467	11,233	2,095	6,745
1926	4,242	231	489	56	468	312	198	206	1,894	388	82,789	15,428	10,475	2,403	6,998
1927	4,859	268	492	84	452	274	218	205	2,392	474	89,061	16,176	10,504	2,640	6,665
1928	5,290	308	497	97	396	291	227	218	2,759	497	99,693	21,583	10,831	2,395	7,338
1929	3,966	241	241	222	318	395	153	210	1,965	221	100,814	19,289	7,937	5,331	7,130
1930	4,242	270	235	225	314	517	163	217	2,095	206	108,721	21,194	7,730	4,766	6,609
1931	4,577	270	248	236	321	679	181	239	2,180	223	113,493	19,985	8,291	4,698	5,837
1932	4,606	261	242	254	319	752	174	242	2,149	213	117,653	19,792	8,418	5,217	6,152
1933	4,803	266	243	273	305	822	201	258	2,190	245	129,568	21,966	9,686	5,984	6,326
1934	5,090	336	236	293	312	904	206	260	2,275	268	148,993	26,026	10,448	7,451	7,611
1935	5,584	377	241	311	336	1,163	240	287	2,333	296	175,292	31,450	8,853	9,116	9,996
1936	5,891	402	261	345	336	1,427	271	288	2,265	296	195,535	36,520	9,749	11,006	11,098
1937	6,272	426	267	418	346	1,589	311	308	2,280	327	214,153	38,284	10,446	13,187	11,650
1938	6,639	508	272	534	305	1,583	327	314	2,406	390	241,664	44,714	14,407	22,671	13,135
1939	6,968	608	298	614	342	1,620	360	315	2,355	456	283,178	52,081	22,220	32,524	15,162
1940	7,157	668	292	690	382	1,578	474	326	2,076	671	308,705	51,615	24,518	38,407	17,486

자료: 박기주, 「식민지조선의 공장생산액과 노동생산성 증가」, 『경제사학』, 40, 2006, pp. 114-115.

주: 1) 표 J17-46의 각주를 참고하라.

2) 원 자료의 공장수를 다음과 같이 수정하였다. 1920년대 후반의 관영공장수를 알 수 있으므로 관영공장 누락을 보완한 경우(기계, 식품, 인쇄, 화학 공업)에는 그 수를 공장수에 더하였다. 금속공업의 통계를 수정한 기간에 대해서는 광산 부속 제련소 및 독립제련소 수를 더하였다.

표 J47-76 계속

	종업자					생산액									
	화학	목제품	인쇄제본	식품	기타	합계	방직	금속	기계	요업	화학	목제품	인쇄제본	식품	기타
	J62	J63	J64	J65	J66	J67	J68	J69	J70	J71	J72	J73	J74	J75	J76
	남북한, 명					남북한, 천 圓									
1911	127	172	1,314	2,927	7,752	19,970	497	446	1,217	261	197	70	894	13,016	3,371
1912	395	103	1,636	2,938	9,685	29,831	480	1,598	1,280	377	1,156	183	1,336	18,462	4,958
1913	1,182	154	1,843	3,399	10,602	37,270	1,449	1,610	1,323	620	2,156	229	1,413	22,852	5,618
1914	820	183	1,705	5,633	8,142	33,979	755	2,145	1,365	397	2,148	232	1,298	20,343	5,296
1915	895	297	1,658	7,944	8,228	46,646	1,835	7,276	1,019	495	1,929	455	1,344	23,279	9,013
1916	1,159	409	2,078	9,440	7,159	60,145	2,863	12,144	1,257	610	2,481	556	1,664	28,134	10,437
1917	1,668	646	2,385	11,941	7,597	100,863	6,843	22,756	1,752	801	2,941	1,309	2,015	51,204	11,240
1918	1,292	945	2,885	12,751	8,611	157,910	9,339	18,750	3,518	1,611	4,201	1,683	3,443	96,272	19,093
1919	2,020	1,211	2,405	13,279	10,290	229,499	13,981	16,396	5,093	2,665	8,455	4,190	3,735	137,849	37,135
1920	2,165	1,231	2,858	14,255	11,456	178,473	8,349	32,000	5,109	5,635	9,244	4,370	4,316	75,854	33,596
1921	2,279	1,478	2,926	14,602	10,831	183,432	11,765	23,476	4,355	5,114	7,047	5,368	9,636	91,228	25,443
1922	3,495	1,971	2,764	17,256	10,026	181,757	8,205	21,686	3,873	5,274	7,518	5,728	8,194	92,235	29,043
1923	5,098	1,967	3,258	18,417	9,551	235,604	21,886	20,895	5,882	5,303	10,389	6,027	5,840	130,879	28,502
1924	4,950	2,329	3,369	22,081	9,984	283,823	21,311	17,635	3,837	5,856	11,272	5,632	6,322	179,761	32,197
1925	5,637	2,612	3,994	22,123	9,816	330,041	21,932	24,938	3,702	7,129	13,965	6,521	8,074	212,176	31,603
1926	6,243	2,985	3,915	24,060	10,282	359,278	25,865	21,210	4,941	7,852	16,500	7,066	7,522	225,279	43,043
1927	6,388	3,746	3,884	26,830	12,228	360,195	25,259	22,157	8,522	6,534	16,205	7,368	8,230	223,698	42,222
1928	7,598	3,840	3,947	29,359	12,802	386,641	30,124	26,077	7,195	7,868	19,173	7,448	11,095	228,128	49,532
1929	11,705	4,001	5,442	31,720	8,258	377,136	38,212	20,383	8,861	9,116	20,741	7,721	10,482	223,412	38,207
1930	17,975	3,725	5,470	34,970	6,281	296,531	33,866	15,263	7,207	8,348	27,193	7,037	8,666	152,054	36,898
1931	22,416	3,959	5,426	36,825	6,056	288,748	24,583	16,152	7,666	7,291	34,036	6,514	8,797	156,483	27,225
1932	23,615	4,149	5,856	38,430	6,025	352,575	30,798	21,608	8,653	7,582	38,380	6,824	9,676	192,073	36,979
1933	25,272	4,522	6,121	42,529	7,163	414,793	38,909	29,323	9,317	8,774	54,171	10,015	9,566	215,207	39,511
1934	30,024	5,181	6,928	47,298	8,027	523,654	49,822	41,557	12,140	10,019	70,691	11,634	11,243	267,842	48,705
1935	44,049	6,353	7,495	48,879	9,100	675,491	72,123	40,291	15,276	14,997	120,595	14,506	12,746	331,463	53,495
1936	55,532	7,268	8,288	46,496	9,578	770,089	91,156	58,228	17,610	19,032	164,579	19,254	13,164	326,798	60,268
1937	65,160	8,220	8,460	47,922	10,825	1,012,036	125,546	89,726	22,685	21,253	245,500	26,378	16,323	398,455	66,170
1938	61,552	10,442	8,442	53,141	13,159	1,289,929	161,212	139,475	34,306	31,523	320,305	29,058	17,279	454,007	102,763
1939	72,344	12,401	8,857	48,610	18,980	1,602,538	197,899	194,876	65,986	35,959	461,264	41,009	19,470	456,550	129,524
1940	86,577	15,481	8,768	41,791	24,062	1,825,275	236,120	220,639	97,622	52,236	651,754	76,872	19,188	306,343	164,502

표 J77-139 업종별 종합(5인 이상 사업체), 1955-1990

	음·식료품 및 담배							섬유, 의복 및 가죽제품						
	사업체수	종사자수	급여액	주요생산비	부가가치	출하액	유형자산	사업체수	종사자수	급여액	주요생산비	부가가치	출하액	유형자산
	J77	J78	J79	J80	J81	J82	J83	J84	J85	J86	J87	J88	J89	J90
	남한, 개	남한, 천 명	남한, 십억 원					남한, 개	남한, 천 명	남한, 십억 원				
1955	1,893	35						3,218	93					
1958	2,813	40	1	7	3	10		3,961	99	2	10	5	16	
1960	3,463	43	1	9	4	13		4,218	98	2	12	6	18	
1963	3,916	61	2	24	19	43		3,821	128	4	25	12	37	
1966	5,276	83	5	49	39	87		5,180	175	10	61	30	89	
1967	5,119	85	7	64	49	112		6,149	214	15	82	48	127	
1968	5,405	98	9	81	69	148		6,372	241	21	106	60	162	
1969	5,268	102	13	104	99	203		7,098	274	29	136	80	211	
1970	5,156	117	18	153	141	293		6,393	267	34	156	94	245	
1971	5,011	115	22	195	170	361		6,287	275	41	213	121	326	
1972	4,937	137	30	286	225	509		6,216	317	55	304	186	483	
1973	4,691	142	38	449	220	636		6,346	391	89	545	274	787	
1974	4,167	156	50	674	309	953		6,202	428	123	739	386	1,068	
1975	3,891	150	66	846	599	1,432		6,280	505	189	1,200	624	1,769	
1976	4,101	155	92	1,090	759	1,845		7,118	609	294	1,756	918	2,587	
1977	4,131	169	138	1,363	1,069	2,418		7,491	658	405	2,149	1,095	3,170	
1978	4,448	177	191	1,682	1,475	3,155		7,990	693	575	2,595	1,641	4,194	
1979	4,638	186	276	2,196	1,523	3,636		7,940	643	708	3,061	1,807	4,657	
1980	4,617	181	329	3,011	1,968	4,878		7,682	622	850	4,184	2,311	6,312	
1981	4,621	172	358	3,732	2,433	6,067		8,468	654	1,037	5,219	3,052	8,041	
1982	4,445	175	416	4,346	2,875	7,207		9,404	663	1,188	5,415	3,084	8,351	
1983	4,465	188	482	4,856	3,307	8,094		10,260	676	1,290	5,900	3,478	9,267	
1984	4,554	193	507	5,366	3,547	8,802		10,573	675	1,489	6,787	4,103	10,753	
1985	4,659	197	565	5,719	3,702	9,327	2,831	11,333	684	1,597	7,312	4,411	11,668	4,021
1986	4,760	209	634	6,424	4,185	10,478	3,193	13,112	745	1,890	9,161	5,478	14,595	4,449
1987	4,720	219	794	7,133	4,759	11,860	3,678	14,053	784	2,322	11,457	6,662	17,864	5,264
1988	4,686	225	924	8,150	5,488	13,556	4,240	15,331	777	2,705	12,659	7,417	19,735	6,413
1989	4,685	214	1,089	9,077	6,280	15,213	5,079	16,349	740	3,170	12,946	7,709	20,331	7,682
1990	4,674	214	1,240	9,828	7,594	17,248	5,981	16,261	666	3,379	13,318	8,473	21,466	8,833

	목재 및 나무제품 및 가구							종이 및 종이제품, 인쇄 및 출판						
	사업체수	종사자수	급여액	주요생산비	부가가치	출하액	유형자산	사업체수	종사자수	급여액	주요생산비	부가가치	출하액	유형자산
	J91	J92	J93	J94	J95	J96	J97	J98	J99	J100	J101	J102	J103	J104
	남한, 개	남한, 천 명	남한, 십억 원					남한, 개	남한, 천 명	남한, 십억 원				
1955	736	11						470	14					
1958	1,292	15	0	2	1	3		809	18	1	1	1	3	
1960	1,461	17	0	3	1	4		1,033	20	1	2	2	4	
1963	1,418	17	1	6	3	8		1,270	27	1	7	5	11	
1966	1,861	28	2	18	7	24		1,458	37	3	16	12	28	
1967	2,050	33	3	24	8	32		1,465	38	4	17	12	29	
1968	2,036	41	4	30	14	44		1,540	45	6	25	18	42	
1969	2,002	44	6	43	14	55		1,704	46	8	29	23	52	
1970	2,008	45	7	53	19	70		1,738	49	10	38	28	65	
1971	2,023	42	7	65	32	95		1,732	51	13	49	39	88	
1972	2,177	45	9	71	38	112		1,761	57	17	64	45	109	
1973	2,001	52	14	155	57	204		1,812	57	19	98	58	153	
1974	1,826	50	16	160	39	187		1,753	61	28	160	85	234	
1975	1,797	52	20	196	74	266		1,844	70	40	204	111	310	
1976	1,939	62	33	267	102	365		1,800	72	51	251	149	399	
1977	2,168	70	51	352	138	493		2,008	85	76	346	232	576	
1978	2,388	80	80	453	228	675		2,001	87	110	418	330	746	
1979	2,363	76	102	645	218	823		2,432	93	160	604	399	985	
1980	2,200	66	105	678	206	856		2,300	91	194	875	527	1,359	
1981	2,294	63	112	739	231	953		2,587	91	233	1,165	641	1,772	
1982	2,559	62	121	707	329	1,029		2,941	96	260	1,252	756	2,001	
1983	2,579	65	144	792	375	1,155		3,045	98	302	1,468	1,021	2,482	
1984	2,657	67	166	873	395	1,253		3,163	104	326	1,766	1,140	2,881	
1985	2,713	67	177	862	405	1,242	515	3,339	108	376	1,889	1,230	3,093	1,356

표 J77-139 계속

	목재 및 나무제품 및 가구							종이 및 종이제품, 인쇄 및 출판						
	사업체수	종사자수	급여액	주요생산비	부가가치	출하액	유형자산	사업체수	종사자수	급여액	주요생산비	부가가치	출하액	유형자산
	J91	J92	J93	J94	J95	J96	J97	J98	J99	J100	J101	J102	J103	J104
	남한, 개	남한, 천 명	남한, 십억 원					남한, 개	남한, 천 명	남한, 십억 원				
1986	2,868	69	186	890	447	1,338	529	3,627	115	429	2,307	1,498	3,787	1,585
1987	3,007	72	230	1,089	548	1,630	586	3,924	125	548	2,887	1,856	4,696	1,761
1988	3,398	83	315	1,457	750	2,165	734	4,277	133	665	3,397	2,169	5,536	2,070
1989	3,721	87	410	1,610	929	2,481	934	4,740	139	869	3,843	2,555	6,340	2,846
1990	3,891	87	491	1,871	1,308	3,134	1,195	4,933	135	979	4,130	3,293	7,369	3,353

	화학물과 화학, 석유, 석탄 고무 및 플라스틱제품							비금속 광물제품						
	사업체수	종사자수	급여액	주요생산비	부가가치	출하액	유형자산	사업체수	종사자수	급여액	주요생산비	부가가치	출하액	유형자산
	J105	J106	J107	J108	J109	J110	J111	J112	J113	J114	J115	J116	J117	J118
	남한, 개	남한, 천 명	남한, 십억 원					남한, 개	남한, 천 명	남한, 십억 원				
1955	500	23						583	16					
1958	1,029	28	1	4	2	6		1,008	19	0	1	1	3	
1960	1,268	33	1	6	3	9		1,310	17	1	2	2	4	
1963	2,173	60	3	19	9	27		1,899	24	1	4	4	7	
1966	1,963	68	5	48	24	70		2,372	33	3	12	11	22	
1967	1,773	71	7	58	40	98		2,583	47	4	15	14	28	
1968	1,685	91	13	96	64	154		2,521	51	5	21	19	39	
1969	1,677	97	16	126	97	219		2,342	50	7	29	26	53	
1970	1,723	102	21	163	121	279		2,278	50	9	35	33	66	
1971	1,542	104	26	219	162	374		2,221	48	10	38	41	77	
1972	1,705	112	33	276	188	463		2,019	45	10	44	47	90	
1973	1,719	139	46	432	249	676		1,945	52	14	64	63	131	
1974	1,792	164	70	959	377	1,294		1,808	61	21	123	101	219	
1975	1,985	183	103	1,490	616	2,063		1,689	60	33	170	157	320	
1976	2,270	224	160	1,939	842	2,753		1,765	66	43	229	194	420	
1977	2,383	238	210	2,399	1,027	3,395		1,745	78	64	328	292	614	
1978	2,737	250	301	3,007	1,436	4,430		2,314	94	105	411	408	813	
1979	3,004	257	397	4,401	1,607	5,855		2,682	101	154	670	530	1,154	
1980	3,034	265	513	7,641	2,427	9,789		2,404	95	176	919	683	1,547	
1981	3,231	262	589	9,563	3,079	12,453		2,626	92	199	1,014	767	1,756	
1982	3,636	276	699	10,251	3,302	13,556		2,598	95	227	1,247	746	1,978	
1983	3,848	281	761	11,286	3,863	15,042		2,809	100	270	1,496	1,021	2,514	
1984	4,198	293	868	12,743	4,473	17,131		2,934	108	320	1,724	1,195	2,880	
1985	4,536	321	998	13,634	4,946	18,536	4,554	2,945	111	354	1,836	1,287	3,054	1,910
1986	5,337	373	1,191	13,537	5,763	19,242	5,155	3,073	115	388	2,175	1,554	3,729	2,268
1987	5,974	412	1,571	15,911	7,033	22,734	6,646	3,131	119	458	2,491	1,752	4,243	2,514
1988	6,507	422	1,891	17,763	8,458	26,045	8,590	3,261	121	579	3,016	2,095	5,091	2,827
1989	7,359	428	2,387	18,453	9,528	27,663	10,930	3,444	125	742	3,359	2,545	5,869	3,433
1990	7,824	434	2,818	21,443	12,942	34,021	14,060	3,658	128	892	3,772	3,513	7,248	4,617

	1차금속							금속제품, 기계 및 장비						
	사업체수	종사자수	급여액	주요생산비	부가가치	출하액	유형자산	사업체수	종사자수	급여액	주요생산비	부가가치	출하액	유형자산
	J119	J120	J121	J122	J123	J124	J125	J126	J127	J128	J129	J130	J131	J132
	남한, 개	남한, 천 명	남한, 십억 원					남한, 개	남한, 천 명	남한, 십억 원				
1955	200	5						868	19					
1958	249	8	0	1	1	2		1,513	27	1	2	2	4	
1960	190	7	0	1	1	2		1,949	35	1	3	2	5	
1963	324	13	1	7	2	9		2,946	60	3	11	6	17	
1966	313	19	2	18	7	25		3,569	95	7	33	22	52	
1967	348	26	2	23	8	30		3,666	105	10	50	24	71	
1968	278	28	3	29	11	40		3,760	124	14	72	41	111	
1969	323	27	5	43	16	57		4,113	147	20	102	63	163	
1970	344	32	7	56	22	72		3,899	150	26	114	76	185	
1971	321	26	7	73	25	96		3,719	144	29	115	84	197	
1972	362	28	8	102	35	136		3,860	172	41	173	115	283	
1973	376	37	14	209	91	286		3,760	228	64	328	211	513	
1974	405	46	24	346	170	495		4,059	280	106	630	364	904	
1975	523	48	31	381	134	502		4,152	295	150	796	460	1,224	
1976	563	54	47	618	220	810		4,566	399	256	1,349	809	2,104	

표 J77-139 계속

	1차금속							금속제품, 기계 및 장비						
	사업체수	종사자수	급여액	주요생산비	부가가치	출하액	유형자산	사업체수	종사자수	급여액	주요생산비	부가가치	출하액	유형자산
	J119	J120	J121	J122	J123	J124	J125	J126	J127	J128	J129	J130	J131	J132
	남한, 개	남한, 천 명	남한, 십억 원					남한, 개	남한, 천 명	남한, 십억 원				
1977	664	71	79	861	326	1,151		5,155	469	394	1,904	1,312	3,148	
1978	835	83	126	1,105	544	1,632		6,123	569	674	3,135	1,985	4,953	
1979	855	90	167	1,615	731	2,222		6,838	596	881	4,080	2,225	6,072	
1980	872	90	212	2,463	924	3,211		6,660	535	997	4,373	2,588	6,787	
1981	961	88	244	3,208	1,296	4,451		7,433	544	1,231	6,216	3,601	9,593	
1982	1,009	88	236	3,449	1,483	4,867		8,716	563	1,458	7,237	4,380	11,523	
1983	1,055	95	304	4,112	1,693	5,752		9,473	626	1,777	9,216	5,732	14,800	
1984	1,105	100	386	4,700	1,989	6,590		10,487	709	2,226	12,035	7,339	18,969	
1985	1,072	99	409	4,885	2,066	6,952	3,161	11,498	755	2,541	13,454	8,170	21,401	8,344
1986	1,172	107	474	5,597	2,382	7,935	3,192	13,703	886	3,110	17,898	10,784	28,266	10,139
1987	1,182	108	549	6,792	2,888	9,493	4,594	15,780	1,034	4,163	24,131	14,045	37,512	12,849
1988	1,421	119	739	8,279	3,504	11,766	5,663	18,263	1,120	5,475	29,716	17,344	46,538	15,804
1989	1,468	118	932	9,467	4,047	13,191	7,036	21,106	1,134	6,806	33,295	20,221	52,599	20,368
1990	1,678	122	1,084	10,336	5,229	15,503	11,190	23,196	1,140	8,200	40,273	27,320	66,632	26,035

	기타제품						
	사업체수	종사자수	급여액	주요생산비	부가가치	출하액	유형자산
	J133	J134	J135	J136	J137	J138	J139
	남한, 개	남한, 천 명	남한, 십억 원				
1955	160	4					
1958	297	6	0	0	0	1	
1960	312	6	0	0	0	1	
1963	543	12	0	2	1	3	
1966	726	28	1	7	4	11	
1967	680	30	2	9	4	13	
1968	490	29	2	8	5	13	
1969	571	43	3	10	9	18	
1970	575	48	6	16	16	32	
1971	556	43	6	15	16	31	
1972	692	60	8	23	20	43	
1973	643	59	12	36	30	66	
1974	620	53	13	48	36	83	
1975	626	57	20	59	53	109	
1976	835	76	34	103	82	180	
1977	981	81	44	139	105	242	
1978	1,028	79	60	161	147	301	
1979	1,052	75	78	210	169	363	
1980	1,054	71	94	278	223	487	
1981	1,210	78	130	448	314	746	
1982	1,491	81	149	438	350	780	
1983	1,709	86	170	509	420	916	
1984	1,878	96	206	656	474	1,111	
1985	1,942	96	227	705	520	1,214	314
1986	2,411	119	305	1,080	791	1,845	406
1987	2,618	130	397	1,444	1,027	2,442	516
1988	2,784	121	436	1,554	1,117	2,650	639
1989	2,812	109	480	1,470	1,143	2,574	843
1990	2,757	93	496	1,413	1,252	2,614	952

자료: 한국산업은행, 『광공업통계조사보고서』(1967); 경제기획원조사통계국 · 통계청, 『광공업통계조사보고서』(1970, 1974, 1979, 1984, 1989, 1990).

주: 1) 1955-1967년은 19분류로 되어 있으나 9분류로 재분류하였다.

2) 종사자수는 월 평균이며 유형자산은 연말잔액이다.

표 J140-300 업종별 종합(5인 이상 사업체), 1991-2006

	음·식료품							담배						
	사업체수	종사자수	급여액	주요생산비	부가가치	출하액	유형자산	사업체수	종사자수	급여액	주요생산비	부가가치	출하액	유형자산
	J140	J141	J142	J143	J144	J145	J146	J147	J148	J149	J150	J151	J152	J153
	남한, 개	남한, 천 명	남한, 십억 원					남한, 개	남한, 천 명	남한, 십억 원				
1991	4,749	200	1,334	10,240	6,908	16,931	6,517	20	7	90	765	2,210	2,959	343
1992	5,039	196	1,462	10,975	7,975	18,842	7,445	20	6	97	903	2,134	3,002	332
1993	5,787	198	1,694	12,147	8,726	20,733	8,997	16	6	98	1,047	2,177	3,274	363
1994	5,856	200	1,871	13,581	9,928	23,391	10,494	16	5	95	1,029	2,225	3,211	357
1995	6,250	206	2,146	15,543	10,873	26,222	12,008	16	5	104	852	2,527	3,449	352
1996	6,238	197	2,324	17,437	12,382	29,674	14,340	16	5	130	998	3,051	4,033	402
1997	6,166	186	2,334	18,811	12,536	31,283	14,828	14	4	114	1,184	3,012	4,058	398
1998	5,825	170	2,075	20,779	13,020	33,649	15,191	14	4	96	1,067	2,661	3,772	553
1999	6,364	174	2,228	20,664	15,559	36,187	17,493	14	3	102	1,121	2,193	3,409	484
2000	6,421	178	2,494	21,688	15,746	37,200	15,848	13	3	115	1,323	2,372	3,724	477
2001	6,985	181	2,671	24,304	15,547	39,699	16,525	12	3	97	1,239	2,403	3,468	638
2002	7,550	183	2,940	26,156	16,721	42,649	16,110	14	3	113	1,249	2,165	3,196	610
2003	7,940	188	3,157	27,108	16,750	43,642	16,264	13	3	124	1,314	2,486	3,736	750
2004	8,051	186	3,274	28,698	19,284	47,767	16,685	12	3	124	1,445	2,744	4,379	735
2005	8,389	186	3,532	29,323	19,076	48,264	16,790	12	3	101	1,219	1,566	2,764	698
2006	8,495	185	3,653	29,943	19,028	48,946	16,991	11	3	102	1,294	1,627	2,893	736

	섬유제품 제조업(봉제의복 제외)							봉제의복 및 모피제품						
	사업체수	종사자수	급여액	주요생산비	부가가치	출하액	유형자산	사업체수	종사자수	급여액	주요생산비	부가가치	출하액	유형자산
	J154	J155	J156	J157	J158	J159	J160	J161	J162	J163	J164	J165	J166	J167
	남한, 개	남한, 천 명	남한, 십억 원					남한, 개	남한, 천 명	남한, 십억 원				
1991	7,988	341	2,191	8,254	6,171	14,366	8,293	6,635	211	1,134	3,047	2,827	5,742	1,305
1992	8,092	323	2,439	8,604	7,187	15,510	9,964	6,572	198	1,223	3,100	2,944	5,945	1,308
1993	9,601	316	2,607	9,453	7,672	16,966	9,842	8,141	210	1,474	3,911	3,855	7,694	1,610
1994	9,843	308	2,836	10,253	8,363	18,407	10,957	8,457	203	1,618	4,512	4,288	8,617	1,840
1995	9,743	281	2,964	10,945	8,821	19,332	12,155	8,729	200	1,841	5,560	5,250	10,556	2,149
1996	9,470	257	2,976	11,267	9,066	20,092	12,514	8,693	182	1,817	5,185	5,196	10,179	2,049
1997	8,952	232	2,854	12,370	8,925	21,146	12,177	8,243	164	1,707	5,232	5,093	10,069	2,155
1998	8,104	209	2,479	13,421	9,762	23,224	12,050	6,782	132	1,269	3,628	3,587	7,260	1,669
1999	9,139	227	2,855	13,874	11,062	24,789	12,758	7,506	143	1,451	3,996	3,843	7,782	1,860
2000	9,596	232	3,204	15,015	11,019	25,862	14,073	8,629	153	1,673	4,998	4,460	9,292	1,981
2001	9,961	214	3,148	15,050	10,088	25,055	13,217	9,146	146	1,744	6,126	4,925	10,934	2,239
2002	9,728	202	3,210	15,183	9,748	24,813	12,023	9,509	146	1,947	7,000	5,355	12,168	1,995
2003	9,397	185	3,110	13,639	9,288	22,787	10,703	8,866	134	1,933	6,646	5,672	12,121	1,997
2004	8,971	167	2,920	14,031	8,973	22,883	10,771	8,410	120	1,762	6,222	5,896	12,015	1,785
2005	8,898	154	2,738	13,313	8,614	21,944	9,839	8,386	115	1,717	6,117	6,289	12,351	1,952
2006	8,530	142	2,647	13,296	8,004	21,190	9,238	8,393	113	1,745	6,486	6,517	12,859	2,071

	가죽, 가방 및 신발							목재 및 나무제품						
	사업체수	종사자수	급여액	주요생산비	부가가치	출하액	유형자산	사업체수	종사자수	급여액	주요생산비	부가가치	출하액	유형자산
	J168	J169	J170	J171	J172	J173	J174	J175	J176	J177	J178	J179	J180	J181
	남한, 개	남한, 천 명	남한, 십억 원					남한, 개	남한, 천 명	남한, 십억 원				
1991	2,925	180	1,124	4,040	2,619	6,562	1,568	2,194	43	311	1,249	902	2,095	860
1992	2,720	142	976	3,754	2,613	6,313	1,575	2,150	39	324	1,310	860	2,147	935
1993	3,129	112	873	3,289	2,293	5,576	1,303	2,559	43	378	1,667	1,066	2,688	1,215
1994	3,087	96	820	3,216	2,343	5,472	1,358	2,508	42	419	1,738	1,177	2,905	1,308
1995	3,028	81	782	3,281	2,161	5,354	1,195	2,488	40	447	1,822	1,297	3,068	1,540
1996	2,923	70	768	3,229	2,322	5,507	1,242	2,392	37	470	1,905	1,367	3,250	1,699
1997	2,621	56	642	3,196	1,916	5,028	1,110	2,057	31	419	1,976	1,345	3,307	1,577
1998	2,284	50	554	3,193	1,935	5,121	1,005	1,675	24	290	1,465	1,108	2,559	1,592
1999	2,590	55	630	3,385	1,992	5,346	1,191	1,898	27	344	1,838	1,251	3,060	1,869
2000	2,704	53	674	3,425	2,082	5,459	1,203	1,923	26	363	1,886	1,286	3,128	1,924
2001	2,642	47	674	3,600	2,309	5,849	1,051	2,058	27	379	2,087	1,271	3,352	1,945
2002	2,489	44	663	3,660	1,983	5,634	1,133	2,089	28	421	2,362	1,335	3,677	1,975
2003	2,195	39	637	3,224	1,884	5,052	1,057	2,074	27	443	2,412	1,328	3,725	2,000
2004	1,985	33	556	2,891	1,735	4,616	943	2,002	26	471	2,773	1,538	4,310	2,195
2005	1,993	31	533	2,568	1,650	4,205	1,030	2,076	27	507	2,927	1,509	4,394	2,132
2006	1,925	30	524	2,580	1,626	4,170	1,021	2,056	27	521	3,019	1,564	4,568	2,092

표 J140-300 계속

	펄프, 종이 및 종이제품							출판, 인쇄 및 기록매체복제						
	사업체수	종사자수	급여액	주요생산비	부가가치	출하액	유형자산	사업체수	종사자수	급여액	주요생산비	부가가치	출하액	유형자산
	J182	J183	J184	J185	J186	J187	J188	J189	J190	J191	J192	J193	J194	J195
	남한, 개	남한, 천 명	남한, 십억 원					남한, 개	남한, 천 명	남한, 십억 원				
1991	2,233	65	516	3,181	2,017	5,175	2,629	3,191	74	634	1,271	1,919	3,173	1,386
1992	2,307	64	591	3,472	2,339	5,704	3,344	3,411	79	788	1,555	2,330	3,863	1,803
1993	2,493	65	651	3,585	2,529	6,051	3,983	4,199	90	1,022	1,824	3,121	4,917	2,382
1994	2,601	69	761	4,402	3,110	7,492	4,645	4,367	92	1,142	2,175	3,509	5,651	2,682
1995	2,673	69	885	5,947	3,669	9,440	5,369	4,816	94	1,254	2,711	4,161	6,836	3,088
1996	2,714	67	958	5,895	4,040	9,786	5,859	4,795	93	1,400	3,311	4,793	8,050	3,553
1997	2,639	63	969	6,143	4,104	10,260	7,319	4,503	88	1,400	3,287	4,579	7,763	3,369
1998	2,299	53	792	6,050	4,347	10,395	7,974	3,962	71	1,043	2,811	4,108	6,898	3,427
1999	2,548	56	887	7,167	4,580	11,700	8,986	4,842	83	1,203	3,283	5,085	8,321	4,138
2000	2,673	57	984	8,511	4,899	13,230	9,278	4,841	87	1,474	4,145	5,659	9,732	3,953
2001	2,826	58	1,069	8,424	4,994	13,507	9,208	5,451	94	1,697	4,619	5,636	10,218	4,561
2002	2,913	60	1,230	8,867	5,350	14,178	9,081	5,772	100	1,972	5,274	6,961	12,175	4,619
2003	2,955	61	1,302	8,869	5,468	14,302	9,140	5,938	101	2,104	4,936	6,872	11,794	4,468
2004	2,953	60	1,351	9,488	5,274	14,662	8,403	6,027	99	2,193	5,049	7,014	12,026	4,506
2005	3,066	62	1,435	9,434	5,313	14,722	8,805	6,147	98	2,231	5,495	7,254	12,663	5,068
2006	3,072	60	1,418	9,460	5,283	14,718	8,838	6,237	99	2,292	5,536	7,441	12,958	5,099

	코크스, 석유정제품 및 핵연료							화합물 및 화학제품						
	사업체수	종사자수	급여액	주요생산비	부가가치	출하액	유형자산	사업체수	종사자수	급여액	주요생산비	부가가치	출하액	유형자산
	J196	J197	J198	J199	J200	J201	J202	J203	J204	J205	J206	J207	J208	J209
	남한, 개	남한, 천 명	남한, 십억 원					남한, 개	남한, 천 명	남한, 십억 원				
1991	78	10	132	6,989	2,597	9,553	3,351	2,183	144	1,405	10,274	7,880	17,865	11,438
1992	88	10	147	8,719	3,238	11,875	4,592	2,364	147	1,618	11,894	9,280	20,972	15,896
1993	99	10	169	9,502	3,303	12,875	4,627	2,553	147	1,841	12,469	10,372	22,626	18,677
1994	98	11	210	9,222	4,045	13,178	4,153	2,620	151	2,114	14,802	12,543	27,121	20,871
1995	101	13	265	11,054	5,404	16,346	4,712	2,763	153	2,451	18,632	14,834	33,074	21,593
1996	99	13	327	15,978	5,145	21,002	7,118	2,643	148	2,681	19,230	15,691	34,723	22,968
1997	84	13	357	20,021	8,064	27,940	8,210	2,625	145	2,779	24,046	17,900	41,540	28,577
1998	77	13	345	22,619	7,472	30,175	11,307	2,660	135	2,578	26,850	20,373	46,188	35,082
1999	90	11	346	22,766	7,768	30,474	12,234	2,859	133	2,776	27,255	19,024	45,956	37,504
2000	93	12	388	34,508	5,650	39,652	11,067	3,024	137	3,092	35,109	20,929	55,596	35,801
2001	96	12	420	34,338	5,392	39,578	12,154	3,382	139	3,364	36,777	21,038	57,679	35,372
2002	109	10	430	30,121	4,770	35,182	11,302	3,620	137	3,649	37,056	24,155	61,170	32,013
2003	113	10	471	31,762	5,299	36,739	10,687	3,783	137	3,885	41,418	24,618	65,674	31,767
2004	111	10	497	40,639	7,103	47,489	9,926	3,894	136	4,039	50,184	27,046	76,294	29,563
2005	117	10	626	49,563	11,060	60,425	9,325	4,060	132	4,021	52,468	27,052	79,318	28,694
2006	118	10	674	58,261	11,689	69,841	9,433	4,279	135	4,238	56,302	25,851	82,193	29,466

	고무 및 플라스틱제품							비금속광물제품						
	사업체수	종사자수	급여액	주요생산비	부가가치	출하액	유형자산	사업체수	종사자수	급여액	주요생산비	부가가치	출하액	유형자산
	J210	J211	J212	J213	J214	J215	J216	J217	J218	J219	J220	J221	J222	J223
	남한, 개	남한, 천 명	남한, 십억 원					남한, 개	남한, 천 명	남한, 십억 원				
1991	4,010	123	917	4,419	3,157	7,486	4,181	4,203	138	1,155	5,013	5,067	9,815	5,690
1992	4,292	123	1,037	4,596	3,703	8,213	4,595	4,406	138	1,353	5,725	5,447	11,028	7,553
1993	5,252	139	1,332	5,967	4,643	10,537	6,055	4,707	139	1,476	5,991	6,026	11,924	9,100
1994	5,419	138	1,427	6,263	4,874	11,048	6,714	4,654	136	1,596	6,601	6,460	12,952	10,260
1995	5,674	142	1,699	7,791	6,283	13,914	7,261	4,705	132	1,794	7,582	7,704	15,158	10,719
1996	6,024	146	1,999	8,787	7,075	15,703	9,307	4,559	126	1,894	8,395	8,010	16,203	12,342
1997	5,832	135	1,904	8,466	6,519	14,910	9,114	4,184	112	1,784	9,033	8,005	16,882	12,700
1998	5,146	124	1,681	8,506	6,786	15,320	8,660	3,381	84	1,312	7,542	6,999	14,563	13,171
1999	6,141	145	2,057	11,005	8,390	19,279	10,173	3,571	85	1,337	7,675	7,890	15,588	12,830
2000	6,948	159	2,436	12,603	8,862	21,264	9,982	3,525	85	1,478	8,560	8,424	16,872	12,264
2001	7,611	167	2,730	14,134	9,563	23,583	10,784	3,796	85	1,592	9,596	9,244	18,715	12,847
2002	8,036	177	3,110	16,338	10,883	27,069	11,652	3,900	86	1,781	10,888	9,719	20,593	12,715
2003	8,438	185	3,423	17,356	11,442	28,624	11,995	4,060	88	1,908	12,188	10,299	22,231	12,882
2004	8,568	191	3,828	19,525	12,817	32,148	12,390	4,105	88	2,027	12,519	10,948	23,434	13,286
2005	9,036	205	4,272	23,028	14,810	37,599	14,065	4,161	87	2,107	12,469	10,676	23,005	13,702
2006	9,136	204	4,456	24,614	15,207	39,701	15,075	4,238	87	2,168	13,303	10,665	23,934	13,931

표 J140-300 계속

	1차금속							조립금속제품						
	사업체수	종사자수	급여액	주요생산비	부가가치	출하액	유형자산	사업체수	종사자수	급여액	주요생산비	부가가치	출하액	유형자산
	J224	J225	J226	J227	J228	J229	J230	J231	J232	J233	J234	J235	J236	J237
	남한, 개	남한, 천 명	남한, 십억 원					남한, 개	남한, 천 명	남한, 십억 원				
1991	1,801	121	1,296	11,515	6,674	17,943	9,800	5,516	149	1,176	4,762	3,531	8,104	3,570
1992	1,834	116	1,385	12,101	7,058	19,012	12,472	6,021	150	1,341	5,170	4,274	9,348	4,534
1993	1,984	117	1,485	13,990	7,427	21,243	12,801	8,224	170	1,663	5,443	5,039	10,448	4,995
1994	1,916	116	1,678	16,065	8,751	24,698	13,945	8,782	186	2,072	7,289	6,694	13,774	6,095
1995	2,075	121	1,938	20,034	10,868	30,448	16,725	9,600	197	2,483	9,536	7,489	16,747	6,970
1996	2,077	117	2,126	21,649	10,964	32,222	18,313	10,110	203	2,888	10,688	9,482	20,077	7,998
1997	1,991	110	2,065	24,025	11,288	35,339	21,997	9,912	185	2,763	11,070	9,104	20,044	8,444
1998	1,906	99	1,759	24,886	13,958	38,873	23,554	8,035	156	2,181	8,332	7,794	16,103	8,021
1999	2,181	104	1,929	26,047	13,223	39,202	25,703	9,497	172	2,501	10,181	7,987	18,124	8,857
2000	2,228	104	2,180	30,673	13,917	44,167	26,766	10,398	183	2,904	11,371	8,937	20,177	9,707
2001	2,385	102	2,380	30,399	14,683	45,082	27,076	11,640	190	3,171	11,922	8,934	20,668	9,720
2002	2,478	104	2,679	34,127	15,820	49,861	27,238	12,674	199	3,590	13,836	9,778	23,533	10,140
2003	2,633	106	2,839	38,656	17,564	55,829	26,607	13,732	211	3,961	15,532	10,820	26,207	10,702
2004	2,832	115	3,610	51,871	25,152	75,366	25,669	14,629	231	4,575	20,008	14,014	33,796	11,815
2005	2,923	116	3,787	58,998	25,466	82,797	28,670	15,012	252	5,293	24,222	15,800	39,666	13,447
2006	3,173	117	3,858	64,609	25,282	88,721	30,990	15,175	260	5,689	26,681	16,932	43,385	15,089

	기타 기계 및 장비							컴퓨터 및 사무용 기기						
	사업체수	종사자수	급여액	주요생산비	부가가치	출하액	유형자산	사업체수	종사자수	급여액	주요생산비	부가가치	출하액	유형자산
	J238	J239	J240	J241	J242	J243	J244	J245	J246	J247	J248	J249	J250	J251
	남한, 개	남한, 천 명	남한, 십억 원					남한, 개	남한, 천 명	남한, 십억 원				
1991	8,829	271	2,279	10,377	7,353	17,206	6,442	408	26	177	931	554	1,444	382
1992	9,376	260	2,520	10,069	7,473	17,394	7,510	434	24	194	1,004	649	1,621	457
1993	11,270	281	2,975	11,705	8,724	20,258	9,469	529	23	209	1,493	780	2,256	551
1994	11,614	301	3,511	14,799	10,707	25,155	11,362	599	26	250	1,693	984	2,642	572
1995	12,451	305	4,054	18,215	13,185	30,496	13,072	658	27	299	2,498	1,205	3,631	691
1996	12,958	306	4,603	19,674	14,767	33,859	13,192	617	46	656	5,845	4,688	10,460	2,303
1997	12,275	286	4,543	20,978	14,515	35,152	14,162	604	54	909	9,033	4,263	13,292	2,402
1998	10,281	235	3,570	15,623	12,215	28,157	14,412	568	42	667	9,599	3,429	13,129	2,204
1999	11,786	255	4,015	18,555	14,320	32,751	14,605	722	46	875	13,057	5,677	18,700	3,459
2000	12,984	280	4,919	24,927	17,487	42,017	15,885	819	50	1,063	19,149	7,200	25,820	3,737
2001	13,777	282	5,382	26,835	17,838	44,489	17,188	789	46	1,048	16,850	7,178	24,125	3,043
2002	14,364	289	5,944	30,189	19,317	49,139	17,267	770	42	1,097	16,245	6,794	22,779	2,870
2003	15,067	305	6,612	34,095	21,647	55,216	17,796	726	41	1,108	14,903	5,361	20,020	2,694
2004	15,339	313	7,232	40,422	25,680	65,303	18,226	746	31	738	8,167	3,956	12,104	1,475
2005	16,057	327	7,824	45,253	27,208	72,226	19,600	801	27	662	4,957	3,003	7,969	1,323
2006	16,442	337	8,446	49,259	29,317	78,007	22,001	838	27	679	5,136	3,220	8,327	1,459

	기타 전기기계 및 전기변환장치							전자부품, 영상, 음향 및 통신장비						
	사업체수	종사자수	급여액	주요생산비	부가가치	출하액	유형자산	사업체수	종사자수	급여액	주요생산비	부가가치	출하액	유형자산
	J252	J253	J254	J255	J256	J257	J258	J259	J260	J261	J262	J263	J264	J265
	남한, 개	남한, 천 명	남한, 십억 원					남한, 개	남한, 천 명	남한, 십억 원				
1991	2,739	112	848	4,248	2,587	6,748	2,301	3,141	269	2,171	10,991	8,492	19,218	7,264
1992	3,024	116	995	4,816	3,168	7,968	2,956	3,097	257	2,311	12,668	8,871	21,461	8,365
1993	3,795	130	1,239	5,507	3,647	9,112	3,757	3,404	252	2,422	14,776	11,537	26,076	10,576
1994	4,066	128	1,299	6,000	4,068	9,945	3,647	3,449	271	2,917	17,825	16,524	33,904	11,931
1995	4,573	137	1,633	7,624	5,216	12,599	4,323	3,553	280	3,652	22,253	25,582	46,526	17,127
1996	4,703	142	1,931	9,926	6,527	16,342	5,443	3,582	260	3,891	19,306	23,849	42,362	17,560
1997	4,409	131	1,895	9,757	6,337	15,966	5,797	3,264	243	3,676	22,111	23,080	44,617	23,945
1998	3,852	112	1,507	8,689	5,959	14,699	5,952	2,851	219	3,493	26,727	25,768	52,709	33,439
1999	4,597	130	1,853	11,549	7,339	18,853	6,745	3,421	237	4,084	30,296	32,478	62,224	33,240
2000	5,008	140	2,211	13,377	8,218	21,373	7,043	3,961	280	5,581	42,138	37,276	78,467	40,986
2001	5,499	140	2,420	14,365	8,212	22,467	8,309	4,315	272	5,638	41,530	32,562	74,525	38,213
2002	5,769	144	2,681	15,721	8,527	24,043	7,514	4,722	287	6,655	49,566	40,204	89,097	38,237
2003	5,989	148	2,924	16,863	9,146	25,855	7,739	4,853	306	7,208	58,313	45,170	103,092	39,382
2004	5,973	144	3,031	18,731	10,404	28,957	7,777	4,886	354	9,113	72,384	63,433	134,834	44,528
2005	6,226	143	3,100	19,822	10,420	30,065	7,011	5,111	384	10,752	75,814	64,235	140,470	58,075
2006	6,386	143	3,319	22,151	11,413	33,396	7,896	5,291	396	11,608	79,848	66,917	146,690	66,721

표 J140-300 계속

	의료, 정밀, 광학기기 및 시계						
	사업체수	종사자수	급여액	주요생산비	부가가치	출하액	유형자산
	J266	J267	J268	J269	J270	J271	J272
	남한, 개	남한, 천 명	남한, 십억 원				
1991	1,240	45	318	1,128	931	2,035	779
1992	1,336	40	313	1,072	904	1,970	785
1993	1,633	44	379	1,251	1,067	2,297	905
1994	1,759	44	405	1,473	1,163	2,614	892
1995	1,933	45	482	1,687	1,470	3,114	986
1996	1,940	44	526	1,849	1,563	3,377	1,054
1997	1,922	43	578	2,422	1,894	4,287	1,470
1998	1,709	40	526	2,143	1,799	3,948	1,396
1999	2,018	43	588	2,394	2,042	4,387	1,540
2000	2,229	46	677	2,713	2,419	5,045	1,639
2001	2,489	47	724	2,802	2,456	5,217	1,585
2002	2,679	48	796	2,913	2,429	5,274	1,683
2003	2,718	49	881	3,058	2,660	5,657	1,793
2004	2,802	52	1,012	3,883	3,153	6,950	2,263
2005	3,075	58	1,235	4,988	3,767	8,692	2,765
2006	3,223	62	1,356	5,841	4,099	9,865	2,997

	자동차 및 트레일러						
	사업체수	종사자수	급여액	주요생산비	부가가치	출하액	유형자산
	J273	J274	J275	J276	J277	J278	J279
	남한, 개	남한, 천 명	남한, 십억 원				
1991	2,283	183	1,884	11,097	6,635	17,472	6,729
1992	2,385	184	2,177	12,882	7,351	20,018	7,218
1993	2,644	192	2,536	15,032	8,406	23,425	9,275
1994	2,803	207	3,181	18,609	9,961	28,208	11,428
1995	3,052	218	3,675	21,856	12,810	34,191	14,286
1996	3,342	235	4,529	25,777	15,034	40,519	17,423
1997	3,069	224	4,467	26,509	17,852	43,586	19,876
1998	2,589	184	3,427	19,580	12,543	32,319	25,292
1999	3,011	195	3,616	28,277	17,492	45,560	25,944
2000	3,200	204	4,612	33,314	20,575	53,379	24,690
2001	3,456	200	4,898	37,902	24,400	62,869	24,541
2002	3,534	212	5,366	43,906	26,509	70,209	24,093
2003	3,601	220	6,483	46,634	28,270	73,969	24,623
2004	3,639	247	7,797	57,950	30,114	87,656	25,770
2005	3,848	253	8,727	65,740	32,043	97,894	26,728
2006	4,191	264	9,226	71,870	35,842	107,150	29,456

	기타 운송장비						
	사업체수	종사자수	급여액	주요생산비	부가가치	출하액	유형자산
	J280	J281	J282	J283	J284	J285	J286
	남한, 개	남한, 천 명	남한, 십억 원				
1991	653	70	828	2,931	2,797	5,682	3,100
1992	635	66	1,004	3,609	3,493	6,954	3,105
1993	767	74	1,244	4,305	3,180	7,534	5,359
1994	801	81	1,463	4,797	4,527	9,215	6,182
1995	952	90	1,785	6,088	4,937	10,941	5,704
1996	1,053	95	2,167	7,428	5,463	12,787	7,894
1997	993	97	2,140	9,898	7,242	16,877	8,803
1998	938	90	2,112	10,951	7,945	19,130	12,461
1999	1,002	94	2,265	9,756	8,282	18,186	12,424
2000	1,044	94	2,501	10,636	8,079	18,732	12,232
2001	1,219	103	2,985	13,363	9,201	22,544	12,683
2002	1,205	102	3,186	14,811	9,608	24,367	13,365
2003	1,119	102	3,562	15,986	9,609	25,583	13,854
2004	1,094	106	4,049	18,437	10,716	29,139	13,537
2005	1,064	107	4,309	22,699	11,046	33,592	13,838
2006	1,292	121	4,819	27,244	14,141	41,242	15,472

	가구 및 기타제품						
	사업체수	종사자수	급여액	주요생산비	부가가치	출하액	유형자산
	J287	J288	J289	J290	J291	J292	J293
	남한, 개	남한, 천 명	남한, 십억 원				
1991	5,095	136	904	2,595	2,522	4,922	1,787
1992	4,986	122	931	2,782	2,708	5,402	2,000
1993	5,947	123	1,052	2,982	2,889	5,778	2,221
1994	5,895	117	1,087	3,160	3,292	6,363	2,501
1995	6,188	114	1,187	3,526	3,582	6,995	2,693
1996	6,000	105	1,233	3,668	3,535	7,129	2,682
1997	5,515	92	1,143	3,802	3,293	7,027	2,632
1998	4,313	75	886	3,308	2,940	6,270	2,590
1999	4,999	82	997	4,158	3,212	7,368	2,844
2000	5,464	86	1,133	4,730	3,648	8,333	3,132
2001	5,880	87	1,198	5,063	3,685	8,688	3,163
2002	5,998	88	1,325	5,807	3,859	9,597	3,226
2003	6,030	84	1,354	5,958	3,826	9,716	3,106
2004	5,846	80	1,378	6,438	4,360	10,773	3,062
2005	6,278	82	1,442	7,115	4,382	11,439	3,230
2006	6,207	82	1,545	7,739	4,627	12,313	3,540

	재생용 가공원료생산						
	사업체수	종사자수	급여액	주요생산비	부가가치	출하액	유형자산
	J294	J295	J296	J297	J298	J299	J300
	남한, 개	남한, 천 명	남한, 십억 원				
1991	98	1	6	16	17	32	37
1992	91	1	8	20	22	42	40
1993	132	2	15	74	45	119	72
1994	162	2	19	130	74	202	103
1995	181	2	24	334	121	451	146
1996	195	3	36	311	203	511	200
1997	265	4	47	446	226	667	276
1998	294	4	50	511	222	727	288
1999	360	5	63	498	247	741	307
2000	385	5	65	611	280	886	353
2001	458	5	76	606	303	904	362
2002	434	5	81	626	310	935	365
2003	422	5	89	688	335	1,020	349
2004	435	6	102	1,235	509	1,733	419
2005	469	7	138	1,468	554	2,020	562
2006	473	7	138	1,448	553	2,001	563

자료: 통계청, 「광업 · 제조업조사(8차 개정)」(http://kosis.kr).

주: 1) 제8차 개정 한국표준산업분류에 의한 업종이다.
2) 종사자수는 월 평균이며 유형자산은 연말잔액이다.

표 J301-468 업종별 종합(10인 이상 사업체), 1999-2014

	식료품						
	사업체수	종사자수	급여액	주요생산비	부가가치	출하액	유형자산
	J301	J302	J303	J304	J305	J306	J307
	남한, 개	남한, 천 명	남한, 십억 원				
1999	3,070	139	1,796	16,060	10,925	26,937	12,075
2000	3,166	142	2,045	16,869	11,377	28,091	10,493
2001	3,310	143	2,174	18,882	11,450	30,187	11,132
2002	3,580	148	2,420	20,289	12,105	32,199	10,763
2003	3,615	148	2,565	20,911	11,878	32,667	10,831
2004	3,573	146	2,661	22,500	13,430	35,784	11,380
2005	3,664	144	2,849	23,085	13,727	36,666	11,669
2006	3,794	144	2,945	23,706	13,725	37,448	11,917
2007	3,978	150	3,163	25,798	15,097	40,626	13,088
2008	3,801	148	3,187	31,549	16,004	47,154	14,741
2009	3,916	153	3,455	35,742	17,352	52,879	16,315
2010	4,013	158	3,700	37,401	18,766	55,967	
2011	4,108	164	3,952	42,610	19,574	61,633	20,050
2012	4,173	166	4,121	45,023	20,930	65,588	20,155
2013	4,374	171	4,374	45,843	21,976	67,482	20,812
2014	4,721	181	4,884	46,604	22,977	69,518	22,405

	음료						
	사업체수	종사자수	급여액	주요생산비	부가가치	출하액	유형자산
	J308	J309	J310	J311	J312	J313	J314
	남한, 개	남한, 천 명	남한, 십억 원				
1999	259	16	287	2,334	4,007	6,384	4,161
2000	265	16	299	2,359	3,675	5,980	4,064
2001	262	16	315	2,485	3,404	5,893	3,889
2002	267	13	308	2,925	3,825	6,741	3,794
2003	273	14	348	3,155	3,847	6,948	3,767
2004	268	14	355	3,079	4,689	7,743	3,621
2005	268	13	392	2,857	4,114	7,002	3,356
2006	263	13	402	2,919	4,032	6,933	3,248
2007	279	13	435	3,156	4,376	7,523	3,465
2008	260	13	435	3,432	4,647	8,058	3,514
2009	253	13	439	3,477	4,451	7,892	4,168
2010	248	13	453	3,883	3,899	7,758	
2011	252	13	483	4,199	4,504	8,575	4,360
2012	250	13	506	4,378	5,160	9,562	4,698
2013	242	13	511	4,396	5,474	9,838	4,686
2014	262	14	550	4,542	5,875	10,407	4,928

	담배						
	사업체수	종사자수	급여액	주요생산비	부가가치	출하액	유형자산
	J315	J316	J317	J318	J319	J320	J321
	남한, 개	남한, 천 명	남한, 십억 원				
1999	14	3	102	1,121	2,193	3,409	484
2000	13	3	115	1,323	2,372	3,724	477
2001	12	3	97	1,239	2,403	3,468	638
2002	14	3	113	1,249	2,165	3,196	610
2003	13	3	124	1,314	2,486	3,736	750
2004	12	3	124	1,445	2,744	4,379	735
2005	12	3	101	1,219	1,566	2,764	698
2006	11	3	102	1,294	1,627	2,893	736
2007	12	3	107	1,283	1,632	2,917	710
2008	11	3	126	1,487	1,787	3,186	700
2009	10	3	130	1,429	1,837	3,319	703
2010	12	2	121	1,385	1,724	3,100	
2011	11	2	108	1,305	1,721	3,032	733
2012	8	2	115	1,414	1,998	3,386	830
2013	9	2	116	1,317	1,909	3,199	808
2014	11	2	132	1,398	2,130	3,417	840

	섬유제품(의복 제외)						
	사업체수	종사자수	급여액	주요생산비	부가가치	출하액	유형자산
	J322	J323	J324	J325	J326	J327	J328
	남한, 개	남한, 천 명	남한, 십억 원				
1999	4,302	182	2,389	11,627	9,434	20,938	11,280
2000	4,606	188	2,727	12,824	9,457	22,132	12,636
2001	4,515	169	2,603	11,842	8,313	20,104	11,650
2002	4,474	160	2,643	11,892	7,913	19,737	10,437
2003	4,201	143	2,518	10,384	7,195	17,459	9,061
2004	3,792	127	2,355	10,929	7,053	17,892	9,163
2005	3,587	114	2,178	10,245	6,674	16,926	8,250
2006	3,394	103	2,078	10,044	6,052	16,029	7,664
2007	3,372	97	2,016	10,201	5,751	15,940	7,176
2008	3,113	90	1,957	10,840	6,094	16,895	7,497
2009	3,050	89	1,965	11,239	6,228	17,532	7,848
2010	3,171	92	2,117	12,961	6,704	19,574	
2011	3,193	94	2,318	15,183	7,569	22,420	9,457
2012	3,176	93	2,380	13,851	7,041	20,791	8,328
2013	3,158	93	2,459	13,781	7,041	20,623	8,409
2014	3,224	92	2,642	13,459	7,202	20,600	9,311

	의복, 액세서리 및 모피제품						
	사업체수	종사자수	급여액	주요생산비	부가가치	출하액	유형자산
	J329	J330	J331	J332	J333	J334	J335
	남한, 개	남한, 천 명	남한, 십억 원				
1999	4,493	138	1,473	4,876	4,193	9,015	2,329
2000	4,660	139	1,619	5,540	4,476	9,857	2,297
2001	4,484	128	1,642	6,996	4,887	11,768	2,500
2002	4,218	123	1,789	7,473	5,216	12,492	2,194
2003	3,642	111	1,792	7,220	5,609	12,647	2,201
2004	3,285	97	1,595	6,762	5,722	12,362	1,921
2005	3,198	91	1,526	6,447	6,001	12,414	2,048
2006	3,032	87	1,546	6,892	6,256	12,976	2,198
2007	3,264	88	1,599	7,014	6,661	13,428	2,307
2008	2,891	80	1,562	7,719	7,041	14,502	2,675
2009	2,801	79	1,623	8,502	7,802	16,289	2,980
2010	2,796	81	1,689	10,232	8,411	18,282	
2011	2,850	77	1,654	9,742	8,750	17,970	3,564
2012	2,746	74	1,646	9,913	8,122	17,650	3,802
2013	2,554	70	1,608	9,744	8,089	17,529	3,704
2014	2,703	71	1,694	9,787	7,945	17,462	3,502

	가죽, 가방 및 신발						
	사업체수	종사자수	급여액	주요생산비	부가가치	출하액	유형자산
	J336	J337	J338	J339	J340	J341	J342
	남한, 개	남한, 천 명	남한, 십억 원				
1999	1,328	47	560	3,167	1,803	4,941	1,098
2000	1,330	44	592	3,168	1,868	4,993	1,086
2001	1,183	38	578	3,285	2,071	5,301	933
2002	1,120	35	569	3,338	1,738	5,071	997
2003	952	31	550	2,921	1,653	4,520	921
2004	824	26	475	2,590	1,523	4,105	803
2005	759	24	448	2,256	1,418	3,663	889
2006	744	22	439	2,242	1,396	3,605	911
2007	762	21	426	2,237	1,394	3,564	855
2008	738	20	445	2,456	1,646	4,079	963
2009	726	19	448	2,433	1,655	4,071	1,002
2010	758	20	410	2,914	1,780	4,627	
2011	774	20	431	3,159	1,858	4,916	1,016
2012	798	20	445	3,343	1,851	5,128	937
2013	808	20	467	3,498	1,944	5,346	938
2014	798	20	483	3,539	2,006	5,439	1,021

	목재 및 나무제품(가구 제외)							펄프, 종이 및 종이제품						
	사업체수	사자수	급여액	주요생산비	부가가치	출하액	유형자산	사업체수	종사자수	급여액	주요생산비	부가가치	출하액	유형자산
	J343	J344	J345	J346	J347	J348	J349	J350	J351	J352	J353	J354	J355	J356
	남한, 개	남한, 천 명	남한, 십억 원					남한, 개	남한, 천 명	남한, 십억 원				
1999	747	19	274	1,525	1,034	2,534	1,610	1,254	48	803	6,772	4,306	11,035	8,709
2000	770	19	289	1,567	1,042	2,573	1,658	1,303	48	889	8,046	4,556	12,430	8,973
2001	771	19	292	1,666	1,014	2,679	1,639	1,380	49	962	7,888	4,667	12,648	8,861
2002	836	20	327	1,908	1,066	2,960	1,678	1,455	51	1,110	8,288	4,981	13,233	8,706
2003	820	19	347	1,965	1,048	3,002	1,690	1,458	52	1,175	8,249	5,087	13,306	8,716
2004	772	18	373	2,280	1,232	3,514	1,881	1,408	50	1,215	8,780	4,857	13,542	7,957
2005	827	19	404	2,399	1,194	3,554	1,854	1,497	52	1,297	8,738	4,899	13,621	8,389
2006	819	19	417	2,477	1,195	3,661	1,781	1,505	50	1,275	8,733	4,839	13,553	8,357
2007	849	19	422	2,615	1,413	3,995	1,824	1,564	50	1,352	9,640	5,103	14,662	8,309
2008	779	18	423	2,864	1,434	4,212	2,032	1,489	50	1,396	12,035	5,571	17,391	9,238
2009	777	17	402	2,793	1,493	4,339	2,310	1,472	48	1,404	11,125	5,736	16,976	9,625
2010	788	17	448	2,977	1,425	4,364		1,545	51	1,516	13,964	5,988	19,821	
2011	767	17	464	3,194	1,495	4,632	3,148	1,520	50	1,574	14,794	6,251	20,898	10,938
2012	770	17	471	3,095	1,521	4,603	2,981	1,584	52	1,689	14,004	7,027	21,031	10,909
2013	803	17	504	3,159	1,464	4,600	2,997	1,705	55	1,863	14,537	7,141	21,575	11,383
2014	845	18	546	3,571	1,720	5,237	3,133	1,803	57	1,993	14,360	7,195	21,551	11,648

	인쇄 및 기록매체복제							코크스, 연탄 및 석유정제품						
	사업체수	종사자수	급여액	주요생산비	부가가치	출하액	유형자산	사업체수	종사자수	급여액	주요생산비	부가가치	출하액	유형자산
	J357	J358	J359	J360	J361	J362	J363	J364	J365	J366	J367	J368	J369	J370
	남한, 개	남한, 천 명	남한, 십억 원					남한, 개	남한, 천 명	남한, 십억 원				
1999	1,054	25	336	960	1,065	2,010	1,070	94	11	335	22,698	7,681	30,328	12,182
2000	1,144	27	412	1,276	1,276	2,550	1,147	97	11	375	34,446	5,533	39,470	10,960
2001	1,197	27	462	1,339	1,323	2,661	1,315	101	11	408	34,286	5,294	39,423	12,125
2002	1,237	28	523	1,487	1,538	3,021	1,447	102	10	413	30,061	4,674	35,024	11,257
2003	1,266	29	585	1,526	1,503	3,025	1,740	102	9	451	31,687	5,197	36,563	10,596
2004	1,268	29	631	1,569	1,652	3,220	1,635	110	9	478	40,648	7,018	47,406	9,881
2005	1,308	29	643	1,594	1,734	3,324	1,756	109	9	605	49,434	10,923	60,168	9,236
2006	1,296	29	661	1,696	1,759	3,452	1,826	109	9	648	58,170	11,557	69,624	9,341
2007	1,435	31	714	1,834	1,801	3,630	1,812	123	10	711	66,253	13,261	79,486	10,569
2008	1,347	31	763	2,091	2,009	4,084	2,105	128	10	711	101,283	16,969	117,828	13,253
2009	1,354	31	762	2,174	2,018	4,186	2,207	130	10	578	79,131	13,308	92,434	13,760
2010	1,374	31	804	2,420	2,182	4,598		143	11	737	98,318	14,037	111,701	
2011	1,279	30	813	2,367	2,060	4,427	2,237	135	11	771	127,486	19,173	147,887	20,978
2012	1,256	28	794	2,250	1,999	4,250	2,294	131	12	875	135,690	22,107	157,443	20,492
2013	1,168	27	790	2,111	1,910	4,004	2,198	133	10	848	126,186	19,809	145,950	22,256
2014	1,184	28	857	2,267	2,060	4,326	2,366	138	11	843	119,035	18,991	139,316	23,736

	화학물질 및 화학제품(의약품 제외)							의료용 물질 및 의약품						
	사업체수	종사자수	급여액	주요생산비	부가가치	출하액	유형자산	사업체수	종사자수	급여액	주요생산비	부가가치	출하액	유형자산
	J371	J372	J373	J374	J375	J376	J377	J378	J379	J380	J381	J382	J383	J384
	남한, 개	남한, 천 명	남한, 십억 원					남한, 개	남한, 천 명	남한, 십억 원				
1999	1,518	97	2,169	24,257	15,545	39,507	34,132	301	27	488	2,335	2,900	5,189	2,320
2000	1,640	100	2,428	32,014	16,998	48,575	32,523	319	28	549	2,350	3,410	5,714	2,371
2001	1,787	101	2,607	33,185	16,671	49,761	31,829	331	28	602	2,708	3,587	6,270	2,451
2002	1,851	100	2,811	33,262	19,050	52,316	28,841	352	29	686	2,868	4,429	7,270	2,253
2003	1,931	100	3,026	37,541	19,233	56,604	28,643	357	27	675	2,872	4,650	7,353	2,200
2004	1,949	98	3,108	45,808	21,285	66,221	26,260	355	27	729	3,133	4,794	7,880	2,261
2005	2,021	94	3,099	48,199	20,849	68,876	25,369	376	26	744	3,180	5,486	8,642	2,371
2006	2,216	98	3,323	51,805	19,228	71,128	25,833	388	27	757	3,382	5,919	9,246	2,814
2007	2,335	99	3,497	57,989	21,834	79,479	25,605	411	27	793	3,865	6,629	10,295	3,051
2008	2,271	99	3,561	75,388	24,825	99,082	28,618	410	26	830	4,432	7,282	11,455	3,555
2009	2,305	99	3,728	73,243	25,729	99,421	30,801	416	29	961	5,165	7,528	12,509	4,358
2010	2,459	109	4,318	87,422	30,302	116,993		439	29	954	6,913	6,603	13,440	
2011	2,462	113	4,595	113,417	42,230	154,982	44,737	440	29	1,023	5,950	7,979	13,874	6,413
2012	2,462	117	4,906	118,218	43,284	160,619	45,292	428	29	1,037	6,046	7,887	13,855	6,329
2013	2,585	120	5,274	118,539	43,343	161,673	48,865	421	30	1,071	6,176	8,098	14,058	6,679
2014	2,690	126	5,731	113,981	41,529	154,735	52,489	453	32	1,179	6,509	8,630	14,993	7,485

표 J301-468 계속

	고무제품 및 플라스틱제품							비금속 광물제품						
	사업체수	종사자수	급여액	주요생산비	부가가치	출하액	유형자산	사업체수	종사자수	급여액	주요생산비	부가가치	출하액	유형자산
	J385	J386	J387	J388	J389	J390	J391	J392	J393	J394	J395	J396	J397	J398
	남한, 개	남한, 천 명	남한, 십억 원					남한, 개	남한, 천 명	남한, 십억 원				
1999	3,435	127	1,882	10,359	7,834	18,084	9,492	2,156	79	1,310	7,448	7,783	15,269	12,538
2000	3,877	139	2,222	11,749	8,185	19,746	9,208	2,146	79	1,454	8,206	8,271	16,361	11,945
2001	4,155	145	2,475	13,105	8,810	21,821	9,940	2,160	78	1,540	9,031	8,948	17,862	12,463
2002	4,449	155	2,818	15,134	10,084	25,080	10,726	2,218	79	1,693	10,172	9,328	19,491	12,147
2003	4,667	161	3,113	16,000	10,557	26,395	10,974	2,239	78	1,795	11,292	9,747	20,795	12,154
2004	4,697	168	3,503	18,024	11,875	29,710	11,312	2,212	77	1,897	11,576	10,302	21,847	12,541
2005	4,960	180	3,929	21,418	13,797	34,994	13,059	2,274	76	1,941	11,484	9,928	21,275	12,909
2006	5,048	178	4,070	22,733	14,034	36,660	13,901	2,325	76	2,001	12,160	9,872	22,000	13,122
2007	5,244	177	4,245	24,112	14,865	38,796	14,537	2,392	78	2,129	13,100	10,276	23,400	13,572
2008	4,935	172	4,394	27,769	15,767	43,131	16,585	2,312	78	2,165	15,041	11,960	26,709	15,243
2009	4,888	171	4,446	27,006	14,991	42,078	16,712	2,311	79	2,299	16,407	13,763	30,336	15,950
2010	5,190	186	4,992	34,342	17,093	51,175		2,436	80	2,462	17,458	14,867	32,194	
2011	5,296	189	5,444	37,225	18,916	55,702	20,327	2,351	77	2,389	16,985	14,343	31,113	19,020
2012	5,517	203	6,025	39,445	20,496	59,633	21,561	2,384	79	2,605	17,987	13,639	31,528	20,245
2013	5,722	211	6,582	41,247	21,633	62,689	23,403	2,452	82	2,830	17,866	14,158	31,984	20,066
2014	5,947	216	7,062	42,982	22,603	65,378	25,298	2,530	84	2,966	18,056	14,349	32,310	20,897

	1차금속							금속가공제품(기계 및 가구 제외)						
	사업체수	종사자수	급여액	주요생산비	부가가치	출하액	유형자산	사업체수	종사자수	급여액	주요생산비	부가가치	출하액	유형자산
	J399	J400	J401	J402	J403	J404	J405	J406	J407	J408	J409	J410	J411	J412
	남한, 개	남한, 천 명	남한, 십억 원					남한, 개	남한, 천 명	남한, 십억 원				
1999	1,331	94	1,774	24,720	12,444	37,110	24,878	4,673	149	2,332	10,296	7,709	17,960	8,934
2000	1,373	95	2,038	28,635	13,131	41,370	25,955	5,125	157	2,681	11,961	8,554	20,370	9,683
2001	1,379	92	2,198	28,202	13,872	42,086	26,078	5,288	159	2,904	12,301	8,533	20,650	9,820
2002	1,442	94	2,469	31,170	14,878	45,988	26,157	5,758	166	3,229	14,553	9,143	23,623	9,934
2003	1,521	94	2,593	35,434	16,355	51,400	25,457	6,334	175	3,561	15,921	10,160	25,900	10,472
2004	1,635	102	3,332	47,996	23,564	69,962	24,586	6,866	193	4,152	20,629	13,400	33,717	11,422
2005	1,997	110	3,676	58,007	24,984	81,334	28,267	7,410	210	4,766	22,215	14,115	35,986	12,442
2006	2,147	111	3,734	63,483	24,772	87,089	30,481	7,898	218	5,120	24,239	15,108	39,105	13,844
2007	2,315	116	4,257	76,869	26,019	102,029	34,462	8,492	230	5,628	29,743	17,235	46,719	17,088
2008	2,337	120	4,616	97,049	33,426	127,904	37,265	8,016	223	5,736	34,591	20,307	54,167	20,679
2009	2,344	120	4,460	85,339	26,396	113,039	42,242	7,935	224	5,742	33,591	20,243	53,740	22,563
2010	2,618	129	4,936	108,203	32,971	139,321		8,856	250	6,804	39,892	22,837	62,482	
2011	2,688	134	5,632	136,702	34,835	168,830	61,559	8,779	249	7,280	42,166	27,086	68,647	27,824
2012	2,714	137	5,994	126,428	30,423	157,147	59,012	8,807	250	7,594	42,599	28,388	70,728	28,703
2013	2,777	139	6,335	115,993	27,533	144,410	63,894	9,014	254	8,097	42,141	27,882	69,537	30,209
2014	2,876	144	6,671	111,789	26,780	138,373	63,455	9,524	269	8,898	43,187	29,058	72,031	33,178

	전자부품, 컴퓨터, 영상, 음향 및 통신장비							의료, 정밀, 광학기기 및 시계						
	사업체수	종사자수	급여액	주요생산비	부가가치	출하액	유형자산	사업체수	종사자수	급여액	주요생산비	부가가치	출하액	유형자산
	J413	J414	J415	J416	J417	J418	J419	J420	J421	J422	J423	J424	J425	J426
	남한, 개	남한, 천 명	남한, 십억 원					남한, 개	남한, 천 명	남한, 십억 원				
1999	3,034	280	4,939	43,324	38,144	80,910	37,186	1,100	38	546	2,466	1,907	4,327	1,419
2000	3,450	322	6,579	60,886	44,257	103,744	44,980	1,212	41	628	2,754	2,285	4,959	1,503
2001	3,674	310	6,588	57,849	39,668	98,068	41,580	1,260	41	664	2,840	2,325	5,123	1,613
2002	3,853	320	7,508	64,324	46,241	109,649	40,752	1,314	43	773	3,276	2,540	5,757	1,790
2003	3,916	336	8,155	72,126	50,122	121,642	41,995	1,257	40	768	2,988	2,359	5,284	1,582
2004	3,864	371	9,593	79,097	66,318	144,409	45,832	1,316	45	978	4,318	3,513	7,754	2,254
2005	4,014	395	11,109	78,681	66,167	145,293	58,887	1,439	51	1,174	5,443	3,579	8,945	2,763
2006	4,069	406	11,951	82,419	68,844	151,155	67,683	1,561	54	1,285	6,329	3,999	10,284	3,002
2007	4,126	378	12,064	86,659	71,346	158,062	68,903	1,712	56	1,381	6,964	4,684	11,568	3,329
2008	3,820	357	12,250	99,192	76,525	175,204	71,027	1,691	56	1,398	6,964	4,721	11,600	3,243
2009	3,652	360	12,642	120,912	89,870	210,148	72,544	1,727	57	1,433	6,753	4,949	11,635	3,315
2010	3,944	394	16,904	145,801	108,685	253,080		1,981	65	1,719	8,645	6,154	14,652	
2011	4,027	400	16,416	139,149	115,562	252,933	87,030	2,054	69	2,026	9,317	6,706	15,931	4,860
2012	4,096	405	16,766	138,731	115,816	253,463	88,831	2,088	72	2,114	9,386	7,170	16,417	5,123
2013	4,111	406	16,802	140,267	116,830	255,943	92,350	2,110	74	2,277	10,125	7,897	17,870	5,734
2014	4,228	397	16,861	132,189	113,027	245,006	92,455	2,225	76	2,426	10,180	8,049	18,049	6,134

표 J301-468 계속

	전기장비							기타 기계 및 장비						
	사업체수	종사자수	급여액	주요생산비	부가가치	출하액	유형자산	사업체수	종사자수	급여액	주요생산비	부가가치	출하액	유형자산
	J427	J428	J429	J430	J431	J432	J433	J434	J435	J436	J437	J438	J439	J440
	남한, 개	남한, 천 명	남한, 십억 원					남한, 개	남한, 천 명	남한, 십억 원				
1999	2,878	131	1,948	13,080	7,970	21,063	7,389	5,628	189	3,092	14,068	11,250	25,100	11,560
2000	3,299	141	2,351	15,622	9,485	24,922	7,835	6,238	209	3,833	19,438	13,411	32,471	12,212
2001	3,322	139	2,588	17,144	9,700	26,710	9,115	6,285	204	4,030	19,880	13,006	32,786	12,756
2002	3,519	145	2,893	18,873	9,931	28,606	8,724	6,718	215	4,505	22,405	14,527	36,579	12,927
2003	3,570	148	3,085	19,966	10,180	29,997	8,852	7,125	223	5,008	25,692	16,357	41,585	13,208
2004	3,517	145	3,255	21,962	11,829	33,623	8,816	7,464	232	5,542	31,528	20,134	50,946	13,625
2005	3,491	136	3,107	22,367	11,871	34,049	7,739	8,019	245	6,099	35,243	20,920	56,012	15,038
2006	3,601	138	3,377	24,825	12,705	37,359	8,544	8,293	252	6,562	38,466	22,970	60,923	16,873
2007	3,747	142	3,589	27,857	12,578	40,242	9,270	8,513	261	7,077	42,072	25,827	67,593	19,343
2008	3,554	139	3,862	32,411	14,766	46,951	11,559	8,018	262	7,538	50,052	28,973	78,137	24,953
2009	3,571	144	4,077	33,927	16,139	49,885	13,144	7,852	254	7,321	45,506	27,203	72,845	26,934
2010	3,861	152	4,668	41,698	19,790	60,983		8,598	282	8,619	58,722	33,560	91,128	
2011	3,919	156	5,077	43,676	19,134	62,374	18,858	8,719	295	9,751	66,004	35,903	101,113	33,136
2012	3,950	162	5,500	47,021	20,256	67,087	19,420	8,952	304	10,514	66,135	35,968	102,108	35,717
2013	3,977	164	5,652	45,085	19,667	64,763	19,293	9,181	314	11,218	64,209	35,343	98,958	38,394
2014	4,275	177	6,262	46,758	20,867	67,436	21,156	9,521	319	11,876	65,119	37,260	101,911	41,410

	자동차 및 트레일러							기타 운송장비						
	사업체수	종사자수	급여액	주요생산비	부가가치	출하액	유형자산	사업체수	종사자수	급여액	주요생산비	부가가치	출하액	유형자산
	J441	J442	J443	J444	J445	J446	J447	J448	J449	J450	J451	J452	J453	J454
	남한, 개	남한, 천 명	남한, 십억 원					남한, 개	남한, 천 명	남한, 십억 원				
1999	2,033	192	3,606	28,442	17,473	45,715	25,750	724	94	2,294	9,971	8,361	18,555	12,546
2000	2,166	199	4,543	33,257	20,290	53,042	24,380	760	95	2,554	10,903	8,216	19,139	12,557
2001	2,452	199	4,891	38,114	24,424	63,112	24,443	860	103	3,021	13,566	9,248	22,785	12,860
2002	2,619	217	5,404	44,571	26,716	71,072	24,087	862	101	3,177	14,909	9,586	24,450	13,376
2003	2,617	221	6,558	47,403	28,817	75,274	24,702	834	102	3,593	16,350	9,679	26,030	13,976
2004	2,688	246	7,818	58,510	30,237	88,332	25,760	834	106	4,090	18,891	10,847	29,722	13,661
2005	2,949	258	8,870	67,098	32,571	99,773	26,901	831	106	4,325	22,953	11,075	33,874	13,903
2006	3,177	268	9,375	73,486	36,292	109,210	29,532	1,014	121	4,831	27,524	14,179	41,562	15,478
2007	3,271	268	10,239	79,262	38,415	117,109	30,969	1,214	136	5,835	34,160	18,781	52,731	19,733
2008	3,037	259	9,834	80,624	37,672	117,807	35,053	1,292	146	6,570	48,841	24,172	72,538	23,217
2009	3,019	250	9,663	77,805	35,223	113,284	37,762	1,315	148	6,809	56,045	26,150	82,012	28,097
2010	3,475	277	11,863	100,844	45,353	145,660		1,430	147	6,865	54,563	27,565	82,075	
2011	3,685	288	12,901	120,063	50,746	169,351	41,949	1,510	157	7,345	57,726	28,891	85,545	31,635
2012	3,869	301	13,805	122,063	53,158	175,587	44,250	1,512	161	7,163	54,127	21,664	75,848	29,144
2013	4,219	321	15,463	126,725	54,531	180,511	47,316	1,633	161	7,242	53,707	20,742	74,557	29,462
2014	4,579	338	16,660	131,401	58,185	189,143	51,147	1,722	169	7,815	53,103	20,527	73,558	28,229

	가구							기타제품						
	사업체수	종사자수	급여액	주요생산비	부가가치	출하액	유형자산	사업체수	종사자수	급여액	주요생산비	부가가치	출하액	유형자산
	J455	J456	J457	J458	J459	J460	J461	J462	J463	J464	J465	J466	J467	J468
	남한, 개	남한, 천 명	남한, 십억 원					남한, 개	남한, 천 명	남한, 십억 원				
1999	945	27	351	1,833	1,236	3,066	1,110	1,114	37	475	1,746	1,478	3,234	1,369
2000	1,046	29	423	2,194	1,551	3,757	1,257	1,143	36	513	1,878	1,511	3,344	1,444
2001	1,088	29	436	2,298	1,574	3,856	1,270	1,061	34	521	1,889	1,456	3,316	1,489
2002	1,217	32	533	2,869	1,722	4,567	1,408	1,068	33	531	1,891	1,458	3,316	1,289
2003	1,180	32	574	3,141	1,699	4,817	1,402	990	28	499	1,704	1,360	3,032	1,115
2004	1,149	31	619	3,580	2,269	5,839	1,450	939	26	480	1,796	1,361	3,140	1,176
2005	1,231	32	660	4,178	2,256	6,398	1,668	957	25	486	1,792	1,304	3,076	1,213
2006	1,321	35	769	4,849	2,541	7,348	1,953	903	23	470	1,659	1,234	2,888	1,203
2007	1,441	36	798	5,250	2,680	7,900	1,982	934	23	460	1,701	1,353	3,020	1,055
2008	1,307	35	790	5,298	2,742	8,004	2,058	902	21	455	1,950	1,290	3,234	1,206
2009	1,256	33	835	5,774	2,974	8,718	2,479	916	22	472	1,957	1,464	3,416	1,440
2010	1,289	35	906	6,434	2,955	9,379		952	23	513	2,095	1,694	3,762	
2011	1,254	35	949	7,263	3,110	10,334	2,557	974	24	572	2,468	1,807	4,233	1,371
2012	1,247	34	965	7,159	2,967	10,089	2,482	989	24	586	2,479	1,841	4,295	1,488
2013	1,269	35	1,024	7,376	3,054	10,425	2,581	964	24	618	2,422	1,816	4,209	1,391
2014	1,376	38	1,194	8,294	3,564	11,818	2,892	1,005	25	673	2,618	1,957	4,559	1,580

자료: 통계청, 「광업·제조업조사(9차 개정)」(http://kosis.kr); 2010년은 통계청, 『경제총조사』.

주: 1) 제9차 개정 한국표준산업분류에 의한 업종이다.

2) 종사자수는 월 평균이며 유형자산은 연말잔액이다.

표 J469-489 경영조직별 종합(5인 이상 사업체), 1958-2006

	회사법인							기타법인			
	사업체수	종사자수	급여액	주요생산비	부가가치	출하액	유형자산	사업체수	종사자수	급여액	주요생산비
	J469	J470	J471	J472	J473	J474	J475	J476	J477	J478	J479
	남한, 개	남한, 천 명	남한, 십억 원					남한, 개	남한, 천 명	남한, 십억 원	
1963	1,698	173						528	28		
1966	1,859	259						508	35		
1967	1,860	307	30	215	129	334		425	32	4	33
1968	1,995	388						315	28		
1969	2,178	447						243	28		
1970	2,226	486	94	602	393	970		316	32	7	34
1971	2,283	512	115	798	512	1,286		311	17	3	17
1972	2,739	605	153	1,085	683	1,755		344	36	10	57
1973	2,933	777						287	35		
1974	3,476	911	355	3,354	1,564	4,672		298	35	14	126
1975	4,158	1,026	520	4,693	2,257	6,798		332	40	19	148
1976	4,693	1,254	806	6,699	3,312	9,800		366	42	27	223
1977	5,412	1,397	1,152	8,677	4,522	12,994		361	39	40	266
1978	6,052	1,532						336	37		
1979	6,283	1,531	2,263	15,330	7,266	21,815		429	38	63	421
1980	6,464	1,447	2,707	21,913	9,620	30,598		402	37	80	543
1981	6,768	1,448	3,204	28,175	12,595	39,964		258	26	71	560
1982	7,068	1,443	3,612	30,424	13,961	44,043		366	32	99	822
1983	7,611	1,508						373	37		
1984	8,305	1,608	4,939	41,607	20,156	60,957	21,519	227	24	100	802
1985	9,047	1,658	5,491	44,833	21,847	66,215	23,362	226	23	113	864
1986	10,580	1,849	6,499	52,332	26,960	78,679	26,666	214	23	119	917
1987	12,259	2,078	8,491	65,686	33,480	97,832	33,389	230	25	149	943
1988	14,321	2,204						227	21		
1989	16,558	2,176	13,360	84,042	45,767	127,773	50,758	217	21	165	1,276
1990	18,355	2,145	15,612	95,979	59,912	154,023	66,256	181	18	156	1,251
1991	19,540	2,047	17,855	106,427	71,943	175,707	77,339	755	54	495	2,589
1992	20,502	1,965	19,837	116,806	81,001	195,871	94,990	814	46	457	2,885
1993	24,035	1,989	22,411	131,646	91,270	221,573	112,118	410	24	290	2,129
1994	25,446	2,041	25,643	151,800	110,329	259,282	126,534	436	23	303	2,466
1995	27,189	2,084	29,959	184,699	137,707	316,687	145,664	531	24	356	2,859
1996	28,664	2,064	33,922	205,510	150,368	352,065	167,317	622	23	401	3,345
1997	29,294	1,970	33,858	231,729	159,265	387,544	191,941	661	23	403	3,750
1998	28,698	1,722	28,711	228,867	157,697	386,876	223,772	658	22	391	4,490
1999	32,554	1,828	31,909	255,602	179,603	433,641	238,482	736	22	407	4,906
2000	37,299	1,959	38,452	319,838	196,104	510,827	244,438	726	23	444	5,680
2001	40,141	1,940	40,947	334,162	198,472	532,463	245,918	786	21	435	5,142
2002	44,113	1,990	45,631	362,340	219,530	579,259	240,401	867	21	417	4,445
2003	45,327	2,005	49,249	388,501	229,463	613,411	239,029	797	17	366	3,811
2004	46,923	2,111	55,710	460,545	275,970	730,451	244,509	856	18	400	4,053
2005	48,971	2,157	60,367	503,714	284,934	785,595	264,768	902	20	471	4,268
2006	52,092	2,210	64,217	548,585	298,022	843,051	286,068	941	21	510	4,448

자료: 1999-2006년은 통계청, 「광업 · 제조업조사(8차 개정)」(http://kosis.kr); 이전 연도는 통계청, 『광공업통계조사보고서』; 『산업총조사보고서』.

주: 1) 1958, 1960년의 분류는 법인, 단체, 개인이고, 1963-1980년의 분류는 주식회사, 기타 법인, 개인이다.

2) 종사자수는 월 평균이며 유형자산은 연말잔액이다.

표 J469-489 계속

	기타법인			개인						
	부가가치	출하액	유형자산	사업체수	종사자수	급여액	주요생산비	부가가치	출하액	유형자산
	J480	J481	J482	J483	J484	J485	J486	J487	J488	J489
	남한, 십억 원			남한, 개	남한, 천 명	남한, 십억 원				
1963				16,084	201					
1966				20,351	273					
1967	24	57		21,548	310	19	96	54	147	
1968				21,799	333					
1969				22,690	354					
1970	60	94		21,572	343	37	148	97	243	
1971	10	27		20,818	320	43	167	168	332	
1972	79	136		20,646	333	48	200	138	337	
1973				20,073	347					
1974	81	196		18,858	353	82	359	222	570	
1975	269	404		18,297	354	112	501	303	793	
1976	324	563		19,898	422	176	670	439	1,099	
1977	401	662		20,953	483	268	898	674	1,551	
1978				23,476	544					
1979	665	1,034		25,092	548	595	1,730	1,277	2,918	
1980	868	1,360		23,957	531	684	1,966	1,369	3,269	
1981	980	1,503		26,405	571	858	2,570	1,838	4,364	
1982	1,221	2,058		29,365	623	1,043	3,097	2,124	5,192	
1983				31,259	670					
1984	1,425	2,165	437	33,017	712	1,456	4,242	3,074	7,248	2,733
1985	1,433	2,275	557	34,764	757	1,641	4,599	3,457	7,996	3,088
1986	1,567	2,438	556	39,269	866	1,990	5,819	4,355	10,098	3,693
1987	1,742	2,670	540	41,900	898	2,393	6,707	5,348	11,973	4,480
1988				45,380	896					
1989	1,896	3,134	675	48,909	897	3,361	8,200	7,296	15,353	7,717
1990	2,055	3,254	629	50,336	857	3,812	9,154	8,957	17,957	9,331
1991	3,490	6,022	1,453	51,918	816	4,480	10,316	10,934	20,799	10,959
1992	3,370	6,166	1,461	53,363	791	4,940	11,107	11,647	22,562	12,324
1993	2,614	4,752	1,240	64,419	872	6,134	13,630	14,637	28,074	14,768
1994	2,736	5,131	1,355	65,490	866	6,845	15,369	16,546	31,754	16,409
1995	3,120	6,030	1,671	68,482	844	7,530	17,815	18,622	36,170	17,528
1996	3,749	7,075	1,855	67,858	810	8,006	18,883	20,098	38,707	18,283
1997	3,751	7,334	2,098	62,183	704	7,228	18,331	18,069	36,147	17,286
1998	3,978	8,484	2,677	50,188	580	5,591	14,921	15,055	29,828	14,838
1999	3,710	8,667	2,597	57,866	657	6,683	18,289	17,623	35,679	16,108
2000	3,911	9,551	2,674	60,085	671	7,327	19,891	19,409	39,030	16,908
2001	3,559	8,504	2,862	64,946	687	8,123	22,629	19,829	42,250	17,646
2002	1,469	5,874	2,312	65,376	685	8,816	25,114	21,301	46,205	18,512
2003	1,336	5,130	2,037	66,538	714	9,901	29,246	25,015	54,051	21,289
2004	1,790	5,806	2,324	65,531	669	9,569	28,393	24,103	52,377	18,896
2005	1,835	6,027	2,601	67,332	689	10,253	31,015	26,023	56,862	19,980
2006	1,934	6,377	2,774	66,148	680	10,394	32,886	26,889	59,638	21,334

표 J490-510 경영조직별 종합(10인 이상 사업체), 1999-2014

	회사법인							기타법인		
	사업체수	종사자수	급여액	주요생산비	부가가치	출하액	유형자산	사업체수	종사자수	급여액
	J490	J491	J492	J493	J494	J495	J496	J497	J498	J499
	남한, 개	남한, 천 명	남한, 십억 원					남한, 개	남한, 천 명	남한, 십억 원
1999	25,629	1,748	30,739	250,176	174,051	422,749	233,695	350	18	328
2000	29,005	1,868	36,933	312,712	189,380	497,138	239,322	359	18	353
2001	30,305	1,836	39,088	325,058	191,458	516,495	239,936	336	16	346
2002	32,546	1,895	43,363	351,647	210,947	560,152	233,929	402	16	302
2003	33,271	1,905	47,202	379,338	222,042	597,008	234,621	369	14	287
2004	33,910	1,985	53,041	448,490	266,187	708,733	237,712	382	13	273
2005	35,495	2,028	57,556	489,920	274,427	761,473	257,394	396	15	335
2006	37,092	2,071	61,101	533,245	286,609	816,418	277,654	441	16	369
2007	38,977	2,086	65,685	595,166	310,119	901,600	297,150	474	17	390
2008	38,031	2,064	67,769	728,979	348,460	1,067,913	333,958	513	18	441
2009	38,434	2,073	69,177	720,913	355,558	1,077,752	361,610	508	17	408
2010	41,046	2,216	80,277	868,360	413,125	1,272,878		579	19	465
2011	42,067	2,278	85,243	989,187	456,986	1,435,366	458,697	594	20	508
2012	44,311	2,370	90,304	1,000,379	458,840	1,455,770	463,829	592	20	516
2013	45,975	2,433	95,507	987,712	457,475	1,441,409	488,679	674	21	536
2014	49,048	2,521	101,957	975,775	462,322	1,435,661	510,647	864	24	590

	기타법인				개인						
	주요생산비	부가가치	출하액	유형자산	사업체수	종사자수	급여액	주요생산비	부가가치	출하액	유형자산
	J500	J501	J502	J503	J504	J505	J506	J507	J508	J509	J510
	남한, 십억 원				남한, 개	남한, 천 명	남한, 십억 원				
1999	3,628	3,354	7,049	1,996	21,506	424	4,495	11,681	11,269	22,823	9,930
2000	4,207	3,513	7,696	2,040	21,784	424	4,871	12,345	12,293	24,480	10,282
2001	3,822	3,303	6,923	2,201	21,676	412	5,166	13,140	11,886	24,921	10,256
2002	2,979	1,068	4,007	1,615	21,595	409	5,582	14,562	12,838	27,278	10,750
2003	2,752	1,023	3,779	1,516	21,170	401	5,860	14,853	13,283	28,031	10,638
2004	2,596	1,251	3,837	1,597	20,505	388	6,043	16,344	14,208	30,480	10,625
2005	2,766	1,360	4,054	1,803	21,307	400	6,535	17,844	15,366	33,106	11,477
2006	3,026	1,453	4,477	1,998	21,395	397	6,671	19,261	16,072	35,239	12,589
2007	3,483	1,665	5,105	1,843	22,334	404	6,861	20,984	17,227	38,008	14,021
2008	4,805	1,871	6,632	2,427	19,915	372	6,794	21,572	17,299	38,763	14,592
2009	4,908	1,833	6,541	2,483	19,054	362	6,507	21,652	17,110	38,694	15,166
2010	4,793	1,968	6,728		20,751	401	7,777	26,336	20,251	46,509	
2011	5,347	2,196	7,473	2,528	20,386	397	8,216	27,616	21,022	48,513	16,533
2012	5,499	2,278	7,733	2,591	19,004	364	7,793	24,905	19,594	44,332	16,603
2013	5,250	2,235	7,388	2,624	18,740	359	7,979	23,487	19,572	42,939	16,525
2014	5,907	2,191	8,039	2,779	18,728	360	8,348	23,046	19,972	42,875	17,267

자료: 통계청, 「광업 · 제조업조사(9차 개정)」(http://kosis.kr); 2010년은 통계청, 『경제총조사』.

주: 1) 2003년은 합산 결과와 합계가 불일치하여, 양자가 일치하도록 수정하였다.

2) 종사자수는 월 평균이며 유형자산은 연말잔액이다.

2. 산출, 부가가치

표 J511-560 업종별 명목산출액, 부가가치 및 디플레이터, 1911-1940

	산출액									
	합계	음식료 · 연초	섬유 · 의복 · 가죽	제재 · 나무제품 · 가구	종이 · 종이제품 · 인쇄출판	화학 · 석탄 · 고무제품	비금속광물제품	1차금속	금속제품 · 기계 · 장비	기타제품
	J511	J512	J513	J514	J515	J516	J517	J518	J519	J520
	남한, 千圓									
1911	51,607	36,318	7,771	466	1,140	581	798	550	1,796	2,195
1912	57,008	39,949	7,787	503	1,637	982	781	397	1,880	3,039
1913	64,710	42,884	9,987	625	1,921	1,693	871	617	1,953	4,085
1914	72,243	46,941	10,964	715	1,863	2,686	887	743	2,046	5,286
1915	82,006	50,716	16,032	776	2,036	2,564	879	889	1,960	6,011
1916	87,163	48,512	18,991	961	2,627	3,404	952	820	2,261	7,820
1917	115,308	58,622	28,848	1,719	3,627	4,467	1,381	1,115	4,121	10,156
1918	181,727	94,688	40,415	2,959	6,220	6,137	2,419	3,537	6,303	14,705
1919	278,320	138,282	68,153	5,172	7,075	9,441	5,033	5,597	9,666	27,305
1920	232,950	121,962	48,049	4,988	7,082	6,084	4,390	4,923	11,250	22,860
1921	245,419	127,082	52,231	5,964	11,338	5,297	5,359	5,054	12,077	20,527
1922	243,175	129,453	46,710	6,366	9,196	8,153	5,743	6,565	11,190	19,402
1923	262,114	140,437	56,119	7,091	8,324	8,007	4,947	6,353	10,899	19,632
1924	273,137	152,168	56,378	6,900	8,729	8,312	4,631	5,910	10,659	19,322
1925	280,610	153,694	54,085	7,869	8,927	15,878	4,623	6,206	10,027	19,175
1926	296,926	167,355	58,557	8,326	9,882	11,792	4,202	6,658	10,478	19,596
1927	297,841	167,602	54,416	8,436	11,243	12,870	4,263	7,377	12,348	19,052
1928	297,669	166,491	53,515	7,917	13,674	16,444	5,231	6,675	9,620	17,757
1929	285,969	156,813	53,454	8,736	12,514	16,266	5,111	7,620	9,415	16,718
1930	242,547	132,349	49,580	7,591	9,973	12,149	2,756	2,479	9,193	16,658
1931	210,239	122,347	35,796	7,075	9,445	11,813	2,388	2,287	9,377	10,514
1932	233,438	129,169	48,816	6,875	10,123	12,446	2,979	1,755	9,864	11,652
1933	274,139	153,072	57,095	8,803	10,951	13,344	3,446	2,163	12,638	12,781
1934	325,828	169,944	71,449	10,152	12,490	20,242	4,246	2,839	14,471	16,625
1935	393,300	196,853	95,935	12,216	14,075	26,435	4,335	3,326	17,700	21,452
1936	445,204	227,546	111,031	15,406	14,485	24,114	5,533	3,858	21,157	23,025
1937	539,294	262,581	150,931	17,473	17,351	33,367	6,830	9,943	23,869	24,693
1938	646,784	292,941	188,028	18,171	19,530	39,915	6,346	17,628	32,209	36,627
1939	817,091	347,295	228,499	27,458	20,291	54,477	10,959	21,481	53,636	51,527
1940	1,037,400	421,424	284,282	44,719	20,336	83,774	15,785	24,170	79,808	55,002

	부가가치									
	합계	음식료 · 연초	섬유 · 의복 · 가죽	제재 · 나무제품 · 가구	종이 · 종이제품 · 인쇄출판	화학 · 석탄 · 고무제품	비금속광물제품	1차금속	금속제품 · 기계 · 장비	기타제품
	J521	J522	J523	J524	J525	J526	J527	J528	J529	J530
	남한, 千圓									
1911	15,549	10,702	2,412	142	385	196	325	154	489	745
1912	17,246	11,792	2,434	146	555	341	317	118	512	1,032
1913	19,801	12,752	3,174	188	649	596	353	169	533	1,387
1914	21,932	13,817	3,415	217	628	942	358	203	558	1,794
1915	24,957	14,924	5,016	223	682	911	353	227	579	2,040
1916	26,448	14,193	6,027	277	883	1,204	384	190	635	2,654
1917	36,004	18,034	9,317	470	1,215	1,589	549	257	1,126	3,447
1918	56,440	29,918	12,999	831	2,097	2,167	974	741	1,722	4,991
1919	87,196	43,082	21,646	1,396	2,518	3,342	2,030	1,247	2,668	9,268
1920	74,511	39,507	15,105	1,352	2,524	2,106	1,843	1,103	3,211	7,759
1921	78,621	40,710	16,803	1,584	3,998	1,766	2,230	1,188	3,375	6,967
1922	78,768	43,136	14,485	1,699	3,240	2,530	2,388	1,565	3,138	6,586
1923	85,247	47,478	17,283	1,919	2,811	2,389	2,067	1,494	3,141	6,664
1924	90,681	52,149	18,071	1,894	2,952	2,660	1,948	1,388	3,060	6,558
1925	91,957	52,301	16,690	2,145	3,101	4,805	1,979	1,472	2,955	6,509
1926	99,259	59,207	17,557	2,258	3,487	3,597	1,826	1,569	3,108	6,651
1927	98,572	58,435	16,399	2,270	3,820	4,042	1,837	1,702	3,599	6,467
1928	98,544	57,902	16,211	2,101	4,671	5,093	2,259	1,509	2,770	6,027
1929	95,209	55,359	15,837	2,322	4,257	4,972	2,251	1,740	2,797	5,675
1930	80,790	46,368	14,682	2,010	3,347	3,992	1,204	538	2,995	5,654
1931	69,988	42,496	10,377	1,853	3,184	3,989	1,076	503	2,940	3,569
1932	76,925	44,796	14,075	1,803	3,425	4,137	1,328	389	3,017	3,955
1933	89,266	52,135	16,637	2,221	3,685	4,511	1,529	476	3,734	4,338

표 J511-560 계속

	부가가치									
	합계	음식료 · 연초	섬유 · 의복 · 가죽	제재 · 나무제품 · 가구	종이 · 종이제품 · 인쇄출판	화학 · 석탄 · 고무제품	비금속광물제품	1차금속	금속제품 · 기계 · 장비	기타제품
	J521	J522	J523	J524	J525	J526	J527	J528	J529	J530
	남한, 천 圓									
1934	105,418	58,617	20,709	2,567	4,201	6,925	1,862	571	4,322	5,643
1935	127,772	67,733	27,717	3,056	4,720	9,340	1,963	654	5,307	7,282
1936	143,907	77,647	31,332	3,788	5,006	8,559	2,484	771	6,504	7,815
1937	172,915	88,919	40,885	4,233	6,189	12,091	3,026	1,985	7,207	8,381
1938	206,405	99,156	52,653	4,539	7,015	14,498	2,901	3,218	9,992	12,432
1939	259,998	116,837	65,875	6,836	7,334	19,815	4,830	3,715	17,265	17,490
1940	324,116	135,910	84,454	11,135	7,383	30,526	6,673	3,953	25,413	18,669

	산출액									
	합계	음식료 · 연초	섬유 · 의복 · 가죽	제재 · 나무제품 · 가구	종이 · 종이제품 · 인쇄출판	화학 · 석탄 · 고무제품	비금속광물제품	1차금속	금속제품 · 기계 · 장비	기타제품
	J531	J532	J533	J534	J535	J536	J537	J538	J539	J540
	남북한, 천 圓									
1911	76,288	53,218	11,970	655	1,316	753	1,229	857	2,748	3,542
1912	86,093	60,651	12,211	735	1,891	1,191	1,301	669	2,920	4,524
1913	97,347	65,253	15,223	947	2,206	2,030	1,527	917	3,117	6,125
1914	108,226	71,420	16,772	1,087	2,135	3,264	1,568	1,073	3,179	7,728
1915	122,435	76,635	23,695	1,338	2,319	3,140	1,541	1,632	3,127	9,008
1916	132,790	75,133	27,093	1,628	2,982	4,108	1,681	4,894	3,575	11,696
1917	171,933	89,068	39,128	3,226	4,124	5,520	2,599	7,204	6,361	14,702
1918	278,931	141,663	58,648	4,971	7,029	7,665	4,424	24,116	9,407	21,008
1919	417,401	209,426	95,919	8,805	11,963	12,891	7,985	20,510	13,655	36,247
1920	347,822	178,016	70,184	9,459	11,308	8,141	10,100	16,656	14,478	29,480
1921	361,990	188,385	73,337	10,540	16,009	8,083	10,265	11,618	16,142	27,610
1922	367,271	196,463	66,272	11,022	12,725	14,353	10,922	13,972	15,364	26,179
1923	394,104	214,688	77,046	12,208	9,613	14,454	10,428	14,179	15,093	26,394
1924	414,157	238,623	76,941	11,332	10,084	13,215	9,774	13,473	15,029	25,684
1925	427,259	235,246	76,930	12,635	12,052	25,388	10,625	14,424	13,959	26,000
1926	446,033	247,362	80,581	13,826	14,684	20,717	11,189	15,419	15,321	26,935
1927	451,127	251,059	75,813	13,992	15,134	25,027	10,389	16,144	17,424	26,145
1928	464,060	261,459	72,045	12,915	18,108	28,964	11,794	16,819	16,448	25,507
1929	455,564	251,811	71,996	14,384	17,223	30,547	13,395	16,891	15,918	23,399
1930	370,823	190,149	62,664	12,630	14,125	32,153	10,890	10,172	13,326	24,715
1931	336,125	178,681	46,058	11,157	13,292	42,066	9,358	8,934	12,917	13,662
1932	381,216	198,371	64,380	11,251	13,841	41,268	10,064	11,571	14,305	16,166
1933	467,227	240,597	75,357	15,179	14,912	56,557	11,160	16,924	18,486	18,055
1934	552,275	258,938	92,305	17,795	17,072	76,463	12,253	33,005	21,778	22,667
1935	712,318	317,142	119,376	21,258	20,450	115,839	16,694	43,397	28,745	29,418
1936	862,810	365,911	142,269	26,840	24,211	163,653	20,694	56,532	32,325	30,374
1937	1,110,027	423,984	189,193	34,441	35,776	245,291	23,904	80,771	43,627	33,038
1938	1,384,245	487,458	235,122	39,914	41,950	293,292	34,704	130,438	52,354	69,014
1939	1,821,586	609,742	290,190	55,472	45,489	417,105	45,346	187,505	85,553	85,183
1940	2,302,600	730,396	380,275	94,605	49,168	519,485	74,565	244,314	119,246	90,545

	부가가치									
	합계	음식료 · 연초	섬유 · 의복 · 가죽	제재 · 나무제품 · 가구	종이 · 종이제품 · 인쇄출판	화학 · 석탄 · 고무제품	비금속광물제품	1차금속	금속제품 · 기계 · 장비	기타제품
	J541	J542	J543	J544	J545	J546	J547	J548	J549	J550
	남북한, 천 圓									
1911	22,986	15,681	3,715	199	445	254	501	241	748	1,202
1912	26,045	17,903	3,817	214	641	413	528	199	795	1,536
1913	29,788	19,404	4,838	285	745	715	619	252	850	2,079
1914	32,855	21,022	5,224	330	720	1,145	632	293	867	2,623
1915	37,261	22,552	7,414	385	777	1,116	619	416	925	3,057
1916	40,292	21,982	8,598	470	1,003	1,453	678	1,135	1,004	3,970
1917	53,685	27,400	12,638	882	1,381	1,964	1,033	1,658	1,738	4,990
1918	86,629	44,760	18,863	1,395	2,370	2,707	1,781	5,052	2,570	7,131
1919	130,770	65,248	30,465	2,376	4,258	4,563	3,220	4,569	3,769	12,303
1920	111,254	57,664	22,064	2,564	4,031	2,818	4,241	3,734	4,132	10,006

표 J511-560 계속

	부가가치									
	합계	음식료 · 연초	섬유 · 의복 · 가죽	제재 · 나무 제품 · 가구	종이 · 종이제품 · 인쇄출판	화학 · 석탄 · 고무제품	비금속광물제품	1차금속	금속제품 · 기계 · 장비	기타제품
	J541	J542	J543	J544	J545	J546	J547	J548	J549	J550
	남북한, 천 圓									
1921	115,964	60,348	23,593	2,799	5,645	2,695	4,270	2,731	4,511	9,372
1922	118,964	65,465	20,551	2,942	4,484	4,454	4,542	3,332	4,309	8,886
1923	128,174	72,580	23,729	3,304	3,247	4,313	4,358	3,335	4,350	8,959
1924	137,500	81,778	24,663	3,111	3,410	4,229	4,112	3,164	4,315	8,718
1925	140,015	80,052	23,740	3,445	4,187	7,682	4,547	3,421	4,114	8,825
1926	149,104	87,512	24,160	3,750	5,181	6,319	4,862	3,635	4,544	9,142
1927	149,303	87,533	22,848	3,765	5,142	7,861	4,476	3,725	5,079	8,874
1928	153,627	90,930	21,825	3,427	6,186	8,970	5,093	3,801	4,737	8,658
1929	151,673	88,895	21,330	3,823	5,859	9,337	5,900	3,858	4,729	7,942
1930	123,518	66,618	18,557	3,344	4,741	10,566	4,756	2,206	4,342	8,389
1931	111,895	62,064	13,352	2,922	4,481	14,205	4,218	1,967	4,049	4,637
1932	125,622	68,795	18,563	2,951	4,683	13,717	4,486	2,565	4,375	5,487
1933	152,139	81,945	21,959	3,829	5,017	19,121	4,951	3,728	5,461	6,128
1934	178,683	89,313	26,754	4,499	5,743	26,158	5,373	6,645	6,505	7,694
1935	231,412	109,123	34,490	5,318	6,857	40,928	7,562	8,530	8,618	9,985
1936	278,893	124,863	40,148	6,600	8,368	58,083	9,293	11,292	9,937	10,310
1937	355,909	143,576	51,249	8,344	12,760	88,884	10,590	16,121	13,172	11,214
1938	441,748	164,997	65,841	9,970	15,068	106,528	15,866	23,811	16,241	23,425
1939	579,627	205,129	83,660	13,811	16,442	151,712	19,987	32,432	27,539	28,914
1940	719,405	235,554	112,972	23,557	17,851	189,291	31,521	39,954	37,971	30,734

	디플레이터									
	제조업 종합	음식료 · 연초	섬유 · 의복 · 가죽	제재 · 나무 제품 · 가구	종이 · 종이제품 · 인쇄출판	화학 · 석탄 · 고무제품	비금속광물제품	1차금속	금속제품 · 기계 · 장비	기타제품
	J551	J552	J553	J554	J555	J556	J557	J558	J559	J560
	남북한, 1935년=100									
1911	68.5	61.0	58.5	116.6	61.0	111.8	88.1	475.7	32.1	73.4
1912	70.0	62.0	59.5	113.8	58.1	119.3	112.8	332.3	41.0	72.0
1913	70.5	62.0	63.4	106.9	60.5	92.0	98.0	412.5	42.1	74.3
1914	68.4	62.1	59.5	95.1	60.5	89.0	91.2	210.2	42.0	63.3
1915	64.8	56.2	63.5	88.6	63.3	79.3	90.1	193.0	43.6	63.7
1916	69.1	58.2	71.1	79.7	77.0	92.3	96.8	190.8	47.2	73.2
1917	85.9	71.4	98.3	93.4	107.6	104.6	129.4	230.3	60.3	77.9
1918	122.9	101.0	150.0	136.5	148.7	130.4	176.6	379.0	55.9	116.0
1919	162.6	141.3	221.6	176.5	161.6	150.6	279.2	197.1	80.9	194.1
1920	140.4	128.5	159.8	178.6	164.4	158.1	261.3	168.3	72.8	159.0
1921	132.4	134.8	137.9	151.5	139.9	141.6	214.4	94.9	66.7	146.1
1922	129.7	128.5	145.5	125.9	126.2	145.2	275.6	94.6	69.7	133.9
1923	127.2	126.9	147.2	122.2	123.0	147.4	202.0	96.0	58.1	138.0
1924	130.3	130.2	157.0	128.3	119.2	149.4	176.3	97.4	57.5	137.0
1925	130.7	130.4	157.4	128.1	121.7	162.6	178.9	91.0	52.2	143.6
1926	123.6	124.5	137.0	137.1	124.0	146.4	199.3	82.7	50.7	141.5
1927	121.1	126.6	128.6	124.4	122.1	131.9	175.6	78.0	51.8	129.2
1928	118.0	123.7	133.9	119.9	117.4	119.5	139.8	79.9	55.3	109.6
1929	113.1	119.7	132.7	102.7	108.9	122.3	123.4	70.9	53.6	95.6
1930	91.1	96.7	85.3	85.4	85.9	88.8	108.0	64.4	89.6	89.2
1931	82.2	87.3	76.0	71.9	80.7	80.5	108.5	52.0	79.7	83.0
1932	86.8	93.0	78.7	70.7	82.2	74.8	111.8	59.0	104.9	102.6
1933	91.6	91.9	91.1	90.1	82.8	91.3	108.8	75.3	106.5	96.7
1934	92.9	92.4	90.8	102.9	83.8	93.0	109.4	94.4	90.3	99.1
1935	100.0	100.0	100.0	100.0	100.0	100.0	100.0	100.0	100.0	100.0
1936	105.6	103.9	100.9	108.8	102.5	109.7	100.5	106.2	129.1	104.5
1937	119.7	118.8	119.4	133.0	139.0	112.6	95.7	122.0	127.3	157.8
1938	131.2	124.1	155.6	185.2	142.6	114.1	100.1	139.5	131.8	156.3
1939	150.6	139.4	177.8	199.2	154.5	141.6	100.7	140.8	157.6	217.2
1940	161.5	132.2	192.6	199.7	172.3	159.5	137.1	215.9	173.2	167.8

자료: 김낙년 편, 『한국의 장기통계: 국민계정』(서울대출판문화원, 2012), pp. 537-540.

주: 1) 남한은 남북한을 김낙년(2008)에 의거하여 분할한 결과이다.

2) 디플레이터는 단가를 이용하여 연쇄피셔지수 방식으로 작성되었으며, 작성방식은 김낙년 편(2012) 제1장에 설명되어 있다.

표 J561-590 업종별 명목산출액, 부가가치 및 디플레이터, 1953-1970

	산출액										부가가치				
	합계	음식료·연초	섬유·의복·가죽	제재·나무제품·가구	종이·종이제품·인쇄출판	화학·석탄·고무제품	비금속광물제품	1차금속	금속제품·기계·장비	기타제품	합계	음식료·연초	섬유·의복·가죽	제재·나무제품·가구	종이·종이제품·인쇄출판
	J561	J562	J563	J564	J565	J566	J567	J568	J569	J570	J571	J572	J573	J574	J575
	남한, 백만 원														
1953	13,701	3,711	5,138	589	656	1,594	556	108	1,226	123	4,274	1,396	1,280	157	281
1954	24,141	6,565	8,871	1,047	1,172	2,869	983	282	2,086	266	7,712	2,550	2,227	293	493
1955	42,435	14,546	13,280	2,120	1,899	4,618	1,401	426	3,540	605	13,078	4,878	3,379	587	729
1956	58,281	20,542	18,960	2,845	2,076	5,249	1,935	859	4,929	886	17,344	6,732	4,608	731	816
1957	73,366	25,779	23,493	3,622	2,109	7,302	2,212	1,611	6,144	1,094	21,967	8,864	5,590	919	862
1958	79,116	27,451	24,616	3,238	3,262	7,901	2,967	1,962	6,680	1,039	26,084	10,361	6,517	914	1,305
1959	91,628	29,372	27,279	4,293	3,778	11,035	3,542	2,680	8,185	1,464	30,460	11,131	7,455	1,218	1,755
1960	111,534	34,810	31,710	5,595	5,348	13,830	3,872	4,898	10,090	1,381	33,507	12,214	8,446	1,123	1,933
1961	129,739	41,491	35,493	4,345	6,291	15,792	4,756	4,742	14,582	2,247	39,736	13,818	9,396	1,131	2,455
1962	172,493	51,687	48,297	7,416	8,763	20,408	6,257	7,178	19,602	2,885	50,635	17,233	11,891	1,609	3,250
1963	237,796	70,792	60,836	10,612	12,795	32,748	7,869	11,159	27,042	3,943	73,205	24,571	16,671	2,977	4,556
1964	336,549	96,081	83,749	15,073	20,484	54,383	13,080	14,820	34,237	4,642	110,933	33,812	26,929	4,673	7,849
1965	459,404	123,253	118,730	20,708	27,547	71,965	16,938	23,415	49,856	6,992	143,791	37,600	40,710	4,678	10,917
1966	600,085	154,096	154,227	28,436	35,678	92,431	21,329	28,580	75,478	9,830	190,325	50,728	46,909	6,906	14,477
1967	785,730	205,111	200,995	35,030	43,924	119,634	29,589	35,932	101,960	13,555	240,466	63,579	58,317	8,027	15,840
1968	1,100,655	272,190	273,822	54,624	55,993	188,812	42,721	47,481	147,886	17,126	327,316	91,367	70,542	10,223	20,879
1969	1,397,891	358,013	342,352	61,596	66,764	235,390	54,846	61,815	193,781	23,334	433,160	126,238	88,760	15,331	24,437
1970	1,795,273	451,175	442,300	74,512	78,586	334,558	72,640	86,392	214,061	41,049	558,649	160,572	119,262	17,606	26,350

	부가가치					디플레이터									
	화학·석탄·고무제품	비금속광물제품	1차금속	금속제품·기계·장비	기타제품	제조업종합	음식료·연초	섬유·의복·가죽	제재·나무제품·가구	종이·종이제품·인쇄출판	화학·석탄·고무제품	비금속광물제품	1차금속	금속제품·기계·장비	기타제품
	J576	J577	J578	J579	J580	J581	J582	J583	J584	J585	J586	J587	J588	J589	J590
	남한, 백만 원					남한, 1975년=100									
1953	457	192	26	428	57	4.1	2.5	5.9	3.7	4.4	8.7	8.4	3.0	6.4	5.4
1954	850	345	73	755	126	6.3	4.2	7.9	5.0	6.5	13.2	10.5	5.7	8.7	8.1
1955	1,340	499	114	1,286	266	8.8	6.6	9.7	8.0	8.2	18.5	12.1	7.6	13.3	16.5
1956	1,570	613	203	1,725	346	10.1	8.2	10.7	9.3	9.1	19.0	12.0	8.8	14.4	17.0
1957	2,064	746	330	2,169	423	11.9	10.8	10.9	10.0	10.4	21.3	13.5	10.9	17.0	19.2
1958	2,213	1,481	461	2,371	461	12.8	11.2	12.3	11.5	11.0	19.9	20.0	12.9	17.3	21.0
1959	3,151	1,640	651	2,833	626	13.7	11.1	13.3	14.2	14.0	22.0	19.0	17.3	18.6	23.9
1960	3,264	1,658	901	3,452	516	14.0	11.6	14.8	12.8	11.9	18.7	18.3	16.2	19.6	18.8
1961	4,150	2,131	948	4,933	774	15.9	12.3	17.4	16.8	15.4	22.0	22.0	17.0	21.0	22.7
1962	4,619	2,935	1,737	6,451	910	18.2	16.4	18.5	18.2	15.4	18.6	23.2	21.6	21.3	22.6
1963	8,268	3,117	2,879	9,068	1,098	22.6	21.1	23.8	29.2	18.3	22.6	21.2	28.5	25.0	25.0
1964	15,691	5,467	3,631	11,511	1,370	31.2	26.2	40.2	50.5	26.7	30.3	27.4	34.1	33.7	28.8
1965	19,969	6,267	5,620	16,196	1,834	33.5	24.6	52.2	40.8	32.3	29.7	27.1	45.3	36.8	29.5
1966	28,030	9,448	6,688	24,535	2,604	37.8	28.9	53.7	48.8	36.7	33.7	36.5	50.1	43.9	31.2
1967	37,070	12,102	7,869	32,999	4,663	39.3	30.4	55.3	46.9	36.7	36.1	36.7	48.0	45.1	39.2
1968	59,499	15,464	7,324	45,944	6,074	42.0	38.2	54.7	39.5	43.5	35.9	36.4	36.0	48.6	44.8
1969	82,215	18,867	9,350	59,998	7,964	45.7	43.2	58.0	53.4	46.4	39.0	35.8	39.0	51.9	46.2
1970	110,015	27,429	13,952	70,322	13,141	49.2	46.8	64.2	58.2	46.2	38.8	43.0	51.9	61.6	42.3

자료: 한국은행, 『국민소득계정』(1984).

주: 1) 원래 28분류로 되어 있는 것을 9분류로 통합 조정하였다.

2) 한국은행(http://ecos.bok.or.kr/)은 1953년부터의 제조업 종합 디플레이터(2010년=100)만 제시하고 있는데, 이 표의 결과를 일정한 배율로 조정한 결과와 거의 차이가 없다.

3) 광공업센서스(『광공업통계조사보고서』)의 부가가치는 원재료비 등의 중간투입만 차감한 것이므로, 이 표에 제시된 한국은행 국민계정 상의 부가가치와 차이가 있다.

표 J591-632 업종별 명목산출액, 부가가치 및 디플레이터, 1970-2013

	산출액													
	합계	음식료품 및 담배	섬유 및 가죽제품	목재, 종이, 인쇄 및 복제	석탄 및 석유제품	화학제품	비금속광물 제품	1차금속	금속제품	기계 및 장비	전기 및 전자기기	정밀기기	운송장비	기타제품
	J591	J592	J593	J594	J595	J596	J597	J598	J599	J600	J601	J602	J603	J604
	남한, 십억 원													
1970	2,195	799	513	168	51	225	85	55	31	29	89	18	84	49
1971	2,866	1,026	700	211	67	296	107	84	47	36	135	20	88	50
1972	3,738	1,246	1,038	260	83	366	123	107	60	52	220	23	96	64
1973	5,442	1,448	1,650	408	117	516	173	199	113	88	427	53	155	96
1974	8,327	2,167	2,052	539	230	1,013	284	404	229	110	734	96	335	134
1975	10,792	2,737	2,690	664	343	1,512	397	445	252	181	805	148	446	173
1976	15,244	3,515	3,824	878	467	2,058	502	659	374	297	1,654	245	508	264
1977	18,746	4,240	4,500	1,017	587	2,584	682	880	499	492	1,806	275	821	362
1978	25,355	5,693	5,889	1,239	689	3,034	854	1,289	731	902	2,931	367	1,310	428
1979	34,306	7,618	7,423	1,644	1,001	4,407	1,286	2,081	1,181	1,203	3,978	440	1,544	500
1980	45,649	9,469	10,145	1,943	1,749	7,703	1,733	3,151	1,788	1,166	4,185	484	1,509	625
1981	57,634	11,018	12,816	2,441	2,236	9,850	1,909	4,295	2,437	1,573	5,329	561	2,318	853
1982	64,011	12,988	13,208	2,631	2,409	10,612	2,185	4,858	2,757	1,967	5,824	600	3,003	969
1983	73,928	13,902	14,800	3,126	2,681	11,809	2,785	5,824	3,304	2,565	7,608	631	3,669	1,225
1984	86,907	15,207	17,484	3,606	3,010	13,257	3,250	6,920	3,926	3,170	9,909	949	4,734	1,484
1985	94,474	16,495	18,797	3,790	3,262	14,366	3,521	7,545	4,281	3,622	10,461	1,046	5,631	1,658
1986	113,621	18,706	23,230	4,449	3,313	14,594	4,181	8,911	5,056	4,920	15,759	1,358	6,770	2,375
1987	139,825	20,039	28,744	5,611	3,774	16,622	4,900	10,550	5,986	6,542	22,521	1,902	9,546	3,090
1988	161,554	22,173	30,162	6,992	4,278	18,844	5,829	12,261	6,956	7,549	28,565	1,954	12,447	3,542
1989	171,540	23,965	29,265	7,916	4,543	20,011	6,205	14,155	8,031	9,010	29,137	1,941	13,758	3,604
1990	193,862	26,153	30,636	8,026	5,335	23,500	7,863	15,304	8,683	9,881	33,840	2,222	18,987	3,431
1991	225,642	29,327	34,217	9,236	6,606	29,097	10,893	18,032	10,231	12,615	35,978	2,574	22,778	4,059
1992	249,930	31,279	36,664	10,155	7,800	34,358	12,773	19,393	11,003	13,404	40,467	2,754	25,705	4,175
1993	275,196	33,238	36,062	11,113	8,529	37,568	13,756	22,112	12,546	14,099	47,808	3,396	30,493	4,478
1994	319,916	37,137	39,439	12,991	9,246	40,724	14,915	25,147	14,267	17,702	61,922	4,367	37,071	4,989
1995	381,348	39,953	39,001	15,536	10,781	49,515	16,033	33,971	18,424	25,754	79,509	4,376	43,498	4,997
1996	422,339	44,879	40,423	15,968	16,360	52,863	17,071	37,824	20,234	30,105	84,278	4,344	52,663	5,328
1997	458,382	46,791	42,731	16,838	24,879	59,322	17,573	41,822	21,418	30,125	83,605	5,626	62,444	5,210
1998	485,815	52,258	44,487	17,805	27,950	67,971	15,737	53,803	18,338	22,864	100,507	5,504	54,362	4,230
1999	536,129	52,552	43,467	19,991	30,916	70,869	16,818	45,190	20,107	31,161	126,641	5,653	67,505	5,259
2000	603,263	52,462	45,180	20,874	39,019	81,085	17,631	47,165	23,059	37,982	153,174	6,466	73,167	5,999
2001	618,253	56,343	44,736	22,054	37,571	86,159	19,574	48,949	24,754	39,151	145,526	6,738	81,090	5,610
2002	669,801	58,783	45,886	23,664	33,175	89,961	21,615	51,719	27,694	42,305	169,388	7,481	91,994	6,139
2003	714,099	58,309	43,123	23,905	34,621	97,081	23,814	55,278	32,532	47,149	183,476	8,290	99,951	6,570
2004	838,328	62,951	43,058	25,540	45,565	109,006	24,824	71,134	41,935	53,859	225,424	12,009	115,523	7,502
2005	907,459	63,605	43,588	26,129	56,347	124,411	24,578	80,737	51,390	62,420	221,243	13,886	130,663	8,463
2006	976,066	64,509	44,100	26,776	66,168	130,677	25,542	85,155	56,296	68,648	232,320	18,589	147,273	10,014
2007	1,076,892	68,167	46,045	28,060	72,706	145,054	27,216	100,809	63,694	76,084	244,951	23,966	168,685	11,455
2008	1,268,680	78,709	52,675	31,492	107,493	174,436	31,609	129,610	76,033	87,067	283,261	14,472	190,178	11,645
2009	1,285,867	85,695	58,867	33,107	83,693	170,847	34,924	117,794	77,781	83,619	322,032	15,537	189,514	12,459
2010	1,492,740	88,345	67,070	36,657	106,127	204,031	36,894	147,104	84,484	105,062	353,942	19,340	224,489	19,196
2011	1,718,231	95,281	76,519	38,380	148,367	240,477	36,260	177,496	93,067	117,877	393,357	22,630	257,306	21,214
2012	1,748,925	98,589	85,729	37,663	161,144	246,430	36,826	170,577	98,407	119,363	384,339	23,247	265,697	20,913
2013	1,730,095	106,757	82,644	38,942	154,539	247,116	37,707	154,954	95,158	118,993	388,072	25,030	258,876	21,309
2014	1,728,375	110,642	80,954	40,489	146,322	249,228	38,372	148,568	97,705	120,754	380,264	25,470	265,656	23,952
2015	1,659,399	113,449	79,268	41,323	103,234	235,445	40,206	132,960	99,041	123,324	372,876	26,397	266,151	25,726

자료: 한국은행, 「국민계정」(http://ecos.bok.or.kr/).

주: 광공업센서스(『광공업통계조사보고서』)의 부가가치는 원재료비 등의 중간투입만 차감한 것이므로, 이 표에 제시된 한국은행 국민계정상의 부가가치와 차이가 있다.

표 J591-632 계속

	부가가치													
	합계	음식료품 및 담배	섬유 및 가죽제품	목재, 종이, 인쇄 및 복제	석탄 및 석유제품	화학제품	비금속광물 제품	1차금속	금속제품	기계 및 장비	전기 및 전자기기	정밀기기	운송장비	기타제품
	J605	J606	J607	J608	J609	J610	J611	J612	J613	J614	J615	J616	J617	J618
	남한, 십억 원													
1970	480	94	134	43	5	63	30	8	5	14	21	4	41	18
1971	566	101	163	53	7	77	35	13	7	17	31	4	41	17
1972	789	164	248	70	11	93	45	22	7	24	45	5	37	20
1973	1,173	172	380	103	20	133	60	58	11	40	89	10	61	36
1974	1,626	216	412	127	36	213	86	127	21	45	156	18	126	44
1975	2,091	273	552	154	45	309	131	84	25	87	163	29	179	61
1976	3,054	396	793	206	74	452	156	153	42	150	294	55	197	85
1977	3,853	484	883	255	93	604	221	207	73	210	386	65	255	117
1978	5,220	570	1,258	306	104	734	272	310	134	331	581	98	390	133
1979	6,889	742	1,585	337	129	949	431	559	198	397	852	120	429	163
1980	8,519	908	1,977	407	286	1,405	548	634	248	385	899	148	451	225
1981	10,561	1,107	2,383	530	335	1,606	584	881	364	457	1,176	162	677	300
1982	12,138	1,323	2,514	605	371	1,874	679	1,069	408	640	1,236	172	897	351
1983	15,219	1,552	2,918	811	412	2,253	946	1,323	603	863	1,676	197	1,204	461
1984	18,791	1,739	3,645	985	485	2,639	1,177	1,702	785	1,031	2,169	306	1,587	543
1985	20,805	1,870	3,876	1,087	512	2,972	1,287	1,849	934	1,145	2,357	345	1,964	609
1986	25,453	2,045	4,789	1,297	850	3,542	1,501	2,235	1,047	1,647	3,192	447	2,025	835
1987	31,655	2,344	6,076	1,580	686	4,337	1,771	3,060	1,169	1,973	4,296	555	2,727	1,082
1988	39,157	2,619	6,357	2,059	997	5,331	2,263	4,119	1,493	2,274	6,033	587	3,710	1,315
1989	42,738	3,014	6,273	2,433	915	5,744	2,543	4,469	1,777	3,049	6,478	609	4,039	1,396
1990	48,641	3,498	6,503	2,435	929	6,030	3,147	4,917	2,077	3,456	7,713	729	5,885	1,323
1991	58,993	4,224	7,641	2,969	1,814	8,069	4,216	6,130	2,927	3,870	7,603	829	7,131	1,572
1992	65,327	4,687	8,426	3,349	2,100	9,492	4,712	6,296	2,370	4,860	8,500	904	7,983	1,646
1993	74,736	5,504	8,485	3,686	2,707	10,721	5,016	7,371	3,612	4,595	10,377	1,124	9,700	1,837
1994	90,665	6,711	9,304	4,969	1,846	12,663	5,173	7,980	4,319	6,410	14,654	1,603	13,022	2,012
1995	108,165	6,825	9,382	5,487	2,137	15,448	5,430	10,078	5,702	8,971	20,388	1,815	14,323	2,180
1996	116,289	7,488	9,978	5,463	2,536	15,814	5,918	10,078	6,636	10,605	21,104	1,890	16,441	2,340
1997	127,868	7,954	10,909	5,701	4,995	17,755	6,313	10,682	7,300	11,157	21,755	2,182	18,611	2,554
1998	131,167	8,995	10,697	5,351	5,233	20,242	5,682	11,235	7,194	8,210	27,118	1,942	16,794	2,475
1999	145,413	9,434	12,219	6,828	4,082	19,883	6,117	12,085	7,603	9,271	33,518	2,021	19,725	2,628
2000	165,229	10,009	13,057	6,862	4,053	21,214	6,574	12,880	9,103	13,349	41,221	2,290	21,610	3,009
2001	169,740	10,353	12,897	7,174	3,941	22,335	7,197	13,684	9,434	13,109	40,284	2,391	24,240	2,701
2002	184,578	11,256	13,098	8,090	3,848	24,870	7,762	14,874	10,124	14,184	45,374	2,663	25,408	3,028
2003	193,549	11,388	11,892	7,830	4,452	25,825	8,336	15,690	11,357	15,588	48,098	2,940	26,909	3,244
2004	225,328	12,491	11,769	7,982	6,702	28,713	8,692	20,346	13,775	17,016	60,648	3,988	29,694	3,509
2005	234,697	12,308	12,051	8,001	6,877	32,120	8,085	21,663	16,318	18,953	58,745	4,362	31,466	3,749
2006	242,292	12,386	12,126	7,984	6,472	31,891	7,929	20,934	17,230	20,085	60,860	5,388	34,934	4,075
2007	265,627	12,884	12,088	8,070	6,839	34,767	8,148	24,002	19,015	21,862	65,644	6,654	41,282	4,374
2008	284,940	13,634	13,745	8,441	6,731	36,467	9,216	27,104	19,875	23,886	71,935	4,568	45,135	4,203
2009	300,037	14,482	15,571	9,498	5,305	39,254	10,582	24,735	21,321	24,469	77,365	4,836	47,910	4,710
2010	351,771	14,931	16,985	9,725	7,499	46,520	11,014	31,748	24,460	28,971	92,466	5,944	56,451	5,058
2011	379,521	15,808	18,757	9,977	10,105	50,426	10,550	35,001	26,721	31,753	98,092	6,637	60,368	5,327
2012	388,010	16,101	20,540	10,338	9,752	50,669	10,408	32,587	29,007	33,134	100,575	7,036	62,493	5,372
2013	403,657	17,234	20,935	10,752	10,195	52,939	10,823	32,137	29,538	34,426	108,118	7,210	63,643	5,707
2014	408,510	18,293	20,782	11,258	9,337	54,567	11,166	31,997	31,201	35,540	107,069	7,474	63,496	6,330
2015	423,652	19,811	20,126	11,566	9,108	60,368	12,207	29,957	32,545	37,917	109,926	7,860	65,516	6,745

표 J591-632 계속

	디플레이터													
	제조업 종합	음식료품 및 담배	섬유 및 가죽제품	목재, 종이, 인쇄 및 복제	석탄 및 석유제품	화학제품	비금속광물 제품	1차금속	금속제품	기계 및 장비	전기 및 전자기기	정밀기기	운송장비	기타제품
	J619	J620	J621	J622	J623	J624	J625	J626	J627	J628	J629	J630	J631	J632
	남한, 2010년=100													
1970	8.5	4.6	6.4	6.5	4.1	3.9	4.4	2.1	2.2	13.7	35.3	29.3	14.6	4.6
1971	8.5	4.4	6.1	6.8	4.5	4.2	4.8	2.6	2.8	12.9	36.6	26.1	15.2	4.4
1972	10.3	6.5	7.4	8.1	5.5	5.3	5.9	3.2	3.4	13.5	36.6	26.5	13.0	4.5
1973	11.8	6.1	8.4	9.7	6.4	6.1	6.8	4.9	5.2	15.0	43.4	27.1	14.6	7.2
1974	14.0	6.9	8.4	10.9	9.5	9.0	10.2	7.1	9.1	15.8	55.2	32.2	18.1	7.9
1975	16.0	8.4	9.5	12.2	11.9	11.2	12.7	4.8	5.2	22.5	58.4	39.0	22.7	10.6
1976	19.3	11.0	11.1	13.5	15.2	14.2	16.3	6.2	6.7	26.1	72.1	47.7	24.5	10.8
1977	20.9	12.2	11.5	14.5	16.9	15.8	18.1	7.3	7.8	28.5	78.8	48.8	25.1	12.3
1978	22.7	12.6	14.0	14.8	17.1	15.8	18.2	9.9	10.4	30.5	78.7	58.7	26.2	12.2
1979	27.2	13.8	17.4	16.1	20.5	19.3	21.8	13.8	14.6	34.2	95.2	59.6	27.9	15.7
1980	34.3	16.5	20.6	20.5	31.1	28.9	33.2	15.1	17.7	40.3	112.7	72.8	32.9	22.1
1981	38.9	20.6	23.5	24.1	35.7	32.9	38.1	17.8	18.7	40.3	125.9	77.8	34.8	24.6
1982	42.8	22.6	25.7	25.9	40.0	37.4	42.8	19.1	20.3	50.9	126.9	77.7	38.6	26.9
1983	45.8	24.2	27.8	29.1	42.8	40.6	45.8	20.7	22.1	51.7	128.1	88.5	41.5	28.8
1984	47.3	23.9	30.1	30.3	43.4	41.4	46.5	22.4	23.5	53.4	127.6	91.8	41.9	29.3
1985	48.9	24.3	30.4	32.0	44.3	42.5	47.6	22.3	23.0	55.0	137.7	94.8	46.4	31.8
1986	51.6	25.2	33.0	35.1	50.3	48.3	54.0	22.9	23.7	64.2	129.1	104.5	44.0	32.3
1987	53.4	27.3	36.3	36.7	51.7	48.9	55.5	26.2	26.8	57.8	121.0	91.8	48.2	32.8
1988	58.4	28.6	37.8	40.3	55.4	51.7	59.6	31.6	31.9	59.4	137.8	93.5	54.4	36.0
1989	61.1	32.1	39.3	41.6	56.1	52.8	60.3	31.4	31.2	71.4	146.8	98.5	56.1	38.4
1990	62.4	36.7	40.2	43.5	109.2	46.4	56.8	31.2	30.7	71.2	151.1	102.6	64.2	36.5
1991	67.4	40.5	48.7	49.0	64.1	60.7	69.0	36.4	35.6	65.4	141.8	102.0	66.9	42.8
1992	70.4	44.1	55.8	52.5	65.7	62.8	70.7	34.3	33.5	80.9	147.1	105.5	64.4	49.2
1993	75.3	49.8	61.8	57.3	69.0	66.7	74.3	39.3	38.3	69.4	157.2	108.0	68.6	56.4
1994	81.9	57.1	67.1	67.9	68.6	66.1	73.8	40.7	39.9	76.8	185.2	118.1	77.0	63.5
1995	86.6	56.9	71.7	71.6	76.0	72.4	81.8	44.7	44.4	79.0	197.9	112.7	75.1	72.5
1996	85.9	59.1	75.8	71.4	74.4	70.4	80.1	44.3	44.8	81.8	184.0	113.9	74.9	77.7
1997	89.4	62.1	81.0	71.1	80.4	75.0	86.6	46.0	46.7	84.2	180.8	118.5	79.3	86.8
1998	99.1	73.5	92.0	75.7	91.9	85.0	98.8	52.6	52.9	94.1	178.5	133.8	95.6	98.6
1999	90.7	74.8	86.1	82.7	82.2	75.2	88.5	51.4	50.9	80.6	159.0	109.2	84.5	88.5
2000	88.5	74.9	86.2	82.2	84.1	71.6	85.2	51.3	52.8	93.4	146.1	105.2	80.5	85.5
2001	88.1	74.8	86.6	89.5	80.9	70.1	89.9	51.9	54.7	93.1	134.1	108.3	86.8	87.9
2002	87.6	77.7	81.6	92.3	77.0	72.5	94.0	52.1	55.8	89.8	129.1	111.5	87.3	89.2
2003	87.6	79.4	83.0	90.3	85.7	75.5	94.9	55.6	56.8	90.8	121.5	112.2	86.1	89.8
2004	92.9	85.3	85.9	95.3	101.7	83.1	97.9	69.7	61.9	93.8	123.7	110.9	87.0	94.7
2005	91.4	85.5	84.4	94.9	102.4	86.3	91.1	71.3	63.8	94.3	113.7	114.1	86.3	94.8
2006	87.6	85.7	81.0	92.5	92.0	81.8	86.6	71.7	66.3	91.7	104.3	100.5	84.1	94.1
2007	88.6	87.8	80.0	93.2	96.8	84.1	84.8	78.8	68.3	91.8	99.1	94.0	90.0	94.7
2008	91.6	90.8	85.7	94.6	89.1	87.8	92.3	96.6	77.2	94.4	97.1	94.4	90.0	90.5
2009	96.9	99.4	98.4	101.9	77.5	93.3	102.7	91.5	91.9	106.4	99.9	98.0	94.5	100.6
2010	100.0	100.0	100.0	100.0	100.0	100.0	100.0	100.0	100.0	100.0	100.0	100.0	100.0	100.0
2011	101.3	105.3	106.8	103.9	124.0	110.0	96.7	106.6	107.1	102.3	91.2	98.5	101.8	100.6
2012	101.1	109.1	104.9	109.1	126.9	109.5	96.0	101.2	107.5	103.9	90.9	96.0	102.4	103.9
2013	101.6	114.7	106.7	113.0	127.5	108.5	93.8	97.1	111.8	105.7	91.3	91.6	101.7	119.4
2014	99.3	117.6	106.9	113.3	111.2	107.1	94.8	93.7	113.3	107.4	86.2	89.0	99.4	124.9
2015	101.2	124.0	109.0	116.1	105.3	110.9	97.6	89.5	110.9	114.5	86.6	91.4	104.4	132.2

표 J633-667 제조업 주요 제품 생산량, 1945-1968

	소맥분	정당	주정	맥주	권연	각연	생사	면사	면직물1	면직물2	모직물	나일론 직물	합판	신문용지	승용차 타이어	요소비료	페인트	세탁 비누
	J633	J634	J635	J636	J637	J638	J639	J640	J641	J642	J643	J644	J645	J646	J647	J648	J649	J650
	남한, M/T		남한, 천 L		남한, M/T				남한, 천 m^2				남한, 백만 ft^2	남한, M/T	남한, 本	남한, M/T		
1945								293		1,275	84			800				
1946					1,713	1,991	319.9	4,007	18,428	20,576	65			1,475			700	
1947					3,364	5,518	319.3	5,581	25,572	28,630	143			1,130			740	
1948					3,983	7,168	289.8	5,948	23,142	28,606	157			786			800	3,527
1949					6,031	7,613	293.3	12,787	53,703	67,021	376			3,986			1,000	4,571
1950					2,260	2,966	155.3	10,566	47,949	53,386	460			2,800			600	3,840
1951	1,629				7,047	4,426	210.5	5,926	25,142	35,257	278			850			1,050	5,800
1952	2,598		3,952	62	10,003	7,481	224.6	9,639	36,108	50,183	734			1,860			2,100	10,759
1953	1,882	844	8,564	990	10,979	4,488	358.7	13,307	50,507	72,385	2,456			3,503			2,500	19,050
1954	42,273	17,773	5,287	5,677	11,900	3,270	398.6	20,843	61,061	96,256	3,326	494	53.6	5,985			3,000	20,922
1955	42,137	38,527	16,758	13,331	12,605	6,178	291.0	26,570	73,433	101,123	3,456	788	75.6	6,928			3,670	19,113
1956	131,228	61,864	25,363	14,594	12,848	5,576	390.7	30,695	86,547	122,527	3,486	1,836	84.5	7,595	4,761		4,452	20,755
1957	231,548	30,820	19,374	11,365	13,136	6,124	324.7	41,405	116,041	165,235	3,874	3,881	91.8	8,025	48,728		3,886	20,760
1958	258,225	51,046	24,100	12,393	13,933	7,414	337.4	43,750	124,572	177,087	3,844	3,772	131.2	11,789	81,456		3,626	22,198
1959	163,017	59,692	25,435	16,957	14,537	7,150	322.1	48,483	133,207	193,668	3,979	3,813	158.9	21,216	51,084		5,102	24,709
1960	230,216	63,935	29,855	17,570	14,832	6,796	297.1	49,142	126,121	187,518	3,642	3,922	186.9	26,870	56,035	13,316	5,575	25,606
1961	210,559	64,341	31,072	12,917	15,423	7,955	388.3	44,191	111,191		3,288	3,474	152.4	32,686	43,683	64,717	3,547	19,782
1962	328,119	53,633	19,482	7,275	17,124	9,124	529.5	52,504	125,889		4,461	16,871	283.8	37,646	51,885	18,265	5,020	29,191
1963	545,776	39,750	19,371	12,908	19,129	9,773	556.5	62,679	147,661		7,041	5,023	335.2	41,753	77,666	97,771	4,624	39,080
1964	270,182	17,087	16,301	24,764	21,810	8,680	664.7	64,881	172,711		9,388	4,749	501.5	42,955	83,931	141,122	5,927	34,138
1965	347,688	45,269	25,485	42,177	26,472	8,757	743.5	66,083	190,306		12,623	18,301	729.2	45,397	114,645	163,037	7,326	26,349
1966	303,512	71,413	32,356	43,905	27,791	7,245	1,045.8	69,545	173,480		13,900	38,911	1,198.2	54,758	152,767	172,564	9,102	29,930
1967	566,258	109,429	45,663	53,830	30,718	5,632	1,329.1	78,517	186,356		14,362	41,864	1,490.4	57,578	197,324	314,709	12,933	35,200
1968	691,284	139,925	46,004	48,823	33,755	5,424	1,689.7	84,456	188,786		14,643	66,161	2,384.0	61,941	320,602	611,162	18,350	44,542

	산업용폭약	판유리	시멘트	선철	재생선철	강괴	봉강	형강	電氣銅	발동기	재봉기	변압기	라디오	축전지	건전지	자전거	플라스틱제품
	J651	J652	J653	J654	J655	J656	J657	J658	J659	J660	J661	J662	J663	J664	J665	J666	J667
	남한, M/T	남한, 상자	남한, M/T							남한, 대				남한, 개	남한, 천 개	남한, 대	남한, M/T
1945																	
1946			10,696				700					2,645		1,368			24
1947			8,191				1,030		278.5			2,872		2,711	76	3,000	60
1948			17,350				1,773		514.0			2,474		3,084	171	4,800	84
1949			24,132				4,048		309.0		25,000	1,080		2,402	290	15,282	96
1950			11,512		1,000	350	2,340		248.0		25,000	205			98	2,500	9
1951			8,650		1,200	382	3,544		79.4		25,000	1,415			43	4,000	13
1952			36,223		1,100	517	4,615		34.7	610	25,000	1,348			48	6,000	216
1953			43,796		1,400	314	5,715		199.1	1,250	27,000	1,499			138	14,500	660
1954			62,235	721	2,000	343	5,100		260.6	2,450	27,000	1,442		431	117	22,000	1,480
1955			56,257		4,000	143	6,100		327.8	2,280	30,600	841		2,778	501	39,650	3,234
1956	87		46,564		4,000	118	15,000	130	907.2	8,187	23,338	1,319		5,736	2,231	42,780	3,525
1957	761	7,000	91,977		5,700	17,203	17,351	836	792.5	7,817	23,222	709		4,034	2,766	36,065	3,581
1958	897	132,654	295,652	2,665	5,254	19,531	25,049	2,941	803.4	5,459	42,977	1,918		7,865	3,714	24,678	3,470
1959	1,595	169,007	357,856	8,284	3,840	38,205	40,212	4,763	747.6	3,810	28,779	4,405	200	12,136	3,267	23,463	4,898
1960	2,110	192,738	430,857	13,234	870	50,051	44,597	6,380	1,009.9	2,167	22,888	3,066	40,260	11,915	3,876	38,030	6,088
1961	2,495	309,723	522,832	9,106	1,250	66,181	33,975	6,143	1,320.9	3,345	51,494	4,634	162,000		6,244	53,118	5,579
1962	3,603	259,229	789,743		1,336	149,401	28,843	8,160	2,209.7	8,817	123,345	8,184	152,504	64,227	9,966	86,085	6,678
1963	3,860	537,017	778,298	5,426	1,318	160,053	35,606	16,758	2,378.5	7,302	91,744	27,436	158,330	46,616	14,986	105,015	11,268
1964	3,728	512,856	1,242,113	1,335	1,002	129,161	18,622	13,788	2,810.2	8,351	86,489	24,152	202,863	32,822	28,285	154,620	12,484
1965	4,634	517,160	1,614,141	18,382	4,804	192,340	12,751	11,839	2,278.9	15,313	91,934	20,064	324,051	45,800	16,387	149,763	10,579
1966	5,461	571,619	1,880,224	20,595	1,594	215,773	9,005	17,355	2,952.9	9,434	107,656	29,722	857,875	57,232	19,736	178,977	14,282
1967	6,058	557,999	2,441,026	22,393	1,042	320,147	13,477	22,590	3,246.3	13,033	162,273	87,920	439,908	45,948	17,599	147,623	27,308
1968	7,228	701,716	3,571,436	15,250	398	364,860	31,369	35,962	4,078.0	14,827	173,434		1,185,780	65,216	20,498	170,517	45,061

자료: 1) ① 상공부, 『상공개황』(1957); ② 상공부, 『상공행정개관』(1959); ③ 한국은행, 『경제연감』(1949, 1956, 1958); ④ 한국은행, 『경제통계연보』(1961, 1964, 1969); ⑤ 경제기획원조사통계국, 『한국통계연감』(1961).

2) 계열별 자료는 다음과 같다. 원숫자는 자료번호, 괄호 내 숫자는 자료의 해당연도를 나타낸다. J633-636 ④(1961, 1969); J637-639, 641, 653 ③(1956), ④(1969); J642②, ⑤; J640, 643, 655-657 ②, ④(1969); J644, 645, 654 ④(1964, 1969); J646, 664, 667 ①, ④(1969); J647, 648, 651, 652, 658, 663 ④(1969); J649, 650, 660, 661 ③(1958), ④(1969); J659 ③(1949, 1958), ④(1969); J662, 666 ③(1956, 1958), ④(1969); J665 ③(1956), ④(1961, 1969).

주: 1) 제조업 주요 제품을 선택할 때는 박정재, 『韓國經濟100年: 韓國經濟의 近代化過程』(한국생산성본부, 1971)의 부록II를 참고하였다.

2) 제조업 품목별 생산량 통계는 1969년 이전과 1970년 이후 통계서 사이에 큰 차이가 있다. 여기서는 1969년도 『경제통계연보』에 수록된 1968년까지만 제시한다. 이 통계는 한국은행이 협회나 상공부 등의 통계를 수집하거나 집계한 것으로 추정된다.

3) 소맥분은 1袋=20kg으로 환산하였으며, 주정, 맥주는 1석=0.1804천L로 환산하였다.

4) 면직물1은 한국은행의 통계(협회 산하 기업체만 포함), 면직물2는 상공부의 통계이다.

표 J668-677 업종별 생산지수, 1911-1960

	제조업 종합	음식료 · 연초	섬유 · 의복 · 가죽	제재 · 나무제품 · 가구	종이 · 종이제품 · 인쇄출판	화학 · 석탄 · 고무제품	비금속 광물제품	1차금속	금속제품 · 기계 · 장비	기타제품
	J668	J669	J670	J671	J672	J673	J674	J675	J676	J677
	남한, 1955년=100									
1911	12.5	26.7	9.8	2.3	3.1	1.2	6.9	0.7	9.6	10.0
1912	13.6	29.0	9.8	2.5	4.7	1.9	5.3	0.8	7.9	14.1
1913	15.5	31.3	11.9	3.4	5.3	4.3	6.7	0.9	8.0	18.3
1914	17.7	33.9	13.7	4.4	5.1	7.0	7.3	2.0	8.4	27.9
1915	21.3	40.4	18.8	4.9	5.3	7.5	7.3	2.5	8.4	31.5
1916	21.2	37.1	20.2	6.7	5.6	8.6	7.4	2.1	8.5	35.6
1917	23.2	38.5	22.6	9.7	5.5	10.0	7.9	2.4	11.8	43.5
1918	25.4	45.1	20.6	11.7	6.9	10.9	10.3	4.1	19.4	42.3
1919	29.7	46.4	23.3	15.3	7.7	14.6	13.6	13.4	20.8	46.9
1920	29.3	46.8	22.5	14.6	7.5	8.8	13.2	13.9	27.8	48.0
1921	32.8	46.0	29.0	20.2	14.0	8.2	19.4	26.5	31.9	46.9
1922	33.6	51.1	23.7	26.0	12.6	11.5	16.2	35.0	28.4	48.4
1923	37.0	56.9	28.0	30.3	11.2	10.6	19.1	33.0	34.1	47.5
1924	38.5	61.0	27.4	28.5	12.2	11.7	20.7	30.1	33.6	47.0
1925	38.9	61.1	25.3	32.3	12.5	19.4	20.7	34.2	35.7	44.5
1926	44.4	72.4	30.5	31.8	13.8	16.1	17.1	40.2	38.6	46.2
1927	45.0	70.3	30.4	35.2	15.4	20.1	19.6	46.2	43.8	49.2
1928	46.2	71.2	28.9	33.8	19.5	28.0	30.2	40.0	31.6	54.1
1929	46.5	70.4	28.4	43.6	19.2	26.7	34.1	51.9	32.9	58.4
1930	49.0	73.0	41.0	45.4	19.1	29.5	20.8	17.7	21.1	62.3
1931	47.1	74.1	32.5	49.7	19.4	32.6	18.5	20.5	23.3	42.3
1932	49.0	73.4	42.6	49.2	20.4	36.3	22.2	14.0	18.2	37.9
1933	53.9	86.4	43.5	47.5	21.8	32.5	26.3	13.4	22.1	44.1
1934	62.7	96.6	54.4	48.1	24.6	48.9	31.8	12.8	30.2	56.0
1935	70.6	103.1	66.1	58.9	23.2	61.4	36.7	13.8	33.5	71.6
1936	75.3	113.7	74.0	67.1	24.0	51.2	46.2	15.4	31.8	73.5
1937	79.9	114.0	81.6	61.4	21.9	70.5	59.1	34.4	35.7	52.2
1938	87.0	121.6	80.6	47.3	24.2	83.5	54.2	48.8	47.8	78.2
1939	95.4	127.6	88.3	66.2	23.3	91.9	89.7	55.9	69.1	79.1
1940	111.0	156.6	104.5	107.5	21.0	125.8	91.0	38.7	92.6	109.4
1941	111.4	142.6	120.2	108.2	17.6	93.3	91.5	40.0	104.1	127.9
1942	95.2	123.2	105.8	96.8	13.9	75.5	84.0	48.6	81.7	85.4
1943	94.6	118.2	104.0	92.2	7.0	72.2	78.6	49.3	118.1	79.6
1944	74.5	87.1	76.2	76.5	1.3	73.9	62.1	47.7	122.6	53.5
1946	27.7	25.4	23.4	31.6	64.1	18.6	14.7	55.2	49.9	1.8
1947	30.5	28.6	26.3	33.1	57.6	23.2	22.1	58.1	56.0	2.9
1948	39.8	49.1	30.1	24.1	70.5	32.4	30.6	59.0	58.0	3.6
1949	51.9	54.4	49.8	32.5	95.9	41.2	60.0	67.1	67.2	4.9
1950	37.4	41.4	38.3	40.9	46.6	25.1	32.9	40.1	55.2	1.9
1951	38.6	45.8	30.4	53.0	48.0	31.8	25.9	59.7	63.1	2.3
1952	47.9	55.3	40.4	53.4	54.3	48.8	35.6	82.3	66.9	9.8
1953	67.1	70.9	64.7	61.6	71.0	81.5	58.5	103.6	79.5	23.1
1954	77.9	75.0	78.5	67.6	90.5	90.3	80.9	100.9	86.9	49.2
1955	100.0	100.0	100.0	100.0	100.0	100.0	100.0	100.0	100.0	100.0
1956	117.8	117.5	119.8	107.3	108.6	118.4	124.0	166.2	140.8	83.0
1957	133.5	121.9	143.0	131.4	113.1	141.4	133.3	202.6	151.5	119.8
1958	142.5	133.4	148.9	105.3	130.0	160.6	176.2	267.8	145.1	115.8
1959	158.2	135.1	159.2	104.0	140.6	216.9	207.6	409.5	142.9	159.2
1960	170.9	141.7	160.7	140.3	174.7	244.0	217.8	471.2	142.7	193.1

자료: 1911-1940년은 김낙년 편, 『한국의 장기통계: 국민계정 1911-2010』(서울대출판문화원, 2012); 1941-1960년은 박기주 · 류상윤, 「1940 · 50년대 광공업 생산통계의 추계와 분석」, 『경제학연구』, 58(3), 2010.

주: 1955년 가격의 제조업 업종별 부가가치(김낙년 편, 2012; 박기주 · 류상윤, 2010)로부터 작성한 지수이다.

표 J678-687 업종별 생산지수(원지수), 1955-1978

	제조업 종합	음식료품, 연초	섬유, 의복, 피혁	제재, 목제품, 가구	지류, 지류제품, 인쇄출판	화학, 석유, 석탄, 고무, 플라스틱제품	비금속 광물제품	1차금속	금속제품, 기계, 장비	기타제품
	J678	J679	J680	J681	J682	J683	J684	J685	J686	J687
	남한, 1975년=100									
가중치	10,000	1,519	2,536	278	452	2,125	627	503	1,740	221
1954	3.6	10.4	3.1	10.7	6.8	2.6	4.2	1.2	1.8	14.8
1955	4.3	14.1	3.8	9.9	7.8	2.9	5.0	1.5	2.1	24.5
1956	5.2	17.7	4.4	10.9	8.8	3.1	6.8	2.5	2.7	21.0
1957	5.8	17.4	5.4	12.2	9.4	3.5	7.7	3.2	2.9	33.5
1958	6.5	20.1	5.6	13.1	12.3	4.1	10.1	3.5	2.9	30.5
1959	7.2	20.5	5.7	13.6	14.1	6.4	11.2	4.4	2.7	35.6
1960	7.6	19.8	5.6	13.6	17.0	7.6	11.5	5.0	2.8	28.3
1961	7.9	21.5	5.1	12.8	16.5	8.6	11.4	4.1	4.0	24.7
1962	9.2	21.4	5.9	15.2	20.0	9.8	15.0	6.3	5.2	17.4
1963	10.4	22.5	6.1	18.1	22.7	11.6	16.0	8.5	6.3	25.9
1964	11.2	20.0	7.1	14.8	25.5	13.8	22.2	6.8	6.4	19.9
1965	11.9	22.8	8.2	15.8	28.3	13.4	29.8	8.4	6.5	20.9
1966	14.9	26.7	9.6	21.6	33.4	16.8	25.7	11.9	9.1	20.2
1967	19.3	33.6	12.4	38.4	36.5	24.0	43.0	12.3	11.7	24.5
1968	26.2	41.1	17.2	57.8	53.1	35.4	48.7	20.0	14.8	30.1
1969	31.6	50.5	22.3	59.7	53.7	42.3	59.2	24.2	18.3	43.1
1970	35.3	56.4	26.6	65.6	54.7	51.4	57.9	25.3	18.9	52.3
1971	41.1	68.4	33.4	74.2	63.9	57.6	68.1	27.7	21.5	45.8
1972	47.8	77.6	45.5	83.9	70.2	62.1	67.4	33.2	23.7	59.4
1973	64.8	86.4	63.5	99.3	83.2	77.9	91.4	50.1	44.0	70.1
1974	83.7	91.7	73.8	88.2	96.6	86.8	99.9	91.5	81.5	82.2
1975	100.0	100.0	100.0	100.0	100.0	100.0	100.0	100.0	100.0	100.0
1976	131.8	120.2	133.8	130.4	118.8	127.7	115.5	141.6	151.4	124.1
1977	158.7	149.4	148.0	149.7	140.8	157.2	146.4	172.4	191.5	151.2
1978	196.4	180.8	173.3	177.7	164.4	191.6	169.4	228.3	270.1	128.3

자료: 한국은행, 『경제통계연보』(1978, 1979).

표 J688-699 산업형태별 생산, 출하, 재고지수, 1975-2015

	제조업 종합			기초소재형산업			가공조립형산업			생활관련 및 기타 산업		
	생산	출하	재고	생산	출하	재고	생산	출하	재고	생산	출하	재고
	J688	J689	J690	J691	J692	J693	J694	J695	J696	J697	J698	J699
	남한, 2010년=100											
1975	3.4	3.6	5.1	8.9	9.3	11.0	0.6	0.6	1.1	30.2	26.9	10.0
1976	4.4	4.7	5.8	11.4	11.7	11.7	0.9	0.9	1.4	38.8	33.9	12.6
1977	5.3	5.6	6.9	13.5	13.8	13.5	1.2	1.2	1.7	45.7	40.0	16.6
1978	6.6	7.0	6.4	16.3	16.5	11.0	1.7	1.7	2.4	53.6	47.6	14.9
1979	7.4	7.7	10.0	18.7	17.9	19.3	1.9	1.9	3.6	57.8	52.6	17.2
1980	7.3	7.7	11.6	19.4	19.0	24.0	1.6	1.7	3.1	57.6	53.4	22.1
1981	8.3	8.6	13.8	21.2	20.5	25.7	2.0	2.1	4.3	63.8	58.3	30.2
1982	8.7	9.0	14.0	22.2	21.0	27.7	2.2	2.2	4.5	66.4	61.6	26.0
1983	10.1	10.5	14.4	25.3	24.2	27.0	2.7	2.8	4.8	74.7	69.5	28.5
1984	11.7	11.8	16.9	27.6	25.9	29.1	3.6	3.6	7.0	82.8	76.2	32.9
1985	12.1	12.4	17.7	28.3	26.8	29.5	3.8	3.8	7.5	84.9	78.4	36.2
1986	14.8	15.0	19.6	32.0	30.3	30.0	5.3	5.4	9.3	99.5	91.6	43.3
1987	17.8	18.0	21.4	36.4	34.4	31.2	6.9	7.1	11.9	114.6	105.6	43.0
1988	20.2	20.4	26.6	41.2	39.0	36.5	8.3	8.4	16.6	119.4	110.0	50.6
1989	20.8	21.2	31.5	43.2	41.6	44.1	8.5	8.7	20.0	117.4	108.7	56.2
1990	22.6	23.6	34.6	46.7	46.4	49.8	9.6	10.1	21.2	119.6	111.9	62.5
1991	24.8	25.9	41.3	52.2	51.5	58.7	10.8	11.3	27.1	120.9	113.6	65.6
1992	26.2	27.5	44.2	57.3	55.6	67.9	11.4	12.2	27.9	118.1	111.7	62.9
1993	27.4	29.0	45.2	60.0	59.6	70.8	12.5	13.3	28.2	109.8	104.9	62.7
1994	30.4	32.4	48.4	63.9	64.1	71.8	14.8	15.9	29.8	112.4	107.9	80.2
1995	34.0	36.6	54.7	68.2	68.2	82.3	17.8	19.4	34.5	112.3	108.3	82.8
1996	36.9	39.8	63.8	72.8	73.4	92.9	20.1	21.9	42.9	111.6	108.8	87.6
1997	38.6	42.3	66.7	77.4	78.0	88.6	21.6	24.2	48.6	102.6	101.4	90.4
1998	36.1	38.6	55.3	68.2	69.5	80.1	21.6	22.8	37.3	87.6	86.8	76.5
1999	45.3	48.6	56.5	75.8	76.6	81.9	29.9	32.4	38.6	95.4	93.6	74.9
2000	53.1	56.8	63.7	79.6	81.1	87.1	37.7	40.6	47.9	98.2	97.2	72.3
2001	53.1	57.3	64.0	79.5	81.2	89.0	37.9	41.3	45.5	98.3	97.0	82.6
2002	57.4	61.8	63.6	81.6	83.4	85.3	43.0	46.9	47.0	100.0	98.9	81.4
2003	60.6	64.7	67.6	83.4	84.4	88.8	47.3	51.3	51.7	95.7	95.4	82.1
2004	67.1	70.9	74.1	85.3	86.5	95.1	55.7	59.5	58.9	95.7	95.5	83.9
2005	71.4	74.8	77.9	85.2	86.7	101.1	61.9	65.5	60.9	93.7	94.1	91.7
2006	77.6	80.7	85.1	88.6	90.2	105.4	69.9	73.2	70.1	96.4	96.7	97.5
2007	83.1	86.6	89.8	92.8	94.7	104.8	76.6	80.3	77.4	97.7	98.6	106.5
2008	85.9	88.7	96.1	92.9	93.9	108.7	80.8	84.5	84.8	98.3	97.8	114.9
2009	85.7	87.4	88.6	90.6	92.3	92.8	82.1	83.7	84.1	94.7	94.3	98.4
2010	100.0	100.0	104.0	100.0	100.0	104.0	100.0	100.0	104.0	100.0	100.0	104.0
2011	106.0	106.0	120.0	104.0	104.0	112.0	108.0	107.0	130.0	102.0	102.0	110.0
2012	108.0	107.0	125.0	105.0	105.0	119.0	110.0	109.0	134.0	102.0	102.0	112.0
2013	108.2	108.0	130.6	106.4	106.8	118.8	110.5	109.9	143.8	101.2	101.9	123.5
2014	108.5	108.1	127.4	108.2	107.0	126.6	109.8	109.8	128.6	101.7	102.0	125.2
2015	107.8	107.9	131.0	109.1	108.4	126.2	108.0	108.1	138.5	101.7	103.5	119.5

자료: 통계청, 「광업·제조업동향조사」(http://kosis.kr).

주: 재고지수는 연말의 원지수이다.

표 J700-705 공업구조별 생산, 출하, 재고지수, 1975-2015

	중화학공업			경공업		
	생산	출하	재고	생산	출하	재고
	J700	J701	J702	J703	J704	J705
	남한, 2010년=100					
1975	1.5	1.8	2.9	29.4	28.0	17.8
1976	2.0	2.4	3.2	38.0	35.4	20.6
1977	2.5	3.0	3.9	44.1	41.3	24.0
1978	3.2	3.8	4.0	51.9	49.4	19.2
1979	3.7	4.3	6.7	56.5	53.3	27.9
1980	3.5	4.2	7.5	57.9	55.5	34.1
1981	4.1	4.8	9.0	63.0	59.7	39.9
1982	4.3	5.0	9.5	65.1	61.6	38.8
1983	5.2	5.9	9.6	72.7	69.2	40.0
1984	6.2	6.9	11.9	79.5	74.5	43.6
1985	6.5	7.3	12.5	80.8	76.4	45.7
1986	8.2	9.0	13.9	94.5	88.9	50.4
1987	10.2	11.1	15.7	108.0	101.2	52.0
1988	12.1	13.0	19.9	114.0	106.3	62.7
1989	12.7	13.8	24.2	112.2	104.9	70.9
1990	14.2	15.9	26.8	114.4	107.9	76.7
1991	16.1	18.0	33.4	116.7	110.1	82.9
1992	17.6	19.6	36.6	115.2	108.7	83.3
1993	19.1	21.5	37.8	108.6	103.1	83.2
1994	21.7	24.6	39.5	111.9	107.0	95.1
1995	25.2	28.6	45.4	112.3	107.1	102.6
1996	28.1	31.9	55.8	111.8	108.1	104.2
1997	30.4	35.0	59.2	105.3	102.9	104.7
1998	29.3	32.6	48.8	89.0	87.5	88.3
1999	37.9	42.3	50.9	98.2	96.0	84.6
2000	45.6	50.6	59.4	101.0	99.1	85.5
2001	45.9	51.4	58.3	99.8	97.8	92.2
2002	50.6	56.2	57.7	101.2	99.7	92.6
2003	54.8	60.0	62.2	97.3	96.2	94.6
2004	62.3	67.0	70.2	96.7	95.9	93.4
2005	67.5	71.8	73.7	94.1	93.8	98.9
2006	74.1	78.0	81.2	97.5	97.4	104.7
2007	80.3	84.4	85.8	99.5	100.1	110.2
2008	83.8	87.3	92.6	97.9	97.8	113.9
2009	84.4	86.6	86.8	92.8	92.6	97.7
2010	100.0	100.0	104.7	100.0	100.0	101.8
2011	106.7	106.2	121.6	102.4	102.1	111.4
2012	108.4	107.9	127.4	102.5	102.5	114.1
2013	109.2	108.8	131.7	103.0	103.4	125.1
2014	109.5	108.9	127.6	103.3	103.3	126.1
2015	109.2	109.1	133.9	102.8	103.4	120.2

자료: 통계청, 「광업 · 제조업동향조사」(http://kosis.kr).
주: 재고지수는 연말의 원지수이다.

표 J706-714 재화성질별 생산, 출하, 재고지수, 1985-2015

	자본재			중간재			소비재		
	생산	출하	재고	생산	출하	재고	생산	출하	재고
	J706	J707	J708	J709	J710	J711	J712	J713	J714
	남한, 2010년=100								
1985	8.6	7.2	16.0	8.6	10.1	14.6	31.0	27.5	28.8
1986	10.9	9.1	19.5	10.2	12.0	15.5	38.8	34.4	33.4
1987	13.5	11.4	20.7	12.0	13.9	17.1	47.9	42.6	36.3
1988	15.6	13.1	32.5	13.7	15.9	20.2	53.4	47.4	45.4
1989	17.0	14.5	43.3	14.2	16.8	24.1	52.9	47.2	50.8
1990	21.1	18.4	50.6	15.5	18.7	25.5	54.3	49.4	58.2
1991	23.3	20.3	69.4	17.5	20.9	31.7	57.0	52.1	59.9
1992	24.4	21.8	64.1	19.1	22.6	36.6	57.7	53.0	58.4
1993	25.6	22.6	64.7	20.3	24.6	37.7	57.5	53.2	59.1
1994	31.4	27.4	67.5	22.5	27.6	38.5	61.0	56.5	71.9
1995	37.7	33.0	83.1	25.4	31.3	44.7	64.4	59.9	73.7
1996	41.9	37.4	102.4	28.0	34.4	52.9	66.4	62.5	80.2
1997	43.2	39.3	107.7	30.5	38.2	53.3	64.4	60.5	90.8
1998	36.5	33.8	81.7	30.6	36.4	47.0	53.4	51.1	69.9
1999	50.4	48.7	75.4	37.9	44.6	48.8	65.2	63.0	73.3
2000	63.0	63.5	82.1	44.9	51.4	56.7	71.1	69.5	78.9
2001	63.6	65.0	73.7	44.3	51.1	57.6	72.7	71.9	81.7
2002	69.1	70.4	69.9	48.1	55.1	57.8	77.8	77.5	80.9
2003	69.2	69.8	77.8	52.1	58.8	59.2	80.1	80.5	91.8
2004	70.8	70.8	71.4	59.8	65.8	68.6	85.8	87.2	95.6
2005	71.5	71.7	73.7	65.1	70.8	74.3	88.8	90.0	93.6
2006	77.2	77.4	76.1	72.7	77.8	83.0	91.4	92.3	98.3
2007	83.8	85.0	95.1	79.2	84.4	86.3	93.6	94.8	99.6
2008	89.1	91.0	111.7	82.1	86.2	93.5	94.4	95.1	96.1
2009	85.8	87.7	98.0	83.6	86.0	88.6	91.2	91.8	82.7
2010	100.0	100.0	104.9	100.0	100.0	104.1	100.0	100.0	104.4
2011	106.6	106.4	128.2	107.7	107.6	122.0	100.9	99.5	107.0
2012	106.2	106.2	106.6	110.2	110.1	134.4	100.8	99.3	105.4
2013	100.1	99.6	116.4	113.2	113.1	137.1	100.4	98.8	117.6
2014	97.9	96.9	112.7	114.3	114.3	132.5	100.2	97.3	119.5
2015	90.9	90.9	104.9	115.8	116.1	140.2	98.2	95.1	117.3

자료: 통계청, 「광업 · 제조업동향조사」(http://kosis.kr).
주: 재고지수는 연말의 원지수이다.

표 J715-786 생산자제품별 생산, 출하, 재고지수, 1975-2015

	식료품			음료			담배			섬유제품 (의복 제외)			의복, 액세서리 및 모피제품			가죽, 가방 및 신발		
	생산	출하	재고	생산	출하	재고	생산	출하	재고	생산	출하	재고	생산	출하	재고	생산	출하	재고
	J715	J716	J717	J718	J719	J720	J721	J722	J723	J724	J725	J726	J727	J728	J729	J730	J731	J732
	남한, 2010년=100																	
1975	13.1	13.7	7.5	10.5	11.2	1.2	34.2	37.8	16.4	69.8	66.6	53.0	47.9	44.7	4.6	234.1	171.2	99.7
1976	17.4	17.2	9.2	11.8	12.5	0.9	36.3	38.9	21.8	90.5	83.2	62.3	66.9	62.0	6.6	334.4	252.3	141.5
1977	22.1	21.3	13.5	15.2	15.0	1.8	40.4	44.4	23.2	98.5	90.9	66.2	72.3	67.6	9.9	400.8	309.2	162.1
1978	26.5	25.7	11.1	19.7	19.4	0.6	46.2	50.2	26.9	112.5	107.8	47.0	87.8	82.9	10.0	452.0	352.3	146.8
1979	32.4	31.8	12.5	23.1	22.8	1.7	48.5	55.3	19.8	127.1	112.6	79.1	88.7	82.7	15.3	409.2	321.7	214.7
1980	31.4	32.4	17.8	21.9	21.8	2.3	53.1	57.5	25.7	144.1	132.8	93.6	89.1	83.8	16.8	407.2	344.8	214.7
1981	33.4	33.3	20.3	22.6	22.6	2.1	54.9	59.6	48.0	157.8	146.7	90.7	110.4	104.3	20.4	466.4	376.7	248.6
1982	37.3	37.0	23.5	24.0	23.8	3.4	55.1	62.3	25.4	163.9	149.0	114.1	107.9	101.5	17.8	474.9	404.4	236.5
1983	43.7	43.6	23.1	24.3	24.6	3.5	58.3	64.2	30.4	167.9	157.5	102.6	121.6	113.0	20.6	542.6	454.7	255.3
1984	47.1	45.9	29.4	26.5	26.8	3.1	60.5	65.9	40.1	174.4	160.3	104.4	131.4	123.3	20.2	675.2	564.5	294.0
1985	51.3	49.5	39.9	26.6	26.6	6.3	58.6	66.9	23.9	172.2	163.4	100.9	136.3	126.8	25.7	664.5	560.4	290.6
1986	57.7	56.2	45.6	27.7	27.8	7.1	60.7	70.6	28.4	202.8	190.8	87.4	163.9	150.3	30.3	873.3	737.6	366.6
1987	64.2	63.7	47.8	31.1	30.9	6.9	61.9	73.2	23.9	224.9	206.9	103.7	195.0	181.1	31.3	1,007.8	859.7	372.3
1988	69.2	68.3	48.2	38.4	38.2	8.4	65.1	76.8	18.1	237.8	216.1	133.2	188.1	173.1	44.4	988.9	840.0	509.7
1989	71.0	69.8	53.0	45.2	43.9	16.7	64.9	74.8	29.3	233.8	212.5	150.4	175.9	164.7	51.2	857.8	749.2	374.4
1990	74.8	73.6	45.5	48.6	48.2	15.9	68.9	78.2	36.5	237.6	213.8	156.0	164.5	154.5	74.0	916.7	787.9	393.0
1991	79.6	77.7	49.2	57.4	57.3	18.8	69.7	78.6	41.5	234.6	213.1	169.2	156.3	151.6	75.0	853.0	714.0	380.3
1992	79.3	78.1	52.0	64.1	65.9	18.6	72.2	79.5	38.4	227.4	204.1	193.5	142.4	135.8	73.9	788.9	666.9	327.2
1993	79.1	77.8	55.5	69.1	70.5	23.6	73.9	80.5	11.3	208.5	189.3	181.0	121.6	116.6	74.8	602.6	542.3	248.6
1994	83.4	82.1	59.9	81.6	82.7	58.4	70.3	71.6	68.6	207.4	191.2	174.1	126.6	121.4	82.1	510.4	467.1	220.7
1995	85.4	85.3	63.1	77.3	78.3	73.4	67.9	74.1	33.1	201.7	183.2	192.2	129.1	121.7	70.5	434.2	411.4	211.1
1996	89.3	88.4	65.1	81.7	82.5	72.7	73.1	79.0	38.3	192.0	178.5	178.6	125.2	119.5	84.4	371.5	372.7	191.6
1997	87.4	88.0	66.6	83.3	84.6	58.3	74.7	79.8	64.4	179.7	168.3	169.2	99.6	96.3	89.9	314.6	316.9	210.6
1998	79.9	79.9	71.1	73.2	72.3	65.0	78.0	82.1	62.8	163.7	154.4	150.0	72.4	72.5	62.2	221.6	226.7	161.6
1999	85.4	86.3	68.5	86.1	85.2	68.0	74.1	74.4	85.7	174.6	165.8	135.5	78.9	73.6	65.2	223.2	224.0	118.2
2000	88.1	89.0	67.4	88.0	87.0	67.9	75.9	81.6	13.5	172.5	163.7	144.5	90.5	87.4	70.2	205.9	210.0	117.4
2001	92.1	91.8	83.6	96.0	94.6	69.4	75.5	75.2	40.1	154.7	148.1	140.4	83.4	80.5	76.5	194.4	195.4	133.7
2002	95.1	94.1	77.8	97.3	95.0	73.6	75.8	78.2	56.5	145.8	139.8	142.1	86.9	86.5	71.8	180.3	183.9	131.4
2003	93.5	93.9	76.0	95.4	92.6	68.6	98.8	100.4	91.3	129.4	123.9	143.4	76.1	75.6	70.4	155.5	152.1	138.2
2004	95.5	95.1	83.7	97.1	94.2	75.7	106.9	110.4	71.1	118.6	114.9	124.6	76.1	75.4	79.7	134.0	133.8	109.3
2005	95.3	94.9	92.9	95.8	94.2	81.9	86.1	88.7	76.4	103.9	101.7	116.3	80.3	80.1	89.9	120.9	121.4	113.2
2006	96.8	96.3	95.0	95.2	94.1	77.9	96.3	98.8	96.1	104.1	102.1	127.0	88.0	88.2	107.4	124.0	125.6	94.6
2007	97.0	96.6	92.6	97.4	95.8	91.3	100.0	102.9	91.0	102.7	102.9	116.8	93.4	95.7	130.8	121.6	123.9	95.6
2008	94.7	94.2	102.1	100.3	98.9	100.3	103.9	106.6	105.0	94.5	94.5	108.3	98.0	98.8	144.3	119.5	118.9	102.5
2009	94.3	94.6	97.5	95.1	93.8	93.3	103.6	105.2	104.6	89.2	88.6	95.8	95.2	95.7	104.9	105.3	102.8	113.0
2010	100.0	100.0	102.4	100.0	100.0	94.5	100.0	100.0	103.0	100.0	100.0	94.3	100.0	100.0	105.9	100.0	100.0	116.5
2011	101.9	100.7	115.2	103.5	101.9	107.3	101.6	102.0	91.3	101.5	99.4	111.4	100.6	102.6	109.6	101.1	105.0	121.9
2012	103.4	102.9	127.6	108.2	108.3	90.2	105.6	107.9	124.6	99.1	96.4	118.6	97.9	101.7	104.5	98.2	104.1	109.0
2013	103.7	103.7	136.3	108.8	108.8	97.5	96.5	98.7	157.0	97.6	95.5	122.4	93.6	98.0	117.3	111.5	117.6	133.2
2014	104.8	104.2	145.6	110.0	110.2	104.0	103.9	108.3	144.1	95.7	94.2	117.4	87.8	92.3	110.5	110.0	112.1	145.7
2015	106.0	106.0	132.7	111.5	111.9	113.5	96.3	101.8	106.3	91.3	89.6	111.3	85.5	93.5	112.7	104.0	111.2	126.7

자료: 통계청, 「광업·제조업동향조사」(http://kosis.kr).

주: 1) 동향지수는 표본사업체에 대한 조사로부터 작성되었다.

2) 재고지수는 연말 지수이다.

표 J715-786 계속

	목재 및 나무제품 (가구 제외)			펄프, 종이 및 종이제품			인쇄 및 기록매체 복제			코크스, 연탄 및 석유정제품			화학물질 및 화학제품 (의약품 제외)			의료용 물질 및 의약품		
	생산	출하	재고	생산	출하	재고	생산	출하	재고	생산	출하	재고	생산	출하	재고	생산	출하	재고
	J733	J734	J735	J736	J737	J738	J739	J740	J741	J742	J743	J744	J745	J746	J747	J748	J749	J750
	남한, 2010년=100																	
1975	92.2	118.9	319.5	9.5	8.2	12.9	23.7	20.8		10.3	13.6	18.4	4.0	4.1	5.1	3.1	2.9	
1976	121.9	153.5	274.1	12.1	10.8	9.0	27.0	24.2		12.0	15.6	13.6	5.1	5.4	6.8	4.0	3.8	
1977	137.8	174.3	205.1	14.8	12.9	9.4	28.2	25.3		14.2	18.0	17.0	6.1	6.3	7.1	5.3	5.1	
1978	159.7	191.1	159.5	17.6	15.6	6.9	35.8	32.2		15.2	19.8	16.2	7.6	7.7	6.5	6.7	6.4	
1979	148.3	174.1	277.4	19.0	16.7	12.5	41.9	38.0		18.1	21.1	19.0	8.4	8.4	10.7	8.5	7.8	
1980	103.8	122.3	273.2	21.4	18.7	20.7	44.1	39.9		18.6	20.6	42.3	8.5	9.0	10.4	7.6	7.1	
1981	112.2	127.9	245.3	23.6	20.5	27.1	41.9	40.3		19.4	20.8	38.3	9.0	9.6	11.4	7.8	7.4	
1982	106.1	113.6	162.8	24.5	22.1	26.6	39.3	37.1		19.2	19.9	41.7	9.4	10.0	10.4	9.1	8.6	
1983	129.7	123.7	191.0	28.1	25.5	23.5	35.4	34.0		21.5	22.8	41.2	10.7	11.4	13.5	10.7	10.3	
1984	124.4	115.4	144.1	29.3	26.7	29.2	44.0	42.3		23.0	24.1	37.7	11.9	12.5	13.9	12.2	11.6	
1985	117.4	110.4	158.7	29.8	27.6	32.9	46.6	44.9		24.1	24.9	31.2	12.4	13.2	15.4	13.0	12.2	
1986	126.4	119.8	137.6	36.0	34.4	32.9	69.4	66.8		25.7	26.2	35.2	13.6	14.9	15.1	14.1	13.4	
1987	142.2	134.0	121.0	43.1	41.4	34.1	78.0	75.2		25.9	28.0	32.2	16.4	17.4	16.5	16.5	15.7	
1988	143.6	136.7	157.4	48.4	46.8	37.0	82.2	79.1		29.8	34.3	32.7	20.4	20.6	22.3	19.9	18.6	
1989	147.5	139.3	156.3	50.8	49.2	46.3	83.2	80.1		33.3	37.4	44.6	21.4	21.6	27.0	21.7	21.1	
1990	153.3	148.2	151.0	53.5	52.9	45.9	83.7	80.7		35.2	42.2	77.7	24.4	25.3	32.6	26.0	25.0	
1991	166.0	161.1	177.6	55.6	54.4	56.6	85.7	85.1		44.3	52.4	53.0	28.7	29.0	45.4	29.0	28.1	
1992	158.0	157.9	147.9	59.2	57.9	80.8	100.0	97.8		55.5	60.7	64.0	35.6	35.0	54.1	30.3	29.1	
1993	131.2	130.7	178.7	64.0	64.4	83.9	98.5	96.9		60.2	69.4	65.8	39.0	38.5	54.9	32.2	31.9	
1994	135.3	137.6	150.2	71.6	71.6	76.1	111.8	112.1		61.5	68.6	76.9	42.3	42.8	55.4	35.1	33.9	
1995	133.0	132.0	180.9	76.5	75.5	99.3	133.1	134.8		69.3	77.1	94.0	45.2	45.3	67.2	37.7	36.8	
1996	133.7	135.7	153.4	80.7	79.8	118.6	131.7	133.8		80.9	88.4	97.9	50.8	51.4	72.5	42.1	40.9	
1997	134.4	137.0	156.1	84.1	84.8	108.3	126.7	128.5		98.3	96.8	93.9	58.0	58.7	74.8	44.9	43.6	
1998	84.1	89.6	96.0	74.0	73.5	88.8	104.4	105.6		88.1	89.6	91.7	57.2	57.7	71.1	39.6	39.3	
1999	106.2	108.1	112.0	82.3	81.7	91.7	105.5	107.5		95.9	94.9	95.7	63.4	62.8	80.7	43.3	41.8	
2000	109.8	109.6	119.9	85.5	83.1	115.0	105.8	107.9		97.5	97.0	108.8	66.7	68.2	86.9	47.7	46.9	
2001	117.7	119.4	108.4	85.0	85.2	97.7	103.7	106.1		93.9	93.7	112.4	67.7	69.1	91.5	51.7	51.2	
2002	123.9	126.8	122.0	90.1	89.0	107.3	104.5	106.8		86.0	87.1	84.4	72.1	73.2	86.9	54.5	55.1	
2003	125.1	129.3	127.6	90.2	89.7	99.2	96.2	97.2		88.9	86.0	94.8	74.6	75.3	90.8	57.9	59.0	
2004	119.8	122.4	122.6	93.0	92.7	111.2	94.2	95.2		91.8	87.6	100.5	78.2	78.7	102.4	62.0	62.2	
2005	114.6	115.2	131.5	93.5	93.4	115.0	88.2	89.0		94.8	89.8	82.0	79.3	81.1	107.8	69.3	69.3	
2006	125.7	126.2	119.6	95.5	95.6	114.8	90.0	90.7		96.0	93.1	90.9	81.3	82.3	99.3	77.1	77.5	
2007	122.7	125.2	118.7	98.0	97.8	111.4	89.8	90.4		97.2	95.3	94.6	87.0	88.1	95.8	83.6	85.5	
2008	114.2	117.5	118.6	96.5	95.6	129.8	98.8	99.3		97.8	96.2	73.5	87.9	87.9	110.4	90.3	90.4	
2009	101.1	102.8	79.6	93.7	94.5	95.8	87.5	87.9		96.7	96.6	79.8	92.5	94.1	94.8	95.9	96.1	
2010	100.0	100.0	102.9	100.0	100.0	109.1	100.0	100.0		100.0	100.0	94.1	100.0	100.0	105.2	100.0	100.0	
2011	97.5	97.7	116.3	102.3	103.1	116.3	91.8	91.8		106.9	107.8	94.4	102.7	102.3	112.1	100.3	101.1	
2012	87.9	88.8	101.9	102.7	104.1	114.9	90.5	90.6		109.1	110.2	108.6	106.6	105.0	120.2	101.2	101.8	
2013	92.9	92.1	122.4	105.1	106.0	131.5	86.8	86.9		104.6	107.1	95.8	110.9	109.6	123.1	103.2	105.7	
2014	89.1	89.7	125.8	106.9	106.6	122.6	86.5	86.6		110.1	109.8	98.9	111.8	109.9	134.1	104.6	108.2	
2015	91.8	94.0	104.6	105.7	105.4	125.0	84.3	84.5		116.6	116.3	101.1	113.7	111.9	129.6	107.0	112.3	

표 J715-786 계속

	고무제품 및 플라스틱제품			비금속 광물제품			1차금속			금속가공제품 (기계 및 가구 제외)			전자부품, 컴퓨터, 영상, 음향 및 통신장비			의료, 정밀, 광학기기 및 시계		
	생산	출하	재고	생산	출하	재고	생산	출하	재고	생산	출하	재고	생산	출하	재고	생산	출하	재고
	J751	J752	J753	J754	J755	J756	J757	J758	J759	J760	J761	J762	J763	J764	J765	J766	J767	J768
	2010년=100																	
1975	6.5	6.8	6.7	12.4	12.0	10.7	3.8	3.7	4.5	10.5	9.1	4.1	0.1	0.1	0.3	12.0	10.1	5.4
1976	8.6	9.3	6.6	14.3	13.8	12.0	5.3	5.3	4.9	15.8	13.8	6.1	0.2	0.2	0.3	21.8	19.2	8.4
1977	12.8	13.4	10.8	18.1	17.4	10.6	6.5	6.3	7.2	21.7	19.2	7.9	0.2	0.2	0.3	25.5	21.9	10.2
1978	18.1	19.6	7.7	20.9	19.8	7.5	8.6	8.2	6.0	29.2	26.1	9.6	0.2	0.3	0.4	32.3	28.2	10.4
1979	20.8	21.3	18.3	23.1	20.9	16.2	11.1	10.0	11.8	29.5	26.0	14.0	0.3	0.3	0.5	34.9	30.0	17.8
1980	21.7	22.2	23.0	23.5	21.4	23.5	11.9	11.2	14.6	29.7	26.2	17.3	0.3	0.3	0.7	35.7	31.4	15.0
1981	19.6	20.0	22.6	23.6	22.6	25.4	15.8	14.2	18.8	35.9	31.9	17.0	0.3	0.4	1.2	35.7	30.5	25.0
1982	19.6	19.6	24.5	25.2	23.3	21.3	17.0	15.3	21.2	38.2	32.9	19.2	0.3	0.4	0.9	32.8	28.4	22.6
1983	26.3	26.2	26.2	31.8	28.7	19.4	19.5	18.1	18.9	45.5	38.4	19.5	0.5	0.6	1.3	35.9	32.4	20.1
1984	30.8	31.1	27.7	34.7	31.4	24.2	21.6	19.7	22.6	52.8	47.1	23.5	0.6	0.7	2.1	41.0	36.9	20.3
1985	31.8	31.9	26.2	35.3	31.8	35.8	22.5	20.7	20.7	54.4	46.8	27.4	0.7	0.8	2.0	40.1	36.0	23.6
1986	36.8	36.8	34.6	40.4	37.2	35.0	25.0	23.7	22.1	66.7	62.6	30.3	1.2	1.3	2.9	50.1	44.8	24.8
1987	43.6	43.0	35.2	46.0	42.7	32.4	28.6	27.7	23.2	68.6	63.4	31.7	1.7	1.8	4.0	69.8	61.8	32.3
1988	50.8	48.7	40.7	51.9	48.6	28.4	30.9	29.9	25.0	69.5	63.8	34.8	2.1	2.3	5.1	73.6	66.3	37.7
1989	49.9	47.7	52.5	57.7	56.2	39.2	33.7	33.1	29.9	68.9	63.3	42.9	2.1	2.3	6.6	67.0	59.3	40.7
1990	51.7	50.3	55.1	61.9	63.0	42.6	37.7	37.8	31.8	70.7	65.4	41.2	2.3	2.6	7.0	63.3	57.3	39.4
1991	56.0	53.7	65.3	71.8	72.3	51.2	41.8	42.4	40.9	76.1	71.4	50.7	2.7	3.0	8.1	63.2	56.2	46.2
1992	59.3	56.4	67.3	76.5	76.8	68.7	43.7	44.1	44.7	72.6	67.6	57.6	2.9	3.2	9.3	63.8	57.6	49.7
1993	61.9	59.4	71.4	77.2	79.8	64.0	48.6	49.3	51.8	76.0	72.0	58.7	3.3	3.8	10.3	65.1	58.5	52.8
1994	67.0	65.4	72.8	83.0	89.4	68.5	52.7	53.7	53.1	84.0	79.3	68.3	4.1	4.8	10.1	69.9	67.0	47.7
1995	70.3	68.3	85.2	88.0	92.6	74.0	57.9	59.4	58.1	94.3	88.7	74.3	5.3	6.5	11.8	74.4	71.5	48.0
1996	74.5	72.9	91.9	93.2	97.7	96.9	61.5	63.5	76.8	99.6	94.5	75.0	6.5	7.8	17.0	71.0	68.5	48.1
1997	76.0	74.5	92.7	94.8	100.0	109.2	65.0	68.1	64.0	101.9	97.1	68.9	7.9	10.2	19.5	69.5	66.6	52.2
1998	60.2	59.7	73.9	72.8	76.6	89.4	57.2	60.4	62.5	80.1	78.1	55.8	10.4	11.8	14.6	62.8	58.9	47.3
1999	70.8	69.7	69.6	78.2	82.4	77.4	65.3	68.5	67.2	84.1	80.4	51.0	15.8	18.9	18.8	69.9	65.7	45.5
2000	75.5	74.1	74.5	83.4	87.5	65.4	70.8	74.2	72.2	88.2	83.5	60.3	21.7	26.0	25.1	75.5	72.2	60.1
2001	77.4	75.9	81.5	85.1	89.8	74.2	71.7	75.9	72.5	81.6	76.4	55.1	22.1	26.8	24.2	76.7	73.2	64.6
2002	82.5	81.4	84.2	86.9	95.3	70.7	75.3	80.0	69.9	84.3	79.3	63.5	27.5	32.7	27.3	76.2	74.3	54.0
2003	84.6	83.1	90.3	91.8	98.7	90.0	79.2	83.1	67.2	85.7	82.2	61.5	32.2	37.6	27.6	77.6	76.4	61.3
2004	87.4	86.3	94.7	90.4	98.9	92.9	83.3	86.3	78.3	88.0	84.4	62.5	41.0	46.0	38.6	78.9	78.3	65.4
2005	89.1	88.0	103.8	84.5	91.2	104.9	83.5	85.9	95.7	86.6	83.6	64.1	48.2	53.1	42.0	74.7	75.8	65.8
2006	95.1	94.3	107.7	89.7	96.4	107.9	86.6	90.2	108.0	92.0	90.0	67.4	59.0	64.0	59.0	80.2	81.1	70.3
2007	100.7	99.9	115.8	94.8	101.6	102.5	90.5	95.0	109.0	97.0	95.3	76.2	66.9	72.6	66.5	84.0	83.4	87.5
2008	97.3	97.5	114.7	95.8	100.2	113.3	91.9	94.5	115.9	102.4	101.2	104.9	73.1	78.6	73.3	88.1	88.0	88.0
2009	89.1	89.8	98.7	94.8	97.6	89.4	83.3	86.6	94.9	92.2	92.7	90.3	79.9	81.9	82.1	89.4	89.3	84.3
2010	100.0	100.0	99.9	100.0	100.0	97.8	100.0	100.0	110.8	100.0	100.0	100.5	100.0	100.0	107.1	100.0	100.0	97.4
2011	105.1	104.6	113.7	100.3	100.2	97.6	106.2	105.9	120.8	108.9	108.5	98.0	107.1	104.8	151.6	105.6	108.2	95.9
2012	106.4	106.4	119.7	95.2	96.2	103.5	106.8	106.4	126.1	117.9	117.6	106.5	109.7	107.3	185.0	111.6	113.7	109.4
2013	109.9	110.1	131.2	100.6	101.6	104.7	106.0	106.3	122.1	117.3	116.9	106.0	113.6	112.2	192.1	124.2	122.4	120.7
2014	110.7	110.7	132.5	96.9	97.5	97.5	109.9	105.6	136.6	121.6	121.5	103.3	111.6	111.6	139.9	112.4	111.0	116.1
2015	110.0	109.5	132.3	99.5	100.6	93.2	108.0	104.1	139.7	114.8	114.8	101.0	113.1	111.8	176.6	106.9	105.5	132.0

표 J715-786 계속

	전기장비			기타 기계 및 장비			자동차 및 트레일러			기타 운송장비			가구			기타제품		
	생산	출하	재고	생산	출하	재고	생산	출하	재고	생산	출하	재고	생산	출하	재고	생산	출하	재고
	J769	J770	J771	J772	J773	J774	J775	J776	J777	J778	J779	J780	J781	J782	J783	J784	J785	J786
	2010년=100																	
1975	1.5	1.5	2.0	2.7	2.2	3.1	0.7	0.7	1.2	2.7	3.3	187.7	15.5	12.7	11.7	132.3	116.7	29.2
1976	2.3	2.2	3.5	4.2	3.3	3.0	0.9	1.0	1.7	2.5	2.8	160.4	21.4	17.3	16.3	161.9	143.3	30.8
1977	3.7	3.6	3.2	4.6	3.5	5.6	1.7	1.7	1.9	2.2	2.3	201.1	25.8	21.3	17.7	196.6	177.4	32.3
1978	6.3	6.4	5.5	6.9	5.3	4.1	2.8	2.9	3.7	2.7	2.7	404.8	32.4	27.4	11.5	168.4	151.9	27.2
1979	7.7	8.0	6.1	6.8	5.3	11.4	3.4	3.5	6.9	2.8	2.7	473.5	33.1	26.8	30.2	163.1	143.2	30.5
1980	5.1	5.1	5.5	5.4	4.6	10.3	2.1	2.3	3.1	3.3	3.5	355.5	30.2	25.6	23.6	169.8	145.6	46.9
1981	6.2	6.0	7.6	6.8	5.6	12.3	2.7	2.7	3.9	5.4	5.7	640.4	35.6	28.8	43.9	184.0	162.5	51.6
1982	7.0	6.7	10.1	7.6	6.3	13.1	3.1	3.1	5.0	5.7	5.7	680.6	46.1	38.8	47.8	181.9	161.9	46.4
1983	8.9	8.9	10.0	10.6	9.3	12.4	3.6	3.4	5.7	5.0	5.4	350.0	60.0	50.0	61.9	215.3	193.9	44.7
1984	12.2	11.5	15.4	11.9	10.3	18.2	4.7	4.3	6.7	9.4	9.8	566.0	68.7	60.2	49.0	255.7	224.7	55.9
1985	12.8	12.4	19.4	13.2	11.8	17.5	5.1	4.7	7.1	9.1	9.6	545.5	65.3	54.3	67.8	248.0	221.3	58.2
1986	18.9	17.9	23.4	17.2	15.2	22.5	7.5	7.1	7.8	9.5	10.2	551.0	70.9	59.5	77.3	303.1	272.5	81.9
1987	26.5	25.3	27.0	21.1	19.2	28.5	11.3	10.2	14.0	9.9	10.8	551.7	84.7	71.9	61.1	383.1	343.6	86.0
1988	33.3	30.4	34.5	23.4	21.8	53.2	14.4	12.5	21.3	11.9	13.2	838.9	108.7	90.5	106.8	370.9	335.7	95.2
1989	32.1	30.5	41.9	24.8	23.6	62.4	16.4	14.7	24.5	11.0	11.9	705.9	117.7	99.3	145.3	325.8	298.8	93.0
1990	35.0	33.6	50.9	30.2	29.4	62.6	20.4	18.8	25.3	12.7	13.4	723.4	121.0	104.9	158.4	308.1	286.0	97.3
1991	38.7	37.1	68.0	33.5	32.5	92.5	23.6	21.5	32.5	15.2	15.4	775.0	125.5	110.2	185.7	308.0	282.3	95.6
1992	40.2	39.6	57.5	32.7	32.5	85.1	26.8	24.5	35.5	18.9	19.6	1,111.5	122.5	111.6	177.2	275.9	254.1	77.2
1993	42.5	41.6	64.1	34.0	33.1	78.7	31.3	27.7	28.6	16.6	17.4	800.7	120.3	105.9	191.8	243.6	223.3	72.6
1994	47.5	46.4	72.1	40.4	39.2	78.4	37.4	32.9	37.3	19.3	20.4	701.3	120.2	108.1	185.4	234.1	209.5	89.6
1995	54.7	53.9	70.3	48.4	46.5	110.5	43.8	38.5	42.3	22.0	23.3	610.8	124.2	111.2	186.7	227.2	203.4	85.5
1996	57.8	56.7	83.4	50.7	49.6	120.6	49.3	43.3	56.9	26.3	27.6	476.3	119.5	108.9	198.5	215.0	199.1	77.3
1997	57.6	56.7	93.7	49.4	48.4	133.3	49.0	43.1	69.6	28.7	29.9	607.4	107.5	98.9	205.9	198.2	175.4	78.4
1998	43.3	43.8	87.4	33.8	34.1	101.0	32.3	30.1	47.7	42.9	44.5	278.8	75.4	70.3	148.4	218.8	193.1	80.2
1999	54.7	55.2	64.8	41.9	41.4	93.9	49.6	45.5	48.4	46.5	48.5	377.4	106.1	96.4	144.1	227.1	203.7	78.1
2000	65.3	65.0	68.2	52.7	51.4	107.4	56.5	51.7	61.9	42.8	44.0	342.3	100.2	94.1	111.0	217.1	194.8	88.5
2001	65.0	64.4	94.1	50.3	50.2	102.8	55.9	52.7	42.0	52.1	53.2	237.2	97.6	92.6	114.2	202.8	184.7	85.3
2002	73.2	74.5	83.0	53.8	54.4	101.7	60.6	56.9	44.0	51.1	53.8	235.9	105.2	100.3	124.4	182.8	167.1	90.9
2003	73.3	73.8	87.7	57.3	58.0	105.5	64.5	61.2	68.2	54.5	57.2	163.6	106.0	103.2	119.9	149.4	142.6	90.5
2004	77.6	77.2	92.2	64.5	64.8	103.8	72.1	70.9	69.1	62.1	64.3	103.3	105.7	105.7	107.1	131.0	129.0	85.5
2005	80.4	79.6	88.5	66.5	66.1	112.2	78.1	77.8	64.4	66.8	68.9	152.8	102.9	104.2	98.3	115.2	114.8	87.6
2006	80.6	80.0	83.9	72.8	72.1	98.8	84.4	84.1	77.6	72.4	74.5	216.6	104.4	106.6	105.6	109.2	108.3	87.1
2007	84.2	84.7	86.1	80.0	80.5	103.0	89.7	89.2	86.8	77.4	81.4	238.5	103.5	109.8	114.4	108.2	106.8	88.3
2008	89.5	88.6	92.5	80.6	82.5	106.9	86.8	86.3	89.3	95.3	99.4	151.8	105.9	103.6	92.7	92.0	94.1	87.3
2009	90.9	90.9	79.2	72.2	73.0	95.8	81.2	81.2	80.3	107.4	109.4	107.4	94.7	90.2	86.0	86.7	87.3	73.6
2010	100.0	100.0	96.1	100.0	100.0	111.1	100.0	100.0	100.6	100.0	100.0	115.7	100.0	100.0	100.2	100.0	100.0	99.4
2011	100.8	100.5	106.4	109.3	108.3	142.7	114.7	115.5	117.6	101.7	102.1	113.2	105.4	107.5	82.8	102.2	101.4	94.3
2012	98.8	98.8	101.9	107.0	107.6	122.3	114.5	115.7	105.4	107.1	105.5	155.1	98.2	95.2	82.8	103.8	105.4	112.0
2013	97.0	97.2	110.2	102.7	101.7	131.4	116.1	116.6	126.9	101.7	100.0	64.7	97.2	91.2	97.4	104.9	105.2	122.1
2014	98.8	98.8	105.1	103.1	102.5	130.2	119.3	119.7	139.4	90.4	89.6	61.3	104.2	98.2	92.0	104.8	105.2	114.1
2015	95.1	96.2	102.3	99.7	99.6	113.5	120.5	121.3	150.6	81.3	82.2	45.1	112.5	106.4	104.3	101.2	102.8	98.1

표 J787-833 업종별 생산능력지수와 가동률지수, 1971-2015

	제조업 전체			식료품		음료		담배		섬유제품		의복, 액세서리 및 모피제품		가죽, 가방 및 신발	
	생산능력	가동률	평균가동률	생산능력	가동률	생산능력	가동률	생산능력	가동률	생산능력	가동률	생산능력	가동률	생산능력	가동률
	J787	J788	J789	J790	J791	J792	J793	J794	J795	J796	J797	J798	J799	J800	J801
	남한, 2010년=100														
1971	4.4	71.1													
1972	4.7	74.9													
1973	5.6	78.4													
1974	6.6	77.9													
1975	7.7	75.0													
1976	8.9	84.4													
1977	10.1	87.2													
1978	11.6	94.2													
1979	14.1	87.6													
1980	16.1	81.1	65.4	44.7	95.2	27.8	104.6			313.4	162.0	291.0	270.8	654.9	228.9
1981	17.8	82.0	66.0	48.4	88.4	31.9	96.1			316.2	160.0	266.7	288.8	698.5	222.7
1982	18.8	81.1	65.1	50.2	89.0	33.9	99.1			320.5	157.2	283.9	311.7	725.5	224.3
1983	19.5	88.6	71.0	53.1	103.0	34.4	105.5			321.1	158.6	276.0	228.4	749.6	227.6
1984	20.6	94.1	75.8	56.2	102.1	36.4	110.8			321.8	158.4	274.2	244.4	731.1	219.9
1985	21.2	92.5	74.4	59.0	105.0	41.4	96.9	43.7	137.1	315.8	151.8	270.7	236.9	764.3	212.9
1986	23.8	96.4	77.7	64.1	103.9	43.0	97.7	43.7	142.8	312.3	156.0	291.6	254.3	818.9	226.9
1987	27.0	99.4	80.2	67.2	109.0	46.0	100.7	43.7	147.7	310.3	161.3	317.1	246.1	883.9	224.7
1988	31.2	97.8	78.6	71.5	108.6	50.4	108.1	43.9	155.4	300.2	159.0	346.7	248.1	915.5	207.1
1989	33.4	94.4	76.3	73.8	104.2	56.9	112.9	45.1	152.6	277.9	155.1	339.4	236.4	855.4	190.2
1990	35.3	96.8	78.2	77.6	102.6	60.3	108.4	45.3	161.1	266.5	155.6	334.7	205.6	805.0	199.1
1991	37.4	98.3	79.3	80.9	101.3	64.9	112.0	49.4	151.7	251.8	151.6	299.7	199.2	759.8	182.7
1992	39.6	96.8	78.0	87.3	97.7	67.9	107.6	50.4	152.5	237.3	148.1	258.4	186.8	676.2	177.2
1993	40.4	96.3	77.3	88.6	95.2	69.9	103.6	51.1	150.5	211.2	142.2	215.0	187.2	505.6	163.0
1994	41.9	100.6	80.7	90.0	97.3	76.1	110.0	54.7	131.8	200.4	135.9	187.5	189.5	385.2	153.6
1995	45.7	100.2	80.7	92.4	96.9	85.2	94.2	57.2	122.0	181.8	118.9	172.4	201.0	353.8	145.5
1996	49.5	99.9	80.4	93.1	98.6	90.8	93.0	58.0	129.7	172.9	118.0	169.0	184.4	313.1	139.8
1997	52.0	98.0	79.1	92.5	101.1	91.7	92.4	57.7	133.3	165.0	119.7	155.6	157.0	289.3	114.5
1998	54.5	84.1	67.6	91.2	88.7	90.9	82.5	57.6	139.1	157.3	113.0	142.0	128.3	236.9	114.1
1999	59.2	94.7	76.0	91.3	94.8	90.3	99.3	58.6	130.2	156.0	118.5	136.4	172.0	195.4	130.0
2000	65.3	97.0	78.3	94.5	95.9	89.0	101.9	60.8	128.5	158.0	114.5	135.7	156.1	193.8	125.3
2001	67.6	93.0	74.9	96.3	98.4	91.0	107.5	62.1	127.2	157.6	105.4	136.1	153.2	193.1	127.9
2002	69.5	96.7	78.0	96.2	102.3	92.9	106.6	62.7	128.0	151.7	102.3	134.7	126.3	184.5	120.8
2003	71.7	96.7	77.9	96.5	99.7	94.7	102.1	80.1	126.8	147.3	100.0	128.6	113.8	172.2	103.7
2004	75.2	99.4	79.9	98.2	97.9	95.3	102.8	77.0	137.2	136.6	97.6	120.0	119.5	149.9	105.8
2005	77.7	99.0	79.3	101.9	94.1	95.7	101.1	76.3	112.7	124.2	94.7	113.8	111.0	132.9	94.5
2006	80.9	99.3	80.0	103.2	92.6	96.4	100.1	76.3	126.1	114.0	97.2	111.5	111.5	130.2	93.0
2007	85.2	99.4	80.2	103.0	92.4	97.0	100.3	87.1	114.9	104.2	100.1	112.7	95.9	119.7	94.6
2008	89.6	96.3	77.6	100.5	92.9	96.2	104.2	103.0	100.8	98.3	94.7	111.9	92.1	106.0	94.4
2009	92.7	92.8	74.4	99.3	94.2	98.8	98.0	102.6	100.8	97.5	91.7	100.3	92.1	100.7	90.1
2010	100.0	100.0	80.3	100.0	100.0	100.0	100.0	100.0	100.0	100.0	100.0	100.0	100.0	100.0	100.0
2011	104.7	100.2	80.5	101.2	99.3	103.7	98.7	100.1	101.3	103.3	99.6	98.6	90.6	104.8	91.5
2012	106.9	97.5	78.5	102.7	100.0	105.9	101.9	97.1	108.9	104.4	97.8	82.6	88.0	104.1	89.6
2013	108.6	95.1	76.5	101.5	101.6	106.7	102.3	95.9	100.5	101.6	97.6	77.7	96.8	101.6	93.5
2014	110.4	94.3	76.2	104.1	99.6	108.0	103.0	98.5	105.3	99.8	96.1	78.0	87.6	104.0	83.4
2015	111.7	92.1		105.5	99.3	110.4	101.9	103.1	93.5	99.7	93.9	74.3	63.0	100.3	84.9

자료: 통계청, 「광업 · 제조업동향조사」(http://kosis.kr).

주: 1) 생산능력은 사업체가 정상적인 조업환경(설비, 인력, 조업시간 등) 하에서 생산할 때의 최대 생산실적을 의미하며, 가동률은 생산능력 대비 생산실적의 비율이다.

2) 제조업 평균 가동률은 기준 시점의 가동률×비교 시점의 가동률 계절조정지수이다.

표 J787-833 계속

	목재 및 나무제품		펄프, 종이 및 종이제품		코크스, 연탄 및 석유정제품		화학물질 및 화학제품		고무 및 플라스틱 제품		비금속 광물제품		1차금속		금속가공제품	
	생산능력	가동률	생산능력	가동률	생산능력	가동률	생산능력	가동률	생산능력	가동률	생산능력	가동률	생산능력	가동률	생산능력	가동률
	J802	J803	J804	J805	J806	J807	J808	J809	J810	J811	J812	J813	J814	J815	J816	J817
	남한, 2010년=100															
1971																
1972																
1973																
1974																
1975																
1976																
1977																
1978																
1979																
1980	171.8	134.7	24.1	85.7	23.2	83.0	13.5	81.3	30.6	82.1	30.7	114.5	15.1	83.2	39.1	63.5
1981	177.1	132.3	26.1	84.8	27.9	72.8	15.1	81.3	31.3	61.3	33.3	110.1	18.4	82.5	45.0	72.4
1982	173.5	102.6	26.9	82.1	30.3	64.9	15.8	76.8	31.4	53.8	34.6	122.4	19.3	87.3	53.9	69.3
1983	168.5	100.2	28.1	86.4	30.8	71.0	16.3	79.8	31.8	79.4	34.9	139.4	19.7	98.0	55.9	74.7
1984	140.1	113.6	28.1	93.2	31.2	73.6	16.8	82.9	34.8	90.7	36.0	140.2	20.6	102.1	54.5	86.1
1985	120.2	121.7	29.9	90.1	31.5	73.2	17.3	87.6	37.9	81.0	38.6	131.0	21.2	104.0	42.0	105.6
1986	124.8	127.5	34.6	94.6	31.7	76.3	18.4	90.7	40.8	85.9	40.6	128.0	22.3	107.5	44.4	111.6
1987	131.3	137.0	38.6	99.1	32.0	76.4	20.1	94.6	44.4	89.6	41.8	133.7	25.9	108.7	46.3	116.2
1988	136.7	135.9	42.3	99.1	32.4	90.1	23.5	93.1	48.3	94.9	44.4	135.3	31.3	101.1	53.7	104.7
1989	136.2	125.2	48.6	95.0	35.7	95.8	26.0	88.8	50.6	91.2	46.7	136.8	34.7	100.5	55.0	106.1
1990	137.4	130.7	54.5	93.3	37.0	96.3	29.8	90.5	53.8	93.2	48.9	138.2	36.1	109.0	59.8	106.7
1991	139.3	122.1	58.3	90.7	44.4	107.0	34.8	90.6	57.2	96.3	53.4	145.2	41.2	106.6	66.1	116.8
1992	132.9	102.4	64.6	89.8	51.5	109.3	41.8	94.1	61.7	99.5	57.7	140.2	44.6	101.7	69.6	103.0
1993	113.0	95.7	70.7	90.7	54.4	112.4	45.4	94.1	67.8	96.3	60.0	136.5	49.3	103.8	72.4	104.3
1994	107.9	100.2	73.4	94.7	55.0	114.4	47.7	98.0	72.2	96.4	62.3	139.7	51.3	105.8	76.1	115.9
1995	105.9	102.6	76.8	95.4	67.1	104.7	51.5	96.4	80.5	93.0	64.8	139.6	56.0	105.9	81.6	118.5
1996	111.6	112.3	85.7	91.7	76.7	107.0	55.3	97.7	83.5	95.7	73.5	133.1	58.5	109.4	83.7	126.0
1997	123.0	125.9	89.3	95.2	94.2	106.8	60.6	101.5	86.0	96.1	76.8	128.9	60.8	111.9	86.7	117.5
1998	116.6	79.5	89.0	83.8	94.3	95.2	66.7	91.7	86.3	79.6	76.9	99.5	67.8	89.6	84.0	88.5
1999	112.6	104.9	89.2	92.5	95.2	98.7	68.6	99.7	88.3	91.7	76.0	109.6	71.6	94.6	79.6	105.0
2000	109.8	112.9	89.5	93.4	96.5	100.6	70.1	101.2	87.7	95.7	75.9	118.8	73.4	99.0	78.6	111.1
2001	111.2	115.0	89.6	90.8	96.5	97.3	71.1	100.6	89.5	93.6	76.6	121.1	74.0	99.8	84.7	111.7
2002	115.8	120.7	91.3	93.4	96.6	89.1	72.8	103.5	89.8	96.4	75.5	121.9	76.7	101.2	85.0	116.3
2003	115.8	119.5	91.0	93.2	96.6	92.9	77.0	104.4	89.5	94.9	79.0	121.5	77.9	103.6	85.4	111.3
2004	115.0	113.3	92.3	94.3	96.7	97.4	81.5	102.9	90.2	98.8	81.9	115.8	78.3	106.5	86.1	106.6
2005	111.6	110.4	92.9	94.3	96.8	101.5	84.5	99.5	93.4	96.5	84.1	105.5	80.0	103.9	87.3	106.0
2006	113.6	120.1	93.7	94.2	98.0	100.6	86.0	100.0	94.8	97.6	87.0	108.1	82.9	103.2	88.6	106.8
2007	117.9	108.0	95.9	97.6	99.2	100.2	88.5	102.3	96.7	97.8	89.6	109.6	88.3	101.7	91.6	104.1
2008	116.7	99.5	97.2	94.9	97.8	100.8	93.3	95.8	97.7	92.8	98.3	101.1	90.9	101.3	96.0	104.8
2009	114.8	90.1	98.2	94.9	97.9	98.6	96.5	96.8	95.9	89.7	98.1	98.9	93.2	89.4	97.6	94.5
2010	100.0	100.0	100.0	100.0	100.0	100.0	100.0	100.0	100.0	100.0	100.0	100.0	100.0	100.0	100.0	100.0
2011	96.7	99.5	102.4	100.5	102.8	104.9	103.3	99.1	105.2	101.4	100.6	98.3	107.0	99.9	102.2	106.1
2012	89.5	96.3	103.7	100.3	104.1	105.8	106.1	99.1	108.9	99.6	101.8	94.6	108.7	99.2	103.5	103.6
2013	88.7	101.4	104.4	101.1	105.0	100.0	110.4	98.3	110.6	99.6	104.0	96.7	109.7	98.1	105.6	102.1
2014	87.5	102.8	105.7	100.2	110.0	100.7	112.1	97.5	113.0	98.6	107.4	90.8	114.0	100.4	105.2	102.1
2015	87.8	106.9	105.8	99.3	114.4	102.7	113.2	97.7	114.0	97.5	108.0	93.2	113.3	98.9	107.8	98.9

표 J787-833 계속

	전자부품, 컴퓨터, 영상 음향 및 통신장비		의료, 정밀, 광학기기 및 시계		전기장비		기타 기계 및 장비		자동차 및 트레일러		기타 운송장비		가구		기타제품	
	생산능력	가동률	생산능력	가동률	생산능력	가동률	생산능력	가동률	생산능력	가동률	생산능력	가동률	생산능력	가동률	생산능력	가동률
	J818	J819	J820	J821	J822	J823	J824	J825	J826	J827	J828	J829	J830	J831	J832	J833
	남한, 2010년=100															
1971																
1972																
1973																
1974																
1975																
1976																
1977																
1978																
1979																
1980	1.9	74.3	154.3	140.5	18.1	49.8	10.8	53.3	9.5	43.5	13.7	34.1				
1981	2.1	74.9	155.3	152.8	18.8	58.2	11.4	58.6	9.7	46.5	16.6	51.6				
1982	2.3	64.7	142.0	159.5	18.9	64.3	12.0	59.7	9.7	53.5	19.9	49.3				
1983	2.7	74.3	151.4	162.7	19.4	77.6	12.4	78.6	9.6	80.2	20.6	41.7				
1984	3.3	85.2	150.6	177.0	20.6	89.2	13.7	73.8	9.6	92.6	23.8	60.7				
1985	3.6	67.2	138.0	184.9	21.6	89.4	13.8	65.2	11.9	93.6	25.9	61.8			201.8	182.1
1986	4.8	79.5	135.4	181.0	26.2	97.7	17.6	67.9	17.2	94.1	25.8	55.1			213.0	199.0
1987	6.2	80.6	146.4	202.5	33.0	100.8	21.2	75.0	24.5	97.7	26.1	53.1			271.9	205.8
1988	7.8	74.6	167.9	191.2	40.3	91.5	26.5	73.2	32.2	87.8	30.4	63.2			282.3	191.9
1989	8.2	74.0	178.0	149.4	43.6	79.7	31.1	69.8	36.9	82.5	32.5	52.6			284.0	183.0
1990	8.3	73.2	167.3	146.6	43.8	85.0	36.3	78.8	40.1	87.1	33.0	62.9			285.7	177.2
1991	8.3	71.8	154.5	151.5	44.4	89.5	40.8	77.8	41.9	91.7	33.4	76.0			299.6	181.9
1992	8.1	70.9	152.2	146.1	46.5	90.0	46.4	63.2	46.3	96.2	33.4	87.2			300.3	176.5
1993	7.9	75.3	150.3	142.0	48.2	89.8	46.8	65.9	49.1	99.1	33.3	65.8			296.7	163.1
1994	8.6	82.1	148.5	137.6	50.2	99.1	48.7	79.6	53.0	102.1	34.9	80.4			300.0	163.2
1995	10.6	81.0	146.3	138.9	53.9	106.5	53.0	98.3	56.3	105.6	44.1	77.9			300.2	157.4
1996	13.5	77.9	146.4	120.7	55.5	104.4	55.6	98.6	60.3	108.7	55.4	76.3			304.7	141.3
1997	15.0	81.1	133.6	109.5	56.3	102.7	55.3	88.6	66.7	97.3	57.5	72.2			305.9	127.7
1998	18.4	84.5	105.9	100.3	55.7	82.2	53.4	61.9	71.3	64.9	59.3	76.1			307.5	114.3
1999	25.7	89.1	107.1	112.6	54.5	102.3	52.8	75.2	76.5	86.7	59.6	87.3			291.0	127.5
2000	32.9	92.3	106.4	114.6	58.9	94.5	58.7	91.1	87.0	83.7	62.1	82.7			279.2	129.7
2001	36.4	82.6	105.2	106.2	61.4	94.1	60.2	84.4	88.9	77.7	64.5	86.1			259.9	112.3
2002	39.9	91.1	104.0	92.6	65.7	99.3	61.3	88.3	91.1	81.9	64.6	96.2			227.7	115.8
2003	43.9	90.5	99.5	99.0	70.6	92.2	62.7	97.4	91.3	82.4	64.6	99.1			193.7	110.2
2004	50.3	97.2	94.3	95.0	78.4	93.0	64.8	107.5	93.4	86.2	65.1	110.1			184.3	86.6
2005	54.7	98.3	92.0	93.8	81.3	96.8	68.5	103.0	93.7	91.4	67.4	120.8	109.4	96.8	148.1	82.8
2006	62.3	96.4	93.4	94.8	80.7	97.3	72.8	101.4	94.7	95.0	69.6	125.5	111.9	95.3	133.7	84.5
2007	70.1	95.2	93.4	90.0	85.1	95.3	79.7	102.0	96.4	98.8	78.0	123.4	112.6	93.1	107.5	95.6
2008	78.8	91.6	92.0	93.9	88.8	93.3	85.0	99.7	98.0	92.2	84.6	128.0	109.0	87.6	91.7	96.0
2009	84.6	94.5	96.0	89.3	93.4	91.5	91.1	87.6	98.1	84.6	93.1	123.7	101.7	86.0	95.9	93.4
2010	100.0	100.0	100.0	100.0	100.0	100.0	100.0	100.0	100.0	100.0	100.0	100.0	100.0	100.0	100.0	100.0
2011	109.4	93.1	107.0	98.9	104.7	96.7	107.4	103.0	101.6	106.5	101.7	105.6	108.0	99.9	101.8	99.3
2012	112.6	88.6	110.1	97.0	106.0	94.1	112.7	99.4	101.6	102.9	105.5	95.0	109.6	90.1	104.6	100.4
2013	115.1	85.9	120.5	97.8	105.2	90.5	117.0	91.6	101.2	102.0	107.4	86.8	110.7	87.5	105.6	96.9
2014	118.5	84.6	125.8	85.6	107.7	90.5	116.2	89.5	100.6	103.4	107.6	82.4	110.2	94.0	106.9	95.5
2015	124.9	76.8	121.4	84.2	105.2	90.7	115.6	83.4	100.2	105.0	107.5	83.4	116.6	96.6	102.5	97.4

3. 투입: 고용, 에너지

표 J834-842 제조업 고용실태, 1998-2013

	사업체수	남				여			
		합계	자영업자	상용근로자	일용근로자	합계	자영업자	상용근로자	일용근로자
	J834	J835	J836	J837	J838	J839	J840	J841	J842
	남한, 개	남한, 명							
1976	22,355	760,722	9,669	712,696	38,357	743,017	1,513	694,828	46,676
1977	27,650	968,808	20,280	905,632	42,891	877,590	2,045	845,489	30,056
1978	30,674	1,085,603	22,694	1,028,213	34,696	927,110	1,833	889,186	36,091
1979	33,420	1,179,112	24,845	1,120,160	34,107	976,166	2,154	944,387	29,625
1980	33,681	1,107,712	24,417	1,043,712	22,981	890,007	1,145	862,901	25,051
1981	31,710	1,073,376	22,718	1,013,875	20,666	875,495	830	851,998	19,991
1982	36,149	1,164,402	26,462	1,107,159	30,071	899,820	881	869,616	28,886
1983	35,939	1,224,595	25,933	1,144,546	35,552	909,539	835	870,453	37,510
1984	39,723	1,367,204	28,903	1,273,645	45,015	1,003,216	791	964,295	37,305
1985	42,167	1,400,140	30,676	1,318,667	29,117	996,707	777	960,395	34,760
1986	43,594	1,495,907	31,420	1,412,592	30,070	1,072,579	842	1,034,091	36,844
1987	49,115	1,720,133	34,435	1,629,703	30,444	1,204,092	1,020	1,164,189	37,797
1988	55,117	1,872,375	38,341	1,779,692	26,585	1,257,041	1,042	1,218,451	36,533
1989	60,308	1,928,171	41,418	1,830,594	23,884	1,214,803	1,207	1,180,009	32,316
1990	65,202	1,970,413	43,840	1,865,711	27,434	1,167,618	1,085	1,133,096	32,267
1991	68,028	1,939,076	44,154	1,830,502	26,569	1,114,496	1,134	1,080,098	31,793
1992	66,553	1,941,624	40,254	1,829,663	31,603	1,030,923	1,389	986,355	40,698
1993	65,607	1,880,387	38,321	1,768,744	30,602	937,421	1,403	901,337	31,786
1994	71,897	2,013,385	41,222	1,892,877	35,227	943,714	1,709	902,749	35,814
1995	71,944	2,015,833	39,789	1,889,599	36,260	937,748	1,834	894,185	37,494
1996	69,462	1,978,737	37,024	1,854,818	37,615	865,362	1,857	821,972	37,607
1997	69,907	1,916,152	36,022	1,778,668	53,304	806,517	1,949	759,244	40,610
1998	62,641	1,663,471	29,168	1,558,351	33,376	653,464	1,786	610,277	37,254
1998	163,438	1,921,757	120,919	1,759,052	33,718	786,051	9,612	714,561	39,583
1999	186,440	2,100,951	134,122	1,903,662	54,983	862,466	12,977	767,543	62,027
2000	201,648	2,263,212	140,401	2,032,847	82,653	938,374	15,725	814,246	85,844
2001	208,554	2,342,655	138,645	2,077,453	116,176	969,150	16,905	818,485	109,086
2002	213,211	2,272,557	134,609	2,007,051	120,668	944,235	18,962	785,832	117,206
2003	208,839	2,284,792	131,026	2,034,003	108,649	954,661	19,048	795,114	115,245
2004	206,200	2,303,407	126,349	2,049,836	114,564	934,484	19,581	777,428	113,402
2005	210,369	2,335,949	126,153	2,056,858	140,633	927,663	20,519	753,143	129,399
2006	212,920	2,346,227	123,984	2,089,966	120,896	905,576	21,094	746,604	116,042
2007	210,626	2,302,929	122,408	2,049,404	119,392	851,468	20,979	700,624	107,499
2008	203,279	2,298,391	117,503	2,020,400	145,639	806,216	21,166	642,971	121,081
2009	204,579	2,290,850	115,974	2,008,648	152,320	811,751	21,683	647,212	122,043
2010	207,535	2,396,962	115,812	2,105,199	162,386	849,585	22,263	685,418	122,143
2011	219,476	2,524,301	119,437	2,251,247	138,238	890,797	24,124	733,875	112,061
2012	231,892	2,612,519	120,994	2,330,490	143,470	922,242	25,688	760,881	113,675
2013	241,670	2,685,369	121,997	2,413,586	132,211	936,219	27,304	781,404	105,573
2014	264,980	2,806,444	129,165	2,525,673	132,017	966,121	31,193	807,347	106,402

자료: 1998-2014년은 노동부(고용노동부), 『사업체노동실태조사보고서』; 1976-1998년은 노동부, 『사업체노동실태현황』, 각년도.

注: 1) 1976-1998년은 5인 이상 사업체, 1998-2014년은 1인 이상 사업체.

2) 산업분류는 약간의 차이가 있으며, 1998-2003년, 2004-2006년, 2007-2013년의 세 시기로 구분된다.

3) 합계는 무급 가족종사자를 포함한 수치이며, 1976-1979년의 자영업자에는 무급 가족종사자가 포함되어 있다.

표 J843-853 업종별 에너지소비량, 1971-2013

	철강	화학	비철금속	비금속	운송	기계	식품 연초	종이 인쇄	제재 목제품	섬유 가죽	기타
	J843	J844	J845	J846	J847	J848	J849	J850	J851	J852	J853
	남한, 천TOE										
1971	439	160	-	73	19	14	45	34	-	83	4,439
1972	398	173	-	75	19	17	51	40	-	107	4,366
1973	502	223	-	98	20	33	61	50	-	126	5,265
1974	612	254	-	113	13	70	69	65	-	156	5,381
1975	682	249	-	129	59	83	76	69	24	204	5,378
1976	780	274	-	155	71	112	88	82	28	248	6,175
1977	924	313	-	181	38	131	103	95	31	290	5,775
1978	855	351	-	268	30	176	115	104	36	345	6,872
1979	1,125	385	-	520	22	199	134	114	37	379	7,645
1980	1,299	414	-	684	27	199	131	132	29	392	6,946
1981	2,398	1,498	-	2,079	18	560	764	500	84	1,569	307
1982	1,947	1,621	-	2,015	16	579	701	481	58	1,477	302
1983	1,828	1,671	-	2,258	15	712	752	525	52	1,518	302
1984	1,754	1,604	-	2,366	15	817	841	600	54	1,603	342
1985	1,629	1,515	-	2,537	16	861	886	613	55	1,592	423
1986	1,569	1,640	-	2,758	18	1,020	921	629	59	1,723	572
1987	1,616	1,849	108	2,815	19	1,299	1,000	688	70	1,919	885
1988	1,762	2,347	118	3,108	22	1,525	1,091	791	81	2,069	1,230
1989	1,652	2,925	140	3,370	28	1,636	1,213	978	98	2,185	1,295
1990	2,274	3,677	165	3,721	26	1,873	1,355	1,233	123	2,412	1,692
1991	2,750	4,395	161	4,276	27	2,089	1,397	1,365	135	2,403	2,062
1992	2,890	4,984	146	4,261	38	2,240	1,505	1,543	140	2,328	2,252
1993	3,431	5,446	149	4,944	139	2,504	1,546	1,692	144	2,353	2,265
1994	3,942	5,828	191	5,337	499	2,491	1,704	1,904	167	2,528	2,757
1995	4,203	5,159	241	5,580	604	2,799	1,848	2,015	154	2,682	3,391
1996	4,669	5,638	161	6,096	701	3,149	1,881	2,248	222	2,679	3,337
1997	4,610	4,889	145	6,223	1,018	3,386	1,796	2,322	240	2,790	3,545
1998	4,442	4,086	135	4,689	1,303	2,918	1,566	2,066	202	2,963	3,498
1999	5,194	4,559	180	4,886	1,508	3,340	1,526	2,280	214	3,234	3,969
2000	7,104	6,336	263	5,534	2,355	2,811	1,634	2,403	215	4,230	5,000
2001	6,900	6,285	238	5,619	2,312	2,847	1,564	2,279	200	4,098	5,535
2002	8,306	6,071	249	5,849	2,223	3,128	1,665	2,363	226	3,734	4,696
2003	8,421	6,675	343	6,273	2,134	3,378	1,704	2,349	227	3,622	3,003
2004	8,743	7,386	238	5,905	2,330	3,551	1,637	2,458	249	3,655	3,153
2005	8,329	7,628	208	5,323	2,301	3,893	1,574	2,380	261	3,328	3,062
2006	9,003	7,618	218	5,742	2,332	4,185	1,536	2,268	257	3,054	3,431
2007	9,130	8,007	339	5,786	2,224	4,863	1,561	2,207	279	2,939	3,317
2008	9,647	7,277	874	6,033	2,278	5,366	1,592	2,208	270	2,660	3,399
2009	8,776	6,872	1,044	5,457	2,168	5,237	1,694	2,055	280	2,671	2,776
2010	10,443	8,013	1,022	5,660	2,550	6,078	1,664	2,210	281	2,570	3,441
2011	11,213	9,111	1,109	6,078	3,044	6,500	1,800	2,137	242	2,435	2,911
2012	11,022	8,593	1,078	5,542	3,118	6,894	1,845	2,163	243	2,241	3,648
2013	10,887	9,145	1,092	5,616	3,008	7,374	1,776	2,124	257	2,030	3,460

자료: International Energy Agency(http://www.iea.org/statistics/).

주: 1차 에너지를 전력으로 환산한 수치이며, 비에너지 소비를 제외하였다.

4. 집중도, 기업성적

표 J854-857 광업 · 제조업 일반집중도, 1966-2010

	상위 50대 기업		상위 100대 기업	
	출하액	종사자수	출하액	종사자수
	J854	J855	J856	J857
	남한, %			
1966	29.0	16.4	38.5	22.7
1970	30.3	15.4	40.5	22.3
1974	32.9	16.3	43.6	23.0
1977	36.0	16.9	44.9	23.9
1981	35.6	16.5	45.9	22.8
1980	30.0	13.3	39.0	18.6
1981	36.6	16.5	46.2	22.8
1982	36.8	16.1	46.0	21.9
1983	35.8	15.9	45.1	21.7
1984	34.8	15.5	43.6	21.3
1985	34.8	15.2	43.4	20.8
1986	31.0	14.3	39.3	19.2
1987	29.6	13.8	37.4	18.8
1988	30.3	14.5	38.1	19.6
1989	29.7	13.7	37.2	18.5
1990	30.0	13.6	37.7	18.4
1991	30.9	14.1	38.1	18.7
1992	32.0	14.0	39.2	18.4
1993	32.3	13.9	39.2	18.0
1994	32.2	14.2	39.2	18.0
1995	33.6	14.5	40.4	18.2
1996	34.4	15.2	41.2	18.8
1997	37.1	16.5	44.2	20.1
1998	38.4	16.6	45.9	20.1
1999	38.0	14.7	45.1	18.1
2000	38.1	13.9	44.8	17.0
2001	36.8	13.2	43.7	16.0
2002	32.4	11.3	39.0	14.0
2003	35.1	12.2	41.7	15.0
2004	37.9	13.3	44.5	16.0
2005	38.0	13.7	44.8	16.3
2006	38.0	13.1	44.7	15.7
2007	42.2	14.9	48.7	17.6
2008	44.7	15.3	51.2	18.4
2009	44.9	15.1	51.1	18.0
2010	39.4	11.1	45.6	13.2

자료: 이재형, 『한국의 산업조직과 시장구조』(한국개발연구원, 2013).
주: 1) 50대, 100대 기업은 출하액을 기준으로 하였다.
2) 앞에 제시한 1966-1981년은 제조업 집중도이다(이재형 2013: 145).

표 J858-875 고용규모별 제조업 사업체수 및 종업원수, 1955-2014

	사업체수								
	합계	5-9명	10-19명	20-49명	50-99명	100-199명	200-299명	300-499명	500명 이상
	J858	J859	J860	J861	J862	J863	J864	J865	J866
	남한, 개								
1955	8,628	3,771	2,504	1,660	449	173	53		18
1958	12,971	7,019	3,192	1,917	518	210	89		26
1960	15,204	8,426	3,941	2,005	471	224	105		32
1963	18,310	10,132	4,581	2,352	713	295	165		72
1966	22,718	12,728	5,480	2,805	874	452	257		122
1967	23,833	13,935	5,229	2,815	937	479	288		150
1968	24,109	12,751	6,026	3,237	1,025	516	365		189
1969	25,111	15,249	4,216	3,256	1,104	640	417		229
1970	24,111	12,893	5,464	3,385	1,071	590	454		254
1971	23,412	12,977	5,155	2,913	988	617	506		256
1972	23,729	12,198	5,557	3,176	1,210	755	535		298
1973	23,293	11,893	4,947	3,162	1,390	864	337	298	402
1974	22,632	10,576	5,064	3,293	1,538	971	404	350	436
1975	22,787	9,641	5,146	3,739	1,764	1,148	476	396	477
1976	24,957	10,095	5,318	4,431	2,094	1,536	454	485	544
1977	26,726	9,731	5,903	5,210	2,415	1,720	662	498	587
1978	29,864	10,803	6,495	6,030	2,818	1,814	767	494	643
1979	31,804	11,915	6,851	6,482	2,895	1,829	723	477	632
1980	30,823	10,829	7,055	6,478	2,932	1,782	703	440	604
1981	33,431	12,055	8,675	6,065	3,032	1,832	725	450	597
1982	36,799	12,735	10,324	6,795	3,349	1,839	763	419	575
1983	39,243	13,493	9,748	8,509	3,713	1,974	776	456	574
1984	41,549	14,009	10,521	9,128	3,942	2,109	781	432	627
1985	44,037	14,125	11,408	10,143	4,273	2,235	766	480	607
1986	50,063	15,164	13,234	12,103	5,023	2,490	869	524	656
1987	54,389	16,037	14,417	13,548	5,476	2,687	937	569	718
1988	59,928	17,641	16,458	15,350	5,552	2,763	846	594	724
1989	65,684	19,561	18,920	16,808	5,658	2,639	860	545	693
1990	68,872	21,652	20,114	17,093	5,546	2,490	784	534	659
1991	72,213	24,598	20,823	17,291	5,314	2,337	742	507	601
1992	74,679	27,128	21,288	16,997	5,256	2,256	732	458	564
1993	88,864	36,144	25,205	18,169	5,438	2,244	713	422	529
1994	91,372	37,777	25,784	18,349	5,519	2,283	735	411	514
1995	96,202	42,576	26,447	17,894	5,335	2,298	735	420	497
1996	97,144	44,029	26,300	17,802	5,208	2,192	710	432	471
1997	92,138	43,965	23,536	16,197	4,856	2,110	660	377	437
1998	79,544	36,525	21,065	14,612	4,288	1,861	518	309	366
1999	91,156	42,796	23,970	16,335	4,774	2,011	563	356	351
2000	98,110	45,964	25,996	17,566	5,142	2,135	576	373	358
2001	105,873	52,495	27,335	17,570	5,097	2,114	574	340	348
2002	110,356	54,845	28,586	18,306	5,183	2,205	556	364	311
2003	112,662	56,692	28,858	18,393	5,289	2,172	581	359	318
2004	113,310	57,420	28,640	18,450	5,228	2,251	621	373	327
2005	117,205	58,845	30,506	18,980	5,307	2,253	656	331	327
2006	119,181	59,016	31,647	19,649	5,349	2,246	598	356	320
2007	61,785		33,370	19,712	5,154	2,325	594	336	294
2008	58,459		31,099	18,598	5,221	2,300	619	333	289
2009	57,996		30,239	18,914	5,244	2,377	622	312	288
2011	63,047		32,108	21,081	5,920	2,619	685	324	310
2012	63,907		32,202	21,673	5,971	2,695	688	371	307
2013	65,389		32,571	22,515	6,189	2,727	713	370	304
2014	68,640		34,210	23,679	6,553	2,792	695	389	322

자료: 한국은행, 『광업및제조업사업체조사종합보고서』(1955); 한국산업은행, 『광업및제조업사업체조사종합보고서』(1958, 1960); 경제기획원, 『광공업센서스보고서』, 각년도; 경제기획원, 『광공업조사보고서』, 각년도; 1999-2006년은 통계청, 「광업·제조업조사(8차 개정)」(http://kosis.kr); 2007-2014년은 통계청; 「광업·제조업조사(9차 개정)」(http://kosis.kr).

주: 2007년 이후는 10인 이상 고용 사업체에 대한 조사이다.

표 J858-875 계속

	종업원수								
	합계	5-9명	10-19명	20-49명	50-99명	100-199명	200-299명	300-499명	500명 이상
	J867	J868	J869	J870	J871	J872	J873	J874	J875
	남한, 명								
1955	203,903	25,911	33,634	49,056	30,401	24,000	15,600		25,301
1958	260,427	44,064	40,969	54,871	33,880	28,555	27,002		31,086
1960	249,572	35,739	41,553	55,691	28,574	28,452	26,590		32,973
1963	402,026	60,564	56,083	64,758	46,811	38,651	45,767		89,392
1966	566,665	76,880	67,783	78,847	59,541	58,371	78,290		146,953
1967	648,811	91,353	73,187	84,173	66,212	66,798	88,462		178,626
1968	748,307	85,689	79,305	95,633	70,673	73,606	109,525		233,876
1969	829,044	103,620	59,586	99,104	77,114	89,994	125,868		273,758
1970	861,041	85,483	72,615	102,720	75,075	85,665	138,371		301,112
1971	848,194	80,729	68,410	87,229	68,054	87,396	154,301		302,075
1972	973,415	79,181	74,140	96,135	83,977	107,353	166,090		366,539
1973	1,157,829	74,729	65,806	96,043	97,442	122,838	82,595	112,549	505,827
1974	1,298,384	68,723	67,770	99,966	108,331	138,500	97,949	134,524	582,621
1975	1,420,144	62,621	69,242	115,270	124,126	163,078	114,618	151,854	619,335
1976	1,717,308	64,440	72,629	139,524	147,485	221,620	111,040	186,147	774,423
1977	1,918,931	63,784	80,770	164,917	170,092	241,644	161,747	191,756	844,221
1978	2,111,925	69,731	89,647	191,594	198,018	255,734	188,226	191,856	927,119
1979	2,116,808	75,884	94,173	204,918	204,991	256,031	176,774	184,395	919,642
1980	2,014,751	69,033	96,867	204,338	207,027	250,532	172,247	170,683	844,024
1981	2,044,269	78,482	121,204	196,131	213,611	256,773	178,744	172,646	826,678
1982	2,098,787	84,707	144,141	220,921	234,972	255,916	187,796	160,429	809,905
1983	2,215,233	90,261	132,800	268,626	258,940	272,683	190,420	176,016	825,487
1984	2,343,593	93,062	143,013	288,806	276,945	293,896	191,312	165,592	890,967
1985	2,437,997	94,518	155,499	320,146	300,310	311,282	185,938	185,354	884,950
1986	2,738,353	102,667	180,384	382,378	352,309	348,338	212,084	202,221	957,972
1987	3,001,332	109,464	197,388	428,281	384,266	372,278	227,501	218,247	1,063,907
1988	3,120,486	121,387	225,079	481,324	388,822	382,420	204,903	228,262	1,088,289
1989	3,093,418	135,084	257,799	523,693	392,570	365,064	209,638	209,826	999,744
1990	3,019,816	148,811	273,149	526,745	381,788	342,747	190,949	205,193	950,434
1991	2,918,015	166,534	284,035	532,628	367,585	321,792	180,725	195,254	869,462
1992	2,801,389	181,981	288,410	521,764	361,498	311,794	179,186	174,174	782,582
1993	2,885,349	239,874	339,875	552,550	372,393	308,310	173,920	162,322	736,105
1994	2,929,898	250,071	346,928	558,844	378,290	313,773	177,906	157,994	746,092
1995	2,951,885	277,634	355,016	540,811	365,445	316,602	178,556	160,204	757,617
1996	2,897,672	286,903	352,930	536,118	357,123	301,279	171,725	165,106	726,488
1997	2,697,568	282,548	315,646	490,694	332,183	289,956	159,281	143,428	683,832
1998	2,323,893	235,719	283,986	442,355	294,424	255,789	125,365	118,032	568,223
1999	2,507,726	274,528	321,936	495,216	327,540	275,008	135,365	134,911	543,222
2000	2,652,590	295,550	349,116	531,346	354,729	293,106	139,061	140,777	548,905
2001	2,647,995	334,087	365,702	529,248	351,218	290,605	137,025	127,488	512,622
2002	2,695,911	349,078	382,420	552,275	355,599	302,838	133,706	136,794	483,201
2003	2,735,493	359,324	386,892	555,921	364,068	298,890	141,399	136,711	492,288
2004	2,798,192	362,038	383,224	555,839	359,832	309,911	149,739	140,783	536,826
2005	2,865,549	372,145	408,415	572,012	365,456	308,574	159,746	124,057	555,144
2006	2,910,935	375,733	422,331	590,394	368,995	309,247	144,025	133,301	566,909
2007	2,507,598		439,182	590,144	354,009	318,365	142,240	126,595	537,063
2008	2,454,263		413,497	556,259	358,122	315,280	148,542	123,858	538,705
2009	2,452,880		404,677	568,312	359,122	322,047	149,446	118,285	530,991
2011	2,694,782		429,310	631,454	406,645	354,982	164,381	121,595	586,415
2012	2,753,684		429,769	648,409	409,633	368,536	164,643	139,698	592,996
2013	2,813,575		435,971	678,737	427,755	373,688	172,387	138,961	586,076
2014	2,904,914		457,823	710,862	449,356	380,078	167,457	145,328	594,010

표 J876-879 광업 · 제조업 산업집중도, 1981-2013

	CR3		HHI	
	단순	가중	단순	가중
	J876	J877	J878	J879
	남한, %		남한	
1981	62.3	59.2	0.259	0.214
1982	62.3	60.0	0.264	0.224
1983	62.3	60.8	0.265	0.228
1984	61.3	59.7	0.257	0.220
1985	59.6	58.3	0.245	0.215
1986	58.4	55.1	0.238	0.203
1987	57.4	53.0	0.234	0.190
1988	56.0	53.0	0.222	0.190
1989	54.6	51.6	0.215	0.186
1990	52.8	52.6	0.221	0.188
1991	52.4	51.9	0.194	0.176
1992	52.2	51.4	0.203	0.179
1993	49.7	50.0	0.183	0.170
1994	48.6	49.2	0.181	0.167
1995	47.8	49.8	0.173	0.165
1996	46.6	49.3	0.166	0.159
1997	48.6	51.7	0.179	0.178
1998	50.0	53.6	0.191	0.188
1999	45.4	54.2	0.159	0.195
2000	44.0	52.5	0.153	0.184
2001	43.4	51.5	0.153	0.182
2002	40.7	47.6	0.132	0.160
2003	40.9	48.9	0.137	0.162
2004	42.1	50.6	0.141	0.171
2005	41.7	49.2	0.144	0.162
2006	45.6	51.2	0.161	0.166
2007	45.2	54.2	0.161	0.185
2008	45.4	55.3	0.157	0.186
2009	45.0	55.8	0.153	0.189
2010	45.0	54.9	0.158	0.195
2011	45.2	56.1	0.159	0.193
2013	44.5	52.2	0.145	0.172

자료: 이재형, 『한국의 시장집중분석』(한국개발연구원, 2002), 부록 1-6, 1-7; 2001-2013년은 통계청, 「기업경영(시장구조분석)」(http://kosis.kr).

주: 1) 2005년까지는 5인 이상, 2006년부터는 10인 이상 사업체 기준.

2) CR3는 상위 3대기업 시장점유율, HHI(Hirschman Herfindahl Index)는 모든 기업의 시장점유율의 제곱합이다.

3) 단순은 산업별 CR3의 단순 평균이며, 가중은 출하액을 가중치로 하여 평균한 것이다.

표 J880-891 제조업 기업의 손익과 배당, 1962-2014

	기업손익						이익잉여금에서 차지하는 비율					
	종합		대기업		중소기업		종합		대기업		중소기업	
	매출액	당기순이익	매출액	당기순이익	매출액	당기순이익	당기순이익	배당금	당기순이익	배당금	당기순이익	배당금
	J880	J881	J882	J883	J884	J885	J886	J887	J888	J889	J890	J891
	남한, 십억 원						남한, %					
1962	34	2	30	2	4	0						
1963	49	5	44	4	5	0		11.3		11.4		10.1
1964	65	6	50	5	15	1		5.6		5.9		4.4
1965	83	7	70	6	13	1		4.0		8.5		3.3
1966	148	11	127	10	21	2		10.0		10.3		7.9
1967	199	13	164	11	35	2		9.6		10.3		5.6
1968	346	21	316	19	30	1		17.6		18.4		5.0
1969	565	24	555	24	10	0		28.4		28.8		6.4
1970	700	23	675	22	25	1		20.6		20.5		4.4
1971	1,008	12	974	11	33	1		23.9		24.7		5.0
1972	1,432	56	1,388	55	44	1		23.8		24.4		4.2
1973	2,167	162	2,095	159	71	4		30.7		31.3		7.3
1974	3,662	176	3,534	170	128	6		28.0		28.7		9.7
1975	4,985	170	4,614	157	371	13		31.4		32.8		14.7
1976	8,127	216	7,503	202	624	14	86.2	40.8	86.8	41.9	79.7	28.7
1977	10,629	227	9,494	202	1,135	25	80.1	42.4	80.8	44.5	75.2	26.4
1978	15,456	335	12,551	288	2,905	47	88.4	35.1	91.9	39.8	74.4	16.2
1979	21,078	322	17,271	284	3,807	38	75.3	32.1	77.3	36.4	68.1	15.6
1980	30,660	-326	25,800	-337	4,860	11	61.7	26.0	62.2	30.2	59.9	12.7
1981	41,356	-299	32,622	-362	8,734	63	79.8	23.1	85.1	25.3	66.9	17.8
1982	46,445	17	37,227	-7	9,218	24	67.9	17.1	67.1	18.2	70.6	13.5
1983	54,306	901	46,177	743	8,129	158	78.0	14.5	77.8	15.1	78.6	11.4
1984	59,561	724	49,249	546	10,313	178	66.0	17.9	67.3	20.2	60.5	8.7
1985	67,450	739	53,753	508	13,698	231	65.4	21.5	66.0	25.3	63.6	10.2
1986	78,254	1,533	62,822	1,153	15,431	380	70.2	20.3	71.7	23.2	65.1	10.6
1987	95,243	1,839	70,908	1,384	24,335	455	72.8	18.1	75.6	22.1	65.3	7.3
1988	110,802	2,229	82,745	1,709	28,057	521	68.7	18.7	70.5	22.4	63.7	7.8
1989	118,188	1,875	91,333	1,451	26,856	424	61.4	18.8	63.0	21.9	56.6	9.8
1990	152,258	2,165	111,569	1,514	40,689	652	57.1	16.7	59.5	21.7	51.9	5.9
1991	179,236	2,532	133,195	2,112	46,041	420	63.2	15.8	67.3	20.3	53.3	5.3
1992	198,279	1,854	150,886	1,879	47,393	-24	60.0	14.7	67.4	19.5	43.9	4.2
1993	226,644	2,525	157,148	1,952	69,496	573	64.9	13.2	75.7	18.8	49.3	5.0
1994	278,596	5,475	197,728	4,341	80,868	1,134	67.0	12.4	78.2	16.3	47.5	5.5
1995	329,272	9,331	238,812	8,263	90,460	1,068	70.9	10.4	80.8	12.2	45.1	5.9
1996	360,028	1,922	257,451	1,317	102,577	606	53.9	12.6	64.1	18.4	40.0	4.7
1997	415,452	-4,292	286,322	-3,621	129,130	-671	50.4	8.9	59.5	12.7	41.1	5.1
1998	420,380	-18,299	291,291	-17,724	129,089	-575	56.8	8.9	66.9	12.8	45.4	4.6
1999	464,535	67	301,295	-3,806	163,240	3,872	77.1	11.6	102.4	15.3	46.9	7.1
2000	539,476	-10,645	355,467	-15,436	184,010	4,792	62.4	10.9	74.7	13.3	45.7	7.6
2001	540,832	32	357,140	-2,483	183,693	2,515	57.5	11.1	71.9	15.1	41.4	6.6
2002	616,210	38,612	396,052	33,146	220,158	5,466	94.6	11.1	134.3	15.0	41.4	6.0
2003	661,992	25,318	418,224	20,256	243,768	5,063	59.9	11.5	76.4	15.6	38.2	6.1
2004	772,082	47,664	501,073	41,132	271,009	6,532	65.7	11.7	85.8	15.6	34.6	5.5
2005	842,293	44,349	529,222	34,807	313,071	9,542	51.5	9.8	64.1	12.8	33.5	5.5
2006	895,178	39,872	563,016	31,434	332,161	8,438	46.5	8.9	61.0	12.3	28.9	4.8
2007	987,154	48,109	622,457	38,175	364,697	9,934	42.8	9.3	54.1	13.2	28.0	4.1
2008	1,263,127	30,574	772,983	23,207	490,144	7,368	42.3	7.3	58.3	12.3	27.4	2.7
2009	1,249,131	57,779	863,656	49,814	385,475	7,965	41.2	7.6	52.1	10.8	24.5	2.7
2010	1,480,206	88,512	1,035,896	73,758	444,310	14,755	42.5	7.9	52.5	10.8	24.3	2.7
2011	1,682,165	67,544	1,196,237	56,741	485,927	10,803	29.4	6.2	34.2	8.2	20.5	2.5
2012	1,750,482	72,654	1,279,194	60,287	471,288	12,367	31.4	5.3	38.0	7.1	19.8	2.1
2013	1,736,461	59,954	1,259,721	46,505	476,740	13,448	29.2	6.3	35.8	9.0	18.7	2.1
2014	1,725,990	56,873	1,236,073	44,122	489,917	12,751	23.4	5.6	27.8	7.8	16.8	2.1

자료: 1990-2015년 한국은행,「손익계산서」,「이익잉여금처분계산서」(http://ecos.bok.or.kr/); 1963-1989년 한국은행,『기업경영분석』, 각년도.

주: 1) 2009-2015년은 전수조사, 이전은 표본조사이다.

2) 1990-2014년은 한국은행 온라인 정보를 인용한 것으로서, 발간물의 수치와는 약간의 차이가 있다.

3) 당기순이익은 잉여금의 원천, 배당금은 처분 항목이다.

K. 유통

조영준

상품의 유통이란 생산에서 소비로 향하는 일반적 흐름으로서, 생산물의 이동 그 자체를 포함하여, 생산물의 이동을 목적으로 하는 교섭으로서의 거래 활동을 가리킨다. 상품의 유통을 담당하는 여러 기관이 서로 연결되어 작용하는 집합체를 유통기구라고 하며, 크게 나누어 '도매업자'가 형성하는 것과 '소매업자'가 형성하는 것 등의 형태가 존재한다(유붕로 1991: 142). 그래서 정부를 비롯한 여러 조사기관에서 간행한 센서스 또는 통계 자료집에서는 '유통업' 대신에 '도소매업'이라는 표현을 사용하는 경우가 많다. 때로는 통칭하여 '상업' 또는 '판매업'이라고도 하며 '중개업'이 포함되기도 하는데, 제조업자와 소비자를 연결하는 도매업자나 소매업자가 개인인 경우에는 '상인'이라 한다.

한국은행이나 통계청에서 발표하는 다른 분야의 통계와 달리, 유통업 관련 통계는 몇 가지 특징을 보이고 있다. 첫째는 유통업 통계가 해마다 발표되지는 않는다는 점이다. 유통업 통계는 기본적으로 센서스에 의존할 수밖에 없는데, 한반도에서 유통업 관련 센서스가 최초로 시행된 것은 1939년이었으며, 이후 공백기를 거쳐 1968년에 재개되어 현재까지 이르고 있다. 지난 50년간의 센서스를 보면, 몇 년마다 발표되고 있는데다가 일정한 주기를 갖지 않은 채, 대략 4-5년마다 간헐적으로 조사되어 왔다.

둘째는 장기적으로 일관되게 조사된 시계열을 확보하기 어렵다는 점이다. 인구 및 산업 구조의 변화에 따라 유통기구 역시 급격히 진화하거나 다변화됨에 따라 조사 및 분류의 기준도 거기에 맞추어 변경되어 왔기 때문이다. 유통업 관련 센서스의 커버리지가 여러 차례 변화되어 왔으나, 그것이 반드시 확대되어 온 것만은 아니었고, 새롭게 작성된 통계가 얼마 지나지 않아 다시 작성되지 않은 사례도 어렵지 않게 찾을 수 있다.[1] 따라서 통계를 통해 유통업의 단기 변동의 파악은 가능할지 몰라도, 장기 변동의 파악은 쉽지 않은 편이다.

셋째는 공공 부문에서 제공하는 통계의 활용도가 떨어지는 문제를 해결하기 위해 민간에서 대체 정보를 지속적으로 공급하고 있다는 점이다.[2] 민간에서 자체적으로 생산하는 통계 자료에는 상호를 비롯한 미시적 정보까지 확인된다는 장점이 있다. 이를 활용하면 시장의 동향에 대한 직접적 이해가 가능하겠지만, 대개는 이런 유형의 자료도 주기성과 일관성의 측면에서 앞서 제기한 문제를 마찬가지로 품고 있다. 해마다 대대적으로 이루어진 센서스 통계를 구하기는 어렵고, 그에 따라 유통업 동향에 관한 지표를 설정할 수 없다는 문제점이 있는데, 정보화가 가속화되고 있는 21세기 들어서도 이런 문제가 해결되지 않고 있어서 앞으로도 민간 차원의 자료가 계속 공급될 것으로 예상된다.

유통업에 내재한 위와 같은 통계상의 문제점으로 인해, 각종 수치 자료의 공백을 채우고, 커버리지 변화라는 단점을 극복하여 장기적 관점에서 고찰하기 위해서는, 결국 제도적 변화에 초점을 맞출 수밖에 없다. 이에, 우선 1절에서 한국 유통 제도의 역사에 대하여 소개하고, 2절에서 본서에 수록된 주요 지표에 대해 설명한 다음, 3절에서 장기 변동의 추세와 특질에 대해서 언급하는 형식으로 이 글을 구성하였으며, 그 중에서 가장 비중 있게 다루는 내용은 역시 '유통의 제도사'임을 미리 밝혀 둔다.[3]

1 또한 특정 통계의 경우, 조사의 주체가 되는 기관도 수시로 바뀐 바 있다. 예컨대, 최근에는 전통시장(재래시장)의 활성화라는 명분하에 관련 통계의 구체적 작성이 다시 시작된 바 있으나, 그 주체가 시장경영지원센터, 시장경영진흥원, 소상공인시장진흥공단 등으로 바뀌어 왔다.

2 대한상공회의소에서 조사, 정리하여 출판한 『전국 도 · 소매업체 총람』(1989, 1992, 1995, 1996, 1998)이 대표적이다. 최근에는 (주)한국콘텐츠미디어에서 제작한 『도소매판매업총람』(2012), 『유통업계 현황』(2015) 등이 엑셀 파일을 담은 CD 형태로 판매되고 있다.

1. 유통 제도의 역사

상인의 목적 또는 역할은 지역별 · 시기별 가격 격차를 이용하여 아비트리지(arbitrage)를 통해 차익을 실현하는 것이며, 이는 동서고금을 막론하고 마찬가지이다. 한반도에서도 고대부터 국내외의 교역이 이루어지고 있었음은 널리 알려져 있으나, 유통기구에 관한 정보는 충분하지 않고, 전국적인 수준의 정보를 담은 문헌 자료가 현존하는 것은 조선후기부터이다. 조선후기의 상업은 크게 4층의 위계로 형성되어 있었다. 최상층은 중국이나 일본과의 제한된 교역에 해당하는 국제무역이었고, 국내 상업은 행정도시 서울을 중심으로 한 전국적 중심시장, 중앙과 지방을 연결하는 중간시장, 지역별 · 권역별로 형성된 국지적 표준시장으로 구조화되어 있었다.[4]

조선후기 국내 상업의 각 층위에는 유통기구로서의 시장이 시전, 포구, 장시라는 형태로 존재하였으며, 각 시장에서 활동한 대표적 유통업자는 시전 상인과 공인, 여객주인과 선상, 행상으로서, 시장의 위계와 상인의 제도적 형태는 서로 밀접한 관련을 가지고 있었다. 서울을 비롯한 도시 상업에 관해서는 기술 자료 외에 수치화할 수 있는 통계를 찾아보기 어렵고, 포구 상업 역시 마찬가지이다. 반면에 조선후기 시장의 기층을 이룬 정기시장, 즉 장시에 대해서는 18-19세기에 걸친 조사 기록이 남아 있다(K367-380).

18-19세기에 걸쳐 지역별 장시는 생성, 소멸, 이전, 분리, 통합 등의 변화를 겪으며 유기적으로 얽혀 있었고, 그 중의 일부는 '가장 큰 곳'으로 이름을 널리 알리기도 했다.[5] 또한 『임원경제지』는 19세기 장시에서 거래된 주요 상품이 쌀 · 보리 · 콩 등의 곡물류, 무명 · 모시 · 삼베 등의 직물류, 면화 · 담배 등의 상품 작물, 기타 수산물, 축산물, 수공업 제품 등이었음을 전하고 있다. 이러한 상품들이 주로 장과 장을 오가는 행상의 순회에 의해 유통되었던 것이며, 이러한 기능을 당대에는 '有無相通'이라고 표현하곤 했다. 상인뿐만 아니라 지역에 거주하는 半農半商 성격의 농민이 상호간에 잉여 생산물을 교환하는 형태도 다수를 점하고 있었다.

행정구역이나 지형 등에 따라 지역별로 다소간의 차이는 있었으나, 조선후기 지역별 정기시장의 구조는 '5일장 체제'로 수렴되었으며, 후대에 정주 상업이 본격화되고 나서도 그 명맥을 여전히 유지하였다. 식민지기에 1,500여 곳까지 늘어났다가(K367-380), 이후에 혼란기를 거치면서 감소하였으나, 1970년대에 이르기까지 장시가 전국적으로 1,000여 곳이나 분포하고 있었다는 점은(K446-463), 유통기구의 근대화 과정을 거치면서도 장시가 차지하는 몫이 여전히 유효하였음을 보여 준다. 하지만 장시의 기능이나 특성까지 변함없이 유지된 것은 아니며, 현재에는 상설시장과 상호 보완적으로 '재래시장'의 형태로 병존하면서도 전반적으로 쇠퇴의 추세 속에 있는 것으로 보인다.

장시 또는 정기시장은 어디까지나 소매에 한정된 유통기구의 일종인데, 이를 포함하여 상설이라고 하더라도 그 성격이 장시와 마찬가지인 곳을 조선총독부는 시장규칙(1914년 9월 제정)에서 제1호 시장으로 분류하였다. 그에 비해 제2호 시장은 '20인 이상의 영업자가 하나의 場屋에서 주로 곡물, 식료품의 판매업을 행한 장소'로서, 주로 도시에 형성된 상점가 형태의 정주 상업을 가리킨다.[6] 1939년 센서스에 따르면, 가장 오래된 점포는 그 설립시점이 1860년대까지 거슬러 올라가기도 하였으나, 거의 대부분은 1920년대에 등장하였다. 이는 정기시장의 수백 년에 걸친 역사와 달리, 정주 상업의 시작이 20세기에 들어서 이루어졌음을 보여 준다(이영훈 2005: 207-208).

제3호 시장은 "위탁을 받아 경매의 방법에 의해 수산물, 蔬菜 또는 果物의 판매업을 행하는" 곳으로서, 청과류나 수산물의 도매시장을 가리키며, 주로 도시나 포구에서 운영된 정주 상업의 한 형태이다. 제2호 또는 제3호 시장으로 대표되는 상설 점포는 개항, 도시화, 교통 발달 등 여러 가지 요인에 의해 성립된 것으로서, 농촌을 도시나 항구와 연결하는 역할을 하였다. 철도의 건설이 가장 중요한 조건이 되었고, 그러한 유통의 네트워크를 촘촘히 오고 갔던 것

---

3 미국 역사 통계(HSUS)에서도 에세이 분량의 절반 이상을 '유통의 제도사'에 할당한 바 있다(Raff 2006: 705-712). 본서의 DB 구축 과정은 HSUS를 모형으로 하였고, 이 글 역시 HSUS를 강하게 의식하며 작성되었다.

4 '중심시장', '중간시장', '표준시장'이라는 표현은 중국의 전통시장에 대한 스키너의 견해를 한국의 현실에 맞게 차용한 것이다(Skinner 2000).

5 19세기 초의 자료인 『만기요람』에는 전국 각지의 큰 장 열 다섯 곳이 나열되어 있다.

6 여기서 인용한 제2호, 제3호, 제4호 시장의 정의는 『조선총독부통계연표』 상의 주석을 그대로 옮긴 것이다.

은 장시를 무대로 활약했던 행상이었다.

도매시장의 본격적 성립과 비슷한 시기에 선물시장도 등장했는데, 1893년의 인천미두거래소가 한국 사상 최초의 거래소로 알려져 있다. 이후 설립된 경성주식현물거래시장을 비롯하여 '매일 또는 정기로 영업자가 집회하여 견본 또는 상표에 의해 물품 또는 유가증권의 매매 거래를' 행한 곳은 제4호 시장으로 분류되었다. 도매시장이 전근대 시기의 시전이나 포구가 근대적으로 대체되거나 변용되는 과정을 거치기도 하였다면, 상품이나 증권의 현물 · 선물 거래소는 온전히 새롭게 이식된 유통기구였다.

소매 점포 중에서 특히 전에 없던 형태로 이식된 사례로서 백화점을 들 수 있다. 미국에 메이시스(Macy's)가, 영국에 셀프리지(Selfridges)가 있었다면, 식민지 조선에는 미쓰코시(三越)가 있었는데, 일본 재벌 미쓰이(三井)의 계열사였다. 그 밖에도 서울의 다섯 곳을 비롯하여 전국적으로 24개의 백화점이 운영되고 있었음을 1939년의 센서스에서 확인할 수 있다. 초기의 백화점이 포목 판매를 중심으로 한 것에 비해, 1930년대가 되자 명실상부한 백화점으로서 전성기를 맞이하게 된 것으로 알려져 있다. 특히, 미쓰코시에서는 정찰제, 바겐세일 등을 최초로 실시한 바 있다.

해방 이후에의 백화점 현황에 대해서는 1960년대 후반에 이미 전국적으로 80여 곳에 달했던 것으로 조사되기도 했고,[7] 1970년대부터 1980년대 초까지는 30여 곳이었다가 1980년대 후반에 80곳을 넘어서서 1990년대 후반이면 100곳을 넘게 된 것으로 보고되기도 하였다(조병찬 2004: 595). 이렇게 통계의 엄밀성이 확보되지는 않지만, 통설적으로는 '1930년대 이후 1970년대까지는 백화점만이 유일하게 현대식 대규모 소매기구의 전형인 것처럼 군림해 있었'던 것으로 이해되고 있다(조병찬 2004: 592).

1980년대에 들어서 새로운 유형의 대규모 소매기구인 쇼핑센터(mall), 대형점, 할인점(mart) 등이 등장하였다. 백화점이 직영 중심이라면, 쇼핑센터는 임대 중심에 직영도 겸하는 대규모 소매점이며, 대형점은 그보다 조금 작은 규모이면서 통상의 소매 가격보다 저렴하게 상품을 계속 판매하는 곳을 말한다. 대표적인 대형점에 해당하는 할인점은 1983년에 개점한 한화마트를 필두로 하여 1990년대 들어 급속히 성장하였다. 2000년대가 되면 매출액 기준으로 할인점이 백화점을 능가하여, "국내에 상륙한 지 10년밖에 안 된 할인점이 73년 역사를 가진 백화점을 제치고 올해 처음으로 '유통지존' 자리에 올랐다"고 할 정도로 주목 받기도 하였다.[8]

이렇게 새로운 소매기구가 정착하여 발달하게 된 데에는 경제성장과 산업 구조의 변화 및 인구의 이동이 큰 몫을 하였다. 구체적 요인으로서 이촌향도 현상, 인구의 밀집, 베드타운 형성, 소득수준의 향상, 상품의 다양화, 소비 패턴의 다양화, 교통 · 통신의 발달, 2차 산업혁명 등을 들 수 있다. 그러한 제도적 변화의 추세 속에서 소규모 소매기구 역시 새롭게 도입되었는데, 대표적인 사례가 슈퍼마켓 및 편의점이다.

슈퍼마켓은 셀프 서비스, 개방적 진열, 박리다매, 연쇄화 등을 통해 '유통혁명'을 일으킨 소매기구의 주역으로 알려져 있다(조병찬 2004: 601). 한국에서의 슈퍼마켓은 대형점(할인점 포함)보다 훨씬 앞선 시기인 1968년에 등장하였으며, 뉴서울슈퍼마켓이 효시로 알려져 있다. 이후 점포수의 증가, 매장 규모의 증가, 연쇄화 등을 특징으로 하며 1980년대까지 급속히 보급되었으나, 1990년대부터 할인점이나 편의점과 차별화되는 고유의 특성을 보이지 못하고 있다. 반면에, 편의점은 1980년대에 새롭게 등장한 소매기구로서, 본사와 철저히 연계된 연쇄화를 기반으로 하여 24시간 영업, 연중 무휴, 서비스업 병행, 다품종 소량의 상품 구성, 입지의 다양화 등을 통해 다소 높은 가격대라는 단점에도 불구하고 급속히 확산되었다.

1980년대 말부터 백화점, 슈퍼마켓, 편의점 등의 소매기구에서 공통적으로 나타난 현상은 POS(point of sale) 시스템을 도입하였다는 점이다. 판매시점을 기준으로 실시간으로 이루어지는 정보 관리가 가능해짐에 따라 매출 동향의 분석이나 재고의 확보를 구체적이고 신속하게 처리할 수 있게 되었다. 바코드의 제작, 부착 및 스캐너 설치 등을 비롯한 시스템 도입의 초기 비용이 낮지 않았지만, POS 시스템을 도입하는 점포와 터미널의 수는 1990년대를 경과하며 더

7 『한국경제연감』 및 『상공통계연보』에 통계가 수록되어 있음.

8 "할인점 · 편의점 잘나간다", 『매일경제신문』, 2003년 10월 9일자.

욱 커지게 되었다.

유통 산업에 대한 정보화의 영향은 무점포 판매라는 새로운 형태의 유통기구가 등장하게끔 하였으며,[9] 대표적인 것이 통신 판매와 전자 상거래이다. 통신 판매는 초기의 카탈로그(DM)형에서 시작하여, 케이블TV의 보급에 따른 홈쇼핑 형태로 발달해 갔다. 또한 가상 공간에 쇼핑몰을 개설하여 판매자와 소비자가 만나서 거래하는 인터넷 쇼핑이 2000년대 들어 급속도로 보급되었으며, 스마트폰이 본격적으로 보급된 뒤에는 모바일 쇼핑으로 진화하였다. 무점포 판매의 확산은 신용카드, 에스크로, 전자결제 등 대금 지급 수단의 다변화를 촉진하였다.

전자 상거래는 소비자가 구매를 하기 전에 상품을 직접 확인하기 어렵다는 단점이 있지만, 판매자와 소비자 사이뿐 아니라 소비자와 소비자 사이의 커뮤니케이션도 가능하다는 점, 판매자가 소비자의 취향 변화에 대해 재빨리 대응할 수 있다는 점 등의 장점으로 인해, 종래와는 다른 차원의 업체 간 경쟁을 낳게 되었다. 이는 온라인 판매자 상호간의 경쟁뿐 아니라 온라인 업체와 오프라인 업체 사이의 경쟁으로까지 발전하였다. 이에 소비자 입장에서는 가격 비교를 한눈에 쉽게 알 수 있게 되어, 그야 말로 가격 기제(price mechanism)가 잘 작동하는 시장으로서 효율 및 후생이 증대되는 결과를 낳았다.

하지만 소비자가 점포를 찾지 않는다는 것일 뿐 전자 상거래의 판매자는 재래의 점포를 그대로 운영하며 재고 관리를 병행하는 경우가 대부분이다. 대규모 홈쇼핑 역시 주요 백화점의 자회사로 설립되어 있어, 사실상 동일한 물류 창고에서 관리되는 상품인 경우가 많다. 독자의 점포나 창고를 가지고 있지 않은 인터넷 판매자의 경우에도, 상품의 입하는 재래의 도매업자를 통해 이루어지는 경우가 많다.

이와 같이, 새롭게 등장한 유통기구라 하더라도 종래의 기구와 배타적으로 경쟁하는 관계가 아니라 상호 중첩되는 현상이 나타나고 있다. 새로운 경계를 만들면서 등장한 제도가 시간의 흐름에 따라 기존의 제도와 융합되는 형식으로 경계를 다시 허물기도 하는 것이다. 또한 기존에는 유통기구의 유형에 따라 제품의 품질 차이가 확연했던 경우가 많았으나, 이제는 그러한 차이 역시 점차 좁혀지고 있다. 반면에, 오히려 특정 제품군의 판매에만 집중하는 방식의 카테고리 킬러(category killer)가 국내에도 등장하여 그 지위를 공고히 하고 있다. 카테고리 킬러가 등장하게 된 배경 중의 하나로서 정보의 수집 및 분석 비용이 최근 들어 저렴해졌다는 점을 들 수 있다(Raff 2006: 708).

이와 같이 근대적 유통기구가 여러 층위에서 등장하여 확산되어 왔지만, 여전히 경시해서는 안될 존재가 중소 규모의 영세 사업체이다. 전체 도소매업체 중에서 법인이 아닌 개인이 차지하는 비중은 여전히 90%를 상회하고 있으며, 특히 소매업체 중 법인의 비율은 4%에도 미치지 못한다(K21-30). 이는 유통 부문의 효율성 또는 생산성, 나아가 국내외 경쟁력이 여전히 매우 낮음을 의미한다. 또한 도매업의 영세성과 취약한 인프라가 소매업에 영향을 미치고 있다는 점도 지적된 바 있다(조병찬 2004: 630).

이러한 현상을 타개하기 위해 1986년에 법령에 의해 탄생한 새로운 유통기구가 도매센터이다. 하지만 도매업만으로는 만성적 적자를 벗어날 수 없는 '국내 유통 구조의 현실적인 모순'으로 인해 도매센터에서 소매업을 겸하게 되었으며(황명수 외 1992: 327), 진로도매센터가 '강남의 금싸라기 땅에서 웅장한 모습을 보'였으나(조동성 1992: 207) 오래가지 못한 것처럼, 공산품 유통 경로의 대안으로서 안착하지는 못했다. 반면에 가락동농수산물종합도매시장이 여전히 큰 몫을 담당하고 있듯이, 산업별 차이가 존재한다.

산업별 시장 중에서 별도로 살펴볼 필요가 있는 것으로는 양곡시장과 가축시장을 들 수 있다. 양곡시장의 경우, 해방 이후 통제와 자유의 과정을 불규칙하게 거친 뒤, 1950년에 양곡관리법이 공포됨에 따라 관수와 민수로 나누어 부분적으로 통제하는 방식의 이원적 관리 체제로 정착하였다. 이후 중계상이나 위탁상의 역할이 중요시되던 시기를 지나, 소매상이 직접 산지를 통해 양곡을 구입하는 현상이 확산됨으로써 유통 단계가 줄어들게 되었다. 가축시장의 경우, 1954년의 「가축보호법」, 1963년의 「축산법」 및 1987년의 동법 개정에 따라 시장의 개설 및 관리를 모두 축협에서 행하게끔 일원화되었으며, 최근에는 시장의 수가 감소하는 추세에 있다.

9 복잡한 정보처리 시스템을 필요로 하는 기업 내 유통센터의 등장도 정보화의 결과물에 해당한다.

2. 주요 자료

본서에 수록된 통계의 시계열 중에서 가장 오래전까지 거슬러 올라가는 것은 정기시장수에 대한 것으로서 18-19세기분까지 있다. 하지만 나머지 대부분은 식민지기에 해당하는 20세기 초까지 소급되는 것과 해방 이후의 1960-1970년대부터 시작되는 것으로 구분할 수 있다. 자료의 주요 원천은 식민지기의 『조선총독부통계연보』나 해방 이후 통계청이 조사한 『도소매업센서스』 등 정부 측 자료이며, 조병찬, 박이택 등 주요 연구자의 성과도 선택적으로 반영하였다.

미국 역사 통계(HSUS)에서는 유통 챕터의 통계를 크게 나누어 도매와 소매로 구분하여 제시한 바 있으며, 광고까지 취급하였다. 그에 비해 본서에서는 광고를 제외하였으며,[10] 도매와 소매의 구분보다는 (1) 산출액 및 부가가치, (2) 사업체수, 종사자수, 판매액(지수), 재고액, (3) 유통마진, (4) 시장 등의 네 가지 그룹으로 나누되 도소매를 포괄하였으며, 식민지기와 해방 이후라는 시기에 따른 구분을 다시 적용하였다. 시기의 구분은 자료의 현존 상황에 따른 것으로서, 1940년대부터 1970년대까지는 장기 시계열의 공백기에 해당하여, 단편적 자료를 수집하여 보충하는 수밖에 없다.

식민지기의 부가가치를 직접 알 수 있는 자료는 없다. 따라서 현재까지의 연구에서는 도소매의 부가가치를 추계하기 위해 다음과 같은 두 가지 방법을 적용하였다. 하나는 시장 거래액 자료를 활용하여 매출액을 추계하고, 거기에 소득률을 곱하여 부가가치를 계산하는 방식이고(K5-11, K12-14), 다른 하나는 유통 마진율과 거래액을 계산하여 유통마진을 추계하는 방식이다(K1-4). 전자의 방식을 채택한 최신 연구는 1939년 상업 센서스를 추계를 위한 주요 자료로 활용한 바 있다(안병직 편 2001: 136-147). 후자는 『경성상공회의소경제월보』, 『朝鮮商品取引便覽』 등을 이용하여 추계의 신뢰도를 제고하였다(김낙년 편 2012: 131-141). 해방 이후의 부가가치에 대해서는 한국전쟁 기간 중에 추산한 단편적 정보가 확인되는 것(K15-16) 외에는, 약 20년간의 시기적 공백이 있고, 1970년 이후 현재까지에 대해 통계청에서 제공하는 자료가 있다(K17-20).

1939년의 센서스에서 점포수, 판매액, 종사자수 등이 조사된 바 있고, 지역별, 영업 계속 기간별, 조직유형별 등의 구분에 따른 통계의 확인이 가능하다(『국세조사참고통계표』). 그 밖의 연도에 대해서는 추계된 매출액만 알 수 있다(K181-188). 해방 이후 센서스가 재개된 것은 1968년이었으며, 이후 1971년, 1976년, 1979년, 1982년, 1986년, 1991년, 1996년, 2001년, 2005년 등 부정기적으로 계속되었고, 그 명칭 역시 『도소매업센서스』, 『총사업체통계조사』, 『도소매업 및 서비스업 총조사』, 『서비스업총조사』 등으로 변경되어 왔다. 사업체수, 종사자수, 판매액, 재고액 등을 확인할 수 있는데, 조직형태별 통계는 연속적이지만(K21-30, K101-110, K189-198, K272-281), 산업별 통계는 1996년에 기준이 바뀌었다(K53-76, K133-156, K221-244, K304-327). 산업별 사업체수와 종사자수에 대해서는 1960년, 1961년의 통계를 『한국통계연감』에서 찾을 수 있다(K31-52, K111-132).

1980-2007년간의 도소매 판매액 지수는 「도소매업 동태조사」를 통해 확보되지만, 통계의 작성이 중지되어 이후 시기와 연결되지 않는다(K245-250). 소매 판매액 지수는 1995년부터 현재까지에 대해 통계청을 통해 확인이 가능하다(K251-271).

식민지기의 유통마진에 대한 추계는 부가가치를 계산하는 과정에서 이루어진 바 있다(K328-336). 해방 이후의 유통마진에 대해서는 1950-1960년대의 단편적 정보가 있을 뿐(K337, K338-348, K349-351), 1960년대 후반부터 2000년대 초에 이르기까지는 공백으로 남아 있다. 2002년, 2005년, 2008년에 소매 마진율이 업종별로 각각 조사된 바 있으나(K352-360), 연속적이지 않을뿐더러 이후에는 작성이 중지되었다.

식민지기의 시장에 관한 정보는 시장수에 관한 정보를 공사설의 구분, 개시 횟수 등을 포함하여 얻을 수 있으며(K361-366), 지역별(도별) 시장수는 18세기까지 연결할 수 있다(K367-380). 매출액 역시 공사설별, 물종별, 지역별 정보가 남아 있는데(K381-383, K384-389, K390-403), 이렇게 통계의 완비도가 높은 이유는 조선총독부의 조사가 해마다 빠짐 없이 수행되었기 때문이다.

10 HSUS에서 광고를 유통 챕터에 포함시킨 이유는, 광고가 유통을 촉진하려는 목적을 가진 활동이라고 보았기 때문이다(Raff 2006: 705). 하지만 미국과 달리 한국의 경우에는 광고 통계가 비교적 최근부터 집계되었으며, 역사 통계라고 할 만한 것을 찾기는 쉽지 않다. 또한 광고 통계의 소관 기관은 한국방송광고공사(한국방송광고진흥공사)였는데, 최근에 한국콘텐츠진흥원으로 이관되었다.

제1호, 제2호, 제3호, 제4로 구분되는 종류별 시장수는 본서에 수록하지 않았는데, 『조선총독부통계연보』에 1920-1926년간 및 1930-1941년간의 통계만 기록되어 있어, 1910년대나 1927-1929년의 숫자를 알 수 없기 때문이다(허영란 2009: 62). 이를 보완하기 위해서는 四方博(1929), 문정창(1941) 등의 간헐적 정보를 일부 활용할 수 있다. 四方博(1929)는 『조선총독부통계연보』에 의거하였으므로, 기본적으로 동일한 수치에 해당하지만, 1927년에 대해서는 추가 정보를 제공하고 있다. 문정창(1941)의 수치는 『조선총독부통계연보』에 의거한 듯하지만, 주로 재래시장에 있어서 숫자의 차이가 관찰되며, 그 이유에 대해서는 명확히 알 수 없다. 1928-1929년간에 대한 보완은 조형근(2005: 53-54)에서 그 가능성이 확인된 바 있으며, 이는 『조선경제잡지』 165호(1928) 및 『조선총독부조사월보』 제1권 제7호(1929)에 의거한 것이다.

해방 이후의 시장 또는 유통기구에 관한 통계를 장기적으로 일관된 원천에서 찾는 것은 불가능하다. 이는 2000년대로 접어든 뒤에도 마찬가지였으며, 기존 연구에서도 "정부가 발표하는 자료와 업계에서 발표하는 자료가 서로 일치되지 않고 있기 때문에 시장과 유통 정책 및 그 변천 과정에 대한 연구를 더욱 어렵게 만들고 있다"고 지적한 바 있다(조병찬 2004: 598).[11] 본서에서는 기존 연구 및 원 자료를 망라하여 비교한 다음, 가장 객관적인 지표가 될 수 있는 수치를 선정하여 제시해 두었으며(K404-409, K410-414, K415-427, K446-463), 개별 통계에 대해 각각의 출처를 통해 구체적으로 검토하는 것은 독자의 몫으로 남겨 놓았다. 전통시장의 일반 현황에 대해서는 2005년 이후에 대해서만 통계청의 「전통시장 · 상점가 및 점포경영실태조사」를 통해 확인할 수 있다(K428-445).

3. 장기 변동의 추세

유통업의 실질 규모는 1911-1940년간, 1970-2015년간 모두 지속적으로 증가하였다(K-a). 반면에, 유통업의 부가가치가 총부가가치에서 차지하는 비중은 1911-1940년간 점진적으로 증가하여 11-12%까지 올라 갔고,[12] 1970-2015년간은 14-15%대에서 출발한 다음 지속적으로 감소하여 8-9%대로 수렴해 있는 상태이다(K-b).

전체 유통업 종사자의 수는 1960년대부터 1990년대 말까지는 증가하였고, 이후로는 정체하였다. 1990년대 말부터 정체한 이유는, 도매업(법인) 종사자수만 증가하고 도매업(개인) 및 소매업(법인)의 종사자는 정체, 소매업(개인)은 감소하였기 때문이다(K-c). 도매업(법인) 종사자수의 증가와 소매업(개인) 종사자수의 감소는 명확한 대비를 보이고 있는데, 이는 1996년의 유통시장 개방에 따른 구조 개편의 효과에 따른 급속한 변화의 결과로서 대형 유통업체의 시장 점유

그림 K-a 유통업의 규모(실질 부가가치)

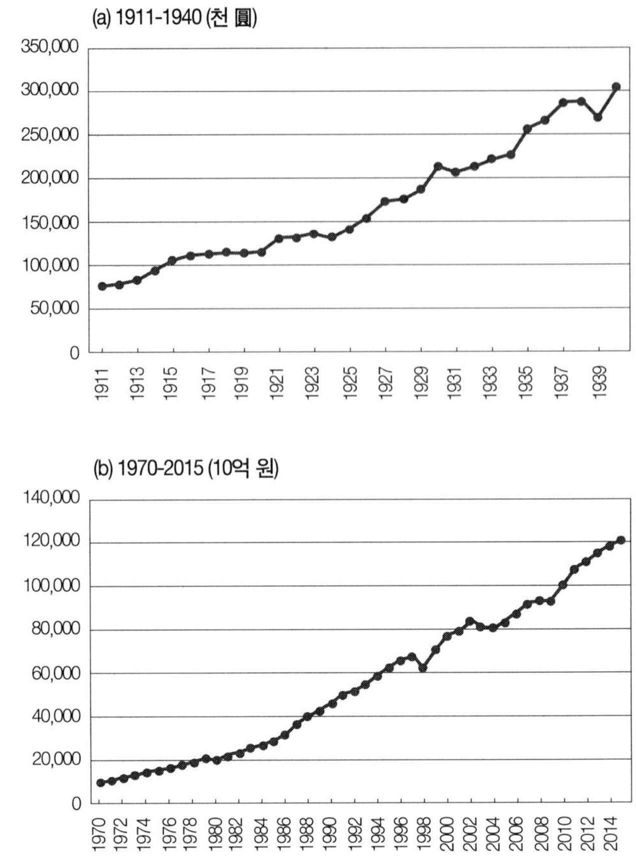

자료: (a) K3, (b) K19.

11 조병찬(2004: 596-597)은 자료의 불일치에 대한 이유로서 대한상공회의소에서 『전국도소매업체총람』 등의 자료를 1997년 외환위기를 겪으며 구조조정을 이유로 더 이상 간행하지 않았음을 들고 있다.

12 1949-1954년에는 7-8% 수준으로 일시적으로 떨어졌음이 확인된다(K-16). 이는 해방 후의 혼란기와 한국전쟁을 거치는 기간 동안에 유통의 역할이 축소되어 자연경제 상태로 회귀한 것으로 해석할 수 있다.

그림 K-b 유통업의 부가가치가 총부가가치에서 차지하는 비중(기준년 가격)

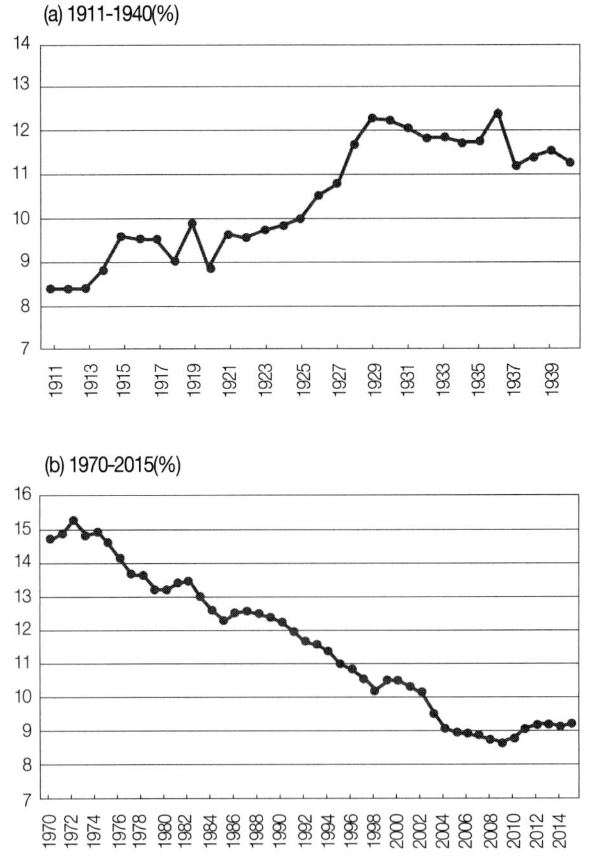

자료: (a) K3/N204, (b) K20.

그림 K-c 유통업 종사자수의 장기 변동(천 명)

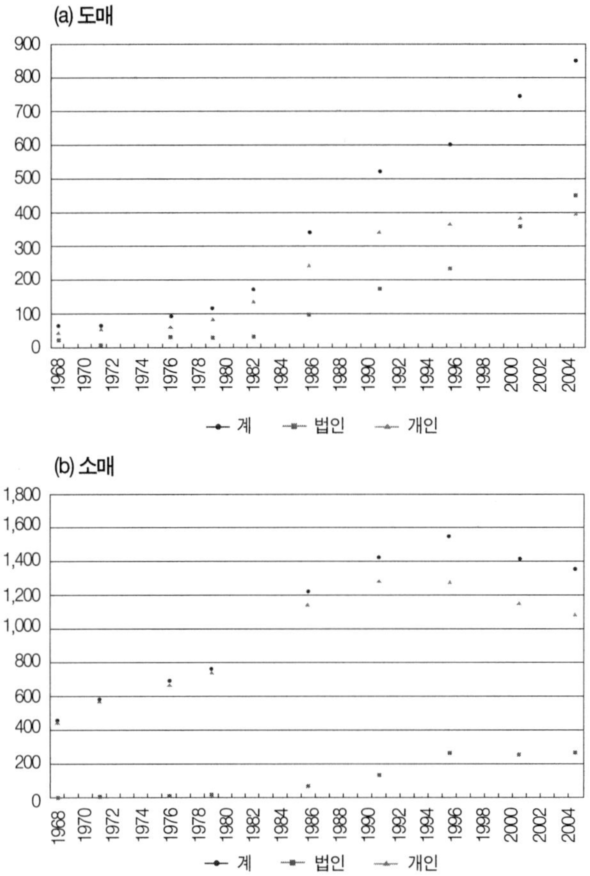

자료: (a) K102-104, (b) K105-107.

율이 상승하였기 때문이라 할 수 있다.

시장수(K-d)는 식민지기에 지속적으로 증대되었는데, 그러한 추세를 견인한 것은 공설시장의 수였다. 반면에 사설시장의 수는 감소에 감소를 거듭하여, 1914-1915년간 130-140개소에서 1940-1941년간 13-14개소로, 정확히 1/10 수준으로 떨어졌다. 해방 이후에는 1960-1980년대에 걸쳐 큰 변화가 관찰된다. 시장수가 전반적으로 증가하는 가운데, 공설시장(정기시장 포함)이 감소하고, 사설시장은 증가하였다.[13] 요컨대, 시장수의 증가라는 현상은 식민지기와 해방 이후에 있어서 공통적이었으나, 해방 이후에는 공영에서 민영으로, 정기시장에서 상설시장으로 추세적 변화가 보인다는 점에서 식민지기의 변동 방향과는 정반대였다.

13 특히 대도시에서는 공영 상설시장이 전무하게끔 변화되기에 이르렀다.

참고문헌

김낙년 편(2012), 『한국의 장기통계: 국민계정 1911-2010』, 서울대학교출판문화원.

안병직 편(2001), 『한국경제성장사: 예비적 고찰』, 서울대학교출판부.

유봉로(1991), 「유통」, 『한국민족문화대백과사전』 17, 한국정신문화연구원, 142-145.

이영훈(2005), 「시장경제제도의 성립과 발전」, 『새로운 한국경제 발전사』, 나남출판.

이헌창(2011), 『한국경제통사』 제4판, 도서출판 해남.

조동성(1992), 『국가경쟁력』, 매일경제신문사.

조병찬(2004), 『한국시장사』, 동국대학교출판부.

조형근(2005), 「식민지기 재래시장에서 시장갈등과 사회적 관계의 변동」, 서울대학교 사회학과 박사학위논문.

허영란(2009), 『일제시기 장시 연구』, 역사비평사.

황명수 외(1992), 『한국의 시장상업사』, (주)신세계백화점 출판부.

그림 K-d 시장수의 장기 변동(개소)

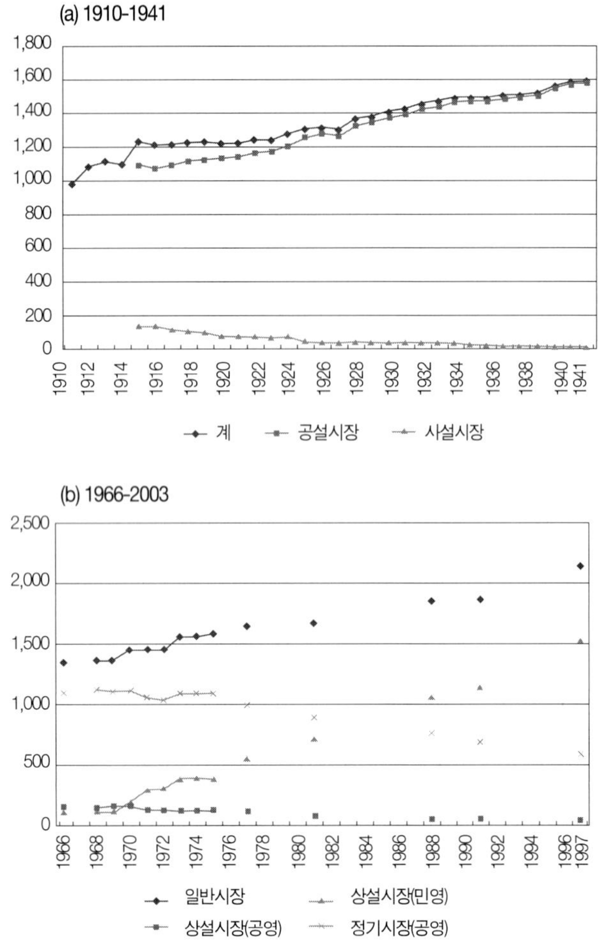

자료: (a) K361-363, (b) K411-414.

문정창(1941), 『朝鮮の市場』, 日本評論社.

四方博(1929), 「市場を通じて見たる朝鮮の經濟」, 『朝鮮經濟の研究』 2, 73-74.

Raff, M. G. Daniel(2006), "Chapter De. Distribution," *Historical Statistics of the United States*, Vol. 4, Cambridge University Press.

Skinner, G. William 저, 양필승 역(2000), 『중국의 전통시장』, 신서원.

K. 유통

조영준

1. 산출액 및 부가가치

표 K1-4 도소매 산출액 및 부가가치, 1911-1940

	산출액		부가가치	
	1935년 가격	당해년 가격	1935년 가격	당해년 가격
	K1	K2	K3	K4
	남북한, 백만 圓			
1911	88.3	48.8	74.9	41.4
1912	90.7	58.9	76.9	50.0
1913	97.6	65.3	82.8	55.4
1914	109.7	62.3	93.0	52.9
1915	123.6	61.3	104.8	52.0
1916	128.8	71.0	109.2	60.2
1917	131.2	98.6	111.3	83.6
1918	134.9	152.2	114.4	129.1
1919	133.3	216.0	113.0	183.2
1920	134.1	202.1	113.7	171.4
1921	152.9	178.4	129.6	151.3
1922	153.8	191.7	130.4	162.5
1923	159.7	194.6	135.4	165.1
1924	154.9	208.4	131.4	176.8
1925	163.8	220.8	138.9	187.2
1926	181.0	223.0	153.5	189.1
1927	202.3	232.1	171.6	196.8
1928	205.7	236.5	174.4	200.5
1929	220.9	237.9	187.3	201.7
1930	250.1	198.2	212.1	168.1
1931	242.4	181.3	205.5	153.8
1932	249.9	199.1	211.9	168.9
1933	260.5	219.6	220.9	186.2
1934	266.7	248.8	226.1	211.0
1935	300.9	300.9	255.2	255.2
1936	313.6	329.9	265.9	279.8
1937	337.9	385.6	286.5	327.0
1938	339.4	423.4	287.8	359.0
1939	316.6	507.3	268.4	430.2
1940	357.7	599.3	303.3	508.2

자료: 김낙년 편, 『한국의 장기통계: 국민계정 1911-2010』(서울대출판문화원, 2012), p. 572.

주: 산업별 유통액과 유통마진율을 추계하여 양자를 곱함으로써 유통마진액을 계산하고, 거기에서 운수마진액을 차감하는 방식으로 도출한 상업마진액이 유통업의 산출액(소득)에 해당한다. 이러한 방식의 기법을 통해 계산된 유통업의 산출액은 김낙년 편, 『한국의 경제성장, 1910-1945』(서울대학교출판부, 2006), p. 458에 최초로 수록된 바 있으나, 이후 디플레이터의 수정에 따라 산출액 및 부가가치의 1935년 가액 수치가 변경되었다. 추계 방법에 관한 상세한 해설은 김낙년 편(2012: 131-141) 및 김낙년 편(2012: 146-147)을 참조하라.

표 K5-11 도소매 산출액 및 부가가치, 1913-1939

	명목 산출액			명목 부가가치			실질 부가가치
	합계	농수축산물	임광공산물	합계	농수축산물	임광공산물	
	K5	K6	K7	K8	K9	K10	K11
	남북한, 백만 圓						
1913	609.8	513.2	96.6	54.2	44.2	10.0	92.6
1914	552.6	454.5	98.1	49.3	39.2	10.1	85.4
1915	521.4	411.3	110.2	46.8	35.5	11.4	84.2
1916	634.8	503.5	131.3	57.0	43.4	13.6	94.4
1917	867.7	693.2	174.5	77.8	59.8	18.0	121.9
1918	1,369.2	1,103.1	266.2	122.6	95.1	27.5	133.2
1919	1,778.5	1,375.6	402.9	160.2	118.6	41.6	104.4
1920	1,814.7	1,467.9	346.8	162.4	126.5	35.8	89.4
1921	1,445.0	1,068.8	376.2	131.0	92.1	38.9	89.4
1922	1,595.3	1,181.6	413.7	144.6	101.9	42.7	102.1
1923	1,617.8	1,178.2	439.5	147.0	101.6	45.4	104.3
1924	1,796.1	1,326.3	469.8	162.9	114.3	48.5	128.3
1925	1,876.4	1,411.3	465.1	169.7	121.7	48.0	134.3
1926	1,865.3	1,340.2	525.1	169.8	115.5	54.2	141.0
1927	1,875.3	1,341.8	533.5	170.8	115.7	55.1	144.0
1928	1,790.0	1,230.4	559.6	163.9	106.1	57.8	134.1
1929	1,752.9	1,167.1	585.8	161.1	100.6	60.5	129.8
1930	1,370.8	881.9	488.9	126.5	76.0	50.5	118.4
1931	1,242.2	826.1	416.1	114.2	71.2	43.0	124.3
1932	1,462.4	970.1	492.3	134.5	83.6	50.9	144.6
1933	1,709.2	1,073.4	635.8	158.2	92.5	65.7	167.9
1934	1,987.7	1,190.8	796.9	185.0	102.6	82.3	196.9
1935	2,393.1	1,386.8	1,006.3	223.5	119.5	104.0	218.9
1936	2,673.5	1,487.9	1,185.6	250.7	128.3	122.5	241.2
1937	3,335.2	1,863.9	1,471.3	312.7	160.7	152.0	248.2
1938	3,682.3	1,865.6	1,816.7	348.5	160.8	187.7	266.1
1939	4,443.4	2,135.1	2,308.3	422.5	184.0	238.4	

자료: 안병직 편, 『한국경제성장사: 예비적 고찰』(서울대학교출판부, 2001), pp. 162-163.

주: 조선 내에서의 생산액에 수이입액을 합산하여 조선 내에서 유통되는 생산물의 총규모(상업 매상액 베이스)를 추계한 다음, 1939년 임시국세조사의 매상액과 같은 기간의 매상액 베이스의 비율을 이용하여 식민지기 전 시기의 유통업 산출액(매상액)을 계산한 것이다. 부가가치(소득)는 상업 매상액에 소득률을 곱하는 방식으로 도출하였으며, 소득률은 (도매의 비중×도매의 소득률+소매의 비중×소매의 소득률)로 구한 것이다. 추계 방법에 관한 상세한 해설은 안병직 편(2001: 136-147)을 참조하라.

표 K12-14 도소매 산출액 및 부가가치, 1926-1935

	산출액	부가가치	
	K12	K13	K14
	남북한, 백만 圓		
1926	158.3	31.7	
1927	179.9	36.0	
1928	189.2	37.8	
1929	197.6	39.5	
1930	174.7	34.9	42.2
1931	159.6	31.9	
1932	180.9	36.2	
1933	205.3	41.1	
1934	240.3	48.1	
1935	280.0	56.0	

자료: 조기준 · 이윤근 · 유봉철 · 김영모, 『일제하의 민족생활사』(민중서관, 1971), p. 352; 溝口敏行 · 梅村又次 編, 『舊日本植民地經濟統計―推計と分析―』, (東洋經濟新報社, 1988), p. 141.

주: 1) K12는 『조선총독부통계연보』의 매출총액에 특별시장(약령시, 신탄 및 채소시장)의 매출액을 각년도에 가산한 이윤근의 추계이다.

2) K13은 이윤근이 매출총액에 대하여 도 · 소매, 공 · 사설 점포의 구별없이 20%의 소득률을 일괄 적용하는 '동일소득률 적용방법'으로 산출한 부가가치이다.

3) K14는 溝口 · 梅村 編(1988: 141)에서 "제3차산업의 순생산액"으로서 제시한 추계치이다.

표 K15-16 도소매 부가가치, 1949-1954

회계연도	명목 부가가치	
	K15	K16
	남한, 백만 달러	남한, %
1949-1950	137.7	7.8
1952-1953	95.9	6.9
1953-1954	139.1	8.1

자료: Robert R. Nathan Associates, Inc., "An Economic Programme for Korean Reconstruction"(UNKRA, 1954), p. 452.
주: %는 총부가가치에 대한 비율이다.

표 K17-20 도소매 부가가치, 1970-2015

	명목 부가가치		실질 부가가치	
	K17	K18	K19	K20
	남한, 십억 원	남한, %	남한, 십억 원	남한, %
1970	348	13.7	9,336	14.7
1971	452	14.4	10,389	14.9
1972	594	15.0	11,436	15.3
1973	826	16.2	12,710	14.8
1974	1,307	18.1	13,963	14.9
1975	1,562	16.4	14,798	14.6
1976	1,970	15.2	16,001	14.1
1977	2,385	14.4	17,127	13.7
1978	3,155	14.1	18,764	13.6
1979	3,899	13.6	19,755	13.2
1980	4,570	13.0	19,470	13.2
1981	5,840	13.3	21,257	13.4
1982	6,674	13.2	23,024	13.5
1983	7,655	12.8	25,059	13.0
1984	9,086	13.1	26,816	12.6
1985	10,143	13.0	28,222	12.3
1986	12,177	13.3	31,943	12.5
1987	14,905	13.8	35,982	12.6
1988	16,960	13.0	39,999	12.5
1989	18,065	12.2	42,364	12.4
1990	20,767	11.6	45,915	12.2
1991	23,782	11.0	49,464	12.0
1992	26,202	10.6	51,441	11.7
1993	28,905	10.3	54,620	11.6
1994	32,750	9.9	58,413	11.4
1995	37,572	9.7	61,804	11.0
1996	39,426	9.1	65,444	10.8
1997	40,121	8.4	67,507	10.5
1998	38,124	8.0	61,904	10.2
1999	45,739	8.8	70,719	10.5
2000	54,755	9.6	76,979	10.5
2001	57,614	9.4	79,206	10.3
2002	60,992	9.0	83,720	10.1
2003	62,479	8.6	80,928	9.5
2004	66,114	8.4	80,732	9.1
2005	69,286	8.3	83,081	8.9
2006	73,674	8.5	87,008	8.9
2007	79,041	8.4	91,629	8.9
2008	85,828	8.6	93,120	8.7
2009	89,456	8.6	92,973	8.6
2010	100,489	8.8	100,489	8.8
2011	109,635	9.1	107,012	9.0
2012	114,384	9.1	111,196	9.2
2013	116,480	8.9	114,870	9.2
2014	116,500	8.6	117,663	9.1
2015	118,144	8.3	121,186	9.2

자료: 통계청, 「경제활동별 GDP 및 GNI」(http://kosis.kr).
주: %는 총부가가치에 대한 비율이다(K18=K17/N184, K20=K19/N204).

2. 사업체수, 종사자수, 판매액, 재고액

표 K21-30 조직형태별 도소매 사업체수, 1968-2005

	합계	도매업			소매업			자동차 판매 및 차량연료 소매업		
		소계	법인	개인	소계	법인	개인	소계	법인	개인
	K21	K22	K23	K24	K25	K26	K27	K28	K29	K30
	남한, 천 개									
1968		13.9	0.9	13.0	264.1	0.3	263.8			
1971	337.9	17.5	0.3	17.1	320.5	0.4	320.1			
1976	413.9	20.3	2.6	17.7	393.7	1.8	391.9			
1979	445.8	23.8	1.9	22.0	422.0	3.0	419.1			
1982		45.6	2.3	43.2						
1986	706.5	68.8	6.3	62.4	637.8	6.4	631.3			
1991	830.0	113.3	11.2	102.0	716.8	9.2	707.6			
1996	909.3	142.6	18.2	124.3	738.1	17.2	720.9	28.7	4.5	24.1
2001	835.4	176.4	5.4	143.2	627.0	33.1	610.1	32.0	16.9	26.6
2005	828.1	207.2	46.7	160.5	587.4	21.0	566.4	33.6	6.2	27.4

자료: 1968, 1971, 1976, 1979, 1982년은 통계청, 「도소매업센서스」(http://kosis.kr); 1986, 1991년은 통계청, 「총사업체통계조사: 도·소매업 및 서비스업 편」(http://kosis.kr); 1996, 2001년은 통계청, 「도소매업 및 서비스업총조사」(http://kosis.kr); 2005년은 통계청, 「서비스업총조사」(http://kosis.kr).

주: 1) 1979년의 법인은 법인 및 준법인을 포괄한다.
2) 1986년의 법인은 공공단체, 회사법인, 회사 이외의 법인, 비법인단체를 포괄한다.
3) 1991-2005년의 도매업·소매업 법인은 회사법인, 회사 이외의 법인, 비법인단체를 포괄한다.
4) 1996년은 신분류 기준이다. 구분류는 수리업을 포함한다.
5) 1996-2005년 자동차 판매 및 차량연료 소매업 법인은 회사법인, 회사 이외의 법인을 포괄한다.

표 K31-52 산업별 도소매 사업체수, 1960-1991

	합계	도매업									
		소계	농산물 및 음식료품도매업	섬유 및 의류 도매업	전기기기도매업	의약품 및 화학제품도매업	기계 및 장비 도매업	철물 및 가정용 기구 도매업	건축 재료 도매업	금속 및 광물 도매업	달리 분류되지 않은 일반 도매업
	K31	K32	K33	K34	K35	K36	K37	K38	K39	K40	K41
	남한, 천 개										
1960	83.4	9.5									
1961	141.8	12.6									
1968	277.3	13.2	5.5	2.5	0.4	0.9	0.7	0.2	0.4		2.5
1971	336.9	16.4	6.5	4.4	0.5	0.7	1.0	0.4	0.6		2.3
1976	413.9	20.3	7.1	2.0	0.8	2.1	0.8	0.6	1.3	0.4	5.3
1979	445.8	23.8	6.9	5.1	1.2	2.2	0.8	1.0	0.9	0.9	4.6
1982	588.0	45.6	10.4	13.5	2.1	3.7	2.0	2.1	1.6	1.7	8.5
1986	706.5	68.8	16.5	14.7		6.3	6.7	5.0	3.0	2.3	14.4
1991	830.0	113.3	27.3	22.6		8.8	17.0	8.5	6.0	3.7	19.4

	소매업										
	소계	종합소매업	음식료품 및 담배 소매업	섬유, 의복, 신발 및 의복 악세사리 소매업	가구, 철물 및 가정용품 소매업, 가전제품 포함	약, 화장품 및 기타 화공약품 소매업	장신구 및 시계 소매업	종이, 인쇄물 및 문구용품 소매업	개인운수장비 소매업 및 주유소운영업	가정용 연료 소매업	달리 분류되지 않은 일반 소매업
	K42	K43	K44	K45	K46	K47	K48	K49	K50	K51	K52
	남한, 천 개										
1960	73.8										
1961	129.2										
1968	264.1		129.1	53.1	16.0	19.1		10.7		4.8	31.3
1971	320.5		161.6	65.1	16.7	20.6				6.8	49.7
1976	393.7	0.7	198.9	55.6	10.7	19.3	4.4	14.3	5.9	17.9	66.0
1979	422.0	0.8	220.8	68.4	19.5	20.0	7.7	18.5	7.2	9.9	49.3
1982	542.5	3.0	240.7	87.3	22.6	25.7	9.8	29.0	8.4	17.3	98.7
1986	637.8	7.3	304.4	102.6	48.3	38.9	10.7	42.2	8.6	17.7	56.9
1991	716.8	13.8	291.2	131.1	65.9	50.7	15.8	47.0	14.6	11.6	75.0

자료: 1960, 1961년은 통계청, 「상점수」(http://kosis.kr); 1968, 1971, 1976, 1979, 1982년은 통계청, 「도소매업센서스」(http://kosis.kr); 1986, 1991년은 통계청, 「총사업체통계조사: 도·소매업 및 서비스업 편」(http://kosis.kr).

주: 1) 1960-1961년의 도·소매 겸업은 도매에 포함. 음식점은 제외되었다.
2) 1960년은 특별시 및 각도(서울, 충북, 충남, 전북, 경북, 강원, 인천의 7개 시도) 분이다.
3) 1961년은 특별시 및 각도(서울, 경기, 충북, 충남, 전북, 전남, 경북, 경남, 강원, 제주의 10개 시도) 분이다.

표 K53-76 산업별 도소매 사업체수, 1996-2005

	합계	도매 및 상품 중개업								
		소계	산업용 농축산물 및 산동물 도매업	음·식료품 및 담배 도매업	가정용품 도매업	건축자재 및 철물 도매업	금속광물 및 1차 금속제품 도매업	기타 산업용중간재 및 재생재료 도매업	기계장비 및 관련용품 도매업	기타 도매업
	K53	K54	K55	K56	K57	K58	K59	K60	K61	K62
	남한, 천 개									
1996	909.3	142.6	6.6	32.2	49.2	15.0	5.7	14.2	19.4	0.4
2001	827.5	168.5	7.1	37.6	45.3	16.9	6.1	22.3	29.1	4.2
2005	821.6	200.7	7.8	44.8	53.8	22.1	6.6	27.5	35.5	2.5

	소매업(자동차 제외)									자동차 판매 및 차량연료 소매업				
	소계	종합 소매업	음·식료품 및 담배 소매업	의약품, 의료용 기구 및 화장품 소매업	섬유, 의복, 신발 및 가죽제품 소매업	가전제품, 가구 및 가정용품 소매업	기타 상품 전문 소매업	중고품 소매업	무점포 소매업	소계	자동차 판매업	자동차 부품 및 부속품 판매업	이륜자동차 및 부품 판매업	차량용 연료 소매업
	K63	K64	K65	K66	K67	K68	K69	K70	K71	K72	K73	K74	K75	K76
	남한, 천 개													
1996	738.1	153.2	144.5	45.6	143.1	64.6	173.6	1.8	11.6	28.7	4.4	12.4	2.4	9.5
2001	627.0	119.5	115.4	38.6	131.4	53.0	152.4	3.8	12.9	32.0	6.6	12.2	2.0	11.2
2005	587.4	115.1	101.0	38.9	122.7	47.0	143.6	6.2	12.9	33.6	6.1	13.4	1.7	12.3

자료: 1996, 2001년은 통계청, 「도소매업 및 서비스업총조사」(http://kosis.kr); 2005년은 통계청, 「서비스업총조사」(http://kosis.kr).

주: 1996년은 신분류 기준이다. 구분류는 수리업을 포함한다.

표 K77-100 산업별 도소매 사업체수, 2006-2015

	합계	도매 및 상품중개업								
		소계	상품 중개업	산업용 농축산물 및 산동물 도매업	음·식료품 및 담배 도매업	가정용품 도매업	기계장비 및 관련 물품 도매업	건축자재, 철물 및 난방장치 도매업	기타 전문 도매업	상품 종합 도매업
	K77	K78	K79	K80	K81	K82	K83	K84	K85	K86
	남한, 천 개									
2006	865.0	216.2	6.5	7.7	46.6	53.7	40.4	22.9	36.4	1.9
2007	867.8	221.9	6.6	8.1	48.1	53.5	41.7	24.2	38.2	1.3
2008	859.8	224.0	6.5	7.8	49.6	52.7	42.0	24.5	39.7	1.3
2009	861.7	226.2	6.5	7.6	50.3	53.2	42.4	24.6	40.6	1.1
2010	876.7	236.3	6.3	7.8	51.7	56.4	45.1	25.5	42.1	1.3
2011	903.8	247.3	6.6	7.9	54.3	59.3	47.6	26.2	44.3	1.1
2012	941.9	267.3	8.0	8.4	58.7	63.5	51.7	27.8	47.8	1.5
2013	960.4	281.7	7.8	8.8	63.4	67.3	53.9	29.3	49.5	1.8
2014	997.1	309.6	8.2	9.8	71.5	72.0	59.9	32.2	54.0	2.1
2015	1,015.1	324.8	8.5	10.5	75.6	75.5	63.2	33.8	55.3	2.3

	소매업(자동차 제외)										자동차 및 부품판매업			
	소계	종합 소매업	음·식료품 및 담배 소매업	정보통신 장비 소매업	섬유, 의복, 신발 및 가죽 제품소매업	기타 가정 용품 소매업	문화, 오락 및 여가 용품 소매업	연료 소매업	기타 상품 전문 소매업	무점포 소매업	소계	자동차 판매업	자동차 부품 및 내장품 판매업	모터사이클 및 부품 판매업
	K87	K88	K89	K90	K91	K92	K93	K94	K95	K96	K97	K98	K99	K100
	남한, 천 개													
2006	626.5	116.8	103.1	28.8	133.9	69.9	40.0	20.9	98.6	14.6	22.3	6.3	14.1	1.9
2007	622.9	113.8	101.3	30.3	135.4	67.3	38.7	20.7	100.1	15.4	23.0	6.6	14.6	1.9
2008	612.8	112.2	97.0	30.7	135.5	64.2	37.2	20.5	99.7	15.8	22.9	6.6	14.4	1.9
2009	612.3	111.0	96.3	32.7	135.1	62.6	36.4	20.4	101.0	16.9	23.2	6.8	14.6	1.8
2010	616.5	109.1	98.7	35.9	137.9	60.1	35.3	20.0	102.2	17.2	23.9	7.1	15.1	1.7
2011	631.6	110.1	100.9	39.2	143.6	58.9	34.4	20.0	105.4	19.2	24.8	7.5	15.7	1.7
2012	648.3	111.3	104.1	40.5	151.2	58.3	33.7	19.8	108.5	21.0	26.2	7.9	16.6	1.8
2013	651.3	111.0	103.9	39.2	155.1	57.2	32.9	19.7	111.6	20.6	27.3	8.2	17.4	1.7
2014	658.6	110.5	106.0	37.5	158.0	57.2	32.2	19.7	115.3	22.1	28.9	8.5	18.7	1.7
2015	660.8	111.2	105.9	35.9	157.9	56.7	32.5	19.5	118.3	22.8	29.5	8.6	19.1	1.8

자료: 통계청, 「전국사업체조사」(http://kosis.kr).

표 K101-110 조직형태별 도소매 종사자수, 1968-2005

	합계	도매업			소매업			자동차 판매 및 차량연료 소매업		
		소계	법인	개인	소계	법인	개인	소계	법인	개인
	K101	K102	K103	K104	K105	K106	K107	K108	K109	K110
	남한, 천 명									
1968	523.3	66.5	21.2	45.3	456.9	2.0	454.9			
1971	646.4	65.2	7.0	58.2	581.2	2.8	578.3			
1976	787.1	93.7	30.6	63.1	693.5	16.5	677.0			
1979	881.8	116.6	31.7	84.9	765.2	19.0	746.2			
1982		173.2	34.2	139.0						
1986	1,563.8	342.5	98.3	244.2	1,221.3	70.7	1,150.6			
1991	1,946.4	522.0	175.9	346.1	1,424.4	137.2	1,287.3			
1996	2,307.0	602.8	235.1	367.7	1,550.3	267.4	1,282.9	153.9	60.3	93.6
2001	2,318.9	746.4	361.0	385.4	1,414.7	256.5	1,158.2	157.7	56.0	101.8
2005	2,366.5	849.0	452.2	396.8	1,357.4	269.2	1,088.3	160.1	61.2	98.9

자료: 1968, 1971, 1976, 1979, 1982년은 통계청, 「도소매업센서스」(http://kosis.kr); 1986, 1991년은 통계청, 「총사업체통계조사: 도·소매업 및 서비스업 편」(http://kosis.kr); 1996, 2001년은 통계청, 「도소매업 및 서비스업총조사」(http://kosis.kr); 2005년은 통계청, 「서비스업총조사」(http://kosis.kr).

주: 1) 1979년의 법인은 법인 및 준법인을 포괄한다.
2) 1986년의 법인은 공공단체, 회사법인, 회사 이외의 법인, 비법인단체를 포괄한다.
3) 1991-2005년의 도매업·소매업 법인은 회사법인, 회사 이외의 법인, 비법인단체를 포괄한다.
4) 1996년은 신분류 기준이다. 구분류는 수리업을 포함한다.
5) 1996-2005년 자동차 판매 및 차량연료 소매업 법인은 회사법인, 회사 이외의 법인을 포괄한다.

표 K111-132 산업별 도소매 종사자수, 1960-1991

	합계	도매업									
		소계	농산물 및 음식료품도매업	섬유 및 의류 도매업	전기기기 도매업	의약품 및 화학제품도매업	기계 및 장비 도매업	철물 및 가정용기구 도매업	건축재료 도매업	금속 및 광물 도매업	달리 분류되지 않은 일반도매업
	K111	K112	K113	K114	K115	K116	K117	K118	K119	K120	K121
	남한, 천 명										
1960	135.5	31.6									
1968	511.6	54.8	17.0	10.1	2.5	6.1	4.1	0.9	2.5		11.6
1971	642.5	61.3	22.4	12.6	1.7	4.8	3.9	1.7	3.0		11.2
1976	787.1	93.7	27.4	8.0	4.4	19.6	3.4	2.1	5.6	1.9	21.3
1979	881.8	116.6	38.6	15.5	6.3	19.0	4.6	5.1	5.2	5.4	17.0
1982	1,118.9	173.2	52.6	29.5	7.3	27.2	7.7	7.2	6.5	8.5	26.7
1986	1,563.8	342.5	96.4	38.8		56.1	33.5	24.0	15.8	13.4	64.4
1991	1,946.4	522.0	140.2	57.3		59.9	83.5	37.8	28.4	21.0	94.0

	소매업										
	소계	종합소매업	음식료품 및 담배소매업	섬유, 의복, 신발 및 의복 악세사리소매업	가구, 철물 및 가정용품 소매업, 가전제품 포함	약, 화장품 및 기타 화공약품 소매업	장신구 및 시계소매업	종이, 인쇄물 및 문구용품 소매업	개인운수장비소매업 및 주유소 운영업	가정용연료 소매업	달리 분류되지 않은 일반소매업
	K122	K123	K124	K125	K126	K127	K128	K129	K130	K131	K132
	남한, 천 명										
1960	103.9										
1968	456.8		210.7	100.4	30.3	31.0		18.2		8.9	57.2
1971	581.2		264.9	135.4	35.6	35.4				15.2	94.7
1976	693.5	8.1	320.0	102.7	24.7	37.3	8.0	24.5	14.7	31.8	121.5
1979	765.2	5.4	368.2	121.4	49.4	37.6	14.0	33.5	18.5	21.2	96.0
1982	945.8	24.9	385.2	137.3	47.7	58.3	15.9	59.8	20.5	31.3	165.1
1986	1,221.3	51.0	493.5	169.6	110.8	83.0	18.7	113.8	32.3	37.2	111.4
1991	1,424.4	84.9	463.6	224.6	159.9	90.6	26.7	125.5	62.4	33.8	152.5

자료: 1960년은 통계청, 「상점수」(http://kosis.kr); 1968, 1971, 1976, 1979, 1982년은 통계청, 「도소매업센서스」(http://kosis.kr); 1986, 1991년은 통계청, 「총사업체통계조사: 도·소매업 및 서비스업 편」(http://kosis.kr).

주: 1960년은 특별시 및 각도(서울, 충북, 충남, 전북, 경북, 강원, 인천의 7개 시도) 분이며, 도·소매 겸업은 도매에 포함되고, 음식점은 제외되었다.

표 K133-156 산업별 도소매 종사자수, 1996-2005

	합계	도매 및 상품 중개업								
		소계	산업용 농축산물 및 산동물 도매업	음·식료품 및 담배 도매업	가정용품 도매업	건축자재 및 철물 도매업	금속광물 및 1차 금속제품 도매업	기타 산업용 중간재 및 재생 재료 도매업	기계장비 및 관련용품 도매업	기타 도매업
	K133	K134	K135	K136	K137	K138	K139	K140	K141	K142
	남한, 천 명									
1996	2,307.0	602.8	18.1	148.4	200.7	59.8	28.6	60.7	84.5	1.9
2001	2,283.7	711.2	20.2	169.5	200.0	56.9	24.5	78.8	134.1	27.2
2005	2,334.8	817.3	22.3	194.1	224.5	71.2	29.5	96.3	160.5	18.9

	소매업(자동차 제외)									자동차 판매 및 차량연료 소매업				
	소계	종합 소매업	음·식료품 및 담배 소매업	의약품, 의료용 기구 및 화장품 소매업	섬유, 의복, 신발 및 가죽제품 소매업	가전제품, 가구 및 가정용품 소매업	기타 상품 전문 소매업	중고품 소매업	무점포 소매업	소계	자동차 판매업	자동차 부품 및 부속품 판매업	이륜자동차 및 부품 판매업	차량용 연료 소매업
	K143	K144	K145	K146	K147	K148	K149	K150	K151	K152	K153	K154	K155	K156
	남한, 천 명													
1996	1,550.3	369.8	228.1	81.6	245.1	156.7	357.3	3.2	108.6	153.9	49.1	36.5	4.6	63.6
2001	1,414.7	299.7	201.9	93.4	227.3	123.2	295.5	6.9	166.9	157.7	56.2	35.5	4.0	62.0
2005	1,357.4	329.3	175.6	91.6	215.8	110.5	261.3	10.4	163.1	160.1	55.2	37.1	3.1	64.7

자료: 1996, 2001년은 통계청, 「도소매업 및 서비스업총조사」(http://kosis.kr); 2005년은 통계청, 「서비스업총조사」(http://kosis.kr).

주: 1996년은 신분류 기준이다. 구분류는 수리업을 포함한다.

표 K157-180 산업별 도소매 종사자수, 2006-2015

	합계	도매 및 상품중개업								
		소계	상품 중개업	산업용 농축산물 및 산동물 도매업	음·식료품 및 담배 도매업	가정용품 도매업	기계장비 및 관련 물품 도매업	건축자재, 철물 및 난방장치도매업	기타 전문 도매업	상품 종합 도매업
	K157	K158	K159	K160	K161	K162	K163	K164	K165	K166
	남한, 천 명									
2006	2,482.4	878.9	29.7	21.3	193.9	223.1	192.1	73.4	129.2	16.2
2007	2,515.6	906.7	30.8	22.9	203.8	224.0	197.8	77.9	137.6	12.0
2008	2,544.8	944.9	29.8	22.9	209.9	238.6	202.2	79.9	147.3	14.4
2009	2,626.3	997.7	30.2	23.5	223.9	252.5	210.6	83.3	159.4	14.2
2010	2,617.9	995.4	28.8	22.8	220.6	260.3	213.1	82.6	153.1	14.1
2011	2,680.3	1,008.3	29.6	22.6	223.9	260.8	217.4	83.2	157.0	13.7
2012	2,774.0	1,041.3	32.3	23.8	234.4	264.2	220.9	86.1	164.7	14.9
2013	2,880.0	1,115.1	32.1	26.2	257.0	283.4	235.7	91.6	172.2	17.0
2014	2,998.9	1,197.1	31.7	29.1	282.3	297.3	255.6	99.5	182.0	19.7
2015	3,129.3	1,284.5	33.2	31.2	302.7	325.4	271.2	107.2	190.9	22.5

	소매업(자동차 제외)										자동차 및 부품 판매업			
	소계	종합 소매업	음·식료품 및 담배 소매업	정보통신장비 소매업	섬유, 의복, 신발 및 가죽제품소매업	기타 가정 용품 소매업	문화, 오락 및 여가 용품 소매업	연료 소매업	기타 상품 전문 소매업	무점포 소매업	소계	자동차 판매업	자동차 부품 및 내장품 판매업	모터사이클 및 부품 판매업
	K167	K168	K169	K170	K171	K172	K173	K174	K175	K176	K177	K178	K179	K180
	남한, 천 명													
2006	1,503.8	333.8	182.2	75.7	234.0	127.8	76.0	83.3	197.6	193.5	99.7	57.4	38.9	3.4
2007	1,505.1	339.0	180.1	79.9	237.7	123.1	73.5	83.9	198.8	189.0	103.8	59.5	41.0	3.4
2008	1,497.9	360.7	169.4	81.2	236.0	115.0	69.6	81.8	197.8	186.4	102.0	57.9	40.5	3.6
2009	1,521.5	369.2	168.5	84.9	241.7	114.0	69.3	81.1	202.4	190.5	107.1	60.7	43.1	3.3
2010	1,514.2	361.4	171.4	90.3	242.5	107.0	68.1	78.2	205.4	189.8	108.3	61.5	43.5	3.3
2011	1,560.9	378.7	175.6	99.1	256.5	104.4	67.5	75.0	208.8	195.4	111.0	63.3	44.4	3.3
2012	1,616.3	394.1	184.1	103.2	276.0	104.5	65.3	72.6	216.8	199.5	116.4	66.2	46.8	3.3
2013	1,643.1	412.7	185.6	102.9	285.6	104.6	64.7	71.3	226.1	189.5	121.8	68.0	50.6	3.2
2014	1,676.0	420.3	192.7	98.1	293.5	102.9	63.7	69.3	234.1	201.3	125.9	69.8	52.8	3.3
2015	1,713.6	441.6	195.0	91.4	296.3	104.6	66.1	69.7	249.6	199.4	131.2	71.4	56.4	3.4

자료: 통계청, 「전국사업체조사」(http://kosis.kr).

표 K181-188 산업별 도소매 매출액, 1911-1940

	상거래액(A×2+B)	합계(A+B)	도매유통액(A)			소매유통액(B)		
			소계	농림어업	광공업	소계	농림어업	광공업
	K181	K182	K183	K184	K185	K186	K187	K188
	남북한, 백만 圓							
1911	690.5	412.3	278.3	181.6	96.7	134.0	60.6	73.4
1912	826.5	493.2	333.3	220.4	112.9	159.9	73.6	86.3
1913	908.6	541.8	366.8	246.0	120.8	175.0	84.1	90.8
1914	861.5	514.0	347.5	222.8	124.8	166.5	74.5	92.0
1915	832.9	498.2	334.8	197.5	137.2	163.4	64.7	98.7
1916	955.6	571.1	384.5	227.3	157.2	186.6	77.6	109.0
1917	1,307.7	782.5	525.2	319.0	206.3	257.2	113.5	143.7
1918	2,027.4	1,214.6	812.8	500.6	312.2	401.8	176.7	225.1
1919	2,846.1	1,718.7	1,127.4	635.0	492.4	591.3	224.6	366.6
1920	2,716.5	1,621.7	1,094.7	685.8	408.9	527.0	232.2	294.9
1921	2,361.4	1,423.7	937.7	529.4	408.3	486.0	175.5	310.5
1922	2,554.6	1,537.8	1,016.8	595.8	420.9	521.0	210.5	310.5
1923	2,555.8	1,539.1	1,016.7	587.5	429.2	522.4	209.6	312.7
1924	2,732.7	1,650.0	1,082.7	623.2	459.5	567.3	223.4	343.9
1925	2,883.4	1,743.1	1,140.4	660.1	480.3	602.7	249.4	353.2
1926	2,922.5	1,773.2	1,149.2	620.5	528.7	624.0	237.1	386.9
1927	2,986.2	1,807.4	1,178.8	644.4	534.4	628.7	247.6	381.0
1928	2,989.2	1,808.6	1,180.6	611.4	569.2	628.0	230.4	397.6
1929	2,938.7	1,778.3	1,160.4	593.2	567.2	617.9	230.8	387.1
1930	2,372.6	1,432.8	939.9	468.9	470.9	492.9	182.7	310.2
1931	2,135.4	1,289.9	845.4	430.2	415.2	444.5	165.8	278.7
1932	2,425.1	1,467.0	958.1	488.8	469.3	508.9	195.5	313.4
1933	2,802.8	1,696.2	1,106.6	528.1	578.5	589.6	218.6	370.9
1934	3,286.4	1,981.7	1,304.6	586.5	718.2	677.1	240.5	436.5
1935	4,114.9	2,475.1	1,639.8	717.3	922.5	835.3	305.9	529.3
1936	4,624.2	2,775.9	1,848.3	722.4	1,125.9	927.6	317.6	610.0
1937	5,764.8	3,446.6	2,318.1	921.8	1,396.4	1,128.5	434.5	694.0
1938	6,593.5	3,919.3	2,674.1	920.0	1,754.1	1,245.2	408.9	836.3
1939	8,235.8	4,915.2	3,320.6	1,085.4	2,235.2	1,594.6	533.0	1,061.6
1940	10,277.8	6,156.2	4,121.7	1,360.2	2,761.5	2,034.5	752.3	1,282.1

자료: 김낙년 편, 『한국의 장기통계 국민계정 911-2010』(서울대출판문화원, 2012), pp. 565-566.

표 K189-198 조직형태별 도소매 매출액, 1968-2005

	합계	도매업			소매업			자동차 판매 및 차량연료 소매업		
		소계	법인	개인	소계	법인	개인	소계	법인	개인
	K189	K190	K191	K192	K193	K194	K195	K196	K197	K198
	남한, 십억 원									
1968	541.1	297.7	181.4	116.3	243.4	10.4	233.0			
1971	1,062.9	454.9	102.2	352.8	608.0	9.9	598.1			
1976	5,758.9	2,448.7	1,402.7	1,046.0	3,310.3	284.1	3,026.2			
1979	11,038.4	3,851.3	1,811.0	2,040.3	7,187.1	618.2	6,568.9			
1982		7,086.1	3,222.7	3,863.4						
1986	43,517.8	21,843.9	12,985.3	8,858.7	21,673.8	4,879.9	16,793.9			
1991	104,902.5	52,724.9	32,214.7	20,510.2	52,177.6	15,728.2	36,449.4			
1996	241,510.0	116,146.5	84,227.1	31,919.4	90,906.8	36,314.0	54,592.8	34,456.7	22,760.1	11,696.4
2001	420,650.5	248,395.9	199,435.3	48,960.7	122,428.9	65,314.3	57,114.7	49,825.7	28,929.0	20,896.7
2005	497,781.1	292,741.7	236,398.8	56,342.9	146,319.9	86,056.1	60,263.8	58,719.6	35,554.3	23,165.2

자료: 1968, 1971, 1976, 1979, 1982년은 통계청, 「도소매업센서스」(http://kosis.kr); 1986, 1991년은 통계청, 「총사업체통계조사: 도·소매업 및 서비스업 편」(http://kosis.kr); 1996, 2001년은 통계청, 「도소매업 및 서비스업총조사」(http://kosis.kr); 2005년은 통계청, 「서비스업총조사」(http://kosis.kr).

주: 1) 1979년의 법인은 법인 및 준법인을 포괄한다.
2) 1986년의 법인은 공공단체, 회사법인, 회사 이외의 법인, 비법인단체를 포괄한다.
3) 1991-2005년의 도매업·소매업 법인은 회사법인, 회사 이외의 법인, 비법인단체를 포괄한다.
4) 1996년은 신분류 기준이다. 구분류는 수리업을 포함한다.
5) 1996-2005년 자동차 판매 및 차량연료 소매업 법인은 회사법인, 회사 이외의 법인을 포괄한다.

표 K199-220 산업별 도소매 매출액, 1968-1991

	도매업										
	합계	소계	농산물 및 음식료품 도매업	섬유 및 의류도매업	전기기기 도매업	의약품 및 화학제품 도매업	기계 및 장비도매업	철물 및 가정용기구 도매업	건축재료 도매업	금속 및 광물도매업	달리 분류되지 않은 일반도매업
	K199	K200	K201	K202	K203	K204	K205	K206	K207	K208	K209
	남한, 십억 원										
1968	541.1	181.2	57.3	24.6	7.9	25.6	12.7	1.3	12.0		39.7
1971	1,062.9	417.9	149.2	77.7	4.2	28.9	11.3	4.0	69.1		73.6
1976	5,758.9	2,448.7	724.1	240.3	85.1	244.0	145.6	51.7	298.2	87.0	572.8
1979	11,038.4	3,851.3	1,360.4	403.0	154.8	803.1	133.3	109.9	223.3	205.2	458.4
1982	19,741.5	7,086.1	2,623.4	851.9	250.4	1,552.2	250.5	208.0	281.7	431.6	636.2
1986	43,517.8	21,843.9	6,288.1	1,811.0		5,350.8	1,711.8	1,500.6	1,161.3	1,495.1	2,525.2
1991	104,902.5	52,724.9	15,931.8	4,481.0		7,345.7	6,915.3	3,085.3	2,673.7	3,088.1	9,203.9

	소매업										
	소계	종합소매업	음식료품 및 담배소매업	섬유, 의복, 신발 및 의복 악세사리소매업	가구, 철물 및 가정용품 소매업, 가전제품 포함	약, 화장품 및 기타 화공약품 소매업	장신구 및 시계소매업	종이, 인쇄물 및 문구용품 소매업	개인운수장비소매업 및 주유소 운영업	가정용연료 소매업	달리 분류되지 않은 일반 소매업
	K210	K211	K212	K213	K214	K215	K216	K217	K218	K219	K220
	남한, 십억 원										
1968	243.4		82.4	62.5	18.2	23.4		6.9		7.3	42.7
1971	608.0		226.8	138.3	42.4	47.9				26.6	126.0
1976	3,310.3	113.1	1,244.1	429.5	195.3	280.6	53.6	75.9	198.5	225.4	494.2
1979	7,187.1	102.2	2,609.7	1,158.8	793.0	444.3	182.8	216.0	481.1	342.7	856.6
1982	12,655.5	972.7	3,508.3	1,545.7	1,136.0	843.7	206.5	526.3	1,200.6	1,233.7	1,481.9
1986	21,673.8	2,425.4	6,107.0	2,371.8	2,559.7	1,553.9	331.6	930.2	2,838.9	1,036.2	1,519.2
1991	52,177.6	6,689.9	10,751.8	6,794.6	7,089.4	2,879.9	1,041.0	2,198.3	8,027.0	2,285.9	4,419.9

자료: 1968, 1971, 1976, 1979, 1982년은 통계청, 「도소매업센서스」(http://kosis.kr); 1986, 1991년은 통계청, 「총사업체통계조사: 도·소매업 및 서비스업 편」(http://kosis.kr).

표 K221-244 산업별 도소매 매출액, 1996-2005

	도매 및 상품 중개업									
	합계	소계	산업용 농축산물 및 산동물 도매업	음·식료품 및 담배 도매업	가정용품 도매업	건축자재 및 철물 도매업	금속광물 및 1차 금속제품 도매업	기타 산업용중간재 및 재생재료 도매업	기계장비 및 관련용품 도매업	기타 도매업
	K221	K222	K223	K224	K225	K226	K227	K228	K229	K230
	남한, 십억 원									
1996	241,510.0	116,146.5	2,318.4	27,612.3	27,876.3	9,253.4	12,777.4	21,349.5	14,753.1	206.2
2001	410,634.0	238,379.4	3,403.6	42,182.0	42,715.0	11,929.9	12,833.9	38,405.0	35,979.2	50,930.8
2005	487,581.2	282,541.7	4,302.1	50,520.0	57,890.9	17,747.2	20,066.1	47,045.9	52,626.2	32,343.4

	소매업(자동차 제외)									자동차 판매 및 차량연료 소매업				
	소계	종합 소매업	음·식료품 및 담배 소매업	의약품, 의료용 기구 및 화장품 소매업	섬유, 의복, 신발 및 가죽제품 소매업	가전제품, 가구 및 가정용품 소매업	기타 상품 전문 소매업	중고품 소매업	무점포 소매업	소계	자동차 판매업	자동차 부품 및 부속품 판매업	이륜자동차 및 부품 판매업	차량용 연료 소매업
	K231	K232	K233	K234	K235	K236	K237	K238	K239	K240	K241	K242	K243	K244
	남한, 십억 원													
1996	90,906.8	26,945.8	8,798.8	3,967.1	16,030.2	12,010.2	20,132.5	106.0	2,916.1	34,456.7	17,227.0	3,656.8	383.6	13,189.3
2001	122,428.9	50,546.5	9,779.1	6,206.8	14,363.0	13,196.2	18,701.3	223.7	9,412.4	49,825.7	21,315.0	5,918.5	347.7	22,244.5
2005	146,319.9	63,643.6	8,957.9	8,488.1	17,198.7	16,252.1	16,142.7	341.5	15,295.4	58,719.6	21,649.2	7,731.8	431.2	28,907.2

자료: 1996, 2001년은 통계청, 「도소매업 및 서비스업총조사」(http://kosis.kr); 2005년은 통계청, 「서비스업총조사」(http://kosis.kr).

주: 1996년은 신분류 기준이다. 구분류는 수리업을 포함한다.

표 K245-250 도소매 판매액 지수, 1980-2007

	경상지수			불변지수		
	도소매업	도매업	소매업	도소매업	도매업	소매업
	K245	K246	K247	K248	K249	K250
	남한, 2000년=100					
1980	12.0	11.8	11.1	23.9	21.4	24.5
1981	15.3	14.7	14.1	25.7	22.9	27.0
1982	15.7	15.4	14.4	24.9	23.0	25.6
1983	18.1	17.8	16.7	28.7	26.8	29.4
1984	20.2	20.3	18.6	32.0	30.5	32.5
1985	21.4	21.3	20.2	33.8	31.2	34.7
1986	24.2	23.2	23.8	38.3	34.3	40.5
1987	27.4	26.8	26.7	42.8	39.3	44.0
1988	30.5	30.4	29.5	46.1	43.6	46.0
1989	34.5	33.7	34.6	50.5	47.4	51.3
1990	41.0	40.3	40.5	57.1	54.7	56.3
1991	46.9	46.6	46.3	62.2	60.4	60.7
1992	51.2	51.0	50.6	65.7	64.3	64.1
1993	57.0	56.9	56.8	71.2	70.0	69.5
1994	63.7	64.3	62.8	77.4	77.5	73.4
1995	70.7	71.9	69.7	83.6	83.3	79.9
1996	77.9	76.9	79.0	89.5	86.9	88.2
1997	83.6	82.2	84.4	92.3	89.6	92.2
1998	81.7	85.3	81.5	80.6	82.3	81.9
1999	91.0	92.1	90.2	91.1	91.7	90.1
2000	100.0	100.0	100.0	100.0	100.0	100.0
2001	107.0	104.4	110.5	106.8	106.4	107.5
2002	115.8	109.4	123.1	116.0	113.6	118.0
2003	116.2	110.5	123.3	115.1	113.8	117.3
2004	120.8	117.4	125.4	114.6	114.0	117.0
2005	126.1	120.1	131.7	117.9	116.1	122.0
2006	131.9	123.6	137.9	122.9	120.6	128.0
2007	139.6	131.2	144.2	128.9	126.7	133.6

자료: 통계청, 「도소매업 동태 조사」(http://kosis.kr).
주: 작성이 중지된 통계이다.

표 K251-271 소매업태별 판매액 지수, 1995-2015

	합계	백화점	대형마트	대형할인점	기타 대형마트	슈퍼마켓	체인 슈퍼마켓	일반 슈퍼마켓	편의점	승용차 및 연료 소매점	승용차 소매점
	K251	K252	K253	K254	K255	K256	K257	K258	K259	K260	K261
	남한, 2010년=100										
1995	54.8	67.3	3.2			97.9			19.6		
1996	60.7	75.8	8.5			109.4			21.8		
1997	62.8	73.9	13.9			116.1			23.5		
1998	52.6	62.7	20.1			100.6			20.8		
1999	60.4	72.1	30.0			100.2			21.4		
2000	68.2	80.7	41.5			104.8			26.2		
2001	73.2	85.6	52.8			103.1			36.8		
2002	80.9	90.4	64.7			102.9			49.6		
2003	78.4	85.5	70.7			102.0			59.3		
2004	79.2	81.4	75.1			95.8			63.1		
2005	82.5	83.8	81.3			93.9			63.7	88.4	
2006	85.8	86.6	87.8			96.8			68.4	88.3	
2007	90.3	87.1	95.5			96.2			74.8	89.8	
2008	91.3	88.1	97.8			100.9			82.4	87.0	
2009	93.7	91.9	95.7			98.7			88.2	94.3	
2010	100.0	100.0	100.0	100.0	100.0	100.0	100.0	100.0	100.0	100.0	100.0
2011	104.5	107.7	105.8	103.6	114.4	101.7	107.9	98.1	111.4	103.3	107.0
2012	107.1	109.4	109.2	104.0	129.5	102.8	112.4	97.3	127.6	105.8	109.6
2013	107.9	109.4	110.1	102.3	140.3	105.0	118.0	97.4	136.9	107.9	111.9
2014	110.1	103.7	111.9	98.9	162.4	106.8	119.9	99.2	147.9	115.0	130.3
2015	114.4	100.9	111.9	95.6	175.5	106.0	122.2	96.5	157.7	129.0	158.0

표 K251-271 계속

	연료 소매점	전문 소매점	가전·컴퓨터·통신기기 소매점	문화상품 소매점	기타 전문 소매점	무점포 소매	인터넷 쇼핑	홈쇼핑	방문 및 배달 소매점	기타 무점포 판매
	K262	K263	K264	K265	K266	K267	K268	K269	K270	K271
	남한, 2010년=100									
1995										
1996										
1997										
1998										
1999										
2000						28.2	5.8			56.5
2001						40.0	8.3			80.3
2002						51.6	11.2			102.8
2003						50.5	13.6			96.5
2004						51.9	21.8			87.3
2005		85.3				59.4	34.3			85.4
2006		89.1				66.1	48.7			84.2
2007		96.7				72.0	61.6			82.8
2008		96.2				79.6	71.5			88.0
2009		94.9				86.5	82.3			91.0
2010	100.0	100.0	100.0	100.0	100.0	100.0	100.0	100.0	100.0	
2011	101.2	103.5	118.8	100.3	98.2	108.2	107.3	118.9	98.5	
2012	103.5	103.1	126.7	98.3	95.0	118.9	124.5	127.4	98.0	
2013	105.7	100.3	121.3	94.7	93.2	125.6	132.8	132.1	103.7	
2014	106.1	98.4	111.9	96.0	93.6	134.6	151.4	135.5	98.5	
2015	112.3	97.6	116.0	88.1	91.8	145.3	177.0	132.6	92.8	

자료: 통계청, 「소매판매액지수」(http://kosis.kr).

주: KOSIS에서 제공하는 소매업태별 판매액 지수는 불변지수 외에도 경상지수와 계절조정지수가 있다.

표 K272-281 조직형태별 도소매 재고액, 1968-2001

	합계	도매업			소매업			자동차 판매 및 차량연료 소매업		
		소계	법인	개인	소계	법인	개인	소계	법인	개인
	K272	K273	K274	K275	K276	K277	K278	K279	K280	K281
	남한, 십억 원									
1968	68.3	25.0	15.0	10.0	43.3	0.5	42.8			
1971	85.1	21.3	2.9	18.4	63.8	1.6	62.2			
1976	347.8	123.8	69.4	54.4	224.0	21.8	202.1			
1979	1,820.6	194.5	55.6	138.9	1,626.1	802.3	823.8			
1982		468.4	153.5	314.9						
1986	3,515.1	1,190.3	547.7	642.6	2,324.8	361.1	1,963.7			
1991	15,022.6	4,793.1	2,698.4	2,094.7	10,229.5	1,220.0	9,009.5			
1996	21,173.6	8,087.6	5,508.2	2,579.4	10,774.7	3,714.7	7,060.0	2,311.3	1,460.4	850.9
2001	18,823.0	9,982.6	8,196.3	1,786.4	7,526.2	5,536.4	1,989.8	1,314.2	729.5	584.7

자료: 1968, 1971, 1976, 1979, 1982년은 통계청, 「소매업센서스」(http://kosis.kr); 1986, 1991년은 통계청, 「총사업체통계조사: 도·소매업 및 서비스업 편」(http://kosis.kr); 1996, 2001년은 통계청, 「도소매업 및 서비스업총조사」(http://kosis.kr).

주: 1) 1979년의 법인은 법인 및 준법인을 포괄한다.

2) 1986년의 법인은 공공단체, 회사법인, 회사 이외의 법인, 비법인단체를 포괄한다.

3) 1991-2001년의 도매업·소매업 법인은 회사법인, 회사 이외의 법인, 비법인단체를 포괄한다.

4) 1996년은 신분류 기준이다. 구분류는 수리업을 포함한다.

5) 1996-2001년 자동차 판매 및 차량연료 소매업 법인은 회사법인, 회사 이외의 법인을 포괄한다.

표 K282-303 산업별 도소매 재고액, 1968-1991

	합계	도매업									
		소계	농산물 및 음식료품도매업	섬유 및 의류 도매업	전기기기 도매업	의약품 및 화학제품도매업	기계 및 장비 도매업	철물 및 가정용 기구 도매업	건축재료 도매업	금속 및 광물 도매업	달리 분류되지 않은 일반도매업
	K282	K283	K284	K285	K286	K287	K288	K289	K290	K291	K292
	남한, 십억 원										
1968	68.3	13.7	2.2	2.9	0.5	2.4	1.2	0.2	0.9		3.4
1971	85.1	19.2	3.9	4.5	0.6	2.2	2.0	0.7	1.9		3.3
1976	347.8	123.8	22.4	16.2	11.1	29.3	4.0	2.9	11.6	6.2	20.3
1979	1,820.6	194.5	29.1	27.9	14.3	31.5	9.6	11.6	22.8	18.7	29.2
1982	1,871.1	468.4	83.4	91.4	24.7	99.7	27.0	22.3	22.8	40.0	57.0
1986	3,515.1	1,190.3	165.5	147.8		216.2	178.5	127.0	72.1	114.2	169.0
1991	15,022.6	4,793.1	646.2	548.0		463.1	1,772.5	343.4	196.0	254.1	569.7

	소매업										
	소계	종합 소매업	음식료품 및 담배소매업	섬유, 의복, 신발 및 의복 악세사리 소매업	가구, 철물 및 가정용품 소매업, 가전제품 포함	약, 화장품 및 기타 화공약품 소매업	장신구 및 시계소매업	종이, 인쇄물 및 문구용품 소매업	개인운수장비 소매업 및 주유소운영업	가정용연료소매업	달리 분류되지 않은 일반소매업
	K293	K294	K295	K296	K297	K298	K299	K300	K301	K302	K303
	남한, 십억 원										
1968	43.3		10.4	13.2	2.9	3.4		1.4		0.4	11.6
1971	63.8		12.2	17.2	5.8	6.8				1.3	20.6
1976	224.0	11.2	45.5	40.3	20.3	22.1	9.3	8.5	8.0	4.9	53.8
1979	1,626.1	11.1	994.4	137.9	103.6	60.1	148.7	37.3	23.1	8.0	101.9
1982	1,402.7	117.1	244.2	243.3	172.8	145.6	52.7	99.7	61.8	18.2	247.3
1986	2,324.8	276.1	394.2	405.5	373.4	257.0	94.1	159.3	100.6	24.3	240.3
1991	10,229.5	746.0	1,976.2	1,073.0	1,042.7	450.4	281.5	309.8	3,602.9	106.8	640.4

자료: 1968, 1971, 1976, 1979, 1982년은 통계청, 「도소매업센서스」(http://kosis.kr); 1986, 1991년은 통계청, 「총사업체통계조사: 도·소매업 및 서비스업 편」(http://kosis.kr).

표 K304-327 산업별 도소매 재고액, 1996-2005

	합계	도매 및 상품 중개업								
		소계	산업용 농축산물 및 산동물 도매업	음·식료품 및 담배 도매업	가정용품 도매업	건축자재 및 철물 도매업	금속광물 및 1차 금속제품 도매업	기타 산업용중간재 및 재생재료 도매업	기계장비 및 관련용품 도매업	기타 도매업
	K304	K305	K306	K307	K308	K309	K310	K311	K312	K313
	남한, 십억 원									
1996	21,173.6	8,087.6	170.7	1,348.6	2,888.9	742.8	894.0	881.7	1,148.1	12.8
2001	18,539.2	9,698.8	140.1	1,439.8	2,649.1	653.8	503.0	1,430.1	1,805.2	1,077.9
2005	42,268.5	22,823.3	335.7	5,300.8	5,646.0	1,629.2	1,348.4	2,669.0	3,821.1	2,073.3

	소매업(자동차 제외)									자동차 판매 및 차량연료 소매업				
	소계	종합 소매업	음·식료품 및 담배 소매업	의약품, 의료용 기구 및 화장품 소매업	섬유, 의복, 신발 및 가죽제품 소매업	가전제품, 가구 및 가정용품 소매업	기타 상품 전문 소매업	중고품 소매업	무점포 소매업	소계	자동차 판매업	자동차 부품 및 부속품 판매업	이륜자동차 및 부품 판매업	차량용 연료 소매업
	K314	K315	K316	K317	K318	K319	K320	K321	K322	K323	K324	K325	K326	K327
	남한, 십억 원													
1996	10,774.7	3,277.2	609.1	537.5	2,045.7	1,529.0	2,639.9	12.8	123.7	2,311.3	1,129.7	422.8	45.2	713.5
2001	7,526.2	4,584.8	193.3	294.8	686.0	622.1	873.2	8.2	263.7	1,314.2	289.8	333.4	23.1	668.0
2005	15,850.9	5,619.0	543.9	1,289.9	2,816.9	1,836.5	3,177.6	54.7	512.5	3,594.3	1,170.1	945.6	78.2	1,400.4

자료: 1996, 2001년은 통계청, 「도소매업 및 서비스업총조사」(http://kosis.kr); 2005년은 통계청, 「서비스업총조사」(http://kosis.kr).

주: 1996년은 신분류 기준이다. 구분류는 수리업을 포함한다.

3. 유통마진

표 K328-336 산업별 유통마진율, 1911-1940

	유통마진율			도매유통마진율			소매유통마진율		
	합계	농림어업	광공업	합계	농림어업	광공업	합계	농림어업	광공업
	K328	K329	K330	K331	K332	K333	K334	K335	K336
	남북한, %								
1911	45.0	44.5	43.7	13.7	14.9	11.5	27.5	25.8	28.9
1912	45.6	45.7	43.8	13.8	14.9	11.5	27.9	26.8	28.9
1913	46.2	46.7	43.9	13.8	15.0	11.5	28.4	27.6	29.1
1914	46.7	47.6	44.4	13.7	14.9	11.5	29.0	28.4	29.4
1915	47.6	51.4	43.9	13.5	14.8	11.6	30.1	31.9	28.9
1916	48.2	50.5	45.4	13.7	14.9	11.9	30.4	31.0	29.9
1917	48.9	50.1	46.9	13.7	14.8	12.0	31.0	30.7	31.2
1918	48.5	48.7	47.0	13.7	14.9	11.6	30.7	29.4	31.7
1919	48.1	48.2	46.9	13.4	14.8	11.7	30.6	29.1	31.5
1920	48.2	48.1	47.1	13.9	14.9	12.1	30.2	28.9	31.2
1921	48.0	48.8	46.3	13.5	14.8	11.8	30.4	29.5	30.8
1922	47.7	48.6	45.9	13.6	14.8	11.9	30.0	29.4	30.4
1923	48.6	51.1	45.9	13.7	14.8	12.1	30.7	31.6	30.2
1924	48.3	50.8	45.6	13.7	14.8	12.0	30.5	31.3	29.9
1925	48.3	50.2	45.9	13.7	14.9	12.1	30.4	30.7	30.2
1926	47.6	50.0	45.2	13.6	14.9	12.0	30.0	30.5	29.6
1927	49.1	51.9	46.4	13.7	14.9	12.1	31.2	32.2	30.5
1928	50.4	54.6	47.2	13.5	14.8	12.1	32.5	34.6	31.3
1929	52.0	55.7	49.0	13.5	14.8	12.0	34.0	35.6	33.0
1930	54.5	57.4	52.1	13.5	14.8	12.2	36.1	37.1	35.5
1931	55.9	58.0	53.8	13.6	14.9	12.3	37.2	37.5	37.0
1932	52.9	52.6	52.3	13.7	14.8	12.4	34.5	32.9	35.5
1933	49.8	46.9	50.9	13.5	14.8	12.2	32.0	27.9	34.4
1934	48.2	44.7	49.6	13.4	14.9	12.1	30.7	25.9	33.4
1935	46.5	44.4	47.3	13.3	14.9	12.1	29.3	25.6	31.4
1936	45.4	45.6	45.0	13.2	15.0	12.0	28.4	26.5	29.4
1937	42.1	41.3	42.4	13.2	15.0	11.9	25.6	22.8	27.3
1938	40.5	41.2	40.1	13.0	15.0	12.0	24.3	22.8	25.1
1939	37.7	39.1	37.0	13.0	15.1	12.0	21.8	20.9	22.3
1940	34.3	33.5	34.9	13.1	15.1	12.1	18.7	16.0	20.4

자료: 김낙년 편, 『한국의 장기통계 국민계정 911-2010』(서울대출판문화원, 2012), p. 568.

표 K337 도소매 유통마진율, 1953

상품 분류	평균 유통마진율 K337 남한, %	상품 분류	평균 유통마진율 K337 남한, %
정부 배급 곡물	7	고무제품	40
공개 시장에서 유통된 곡물	25	목재 및 목제품	30
과일 · 채소류	15	신문인쇄용지	5
땔나무 및 기타 임산물	15	기타 지류	20
기타 농산물(주로 원료 가공)	5	필수적 섬유제품(주로 면포)	20
수산물 및 수산가공물	30	사치성 직물(견직물, 인견직물, 모직물)	50
식료가공품	49	의류	30
주류	25	석재 · 점토 · 유리제품	15
담배 생산물	8	철강 · 금속제품	10
소금	180	전기제품	30
도 · 소매망을 통하는 기타 화학제품	20	기타 제품	30
피혁 및 피혁제품	30		

자료: Robert R. Nathan Associates, Inc., "An Economic Programme for Korean Reconstruction"(UNKRA, 1954), pp. 447-448.

주: 1) 담배 생산물 가치의 대부분은 정부의 독점적 가공 단계에서 부가된 것이다.

2) 소금의 유통마진율은 전매로 인한 제염업자에 대한 거액의 보조금을 고려한 것이다.

표 K338-348 도소매 유통마진율, 1953-1958

	합계	농림업	수산물	광물	제조업	민간수입물자	수출	원조물자	특수협정물자	UN군 유출물자	기타
	K338	K339	K340	K341	K342	K343	K344	K345	K346	K347	K348
	남한, %										
1953	28.9	25.4	30.2	18.8	24.3	55.6	18.5	28.8	199.0	33.3	67.0
1954	29.1	22.9	29.5	20.2	22.7	50.5	18.5	38.3	199.0	33.3	67.0
1955	26.7	18.6	28.9	22.4	21.0	51.1	18.5	38.1	199.0	33.3	67.0
1956	25.8	17.3	28.3	21.7	20.2	54.1	18.5	41.0	199.0	33.3	66.1
1957	24.7	15.8	27.6	24.2	19.3	56.8	18.5	40.6	199.0	33.3	66.0
1958	23.7	15.4	26.7	24.5	18.8	53.6	18.5	42.2	199.0	32.8	66.0

자료: 한국은행조사부, 『한국의 국민소득(부록)(4286-4291년)』(1959), pp. 376-383.

표 K349-351 주요상품별 유통경로상의 가격차, 1966

	대리점	도매상	소매상
	K349	K350	K351
	남한, 공장도 가격=100		
평균	106.6	113.0	125.9
소맥분	105.4	114.4	128.5
정당	106.9	111.8	130.2
면포	101.7	104.6	107.6
나이론 양말		131.4	151.5
신문용지	101.8	103.0	106.5
고무화		116.1	132.3
세탁비누	102.8	108.1	121.6
연탄		102.9	115.3
시멘트	108.3	109.8	114.3
판유리	119.6	128.2	150.8

자료: 한국생산성본부생산성연구소, 『우리나라 상품별 유통체계 분석』(1966), p. 22.
주: 시멘트의 공장도가격비는 역(驛) 인도가격비이다.

표 K352-360 평균 소매마진율, 2002-2008

	종합 소매업	의약 의료 화장품	중고품 소매업	음식료 담배소매	가전제품, 가구 및 가정용품 소매업	섬유, 의복, 신발 및 가죽 제품 소매업	기타 상품 전문 소매업	기타 가정용품	문화 오락 여가용품
	K352	K353	K354	K355	K356	K357	K358	K359	K360
	남한, %								
2002	15.3	20.4	26.4	16.9	17.1	23.6	21.6		
2005	15.2	21.3	26.9	16.4	16.7	23.5	21.5		
2008	15.3			17.1		23.8	24.0	19.1	23.0

자료: 통계청, 「중소유통업실태조사」(http://kosis.kr).
주: 작성이 중지된 통계이다.

4. 시장

표 K361-366 공사설 시장수 및 개시회수, 1910-1941

	시장수			개시회수		
	합계	공설시장	사설시장	합계	공설시장	사설시장
	K361	K362	K363	K364	K365	K366
	남북한, 개소			남북한, 천 회		
1910	980			72.0		
1911	1,084			77.2		
1912	1,115			87.1		
1913	1,097			78.5		
1914	1,228	1,091	137	92.2	67.8	24.4
1915	1,211	1,070	141	92.9	67.4	25.5
1916	1,210	1,092	118	91.3	69.4	21.9
1917	1,222	1,116	106	91.7	71.7	20.0
1918	1,226	1,125	101	90.6	73.1	17.5
1919	1,215	1,135	80	90.1	72.3	17.8
1920	1,214	1,139	75	90.7	74.3	16.4
1921	1,239	1,164	75	94.1	77.8	16.3
1922	1,237	1,172	65	94.5	78.1	16.4
1923	1,274	1,202	72	99.6	82.8	16.8
1924	1,301	1,256	45	102.7	89.7	13.0
1925	1,316	1,278	38	104.0	91.7	12.3
1926	1,301	1,265	36	106.5	94.8	11.7
1927	1,366	1,326	40	110.0	97.6	12.5
1928	1,381	1,345	36	111.8	100.1	11.7
1929	1,408	1,373	35	113.5	102.4	11.1
1930	1,425	1,391	34	115.1	103.6	11.4
1931	1,458	1,423	35	114.8	104.1	10.6
1932	1,473	1,437	36	122.6	111.4	11.2
1933	1,497	1,464	33	126.3	117.1	9.2
1934	1,495	1,467	28	129.2	120.8	8.4
1935	1,494	1,470	24	129.6	122.1	7.5
1936	1,507	1,487	20	133.4	126.8	6.7
1937	1,513	1,497	16	138.0	133.1	4.9
1938	1,522	1,505	17	138.4	133.2	5.2
1939	1,566	1,553	13	140.2	136.7	3.6
1940	1,588	1,575	13	143.4	140.3	3.1
1941	1,593	1,579	14	144.8	142.5	2.3

자료: 조선총독부, 『조선총독부통계연보』, 각년판; 1910년은 조선총독부, 『朝鮮の市場』(1924), p. 113.

주: 1) 식민지기 시장수의 변동을 경영 주체(공설, 사설) 및 종류(1호, 2호, 3호)에 따라 파악하려는 시도는 다수의 기존 연구에서 확인되고 있다. 이와 관련한 연구 중의 일부는 四方博, 「市場を通じて見たる朝鮮の経済」, 『朝鮮經濟の硏究』(1929), pp. 73-74; 문정창, 『朝鮮の市場』(日本評論社, 1941), pp. 72-103 등의 2차 자료를 통해 수치를 파악하였다는 점에서 한계가 있지만(농업경제연구소, 『한국농촌시장의 제도와 기능 연구—그 사적 고찰과 구조 기능의 분석—』(1977), pp. 130-141; 김성훈, 『한국의 정기시장 5일시장의 구조와 기능』(한국농촌경제연구원, 2006), p. 88), 후속 연구에서도 그대로 인용되곤 했다. 현재는 허영란, 『일제시기장시연구』(역사비평사, 2009), p. 62에서와 같이 1911-1941년간 『조선총독부통계연보』의 집계를 공인된 통계 수치로 보고 있다.

2) 1913년과 1914년의 경우, 『조선총독부통계연보』상의 당해연도 수치와 익년도 이후의 인용수치에서 차이가 보이는데, 본서에서는 당년수치를 적용하였다.

3) 1910년의 시장수 및 개시회수 수치는 조선총독부(1924: 113)에서 확인되며, 四方博(1929: 80); 조선총독부, 『市街地の商圈』(1926), p. 516; 조선총독부, 『朝鮮の市場經濟』(1929), p. 237 등에도 그대로 인용되어 있다.

표 K367-380 도별 시장수, 1770-1941

	전국	경기	충북	충남	전북	전남	경북	경남	황해	평남	평북	강원	함남	함북
	K367	K368	K369	K370	K371	K372	K373	K374	K375	K376	K377	K378	K379	K380
	개소													
1770	1,062	101	53	104	87	129	171	105	82	75	59	68	28	-
1830	1,053	92	52	106	85	102	154	115	109	95	50	51	32	10
1908	849	79	51	74	68	81	108	93	89	65	36	54	42	9
1911	1,084	110	55	83	83	125	139	107	97	82	43	73	59	28
1912	1,115	105	54	82	88	130	140	122	96	83	45	86	56	28
1913	1,097	105	50	78	73	118	146	114	104	88	46	83	54	38
1914	1,228	122	51	93	68	130	159	151	102	104	57	92	59	40
1915	1,211	115	51	93	71	125	157	149	102	104	56	92	59	36
1916	1,210	115	51	90	71	119	153	146	104	110	56	93	66	36
1917	1,222	107	54	85	69	119	151	148	107	114	57	95	74	42
1918	1,226	105	52	91	68	122	150	147	104	113	59	95	77	43
1919	1,215	94	52	88	66	121	150	148	107	111	59	95	81	43
1920	1,214	97	52	89	66	116	155	137	107	115	55	97	84	44
1921	1,239	101	52	90	67	116	159	138	112	118	56	97	89	44
1922	1,237	104	52	89	64	117	160	137	117	120	58	84	90	45
1923	1,274	102	52	92	64	117	161	142	117	124	68	95	94	46
1924	1,301	107	54	91	62	118	165	147	116	129	71	107	85	49
1925	1,316	101	56	89	68	118	164	142	117	131	80	109	88	53
1926	1,301	101	54	86	68	113	158	141	120	129	88	103	95	45
1927	1,366	114	56	86	66	121	166	149	122	136	88	114	102	46
1928	1,381	115	55	87	70	119	169	147	122	140	89	116	102	50
1929	1,408	118	56	87	68	124	169	146	124	139	93	125	104	55
1930	1,425	120	58	89	63	121	170	145	125	144	95	132	111	52
1931	1,458	123	58	90	64	119	173	151	124	141	95	134	127	59
1932	1,473	117	59	89	69	127	172	151	125	149	97	138	118	62
1933	1,497	114	59	89	68	135	174	158	124	151	99	136	125	65
1934	1,495	114	59	89	66	128	172	157	124	151	98	140	131	66
1935	1,494	115	61	90	64	127	170	158	124	146	98	141	128	72
1936	1,507	118	62	91	65	129	170	161	110	149	98	144	133	77
1937	1,513	116	62	92	66	125	170	161	116	151	100	147	128	79
1938	1,522	113	63	93	66	125	171	163	117	151	101	148	128	83
1939	1,566	111	63	94	66	129	170	162	113	153	118	151	144	92
1940	1,588	111	65	94	70	129	171	162	114	153	118	155	153	93
1941	1,593	112	66	90	70	125	170	167	114	153	118	156	155	97

자료: 1770년은 『동국문헌비고』, 1830년은 徐有榘, 『임원경제지』, 1908년은 조선총독부, 『통감부통계연보』, 1911-1941년은 조선총독부, 『조선총독부통계연보』.

주: 1) 1770, 1830, 1908년은 후대 통계와의 연결을 위해 군현을 기준으로 남·북도를 구분하여 13도로 나눈 것이다.

2) 1911-1941년간의 지역별(도별) 시장수는 『조선총독부통계연보』에 따른 것이다. 1908년의 시장수에 대해서는 연구자에 따라 그 출처를 구한국정부 농상공부, 『조선요람』(1909)이라고 하거나(이재하·홍순완, 『한국의 장시−정기시장을 중심으로−』(민음사, 1992) p. 99), 구한국정부 탁지부 사세국의 조사자료(1909)라고 하였는데(김성훈, 2006: 54), 같은 수치가 『제3차 통감부통계연보』(1908년판)에서 확인된다.

3) 1908-1941년간의 도별 시장수 통계를 읽는 데에는 한 가지 주의를 요하는 사항이 있다. 경우에 따라서 1호, 2호, 3호 등의 종류별 시장이 모두 포괄된 수치가 아닌 경우가 있다는 점이다. 기존 연구 중에서 이러한 불분명함을 의식한 경우도 있는데(김성훈 2006: 100; 이재하·홍순완 1992: 103), 이러한 문제의식은 문정창(1941: 157)에 의해 이미 드러난 바 있으며, 일관성 있는 시계열인지의 여부가 문제시됨은 분명하다.

4) 1770년의 『동국문헌비고』에 수록된 장시수 통계는 "卷之七十二 市糴考上 附鄕市"에 수록된 것으로서, 연구자에 따라 (또는 세는 방식에 따라) 다른 수치가 제시된 바 있다. 기존 연구 중에서 이재하·홍순완(1992: 78); 정승모, 『시장의 사회사』(웅진출판, 1992), p. 60; 김성훈(2006: 53) 등은 장시의 총수를 1,064개소라고 하였는데, 이는 식민지기 연구인 四方博(1929: 84-85), 문정창(1941: 156)의 수치와 일치하는 것으로서, 경상도의 장시수를 278개소로 집계하였기 때문이다. 반면에 김대길, 『조선후기 장시연구』(국학자료원, 1997), p. 124; 이헌창, 『한국경제통사』, 제4판(해남, 2011), p. 129 등은 경상도의 장시수를 276개소로 집계한 도별 통계를 제시하고 있으며, 총장시수는 1,062개소로서 본서에서 대본으로 삼은 국립중앙도서관 소장본(청구기호: 國中 한古朝31-20)의 수치와 일치한다. 국사편찬위원회, 『(신편)한국사』 33(2002), p. 361에서도 총장시수를 1,062개소로 집계하였으나, 경기도를 102개소로, 전라도를 215개소로 집계하여, 원 자료의 수치와 차이가 있다.

5) 1830년의 『임원경제지』에 수록된 장시수 통계에서도 유사한 문제점이 확인된다. 기존 연구에서는 공히 장시의 총수를 1,052개소로 집계하였으나, 원 자료의 수치는 1,053개소이다. 김대길(1997: 102), 국사편찬위원회(2002: 361) 등은 충청도의 장시수를 157개소로 집계하였기 때문에 원 자료와의 오차가 발생한 것이다. 이재하·홍순완(1992), 김대길(1997: 124), 김성훈(2006), 이헌창(2011) 등은 식민지기 연구인 四方博(1929), 문정창(1941) 등의 수치와 일치하는 것으로서, 경기, 전라, 경상, 평안도의 수치에서 원 자료와의 차이가 확인된다. 홍희유, 『조선상업사』(과학백과사전종합출판사, 1989)가 집계한 장시수는 전라, 경상, 평안, 함경도의 수치에서 원 자료와의 차이가 보인다.

6) 도별 시장수는 1911-1941년간은 13도로 구분되어 있고, 그 이전인 1770, 1830, 1908년은 8도로 구분되어 있다. 본서에서는 전후 통계의 연결을 위해 1770, 1830, 1908년에 대해서도 군현을 기준으로 남·북도를 구분하여 13도로 나누어 두었다. 따라서 행정구역의 변천 등으로 인해 개별 장시 단위에서의 남·북도 구분에서 차이가 발생할 수도 있다.

표 K381-383 공사설 시장매출액, 1908-1941

	합계	공설	사설		합계	공설	사설
	K381	K382	K383		K381	K382	K383
	남북한, 십억 圓				남북한, 십억 圓		
1908	34.4			1926	156.8	139.6	17.2
1911	56.2			1927	178.4	160.8	17.6
1912	93.4			1928	187.7	169.4	18.2
1913	52.8			1929	196.1	178.6	17.4
1914	43.4	29.9	13.5	1930	173.2	157.3	15.9
1915	43.6	30.7	12.9	1931	158.1	143.3	14.8
1916	50.8	38.3	12.5	1932	179.4	163.2	16.2
1917	62.5	45.8	16.7	1933	203.8	186.3	17.6
1918	108.1	70.2	37.9	1934	238.8	221.9	16.9
1919	156.3	99.5	56.8	1935	278.5	263.0	15.4
1920	103.5	84.9	18.6	1936	314.4	297.5	16.8
1921	111.2	92.5	18.8	1937	363.4	351.7	11.7
1922	108.1	91.8	16.4	1938	409.3	395.3	14.0
1923	119.5	102.0	17.5	1939	485.0	457.2	27.8
1924	134.8	119.2	15.6	1940	585.9	545.3	40.6
1925	147.0	132.4	14.6	1941	582.7	548.8	34.0

자료: 1908년은 조선통감부, 『통감부통계연보』, 1911-1941년은 조선총독부, 『조선총독부통계연보』.
주: 1908년의 경우, 월평균 집산액에 12를 곱하여 도출한 연간 거래액이다.

표 K384-389 물종별 시장매출액, 1908-1941

	합계	농산물	수산물	직물류	축류	기타 잡품
	K384	K385	K386	K387	K388	K389
	남북한, 백만 圓					
1908	34.4	8.9	4.2	8.0	5.8	7.4
1910	50.4	13.5	4.3	10.1	13.6	9.0
1911	56.2	14.8	5.2	12.2	13.8	10.3
1912	93.4	26.3	7.2	13.5	33.0	13.4
1913	52.8	21.4	4.9	7.3	10.1	9.1
1914	43.4	14.9	5.9	6.0	9.6	7.0
1915	43.6	15.2	5.6	5.9	9.8	7.1
1916	50.8	16.5	6.5	6.4	13.7	7.6
1917	62.5	22.0	7.1	7.5	16.9	9.0
1918	108.1	44.6	9.8	12.0	28.6	13.1
1919	155.7	64.6	13.5	21.3	37.0	19.3
1920	103.5	24.0	13.9	18.5	29.8	17.3
1921	111.2	26.0	15.2	18.6	32.7	18.7
1922	108.1	24.8	16.1	18.0	32.0	17.2
1923	119.5	32.7	18.3	18.7	29.0	20.7
1924	134.8	33.2	18.3	21.0	37.3	24.9
1925	147.0	35.5	20.0	23.0	41.4	27.1
1926	156.8	41.2	23.8	23.4	41.4	27.1
1927	178.4	49.3	27.5	25.6	44.4	31.5
1928	187.7	47.2	29.4	27.1	50.9	33.0
1929	196.1	51.0	30.0	27.7	54.5	32.9
1930	173.2	44.8	27.2	24.8	46.4	30.0
1931	158.1	41.2	24.1	23.2	38.9	30.7
1932	179.4	50.4	26.2	26.2	43.3	33.2
1933	203.8	56.3	30.2	29.2	53.4	34.8
1934	238.8	65.7	33.7	32.9	66.2	40.3
1935	278.5	81.7	34.9	39.0	74.6	48.3
1936	314.4	95.0	41.0	43.3	78.8	56.3
1937	363.4	114.0	45.5	49.3	92.6	61.9
1938	409.3	120.4	48.7	52.9	119.2	68.2
1939	485.0	124.1	56.6	63.4	148.5	92.5
1940	585.9	143.4	76.7	66.4	177.3	122.1
1941	581.7	120.9	77.9	70.8	199.8	112.4

자료: 1908년은 조선통감부, 『통감부통계연보』; 1910년은 조선총독부, 『朝鮮の市場』(1924), p. 113; 1911-1941년은 조선총독부, 『조선총독부통계연보』.
주: 1908년의 경우, 월평균 집산액에 12를 곱하여 도출한 연간 거래액이다.

표 K390-403 도별 시장매출액, 1908-1941

	전국	경기	충북	충남	전북	전남	경북	경남	황해	평남	평북	강원	함남	함북
	K390	K391	K392	K393	K394	K395	K396	K397	K398	K399	K400	K401	K402	K403
	백만 圓													
1908	34.4	3.9	1.9	3.2	2.0	2.1	6.8	2.8	3.6	2.0	1.7	1.7	2.4	0.3
1911	56.2	8.5	1.3	7.5	2.7	5.2	5.7	5.4	7.0	2.2	8.0	1.1	1.2	0.4
1912	93.4	24.1	1.4	8.2	3.2	5.6	5.4	9.7	9.4	8.6	10.5	1.5	1.4	4.4
1913	52.8	14.5	1.2	5.9	2.3	1.9	4.3	3.3	4.1	6.0	4.7	1.4	2.4	0.9
1914	43.4	7.1	1.4	4.5	2.1	2.0	4.4	7.2	3.1	3.7	3.9	1.4	1.5	1.0
1915	43.6	7.5	1.6	4.4	2.0	2.2	5.0	7.3	3.1	3.0	3.3	1.6	1.7	0.8
1916	50.8	6.7	1.7	4.8	3.0	2.3	5.0	8.7	3.9	4.2	3.6	1.7	3.7	1.5
1917	62.5	8.5	2.3	6.4	2.6	2.5	6.1	11.4	4.8	6.2	4.0	1.9	3.7	1.9
1918	108.1	13.1	3.2	11.1	3.7	3.6	8.0	28.7	8.0	8.9	5.7	3.0	6.8	4.3
1919	155.7	15.5	3.8	16.5	4.6	4.4	11.3	49.2	10.4	10.8	7.7	4.6	11.3	5.6
1920	103.5	13.8	3.1	13.0	3.8	3.9	10.7	10.7	8.5	10.3	8.5	4.1	8.7	4.6
1921	111.2	14.5	3.4	14.2	4.3	4.3	10.2	11.8	10.9	11.3	8.8	4.8	9.4	3.4
1922	108.1	11.8	3.2	11.0	4.6	4.4	10.9	11.5	10.6	12.7	8.3	6.1	9.6	3.4
1923	119.5	12.7	3.5	11.3	4.9	5.0	13.9	13.7	8.5	18.0	8.2	6.1	9.9	3.7
1924	134.8	14.8	3.8	10.8	4.8	6.3	13.9	13.8	10.5	15.6	14.6	7.0	13.8	5.0
1925	147.0	16.2	3.9	12.3	5.7	7.9	15.1	14.8	10.5	17.4	16.2	7.5	14.4	5.1
1926	156.8	16.4	4.4	12.3	6.1	8.6	18.9	20.6	11.7	17.3	16.7	7.6	10.6	5.9
1927	178.4	19.4	4.9	13.2	12.0	9.5	19.7	20.9	12.6	20.2	18.6	8.2	12.5	6.7
1928	187.7	22.0	5.6	13.2	7.9	10.5	18.2	22.8	13.3	20.9	20.9	10.0	13.7	8.6
1929	196.1	21.7	6.2	12.8	7.3	11.2	17.5	24.7	14.4	21.8	23.0	10.5	15.3	9.7
1930	173.2	21.0	5.1	12.0	6.5	10.5	16.1	19.6	12.5	19.8	21.5	9.5	11.6	7.5
1931	158.1	18.1	5.2	10.9	6.4	9.7	15.9	20.1	12.6	13.4	19.5	9.4	10.9	6.1
1932	179.4	20.0	5.9	13.7	7.6	10.4	17.7	22.1	15.3	14.4	22.6	10.5	12.0	7.1
1933	203.8	23.4	7.7	14.1	7.1	10.8	19.1	28.0	18.4	16.7	23.8	10.6	15.6	8.5
1934	238.8	27.5	8.1	17.3	8.4	11.6	21.7	31.0	22.4	20.0	28.5	13.8	18.6	10.1
1935	278.5	31.8	11.8	18.5	9.5	12.6	27.3	32.1	31.8	23.1	33.1	14.9	20.5	11.3
1936	314.4	36.1	13.1	20.4	11.4	14.4	27.7	35.4	36.3	25.4	36.9	18.9	25.5	12.7
1937	363.4	35.6	15.8	21.7	11.3	16.3	33.9	38.5	45.2	30.4	46.7	21.8	31.1	15.1
1938	409.3	39.8	18.0	22.3	14.6	18.8	45.0	46.1	47.7	38.7	41.7	24.1	33.4	19.0
1939	485.0	64.8	23.0	22.0	14.4	21.9	41.5	55.8	64.7	35.7	54.0	27.5	36.1	23.5
1940	585.9	86.9	21.3	20.7	17.5	27.7	56.8	70.7	61.6	65.1	54.0	32.4	42.9	28.1
1941	581.7	91.8	19.1	20.5	14.9	31.3	44.9	69.4	59.5	57.4	52.6	39.0	52.8	28.7

자료: 1908년은 조선통감부, 『통감부통계연보』, 1911-1941년은 조선총독부, 『조선총독부통계연보』.

주: 1908년의 경우, 월평균 집산액에 12를 곱하여 도출한 연간 거래액이다.

표 K404-409 상설시장수, 1945-2003

	합계		공설		사설	
	전체	재래시장	전체	재래시장	전체	재래시장
	K404	K405	K406	K407	K408	K409
	남한, 개소					
1945. 8.	34					
1974	492		114		378	
1977	686		107		579	
1979	766		81		685	
1981	785		73		712	
1988	1,099		45		1,054	
1991	1,176		44		1,132	
1997	1,553	518	34	16	1,519	502
1999	1,456	645				
2000	1,471	646				
2001	1,438	651				
2002	1,453	660				
2003. 6.	1,458	657				

자료: 조병찬, 『한국시장사』(동국대학교출판부, 2004), pp. 556-567.

주: 1) 공설시장은 개설자가 지방자치단체장인 시장을 말한다.

2) 재래시장은 재개발과 근대화가 요구되는 "노후화한 전근대적인 시장"을 가리킨다.

표 K410-414 시장수, 1966-2003

	자료	합계 (일반시장)	상설시장		정기시장
			공영	민영	공영
	K410	K411	K412	K413	K414
			남한, 개소		
1966. 12. 31	①	1,338	144	104	1,090
1968. 1. 15	①	1,357	154	106	1,097
1968. 5. 1	②	1,363	142	107	1,114
1969. 5. 1	②	1,357	154	106	1,097
1970. 7. 31	②	1,448	154	188	1,106
1971. 12. 31	②	1,452	120	283	1,049
1972. 8	①	1,448	120	296	1,032
1973	②	1,559	115	379	1,085
1974	②	1,559	115	379	1,085
1974	①	1,583			1,085
1975. 6. 30	①	1,578	115	378	1,085
1977. 6	①	1,641	105	551	985
1981	③	1,669	73	712	884
1988	③	1,851	45	1,054	752
1991	④	1,862	44	1,132	686
1997	④	2,134	34	1,519	581
2003. 6	④	1,986			528

자료: ① 전국경제인연합회, 『한국경제연감』; ② 상공부, 『상공통계연보』; ③ 조병찬, 『한국시장경제사』(동국대학교출판부, 1992), pp. 366-367; ④ 조병찬, 『한국시장사』(동국대학교출판부, 2004), p. 523, pp. 567-568.

주: 1) 정기시장은 모두 공영이다.
2) 자료 ①의 1974년은 조사 시점을 알 수 없으나, 1975년판에 수록되어 있다. 상설시장은 공사설의 구분 없이 498개소이다.
3) 자료 ②의 1973, 1974년은 조사 시점을 알 수 없으며, 양자의 수치는 변동 없이 일치한다.

표 K415-427 일반시장의 지역별 분포, 1966-2003

	자료	전국	서울	부산	경기	강원	충북	충남	전북	전남	경북	경남	제주
	K415	K416	K417	K418	K419	K420	K421	K422	K423	K424	K425	K426	K427
							남한, 개소						
1966. 12. 31	①	1,338	85	28	134	102	98	143	81	164	263	210	30
1968. 1. 15	①	1,357	85	28	137	102	108	144	82	168	264	209	30
1968. 5. 1	②	1,363	85	29	138	103	98	147	81	168	272	212	30
1969. 5. 1	②	1,357	85	28	137	102	108	144	82	168	164	209	30
1970. 7. 31	②	1,448	131	45	138	105	100	146	81	170	284	217	31
1971. 12. 31	②	1,452	183	44	143	110	103	143	79	96	318	214	31
1972. 8	①	1,448	183	50	143	108	88	123	86	182	254	191	40
1973	②	1,559	193	48	163	111	105	140	78	176	309	206	30
1974	②	1,559	193	48	163	111	105	140	78	176	309	206	30
1974	①	1,583	212	48	163	111	110	140	78	176	309	206	30
1975. 6. 30	①	1,578	212	48	163	111	105	140	78	176	309	206	30
1977. 6	①	1,641	254	79	163	98	79	134	77	185	329	209	34
1981	③	1,669	271	140	158	94	83	125	66	179	300	228	25
1988	③	1,851	367	150	192	94	91	133	74	197	307	220	26
1997	④	2,134	384	181	374	81	80	169	81	190	298	268	28
2003. 6	④	1,986	352	184	288	67	78	163	121	187	296	222	28

자료: ① 전국경제인연합회, 『한국경제연감』, 각년판; ② 상공부, 『상공통계연보』, 각년판; ③ 조병찬, 『한국시장경제사』(동국대학교출판부, 1992), pp. 366-367; ④ 조병찬, 『한국시장사』(동국대학교출판부, 2004), p. 523, p. 570.

주: 1) 자료 ①의 1974년은 조사 시점을 알 수 없으나, 1975년판에 수록되어 있다.
2) 자료 ②의 1973, 1974년은 조사 시점을 알 수 없으며, 양자의 수치는 변동 없이 일치한다.
3) 자료 ③의 1981년 경기도에는 인천이, 경상북도에는 대구가 포함된다. 1988년의 경기도에는 인천이, 경상북도에는 대구가, 충청남도에는 대전이, 전라남도에는 광주가 포함된다.
4) 자료 ④는 공·사설의 상설시장 및 정기시장을 포괄하며, 서울·부산을 제외한 광역시의 수치는 각도에 포함되었다.

표 K428-445 전통시장의 지역별 분포, 2005-2014

	전국	서울	부산	대구	인천	광주	대전	울산	세종	경기	강원	충북	충남	전북	전남	경북	경남	제주
	K428	K429	K430	K431	K432	K433	K434	K435	K436	K437	K438	K439	K440	K441	K442	K443	K444	K445
	개소																	
2005	1,660	262	192	107	50	27	37	45		153	69	58	77	69	125	192	177	20
2006	1,610	226	191	98	50	29	36	43		157	68	56	78	69	123	191	175	20
2008	1,550	204	189	106	48	26	36	37		149	73	62	75	64	124	178	157	22
2010	1,517	218	161	103	52	22	32	40		150	74	64	71	64	114	178	151	23
2012	1,511	217	154	107	51	21	30	40		144	73	65	73	67	116	171	157	25
2013	1,502	210	161	106	49	23	29	38	4	151	73	64	66	65	115	160	163	25
2014	1,536	230	169	106	49	25	29	42	4	158	75	65	66	61	110	161	160	26

자료: 통계청, 「전통시장 일반현황」(http://kosis.kr).

주: 1) 종래의 '재래시장' 또는 '일반시장'을 현재에는 '전통시장'이라고 한다.

2) KOSIS에서 제공하는 전통시장 일반현황은 지역별(시도별) 외에도 등록유무(등록시장, 인정시장, 기타시장), 시장크기(대형시장, 중대형시장, 중형시장, 소형시장), 시장소유(법인시장, 개인시장, 공설시장, 공동시장), 시장형태(상가건물형 시장, 노점형 시장, 장옥형 시장, 상가주택복합형 시장), 개설주기(상설시장, 정기시장, 상설+정기시장), 취급상품(일반시장, 전문시장), 소재지(대도시, 중소도시, 농어촌지역) 등으로 구분된다.

표 K446-463 정기시장의 지역별 분포, 1945-2006

	자료	합계	경기	강원	충북	충남	전북	전남	경북	경남	제주	서울	부산	대구	인천	광주	대전	울산
	K446	K447	K448	K449	K450	K451	K452	K453	K454	K455	K456	K457	K458	K459	K460	K461	K462	K463
	개소																	
1945-1950	①	668	75	49	52	89	46	82	131	129	19							
1951-1960	①	826	94	60	60	103	53	97	186	154	19							
1966	②	1,090	109	81	91	134	71	146	238	194	25	-	1					
1968	②	1,097	111	81	91	135	72	149	239	193	25	-	1					
1961-1970	①	994	104	73	79	114	69	159	199	174	25							
1972	②	1,032	107	80	79	114	75	166	201	171	33	-	6					
1974	②	1,085	106	85	93	126	69	155	242	187	22							
1975	①	1,047	101	82	74	118	76	155	219	204	18							
1977	②	985	94	70	69	106	66	148	230	180	22	-	-					
1980	④	889	70	61	64	103	60	142	200	173	16							
1981	③	884	72	60	68	96	57	141	207	162	16	-	2	3	-			
1983	④	820	71	59	68	94	56	134	166	155	17							
1988	④	748	51	59	68	76	51	132	166	129	16							
1988	③	752	51	59	68	74	51	129	169	126	16		3	1		3	2	
1991	⑤	686	49	49	45	69	51	119	159	126	12		3	1		2	1	
1995	⑤	588	35	41	38	55	51	110	137	93	10		6	7	1	2	2	
1997	⑤	581	47	37	42	54	50	106	124	88	9		5	7	2	2	1	7
2003. 6	⑤	528	44	43	44	45	44	97	103	76	9	1	4	6	3	2		7
2006	⑥	562	66	48	40	48	45	97	110	99	9							

자료: ① 김성훈, 『한국의 정기시장 5일 시장의 구조와 기능』(한국농촌경제연구원, 2006), p. 140; ② 전국경제인연합회, 『한국경제연감』, 각년판; ③ 조병찬, 『한국시장경제사』(동국대학교출판부, 1992), pp. 366-367; ④ 이재하 · 홍순완, 『한국의 장시—정기시장을 중심으로—』(민음사, 1992), p. 127, p. 129; ⑤ 조병찬, 『한국시장사』(동국대학교출판부, 2004), p. 523; ⑥ 이용선 · 국승용 · 정은미 · 조경출, 『정기시장의 구조와 기능 변화 연구』(한국농촌경제연구원, 2007), p. 31.

주: 1) 자료 ②의 1974년은 조사 시점이 불명확하나, 1975년판에서 확인되는 수치이다.

2) 자료 ④는 상공부 자료를 인용한 것이며, 경북의 장시수만 해당 연구진이 직접 조사한 것이다.

3) 자료 ⑥은 해당 연구진이 직접 조사한 것으로서, 상설시장을 병행하는 곳이 포함된다.

집필자 소개(가나다순, *는 편저자)

고선(高鮮, Sun Go)

중앙대학교 경제학부 부교수, sungo@cau.ac.kr

"The Uneven Rise of American Public Schools to 1850," co-authored, *Journal of Economic History*, 2010.

「19세기 미국 초등교육의 확산」, 『경제사학』, 2012.

「센서스 자료를 이용한 초·중·고 취학결정요인 분석, 1960-1990」, 『한국교육』, 2012.

"The Effect of Population Aging on Local School Subsidies in Korea," *Korean Economic Review*, 2015.

「코네티컷의 초등 무상교육」, 『경제사학』, 2015.

김낙년*(金洛年, Nak Nyeon Kim)

동국대학교 경제학과 교수, nnkim@dongguk.edu

『일제하 한국경제』, 도서출판 해남, 2003.

"Top incomes in Korea, 1933-2010: Evidence from income tax statistics," co-authored, *Hitotsubashi Journal of Economics*, 2015.

「한국의 부의 불평등, 2000-2013: 상속세 자료에 의한 접근」, 『경제사학』, 2016.

「한국에서의 부와 상속, 1970-2014」, 『경제사학』, 2017.

김두얼(Duol Kim)

명지대학교 경제학과 교수, duolkim@mju.ac.kr

『경제성장과 사법정책』, 도서출판 해남, 2011.

『법경제학: 이론과 응용』 I, II, III (공편), 도서출판 해남, 2011, 2013, 2014.

『한국경제사의 재해석』, 도서출판 해남, 2017.

"Measuring Living Standards from the Lowest: Heights of Male Hangryu Deceased in Colonial Korea," co-authored, *Explorations in Economic History*, 2011.

"Appeal Rate and Caseload: Evidence from Civil Litigation in Korea," co-authored, *European Journal of Law and Economics*, 2017.

김재호(金載昊, Jae Ho Kim)

전남대학교 경제학부 교수, jhokim@jnu.ac.kr

『한국의 장기통계: 국민계정, 1911-2010』(공저), 서울대출판문화원, 2012.

『대체로 무해한 한국사』, 생각의힘, 2016.

「植民地期의 財政支出과 社會間接資本의 形成」, 『경제사학』, 2009.

「조선후기 군사재정의 수량적 기초: 규모, 구성, 원천」, 『朝鮮時代史學報』, 2013.

「정부고용의 장기적 변화, 1910-2013: 공무원의 규모와 구성」, 『경제사학』, 2016.

류상윤(柳尙潤, Sang Yun Ryu)

LG경제연구원 책임연구원, ryusangyun@gmail.com

「1940·50년대 광공업 생산통계의 추계와 분석」(공저), 『경제학연구』, 2010.

「한국에 제공된 공적개발원조: 규모추정 및 국제비교」(공저), 『경제학연구』, 2014.

「한국 에너지 소비의 장기 추이: 주요 선진국 및 대만과의 비교」(공저), 『경제사학』, 2016.

박기주*(朴基炷, Ki-Joo Park)

성신여자대학교 경제학과 교수, kjpark@sungshin.ac.kr

『한국 중화학공업화와 사회의 변화』(공저), 대한민국역사박물관, 2014.

「1940 · 50년대 광공업 생산통계의 추계와 분석」(공저), 『경제학연구』, 2010.

「해방 전(1907-1939) 소비자물가지수 추계」(공저), 『경제분석』, 2011.

「식민지기 조선의 도시 간 물가 및 임금 격차」(공저), 『경제사학』, 2013.

박이택*(朴二澤, Yitaek Park)

고려대학교 경제연구소 연구교수, yitaekpark@yahoo.co.kr

『한국통신산업에 있어서 지배구조와 고용구조』, 한국학술정보, 2008.

『한국의 장기통계: 국민계정, 1911-2010』(공저), 서울대출판문화원, 2012.

「20세기 언양지역의 인구변천: 언양읍 호적 자료의 분석」, 『보건경제와 정책연구』, 2013.

「20세기 언양지역의 가족구성의 변천: 언양읍 제적부와 재제부의 분석」, 『대동문화연구』, 2013.

「1950 · 1960년대 노동력 통계: 위장실업 및 부분취업을 중심으로」, 『경제사학』, 2016.

박희진(朴熙振, Heejin Park)

경북대학교 경제통상학부 초빙교수, heejinp@knu.ac.kr

「흡연예절의 형성과정」, 『역사민속학』, 2014.

"Measuring living standards from the lowest: Height of the male Hangryu deceased in colonial Korea," co-authored, *Explorations in Economic History*, 2011.

"Age Patterns of Migration among Korean Adults in the Early 20th-century Seoul," co-authored, *The History of the Family*, 2013.

「역사인구학 관점에서 해석하는 조선후기」, 『역사와 현실』, 2014.

"Marital fertility during the Korean demographic transition: child survival and birth spacing," co-authored, *The History of the Family*, 2016.

배영목(裵永穆, Young Mok Bae)

충북대학교 경제학과 교수, ymbae@chungbuk.ac.kr

『한국금융사』, 도서출판 개신, 2002.

『한국의 은행 100년사』(공저), 도서출판 산하, 2004.

「우리나라 통화개혁의 비교 연구」, 『경제학연구』, 2010.

「박정의 정부의 금융정책과 금융발전」, 『경제발전연구』, 2012.

「통화량과 통화 구성의 추이, 1905-2014」, 『경제사학』, 2016.

송경은(宋慶殷, Kyoung Eun Song)

국제원산지정보원 연구개발본부 부연구위원, skyeun@origin.or.kr

『한국의 장기통계: 국민계정, 1911-2010』(공저), 서울대출판문화원, 2012.

「韓國에서의 近代的 漁業權 形成과 法制化」, 서울대학교 박사학위 논문, 2013.

「식민지기 어업권(漁業權)의 소유 형태와 특질: 『관보(官報)』 어업권 자료 분석을 중심으로」, 『경제사학』, 2015.

이명휘(李明輝, Myunghwi Lee)
이화여자대학교 경제학과 교수, hwii@ewha.ac.kr
「조선거래소의 주식거래제도와 거래실태」, 『경제사학』, 2001.
「농어촌고리채정리사업 연구」, 『경제사학』, 2010.
「金融制度と金融市場, フォーマルとインフォーマルの二重金融構造の視点から」, 『韓國經濟發展への經路』, 日本經濟評論社, 2013.
「1954~1956년 한국 여성신용조직의 금융시장에서의 역할」, 『여성과 역사』, 2015.
「1970년대 초 부실기업 구조조정: 8.3조치를 중심으로」, 『한국의 경제 위기와 극복』, 대한민국역사박물관, 2017.

이상철(李相哲, Sang-Cheol Lee)
성공회대학교 사회과학부 교수, sclee@skhu.ac.kr
「수출산업단지의 형성과 변모: 구로공단(1963-1987년)」, 『동향과 전망』, 2012.
「한국 경제관료의 일제 식민지 기원설 검토(1950년대-1960년대 전반)」, 『민주사회와 정책연구』, 2012.
「1980년대 한국 해운산업구조조정정책 연구」, 『경영사학』, 2015.
「韓國におけるの輸出支援政策の形成, 1959-1964年」, 『三田學會雜誌』, 2016.

이영훈(李榮薰, Young Hoon Rhee)
전 서울대학교 경제학부 교수, yhrhee@snu.ac.kr
『朝鮮後期社會經濟史』, 한길사, 1988.
『맛질의 농민들』(편저), 일조각, 2001.
『수량경제사로 다시 본 조선후기』(편저), 서울대학교출판부, 2004.
『대한민국역사』, 기파랑, 2013.
『한국경제사』 I, II, 일조각, 2016.

이우연(李宇衍, Wooyoun Lee)
낙성대경제연구소 연구위원, wooyoun@skku.edu
『한국의 산림소유제도와 정책의 역사, 1600-1987』, 일조각, 2010.
「농업 임금의 추이」, 『경제사학』, 2000.
「解說 未公開資料 朝鮮總督府關係者 錄音記錄(10) 朝鮮の山林政策」, 『東洋文化研究』, 2009.
"Deforestation and Agricultural Productivity in Choson Korea in the 18th and 19th Centuries," *Community, Commons and Natural Resource Management in Asia*, National University of Singapore, 2015.
「戰時期日本へ勞務動員された朝鮮人鑛夫(石炭, 金屬)の賃金と民族間の格差」, 『エネルギー史研究』, 2017.

이헌창(李憲昶, Hun-Chang Lee)
고려대학교 정경대학 교수, leehc@korea.ac.kr
『조선시대 최고의 경제발전안을 제시한 박제가』, 민속원, 2011.
『경제 · 경제학』, 小花, 2015.
『韓國經濟通史』(제7판), 도서출판 해남, 2016.

임채성(林采成, Chaisung Lim)

立教大學 경제학부 교수, wajinsup@gmail.com

『戰時經濟と鐵道運營:「植民地」朝鮮から「分斷」韓國への歷史的經路を探る』, 東京大學出版會, 2005.

『중일전쟁과 화북교통』, 일조각, 2012.

『東アジア高度成長の歷史的起源』(공저), 京都大學學術出版會, 2016.

The Development of Railway Technology in East Asia in Comparative Perspective, co-authored, Springer, 2017.

"Korean Cattle and Colonial Modernization in the Japanese Empire: From "Cattle of the Peninsula" to "Cattle of the Empire"," *KOREA JOURNAL*, 2015.

조석곤(趙錫坤, Seok Gon Cho)

상지대학교 경제학과 교수, sgcho@sj.ac.kr

『한국 근대 토지제도의 형성』, 도서출판 해남, 2003.

『동아시아의 농지개혁과 토지혁명』(공저), 서울대학교출판문화원, 2014.

"A Study on Change in the Subae nongga at the Time of the South Korean Land Reform," *Seoul Journal of Korean Studies*, 2013.

「토지대장을 통해 본 토지생산성의 변화(1910-1961): 김제군 죽산면 사례연구」, 『농촌경제』, 2013.

「식민지 근대를 둘러싼 논쟁의 경과와 함의」, 『역사문화연구』, 2015.

조영준(趙映俊, Young-Jun Cho)

한국학중앙연구원 한국학대학원 사회과학부 부교수, cho06@aks.ac.kr

『시폐(市弊): 조선후기 서울 상인의 소통과 변통』, 아카넷, 2013.

『조선 후기 왕실재정과 서울상업』, 소명출판, 2016.

「한일병합 이전 일본 군의관의 조선인 체격 검사: 신장 측정 자료의 비판적 재검토」, 『경제사학』, 2016.

「조선후기 서울 포전(布廛)의 인적 구성과 거래 실태: 삼베 구매 방식의 유형화를 중심으로」, 『서울학연구』, 2016.

「조선후기 '생애주기'형 궁방의 경제적 기반과 운영 양상: 박숙의방(朴淑儀房)과 영온옹주방(永溫翁主房)의 사례 분석」, 『정신문화연구』, 2016.

차명수*(車明洙, Myung Soo Cha)

영남대학교 경제금융학부 교수, mscha@ynu.ac.kr; http://myungsoocha.wordpress.com

"Consequences of Growth: Living Standards, Inequality, and Consumption," co-authored, forthcoming in *Cambridge Economic History of the Modern World*.

"What Did Civil Examination Do for Korea?," co-authored, paper presented at the 8th World Congress of Cliometrics, 2017.

「재반론: 1910년대에 쌀생산은 정체했나?」, 『경제사학』, 2017.

"Unskilled Wage Gaps within the Japanese Empire," *Economic History Review*, 2015.

『기아와 기적의 기원』, 도서출판 해남, 2014.

홍석철(洪錫喆, Sok Chul Hong)
서울대학교 경제학부 부교수, sokchul.hong@snu.ac.kr

The Changing Body: Health, Nutrition, and Human Development in the Western World since 1700, co-authored, Cambridge University Press, 2011.

Health, Mortality, and the Standard of Living in Europe and North America since 1700, co-authored, Edward Elgar Publishing, 2014.

"Malaria: An Early Indicator of Later Disease and Work Level," *Journal of Health Economics*, 2013.

"Adapting to the Weather: Lessons from U.S. History," co-authored, *Journal of Economic History*, 2017.

"Health, Disease, and Sanitation in American Economic History," co-authored, *Oxford Handbook of American Economic History*, 2018.

홍제환(洪制煥, Jea Hwan Hong)
통일연구원 부연구위원, alst99@naver.com

『수출진흥확대회의 녹취록』(공저), 한국개발연구원, 2013.

『월간경제동향보고회의 녹취록』(공저), 한국개발연구원, 2014.

「식민지기 회사의 생존력, 1917-1944 –『조선경제잡지』의 회사등기 자료 분석」, 『경제사학』, 2013.

「은행-기업 간 인적 연계와 기업 경영, 1921-1939」, 『경제사학』, 2014.

「식민지기 기업의 배당정책, 1934-1938」, 『경제학연구』, 2014.

황준석(黃峻奭, Junseok Hwang)
영남대학교 사회과학연구소 연구원, econmax@ynu.ac.kr
대구상공회의소 대구지역인적자원개발위원회 사무국 고용전문관

「한국의 임금수준과 구조, 1959-2010」, 영남대학교 대학원 석사학위논문, 2012.

「우리나라 금융 산업에서의 학력별 임금격차, 1922-2011」(공저), 『경제사학』, 2014.

「1910년대에 쌀생산은 정체했나?」(공저), 『경제사학』, 2015.